德国刑法分论

侵犯财产价值的犯罪

【当代德国法学名著】

当 代 德 国 法 学 名 著
Repräsentative Deutsche Rechtsliteratur der Gegenwart

德国刑法分论

侵犯财产价值的犯罪

Strafrecht
Besonderer Teil 2

Straftaten gegen Vermögenswerte

[德] 约翰内斯·韦塞尔斯　托马斯·希伦坎普　扬·舒尔/著
J.Wessels / T.Hillenkamp / J.Schuhr
赵冠男/译

法律出版社
—— 北京 ——

著作权合同登记号
图字：01-2021-0209

本书翻译得到德意志学术交流中心
和德国科学基金协会的支持

Die Übersetzung erfolgte mit Unterstützung des DAAD und des Stifterverbandes für die Deutsche Wissenschaft

当代德国法学名著总序

当代德国法学名著译事之缘起，在乎"取法人际，天道归一"之理念。

天地渺渺，众生芸芸；然天地何以长存不灭，众生何以繁衍不息？此中必有亘古于今之一般法则。天地者，自然之谓；众生者，乃自然所赋生灵之长，人也。而人所以居万物之首而为生灵之长，概因其不仅是生于自然，而且还能领悟于自然，进而以理性和智慧的劳动创造受益于自然。由此而论，天地间至真至善至美，莫过于人与自然之和谐融合。正如庄子所说："知天之所为，知人之所为者，至也。"而中国哲人所言"天人合一"，实际表明人类的最高智慧和境界。但是，最高的智慧未必是功利的智慧，最高的境界往往不是现实的境界，此乃人类虽为万物灵长，但又归于万物的本性使然。尽管不无缺憾，但却理所当然。纵观古往今来，可知人类始终是在理想与现实、理性与物性的矛盾状态中存在发展。不过，人出于其自然本性但又以其理性确认的社会秩序，又使之在这种永远不会解消的矛盾状态中生存发展成为可能。

自古以来，食色之性、交往之需、名利之求、功德之义，无论国人洋人、权贵庶民，众生莫不有之;唯每人认取之价值,或此或彼因人因地因时而异。但基于人之本性所产生的社会,无论东方西方,必然有其共性。于是有老子的古训:“人法地,地法天,天法道,道法自然。”而希腊的斯多葛哲人也说:“按照自然而生活。”由此可知,同属自然之人类,本有其共同的理念与法则。以法律而言,中国、西方法律虽文化传统各异,然毕竟都是人类社会的法律,必然有其共同的人性内涵。所以,考察法律,应着眼超越地域、国度和民族,甚至超越时空的人际层面,努力发现本来属于整个人类的理念和规范,并在此基础上寻求并促进人与人、民族与民族、国家与国家之间越来越普遍深入的交往。吾人之规可为他人所取,他人之法可为吾人所用,概其皆出乎人之本性。所以“取法人际,天道归一”,当为人类社会法律进步之最高思想境界。以迄今历史度之,人类生存发展的必然趋势是越来越普遍深入地相互结合和依赖,经济的全球化和文化的世界化正在相辅相成地迅速演进。在人类发展进程中,产生于人类本性的共性越来越充分地为人所认识,则人与人之间、国家与国家之间的交往就越可能有效和平地进行。作为人类社会的行为规范,任何国家的法律都是人与人之间实现交往、确定关系及秩序的最重要途径。就此而论,可断言未来人类的发展与和平,很大程度上将取决于全人类在法律法则上的沟通与趋同。

本着取法人际或取法自然的理念,当代德国法学名著译事拟系统全面地翻译当代德国法学具有代表性的学术成果。因为德国法不仅为可取之一方法律,而且还与当代中国法制有着特殊的关联。事实上,当代中国大陆与台湾地区的法制是基于清末民初之际的法律改制发展而来。当时采纳了欧洲大陆法系法制模式,而其中又以汲取德国法律,特别是民法、刑法居多。不仅如此,20 世纪以来中国法制和法学的发展还颇受德国法制和法学的影响,现今中国法制和法学的不少思路实际都与后者有关联。因而,中国法制建设和法学进步自然更容易从德国法制与法学中获得启发。

此外,由于近代德国历史法学派和学说汇纂学派对罗马法和罗马普通法的系统研究与整理,近现代德国法学形成并获得了其本身独有的特色,其丰富成熟的法律理论与教条,恰恰是目前乃至21世纪我国法学与法制建设所迫切需要的。

当代德国法学名著的选题范围包括法哲学和法的基本理论、国家法、法律史、民法和商法、经济法、刑法、国际私法等内容。选题标准是:德国乃至欧洲法律界已经普遍公认为经典的名著,或在德国普遍使用的有代表性的教科书。与此同时,根据我国的实际需要翻译介绍一些有关法律文化背景方面的工具书和著名法学家的传记。初步选题首先由德国学者提出,然后由编委会综合各方面意见,最后根据我国实际需要确定翻译选题。为保证翻译质量,翻译工作严格采取译、校和三审程序。每部译著由一责任编委审阅或校对。译稿一审通过后,编委会和编辑部就一审提出的问题召开由德国教授和有关译者参加的翻译工作会议;在此基础上,译者还专程前往德国与作者或有关学者探讨翻译的疑难和细节问题。在此方面,德意志学术交流中心(DAAD)提供了有力的支持。在赴德改稿基础上提出的第二稿通过二审后,由译者进一步修改、润色定稿,复经审阅后交付出版社。

系统翻译德国法学名著的想法由来已久,但正式酝酿于1997年秋,经过近一年的准备筹划,于1998年秋开始实施,拟于2005年完成全部选定书目的翻译。应该说,德国文化交流中心的霍恩贝格尔先生(U. Hornberger)和法律出版社社长贾京平先生对促成此项翻译计划起了重要作用,黄闽总编亦助之鼎力。而此项翻译计划能够顺利实施,亦诚有赖编委会和编辑部各位同仁的共同志趣和辛勤工作。六位德国著名学者:考夫曼(A. Kaufmann)、克茨(H. Kötz)、克努特尔(R. Knütel)、何意志(R. Heuser)、孟文理(U. Manthe)和胜雅律(H. von Senger)教授在计划拟订、选题推荐和具体翻译工作中均给予我们宝贵帮助。德国大使馆柯灵博士(T. Klinner)和李雅思先生(M. Licharz)以多种方式推动此项翻译计划。德意志学术交流中心驻京办事处主任史翰功先生(H. Schmidt)和施密特-多尔博士(T. Schmidt-Dörr)和他的同事亦为此计划付出了劳动。德国跨国基金会(Inter Nationes)对部分书目的出版提供了支持。特别要提及的是,江平、谢怀栻、潘汉典等法学界前辈对于此项工作始终给予着关注和支持,中国政法大学有关部门亦对我们的工作提供了帮助。法律出版社张波、卞学琪先生对出版工作兢兢业业、认真负责。在此,谨对上述所有法律界同仁和有关机构表示由衷的谢意。我之所愿,所有参与此项计划和给予该计划关注和支持的人,都能从此处呈献的工作成果中得到虽非物质的,但却真实诚恳并有长久价值的酬劳。因为,倘若这些成果能够在21世纪和中华崛起之际被赋予些微历史和现实意义的话,那么它将胜于所有致谢和嘉言。

米　健

2002年于京城蓟门

第 43 版序言

在本书第 43 版中，扬·舒尔（Jan Schuhr）对第 1 条、第 24 条以及——如同在此前的两个版本中——第 13 条至第 21 条做出了修订。在新的版本中，考虑到了截至 2020 年 6 月中旬的文献和判例。更新文献和判例的目的在于记录对于教育而言重要的判决。在祝寿文集和专业期刊中新近的论文，与最近的专著一样，也被收录其中。

电子版包含了教科书文本以及相关法律文本和所引用的判决，这使得读者只需点击鼠标，就能通过链接直接进入教科书文本中包含的规范和判决。从德国联邦法院刑事判决官方汇编中引用的判决是在沃尔特斯·克鲁尔德国股份有限公司（Wolters Kluwer Deutschland GmbH）的许可下发布的，其他来源引用的判决是在尤里斯股份有限公司（juris GmbH）的许可下发布的。

第 34 版新增的、在本文上也特别醒目的版块“现实判例”（Die aktuelle Entscheidung），已经证明其价值，并在这次的版本中继续使用。其代表了财产犯罪领域判例的最新的发展，这些发展仍在不断变化，而且——特别是考虑到即将进行的考试——值得特别注意。在以前的版本中已经包含的新近判例,虽然不能再被描述为“最新的”,但仍然是重要的和具有启发性的,作为判例例证(Rechtsprechungsbeispiele),以略有不同的形式得以保留下来。

在对各个罪名阐述的末尾,列出了最重要的犯罪构成。其为读者提供了方向,并在课程之后,帮助他们确证犯罪的要件,以及对此示例性地予以展示的、以图形Ⓟ予以标识的特别重要的问题是否被正确地记录和归类。同时,其也适合作为案例解析的结构体系。有待鉴定的法定的构成要件,各自以“•”标记,并以链条形式排列在一起。法律文本本身并未明确指出的前述要件的组成部分,通过“→”进行的提示,被包含在内。倘若不(再)知道如何处理某个要件、部分或问题,则应当翻页回去,并复习对应的部分。

对于C. F. 穆勒出版社(C. F. Müller Verlag)的亚历山德拉·伯雷尔(Alexandra Burrer)女士,我们要感谢她从第41版开始的、对于作品过渡到扬·舒尔(对此见第41版前言)的支持,以及以称职和友好的方式处理与她相关的事宜。我们还要衷心感谢海德堡的同事们,特别是菲利普·翁(Philipp Weng)、莱昂纳多·马塔莫罗斯(Leonardo Matamoros)和安妮娜·埃里希(Annina Eckrich)。

海德堡/哥廷根,2020年6月
托马斯·希伦坎普,扬·舒尔

第 21 版序言

我决意将我在重点系列的作品的继续撰写,委托给更为年轻的同事。对我而言,首要是因为可以找到继任者,他们已经在许多出版物中证明了他们杰出的专业和教学技能。这尤其适用于托马斯·希伦坎普教授(Professor Dr. Dr. h. c. Thomas Hillenkamp),他负责修订本卷关于财物犯罪和财产犯罪的论述。我确信,我毕生工作的这一部分将由他妥善处理。

借此机会,我再次衷心感谢我之前的同事们、我的儿子汉斯·乌尔里希(Hans Ulrich),以及所有以各种方式为我工作的成功作出贡献的人们。

明斯特,1999 年 2 月

约翰内斯·韦塞尔斯

约翰内斯·韦塞尔斯托付了对他的作品的新的修订,但不是交出了他的作品:其仍然存在,其必须得以留存。教学技巧、对他人意见的尊重、在自信的陈述和批评中对往往具有开创性的观点的熟虑的论证,所有这些,都为这部作品聚集了一批读者,这些读者必须得到维护。

作为本卷的继任者，我所能承诺的——受托并荣幸地承继本卷——不仅仅是努力。

这一版本变得更加丰富。这不仅仅是因为文本的充盈，一个更为清晰的外在设计——出版社为所有三卷所创设——占用了一定的空间。当然，有必要的是，将 1998 年 1 月 26 日《第 6 刑法改革法案》(6. Strafrechtsreformgesetz)(BGBl I, S. 164)带来的变化写入本书当中。在许多情况下，如果不保留以前的争议，就无法对这些改变予以传达。在《第 6 刑法改革法案》之外，1997 年 8 月 13 日《惩治贪腐犯罪法》(Gesetz zur Bekämpfung der Korruption)(BGBl I, S. 2038)、1998 年 5 月 4 日《完善惩治有组织犯罪法》(Gesetz zur Verbesserung der Bekämpfung der Organisierten Kriminalität)(BGBl I, S. 845)和 1999 年 1 月 1 日生效的、1994 年 10 月 5 日《破产法》(BGBl I, S. 2866, 2911, 2941)带来的变化，也应予以关注。我还添加了一些我认为对读者有用的内容。截至 1998 年 12 月的判例和文献，都被包括在内。

我要感谢我的研究助理拉尔夫·英格尔芬格博士(Dr. Ralph Ingelfinger)和布丽奇特·塔格博士(Dr. Brigitte Tag)，以及我的学生助理安德烈亚斯·布里拉(Andreas Brilla)、西蒙娜·哈特维格(Simone Hartwig)、西比尔·克诺尔泽尔(Sybille Knörzer)、罗尔夫·马克(Rolf Mack)和迈克尔·罗森霍费尔(Michael Rothenhöfer)，他们为我提供了多方面的帮助。最重要的是，我要感谢我的秘书布丽吉特·塞布(Brigitte Seib)女士，她以极大的耐心和技巧，制作了本书的付印版本。

海德堡，1999 年 2 月

托马斯·希伦坎普

第 1 版序言

这本书包含了侵犯财产价值的犯罪。它补充了已经出版的标题系列的第 8 卷,其涉及侵犯人身和公共价值的犯罪。在此的阐述也仅限于那些决定刑事司法实践图景的重点领域,而且根据经验,这些重点对学术教学和考试要求都很重要。高利贷犯罪(第 302a 条)迄今尚未走出阴影,因此被排除在外;1976 年 9 月 27 日《惩治经济犯罪法(一)》(Gesetz zur Bekämpfung der Wirtschaftkriminalität/1. WiKG)创设的新的规定,对此参阅斯图姆(Sturm)的论述(JZ 77,84)。关于具体的财产犯罪的判例得到了充分的整合。由于篇幅原因,必须舍弃参考文献的完整性;对其选择,是为了使学习者能够通过具体论著和新近论文,获得丰富的原始材料。

我在重点系列中的著作,是为了纪念我的父母,他们即将迎来 100 周岁生日。在其忙碌的一生中,他们孜孜不倦地履行职责,其所做出的全部努力,都是为了 6 个孩子的福祉。他们作为榜样给了我力量,使我在沉重的工作负担之外来完成这项工作。

我要感谢我的同事弗朗茨 · 约瑟夫 · 弗莱克(Franz Josef Flacke)先生、海因茨 · 哈格梅尔(Heinz Hagemeier)先生和乌尔里希·沃梅尔斯多夫博士(Dr. Ulrich Womelsdorf),他们负责通读更正并编制索引。他们的建议对我而言,是富有价值的支持。

明斯特,1977 年 3 月
约翰内斯·韦塞尔斯

目录

第三部分　侵犯整体财产的犯罪

引言　侵犯财产价值犯罪

财产犯罪是指侵犯他人财产或具体财产价值的犯罪。这一术语可从广义和狭义上予以使用,取决于财产损失的出现是属于相关犯罪类别的刑事处罚条件(比如诈骗罪、敲诈勒索罪、背信罪),抑或只是构成要件行为通常的伴随结果,而非其必然后果。[1] 后者涉及财物犯罪,相较于狭义的财产犯罪,财物犯罪的特点首先体现在其(比如盗窃罪和毁损财物罪)亦将经济上无价值之物纳入保护范围(如偷走情书、撕毁他人纪念照片等)。也就是说,诈骗罪的被害人在经济上必须遭致损失,但在盗窃或抢劫情况下只是一般而非必然如此。[2] 相应地,对于广义的财产犯罪的划分难免重叠;[3]以概览方式对其予以总结,可将之分为以下两大类别。 1

---

〔1〕 Rönnau, JuS 16, 114; Fischer-Rönnau, S. 31.

〔2〕 参见 BGH HRRS 18, 495。

〔3〕 Vgl. A/W-Heinrich, § 11 Rn 5-7; Schramm, BT Ⅰ § 1 Rn 13.

2 ## Ⅰ.侵犯财物及具体财产价值之犯罪

财物犯罪

—取得罪:盗窃罪(第242条以下)、侵占罪(第246条)、抢劫罪和抢劫型盗窃罪(第249—252条)

—毁损财物罪(第303条以下)

侵犯具体财产价值之犯罪

—盗取电能罪(第284c条)和使用僭越罪(第248b条、第290条)

—侵害先占权之犯罪(第292条以下)

—破产犯罪(第283条以下)和侵犯债权、用益权、使用权和担保权之犯罪(第288、289条)

除了特定财物保护之外,以上所列罪名的特征还在于,受到保护的并非作为整体的财产,而是具体的财产形式——使用权、用益权及类似权利,且并非以出现财产损失为保护条件。危及财产的擅自逃离肇事现场罪(第142条)亦可归入此列,因其与交通犯罪的亲缘性,将之置于交通犯罪部分讨论。[1]

3 ## Ⅱ.侵犯财产整体之犯罪

敲诈勒索罪(第253条)

—勒索型绑架罪(第239a条)

诈骗罪(第263条)

—计算机诈骗罪(第263a条)

—补贴诈骗罪(第264条)

—金融商品诈骗罪(第264a条)

—贷款诈骗罪(第265b条)

---

〔1〕 Vgl. Wessels/Hettinger/Engländer, BT Ⅰ § 22 Ⅵ.

—投标诈骗罪(第 298 条)
骗取给付罪(第 265a 条)
保险滥用罪(第 265 条)
背信罪(第 266 条)
—抑留和侵吞工资罪(第 266a 条)
—支票卡、信用卡滥用罪(第 266b 条)
包庇罪(第 257 条)
窝赃罪(第 259 条)
洗钱罪(第 261 条)
暴利罪(第 291 条)
非法赌博罪(第 284—287 条)

在此领域内,作为法律主体所有财产权益总合的财产整体受到保护,由此在通常情况下(特别是敲诈勒索罪和诈骗罪),任何财产部分都可以成为犯罪对象,比如财物、诉求、权利、权益及其他经济地位。

此组犯罪既包含诈骗罪、敲诈勒索罪、背信罪等狭义的财产犯罪,其以被 4
害人的经济损失为前提;也包含补贴诈骗罪、金融商品诈骗罪、贷款诈骗罪等广义的财产犯罪,对其而言,财产损失虽然一般是但并非必然是处罚条件。将以上犯罪均归入财产犯罪并非完全没有问题。比如对于窝赃罪,即使多数情况下,由于窝赃对象具有财产属性,所以可将其置于财产犯罪中一起讨论,但作为基础的先前行为并非必然侵犯他人财产,窝赃对象也不限于财产利益。对于洗钱罪之犯罪构成亦如此。除了财产,补助诈骗罪、金融商品诈骗罪和贷款诈骗罪同样保护公共利益。但这些罪名与财产保护紧密关联,故可将其纳入财产犯罪范畴。

虽然刑法典中的财物保护包括财物的经济功能及所有权人对 5
物自由处分的利益在内,但在狭义的财产犯罪领域,仅保护财产所有人免遭特定行为方式引致的经济上的不利益。处分自由在此不受保护;对其可适用第 240 条,但亦仅防止意志形成受到暴力和胁迫侵害。由此,对于诈骗认定,基于错误作出财产处分并因此遭受财产损失,具有决定性作用;仅被欺骗者做出了非因欺骗不会做出的财产处分,并不足够(对此见边码 544 及以下数个边码)。[1]

6 立法上并未实现对财物及财产的无缝保护。比如,单纯的剥夺占有不受处罚,非法使用只是部分可罚(见边码 41 和 431 及以下数个边码),纯粹的违约行为就合同相对方的侵害而言亦不可罚。这是应予接受的,因为立法者应碎片化、补充性、最后手段性地将刑法用于法益保护,这一观点太少受到重视,其不只是在欧洲的刑事政策中,[2]也是在将漏洞弥补本身视为利益之处。[3]

7 广义财产犯罪在整个刑事犯罪中的比例相当高,仅盗窃就占到全部登记违法的 40%。如果将犯罪黑数计算在内,比率将会更高。[4] 对此,2015 年联邦德国警察犯罪数据显示如下。

2015 年联邦德国财产犯罪统计表

犯罪	掌握案件/件	百分比/%	侦破比率/%
共计(除国家保护犯罪和交通犯罪)	6,330,649	100.00	56
加重盗窃	1,134,739	17.92	14
非加重盗窃	1,348,955	21.30	38
诈骗	966,326	14.31	76
毁坏财物	577,017	9.11	25
侵占	110,801	1.75	52

〔1〕 Vgl. BGHSt 16,321,325;BGH BeckRS 16,16028. 据 BGH NStZ 18,107,第 266 条亦不保护“一般的处置自由”,对此见边码 747。

〔2〕 就欧盟标准的反向潮流,见 Duttge,Weber-FS S. 309;Vogel,GA 02,527。

〔3〕 对此,参见 Hillenkamp,in:Kube ua,Leitgedanken des Rechts 2013,S. 1356 ff;Kühl,TiedemannFS S. 31,36 ff;进一步见 Hefendehl,JA 11,401;Maiwald,Maurach-FS S. 9;部分批判见 Kindhäuser/Böse,BT Ⅱ § 1 Rn 8;总结见 Roxin,AT § 2 Rn 38 ff。

〔4〕 参见 Kaiser,Kriminologie,3. Aufl. 1996,§ 67 Rn 7;§ 68 Rn 2。2017 年掌握的总体案件数量明显下滑,(入室)盗窃亦减少;对此,参见 Hillenkamp,Eisenberg-FS Ⅱ S. 655。

续表

犯罪	掌握案件/件	百分比/%	侦破比率/%
抢劫、抢劫性敲诈、第316a条	44,666	0.71	52
窝赃、阻碍刑罚、包庇犯罪利益、洗钱	29,890	0.47	95
挪用	21,602	0.34	98
敲诈勒索	6980	0.11	68
非法猎捕	3652	0.06	76
破产	4658	0.07	100

侵犯人身及公共利益犯罪占整体犯罪的比率明显较低。2015年,侵犯生命犯罪占0.04%,身体伤害犯罪占8.35%,侵犯自由犯罪占3.02%,侮辱犯罪占3.45%,侵入住宅犯罪占1.21%,侵犯性自主权犯罪占0.70%,伪造文件犯罪占0.97%,违抗国家权力和侵犯公共秩序犯罪占2.14%。 8

侵犯财产利益犯罪在何种程度上可与经济犯罪行为——这一概念规定在《税收条例》第30条第4款第5b项——及经济犯罪相共通,并非必然可以确定,因为犯罪类别是否可归入这一领域,首先取决于人们是从法律政策、刑事政策、犯罪学、刑法还是刑事程序法视角进行归类。[1] 即便限缩到某一视角,界线也经常变动。[2] 对 9

〔1〕 对此,参见 Kudlich/Öglakcıoğlu, Rn 1 ff; Schramm, BT Ⅰ § 1 Rn 21 ff; Tiedemann, WirtschaftsstrafR Rn 72 ff; Wittig, § 2 Rn 1 ff。

〔2〕 对此,一方面参见 A/W-Heinrich, § 19 Rn 1-21;另一方面参见 Otto, BT § 60 Rn 3 f;进一步 Achenbach, Schwind-FS S. 177 ff; G/J/W-Wittig, Einf. Rn 2 ff; Hefendehl, ZStW 119(2007), 816, 818; Rönnau, ZStW 119(2007), 887, 894 ff; W/J/S-Dannecker/Bülte, 1/5 ff。

于最为重要的具体犯罪构成的解释而言，能否归入经济犯罪一般只是意味着，“案件处理可能需要具备经济领域的特殊知识”。若如此，《法院组织法》第74c条第1款第6项将诈骗罪、背信罪、暴利罪案件亦划入经济刑事庭主管的经济犯罪，而计算机诈骗罪、补贴诈骗罪、金融商品诈骗罪、贷款诈骗罪、最重要的破产犯罪、限制竞争的传统投标罪和商业交往中的受贿与行贿罪（第299条）也自然如此。由此，人们有理由将此类案例和犯罪归入经济犯罪之列，不必因此将所有其他亦可严重危害经济秩序或社会公众对经济往来诚信之信任（《税收条例》第30条第4款第5b项），但在《法院组织法》第74c条并未列举的犯罪种类（如结伙盗窃或结伙窝赃的特定案例）排除在外。由列举可见，经济犯罪行为既包括侵害经济的罪名，也包括保护个人免遭经济主体损害的罪名。[1]附属刑法中很多相关的犯罪构成[2]打开了经济刑法中经常会低估的[3]一片领域，在此对其不予涉及。

10 一段时间以来，欧盟致力于将侵犯其经济利益的行为——主要为（补贴）诈骗和洗钱——规定为犯罪，以上领域同样可被归入经济刑法的范畴。就此需指出，迄今并不存在“真正的”（超国家的）欧洲刑法。随着《里斯本条约》的生效，至少选择性地设立超国家刑事法的权限已向欧盟敞开大门。特别是针对侵犯欧盟经济利益的诈骗犯罪之惩处，基于《欧盟运行条约》第325

[1] 总结 Heinz, in: Gropp, Wirtschaftskriminalität und Wirtschaftsstrafrecht 1998, S. 14 ff；就刑法作为经济调控手段，见 Achenbach, ZStW 119(2007), 789 ff。

[2] 对此，参见《法院组织法》第74c条第1款第1—4项所做列举；进一步对判例梳理参见 Achenbach, NStZ 97, 536; 98, 560; 99, 549; 00, 524; 01, 525; 02, 523; 03, 520; 04, 549; 05, 621; 06, 614; 07, 566; 08, 503; 09, 621; 10, 621; 11, 615; 12, 682; 13, 697; 14, 695; 15, 629; 16, 715; 17, 689; 18, 698; 19, 711; ders., BGH-FS S. 593。对于秩序违反法参见 ders., GA 04, 569; G/J/W-Wittig, Einf. Rn 6。

[3] 参见 M-G/B-Müller-Gugenberger, § 1 Rn 11。

条第 4 款之规定,欧盟可能颁行可直接适用的原版的欧洲刑法规范。[1] 在欧盟和国家层面的立法活动之外,对于未来的超国家的欧洲刑法的准备工作尚未展开。受欧洲议会委托,1995 年成立的工作小组编纂了《欧洲共同体经济利益保护刑事规范法典》,[2] 其实体刑法部分包含了八个有效保护共同体财政的刑事犯罪(诈骗、投标诈骗、行受贿、滥用职权、违反职责、侵犯职务机密、洗钱和窝赃以及建立犯罪组织)。此外,该法典还规定了与以上领域相关的总则性规定。虽然这一法典至今并未生效,但迄今所做的统一化努力,已经涵括了所有可能形成未来欧洲经济刑法核心的刑事犯罪。

Ⅲ. 法律修改

自本书 1997 年由韦塞尔斯修订第 20 版以来,现行法做出了修改。主要通过 1998 年 1 月 26 日《第 6 刑法改革法案》(BGBl Ⅰ 164),立法者对刑法分则部分做出了大幅修改。这一修正案自 1998 年 4 月 1 日起生效。立法目标和刑罚幅度的调整以及刑法规范的修改,使得刑法保护得以优化,法律适用得以简化,财产犯罪亦如此。对于修改后法律的适用,政府草案连同联邦议会的理由和观点及联邦政府的反对观点(BTDs 13/8587,S. 1-54;55-77;78-90)、法律委员会的报告(BT-Ds 13/9064)和法律委员会于 1997 年 6 月 4 日公开听证记录(BT-Prot. 13/88)等立法资料系重要的解释参考。此外,立法者经常对《1962 年德国刑法典草案》有所涉及。针对失效法律的判例和文献虽然仍有意义,但应谨慎使 11

---

[1] 参见 Satzger, Internationales und Europäisches Strafrecht, 9. Aufl. 2020, § 8 Rn 18 ff。对于经济刑法的欧洲化和国际化,亦见 G/J/W-Wittig, Einf. Rn 12 ff。

[2] 参见 Delmas-Marty, Corpus Juris der strafrechtlichen Regelungen zum Schutz der finanziellen Interessen der Europäischen Union, 1998。就 2000 年修订版本,参见 Satzger, Die Europäisierung des Strafrechts 2001, S. 8; ders., Internationales und Europäisches Strafrecht, 9. Aufl. 2020, § 8 Rn 30 ff。就保护的调整亦见 Grünewald, JR 15, 245。

用。2005 年 9 月 1 日《刑法第 39 修正案》(BGBl Ⅰ 2674)针对第 303、304 条规定增加了第 2 款规定，消除了对于涂鸦行为可罚性的疑问。[1] 其他对于学习不太重要的修订将在文中指出。

〔1〕 对其立法历程和刑事政策评价，参见 Hillenkamp, Schwind-FS S. 927 ff。

第一部分

侵犯财物犯罪

第一章　毁损财物和计算机犯罪

§ 1　具体犯罪

案例1:学生公寓的几个住户将汽车密集停放在居民A房屋门前的通道上并挡住了出入口,A长期以来对此生气。某晚,A实施报复,将停在通道上所有汽车的轮胎放了气,用喷雾罐喷上了“标签”,并通过“车上行走”对乱停车表示了抗议。其中,一辆车的车顶产生了凹陷。 12

A是否应承担刑事责任?(见边码43)

Ⅰ. 一般的毁损财物罪

1. 法律性质和改革

13 第303条规定了基本的毁损财物罪的犯罪构成。第1款禁止对他人财物的损坏或毁坏,由此包含了对于“我的”和“你的”予以界分的相当传统和核心的规范。第2款禁止未经授权对他人财物外观予以改变,只要此种改变并非不显著,也并非只是暂时性的。第2款规定由 2005 年 9 月 1 日《第 39 刑法修正案》[1]所新增。

14 通过第 2 款之规定,在他人外墙、公共建筑等非法涂鸦的行为,应被认定为毁损财物罪。依据 BGHSt 29,129 这一广泛传播的原则性判决,就将涂鸦视为损坏而言,判例持审慎态度(见边码 25 及以下数个边码)。由此,一般应对去除和清洁费用作出鉴定,而且根据立法者的观点,在此存在处罚漏洞。[2]《1962 年德国刑法典草案》(第 249 条)中就已经建议,将使其不可使用和损坏外形增设为毁损财物罪的行为方式(见《德国刑法典》第 133 条第 1 款、第 134 条)。这一建议在《第 6 刑法改革法案》(见边码 11)中以充分理由未予采纳。功能损害在以前和现在本来就可以为这一规定所涵括(见边码 16、边码 23 及以下数个边码)。第 303 条第 2 款的规定甚至比损坏外形之表述更为宽泛。通过犯罪构成的扩张,刑事政策上颇具争议的立场[3]得以贯彻,即为"惩处""涂鸦陋习"而动用刑法手段,但可能更为可取的是,对其理由和(也包括艺术上的)联系进一步进行研究,至少不是首先采取刑事手段。

15 毁损财物罪系结果犯。本罪未遂——与伤害罪自 1998 年开

[1] 参见 BGBl I 2674。这一修正可追溯到 2005 年 6 月 17 日德国联邦议会未作修改而接受的德国社会民主党和"90 联盟/绿盟"党派提出的对《德国刑法典》第 303、304 条进行修改的刑法第 39 修正案草案(BT-Ds 15/5313)。柏林州首先提起动议的缘由在于柏林高等法院所作判决 NJW 99,1200。就立法历程和刑事政策评价,见 Hillenkamp, Schwind-FS S. 927 ff; LK-Wolff, § 303 Entstehungsgeschichte。对明确性不足的诟病(Wüstenhagen/Pfab, StraFo 06,190,194)已获解决。

[2] 参见刑法第 39 修正案草案的说明,BT-Ds 15/5313, S. 1,3。

[3] 对此,参见 Ingelfinger, Graffiti und Sachbeschädigung 2003, S. 11 ff, 35 ff; Schnurr, Graffiti als Sachbeschädigung 2006, S. 112 ff, 221 ff; I. Wolf, Graffiti als kriminologisches und strafrechtsdogmatisches Problem 2004, S. 183 ff 中的引证。进一步参见 Hefendehl, NJ 02,459; Kühl, Weber-FS S. 413; Weber, Meurer-GS S. 283。对改革的积极评价见 Dölling, Küper-FS S. 21 ff; Hillenkamp, Schwind-FS S. 939 ff。批判见 Neubacher, ZStW 118(2006),873。就因证明困难而导致的法条落空见 Schnurr, StraFo 07,318。

始才处罚未遂不同——自 1987 年始即具有可罚性。[1] 原第 2 款对于未遂处罚的规定现调整为第 3 款。第 303 条仅处罚故意毁损财物的行为。除《德国刑法典》第 27 章之规定以外，对于第 133 条、第 274 条第 1 款第 1 项规定的损坏行为也同样如此。[2] 只是在与毁损财物相关的一项特殊罪名（基本的）——放火罪（第 306 条第 1 款）中，法律才在第 306d 条中规定了过失行为的可罚性。[3]

2. 保护法益

第 303 条旨在保护财物[4]法益免遭特定方式的侵害。第 242 条以下条款旨在保护财物所有者对物品事实上的控制，但第 303 条第 1 款保护的是其对物品之完整性和可用性所享有的权益（就其他保护的讨论见边码 26）。[5] 物品本身一般只是法律对象，基本上不具有第 303 条所保护的利益（对于动物存在一定例外，但也只涉及特别的犯罪构成）。所以物品的存在本身并非目的，而是关涉财物所有者的自由，即归其所有的物品使其在特定方面自由的使用在事实上成为可能，并拓展其行动自由空间。由此，重要的是物品的功能，次之才是物品的完整。第 303 条第 2 款“同样”存在针对违背财物所有者行动意志的外来的状态改变所进行 16

---

〔1〕 对此，参见 M/S/M-Schroeder, BT I § 36 Rn 24 及批判 Fischer, § 303 Rn 22。

〔2〕 参见 Wessels/Hettinger/Engländer, BT I Rn 657 ff 和 873 ff。

〔3〕 具体见 Wessels/Hettinger/Engländer, BT I Rn 977。

〔4〕 参见 Dölling, Küper-FS S. 26 f; Krüger, NJ 06, 248; Lackner/Kühl/Heger, § 303 Rn 1; NK-Zaczyk, § 303 Rn 1; Satzger, Jura 06, 429; SK-Hoyer, § 303 Rn 4; S/S-Hecker, § 303 Rn 1; S/S/W-Saliger, § 303 Rn 1。

〔5〕 Vgl. BGHSt 29, 129, 132; 44, 34, 38.

的保护。[1] 由此,财物所有者附加地免遭就物品的物理用途来看对其功能并无影响的改变的侵扰。[2] 在更广泛意义上,这当然也涉及其可感知意义上的功能,特别是其美学效果。由此引致的法益淡化风险可通过以下方式应对,即对于上文提及的行动意志,人们并不是在宪法所保护的一般的自我决定权的完整意义上予以理解,而是涉及由财物自身所衍生并受其限制的财物所有者就物品的外在状态所享有的创设权。[3]

3. 对象和主体

17 毁损财物罪的对象是物品。就主体而言,第 303 条仅包括并非财物所有人的犯罪人。

18 物品(对此也见边码 74 及以下数个边码)系所有有体的对象。第 303 条并不要求物品的可移动性;犯罪构成涉及物品的维持,而与其位置或将来的控制无关。毁损不动产的例子包括(可归责于人的)羊群啃食、践踏或翻刨(空间上可划定的)草地,以及损坏试验田中的基因小麦作物(其首先共同构成了一个不动产)。[4] 有体性要求,对象显示出了一定界限,具有独立的、个别的存在,并因此从环境中凸显出来。自由流动的空气、海水、自由

---

〔1〕 Satzger, Jura 06, 429 und SK-Hoyer, § 303 Rn 4 恰当地论述了一个新的“保护维度”;也见 BK-Weidemann, § 303 Rn 3。“状态改变说”此前已经主张以“损坏”涵括以上情形,参见 Gössel, JR 80, 184; Krey/Hellmann/Heinrich, BT II, Rn 348, 353 f; Otto, BT § 47 Rn 9; F. C. Schroeder, JR 87, 359; JZ 78, 72; S/S-Stree, 27. Aufl. 2006, § 303 Rn 8c 附进一步的文献。

〔2〕 Vgl. SK-Hoyer, § 303 Rn 4.

〔3〕 在此意义上参见 Ingelfinger, Graffiti und Sachbeschädigung 2003, S. 29 f; Kühl, WeberFS S. 421 f。

〔4〕 参见 LG Karlsruhe NStZ 93, 543; OLG Naumburg BeckRS 13, 08144; LG Neubrandenburg BeckRS 12, 17238 附评析 Jahn, JuS 12, 1140。也见 Fahl, JuS 05, 809; S/S/W-Saliger, § 303 Rn 2; M/R-Altenhain, § 303 Rn 2。就残疾人停车位作为犯罪对象,见 Mitsch, NZV 02, 155。就“物品”的概念,也见 Küper/Zopfs, BT Rn 431。

飘落的雪花并不具有有体性，但用雪堆积成的滑雪道则具有有体性。[1] 第303条中的刑法财物保护对象也包括动物。1990年修订的《德国民法典》在第90a条第1句对概念界定（"动物并非物品"）不应以任何方式消减对动物的保护。对于此前并无争议的第303条规定的可适用性，立法者无意做出改变。人们应将以上概念界定限制在民法领域，并确立刑法上独立的物品概念。[2] 立法者此举具有纯粹象征性和一般性。《德国民法典》第90a条第2、3句本身也规定了第1句并无法律效果。对于《德国刑法典》第303条规定的适用，如果将《德国民法典》第90a条第3句理解为针对动物的类比适用规定，也可以达到同样的效果。鉴于两条路径殊途同归，在其之间进行选择就不成为问题；在其之间并无决定可做，在判决或鉴定的说理中亦无讨论必要。表面上的争论只能用作反对象征性立法或支持动物保护的表征。此外，涵摄和方法论上的法律适用在此亦不合适。

对象的财产价值并不重要。财物保护——区别于对于（经济上的）财产的保护——也包括经济上无价值的物品。[3] 泛黄的家庭老照片和刚出厂的汽车一样，都可以成为犯罪对象。如果不存在任何或不存在"合理的"保有 19

---

〔1〕 参见 Rengier, BT I § 24 Rn 5。批判见 S/S-Bosch, § 242 Rn 9。其他观点见 AnK-Popp, § 303 Rn 3; Heghmanns, Rn 865 f; Schramm, BT I § 6 Rn 13; Wessels, BT Ⅱ Rn 15 和 BayObLG JR 80, 429 附批判性评议 Schmid；也见 H-H-Voigt, BT Rn 1232; Hilgendorf/Valerius, BT Ⅱ § 23 Rn 7（雪人）。

〔2〕 对此，参见 § § 324a I Nr 1, 325 IV Nr 1 以及基础性的 RGSt 32, 165, 179。就《德国民法典》第90a条，见 Fahl, Jura 05, 274; Graul, JuS 00, 215; Kretschmer, JA 15, 105; Küper, JZ 93, 435; LK-Wolff, § 303 Rn 3, 5; Mitsch, Jura 17, 1394; MK-Wieck-Noodt, § 303 Rn 9; Wessels/Beulke/Satzger, AT Rn 88。就《动物保护法》第17条规定的特别保护，见 HK-GS/Weiler, § 303 Rn 11 ff，同见本书第42版之前版本。

〔3〕 Vgl. OLG Köln NJW 88, 1102.

利益——与通说的观点相反——并不会影响物品性质及构成要件符合性。[1] 是否值得保护应由财物所有者判定。体系上看,这一问题应属违法性层面,也即作为被害人同意、推定的同意(从利益欠缺角度)或者——比如在杀死狂躁犬只的情况下——依据《动物保护法》第17条第1项之规定。[2] 一个已经损坏的物品也可以成为毁损财物罪的对象。[3]

20 如果物品属于他人(单独、共同或共有)财物,则对于犯罪人而言系他人物品。这一特征并非意在划定行为对象的范围,而是关涉规范的人身适用范围。也即,他属性并非物品的特征,而是行为人与物品之间的关系。相应地,他属性只能在二者的明确关系上进行讨论(物品并不必须是"他人的",而是"对于行为人而言是他人的")。财物所有者应根据民法规范确定(参见《德国民法典》第873条、第929条以下、第1370条、第1922条)。不属于任何人的无主物并非他人财物(见《德国民法典》第959条以下),专属于"犯罪人"的物品也非他人财物。所以单独财物所有者在任何情况下都不可能成为犯罪主体。对于第303条第2款的适用而言,即便所有者将确定物品状态的权利通过法律或合同转移给第三方,财物所有者也不可能成为犯罪主体。[4] 相反,只要存在共同或共有财物,每个所有权人均可能实施可罚的财物毁损。毒品是

[1] 不同观点参见RGSt 10,120,122;BK-Weidemann, § 303 Rn 5;LK-Wolff, § 303 Rn 4;Rengier,BT I § 24 Rn 1;Waszcynski,JA 15,261;Wessels,BT Ⅱ Rn 16。

[2] 参见BayObLG NJW 93,2760;Mitsch,BT Ⅱ S. 209 f;Schmidt,BT Ⅱ Rn 883;S/S-Hecker, § 303 Rn 6。

[3] 参见Schmidt,BT Ⅱ Rn 883;在第303条第2款框架内亦如此,见OLG Hamm BeckRS 11,09907。

[4] 参见Fischer, § 303 Rn 4;S/S-Hecker, § 303 Rn 6。第248b条有所不同,其规定的是"有权者"。

可成为财物也可流通的，故其属于适格的犯罪对象。[1]

如果卖家向买家寄送了未曾预定的商品，则所有权转移取决于购买要约的接受和价款的支付。不愿购买和支付的买家损坏或毁损了商品的，则其在构成要件上实施了毁损财物犯罪。《德国民法典》第241a条规定虽然对此未予“赞同”，但也对买家未附后果地予以准许，因此，在刑法上从中必须推导出卖家对于这一侵害负有的法律上的容忍义务，并相应地排除违法性。[2] 对于表明第246条意义上的非法占有的消费也是如此（就此首先参见边码36），但只有在《德国民法典》第241a条准许的情况下，才可将成立侵占的转卖行为排除违法性。[3]

4. 犯罪行为

第303条第1款中的犯罪行为系损坏或毁损，后者只是前者 21

〔1〕 参见 BGH NJW 06，72；Öglakcıöglu，ZJS 10，344。即便第242、249条规定（边码73）或第253、263条规定（边码535）对其占有并不保护，亦是如此，见 Hillenkamp，Achenbach-FS S. 189，196；Mitsch，BT Ⅱ S. 210；M/R-Altenhain，§ 303 Rn 4。差异见 Ziemann/Ziethen，JR 11，66。如果存在灭失要求（《麻醉品管理法》第16条）或者对于毒品的占有具有可罚性，则应将其排除在第303条的保护范围之外，见 Ladiges，JuS 18，657。

〔2〕 《德国民法典》第241a条作为正当化事由，参见 Fischer，§ 303 Rn 16a；Haft/Eisele，Meurer-GS S. 245，254 ff；Lackner/Kühl/Heger，§ 303 Rn 9；LK-Wolff，§ 303 Rn 8；Matzky，NStZ 02，458；NK-Zaczyk，§ 303 Rn 21；S/S-Hecker，§ 303 Rn 22；Wessels/Beulke/Satzger，AT Rn 423。批判见 Otto，Jura 04，389。就可罚性见 Schwarz，NJW 01，1453。案例分析见 Fahl，JA 12，911。

〔3〕 否定见 Haft/Eisele，Meurer-GS S. 259。在 Otto，Jura 04，389（就此论证 Otto，BeulkeFS S. 508 ff，512 ff）看来，因不予处罚的结果，物品对于消费者而言已经并非“他人的”；类似见 Kohlheim，Ein neuer wirtschaftlicher Fremdheitsbegriff im Strafrecht 2007，S. 90 ff（与通说观点相异的概念理解，见边码80）；整体也见 Dornheim，Sanktionen und ihre Rechtsfolgen im BGB unter besonderer Berücksichtigung des § 241a BGB 2003，S. 220 ff，其将《德国民法典》第241a条视为正当化事由，以及 Tachau，Ist das Strafrecht strenger als das Zivilrecht? 2005，S. 140 ff；220 ff，其因欠缺侵夺可能而从构成要件上对取得型财产犯罪予以否定，并通过被害人同意（而非通过《德国民法典》第241a条）将第303条之罪名正当化；同见 Reichling，JuS 09，113。

的升级形态。至于更多的行为方式,第 303 条第 2 款增加了改变外在形态。

22 所有犯罪行为均可由积极作为以及不作为的方式实施。后者的例证包括,虽有照管义务而不喂养他人动物,或者虽然处于保证地位且有现实机会,而对非法改变外观的行为不予阻止。

a)损坏

23 如果物品的实体被侵害或其惯常用途被损害,则应认为其被损坏。对其改变必须通过对相关物品施以影响而造成,且不可只是非显著性的,[1]物品也必须被不利地予以改变。

24 实体侵害存在于对于构成物品的材料的某一部分的分离(如通过切割),在于对其组成的改变(如通过对液体或气体的污染),或者在于损害其物质完整性的材料的移动(如通过刮擦或摔打)。侵害对于物品而言须具有重要意义,但并未涉及其核心部位。在不动产上放牧[2]或者剐蹭汽车车漆[3]即属此列。

25 针对原第 303 条规定,几十年间一直存在激烈论争,对他人财物毁损外形或进行污染在何范围内可被视为损坏,特别是(但不只是)视为实体侵害,诸多论者坚持其对于未曾修改的第 303 条第 1 款规定的一贯立场。另外,判例和多数学说在第 303 条第 2 款规定中只是看到了补充性的兜底罪名。[4] 据此观点,需要首先澄清的是,是否存在第 303 条第 1 款的适用可能。因此,虽然法律已经修改,但原有争论问题依然存在,对其讨论也并未停息。

---

〔1〕 Vgl. BGHSt 13, 207, 208; 29, 129, 132; BGH NJW 80, 601; OLG Celle NJW 88, 1101; OLG Hamburg NJW 82, 395; Schuhr, JA 09, 170; LK-Wolff, § 303 Rn 9, 10.

〔2〕 Vgl. LG Karlsruhe NStZ 93, 543.

〔3〕 Vgl. MK-Wieck-Noodt, § 303 Rn 19; S/S-Hecker, § 303 Rn 9.

〔4〕 见 KG NStZ 07, 223, 224; Beulke, III, Rn 146; Eisele, BT Ⅱ Rn 463 ff; Hilgendorf/Valerius, BT Ⅱ § 23 Rn 3; Rengier, BT I § 24 Rn 25 f。也见 Schmidt, BT Ⅱ Rn 894; Zöller, BT Rn 576(兜底罪名)。

判例最初对损坏概念理解较窄,并要求存在侵害实体的影响。〔1〕 之后帝国法院认为对于物品外在形象和形态的重要改变即为足够(比如用红色颜料将白色的大理石半身塑像弄脏,或者向衣服上撒尿)。〔2〕 就操纵组合物品而言,帝国法院认为财物损坏的本质至少在于对依通常目的的使用能力的减损。〔3〕 这一观点最终广泛地获得优先地位,〔4〕德国联邦法院的判例也经常对其进行回溯。〔5〕 依据新近观点,任何与财物所有者的创设和财物控制意志相悖的状态改变,比如在墙上张贴海报或喷刷带色字符,均应认定财物损坏(状态改变说)。〔6〕 与之相反,德国联邦法院仍然要求实体侵害或用途减损。〔7〕 在喷洒颜料行为的判决中,德国联邦法院亦不曾偏离这一立场。〔8〕 由此,将污损外形涵括到损坏概念中,应限于严格予以限定的例外情形。〔9〕 26

BGHSt 29,129,132 ff 就此认为,原第 303 条(现第 303 条第 1 款)中的财物保护仅涉及(区别于《德国民法典》第 1004 条)财物所有者对其物品之实体完整性所享有的权益。行为对象从美观角度是否得以构造并拥有根据其用途而独立的审美外观,对于日用品和机器设备而言并不重要。仅在(RGSt 43,204,205 f)涉及的案例中存在例外,即物品(如雕塑、绘画或文物 27

---

〔1〕 参见 RGSt 13,27,28;后续也见 Beulke/Zimmermann,II Rn 104。

〔2〕 Vgl. RGSt 43,204;RG HRR 1936,853.

〔3〕 Vgl. RGSt 55,169;64,250,251.

〔4〕 总结见 RGSt 74,13,14。

〔5〕 BGHSt 13,207,208;29,129,133;BGHSt 44,34,38 附同意其结果的评析见 Dietmeier,JR 98,470;Krüßmann,JA 98,626;Otto,NStZ 98,513。

〔6〕 就原第 303 条规定,参见 Gössel,JR 80,184;Krey/Hellmann,BT II,15. Aufl. 2008,Rn 240,245 f;Otto,BT § 47 Rn 9;F. C. Schroeder,JR 87,359 und JZ 78,72;S/S-Stree,27. Aufl. 2006, § 303 Rn 8c 附进一步的文献。

〔7〕 参见 BGHSt 29,129,133;BGH NJW 80,601。赞成的见 Fischer, § 303 Rn 8 f。

〔8〕 通过援引 BGHSt 41,47,55——一份未曾作出偏离的判决,OLG Düsseldorf NJW 99,1199 判决却得出了不同的结论。恰当 KG NJW 99,1200;OLG Karlsruhe StV 99,544。

〔9〕 参见 OLG Celle NStZ 81,223;OLG Frankfurt NJW 90,2007;OLG Dresden NJW 04,2843。

古迹)用途与其美学目的明显关联;"对外在形象和形式的重要改变,"[1]仅在此才足以认定第303条之罪名。

据此,只有在导致实体侵害或用途减损的情况下,污损或弄脏他人物品才可能符合第303条第1款之犯罪构成。[2]

28 根据判例的观点,只有因犯罪而引起的清洁措施必然导致实体侵害或用途减损,始为已足,[3]因为这样的话,物品实体在污损当时就已经与此产生关联(法律修改前本书第27版边码28也持同样观点)。[4] 相关例证包括用沥青涂抹墙面、外墙或广告柱或者用颜料喷刷口号与标语。[5] 以上操作不必被视为有问题的类推("类损害"的状态或者将清洁工视为间接正犯人的预期的间接正犯[6]),而大可被理解为证明规则:如若某一改变没有实体侵害就不可能复原,也就意味着,其在目前状况下,不只是外在的,而是侵害实体的。[7] 就此一般应获取(通常昂贵的)鉴定。

相反,在房屋、墙壁、开关和配电箱等之上粘贴海报的并不符合第303条第1款规定,轻易可去除的乱涂乱画也不符合。与之相反,在其他海报之上粘贴选举海报,在存在固有联系时一般会导致对已有海报的财物损坏。[8]

学说上部分坚持"状态改变说",德国联邦法院对于原第303条的解释

[1] 相应判决参见 BGHSt 29,129,134。

[2] 基本观点参见 BGHSt 29,129,132。

[3] 参见 BGH NStZ 14,415,416。

[4] 对此,参见 Ingelfinger, Graffiti und Sachbeschädigung, 2003, S. 21 ff; Wilhelm, JuS 96,425。相反的见 Maiwald, JZ 80,259; Momsen, Anm. JR 00,172; Seelmann, JuS 85,200。

[5] 参见 RG HRR 1933,350; OLG Celle StV 81,129; OLG Düsseldorf NJW 82,1167; OLG Oldenburg JR 84,35 附评注 Dölling; LG Bremen NJW 83,56。

[6] 对此,参见 OLG Düsseldorf NJW 93,869; KG NJW 99,1200, OLG Dresden NJW 04,2843。如 Hohmann/Sander, BT I § 10 Rn 10 f; Klesczewski, BT § 8 Rn 11; Kreß/Baenisch, JA 06,710; Küper/Zopfs, BT Rn 440; SK-Hoyer, § 303 Rn 15 f。也见 NK-Zaczyk, § 303 Rn 28; S/S-Stree, 27. Aufl. 2006, § 303 Rn 9a。

[7] Vgl. Schuhr, JA 09,170.

[8] 参见 BGH NStZ 82,508;对此富有教益的有 Wilhelm, JuS 96,424。

受到广泛批判。[1] 其通常与《1962年德国刑法典草案》(见边码14)意义上的改革需求相结合。[2]

在法律修改过程中,立法者并无疑义地遵循了以下目的,以第303条第1款规定的犯罪行为涵括“实体侵害及损害技术上的可用性的情形”,并通过增设的第2款规定实现“在此之外的对外在形象的保护”。第2款首先考虑的是具有持续性的涂鸦,且不考虑之后的清洁损失。[3] 由此,外在形象的改变被全部归入第2款范畴之内。人们亦应将以下案件排除在损害行为之外,其中,只有在对原始状态的恢复过程中才可能产生实体损害。即使第303条第1款根本并未予以修改,[4]但立法者绝不可能认可第2款规定的从属性[5]。恰恰相反,立法者想要避免的是通常情况下“昂贵的鉴定”的必要性。[6] 只有通过在此主张的分类,以上目标才能得以实现。 29

据此,第303条第1款中的损害概念要求行为作用于相关物品,并直接导致其实体完整性或其惯常用途(功能)上的损坏。仅作用之结果应直接产生,而作用本身完全可以间接地产生——第303条并非亲手犯,间接正犯是可能的。 30

---

[1] 参见 Dölling, NJW 81, 207; Maiwald, JZ 80, 256。赞成德国联邦法院的有 Behm, JR 88, 360; Katzer, NJW 81, 2036; Seelmann, JuS 85, 199。

[2] 参见 Hauf, BT I S. 77; Wessels, BT Ⅱ Rn 22。

[3] 参见 BT-Ds 15/5313, S. 3; 对于授权规范的提示,即在极为罕见的案件中(见边码40),能够将涂鸦行为正当化,显示出其他所有的改变也被涵括在内。

[4] 如 Jäger, BT Rn 532a; Krey/Hellmann/Heinrich, BT Ⅱ Rn 346, 354; Rengier, BT I § 24 Rn 20 f, 25 f; Schuhr, JA 09, 171 f。

[5] 但是,如 KG NStZ 07, 223, 224, 见边码25。

[6] 参见 BT-Ds 15/5313, S. 1; 在结论上与本书相同的见 AnK-Popp, § 303 Rn 17; 疑虑的有 S/S/W-Saliger, § 303 Rn 8; 在 S/S-Hecker, § 303 Rn 10 看来,本书支持的观点“值得考虑”。

31 所以,在文献中个别主张的"功能失效说"(Funktionsvereitelungstheorie)也不值得赞同。这一观点将对于物品本身的作用视为可有可无。最终在功能损害之外满足于物品使用或使用效果的损坏。依此,如只是将电动机器断电(并未造成损害),甚至只是将物品取走,都有可能构成损坏。[1] 此种观点将第 303 条的保护目的解读过泛,而漠视了类推禁止所要求的刑法相较于民法所应具有的"补充性"(Subsidiarität)或曰"碎片性"(Fragmentarietät)。[2] 为阻止交通监管设备中的摄像头借助于汽车内安装的反射器获取司机影像,将摄像头喷洒芥末,法院将之判定为损坏财物,也是犯了同样的错误。虽然通过喷洒芥末,犯罪人对物品本身施加了影响,但并非通过反射器或"对闪装置"(Gegenblitzanlage)对摄像头施加影响,也未损害摄像头的功能,而只是改变了其所摄取的影像,也就使得安装摄像头所追求的目标遭受损坏。这对于损坏财物而言并不足够。[3] 损坏的方式并无所谓,不常见或非直接的方式亦可[例证:通过持续影响动物的神经系统而使其患病(RGSt 37,411,412);在铁轨上设置路障(BGHSt 44,34,38)]。

32 作用的结果并非只是非重大(unerheblich)。由此,如果结果通过时间、精力或费用上的轻微付出即可去除,则应将其从符合构成要件的结果中予以排除。[4] 在此,恢复原状的花费只是重大性的一个表征,并不能改变对于实

---

[1] 如 Kohlrausch/Lange, § 303 Anm. III; Maurach, BT 5. Aufl. S. 191 对将鸟放飞持支持意见;对此,见 § 251 E 1962 mit Begr. S. 421 f。

[2] 更详尽参见 RGSt 20, 182, 185; A/W-Heinrich, § 12 Rn 24 ff, 27 f; SK-Hoyer, § 303 Rn 7,8; S/S/W-Saliger, § 303 Rn 5。

[3] 其他 OLG München NZV 06,435 附否定性评议 Gaede, JR 08,97; Kudlich, JA 07,72 和 Mann, NStZ 07, 271; 如同本书 Eisele, BT Ⅱ Rn 460; Lackner/Kühl/Heger, § 303 Rn 4; M/R-Altenhain, § 303 Rn 5; Rengier, BT I § 24 Rn 22; Schmidt, BT Ⅱ Rn 891; Schramm, BT I § 6 Rn 21; S/S/W-Saliger, § 303 Rn 9; 对于——应予否定的——根据第 303 条、第 304 条规定,将粘贴反光的锡箔纸认定为对标识的财物损坏,见 Walter/Uhl, JA 09,34。

[4] 参见 BGHSt 13,207,208; BGH NStZ 82,508; OLG Düsseldorf NJW 93,869; OLG Düsseldorf NJW 99,1199; LK-Wolff, § 303 Rn 7; SSW-Saliger, § 303 Rn 6 以及本书边码 35。

体或物品功能的损坏须首先与之无关地予以确定。[1]

第303条第2款对“并非只是非重大”(nicht nur unerheblich)这一要件做出了明文规定。但从中并不能得出反面论证来认定对于第303条第1款并不存在这一条件。轻微不法因明确性原因已被整体排除在第303条之外，在第2款中只是强调，对于这一新增的行为方式而言，并无任何不同。

当对物品施加(已经结束的)影响的结果，损坏了物品的功能但没有实体损害的损坏也有可能存在。[2] 所以虽然组装物品的单个部分保持完整，但重新组装或排除干扰只能通过一定的花费才有可能的，则其可利用性亦可被灭失或减损。[3] 例证包括拆解手表、拆卸汽车前轮[4]和插入(不可直接移除的)木头楔子卡住机器[5]。对于第303条的狭隘的实体论(Substanztheorie)理解[6]亦不可取，因为财物保护的核心部分正是关涉可利用性(就盗窃罪之相关论述，见边码146)。惯常的可利用性(bestimmungsgemäße Brauchbarkeit)应根据外在可见的财物所有者的意图来确定，就此应对日常生活观念予以关注。[7] 在《德国民法典》第903条规定之背景下，应对财物所有者的意图做纯然主观的理解，[8]这种观点应予拒绝。否则，在行为情境中将难以辨明何种行为系第303条规定所禁止，这恰是法律主义原则(Gesetzlichkeitsprinzip)所要 33

〔1〕 Vgl. BayObLG StV 97, 80; HansOLG Hamburg StV 99, 544; Behm, NStZ 99,511.

〔2〕 Vgl. OLG Köln NJW 99,1042.

〔3〕 Vgl. BGHSt 13,207,208 f;29,129,132 f;S/S/W-Saliger, § 303 Rn 10.

〔4〕 参见 BGH BeckRS 16,19423 附评注 Bosch,Jura(JK)17,360。

〔5〕 对此富有教益的有 RGSt 20,182,183 f。

〔6〕 Vgl. Kargl,JZ 97,289.

〔7〕 参见 S/S/W-Saliger, § 303 Rn 9; NK-Zaczyk, § 303 Rn 6;类似也见 Ladiges,JuS 18,659。

〔8〕 如 SK-Hoyer, § 303 Rn 11;也见 LK-Wolff, § 303 Rn 18;相反 Ladiges,JuS 18,658。

求的。

34 物品的可用性及其状况须不利地予以改变,在对已经存在的缺陷予以恶化的情况下可予认定。[1] 相反,对损害的物品正常进行维修并将其情况改善,并非对其进行损坏,则不可予以认定。在财物所有者(如为了证明目的)对于损坏状况的继续具有利益的情况下也是如此,因为此种利益并非为第 303 条第 1 款的保护目的所涵括。[2] 但在此类案件中,现在可能符合第 303 条第 2 款之规定(见边码 37)。

35 在以其他标识覆盖交通指示牌的情况下,损坏在于对惯常的可辨别性的持续性损害。在此,粘贴的标识是否容易去除并不重要,因为接收者通常并非与标识相互作用,而只是看到标识即可。损害的时间却很重要。[3] 如果用啤酒将交警的执勤衬衫淋湿,[4] 则要斟酌可用性减损的非重大性(Unerheblichkeit)。一般情况下,就此(排除轻微行为)[5] 也涉及将汽车或自行车轮胎的气放光。在此否定损坏的存在,并不是因为单个轮胎并未因此影响而在材料上有所改变或不可使用,而是因为只是暂时地损害其可用性。[6] 更确切地说,决定性的问题在于,汽车或自行车作为组合物品在此类侵害之后是否仍然能够惯常地作为交通工具继续使用。即便只是单个轮胎没气,这一功能也会灭失或至少遭受损害。如果重新充气在当时当地并非通

---

[1] 参见 OLG Celle StV 81,129。

[2] 参见 BGHSt 29,129,132;Hohmann/Sander,BT I § 10 Rn 9;Krey/Hellmann/Heinrich,BT Ⅱ Rn 348;NK-Zaczyk, § 303 Rn 13;S/S-Hecker, § 303 Rn 13。其他见 RGSt 33,177,180;A/W-Heinrich,BT § 12 Rn 22;BK-Weidemann, § 303 Rn 15;Eisele,BT Ⅱ Rn 459;Rengier,BT I § 24 Rn 14。区别 S/S/W-Saliger, § 303 Rn 12。

[3] 参见 OLG Köln NJW 99,1042;Baier,JuS 04,59。

[4] Vgl. OLG Frankfurt NJW 87,389;H-H-Voigt,BT Rn 1239;Stree,JuS 88,187.

[5] 对此,参见 Behm,StV 99,570。

[6] 但是,如 OLG Düsseldorf NJW 57,1246 Nr 20。

过耗费大量时间和精力才有可能,则可因欠缺重大性(Erheblichkeit)[1]而对财物损坏予以否定。

判例例证:案件中暴露出的未决问题在于对种植转基因植物试验田的抗议。但是,从财物损坏的角度来看,OLG Naumburg BeckRS 13,08144 案件并无问题。在该案中,自诩为“田地解放者”(Feldbefreier)的犯罪人在摄影队的跟拍下,用镐头和耙子将 7000 多株转基因小麦全部摧毁,这明显成立第 303 条第 1 款规定的犯罪(见边码 18、36)。具体而言,主审法院讨论了其行为能否依据第 34 条规定被正当化的问题,并得出了否定答案。与之相反,在(LG Brandenburg BeckRS 12,17238)判决中,除了(被予以否决的)强制罪,涉及的问题在于,在专为种植转基因马铃薯“阿姆弗洛拉”(Amflora)而划定的约 20 公顷试验田上,激进分子为阻止在 0.25%的土地面积上种植转基因马铃薯,在其之上散播了 20 千克的“他种马铃薯”(Fremd-Kartoffeln),并将 10 千克左右的马铃薯埋到地下,从而不再可能将之确切地全部挖出。在此情况下,试验田是否在第 303 条第 1 款的意义上被损坏?试验田的部分土地由此不再适于种植转基因马铃薯,因为按照批准公文,转基因马铃薯应与普通品种的马铃薯严格区分进行种植。法院恰当地认定,此种“开放土地”(Freisetzungsfläche)系财物损坏的适格对象(见边码 18),虽不涉及实体侵害,也是如此。援引 BGHSt 44,34,法院进而正确地认定,对于惯常用途的持续性损害也可能存在财物损坏。在对其否定的过程中,法院并未(明确地)述及可能对只是 0.25%(至少有 50 米×50 米)面积试验田的损害欠缺重大性的辩驳。相反,法院以存在疑问(也有些不太清楚)为由对惯常用途损害予以否定,对于损害判断,应作“客观的回溯性考察”(objektiv-retrospektive Betrachtungsweise),而非取决于财物所有者的主观利益。[2] 据此,惯常用途损害被排除,因为虽然按照批准公文的要求,部分土地不再适于种植计划的试验马铃薯,但其客观上作为开放土地却适于并仍然适于马铃薯种植。而

---

〔1〕 参见 BayObL JR 88,217;对此否定 Kargl,JZ 97,290;对此更详尽 BGHSt 13,207;Behm,Anm. NStZ 88,275;Geerds,Anm. JR 88,218;HK-GS/Weiler, § 303 Rn 5(事实问题);Rengier,BT I § 24 Rn 12 f。与 BGH BeckRS 16,19423 附评注 Bosch,Jura(JK)17,360 不同的是,对此需要根据各个案件的具体情况作出判定。

〔2〕 Zöller,BT Rn 583 同样如此。

且,试验推行者之所以决定不再种植转基因马铃薯,并非基于土地的改变,而是基于在物品之外存在的批准公文的要求。但所有这些显然无法改变部分土地已经丧失了对于所有者而言存有的利用权属的事实,并因此对其而言,在试验期间丧失了对其目的的可利用性。由此,当然可以对此作出不同的判决。[1]

b)毁坏

36 当物品因有结果的作用而在其实体上被灭失(例证:杀害动物、焚烧书籍)或者被严重损坏,以致其惯常用途完全消失的,则认为物品被毁坏(zerstören)。[2] 也即,相对于损坏,毁坏并不存在替代性。对于消耗品,毁坏只存在于与目的相悖的耗费。相反,惯常的消耗(bestimmungsgemäßer Verbrauch)只是对物的利用,并不符合毁损财物罪的犯罪构成。[3] (因通常的使用而引起的非消耗品耗损,也非损坏。)在此,也应着眼于财物所有者对外可知的用途确定。

如果犯罪人具有非法占有目的,比如消耗他人食品,则应在取得罪中完全涵括其不法;[4]如果犯罪人具有使用目的,则与行为必然伴随的物品损耗可由第284b条评价,或者在物品使用盗窃(furtum usus)并不为罪的情况下,作无罪处理。如果犯罪人在所有者的壁炉内燃烧木材或者不请自来地向其发送传真广告,单纯木材以及纸张的消耗并不包含财物损坏的不法。BGH NJW 96,660判决针对违反公平竞争而硬塞的传真广告所做的论理,并不适

---

[1] 参见Jahn,JuS 12,1140。

[2] 参见RGSt 55, 169, 170; BGH NJW 19, 90, 92 f; AG Solingen BeckRS 12,13233(刺破汽车轮胎)。

[3] 参见Blei,JA 73,811;LK-Wolff, § 303 Rn 20;S/S-Hecker, § 303 Rn 10; Seier,JuS 97 L 62。其他观点见Heghmanns,Rn 890;Kindhäuser/Hilgendorf, § 303 Rn 29;Ladiges,JuS 18,660。

[4] Vgl. NK-Zaczyk, § 303 Rn 19;S/S/W-Saliger, § 303 Rn 4.

用于财物损坏。[1] 相反,在新年之前燃放他人烟花属于对其的毁坏,因为这一时间节点通常与明显的目的设定相关。[2]

c)改变外观

改变外观(Verändern des Erscheinungsbildes)(第 303 条第 2 款)之行为方式保护财物所有者免遭此类侵害,其违背或者欠缺(也已足够)所有者或在意志行使上代表所有者的被授权人的意志而改变物品的外在状态。如果此种改变通过第 303 条第 1 款规定的行为而发生(对此见边码 25、29),则只存在一个统一的财物损坏。[3] 如果引致与作用之前已经存在的状态相区别的外在形象,则认为存在外观改变。[4] 这一改变对于外在形象有所恶化或者改观并无所谓——毕竟这是个品味问题,原本也不能被客观化。物品由所有者赋予了特定的审美效果亦不重要。就此而论,改变 37

〔1〕 但支持刑事可罚性的参见 Eisele, BT Ⅱ Rn 476; Schmidt, BT Ⅱ Rn 901c; Schmittmann, MMR 02, 263; Stöber, NStZ 03, 515。如同本书 OLG Frankfurt NStZ 04, 687; Klesczewski, BT § 8 Rn 9。对于在固定的"闪光灯"中将胶卷"消耗",见 Walter/Uhl, JA 09, 35。

〔2〕 类似也见 Ladiges, JuS 18, 660;其他观点见 S/S-Hecker, § 303 Rn 13。

〔3〕 对于重叠问题,见 I. Wolf, Graffiti als kriminologisches und strafrechtsdogmatisches Problem 2004, S. 234 ff。部分地认定了——如同本书直至第 42 版——典型的同时实现的改变情形的中止,比如 Beulke, III Rn 145; Küper/Zopfs, BT Rn 440。相反,相对于第 303 条第 1 款,支持第 303 条第 2 款一般性的补充性的参见 KG NStZ 07, 223。

〔4〕 参见 MK-Wieck-Noodt, § 303 Rn 55; Satzger, Jura 06, 434; OLG Jena NJW 08, 776。鉴于其内容上的联结,回溯到第 303a 条意义上的"改变",并不可取,对此参见 Krüger, NJ 06, 248; Thoss, StV 06, 160。与 M. Heinrich, Otto-FS S. 583 相反,"直接的利用上的损害"与污损一样,并不做要求。

这一概念是中性的。[1]

38 为标识应予处罚的且与第 303 条第 1 款之不法内涵相对应的行为,改变外观也必须系对物品本身施加作用的直接效果。由此,只是错置、遮蔽或将光投射到墙面并不足够。[2] 因为立法者也知道,并非所有对于外观的改变都具有足够的不法性质,所以通过以下三项标识改变行为的特征来对犯罪构成予以限制。

39 第一,改变不能只是非重大的。鉴于重大性(见边码 32、35)一向是符合犯罪构成的财物损坏的不成文的前提,立法者(仅在第 303 条第 2 款中)最好是放弃其标准化。[3] 在第 303 条第 2 款中,重大性须与外在形象相关。在房屋墙壁很难看出或者在本来已经由涂鸦覆盖的位置粘贴极小的"标签"并非重大,在阳台前悬挂彩色床单或横幅却属重大(但因欠缺对物品实体的作用而非符合犯罪构成的改变)[4]。认为重大性本身与对实体的作用自然相关的主张走得太远。[5]

---

〔1〕 参见 AnK-Popp, § 303 Rn 18;Mitsch,BT Ⅱ S. 214;M/R-Altenhain, § 303 Rn 14;S/S-Hecker, § 303 Rn 16。其他观点参见 M. Heinrich,Otto-FS S. 593。在不同的法律联系上,对于概念的不同意义,参见 I. Wolf, Graffiti als kriminologisches und strafrechtsdogmatisches Problem 2004,S. 217 ff。对于并未选择的污损概念的恰当批判,见 Ingelfinger,Graffiti und Sachbeschädigung 2003,S. 36 ff,其自身优先选择了"损害"概念。对其遵循见 I. Wolf,同前 S. 230 ff。

〔2〕 参见 I. Wolf, Graffiti als kriminologisches und strafrechtsdogmatisches Problem 2004,S. 219。也见 AnK-Popp, § 303 Rn 19;Hillenkamp,Schwind-FS,S. 938;Lackner/Kühl/Heger, § 303 Rn 7b;Moos,JR 01,94;M/R-Altenhain, § 303 Rn 13;NK-Zaczyk, § 303 Rn 23;Satzger,Jura 06,431,435;Weber,Meurer-GS S. 290。对于宽泛理解的批判,也见 Fischer, § 303 Rn 18a。其他观点见 LK-Wolff, § 303 Rn 28;另外也见 Rengier,BT I § 24 Rn 29;S/S/W-Saliger, § 303 Rn 14。

〔3〕 对于批判,见 Ingelfinger,Graffiti und Sachbeschädigung 2003 S. 40 f;Kühl, Weber - FS S. 425; Thoss, StV 06, 161; I. Wolf, Graffiti als kriminologisches und strafrechtsdogmatisches Problem 2004,S. 227。

〔4〕 其他见 BT-Ds 15/5313,S. 3,在此否定了重大性。

〔5〕 但是,如 OLG Jena NJW 08,776。

判例例证：在 AG Tiergarten NJW 13,801 一案中，被告人在建筑废墟的外墙上用彩色喷剂涂抹了“ESW”字样。经过权衡，初级法院否决了该行为构成实体侵害。可是，正确的是（见边码 29），在此财物损坏只应根据第 303 条第 2 款规定予以判定。但这一可能也被恰当地予以否定，因为“涂抹的‘ESW’字样……在已经存在的大面积图画之上”，图画大大超出了字样的范围，字样“与建筑物的其他外观相比并不显眼”。根据（KG BeckRS 13,04002）判决，“一个大约两米乘两米大小的涂鸦”则有可能符合重大性改变。因此，判决必须“包含对可能的颜料涂抹的大小和形状的确定——不仅对其外在的范围，而且对其法律评价来说可能重要的布局以及持续性”。

第二，改变不能只是临时性的（nicht nur vorübergehend）。依 39a
此，“在短时间内可以不费力气地自己消失或被去除的”改变，“如遮盖、用可除掉的透明胶带张贴以及用粉笔和水彩着色”——对应草案说明[1]，不属于符合犯罪构成的改变。如例证所示，条件由与时间相关的因素和与实体侵害强度相关的因素组成，二者均有可能缺乏。[2]

第三，改变必须是未经授权（unbefugt）而实施的。在此涉及 40
犯罪构成要件，因为其对于不法而言是决定性的，并且是对比第 303 条第 1 款包含的对于违法性层面的一般性提示而相应作出规

〔1〕 参见 BT-Ds 15/5313, S. 3。对此也见 BGHSt 29,129,132：“简单可以去除的污渍”。所有“在不值一提的精力、时间或费用耗损前提下”可以去除的东西。相反例证参见 OLG Jena NJW 08,776。

〔2〕 支持将强度分配至非重大性，并将（时间上的）广度分配至“只是暂时”SK-Hoyer, § 303 Rn 20；对其赞成 NK-Zaczyk, § 303 Rn 25；Satzger, Jura 06,435；S/S/W-Saliger, § 303 Rn 16。然而，轻易可以去除的改变，并不取决于其留存，而只是暂时的，即并非物理上延续的；如同本书 Eisenschmid, NJW 05,3035；Fischer, § 303 Rn 19；Krüger, NJ 06,250。

定的。[1] 如果获得了财物所有者或者对其而言有权行使创设意志之人的同意(Einverständnis)而实施改变,则犯罪构成即不符合,因为并不存在对第 303 条第 2 款保护的创设意志(见边码 16)的侵犯。[2] 对此的适例是,汽车学徒经父母同意而将因冰雹导致的父母车顶的凹痕去除。相反,如果学徒想给父母一个惊喜,但其父母为兑付保险而想要保留凹痕,则其行为符合第 303 条第 2 款之规定。[3] 与之不同,如果第三人相对于财物所有者(或者其他获得授权者)因紧急权(Notrechte)或公法权限(öffentlich-rechtlichen Befugnisse)而获得状态改变的权利,则与对于物品的损坏或毁坏无异,"只能"考虑正当化。[4]

在房门上喷涂针对门后潜在爆炸危险而设置的警示,从对于房门外观的改变而言,通常会侵犯所有者的创设意志,但却通常能够根据《德国民法典》第 904 条规定而被正当化。如果社区将不被允许但为所有者希望的涂色而带来的建筑设施污垢去除,则社区违背所有者意志而改变了建筑物外观。由

---

〔1〕 Vgl. BT-DS 15/5313, S. 3.

〔2〕 草案论证同样如此,参见 BT-Ds 15/5313, S. 3。可是,在第 1 款的框架内,承诺仍然只是一项正当化事由,如此,参见 Satzger, Jura 06, 433; S/S-Hecker, § 303 Rn 22。其他观点参见 Hillenkamp,本书直至第 33 版(见边码 13b)。在破坏基因小麦种植情况下,对于正当化的紧急避险的论述,见 OLG Naumburg BeckRS 13, 08144。

〔3〕 根据第 303 条原规定,此种情形是存在争议的。例如,反对损坏的参见 Krey/Hellmann, BT II, 15. Aufl. 2008, Rn 240; NK-Zaczyk, 2. Aufl. 2005, § 303 Rn 13; S/S-Stree, 27. Aufl. 2006, § 303 Rn 9 f 以及本书 27 版边码 27。相反,不同的是 A/W-Heinrich, § 12 Rn 22; Rengier, BT I § 24 Rn 14。

〔4〕 立法说明有所不同,据此,援引"授权规范"也应当排除犯罪构成,参见 BT-Ds 15/5313, S. 3。对之赞成的参见 Eisenschmid, NJW 05, 3035; HK-GS/Weiler, § 303 Rn 6; Kindhäuser/Hilgendorf, § 303 Rn 18。

此,对此享有的权限可将符合犯罪构成的侵害正当化。[1] ——将"未经授权"确立为犯罪构成要件的结果就在于,第 303 条第 1 款框架下作为正当化的承诺(rechtfertigende Einwilligung)的同一声明,在第 2 款情况下可作为排除犯罪构成的同意(tatbestandsausschließendes Einverständniss)。[2]

5. 与单纯财物剥夺之界分

单纯的物品或占有剥夺(Sach-oder Besitzentziehung),在现行 41
法中并未规定为犯罪,[3]不符合第 303 条规定的构成要件。理由在于,剥夺行为并不包括对物不利的改变作用,而只是涉及所有者对于财物的掌控关系(Herrschaftsverhältnis)。

比如将家养的夜莺从饲养者的笼子中予以放飞,将对手的金戒指丢到河里,或者将收获颇丰的集邮者的一枚珍贵邮票连同保护薄膜一起不留痕迹地夹到集邮者私人图书馆的某本书中,受害人虽然可能根据《德国民法典》第 823 条产生损害赔偿请求权,但不可能导致行为人根据第 303 条规定承担刑事责任。[4]

在将从所有者处侵夺的物品置于进一步的作用之下,且必然导致物品的损坏或灭失的案件中,仍应留有第 303 条适用的空间,比如,将他人的自行车

---

[1] 根据《德国民法典》第 228 条、第 904 条予以正当化方面,SK-Hoyer, § 303 Rn 25 对之遵循,但是,在职务权限的情况下排除犯罪构成。类似 NK-Zaczyk, § 303 Rn 26。相反,如同本书 Eisele, BT Ⅱ Rn 473; Krey/Hellmann/Heinrich, BT Ⅱ Rn 363; Krüger, NJ 06, 251; Küper/Zopfs, BT Rn 441; M/R-Altenhain, § 303 Rn 17; Satzger, Jura 06, 435; S/S-Hecker, § 303 Rn 17。支持一般性的违法性特征的见 Heghmanns, Rn 895。

[2] 参见 Satzger, Jura 06, 433; S/S-Hecker, § 303 Rn 22。

[3] 不同的参见 E 1962 § 251;批判的参见 oecks/Jäger, § 303 Rn 11 ff;对于剥夺与损坏的界分,见 BGHSt 44, 34, 38 f; Krüßmann, JA 98, 627。

[4] 通说观点如此:Fischer, § 303 Rn 12; LK-Wolff, § 303 Rn 19; S/S-Hecker, § 303 Rn 12; S/S/W-Saliger, § 303 Rn 5。

扔到水里，并导致其随着时间的推移而生锈和散架。[1] 鉴于通过财物剥夺会导致物品脱离所有者的保护，并因此通常“命途多舛”，思量过后财物剥夺的不可罚性受到冲击。至少经过一定时间或在他方作用下产生的损害后果应正确地不再纳入规范射程（Reichweite der Norm）。[2]

6. 主观构成

42 对于主观要件，间接故意即为已足。故意不需要涉及第303条第1款规定的行为的违法性，因为在此并非涉及第16条第1款意义上的行为情状，而只是涉及对于一般性的犯罪特征之违法性的多余提示。[3] 如果犯罪人对于违法性存在错误认识，则应根据相关有效规则作出判决。如果犯罪人错误认为，所有者——或者在第303条第2款框架内有权者——是“同意的”（einverstanden），则应先行解决在毁损财物罪中承诺（Einwilligung）是已经排除了构成要件还是只是排除违法的问题。即便根据修改后的法律，基于财物所有者承诺而获得授权的外形改变排除第303条第2款之犯罪构成，更为恰当的是，在第303条第1款框架内，仍将承诺视为正当化事由（见边码40）。

43 在案例1中，放光所有轮胎的气符合毁损财物罪的犯罪构成（见边码

---

〔1〕 参见 RGSt 64,250 f；RG GA Bd. 51,182,183；Kindhäuser/Hilgendorf，§ 303 Rn 24；S/S-Hecker，§ 303 Rn 12；Schramm，BT I § 6 Rn 27。

〔2〕 因此，恰当批判 A/W-Heinrich，BT § 12 Rn 28；R. Schmitt，Stree/Wessels-FS S. 505。如果动物的死亡是其遗弃的直接后果（如在车水马龙的道路上或者在零下40度的环境下），则当然存在第303条的适用。因此，这作为反面例证并不具有说服力，如 Satzger，Jura 06,431。如同本书 S/S/W-Saliger，§ 303 Rn 5。折中 Ladiges，JuS 18，659。

〔3〕 参见 Wessels/Beulke/Satzger，AT Rn 200；其他观点 Gropengießer，JuS 97，1013；ders.，JR 98,93：犯罪构成要件附有“在侵犯实体的所有权归属的情况下”的意义。

35,BGHSt 13,207,208)。在“标签”[1]情况下,虽然处罚与言论或艺术自由并不冲突,[2]但根据之前的法律规定以及广泛传播的观点,在金属表面上的字符一般能够无残留且不伤漆地除掉。[3] 当下喷涂“标签”可被理解为第303 条第 2 款规定的改变外观。如果其就大小和可见度而言是重大的,则 A应受处罚,因为“标签”并非能够被轻易去除。所以改变并非暂时性的。根据第 303 条第 2 款规定,因清洁而对实体产生的损害不再重要。虽然车顶的凹陷一般是对汽车的重大损坏(以及退居其后的外观改变,见边码 37),但对于一个训练有素的车上行者而言,可能不为故意所包含。[4] 虽然汽车使用者存在违反交通法规且阻碍 A 出行的行为,但 A 不可援引正当化事由。[5] 如果刑事追诉机关否定了特别的公共利益,则根据第 303c 条之规定,毁损财物罪系告诉才处理。有权提起告诉的只有财物所有者。将此权限扩展至使用权人如租用人、借用人或承租人(在第 303 条第 2 款的案件中也是)并不恰当,因为相对于第 303 条所保护的独立的法益,从所有权中引申出来的权利不能得以证立。[6]

7. 鉴定结构:毁损财物罪,第 303 条

43a

毁损财物罪,第 303 条
Ⅰ. 犯罪构成

---

[1] “标签”是指喷涂者的签名的缩写,指向了其个人的作者身份;该概念与“船员符记”的区别,以及其在刑事诉讼中作为证据的适格性,见 LG Potsdam BeckRS 15,1402;LG Offenburg BeckRS 02,16890。

[2] 参见 BVerfG NJW 84,1293;EKMR NJW 84,2753:苏黎世的喷涂者;对此见 Eisele,BT Ⅱ Rn 480;Kingreen/Poscher,Grundrechte Staatsrecht Ⅱ,34. Aufl. 2018,Rn 715,742。

[3] 参见 OLG Köln StV 95,592;BayObLG StV 97,80 附赞成性评议 Löhnig,JA 98,184;LG Itzehoe NJW 98,468;HansOLG Hamburg StV 99,544。

[4] Vgl. LG Berlin NStZ-RR 97,362.

[5] Vgl. S/S-Perron/Eisele,§ 32 Rn 9;Dölling,JR 94,113.

[6] 如同本书的参见 Fischer,§ 303c Rn 3;S/S-Hecker,§ 303c Rn 2。其他观点见 OLG Frankfurt NJW 87,389;Lackner/Kühl/Heger,§ 303c Rn 2。

1. 客观构成

a)行为对象:· 物品(参见《德国民法典》第 90 条)
- →不可移动的亦可
- →动物亦可
- · 他人的

b)犯罪行为:· 损坏
- →实体侵害或
- →用途减损
- →损坏之重大性
- · 毁坏
- →存在或用途之丧失
- ℗与用途相符的消耗
- ℗物品剥夺(而出现结果)
- · 改变外观
  - · 未经授权
  - · 并不只是非重大
  - · 并不只是临时性
- · 对于所有三种犯罪行为:
- ℗承诺作为排除犯罪构成或正当化事由

2. 主观构成

故意:　· 任何故意类型

Ⅱ. 违法性

Ⅲ. 有责性

Ⅳ. 告诉,第 303c 条

℗有权告诉者:在财物所有者之外还有使用权人

→加重构成:第 305 条、第 305a 条

Ⅱ. 毁坏建筑物和重要的生产设备

1. 毁坏建筑物罪

44 毁坏建筑物罪(Zerstörung von Bauwerken)(第 305 条)系毁

损财物罪的加重情形，也是纯正的财物犯罪，以他人财物为犯罪对象。但在此，刑事追诉不以告诉为必要。

建筑物构成了第 305 条第 1 款所穷尽列举的犯罪对象的上位与兜底概念。就犯罪构成的定义和加重的法定刑格来看，仅应将具有一定大小和价值的建筑设施视为建筑物。[1] 其必须立于地面之上且其建立已有一定的时间，但持续的结合——如马戏团的帐篷——并不必要。如同将船只纳入保护对象范围所显示的那样，[2]与地面的牢固结合并非必要。 45

例如，毛坯建筑、茅舍、花园篱笆、人工鱼塘以及建于地面上的数吨容量的液罐也系建筑物，[3]但水单车或者人行道并不属于。

作为犯罪行为，在此只考虑对于他人财物的全部或部分毁坏。即使部分毁坏也比损坏或者对于任意部件的毁坏更为严重。比如，使独立的但对于整体而言重要的部分无法使用，则可认定。因此，将桥梁的栏杆拆除或者将铁路轨道分离或拆卸，系对桥梁及铁轨的部分毁坏，[4]但将窗户玻璃打破则不属于对建筑物的部分毁坏。 46

2. 毁坏重要的生产设备罪

某些生产设备对于设立第 316b 条第 1 款第 1 项、第 2 项规定的设施或企业或者第 305a 条第 1 款第 1 项规定的其他设施而言具有重要意义，全部或部分毁坏他人的此种重要技术设备，应以第 47

---

〔1〕 Vgl. BGHSt 41,219,221;Eisele,BT Ⅱ Rn 492;MK-Wieck-Noodt, § 305 Rn 5;BK-Weidemann, § 305 Rn 3.

〔2〕 参见 MK-Wieck-Noodt, § 305 Rn 6。反对这一结论的参见 RGSt 15,263,264;Fischer, § 305 Rn 2;BKWeidemann, § 305 Rn 3.1。也见 LK-Wolff, § 305 Rn 3。

〔3〕 对于更多的例证，参见 Kindhäuser/Hilgendorf, § 305 Rn 2;S/S/W-Saliger, § 305 Rn 2 f;RG HRR 30,462;RGSt 15,263。

〔4〕 对此更详尽的参见 GSt 55,169,170;LG Dortmund NStZ-RR 98,139,140;OGHSt 1,53;2,209。

305a 条第 1 款规定之毁坏重要的生产设备罪(Zerstörung wichtiger Arbeitsmittel)追究刑事责任。如果生产设备服务于公共供给,则对其损坏受第 316b 条调整。更多的犯罪对象,第 305a 条第 1 款第 2 项规定了警察、联邦军队、消防队、救灾组织或救护组织所使用的极具价值的重要技术设备,第 305a 条第 1 款第 3 项规定了以上机构或组织的机动车辆(Kraftfahrzeuge),比如直升飞机和摩托艇之类的空中和水上交通工具也属于此列。[1] 与第 305 条规定一样,作为犯罪行为,在此单纯的"损坏"并不足够;由此,只是将警车的两扇后车窗玻璃踢碎,只能依据第 303 条规定处罚。[2] 2011 年扩展保护对象的规定[3]构建了第 303 条的加重犯罪构成,[4]并且将刑事保护延展至第 316b 条的准备阶段。

Ⅲ. 毁损公共财物罪

48

案例 2:学生 S 属于大学图书馆的使用者。在两部价值重大的学术著作中,他发现了若干古老的铜版画,遂将其剪下并取走。细心的图书馆工作人员报了警,在 S 离开时,被两名警官抓获。出于愤怒,S 踢了警方巡逻车并留下了深深的凹痕。

对于 S 的行为,刑法上应如何评价?(见边码 57)

1. 保护法益和保护目的

49 毁损公共财物罪(Gemeinschädliche Sachbeschädigung)(第 304 条)并非第 303 条的加重情形,而是独立的犯罪,其侵犯公共

---

[1] Vgl. S/S-Hecker, § 305a Rn 10.

[2] Vgl. OLG Oldenburg NStZ-RR 11,328;Fischer, § 305a Rn 10.

[3] 2011 年 11 月 5 日《第 44 刑法修正案》(BGBl I 2130);对此见 Singelnstein/Puschke,NJW 11,3475。

[4] 然而,在第 1 款第 2 项、第 3 项中,欠缺"他属"要件;因此,其他观点参见 NK-Zaczyk, § 305a Rn 1。

利益,对其惩处也不以告诉为前提。[1] 所有权关系在此并不重要。[2] 犯罪构成涵括了对第304条第1款所穷尽列举的文化或公用财物所实施的故意损坏、毁坏(第1款)以及对外在形象并非不重大的亦并不只是临时的改变(第2款)。

提升对第304条列举的犯罪对象的刑事保护力度的理由在于,在所列举的对象之上,存在公共的利用与保全利益。其具有特殊的文化价值,难以被取代,且由于公众的可接触性而通常处于恶意的损坏或毁坏的特别危险之下。[3]

2. 犯罪对象

物品必须——不取决于其所有权状况(见边码49)——明确 50
地或默示地用于犯罪构成所要求的用途。[4] 此外,必须存在实际用于奉献用途的可能性。[5]

特别具有实践意义的是艺术、文化或手艺作品,其保存于公共收藏中或 51
者被公共地予以展览。公共收藏存在于博物馆和图书馆中。物品处于公共所有之下,并非意味着其就因此属于公共收藏。更确切地说,只有当收藏具有公众的可接触性(allgemein zugänglich)时,才可认为其具有第304条意义上的公共性(öffentlich)。如果收藏只对特定圈子的人群开放,比如某机构的成员或者其他通过共同特征联系在一起的特定人群中的一员,则欠缺公共属性。

例如,法院档案仅对司法公职人员以及司法从业人员(律师、 52
公证员、法律顾问、法院执行人员等)开放。与之不同,国立和大

[1] Vgl. Schuhr, JA 2009, 169, 172; NK-Zaczyk, § 304 Rn 1.

[2] 对此,参见 RGSt 43, 240, 242; Eisele, BT Ⅱ Rn 485; S/S-Hecker, § 304 Rn 1。

[3] Vgl. BGHSt 10, 285, 286; Schuhr, JA 09, 173.

[4] Vgl. S/S/W-Saliger, § 304 Rn 2.

[5] Vgl. Fischer, § 304 Rn 3; NK-Zaczyk, § 304 Rn 3.

学图书馆藏有第 304 条意义上的公共收藏。对其利用取决于许可证件以及遵守机构准则的特定规定,这与公共性并不矛盾。决定性的其实是,只要满足准入条件,基本上任何人,也就是说并不只是机构与大学的成员,均能够接触到收藏。[1]

53 用于公共用途(öffentliches Nutzen)的物品同样被包含在内。在其目的设定框架内直接(unmittelbar)服务于公众的物品即属此列,无论是其利用的方式或者其他方法。[2] 鉴于用于公共用途的物品不计其数,而其并不具有与其他保护对象可比性(Vergleichbarkeit)的意义,故公共利益功能(Gemeinwohlfunktion)的直接性之作用在于创设此种可比性。在通过公共权力载体用于公共用途的物品之上,可比性容易理解,但也并非取决于此。[3]

54 在此意义上的直接性存在于公众当中的任意一员,即便是在满足一定的一般性条件的前提下,可对物品本身、物品的产品通常能够发挥的作用加以利用。[4] 例证:交通指示牌[5]、监狱医院窗户外的栅格[6]、路标、火警报警器、公共交通设施上的灭火器、紧急呼叫设施、电话亭、邮箱、公共交通工具、公共设施中的休息长椅以及滑雪道[7]。相反,如选举海报[8]以及机关单位的设施或用品(如办公桌、档案柜等),其仅作内勤之用,欠缺公众的直接利用性。某些物品使得公务人员履行公共职责成为可能或者变得轻便,对其惯常的使用只会使公众间接受益,其也不具有公众的直接利用属性。因此,损坏警察巡逻车辆并不属于第 304 条处罚范围,因为巡逻车只是用警的辅助手

---

[1] Vgl. BGHSt 10,285,286.

[2] Vgl. RGSt 58,346,347 f;BGH NStZ 90,540.

[3] 参见 Stree,JuS 83,838;更狭的见 Loos,JuS 79,700;对此批判见 NK-Zaczyk, § 304 Rn 10。

[4] Vgl. BGHSt 31,185,186;SK-Hoyer, § 304 Rn 11;S/S-Hecker, § 304 Rn 8 f;S/S/W-Saliger, § 304 Rn 7 f.

[5] Vgl. BGH VRS 19,130;OLG Köln NJW 99,1042;Jahn,JA 99,98.

[6] Vgl. BGH NStZ 06,345.

[7] 对于滑雪道,其他观点参见 Lackner/Kühl/Heger, § 304 Rn 3。对于例证,见 RGSt 65,133,134 f;BGH MDR/D 52,532;BayObLG NJW 88,837。

[8] Vgl. LG Wiesbaden NJW 78,2107;Loos,JuS 79,699;Wilhelm,JuS 96,427.

段;在此,公众仅能从诸如警力投入中直接受益,而不是从作为运输与通勤手段的机动车辆的通常使用中获得利益。[1]

用于公共道路、广场和设施[2]美化之用的物品也在保护之列。须对目 55
的设定予以考察。例证主要是花、观赏灌木和树木。折断个别花朵或树枝多数情况下只应依照第 303 条处罚;但整体上有损观赏效果的改变则触犯第 304 条之规定,这也就意味着,譬如对于本身即对设施美化具有根本作用的珍贵植物,将其花朵摧残也就已经触犯了第 304 条。[3]

3. 犯罪行为

与第 303 条相同,犯罪行为在于损坏或毁坏(第 1 款)或者重 56
大的且并非临时的外观改变(第 304 条第 2 款)。对于第 303 条的论述基本上可以相应地适用。需要予以重视的是,单独所有权人也可能成为犯罪人,就承诺和未经授权(第 304 条第 2 款)而言,重要的是取消物品利用的权限,[4]由此已不再存在适格的犯罪对象。鉴于第 304 条的保护目的,犯罪行为始终要求特殊的目的(besonderer Zweck)遭受侵害,而借此目的,物品被归属到第 304 条的保护对象。[5] 也即,侵损的必须是物品特殊的公共用途。这

---

〔1〕 参见 BGHSt 31,185 附评注 Loos,JR 84,169;Stree,JuS 83,836。也见 Rengier,BT I § 25 Rn 5。但在(部分)毁坏的情况下,注意第 305a 条第 1 款第 3 项。

〔2〕 对此,参见 BGHSt 22,209,212。

〔3〕 Vgl. RGSt 9,219,221.

〔4〕 Vgl. Fischer, § 304 Rn 15;S/S/W-Saliger, § 304 Rn 14.

〔5〕 参见 AnK-Popp, § 304 Rn 14;Eisele,BT Ⅱ Rn 487;Hohmann/Sander, § 10 Rn 31;Küper/Zopfs,BT Rn 442;MK-Wieck-Noodt, § 304 Rn 23;NK-Zaczyk, § 304 Rn 14;Schuhr,JA 09,173;S/S/W-Saliger, § 304 Rn 11;OLG Köln BeckRS 17,133971。差异 Ladiges,JuS 18,756。案例解析(取走窨井盖)见 Herold,JA 13,345。

对于第 304 条第 2 款亦须同样适用。[1] 由此,这一条款仅存在较窄的适用范围。如果只是存在简单的财物毁损,如对桥梁部件或者列车车厢进行喷涂,并不足以认定毁损公共财物,[2]但像对公园长椅或者公共厕所设施的座位完全进行喷涂[3]并导致难以使用的结果的,则可能足以认定。

判例例证:OLG Jena NJW 08,776 判决评判了一例案件,被告人在短途交通的强电流箱上用蓝色颜料喷涂了“标签”。州高等法院忽略了以下问题:“标签”“通过擦拭日后不再能够去除”,这是否意味着出现了实体侵害(Substanzverletzung)? 在第 303 条第 2 款的鉴定框架内,对于电流箱视觉上外观形象的并无疑义的改变,法院认定为“并非只是暂时的”,因为“标签”不再能够不费力气地予以去除,并且也被认定为“不只是非重大的”,因为其侵入了(表层)物质本身,也即其与物品紧密结合。然而,由此得到证明的只是必要的实体影响(Sacheinwirkung)(见边码 38),而不是重大性。第 304 条第 2 款之适用被予以否定。虽然电流箱服务于——这显得有些疑问(对此见边码 53 及下一边码)——“公共用途”,但对于第 304 条第 2 款同样要求的损害而言,恰恰缺少了电流箱的“公共功能”(对此,见边码 56)。对于地铁车厢的喷涂而言,也同样如此。[4]

---

[1] 如同本书见 KG StV 09,649,OLG Jena NJW 08,776 和 OLG Köln StraFo 18,83 附评议 Jahn,JuS 18,395;BK-Weidemann, § 304 Rn 9;Bock,BT Ⅱ S. 231 f;Fischer, § 304 Rn 13a;H-H-Voigt,BT Rn 1253;Jäger,BT Rn 535;Joecks/Jäger, § 304 Rn 5;Lackner/Kühl/Heger, § 304 Rn 4;M/R-Altenhain, § 304 Rn 17;Rengier,BT I § 25 Rn 7。在此种损坏的认定上,过狭的见 Kudlich,GA 06,40,过泛的见 SK-Hoyer, § 304 Rn 14。

[2] 在改革之前即为如此,参见 BayObLG StV 99,543。在新的规定的基础上,同样适用于高压箱的喷涂,参见 OLG Jena NJW 08,776;Eidam,JA 10,601,602 f。对于公共功能及公共用途的过度延伸,而对其损坏为犯罪构成所要求的,见对于 OLG Hamburg NStZ 15,37,40 判决的批判性评议——Jäger,JA 14,549;Satzger,JK 11/14,StGB § 304/1。

[3] 存疑的参见 Rengier,BT I § 25 Rn 8;S/S/W-Saliger, § 304 Rn 12。

[4] 参见 KG StV 09,649。也见 Bock,BT Ⅱ S. 231;Eidam,JA 10,601,602 f;OLG Köln StraFo 18,83 附评议 Jahn,JuS 18,395。

在案例 2 中,被 S 损坏的书籍属于公共收藏(见边码 51 及下一边码),其被作为艺术和文化物品予以保存。撕下其中的书页,恰恰表明就其所服务的特定目的而言,其可用性遭到损害。[1] 因此,应根据第 304 条规定对 S 予以惩罚。第 303 条规定的条件在此也同样得到了满足,但作为常见的伴随行为(regelmäßige Begleittat),其被第 304 条所吸收。[2] 根据其他观点,在第 304 条和第 303 条之间也可能存在一罪关系(Tateinheit)。[3] 后者亦适用于与在具有非法占有目的的情况下的盗窃罪之关系。[4] 相反,对巡逻车的损坏并不符合犯罪构成。巡逻车并非直接服务于公共用途(见边码 54),凹痕也不会决定性地损害公共目的(见边码 56),其也并未持续地扰乱服务于公共秩序和安全的警察机构之运转,故第 316b 条第 1 款第 3 项也不能适用。[5] 鉴于机动车辆并未至少部分地遭到毁坏,实际上只能适用第 303 条(替代第 305a 条第 1 款第 2 项)之规定,其在此也并非没有达到重大性门槛。 57

Ⅳ. 变更电磁记录罪和破坏计算机罪

变更电磁记录罪(Datenveränderung)(第 303a 条)和破坏计算机罪(Computersabotage)(第 303b 条)在犯罪行为上显示出与毁损财物罪的类似性,但与其关联不大。这是因为,电磁记录(Daten)既不是物品,也不可被所有权化(eigentumsfähig),所以不能为第 303 条所调整。[6] 第 303a 条和第 303b 条与 2007 年[7]欧 58

---

〔1〕 对此,参见 RGSt 43,31,32;65,133,134 f。

〔2〕 Vgl. Schuhr,JA 09,173;Fischer, § 304 Rn 17.

〔3〕 Vgl. LK-Wolff, § 304 Rn 22;S/S-Hecker, § 304 Rn 17.

〔4〕 参见 BGHSt 20,286;根据 OLG Hamm MDR 53,568,第 304 条为第 242 条、第 243 条第 1 款第 2 句第 5 项所吸收。

〔5〕 Vgl. BGHSt 31,185,188.

〔6〕 OLG Dresden NJW-RR 13,28;Heymann,CR 16,650; § 303a 填补了这一漏洞,见 Schramm,BT I, § 6 Rn 44;M/R-Altenhain, § 303a Rn 2。

〔7〕 参见 2007 年 8 月 7 日《第 41 刑法修正案》(BGBl I 1786)。批判性评议见 Ernst,NJW 07,2661;Gröseling/Höfinger,MMR 07,626;Schumann,NStZ 07,675;Vassilaki,CR 08,131。

洲规划[1]相适应。第303b条第1款明显加以扩张(但就此限于重大的侵扰),原第303b条第1款规定的犯罪对象现在被规定为加重构成(第2款)。同时增加的还有以规则示例方式作出的刑罚裁量规则(第4款)。在原第303a条第3款和第303b条第5款中,变更电磁记录罪和破坏计算机罪的预备行为(Vorbereitung)被规定为犯罪。鉴于第303a条第1款和第303b条第1款、第2款规定处罚未遂(第303a条第2款、第303b条第3款),在此通过援引第202c条规定而实现的扩张,相较于第202a条、第202b条规定本身,因其并不处罚未遂,会遭受更少的质疑。[2] 但吊诡的是,第303a条第1款和第2款以及第303b条第1款至第3款规定了相对的自诉罪名(第303c条),但适用于第303a条第3款和第303b条第5款的第202c条,规定的却是公诉罪名(Offizialdelikt)。

58a 第303a条之犯罪构成太过不确定,因此违反了《德国基本法》第103条第2款和《欧洲人权公约》第7条第1款之规定。[3] 通过第303a条之规定,立法者意图创设第303条之法律上的类比物[所谓"虚拟的财物毁损"(virtuelle Sachbeschädigung)[4]]。[5] 虽然此种立法技术具有优点且与法律主义原则(Gesetzlichkeitsprinzip)相一致,[6]但此种类比在很多方面存在问题。规范的调

---

[1] 参见BT-Ds 16/3656, S. 1;对此批判Heghmanns, Szwarc-FS S. 319 ff。

[2] 然而,仍然存在对任何的准备行为犯罪化的疑虑,对此见LK-Hillenkamp, vor § 22 Rn 6;NK-Zaczyk, § 303a Rn 17;也参见本书Rn 602。

[3] 对于规范的违宪性,见AnK-Popp, § 303a Rn 3;LK-Tolksdorf, 11. Aufl. 1992, § 303a Rn 7;NK-Zaczyk, § 303a Rn 1,4;Schuhr, ZIS 12,441,454 f;Welp, IuR 1988,439。

[4] 参见Ernst, NJW 07,2661,2664;Schramm, BT I, § 6 Rn 45。

[5] 参见BT-Ds 10/5058, S. 34。

[6] 对于法律主义原则和类推的立法技术,见Schuhr, ZIS 12,441,443;LK-Dannecker/Schuhr, § 1 Rn 254。

整对象从规范中难以推断出其可以做什么——条款既未包含行为规则,也未给出设立行为规则之权限划分的任何依据。[1] 与电脑打的任何交道都是对电磁记录的更改,以至于第303a条将与电脑相关的任意行为都纳入处罚范围,而不论行为是否可取。[2] 通过同意模式(Einverständnismodell)的解决方案只是看似有用,因为迄今为止,与所有权类似的数据保有机制并不明确具备(对此见边码61)。只要数个主体对于数据具有合法的利益,同意模式就陷入僵局。[3] 对于形式上的数据创设(Skripturakt)(见边码61)的坚持可能也并非完全可取,因为其对于合法性的把握通常并不充分。不无疑问的是,为什么对存储本身应特别地予以保护?因为存储也可以通过侵害他人权利的方式得以实现。[4] 而且,即便数据所有者可被明确地查清,也并不是说,假如一个电脑外行者能够知悉其决定的可能性(Entscheidungsmöglichkeiten),从而对其而言不是无所谓的。[5] 实际上,衡平性决策(Billigkeitsentscheidungen)取代行为义务(Verhaltenspflicht),法律适用者获得的是其对于不法确证的评价(超常犯罪,crimen extraordinarium)。[6]

---

〔1〕 Vgl. Schuhr, ZIS 12, 441, 448.

〔2〕 Vgl. Schlüchter, Zweites Gesetz zur Bekämpfung der Wirtschaftskriminalität, 1987, S. 74; Schuhr, ZIS 12, 441, 447 f; LK-Tolksdorf, 11. Aufl. 1992, § 303a Rn 5; Gerhards, Computerkriminalität und Sachbeschädigung, 1996, S. 35 f.

〔3〕 类似 NK-Zaczyk, § 303a Rn 5。

〔4〕 如此,参见 Welp, IuR 1988, 448; M/R-Altenhain, § 303a Rn 5。不同的通说观点有 Kindhäuser/Böse, BT Ⅱ § 24 Rn 10; Lackner/Kühl/Heger, § 303a Rn 4; Rengier, BT I § 26 Rn 7; W/J-Bär, Kap. XII Rn 68。

〔5〕 对于同意模式问题,详细 Schuhr, ZIS 12, 441, 451 ff。

〔6〕 参见 AnK-Popp, § 303a Rn 3; LK-Tolksdorf, 11. Aufl. 1992, § 303a Rn 7; NK-Zaczyk, § 303a Rn 1, 4; Schuhr, ZIS 12, 441, 454。对此而言,合适的例证是对于去除自己移动电话上的用户识别卡密码的判决, AG Nürtingen MMR 11, 121 和 AG Göttingen MMR 11, 626(见边码61)。

1. 变更电磁记录罪

59 将第202a条第2款意义上的电磁记录予以删除、扣留、使其不可使用或者变更,则应依第303a条以变更电磁记录罪追究刑事责任。第202a条第2款规定的电磁记录概念偏狭,仅指利用电子、电磁或其他无法直接感知的方法加以储存或传送的信息,其并不涉及计算机特有的二进位制编码(Binärcode)。[1] 这一电磁记录概念只包含以特定展示形式存在(编码化)且存在于数据载体或传输媒介之上的信息,故人们只能通过辅助手段来把握其意义。[2] 人们直接认知的数据借助于信息,并非有体对象,也就不属于物品(《德国民法典》第90条),由此既不属于第303条,也不属于第202a条第2款的调整对象。倘若此类数据被具化到数据载体之上[如以铭文(Tafelinschrift)形式],则数据载体系物品,如果针对此类数据实施了第303a条规定的犯罪行为,则数据载体一般符合第303条第1款或者至少是第2款规定。相反,如果数据只是被传送(如作为可听的语言),则相应的行为(如通过干扰性的噪声进行压制)无法被两个犯罪构成所涵括。

法律的意义和目的在于,保护对于以电磁记录方式存储的信息之不受损害的可利用性(unversehrte Verwendbarkeit)所享有的利益。[3] 此种利益的承担者也是受害者,是具有处置数据权限的人。此种利益通常具有经济属性,但这并非强制性的。[4] 鉴于具有处置权限者对于数据不受损害的可利用性所存有的利益,其显

---

〔1〕 参见MK-Graf, § 202a Rn 12;部分要求对数据概念进行限制,数据必须包含的信息是数据保有者对其具有正当的利益,见A/R/R-Heghmanns 6. Teil Rn 94 ff。

〔2〕 参见K/H-Cornelius,Kap. 102 Rn 14;NK-Kargl, § 202a Rn 4。对于限制数据概念的批判Mitsch,BT Ⅱ S. 436;Welp,IuR 1988,446;NK-Zaczyk, § 303a Rn 3。

〔3〕 Vgl. Fischer, § 303a Rn 2;NK-Zaczyk, § 303a Rn 2.

〔4〕 Vgl. K/H-Cornelius, Kap. 102 Rn 179; Lackner/Kühl/Heger, § 303a Rn 1; MK-Wieck-Noodt, § 303a Rn 4,8.

示出了与所有权地位的类似性，能够谈及狭义上的财产犯罪（Vermögensdelikt im engeren Sinne）（参见就界分引言部分边码 1）。[1] 对于具有重要的证明意义（beweiserheblich）的数据，第 303a 条规定为第 274 条第 1 款第 2 项所补充。[2]

将数个相互间部分重合的犯罪行为规定在法律当中，应当确保所有可以设想到的对于第 202a 条第 2 款意义上的电磁记录之可用性的损害形式均被囊括其中。[3] 删除（Löschen）与第 303 条规定的毁坏概念相对应，其意味着将具体存储完全地不可复原地变得不可辨别，[4] 存在以防万一的备份并不能起到排除其存在的作用。[5] 电磁数据之扣留（Unterdrücken）是指剥夺有权者对于电磁记录的接触，以致电磁记录持续或者至少在并非完全不重要的时间内[6] 60

[1] 参见 LK-Tolksdorf, 11. Aufl. 1992, § 303a Rn 2; LK-Wolff, 12. Aufl., § 303a Rn 4 Fn 3; S/S/W-Hilgendorf, § 303a Rn 3; Kindhäuser/Böse, BT II, § 24 Rn 1; Welp, IuR 1988, 443, 448 f。根据其他观点，并非涉及财产犯罪：Fischer, § 303a Rn 2; Lackner/Kühl/Heger, § 303a Rn 1; MKWieck-Noodt, § 303a Rn 4。然而，实质上这两种观点之间不存在区别，如此恰当地 NK-Zaczyk, § 303a Rn 2 Fn 3; Kindhäuser/Böse, BT II, § 24 Rn 1 Fn 3; 但不同的是 MK-Wieck-Noodt, § 303a Rn 4。

[2] 参见 OLG München CR 13, 212; 此外也见 Brand, NStZ 13, 9。

[3] 参见 BT-Ds 10/5058, S. 34。

[4] Vgl. Fischer, § 303a Rn 9; G/J/W-Bär, § 303a Rn 16; K/H-Cornelius, Kap. 102 Rn 182; Malek/Popp, Strafsachen im Internet, 2. Aufl. 2015, Rn 187; S/S-Hecker, § 303a Rn 5.

[5] 参见 S/S-Hecker, § 303a Rn 5; NK-Zaczyk, § 303a Rn 7; Popp, JuS 11, 385, 388。在原件继续存在的情况下，对于复印件的灭失有所不同 OLG Nürnberg CR 13, 214 附就此而言的批判性评注 Popp, jurisPR-ITR 7/2013 Anm. 3。

[6] 根据 OLG Frankfurt/M MMR 06, 547, 551，因为网上的示威导致对网站的使用可能予以临时（两小时）的剥夺，应当并不足够。不同的恰当观点见 NK-Zaczyk, § 303a Rn 8; Bock, BT II, S. 238; Ladiges, JuS 18, 757; Rengier, BT I § 26 Rn 5; S/S/W-Hilgendorf, § 303a Rn 9。区别性评注见 Gercke, MMR 06, 552。对于犯罪参与角度的疑问，见 Kelker, GA 09, 86。

潜在地不能被利用。[1] 如果在线示威(Online-Demonstration)[也见与静坐(Sitzblockaden)相关的类似案例[2]]的作用仅在于第三人不再能够访问网站,但有权利用者(Verfügungsberechtigter)仍然能够接触到电磁记录,则不存在数据扣留。[3] 鉴于《德国基本法》第5条的意义,根据第303b条第1款第2项的可罚性在此情境下应予排除(见边码66)。如同委托电子邮件服务商过滤不想要的和干扰性的邮件(垃圾邮件),如果扣留是经过权利人承诺而实施的,则犯罪构成即可被排除(见边码61)。[4] 使数据不可使用(unbrauchbar gemacht)是指因额外的键入或其他的操控而使其利用能力受损,以致与之关联的目的不再能够正常地得以实现。[5] 这一犯罪行为与第303条第1款意义上的损坏(Beschädigen)相对应。[6] 变更(Verändern)之要件涵括其他的功能损害,如通过内容调整来改变信息内容或者意义。[7] 在所谓钓鱼攻击(Phishing)

---

〔1〕 Vgl. Hilgendorf/Valerius, Computer-und Internetstrafrecht, 2. Aufl. 2012, Rn 591.

〔2〕 Vgl. Wessels/Hettinger/Engländer, BT I Rn 360.

〔3〕 参见 Hilgendorf/Valerius, Computer-und Internetstrafrecht, 2. Aufl. 2012, Rn 592; Kraft/Meister, MMR 03, 366, 372; OLG Frankfurt/M MMR 06, 547, 551。对此也见 Wengenroth, Strafbarkeit von virtuellen Sit-Ins, 2014。

〔4〕 参见 Kitz, CR 05, 450 f, 453 f; 对于(可能缺失的)通过拒绝接受和回发而实现的压制,见 Heydrich, CR 09, 169 f。

〔5〕 对此,参见 Malek/Popp, Strafsachen im Internet, 2. Aufl. 2015, Rn 189; S/S/W-Hilgendorf, § 303a Rn 10; Wuermeling, CR 94, 585, 592; 对于通过所谓的垃圾邮件而实施的两种犯罪行为,参见 Frank, CR 04, 125。

〔6〕 Vgl. Fischer, § 303a Rn 11; G/J/W-Bär, § 303 Rn 19.

〔7〕 在所谓的非法复刻(Skimming)的情形下并不具备,见 Bachmann/Goeck, JR 11, 426(Fn 24); Seidl/Fuchs, HRRS 11, 268; Seidl, ZIS 12, 417。对于改变打包站数据,参见 Brand, NStZ 13, 9。对于虚拟世界中适用第303a条的案例,参见 Heghmanns/Kusnik, CR 11, 248, 249。对于虚拟世界中的犯罪参见 Cornelius/Hermann, Virtual Worlds and Criminality, 2011。对于自动机器人程序和比特币挖矿的使用,参见 BGH NStZ 18, 401, 403 f 附评注 Safferling; Heine, NStZ 16, 442; Stam, ZIS 17, 547, 550 ff。对于改变/删除关系,参见 Schuhr, ZIS 12, 446。

的情况下(也见边码 618),只要没有使用有毒软件,且要求只是通过通常途径进行传导,则一般不符合第 303a 条规定的犯罪构成,[1]因为只有在信息点击时才会出现数据的更改,但这应当归责于使用者本人(而且在此范围内也仍然是不存在误解的)。攻击是否涉及已经存储的数据或者在传输过程中是否已然发生并不重要。如果犯罪与数据载体的毁损相伴而生,则可能出现与第 303 条的一罪关系。如果数据损害足以评价,则第 303 条不再适用,在此毁损财物罪——如损毁磁带[2]——需要予以考虑。[3]

鉴于对于电脑的任何操作都会产生数据的变更,这一犯罪构成显然过泛。这一犯罪构成表述上的缺陷(见边码 58a)试图通过以下方式予以克服,即只有当违背他人意志而侵害其(与所有权人类似的)处置权(Verfügungsrecht),而他人对于数据的不可侵犯性具有直接利益时,[4]才可认定符合犯罪构成。人们采取何种方式达到这一结果,或者仅将在此意义上"他人的"(fremd)数据认可为保护对象,也就是将"他属性"附加到犯罪构成中,[5]或者将 61

[1] 参见 Goeckenjan, wistra 09, 47, 51, 53。对于未获授权的访问获取,见 Krutisch, Strafbarkeit des unberechtigten Zugangs zu Computerdaten und-systemen 2004, S. 150 ff。

[2] 对此,参见 A/W-Heinrich, BT § 12 Rn 52; Krey/Hellmann/Heinrich, BT Ⅱ Rn 368。

[3] 参见 Eiding, Strafrechtlicher Schutz elektronischer Datenbanken 1997, S. 87 f; Jäger, BT Rn 536; S/S/W-Hilgendorf, § 303a Rn 15。相反, Krey/Hellmann/Heinrich, BT Ⅱ Rn 370 认定成立想象竞合。

[4] 例如,即便是在作为基础的合同被解除之后,使用为其创设的邮件账户的用户, OLG Dresden NJW-RR 13, 27。

[5] 参见 Fischer, § 303a Rn 4a; Heghmanns, Rn 918; LK-Tolksdorf, 11. Aufl. 1992, § 303a Rn 5; M/R-Altenhain, § 303a Rn 4。区别见 S/S-Hecker, § 303a Rn 3。

“违法地”(rechtswidrig)理解为限制性犯罪构成要件，[1]且只在(未获同意)侵犯“他人”数据的情况下才承认违法性的存在，[2]并不太重要。[3] 但有问题的是，限制犯罪构成的着力点何在？虽然第303条就此通过“他属性”要件借力于民法上的所有权规范，然而并不存在类似清晰的“数据分配权”(Datenzuweisungsrecht)，从而缺失创设数据处置权限之附属性规定的可能。[4] 并不可取的是，将之与对于数据载体的物权法分配(可能情况下参考《德国民法典》第950条之评价)相联系，[5]在对数据载体之所有权与使用权分离的情况下，根据相关方的合同关系确定处置权。[6] 通常具有说服力的是，将对数据的著作权(Urheberschaft)(以及有衍生的可能的权利转让)作为决定性标准，从而首先将直接亲自实现数据存储[“数据创设”(Skripturakt)]的人视为(原始的)权利人。[7] 在此，可借鉴文件犯罪(Urkundendelikte)领域中智识论

〔1〕 Vgl. Bock, BT II, S. 240; Eisele, BT Ⅱ Rn 504; ders., Jura 12, 931; Hilgendorf, JuS 1996, 892; Kindhäuser/Hilgendorf, § 303a Rn 9; Lackner/Kühl/Heger, § 303a Rn 4; LK-Wolff, § 303a Rn 8; Otto, BT § 47 Rn 30; S/S/W-Hilgendorf, § 303a Rn 5, 12.

〔2〕 Vgl. MK-Wieck-Noodt, § 303a Rn 9, 17; Popp, JuS 11, 388; Rengier, BT I § 26 Rn 7; SK-Hoyer, § 303a Rn 2, 12.

〔3〕 如此恰当地 G/J/W-Bär, § 303a Rn 11; LK-Tolksdorf, 11. Aufl. 1992, § 303a Rn 5; OLG Nürnberg CR 13, 213。

〔4〕 参见 Schuhr, ZIS 12, 450。

〔5〕 对此，参见 Kindhäuser/Hilgendorf, § 303a Rn 10; M/R-Altenhain, § 303a Rn 4; Popp, JuS 11, 388; SK-Hoyer, § 303a Rn 6。取而代之，部分地着眼于对于占有的相似性，见 Hoeren, MMR 19, 5, 7 f。

〔6〕 参见 Fischer, § 303a Rn 6; MK-Wieck-Noodt, § 303a Rn 10; S/S-Hecker, § 303a Rn 3。关于雇员在私人的终端上对于公务数据的处置权限，见 Arning/Moos/Becker, CR 12, 595。

〔7〕 BayObLGSt 1993, 86, 89 = CR 93, 779; OLG Nürnberg CR 13, 213; OLG Naumburg BeckRS 14, 19058(速度测量设备的生产者并不同时是数据权利人); Hilgendorf, JuS 1996, 892; Hoeren, MMR 13, 486; Kindhäuser/Hilgendorf, § 303a Rn 10; Rengier, BT I § 26 Rn 7; S/S/W-Hilgendorf, § 303a Rn 6。

(Geistigkeitstheorie)的基本思想，将根据其想法、指标和指示而产出数据成品的委托者(Auftraggeber)作为(可能是共同)权利人。[1] 就此关系而言，版权法(Urhebergesetz)的评价亦具有意义。[2] 但人们首先需要在数据保护法(Datenschutzrecht)与一般的人身法(Persönlichkeitsrecht)之间划定界限；只要数据的继续持有为法秩序所基本否定(也就是说本应将其删除)，则刑法将不保护"所有权"(Inhaberschaft)。与首创者相脱离的结果是，系统操作者或者首次将数据存储的主体[3]也可能成为犯罪人，只要其未经授权地侵犯归于第三人的占有及使用权利，因为数据并非单独地"归属于"(gehören)他。在云计算(Cloud-Computing)时代，紧切必要的也在于，让刑事保护既不依赖于对于数据载体的所有权，也不依赖于市场力量所给定的合同条件。

判例例证：尼尔廷根初级法院(MMR 11,121)及哥廷根初级法院(MMR 11,626)认为，将移动电话上的用户身份识别锁(以下简称 SIM 锁)予以去除符合——根据法院极为可疑的观点——第 303a 条第 1 款，因为由于数据创设，支配权限由供应商享有和保留。但被忽视的是，重要的恰恰在于权利人能够不受阻碍地利用数据中存储的信息。对于移动通讯供应商来说，SIM 锁只是涉及使用限制(Nutzungsbeschränkung)，SIM 锁封锁(SIM-Lock-Sperre)中包含的信息并不重要，因此，根据第 269 条、第 270 条认定伪造证明重要资料罪也存在问题。

慕尼黑州高等法院(NStZ 06,576，评注 Kudlich, JA 2007,72；Mann, NStZ 07,271)认为，通过在汽车上安装反光镜，使交通闪光灯无法使用，并未改变任何已经存在的数据，而只是妨碍了摄像。

[1] Vgl. LK-Tolksdorf, 11. Aufl. 1992, § 303a Rn 17; OLG Nürnberg CR 13,213.

[2] Vgl. LK-Wolff, § 303a Rn 2.

[3] 其他观点见 Hilgendorf, JuS 96,893。

2. 鉴定结构:变更电磁记录罪,第 303a 条

变更电磁记录罪,第 303a 条
Ⅰ. 犯罪构成
1. 客观构成
a)行为对象:· 电磁记录
b)犯罪行为:对电磁记录的作用
· 删除
· 扣留
· 使其不可使用
· 更改毁坏
Ⓟ违法性=违背处分权人的意志/侵害“他人的”数据以及“他人的”处分权限
2. 主观构成:任何故意类型
Ⅱ. 违法性
Ⅲ. 有责性
Ⅳ. 告诉,第 303c 条

3. 破坏计算机罪

62 如果实施第 303a 条第 1 款规定的行为(第 303b 条第 1 款第 1 项),意图使他人遭受不利益而输入或传输第 202a 条第 2 款规定的数据(第 303b 条第 1 款第 2 项),或者对数据处理(Datenverarbeitung)设备或数据存储设备加以毁坏,使其不可使用、清除或变更(第 303b 条第 1 款第 3 项),从而严重侵扰对他人具有重要意义的数据处理的,则符合破坏计算机罪的基本犯罪构成(Grundtatbestand)。该罪法益所保护的系数据处理的运营者和使

用者就其有序运作所享有的利益。[1] 第 303b 条第 2 款规定之加重犯罪构成(Qualifikationstatbestand)涉及对他人企业(Betrieb)、公司(Unternehmen)或机构具有重要意义的数据处理设备;在 2007 年刑法修改之前,第 303b 条只包含这一规定。

数据处理之概念不仅包含单个的数据处理过程,而且包括对数据的进一步处理及其利用,[2] 如对其存储或利用,只要对于顺利运转产生了并非不太重大的损害。根据德国联邦法院的观点,各个对数据处理进程的破坏行为是出于合法还是非法目的实施的,并不重要。就不受干扰地实施至少可罚的数据处理行为而言,并不存在值得保护的利益,以上观点因此变得可疑。[3] 63

通过更不确切的[4] 条件,即数据处理对于各个相关方来说具有"重要"(wesentlich)意义,应对犯罪构成予以限制。例如,如果数据载体和设备包含了与公司或机构之运转能力相关的核心信息,则认为充足了第 303b 条第 2 款之条件。一般情况下,对于私人来说,应将写作性的、科学性的、艺术性的或者工作性的数据处理而非"任意私人领域的交流过程或者比如电脑游戏" 64

---

〔1〕 参见 BT-Ds 16/3656, S. 13; M/R-Altenhain, § 303b Rn 1; S/S-Hecker, § 303b Rn 1; S/S/W-Hilgendorf, § 303b Rn 3。对此批判见 Schumann, NStZ 07, 679。对于国际上的背景,见 LK-Wolff, § 303a Rn 48 f。

〔2〕 参见 BT-Ds 10/5058, S. 35; K/H-Cornelius, Kap. 102 Rn 195; LK-Wolff, § 303b Rn 4。对此批判见 Fischer, § 303b Rn 4; G/J/W-Bär, § 303b Rn 7。

〔3〕 但通说观点有所不同 BGH NJW 17, 838(Kinox. to-判决)附就此而言的赞成性评注 Ernst; Kudlich, JA 17, 310; BK-Weidemann, § 303b Rn 4; S/S-Hecker, § 303b Rn 1; S/S/W-Hilgendorf, § 303b Rn 5; Bock, BT II, S. 243; Rengier, BT I, § 26 Rn 12。

〔4〕 参见 Achenbach, NJW 86, 1838; NK-Zaczyk, § 303b Rn 1, 5(其认为规范——也是因此——违反宪法); S/S-Hecker, § 303b Rn 4。具体化 Haß, in: M. Lehmann, Rechtsschutz und Verwertung von Computerprogrammen, 2. Aufl. 1993, S. 499 f; M/R-Altenhain, § 303b Rn 3; Schulze-Heiming, Der strafrechtliche Schutz der Computerdaten 1995, S. 206 ff; S/S/W-Hilgendorf, § 303b Rn 5; W/J-Bär 12/72。

认定为重要。[1] 在此,必须生发客观的—个体的(objektiv-individuell)判定标准,其自然应排除与瘾癖相关的依赖性,即便数据处理设备"具备了对于私人生活规划的核心功能"。[2] 对于仅具完全从属意义的毁坏行为,根据立法者的设想,其缺乏重大性,比如侵害电子打字机或计算器的运转能力。[3]

65 第 303b 条第 1 款第 1 项将第 303a 条第 1 款之非法的数据更改规定为破坏行为。对于数据处理设备和数据载体,第 303b 条第 1 款第 3 项与第 303 条以及其他的破坏型犯罪法律条款(第 87 条第 2 款第 2 项、第 109e 条第 1 款、第 316b 条、第 317 条)规定的犯罪行为相关联。作为例证,装入破坏性软件("病毒""木马"等),可能同时符合两种情形。[4]

66 此外,新增(见边码 58)之第 303b 条第 1 款第 2 项将基于施害意图而实施的数据输入或传输规定为犯罪,[5]对此,对于损害的确定期待足矣。[6] 由此,特别是(分散式)阻断服务攻击

---

〔1〕 Vgl. BT-Ds 16/3656, S. 13.

〔2〕 如此表述 BT-Ds 16/3656, S. 13。对于后者开放性 Ernst, NJW 07, 2665。也支持"主观评价"的纳入 Fischer, § 303b Rn 6; G/J/W-Bär, § 303b Rn 10。也见 LK-Wolff, § 303b Rn 11; M/R-Altenhain, § 303b Rn 3; Rengier, BT I, § 26 Rn 13; Schumann, NStZ 07, 679; SK-Hoyer, § 303b Rn 8; Vassiliki, CR 08, 133 f。

〔3〕 对此批判见 BK-Weidemann, § 303b Rn 7; Fischer, § 303b Rn 6。

〔4〕 参见 Hilgendorf, JuS 96, 1082; Schulze-Heiming, Der strafrechtliche Schutz von Computerdaten 1995, S. 185 ff; Hilgendorf/Frank/Valerius, Computer- und Internetstrafrecht 2005, Rn 211。更多例证,参见 Eiding, Strafrechtlicher Schutz elektronischer Datenbanken 1997, S. 112 ff。对于虚拟世界 Heghmanns/Kusnik, CR 11, 248, 250。

〔5〕 国际法上的指标也如此要求,参见 BT-Ds 16/3656, S. 8, 13; Popp, MRInt 07, 84, 85。对于社交机器人的投入使用,参见 Libertus, ZUM 18, 23。

〔6〕 参见 Fischer, § 303b Rn 12a; K/H-Cornelius, Kap. 102 Rn 201; NK-Zaczyk, § 303b Rn 10; S/S/W-Hilgendorf, § 303b Rn 11。其他观点见 M/R-Altenhain, § 303b Rn 8; SK-Hoyer, § 303b Rn 18。

[(Distributed) Denial-of-Service-Attacken]被涵括在内,[1]当其——在《德国基本法》第5条所调整的大规模电子邮件抗议(Massen-E-Mail-Proteste)情况下可予排除[2]——出于所要求的、与第274条之规定相仿的并由此并非全然关涉财产的施害目的而被实施。因有问题地援引第202a条第2款之数据概念所带来的疑问是,手动键入数据是否属于第2项规定的“输入”(Eingabe)?[3] 通过“存储”(Speichern)要件,相较于欧洲指标中的“电脑数据”(Computerdaten),第202a条之数据概念更为狭窄。然而,在流量攻击(DoS-Angriffe)情况下,数据通常也会被传输,在手动键入情形下,至少也会在系统的工作存储器(Arbeits-speicher)中暂存,由此能够符合第202a条第2款规定的数据概念。相应地,通过互联网实施的流量攻击至少能够为传输行为所涵括。[4]

犯罪行为的结果需表现为对于数据传输的重大侵扰。[5] 借 67

---

[1] 参见BT-Ds 16/3656, S. 13; G/J/W-Bär, § 303b Rn 13;对于分布式拒绝服务攻击(DDoS-Attacke)(由于网站服务器过载而阻止因特网站点,例如,由于大量调用传入请求而导向在线示威)根据第303a条、第303b条原规定的刑事可罚性,OLG Frankfurt/M MMR 06,547附评注Gercke 553予以否定;Schumann, NStZ 06,675,679;对此也见Jäger, BT Rn 537,539。对于在敲诈勒索框架内,以分布式拒绝服务攻击相威胁,见LG Düsseldorf MMR 11,624附评注Bär。对于僵尸网络,见Roos/Schumacher, MMR 14, 380;对于分布式拒绝服务攻击/分布反射式拒绝服务攻击的防御,见Vogelsang/Möllers/Potel, MMR 17,291。

[2] 参见BT-Ds 16/5449, S. 5;区别Hoffmanns, ZJS 12,413; LK-Wolff, § 303b Rn 29。

[3] 参见AnK-Popp, § 303b Rn 7中的质疑;Eisele, Jura 12,933; Gröseling/Höfinger, MMR 07,627; Vassiliki, CR 08,134。

[4] 参见K/H-Cornelius, Kap. 102 Rn 198;在结论上同样如此Popp, JuS 11,385,389。

[5] 对此,参见LK-Wolff, § 303b Rn 26;根据第303b条原规定,Kraft/Meister, MMR 03,366,372;对于Sasser病毒案,Eichelberger, MMR 04,596;也参见Krutisch, Strafbarkeit des unberechtigten Zugangs zu Computerdaten und-systemen 2004, S. 154,162 ff; Lenckner/Winkelbauer, CR 86,830。

由之前已经具有,但现在鉴于扩展至私人数据处理设备而明文规定的重大性要件,应予明确的是,只有对于数据处理之顺利运转并非重大的损害才意味着不符合犯罪构成的侵扰,[1]只是单纯的危险并不足够。

作为对软件(Software)的侵扰,第 306b 条第 1 款第 1 项是第 303a 条的加重构成。相反,作为对硬件(Hardware)的侵害,第 306b 条第 1 款第 3 项一般是加重形态的毁损财物罪,但是,虽然犯罪人对自己的物品实施了破坏行为,但由此侵扰了他人公司或机构的数据处理工作的,也应适用第 3 项规定。[2] 就第 303b 条第 2 款加重构成中使用的企业和公司概念,适用第 14 条规定。他人的是指犯罪人并非所有人本人或所有人之有权代表。[3] 第 303b 条第 4 款之范例(Regelbeispiele)包含了只适用于第 303b 条第 2 款规定之加重构成的量刑规则。内容上看,第 1 项和第 2 项依赖于第 263 条第 3 款第 2 句第 1 项、第 2 项之规定(对此见边码 591 及以下数个边码),第 3 项依赖于第 316b 条第 3 款第 2 句和第 92 条第 3 款第 2 项。[4] 根据第 303b 条第 5 款之规定,对于破坏计算机罪的预备行为(见边码 58),相应地适用第 202c 条之规定。[5]

---

[1] 参见 BT-Ds 16/3656, S. 13;对此见 Fischer, § 303b Rn 10;Popp, JuS 11, 385,389;Schuhr, JA 15,189。对于分布式拒绝服务攻击中的因果关系问题,见 NK-Zaczyk, § 303b Rn 14。

[2] 参见 BT-Ds 10/5058, S. 36;Hilgendorf, JuS 96,1083。

[3] Vgl. Eisele, BT Ⅱ Rn 516;Fischer, § 303b Rn 15.

[4] 参见 BT-Ds 16/3656, S. 13 f;对此见 Ernst, NJW 07,2665。

[5] 参见 BT-Ds 16/3656, S. 8,14。鉴于第 303b 条第 2 款的加重构成包含了第 303b 条第 1 款的基本犯罪构成,因此,尽管仅限于准备"第 1 款所述的罪行",但对于加重构成的预备也包括在内。对于刑事可罚性扩张,批判见 Gröseling/Höfinger, MMR 07,628;Schumann, NStZ 07,678;Vassiliki, CR 08,135。对于内容,参见 Rengier, BT Ⅱ § 31 Rn 37 ff。

4. 鉴定结构:破坏计算机罪,第 303b 条

67a

破坏计算机罪,第 303b 条

Ⅰ. 犯罪构成

1. 客观构成(第 303b 条第 1 款)

a)犯罪行为:对数据处理的作用

· 第 303a 条意义上的数据变更

· 数据输入或传输或者

· 硬件的毁坏等

b)行为对象和犯罪结果:对数据处理的加重侵扰

· 数据处理(参见《德国联邦数据保护法》第 46 条第 2 项)

· 数据处理之重大意义

Ⓟ非法目的支配下之数据处理是否也属于?

· 重大侵扰

· 使其不可使用

2. 主观构成:故意

· 第 1 项、第 3 项任何故意类型

· 第 2 项下施害意图

Ⅱ. 违法性

Ⅲ. 有责性

Ⅳ. 加重范例(第 303b 条第 4 款)

Ⅴ. 告诉,第 303c 条

Ⅵ. 预备行为的可罚性(第 303b 条第 5 款)

第二章　盗窃和侵占

§ 2 盗窃罪之基本犯罪构成

68 案例3：W寡居在杜塞尔多夫，在看完戏剧展后，其在家门口因心脏病发而卒。她的妹妹S住在隔壁，当时也在她的身边，S将死者脖子上的珍珠项链取下来，和自己的首饰放在了一起。根据法定继承，T系W的唯一合法继承人，T当时和丈夫居住在慕尼黑。

S实施了盗窃罪吗？如果T放弃继承，S替代T成为W唯一的继承人，刑法评价会有不同吗？（见边码81、95）

Ⅰ.体系性概览

1. 盗窃罪与侵占罪之对垒

69 在取得型犯罪（Zueignungsdelikte）之中，《德国刑法典》第19章区分了盗窃罪（第242条及以下数个条文）和侵占罪（第246条）。两个犯罪构成皆以他人的可移动的物品为犯罪对象。在盗窃罪中，行为人将他人物品取走，在此只需具备使自己或第三人占为己有的意图，着眼于占为己有，盗窃罪因而系断绝的结果犯(erfolgskupiertes Delikt)。[1] 而侵占罪则以占为己有作为犯罪构成中的实施行为,占为己有应理解为占为己有意志的确证,其外在地、清晰地表征了意志的存在。通过出售、质押、消费、藏匿或否认支配(《1851 年普鲁士刑法典》第 225 条、第 226 条作如是列举),[2]在《第 6 刑法改革法案》(见边码 11)取消侵占罪犯罪构成对行为人的占有或支配的依赖之后,也可以通过"取走"实现占为己有。[3] 盗窃系"通过取走而占为己有",侵占系"不曾取走而占为己有",这一区分在当下确实[4]不再合适。侵占罪与盗窃罪之间不存在特别关系(Verhältnis der Spezialität)。[5] 原因在于,取走也是占为己有,在与其相伴的占为己有意图中(见边码 311)也并非必然。所以,扒手虽然始终实施盗窃和侵占,但在欠缺占为己有意图之明确表征的情况下,只定盗窃罪,例如,从把玩危险爆竹的孩童手中将爆竹夺走。

因此,两个犯罪的保护法益只在于所有权(Eigentum)。原因 70
在于,由取走之侵害方式可以看出,第 242 条也保护支配,但这不再会将支配凸显为相对于第 246 条的独立的法益。所以,取走只是一种在第 242 条中必要的财物侵犯方式。因此,即便是在所有人与支配人分离的情况下,也只有第 247 条、第 248a 条意义上的所

---

〔1〕 参见 Fischer, § 242 Rn 2。其他观点见 Kindhäuser/Böse, BT Ⅱ § 2 Rn 76 ff; ders. , Gössel-FS S. 451:占为己有通过取走而完成。相反见 Witzigmann, JA 09, 489。对于第三人占为己有相对化 Kindhäuser/Hilgendorf, § 242 Rn 76 f。

〔2〕 参见 Küper, ZStW 106(1994), 371。

〔3〕 其他观点参见 S/S-Eser/Bosch, § 242 Rn 1/2,其将支配打破标识为与侵占罪的"区分标志"。

〔4〕 对于根据原来法律已经有的疑虑,见 Wessels, BT Ⅱ Rn 58。

〔5〕 但是,如 M/S/M - Momsen, BT Ⅰ § 34 Rn 5。同样,如 Börner, Die Zueignungsdogmatik der § § 242, 246 StGB 2004, S. 179 ff; ders. , Jura 05, 393。

有人遭受了侵犯。[1]

71 对于侵占罪与盗窃罪(以及其他财物和财产犯罪)之关系,决定性的是,目前每个违法的财物占为己有——也包括通过盗窃、抢劫、诈骗等所实施的——均符合第246条第1款之规定,但是,“只有当犯罪未受到其他条文之更重刑度处罚时”才能以侵占罪定罪处罚。与立法说明(BT-Ds 13/8587, S. 43 f)相一致,以上观点证明,侵占罪并非所有取得犯罪的基本犯罪构成(Grundtatbestand),而是兜底犯罪构成(Auffangtatbestand),“其涵括了将他人的可移动的物品非法占为己有的所有形式”[2](对其结果,见边码320及下一边码)。如此视角保证了不法类型的历史独立性。这也能够解释,为何虽然侵占罪不可能成为其基本犯罪构成,却能够相对于第263条、第253条、第266条或第259条补充适用。[3] 最后,能配备补充性条款的,也只有兜底犯罪构成而非基本犯罪构成。[4]

---

〔1〕 参见BK-Wittig, § 242 Rn 2; Eisele, BT Ⅱ Rn 8; Fischer, § 242 Rn 2; H-H-Kretschmer, Rn 769; MK-Schmitz, § 242 Rn 9; M/R-Schmidt, § 242 Rn 1; NK-Kindhäuser, vor § 242 Rn 3 f。在结论上同样如此S/SEser/Bosch, § 242 Rn 1/2。相反,支持保护所有权和支配BGHSt 10, 400; 29, 319, 323; BGH NJW 01, 1508; Heghmanns, Rn 1002 f; HK-GS/Duttge, § 242 Rn 3; Jäger, BT Rn 174; Lackner/Kühl, § 242 Rn 1; Schmidt, BT Ⅱ Rn 2; Schramm, BT Ⅰ § 2 Rn 6; ders., JuS 08, 678; S/S/W-Kudlich, § 242 Rn 3; Zöller, BT Rn 3; Hilgendorf/Valerius, BT Ⅱ § 2 Rn 2。对此也见本书边码335和Jäger, BT Rn 176。

〔2〕 同样,如Fischer, § 246 Rn 2; Hörnle, Jura, 98, 171; Hohmann/Sander, NStZ 98, 276; Jäger, BT Rn 177; Kreß, NJW 98, 640; Kudlich, JuS 98, 473; Lackner/Kühl, § 246 Rn 1; LK-Vogel, vor §§ 242 ff Rn 65 ff; Rengier, BT Ⅰ § 5 Rn 3; Wagner, Grünwald-FS, S. 799; Wolters, JZ 98, 399。未决S/S-Bosch, § 246 Rn 1。

〔3〕 Vgl. Maiwald, Der Zueignungsbegriff im System der Eigentumsdelikte 1970, S. 223.

〔4〕 相反,支持基本犯罪构成Kindhäuser, Gössel-FS S. 451; Lesch, JA 98, 477; NK-Kindhäuser, vor § 242 Rn 5; Otto, BT § 39 Rn 8; ders., Jura 98, 551。支持第242条相对于第246条的特别属性M/S/M-Momsen, BT Ⅰ § 34 Rn 5; 对此见边码69。

2. 加重与减轻之盗窃情形

第 242 条规定了盗窃罪的基本犯罪构成，作为刑罚裁量规定，[1]第 243 条第 1 款规定了特别严重情节之范例，而第 244 条、第 244a 条则就特别危险形态的盗窃罪规定了加重的犯罪构成（tatbestandliche Qualifizierung）。与之相反，第 247 条、第 248a 条规定的减轻形态（Privilegierung）并不具有独立的犯罪构成品质，因而对于刑格（Strafrahmen）并无影响。[2] 确切地说，刑事告诉之要求（Strafantragserfordernis）只是对于刑事追诉的容许与否具有意义。针对价值轻微的犯罪对象，第 248a 条只可适用于第 242 条和第 246 条衍生之刑罚，而第 247 条规定也涵括了第 243 条、第 244 条、第 244a 条调整之盗窃案件。[3] 72

依据通说观点，抢劫式盗窃（第 252 条）并非第 242 条的加重情形，而是具备独立属性的类抢劫型特殊犯罪（raubähnliches Sonderdelikt）。[4] 因此，第 247 条、第 248a 条规定对其不可适用。

Ⅱ. 盗窃对象

第 242 条之客观犯罪构成通过他人的可移动的物品的取走得以实现。因此，可行的犯罪对象只能是可以移动的、为他人所有的物品。占有取得（Besitzerwerb）的“合法性”（Legalität）并不重要。所以赃物（Diebesgut）也可 73

---

〔1〕 Vgl. BGHSt 23, 254, 256 f; 26, 104, 105.

〔2〕 因此，反对将之标识为减轻情形 Mitsch, BT Ⅱ S. 4:“刑事告诉案件”。

〔3〕 对于体系，更详尽的参见 Wessels/Beulke/Satzger, AT Rn 174。

〔4〕 参见 BGHSt 3, 76, 77; Eisele, BT Ⅱ Rn 397。

以被偷。[1] 相反,如果——比如毒品、假币或者违法占有的(战争)武器——占有本身就是刑法所禁止的,则应认为,第 242 条之刑法保护(如同通过第 263 条)对该占有应予否定。这适用于第 242 条,因为在强烈"弱化"(geschwächt)的所有权(Eigentumsrecht)之外,也出现了占有保护(Besitzschutz)的缺口,而这也消减了支配(Gewahrsam)的保护力。原因在于,倘若因占有而受到侵害的"受害者"在侵权法上通过恢复原状而重新获得占有的诉求,因属权利滥用而被否决,[2]则其在禁止自力救济的情况下,既不能通过暴力从现行的"盗贼"那里重新取得财物(《德国民法典》第 859 条第 2 款),也不能根据《德国民法典》第 861 条之规定主张重新获得占有。鉴于法律上明确否定的占有无法通过第 263 条予以保护(见边码 535),只有对第 242 条的保护同样予以否定,才能保证法律统一。[3] 德国联邦法院第 2 刑事审判庭在其一份——但此后未获遵循的[4]——质询裁定(Anfragebesch-

---

[1] 参见 Hillenkamp, Achenbach-FS S. 189, 193 f, 199 f; Mitsch, BT Ⅱ S. 11; S/S-Bosch, § 242 Rn 1/2。BGH NStZ 09, 37 附评注 Dehne-Niemann, 其强调, 即便盗贼, 相对于第三人也享有占有保护。在结论上也是如此 Otto, Beulke-FS S. 508 ff, 514 f。其他观点见 Puppe, Fischer-FS S. 463, 468。

[2] 对于毒品 BGHSt 48, 322, 326 f。

[3] 参见 Hillenkamp, Achenbach-FS S. 189, 205。也见 Puppe, Fischer-FS S. 463, 468; Schmidt, BT Ⅱ Rn 19; Wolters, Samson-FS S. 495, 505, 507。以可以反驳的论证 Hoyer, FischerFS S. 361 ff。德国联邦法院(NJW 06, 72 附赞成性评注 Hauck, ZIS 06, 37; Kudlich/Noltensmeier, JA 07, 865; BGH BeckRS 11, 19727)肯定了第 242 条对于毒品的适用可能(对此,参见 Fischer, § 242 Rn 5, 5a; 也见 Mitsch, BT Ⅱ S. 11),但只是探讨了"无交易能力"的保留——对此见 Engel, NStZ 91, 520; MK-Schmitz, § 242 Rn 6 ff; Wolters, Samson-FS S. 495 ff 和 Hillenkamp, Achenbach-FS S. 189, 190, 196——并对之予以拒绝。同样如此 BGH NStZ-RR 2009, 22; BGH BeckRS 15, 06119 附评注 Bosch, Jura 15, 881(§ 250 Ⅱ Nr 1)。对此见本书边码 282 中的现实判例; BGH NStZ 15, 572 附评注 Ǒglakcıoǧlu; Jäger, JA 15, 874; Kudlich, NJW 15, 2901。与本书不同的观点见 Eisele, BT Ⅱ Rn 24; BK-Wittig, § 242 Rn 6, 9.1; HK-GS-Duttge, § 242 Rn 17; H-H-Kretschmer, Rn 774; M/R-Schmidt, § 242 Rn 4; Rengier, BT Ⅰ § 2 Rn 14; S/S-Bosch, § 242 Rn 19 和 BGH BeckRS 17, 115037。区别见 Otto, Beulke-FS S. 519 f。

[4] Vgl. BGH NStZ-RR 18, 15.

luss)中也如此认为。[1] 相反,行为人对于物品所有权之取得具有到期且无抗辩的请求权,并不会排除物品作为盗窃对象的适格性,[2]而只会排除希求占为己有之违法性(见边码 200)。与毁损财物罪相同(见边码 19),对象的金钱价值在此并不重要。

1. 物品之概念

刑法意义上的物品(Sachen)(对此以及对于动物作为物品的,见边码 18)系所有有形的(körperlich)对象(Gegenstände),而不必考虑其经济价值(对此参见边码 19)。盗窃罪并非获利犯罪(Bereicherungsdelikt)。[3] 债权(Forderungen)和权利(Rechte)不可被盗窃。盗窃知识产权(Diebstahl geistigen Eigentums)、软件盗窃(Softwarediebstahl)抑或盗版(Raubkopie)在法律上均为错误概念。[4] 但是,将请求权或者其他权利具化的文件(如存折、汇票、支票、股票、车票、寄存衣物的号码牌及类似文件)系第 242 条意 74

---

〔1〕 参见 BGH NStZ 16,596 附批判性评注 Krell(对此见边码 536 中的判例例证);Bosch,Jura(JK)16,1338;Jäger,JA 16,790;Jahn,JuS 16,848。赞成的见 Bechtel,JR 17,197;ders.,wistra 18,158;Ladiges,wistra 16,479;MK-Schmitz, § 242 Rn 18。对于质询裁定表示否定的有第 3 刑事审判庭(BGH NStZ-RR 17,244)、第 4 刑事审判庭(BGH NStZ-RR 17,44)和第 5 刑事审判庭(BGH NStZ-RR 17,110)。第 1 刑事审判庭(BGH NStZ-RR 17,112)同样如此,此外,其通过第 2 刑事审判庭做出的、坚持历来的判例的判决(BGH NStZ-RR 17,111;BGH JR 17,82),认为质询裁定已经过时。归结性 BGH wistra 18,41;BGH BeckRS 17,115037 也对第 242 条、第 249 条做出决定。

〔2〕 参见其他观点 LK-Vogel, § 242 Rn 37 ff。

〔3〕 BGH NStZ 14,516;BayObLG BeckRS 19,24051 [附评议 Bode,NStZ-RR 20,105;Dießner,StV 20,256;Jäger,JA 20,393;Jahn,JuS 20,85;Nestler,Jura(JK)20,298]肯定了对交付处置的食品的所有权保护;对此批判见 Schiemann,KriPoZ 19,231,232 附进一步的文献。对于集装箱,见本书边码 79。

〔4〕 参见 A/W-Heinrich, § 13 Rn 32;v. Gravenreuth,Das Plagiat aus strafrechtlicher Sicht 1986,S. 91 f;Hohmann/Sander,BT I § 1 Rn 10;Julius,Anm. JR 93,255。对于所谓的“打家劫舍”(Raubgräberei),见 Koch,NJW 06,557。对于“时间盗窃”(Zeitdiebstahl),见 LK-Vogel, § 242 Rn 9。

义上可行的对象,虽然数据本身并非物品,但数据载体属于可能的盗窃对象。[1]

75 物品处于何种物态并无所谓。物品也包含液体、气体和蒸汽,只要其具备特定的、可予划定的存在形态,就是可被所有权化的。[2] 依据通说观点,电能(elektrische Energie)并非物品,将其涵摄在物品之外属于禁止的类推。[3] 立法者弥补了这一漏洞:取走电能应根据第 248c 条之特别规定予以惩处(见边码 444 及下一边码)。

76 健在的人的身体(Körper)(在出生前也是[4])不具有物品属性。这同样适用于其机体部分以及固定安装的人造部件,只要其与身体相结合。[5] 与之相反,分离的肌体部分可能产生物品控制。通过分离,其成为独立的物品,如无特别的取得行为,其直接归属于其身体的个人的所有之下。[6] 实践中,这一问题在拔掉镶嵌的牙齿、剪掉辫子以及为医学目的而抽血、取掉皮肤或器官的情况下具有意义。在取掉的身体部位被重新安装回原始身体,或者——比如在精子捐献情况下——被放入捐献者之外的他人身体

---

〔1〕 参见 Fischer, § 242 Rn 3;Heghmanns/Kusnik, CR 11, 248, 249。因此,数据并非盗窃(对此见 Sonn, Strafbarkeit des privaten Entwendens und staatlichen Ankaufs inkriminierender Kundendaten 2014, S. 30 f)或窝赃的对象。关于列支斯坦顿及相关的账户数据案件,见边码 826。

〔2〕 Vgl. RGSt 44, 335;Lackner/Kühl, § 242 Rn 2.

〔3〕 参见 RGSt 29, 111, 116;32, 165, 185 f;Schramm, JuS 08, 679;对此也见 Heger, ZIS 11, 402, 404。

〔4〕 关于胚胎,见 LK-Vogel, § 242 Rn 11;M/R-Schmidt, § 242 Rn 4。

〔5〕 区别 Gropp, JR 85, 181;S/S-Eser/Bosch, § 242 Rn 10;也见 Kretschmer, JA 15, 106 ff。

〔6〕 因此,在秘密的亲子鉴定中,被"偷走"的梳掉的头发、剪掉的指甲等——如果不被有效地予以去掉——都是合适的盗窃对象,见 Glaser/Dahlmanns, JR 07, 318。如果否定了支配的存在,仍然可以适用第 246 条;然而,占为己有(意图)存在疑问。

的案件中，民法上不承认其物品属性(Sachqualität)，[1]所失却的所有权保护在刑法上并不能够通过伤害罪(Körperverletzung)的认定得以弥补。[2] 有鉴于此，为维持至少针对故意毁损(Beschädigung)(第303条)或者盗取(Entwendung)(第242条)的保护，不应遵循这一民法上所做的区分。这与刑法上独立的概念构建相符合，其——比如相对于《德国民法典》第90a条之规定——并不必然遵循民法上的概念内容(见边码18)。

人的尸体(Leichen)是否应被视为"人格的残留"(Rückstand der Persönlichkeit)或者物品，就其而言，因欠缺所有权能力(Eigentumsfähigkeit)，存在争议。[3] 但能够达成一致的是，如果尸体不是用于埋葬(如木乃伊、沼泽尸体、解剖尸体或塑化尸体)，则尸体可能属于可被所有权化的物品。[4] 在具体案件中，可能存在第242条和第303条的成立条件。这也适用于植入的医疗辅助器具，如心脏起搏器，在其被取出之后，将会重新处于所有权人的处置之下。[5] 与之相反，如果尸体的所有权能力被否定，则只可能适用作用于虔诚情愫(Pietätsgefühl)保护的第168条规定。[6] "被火化的"牙齿上的金子(Zahngold)也是一样，其与骨灰一起装入了骨灰盒，就其而言，继承人放弃了将之据为所有的权利。作为代表尸体的骨灰的一部分，其属于无主物 77

[1] 如此BGHZ 124,52;如同本书Eisele,BT Ⅱ Rn 18;其他观点Zöller,BT Rn 8。

[2] 其他观点Freund/Heubel,MedR 95,194,198。在违反类推禁止的前提下，见Otto,Jura 96,119;SK-Horn/Wolters,§ 223 Rn 5a。

[3] 支持前者的参见M/S/M-Schroeder,BT I § 32 Rn 19。通说观点支持后者：Kretschmer,JA 15,108;Otto,BT § 40 Rn 5;S/S-Bosch,§ 242 Rn 10,21。也参见AG Rosenheim NStZ 03,318。

[4] 参见Tag,MedR 98,387;同样如此Eisele,BT Ⅱ Rn 20。

[5] 对此，参见ropp,JR 85,181;S/S-Eser/Bosch,§ 242 Rn 21;SK-Hoyer,§ 242 Rn 16。

[6] 对此，参见OLG Bamberg NJW 08,1543;OLG Nürnberg NJW 10,2071;Kudlich,JA 08,391;ders.,JA 10,226;Jäger,BT Rn 186a,b;Jahn/Ebner,JuS 08,1086;Rudolph,JA 11,346;Safferling/Menz,Jura 08,383。

(herrenlos)，因而不为第 242 条所保护。如果行为人错误地认为牙齿上的金子在此情况下属于火葬场的经营者所有，则并不是不能的未遂，而是幻想犯(Wahndelikt)。[1]

2. 可移动性

78 第 242 条及以下数个条文中的"可移动"(beweglich)是指物品可被移动(fortbewegen)，也即从其现在的位置被移走(fortschaffen)。就此问题的判定而言，刑法并未立足于民法(《德国民法典》第 93 条及以下数个条文)[2]的相关规定，而是着眼于取走(Wegnahme)，讨论何物可被移走。[3]

据此，土地产出物和建筑物的组成部分也是可移动的，其必须以取走为目的而被分离、分开或以其他任意方式变得可移动，[4]如泥炭、热水器、洗脸槽、锁在桥上的"爱锁"[5]以及类似物品。因此，如果草地上的草未经授权而被羊群吃光，在毁损财物罪(第 303 条)之外，也存在与草相关的盗窃罪。[6]

---

〔1〕 对于论证，见 LK-Hillenkamp，§ 22 Rn 228。相反，支持不能犯未遂 OLG Hamburg NJW 12,1601,1604 附评注 Stoffers 和 Satzger，JK 2/13，StGB § 242/26(也见边码 136)。对于金牙作为骨灰的组成部分，见 BGHSt 60,302 附评注 Bosch，Jura 15,1393(§ 168)；Kudlich，JA 15,872；也见 Becker/Martenson，JZ 16,779。对于争论情况，见 Stübinger，ZIS 16,373。

〔2〕 支持民法的从属性 SK-Hoyer，§ 242 Rn 9 f；对此批判 MK-Schmitz，§ 242 Rn 46；如同本书 Klesczewski，BT § 8 Rn 49。

〔3〕 同样，如 BK-Wittig，§ 242 Rn 5；HK-GS/Duttge，§ 242 Rn 10；MK-Schmitz，§ 242 Rn 45；NK-Kindhäuser，§ 242 Rn 14；Rengier，BT I § 2 Rn 8；S/S/W-Kudlich，§ 242 Rn 10；Zopfs，ZJS 09,506。

〔4〕 关于决定性的时间节点，即何时必须涉及的是他人的可移动的物品，见 LK-Vogel，§ 242 Rn 46。

〔5〕 对此，参见 AG Köln BeckRS 12,20013 附评议 Jahn，JuS 13,271。

〔6〕 参见 LG Karlsruhe NStZ 93,543；案例解析 Jänicke，Jura 14,446。

3. 他属性

如果一物品属于他人单独、按份或共同所有,也即既非《德国民法典》第958条及以下数个条文意义上的无主物,也非专属于行为人个人所有(参见边码20),则该物品系他人的(fremd)物品。 79

物品不属于行为人所有,并非必然意味着物品的他属性,[1]因为不具他属性的物品也包括不属于任何人的无主的物品。同样应当排除在盗窃罪适格对象之外的,还包括专属于行为人本人所有的物品[2]或者是不具有流通可能性的物品[3](如人的尸体)。毒品是具有流通能力(verkehrsfähig)的物品。[4] 放在人行道上、待慈善组织来取的集装物品(Sammelgut)并非无主物,对于第三人而言,这种物品也是第242条意义上的"他人"物品。[5] 与有价值的废铁一样,有待销毁而放入垃圾堆的借记卡,也不能被灭失其所有权。[6] 但这与以下情形一样不太具有说服力,即由超市放入其垃圾箱的仍然可食用的食品并未灭失所有。即便店主一般对于"集运箱"以及与之关联的取走不予同意,但所谓"垃圾潜水"(Waste-Diver)因欠缺携带物品之他属性而不成立财产犯罪。在垃圾清理公司对所有权取得绝无任何利益的情况下,这至少是有效的。在此情况下,并无任何道理将有利于垃圾清理者的所有权放弃(Eigentumsaufgabe)解释为放弃对物所有(Dereliktion),只是为了保护店主与所有权保护无关的其他利益,即避免出现减少销售额的"免费购

---

[1] 参见 M/S/M-Schroeder, BT I § 32 Rn 21;对于宝藏和纪念碑的所有权状况,见 Koch, NJW 06, 557。

[2] 然而,取走自己的物品,可能根据第289条规定予以处罚;参见 OLG Düsseldorf NJW 89, 115。

[3] 对于例外,见边码77,以及 SK-Hoyer, § 242 Rn 14。

[4] 参见 BGH NJW 06, 72 附赞成性评注 Hauck, ZIS 06, 37; AnK-Kretschmer, § 242 Rn 10; Jäger, BT Rn 188; Schramm, JuS 08, 680;否定 Wolters, Samson-FS S. 495, 500 ff;对于仍然应予赞许否定盗窃,见边码73。

[5] Vgl. BayObLG JZ 86, 967.

[6] 参见 OLG Hamm BeckRS 11, 07785 附评议 Jahn JuS 11, 755; Zöller, BT Rn 12;否定 H-H-Kretschmer, Rn 774;关于废品,见 Bode, JA 16, 589。

买"(Gratis-Erwerb)。[1]

判例例证:在 AG Köln BeckRS 12,20013 一案中,A 和 C 将科隆霍亨索伦桥(Hohenzollernbrücke)上在人行道与铁轨之间隔栏的几根支柱拆下。通过这种方式,他们将 53 把所谓的爱锁拿走,爱锁是情侣们在桥梁所有者的容认之下,为象征永不分离的爱情而锁在那里的。A 和 C 打算把锁卖给废铁商人。在对隔栏的财物毁损之外,是否认定盗窃罪,取决于对三个问题的回答。第一,足以认定,行为人是以取走为目的而将犯罪对象变得可移动(见边码 78)。第二,地方法院恰当地否定了通过放弃物的所有(Dereliktion)而体现出的所有权放弃(Eigentumsaufgabe),因为爱锁的法律命运对于各对情侣来说并非无所谓,第三人将之据为所有也会有损锁的象征意义。[2] 因此,锁仍然是他人之物。第三,爱锁并非丧失支配(gewahrsamslos),而是处于桥梁所有人的概括支配之下,其对于爱锁的容认也显示出足够的支配意志(Gewahrsamswille)(见边码 89)。鉴于钥匙已经扔进水里,所以可以认定情侣放弃了对其的支配。最后,行为人想要将锁卖掉,其具备占为己有的意图(见边码 168)。因此,盗窃罪成立,但第 243 条第 1 款第 2 句第 2 项规定的情形并不存在。[3]

80 对于刑法领域所有权关系(Eigentumsverhältnisse)的判定具有决定性作用的是,在力图开始(Versuchsbeginn)之时[4]与所有

---

[1] 对此,参见 Vergho,StraFo 13,15;案例解析 Esser/Scharnberg,JuS 12,809;其他观点 BayObLG BeckRS 19,24051[附批判性评议 Bode,NStZ-RR 20,105;Dießner,StV 20,256;Jäger,JA 20,393;Jahn,JuS 20,85;Nestler,Jura(JK)20,298]以及通说观点;对此启发性 Schiemann,KriPoZ 19,231;对于刑事政策探讨的评析,见该文 S. 235 ff,对于刑事政策讨论的评价,见该文,以及左翼党(BT-Ds 19/9345)和联盟 90/绿党(BT-Ds 19/14358)的推动。

[2] 赞成 Schramm,BT I § 2 Rn 28。

[3] 对此以及对于案件 Jahn,JuS 13,271;案例解析 Reinhardt,JA 16,189。

[4] 参见 LK-Vogel, § 242 Rn 46;差异 Timmermann,Diebstahl und Betrug im Selbstbedienungsladen 2014,S. 57 f:在既遂之时,物品仍然必须是他人的。

权之取得与丧失相关的民法规定[1]。因此,如在加油未付款的案件中,成立盗窃罪之可能性也取决于汽油所有权何时转移到顾客身上。如果加油站所有人将汽油所有权保留至付款之时,则即便汽油与油箱中原有的汽油产生了混同(Vermischung),在任何情况下也因其属加油站所有人按份共有(Miteigentum)而对加油者而言系他人财物。[2] 即便原因行为(Kausalgeschäft)有违善良风俗,也并非必然意味着履行行为(Erfüllungsgeschäft)的无效。[3] 因此,在交付麻醉物品购买款后直接将其重新取回,只有在麻醉物品的禁止交易中,能够引申出作为购买款支付的金钱之所有权转移的无效性,才能否定盗窃罪的成立。[4] 与此相异的经济性财物概念(wirtschaftlicher Eigentumsbegriff),意欲将他属性与更为广泛的财产状况相关联,[5]因之不可确定性(Unbestimmtheit)而对刑法

---

[1] 参见 BGHSt 6,377,378;对此阐述 LK-Vogel, § 242 Rn 21。

[2] 如果汽油通过加油而转移所有,则应当不(再)存在他人的物品,见 Mitsch, BT Ⅱ S. 9;相反 Küper/Zopfs,BT Rn 446[优先原则(Präzedenzprinzip);在转移所有的情况下,落空的只是非法占为己有的意图];对于观点状况,见 Jäger,BT Rn 192;NK-Kindhäuser, § 242 Rn 17;此外也见 Lange/Trost,JuS 03,964 以及边码 197;对于此种情况下可能存在的诈骗,与其他可以想见的财物犯罪之间的关系,见 BGH NJW 12,1092。

[3] 参见 Krey/Hellmann/Heinrich,BT Ⅱ Rn 3-5;在提前支付"嫖资"的情况下,见 BGH NStZ 15,700;Brand/Burkhart,JuS 19,139。

[4] 如此 BGH NStZ-RR 00,234。对此见 Eisele,BT Ⅱ Rn 24;Rengier,BT I § 2 Rn 13 f。

[5] 参见 Otto,BT § 40 Rn 10 f;ders. ,Jura 96,220;对此阐述 Otto,Beulke-FS S. 511 ff。对于此种概念理解对于《德国民法典》第 241a 条案件的意义,见 Otto,Jura 04,389 和 Beulke - FS, S. 512 ff。基于 Otto 的基点而续造 Kohlheim, Ein neuer wirtschaftlicher Fremdheitsbegriff im Strafrecht 2007,S. 97 ff,关于未经预定而寄来的商品,其否定了对于消费者而言的他属性(S. 98)。

并无助益。[1] 从纯粹法律条文规定的判定基础来看,在所有权保留(Vorbehaltseigentum)和担保物所有权(Sicherungseigentum)的特殊形式下,也无所限制地属于完全所有权。[2]

81 在案例3中,珍珠项链原本属于寡妇W。随着其死亡,项链所有权依据法律转移给其继承人T(《德国民法典》第1922条、第1924条第1款、第1942条第1款)。据此,在行为当时,对于S而言,珍珠项链系第242条意义上的他人的可移动的物品。即便T将其先前获得的继承权以适当的形式和时间予以放弃(《德国民法典》第1942条及以下数个条文),以至于S取代T的地位作为W唯一的法定继承人获得W的所有遗产(《德国民法典》第1953条第1款、第1922条第1款、第1925条第1款和第3款),本案的刑法评价也并不会因此有所改变。虽然根据《德国民法典》第1953条第1款之规定,依据本案事实,T对于继承权的取得应视为尚未完成(nicht erfolgt),而在民法中,根据溯及力假定(Rückwirkungsfiktion),应视S(而且只有她)在W死亡当时即已经成为其唯一继承人,从而也是珍珠项链的所有权人。通过对已经产生的法律后果的清除(此处T获得继承权),此种反向溯及与民法之目标设定并不矛盾;但其与刑法之间具有绝对的本质冲突。由此,并无疑义的是,民法上的溯及力假定(《德国民法典》第142条第1款、第1953条第1款)对于刑法并不适用,因为对于特定行为的构成要件符合性判断而言,只有在行为当时实际存在的事实和法律情境才能予以考虑。否则,特别是依据《德国民法典》第119条、第123条、第142条第1款和第2款之规定,在行为人实

〔1〕 参见Küper/Zopfs, BT Rn 446; Matzky, NStZ 02, 460。也否定Börner, Die Zueignungsdogmatik der §§ 242, 246 StGB 2004, S. 34 f, Krey/Hellmann/Heinrich, BT Ⅱ Rn 4和Tachau, Ist das Strafrecht strenger als das Zivilrecht? 2005, S. 163 ff。即便在《德国民法典》第241a条的案件中,其也否定剥夺他有的可能性,S. 173 ff, 220 f;具体也见LK-Vogel, vor §§ 242 ff Rn 53-55。

〔2〕 参见RGSt 61, 65。

施当时因欠缺构成要件符合性而不予处罚的行为,事后也可以再予处罚。[1]由此,案例 3 中仍待判定的是,S 是否将(他人的)珍珠项链通过取走(Wegnahme)的方式获得(见边码 95)。

Ⅲ. 取走

1. 取走与支配概念

在第 242 条框架内,作为犯罪行为,取走(Wegnahme)意味着 82
对他人的单独或共同支配(Gewahrsam)的打破(Bruch),以及新的(并非必然)但通常是自己的支配的建立(Begründung)。[2] 通说观点认为,支配是指人对于物的事实上的管控(tatsächliche Sachherrschaft),其由自然意义上的管控意志(Herrschaftswille)所支配,其范围由交往观念(Verkehrsauffassung)所确定。[3] 由此,支配首先系事实(faktisch)概念。与其说这一概念通过在交往观念中沉淀的日常生活见解根据其追随者的观点而被构建,倒不如说,其引申规则只是依据交往观念予以检测。[4] 与此相对,社会-规范的(sozial-normativ)支配概念更为可取,对于支配所必要的管控关系来说,其并非依据实际力量的偶然因素,而是从物品对于个体掌控范围的社会-规范性归属(sozial-normative Zuordnung)

〔1〕 参见 KG JW 30,943 Nr 5;HK-GS/Duttge, § 242 Rn 14;Kudlich/Roy,JA 01,772;LK-Ruß,11. Aufl., § 246 Rn 4;M/R-Schmidt, § 242 Rn 8;S/S-Eser/Bosch, § 246 Rn 4a;S/S/W-Kudlich, § 242 Rn 12;Zopfs,ZJS 09,507。

〔2〕 参见 RGSt 48,58,59 f;Küper/Zopfs,BT Rn 769。对于支配概念争论的详细阐述,见该书 Rn 751,755。

〔3〕 Vgl. Eisele,BT Ⅱ Rn 26 ff;Fischer, § 242 Rn 11;Hilgendorf/Valerius,BT Ⅱ Rn 19 ff;Hohmann/Sander,BT I § 1 Rn 17;Krey/Hellmann/Heinrich,BT Ⅱ Rn 12-14;Lackner/Kühl, § 242 Rn 8 ff;Mitsch,BT Ⅱ S. 12 f;M/R-Schmidt, § 242 Rn 13;Otto,BT § 40 Rn 15;Rengier,BT I § 2 Rn 23,27;S/S/W-Kudlich, § 242 Rn 18 f;Wessels,BT Ⅱ Rn 71.

〔4〕 参见 S/S-Bosch, § 242 Rn 24;AnK-Kretschmer, § 242 Rn 21:事实—规范性支配概念。

给予论证。[1] 唯有立足于此，农民对于留在地里的犁耙、去旅行的房屋主人对于房屋内物品之支配，才能够从概念本身衍生，因为交往观点将耕地和房屋视为其所有者的支配领域，并将第三人对其范围内物品的拿取解读为对此归属的侵扰。[2]

83 在此类案件中，通说观点在结论上并无二致，却以由日常生活观念推导出的假设掩饰其所要求的、实际上却不存在的事实上的拿取可能性。此外，纯粹为了校正，其使得什么才是支配的核心内容这一问题失去效力。而且，其对根据判例观点取决于所有偶然的“个案情状”、由此“实质上在于探析事实问题”[3]的概念，带来了额外的不确定性，这一概念不再能够被算清和讲透，而且其各个核心要素也不再能为与行为伴随的故意所确切把握。[4] 因此，相较于此种事实上的、却为交往观念所不断校正的视角，物品对于个人管控的归属表现为社会—规范上确保的一致意见（sozial-normativ gesicherte Übereinkunft），并将支配确证为管控关系，更为

[1] 参见 SK-Samson, 4. Aufl., § 242 Rn 20 ff；对此基础性 BGHSt 16, 271, 273 承接 Welzel, GA 60, 257；NJW 61, 328。也见 Bittner, Der Gewahrsamsbegriff, 2. Aufl. 2008, S. 95 ff, 182 f；Geilen, JR 63, 446；Gössel, ZStW 85（1973）, 591, 617；Heinsch, Der Gewahrsamsbegriff beim Diebstahl, 2012。部分也见 HK-GS/Duttge, § 242 Rn 19。与 Bosch, Jura 14, 1237 相反——实际的控制关系恰恰并非相匹配的出发点。

[2] 参见 SK-Samson, 4. Aufl., § 240 Rn 20。也见 Kargl, JuS 96, 971, 974；Martin, JuS 98, 893；MK-Schmitz, § 242 Rn 55, 65 ff；NK-Kindhäuser, § 242 Rn 28；Scheffler, Anm. JR 96, 342；Schmidt, BT Ⅱ Rn 30 ff。未决 OLG Karlsruhe NStZ-RR 05, 140。在案例解析中述及的是，被判例和许多事实支配概念的支持者所多次避而不谈的争论［例如见 Bohnert, ZStW 127（2015）, 99；Klesczewski, BT § 8 Rn 51 ff；Kudlich, JA 17, 428］，如见 Kinzig/Linke, JuS 12, 230, Sebastian, Jura 15, 993 和 Müller/Schmoll, JA 13, 757。

[3] BGHSt 41, 198, 205；如 BGHSt 23, 254, 255；BGH NStZ 08, 624, 625 附评注 Bachmann, NStZ 09, 267；BGH NStZ 11, 158, 159 f；BGH NStZ 14, 40 f；也见 Jäger, BT Rn 211；批判 Hillenkamp, JuS 97, 222。

[4] 相反的评价见 A/W-Heinrich, § 13 Rn 40；Heghmanns, Rn 1014，在 Rn 1010 中，对于本书支持观点表示赞同。

可取。[1] 应予承认,在确保的一致意见(尚且)未能获得的情况下,即便采取此种理解也仍然存在不确定性,但却不会使得社会—规范归属沦为任意或随意使用的概念。[2]

为避免混淆,应当重视的是,第168条第1款中的支配概念应另当别论,将之解读为对于尸体及与之类似的保护对象的事实上的看管关系(Obhutsverhältnis)。[3] 在此,对于取走而言,打破此种看管关系即可。[4] 根据通说观点,在第289条中,取走概念应与规范的保护目的相对应并更为宽泛地予以理解,通说放弃了打破支配的要求,所有将物品从质权人或其他的权利人之权力范围内收走的行为均为已足[5](对此,进一步见边码471)。 84

---

〔1〕 类似 OLG Zweibrücken NStZ 95,449;Bittner,Der Gewahrsamsbegriff,2. Aufl. 2008,S. 95 ff,182 f;Brocker,JuS 94,923;Kindhäuser/Hilgendorf, § 242 Rn 23;MK-Schmitz, § 242 Rn 65;Schmidt,BT Ⅱ Rn 31;Schmitz,JA 93,350。也参见 Eisele,BT Ⅱ Rn 27。只是涉及术语上的差异(如此 BK-Wittig, § 242 Rn 11. 1;Bosch,Jura 14,1238;Brüning,ZJS 15,311;Hecker,JuS 15,277;LK-Vogel, § 242 Rn 55;Schramm,BT Ⅰ § 2 Rn 21;S/SBosch, § 242 Rn 24;Zöller,BT Rn 14),这一观点应予驳斥。支持两种基点的联结 Joecks/Jäger, § 242 Rn 20 f;J. Kretschmer,Jura 10,469。对于两种基点批判 Timmermann,Diebstahl und Betrug im Selbstbedienungsladen 2014,S. 39 ff,其着眼于谁来确定物品处于何处,S. 50 ff。

〔2〕 SK-Hoyer, § 242 Rn 32 ff 以其反对建议也并未避免不确定性;对此恰当批判 MK-Schmitz, § 242 Rn 63 f。同样适用的是 Ceffinato,Jura 19,1234 ff。

〔3〕 参见 OLG München NJW 76,1805;KG NJW 90,782;OLG Zweibrücken JR 92,212 附评注 Laubenthal;OLG Bamberg NJW 08,1543 附评议 Kudlich,JA 08,391;Lackner/Kühl/Heger, § 168 Rn 3;Roxin,JuS 76,505。

〔4〕 Vgl. S/S-Lenckner/Bosch, § 168 Rn 4.

〔5〕 在并无占有的房东质权的情况下,具有重要性,参见 BayObLG JZ 81,451;LK-Schünemann, § 289 Rn 14 ff。不同观点见 M/S/M-Schroeder,BT Ⅰ § 37 Rn 16;S/S-Heine/Hecker, § 289 Rn 8。

2. 所有与支配

85 根据针对支配概念的两种有代表性的观点(见边码 82),在第 242 条中,从属于取走概念的支配概念应当与跟物品之他属性相关的所有权(Eigentum)概念严格予以区分。虽然在所有权和支配概念中皆倾向于讨论“管控关系”,但内容上却名同实异,在同一物品的所有权和支配相互分离的情况下(如在租赁、借用或保管的情形下),更应对之予以重视。作为物上权,所有权创立了法律上的对物管控关系,其给予所有权人最高程度的作用和防御权限(《德国民法典》第 903 条、第 985 条、第 1004 条)。其存续并非取决于每个实际上存在的作用可能性。在盗窃的情况下,甚至对物的完全丧失可能也不会改变被盗窃物的所有权和法律上的管控权力。与之相反,根据对其事实上的理解,支配涉及纯粹事实上的管控关系,其使得支配者借力于事实上的能够(Können)获得对于物品的物质上真实的作用可能(physisch-reale Einwirkungsmöglichkeit)。在此并不涉及对于法律上可以(Dürfen)的讨论,原因在于,支配是通过合法还是非法的方式获得对其存续而言并无影响。在成功取走的情况下,作为事实上的物品管控,小偷也能取得支配;倘若谁以非法占有为目的将其赃物取走,则因此打破其支配并符合第 242 条之犯罪构成。[1] 根据在此提倡的支配观念,也不会有所不同。因为即使社会—规范的财物管控也不会据此判定管控(物品获得)是否合法且可主张权利,而是依据物品管控是否为社会—规范上确保的一致意见所认可,因而第三人的拿取是社会意

---

[1] 参见 BGH NJW 53,1358 Nr 25;RGSt 60,273,278;70,7,9。也见 BGH NStZ 09,37 附评注 Dehne-Niemann;Mitsch,BT Ⅱ S. 15。批判 Wolters,Samson-FS S. 495,510 f。对于“相对于盗贼的盗窃”的更为确切的论述(更正确的是,相对于财物所有人的二次盗窃),见 Hillenkamp,Achenbach-FS S. 184,193 f,199 ff。论述不同但结论相同 Otto,Beulke-FS S. 508 ff,514 f。

义上突兀的而有待被正当化的[1]。所有权人本人取走已经进入受到保护的小偷支配领域的赃物,正是此种情形。因此,不恰当的是,只对被盗窃者适用规范的支配概念,而对小偷却适用事实的支配概念。[2]

3. 具体问题及支配的表现形式

通说观点认为,对于支配关系(Gewahrsamsverhältnisse)的判 86
定而言,决定性的是个案的具体情状以及日常生活的观念。[3] 鉴于一个物品并非鲜见地置于多样的、相互经常重合的、强度上相互转化的、数人的事实上的作用可能之下,依据就此首先考虑的事实上的情状,支配问题并不总是能够清晰和无疑的,且基于事实上的偶然性,也并不总是具有说服力地予以回答。为克服这一弱点,通说观点返回到交往观念之上。借此路径,其遇到了社会—规范的支配概念之关键视角。所以,虽然存在方法上的差异,两种学说的结论及其所承载的事实见解通常并无差别。[4] 但只有社会—规范的进路才能以足够的确定性达至目标。此外,就规范性因素的重要性而言,[5]其保证了更为合理的结论。

a)支配意志

物之管控首先是一个客观—主观的(objektiv-subjektiv)意义 87

---

〔1〕 Vgl. NK-Kindhäuser, § 242 Rn 28,32.

〔2〕 但是,如 Kargl, JuS 96,973 的保留;M/S/M-Hoyer, BT I § 33 Rn 13。

〔3〕 Vgl. BGHSt 16,271,273;41,198,205;BGH NStZ 08,624,625.

〔4〕 参见 Joecks/Jäger, § 242 Rn 14 ff;S/S-Bosch, § 242 Rn 24;SK-Samson,4. Aufl., § 242 Rn 23。作为例证,见 OLG Karlsruhe NStZ-RR 05,140;LG Zwickau NJW 06,166;Kinzig/Linke, JuS 12,230。然而,对于"社会-规范"归属和根据交易观念归属的同义使用,并不应当导向对于根本上不同的出发点的忽视;其他开放性见 Zopfs, ZJS 09,508。

〔5〕 对此,参见 S/S-Bosch, § 242 Rn 38 ff;Hillenkamp, JuS 03,158。

总体(Sinneinheit)。若无针对管控的意志,则其不可想象。[1] 此种物品管控意志(Sachherrschaftswille)作为主观—意志的(subjektiv-voluntativ)支配因素,与行为能力(Geschäftsfähigkeit)无关。其存在于自然的(natürlich)控制意志中,孩童和精神病人也能够具备,[2]对之并不存在更高的要求。所以管控意志不必涵括主要控制领域中的每个具体物品,概括的(generell)支配意志也已足够。[3] 作为条件,其并不要求专门的认知、持续更新的物品管控意识或者未曾中断的"清醒状态"。睡眠及无意识(Bewusstlosigkeit)并未否定意志存在;[4]假如在此状况下,在重新获得意识之前行为人死亡了,则支配持续到死亡出现之时。[5] 仅在此之后,始不存在支配。[6] 物品管控意志并不需要明确的声明,只要从情境中能够得出,即为已足。对于意志因素的削弱,对于社会—规范的归属并无损害。可是,其与认真对待的事实上的管控并不一致。

88 支配者只能是自然人(natürliche Person)。法人和机构本身并无支配。[7]

---

〔1〕 参见 Fischer, § 242 Rn 13;Lackner/Kühl, § 242 Rn 10;Mitsch,BT Ⅱ S. 18 f;KG GA 1979,427,428。其他观点见 Bittner,JuS 74,156,159;MK-Schmitz, § 242 Rn 71。

〔2〕 Vgl. RGSt 2,332;OLG Hamburg MDR 47,35.

〔3〕 Vgl. BGH GA 1962,77,78;BGH NJW 87,2812;Eisele,BT Ⅱ Rn 29 f;LK-Vogel, § 242 Rn 71;Rengier,BT I § 2 Rn 29.

〔4〕 参见 BGHSt 4,210;211;Fahl,Jura 98,458;Rengier,BT I § 2 Rn 42。

〔5〕 参见 BGH NJW 85,1911;Herzberg,JuS 76,40,42;Krey/Hellmann/Heinrich, BT Ⅱ Rn 17;LK-Vogel, § 242 Rn 69;Vogler/Kadel,JuS 76,245。其他见 BayObLG JR 61,188 附否定性评注 Schröder;Seelmann/Pfohl,JuS 87,199;Klesczewski,BT § 8 Rn 53(对于垂死之人)。

〔6〕 参见 BGH NStZ 10,33;批判 Glandien,JR 19,60。

〔7〕 参见 RGSt 60,271;S/S-Eser/Bosch, § 242 Rn 29;其他观点见 SK-Hoyer, § 242 Rn 39。

法人和机构中,物品管控和支配意志的承载者是分别负责的机关、机构领导者、其他公职人员或者受托进行管控的职员。在法律日常用语中,这并未受到重视;简单起见,有时会用“邮局”“铁路管理局”表示支配。[1]

对于空间上予以限制的管控范围(räumlich umgrenzter Herrschaftsbereich)的控制人,交往观念赋予其意志,对于处于支配范围内且第三人不存在特别支配的所有物品,行使事实上的权力。据此,从社会—规范的视角,对于邮寄物品,从其被放入自家的信箱开始,即便人们不在家,不知道邮件到达,从而并无具体化的管控意志,其也取得了支配。早上营业前放在锁着的店门口待店主接收的货物包裹,已经处于店主的支配之下;将其取走,将成立盗窃。[2] 另外,他人任意将物品丢在土地上,并非意味着土地所有人由此必然获得对物的支配。[3] 同样地,对于他人在其不知情且未经其同意的前提下,将武器、炸弹或盗窃工具藏在土地下,土地所有人亦不能获得支配。 89

b)事实上的物品控制和交往观念

当实现意志对于物品的物质-真实性作用在通常情况下不存在实质障碍时,则认为存在事实上的物品控制(tatsächliche Sachbeherrschung),[4]此种事实上的控制是否以及在多大范围内可从社会—规范性视角被承认为支配概念意义上体认意志的物品控制,应通过交往观念(Verkehrsauffassung)予以确定。因此,支配关系的判定并非决定性地取决于对于物品物理上的接近、操控意 90

---

〔1〕 参见 RGSt 54,231;60,271;BGH wistra 89,18,19。

〔2〕 BGH JZ 68,307 附赞成性评注 R. Schmitt;第 246 条不予适用。

〔3〕 如果容认在自己的桥梁上安放“爱锁”,则具有足够的支配意志,见 AG Köln BeckRS 12,20013 附评议 Jahn,JuS 13,271 和本书边码 79。

〔4〕 Vgl. RGSt 60,271;BGHSt 23,254,255;BGH NStZ 08,624,625;S/S-Bosch, § 242 Rn 25.

志的强度,或者据以贯彻或维持对物关系的物质上的力度。其将答案交给了偶然。由此观之,决定性的实则是日常生活的观念(Anschauungen des täglichen Lebens),[1]其中存在对于归属(Zuordnung)的共识(Übereinkunft)。首先达成的是对于典型的支配空间(typische Gewahrsamssphären)的共识。

91 此类支配空间系房屋、住宅、工厂、营业场所以及围挡起来的地产。在供个人完全支配而在衣服中、在手中或者以其他方式贴身携带的物品之上,所建立的物品控制关系特别突出。[2]在一般或具体地由他人操控的领域中,也可能存在物品控制。由此,即便银行劫匪仍然处于由警察包围的银行区域,但其揣进裤子口袋的钱已经处于其支配之下。因为在此情况下,职员或者警察强掏劫匪口袋的行为在社会意义上也是显眼的(auffällig)并亟待被正当化的(rechtfertigungsbedürftig),[3]其证实了对于劫匪支配的承认。正当化能够轻易实现,与之并不相悖。

92 业已建立的支配并不会因为控制关系的单纯松动(Lockerung)以及由其本质观之对于事实权力行使的暂时阻碍而遭受侵损,这一一般性承认的原则对于物品归属也具有特别意义[《德国民法典》第856条第2款对于民法上直接占有(unmittelbarer Besitz)的规定同样如此]。

所以,即便存在空间上的分离,对于泊停的车辆、因故障而留下的急救车辆、放在土地上的耙犁、自由活动的家养动物,以及在房屋主人度假或者住院期间处在房屋之中的物品,即便对其看管已经转移给房屋管家或者邻居,人

[1] Vgl. BGHSt 16,271,273.

[2] 富有教益的有 Welzel,GA 60,257;BGHSt 16,271,273,以及作为对此的反面 BGH GA 66,244。

[3] 参见 SK-Samson,4. Aufl.,§ 242 Rn 24。其他观点见 S/S-Bosch,§ 242 Rn 39,40;LG Köln StV 97,27。

们仍然对其具有支配。[1] 在所有此类情形中,虽然出现了支配松弛(Gewahrsamslockerung),但并未出现支配丧失(Gewahrsamsverlust)。另外,临时性失效的触及并非实现支配丧失。由此,所谓人体运输工(Bodypacker)对于吞下的毒品容器,无疑仍然具有支配。[2] 以上所述明确显示,支配是在社会生活中建立的归属关系(im Sozialleben begründetes Zuordnungsverhältnis),对其而言,并非决定性地取决于事实上的物品控制。[3] 与之相应的是,德国联邦法院承认店主对其店内商品所具有的支配,即便其从未对店内商品的库存予以控制,也从未得知店内是否有以及有多少具体的物品可供销售。[4] 与对于支配的事实化理解,这显然与之很难一致。

c)占有与支配

《德国民法典》第854条及以下数条文意义上的占有(Besitz)与支配并非相同。虽然与事实上的支配概念相似,《德国民法典》第854条将占有定义为事实上的力量。但是,从其自有的目的设定出发,民法构建的规则并不适于支配之说明。例如,某人将可移动对象(一辆汽车、一辆自行车等)或者空置的空间移交给他人使用,作为出借人或出租人,其仍然保有间接占有(mittelbarer Besitz)(《德国民法典》第868条),但却并无支配。[5] 类似的适用于保管关系。[6] 93

[1] 例证的顺序参见 BGH GA 62,78;OLG Köln VRS 14,299;RGSt 50,183,184 f;BGH MDR/D 54,398;BGHSt 16,271,273。

[2] 对此,参见 Ŏglakcıŏglu 等,NStZ 11,73,75。

[3] 参见 Samson,JA 80,285,287;Schmidhäuser,BT 8/19。类似见 Lampe,Anm. JR 86,294;Zopfs,ZJS 09,509。

[4] 参见 BGH BeckRS 15,05557;德国联邦法院立足于任何时间的事实上的拿取可能性。

[5] 参见 BGH GA 62,78;RGSt 37,198,199 ff;56,115,116 f。对于占有和支配,也见 Jüchser,ZJS 12,195。

[6] Vgl. RG HRR 39,1281.

然而,间接占有和支配并不是相互排斥的。在提供带家具的房间时,出租人(房东、旅馆老板等)除了间接占有,还对居住空间和家具拥有共同的支配权。〔1〕 这也适用于免费和临时提供花园小屋的情况。随机因素,如用户额外加装锁,不会改变这种社会—规范上的归属。〔2〕

94 对与物品之间物理上的亲近关系不予考虑。根据《德国民法典》第 855 条之规定,占有辅助人(Besitzdiener)绝无可能是占有人;但只要占有辅助人并未基于其对于任务分配者或者雇主的社会上的依赖地位而只是属于单独支配者的支配助手(Gewahrsamsgehilfe)或者支配看守(Gewahrsamshüter),则其仍然可能具有支配(也见边码 100)。〔3〕 此外,根据《德国民法典》第 857 条之规定,虽然从继承开始,被继承人的占有自动转移给继承人,但支配并非自动转移。法律上的假定既不能替代缺失的事实上的控制,也无法替代社会意义上的控制归属。〔4〕

因此,德国联邦法院正确地推翻了对于摩托车俱乐部成员的入室盗窃罪判决。行为人接受俱乐部主席的委托,进入 M 的家中,盗窃 M 的狗和皮衣,而据悉,M 已经自杀身亡。鉴于州法院并未确证支配能够转移给他人,德国联邦法院正确地认为,仅存在成立侵占罪(对此见边码 318)的可能性。〔5〕

95 在案例 3 中(见边码 68),随着寡妇 W 的死亡,其对物控制消失;一个已死之人不再具有支配。〔6〕 鉴于《德国民法典》第 857 条对于支配并不适用,

---

〔1〕 Vgl. BGH NJW 60,1357 Nr 17;RG GA Bd. 68,276,277.

〔2〕 其他观点见 OLG Celle JR 68,431 附评注 Schröder。

〔3〕 参见 RGSt 52,143,145;RG GA Bd. 68,276,277;BGHSt 16,271,273 f。

〔4〕 参见 RGSt 34,252,254;58,228;Bosch,Jura 14,1239;Eisele,BT Ⅱ Rn 28;LK-Vogel,§ 242 Rn 60;MK-Schmitz,§ 242 Rn 50;Rengier,BT I § 2 Rn 24 f;Zöller,BT Rn 18。也见 BGH BeckRS 16,116326 以及边码 337。

〔5〕 参见 BGH BeckRS 12,20059;也见 BGH BeckRS 19,18187。

〔6〕 Vgl. RGSt 56,23,24.

而W寡居在杜塞尔多夫的住宅中，其物品起初是并无支配的（gewahrsamslos），直到他人通过比如移入个人支配空间的方式对之建立新的占有（是为了自己还是为继承人考虑，是合法抑或非法，并无所谓）。由此，S并非通过打破支配的途径获得死亡的W的珍珠项链。因欠缺“取走”，其并未实施盗窃罪（第242条）；但根据《第6刑法改革法案》的修改，侵占罪（第246条）不再要求（先前的）占有或支配，S因“盗尸”（Leichenfledderei）而应对其以侵占罪追究责任（见边码318）。

d）共同支配

如果数人系事实上处置权（Verfügungsgewalt）的承载者，则与对物控制关系之排名位序相对应，或无争议地同等级别地具有，或（依据判例）高等级与低等级地具有共同支配（Mitgewahrsam）。[1]例如，夫妻对于家庭财物的共同支配以及合伙人之间的共同支配具有同级性（Gleichrangigkeit）；而一般情况下，雇主与雇员之间存在多层级的（mehrstufig）共同支配。对于第242条意义上的取走来说，打破他人的共同支配（Bruch fremden Mitgewahrsams）即为已足，[2]对于共同支配者本人而言也是如此。[3] 但根据判例，在多层级共同支配的情况下，只有低级别者相对于高级别者能够打破支配，反之则不能。[4] 相较于分级别的支配的建构而言，得出此种恰当结论的更好路径是，从社会-规范上的共识的视角，低级 96

〔1〕 参见BGH NStZ 83,455;MDR 54,118;BGHSt 10,400;18,221,222 f。赞成Heghmanns,Rn 1021 f。

〔2〕 Vgl. BGHSt 8,273,276;BGH VRS 50,175;BGH BeckRS 15,05557.

〔3〕 参见OGHSt 1,253,256;其他见Haffke,GA 72,225以及Charalambakis,Der Unterschlagungstatbestand de lege lata und de lege ferenda 1985,S. 146,150。

〔4〕 Vgl. OLG Hamm JMBl NW 65,10;OLG Braunschweig StraFo 16,167;BGH NStZ-RR 96,131.

别者原本并不具有对物控制,从而不存在分级别的支配。[1]

判例例证:(1)F将其患病的牧羊犬暂时放在动物园照料,动物园所有人将牧羊犬卖掉。F的儿子S作为动物饲养员在动物园中工作,动物园主将S精心照料的牧羊犬从S管理的犬舍中取出,根据OLG Hamm JMBl NW 65, 10判决,动物园主打破S更低级别的支配对于盗窃罪成立而言并不足够,只存在侵吞型侵占罪(veruntreuende Unterschlagung)(第246条第2款)。如果对于S具有的(低级别的)支配不顾其与动物的个人关系而基于其在动物园中的社会地位而予以否定,也不会得出其他的结论。[2]

(2)对于OLG Celle BeckRS 11,23746判决待决的案件事实,向其提起公诉的汉诺威州法院大少年法庭将案件交由少年陪审法庭(Jugendschöffengericht)审理,因为其将控告的特别严重的抢劫罪(在此见边码379)予以否决,而只认为存在侵占罪与强制罪之一罪嫌疑。根据指控,M作为比萨店员工独立管理收银,将近23时25分,其违反店主的指示,并未锁上大门,从而K和A——如事前商议的一样——在M清点一天共计2035欧元营业额的时点,戴着面具进入店内。以上行为的实施与员工G有关,在M打电话之时,G帮助其将硬币归类放入计数盒当中,从而更快地完成这一工作。G知道M相对于店主独立地负责收银。A让G趴在地上,将其手从背后反绑,并用刀抵着他的脖子,同时K将日营业额收走。在此期间,M在厨房打电话。面对稍后赶来的警察,M装作自己是受害者。——州高等法院首先肯定了州法院的法律主张,即A和K并不成立抢劫罪,因为M作为支配者,相对于A和K给予了其同意(Einverständnis)(见边码115)。作为单独负责的收银管理者,其也是完全的单独支配人(Alleingewahrsamsin-haberin)(见边码

---

〔1〕 在结论上同样如此Eisele,BT Ⅱ Rn 33;H-H-Kretschmer,Rn 779;Lackner/Kühl, § 242 Rn 13;Samson,JA 80,285,288;Schmidt,BT Ⅱ Rn 46;Schünemann,GA 1969,46,52;SK-Hoyer, § 242 Rn 45;Zopfs,ZJS 09,509。未决LK-Vogel, § 242 Rn 76,如同判例Hilgendorf/Valerius,BT Ⅱ § 2 Rn 30;HK-GS/Duttge, § 242 Rn 23;Kindhäuser/Böse,BT Ⅱ § 2 Rn 58;M/R-Schmidt, § 242 Rn 15。

〔2〕 参见Küper/Zopfs,BT Rn 772;对于反转的案件,见LG Karlsruhe NJW 77,1301。

101)。G 并未表示同意,这对于缺失的支配打破而言并无影响,因为他只是从属性的、与硬币相关的部分共同支配的承载者。根据社会-规范的支配概念,这在结论上是正确的,因为 G 在此完全缺失自己的支配(见边码 96)。但是,对于州法院得出的明显结论,即由此只能考虑侵占罪和强制罪,州高等法院随后予以了反驳。由 G 被迫容任取走钱款来看,州高等法院认为成立第 250 条第 2 款第 1 项规定的抢劫性敲诈勒索罪(第 255 条)的加重情形,对此应由大少年法庭负责。如果着眼于 G,因为其处于“财产所有人一边”,且意欲保护其利益,可以赞同州高等法院意见,肯定其在三角敲诈勒索(Dreieckserpressung)中必需的(但在纯粹容任的情况下并非一致要求的)亲近关系(Näheverhältnis)(见边码 715)。但是,如果人们对此正确地要求财产处分(Vermögensverfügung),在现有条件下则应绝对地予以排除(见边码 708 及以下数个边码)。相反,如果人们着眼于单独“负责的”M,对其而言,亲近关系应更无问题,虽然人们从其同意以及相应的行为中能够发现处分的存在。但是,人们可能必须要放弃因财产处分而引致损害发生的“直接性”(Unmittelbarkeit)(对此见边码 714)。此外,这一证成敲诈勒索罪的路径失败于,行为人对 M 并不存在强制(Nötigung)。通过其配合,M 可能成立背信罪(Untreue)。[1]

e)与侵占罪之界分标准

根据《第 6 刑法改革法案》(见边码 11)修改后的第 246 条,盗窃罪(第 242 条)与侵占罪(第 246 条)之界分,取决于是只存在侵占罪抑或存在盗窃罪以及(附属的)侵占罪。在此,单独与共同支配的区分首先对以下问题具有意义,即据为己有的对象是否处于行为人的单独支配(或者,如果人们承认的话,更高级别的共同支配)之下,或者——如果并无支配的话——据为己有的行为是否通过所有(同等级别的)支配人的配合及同意而得以实现,以至于并不存在对支配的侵害。在前一或后一情形下,只存在适用第 97

---

〔1〕 对于案例,参见 Bosch, JK 3/12 StGB § 255/1, Jahn, JuS 11, 1131 和 Krell, ZJS 11, 572(指向第 266 条,但对于程序方面做了并不温和的评价)。

246 条的可能。[1] 以上观点越是清晰和合理,就越存在疑问:在现有条件下,根据日常生活的观念可否认定单独或共同支配?通过以下两个例证,可对其进一步予以明晰。

98 案例 4:D 在吕内堡经营一家卫生用品商店,售货员 V 多次将商店库存中的化妆品以及收银机中的小额钱款据为己有,V 和 D 一样都可接触收银机。某天,D 给了学徒 L 2000 欧元,让其存入附近的银行。但是,L 去了火车站,跑到了汉堡,将钱款挥霍一空。(见边码 102)

99 案例 5:卡车司机 F 和他的副手 B 是海德堡一家运输公司的职员。在驶往北德某地的长途旅程中,经过 F 的同意,B 将部分运输货物据为己有,将之卸载在奥斯纳布吕克的亲戚家。

在这两个案例中,V、L 和 B 是否打破了他人的占有,或者各自是否欠缺第 242 条意义上的“取走”?(见边码 104)

100 在职务、委托和工作关系中,何时以及在何种视角下存在单独和公共支配,虽然并不存在一致的回答,但是,对其判定在此也并非全部取决于个案中或多或少的偶然情状。确切地说,应依据对物控制的惯例进行判定,其在此类案件中也是能够被发现的。由此,小型或中型商店倾向于通过店主的亲身参与来进行经营,根据交往观念,其中的售货员、职员和学徒并不具有共同支配,而应认定店主对于货物和收银机中钱款的单独支配。基于店主确定性的影响施加,其单独作为物品掌控者发挥作用,而其员工对于生产资料的关系仅限于纯粹的帮助功能(unterstützende Funktion)。所以人们把此类帮助人员也称为支配助手(Gewahrsamsgehilfe)或支配看守(Gewahrsamshüter),其并不行使自主的对物控制,且根据社

[1] 参见 BGHSt 2,317;8,273,276;BGH NStZ-RR 01,268。至于相对于更低等级的支配者,是否可以考虑敲诈勒索,见边码 96 中的 OLG Celle BeckRS 11,23746 判例例证。

会生活的惯例,在此处给定的情状之下其也完全不欲行使对物控制。[1]

在超市和商店的售货员和雇员中几乎不存在充足的缘由对之区别对待。原因在于,如其负责一个专业部门,或者以一定程度的自主权对在空间上予以限制的货柜内某一特定品类负责,即便如此,此种权限的增长也并不必然与对物控制相关联。交往观念将对物控制归于与商店买卖的店主[2]更为近似的部门主管。具有共同支配的,则与负责人的共同支配处于高级与低级的关系中,在结果上未有不同。与之相反,根据一般的观念,直到结算和交付,收银员和收银管理者对于所收钱款具有单独支配,只要其独立地负责收银,且未获其配合钱款(不考虑随时允许的收银机核查)不能从收银机中取出,超市、大卖场、银行、储蓄柜台或者铁路上的售票窗口一般都是此种情形,对于收银机钥匙的单独持有也指向这一点。[3] 独立经营外在分支的,其在与负责人的关系中也享有完全的独立支配。[4] 101

据此,在案例 4 中,V 打破了 D 的单独支配,并就取走的物品建立了新的支配,也就应以盗窃罪追究责任。对 L 而言,存在疑问的是,就交予其的 2000 欧元,其是否只是 D 的支配助手,并因而并无自己的支配?或者根据判 102

[1] 更详尽的参见 BGHSt 8,273,275;Eisele,BT Ⅱ Rn 38 ff;Fischer, § 242 Rn 14;Rengier,BT I § 2 Rn 35 ff;S/S-Bosch, § 242 Rn 33。对于支配助手概念批判 LK-Ruß,11. Aufl. , § 242 Rn 25,其中,其看到了"对于《德国民法典》第 855 条的并非正当的接受",并主张肯定共同支配,但在结论上(第 242 条取代第 246 条的可适用性),并未有变化。

[2] Vgl. RGSt 2,1,2;30,88,90.

[3] 参见 BGHSt 8,273,275;BGH wistra 89,60;BGHSt 40,8,23;BGH NStZ-RR 96,131;01,268;18,108 附评注 Bosch,Jura(JK)18,636;Jäger,JA 18,390;OLG Hamm NJW 73,1809,1811;Fischer, § 242 Rn 14。

[4] 参见 RGSt 60,271,272;Eisele,BT Ⅱ Rn 38。

例及由此衍生出的学说[1],是否认可其具有低级别的共同支配?支持后者的理由可能在于,作为跑腿(Bote),在其雇主直接的作用范围之外,相较于商店中的库存来说,L与托付给他的钱款之间具有事实上更加亲密的关系。为解决这一问题,L的行为符合第242条还是第246条之规定,判例中通常的认定即已足够,即其在任何情况下具有共同支配,因而至少打破了D的(更高级别的)共同支配,并因此成立盗窃罪。[2] 根据在此作为基础的支配概念,L只是纯粹的支配助手,其有形的支配界域被指示依赖性所覆盖,从而使得师傅(Lehrherr)的干涉在社会意义上并不突兀,也不需要予以正当化证明。[3] 所以,L据此也打破了D的(单独)支配。

103 货车司机和老板之间可能存在共同支配,但也可能存在此方或彼方的单独支配。[4] 如果公司老总或者委托人在运输期间具有足够的控制、指示和干预可能,因此司机对于运输货物并无个人的责任的,则负责人具有对物控制。一般情况下,在较窄的空间范围内进行的运输如此;而在大城市内部,至少在遵守固定的时间安排和确定的运输路线的情况下可能如此。[5] 满足诸项条件,则应承认老板的单独支配。肯定司机的低级别的共同支配并无意义(见边码96)。类似于收银员和收银管理人对于收银独立负责(见边码101),如果司机以类似方式对运输货物独立负责,则运输的货物处于执行运输任务的司机的单独支配之下。这特别是在远程运输(Fernfahrten)中可以想见,其间,货物处于司机的

---

[1] 参见S/S-Bosch, § 242 Rn 32。

[2] 参见BGHSt 16,271,274。

[3] 参见SK-Samson,4. Aufl., § 242 Rn 26。

[4] Vgl. LK-Vogel, § 242 Rn 80; S/S-Eser/Bosch, § 242 Rn 33; OLG Köln VRS 107(04),366,368.

[5] 参见RGSt 52,143,144 f;54,32,33 f。对此也见Hohmann/Sander, BT I § 1 Rn 34(通过对讲机联系)。

单独防护之下。[1]

在案例 5 中,相对于海德堡运输公司负责人的支配打破可予排除,因为货物在被运往北德地区的远程运送途中,因欠缺老板的任何监督而处于 F 和 B 的独立控制之下,[2]二人均参与了物品控制的实行,且在其彼此关系中具有同等级别的共同支配[3]。在此,只有当 B 将 F 的共同支配打破的情况下,才可能肯定第 242 条意义上的“取走”。但这并不具备,因为 F 对 B 的行为表示同意,故而其共同支配并未受到据为所有行为的侵害。取走这一概念始终包含违背他人的支配或者共同支配或至少未获取支配者意志而将物品予以剥离(见边码 115)。如果在所有支配者意见一致的前提下,将他人财物不法据为己有,则仅可能适用第 246 条以及可能的情形下第 266 条之规定。就第 242 条而言,相关支配者同意的存在具有排除构成要件符合性的效果,因为这时“取走”要件并不存在。[4] 由此,B 并不成立盗窃罪,但——在 F 的帮助下——应以侵吞型侵占罪追究其责任(第 246 条第 2 款)。 104

f)封闭容器之支配

存在争议的是,如果容器(Behältnis)的钥匙掌握在其他人手中,而上锁是为了防范他人的侵扰,则对封闭容器(verschlossenes Behältnis)进行支配的保管者或空间业主是否同时具备对其内容物(Inhalt)的支配?认为钥匙主人始终对容器的内容物具有支配或共同支配,无论是依据事实上的支配概念,还是依据相反的观 105

---

[1] 参见 BGHSt 2,317,318;BGH GA 79,390,391;BGH StV 01,13;OLG Köln VRS 107(04),366,368;S/S/W-Kudlich, § 242 Rn 24。

[2] 参见 BGHSt 2,317,318。

[3] 参见 SK-Samson,4. Aufl. , § 242 Rn 39。也参见 OLG Köln VRS 107(04),366,368;在此,尽管暂时离开车辆,运输负责人仍然存在的(上级的)共同支配被打破。

[4] 更详尽的参见 BGHSt 8,273,276;BayObLG NJW 79,729;OLG Celle JR 87,253;OLG Celle BeckRS 11,23746;Wessels/Beulke/Satzger,AT Rn 555。在 OLG Köln VRS 07(04),366,368 f 中,缺少此种同意。

点,即对于容器的支配在任何情况下均包括对于内容物的支配的,[1]均会落空。有鉴于此,通说观点意欲做以下区分:

106 如果容器与建筑物紧密相连,或者根据重量和大小只能被艰难地移动(如银行储物柜、行李储存柜、保险柜、点唱机、自动游戏机和自动售货机),则钥匙所有者单独对内容物具有支配,即便容器处于他人的控制领域,或者处在不能自由进出的空间之内。[2]在此,数个钥匙所有者的共同支配是可以想见的。[3]

107 相反,如果容器是独立且可以自由移动的,以至于保管者能够通过清除或出卖的方式同时处置容器和其内容物(如卡带、手提箱、公文包、收藏罐),则通过对于物品整体的实际力量,交往观念一般情况下应将对于内容物的单独支配也归于容器保管者。[4]这首先适用于钥匙所有者完全不知道容器身在何处的情况,比如箱子或盒子交由铁路、邮政或货运商进行运输。[5] 保管者并无权限处分容器的内容物,以及将封缄以违法方式予以去除,这与其事实上的物品控制并不冲突。

108 这种区分,从事实的支配概念延伸,人们会发现其“貌似有理同时也貌似没理”[6],并未提供确切的指引。在此,也应优选社会—规范的视角。据此,如果其通过钥匙在任何时间都能够无所障碍地接触到内容物,则交往观念应将封闭容器中的内容物单独归于内容物权利人。[7] 相反,如果接触取决于保管者的同意或配

[1] Vgl. BGHSt 22,180,182.

[2] Vgl. BGHSt 22,180,183;RGSt 45,249,252.

[3] 特别是在银行储物柜的情况下:RG JW 37,3302 Nr 8;BGH BeckRS 19,2165(支行负责人及其代理人)。

[4] Vgl. BGHSt 22,180,183;LK-Ruß,11. Aufl.,§ 242 Rn 31;S/S-Bosch,§ 242 Rn 34.

[5] Vgl. BGH GA 56,318;RGSt 35,115,116;Eisele,BT Ⅱ Rn 35.

[6] Vgl. Bockelmann,BT I,S. 14.

[7] 在结论上也如此,见 RGSt 2,64,65;BGHSt 22,180,183。

合，此种限制建立了（同等级别的）共同支配。[1] 至于容器的可移动性、重量或者大小，并不重要。

现实判例：在 OLG Zweibrücken NStZ-RR 18，249 一案中，老年人护理员 A 在她值夜班期间，从储存由《麻醉品流通法》调整的药品的保险柜中，取出了一小瓶共计 10 片氧可酮（《麻醉品流通法》附件 III）给自己使用。带有保险柜钥匙的钥匙串，是前一班的领班按规定交给她的。有了唯一的保险柜钥匙，每一班的领班能够单独接触保险柜，不能将钥匙交给他人，且必须将取药记录在卷。药品的存量被有序控制，并且与负责的领班的登记相匹配。取出药品后，A 将保险柜钥匙带在自己身上，将其留下并使之无法重新回到有权者手中。三个半小时之后，A 向护理人员表示，带有保险柜钥匙的钥匙串丢失了。鉴于保险柜钥匙丢失，第二天管理员不得不将保险柜"撬开"。——鉴于小药瓶的存在，州法院认定 A 成立第 242 条、第 243 条第 1 款第 2 句第 2 项规定之盗窃罪的特别严重情形。州高等法院正确地将其否决，并认为不存在特别严重情形。原因在于，一个封闭的容器所能提供的针对取走的更高的保护，相对于得到授权的钥匙保有人而言并无效力（见边码 234），对于钥匙的滥用只可能成立未明确规定的非典型的严重情形（对此，见边码 210）。但对于两者来说，本来就需要以盗窃罪成立为前提。然而应对此予以否定，因为取走这一要件就已经不存在。原因在于，一方面，在 A 领导的夜班期间，其对于保险柜内的内容物具有单独的支配。其与在职务或工作关系中单独管理收银并对收银承担独立责任的收银员之间存在可比性（见边码 101）。另一方面，基于 A 对钥匙的单独保有以及其作为高级别专业人士所具有的对于药品独立的"处置和分配权力"，交往观念既不会给予管理人员，也不会给予通过处方有权获得药品的患者以共同支配。由此，A 对小药瓶（只）成立侵占罪。就保险柜钥匙而言，第 246 条意义上的据为己有存在疑问。但是，剥夺他有的意志足以清晰明确。虽然单纯将应予归还的物品留住不给在此并不足够（见边码 314），但是，如果留存者同时宣称，其已经将钥匙丢失，

---

[1] 其他观点见 SK-Samson，4. Aufl.，§ 242 Rn 40；如同本书 Zopfs，ZJS 09，510。

从而最终不将物品归还给权利人的,则存在剥夺他有的意志的清晰证明。可是,如果只是以此意图,而不是为了后续使用而将钥匙留存的,则欠缺据为所有的意志。此外,此种意图——与州高等法院的观点相反——即便在一次性地使用钥匙违规取出药品中,也无法得到足够清晰的证明,因为打开保险柜在 A 值守夜班的事务之内(见边码 311)。即便在此时已经存在剥夺他有的意志[人们绝不应当与州高等法院一样将剥夺他有的意志称为"致损意志(Entreicherungswille)":第 246 条系取得型而非受益型犯罪(Bereicherungsdelikt)],也无法适用第 246 条规定。如果 A 想到保险柜会被"撬开",则可以考虑间接正犯形态的毁损财物罪。就此以及根据《麻醉品流通法》第 29 条第 1 款第 1 句第 1 项(设法取得)、第 5 款规定的可能的刑事处罚,州高等法院却并未涉及。

g)支配丧失

109 支配保有者如果放弃或者丧失了物品控制,则已存的支配终止。根据社会-规范观念,对于将死之人而言,即便其做不了任何事情以保护其所有,也并非意味着支配丧失。[1] 从空间上予以限制的控制领域走失的物品(如进入森林、走向海滩或走上大街等),虽然并未无主化(herrenlos)(《德国民法典》第 959 条),却无所支配(gewahrsamslos)。对其而言,仅可能成立侵占罪。[2] 如果支配丧失是在他人的支配界域内出现,比如在机构或银行的办公大楼内部、在车站站台上、在医院中及类似之处,则虽然丢失者现存的支配终止,但是,在此至少立即产生支配领域保有者的新的支配,只要其具有一般的掌控意志,且能够足够确切地确定何者作为

---

[1] 在事实的支配概念的基础上,相应地不同的是 BayObLG JR 61,188;相反,并非一致 BGHSt 4,210,211;BGH NJW 85,1911。如同本书 HK-GS/Duttge, § 242 Rn 21;Krey/Hellmann/Heinrich,BT Ⅱ Rn 17。也见边码 87。

[2] 根据 BGH HRRS 20 Nr 595,即便被害人知道,他在何处丢失了物品,这也同样适用。

新的支配者进入考虑范围。[1]

对于人们只是遗忘,但(与遗失的物品相反[2])知道处于何地的物品,则现存的支配继续存在,比如遗忘在公园长椅上的雨伞。在此,人们并无外在的实质障碍而能够将物品取回,只是对于事实视角具有意义。就社会-规范归属而言,此类障碍并无影响。如果遗忘的物品遗留在了他人的支配领域中(如在阶梯教室、餐馆或者列车车厢),则通常会产生通过其一般的支配意志具有物品控制之人的共同支配。[3] 110

将遗忘之物据为所有的第三人,也就打破了他人支配,符合第 242 条的客观犯罪构成。相反,对于遗失之物而言,只有当就其产生了新的支配之时,才会如此。

4. 取走之既遂

如果行为人将他人的单独或共同支配打破并就物品建立新的支配,则取走已告既遂(vollendet)。二者可能在一个行为过程中同时发生,但也可能在时间上相互区隔的阶段予以完成,比如将装在麻袋中的起初藏在现有支配领域中的赃物事后运走。[4] 此外,二者的实施必须都违背现有的支配者的意志。[5] 支配转换 111

---

〔1〕 参见 RGSt 54,231;BGH NJW 87,2812。在高层建筑或多家公司使用的办公楼的楼梯间丢失的情况下,后者并非并无问题地发生,参见 BGH GA 69,25;Krey/Hellmann/Heinrich,BT Ⅱ Rn 22 ff。对于判例批判 LK-Ruß,11. Aufl. ,§ 242 Rn 20。

〔2〕 参见 BGH HRRS 20 Nr 595。

〔3〕 参见 RGSt 38,444,445;OLG Hamm NJW 69,620;Kindhäuser/Böse,BT Ⅱ,§ 2 Rn 39 ff;LK-Vogel,§ 242 Rn 66。差异参见 MK-Schmitz,§ 242 Rn 76。

〔4〕 参见 RGSt 12,353,355 ff;BGH NJW 55,71 Nr 14;LG Potsdam NStZ 07,336。

〔5〕 如此 Rotsch,GA 08,72;如果打破和建立并未重叠,意志并不能够分裂,但是,后续才出现的支配建立,可能得到同意,如果同意并非也延伸到占为己有之上,则为未遂的盗窃和既遂的侵占。

(Gewahrsamswechsel)是否成功或者行为是否只是达到了预备阶段,取决于作为基础的支配概念。判例遵循事实性的支配概念,但就此也根据具体个案的个中情况以及交往观念作出判定,[1]对于社会-规范进路(见边码 82)而言,具有决定性的是犯罪行为是否实现了将物品归入行为人(或者第三人)的控制范围(对此亦见边码 139)。根据任何支配概念,均不要求完全确保的支配(见边码 121)。

112 案例 6:妇女 F 在自助商店中从货架上取下一罐龙虾,并未将之放进购物篮,而是在据为所有意图支配下将之藏在了她的大衣口袋里。商店保安在收银台处将她拦下,保安在观察她,且目光一直未离开她。

113 案例 7:A 于夜间潜入了一间餐馆,来盗取自动游戏机中的钱。邻居报警后,警察在酒水间将 A 控制住,此时,他已经将窃取的一部分硬币塞到了他的夹克口袋中。其余的钱放在 A 旁边地板上的袋子中。

114 案例 8:B 在其生日时邀请客人到家中做客。在此过程中,客人 G 发现过道的置物架上有一枚价值不菲的戒指,他在据为所有意图的支配下,将戒指拿了过来并放在了裤子口袋中。隔壁房间的女仆 H 看到了整个过程。当她将此事告知 B,B 找到 G 谈话时,G 因为突然感到羞耻,已经将戒指放回了原处。

F、A 和 G 是已经盗窃既遂,还是其取走行为并未超过未遂阶段?(见边码 127)

a)他人支配之打破

115 在犯罪行为框架内,在此应首先讨论支配打破(Gewahrsamsbruch)的存在。违背支配者意志或者至少未获其同意而消除目

[1] 参见 BGHSt 16,271,273;23,254,255;41,198,205;BGH NStZ 81,435;08,624,625;11,36,37 附评议 Hecker,JuS 11,374;VRS 60,294;OLG Köln NJW 86,392;BayObLG NJW 97,3326。总结 OLG Hamm BeckRS 13,08953。Lackner/Kühl,§ 242 Rn 15 ff,OLG Karlsruhe NStZ-RR 05,140 考虑了两种支配概念。

前(共同或者根据广泛传播的观点高级别的)支配者的物品控制的,属于打破他人的支配。[1] 在常见的入室盗窃案件中,此类条件无疑存在,但例如假冒警务人员将侵犯对象虚假没收,[2]隐蔽地且未被发现地将加油站的汽油取走,[3]以及所谓的诡计盗窃(Trickdiebstahl),其间,行为人通过欺骗支配者而制造取走的可能或者更好的机会,[4]在此类案件中也同样存在。对于有意的(willentlich)转移支配,在此亦不涉及(对此具体存在争议的问题,进一步见边码 623 及以下数个边码)。

相反,在自愿给予的情况下,支配人在其认识和意志的支配下,将对物品的现存控制予以放弃,则缺乏支配打破和取走要件。如果支配人自由自愿地同意由他人取得物品(排除犯罪构成的同意),也同样如此。[5] 116

所以,如果系通过基于错误但内在自由的意志决定而做出支配转移或者其他方式的有损财产的处分行为,则不存在盗窃,而是诈骗。例如,行为人通过向集体车库的保安出示机动车辆保有人的相应的许可,骗取车主寄存在保安处的第二把车钥匙,并获准接触车辆,应以诈骗而非盗窃追究责任[6] 117

---

〔1〕 Vgl. BGH NJW 52,782 Nr 8;BayObLG NJW 79,729;OLG Celle JR 87,253;OLG Braunschweig StraFo 16,167;LK-Vogel, § 242 Rn 107.

〔2〕 参见 BGHZ 5,365;BGH NJW 52,782 Nr 8,796 Nr 26;BGH NJW 11,1979(对此见边码 635);OLG Hamburg HESt 2,19;BK-Wittig, § 242 Rn 23;Fischer, § 242 Rn 27;Krey/Hellmann/Heinrich,BT Ⅱ Rn 45,578 f;S/S-Bosch, § 242 Rn 35;见本书边码 632 及以下数个边码。

〔3〕 参见 F. C. Schroeder,JuS 84,846;其他观点见 NK-Kindhäuser, § 242 Rn 47;对此也见 S/S/W-Kudlich, § 242 Rn 30。

〔4〕 参见 MK-Schmitz, § 242 Rn 94。对于 Jäger,Rengier-FS S. 227 ff 而言,在所有捏造归还意愿的情况下,这均适用。

〔5〕 参见 BGH NJW 83,2827;BGH NJW 12,1092 f 对于经双方协商而在自助加油站提取汽油的情形(对此见边码 197、580 附进一步的文献)。

〔6〕 Vgl. BGHSt 18,221,224.

（进一步见边码641及以下数个边码、边码649）。通过谎称属于救助行动的支持对象而获得救助物资的，同样如此。[1]

118 在支配保有人为行为人设置了小偷陷阱（Diebesfalle）的情况下，也涉及同意的问题。例如，在集体住宅内发生了盗窃案件，为获得"惹起的"行为人的指纹从而能够破案，事先放置准备好的钱币。在此，对他人物品的拿取会导向支配的转移，这是事实问题，[2]"取走"要件依然不具备，因为根据事情的情况，为了能够破获案件，权利人是同意将支配转移给行为人的，对于既遂形态的盗窃也就不存在空间（欠缺客观犯罪构成）。可是，鉴于行为人并未认识到同意的存在，存在一个不能犯的盗窃未遂，可能还与同样不能犯的毁损财物罪相结合。[3] 如果也存在对于据为所有的同意——例如可以想见，陷阱设置者对于诱饵的失去予以容认——则盗窃未遂也可能是因为这个原因而不能犯。在此种情形下，侵占罪意义上既遂的违法的据为所有也可以予以排除。[4] 如果就侵占罪做不同决定，[5]则只能够努力地将陷阱设置者作为不予处罚的坐探（agent provocateur）处理。[6]

119 对于同意的显著性（Beachtlichkeit）来说，支配者的自然意志（natürlicher Wille）即为已足。与支配取得一样，支配放弃同样不

---

〔1〕 支持盗窃 Rotsch, GA 08, 72。

〔2〕 参见 BGHSt 4, 199, 200。

〔3〕 更详尽的参见 BayObLG NJW 79, 729; OLG Celle JR 87, 253; OLG Düsseldorf NJW 88, 83; 对于与故意毁坏财物（见边码40）的结合，见 BGHSt 61, 285 附评注 Bachmann, JR 17, 445; Bosch, Jura（JK）17, 604; Mitsch, NJW 17, 1188; 认为系一种情形，见 Zopfs, ZJS 09, 513。

〔4〕 参见 Fischer, § 242 Rn 23; Hillenkamp, Anm. JR 87, 254; Krey/Hellmann/Heinrich, BT Ⅱ Rn 43; Mitsch, BT Ⅱ S. 27 f; Rengier, BT I § 2 Rn 68; Schmidt, BT Ⅱ Rn 56; Zöller, BT Rn 21; 在结论上也是如此 Duttge/Fahnenschmidt, Jura 97, 287, 当然其也否定了未遂的侵占; 支持可能存在的既遂的侵占的从属性 Eisele, BT Ⅱ Rn 53; 开放 LK-Vogel, § 242 Rn 127。

〔5〕 Vgl. OLG Celle JR 87, 253; Geppert, JK 92, § 242/15; Kindhäuser/Hilgendorf, § 242 Rn 46; Paeffgen, Anm. JR 79, 297.

〔6〕 Vgl. Hillenkamp, Anm. JR 87, 256.

取决于支配人行为能力(见边码87)。同意可从对象和内容上予以限制,与条件相关联,或者取决于对于一定条件的遵守。[1] 只要或只有相关条件满足的前提下,取走要件才不具备。

例如,只有在机器正常触发的情况下,也即按照给定的标价投入真正的硬币,自动售货机的设置者才会对货物的取出表示同意。因此,根据通说观点,通过投入假币而取出货物的,符合盗窃罪的犯罪构成,由此,并无第265a条之附属性规定的适用空间。[2] 从货币自动兑换机中取出硬币,并在货币兑换过程完成之后将纸币重新取回,也是如此。[3] 根据此种原则,用假币同时"骗过"自动兑换机上安装的电子硬币验证器,也并无二致。然而,如果在此类案件中,[4]以及在利用不法获取的电脑程序知识"白玩"自动赌博机的情况下,人们在第263a条之外肯定盗窃罪,[5]则第242条不予适用(见边码619)。如果在自助服务收银的阅读设备之下,并未扫描拿走商品(如一本《花花公子》)的二维码,而是扫描了更便宜的商品(如一份日报)的二维码,只付了更低的价格,并将更贵的商品拿走,则系将其取走,因为欠缺正确的对于拿走商品的扫描和付款,也就欠缺对于支配转换作出同意表示的条件。[6] 120

---

〔1〕 参见 BGH VRS 48,175;对此批判 Rönnau,Roxin-FS Ⅱ S. 487 ff;对于限制于实际存在归还意愿的案件,见 Jäger,Rengier-FS S. 227 ff。

〔2〕 参见 BGH MDR 52,563;OLG Düsseldorf NStZ 99,248;Heghmanns,Rn 1032 f;Krey/Hellmann/Heinrich,BT Ⅱ Rn 35 f;LK-Vogel, § 242 Rn 115;Ranft,JA 84,1,6;S/S-Bosch, § 242 Rn 36;Schulz,NJW 81,1351。其他观点见 Dreher,Anm. MDR 52,563;AG Lichtenfels NJW 80,2206 附评注 Seier,JA 80,681。

〔3〕 参见 OLG Düsseldorf JR 00,212 附否定性评注 Otto,其在此想要认定第263a条。相反 Kudlich,JuS 01,21,但其并未认定针对找零的盗窃,而是针对钱币的盗窃。如同本书 JK 00,StGB § 242/20。

〔4〕 以不同的论证予以否定 OLG Celle JR 97,345;Hilgendorf,Anm. JR 97,349 f;Mitsch,JuS 98,313。对此见边码621。

〔5〕 对于争论,见 S/S-Bosch, § 242 Rn 36a。

〔6〕 共同拿走的商品也仍然是他人的,见 OLG Hamm wistra 14,36 f 附评议 Fahl,NStZ 14,244;Jäger,JA 14,155;Jahn,JuS 14,179。

b)新的支配之建立

121 根据事实的支配概念,如果行为人(或者第三人)取得了对于物品的实际上的操控,且行使操控并不存在实质上的障碍,则系建立新的支配。[1] 相反,如果无法事先将行为人(或者第三人)的处置权利予以去除,[2]则如今的支配保有人不再能够对物品施以干涉,这一表述与社会—规范的支配概念也相符合。理由在于,如果被盗者之支配的重新创设以对于盗窃者掌控领域从而需要被正当化的干预为前提,则与其支配相关。两种观点都不必然要求将物品从他人的控制领域中带走,因为支配概念并不要求行为人获得终局的(endgültig)和确保的(gesichert)支配。[3] 因此,行为人对其赃物的控制在多大程度上仍然受到威胁并不重要。相反,决定性的是,依据交往观念,行为人对物的控制排除了如今的支配者对于物品的自由处分,[4]并迫使其重新采取成为社会意义上显眼的举措。

122 对于取走,是否单纯触及(Berühren)他人物品即为已足[接触说(Kontrektationstheorie)],是否取而代之应着眼于获得[(Ergreifen)(获取说(Apprehensionstheorie)],或者在此之外是否需要带走[(Fortschaffen)(转移说(Ablationstheorie)],以及藏匿(Bergen)赃物[隐藏说(Illationstheorie)],此

〔1〕 参见 BGH GA 66,78;KG JR 66,308;BGH NStZ 88,271;BGH BeckRS 16,118753。总结见 OLG Dresden NStZ-RR 15,212;LK-Vogel, § 242 Rn 93。

〔2〕 参见 Küper/Zopfs,BT Rn 769;S/S-Eser/Bosch, § 242 Rn 38;在 BGH NStZ 11,36,37 中表述得“更加事实化”;OLG Hamm BeckRS 13,08953;OLG Hamm NStZ-RR 14,209 附评议 Brüning,ZJS 15,310;Hecker,JuS 15,276;Jäger,JA 15,390。

〔3〕 Vgl. BGHSt 16,271,272 ff;23,254,255;BGH NStZ 08,624,625;OLG Karlsruhe NStZ-RR 05,140,141.

〔4〕 Vgl. BGHSt 26,24,26;BGH NStZ 82,420;BayObLG NJW 95,3000.

种争论时至今日依然莫衷一是。虽然通说观点优先遵循获取说,[1]但在此要求导向支配转换的获取物品,[2]就其判定而言,四项释义少具说服力。[3]譬如,作为“获得”判断的假定的关键标准,人们通过交往观念所引申的评价来克服与“获得”关联的“形式主义”,[4]并由此实质上以社会-规范的支配概念取代获取说。

另外,依据事实的支配概念,对于支配建立的判定而言,具有意义的是个案中所有的(偶然性)情况。所以,对于因其特点或重量而只能被困难地运输的物品,在他人的控制界域内将之单纯予以获取或隐藏的,并不足以引致支配的转换。相反,为完成取走,在此需要额外的措施,比如将要盗取的车辆开走,将重型的工具部件、地毯卷等抬过仓库围墙,将从固定部位取下的重达数百公斤的保险柜抬走,或者将虽然抓住头和腿但仍在激烈反抗的羊抬走。[5] 123

判例例证:在 BGH NStZ 81,435 一案中,3 名共同犯罪人在一起夜晚的入室盗窃中,已经将几个纺织和烟草商品从商店里搬到了大街上,其后他们将一个很大的、重达 300 千克的保险柜向外运输,在离店门口约 5 米的地方将保险柜抬到一个运输设备上,具体说是商店里面用于运输商品的平板车 124

---

〔1〕 也称作抓取说(Ergreifungstheorie);支持其再次激活 Ling,ZStW 110(1998),919;也为 OLG Karlsruhe NStZ-RR 05,140,141 和 HK-GS/Duttge, § 242 Rn 27 所采取。

〔2〕 参见 BGHSt 16,271,272 f;23,254,255;26,24,25;OLG Köln NJW 84,810;Gössel,ZStW 85(1973),591 附进一步的文献。

〔3〕 S/S-Bosch, § 242 Rn 37 f.

〔4〕 如此 M/S/M-Hoyer,BT I § 33 Rn 25,26 mit Rn 13;类似支持转移说 LG Zwickau NJW 06,166。

〔5〕 如此例证的顺序 BGHSt 18,66,69;BGH NJW 55,71 Nr 14;BGH NStZ 81,435;OLG Bamberg HESt 2,18。也见 BGH HRRS 14,431(Nr 1017);LG Potsdam NStZ 07,336 附批判性评注 Walter,NStZ 08,156。

上。正在此时，邻居报警，警察前来将他们抓获。与之前的审理意见相反，德国联邦法院认为并不存在完成的取走，并就此指出，鉴于夜晚时间、物品的种类、运输的难度，任何观察者都会立马发现，所盗物品应当被运走。赃物的重量、大小和笨拙程度使得将之迅速隐藏（至少在一定的距离内）并不可能。虽然取走的完成并不以最终建立和确保的支配为条件。但是，在现有的情形下，行为人未曾取得完全的对物控制，而这恰恰属于成功取走的内容。由此，犯罪整体卡在了未遂阶段。对于纺织和烟草商品而言，其作为总体赃物的一部分，也应与保险柜一起被运走，因此对其认定也是一样的。只要犯罪人仍然在犯罪地点的附近忙于搬运保险柜，则行为人对于所有物品（其作为赃物容易辨别且没有被装入夹克或裤子口袋）尚未建立新的支配。

125 相反，对于并不显眼的、易于带走的物品，如纸币、硬币、化妆品、打包好的食品或酒水等，判例认为，对其支配的转换以及取走的完成而言，握住、抓牢以及将之装入自己的衣服、手包或文件包、袋子或者其他易于运输的容器内，即为已足。[1] 据此，例如，行为人在超市中将大件的衣服（如一件夹克或者一件大衣）放在自己胳膊上或者在试衣间中穿上往出口走去，并像自己衣物一样穿着，也可以由此建立新的占有。[2] 如果行为人以此种方式离开了支配保有人包围起来的控制领域，即使支配者察觉了行为人追踪他，并在“店门口几步路的地方”将物品重新取回，也不影响支配的建

---

〔1〕 参见 BGHSt 16,271,274;23,254,255;26,24,25;BGH VRS 60,294;BGH NStZ 14,40 f;BGH NStZ 15,276 附评议 Jahn,JuS 15,78;Satzger,Jura 15,768（§§ 242,252）;BGH StV 20,233。总结 BGH BeckRS 19,3712 附评议 Hecker,JuS 19,723;Kudlich,JA 19,470;HK-GS/Duttge,§ 242 Rn 28;LK-Vogel,§ 242 Rn 96;Zöller,BT Rn 24。其他 Ling,ZStW 110(1998),940。

〔2〕 Vgl. RGSt 52,75;OLG Hamm MDR 69,862;OLG Köln MDR 71,595.

立。[1] 可是,在具体案件中,以上所有始终属于一个取决于进一步的情况的事实问题,结果是,在同一过程中,塞入裤子口袋钱款的行为成立既遂的盗窃,而同时装入塑料袋几条香烟的行为,根据“这些……装入的容器的重量和大小”,却只成立未遂的盗窃。[2] 德国联邦法院也认为,在超市中将6瓶威士忌装入随身携带的手提袋,只成立盗窃未遂。[3]

判例例证:在 BGH NStZ 11,36 一案中,A 让 S 把手机给他看看。A 随即从 S 手中把手机拿走,并索要 20 欧元才肯返还。S 拒绝支付。A 决定留下手机,将手机装进袋子并走开。S 跟着他,让他归还手机。为保有手机的占有,A 扇了 S 一耳光,并恐吓如果 S 继续尾随他就还要揍他。S 最终屈服。——在此应予考虑抢劫型盗窃罪(räuberischer Diebstahl)(第 252 条)要求,即只有在盗窃既遂后才使用暴力和胁迫(见边码 395)。在此,德国联邦法院认为 A 通过从 S 手中拿走手机的行为人从而肯定了取走的完成,因为“就便利的、易于移动的物品”,“当权利人只有违背犯罪人的意志并通过运用身体暴力才能重新取得其不受阻碍的处置权利”时,“单纯的握住和抓紧就已”足够。可是,由于 A 在取走当时并无占为己有的意图,因为他只是想将手机作为敲诈的手段(见边码 198),尽管取走却不成立盗窃。只有当其将手机装进袋子从而留下它,才证实(始才形成的)占为己有的意图。其中存在的侵占(见边码 311)并非抢劫型盗窃罪适格的先前行为,因而只存在未遂的敲诈勒索罪、侵占罪、强制罪和伤害罪。抢劫罪应予排除,因为使用的抢劫

[1] 参见 BGH NStZ 08,624,625。在事实的支配概念的基础上(见 Hohmann/Sander,BT I § 1 Rn 54),这很难得以证成。如果人们附加,此前的支配者“在他方面不侵犯犯罪人处置权利的情况下,不再能够处置物品”,则人们就接近了社会-规范的支配概念。

[2] 参见 BGH NStZ 88,270;BGHSt 41,198,205;BGH NStZ 11,158,160 附评议 Hecker,JuS 11,665;Zopfs,ZJS 09,511。

[3] 参见 BGH NStZ-RR 13,276。对于 4 瓶野格牌利口酒和两瓶百加得酒而言,有所不同 BGH BeckRS 19,3712 附评议 Hecker,JuS 19,723;Kudlich,JA 19,476。

手段不再服务于(已经结束的)取走,而只是服务于保持占有。[1]

126 在此,也只有社会-规范的支配概念能将此种并不令人满意的话术引向确定的判断。据此,行为人欠缺对于保险柜的支配(见边码124),因为保险柜"尚未脱离商店的最狭义范围内",由此并未从店主的一般的支配界域中被带走,也并未——如同放入衣服中的酒水——被带入社会生活中予以认可的支配飞地(Gewahrsamsenklave)。大小、体积或者重量并不是决定性的,店主自行推回保险柜或者抓住犯罪人衣服的行为,在社会意义上是否突兀从而需要被正当化。在此基础上,被盗者或其职员偶然地或者按计划地察觉到事件发生,对于取走的完成并无影响。[2] 如此认定,是因为盗窃罪并非秘密的犯罪,[3]但首要是因为,根据交往观念,支配转移并非取决于监视。犯罪行为被发觉以及行为人可能愿意交出赃物给被盗者——例如,盗取附有电磁防盗标签的商品而触动警报[4]——的可能性,阻止尚未完结的支配建立,回转已经完成的支配转换,以及支配人被剥夺的支配。[5] 但这与物品的

〔1〕 对于判决,见 Bosch,Jura(JK),14,1237;Hecker,JuS 11,374;Kudlich,JA 11,153。对于手机案件的变种,见 Jäger,Rengier-FS S. 227 ff 和本书边码 152。

〔2〕 对于争论情况,见 Hillenkamp/Cornelius,BT 问题 21;AG Lübeck BeckRS 12,21362。在事实的支配概念的基础上,有所不同 Bosch,Jura 14,1240 f;Eisele,BT Ⅱ Rn 43;Klesczewski,BT § 8 Rn 94;Krey/Hellmann/Heinrich,BT Ⅱ Rn 50;LK-Vogel,§ 242 Rn 99,104 和 OLG Hamm NStZ-RR 14,209 f,对其而言,答案取决于"具体情况"。对此见评议 Brüning,ZJS 15,310;Hecker,JuS 15,276;Jäger,JA 15,390。如同本书 H-H-Kretschmer,Rn 777。

〔3〕 Vgl. BGH NStZ 87,71;OLG Düsseldorf NJW 90,1492;BayObLG NJW 97,3326;OLG Hamm wistra 14,36;Hilgendorf/Valerius,BT Ⅱ § 2 Rn 47;HK-GS/Duttge,§ 242 Rn 27;Rengier,BT I § 2 Rn 49.

〔4〕 参见 BayObLG NJW 95,3000。

〔5〕 如此 BGHSt 16,271,274;OLG Zweibrücken NStZ 95,448。

归属，并不相干。[1]

在案例6中，妇女F在将罐子放进她的“禁忌领域”（Tabusphäre）之后，就应以盗窃既遂追究其责任。[2] 由于被监视，她并没有机会不受阻碍地通过自助商店的封锁而走到外面，但这一点只有在事实视角下才具有意义，而在社会-规范视角下并无意义。[3] 在自助商店中被监视下的盗走，与小偷陷阱的设置（对此见边码118）或者工人将雇主的工具装到兜里[4]之间，并无可比性。对于装到自己兜里的他人物品，交往观念承认小偷，但通常情况下并不承认工人具有自己的支配，这是因为小偷将并且想将被盗者从物品控制中予以排除，而雇员只是为雇主行使对工具的处置权利，就此也只想作为雇主的帮手做事。根据日常生活的观念，一个如此重要的差异，对于根据社会归属的支配问题并不能视而不见。[5] 127

案例7和案例8中也应认定盗窃既遂。在案例8中，因欠缺未遂状态，客人G迟来的悔恨（Reue）并不会导向第22条、第24条所规定的免予刑罚的中止，而只是属于单纯的赔偿损失，在对G予以处罚的前提下，可对其从轻处罚（见第46条第2款）。在案例7中，A违法地侵入餐馆，而G作为B邀请的客人进入其住宅，并不涉及通过将赃物放入自己的衣服（以及随身携带的容器）而实现支配转换的问题。[6] 相反观点认为，夜间入室盗窃案件中，只有离开建筑物，取走才告完成。[7] 这并无道理，只会导致转移说的重新复活而已。[8]

---

[1] 其他观点见Ling，ZStW 110（1998），942，其要求“与未来的事实关联”。

[2] 参见BGHSt 16，271；Gössel，BT Ⅱ § 7 Rn 52；Welzel，GA 60，257。其他观点见H. Mayer，JZ 62，617；S/SEser/Bosch，§ 242 Rn 40。

[3] 其他观点见NK-Kindhäuser，§ 242 Rn 61；LG Köln StV 97，27。批判Otto，Jura 97，466。

[4] 其他观点见S/S-Bosch，§ 242 Rn 40。

[5] Vgl. Krey/Hellmann/Heinrich，BT Ⅱ Rn 53.

[6] 参见BGHSt 23，254，255。

[7] 参见S/S-Bosch，§ 242 Rn 39。类似见Kahlo，in：Vom unmöglichen Zustand des Strafrechts 1995，S. 123 ff。

[8] 相反BGHSt 26，24，25 f和Geilen，JR 63，446。

128 在自助服务商店中,行为人并未将想要拿走且不付款将之非法占为己有的商品装入衣服或者属其所有的容器中,而是放在购物车,在进入收银台之前(如用自己的风衣或者广告传单)盖了起来,从而使收银人员无法发现,那么,当收银人员结束办理之时,行为人通过取走获得了自己的支配(与诈骗罪的界分见边码 639)。

判例例证:在 OLG Köln NJW 84,810 一案中,[1]法院在事实的支配概念的基础上,指出了这一结论的前提是,对于赃物的取走不再存在事实的障碍,而行为人自己也因此不再处于收银人员所能控制的视线范围之内。在此应当着重考察"社会共识"(soziale Konvention)。[2] 其存在于顾客将藏在自己衣物或袋子中的物品处于自己的支配之下,在收银前[3]藏在顾客购物车或购物篮内的物品,仍然处于店主的支配范围之内。有所察觉的安保人员将顾客袋子内的物品扯出来系将之取走,而店主在收银前从购物车中取回物品只是将之扣留。其中,一个是亟待被正当化的,而另一个则不需要。[4] 据此,在收银台收银完结之后,盗窃已告既遂。在此之后,依据交往观念,物品归于顾客。[5] 顾客从收银台离开,继续存在的监控,力量对比关系,相关人员的迅捷反应,赃物的大小、体积、重量,物品被藏得有多好,或者物品是否系

〔1〕 对于商店盗窃案件的处理,也见 Timmermann, Diebstahl und Betrug im Selbstbedienungsladen 2014,S. 16 ff,90 ff;Ŏglakcıŏglu,JA 12,902 ff,107 ff(并未重视对于支配概念的争议)。

〔2〕 Vgl. OLG Düsseldorf NJW 88,923;NStZ 93,286;OLG Zweibrücken NStZ 95,449.

〔3〕 对此见 BayObLG NJW 97,3326 附赞成性评议 Martin,JuS 98,890。

〔4〕 参见 Hillenkamp,JuS 97,220;Scheffler,JR 96,342。其他观点见 Kargl,JuS 96,975,但其夸大了社会意义上的显眼:从顾客的篮子里无言地将商品取出——重要的仅在于此——并非作为取出,而是因为"无言"(Wortlosigkeit)而变得突兀。

〔5〕 Vgl. OLG Zweibrücken NStZ 95,449;Brocker,JuS 94,922.

非法地落入支配领域(见边码 85 以及以下数个边码),均不重要。[1] 至于购物车或购物筐,其是否与在商店中可以获取的购物袋或包装袋同样适用,至少当敞开的购物筐供顾客使用,而将物品放入提前在收银台拿取的包装袋并不太常见的情况下,存在疑问。[2]

人们必须避免仓促的、附着于表面现象的一般化(Verallgemeinerung),州高等法院科隆(OLG Köln)在其他案件的判决中提供了一个可以想见的变换:当顾客在自助服务商店中从空瓶箱子里取走了所谓的押金瓶(Pfandflasche),并将之放进购物车内,想要在收银台收回押金,则在他将瓶子放进购物车之时,他就已经完成了完全的支配转换。因为在中立的观察者看来,在此涉及属于顾客个人的带到商店里来的押金瓶。[3] 与放在购物车中的袋子无异,交往观念将之归入顾客的控制领域。 129

在此类以及类似的发生在自助服务商店内部的操作中,对于第 242 条和第 263 条之间的界分,在前述背景下具有不确定性(见边码 639)。[4] 130

---

〔1〕 基于事实的支配概念而有所不同 LK-Vogel, § 242 Rn 100 ff;也见 HK-GS/Duttge, § 242 Rn 28。

〔2〕 AG Lübeck BeckRS 12,21362 肯定了通过——受到监视的——装进袋子成立既遂的盗窃,基于优先选择的社会—规范的支配概念,Laue 对之予以批判(jurisPR-StrafR 20/2012 Anm. 4)。

〔3〕 其他 Eisele,BT Ⅱ Rn 45。此种瓶子的所有关系,见 BayObLGSt 1960,187;AG Flensburg NStZ 06,101;OLG Hamm NStZ 08,154;Erman-Schmidt,BGB,15. Aufl. 2017,§ 1204 Rn 6;Hellmann,JuS 01,353 f;Kipp/Kummer,Jura 08,793 f;Kudlich,JA 06,571;Schmitz/Goeckenjahn/Ischebeck,Jura 06,821。对于将盗取的瓶子回售给其所有者,参见边码 172。

〔4〕 参见 BGHSt 41,198;OLG Zweibrücken NStZ 95,448;Hillenkamp,JuS 97,217;Scheffler,Anm. JR 96,342;Stoffers,Anm. JR 94,205;Vitt,Anm. NStZ 94,133;Zopfs,Anm. NStZ 96,190。

5. 盗窃之既遂与结束

131 盗窃是既遂还是未遂,如同前述的诸多例证所显示的(见边码 111 及以下数个边码),应当依据事实的支配概念的标准,[1]在社会-规范的支配概念(见边码 82 及以下数个边码)的基础上做出判断。并无观点认为,犯罪构成层面之既遂要求占为己有本身,而只是要求在占为己有意图支配下,通过取走之完成而建立新的支配。事实上的结束(tatsächliche Beendigung)应与既遂区分开来。虽然随着占为己有的实行,也即如随着吃掉偷到的食品,行为必然结束,但其并非必然取决于此。相反,根据通说观点,对于结束而言,只要行为人建立的新的支配达到了一定的稳固(Festigung)和完全(Sicherung)效果即可。[2] 根据判例,在此也涉及一个事实的、取决于具体案件情况的问题。[3]

132 例如,如果小偷将盗取的物品放置在其住宅、熟人处或住宅外的隐匿场所,则小偷的新的支配系稳固和安全的。[4] 对于小的物件(如金钱、首饰或金币),行为人将之放在了其衣服或文件袋内,可能在其离开他人的控制领域之时,意味着盗窃的结束。[5] 只要行为人尚处在被盗者的掌控界域之内,则一般认为盗窃尚未结束。[6] 但是,离开这一界域只对盗窃之结束而非盗窃之既遂具有必要。亦有观点认为,二者条件相同。[7] 对盗窃之既遂与结

[1] 这在抢劫罪的情况下也适用,见 BGH HRRS 20 Nrn 115 和 275 以及本书边码 359。

[2] 参见 BGHSt 8,390,391;20,194,196;BGH VRS 60,294;NJW 87,2687;NStZ 08,152;LK-Vogel, § 242 Rn 197。对于抢劫,见 BGH NStZ 13,463,464。

[3] Vgl. BGH NStZ 01,88,89.

[4] Vgl. BGH NStZ 11,637,638.

[5] Vgl. BGH VRS 60,294,296.

[6] 参见 BGH NJW 87,2687。在被盗者死亡的情况下,有所不同 BGH BeckRS 16,116326(对此见边码 337 中的判例例证)。

[7] 如此 OLG Zweibrücken NStZ 95,449;OLG Düsseldorf NJW 86,2266:离开封闭的超市区域作为既遂条件。批判见 Otto,Jura 97,466。

束的精确界分，首要对第 252 条之适用及其与第 249 条或第 240 条之界分（对此见边码 398）具有重要性。就此而论，判例正确地将结束作为一个事实问题进行处理。[1] 相反，如果旨在论证犯罪参与（Teilnahme）或者加重后果（qualifizierende Folgen），则应以对既遂与完成之前阶段的严格的规范解读作为出发点。其要求结束阶段在表达和实质上仍系行为的继续实现，在盗窃罪中仅在反复（iterativ）实施的情况下（在侵占罪情况下并不可能）才可以想见。[2]

Ⅳ. 盗窃罪之主观不法犯罪构成

案例 9：A 在他吝啬的叔叔 G 的农庄度过了寒假。当 G 外出两天后，A 将 G 放在院子里代售的云杉板搬了几块，藏在仓库的煤球下面。他的想法是，用木板把叔叔地里的一个野外投食器修缮一下，而他的叔叔有意地让投食器破败了。此外，A 把 G 没有喂饱而非常瘦弱的牧羊犬送到了开办在动物保护协会附近的动物之家。也在此时，他用 G 藏在没有上锁的办公桌中的存折在当地银行柜台取了 200 欧元，因为 G 对假期没有出一分钱，A 对此非常失望。 133

A 是否应被处罚？（见边码 139、155、174）

案例 10：集邮者 S 在一场拍卖会上拍得了一张稀有邮票。他的熟人 B 将这张珍贵的邮票偷偷顺走了。 134

如果 B 将邮票以……的意图而行为，案例 10 在刑法上如何评价？

a）因 B 嫉妒 S，在取得邮票后立即将之撕毁（见边码 152）

b）继续保留，以使自己愉悦于占有邮票（见边码 165）

c）卖予第三人，并自己花销所得（见边码 169）

d）作为就职周年纪念送给他的朋友 F（见边码 169）

e）将邮票匿名捐赠给邮票博物馆（见边码 169）

---

[1] Vgl. LK-Hillenkamp, vor § 22 Rn 37.

[2] 参见 Küper, JZ 1981, 251; LK-Hillenkamp, vor § 22 Rn 23, 35 ff。对此也见 Kühl, Roxin-FS S. 665; ders., JuS 02, 732。Lotz/Reschke, JR 13, 59 支持盗窃罪结束阶段对于侵占罪的可延伸性。

f)较长时间以后,声称是自己的邮票,将邮票卖给 S,并力求尽可能高的利润(见边码 173)

135 第 242 条的主观要件涵括行为人故意(vorsätzlich)且具有将他人物品为自己或第三人非法占为己有的意图。

1. 犯罪构成之故意

136 故意必须涵括第 242 条所有的客观要件。盗窃者须知物品处于他人所有和支配之下。具体的事及由之引申出的他人的所有权,盗窃者并不须知。行为人从外行视角把握他属性概念的社会-规范性的意义即为已足。[1]

如果行为人错误地认为物品系无主物或者完全属于他自己,则根据第 16 条第 1 款第 1 句之规定,倘若行为人误认为的事实(Sachverhalt)存在,则其认识恰当,至少在此情况下,可以排除盗窃故意的存在。[2] 如果行为人知道物品系他人所有,却认为其欠缺支配,或者所有的支配保有者均同意放弃对其支配的,则无取走之故意(Wegnahmevorsatz),只能以侵占罪追究其责任。如果行为人误以为物品系他人所有,则可存在所谓的前在错误(Vorfeldirrtum),根据其发生情况,以不能犯未遂或者幻想犯(Wahndelikt)来处理。[3]

137 行为人的故意是否从一开始就确定于特定行为对象之上,或者完全概括地将所有值得偷的东西都带走,并不重要。即便其在

---

〔1〕 参见 Wessels/Beulke/Satzger, AT Rn 361。对于"外行领域的平行评价"批判 Papathanassiou, Irrtum über normative Tatbestandsmerkmale 2014, S. 201 ff。

〔2〕 Vgl. Fischer, § 242 Rn 31.

〔3〕 对于这一错误的存有争议的处理,见 LK-Hillenkamp, § 22 Rn 210 ff, 225 ff。此外 Burkhardt, GA 13, 346 ff; OLG Stuttgart NJW 62, 65(对于第 246 条)。在金牙案(见边码 77)中, OLG Hamburg NJW 12, 1601 以不能犯未遂作为出发点。

同一行为框架内有所缩小、扩大或者有其他改变,盗窃故意保持原样。[1] 因此,根据德国联邦法院的判例,不论行为人是一开始就想盗窃数个对象,还是在犯罪实施过程中扩大了其犯罪计划,均系一个盗窃。[2] 如果在盗窃未遂阶段最终放弃了初始的犯罪决意,并产生了一个全新的盗窃故意,则有所不同。[3] 这在第242条、第243条内部的故意转换情况下具有现实重要性(进一步见边码255及以下数个边码,也见边码204)。

138 对于容器的盗窃有所不同。当将所希求的内容物取出之后,行为人会立即将容器丢掉,则对于行为人而言,虽然存在故意的取走,但并不存在占为己有的意图。假如容器与期望不符,是空的,则对计划盗取的内容物成立未遂。倘若容器内并不是所希望的,而是其他的对行为人而言并无价值的物品,行为人在获知这一情况后也会立马将之丢弃,则在取走当时对于犯罪行为存在的错误属于并不重要的行为客体错误(error in obiecto)。但对取走的物品而言,则欠缺相关的占为己有意图。如果具体到一个特定的对象,错误抓取实现了错误打击,结果是只就原本希求的物品成立未遂的盗窃。[4] 如果找到的物品对行为人而言具有意义,将之保留,则适用第246条之规定。[5]

139 在案例9中,A故意实现了第242条规定的客观的犯罪构成。他知道木板、狗(对于动物作为物品见边码18)以及存折(对于金钱见边码175)属于

---

〔1〕 Vgl. BGHSt 22,350,351;BGH NStZ 82,380;BGH BeckRS 18,38781;BK-Wittig, § 242 Rn 29;Eisele,BT Ⅱ Rn 60;Rengier,BT I § 2 Rn 84.

〔2〕 Vgl. BGH NStZ-RR 09,278,279.

〔3〕 Vgl. BGH MDR/D 69,722.

〔4〕 对此,参见 BGH NStZ 96,599;BGH NStZ 04,333。BGH NStZ 06,686 附赞成性评议 Streng,JuS 07,422。相反,支持既遂 LG Düsseldorf NStZ 08,155,156;A/W-Heinrich, § 13 Rn 131;Böse,GA 10,249;Kudlich/Ǒglakcıǒglu,JA 12,324。对此也见边码204,对于抢劫罪中的对应问题,见边码359;对于争论,也见 LK-Vogel, § 242 Rn 162。

〔5〕 Vgl. BGH StV 13,440.

G,即便 G 暂时不在(见边码 92),也处于其支配之下。他有意地、并在知悉 G 并不同意他的处置的情况下,完成取走的支配转换。但是,就木板是否也已经出现了支配转换并完成了取走,存在疑问。鉴于木板仍然处于 G 一般予以掌控的支配领域(庭院建筑)之中,尽管接触难度加大,交往观念也仍然将之归入 G 的控制界域,其间,隐匿处也不构成 A 的受到认可的支配飞地。[1] 与之相反,当(只有)行为人能够不受限制地进入隐匿之处,则事实的支配概念的支持者持不同观点。[2] 在案例 10 中,B 也系故意地将邮票取走。可是,在两个案例中,占为己有之意图均存在问题。

2. 占为己有概念在理论上和判例中之发展

a)《第 6 刑法改革法案》扩展之意义

140 根据修改前的第 242 条之规定,盗窃者必须在将物品非法占为己有的意图支配下将他人物品取走。作为条件,其要求存在将物品转为自己财产的意图。[3] 因此并不确定的是,如果行为人具有将物品转交给第三人意图,何时还能谈及占为己有。[4]

141 在自己占为己有的意图(Selbstzueignungsabsicht)之外,《第 6 刑法改革法案》(边码 11)将第三人占为所有的意图(Drittzueignungsabsicht)规定为同样意义的他种可能。借此,其欲去除前述的不确定,并确保意欲使第三人占为所有也应受到处罚(BT-Ds 13/8587,S. 43)。由此,其回到了(对于所有的取得型犯罪,见第 246 条、第 248c 条、第 249 条、第 292 条、第 293 条)被普鲁士以及德意志帝国立法者视为多余的条文表述,此种表述在 1847 年《普鲁士刑法典草案》以及截至《1962 年德国刑法典草案》(第 235

---

〔1〕 参见 M/S/M-Hoyer, BT I § 33 Rn 26 和 Rn 22; SK-Samson, 4. Aufl., § 242 Rn 25。

〔2〕 参见 S/S-Bosch, § 242 Rn 39。其中,边码 24 不当地驳斥了两种支配概念在结论上的区别。也见 RGSt 12,353,355 ff。

〔3〕 Vgl. RGSt 62,15,17; BGHSt 4,236,238 f.

〔4〕 总结见 BGHSt 41,187,194; Küper/Zopfs, BT Rn 831,837 附进一步的文献。

条)的所有刑法典草案中被加以举荐,并在《德意志民主共和国刑法典》第177条中予以采纳。[1] 这一"澄清"对于(有意地)将物品转交给第三人的案件有何意义,稍后再述(见边码166及以下数个边码)。修改后的条文对于占为己有概念本身并未涉及。在前一选项中,行为人必须为自己谋取占为己有;而在后一选项中,行为人意欲为他人谋得占为己有。[2] 在行为人这里,是否就其自己抑或就第三人而存在占为己有的前提条件,依此是相同的问题。因此,就占为己有之功能、本质和对象的绵长论争,具有从未有变的有效性。人们必须如此解读与之相关的论述,即在自己占为已有情况下涉及行为人,而在第三人占为所有情况下涉及第三人(进一步见边码166及以下数个边码)。

b)本体论、价值论和并合论

通过使自己或者第三人占为所有的意图,盗窃罪与部分可罚部分不罚的使用僭权(Gebrauchsanmaßung)案件(只有在满足第248b条、第290条规定条件时可罚)、单纯的物品剥夺(Sachentziehung)(见边码41),以及毁损财物罪(第303条)相互区分。具体如何界分这一问题,观点纷立。同样存在争议的是,占为己有概念应依据形式的(formal)还是经济的(wirtschaftlich)标准予以确定,以及何者构成占为己有的对象[物品本身、经其体现的物品价值(Sachwert)抑或所有者的真实控制力(Herrschaftsmacht)]。[3] 142

判例中和理论上占为己有的概念最初是通过形式与经济标准的对立,此后是通过二者的结合而予以确立的。其从最初的本体论(Substanztheorie),经由价值论(Sachwerttheorie),发展到现今通 143

---

〔1〕 参见 Dreher/Tröndle, 47. Aufl. 1995, § 246 Rn 13a; LK-Ruß, 11. Aufl., § 242 Rn 64; Schmid-Hopmeier, Das Problem der Drittzueignung 1999, S. 33 ff。

〔2〕 Vgl. Küper/Zopfs, BT Rn 831, 837 ff.

〔3〕 争论概览 Hillenkamp/Cornelius, BT 问题 22; Hilgendorf/Valerius, § 2 Rn 80 ff。

行的并合论(Vereinigungslehre)。

144 根据本体论,占为己有的实质在于,自己获得他人物品的实体,排除有权者而使物品服务于行为人自己。通过此种意图的确证,行为人僭越夺取类似于所有权人的权利地位[如同主人一般行为(se ut dominum gerere)[1]]。

145 相反,根据价值论,由物品所体现的经济价值通过排除权利人而归入自己的财产之内,对此意图的确证,也就是依照物品的经济价值获取物品,至关重要。

146 起初,判例遵循本体论。立于此基础,在"存折案件"(Sparbuchfälle)中承认盗窃的存在,尽管行为人在行为当时的意图是将"存折的未曾改变的本体"[2]在取出部分存款后重新物归原主,而在此已经涉及财产法意义上的(vermögensrechtlich)本体,并将存折的经济价值[3]作为了占为己有的对象。在"啤酒牌案"中,[4]帝国法院进一步接近价值论,更为清楚地指出,财产权的标志在于物品对于所有权人之财产(Vermögen)的归属性;依此,将之占为己有应着眼于就超出物质价值(Stoffwert)之外的,且可被利用的物品实体价值(Sachsubstanzwert),从经济上将物品归并到自己的财产中。这存在于服务员在店主那里用啤酒牌(替代现金)进行结账,服务员一般需要提前付款,但却选择从店主那里顺走。此后,通过所谓的并合公式(Vereinigungsformel),[5]这一发展过程结束于本体论和价值论的合并,其认为占为己有的实质存在于行为人将"物品或物品所体现的价值,通过将所有权人排除,

〔1〕 对于这一公式的来源和理解,见 Gropp, Maiwald-FS S. 265 ff;也参见 LK-Vogel, § 242 Rn 145 f;M/S/M-Hoyer, BT I § 33 Rn 38 以及本书边码 148。

〔2〕 Vgl. RGSt 10,369,371.

〔3〕 Vgl. RGSt 22,2,3;39,239,243.

〔4〕 Vgl. RGSt 40,10.

〔5〕 Vgl. RGSt 61,228,233.

归并入自己的财产"[1]。德国联邦法院未曾变更地将这一概念予以采用。[2] 判例一般也予以追随。[3]

理论上的通说观点基本上赞同并合论,[4]却拒斥扩张的(extensiv)物品价值概念,该概念扩展至对物品的任何的使用可能,并满足于从物品利用中获取的任何的间接的益处。[5] 因此,通行的是结合限制的(restriktiv)物品价值概念的并合论。在具体问题上同样存在观点分歧。例如,根据少数观点,"物品价值"概念不应将物品出售所能获得的金钱价值[出售价值(Veräußerungswert)]包括在内,而应限定于"特殊价值"[作为对物本身所体现的价值(lucrum ex re)而与通过对物的处分所实现的财产价值(lucrum ex negotio cum re)对立],此种价值可以通过以下方式从物品中获得,人们能够将之从物品中分离并保留,而将物品实体像一个"无核空壳"(Hülse ohne Kern)返还给所有权人。[6] 与之相反,越来越具有代表性的观点认为,人们 147

[1] 同样,如 RGSt 64,414,415;67,334,335。

[2] Vgl. BGHSt 16,190,192;24,115,119;35,152,157;BGH NJW 85,812.

[3] 参见 BayObLG NJW 92,1777,1778;OLG Köln NJW 97,2611。对于总体发展,也见 Küper/Zopfs,BT Rn 828 ff。

[4] 参见 Beulke/Zimmermann,II Rn 140 f;BK-Wittig, § 242 Rn 31;Bloy,JA 87,189;Eisele,BT Ⅱ Rn 65;Fischer, § 242 Rn 35;Haft/Hilgendorf,BT S. 12;Heghmanns,Rn 1041;H-H-Kretschmer,Rn 35;HK-GS/Duttge, § 242 Rn 41;Joecks/Jäger,vor § 242 Rn 36;Krey/Hellmann/Heinrich,BT Ⅱ Rn 66;Kudlich/Ŏglakcıŏglu,JA 12,323 ff;Lackner/Kühl, § 242 Rn 21 ff;LK-Vogel, § 242 Rn 140;M/R-Schmidt, § 242 Rn 30;Rengier,BT I § 2 Rn 92,103 ff,137,145;Schmidt,BT Ⅱ Rn 92 f;Schramm,BT I § 2 Rn 47 ff;S/S/W-Kudlich, § 242 Rn 43;Wessels,NJW 65,1153 und JZ 65,631;Zöller,BT Rn 802。否定见 Miehe,Heidelberg-FS S. 495。批判见 Kindhäuser/Hilgendorf, § 242 Rn 88 f;Maiwald,Der Zueignungsbegriff 1970,S. 79;SK-Hoyer, § 242 Rn 80。

[5] 参见 S/S-Bosch, § 242 Rn 49;也反对宽泛的物品价值概念 Ensenbach,ZStW 124(2012),345。

[6] Vgl. Bockelmann,BT I S. 19;S/S-Bosch, § 242 Rn 49;Stoffers,Jura 95,113,117.

应当完全放弃物品价值观点,并可以运用适当修正的(modifiziert)本体理论,[1]将对物品客观蕴含的使用和运转可能的利用看作本体上的占为己有(Substanzzueignung)。

c)本书观点

148 尽管存在对于占为己有之对象的不同描述,本体论与物品价值论在出发点上达成一致,只有特定的(bestimmt)有体的(körperlich)物品才可能作为犯罪的对象。物品本体和物品价值是物品性质(Sachqualität)的部分方面,只是对占为己有对象的不同视角下的称谓。[2] 从此或彼观点出发,在行为人方面,需要与所有权人类似的处置权利的僭越(如同主人一般行为)。两种理论的共同基础,也是两种理论能够结合的缘由,在于行为人通过其旨在占为己有的行为谋求外在地位,其就纯粹事实关系而论,与《德国民法典》第903条规定的所有权人地位相类似,并使得行为人有可能将他人物品服务于自己的目的,以及排除权利人而支配物品或其所体现的价值从而为自己所用。[3]

根据明确主张,在此种所有权僭越(Eigentumsanmaßung)中,并不注重行

---

[1] 如此 Ambos,GA 07,132;A/W-Heinrich, § 13 Rn 99 ff;Gössel,BT Ⅱ § 6 Rn 47;Kindhäuser/Hilgendorf, § 242 Rn 78 f,89;Klesczewski,BT § 8 Rn 59;M/S/M-Hoyer,BT I § 33 Rn 44 ff;MK-Schmitz, § 242 Rn 136 ff,150 ff;NK-Kindhäuser, § 242 Rn 75 ff;Otto,BT § 40 Rn 54;Rudolphi,GA 1965,33;Seelmann,JuS 85,288;Welzel,S. 342。接近 Ensenbach,ZStW 124(2012),370。相反,更狭且形式地着眼于物品的占为己有本身 Böse,Kindhäuser-FS S. 645 ff。

[2] 参见 Bockelmann,ZStW 65(1953),569,575。

[3] 更详尽的参见 Wessels,NJW 65,1153。与《德国民法典》第903条相关联 Ambos,GA 07,129;NK-Kindhäuser, § 242 Rn 70;Schmitz,Otto-FS S. 764 ff;SK-Hoyer, § 242 Rn 81。也见 Gropp,MaiwaldFS S. 265 ff,如同本书,其将"如主人一般行为"并非理解为扮演某一角色["作为"(als)所有者],而是理解为对于物品中蕴含的功能的事实上的利用["如同"(wie)所有者]。

为人是否想要将他人物品持续地保留、将其出卖或以其他方式将其处理掉,[1]有鉴于此,运用本体论就已经能够将多数案件圆满解决。然而,本体论以及其修正版本的弱点在于,对擅自处分他人的存折和其他权利凭证、债券或票证一类案件的处理。[2] 对此,物品价值理论提供了更好的论证。[3] 但是,对于盗走的物品并不具有经济价值,或者行为人通过与物品经济价值相异的方式对其加以利用的案例,[4]价值论也是无力的,需要将两种路径相结合。

因此,并合论应予提倡。然而,仍然需要通过对占为己有概念 149
的具体因素做更为清晰的界定,来对并合论予以明晰。另外,将物品价值方面做限制性处理,蕴藏取得型犯罪与获利型犯罪之界限模糊化[5]的危险[6]。

3. 占为己有概念之具体要素

占为己有(Zueignung)都有积极和消极的侧面,承继于宾丁 150
(Binding)[7],人们倾向于将之称为据为所有(Aneignung)和剥夺他有(Enteignung)。据为己有(Sichzueignen),意味着将他人物品或其所体现的物品价值——即便只是暂时的[8]——归入自己的财产中,特别是为自己所用而对之予以处置(据为所有),通过确

---

〔1〕 参见 RGSt 64,259;BGH NJW 85,812;BGH MDR 60,689。

〔2〕 参见 RGSt 24,22;26,151;40,10;49,405;50,254。

〔3〕 参见 S/S-Bosch, § 242 Rn 49 f;其他观点 Kindhäuser/Hilgendorf, § 242 Rn 88 f。

〔4〕 参见 OLG Hamburg MDR 54,697 在"恋物癖者案件"(Fetischistenfall)以及 OLG Celle JR 64,266 在"读信者案件"(Briefleserfall)。

〔5〕 参见 Jäger,BT Rn 218;Lackner/Kühl, § 242 Rn 22 f;Rengier,BT I § 2 Rn 110;S/S-Bosch, § 242 Rn 49;Tenckhoff,JuS 80,723,725;Wessels,JZ 65,631。

〔6〕 对此,参见 Otto,BT § 40 Rn 49;Wolfslast,Anm. NStZ 94,542。

〔7〕 参见 BT I S. 264 ff;对此批判并对于后续 Dencker, Rudolphi-FS S. 425, 430 ff。

〔8〕 参见 BGH JR 99,336 附评注 Graul。

证此种意志,基于自己目的而僭越与所有权人类似的处置权利,以及通过终局性地对所有权人予以排除而完全或部分地从经济上取而代之(事实上的剥夺他有,也即将所有权人从其目前位置上排挤出去)。对于据为所有,要求存在意图;而对于剥夺他有,间接故意即已足够(进一步见边码 163 及以下数个边码)。[1]

a)据为所有

151 根据据为所有要件,取得型犯罪与毁损财物、财物剥夺以及为财物所有人利益而擅自处分相区别。在毁损财物罪(第 303 条)、单纯的剥夺财物以及为财物所有人之目的或考虑而擅自使用他人财物的情况下,欠缺据为所有要件,也就不存在占为已有。

152 将他人物品取走,只是为了在自己没有闲钱使用或消耗[2]的前提下即刻将之毁坏或者丢掉,虽然采取了只有所有权人才可以的方式处置物品,但尚未将物品据为所有[3],因而不成立盗窃罪,而构成(各根据情况)毁损财物罪(第 303 条)、侵害保管物罪(第 133 条)或者隐匿文书罪(第 274 条第 1 款第 1 项)。据此,在案例 10 中,a 选项应当排除以盗窃罪惩处 B 的可能。[4]

判例例证:在 BGH NStZ 11,699 一案中,两位“地狱天使”的成员在面对敌对团伙“法外狂徒”的成员 O 时,先是取走了 O 的刀具,将之立即丢掉,此后——其中一人捅了 O 数刀,且最后一刀为致命伤——将 O 的“袈裟,也就是一件缝缝补补的皮夹克”拿走。德国联邦法院首先确认了刑事陪审法庭

[1] 总结见 BGH HRRS 18 Nr 577;20 Nr 230 附评议 Bosch, Jura(JK)20,530;Jahn, JuS 20,467。

[2] 谁烧了偷来的煤,吃了一块偷来的奶块,或者消费了偷来的毒品[见 BGH BeckRS 15,06119(边码 282 判例例证)],则具有占为已有意图。

[3] 参见 RGSt 61,228,232 f;BGH HRRS 18 Nr 517;Gropp, Maiwald-FS S. 266;NK-Kindhäuser, § 242 Rn 88 f(附对于“容器案件”的提示,见本书边码 138)。

[4] 更详尽的参见 BGH NJW 77,1460;NJW 85,812;BayObLG NJW 92,2040;OLG Düsseldorf JR 87,520 附评注 Keller;S/S-Bosch, § 242 Rn 55。

(Schwurgericht)的认定,即并不存在致死的抢劫罪。取走(并丢掉)刀具只是为了让O缴械,并不是为了自己使用刀具(欠缺据为所有之意图)。将"袈裟"取走的目的也只在于"给法外狂徒颜色看看""体现下存在",以及让法外狂徒们清楚,他们占地盘的要求并不被接受。就此,德国联邦法院恰当地指出:"行为人的意志必须着眼于其自己或第三人财产状况的改变,这一条件,在行为人将他人物品取走只是为了将之毁坏、灭失、交出、丢掉、藏匿或损坏之类的案件中并不存在;基于比如仇恨及报复情感的损坏意志,以及通过单纯将财物剥夺来激怒所有权人,均不适于支撑据为所有的意志……在此类案件中,行为人——这一般情况下可能是足够的——较短时间内取得对物品的占有也并不足够。"据此,行为人就袈裟也欠缺必要的据为所有的意图。

根据 OLG Nürnberg NStZ-RR 13,78 判决,情况有所不同,行为人将球迷夹克抢走,"为了之后能够自由决定,以何种形式"对之"继续予以处理"。正确的是,这一案件仍然欠缺据为所有的必要的决意(Entschlossenheit),只是将据为所有作为行为的可能后果予以容认,对于有意的据为所有而言并不足够。[1] ——根据德国联邦法院的判例,即便使用了绝对强制手段(vis absoluta)且相应地欠缺财产处分的情况下,也有可能成立抢劫性敲诈勒索罪。但在第二步的论理过程中,德国联邦法院对此予以了否定,原因在于,行为人通过运用加重的强制手段谋求对物品的"短时间内的占有",为了将物品灭失或丢掉,且之前并未通过占有而意欲获得任何的经济利益,则并不具有获利意图。[2]

类似地,BGH StraFo 12,155 否定了抢劫罪和抢劫性敲诈勒索罪,因为行为人将被害人的移动电话抢走,只是为了在手机的存储器中"寻找证明被害人与共同被告的姐姐之间关系的证据"。对存储器的搜寻以及拷贝其中存储的图片资料,系对其常规的使用,并未造成任何改变,"这并不导向对其的

---

[1] 参见 BGH NStZ-RR 12,241;对此也见边码 355。

[2] 也赞成 Jahn,JuS 11,846。也参见 BGH NStZ-RR 12,207;BGH NStZ-RR 19,248(倘若女犯罪人只是想被"抓住"或者重新投入监狱,则并不成立盗窃);BGH BeckRS 15,06119 附评注 Bosch,Jura 15,881(如果犯罪人想要将毒品——但对此见本书边码 73——通过消费而予以"灭失",则成立盗窃)。

消耗”,而且——人们可以如此补充——不能导向对手机的本体上或物品价值上的据为所有。[1]

结论上正确的是,BGH NStZ-RR 15,371、BGH NStZ-RR 18,282、BGH StV 19,388、BGH StV 19,389 和 BGH HRRS 20 Nr 230 判决均否定了抢劫罪或抢劫性敲诈勒索罪,在以上案件中,取走手机只是为了将不雅照片予以删除或者使通话变得不可能。[2]

153 有所不同的是,依行为人之目的使用完毕后才将他人物品自生自灭,[3]或者物品灭失存在于行为人对于物品的自用消耗,比如将他人的餐食或饮料吃掉、燃烧他人木材用于自己住宅取暖,等等[4]。

154 如此就不再只是涉及单纯的物品剥夺(Sachentziehung)。对于物品剥夺而言,标志性的在于,其将所涉物品在未曾归入行为人财产的情况下从其所有人处暂时或持续地剥夺。例如,将祝词者演说的脚本在活动即将开始之前取走,并将之完整地再寄给祝词者,该行为虽然违法(《德国民法典》第 858 条、第 823 条第 1 款),但却并无据为所有的意图,因而不成立盗窃罪。[5] 亦不足够的是,行为人通过将物剥夺而以某种形式对所有权人或者第三人施加影响,比如,动员其同意交换原本所希求的物品。[6] 另外,如果行为人从物品中获得了“任意方式的经济价值或者……物质利益”,则其系对于据为所

---

〔1〕 也赞成这一判决 Hecker, JuS 13,468。否定 Jäger, JA 12,709; Putzke, ZJS 13,311。

〔2〕 对此,参见 Eisele, JuS 19,402; Jahn, JuS 20,467; Kudlich, NStZ 19,345; Nestler, Jura(JK)19,682; Satzger, Jura(JK)16,828。

〔3〕 Vgl. BGH MDR 60,689; OLG Celle JR 64,266; LG Düsseldorf NStZ 08,155.

〔4〕 Vgl. BGH BeckRS 15,06119; RGSt 44,335,336 f; OLG Köln NJW 86,392; NK-Kindhäuser, § 242 Rn 87.

〔5〕 参见 BGH GA 1953,83,84; BGH MDR/H 82,810。

〔6〕 Vgl. BGH NStZ-RR 07,15; BayObLG NJW 92,2041; OLG Köln NJW 97,2611.

有而言足够的、即便只是临时使用的一项表征。[1] 虽然如此,但鉴于第242条并非获利型犯罪,不具备此种实效的对物典型的使用,比如单纯用手机打电话,对于据为所有而言并不足够。

155 对于其他方式的擅自处置而言,重要的是,行为人是自用、特别是为自己着想,还是为所有权人之利益而行为。单是此种对处置权利的僭越本身并不是据为所有行为。[2] 例如,行为人只是对所有权人对立的意志不予理会,但行为却有利于所有权人以及为其考虑而使用物品,则不存在将物品归入自己财产,以及针对于此的据为所有意志。[3]

由此,只要A在案例9中,以用木板修缮G的野外喂食装置之目的将木板取走,则排除以盗窃罪惩处的可能。[4] 就犬只来说,A实施的"如同所有权人的行为",将犬只寄养在动物之家只是服务于所有权人饲养犬只的目的,而非A自己或者动物之家的经济目的,则亦不足以定盗窃罪。[5] 在此前提下,第三人占为己有也应排除。倘若根据A的设想,狗并不会回到A那里去,这一剥夺他有的因素也只能成立不罚的物品剥夺。

b)剥夺他有

156 为满足占为己有,据为所有需要与所谓的剥夺他有(Enteignung)相结合,剥夺他有将物品所有人在纯然实施的意义上,从其迄今的位置上予以排挤,并使其所有权变得无效。[6] 作为占为己

---

[1] 如此BGH HRRS 20 Nr 230参阅MK-Schmitz, § 242 Rn 152,155。对于判决的评议,见Bosch,Jura(JK)20,530;Jahn,JuS 20,467。

[2] 参见BGHSt 4,236,239;BGH NJW 70,1753附评注Schröder。

[3] Vgl. BGH MDR/D 58,139;RGSt 52,320;61,228,232.

[4] Vgl. BGH MDR/D 58,139.

[5] Vgl. BGH wistra 88,186.

[6] Vgl. Binding,BT I S. 264 ff;Wessels,NJW 65,1153,1155.

有和使用僭越(Gebrauchsanmaßung)[使用盗窃(furtum usus)]之间的界分标准,这一剥夺他有因素发挥了重要作用。剥夺他有——与据为所有不同[1]——必须持续一定时间,[2]使用僭越只是将对于他人物品的暂时使用作为目标,而物品的所有人至少不应从其迄今位置上终局性地予以排斥。[3]

157 对于使用僭越而言,核心在于行为人的归还意志(Rückgabewille)。如果对于他人物品的无权使用,在取走以及使用(见第248b条、第290条)当时就已经具有了意图,为维护所有权秩序(Wahrung der Eigentumsordnung)而即刻重新恢复(alsbald wieder herstellen)在此前情境意义上的合法状态(rechtmäßiger Zustand),则只涉及纯粹的使用僭越,而非占为己有。对此而言必要的是,情愿(Bereitschaft)将临时使用的物品在无身份变换(Identitätswechsel)、无重要的价值减损(wesentliche Wertminderung)、无所有权否定(Eigentumsleugnung)的前提下,重新归于权利人,从而在无特别花销且并不只是作为纯粹意外事件之结果的情况下,权利人能够再次行使其原初的处置权利。[4]

158 此种归还意志是否存在,以及行为人是否能够确实预计到权利人对于处置权利的重新取得,对于以上问题,可将具体案件中利于给出结论的所有情状均予以重视。涉及使用他人机动车辆的案件中,作为其证据指征(Beweisanzeichen),[5]判例中主要评价的

[1] Vgl. BGH JR 99,336.

[2] 参见 Eisele,BT Ⅱ Rn 65;Rengier,BT I § 2 Rn 89 f;Zopfs,ZJS 09,650。批判见 Otto,BT § 40 Rn 57 ff;ders. ,Jura 97,468。如同本书 LK-Vogel, § 242 Rn 143。

[3] 参见 Eisele,BT Ⅱ Rn 70;S/S-Bosch, § 242 Rn 51 ff;RGSt 64,259;BGHSt 22,45,46;BGH GA 60,82;BayObLG JR 93,253 附评注 Julius。

[4] Vgl. BGH NStZ 96,38;Fischer, § 242 Rn 38;H-H-Kretschmer,Rn 800;Kindhäuser/Hilgendorf, § 242 Rn 105 ff;M/R-Schmidt, § 242 Rn 31;Schaffstein,GA 64,97;Schmidt,BT Ⅱ Rn 86 ff.

[5] Vgl. BGH NStZ 96,38;Fischer, § 242 Rn 39 f.

情况包括：行为人此后将车辆停在何地（如在警察岗哨前面、停车场、大中小城市的小街上、居住区域之外等），根据车辆类型和外观，其是易于还是只能非常困难地被找到，以及行为人在可能的情况下通过锁住车门的方式是否能防止第三人的无权侵扰。[1] 如果证据显示，取走与以下意志相伴，即在使用之后将车辆随意丢弃，能否、何时以及在何状况下所有权人重新找到车辆完全取决于偶然，则在此应认定盗窃，而非第 248b 条意义上的使用僭越。[2] 在判例中需要基于具体案情进行说理，就此法官不应满足于纯粹形式化的措辞。[3] 对于第 248b 条而论，相较于其他物品的使用，没有缘由在盗走车辆的情况下就剥夺他有提出更低的要求。[4]

如果不能查清，在关键的时间节点行为人的意志是否包括，将所有权人从其迄今的物品控制地位长期地予以排除，则应遵循存疑有利于被告（in dubio pro reo）原则。例如，如果从监禁场所越狱失败，而在囚犯的犯罪计划内，并未确定在成功越狱后如何处置暴力取得的监所钥匙，则只是缺少与此相关的商定（并由此缺少将钥匙归还给所有人的意志），并不能取代对于针对剥夺他有的犯罪决意的证明。[5] 在所有此类案件中，人们最终不能忽视的是，必须存在据为所有的因素。如若只是出于对所有权人的愤怒，将其自行车搬到别处，使得第三人能够将自行车骑走，则因欠缺据为所有意志[6]而不构成盗窃罪，因欠缺使用不构成使用僭越。确切地说，在此存在不罚的财 159

---

〔1〕 更详尽的参见 BGH VRS 51,210；BGHSt 22,45,46 f 附进一步的文献；BGH NStZ 15,397；Kudlich,JA 15,33。

〔2〕 Vgl. RGSt 64,259,260；BGHSt 22,45；BGH NStZ 82,420；Rengier,BT I § 2 Rn 125.

〔3〕 参见 BGH NStZ 87,72；Keller,Anm. JR 87,343。

〔4〕 参见 S/S-Bosch, § 242 Rn 54；赞成 LK-Vogel, § 242 Rn 160。

〔5〕 对此富有教益的有 BGH NStZ 81,63。关于存疑有利于被告，也见 Zöller,BT Rn 34。

〔6〕 也不具备第三人占为己有意图，见 A/W-Heinrich, § 13 Rn 115。对于更多的欠缺据为所有意图的案例，见 BGH NStZ 11,699,701。

物剥夺。[1]

160 根据判例和通说观点,在此类以及类似案件中,对于占为己有意志的肯定并非取决于剥夺他有构成据为所有的忠实镜像,也即正是通过此种使用——特别是由使用引致的价值减损——而得以实现。[2]

占为己有是据为所有加剥夺他有,而不必然是"通过据为所有的剥夺他有"。反对观点[3]忽视了财产保护,因为其对于第248b条、第290条规定之外的物品,将导致明显可见的处罚漏洞(可能是对于使用僭越及后续的物品剥夺)。

161 如果行为人在持续的使用过程中产生了抛弃机动车辆的意志,则虽然可以排除第242条的适用可能,但并不能排除以侵占罪(第246条)处罚的可能。相反,如果行为人在无权使用终结后,才放弃了原本存在的归还意志,并以将车辆抛弃的意志取代之,比如因为车辆突然抛锚或者汽油用光了,则只存在适用第248b条的可能。[4]

162 存在的问题是,如果是在过于(unangemessen)长时间的使用之后才将物品归还给权利人,是否应认定长期的终局的剥夺他有,而非单纯的使用僭越?鉴于法律(第248b条、第290条)对于不罚的使用僭越并未规定时间上

---

[1] 参见 BayObLG JR 92,346 附赞成性评注 Meurer。

[2] 参见 LK-Ruß,11. Aufl., § 242 Rn 51;Schaffstein,GA 64,97;Tenckhoff,JuS 80,723,724。

[3] 参见 Androulakis, JuS 68, 409, 413; Joecks/Jäger, Vor § 242 Rn 54 f; Kindhäuser,Geerds-FS S. 655,660;MK-Schmitz, § 242 Rn 156 f;Rudolphi,GA 65,33,50;SK-Samson,4. Aufl., § 242 Rn 78。如同本书对其反对 Zopfs,ZJS 09,652。

[4] 参见 BGH GA 60,182;BayObLG NJW 61,280。

的界线，人们必须根据剥夺他有的概念予以确定。可以谈得上是剥夺他有的是，与其使用相关联，物品的价值减损如此巨大，以至于其对所有权人而言在很大程度上失去了使用和交易价值。[1] 其在完全或部分的功能丧失情况下确定存在，但在显而易见的价值流失的情况下也有可能存在。[2] 对于缺少重大价值减损的（例证：在 5 月取走露营帐篷，并想要在美好时光结束后在 10 月将打理周全的帐篷归还），如果一名中立的观察者根据日常生活观念，将物品的丧失视为终局性的，而对于相关者而言另行购置无可避免，人们可以肯定行为的“剥夺他有属性”。[3]

4. 盗窃罪犯罪构成中的意图（Absicht）概念

第 242 条（第 249 条同样如此）并非以既遂的占为己有为条件，而只要求存在将取走的财物由自己或第三人非法地占为己有的意图。 163

因此，发展为占为己有概念的定义（见边码 150），在第 242 条、第 249 条中应转接到主观方面。[4] 切莫将第 253 条、第 259 条、第 263 条所包含的获利意图与占为己有意图混淆。鉴于意欲及实施的占为己有的对象也可能是没有财产价值的物品，第 242 条及以下数个条文并非“获利型犯罪”。[5] 当然，如同在获利型犯罪（第 253 条、第 259 条、第 263 条）中一直存在的获利意

[1] 参见 BGHSt 34,309,312;OLG Hamm JMBl NW 60,230;OLG Köln JMBl NW 62,175;M/R-Schmidt, § 242 Rn 31。

[2] 参见 Kargl, ZStW 103 (1991), 136, 184; Rudolphi, GA 65, 33, 46。根据 Fricke, MDR 88,538:多于 50%。对于此类案件中，物品价值概念的功能，见 Küper/Zopfs, BT Rn 835。否定 Böse, Kindhäuser-FS S. 645 ff。

[3] 同样，如 Blei, BT § 52 Ⅱ 2a; Eisele, BT Ⅱ Rn 72; M/S/M-Hoyer, BT I § 33 Rn 40; MK-Schmitz, § 242 Rn 147; Welzel, S. 342。其他观点见 Rudolphi, GA 65, 33,47。

[4] 差异 Kindhäuser/Böse, BT Ⅱ § 2 Rn 76 ff:占为己有通过取走而实行。对其赞成 Böse, GA 10,253。与之相反，如同本书 A/W-Heinrich, § 13 Rn 69 ff; Mitsch, BT Ⅱ S. 41 f。

[5] 参见 BGH GA 69,306; NJW 70,1753;77,1460。

图,《第 6 刑法改革法案》(见边码 11、141)之后的占为己有意图可以涉及第三人。

a) 占为己有(animus rem sibi habendi)而行为

164 将物品占为己有的意图,现系第 242 条所规定的第一种情形。其含义并未明显地(见边码 167)有所改变。意图应理解为着眼于占为己有的意志(Wille)。依其作用,应将即将实施的占为己有行为做以下区分:将物品或者其所体现的物品价值据为所有必须是行为的目标(Ziel),也即是以坚定的意志所谋求的,行为人只是将之作为行为的可能后果予以容认并不足够。[1] 与之相反,对于权利人的剥夺他有,以及与之关联的不利于所有权人的终局性排除效应,对行为人而言并非重要。就此而论,通说观点认为,一般的故意(也包括间接故意在内)即已足够。[2]

现实判例:在 BGH NStZ-RR 19,248 一案中,刑满释放的 A 难以适应释放后的生活,因此他决定实施抢劫,从而再次"回到监狱中的规则生活,以及仍然关押在那的妻子身边"。在火车站,A 向手里拿着移动电话的 F 的脸上喷洒胡椒喷雾,并将因此惊慌失措的 F 的手机夺走。几步之后 A 就被围观者抓住,闻讯赶来的警察将手机安全控制。——A 对 F 使用暴力(见边码 347 及以下数个边码)并通过使用武器或危险工具(对于胡椒喷雾而言,两者均具备,见边码 265 以及 Fischer, § 244 Rn 4 附进一步的文献)将手机取走,可能适用第 249 条和第 250 条第 2 款第 1 项。但其并不存在对于抢劫罪也

[1] 参见 BGH VRS 22,206;BGH NStZ-RR 12,241;RGSt 49,140,142 f。

[2] 参见 Eisele,BT Ⅱ Rn 64 f;Fischer, § 242 Rn 41;H-H-Kretschmer,Rn 791;HK-GS/Duttge, § 242 Rn 43,45;Lackner/Kühl, § 242 Rn 25;M/R-Schmidt, § 242 Rn 28,32;Rengier,BT I § 2 Rn 89;S/S/W-Kudlich, § 242 Rn 48;Tenckhoff,JuS 80,723,726;Witzigmann,JA 09,492。尽管存在不同观点,但在结论上类似 Maiwald,Der Zueignungsbegriff im System der Eigentumsdelikte 1970,S. 174 ff;Schmitz,Otto-FS S. 773 ff。其他见 A/W-Heinrich, § 13 Rn 87。总结见 BGH HRRS 18 Nr 577。

同样(盗窃罪被完全地包含在抢劫罪之中,见边码 343)必要的占为己有意图。A 目的是在如愿拿到手机后立即将手机还给 F(见边码 156 及下一边码),因此具有剥夺他有因素,但欠缺据为所有因素,因为 A 只是想通过对手机可罚的占据重新回到监狱里去(见边码 152)。如果 A“只是考虑”,当场没有被抓,“就自己保有或利用移动电话”,在此情形下,德国联邦法院也恰当地否定了据为所有意图。行为人只是将据为所有作为其行为的可能的结果而予以容认,并不足够。相反,其必须“以坚定的意志为自己或第三人谋求之”。

165 如此区分据为所有意图(Aneignungsabsicht)和剥夺他有故意(Enteignungsvorsatz)的支撑在于,若非如此,则第 242 条无任何实践意义,也无法实现其保护目的,因为盗窃完全应当出于自我利用(Eigennutz)之缘由,而非旨在损害受害者而实施。此种剥夺他有对于盗窃者而言在任何情况下均不重要,特别是在将机动车辆盗走无权使用后随意将之停放并任意丢弃的情况下,行为人倾向于(只要对其而言并非完全无所谓)只是容认出现对于所有权人而言机动车辆持续丢失的结果。

希求的占为己有是否构成行为的动机(Motiv),或者彰显了行为人所追求的最终目的,不太重要。[1]

对于此种意图之存在无须怀疑的是,行为人——比如 B 在案例 10b 中——将他人财物为自己保有和保留,也即通过占为己有而追求自己经济上全然取代所有权人的位置,并据此将物品归入自己财产之内。

b)占为他有而行为

166 《第 6 刑法改革法案》(见边码 11、边码 140 及下一边码)将第三人占为所有的意图规定为自利之外的利他(altruistisch)选项。

〔1〕 Vgl. RGSt 49,140,142;Lackner/Kühl, § 242 Rn 25.

由此,行为人将物品转化为第三人财产的意图已为足够,或者是行为人亲自使第三人获得财物,或者是行为人想要使第三人据为所有成为可能,[1]而在第一种选项中,行为人必须为自己谋求此种据为所有。在此,对于单纯的第三人占为所有的可能化而言,应合理地要求为第三人之利而实施事实上改变物品控制行为的意图;[2]但与获取不同的是,此间并不一定必须存在移交行为(Überga-beakt)。[3] 由此,如果偷钱并将之转入第三人账户或者用于偿付第三人债务,以及想要将偷得的木材置于贫穷邻居的门前,使其能够用壁炉生火,则具有第三人占为所有之意图。第三人占为所有意图必须与至少一般的故意相伴,也即通过第三人占为所有,而使所有权人承受对于物品的持续的丧失。依此,作为意图的对象,占为己有在两种情形下是相同的。因此,如果行为人只想让第三人将物毁坏、将物从所有人处剥夺,或者有利于所有人而对之予以处理(见边码 151 及以下数个边码),即便对于第三人占为所有意图而言,也是不够的。[4]

另外,如果行为人预想的是,第三人在临时对物使用之后会将

---

[1] 参见 Küper/Zopfs,BT Rn 838 ff。从法律应然的角度反对纯粹的使成为可能(Ermöglichung)情形 Rönnau,GA 00,423。更狭 Klesczewski,BT § 8 Rn 71 ff;HK-GS/Duttge, § 242 Rn 48;LK-Vogel, § 242 Rn 187;MK-Schmitz, § 242 Rn 158 ff;Schmitz,Otto-FS S. 770 ff。

[2] 参见 Fischer, § 242 Rn 48;Otto,Jura 98,551;Rengier,BT I § 2 Rn 148 f;S/S-Bosch, § 242 Rn 58;S/S/W-Kudlich, § 242 Rn 52;Zopfs,ZJS 09,657。过狭 Kindhäuser/Böse,BT Ⅱ § 2 Rn 109,其要求存在通过第三人实施的可归责于犯罪人的自我占有建立;类似 MKSchmitz, § 242 Rn 159。在第 242 条情况下的相反观点 Kauffmann,Zur Identität des strafrechtlichen Zueignungsbegriffs 2005,S. 209 f。也参见 BGH wistra 07,18,20 关于第 246 条。关于物品控制作为界分标准,也见 Hauck,Drittzueignung und Beteiligung 2007,S. 210 ff。

[3] 但是可能如此 Rengier,BT I § 2 Rn 149;S/S-Bosch, § 242 Rn 58。如同本书 Dencker,RudolphiFS S. 425,435;Eisele,BT Ⅱ Rn 80。

[4] Vgl. Krey/Hellmann/Heinrich,BT Ⅱ Rn 107;Zöller,BT Rn 36.

之予以归还,则欠缺剥夺他有的故意[1](见边码156及以下数个边码)。相反,在第三人占为所有当中,行为人不(再)需要为自己谋取如通常一样界定的利益(Vorteil)。根据判例中沿袭的观点,在擅自第三人处分且缺乏占为所有框架内的此种利益谋取的案件中,会出现处罚漏洞,[2]而《第6刑法改革法案》有意对此做出弥补(BT-Ds 13/8587,S. 43)。

根据这一立法决定,在流传下来的典型例证中,仆人根据他的主人的指令,将邻居的鹅从其鹅湾中赶到了主人的圈里,[3]行为人实施了利他的选项,而主人系教唆犯。[4] 可是,第三人占为己有意图要求行为人对第三人据为所有予以重视。如果仆人对于主人的据为所有只是作为不欲的或者意欲的附随结果[5]予以容认,则因为欠缺第三人据为所有之意图,其并非正犯(Täter)。正确的是,其只是主人的帮助犯(Gehilfe),而主人因欠缺对取走的控制而可能成立侵占罪。[6] 如果人们将其视为无意图但有故意的犯罪工具(das absichtslos-dolose Werkzeug),则在此类以及类似的案例中,对于幕后操 167

---

[1] Vgl. Lackner/Kühl, § 242 Rn 26a; SK-Hoyer, § 242 Rn 92; S/S/W-Kudlich, § 242 Rn 52.

[2] Vgl. BGHSt 41,187,194.

[3] 参见 Welzel, S. 104。对于根据原有法律的争议方案,见 Krey, BT II, 11. Aufl. 1997, Rn 79 ff; LK-Roxin 11. Aufl. 1992, § 25 Rn 140 f; Roxin, Täterschaft und Tatherrschaft, 6. Aufl. 1994, S. 339 ff。此外 Fahl, JA 04, 287 ff。在情况不同的原始的鹅湾案件 RGSt 48,58 中,存在自己占为己有,见 A/W-Heinrich, § 13 Rn 62;对此也见 Witzigmann, Das „absichtslos-dolose Werkzeug" 2009, S. 216 f。

[4] Vgl. Küper/Zopfs, BT Rn 841; Mitsch, BT Ⅱ S. 77 f.

[5] 对此,参见 Krey/Hellmann/Heinrich, BT Ⅱ Rn 116 f, 120。

[6] 参见 BK-Wittig, § 242 Rn 48; Krey, BT II, 11. Aufl. 1997, Rn 83, 89 附进一步的文献; Krey/Hellmann/Heinrich, BT Ⅱ Rn 120。

纵者也可以考虑间接正犯形态的盗窃罪。[1] 在此,古老的争论仍在继续。[2] 另外,在参加者只是对第三人取走施以帮助,如在其入室盗窃时帮忙站岗放哨,或者只是使第三人易于接触物品,但并未想要自己使第三人取得物品或者通过自己对物作用而使其可被据为所有,即便具有第三人占为所有之意图,也不成立正犯(Täterschaft)。由此,第三人占为所有之意图只是正犯的必要但非充分条件;即便具有第三人占为所有之意图,也存在犯罪参与(Teilnahme)的空间。[3] 在认定只有具有第三人占为所有意图才可能的共同正犯(Mittäterschaft)之前,也应对犯罪参与问题予以重视。[4] 唯有如此,才能应对以下诘难,即通过纳入第三人占为己有意图,立法者使正犯与参与者之界分在正犯扩大意义上变得粗疏,[5]并将共同正犯的范围在不可预见的范围内予以扩张。[6]

168 着眼于将占为己有意图扩展至第三人占为己有,原来的第三人占为己有案件应重新评价。在此当然首先要秉持将所有权人长期地(终局地)从其迄今位置上予以排除,此一意志并非必然地以将他人财物不限期地为自己保有之意图为前提;与剥夺他有不同的是,据为所有并不需要做长期打算。[7] 由此,与此前一样,如果行为人从一开始就决定将取走的物品为自己之计而予以变卖或者

---

〔1〕 参见 Lackner/Kühl, § 242 Rn 26a;Wessels/Beulke/Satzger, AT Rn 842 ff;深入 Witzigmann, Das „absichtslos-dolose" Werkzeug 2009, S. 250 ff, 254 f;对于案例解析 S. 288 ff。

〔2〕 Vgl. Dencker, in:Dencker ua, Einführung in das 6. StrRG 1998, S. 18.

〔3〕 参见 Maiwald, Der Zueignungsbegriff im System der Eigentumsdelikte 1970, S. 245;Rengier, BT I § 2 Rn 165, 200 f。

〔4〕 Vgl. Ingelfinger, JuS 98, 534; Jäger, JuS 00, 653; Krey/Hellmann/Heinrich, BT II Rn 111, 113; Noak, Drittzueignung und 6. StrRG 1999, S. 38 f.

〔5〕 如此参见 BE-Noak, S. 68; Noak, Drittzueignung und 6. StrRG 1999, S. 79 ff; Schmid-Hopmeier, Das Problem der Drittzueignung 1999, S. 210。

〔6〕 参见 Lackner/Kühl, § 242 Rn 26a; Schroth, BT, 3. Aufl. 2000, S. 120(目前——第5版——见第176页)。

〔7〕 Vgl. BGH NStZ 81, 63.

赠与第三人,也系意欲占为自己所有。[1] 那么,只存在占为己有,而不存在第三人占为所有。如果肯定二者同时存在,则鉴于两种意图的等值性并无合理依据,将第三人占为己有解释为附属性。[2] 在此,具有决定性作用的仅是将物品以对价卖予第三人或者不收取对价而赠与第三人,这反映了行为人对于类所有权人的处分权利的僭越(如同主人一般行为),并与其财产处于紧密联系中。不只是在相关者收取对价将物品出售的情况下存在此种前提,在其作为赠与者或捐赠者将物品予以处分的情况下也同样存在。原因在于,如果行为人以被盗者之代价而慷慨解囊,由此节省了对自己财产的消耗,[3]且系与出卖相比并无二致地自己对物加以利用。判例对此类案件多数并未采信本体占为己有,而是采信物品价值占为己有,只要其要求行为人应以自己名义做出处分,则结论上并无不同。[4]

然而,就自己占为所有要求较低的理由和缘由,在刑法修改之后不复存在。由此,一方面,人们应当背弃这一主张,[5]任意为第 169

〔1〕 参见 H-H-Kretschmer, Rn 808; Jäger, BT Rn 240; ders., JuS 00, 651; LK-Vogel, § 242 Rn 188; Mitsch, BT Ⅱ S. 58 f; NK-Kindhäuser, § 242 Rn 105; OLG Düsseldorf JZ 86, 203。

〔2〕 支持存在两种意图 Hohmann/Sander, BT Ⅰ § 1 Rn 113; Krey/Hellmann/Heinrich, BT Ⅱ Rn 101; Rengier, BT Ⅰ § 2 Rn 155。支持第三人占为己有的从属性 Eisele, BT Ⅱ Rn 79; Rengier, BT Ⅰ § 13 Rn 156。区别 Gropp, JuS 99, 1045。相反,也反对重叠 A/WHeinrich, § 13 Rn 117; Jäger, BT Rn 240 f; Kindhäuser/Hilgendorf, § 242 Rn 110, 112。在结论上也见 Maiwald, Schreiber-FS S. 319 f。

〔3〕 Vgl. SK-Samson, 4. Aufl., § 242 Rn 77.

〔4〕 参见 BGHSt 4, 236, 238; 肯定本体占为己有(Substanzzueignung), A/W-Heinrich, § 13 Rn 75, 113; 区别 Krey/Hellmann/Heinrich, BT Ⅱ Rn 101。

〔5〕 参见 Dencker, in: Dencker ua, Einführung in das 6. StrRG 1998, S. 19; LK-Vogel, § 242 Rn 181。稍微进一步 Küper/Zopfs, BT Rn 840。

三人之利所为的擅自处分,均必然以自己占为己有为前提。[1] 这一主张将据为所有因素的所有意义均寄于自己占为己有。[2] 其与新的法律规定也不相符,原因在于,倘若其所主张的事实逻辑能够成立,则立法者决意做出同意反复(Tautologie)的规定。另一方面,判例也可以且应当放弃其主张,当行为人只是,哪怕是间接地谋取任意的可测度的利益时,在擅自处分中仍然可以谈得上是自己占为己有。[3] 其一,法律将第三人取得(Drittverschaffung)归入第二选项中,而与行为人自己的利益谋取无关。[4] 其二,如同以往,并非每个任意的利益即属于占为己有的对象。如若不然,则会导向两种情形的重合,并以纯粹的获益取代将物占为己有。[5] 即使将所谋取的利益限制在通常的经济利益之上,也无法排除这一危险。[6] 据此,在转交第三人(Drittüberlassung)的案件中,只有当行为人想将物品转让或赠送给第三人的情况下,才能谈得上自己占为己有。所有其他对物擅自处分的案件,均系第三人占为所有的情形,只要其特殊的证成正犯与意图的条件(见边码 166)存在。

因此,在案例 10c 和案例 10d 中,B 都应以盗窃罪定罪处罚。就此,在案例 10d 中,重要的并非在纪念日之际 B 是否有义务对 F 施以馈赠,原因在于,

---

〔1〕 仍然如此 Roxin, Täterschaft und Tatherrschaft, 6. Aufl. 1994, S. 341 ff; Rudolphi, GA 65, 41, 51 f; Tenckhoff, JuS 80, 725 f。类似 BGH NStZ 95, 442; Hauf, DRiZ 95, 144, 146; Otto, Jura 97, 469; Wolfslast, NStZ 94, 542, 544。

〔2〕 因此,根据原来法律已经批判 BGHSt 41, 187, 194; Küper, JuS 86, 862, 867 f; Werle, Jura 79, 485, 486。

〔3〕 参见 BGHSt 4, 236, 238; 17, 87, 92 f; 40, 8, 18; BGH NJW 70, 1753; 85, 812; 94, 1228, 1230。仍然参考 HK-GS/Duttge, § 242 Rn 48。

〔4〕 同样,如 Rengier BT I § 2 Rn 161 ff。

〔5〕 Vgl. Krey/Hellmann/Heinrich, BT Ⅱ Rn 102 f.

〔6〕 参见 BGHSt 41, 187, 194。此种表述几乎并不比"最广义的使用"更狭,如此 BGH NStZ 95, 131, 133。

这对于事实上赠予礼物所实际节省的自我开支并无影响。[1] 在案例 10e 中，并不存在馈赠或捐赠，其中 B 可以辨别将自己置于权利人的位置，并从其财产中慷慨解囊。所以在匿名捐赠的情况下，应当否定自己占为己有的存在。[2] 但存在的意图是，以据为所有为目的而使博物馆作为第三人不法地获得邮票，并将邮票从所有人处长期地予以剥夺。

与将赃物反卖给被盗者本人（见边码 172）不同，在将物品出 170
让或赠送给第三人的情况下，并不重要的是，行为人是否将自己作为所有权人，或者以其他方式[3]留下物品系属于他的印象。

例如，如果将赃物出卖给亮明身份的窝赃者，并不需要声明其系法律意义上的所有权人。但这与第 242 条的适用并不冲突，原因在于，只要行为人想要在经济上取代权利人的地位，并为自己之计类似于所有权人而处置物品，已为足够。行为人并不需要“作为”（als）所有权人出现，第三人亦不必须为善意（gutgläubig）。[4]

5. 问题案例

在两种情形下，作为意图之对象，占为己有是相同的（见边码 171
144、166）。行为人或第三人必须如何处理物品，以及行为人或第三人必须意欲获取何种物质基础，才能谈得上占为所有意图，不只是在基础问题上（见边码 144 及以下数个边码）存在争议，而且（尽管存在一致看法）在诸多的边缘案例中，也存在争议。其间，

[1] 更狭 SK-Samson，4. Aufl.，§ 242 Rn 77。

[2] 参见 Schröder，Anm. NJW 70，1754。其他观点见 A/W-Heinrich，BT § 13 Rn 118；Rengier，BT I § 2 Rn 153。

[3] 如同在鹅湾案件中 RGSt 48，58。

[4] 更详尽的参见 Bloy，JA 87，187；Gropp，Maiwald-FS S. 264，273 f。对此也见 Kindhäuser，BT Ⅱ § 2 Rn 90 f；Wolfslast，Anm. NStZ 94，542。更狭 S/S-Eser/Bosch，§ 242 Rn 47。

鉴于本体占为己有(Substanzzueignung)[1]相对清晰的内核，并合论尤其关注物品价值(Sachwert)的内容和界限。与之相反，扩张的本体论(erweiterte Substanztheorie)(见边码147)涉及使用和运作可能(Verwendungs-und Funktionsmöglichkeiten)的确定，对之利用意味着本体上的占为己有。内容上看，此类问题基本相同。在此，基于并合论并采限缩的物品价值概念对之予以决定。[2]

a)回售给所有者

172 存在争议的是，如果行为人将他人物品取走，是为了将之声称为自己物品而与相关的所有权人进行交易、交换或者为了——特别是在金钱的情况下——清偿债务，则其是否成立盗窃罪？判例和通说观点肯定了占为己有意图的存在，在近在眼前的回售给物品所有人的情况下，也肯定了着眼于长期的剥夺他有。其中，自己回售的行为人符合第一种情形，而意欲使第三人可能取得财物的行为人符合第二种情形。[3]

173 少数观点对此并不认同，在所有权人重新取得物品的情况下，行为人既未剥夺本体之功用，也未剥夺物品之价值；由此，在取走中仅存在——作为使用僭越——不可罚的针对所有权人的诈骗罪

---

〔1〕 Vgl. A/W-Heinrich, § 13 Rn 74 f,93;Bloy,JA 87,189.

〔2〕 参见 Hillenkamp/Cornelius,BT 问题 22。

〔3〕 如 RGSt 57,199 在“谷物案”(Getreidefall)中和 RGSt 40,10 在“啤酒品牌案”(Biermarkenfall)中。在 BGHSt 24,115,119 中，以权利人资金补偿账目缺口的类似情形下，予以确认。同样，如 Eisele, BT Ⅱ Rn 74; H-H-Kretschmer, Rn 807; Krey/Hellmann/Heinrich,BT II, Rn 89; Lackner/Kühl, § 242 Rn 26; Ranft, JA 84,277,282; Rengier,BT I § 2 Rn 132;Rudolphi,GA 65,33,43;S/S/W-Kudlich, § 242 Rn 46;S/S-Bosch, § 242 Rn 50;Wessels,NJW 65,1153,1156;Zöller,BT Rn 33。

的预备行为(Vorbereitungshandlung)。[1]

这一反对观点——人们或可接受[2]——导致明显的处罚漏洞,并给仍然持有赃物的盗贼以绝佳的辩解理由。而且,其实质上亦不恰当,因为在现有情状之下,缺少认定使用僭越的所有实质要件,而对于所有权人而言,至少物品所体现的经济价值[3]已被终局性地予以剥夺:

在此并不涉及单纯的使用僭越,原因在于,被盗取的物品并未作为所有人所属之物归还给他,而是声称为行为人所属之物,只是为了新的获取而提供给所有人。[4] 其中并不存在迄今的所有权人地位的重新创设,而恰恰是对所有权人权利的否定,所有权人只是获得了一个机会来购得新的物品,保持控制关系。收取对价将物品"转让"给所有权人的要约,必然需要以行为人事先将物占为己有为前提。从其应得的、在物品中蕴含的价值(出让价值)中,所有权人被排除在外,而此种价值流入了行为人的财产当中;即便所有权人现今能够自我利用"失而复得的"物品,但他也只是由此填上了"付出对价而重新获得的篓子"。[5] 在此,应根据所有权否定(Eigentumsleugnung)的存在与否,来划定盗窃与使用僭越的界线。[6] 由此,在案例 10f 中,B 同样实施了盗窃,在能够认定损害的前提下,之后的诈骗作为所谓的确保诈骗

---

[1] 对此,参见 Bockelmann, BT I S. 20; Böse, Kindhäuser-FS S. 645, 654 f; Disselkamp, ZJS 19, 156; Grunewald, GA 05, 520, 524 ff, 531 ff; HK-GS/Duttge, § 242 Rn 42; Kindhäuser/Böse, BT Ⅱ § 2 Rn 88; Klesczewski, BT § 8 Rn 61; LK-Vogel, § 242 Rn 165; Maiwald, JA 71, 579, 581; Mitsch, BT Ⅱ S. 52 f; Seelmann, JuS 85, 290; SK-Hoyer, § 242 Rn 95。

[2] 参见边码 6 和 Seelmann, JuS 85, 290。

[3] 其他观点见 Stoffers, Jura 95, 117。

[4] 对此,参见 AnK-Kretschmer, § 242 Rn 57, 60; Graul, JuS 99, 563; Hellmann, JuS 01, 354。

[5] 参见 Eser, Strafrecht IV S. 32。同样,如 BGH JZ 80, 648, 对于民法视角下,损害施加和困难的损害补偿问题。

[6] 也如此 BGHSt 24, 115, 119; Jäger, BT Rn 230。

(Sicherungsbetrug)而退居其后。[1] 同样如此的是,行为人将标准化的空瓶(所谓标准化瓶子,如欧元啤酒瓶)从酒水商店的空瓶堆中取走,并意欲通过退回押金的方式,将之还给想要(重新)回收空瓶的人。仅在行为人否定了酒水商店的所有权并自称所有人的前提下,才可能奏效。相反,如果涉及的是所有权仍然归于制造者的个性化的付押金空瓶(所谓个性化瓶子),因盗取者无法否定制造者的所有权,则其——如在"猎犬案"和"军帽案"中(见边码186及以下数个边码)——只是利用了蒙骗意义(Täuschungswert),由此并不存在盗窃罪。[2] 在德国联邦法院对此区分予以认可接纳的判例中,[3] 在行为人对于空瓶的客观性质予以正确把握的前提下,结论也与在此述及的相同。但是,如果涉及的是个性化瓶子,而行为人只是错误地从适用于标准化瓶子的法律规定出发,也应以盗窃罪对其定罪处刑。这一观点有待商榷,理由在于,法律上错误的、在民法领域形成的实施盗窃犯罪的"设想",并不会因为错误形成于主观的犯罪构成要件,而使因之产生的幻想犯转换为可行的既遂的犯罪。相反,如果行为人错误地认为,其所取走的是标准化瓶子而非个性化瓶子,则此种错误实际上会导向不能犯未遂。[4] ——与之相反的是,"盗贼"在取走物品时即已打算通过收取赎金而将所有权人"被盗的"也

---

[1] 参见 Eisele,BT Ⅱ Rn 74;Rengier,BT I § 2 Rn 132。从扩展的本体论处罚,在结论上相一致 A/W-Heinrich, § 13 Rn 116;Kindhäuser/Hilgendorf, § 242 Rn 93;Rudolphi,GA 65,43。

[2] 根据 OLG Hamm NStZ 08,154,155,如此则应考虑第289条。如同本书 AG Tiergarten BeckRS 13,09282 附评议 Jahn,JuS 13,753;LG Saarbrücken NStZ-RR 19,45;Eisele,BT Ⅱ Rn 75 f;Rengier,BT I § 2 Rn 134;S/S/W-Kudlich, § 242 Rn 46。对于盗取空的容器,参见 AnK-Kretschmer, § 242 Rn 54;Hilgendorf/Valerius,BT Ⅱ Rn 83;AG Flensburg NStZ 06,101 附评议 Kudlich,JA 06,571;Otto,Beulke-FS S. 515 ff;Schmitz/Goeckenjahn/Ischebeck,Jura 06,821;Hellmann,JuS 01,355;Rönnau/Golombek,JuS 07,349;案例例证 Bieber/Semmelmayer,JA 20,138,143 f。

[3] 参见 BGH NJW 18,3598 附评注 Hoven;也赞成 Bosch,Jura(JK)19,435;Eisele,JuS 19,178;Kudlich,JA 19,152;批判 Disselkamp,ZJS 19,156。

[4] 基于未遂情况下"设想"(Vorstellung)概念的错误解读,对于德国联邦法院的错误裁定,见 LK-Hillenkamp, § 22 Rn 33 f。对于幻想犯和不能犯未遂(特别是在前见错误的情况下)。因此,相对于德国联邦法院的反对,OLG Hamm NStZ 08,154 的客观的出发点是正确的。

就是"自己的"物品归还给他,则亦欠缺占为己有之意图。在此,不存在持续地剥夺他有的意图,但也欠缺据为所有的意图,因为行为人只是想利用占有的"敲诈意义"(Erpressungswert)。由此,在此类案件中——行为人威胁,如不付赎金,则此后将终局性地失去物品——应认定敲诈勒索罪(见边码705、717)。[1]

如果行为人将窝赃者处的赃物取走,只是想要将之作为归属于所有权人的物品归还给他,则亦不存在剥夺他有之意志及占为己有之意图。[2]

b)盗取权利凭证

根据通说观点,[3]将他人的存折取走,并想要在取走部分款项后将其归还给所有权人的(作为归属于他的但部分失去价值的),符合第242条规定的所有条件。存折是《德国民法典》第808条规定的权利凭证(Legitimationspapiere)的高级形态,其中,债权人是具名的,在发行之后,债务人在出示文件的情况下才需要给付,并可将其中约定的给付以清偿的效果给予保有人,并不需要确证保有人有权以文件的单纯保有为基础。[4] 根据《德国民法典》第925条的规定,存折的所有权系"源自凭证的权利"(Recht aus dem Papier),也即其永远归属于贷款债权的债权人。在此种盗走案件中,盗窃罪的对象是作为他人可移动的物品的存折。对于占为己有意图的肯定而言,重要的是,行为人(以及在第二种情形下第三人)意欲通过对所有权人的权利的僭越,取得存折中所蕴含 174

---

〔1〕 对此见——也否定敲诈勒索——Dehne-Niemann,ZStW 123(2011),485,497 ff,其与Mitsch,JA 97,388 ff之间存在争议。

〔2〕 参见BGH JZ 85,198附赞成性评注Rudolphi,JR 85,252。

〔3〕 参见Eisele,BT Ⅱ Rn 66;LK-Vogel, § 242 Rn 163;Jäger,BT Rn 222;Rengier,BT I § 2 Rn 105 f。其他观点见Böse Kindhäuser-FS S. 645,655 f;Gössel,BT Ⅱ § 6 Rn 19,49;Miehe,Heidelberg-FS S. 497 f;MK-Schmitz, § 242 Rn 142。

〔4〕 更详尽的参见BGHZ 28,368,370;42,302,305;64,278,282。

的物品价值,并将权利人长期地予以排除。[1]

在此并无认定使用僭越的空间,因为通过取出部分款项,行为人已无可能在无价值减损的情况下将存折返还给权利人(见边码157、162),在极端案件中,返还的只是"废纸化的、完全无价值的本体"。[2] 扩张的本体论的支持者认为,在部分功能失灵中存在本体上的丧失,[3]虽未导致其他结果,但事实上只能通过价值论上的贷款才能予以维持。[4]

据此,在案例9中,应以盗窃存折对A予以处罚。因为在行为当时其与G住在同一屋檐下,对于刑事追诉而言,需要G提起告诉(第247条)。

175 存折盗窃之后的取出钱款,根据《德国民法典》第929条第1句之规定,行为人通过合意和交付取得钱款所有权,与在先的盗窃罪的既遂不再有关联。是否符合诈骗罪的构成要件(在金融机构职员的面前,对借贷债权人不利地佯装具有处分权限),存在争议。[5] 通常认为,基于《德国民法典》第808条第1款第1句规定的合法化效应(Legitimationswirkung),决定付款的银行或者存款柜台职员并不会对存折保有者事实上的权限做任何考虑,也即就此不具有错误(对此批判见边码511)。如果人们肯定了盗窃成

---

〔1〕 更详尽的参见 RGSt 26,151,152 ff;39,239,242 ff;Eisele,BT Ⅱ Rn 66;Heghmanns,Rn 1050;Krey/Hellmann/Heinrich,BT Ⅱ Rn 61 ff;Rengier,BT I § 2 Rn 105 f。如果与犯罪人的认定相反,存折是空的,则存在不能犯未遂,见 M/S/M-Schroeder,BT I,10. Aufl. 2009, § 33 Ⅱ Rn 57;Schnabel,NStZ 05,18,21。对此论证批判见 Ensenbach,ZStW 124(2012),353。

〔2〕 Vgl. RGSt 26,151,154.

〔3〕 参见 A/W-Heinrich, § 13 Rn 99;Rudolphi,GA 65,54;Seelmann,JuS 85,289。与此学说接近的见 Ensenbach,ZStW 124(2012),370。

〔4〕 参见 Krey/Hellmann/Heinrich,BT Ⅱ Rn 65;相反的见 Kindhäuser/Hilgendorf, § 242 Rn 88。

〔5〕 存疑 RGSt 39,239,242。否定 Gössel,BT Ⅱ § 6 Rn 49;Miehe,Heidelberg-FS S. 498 f,其对此整体得出无罪结论。总体见 Brand,JR 11,96。

立，则以上争论对于盗贼而言并无实际意义，原因在于，在取钱之时，他只是将通过前行为取得的利益予以利用和使用，从而导致对被盗的存折所有人不利的可能的诈骗，在其与盗窃的关系中，属于并罚的后行为（mitbestrafte Nachtat）。[1]

但是，如果在此期间，决定对存款账户进行封禁，而行为人在取款之前或之中，通过骗术将账户封禁予以解除，则可能存在对被盗者不利的诈骗。[2]

c）盗取证明文件

盗取个人身份证件和其他证件的行为，并非在每个案件中均与盗取存折具有可比性。 176

如果在将证件从保有人处长期剥夺之意图支配下，将他人证件取走，为了能够在经济交往中以其名义抛头露面，并在其间利用证件的证明作用，则可根据第 242 条予以惩处。[3] 虽然如此，但如果有人将同事的证件拿走，在利用证件以权利人的名义取走工资预支后，立刻将证件放回了原处，则并无占为己有意图。[4] 在此，在对证件的滥用中仅存在使用僭越，其目的在于通过对工资支付的错误引导来实施诈骗。这并不存在第 242 条的适用空间，原因在于，权利人——如所预计——在并无价值减损的情况下，对归其所有的物品重新获得，对其而言，无论是物品本体，还是证件本身所蕴含的价值，均未予以剥夺。不能将物品价值理论如此扩张，以至于通过使用他人物品而获得的每个任意的财产受益均被涵括在内。否则，盗窃罪会被混

---

〔1〕 参见 RGSt 39,239,243；BGH StV 92,272；BGH NStZ 08,396；Fischer，§ 242 Rn 37,59；Wessels/Beulke/Satzger，AT Rn 1277。

〔2〕 Vgl. BGH NStZ 93,591.

〔3〕 参见 BGH GA 69,306；OLG Stuttgart NStZ 11,44。深入的见 Kindhäuser/Hilgendorf，§ 242 Rn 97。

〔4〕 Vgl. OLG Hamm JMBl NW 53,153.

为获利型犯罪。[1]

d)盗取自动柜员机卡

177 与存折案件类似的是,存储卡或者人们在其之上存款的电话或银行卡,行为人将卡上的存款予以使用。[2] 相对于存折类案件,盗取自动柜员机卡(Geldautomatenkarte)[也称代码卡(Codekarte)]用于临时使用的案件具有本质上的差异,行为人意在通过对其滥用,将现金从他人汇划账户(Girokonto)不利地从银行或储蓄所预先设置的自动柜员机上取得。

根据通常的发放条件,代码卡归金融机构所有。顾客会获得仅对其可知的密码,其不能将之告诉第三人。账户户主知道且必须遵循,任何人只要占有了他的代码卡并知道了密码,就可以支配汇划账户。根据《德国民法典》第675u条之规定,对于未经授权的付款,银行并无支出赔偿请求权。虽然如此,但在账户户主存在重大过失而违反注意义务的情况下,根据《德国民法典》第675v条第2款之规定,银行可针对账户户主提出损害赔偿请求(见边码606)。为防止滥用,在最多三次之后未输入正确密码的,自动柜员机会自动将代码卡吞入。[3]

178 如果行为人将代码卡取走,并未打算将之归还给权利人,而是在使用完毕后,继续保存或予以毁弃,则无疑存在对代码卡的盗窃。在此情况下,据为所有的意图和剥夺他有的故意也不难证明。第248a条之规定并无适用可能(见边码253、339)。[4] 相对于通

〔1〕 参见 Rengier, BT I § 2 Rn 110 ff;对此也富有教益的有 BayObLG NJW 92, 1777。

〔2〕 参见 Kindhäuser/Hilgendorf, § 242 Rn 95; Schnabel, NStZ 05, 18。对于储蓄卡和ec卡的不同处理,见 Schramm, JuS 08, 774;也见 Fest/Simon, JuS 09, 799。

〔3〕 在滥用提取现金的情况下,对于假象证明,见 Schulte, NJW 12, 1262。

〔4〕 参见 Huff, NStZ 85, 439;其他观点见 S/S-Bosch, § 248a Rn 7。

过取款而实施的计算机诈骗,此种盗窃也不会沦为并罚的前行为。[1] 如果在滥用代码卡之后,将之立即归还给权利人占有,则将有所不同。

179 例证:商人 K 在斜尔特岛上和他的家人共度周末。其间,清洁工 P 在打扫其住宅时,在没有上锁的写字台中发现了一张自动柜员机卡,旁边的纸条上写着 K 前几天从储蓄银行那里获得的密码。由于 P 恰好处在财政困难之中,她将 K 的代码卡带走,记住了密码内容,并在储蓄银行的自动柜员机上取了 400 欧元用来偿付债务。此后,她将代码卡放回 K 的写字台中,K 在度假归来后发现,他的汇划账户上计入了 400 欧元的借方。P 是否具有可罚性?

180 在此类案件中,犯罪与代码卡属于顾客还是发卡银行无关,[2]第 242 条的客观犯罪构成得以充足。虽然如此,应对代码卡之盗窃予以否定,因为在取走当时,行为人并非在占为己有之意图的支配下而行为。[3] 虽然并不缺少据为所有因素,因为对于取走者而言,重要的是将他人的代码卡为自己所用,并将之至少暂时地归入自己的财产。可是,无法确证剥夺他有之故意的存在,因为将代码卡从权利人处长期地剥夺,并将代码卡发放者事实上从其所有权地位上予以排除,这一意志并不存在。从本体论的视角来看,只存在使用僭越(使用盗窃)。而依价值论,也不会得出不同的结论,因为根据盗取者的意志,代码卡应在未经价值减损也未被

---

[1] 参见 BGH NJW 01,1508 附赞成性评注 Wohlers,NStZ 01,539;反过来,计算机诈骗也并非第 242 条的共罚的后行为,BGH NStZ 08,396。

[2] 参见 BGH NJW 01,1508。

[3] Vgl. A/W-Heinrich, § 13 Rn 102;Beulke,III Rn 360 f;Eisele,BT Ⅱ Rn 66;Krey/Hellmann/Heinrich,BT Ⅱ Rn 68,739;Lackner/Kühl, § 242 Rn 23;Rengier,BT I § 2 Rn 113;Schmidt,BT Ⅱ Rn 105 f;Yoo,Codekartenmissbrauch am POS-Kassen-System 1997,S. 47 ff.

所有权否定的情况下,重新归还权利人。代码卡并非存折的现代版本,而是一把自动柜员机的"钥匙",其(与个人的密码一起)开启了单纯事实上的可能性,来对一个特定的汇划账户进行支配。与存折不同的是,代码卡并不体现账户上存储的存款,在被滥用之后,也不会遭受任何存续的损失。由此,在P将代码卡取走并无权使用中(带有将代码卡即时归还的意志),仅存在本身并不可罚的使用僭越。[1]

181 然而,根据现今恰当的通说观点,对于代码卡和密码的无权使用,符合1986年刑法修正中新增的第263a条第3款中之规定(对此,进一步见边码612及以下数个边码)。这一规定弥补了法律漏洞。因为P并未欺骗任何人,而只有人才可能被骗(见边码510),故不能以诈骗罪(第263条)定罪处罚。自动柜员机滥用的犯罪构成(第265a条)也不符合,因为这一条款意义上的骗取给付要求,要求行为人对自动柜员机违反规程的,也就是违反对其使用所设定的规则而加以使用(进一步见边码674及下一边码)。但P正常地对自动柜员机进行使用,她只是不具备使用K的汇划账户的权限。

182 然而,存在的问题是,从自动柜员机中取得的现金应当被认定为盗窃罪还是侵占罪的对象?在第263a条生效之前,盗窃罪的成立问题被压倒性地予以否决,理由在于,根据《德国民法典》第929条第1句之规定,通过合规地操作机器所取得的相应钱款的所有权,应转移到(通过代码卡和知悉密码而得以证明的)要求获得自动柜员机服务的行为人。基于此观点,在先前述及的情形下,在自动柜员机滥用中存在全然的刑事处罚漏洞,对其弥补是立法者的

---

〔1〕 就此BGHSt 35,152,156 f;其他但并不具有说服力的Seelmann,S. 18。对于区分存折和ec卡的论证的批判Ensenbach,ZStW 124(2012),351,但其在结论上并未有所不同,见S. 357 ff,361 f。

事情。[1] 反对观点承认盗窃罪的成立,但就在242条之外是否应当认定第243条第1款第2句第2项规定的特别严重情形,彼此之间并不一致。[2]

对于1986年之前实施的犯罪,德国联邦法院最终选择就现金而言并不成立盗窃罪,而成立侵占罪,[3] 因为未获授权的使用者虽然取得了支配,但并未获得所有权。 183

德国联邦法院的观点是,外在合规、正常的对自动柜员机的操作不能视为对钱款的取走。然而,德国联邦法院所选择的侵占罪路径缺乏说服力,因为其将所有权转移的问题与获得同意的支配转移问题做不同评价,显得相互矛盾。恰恰是德国联邦法院亲自选择的比较,即银行职员将钱款交付未经授权者,未经授权者通过代码卡的占有和(但未经银行职员询问的)密码的知悉而自我证明,将导向以下判定,即通过钱款的"交付",不只是支配,所有权也会转移到形式上合法化的金钱接受者身上。[4] 由此,总体而言更有力的观点是——当代码卡并未予以保留(如保留则适用第242条,见边码178)的情况下——存在完全的刑事处罚漏洞,其只 184

---

〔1〕 如此例如 OLG Hamburg NJW 87, 336; OLG Schleswig NJW 86, 2652; Dencker, NStZ 82, 155; Huff, NStZ 85, 438 和 NJW 87, 815; Krey/Hellmann/Heinrich, BT Ⅱ Rn 738; Otto, JR 87, 221 和 BT § 40 Rn 39, § 42 Rn 16; Schneider, Anm. NStZ 87, 123; Sonnen, JA 84, 569; Steinhilper, GA 85, 114 和 Jura 83, 401, 408 ff; Wiechers, JuS 79, 847。

〔2〕 参见 BayObLG NJW 87, 663 und 665; OLG Düsseldorf NStZ 87, 330; OLG Koblenz wistra 87, 261; Gropp, JZ 83, 487; Jungwirth, MDR 87, 537; Lenckner/Winkelbauer, wistra 84, 83; Mitsch, JuS 86, 767 和 JZ 94, 877; Schroth, NJW 81, 729。

〔3〕 参见 BGHSt 35, 152, 161; OLG Stuttgart NJW 87, 666; Lackner/Kühl, § 242 Rn 23; Ranft, Anm. JR 89, 165 和 wistra 87, 79; Schulz/Tscherwinka, JA 91, 119。

〔4〕 参见 Huff, Anm. NJW 88, 981; Schmitt/Ehrlicher, Anm. JZ 88, 364; Spahn, Jura 89, 513。同样如此 Beulke, III Rn 367 f, 370; Löhnig, JR 99, 364; Thaeter, wistra 88, 339 和 JA 88, 547。

有通过计算机诈骗罪(第 263a 条)之犯罪构成始得以弥补。[1] 即便人们采信在此否决的论述,承认成立侵占罪及盗窃罪,也应优先认定成立计算机诈骗罪。[2]

现实判例:德国联邦法院第 2 刑事审判庭(NJW 18,245 附评注 Eisele, JuS 18,300;Jäger,JA 18,309)对于一起至今尚未审结的案件坚持了其在边码 183 中所阐述的方针。在本案中,B 在储蓄银行支行的自动柜员机上插入银行卡并输入了密码,此时,A 撞向了他。A 选择了"500 欧元"的取款数额,将取出的款项拿走,并向 B 表示,取钱要求"他应该心平气和地操作,而不应该着急上火"。随后 A 拿着钱离开。首先,德国联邦法院确认了其立足于民法领域理据的观点,即储蓄银行并未默示地将钱款归于 A 所有。转移所有的要约"明显只指向账户户主",而不指向第三人,即便其"技术上"规范地对银行卡和密码进行了操作。但是,"放弃支配的事实过程"应与此"区分"。在"技术上规范地"操作的情况下,以金融机构的意志而将钱款实际上予以支付。即便基于事实的支配概念(见边码 82),这也是一个少有助益的区分。而在社会-规范的视角下(见边码 83)更易于认为,在本案情形下,即使支配也仍由储蓄银行保有。由此,并不成立第 246 条之犯罪,而应适用第 242 条(以及第 249 条:对准备好进行保护的个人使用暴力。见边码 351、354)。与之相反,A 以暴力迫使 B 容忍其输入取款金额并拿走取出的款项,德国联邦法院虽然认定符合侵占罪,但认为侵占罪因后位于第 253 条、第 255 条而不予适用(对此恰当的批判——本书边码 709 及以下数个边码、边码 730——Brand,NJW 18,246)。德国联邦法院第 3 刑事审判庭(NStZ 19,726 附批判性评注 Krell)想要在一个可类比的案件中作出不同的裁判。然而,其只是半反对之前所坚持的观点。原因在于,一方面,其依然认为,自动取款机的运营者将支配转移给"技术上正常"操作银行卡和附属密码的行为人。也就是

〔1〕 也如此 Krey/Hellmann/Heinrich, BT Ⅱ Rn 738。

〔2〕 参见 BGHSt 38,120,124 f 附并不清晰的论证。至于存在的是特别情形(如此 Krey/Hellmann/Heinrich, BT Ⅱ Rn 738 关于第 242 条)或者补充情形,还是排除犯罪构成,判决并未予以明确;对于所谓的"非法复刻"(Skimming)案件的可适用性,见 Bachmann/Goeck, JR 11,425,427;Eisele, CR 11,131,135。

说,即便行为人并非得到授权的账户户主,支配也发生转移。另一方面,只有行为人作为(得到授权的或者未获授权的)账户户主并符合规定地启动了取款过程,才可能对其发生获得同意的支配转移。相反,如果如同目前判决案件中,第三人对 B 取走了在取款箱中的款项,则其打破了仍然归于自动取款机运营者的支配。第 3 庭向第 2 庭问询,其是否仍愿坚持其异于本案处理的观点(《德国法院组织法》第 132 条第 3 款第 1 句),对于判决也见 Brand, ZWH 20,125;Jäger,JA 20,66;Piazena,ZJS 20,281;Waßmer,HRRS 20,25。

e)价值论的边界

价值论的边界并未被正确厘清。将之泛滥的风险通过一个尽可能严格的把握而予以防范,其必要性通过几个(从判例中择出的)例证将变得清晰。 185

案例 11:小城 S 的日报上刊登了以下告示:阿富汗猎犬走失,悬赏 100 欧元,埃德尔曼,火车站大街 11 号。瓷砖工人 F 读了报纸,在上班路上发现了走失的猎犬。想了一下,他就将猎犬抱回家中,关到了鸡棚里,想要晚上将狗物归原主。住在隔壁的退休人员 R 看到了这一过程。因为他自己也想要得到悬赏,便将鸡棚的门打开,将猎犬取出,并将之带到了主人 E 面前,他声称是自己找到了猎犬,并拿到了悬赏。 186

R 是否成立盗窃罪?(见边码 187 及下一边码)

猎犬处于 E 的所有之下,对于 R 而言也就是他人的可移动的物品。由于走失,猎犬虽然已丧失支配,但并非无主物。家养动物是驯服的动物,对其享有的所有权只能通过放弃物的所有权(Dereliktion)而予以放弃(《德国民法典》第 959 条、第 90a 条第 1 句和第 3 句)。《德国民法典》第 960 条只涉及野生的以及被驯化的(从本质而言野生的)动物。F 找到了犬只并将之置于支配之下。R 将其支配打破,通过建立新的——在此是自己的——支配,取走得以完成。R 故意地实现了第 242 条的客观犯罪构成,人们可以毫无疑虑地予以确认。相反,对于占为己有意图的欠缺,可有以下理由:R 并未在任何时间僭越所有权人的地位。他只是想——也是如此发生——声称自己是寻得者并将猎犬送还其实际的所有人,更确切地说,作为归属于 E 所有之物 187

(对他人所有权的肯认)。[1] 民法上看,R 并未将犬只置于自己占有(Eigenbesitz)之下(《德国民法典》第 872 条),而是——即便是通过不法的方式(《德国民法典》第 858 条)——为所有权人之利建立了他人占有(Fremdbesitz),并直到归还犬只为止予以行使。R 的意志和行为均完全着眼于获得广而告之的悬赏奖金(《德国民法典》第 657 条、第 971 条),但与将犬只据为所有以及剥夺 E 的占有并无关联。依此,在主观方面应将第 242 条予以排除。即便基于物品价值的考量,R 的占为所有意图也无法得以证明:已经兑付给 R 的悬赏奖金,虽然与对于犬只的占有相关联,但并非犬只本身所蕴含的物品价值。即便人们谈及搜寻价值(Fundwert),但在此(与有金钱价值的物品的出卖价值不同)并不涉及根据其种类和功能而与物品直接关联的"特别"价值,唯有如此,才可能成为取得型犯罪的对象。[2]

188 因此,在案例 11 中,R 并未实施盗窃犯罪。第 289 条同样无法适用,因为 R 只是以其自己的利益,而非 E 的利益为着眼点(见边码 472)。但可以考虑有损 F 利益的诈骗罪,F 的悬赏取得请求权并非在取走犬只时已经丧失,而是在善意的 E 将 R 认定为寻得者并向其兑付 100 欧元奖金时才告消灭。由此,E 即便面对真正的寻得者 F 亦已得清偿(准用《德国民法典》第 851 条)。[3] E 本人也未遭受损失,因为通过其相对于 F 的义务的履行,100 欧元的给付已经结清["损害抵销"(Schadenskompensation)之问题]。因为被骗者并非必须同时是被害者(在第 263 条中,只有被骗者和处分者必须是同一的),R 将何者(E 或者 F)作为被害者并无意义。对其诈骗故意而言,其他人因为 E 的处分而直接地受到损害,R 损人利己地获得了以 100 欧元形式谋求的利益,这一设想即已足够。就涉及进入鸡棚来说,R 砸开了鸡棚的门,则满足了第 123 条、第 303 条规定的条件。

---

[1] 对此也见 Graul, JuS 99, 563。

[2] 参见 RGSt 55, 59, 60; A/W-Heinrich, § 13 Rn 106; Eser, Strafrecht IV S. 32; Krey/Hellmann/Heinrich, BT Ⅱ Rn 83 f; Kudlich/Ŏglakcıoğlu, JA 12, 325; Radtke/Meyer, Jura 07, 714; Rengier, BT I § 2 Rn 118 f。Kindhäuser/Böse, BT Ⅱ § 2 Rn 88。对于空的容器情况下的类似问题,见 AG Flensburg NStZ 06, 101; BGH NJW 18, 3598 和本书边码 187。

[3] 参见 Erman-Ebbing, BGB, 15. Aufl. 2017, § 971 Rn 1。

士兵取走他人职务用品，为了之后将其归还给“装备处”，与 189
第242条之间的情况类似，比如军帽案。

案例12：S是联邦军队的士兵，某天不知因何丢掉了自己的军帽。为了省掉烦冗的报失手续，也为了逃脱可能的赔偿责任，他从同志K锁住的窄柜中顺走了他的军帽。与他的计划相符，S利用这顶军帽一直到他服役期满，其后，S将之与其他的装备物品一起上交到装备处。

根据第242条，S是否具有刑事可罚性？（见边码190及下一边码）

在此，第242条的客观犯罪构成也得以充足。军队的装备物品对于士兵 190
而言属于他人财物，因为其并非归于所有，而只是用于职务之用。鉴于军队职务行使中标志性的命令和服从原则，对于此类物品，士兵可被视为《德国民法典》第855条规定的占有执行人（Besitzdiener），[1]从社会-规范的视角来看（见边码82、94），对于保存在上锁的窄柜中的服装，K应具有单独支配的权利，而S在案例12中通过取走军帽而打破了此种支配。即便人们就军备服装认定存在士兵和部队首长之间的共同支配，这对于取走结果的认定也并无影响。[2]

在主观犯罪构成内部，占为己有意图的问题再次显得颇具疑问。多个法 191
院判决通过援引物品价值理论作为支撑，指出S为了清偿一份自己的责任（将在入伍时交给他的军装予以归还的义务），也是为了防止损害赔偿请求，而对从K处顺手牵羊的军帽加以利用，从而肯定了占为己有意图的存在。[3] 但这并不值得赞同：鉴于S并未僭越任何所有人权利，从未将军帽视为己物，而是将之始终视为军队财物，也从未在任何时间引起对所有权予以否决的印象，可以认定占为己有意图的不存在。此外，对于物品价值的观点，

---

〔1〕 Vgl. OLG München NJW 87, 1830.

〔2〕 参见 Wessels, JZ 65, 631, 633 Fn 14。

〔3〕 Vgl. OLG Frankfurt NJW 62, 1879; OLG Hamm NJW 64, 1427.

以上针对案例 11 所述同样有效。[1] 在此,至多也只能考虑以诈骗罪予以惩处,其间,应首先批判性地对第 263 条之主观方面予以检验。

f) 自学建议

192 如同已经分析的例证所显示的那样,鉴于对他人物品进行侵犯的多样性,始终需要区分化地评价,其中,根据不同案件类型的特点,占为己有概念的具体标准会或多或少地凸显出来。

在此,界分上的困难不可避免。在问题解决的过程中,人们不应认为,信奉(扩张的)本体论或者某种并合论即可获得一个可靠的答案。[2] 以上论断的事实支撑是,对于边缘案件,即便是同一基本立场的支持者之间,也经常存在争议。

193 指导方针应当是,通过限制的物品价值概念,以物品价值之占为己有对本体之占为己有予以必要补充,但补充应严格限制,即物品价值并不等同于每个任意的利益,应将之限制在物品本身所体现的价值(lucrum ex re)之上,这是清晰界分取得型犯罪与获利型犯罪的界石。[3] 接下来论及的实践中的边缘案件,能够检验这一指导方针的承载能力,也适于进行扩展性的自学。

194 顺走准备进行投递的商品包裹,而向收件人谎称是商家的跑腿,投递货

〔1〕 更详尽的参见 BGHSt 19,387,388;OLG Celle NdsRpfl 64,230;OLG Stuttgart NJW 79,277;Eser,JuS 64,477;Wessels,JZ 65,631。此外参见 Ambos/Rackow,JuS 08,811;Gropp,Maiwald-FS S. 271 ff;Bloy,JA 87,187;Rudolphi,Anm. JR 85,252;Schmidt,BT Ⅱ Rn 99。概览见 Hillenkamp/Cornelius,BT 问题 22。

〔2〕 对此,参见 Hillenkamp/Cornelius,BT 问题 22(出发点);Rönnau,JuS 07,807。

〔3〕 对于反对将物品价值观点纳入其中的理由,见 Küper/Zopfs,BT Rn 833 ff。

物、收取售价,并用作自用:以过于宽泛的物品价值概念,BayObLG JR 65,26[1]认定成立盗窃。

从商店售货摊上顺走袖珍版犯罪小说,且(并无争议之)意图在读完之后将小说并无使用痕迹地归还货摊(崭新销售价值之剥夺?):OLG Celle JZ 67,503[2]认定成立盗窃罪。在此,通过对物品价值的过度延伸,而得出应予保护的主张:即便是允许阅览的书籍也仍然可以作为新书出售,由此,阅读并不会剥离书籍的任何核心功能。[3] 195

将他人汽车挡风玻璃上的警告单取下,为了欺骗执勤人员,将警告单贴到自己违停的汽车上,并在此后重新恢复原状:OLG Hamburg NJW 64,736恰当地否定了盗窃罪的成立,因为对于行为人而言,这涉及欺骗价值,而非物品价值。[4] 196

对于将自助服务加油站中的汽油取走来说,存在争议且尚未解决的是,根据《德国民法典》第929条之规定,汽油的所有权转移——所有权保留直至支付未予声明——是在加油之时就已经实现[5]还是在收银台支付加油费 197

---

[1] 参见附否定性评注 Schröder。也否定 Krey/Hellmann/Heinrich,BT Ⅱ Rn 92 f;Thoss,JuS 96,816。赞成 BayObLGKindhäuser,Geerds-FS S. 655,667;Otto,Jura 96,383;Tenckhoff,JuS 80,723;Wessels,NJW 65,1153。

[2] 参见 NJW 67,1921 附否定性评注 Deubner;JR 67,389 附否定性评注 Schröder。

[3] 对此,参见 Androulakis,JuS 68,409;AnK-Kretschmer,§ 242 Rn 52;Britz/Jung,JuS 00,1194;Eisele,BT Ⅱ Rn 72;Fahl,JA 02,649;Hohn,JuS 04,982;Kindhäuser/Hilgendorf,§ 242 Rn 108;Mitsch,BT Ⅱ S. 5 f;Rotsch,Jura 04,777,779;Widmann,MDR 69,529;Zopfs,ZJS 09,650。对于必要的区分,见 Rengier,BT I § 2 Rn 126 ff。

[4] 对此,参见 Baumann,NJW 64,705;Jäger,BT Rn 226 f;Ilse Schünemann,JA 74,37。对于此类案件中的诈骗,见边码 537。

[5] 如此 OLG Düsseldorf JR 82,343;Herzberg,NJW 84,896;ders.,NStZ 83,251 和 JA 80,385;Seier,JA 82,518。是否不存在他人的物品,取决于对此而言具有决定性的时间节点,见 Heintschel-Heinegg,JA 09,903;Küper/Zopfs,BT Rn 446 附进一步的文献。

用之时才实现?[1] 支持后一观点的理由,除了利益格局,还在于此类案件与自助商店中商品之所有权获得的可类比性。然而,刑法评价取决于个别存在的行为情状:如果行为人从一开始就没有付款的意愿,则其行为中存在对于看着他的加油站工作人员的推定的欺骗;在此,基于错误而允许加油,会导向第 263 条的适用[所谓占有诈骗(Besitzbetrug)],第 246 条退于其后。[2] 如果在加油站人员在场的情况下,行为人在加完油之后才产生决意,在不予支付油费的情况下偷偷溜走,存在侵占燃料(第 246 条)的适用空间,除非是行为人通过误导加油站工作人员,对其支付请求的实现予以剥夺;在后一情形下,应再次适用第 263 条之规定。[3] 相反,如果不愿付款的行为人利用加油站工作人员短暂离开的情况,偷偷地未被注意地加油,则因欠缺欺骗以及同意的占有转移,应考虑认定盗窃罪(第 242 条或者第 22 条)。[4] 如果全自动自助加油站的顾客利用结算系统的故障,用银行卡"免费"加油,不能认定第 263a 条之情形(见边码 613、617)。在此情形下,将所有权保留关联于加油站所有人"就对价的支付获得被确保的地位"[5],属于疏于生活的责难。

198 在为了实现债权而将物品擅自用于抵押(In-Pfand-Nahme)的情况下,应恰当地否定盗窃罪的成立,原因在于,"如果行为人将物品取走,只是将之用作逼迫行为对方的手段,故而承认所有权的存续",则应将占为己有意图予

---

〔1〕 如此 OLG Hamm NStZ 83,266;OLG Koblenz NStZ-RR 98,364 附评议 Baier, JA 99, 364; Borchert/Hellmann, NJW 83, 2799; Charalambakis, MDR 85, 975; NK-Kindhäuser, § 242 Rn 17,45 ff;Ranft,JA 84,1,4;S/S-Bosch, § 246 Rn 7。开放 BGH NJW 83,2827。对于混同(《德国民法典》第 947 条、第 948 条)问题,见 Lange/Trost, JuS 03,964;案例解析 Beulke/Zimmermann,II Rn 131 ff。

〔2〕 更详尽的参见 BGH NJW 83,2827;84,501;BGH NJW 12,1092 附评议 Ernst, JR 12,473;Hecker,JuS 12,1138;Satzger,JK 6/13, § 263 I StGB/101;Sinn,ZJS 12, 831;v. Heintschel-Heinegg,JA 12,305;BGH BeckRS 13,01331;OLG Köln NJW 02, 1059;Ast,NStZ 13,305 和 Ernst,Jura 13,454 支持侵占方案。对于总体,也见 Rebler,JA 13,179。

〔3〕 Vgl. OLG Düsseldorf JR 85,207.

〔4〕 参见 Schroeder,JuS 84,846;其他 Charalambakis,MDR 85,978,在此事实基础上,其也认定侵占罪。

〔5〕 如此 OLG Braunschweig JR 08,435,436 附恰当的批判性评注 Niehaus/Augustin。

以排除。[1]

通过使用违法获知的程序流程，在自动游戏机上玩游戏，可考虑适用《反不正当竞争法》第 17 条第 2 款第 2 项以及第 263a 条之规定。[2] 此类案件中并不存在财物犯罪（见边码 618 及下一边码）。[3] 相反，在“戏耍”电子硬币检测仪的情况下，成立盗窃罪。[4] 通过重新拔出纸币而“戏耍”自动货币兑换机的情况下，会出现第 242 条和第 263a 条之界分问题。[5] 199

6. 希求占为己有之违法性

所希求的占为己有客观上必须违法。如果行为人具有法律规定的占有权利（如根据《德国民法典》第 910 条、第 954 条及以下数个条文），则欠缺违法性；[6] 根据恰当的观点，如果占为己有的基础在于对于取走之物存有的到期且并无抗辩的所有权转移请求，则亦欠缺违法性。虽然在后一种情形下，行为人不能合法地确立对其负债的状态，[7] 但在最终结果上，其所追求的目标与实体的财产秩序并不相悖，即便要对实现目标所采取的路径以及对于不法手段的投入予以否定，甚至在可能情况下要以强制罪（第 240 200

---

〔1〕 参见 BGH NStZ-RR 09,51;BGH NJW 82,2265;BGH NStZ-RR 98,235;BGH NStZ 11,36,37;BGH NStZ-RR 12,241;BGH HRRS 18 Nr 577。此外 OLG Köln StV 90,266:可能的情况下也并无强制;Bernsmann,NJW 82,2214;Gropp,Anm. JR 85,518 f;NK-Kindhäuser, § 242 Rn 82。其他观点 M/R-Schmidt, § 242 Rn 31。

〔2〕 参见 BGHSt 40,331,335;BayObLG JR 94,289;Achenbach,Anm. JR 94,293;Mitsch,JZ 94,877;Ranft,JuS 97,19;Zielinski,Anm. NStZ 95,345 附进一步的文献。

〔3〕 Vgl. S/S-Bosch, § 242 Rn 36a.

〔4〕 参见 OLG Celle JR 97,345 附评注 Hilgendorf 以及案例 59（见边码 616）。

〔5〕 参见 OLG Düsseldorf JR 00,212 附批判性评注 Otto;Biletzki,NStZ 00,424;Kudlich,JuS 01,20。

〔6〕 Vgl. Fischer, § 242 Rn 50;HK-GS/Duttge, § 242 Rn 49.

〔7〕 澄清 Küper,Gössel-FS S. 429,441 ff。

条)定罪处刑。[1] 如果行为人具有请求基础,其以自己或者第三人占为己有之意图而行为并无所谓,原因在于,既然其在获得物品后有权取得所有权转移,也就因此在实体上"获得授权",对物进行继续移转。如果第三人享有请求权,而在第三人占为己有的案件中,行为人只是使第三人获得"应归于"第三人之物,在此情况下,也缺失实体上的财物侵害。[2]

201 由此,意图的占为己有的违法性(规范性犯罪构成要件)应与取走的违法性(一般性犯罪要件)仔细甄别。禁止的自力行为(Eigenmacht)(《德国民法典》第 858 条)虽然构成取走,但并非没有问题地使谋求的占为己有也为非法。[3] 如果占为己有为某一紧急权(Notrecht)(如通过《德国民法典》第 904 条)所覆盖,则占为己有也无违法性,因为紧急权提供了占为己有的权利。[4]

202 对于种类债务(Gattungsschulden)应予注意的是,在具体化完成之前(《德国民法典》第 243 条第 2 款),债权人的请求权并非针

---

〔1〕 参见 BGHSt 17,87,89;BGH GA 66,211,212;OLG Schleswig StV 86,64;Samson,JA 80,285,292;S/S-Bosch, § 242 Rn 59。其他 Bockelmann,BT I S. 23。Hirsch,JZ 63,149 认为,另外还应当存在允许的自我救助的条件。根据 Berster,ZStW 128(2016),800,应满足紧急避险的条件,相反恰当的 Küper,Gössel-FS S. 429,439 f。对于争论情况,见 Hillenkamp,40 Probleme BT,12. Aufl. 2013,问题 22;此外 Beulke,III Rn 158。

〔2〕 参见 Dencker,in:Dencker ua,Einführung in das 6. StrRG 1998,S. 20 f;Fischer, § 242 Rn 50;Krey/Hellmann/Heinrich,BT Ⅱ Rn 127;Küper/Zopfs,BT Rn 869;LK-Vogel, § 242 Rn 189;Mitsch,ZStW 111(1999),69 f;Rengier,BT I § 2 Rn 187;Schmidt,BT Ⅱ Rn 115。其他观点见 MK-Schmitz, § 242 Rn 171。

〔3〕 Vgl. BGH GA 1968,121.

〔4〕 参见 Mitsch,BT Ⅱ S. 67 f;SK-Hoyer, § 242 Rn 98。根据 Krey/Hellmann/Heinrich,BT Ⅱ Rn 123;Küper/Zopfs,BT Rn 870 f,违法性和取走的违法性只是一般性的犯罪特征。

对特定的物品，而只是针对中等种类和品质的物品的履行(《德国民法典》第 243 条第 1 款)，这也与债务人在经济上具有意义的选择权(Auswahlrecht)相对应。如果债权人擅自从种类物品中获得履行，从而侵害了此种选择权，则在取走之外，其所谋求的占为己有在客观上也是违法的。[1] 作为价值总额债务(Wertsummenverbindlichkeit)，在排除涉及特定的金钱种类的履行或者涉及个别化的硬币和纸币等例外情形的前提下，金钱债务(Geldschulden)是应当获得特别地位还是像种类债务一样处理，存在争议。判例以金钱债务作为种类债务为出发点，但在错误论中，将特别之处作有利于采取自力行为的行为人的处理；[2]而在法学理论上，价值总额理论(Wertsummentheorie)获得了支持。据此理论，如果行为人对于取走的硬币或纸币的价值总额具有到期的请求权，则占为己有的客观违法性即已经不具备。[3] 这一观点的理由在于，在给定条件的基础上，无论如何都欠缺实质上的利益侵损，毕竟《德国民法典》第 243 条第 1 款为债务人保留的选择权，在金钱债务中是没有任何实际意义的。[4] 就像市场商贩对于顾客擅自在芦笋摊上挑挑拣拣会表现出愤怒，在此一般性的讨论对于可替代的物品也并非能够全然地恰当适用。同样走得太远的是，将擅自兑换钱币的所有案件均概括地排除在第 242 条的“规范保护范围”之外，毕

[1] 参见 HK-GS/Duttge, § 242 Rn 49; S/S/Bosch, § 242 Rn 59。其他观点见 LK-Vogel, § 242 Rn 42; NK-Kindhäuser, § 242 Rn 117 f; Otto, Jura 97, 496 f。区别见 Mitsch, BT Ⅱ S. 72 f。

[2] Vgl. BGHSt 17, 87, 88 ff; BGH GA 62, 144; BGH StV 94, 128; 00, 78; 78, 79.

[3] 更详尽的参见 Roxin, H. Mayer-FS S. 467。也见 Ebel, JZ 83, 175; Eisele, BT Ⅱ Rn 90; SK-Hoyer, § 242 Rn 105; S/S/W-Kudlich, § 242 Rn 51。

[4] 参见 AnK-Kretschmer, § 242 Rn 68; Kindhäuser/Böse, BT Ⅱ § 2 Rn 74; Rengier, BT Ⅰ § 2 Rn 193。其他见 Zöller, BT Rn 38。

竟此种行为与钱币所有人或柜台管理者的正当利益也会存在冲突。[1] 在此,回溯到作为正当化事由的推定的同意(mutmaßliche Einwilligung),会导向恰当的处理结果。

203 对于占为己有的违法性而言,包含间接故意在内的一般故意即已足够。[2] 从其客观性质可以得出,故意必须涉及对谋求的占为己有予以标识的,也因此属于盗窃罪之主观犯罪构成的要件。因此,对于错误的评价应遵循一般的规则。当行为人错误地以为,其对于取走物品具有到期的、并无抗辩的请求权,则根据第 16 条第 1 款第 1 句之规定,违法占为己有的意图应予否定。[3] 在第三人占为己有情况下,第三人误认为具有此种请求权的,也应同样处理。与毒品交易相关联,对此应对新近针对第 249 条(见边码 355)、第 263 条(见边码 581)以及敲诈勒索罪(见边码 718)的判例予以重视。[4]

错误地认为此种请求权在并未得以具体化的种类债务中同样存在,是禁止错误(Verbotsirrtum)。但对于金钱债务,判例对此为行为人搭起了金桥(goldene Brücken),倾向于大度地将其错误认识类同于构成要件错误处理。[5] 此种恰当的结论只有在价值总额理论的基础上,才能全无矛盾地得

[1] 参见 Krey/Hellmann/Heinrich, BT Ⅱ Rn 59。也见 Joecks/Jäger, § 242 Rn 61 f; Schramm, BT I § 2 Rn 69。

[2] RGSt 49, 140, 142 f. 在结论上与 Streng, Heintschel-Heinegg-FS S. 428 并无不同。

[3] 对此论证批判 Gössel, Zipf-GS S. 228; 支持第 16 条的类比适用 Roxin, AT I § 12 Rn 140 ff; 如同本书 Fischer, § 242 Rn 49; 可以想见的案例例证 BGH NStZ 15, 699(预先支付的"嫖资")。

[4] 同样,如 LK-Vogel, § 242 Rn 131。

[5] 参见 BGHSt 17, 87, 90 f; BGH GA 62, 144; 68, 121; BGH StV 88, 526, 529; 90, 407, 546; 91, 515; BGH NStZ 94, 128; OLG Schleswig StV 86, 64。

以实现。[1] 倘若行为人并不知道,其对于取走物品享有到期的、并无抗辩的所有权转移请求权(例如根据《德国民法典》第2174条之规定而基于遗嘱),只可考虑第242条之不能犯未遂。[2]

7. 主观视角之重要时点

非法占为己有之意图,必须在取走之时就已经存在;倘若在此 204
之后才产生,只能考虑成立侵占罪。[3] 对于故意也同样如此。如果起初误以为是自己的大衣而取走,但在意识到错误之后仍然保留,则不能根据第242条,但可根据第246条定罪处刑。应根据行为人在实施犯罪构成行为之时所具有的设想来评判取走故意和占为己有意图。根据犯罪决意的基本原则,在犯罪着手之时就已经是终局性决定。[4]

如果在犯罪实施过程中,出现了涉及犯罪对象或者行为人对此所做设想的改变,则对于客观和主观犯罪构成符合之评价而言,最后的实行行为的时间节点才具有决定性。[5] 如果与最初的设想相反,取走的物品并不适于实现行为人所追求的目标,这并不会

〔1〕 对于错误情形,参见 Hillenkamp/Cornelius, BT 22. Problem。也见 Kudlich, JuS 03, 243; Küper, JZ 13, 453。也支持犯罪构成错误 Beulke, III Rn 160; Gropp, Weber-FS S. 127, 138 f, 141 f。

〔2〕 参见 Kösch, Der Status des Merkmals „rechtswidrig" 1999, S. 55, 221。其他观点见 Gössel, Zipf-GS S. 228; Küper, Gössel-FS S. 429, 446 ff。如果基于犯罪人的设想,所谋求的占为己有是违法的,则可能存在;在所谓"前见错误"的情况下,对于不能犯未遂与幻想犯之界分,见 LK-Hillenkamp, § 22 Rn 210 ff。

〔3〕 Vgl. BGHSt 16, 190, 192 f; BGH GA 60, 82; 62, 78; BGH JR 99, 336, 338; BGH NStZ 11, 36, 37; BGH BeckRS 16, 118753; S/S-Bosch, § 242 Rn 66.

〔4〕 对此,参见 Rengier, BT I § 2 Rn 179 ff。对于单纯的犯罪倾向与基于明知的不确定的犯罪事实基础之上的犯罪决意之间的界分,见 LK-Hillenkamp, § 22 Rn 40 ff。

〔5〕 Vgl. BGH NStZ 14, 516.

使行为人得以减轻罪责。[1] 但是,应与之区别的案件是,行为人的占为己有意志着眼于取走的容器中所预测包含的有价之物(如药店保险箱中的金钱),但在容器中——如之后所发现的那样——只有对于行为人而言无任何价值之物(如药品)或者甚至是空无一物。如果占为己有意图并未涵括容器本身,则只存在对于预测存在物品的未遂盗窃。[2]

V. 鉴定结构:盗窃罪,第 242 条

204a

盗窃罪,第 242 条
 I. 犯罪构成
  1. 客观构成
   a) 犯罪对象: · 物品
          · 可移动的
          · 他人的
   b) 犯罪行为: · 取走
          →他人支配的打破
          支配
          Ⓟ事实的或社会—规范的概念
          他人的
          Ⓟ共同支配
          打破

---

〔1〕 Vgl. BGH NStZ 04,386,387.

〔2〕 如此 BGH BeckRS 17,110830(药店保险柜);BGH BeckRS 17,126969(珠宝盒);BGH HRRS 18 Nr 104(手提保险箱);BGH HRRS 18 Nr 521;BGH NJW 19,2868(并无价值的珠宝模型)。也见 BGH NStZ 00,531;04,333;06,686;BGH BeckRS 18,21441(空的保险箱),各个情况下对于抢劫罪的共同问题。差异 LG Düsseldorf NStZ 08,155,156。对此也见 Kudlich/Ŏglakcıoğlu,JA 12,324 和边码 138、边码 359 及下一边码。

Ⓟ同意(盗窃罪⟵⟶诈骗罪)
Ⓟ通过第三人(间接正犯⟵⟶三角诈骗)
→新的占有之建立
支配
Ⓟ支配飞地
建立
Ⓟ完成

2. 主观构成

a)故意：· 任何故意类型
→他属性之意义辨识

b)占为己有意图：· 非法占为己有意图
据为所有
→涉及(暂时性的)对所有人地位之僭越
Ⓟ占为己有之对象
→第一级别之直接故意(力图)
剥夺他有
→涉及对于所有人终局性的排除
Ⓟ返还意志
Ⓟ占为己有之对象
→至少间接故意
为利己/为第三人之利
(意图之)占为己有的违法性
→到期的、并无抗辩的请求权
Ⓟ种类债务、特别债务、金钱债务
对于违法性的故意
→外行领域的并行评价
Ⓟ对于请求权/具体化权限的错误支配

Ⅱ. 违法性

Ⅲ. 有责性
Ⅳ. 特别严重情形,第 243 条
→加重构成,第 244 条、第 244a 条
→减轻构成(刑事告诉,第 247 条、第 248 条)

§3 盗窃罪之特别严重情形

205 案例 13:德意志联邦银行的 3 名公职人员,在总行内部的不同部门对不再能够流通的(脏污的或者损坏的)钞票予以剔除和灭失,在 1974 年和 1975 年两年间,通过不同部门的共同合作,3 人将已经打孔的、确定应予焚烧的钞票与未曾打孔的钞票进行替换,从联邦银行盗取了 2,200,000 德国马克的钞票,此后 3 人将其分掉。

是否存在盗窃罪的特别严重情形?(见边码 210a)

205a 案例 14:T 进入一家刚刚打烊的超市,想要在一个未曾被观察到的时刻将收银机撬开,并将收银机中的钱款取走,但借助超市后面仍然亮着的日光灯管发现,收银机抽屉已经被打开而且被清空了。

对 T 是否应以盗窃罪之特别严重情形的未遂追究责任?(见边码 218)

Ⅰ. 第 243 条之改革及示例方法之意义

1. 由加重构成到示例规定

206 第 243 条的现行规定为盗窃罪之特别严重情形设置了更高的法定刑格以供科处,对于这一条文的属性而言,其实现了由之前的犯罪构成上定型的决疑论上的加重构成(Qualifikation)向灵活掌握的示例方法(Regelbeispielsmethode)[1]的重大转型。

---

[1] 对此,参见 Gössel, Hirsch-FS S. 186;这一转变已经通过 1969 年 6 月 25 日《第 1 刑法修正案》所完成。

第 243 条的原条文包含了强制性的(zwingend)规则,以及对于特定的加重处罚理由的完结性(abschließend)描述,采用了加重犯罪构成形式,其实现将使犯罪转变为重罪(Verbrechen)。由此确定的决疑论(Kasuistik)有时会导向奇怪的、不公正的结果。对此的例证是,如果行为人将汽车撬开,从里面盗取了雨伞,则将以监牢刑(Zuchthaus)惩处之。而如果行为人将汽车和雨伞统统盗走,却只能以简单盗窃判处其监禁刑(Gefängnis)。原因在于,行为人并未如同加重构成所规定的,从封闭的空间内盗窃,而是将封闭空间本身盗走。[1] 立法者在 1969 年认为,相较于法之安定所获益处,之前优先选择的决疑论的犯罪构成路径能够获得其在立法技术上的主导地位,应得益于此,此种缺陷显然更为重要。[2] 因此,立法改革者愈加转向示例规定方法,因为此种方法更富弹性,在具体案件中能够保证更为合理的结果。虽然不能否定的是,示例规定技术与法之安定在一定程度上的减损具有联系,也因此给这一技术带来了拒斥性的批判。[3] 但是,相对于一般性地以加重构成替代示例规定的谏言,[4]立法者应当优先选择,在具体情况下进一步地权衡两种规则技术的优缺点。

2. 作为刑罚裁量规则之示例规定

在现行的文本中,第 243 条不再规定强制性规则以及对于加 207
重处罚理由的完结性描述。根据这一条文的当下建构,盗窃罪的特别严重情形并不总是,但也并不只是在符合第 243 条第 1 款第

[1] 对此,参见 Hillenkamp, Die Bedeutung von Vorsatzkonkretisierungen, 1971, S. 18 以及 Maurach 给犯罪人的一封关心的信件,载 JZ 62, 380。

[2] 参见 Wessels, Maurach-FS S. 295。

[3] 更详尽的参见 Arzt, JuS 72, 385; Blei, Heinitz-FS S. 419; Maiwald, NStZ 84, 433; Montenbruck, NStZ 87, 311; R. Schmitt, Tröndle-FS S. 313; Wessels, Maurach-FS S. 295 ff 和 Wessels/Beulke/Satzger, AT Rn 172, 174。否定 Calliess, JZ 75, 112 ff; Freund, ZStW 109 (1997), 471; Hettinger, Entwicklungen im Straf- und Strafverfahrensrecht der Gegenwart 1997, S. 35。

[4] 如此 Hirsch, Gössel-FS S. 287; Zieschang, Jura 99, 567; 如同本书 Eisele, Die Regelbeispielsmethode im Strafrecht 2004, S. 416, 446。

2句第1—7项所规定的严重情状的情况下才能予以认定。某一示例之实现,仅具有指示性(indiziell)意义。这就意味着,在示例存在的情况下表明(指示)特别严重情形之肯定,而在示例不存在的情况下表明对其之否定。人们倾向于将前者称为常规效应(Regelwirkung)之出现。

形象地说,示例组群介于犯罪构成上的加重构成(例证:第244条)与未具名的刑罚变更理由(Strafänderungsgründe)(例证:第212条第2款)之间。法律上对其描述虽然类似于对犯罪构成要件之描述,但实质上其欠缺“犯罪构成”属性。对此而言,强制性的、完结性的规则之存在是不可或缺的;[1]而对于规则而言,罪刑法定原则(Gesetzlichkeitsprinzip)(第1条)是决定性的(对此,见边码16)。

208 在示例规定中,通说观点恰当地只将其作为刑罚裁量规则,其意义被限制于刑罚框架(Strafrahmen)和刑罚幅度(Strafmaß)的选择。[2] 由此可以推知,故意所涉及的比如第243条第1款所规定的示例,不能直接地、而只能相应地适用第16条第1款之规定。[3]

---

〔1〕 参见BGHSt 29,359,368;Wessels/Beulke/Satzger,AT Rn 169。

〔2〕 参见BGHSt 23,254,256;26,104,105;33,370,373;A/W Heinrich, § 14 Rn 16;BK-Wittig, § 243 Rn 1;Fischer, § 243 Rn 2;Gössel,Hirsch-FS S. 196 f;LK-Vogel, § 243 Rn 3 ff;MK-Schmitz, § 243 Rn 2,4;M/R-Schmidt, § 243 Rn 1;Rengier,BT I § 3 Rn 1;Schramm,BT I § 2 Rn 79;SK-Hoyer, § 243 Rn 1;S/S-Kinzig,vor § § 38 ff Rn 47;S/S/W-Kudlich, § 243 Rn 1;Zöller,BT Rn 40。其他 Calliess,JZ 75,112;ders. ,NJW 98,929;Eisele,Die Regelbeispielsmethode im Strafrecht 2004,S. 181,189;ders. ,JA 06,311 f;Jakobs,AT 6/99;Kindhäuser,Triffterer-FS S. 123;Kindhäuser/Böse,BT Ⅱ § 3 Rn 4。对于争论,也见Eisele,BT Ⅱ Rn 96-99。

〔3〕 参见Roxin,AT I § 12 Rn 143;Zopfs,Jura 07,421;支持直接适用Eisele,Die Regelbeispielsmethode im Strafrecht 2004,S. 284;任何情况下(直接或类比):NK-Puppe, § 15 Rn 17。

示例规定的方法立足于对行为和行为人进行整体评价(Gesamtwürdigung)的基本原则。[1] 如果充足了示例之要件,则会出现所谓的常规效应。对应与此的对于特别严重情形的认定,并不需要更多的(补充的)论争,因为其与一般的法律评价相互吻合。但是,法官有待检验是否在行为过程或者行为人人格当中存在非特别情状,此种情状大大降低了法律违反的不法或者有责内涵,以致示例的指示效应被动摇。如若如此,则对于规则的偏离是允许的,但需要由法官进一步予以论证。[2] 在此,具有决定性意义的是,着眼于示例规范的保护目的,行为滞留在严重情形之后。[3] 但在此外,将会导向减轻构成、(明文规定的)较轻情形或者刑罚减轻的情状,也应予以重视。[4] 209

如果缺少示例的条件,比如在第 243 条第 1 款第 2 句第 1 项的框架内,行为人的行为既不能被视为侵入,也不能被视为爬入,或者行为人进入建筑物并不是借助于假的钥匙,而是使用了真的钥匙,在此情况下,可将特别严重情形的认定一般性地予以排除,而不需要进一步地展开论证。但在此,当其他的——法律并未规定的——加重事由出现,在量上符合了示例的导引并由此符合正好归于其上的保护目的,且大大地提升了行为的不法和有责内涵,以致适用一般的刑罚框架有失公允,则法官认定特别严重情形的 210

〔1〕 参见 BGHSt 28,318,319;29,319,322。

〔2〕 参见《德国刑事诉讼法》第 267 条第 3 款第 3 句。对于检验义务,见 BGH HRRS 16,371(Nr 762);对于论证义务 BGH JZ 87,366。

〔3〕 Vgl. BGH StV 89,432.

〔4〕 BGH NStZ-RR 03,297;OLG Frankfurt a. M. NStZ-RR 17,12(类型化的刑罚宽缓事由);更狭 MK-Schmitz, § 243 Rn 6;详尽 Eisele,Die Regelbeispielsmethode im Strafrecht 2004,S. 267 ff。

存在也不受阻碍。[1] 对于这一并不只是受到单纯的要件相似性,[2]而是受到对于规定示例的紧密依赖之约束,并因而被过度地标识为“发明权”(Erfindungsrecht)的可能性,如果人们从宪法的角度驳斥法官对其利用,[3]则将对于不法的罪刑法定原则扩展到了刑罚裁量规则之上,人们也不应将量刑规则称作非独立的加重的不法类型化(Unrechtsvertypung)。[4] 此外,人们对示例规定技术加以与之关联的限制,只允许负面的偏离(见边码 209),确保与个案正义相均衡。应尽少地依应然之法(de lege ferenda)行事之建议,[5]也因此不应予以遵循。

210a 在由 BGHSt 29,319 改变的案例 13 中,3 名公职人员在一审阶段仅被以一般的盗窃罪作出判决。德国联邦法院从以下方面对第 243 条的不予适用进行了驳斥:即便在示例缺失的情况下,也可能存在盗窃罪的特别严重情形。对此而言具有决定性的是,整体的涵括所有主观要素和行为人人格的行为图景(Tatbild),是否大大偏离了通常所见案件的平均水平,以至于必须适用更

---

〔1〕 参见 BGHSt 29,319,322;BGHSt 61,166,173;OLG Düsseldorf JR 00,212;OLG Dresden NStZ-RR 15,212;Hilgendorf/Valerius, § 3 Rn 4 ff;HK-GS/Duttge, § 243 Rn 1;Lackner/Kühl, § 46 Rn 14;Wessels,Maurach-FS S. 295,302 和 Lackner-FS S. 423。详尽 Eisele,Die Regelbeispielsmethode im Strafrecht 2004,S. 225 ff;Mitsch,BT Ⅱ S. 82 f。更狭 MK-Schmitz, § 243 Rn 7;SK-Hoyer, § 243 Rn 9 ff。

〔2〕 对于类推禁止,见 A/W-Heinrich, § 14 Rn 19;对于准许狭义和广义的类推,见 Eisele,BT Ⅱ Rn 104-106。

〔3〕 参见 Calliess,NJW 98,935;Heghmanns,Rn 1083。也见 Zieschang,Jura 99,563。

〔4〕 但是如此 Kindhäuser/Hilgendorf, § 243 Rn 1,5,结论是,例如第 16 条是可以直接适用的。同样如此,Eisele,Die Regelbeispielsmethode im Strafrecht 2004,S. 181,189,284。联邦宪法法院(E 45,363,372 f;NJW 08,3627 f)虽然宣称,罪刑法定原则对于特别严重情形的刑罚裁量规则是适用的,但认为,确定性原则并未受到侵犯。对于疑虑,见 HK-GS/Duttge, § 243 Rn 2;Kindhäuser/Hilgendorf, § 243 Rn 2;Klesczewski,BT § 8 Rn 112。

〔5〕 Vgl. Freund,ZStW 109(1997),471.

为严格的例外的刑罚框架。行为人以其作为公职人员的身份而能够接触且受托管理物品，并将高额的物品盗走，由此，在本案现有的情状之下，明显可认定特别严重情形的存在。被害方在何种程度上为盗窃所侵害，除此问题，重要的是，公众对于德意志联邦银行作为货币守护人的信任，由于银行职员如此行径的"自助服务"，将会持续地遭受侵害。据此，在此可认定存在非典型的特别严重情形，此种情形面向通过第243条实现的对于以高犯罪能量实施的盗窃犯罪的防范，以及如同滥用公职人员信任地位之类的确定的不利的量刑事实（参见第263条第3款第2句第4项）。

3. 未遂问题

如果立法者运用了示例规定技术，在未遂领域应厘清两个问题。一要厘清提高的量刑框架何时可适用于未遂；二要厘清通过 211
示例实现的开始而直接地着手何时符合犯罪构成。

a) 作为特别严重情形之未遂

鉴于作为刑罚裁量规则，第243条并未构建犯罪构成，因而在 212
概念上并不存在第243条之未遂。[1] 可是，未遂之盗窃（第242条第2款、第22条）在满足第243条第1款规定之条件的基础上，却完全可以呈现特别严重情形；[2] 即便是第243条第1款第1句也规定了"盗窃"，而第243条第1款第2句第2—7项也规定行为人将物品"盗走"，以此类与既遂之犯罪近似的表述作为量刑规则适用的连接点，也不应排除只是未遂的盗窃的认定。人们也可能是对此换个观点，认为第23条第2款开启的可能性，即便对于未遂也要充分利用既遂犯罪的刑罚框架，对于未遂阶段即已经完全

〔1〕 误导性 BayObLG NStZ 97,442；BGH NStZ-RR 97,293 关于第176条原规定；Fischer，§ 46 Rn 97；Hohmann/Sander，BT I § 1 Rn 164。

〔2〕 参见 OLG Köln MDR 73,779。同样如此 A/W-Heinrich，§ 14 Rn 36。其他观点见 Arzt，JuS 72,517；Calliess，JZ 75,118；Degener，Stree/Wessels-FS S. 305,326 ff。

实现示例规定的案件恰好能够适用。这并无助益。[1] 此外,既遂的缺位并非必然系较低罪责的反面表征。然而,在此应将常规效应的出现与示例的完全实现相关联,而不能仅因存在与此相关的意志就肯定其存在。[2]

具体而言,对此应区分三种不同的案件情形。

213 (1)在盗窃未遂中,示例规定的要件已经完全得以实现。例证:A 以盗窃为目的,利用一把万能钥匙进入了 B 的商店,但在拿走东西之前,被发现并逃离。

在此,对于常规效应的出现并无任何疑义,[3] 由此对 A 可以盗窃罪之特别严重情形而定罪处罚(第 242 条、第 22 条结合第 243 条第 1 款第 2 句第 1 项)。[4]

---

〔1〕 参见 Küper, JZ 86, 520; LK-Hillenkamp, vor § 22 Rn 143 f。在结论上同样如此 Eisele, Die Regelbeispielsmethode im Strafrecht 2004, S. 302 f; Sternberg-Lieben, Jura 86, 185; Zipf, JR 81, 121。

〔2〕 此前的通说观点也如此认为。参见 BayObLG JR 81, 118; OLG Düsseldorf NJW 83, 2712; OLG Stuttgart NStZ 81, 222; Blei, BT § 54 III; Wessels, Maurach-FS S. 295, 306。不同 BGHSt 33, 370, 376 f(对此判决,见 Eckstein, JA 01, 548); Eisele, BT Ⅱ Rn 151; Fabry, NJW 86, 15; Jäger, BT Rn 261; Kindhäuser/Böse, BT Ⅱ § 3 Rn 55 ff; Kindhäuser, Triffterer-FS S. 123; M/S/M-Hoyer, BT I § 33 Rn 110; Zipf, Anm. JR 81, 119。对于 BGHSt 33, 370 批判及否定: Arzt, Anm. StV 85, 104; Graul, JuS 99, 852; H-H-Kretschmer, Rn 835; Hohmann/Sander, BT I § 1 Rn 178; Krey/Hellmann/Heinrich, BT Ⅱ Rn 161 f; Küper, JZ 86, 518; Lackner/Kühl, § 46 Rn 15; MK-Schmitz, § 243 Rn 87 ff; Maurach/Gössel, AT § 40 Rn 120 ff; Otto, Jura 89, 200; Rengier, BT I § 3 Rn 52 f; Schmidt, BT Ⅱ Rn 161; Wessels, Lackner-FS S. 423; Zöller, BT Rn 58; Zopfs, GA 95, 320。

〔3〕 参见 BGH NStZ 85, 217; A/W-Heinrich, § 14 Rn 37 f; Rengier, BT I § 3 Rn 51。其他观点见 Arzt, Anm. StV 85, 104 和 JuS 72, 385, 517。

〔4〕 对于根据第 23 条第 2 款、第 49 条第 1 款的刑罚宽缓可能,见 OLG Köln MDR 73, 779; Fischer, § 46 Rn 104。

(2)在已经既遂的盗窃前提下,意图实现的示例情形搁浅在“未遂阶段”。例证:在试图用万能钥匙打开 B 的商店大门的过程中,A 惊讶地发现,商店的门压根没锁。所以他毫不费力地进到了商店里面,并从中盗走了现金和首饰。 214

之前适用的第 243 条的法条,仍然包含了以完结性和强制性的规则对“严重盗窃罪”之加重的犯罪构成作出的规定,针对此类案件,人们能够认定既遂的一般的盗窃罪(第 242 条)与未遂的严重的盗窃罪之间的一罪关系(第 243 条第 1 款第 2 句第 3 项、第 43 条之原来规定)。这种可能现在已经不复存在,原因在于,示例规定并非“犯罪构成”,第 22 条并未特别地涵括对其实现的着手。在未遂的“特别严重情形”中,当下适用的法律看不到既遂的盗窃罪。由此,存在疑问的仅仅是,当示例虽然并未完全实现,但存在对其予以实现的意志,且以“着手”的形式得以证实,则在既遂的基本犯罪中,是否也可以贯彻示例规定的指示效应? BGHSt 33,370,375 包含了对此的观点;[1]但依据通说观点,[2]在此应对常规效应的出现予以否定。因为对于行为的不法内涵而言,行为人是否完全实现了与结果相关的示例,抑或只是“着手”实施,并不是完全不重要。通过与上文所述的案例(1)之比较可见:在案例(1)中,行为人将被盗者为确保其支配而设置的防护措施成功地予以克服,也就实现了其中包含的不法内容。与之相反,在案例(2)中,A 并不需要克服任何的阻碍,鉴于 B 并没有锁上商店的大门,他必须承认,他因为自己的过失使得行为人轻易地侵入商店并

---

〔1〕 对此,参见 Rengier,BT I § 3 Rn 56;Zopfs,GA 95,324。

〔2〕 参见 Beulke,III Rn 113;Joecks/Jäger, § 243 Rn 50;MK-Schmitz, § 243 Rn 89;Schmidt,BT II Rn 161;S/S-Bosch, § 243 Rn 44;S/S/W-Kudlich, § 243 Rn 40;Zopfs,Jura 07,423。也见 BGH NStZ-RR 97,293 附赞成性评议 Graul,JuS 99,852,856。其他观点见 Eisele,BT II Rn 153;Kindhäuser/Hilgendorf, § 243 Rn 49。

实施盗窃,这也是不法降低、责任降低以及相应的刑罚降低的根据所在。[1] 第243条第1款第2句第1项所规定的条件仅在案例(1)中得以完全实现,而在案例(2)中缺少与之相关的结果非价,倘若人们对此置若罔闻,并承认在两个案例中均可发生常规效应,则人们或可铲平二者在行为非价内容上的此种差异。这也就支持在后一案例中对于既遂之盗窃的判决仅适用第242条之刑罚框架,其足以公正地处理此种情形,即A决意使用万能钥匙并已经"着手"实施。[2] 如果人们想要启用第243条规定的刑罚框架,则必须认定存在非典型严重情形(见边码210)之条件。[3]

215 (3)计划的盗窃以及规划的示例均未超过未遂阶段。例证:在试图用万能钥匙打开B商店大门的过程中,决议实施盗窃的A被惊到并被抓获。

从之前通说观点[4]的立场出发,在此对A仅应根据第242条第2款、第22条予以处罚;而第243条第1款第2句第1项规定之常规效应的相反观点认为,存在未遂形态的盗窃罪的特别严重情形。[5] BGHSt 33,370也确认了后一种观点。

---

[1] 参见 Hillenkamp, Vorsatztat und Opferverhalten 1981, S. 297 ff, 306; ders., ZStW 129(2017),596,622 ff。

[2] 对此,参见 BayObLG JR 81,118;Küper,JZ 86,518,525;Otto,BT § 41 Rn 36;Sternberg-Lieben,Jura 86,183 附进一步的文献。

[3] 如此 SK-Hoyer, § 243 Rn 54;S/S-Bosch, § 243 Rn 44。

[4] 参见 S/S-Eser/Bosch,29. Aufl., § 243 Rn 44。实质上,BGH StV 07,132 和 BGH NStZ-RR 09,206(关于第263条)也以之为基础,但系通过罪行特有的论证,对此见 Eisele,BT Ⅱ Rn 151;Rengier,BT I § 3 Rn 53 和本书边码594。BGHSt 33,370 广泛出现了矛盾,见 AnK-Kretschmer, § 243 Rn 28;Zopfs,Jura 07,423 附进一步的文献。

[5] 参见 Eisele, Die Regelbeispielsmethode im Strafrecht 2004, S. 331 ff; Fabry, NJW 86,15;Kindhäuser/Hilgendorf, § 243 Rn 51;LK-Vogel, § 243 Rn 72;M/S/M-Hoyer,BT I § 33 Rn 110;SK-Hoyer, § 243 Rn 54。存疑 S/S/W-Kudlich, § 243 Rn 41。否定 Hohmann/Sander,BT I § 1 Rn 177 f;Mitsch,BT Ⅱ S. 89。

根据这一判决,一方面,其明显将示例规定继续地如同犯罪构成要件一样处理,因为其至少具有犯罪构成相似性,而从本质上也未深刻地与独立的加重构成予以区分。[1] 另一方面,通过此种法律主张,在盗窃未遂案件中简单而统一地适用第243条规定成为可能,从而在处罚过程中无须注意,加重处罚依据是在于行为人的行为(第243条第1款第2句第1项、第6项)还是在于盗窃对象的特性(第243条第1款第2句第2项、第5项、第7项)。

216 从刑事司法实践的角度,德国联邦法院的后一提示当然具有重要性。但是,所提及的益处并未超过反对德国联邦法院观点的疑虑。在最终效果上,这一判决导致了对法律的修改,也就导致通过对第22条、第23条第2款的类推适用,赋予对于示例实现的纯粹"着手"与其完全实现相同的指示效应。但对此却缺乏有力的论证。在刑罚裁量领域,对于示例规定与犯罪构成的亲缘性并不注重,其仅对一个问题具有意义,即有关基本犯罪的未遂是否从"着手"实现示例时就已经开始。[2]

217 如果人们检验德国联邦法院的法律观点所导致的后果,则会遇到更多的疑虑。也就是说,如果人们在第243条范围内,将常规效应的出现决定性地置于行为人的决意和设想图景之上,则更为严苛的量刑框架将会延伸至存在错误认识的案件,这也就意味着,延伸至只是误以为实现示例的案件。在第243条第1款第2句第1项中,不再取决于行为人是否借助于"假的"或者是通过无权使用"真的"钥匙而进入保护空间内;只要行为人认为钥匙是假的,可能就已经足够了。[3] 有关的示例客观上是否得以实现,这一问题在将来也不再需要予以澄清,而只需要确定,被告人至少已经着手落实与之相应

[1] 这一针对示例规定的观点,在其他的罪名中并未得见,见 Zöller, BT Rn 57 援引 BGH NStZ-RR 97, 293; BGH NStZ 03, 602; BGH StV 07, 132。

[2] 参见 Wessels/Beulke/Satzger, AT Rn 944 ff, 958。

[3] Vgl. LK-Hillenkamp, vor § 22 Rn 144.

的决意。依此,示例之完全的、未遂的及臆想的实现完全无异。尽管存在完全不同的事实,但最终只需关注恶意的意志及其确证。

218 因此,对于常规效应的出现,应区分示例完全的和仅部分的实现,这一观点值得赞同。其并不会抹平从各个事实中衍生的差异,只是为了将第243条"在盗窃未遂案件中简单而统一地予以使用"[1]。通过相应的论证,其在案例14中也可适用,但与BGHSt 33,370不同的是,在案例14中,尚未出现与此相关的示例——盗窃以封闭容器予以保护的物品(第243条第1款第2句第2项)——的部分实现。在作为德国联邦法院判决之基础的案例中,行为人已经开始侵入,与之可资参比的情形由此只能在于,人们通过从进入超市和看到收银机之中,已经看到了取走被防护之物的直接着手,这是远先于未遂开始和"着手"示例而出现的,故而是可疑的主张。[2] 拜仁州高等法院[3]就是这么做的,其以对于未遂的盗窃的特别严重情形的认定,追随了德国联邦法院的主张。如果以在此支持的观点为基础,只有当存在足够的支撑来证明存在非典型的特别严重情形时,才可能得出相同的结论。[4] 但在两份引用的判决中,均非如此。

b)未遂起点

219 在完全不同的层面上,结合案例14,在此指出了另一个问题——未遂何时开始?如果行为人尚未开始实施原本的取走行为,但却先行"着手"示例之实现,那么至此是否已经达到了未遂阶段?对此存在疑惑。突出的例证是,行为人在侵入或爬入的过程中受到惊吓,并且未能将行为完成。根据第22条之规定,在此重要的是在侵入或者爬入的开始,行为人是否存在对于盗窃罪犯

[1] 但是,如BGHSt 33,370,375。

[2] 与之相反,恰当地Wolters, Anm. JR 99,39;也见LK-Hillenkamp, § 22 Rn 107。

[3] NStZ 97,442附评注Sander/Malkowski, NStZ 99,36和评议Graul, JuS 99,852。

[4] 对此,参见BGHSt 29,319,322;Lackner/Kühl, § 46 Rn 14。

罪构成之实现的直接着手,也即,是否直接着手第 242 条所规定的取走。由此,行为人但凡开始加重事由的实现,可罚的未遂阶段即已达到,[1]这种论调并不值得赞同。然而,第 22 条也涵括本身尚未"符合犯罪构成",但却处于犯罪构成实现的直接的准备阶段的(im unmittelbaren Vorfeld)实行行为。有鉴于此,只要根据行为人的整体计划,行为的着手在未受阻碍的前提下将会直接、紧随地导向第 242 条规定的"取走",则预备与未遂之间的界线,也可以随着侵入、爬入及类似行为的开始而自然得以超越。[2]

4. 故意要求及犯罪参与

在主观方面,对行为人不利的、对示例或者非典型的特别严重 220
情形的实现所进行的归责,应以故意为前提。鉴于示例与加重构成要件之间的亲缘性,从第 15 条、第 16 条的对应适用中可以得出这一结论。[3] 就此而言,对于犯罪参与人也同样如此。盗窃罪的教唆犯或者帮助犯在符合第 243 条第 1 款规定条件的基础上,是

[1] 但是如此 OLG Hamm MDR 76,155 附否定性评注 Hillenkamp,MDR 77,242。倾向于判例 LK-Vogel, § 243 Rn 74。在第 244 条、第 244a 条的情况下,BGH HRRS 14,458 f(Nr 1106)恰当地着眼于对于取走行为的直接着手,在(其他的)犯罪构成得以实现的情况下,取走的着手仍然可能缺失。同样如此 BGH BeckRS 16,20061 附评注 Eisele,JuS 17, 175; Engländer, NStZ 17, 87; Kudlich, JA 17, 152; Satzger, Jura (JK) 17,1238;OLG Hamburg NStZ 17,584,585。有所保留但也是如此 BGH HRRS 20 Nr 538 附批判性评注 Kudlich,NStZ 20,353。澄清性 BGH HRRS 20 Nr 597。

[2] 参见 LK-Hillenkamp, § 22 Rn 127 f。此外 Beulke,Ⅲ Rn 111 f;BK-Wittig, § 243 Rn 31;HK-GS/Duttge, § 243 Rn 63;Mitsch,BT Ⅱ S. 90 f;MK-Schmitz, § 243 Rn 91,Rengier,BT I § 3 Rn 57;SK-Hoyer, § 243 Rn 55;S/S-Bosch, § 243 Rn 45;S/S/W-Kudlich, § 243 Rn 37;Wessels/Beulke/Satzger,AT Rn 946 f,958。在结论上类似 Lackner/Kühl, § 46 Rn 15。尽管出发点不同,但在结论上一致 Eisele, Die Regelbeispielsmethode im Strafrecht 2004,S. 297 ff;Eisele,BT Ⅱ Rn 144 f。

[3] 参见 BGHSt 26,244,246 援引 § 62 E 1962,Begr. S. 185;Roxin,AT I § 12 Rn 143 f。支持直接适用(对于第 28 条也是如此)Eisele,Die Regelbeispielsmethode im Strafrecht 2004,S. 284;ders. ,JA 06,312。

否构成特别严重情节,应针对每个参与人行为贡献的重要性独立地予以查明。[1] 在此,一般性的附加规则,以及作为第28条第2款之基底的评价,其基本精神亦应遵循。[2] 例如,与第28条第2款规定相适应,对于因特殊预防考虑而加重其法定刑的常业犯罪(Gewerbsmäßigkeit),只能适用于在其个人而言符合此要求的共犯(Teilnehmer)。[3]

Ⅱ.第243条第1款之具体示例

221 案例15:A是地毯商店的一个分店主管,其从只有收银员和公司经理F能够接触的收款机中盗取了5000欧元。通过按30种不同颜色的控制按钮,A将收款机成功打开。这种打开方式是他偶然看到F操作按钮时得知的。在A被发现是嫌疑人之后,F要求他解除劳动关系。A要求时间考虑。在此期间,A将分店钥匙交给了他的熟人B,出于对F的逼迫的愤怒,A要求B从商店的"贵重物品保管库"中把丝绸地毯盗走。B也这么干了。因为钥匙打不开已经上锁的入口大门,在他用钥匙进入商店内以及"保管库"之前,他必须翻过商店大楼外院的低矮篱笆墙。应如何追究A和B的责任?(见边码246)

221a 案例16:在商场内,T用暴力手段将一件夹克的防盗标签扯下并将之撕碎。他以盗取夹克的意图实施了以上行为。他将夹克放到了风衣下面,想要这样离开商场。在商场顾客出口处,电磁报警设备原本可能对防盗标签做出反应。在离开男装区时,T被一名已经发现他的售货员截住。是否应以盗窃罪的特别严重情形对A定罪处罚?(见边码247)

1.侵入、爬入、伪造钥匙及逗留盗窃(第1项)

222 第243条第1款第2句第1项规定了一组具有一定共同之处

---

〔1〕 参见BGH NStZ 83,217;Fischer, § 46 Rn 105。

〔2〕 参见S/S-Bosch, § 243 Rn 47;Wessels,Maurach-FS S. 295,307。对此批判Bruns,GA 88,339。

〔3〕 参见BGH StV 96,87;SK-Hoyer, § 243 Rn 57。根据第28条规定,关于占为己有意图的处理问题,见Hoyer,GA 12,123,128 f。

的盗窃罪的特殊存在形式，其中，为了实施犯罪，行为人侵入、爬入、用伪造的钥匙或者其他非常规的开启工具进入建筑物、办公或营业场所或者其他的封闭空间，或者隐匿在空间之内。

据此，需存在三个方面的条件：对于特定空间保护范围的侵害，包括自我隐匿在内的特定的侵入方式，以及为实施盗窃而实行相关行为。

a）保护的空间

封闭的空间（umschlossener Raum）构成了所保护领域的上位概念。[1] 确定（至少也是）用于由人进入（并非必须也是用于停留）[2]，配备设施用于阻止未获授权者进入，并实际上构成使得此种侵入并非不显著地变得困难的障碍，[3]任何此种的空间构成均可视为第 243 条第 1 款第 2 句第 1 项规定的封闭空间。封闭并不意味着锁上（verschlossen）；开放的、未予看守的入口或通道的空间，也可以是封闭的。[4] 必要的是，并非任何人均可自由且不受阻碍地进入，也并非明显地缺失权利人的拒斥意志，比如在电话亭[5]或者公共厕所中即属此种情形。如果行为人通过一个已存的缺口进入封闭的空间，且在此并不需要克服任何困难，也即如经过损坏的栅栏进入置物场，而不需要翻过围栏、从下面钻过去或者用强力将之扒开，则并未实现 243 条第 1 款第 2 句第 1 项规定的示例情形。[6] 223

---

〔1〕 参见 Küper/Zopfs, BT Rn 424 ff。根据 OLG Frankfurt/M. NJW 06, 1746, 1748，其应该——这存在疑问——与第 123 条意义上的“封闭空间”（abgeschlossener Raum）要件相对应。

〔2〕 参见 BGH NStZ 15, 397 关于集装箱。

〔3〕 Vgl. BGHSt 1, 158, 164; BGH StV 83, 149.

〔4〕 Vgl. BGH NJW 54, 1897; RGSt 32, 141.

〔5〕 Vgl. OLG Hamburg NJW 62, 1453.

〔6〕 Vgl. BGH StV 84, 204.

224 例如,封闭空间既包括装了栅栏或者砌墙包围的院落、花园和置物场,[1]也包括夜间的墓地。[2] 如果牧场篱笆只是为了防止牲畜跑出牧场,那么牧场并不属于封闭空间。[3] 但砌筑篱笆,通常也会(有意地)防范盗窃。与帝国法院判例相反,根据现今的明确观点,可移动性或者地面连接性并不重要,[4]有鉴于此,船舶、列车车厢、房车、载重汽车、[5]私人轿车的乘坐空间[6]以及建筑物内部的某些部分,也属封闭空间。办公或营业场所[7]以及建筑物,只是作为第 243 条第 1 款第 2 句第 1 项规定的封闭空间概念的说明性例证。《第 6 刑法改革法案》(见边码 11)将侵入住宅从例举中拿出,并将之提升为加重犯罪构成(第 244 条第 1 款第 3 项)。就此而论,第 242 条和第 243 条第 1 款第 2 句第 1 项是辅助性的[8][对于侵入所谓的多用建筑物(Mischgebäude),在住宅之外也包括商业、办公或餐饮空间,见边码 292]。

建筑物(Gebäude)是通过墙体和房顶予以框定,并与地表紧密(即便只是通过自身的重量)相连的构造,其应当允许人们进入,并将未获授权者拒之门外。[9] 并未有人居住的、即将拆除的建筑物也属此列,原因在于,在此涉及的是由建筑物确保的对物保护,而并非如同第 306 条、第 306a 条规定的对人们的居住场所的保护。[10]

---

[1] Vgl. RGSt 39,104,105;54,20.

[2] Vgl. BGH NJW 54,1897.

[3] Vgl. OLG Bremen JR 51,88.

[4] Vgl. BGHSt 1,158,163.

[5] Vgl. BGHSt 4,16 f.

[6] 参见 BGHSt 2,214,215;并非后备箱,而是容器:BGHSt 13,81,82。

[7] 对此,参见 Wessels/Hettinger/Engländer,BT I Rn 555 ff。

[8] 参见 Mitsch,ZStW 111(1999),72;SK-Hoyer, § 243 Rn 15;支持特别性 Fahl,NJW 01,1699 附对于争论情况的提示。也见 Beulke,III Rn 420 f。关于错误案件 Zopfs,Jura 07,423 f。

[9] Vgl. BGHSt 1,158,163.

[10] 对此,参见 BGHSt 6,107 f;Wessels/Hettinger/Engländer,BT I Rn 956 f。

b)行为类型

侵入(Einbrechen),即暴力,但并不必然是实体破坏性地[1]将防止进入的围挡打开。 225

"侵入"要求的是并非完全非重大方式的强力使用(Kraftentfaltung)。在将可移动的栅栏单纯举起,[2]以及在将开着的摇头窗掰开的情况下,并不符合侵入概念的要求,而将花费力气才能打开的谷仓大门的两扇门页,扳开"到形成一个张开的缝隙",则满足侵入概念。[3] 为了从里面够到并解锁汽车车门,将没有上锁的、小的、用于通风的汽车侧窗推开,是否足以认定侵入,[4]取决于具体案件中进一步的情形,特别是取决于这种窗户多多少少难以移动的情况。[5]

予以实现的是暴力去除阻碍进入之障碍而侵入的加重情形。如果行为人在逃离或者将赃物运走的过程中,从里面暴力越过了妨碍的障碍物,则并非侵入。[6] 并不要求行为人进入封闭的空间,行为人用手或者借助设备将盗取之物勾出来,也为足够。[7] 根据第243条第1款第2句第1项的现行规定,不再予以关注的是,是否"从"(aus)封闭的空间中盗取,或者这一封闭物(如一辆载重汽车)是否以第243条第1款第2句第1项规定的方式被盗取(见边码206)。

利用并非用于通常进入的出口,越过障碍和困难,此方式因建 226

---

[1] Vgl. Fischer, § 243 Rn 5.

[2] Vgl. BGH NStZ 00,143,144 f;OLG Karlsruhe NStZ-RR 05,140,142.

[3] 参见 RGSt 44,74。

[4] BGH NJW 56,389 和 VRS 35,416(关于老版的大众甲壳虫汽车)如此认定;否定 Eser,Strafrecht IV S. 66;Rengier,BT I § 3 Rn 13。

[5] Vgl. Krey/Hellmann/Heinrich,BT Ⅱ Rn 137.

[6] Vgl. Lackner/Kühl, § 243 Rn 10.

[7] Vgl. BGH NStZ 85,217;BGH StraFo 14,215;OLG Düsseldorf MDR 84,961.

筑物或封闭空间围挡的特征而产生,且并非不太重大地加大了进入的难度,以此方式进入建筑物或者封闭的空间的,均可谓爬入。[1]

即便行为人对摇头窗的机械性操作是必要的,而其"指向了行为人有意而固执的行径"[2],利用一个对于行为人而言禁止使用的,但是开放的或者翻转露台门扇即可开启的入口——因为仅当其涉及用于通常进入的出入口——不足以认定爬入,简单地翻越低矮的花园围挡也不足够,但是爬过围墙或篱笆墙[3]以及通过窗户爬入,却可能足以认定。并非必然需要一个"攀爬的"动作。根据明确的观点,爬入概念也包含向下或向内匍匐爬入,以及任何其他的通过狭窄入口挤入。[4] 所有例举的过程也可能是在建筑物内部上演,在此并无所谓的是,行为人系"房屋陌生人"抑或房屋住户。[5]

与通过侵入而打开入口不同的是,在此单纯通过口子将物品抓出或掏出的行为并不足够,只是探进上身也不足够。[6] 对于后者而言,不管是"爬入",还是与"侵入"相同分量的不法,尚未得以满足。[7] 另外,行为人并不需要将整个身体全部侵入。[8] 必要

---

〔1〕 Vgl. BGHSt 10,132,133;BGH NStZ 00,143,144;BGH StV 11,17,18.

〔2〕 与想要肯定第 244 条第 1 款第 3 项的 OLG Oldenburg NStZ 16,98 的移送裁定相反,BGHSt 61,166(附评注 Heinrich,JR 17,170;Theile,ZJS 16,667)如此认定。但是,德国联邦法院指向了根据第 243 条第 1 款认定盗窃罪非典型的特别严重情形(对此见边码 210)的可能性。

〔3〕 Vgl. BGH StV 11,17,18;BGH NJW 93,2252.

〔4〕 Vgl. BGH MDR/D 54,16;RGSt 55,144.

〔5〕 参见 BGHSt 22,127 f 附否定性评注 Säcker,NJW 68,2116。

〔6〕 Vgl. BGHSt 10,132,133;BGH NJW 68,1887.

〔7〕 对此 BGHSt 10,132,133;BGH StraFo 14,215。其他观点 Küper/Zopfs,BT Rn 207。如同本书 HK-GS/Duttge,§ 243 Rn 18;MK-Schmitz,§ 243 Rn 24。

〔8〕 但是,如 Gössel,BT Ⅱ § 8 Rn 15。

的只是行为人在空间内部获得了支撑点,并使其取走成为可能。[1]

另外,以伪造的钥匙或者其他非常规的开启工具侵入,也应予加重处罚。滥用正确的钥匙,比如使用一把未经授权而托付的钥匙,[2]并不包括在内,应与使用假的钥匙区分开来。在实施行为时,权利人不确定为或不再确定为打开相关锁件的钥匙均为虚假。[3] 可以说,决定性的是对空间行使处置权利的主体的意志。 227

虚假的不只是仿造的钥匙,也包括权利人收回的、此前指定用于正常开启的钥匙。某些情况下,这里的指定从一开始就是有期限的,则在期限届满之时,指定即告结束。房屋租户在合同关系终止后,在出租人并不知情的情况下将钥匙予以保留,则从其搬离的那一刻起,就是后一种情况。[4] 一把正确的钥匙并不会因为盗窃或丢失而必然为假;只有当权利人撤销用于正常开启的指定时,其才为假。这以权利人发现丢失为前提。多数情况下,其使对"废止所用"的结论得以被正当化。[5] 228

钥匙也包括机械的或电子的塑料卡密匙,就像在酒店常见的那样。[6] 与假的钥匙等同对待的其他工具可以是任意的类型(万能钥匙、钩子等),但必须由行为人以如此方式使用,即锁具的机能被有违常规地予以启动。[7] 229

---

〔1〕 Vgl. OLG Hamm NJW 60, 1359; Fischer, § 243 Rn 6; LK-Vogel, § 243 Rn 23.

〔2〕 Vgl. BGH StV 98,204;OLG Hamm NStZ-RR 01,300,301.

〔3〕 Vgl. BGHSt 13,15,16;14,291,292;21,189.

〔4〕 Vgl. BGHSt 13,15,16.

〔5〕 参见 BGHSt 21,189,190;BGH StV 93,422;Eisele,BT Ⅱ Rn 116;Fischer, § 242 Rn 8a;Küper/Zopfs,BT Rn 441。更严 RGSt 52,84。对于发觉损失的必要性,见 KG StV 04,544。

〔6〕 Vgl. Küper/Zopfs,BT Rn 457;S/S-Bosch, § 243 Rn 14.

〔7〕 Vgl. BGH MDR 52,563;RGSt 52,321,322.

如果使用工具将锁具敲烂,则不符合;此种暴力的打开,只符合“侵入”之要件。[1]

现实案例:在 BGH NStZ 18,212(附评注 Hoven/Kudlich,JA 18,229)一案中,A 在停车场蹲守,在被害人停好车辆下车用遥控钥匙将车上锁的过程中,A 用干扰器操纵锁车过程,要不使汽车不能上锁,要不将汽车——在被害人未曾注意的情况下——重新打开,A 得以从汽车内盗取物品。在此,德国联邦法院对于第 243 条第 1 款第 2 句第 1 项规定的示例情形之认定予以驳斥。如果行为人利用干扰器将已经(即便只是短瞬之间)落锁的汽车重新打开,通过干扰器的操作,以非常规的开启工具侵入可予考虑;但是,当干扰器“妨碍汽车上锁”,则不能认定。在将刑法中的语词边界恰当地(对于示例规定也同样)视为不可逾越的解释当中,必须——存疑有利被告——从第二种可能性出发,并否定第 1 项规定的示例情形的存在。这一结果取决于对于不法而言原本并不重要的偶然因素,因而并不合理,但在之前第 243 条涉及加重构成的情况下难以得到“纠正”。可是,这一“纠正”在当下变得可能,因为——其中显现了示例规定技术的“优势”——可以认定盗窃罪的“非具名的特别严重情形”(见 BGH 同前和本书边码 206、210)。

230 如同在侵入住宅罪中,侵入应以踏上(Betreten)所保护的区域为前提,在此——如同在爬入情况下——行为人并不是要整个身体全部进入,但形象地说,必须脚要进门,并在空间内获得立足点。从使用假的钥匙,以及使用非常规的开启工具来看,一般自然能够证明必要的违反权利人意志。

231 对于前列侵入空间上的保护范围的形式,法律将其与自我隐匿相等同。在此情形下,不重要的是,行为人如何进入空间以及具体的行为是何时。可是,可能的前提是,行为人有意地隐瞒了其未

[1] 参见 BGH NJW 56,271。例如用撬棍,对此见 Koch/Dorn,JA 12,676。

获(未再获)授权的在场。[1]

例证:商店打烊后,雇员让自己被锁在商场里面,从而能够在那不受干扰地盗窃。如果他只是待在他的位置上,而只是被忽略,则并不足够。相反,他必须比如将自己藏在试衣间内。[2]

对于第 243 条第 1 款第 2 句第 1 项中的所有行为方式而言,共同的是,其多数情况下由此类行为人所实施,其未获(未再获)授权地在相关的建筑物或者封闭空间内予以停留。但并非在每个案件中都必然如此。[3]

c)盗窃故意的时间节点

第 243 条第 1 款第 2 句第 1 项中提及的行为必须为实施犯罪,也就是为了实施盗窃而实行。由此推之,行为服务于盗窃之完成,[4]而盗窃故意在侵入、爬入等行为当时就必须已经存在。 232

因此,如果行为人侵入建筑物是为了在里面过夜,或者爬入建筑物是为了实施纵火犯罪,但之后被困在里面并实施盗窃,则不符合第 243 条第 1 款第 2 句第 1 项规定的示例。事后屈从于为其他目的而引致的诱惑情境,并非加重情形。因此,行为人在自我藏匿开始时才产生了盗窃故意,对于逗留盗窃是足够的,[5]这一例外虽然能够为语词所涵括,但也不值得赞同。

---

[1] Vgl. Küper/Zopfs, BT Rn 473 f; Otto, BT § 41 Rn 13.

[2] Vgl. RGSt 32, 310.

[3] Vgl. RGSt 39, 104; BGHSt 22, 127, 128; Kindhäuser/Hilgendorf, § 243 Rn 18; Lackner/Kühl, § 243 Rn 14.

[4] Vgl. Fischer, § 243 Rn 11; Rengier, BT I § 3 Rn 19 f.

[5] 但是如此 M/S/M-Hoyer, BT I § 33 Rn 87。如同本书 Eisele, BT Ⅱ Rn 119; HK-GS/Duttge, § 243 Rn 24; MK-Schmitz, § 243 Rn 11。

2. 克服特别的保护设施(第 2 项)

233 第243 条第 1 款第 2 句第 2 项涉及盗窃上锁的容器(Behältnis)或者其他避免被取走的保护设备中的物品。

加重刑罚的根据除了在于更高的犯罪能量,也在于行为人的漠不关心,其对特别的支配保护以及由此可见的所有权人对此物品的保有利益置之不理。[1] 可是,与第 243 条第 1 款第 2 句第 2 项的原来规定相反,新的条文不再关注"侵入"容器,而只是关注特别种类的保护设备的存在,以及将其所保护的物品取走。此种支配保护是在何地及如何被克服的并无所谓;也不重要的是,容器是否在犯罪地点或其他地方被撬开,或者其如何被打开。[2] 如果行为人将容器作为整体盗取,但因为他在此之前已经被发现,或者因为他想将容器不予开启地予以处理,所以未曾打开,则也符合示例规定之条件。[3]

234 容器是指用于接纳物品并将物品包围的空间形象。与封闭空间相反,其并非用于人们进入,[4] 比如箱子、匣子、盒子、柜子、行李箱、自动售货机或者汽车的后备厢。[5] 容器上锁(verschlossen)是指,容器的内容物通过锁具、其他的技术性关闭设备或者以其他方式(如通过紧紧捆住),防范从外而来的不当的侵扰。如果通过

[1] Vgl. OLG Karlsruhe NStZ-RR 10,48.

[2] 参见 BGHSt 24,248。其他观点见 S/S-Bosch, § 243 Rn 25; Schröder, NJW 72,778。

[3] 参见 Eisele, BT Ⅱ Rn 128; Fischer, § 243 Rn 17; Rengier, BT I § 3 Rn 29。更狭 BayObLG NJW 87,663,664 f; Küper, JZ 86,523; SK-Hoyer, § 243 Rn 31; S/S-Bosch, § 243 Rn 25。区别 MK-Schmitz, § 243 Rn 37; Zopfs, Jura 07,425 f。也见 LK-Vogel, § 243 Rn 33; Schmidt, BT Ⅱ Rn 145。

[4] Vgl. BGHSt 1,158,163; Küper/Zopfs, BT Rn 99 f.

[5] 参见 BGHSt 13,81,82。

简单地转动手柄,[1]或者通过安装一个并不显眼的开启设备,[2]即可轻松打开收钱箱的,则并不具备上锁特征。如果行为人用正确的钥匙打开了上锁的、但保留在迄今位置的容器,则应予区别。

如果行为人获得授权而占有钥匙,则上锁对于取走容器内所存物品所提供的更高保护,对行为人而言应予取消,也就不再存在。[3] 如果一位售货员在中午午休期间,利用其临时委托保管的保险柜钥匙打开了店铺的保险柜,并盗取了现金,即属此种情形;然而,在此行为中存在的对于信任的粗鲁违背,以及她未获授权打开的事实,对认定其他的(与第 243 条第 1 款第 2 句第 2 项之示例相应的)盗窃罪的特别严重情形的动因提供了检验。[4] 如果行为人未获授权而行为,只有当行为人发现钥匙插在锁里或者挂在锁的旁边,才可能排除第 243 条第 1 款第 2 句第 2 项的适用,因为在此情况下,欠缺了通过锁具而实现的特别的保护。[5] 相反,如果行为人将获得授权者保管的钥匙顺走,则可认定第 243 条第 1 款第 2 句第 2 项之存在。

判例例证:如果行为人在权利人的空间内并未封锁地找到了钥匙(没有插在锁上,或者空间上直接地跟锁放在一起),也应当同样适用。柏林州高等法院就是如此判决的,而且立基于本书在较早版本中作为现实判例收入的德国联邦法院的判决。根据这一判决,邮局分支的一位职员从单独有权管理

---

〔1〕 参见 BGH NJW 74,567。

〔2〕 参见 Otto, Jura 97,471。其他观点见 OLG Frankfurt NJW 88,3028; AG Freiburg NJW 94,400。

〔3〕 参见 OLG Hamm NJW 82,777。纯粹的滥用并不会引发第 243 条第 1 款第 2 句第 2 项,见 OLG Zweibrücken NStZ-RR 18,249(本书边码 108“现实判例”);对此也见 Murmann,NJW 95,935。

〔4〕 参见 OLG Hamm NJW 82,777;BGHSt 29,319,322。存疑 Kadel, Anm. JR 85,386。

〔5〕 Vgl. Bosch,JA 09,905;S/S-Bosch, § 243 Rn 22.

保险柜钥匙的同事桌上将主保险柜的钥匙拿走,并声称要用钥匙进一下服务柜台,利用钥匙将保险柜打开,并盗取了113,000欧元的现金。法院认定成立第2项规定之示例。柏林州高等法院所审理的案件中也对此进行了论证,在此案中,一位临时居住的二房客在出租人的住宅内发现了保险箱的钥匙,法院认为,重要的是容器,而非与之匹配的钥匙被封闭了起来。[1] 在同一案件中,柏林州高等法院认定第二起待判事实也符合示例规定,其中,同一行为人冒充自己是房间的住客,并谎称他忘记了自己要输入的密码,从而让酒店技术人员将保险箱打开,最终盗取了保险箱中的贵重物品。从中柏林州高等法院恰当地认定了盗窃罪的成立,将第243条第1款第2句第2项规定之情形以间接正犯的方式得以实现,因为行为人将技术人员类似于钥匙予以利用。稳妥起见,法院提到,即便否定了这一思路,也存在非典型的特别严重情形。

235 其他的保护设备(andere Schutzvorrichtungen)是指所有其他类型的防护和技术手段,其用于并适于保护物品免被盗取,排除对物品不受阻碍的接触,以及至少加大将之取走的难度。其所提供的保护,并不必须是完备的。

例证:报警装置、自行车锁、方向盘锁、防盗锁,以及链条、钢丝、绳索是防止盗窃的手段;与之相似的间接的防护设备,如将封闭的容器作为第1项规定的空间的钥匙的存放地点。[2]

236 装备的目的必须是——至少也是——防止物品被取走。[3] 对于上锁的容器,这一条件一般情况下是具备的。这特别适用于

[1] KG NJW 12,1093,1094(附评议 Jahn,JuS 12,468)援引 BGH NJW 10,3175 f = StV 11,18 附赞成性评注 Bachmann/Goeck 和 Kudlich,JA 11,153;同样如此 OLG Karlsruhe NStZ-RR 10,48。

[2] 参见 S/S-Bosch,§ 243 Rn 23。

[3] 更详尽的参见 OLG Stuttgart NStZ 85,76;OLG Zweibrücken NStZ 86,411。

交付给铁路或邮局用以运输的上锁的金钱匣和首饰匣、保险柜、上锁的旅行箱、用钉子钉住的盒子、铅封的袋子、紧紧捆住的包裹。[1] 在前述的例证中,容器当然并不主要用于运输,也用于保护内存的物品不被盗窃,阻碍对于物品的接触。但是,决定性的是每个具体案件的各自情况,必须与第 243 条第 1 款第 2 句第 2 项之规定的基本精神保持一致;在此并不适于做一般性的提炼。所以,在商店运输货物时,封闭的包装箱通常只是进行单纯的包装或包扎,这只是为了防止内容物受到损坏,并将之集中而方便运输。[2] 与之相反,对于密封的信封,第 243 条第 1 款第 2 句第 2 项之适用并无任何障碍。将物品捆绑在自行车的行李架上,是为了预防物品掉落(最不济是丢失),因此一般不能将其归为防止取走的特别防护。将汽车收音机嵌入,同样是为了防止收音机晃动,这与汽车的行驶相结合,让取走变得困难只是附属作用。[3]

对于商场里面的裘皮大衣和其他衣物,根据原本设计,其所附着的电磁防盗标签只有当盗贼取得支配之后(在此指在其通过公共出口离开商场之时),才会通过光学和声学的信号而引发报警,也即其功用只是易于人员迅猛介入,重新取得已经被剥夺的支配。由此,衣物并非在第 243 条第 1 款第 2 句第 2 项的意义上被特别地予以保护。[4] 在此情形下,是否可以认定第 237

---

[1] 更详尽的参见 OLG Hamm NJW 78,769;Fischer, § 243 Rn 16。

[2] 参见 OLG Stuttgart NJW 64,738;OLG Köln NJW 56,1932。其他观点见 RGSt 54,295。

[3] 参见 OLG Schleswig NJW 84,67;Eisele,BT Ⅱ Rn 124。其他观点见 M/S/M-Hoyer,BT I § 33 Rn 91。

[4] 参见 OLG Stuttgart NStZ 85,76;OLG Frankfurt MDR 93,671;OLG Düsseldorf StV 98,204;OLG Dresden NStZ-RR 15,212 附评议 Hecker,JuS 15,847;BK-Wittig, § 243 Rn 18.2;Dölling,JuS 86,688;Eisele,BT Ⅱ Rn 103;H-H-Kretschmer,Rn 824;HK-GS/Duttge, § 243 Rn 29;Kindhäuser/Böse,BT Ⅱ § 3 Rn 21;Mitsch,BT Ⅱ S. 98 f;MK-Schmitz, § 243 Rn 34;M/R-Schmidt, § 243 Rn 12;Schmidt,BT Ⅱ Rn 147。批判 Seier,JA 85,387。对此也见 BayObLG NJW 95,3000。区别 Rengier,BT I § 3 Rn 30 f。

243 条第 1 款第 2 句第 2 项规定之示例之外的特别严重情形,取决于具体个案中仍然存在的其他情况。对于所谓的防护蜘蛛(Sicherungsspinne),其由电子装载的金属线构成,缠绕在商品的包装上。如果其并未在收银台生效,则在商场的出口处,它会像防护标签一样引发报警。但如果行为人在收银之前就已经令金属线失效,从而将未被注意的从包装中取出的商品藏在他的衣服下面,则符合第 243 条第 1 款第 2 句第 2 项之规定,因为在此情况下,防护蜘蛛已经使取走变得困难。当然,它必须是能够使用且被激活的。[1]

238 老虎机中的匣子是这一规定意义上的上锁的容器,但在对其操纵的情况下,能否适用第 243 条第 1 款第 2 句第 2 项之规定,应当注意以下问题。

如果行为人不当地从外部通过以下方式侵扰游戏进程、游戏装置和对于获利而言必要的滚筒的位置,比如,其通过(由其造成或被其发现的)钻孔,将金属块插入自动设备中,让游戏机往外吐钱,则成立盗窃罪(对此进一步见边码 678),并同时实现了第 243 条第 1 款第 2 句第 2 项规定之示例。[2] 相反,如果行为人只是设计骗过驱动装置,并违规地将游戏机(如通过投入假币或者外国硬币)启动,而此外并未通过其他的额外的外部侵扰来操纵游戏进程,虽然应以——只要不适用第 263a 条并排斥第 242 条之适用[3]——盗窃罪追究其责任,但在多数情况下并未实现第 243 条第 1 款第 2 句第 2 项规定之示例,因为其并未实施恰好克服自动游戏机的保护机制或者损害机器功能的行为。[4] 但是,如果在此类案件中,准备假的硬币,并使其"骗过"为

---

[1] 参见 BGH BeckRS 18, 16640 附评议 Heghmanns, ZJS 19, 68; Jäger, JA 19, 228; Jahn, JuS 18, 1013; Nestler, Jura(JK)18, 1185。

[2] 参见 BayObLG NJW 81, 2826 附富有教益的评注 Meurer, JR 82, 292。

[3] 参见 OLG Celle NJW 97, 1518;对此见边码 616。

[4] 参见 OLG Düsseldorf NStZ 99, 248; JR 00, 212 和 OLG Stuttgart NJW 82, 1659。当然,如果在任何情况下都要求外部侵扰必须"进入容器",并且认为其他操作,如反复拔出连接电缆或在正在运行的游戏期间用拳头猛烈地击打机器,对于第 243 条第 1 款第 2 句第 2 项而言并不足够,则限制过严。对此也见 Albrecht, JuS 83, 101。

防止取走而额外安装的电子硬币检测仪,则这一保护设备的防护机制被克服。那么,就不存在认定示例的任何疑虑。[1]

3. 常业性盗窃(第 3 项)

239 如果在一定的范围和一定的时间内,行为人从连续的犯罪实施中想要获取持续的收入来源,则可认为是常业地(gewerbsmäßig)实施犯罪。[2] 因此,只是为第三人实施的并不利己的行为,以及缺乏标识之意图的相关犯罪的多次实施,均不足够。[3] 对于一次实施的犯罪,继续出卖并不足够;[4]但对于多次实施犯罪而言,继续出卖并非必然需要;行为人想要将不法获取的物品用作己用,则足以认定。[5]

如果伴有相应的意图,在此意义上的常业性(Gewerbsmäßigkeit)在第一次实施犯罪时即已可能存在。[6] 重复犯罪的意图针对的必须是通过常业性而予以加重或者认定为特别严重情形的犯罪。[7] 惯偷(gewohnheitsmäßig)并不符合第 243 条第 1 款第 2 句第 3 项之规定,但在有些情况下构成其他的(未具名的)盗窃罪的特别严重情形。对于犯罪参与,相应适用第 28 条第 2

〔1〕 参见 Hilgendorf, JR 97, 348; Mitsch, JuS 98, 311。也见 Biletzki, JA 97, 750; Eisele, BT Ⅱ Rn 127; Rengier, BT Ⅰ § 3 Rn 33。

〔2〕 参见 BGHSt 1, 383; BGH NStZ 96, 285; BGH NJW 98, 2914; BGH wistra 03 460, 461; BGH NStZ-RR 17, 341。也见边码 593。对此概念在刑法典和附属刑法中的扩散,见 L. Schulz, Hassemer-FS S. 899 ff; Brodowski, wistra 18, 97。

〔3〕 Vgl. BGH StraFo 14, 215; BGH BeckRS 16, 18889.

〔4〕 Vgl. OLG Köln NStZ 91, 585; OLG Hamm NStZ-RR 04, 335.

〔5〕 参见 BGH MDR/H 76, 633; 深入 BGH NStZ 15, 397。

〔6〕 参见 BGH NStZ 95, 85; BGHSt 49, 177, 181。其他观点见 NK-Kindhäuser, § 243 Rn 26。如同本书 S/S-Bosch, § 243 Rn 31。

〔7〕 Vgl. BGH BeckRS 17, 107300.

款之规定(见边码 220)。[1]

4. 教堂盗窃(第 4 项)

240 对于在教堂或者其他用于宗教活动用途的建筑物或空间(包括教士更衣室)[2]中的盗窃,第 243 条第 1 款第 2 句第 4 项只包括以下专用于礼拜仪式或者服务于宗教信仰的物品:圣坛、圣坛蜡烛、[3]圣杯、圣体匣、弥撒书、礼拜仪式的长袍等,以及如十字架、基督像、圣徒像、朝圣教堂中的祈愿板等物品。[4]

其他属于办公设备的物品(长凳、椅子或捐献箱),[5]或者只是间接地用于宗教用途的物品,比如祈祷和赞美诗书,应予排除。属于教堂设施的艺术品也是一样,但在有些情况下,其可能受到第 243 条第 1 款第 2 句第 5 项的保护。如果必要的话,在此也(如首先是第 166 条中包含的信仰协会的礼拜用品)[6]应当检验是否存在其他特别严重情形。

5. 损害公共之盗窃(第 5 项)

241 第 243 条第 1 款第 2 句第 5 项涉及盗窃公共物品,这种物品对于学术、艺术、历史或科技发展具有意义,且处于公众可以进入的收藏馆或者其处于公开展示中。此种物品特别受到盗窃的威

[1] 参见 BGH StV 96,87;OLG Bamberg wistra 16,244;Schmidt,BT Ⅱ Rn 154。对于常业性盗窃和常业性窝赃之间的选择确定,见 BGH HRRS 14,458(Nr 1065);Bauer,wistra 14,475。对于质询裁决(Anfragebeschluss),见 Stuckenberg,ZIS 14,461;Wagner,ZJS 14,436。对于进一步的发展,见 Linder,ZIS 17,311 ff 附对于撤回以及重新提起的质询裁定的进一步提示,以及 BGHSt 62,72(见边码 888)。

[2] Vgl. RGSt 45,243,244 ff.

[3] Vgl. RGSt 53,144.

[4] 更详尽的参见 BGHSt 21,64。

[5] Vgl. BGH NJW 55,1119 Nr 21.

[6] 参见 Lackner/Kühl, § 243 Rn 19。

胁。此种犯罪也可能使公众失去无可替代的价值。然而,由此提高的刑事应罚性只是在具有重要意义的物品中存在。并非矿石展览中的每块石头都受到保护(E 1962,Begr. S. 404)。

关于盗窃公共物品的示例规定构成了第 304 条(对此见边码 48 及以下数个边码)一定程度上的对照,但部分与之相异。由此,第 304 条也适用于行为人自己的物品,[1]尽管存在公众的保护反映,但第 243 条第 1 款第 2 句第 5 项并不适用。如果将借给公共展览的展品取回来,连盗窃都算不上。

6. 利用他人困境(第 6 项)

对于第 243 条第 1 款第 2 句第 6 项规定的示例组群,具有标志性的是其可责难的行为方式,具体体现在行为人利用他人的(如重病患者、瘫患者或盲人)无助状态、[2]不幸事件或者共同的危险,以及由此而生的情境中自我保护被损害且因此存在更高的保护需求,来实施盗窃。在以上所列的两类情形下,被盗者并不需要必须是不幸事件的受害者或者属于被威胁者的圈子,因为对于救助者或者愿意施援者的盗窃,在此情况下的可责难性并不会低。[3] 如果被害人自己引致无助状态,如试图自杀或者酩酊大醉,对于不幸事件负有责任,或者引发了共同的危险,并不妨碍第 243 条第 1 款第 2 句第 6 项的适用。[4] 因应予否定的被害人行为,而致其丧失获得刑法保护的权利,刑法中并不存在。[5] 而且, 242

[1] Vgl. Lackner/Kühl/Heger, § 304 Rn 1;S/S-Hecker, § 304 Rn 1.

[2] 参见 BayObLG NJW 73,1808。

[3] Vgl. OLG Hamm NStZ 08,218;LK-Vogel, § 243 Rn 48;S/S/W-Kudlich, § 243 Rn 31.

[4] 疑虑见 M/S/M-Schroeder,BT I,10. Aufl. 2009, § 33 Rn 99。如同本书 BK-Wittig, § 243 Rn 23. 1;Fischer, § 243 Rn 21;HK-GS/Duttge, § 243 Rn 48;Küper/Zopfs,BT Rn 353;Lackner/Kühl, § 243 Rn 21;LK-Vogel, § 243 Rn 47 f;Mitsch,BT Ⅱ S. 101;MK-Schmitz, § 243 Rn 51。

[5] Vgl. Hillenkamp,Vorsatztat und Opferverhalten 1981,S. 184 ff.

自负其责的自杀行为,也不会排除作为其后果出现的无助状态,以及对其予以利用的可谴责性。[1]

高龄本身还不足以证明无助状态。[2] 睡着的人也不必然是第 243 条第 1 款第 2 句第 6 项意义上的无助,但如果沉睡跟疾病困扰相联系,则能够认定[3]其减损了针对盗窃的防护可能性。当然,行为人必须对此也要有所认知,毕竟只有这样,他才利用了以无助为前提的支配威胁。另外,不足以认定此种利用的是,行为人只是利用了房主偶然的不在家,来从正常上锁的住宅内实施盗窃。[4] 在此情况下,并不存在任何相对于正常缺席而言对于保护可能更大的损害。所谓的同房盗窃(Beischlafdiebstahl),并不必然是更重的情形。[5]

7. 盗取武器和弹药(第 7 项)

243 第 243 条第 1 款第 2 句第 7 项是 1989 年新增的。在此,盗窃特定武器以及盗取弹药应加重处罚。根据明文规定,第 243 条第 2 款对之并不适用。[6] 以这样一种在财产犯罪领域并不符合体系要求的规定来解决"实施具有政治动机的暴力犯罪的前在或周边的典型现象"(BT-Ds 11/2834,S. 7),很难具有说服力。此外,盗窃此种对象的话,如果不以第 1 项或第 2 项规定的示例之实现为前提,也难以想象。如果武器是随时可以使用的,则根据(但也有疑问的)[7]判例(边码 267),盗窃最终总归会导向排斥第 243 条

[1] 其他观点见 MK-Schmitz, § 243 Rn 52。

[2] Vgl. BGH NStZ 01,532,533.

[3] 参见 BGH NStZ 90,388。

[4] Vgl. BGH NStZ 85,215.

[5] Vgl. LK-Vogel, § 243 Rn 47.

[6] 对于就此仍然存在的争论,见 MK-Schmitz, § 243 Rn 65 f; Satzger, Jura 12, 792 附进一步的文献。

[7] 参见 Kindhäuser/Wallau, StV 01,354。

适用的第 244 条第 1 款第 1a 项规定的加重构成。因此,这一条款应归入略显多余的“安全立法”之列。[1]

应预防被取走的危险枪械,法律规定包括根据武器法对其获取应取得许可的手枪、机枪、冲锋枪、自动和半自动的步枪,以及战争武器管控法规定的包含弹药的战争武器。

8. 竞合

在一起盗窃中,如果在一个或同一个行为内部,数个第 243 条规定的加重事由同时符合,则只存在“一个”具有特别严重情形的盗窃。第 243 条并非加重构成,第 242 条也不是基本犯罪构成。因此,特别严重情形的可罚性应通过引用两个条文来予以表达。 244

第 243 条第 1 款第 2 句第 1 项的通常的伴随行为是侵入住宅罪(第 123 条)的实施。鉴于这一情况进入行为的整体评价以及将之评价为盗窃罪之特别严重情形中,根据通说观点,[2]对第 123 条的违反被根据第 242 条、第 243 条第 1 款第 2 句第 1 项的处罚所同时包含(吸收)。对于侵入盗窃以及符合第 243 条第 1 款第 2 句第 2 项规定示例的盗窃而言,通常会伴随出现的毁损财物罪(第 303 条)同样如此。但 2001 年德国联邦法院对此提出了质疑,[3]因为就其本质而言,示例规定不能排斥犯罪构成,第 242 条和第 303 条涉及不同的法益载体,且侵入以及越过安全系统在现在更为经常地通过“智能手段”而非对物暴力来实施。鉴于以上前两个理由针对与第 123 条的 245

[1] 恰当批判见 Kunert, NStZ 89, 451; M/S/M-Hoyer, BT I § 33 Rn 101。

[2] Vgl. AnK-Kretschmer, § 243 Rn 34; Fischer, § 243 Rn 30; Kindhäuser/Hilgendorf, § 243 Rn 58; Lackner/Kühl, § 243 Rn 24.

[3] 参见 BGH NStZ 01, 642。在结论上赞成 Kargl/Rüdiger, NStZ 02, 202; Krey/Hellmann/Heinrich, BT Ⅱ Rn 167; M/R-Schmidt, § 243 Rn 23; Rengier, BT Ⅱ § 3 Rn 61, 64; ders., JuS 02, 850; Sternberg-Lieben, JZ 02, 514。支持想象竞合 M/S/M-Schroeder, BT I, 10. Aufl. 2009, § 33 Rn 109; Zieschang, Jura 99, 566 f。如同本书 A/W-Heinrich, § 14 Rn 52; S/S/W-Kudlich, § 243 Rn 51。

关系也同样适合,将这一截至目前的附带意见(obiter dictum)在司法实践中落实,可能会导致刑罚的显著加重。[1] 但这很难被正当化。原因在于,一方面,如同之前,其虽然并不属于必要的,但却——正如一个新近对于19起侵入住宅盗窃所清晰显示的那样——属于在此述及的两种示例规定的典型的存在样态,即示例与财物毁损一起出现,[2]通过第243条规定的刑罚框架,财物毁损可以被充足地予以把握,而通过法院判决也能够充分地提及。另一方面,对于(由此应予肯定的)评价问题,一个犯罪是否属于另一个犯罪的典型表现形态,并因此为后者所吸收,在对其回答中并不取决于立法者是否将两个犯罪的结合在示例规定和加重构成的刑罚框架内予以考虑。[3] 最终为犯罪所侵害的可能是不同的个人,这是对的,但却不会强制性地将特别关系或吸收关系予以排除。[4] 因此,只有在罕见的例外案件中,才会以想象竞合为出发点,其中,毁损财物罪在具体案件中——比如因为由其所造成的损害远远超过了盗窃所造成的损害[5]——从盗窃罪之特别严重情形的通常过程中如此脱离,以至于应认定独立的、无法被耗尽的不法内涵,而不再谈不上是

---

[1] 对此见BGH NStZ 18,708,通过此判决,第2刑事审判庭此后在第244条第1款第2项、第3项和第303条之间,想要始终认定存在想象竞合。对此质询裁决,见Fahl,JR 19,114 ff。

[2] 其他见BGH NStZ 18,708,709 f支持根据第244条第1款第3项的侵入住宅盗窃;同样如此BGH NJW 19,1086附19例反面的案例。

[3] BGH NJW 12,3046(对此见本书边码327中的例证)宣称,对于第246条第1款规定的侵占罪的补充性而言,第266条第2款结合第263条第3款中的刑罚框架,具有重要意义。

[4] 参见Beulke,III Rn 191;Fahl,JA 02,543;Grosse-Wiede,HRRS 19,160,161;Mitsch,BT Ⅱ S. 92;如同德国联邦法院Joecks/Jäger,§ 243 Rn 61。

[5] 如此BGH NStZ 14,40附评议Hecker,JuS 14,181;Zöller,ZJS 14,214;赞成Schramm,BT I § 2 Rn 115。

典型的伴随行为。[1] 德国联邦法院在新近发布的、完结了询问程序的决定[2]中表示，在（既遂的）严重的结伙盗窃（第 244a 条、第 244 条第 1 款第 3 项、第 243 条第 1 款第 2 句第 1 项第 1 种）或者（既遂的）侵入住宅盗窃（第 244 条第 1 款第 3 项第 1 种）与同时实现的毁损财物罪之间，始终应认定想象竞合（第 72 条）而非吸收关系。鉴于德国联邦法院为了论证，决定性地立基于将这一结果也适用于第 242 条和第 243 条第 1 款第 2 句第 1 项、第 2 项的观点的理由，可以预见的是，其对此也会放弃吸收方案。但这一情况并未被裁决。[3]

在案例 15 中，A 尽管具有分店主管的身份，但根据收银机管理规则，其 246
对于收银机内的钱物并无共同支配权利（见边码 101），虽然实施了 5000 欧元金额的盗窃，但不存在第 243 条第 1 款第 2 句第 2 项所规定的特别严重情形。收银机基本上是一个上锁的容器。虽然如此，但如果有人获悉不显眼的快速开锁键，并利用——即便在支配者不愿意的情况下获得的——这一知识，则收银机在其面前就丧失了这一特性。与这一案例情境相对应的是，单纯利用因疏忽而插在收银机锁具上的钥匙，同样也不属于第 243 条第 1 款第 2 句第 2 项所规定的情形。[4] B 并未依第 243 条第 1 款第 2 句第 1 项私配钥匙而实施盗窃。钥匙是由 F 确定用以打开和关上锁具的。这一匹配在 A 考虑期间，也未被默示地予以撤销（见边码 227 及下一边码）。F 并不想将钥

〔1〕 参见 BGH NStZ 01，642，644 f；BGH NStZ-RR 17，340。赞成 Eisele，Die Regelbeispielsmethode im Strafrecht 2004，S. 356；LK-Vogel，§ 243 Rn 79；S/S-Bosch，§ 243 Rn 59。基于在本书中予以否定的（边码 207 及下一边码）“犯罪构成方案”，整体而言保持在本书认为正确的竞合判定，见 Eisele，JA 06，316。BGH NStZ 14，40 并未将这一说法限制在例外案件。第 2 刑事审判庭想要将本书论及的例外——在 BGH NStZ-RR 17，340 中加以论证——予以放弃，并在所有案件中均认定一罪关系（第 52 条第 1 款）。Wessels/Beulke/Satzger，AT Rn 1271 遵循本书所支持的路径，在其看来，例外（一罪关系）对于数个法益载体的案件，也应适用。

〔2〕 参见 BGH NJW 19，1086（= BGHSt 63，253）附批判性评注 Mitsch；Jäger，JA 19，386。赞成 Grosse-Wilde，HRRS 19，160。

〔3〕 当然，其被包含在论理当中。比如 Rengier，BT I § 3 Rn 64 认为，法院就此已经同时作出了判决。

〔4〕 如此 Lackner/Kühl，§ 243 Rn 15；Murmann，NJW 95，935；Otto，Jura 97，471。其他观点见 AG Freiburg NJW 94，400。

匙交予一个无权者用于实施盗窃,以及对钥匙的无权使用本身,对于匹配并无改变。[1] 爬入盗窃也应排除。虽然从受限的建筑范围内爬入封闭空间也是足以认定的,可是,必须构成一个实际的障碍,加大无权者的进入难度,这在低矮篱笆的情况下并不具备。[2] 因此,B 只是实施了一般的盗窃罪。如果人们承认 F 具有支配权利,则在 A 的请求中存在的对于取走的同意并不会排除取走的认定。由于 A 权利滥用,以及其由此以对共同居住权利人 F 无法接受的不利的方式行使允许权,侵犯房屋安宁也不能不予考虑。[3] A 应视为教唆犯,但鉴于由其操控和谋求的第三人占为己有的可能化(见边码 166 及以下数个边码),也应视为盗窃罪的共同正犯。在损害程度之外,如果人们特别在信任地位滥用中,看到了证成不具名的特别严重情形的情状,则根据第 28 条第 2 款规定,此种滥用仅对 A 不利(见边码 220)。

247 在案例 16 中,当 T 被售货员截下时,尽管存在售货员的观察,夹克的取走以及由此盗窃已经既遂(见边码 126)。即便 T 将夹克连同防盗标签藏在了他身体的禁忌区域,也并无改变。只有在支配取得之后,安保系统才相应介入,有鉴于此,其并非防控取走。相反,起作用的只是在于对犯罪的发现以及物品的重新取回。因此,其并不涉及第 243 条第 1 款第 2 句第 2 项意义上的保护装备。[4] 然而,有可能的是,基于此种案件事实而认定非典型的特别严重情形(见边码 210)。基于事实的、社会-规范支配概念也是一样,可以想见的情形是,其中,由于防盗标签而引发报警之时盗窃尚未既遂,则警报就是针对取走的事实上的障碍。基于此种例外情形,防盗标签却也难以获取必要的一般性的特性,成为防止取走的保护装备。[5]

---

[1] Vgl. BGH StV 98,204.

[2] Vgl. BGH NJW 93,2252.

[3] 参见 Wessels/Hettinger/Engländer,BT I Rn 570 f。

[4] 参见 OLG Stuttgart NStZ 85,76 附赞成性评议 Dölling,JuS 86,688;OLG Düsseldorf StV 98,204。

[5] 参见 Dölling,JuS 86,692 f;其他观点见 Rengier,BT I § 3 Rn 31。

Ⅲ. 第 243 条第 2 项之排除条款

案例 17:T 有时从私人汽车中实施盗窃。某天,他在汽车的前座上发现了一个打开的名贵的真皮手提袋,其中装有汽车女车主的个人身份证件和信用卡,他打碎了窗玻璃,拿到手提袋,并迅速逃离。如同一开始所计划的那样,他把之前发现的物品取走,并想要此后拿来购物,然后他把手提袋扔进了灌木丛。又一天,T 看到汽车女车主将两盒巧克力放在了汽车的后备厢,他遂将汽车后备厢撬开,并将两盒各价值 15 欧元的巧克力取走。 248

根据第 242 条、第 243 条是否具有可罚性?(见边码 254)

1. 价值低微特征之条件

第 243 条第 2 款规定了一个强制性的排除条款(zwingende Ausschlussklausel),如果行为在客观及主观方面均“涉及一个价值低微之物”,则产生不可反驳的、使第 243 条第 1 款第 2 句第 1—6 项规定的示例失效的反诘效应(Gegenschlusswirkung)。出于颇有疑虑的理由,即使在价值低微的情况下,也将具有政治动机的暴力犯罪的前在或周边的危险,强加于第 7 项所规定的犯罪对象之上(BT-Ds 11/2834, S. 10),这一条款只将第 7 项予以排除。因此,与其不成功的用语相对,在价值低微的前提下,这一条款亦禁止非典型的严重情形的认定。[1] 只要条文的阻断效应(Sperrwirkung)奏效,则其设置了与一般盗窃之间的道岔,[2]也使得对于特别严重情形的更多条件的阐述变得多余。 249

---

〔1〕 参见 Eisele, BT Ⅱ Rn 156; Lackner/Kühl, § 243 Rn 4; LK-Vogel, § 243 Rn 56; Krey/Hellmann/Heinrich, BT Ⅱ Rn 172; Kudlich/Noltensmeier/Schuhr, JA 10, 343; Küper, NJW 94, 351。其他观点见 HK-GS/Duttge, § 243 Rn 54; Mitsch, BT Ⅱ S. 104; ders., ZStW 111 (1999), 73; Zöller, BT Rn 60。存疑 Fischer, § 243 Rn 24; MK-Schmitz, § 243 Rn 65。其他开放性观点见 BGH NStZ-RR 14, 141。对于争论,见 Jesse, JuS 11, 313。

〔2〕 Vgl. Zipf, Dreher-FS S. 391.

第243条第2款规定的具体情形,并非始终与不法和责任内涵的减少相关联,但立法者将其绝对化了,[1]即便存在加重的伴随情状,相关的盗窃会被贴上轻微犯罪(Bagatelldelikt)的标签,甚至被划入《德国刑法典》第248a条、《德国刑事诉讼法》第153条和第153a条的适用范围。

250 可是,第243条第2款的问题与第248a条之间并非完全吻合:第248a条只是要求盗窃以及侵占客观上将价值低微的物品作为对象,以及涉及第242条及第246条之适用范围。行为人是否认识到物品的价值低微,抑或由于错误而判断失误,在这并不重要,原因在于,第248a条并不涉及犯罪的实质品性,而只是涉及刑事追诉的允许性,而在程序条件中,只着眼于客观的事实情状。[2]与之相反,在第243条第2款的框架内,涉及的是对于事实过程的定性评价,其取决于犯罪与价值低微之物是否"相关"(bezogen)。对于此种相关性关系(Beziehungsverhältnis),实际上取走的物品价值低微并不足够;[3]另外,也并非完全取决于行为人自己是如何设想的。[4] 相反,具有决定性的是二者的结合:根据第243条第2款之规定,只有当被盗之物客观上价值低微,且此外行为人的故意针对的是将价值低微物品取走,才能依法将特别严重情形之认定排除。[5] 此种严格的、与一般的故意和错误规则存在差异的

---

[1] 对此批判见 Zipf, Dreher-FS S. 399 ff;也见《第6刑法改革法案》对于删除第244a条第4款规定的论证, BT-Ds 13/8587, S. 63。

[2] 参见 BGHSt 18, 123, 125; Wessels/Beulke/Satzger, AT Rn 790 f。

[3] 但是如此 Braunsteffer, NJW 75, 1570。

[4] 然而如此 Gribbohm, NJW 75, 1153。Eisele, BT Ⅱ Rn 161 使得价值低微的认定成为已足。也见 A/W-Heinrich, § 14 Rn 31。

[5] 参见 BGHSt 26, 104, 105; BGH NStZ 87, 71; BGH NStZ 12, 571; BK-Wittig, § 243 Rn 29; Fischer, § 243 Rn 26; Rengier, BT I § 3 Rn 42; Zöller, BT Rn 59。区别 Zipf, Dreher-FS S. 389, 397。

要求的内在原因在于，在价值低微情况下，将每个特别严重情形予以强制排除，减少对其正当性之质疑的论据只能是，以轻微的物品价值而假定的犯罪的轻微属性，至少对结果与行为不法应有所保证。[1] 此外，在未遂案件中，只有犯罪决意和故意倾向能够说明是否第 243 条第 2 款的条件得以满足，在此这也显示恰恰是主观因素具有重要意义。

与第 243 条第 2 款相关，对于(存在争议的)错误问题的解决，从中得出了如下的、将价值低微性视为“消极的不法条件”的观点[2]所无法完全共同支撑的[3]结果。 251

如果被盗物品，比如真的珍珠项链，客观上价值不菲，则因为并非轻微的结果不法却是第 243 条第 2 款之适用条件，即便行为人错误地将之视为价值低微之物(如将贵重的物件视为廉价的纺织品)。但在此，行为不法和责任内涵可被如此降低，以至于相关的示例规定的指示效应被否决，法官在对行为和行为人的整体评价框架内对特别严重情形予以否定。相反，对于犯规观点而言，应从第 16 条第 1 款或第 2 款的直接或相应适用中强制性地得出这一结论。[4]

反过来，如果行为人基于错误认识将客观上价值低微之物误以为价值不菲，则第 243 条第 2 款的适用因缺乏主观方面而不能，这也就意味着，行为人的故意并非针对取走价值不菲之物。由此，此类案件缺失第 243 条第 2 款所要求的减少的行为不法。在此，也再次涉及对于行为和行为人进行整体评价的问题，基于明显降低的结果不法而反对示例效应并否定特别严重情形的存

〔1〕 Vgl. Küper/Zopfs, BT Rn 270; ders., NJW 94, 351; Lackner/Kühl, § 243 Rn 4; LK-Vogel, § 243 Rn 62.

〔2〕 Vgl. Kindhäuser/Böse, BT Ⅱ § 3 Rn 48.

〔3〕 对此具体见 Küper/Zopfs, BT Rn 271, 274; SK-Hoyer, § 243 Rn 48 f; S/S-Bosch, § 243 Rn 53。

〔4〕 对此，参见 Küper/Zopfs, BT Rn 271, 274 附进一步的文献。此外 A/W-Heinrich, § 14 Rn 31; Eisele, BT Ⅱ Rn 161。

在,是否具有必要性。相反观点在此部分地倾向于实现对于未遂规则的更为缓和的评价。[1]

2. 价值低微之概念

252 对于第243条第2款中价值低微概念,决定性的基本上是行为当时物品客观上有待评判的市场价值(Verkehrswert)。[2] 有待销售的物品价值,包括证明的销售税额在内的具体的销售价格。重新取得或者制造花费不足为据。[3] 对于禁止交易之对象,取决于——只要人们将其视为盗窃罪的可能对象[4]——其黑市价值。[5]

此外,是否还要对相关者人身和经济关系予以关注,存在争议。[6] 赞成观点的依据是,有的案件中被害人即便通过客观上价值低微之物的失去,比如出于贫穷或者具有保护价值的情感利益,也会明显地受到损害。如果行为人对此知悉,则判处轻微不法。通过不具名的严重情形的认定,相关观点难以获得帮助,因为排除条款对此亦可适用(见边码249)。

如果根据一般的交往观念,物品价值对于获利及损失可被视为并非重大,则物品的价值为低微。

---

〔1〕 对此,参见 Küper/Zopfs,BT Rn 274 附进一步的文献。

〔2〕 Vgl. BGH NStZ 81,62;Küper/Zopfs,BT Rn 275.

〔3〕 Vgl. BGH wistra 17,437.

〔4〕 例如对于毒品 BGH NJW 06,72,对此见边码 73 和否定 Hillenkamp, Achenbach-FS S. 189,196 f,204 f;Wolters,Samson-FS S. 495,500 ff。

〔5〕 参见 Kudlich/Noltensmeier/Schuhr, JA 10, 343;LK-Vogel, § 243 Rn 58; MK-Schmitz, § 243 Rn 69。对于将第243条第1款第2句第7项从第243条第2款中予以排除,见边码243。

〔6〕 否定 S/S-Bosch, § 248a Rn 7。肯定 Fischer, § 248a Rn 3;BGH GA 57,17,18;19;OLG Hamm NJW 71,1954。

判例恰当地予以拒绝对此设置僵化的规则，比如将每周的失业救助费用援引为标准。[1] 轻微价值的上限多年来规定为约 50 德国马克。[2] 鉴于根据人们并非不合理的估计，现在 1 欧元的价值与 1 马克的价值大致相当，可将界限确定在 50 欧元。[3]

在数个行为参与者的情况下以及在自然意义上的行为一体的框架内，重要的是赃物的总体数量和总体价值。[4]

借由以上述及的条件可以推断出来，第 243 条第 2 款的适用可能原则上取决于盗窃对象具有以金钱测度的市场价值。如若没有，比如盗取刑事诉讼卷宗或者其他的并无客观可测度实质价值的对象[5]，则难以得出相关物品是价值低微甚或毫无价值的结论。相反，在与之相关的功能领域内，其（只是予以考虑的）功能性（funktionell）价值更为重要，甚至是不可替代的。第 243 条第 2 款规定的排除规则，其表述仅依据纯粹的经济标准判断案件的轻 253

〔1〕 参见 BGHSt 6，41，45；KG StV 16，652，654 ff（在 31.95 欧的情况下，肯定了价值低微）。

〔2〕 参见 OLG Schleswig StV 92，380；OLG Düsseldorf NJW 87，1958；Henseler，StV 07，323，325；Fischer，§ 248a Rn 3a。BGH BeckRS 04，07428 从中得出了 25 欧的界限。

〔3〕 参见 OLG Zweibrücken NStZ 00，536；OLG Hamm NJW 03，3145；OLG Frankfurt a. M. NStZ-RR 08，311 附评议 Jahn，JuS 08，1024；OLG Frankfurt a. M. NStZ-RR 17，12；Lackner/Kühl，§ 248a Rn 3；OLG Oldenburg NStZ-RR 05，111。Fischer，§ 248a Rn 3a 认为其“过高”。在经济条件发生根本变化的情况下，提高（此处仅为较小的）价值门槛，见 BGH NStZ 11，215，216 附评议 Jahn，JuS 11，660。

〔4〕 Vgl. BGH NJW 64，117；69，2210；HK-GS/Duttge，§ 243 Rn 55；Kindhäuser/Böse，BT Ⅱ § 3 Rn 44.

〔5〕 对此富有教益的有 BGH NJW 77，1460。BayObLG JR 80，299 将个人证件、支票卡和支票表格等——直到 2001 年 12 月 31 日（对此见 Baier，ZRP 01，454）有效的功能——涵括在内。

重,并不适于以上所述的犯罪对象。[1]

对于公司印鉴和带有公司抬头的信签纸,情况有所不同。此类物品通过订货可以自由交易获取,由此也就具有了以金钱测度的市场价值。鉴于在第243条第2款情况下,着重考虑取走行为实施当时的价值情况,其市场价值应评估为低微,即便将其取走的意图在于以滥用方式填写公司信签纸,通过相对银行的贷款诈骗而取得高额利益,也是如此。[2]

254 在案例17中,第一起犯罪并未针对价值不菲的手提包,T只是将之短暂地取走,并非自用作运输工具,而只是为了在犯罪现场节省时间而已。在此,其只存在剥夺财物的意志,而不存在据为所有的意图(见边码151及以下数个边码)。[3] T想要占为己有的身份证件和信用卡,虽然只有地位的质料价值,并无市场价值,但二者共同作用却具有了客观且其(与空白的信签纸和公司印鉴相反,见边码253)自身就已经具备的功能价值,其禁止排除条款之适用。[4] 鉴于T通过打破车窗探入汽车内部实施犯罪,系侵入封闭的、用于人们进入的空间,根据第242条、第243条第1款第2句第1项之规定,对其应以盗窃罪之特别严重情形追究责任。与之相反,在第二起犯罪中,排除条款将案件导向了一般盗窃的方向,因为T的盗窃故意所全然指向的两盒巧克力,即便一起[5]也只具有低微的(见边码252)价值。依此,只应以一般的盗窃追究其责任。尽管赃物的价值轻微,但F并不需要根据第248a条提起告诉,原因在于,在从汽车内部盗窃的案件中,也就是在实现第243条(在此:第1款第2句第2项)的行为方式的情况下,刑事追诉机关会肯定刑事追

〔1〕 参见BGH NJW 77,1460;BGH NStZ 12,571;Satzger,Jura 12,792。对于被盗的个人证件的利用价值,见OLG Stuttgart NStZ 11,44。

〔2〕 Vgl. BGH NStZ 81,62.

〔3〕 参见BGH StV 00,670;BGH StV 10,22附评注ahn,JuS 10,362。

〔4〕 参见BayObLG JR 80,299附赞成性评注Paeffgen,对于直到2001年12月31日有效的支票表格及其附属的支票卡。

〔5〕 Vgl. OLG Düsseldorf NJW 87,1958.

诉所具有的特别的公共利益。[1]

3. 故意转换问题

在第243条第2款的适用问题上,在行为的未遂与既遂之间发生对象与故意转换的案件中,会产生难题。[2] 在此应区分两类案件类型。在第一类中,实现示例规定而取走的对象,从其价值上与行为人的预想存有差异,而行为人是在侵入、爬入等行为过程中所做的预想(对此见案例18a、18b,边码256及下一边码)。在另一类中,在实现示例规定后,行为人最终放弃了针对并非价值低微之物的行为决意,转而形成了新的决意,将价值低微之物取走(对此见案例19、边码260)。两种案件类型应不同的予以评判。 255

案例18a:T侵入了游艇俱乐部的船坞,想要盗取钱款和其他贵重物品,但之后决定,只拿走价值8欧元的一个艇篙。 256

案例18b:T侵入了游艇俱乐部的船坞,想要盗取价值8欧元的一个艇篙。在其发现钱款和其他贵重物品之后,将之拿走并逃之夭夭。 257

根据第242条、第243条是否具有可罚性?(见边码259)

在边码255所提及的两种类型的第一种当中,行为人对于最后取走的对象成立既遂形态的盗窃罪(第242条)。但是,盗取价值低微的(案例18a)或者并非价值低微的对象(案例18b),并不符合行为人在示例规定实现之时,对于具有或高或低价值之对象所形成的最初的犯罪决意。在此存在疑问的是,在未遂阶段之内 258

---

〔1〕 与价值低微条款的定向功能相对应,第243条第2款在每种情况下都要首先予以讨论;赞成Zopfs,Jura 07,422。Eisele,BT Ⅱ Rn 157建议相反的鉴定顺序——先是示例规定,再是排除条款。Joecks/Jäger, § 243 Rn 9;Rengier,BT I § 3 Rn 39和Schmidt,BT Ⅱ Rn 172。

〔2〕 根据以前的法律,关于争论情况,见Hillenkamp,Die Bedeutung von Vorsatzkonkretisierungen 1971,S. 5 ff;对于现在的状况,见Küper/Zopfs,BT Rn 272 f。

的对象及故意转换,对于犯罪进程的法律评价以及第 243 条第 1 款、第 2 款之适用可能,具有何种意义?

259 根据判例,对同一行为进行整体评价时,并不重要的是,盗窃故意最初是限定在一定的对象之上,还是想要将所有值得盗取的物品全部拿走。其持续存在并不会受到在犯罪事实过程中予以限缩、扩张以及其他方式改变的影响。[1] 也就是说,行为人为实施盗窃而侵入建筑物内部,即便是没找到想要寻找的物品而取而代之地盗取了其他物品,也属于以贯穿的故意实现了第 242 条、第 243 条第 1 款第 2 句第 1 项的要件。在此情况下,达致既遂的犯罪可以正确地仅是同一地,也就是整体地作为既遂的特别严重情形的盗窃或者作为一般的盗窃予以评价。[2] 前者的理由更为充分。

在案例 18a 中,T 为实现第 242 条之规定而着手,为实施犯罪而进入船坞(第 243 条第 1 款第 2 句第 1 项),此时其意图是将钱款和贵重物品取走。因此,他的犯罪决意在未遂阶段并未“涉及”盗取价值低微物品,以至于第 243 条第 2 款因此即不可适用。着眼于对象和故意转换,已经存在未遂的特别严重情形的盗窃,只是因为 A 另有他意,才导致并未出现最初想要的结果。在犯罪实施过程中形成的满足于拿走艇篙的决意,在此既不涉及此种盗窃故意的继续存在,也不影响行为过程的同一性和事实上的关联性,从而行为应整体地、对最终取得赃物的低微价值不予考虑的根据第 242 条、第 243 条第 1 款第 2 句第 1 项作为既遂的盗窃罪的特别严重情形予以评判。[3] 对于第 243 条第 1 款第 2 句第 1 项之于行为整体的适用可能,有利的情况是,即便 T 并未拿走任何东西而两手空空地离开了船坞,在案例 18a 中,作为加

〔1〕 Vgl. BGHSt 22,350,351;BGH MDR/D 53,272.

〔2〕 参见 BGHSt 26, 104, 105; Blei, JA 75, 591, 661; Eisele, Die Regelbeispielsmethode im Strafrecht 2004, S. 339;Zipf, Dreher-FS S. 389,394。

〔3〕 Vgl. BGHSt 26,104,105;BGH NStZ 87,71;S/S-Bosch, § 243 Rn 55.

重事由的侵入也可予以认定。[1] 另外，反对观点[2]认为，将行为过程分解为盗窃未遂的加重情形（对于未曾拿走的贵重物品）和既遂形态的一般盗窃（对于艇篙），与事件进程的同一性质相互矛盾。从事件进程的同一性质可以推知，即便在翻转过来的案例 18b 中，也应同样地做出决定，并认定既遂的盗窃罪的特别严重情形。反对观点在此只想认定一般的盗窃罪，[3] 忽略了完全缺失第 243 条第 2 款所要求的轻微的结果不法，也缺失与第 243 条第 2 款之核心案例完全对应的轻微的行为不法。

与之相反，情况不同的是，在行为人产生拿走价值低微物品的 260
意图之前，因为失败或中止，行为人不只是与通过实现示例规定而实施的、盗取并非价值低微之物的未遂拉开了距离，而且最终整体性地与盗窃故意也拉开了距离。

案例 19：T 晚上侵入了游艇俱乐部的船坞，想要盗取钱款和其他贵重物品。由于他没找到任何钱款或贵重物品，就失望地躺下睡了。第二天早上醒来，他盗取了两罐啤酒和一块瘦肉香肠作为早餐，总价值是 10 欧元。

是否应以盗窃罪的特别严重情形追究 T 的责任？

T 仍然留在犯罪现场（建筑物内部）并产生新的犯意，盗取了两罐啤酒和一块瘦肉香肠作为早餐，在此之前，他必须已经最终放弃了最初盗取钱款和其他贵重物品的犯罪决意。在实现之意图的框架内，在此涉及的是一个真正的休止（Zäsur），其导致事件的第二个阶段应单独评价，并视为一个新的犯罪，其刑事可罚性只能根据第 242 条、第 248a 条进行确定。之前存在的加重事由——侵入，不能干预后续的盗窃，因为 T 并不是“为了实施这一起犯罪”而侵入。他也不是以此意图而将自己隐匿在船坞中（见边码 232）的。据此，在此并不涉及第 243 条第 2 款（开放 BGHSt 26，104，105 f）。至于之前的行

[1] Vgl. Fahl, JuS 01, 48; Fischer, § 243 Rn 26; Krey/Hellmann/Heinrich, BT Ⅱ Rn 149.

[2] Vgl. Kindhäuser/Böse, BT Ⅱ § 3 Rn 50; SK-Hoyer, § 243 Rn 53.

[3] Vgl. Kindhäuser/Böse, BT Ⅱ § 3 Rn 51; SK-Hoyer, § 243 Rn 53.

为在刑事可罚性上是否仍然留有以未遂的盗窃特别严重情形(见边码 213)的可能,与在此论及的案件一样,取决于是涉及一个无法中止的失败之举,还是一个从试图之中的自愿中止[1]。

261 因此,在此种案件情形下,区分的决定性因素是,尽管对象和故意发生了变化(如在案例 18a 和 18b 中),但盗窃的意志是否在整个事件中持续存在,或者(如在案例 19 中)由于失败或中止而最终放弃了盗窃故意,随后又作出了关于另一对象的新的盗窃决意。[2]

判例例证:OLG Hamm BeckRS 16,05563 附评议 Eisele,JuS 16,564 这一裁决显示了仔细而全面地查明案件事实,对于根据本书在边码 248 及以下数个边码所论证的标准,将盗窃案件归入第 243 条第 1 款还是第 2 款,是多么重要。在本案中,被告人 A 在 5 个数罪(第 53 条)案件中,在实现第 243 条第 1 款第 2 句第 1 项的前提下,到达了不同的空间内并实施盗窃。在侵入理疗诊所的案件中,他只是盗取了价值 10 欧元的瓷具,在另外的一个案件中,他除了钱包外只偷到了 10 欧元。在另外两个案件中,A 将现金和 1 个手包拿走。在所有案件中,地方法院均从第 243 条第 1 款第 2 句第 1 项规定的特别严重情形——A 也属于常业盗窃(第 243 条第 1 款第 2 句第 3 项)——出发。州高等法院合理地看到,其无力确认对于第 243 条第 2 款予以(默示)排除的正确性,因为对此缺失必要的认定。第二个案件中钱包的价值、第三个案件中现金的金额以及第四个案件中手包的价值,均在判决中予以表明。由此,难以排除的是,各个物品本身只具有低微价值。此外,在数罪的前提下,价值相加——也以对单个价值的认定为前提——并不会予以考虑(见边码 252)。在此之外,瓷具案件清晰地显示,不只是盗窃对象的客观价值,与此相关的故意内容也需要更为准确地予以查清。就此,州高等法院恰当地表示,

---

[1] 对此,参见 Krey/Hellmann/Heinrich,BT Ⅱ Rn 153;SK-Hoyer, § 243 Rn 53。

[2] 同样如此 Küper/Zopfs,Rn 272 f;Rengier,BT Ⅰ § 3 Rn 43 ff;Schmidt,BT Ⅱ Rn 173 ff。也见 Jäger,BT Rn 262 ff。

地方法院认定了 25 欧元的边界值,虽然对于在此之下的物品也不能排除第 243 条第 1 款的适用可能。但其同样恰当地提出,“只有当行为人的故意涉及价值更大的物品时”,才可能是合适的。这与本书(见边码 250、边码 255 及以下数个边码)支持的通说观点也相符合。行为人侵入理疗诊所,“因为在那有可以期待的现金、电脑及其配件等”,具有此种故意,“虽然相当接近”,但也必须予以确认。这是恰当的。在第一起案件中,地方法院认定了特别严重情形盗窃的未遂,因为 A 在同一天发生的另外的侵入中,将鸡蛋“(重新)放回到医疗中心的空间之内”,这一判定被州高等法院合理地认定为不恰当。对于实现第 243 条第 1 款第 2 句第 1 项规定的加重情节的未遂,第 243 条规定的刑罚框架也可以适用(见边码 212 及下一边码),这虽然是正确的,但鉴于 A 在第一次盗窃后已经离开了诊所,对于鸡蛋的盗窃在第二次行为归还之前已经既遂。法律在盗窃罪情况下也不承认积极悔罪(tätige Reue)。如果人们错误地从单纯未遂出发,但也——州高等法院将之略过,其仍然让对于单纯未遂的认定存续,因为这一认定并未对 A 不利——需要对第 24 条进行阐述,并不会只是因为鸡蛋明显只是被重新放回到同一建筑物,却并未物归原位,而使之必然落空。

Ⅳ. 鉴定结构:盗窃罪之特别严重情形,第 243 条

261a

盗窃罪之特别严重情形,第 243 条

Ⅰ. 违法且有责地符合盗窃罪犯罪构成,第 242 条

　　Ⓟ只是未遂的盗窃

Ⅱ. 示例之实现

　　Ⓟ只是“未遂的”示例

　　1. 示例的客观要件

　　　第 1 项:(1)相关对象:· 建筑物

　　　　　　　　　　　　· 办公或经营场所

　　　　　　　　　　　　· 封闭空间

(2)行为:·侵入
·爬入
·进入
—通过假的钥匙
—通过其他工具
·自我隐匿
第2项:(1)保护设施:·上锁的容器
·其他保护设施
(2)防止取走:·防止取走的特别防护
Ⓟ防护目的
第3项:常业性:·常业盗窃
第4项:(1)空间性:·教堂
·宗教用途的建筑物
(2)对象:·专用于礼拜仪式物品
·服务于宗教信仰用品
第5项:(1)对象:·具有特定意义的物品
(2)保存地点:·公众可以进入的收藏馆
·公共的展览
第6项:(1)危险境地:·无助
·不幸事件
Ⓟ对物品的危险
Ⓟ自负其责
·共同的危险
(2)利用:·利用境地实施盗窃
第7项:对象:·冲锋枪、机枪等
2. 示例的主观要件
(1)“故意”:·概括故意(第16条准用)
(2)特殊:第1项:·为实施犯罪
→在行为实行时具有盗窃故意
第6项:·利用的明知

Ⅲ.行为情状的整体评价
→指示效应
→非典型案件
Ⅳ.排除,第 243 条第 2 款
→涉及价值低微物品
→故意转换

§ 4 持有武器盗窃罪、侵入住宅盗窃罪和结伙盗窃罪

第 243 条只是列举了盗窃罪的特别严重情形,而第 244 条则规定了加重的犯罪构成,其立基于第 242 条规定的基本犯罪构成之上,并与之处于阶梯关系之中。[1] 第 244 条第 1 款规定的四种加重事由,内含了强制性与完结性的规则,在符合所列条件的情况下始终适用,也只能在满足条件时才能适用。第 244a 条规定的重罪犯罪构成也是一样。直到 1998 年,第 243 条第 1 款第 2 句第 1 项规定的以侵入住宅盗窃之标题简称的侵入、爬入及其他方式进入住宅的示例,表述相同的作为第 4 种加重行为方式,被纳入第 244 条第 1 款第 3 项规定当中。与第 250 条第 3 款规定相对应的、在存在较轻情况下的刑罚减轻可能,立法者自 2011 年开始才将之增加规定到修正后的第 244 条第 3 款中,原因在于,此种规范的缺失,显得“特别是在第 244 条第 1 款第 1a 项规定的以特别危险工具实施的盗窃的情况下问题较大”(对此见边码 274、283、288、290)。[2] 2017 年 6 月,德国联邦议院决定,将侵入长期使用的 262

[1] 参见 Wessels/Beulke/Satzger, AT Rn 169 f, 173 f。

[2] 参见 BT-Ds 17/4143, S. 6。2011 年 11 月 1 日颁行的《第 44 刑法修正案》(BGBl I 2130),新增了这一修改。对此修改批判 Fischer, § 244 Rn 61; Hettinger, Roxin-FS Ⅱ S. 273, 279 ff; Krüger, Jura 11, 887, 890 f; S/S-Bosch, § 244 Rn 38; Zopfs, GA 12, 259。对于《第 44 刑法修正案》,也见 Singelnstein/Puschke, NJW 11, 3473(对于第 244 条第 3 款, S. 3475)。

私人住宅实施的盗窃从第 1 款第 3 项中分离出来,在重新拟定的第 4 款(迄今的第 4 款规定被取消)中,作为重罪(加重侵入住宅盗窃罪)[1]予以规定,法定刑为 1 年以上 10 年以下有期徒刑。修正后的条文并未规定这一重罪的较轻情形。第 244 条第 3 款只涉及第 1 款第 1—3 项规定的情形。[2]

Ⅰ. 持有武器盗窃罪

263 案例 20:在侵入住宅犯罪科工作的警员 P,利用被派往犯罪现场的机会,数次将贵重的较小的易于隐藏的物品盗走。其间,他一般会将他可以射击的公务手枪带在身上。但是,在一例案件中,他将武器放在了离入室现场相隔 150 米停放的执勤车上。在另一例案件中,他在盗窃过程中注意到,他错过了早上的弹药分发,因此带了一把空枪在身上,但之后想到,紧急情况下可将手枪作为恐吓手段,或者在他人在路上拦截的时候,也可以作为暴击他人头部的打击工具予以适用,也就平静了下来。

是否可以根据第 244 条对 P 予以处罚?(见边码 294)

1. 持有武器或者其他危险的工具

264 在第一种犯罪构成形态(第 244 条第 1 款第 1a 项)中,犯罪人持有武器或者其他的危险工具,并用武器实施盗窃。

a)持有武器

265 第 244 条第 1 款第 1a 规定的武器(如同第 250 条第 1 款第 1a 项、第 2 款第 2 项,第 177 条第 3 款第 1 项)仅应理解为一个(可予

[1] Vgl. BGH BeckRS 20,2840.

[2] BGH HRRS 19 Nr 560 参阅 BT-Ds 18/12359,S. 8。规定(BGBl I 2442)自 2017 年 7 月 22 日起生效。对于新近的改革批判 Dreißigacker u. a. ,NK 17,321;Esposito/Busch,ZRP 17,30;Fischer, § 244 Rn 63;Kreuzer,NK 17,123;Mitsch,KriPoZ 17,21;180 和本书边码 290a;概览 Bosch,Jura 18,50。

使用的,见边码 271)技术意义上的[1]武器。应将武器与其他的危险工具做严格的区分,与对于两种行为工具相同的法律规定相反,根据有争议的但也更恰当的观点,在并无使用保留(Verwendungsvorbehalt)的前提下,单纯持有武器即为已足,而单纯持有危险工具则不然(进一步见边码 275 及下一边码)。[2] 武器是指根据其制造方式适合于(且据此已经或者根据一般的交往观念用于)通过对其通常的使用,以其机械的或化学的效应,对人造成身体上的伤害的任何物体。[3] 并不属于此类“天然的”或者根据一般的交往观念“被选定的”武器的物体,只是在偶然情况下与其用途相殊地被用作攻击或者防卫的手段,且只是通过犯罪人的专断而将之用作了“武器”(专断的武器)。[4] 并无疑义的是,首先应归入武器范畴的,是所有的击发武器和第 243 条第 1 款第 2 句第 7 项所列举的武器。在此之外,符合条件的也包括所有的砍伐、击打、撞击、捅刺武器,与橡胶棒和棍棒、指节铜套或者战刀(比如跳刀、重力刀、蝴蝶刀)[5]一样,其一般地作为武器予以使用,[6]手榴弹和燃烧弹也属武器[7]。胡椒喷雾被德国联邦法院归为危险

---

〔1〕 Vgl. Dencker, in: Dencker ua, Einführung in das 6. StrRG 1998, S. 13; Küper/Zopfs, BT Rn 758, 763; ders., Hanack-FS S. 571 f; Lackner/Kühl, § 244 Rn 3a; Rengier, BT I § 4 Rn 8, 16; SK-Sinn, § 250 Rn 8.

〔2〕 Vgl. Küper/Zopfs, BT Rn 789, 793 f.

〔3〕 参见 RGSt 74, 281, 282; BGHSt 4, 125, 127; BGH NJW 65, 2115。类似 S/S-Bosch, § 244 Rn 3。

〔4〕 Vgl. RGSt 74, 281, 282.

〔5〕 见《武器法》附件 1 第 2 小节。过泛 BayObLG StV 99, 383:一般的刀具。相反, RGSt 66, 191; 68, 238, 239。对于瑞士军刀,恰当地予以否定 OLG Köln NStZ 12, 327。

〔6〕 参见 RGSt 74, 281, 282; BGHSt 4, 125, 127; 43, 266, 269 援引《武器法》第 1 条第 7 款之原规定。

〔7〕 Vgl. Fischer, § 244 Rn 4.

的工具。[1]

266 为了确定刑法上的武器概念,判例回溯到武器法(比如对于刀具也是一样)[2]的基本设定,以及一般的语言使用。据此,击发武器是指用于进攻或者防守,也可用于比如狩猎、运动或者娱乐,子弹通过枪管以向前的运动轨迹被推动的物品。其包括卡宾枪、猎枪、手枪和气枪[3],但根据有所争议的主张,毒气弹手枪也属其中,只要手枪的构造是从其气体盒子中被射出,经过击发释放的气体并不只是在边上弥散,[4]而是向前运动。[5] 反对观点提出,毒气弹手枪因为其较小的危险性而不能被归为击发武器,但可能被作为原第244条第1款第2项规定中的武器。[6] 经过法律修改,这种观点已经丧失了实践意义,[7]因为新的条文不再存有此种差异,而只是继续沿用了武器的概念。如果毒气弹手枪装载的只是空包弹,则其丧失了作为刑法意义上的武器之前提的抽象危险性,[8]不再以其作为技术性武器的特性而被投入使用(参见BT-Ds 13/8587,S. 44)。但如同其他的警示枪支,其可能被归为危险工具[9]之中,如果犯罪人与被害人之间只存在几厘米的射击距离(相对的近距离射击),或者是在射击时将枪口贴向了身体表面(绝对的近距离射

[1] BGH NStZ-RR 07,375 参阅 BGH NStZ-RR 03,105。开放(否则的话,危险工具)BGH BeckRS 17,130131。相反,支持归入武器当中 Fischer, § 244 Rn 4。区别 Jesse,NStZ 09,364,366 ff。

[2] Vgl. BGH BeckRS 15,09422.

[3] Vgl. BGH MDR/D 74,547.

[4] Vgl. BGH NStZ 99,135.

[5] 参见 BGHSt 24,136,139;45,92,93 f;BGH NStZ 89,476;BGH StV 96,315;BGH NStZ 02,31,33;BGH NJW 11,1979,1980;LK-Vogel, § 244 Rn 25。进而 Küper/Zopfs,BT Rn 764。

[6] 对此见 Lackner/Kühl, § 244 Rn 3a。

[7] Vgl. Eisele,BT Ⅱ Rn 175;Geppert,Jura 99,600;Krey/Hellmann/Heinrich,BT Ⅱ Rn 177;M/S/M-Hoyer, § 33 Rn 116;Rengier,BT I § 4 Rn 9.

[8] 其他观点 BGH JR 99,33 附否定性评注 Dencker;对此见 Geppert,Jura 99,601。

[9] 参见 BGH NStZ-RR 02,9 关于武器;同样如此 Beulke,III Rn 189。

击),通过射出的爆发气体和弹药颗粒,有可能造成重大的伤害,或者是以此种方式施以枪支。[1] 鉴于在此类案件中警示枪支也具备重大的伤害可能性,以及在实践中对此种方式的经常使用,德国联邦法院大刑事审判庭[2]考虑,将警示枪支完全一般性地与毒气弹手枪等同,由此将其作为技术意义上的手枪。[3] 但人们不应该这么做,原因在于,对此决定性的考量,以及在从2003年4月1日开始生效的新修正的武器法中,促使立法者对之同等对待的因素在于危险性,但在此类案件中不能忽略的是,侵害危险并非警示枪支的制造者所确定的,而只是对其(保留的)与作用相悖的使用,也就是由犯罪人所确定的。但这恰恰并非武器的特征,而只是危险工具的特征。

第244条第1款第1a项并不要求武器要在盗窃实施过程中投入使用(如此则一般认定抢劫),或者已经准备好,在需要情况下对其进行使用。犯罪人或者其他的犯罪参与人在未遂开始与——存在争议——既遂(并非结束)[4]之间的盗窃行为进程的任何时间节点,在明知其具有使用能力和任何时间的使用可能而 267

---

[1] Vgl. BGH NStZ 02,31,33.

[2] 参见BGHSt 48,197。赞成德国联邦法院 Eisele,BT Ⅱ Rn 179;Geppert,JK 10/03,StGB § 250 Ⅱ Nr1/4;H-H-Kretschmer,Rn 843;HK-GS/Duttge, § 244 Rn 4;Kindhäuser/Hilgendorf, § 244 Rn 4;Klesczewski,BT § 8 Rn 138;Lanzrath/Fieberg,Jura 09,348;Schmidt,BT Ⅱ Rn 193;S/S-Bosch, § 244 Rn 3a。有所保留 A/W-Heinrich, § 14 Rn 55;Rengier,BT I § 4 Rn 18。开放 Krey/Hellmann/Heinrich,BT Ⅱ Rn 178。相反,恰当批判 Baier,JA 04,15 f;Beulke,Ⅲ Rn 188;BK-Wittig, § 244 Rn 5. 3;Erb,JuS 04,653,654 f;Fischer, § 250 Rn 7-10;ders. ,NStZ 2003,571;Lackner/Kühl, § 244 Rn 3a;LK-Vogel, § 244 Rn 23;MK-Schmitz, § 244 Rn 7;NK-Kindhäuser, § 244 Rn 7;Ransiek,JA 18,668;SK-Sinn, § 250 Rn 10;S/S/W-Kudlich, § 244 Rn 8。如同本书 Fischer, § 244 Rn 7 f;Küper/Zopfs,BT Rn 765;Mitsch,BT S. 115;Zopfs,Jura 07,516。

[3] 前提是,“爆炸压力”通过枪管向前释放,见 BGH NStZ 10,390;11,702;BGH NStZ-RR 12,201;BGH NStZ 12,445;BGH NStZ-RR 15,111;BGH BeckRS 17,108312。

[4] 见边码268。根据 BGHSt 20,194,197;38,295,298 f;BGH MDR 80,106;BGH NStZ 07,332,334;BGH NStZ-RR 14,110;S/S-Bosch, § 244 Rn 7 和 Wessels,BT/2 Rn 255:直到结束。

随身携带武器的,即已足够。[1] 德国联邦法院[2]对此种明知提出了严格的要求,对于与职业相关而携带武器者而言并不具备。[3] 犯罪人是否将击发武器带到了犯罪现场[4]——或者是作为赃物(见边码 243)——[5]带到身上,[6]并不重要。也不要求在犯罪实施过程中犯罪人将武器拿在手上,或者至少将其佩带在身上。武器必须在犯罪人自己的控制下[7]而供其使用,也就是说,武器要在随时可用的状态下,在犯罪人附近,从而可被使用,犯罪人并没有特别的困难也不需要花费什么时间,即可使用武器。[8] 将武器放在背包里面也是一样的,即便犯罪人必须先要打开背包才能拿到武器。[9] 在一户住宅具有多个房间的情况下,犯罪人将带着的武器放在一个房间,并在另一个房间内寻找财物,并不必然

〔1〕 Vgl. BGHSt 3,229,232;BGH NStZ-RR 14,110;Hillenkamp,JuS 90,456;ders.,JuS 03,159.

〔2〕 参见 BGH StV 02,120,122 在武器的情况下。在危险工具的情况下,对此见 BGH StV 02,191;03,26,27;05,606。也见 OLG Schleswig NStZ 04,212,214;OLG Celle StV 05,336;KG StV 08,361;473,474 和边码 273 及下一边码。

〔3〕 参见 BayObLG StV 99,383;OLG Hamm NStZ 07,473,474。也见 OLG Naumburg BeckRS 11,21702。

〔4〕 见 BGH NStZ 01,88,89;BGH BeckRS 13,08221。

〔5〕 参见 BGH BeckRS 13,20189 附评议 Kudlich,JA 14,228;Satzger,JK 9/14,StGB § 250 I Nr 1a/15;Rengier,BT I § 4 Rn 51;S/S/W-Kudlich,§ 244 Rn 19。其他观点见 H-H-Kretschmer,Rn 857;Kindhäuser/Hilgendorf,§ 244 Rn 17;Kindhäuser/Wallau,StV 01,354;Lanzrath/Fieberg,Jura 09,352;M/S/M-Hoyer,§ 33 Rn 124。对此案例解析,见 Werkmeister,JA 13,906。

〔6〕 Vgl. BGHSt 13,259,260;BGH NStZ 85,547.

〔7〕 Vgl. BGH StV 02,120,121 f;Küper/Zopfs,BT Rn 118;Rengier,BT I § 4 Rn 43.

〔8〕 总结 BGH BeckRS 17,130131;更详尽 Geppert,Jura 92,496。

〔9〕 更狭 BayObLG StV 99,383。

与必要的"就在手边"相矛盾。[1] 相反,如果武器被固定地安装在盗窃发生的房间之内,即便犯罪人任何时间均可能射击,但欠缺持有武器条件。在此情况下,虽然能够证明此种犯罪构成情形固有的危险。但是,根据词义,对于持有而言,只有可移动的物品才具有可能。[2] 持有必须通过在犯罪现场的犯罪参与人[3]才能满足,对于其他人,只有其故意所到之处才能归责于他。

例如,犯罪人将击发武器放在了汽车上,车停在离犯罪现场 200 米的地方,在他的侵入企图(因为触发报警装置或者出于其他原因)失败之后,他在并无赃物的情况下持枪逃离,则并不具备第 244 条第 1 款第 1 项规定的条件。在以上所述的"行为过程"中,既不包括前往犯罪现场的行驶过程,也不包括之后的逃离过程,因为前者只是属于纯粹的预备阶段(也就是说处于未遂开始之前),而在开着汽车并利用其中放着的击发武器逃离之前,失败的侵入企图已经结束了。[4] 与广为传播的观点[5]相反,行为过程——不考虑 268

[1] 对于《麻醉品管理法》第 30a 条第 2 款第 2 项的规定而言,BGH JR 18,472,476 并未强制性地排除必要的"拿取贴近"(Griffnähe)或"拿取距离"(Griffweite),情况是,与麻醉品不同,犯罪人将枪支或对象并未封缄地存放在住宅的其他空间之内。对于两部法律当中"带在身上"(Bei-Sich-Führen)与"自己带着"(Mit-Sich-Führen)之间的对应性,见 Magnus,JR 18,437,445 ff。

[2] 对于《麻醉品管理法》第 30a 条第 2 款第 2 项中同等含义的"携带"(Mitsichführen),参见 BGHSt 52,89 附就此而言赞成性评议 Magnus,JR 08,410。对于第 250 条第 2 款第 1 项,同样如此 BGH BeckRS 13,00525(工业垃圾粉粹机)附评议 Hecker,JuS 13,948;也见 Fischer, § 244 Rn 27a。批判 Vogel,JA 18,748。

[3] 对此,帮助犯也可以归入其中,见 Hillenkamp,JuS 03,159。

[4] 对此富有教益的参见 BGHSt 31,105,106 f;Kühl,Anm. JR 83,425。BGH NStZ 18,148 附评注 Kudlich 恰当地认为,只是在预备阶段的使用并不足够;不当地则认为,直到结束为止,均为足够。

[5] 参见 BGHSt 20,194,197;BGH NStZ 85,547;BGH NStZ 07,332,334 附就此而言的否定性评议 Kudlich,JR 07,381;OLG Hamburg NStZ 17,584;Krey/Hellmann/Heinrich,BT Ⅱ Rn 191;M/R-Schmidt, § 244 Rn 7;S/S-Bosch, § 244 Rn 7;Wessels,BT Ⅱ Rn 255。

少见的重复实施的案件[1]——不再包括在既遂与结束之间的阶段,因为这一时间阶段在犯罪构成实现之后才发生,且在界限上不太确定,其并不能够实现一个实施完毕的犯罪的加重效果。[2] 根据立法者的设想,在此界域内,只有在满足第 252 条规定的更为严格的条件的前提下,才可能出现加重构成。[3]

269 依据第 244 条第 1 款第 1a 项第 1 种情形,加重刑罚的根据系由随时可用的武器之中生发的对于行为人和行为的抽象危险性。明知可以使用此种效果显著的、易于操作的、一般可远距离使用的攻击手段,容易导向在需要情况下将之投入使用,且为了吓退被盗者或者发现犯罪者而予以利用。鉴于法律出于深思熟虑而并未规定任何的例外,且(与第 243 条第 2 款不同)未包括任何的轻微价值性条款,由此,第 244 条第 1 款第 1a 项也可以适用于警务人员或者部队战士,其在巡逻或执勤期间盗取了价值较小的物品,而在此期间携带了属于其装备的武器。[4]

---

[1] 对此见 LK-Hillenkamp, vor § 22 Rn 35 ff。

[2] Vgl. Kindhäuser/Böse, BT Ⅱ § 4 Rn 20; Lackner/Kühl, § 244 Rn 2; LK-Vogel, § 244 Rn 34; Mitsch, BT S. 120; ders., JA 17, 412; NK-Kindhäuser, § 244 Rn 21; Schmidt, BT Ⅱ Rn 210; SK-Sinn, § 250 Rn 21; Zaczyk, Anm. JR 98, 257.

[3] 参见 Eisele, BT Ⅱ Rn 184; HK-GS/Duttge, § 244 Rn 18; H-H-Kretschmer, Rn 855; Klesczewski, BT § 8 Rn 140; Kudlich, NStZ 17, 639; Lanzrath/Fieberg, Jura 09, 351; Rengier, BT I § 4 Rn 49; Zöller, BT Rn 79。对于争论,也见 Küper/Zopfs, BT Rn 119。对于在第 249 条、第 266 条中与此相同的问题,见 Bachmann/Goeck, Jura 12, 133; Küpper/Grabow, Achenbach-FS S. 265 ff。

[4] 参见 BGHSt 30, 44, 45 f; OLG Köln NJW 78, 652; OLG Hamm NStZ 07, 473, 474; BK-Wittig, § 244 Rn 10. 1; Eisele, BT Ⅱ Rn 190; Hettinger, GA 1982, 525; Katzer, NStZ 82, 236; Kindhäuser/Böse, BT Ⅱ § 4 Rn 19; Klesczewski, BT § 8 Rn 139; Krey/Hellmann/Heinrich, BT Ⅱ Rn 208; Lackner/Kühl, § 244 Rn 3a; LK-Vogel, § 244 Rn 29; Mitsch, BT Ⅱ S. 123 f; MK-Sander, § 250 Rn 37; Rengier, BT I § 4 Rn 57; Schmidt, BT Ⅱ Rn 216; SK-Sinn, § 250 Rn 24; Sonnen, JA 78, 468; Zöller, BT Rn 82; Zopfs, Jura 07, 517。对此也见 BVerfG NStZ 95, 76; Küper/Zopfs, BT Rn 766 ff。在武器和危险工具之间,区别 S/S/W-Kudlich, § 244 Rn 9, 17。

相反观点支持,在“武器与行为之间的内在关联”或者“可反驳的危险性推定”的视角之下,可对第 244 条第 1 款第 1a 项进行目的性限缩(teleologische Reduktion),[1]特别是对于与职业相关的武器携带者。这一观点与立法目的并不一致,且其采取的区分标准欠缺可证明性,并会导致第 244 条第 1 款第 1a 项与第 1b 项之间差异的模糊。在盗窃实施中,与职业相关的武器携带者相较于并无职业属性而行为的(提前地或偶然地带了武器的)盗贼危险性更低,这一观点难言成立。比如在盗窃过程中受到惊吓的警察比其他的犯罪人更会使用武器,因为“对其而言,如果被发现,他接下来的职业生涯通常会化为泡影”[2],显属反面例证。如果要求在持有击发武器和盗窃之间存在特别的“内在联系”,就是不顾法律规定,在第 244 条第 1 款第 1a 项第 1 种情形(与第 1b 项相反)中,法律有意地放弃了此种联系。至多可以予以考虑的建议是,将持有击发武器解释为“可反驳的危险性推定”,如果使用武器的危险(比如亲属之间的盗窃)“根据经验可以排除”,[3]则不适用这一条款。这一限制的尝试可能也并不可行,原因在于,在相关视角下不利于犯罪人的所有怀疑均须去除,且不存在以经验法则来判断一个人在其未曾预计的紧急状况下会如何行为,以及其是否能够抵住冲动出于恐吓目的而使用击发武器。由此,第 244 条第 1 款第 1a 项可能存在的严苛只能在量刑的框架内予以缓释。 270

判例例证:在 OLG Naumburg BeckRS 11,21702 判决中,被派往联邦公路一处事故现场负责安保的警员从事故车辆中盗取了价值 677 欧元的洗涤用品和清洁产品,以供自己和其他同事使用。在此过程中,“并非特别健忘的、也并未受到任何个人情况负担的几位被告人,根据对其使用的职务守则,将随时可以射击的公务用枪……插在了随身的枪套里面”。州高等法院驳斥了地方法院对于第 244 条第 1 款第 1a 项之适用的否定。一方面,并不存

---

[1] Vgl. Hruschka, Anm. NJW 78, 1338; H–H–Kretschmer, Rn 858; Lenckner, Anm. JR 82,424; Schroth, NJW 98,2865; Schünemann, JA 80,349,355; S/S–Eser(27. Aufl.), § 244 Rn 6; Seier, JA 99,672.

[2] Vgl. BGHSt 30,44,45 f.

[3] Vgl. Lenckner, JR 82,427.

在(与本书边码 270 所述相对应)“对于与职业相关的武器携带者,其在公务期间实施盗窃”,从第 244 条第 1 款第 1a 项中引申出的“限制”。虽然犯罪人持有“武器来完成职责”,其“并不会因此变得不那么危险”。另一方面,地方法院认定,被告人对其武器“并非有意地随时可供使用地带在身上”,这一认定经受不住法律上的检验。对于只是必要的“持有武器的明知”,虽然可能“在个别案件中即便对于与职业相关的武器携带者也存在疑问”,但在此,支持这一认定的特别的情状,(见案件事实中的描述)并未看到。由此,要从通常情况出发,即“特别是……与职业相关的武器携带者,对于武器及由其产生的危险,其不仅受过培训,而且通过与武器使用相关的公务守则,对于与公务枪支使用相关的职责的承担,观念上应一直对之有所把握”,对其而言,持有武器应存在“持久的明知”。由此,警察的“后门”被关上了。如果人们可能还想“帮助”他们,只剩下修正后的第 244 条第 3 款提供的出口(见边码 262)。当然,对于“公务上”敞开的机会的利用,会对之予以否定(参见案例 13,边码 205、210)。

271 由刑罚加重的理由(见边码 269)可知,武器必须是随时可以被利用和使用的。当武器能够运转,且随时可功能正常地被投入使用,则其处于此种状态。对此而言,击发武器并非必须被填入弹药或装上子弹。只要是必要的弹药可被拿取地被一起携带,即为足够。[1] 如同打碎的指节铜套,有故障的击发武器并非第 244 条第 1 款第 1a 项意义上的可予利用,对于并未携带弹药的击发武器或者弹簧故障的跳刀也是一样。[2] 其在可能的情况下可以被用作击打或恐吓工具,对此而言并不足够,但可证成第 244 条第 1 款第 1a 项第 2 种情形或者第 1b 项。[3]

---

〔1〕 参见 BGH NStZ 81,301;85,547;Hilgendorf/Valerius, § 4 Rn 12。

〔2〕 参见 BGH StV 98,487;BGH NJW 98,3131 附评议 Baier,JA 99,9;BGH NStZ 98,567 和 BGH NStZ-RR 04,169 对于第 250 条第 2 款第 1 项。对于“跳刀”,见 BGH NStZ 18,290。

〔3〕 Vgl. BGHSt 44,103,105.

b)持有其他危险的工具

《第6刑法改革法案》(见边码11)将持有其他的(可移动的)[1]危险的工具,与第244条第1款第1a项规定的持有武器相等同,这使这一规定整体上与第250条第1款第1a项对应的新的规定相适应。武器的危险性从其构造和使用本身即可看出,而一个(随意的)工具的危险性并不那么直接地可以被看到。在立法者看来,这种不确定性是可以克服的,因为对于危险工具概念的确定而言,可以回溯到对于第224条第1款第2项所发展出的基本原则。可是,这种观点可被有根据地予以反驳。[2] 第224条第1款第2项意义上的危险工具,是指根据其客观上的特征以及在具体案件中对其的使用方式,显得适于造成重大伤害的任何物品,[3]但根据法条规定,第244条第1款第1a项(区别于第250条第2款第1项)并不要求使用或者只是内在的使用保留,回溯到这一定义并非完全可能。依据第244条的先期判决对此有所误判,[4]但在此期间也为判例所意识到。[5] 272

就其替代而言,存在激烈论争。[6] 广泛存在的尝试是,对于第244条第1款第1a项(对于第250条第1款第1a项也是一样) 273

---

〔1〕 参见 BGHSt 52,89(见边码267);批判 Vogel,JA 18,744。

〔2〕 Vgl. Erb,JuS 04,653,656;Hörnle,Jura 98,171 f;Küper/Zopfs,BT Rn 791;BE-Noak,S. 71;S/S/W-Kudlich, § 244 Rn 11.

〔3〕 Vgl. Wessels/Hettinger/Engländer,BT I Rn 229 ff.

〔4〕 如此 BayObLG StV 01,17 和 OLG Hamm StV 01,352 附分别的批判性评注 Kindhäuser/Wallau。

〔5〕 参见 BGH NJW 02,2889,2890;BGHSt 52,257,262 f;OLG Braunschweig NJW 02,1753;OLG Schleswig NStZ 04,213 和边码277。

〔6〕 参见 Hillenkamp/Cornelius,BT 问题26;Fischer, § 244 Rn 14 ff;Hohmann/Sander,BT I § 6 Rn 4 ff;Kindhäuser/Hilgendorf, § 244 Rn 6 ff;Küper,JZ 99,192;ders.,Schlüchter-GS S. 331,335 ff;Lackner/Kühl, § 244 Rn 3;LK-Vogel, § 244 Rn 12 ff;MK-Schmitz, § 244 Rn 11 ff;S/S-Bosch, § 244 Rn 5-5b。总结 Bleicher,Waffen,gefährliche Werkzeuge usw. 2014,S. 65 ff,122 ff 附自己的限制性建议,S. 145 f。

所规定的工具的危险性,不考虑与第 1b 项不同在此不作要求的且由此根据此种观点也不可获知的[1]使用意图(Verwendungsabsicht),而是近似于武器[2]而客观且抽象地确定[3]。在此,部分地——明显过狭[4]——形式化地取决于危险物品“根据法律并未可以由任何人自由获取”,也即,对其持有必须牵涉到禁止性规定。[5] 与之相反,工具的危险性大多数着眼于“典型地和/或经验性地存在的、使用此种物品的侵害危险”或者着眼于“其对于造成重大损害的显而易见的适合性”[6]。如此,则特别坚硬、尖锐或者锋利的物品以及危险的硫酸均属此列,[7]对其使用需要一般性地予以警示,或者与之关联通常会提示小心使用。[8] 还要求的是,工具的种类提示了特定的危险的使用,[9]具有武器使用功效,[10]

---

〔1〕 Vgl. Dencker, in: Dencker ua, Einführung in das 6. StrRG 1998, S. 11 f; Krey/Hellmann/Heinrich, BT Ⅱ Rn 183; Sickor, ZStW 125(2013), 801.

〔2〕 Vgl. Dencker, Anm. JR 99, 36; Mitsch, ZStW 111(1999), 79; ders., JuS 99, 643.

〔3〕 Vgl. Fischer, § 244 Rn 20 ff; Hilgendorf/Valerius, BT Ⅱ Rn 18; Jäger, BT Rn 272; LK-Laufhütte/Kuschel, Nachtrag § 250 Rn 6; S/S-Bosch, § 244 Rn 5a; M/R-Schmidt, § 244 Rn 6.

〔4〕 参见 Kindhäuser/Hilgendorf, § 244 Rn 10; Küper, Schlüchter-GS S. 331, 337。

〔5〕 Vgl. Lesch, JA 99, 34, 36; ders., GA 99, 376.

〔6〕 Dencker, 同前注〔2〕; Fischer, § 244 Rn 22; HK-GS/Duttge, § 244 Rn 12; Kargl, StV-Forum 00, 10; SK-Günther, § 250 Rn 11。也见 J. Schmid, Das gefährliche Werkzeug 2003, S. 194。

〔7〕 参见 SK-Horn/Wolters, § 224 Rn 14。

〔8〕 Vgl. Hohmann/Sander, BT I § 2 Rn 4; MK-Sander, § 250 Rn 29.

〔9〕 Vgl. Kindhäuser/Böse, BT Ⅱ § 4 Rn 5 ff; Lanzrath/Fieberg, Jura 09, 351; M/S/M-Hoyer, BT I § 33 Rn 119; Otto, BT § 41 Rn 53; Seier, JA 99, 669.

〔10〕 参见 Streng, GA 01, 365。作为重要的标准,也为 BK-Wittig, § 244 Rn 8.1 所述及。Eisele, BT Ⅱ Rn 198; Mitsch, BT S. 118; Fischer, § 244 Rn 23; S/S/W-Kudlich, § 244 Rn 13。对此批判 Erb, Fischer-FS S. 303 ff。

或者甚至排除了不会造成身体或者生命危险的使用。[1] 尽管存在已经论证的作为“武器替代品”的可行性，然而，在携带日常生活使用的物品（汽车、衣物、腰带等）以及典型的盗窃工具的情况下，必要的、由情境关系所支撑的滥用推定[2]应一般性地[3]缺失，或者对其进行的与武器类似的使用将会意味着对于工具用途明显的背离，[4]至少在此缺失滥用推定。当然，如果典型的在困难情境下，将随身携带的物品以此方式进行与用途背离的使用，则物品又应当是危险的。[5] 依此“抽象而言”不危险的物品，只有在存在对应的使用意图的前提下，才能为第 244 条第 1 款第 1b 项、第 250 条第 1 款第 1b 项所涵括。[6]

为危险工具寻求一般性的“类武器性”，并通过对使用意图的放弃而保持对于新的法律规定的条文忠实，即便这种努力是值得肯定的，必须拒绝追随此种建议。只有当此类物品针对被害人而投入使用时，才能认为携带一般地适于伤害的物品如石头、撬棍、壁纸刀或者螺丝刀，达到了通过携带武器而引致的危险程度。可 274

〔1〕 参见 Joecks/Jäger, § 244 Rn 19; Jooß, Jura 08, 779; LK-Vogel, § 244 Rn 17; Schlothauer/Sättele, StV 98, 508。赞成 Bussmann, StV 99, 621; MK-Schmitz, § 244 Rn 16; S/S-Bosch, § 244 Rn 5a。对此批判 Braum, in: Irrwege der Strafgesetzgebung 1999, S. 32; SK-Hoyer, § 244 Rn 12; OLG Braunschweig NJW 02, 1736。

〔2〕 Vgl. Arzt, BGH-FS IV S. 770 ff; Kindhäuser/Wallau, StV 01, 19, 354.

〔3〕 参见 Kindhäuser/Böse, BT Ⅱ § 4 Rn 10。类似 Jäger, JuS 00, 654; Krüger, Jura 02, 770; SK-Sinn, § 250 Rn 17（也见边码 19）。

〔4〕 Vgl. Hörnle, Jura 98, 172; Krey/Hellmann/Heinrich, BT Ⅱ Rn 185.

〔5〕 参见 Schroth, NJW 98, 2864; SK-Hoyer, § 244 Rn 11。根据 Lackner/Kühl, § 244 Rn 3，应生发出客观的、与犯罪人相关的、对于使用危险工具的盖然性的指标。

〔6〕 Vgl. Küper, JZ 99, 193.

是,如果用石头或撬棍只是砸碎玻璃,[1]用螺丝刀只是把窗户撬开,[2]用壁纸刀只是将用纸糊上的保险柜门划开,甚或是完全没有使用这些物品,则不能认定。此外,人们并未找到相关的标准确定,这些物品中,哪些被典型地在"困难情境"中与用途背离地被使用,而哪些又没有。对此的推测导向了"怀疑犯罪构成,在其之后充其量只存在对于推定的使用意图的模糊推断"[3]。显而易见的是,认定结论——如同在此类观点中经常反面地予以评价的例证所显示的那样,如随身带着的狗、锤子、撬棍、棒球棒[4]或者盐酸——不能客观地,而只能在知悉目的确证的前提下才能得出。此外,特别是入室盗窃,几乎无法不利用适于损害的工具来实施,有鉴于此,几乎每个以此方式实施的盗窃均变成持有武器盗窃。[5] 也即,第 244 条第 1 款第 1a 项的法律规定,即便是在此种客观限定的解释方式下,仍然被证明为过于宽泛。作为此种宽泛的"纠正",2011 年主要出于此种原因而创设的可能,转向较轻情节的刑罚框架,确定并不适合。[6]

---

〔1〕 根据 Fischer, § 244 Rn 24,用于盗伐圣诞树的斧头,或者用于侵入的凿子,根据情况(只是)用于取走的既遂而已,也应将之排除在外;同样如此 MK-Schmitz, § 244 Rn 18。这与客观化的基点很难相一致。

〔2〕 对此的无措,见 BGH NStZ 12,571 附评注 Kudlich,JA 12,792。

〔3〕 参见 Küper,JZ 99,193。对于此种指标构建 Arzt,BGH-FS IV S. 770 ff;NK-Kindhäuser, § 250 Rn 2;Ransiek,JA 18,668。

〔4〕 对此一方面见 Schlothauer/Sättele,StV 98,508,另一方面见 Krey/Hellmann/Heinrich,BT Ⅱ Rn 185。肯定棒球棒 BGH StV 08,470。此外,Gleß,Jura 03,499 和 Fischer, § 244 Rn 24:只是"受过训练的"和/或只是大小超过 35 厘米的犬只。

〔5〕 对此见 Schlothauer/Sättele,StV 98,506。

〔6〕 对于第 244 条第 3 款规定的增设,见边码 262,参阅脚注部分对于立法修改在文本意义上的批判观点。对于在此暗含的立法者的动机,见 BT-Ds 14/4143,S. 7。联邦参议院想要将第 244 条第 3 款限制在第 244 条第 1 款第 1a 项第 2 种情形的情况之上,见 BT-Ds 14/4143,S. 10 附联邦政府的反对意见,S. 11。批判见 Fischer, § 244 Rn 61。

由此,恰当的限制只有通过目的性限缩的途径来实现,主要纳入危害工具范围的,是与内在的使用保留相对应,对其使用能够证成所要求的危险性的物品。鉴于滥用意志经常是外在可见的,此种内在的使用保留仅在少数情况下得以证明,此种观点值得商榷,因为第 244 条第 1 款第 1b 项的规定本身即从类似的保留的可证明性出发,以上观点也因此并非有力的诟病。在此路径之上,回溯到第 224 条所发展出的论断是有可能的。[1] 据此,在造成重大身体伤害的一般的适合性之外,在贯彻内在的使用保留的情况下,也会出现此种效果,也即,将随身带着的石头或者硫酸“在紧急情况下”扔到被害人头上或者泼到被害人脸上,则可以认定第 244 条第 1 款第 1a 项规定的随身带着的物品是危险的。虽然缺乏一般的损害适合性,但却——如同将帽子上的羽毛插进眼睛——以一种具体的适合于伤害的方式予以使用,此种工具[2]也同样是危险的。[3] 275

然而,在此作为修正予以考虑的是,与在危险的伤害罪中作为前提的伤害结果不同,在盗窃罪(以及在抢劫罪)之中,工具的危险性并不必然是从其作为伤害工具的保留性使用中得出的。相反,通过利用工具,在恶害宣告情

---

[1] 参见 Küper/Zopfs, BT Rn 793 ff; Küper, JZ 99, 192; Rengier, BT I § 4 Rn 31 ff, 38 ff。赞成 Beulke, III Rn 116 f; Bachmann/Goeck, Jura 10, 925; Erb, JR 01, 207; ders., Fischer-FS S. 301 ff; Geppert, Jura 99, 602; ders., JK 5/03 StGB § 244 I Nr 1a/2; Gaul, Jura 00, 206; Hilgendorf, ZStW 112 (2000), 832; Klesczewski, BT § 8 Rn 146; Morgenstern, Jura 11, 148; Rönnau, JuS 12, 119; Schmidt, BT Ⅱ Rn 201 ff; Schramm, BT I § 2 Rn 128; Weißer, JuS 05, 621; Zopfs, Jura 07, 519。接近 M/R-Schmidt, § 244 Rn 6。在案例解析中赞成 P.-A. Hirsch/M. Dölling, JuS 19, 997。

[2] 身体部位并不属于其中,其他观点 Hilgendorf, ZStW 112(2000), 811。

[3] 反对此种扩张的保留意见 SK-Horn/Wolters, § 224 Rn 16; 就此,谈不上是使用危险工具,而只能是危险地使用工具,见 Hardtung, StV 04, 399, 400,但并未否认以此种方式利用工具(也)存在危险性。

况下,以给相关者带来重大的伤害风险的方式进行恐吓,也可以从内在保留中得出危险性,[1]这对于危险性也是足够的。[2]

276 鉴于第 244 条第 1 款第 1a 项与第 1b 项之间相反的条文内容,本书建议的解决方案乍一看可能显得有些牵强。[3] 但是,其与法律体系之间并不矛盾,[4]协调了第 244 条第 1 款第 1a 项、第 250 条第 1 款第 1a 项,以及第 250 条第 2 款第 1 项所规定的危险工具概念,[5]且系事情本身使然。毕竟,与武器不同的是,对于任意的工具的危险性的纯客观界定,在思维逻辑上也不存在,[6]其职能从使用意志中才能够得出。在此,本书所用的使用保留概念,与使用或利用意图之间并非对立关系。[7] 其应当只是让并无争议的[8]事实变得更加清晰,即在伤害或者恐吓的意义上,在只是"紧急情况下"对工具加以使用的意志即已足够。这对于将使用保留与第 2 项中内容上更为窄小、旨在防止或压制他人反抗的意图更好地形成对照,能够有所帮助。

---

〔1〕 参见 Küper/Zopfs,BT Rn 793。也见 BGH StV 98,487;01,274,275 对于第 250 条第 2 款第 1 项。

〔2〕 就此而言限制性 Rengier,BT I § 4 Rn 40。

〔3〕 因此也否定 AnK-Kretschmer, § 244 Rn 13;Hettinger,Paulus-FS S. 73,75;Hohmann/Sander,BT I § 2 Rn 6;Kindhäuser/Böse,BT Ⅱ § 4 Rn 12;Krey/Hellmann/Heinrich,BT Ⅱ Rn 183;Mitsch,BT S. 117;SK-Hoyer, § 244 Rn 10;Zöller,BT Rn 74。疑虑见 Lackner/Kühl, § 244 Rn 3。

〔4〕 有说服力 Küper,JZ 99,193;ders. ,Schlüchter-GS S. 341 ff。

〔5〕 有差异的确定,见 Otto,BT § 46 Rn 33;Schlothauer/Sättele,StV 98,508。

〔6〕 参见 Küper,Hanack-FS S. 586 ff;因此,在基点上,OLG Stuttgart JR 10,169 附评议 v. Heintschel-Heinegg,JA 09,654 和 Kraatz,JR 10,142,也遵循了——对于以随身携带的 20 厘米长的螺丝刀作为入侵工具的案件——主观化的学说。

〔7〕 参见 Küper/Zopfs,BT Rn 793;Weißer,JuS 05,621。相反,在较低要求的意义上 Hilgendorf,ZStW 112(2000),832。对此批判 Fischer, § 244 Rn 19,22。

〔8〕 Vgl. BGH StV 96,315.

判例至今并未找到具有说服力的规则。数个州高等法院一开始未予置评地略过了这一问题。[1] 在改革之后,德国联邦法院在其初期的判决中,在以使用为前提的修正后的第250条第2款第1项规定框架内,对危险工具进行了深入分析。在此,其遵循了法律委员会的建议(BT-Ds 13/9064,S. 18),并非根据其客观特征以及根据在具体案件中对其利用的方式而确定适于引致重大的损害的工具,恰当地将其——与迄今对于第224条的判例(原第223a条规定)[2]完全对应——从这一条文中予以剔除。通过此种方式,假的武器以及未装弹药的武器,同样从武器和危险工具中被移除,[3]未达危险剂量的安眠药或者只是用于捆绑的胶带也是一样。[4] 但在此并未述及的是,已存的、回溯到原第223a条规定(现第224条第1款第2项规定)中对于危险工具定义的论据,在一直被排除在外的现第250条第1款第1a项规定(与现第244条第1款第1a项相对应)[5]中难以找到清晰的支撑。"因为在此,危险工具只需要被携带,在此也未涉及根据其方式来量定危险性的具体使用",而且也是因为,根据条文规定,"犯罪人并不必须曾考虑过此种使用"。第3刑事审判庭才将这一事实视为将现第224条第1款第2项所规定的标准,一丝不变地也转接到第250 277

---

[1] 如此 BayObLG StV 01,17 和 OLG Hamm StV 01,352;对此见 Erb,JR 01,206。但是,支持客观的解释 OLG Schleswig NStZ 04,212,支持主观的解释 OLG Stuttgart JR 10,169;反对这一判决 OLG Köln NStZ 12,327。

[2] BGH BeckRS 15,06119 也对之有所参阅(见边码282中的判例例证)。

[3] 参见 BGHSt 44,103,105 f;BGH NStZ 99,135;概览 Boetticher/Sander,NStZ 99,294。

[4] 参见 BGH StV 98,660;BGH StV 99,91。在 BGH HRRS 18 Nr 871 看来,将一位9岁儿童的嘴粘上的情况下,胶带意味着危险的工具(在第177条的意义上);对此见 Tomiak/Franzke,HRRS 19,337,339 f。

[5] 对此见 BGH JR 99,31,将案件归入第250条第1款第1b项的兜底型犯罪构成当中。

条第 1 款第 1a 项(以及相应地第 244 条第 1 款第 1a 项)之上。[1] 审判庭未曾对本书展示的观点情况进行分析,因此考虑寻求一条中间路线。这应该存在于"对于现第 250 条第 1 款第 1a 项规定……在物品的客观特征之外,与具体的行为所分离的,[2] 从犯罪人一面将物品用于危险的用途"成为必要的情形,但这也"尚未达到《德国刑法典》现第 250 条第 1 款第 1b 项规定的具体的利用意图"[3]。

278 此种"致力说"(Widmungstheorie)[4] 与本书支持的观点较为接近。一方面,这一理论拒斥了"对于目的确证的客观解读",因为对于比如棒球棒、大些的餐刀以及电缆线段的必要排除,将不能涵括通常以之作为武器的特别危险的犯罪人。[5] 另一方面,在已经具体存在使用保留的情况下,其并未强制性地排除即便是第 244 条第 1 款第 1a 项、第 250 条第 1 款第 1a 项的适用。而且,这一理论虽然满足于犯罪人"在犯罪实施前的任意时间节点形成了这一确证",通过犯罪人"比如将物品作为其武装在其……汽车中备好",但也要求犯罪人"在犯罪实施过程中对此有所明知",[6] 如此,则其从内容上与使用保留相差无几。此种明知与潜在的使用保留,将安排就位的工具(在紧急状况下)也投入使用,很难分开(见案例 28 及边码 413)。因此,在与第 3 刑事审判庭所思考的路径之间并无重大的内容上的差异的情况下,如果人们对于此种

---

[1] Vgl. BGH NStZ 99,301.

[2] 对此参见 BGHSt 43,266,269 f。

[3] 参见 BGH NStZ 99,301,302。赞成 OLG Frankfurt/M StV 02,145;OLG Braunschweig NJW 02,1735 附评议 Müller,JA 02,928;Maatsch,GA 01,82。也见 A/W-Heinrich,§ 14 Rn 57;Heghmanns,Rn 1112;Kasiske,HRRS 08,378,382;Zieschang,JuS 99,52。对于原来法律 Scholderer,StV 88,432。批判 Streng,GA 01,367。

[4] 参见 Hillenkamp/Cornelius,BT 问题 26,第 3 部分。

[5] 对于解释的背景,也见 KG StV 08,473,474。

[6] 也见 KG StV 08,473,474;就此而言否定 OLG Braunschweig NJW 02,1735。

使用保留——如本书(见边码275)所现——并未放弃,则与第3刑事审判庭不同,[1]对于一个及同一条文中,危险工具界定的一致性就并未被放弃。这一点也支撑本书(见边码275)所赞成的解决方案。

遗憾的是,第3刑事审判庭在此后的判例中[2]反对每个主观化倾向的解释,放弃了它的"致力说",并转向了第2刑事审判庭呈交给德国联邦法院大审判庭的决议[3]中所表明的意图,给予危险工具一个单单客观的解释(在边码273所阐述的意义上)。 279

在待决案件中,犯罪人实施了一起商店盗窃,其携带了一把可以折叠的、"刀刃较长"[4]的便携刀具,但他绝未想过对人使用刀具,而只是想用它切掉要盗取的威士忌酒瓶的防盗标签(事实上也是这么做的)。策勒州高等法院意图在缺失——如同在此——犯罪人所采取的一般性的、从具体的生活事实相脱离的、确定将工具对人使用的主观因素的情况下,将此种"设计所决定的、只能为物品加工"之用的,且并非用于伤害他人的工具,不归为"危险"之列。[5] 但从其他州高等法院与之相反的裁决中,策勒法院看到了阻碍,其他法院要求对于危险工具的(纯粹)客观的确证。[6] 第3刑事审判庭即是支持了与其偏向(边码278)相矛盾的观点。立基于声称在具体案件中可能

---

[1] Vgl. BGH NStZ 99,301,302.

[2] Vgl. BGHSt 52,257.

[3] 参见BGH NJW 02,2889;对此判决也予以批判Rengier,Schöch-FS S. 563 ff。第2刑事审判庭所希望的澄清并未出现,因为在作为基础的案件事实当中,所使用的示警枪支并未被大刑事审判庭视为危险的工具,而是——并不恰当地(见边码266)——视为武器,BGHSt 48,197。

[4] 参见BGHSt 52,257,260。在第258页,德国联邦法院谈到了"较长的刀刃";对于长度,并无更为确切的说明。

[5] 参见BGHSt 52,257,259中,策勒高等法院所拟定的咨询问题;如同OLG Celle,Kasiske,HRRS 08,378,381 f。也见Foth,NStZ 09,93。

[6] Vgl. BayObLG NStZ-RR 01,202;SchlHOLG NStZ 04,212;OLG München NStZ-RR 06,342.

的客观确证，第 3 刑事审判庭想要将便携刀具的特性认定为危险工具，理由在于，根据具有连续性的判例，带有较长刀刃的刀具至今已经被归为了危险工具，而要将刀具展开的必要性并不会改变此种刀具所具有的潜在的客观的危险性。[1] 刀具被"用于切割和捅刺，且根据其特征，对此是适合的"。而且此种刀具也可能"像其他刀具一样，任意时间对人使用，且在投入使用的情况下，对被害人造成重大的，在有些情形下甚至是致命的伤害"[2]。依此，在第 2 刑事审判庭而言，甚至是一把"钥匙……也很难说谈不上……客观上的不危险"[3]。

280 便携刀具判决证实了在日常生活用品中，根据纯粹客观的标准，将危险与非危险确定地界分开来并不可能。通过所给出的论证，能够——明显与审判庭的意图相悖——并不困难地将不只是具有"较长的"，更短的或"较短的刀刃"的刀具——只要人们计划将其对人使用——标识为危险工具。不可区分性在于，审判庭自己有意地放弃在回答所呈现的、与具体的案件事实相适应的法律问题之外做以下尝试，将有问题的"犯罪构成要件……通用性地进行表述"，或者至少是在客观阵营累积的标准当中，确定一个对其而言具有决定性的标准。作为后果，哪怕是第一个步骤的执行，审判庭也进入了一个"难以厘清的个案诡辩……在此……矛盾判

[1] 参见 BGHSt 52，257，269。对判决表示同意 Deiters，ZJS 08，424，426；Jooß，Jura 08，777，779；Lanzrath/Fieberg，Jura 09，348，350 f；Mitsch，NJW 08，2865；Peglau，JR 09，162。也见 Fischer，§ 244 Rn 20。Krüger，JA 09，190，194 f 看到了只是"携带"的犯罪行为的主观化解释的可能。

[2] 参见 BGHSt 52，257，270；OLG Köln NStZ 12，327 附评注 Kraatz 和 Satzger，JK 12/12，StGB § 244/7，其遵循了这一判决，涉及的是为打开商品包装而使用的"瑞士军刀"。

[3] 参见 BGH NStZ 17，581 附评注 Kudlich；Jahn，JuS 17，85。相应地，根据第 250 条第 1 款第 1b 项的判决，可能必须已经根据第 250 条第 1 款第 1a 项（及第 250 条第 2 款第 1 项）而得以实现；相反，OLG Nürnberg StV 20，250 否定了端面侧刀的危险性。

决频出的风险是显而易见的”。[1]

对其上诉法院的责任,通过清晰界定而实现统一的法律解释,审判庭予以退避,原因在于,据其所言,法律条文是“失败的”,而“通过传统的解释技术”获取“一致的法律适用”并不可行。[2] 然而,倘若真是如此,相比将主审法院并无建言地晒在一边,更应将程序中止,并从联邦宪法法院处获得确认,在断定如此的情况下,不再谈得上规范的足够的确定性。[3]

281 根据本书所支持的主张(见边码 275),更为可取的可能是将“危险工具”这一概念的含义置于规范语境(Normkontext)内进行把握,其中,如同在第 244 条第 1 款第 2 项或者第 250 条第 2 款第 1 项的预备或者(可能的话)未遂阶段,危险性尚未在具体的使用中得以显现,并由此只能根据作为基础的犯罪决意,也就是根据所计划的使用而主观地予以确定。方法论上,此种解释立基于一个“传统的解释技术”,也就是与一个体系上相关的情状的可类比性;也只有此种解释才能导向一个恰当的且提前能予确定的所有“想得到的个案”的解决方案,[4] 能够通过“主观的危险标准”,将“本身而言无害的”、“对于危险而言中性的”以及“社会意义上常见的”带在身上的物品认定为危险工具。[5]

---

[1] Vgl. BGHSt 52,257,266,269.

[2] Vgl. BGHSt 52,257,266.

[3] 也见 Deiters,ZJS 08,424,426;Foth,NStZ 09,94;LK-Vogel, § 244 Rn 18。如此也见 Sickor,ZStW 125(2013),805,810 ff,为消除不确定性,其提出了着手于工具概念的建议,S. 792 ff。

[4] 类似 Kasiske,HRRS 08,378,381(目的性解释);Rengier,BT I § 4 Rn 41;对于德国联邦法院遗留下的不确定,也批判 Jahn,JuS 08,835。

[5] 参见 OLG Stuttgart JR 10,169,其额外要求,如此作为“危险的”予以确定的“使用”,“威胁到了犯罪的被害人”。批判性评议 Kraatz,JR 10,142;Sättele,NJW 09,2758。

282 只是边缘性地仍然应当提示的是,在客观化阵营内部所考虑的限制,将“社会上典型的”(sozialtypisch)随身带着的物品予以排除。在德国联邦法院的案例中,人们并不能很好地以这种考虑予以否决的是,“为去除防盗标签并由此实现盗窃”而投入使用显示,在此犯罪人恰恰不是以“具有社会相当性的”(sozialadäquat)方式将刀具带在身上。[1] 因为,如果对于“社会上典型的”随身带着的物品,“危险性推定显得被予反驳”,[2]则社会相当性只能够根据“通常的”使用,而不能着眼于在盗窃中可能的投入使用来进行衡量。[3] 此外,与所述限制步调相同,不只是社会上典型的,而且犯罪上典型的随身携带的物品都应予以排除,对此至少是也谈得上可疑的。[4]

判例例证:在此阐发的解决方案的优势存在于对于第244条第1款第1a项、第250条第1款第1a项和第250条第2款第1项规定的危险工具概念的统一使用之中,在一则由BGH BeckRS 15,06119附评注Bosch,Jura 15,881(第250条第2款第1项)判决的案例中间接地得以体现。在此案中,被告人P和M侵入了K的公寓,当时S也在。二人想要拿走毒品和钱财。根据二人谋划,进屋后二人立即用拳头殴打K和S,以排除任何的反抗。此外,M利用为此目的随身携带的60厘米长的带角的木条,就像其在运输橱柜时所使用的一样,击打S的腿部,并致其撕裂伤。被告人并未找到钱财。但他们拿走了6克大麻,以供——此后也是如此发生的——之后消遣。鉴于在此涉及使用暴力,故应认定抢劫。德国联邦法院恰当地认定了第250条第2款第1项,因为行为人对木条进行的具体的、与用途相悖的方式的使用,适于造成S的重大伤害(见边码380及以下数个边码)。在此,法院明确地使用了第224条第1款第2项中工具危险性的判断程序。倘若犯罪人放弃了之前意图的对于木条的使用,则问题是,如此是否至少符合第250条第1款第1a项的规

〔1〕 但是如此BGHSt 52,257,261。

〔2〕 如此Jäger,JuS 00,651,656;对于通过社会相当性而予以限制,也见KG StV 08,473。

〔3〕 同样如此Kasiske,HRRS 08,328;Rengier,BT I Rn 41 f。

〔4〕 参见Jäger JuS 00,651,656。也见Fischer, § 244 Rn 24,其想要将盗窃过程中的用途中性的物品予以排除,比如盗砍圣诞树情况下的斧子、盗窃自行车情况下的螺栓切割机、入室盗窃情况下的凿子,其只是用于取走的完成。

定？倘若犯罪人也放弃了对于拳头的使用，而只是利用了突袭的效果，则问题是，是否存在第 244 条第 1 款第 1a 项意义上的盗窃？在这两种情形下，如此则只是随身携带的木条的危险性，并非从其确实并未出现的使用中，但根据本书支持的观点，可能从相应的使用保留中得出，由此对于所有三个条文是统一适用的。与之相对，倘若德国联邦法院在这两种情形下，必须将木条的危险性纯粹客观地予以确定，则是一个瓦解同一概念的同一性且毫无前景的下策（见 Kudlich，JA 15，471）。鉴于被告并未找到钱财（失败的未遂），既遂的抢劫只能立基于将毒品拿走。对于德国联邦法院而言，毒品作为犯罪对象的适格性毫无问题，以至于其并未将之作为一个问题论述。根据本书支持的观点，尽管存在交易可能（见边码 79），但毒品并非适格的犯罪对象（见边码 73；这对于第 263 条——边码 533——和第 253 条同样适用，并未在 BGH JR 15，206 f 附评注 Ernst 中予以问题化）。在此期间，第 2 刑事审判庭在一份——但期间不再被遵循（BGH NStZ-RR 18，15）——质询裁定中也是如此认为的，见 BGH NStZ 16，596 附批判性评注 Krell；Bosch，Jura（JK）16，1338；Jäger，JA 16，790；Jahn，JuS 16，848。赞成 Bechtel，JR 17，197；Ladiges，wistra 16，479。否定性观点，第 4 刑事审判庭（BGH NStZ-RR 17，4）和第 5 刑事审判庭（BGH NStZ-RR 17，110）；第 1 刑事审判庭（BGH NStZ-RR 17，112）同样如此，其通过坚持历来判例观点的第 2 刑事审判庭的判决（BGH NStZ-RR 17，111；BGH JR 17，82），认为质询裁定是过时的（总结 Bechtel，wistra 18，154 ff）。与之相对，基于地方法院的一个语言上的小错误——对于被告人而言或许重要的是，将大麻"通过消耗而予以灭失"——援引本书边码 152 所收录的例证，德国联邦法院的详细论述并不涉及排除据为所有的单纯的灭失意图，而是涉及通过消耗的有意的占为己有。如同通过将自己的壁炉生火而"灭失"盗取的煤块，或者通过食用而"灭失"奶块，这当然是自然而然的，以至于对之深入挖掘的论述反倒让人奇怪。

对于持有而言，其基本上与对于武器的论述（对此见边码 267）并无二致。根据第 3 刑事审判庭的（已经放弃的）观点，当然必须有先前的对于致力的明知相伴随。对于危险工具，其他审判庭则强调，犯罪人必须将之"有意地准备使用地"带在身上，这特 283

别在便携刀具的情形下存在疑问。[1] 如同本书所述,如果人们要求与危险的使用方式相关的使用保留,则存在对于作出作为第244条第1款第1a项(如同第250条第1款第1a项)基础的、对于“使用危险性”之预测性判定而言唯一可靠的证据的判定,单是这一判定即可允许携带此种物品,已经可以认定为潜在的与携带武器一样的危险。[2] 石勒苏益格州高等法院要求的并不会更少,其虽然拒绝了使用保留或者事先的致力之类的条件,但对于与携带相伴的明知,即明知将危险工具随时可用地带在身上,法院要求犯罪人必须有所设想,工具“能够在即便并非从一开始就认为可能,或者甚至是在极其不愿的情况下,对人造成重大的伤害”[3]。对于武器的携带以及对于危险工具的携带而言,并不重要的是犯罪人在具体的犯罪流程中是否有契机或者机会使用武器或工具,或者至少自己对此有所设想。[4]

判例例证:在 OLG Frankfurt StV 11,624(= BeckRS 11,23372)判例中,在建筑市场系列盗窃过程中,一名被告——其他被告也知道——在他的裤子口袋里装了一把地毯修整刀。这名被告刚从工作(作为地毯铺设工)中赶过

---

[1] 例如见 BGH StV 02,191;03,26,27;KG StraFo 16,123。当在 BGH StV 05,606(附评议 Kudlich,JA 06,249)中,必要的意识受到质疑,因为这把刀以前是用来“只开啤酒瓶”的,则推定是显而易见的,即意识必须与可能的危险的使用相关;如此 KG StV 08,473,474,将此种意识强加到犯罪人身上,其适才使用了装在瑞士军刀上的刀具来切水果。对于便携刀具作为危险的工具,见 Rengier,Schöch-FS S. 549 ff。

[2] 对此见 Küper,Schlüchter-GS S. 331,345 f。Hardtung,StV 04,399 也想要将使用意图或关联作为“强有力的证据”,用以证明作为“危险携带”前提的、以危险使用所做威胁,但与在此不同的是,其并未将之作为条件(403)。也参见 Jesse,NStZ 09,364,370;Kraatz,JR 10,147;ders. ,NStZ 12,329。

[3] 参见 OLG Schleswig NStZ 04,212,214 附赞成性评注 Geppert,JK 9/04,StGB § 244 I Nr 1a/3;同样如此 KG StV 15,122;Otto,BT § 41 Rn 53;批判 Hardtung,StV 04,399;也见 OLG Celle StV 05,336。

[4] Vgl. BGH HRRS 19 Nr 1090.

来。他辩解自己完全没再想刀子的事情(如果这是确切的,则故意就已经不存在了[1]),初级法院并未采信,依据第 244 条第 1 款第 1a 项第 2 种情形作出判决。——根据本书(见边码 275)支持的观点,该案缺少必要的使用保留(在 BGH StV 12,153 一案中,对于用刀并非直接威胁的妇女显然是存在的)。即便地毯修整刀一般而言属于短小的刀刃,以及它属于社会上典型的予以携带的工作设备,而且从明显发挥基础作用的客观观察而言也并非自然而然,但州高等法院将地毯修整刀无问题地视为危险工具。援引 OLG Schleswig NStZ 04,212 判决观点,此种质疑并非对犯罪工具的犯罪构成性质,而只是对携带的明知产生影响。“如果涉及在工作中必需的物品”,“如果犯罪人不是在实施犯罪,对其携带应认为是具有社会相当性的行为”,则并不可能认定犯罪人明知携带了一个可以使用的危险的工具。如果初级法院在重新采信证据后,能够确定所要求的明知,则在其认定较轻情节(见边码 262、274)的情况下,法院与应予批判的[2]立法者的意志相一致而作出判决。

2. 通过其他的工具和手段实施的盗窃

第 244 条第 1 款第 1b 项包含了与前述类似的加重构成。如 284
果犯罪人为了通过暴力或者以暴力方式胁迫来防止或压迫他人反抗而持有其他的工具(Werkzeug)或者手段(Mittel),则符合这一规定。据此,第 1b 项与第 1a 项的区别在于持有的行为手段的类型,也在于从第 1b 项之条文规定即可看出的对于所有手段所要求的特定的使用保留(spezifischer Verwendungsvorbehalt)。

据此,第 244 条第 1 款第 1b 项意义上的工具或手段包含所有 285
的物品,其虽然将使用暴力或者暴力胁迫相适合,但根据其客观特征或者对其计划的使用方式即可看出,其无法造成重大的身体伤

[1] 参见 OLG Naumburg StV 16,652。
[2] 参见 Fischer, § 244 Rn 61。

害，且在此意义上可将其标识为非危险的。[1] “一段电缆或者一块布料”（BT-Ds 13/9064，S. 18）也属此列，只要其——如在 BGH NJW 89，2549 一案中——只是用于捆绑或者并不危及健康的[2]堵嘴。如果犯罪参与人带了胶带[3]，或者其“武装上了”军靴，则可以预见的胁迫，如在反抗时将被害人的嘴粘上或者是从背后踢他一脚，只是证成了第 244 条第 1 款第 1b 项规定的加重构成。当然，对于此处的工具和手段而言，法律上已经强制性地要求具有特别内涵的[4]使用保留。如果犯罪参与人只有在需要或紧急情况下或者只是“有可能”将物品投入使用，也不会造成认定上的不能。[5] 相反，如果正犯或某一共犯随身携带了撬棒，只是为了“必要的情况下”将门撬开，则既不符合第 1a 项（见边码 275），也不符合第 1b 项之规定。与第 250 条第 2 款第 1 项之情况不同，并不需要实际地将持有的物品投入使用。如果真的用了，至少存在抢劫罪、抢劫罪未遂或者抢劫型盗窃罪，将排斥第 244 条之适用。

根据本书支持之观点，对于危险工具（第 244 条第 1 款第 1a 项第 2 种情形）而言，也要求存在使用保留，那么，将之对于第 1b 项在法律上予以规定，将不再与持有非危险物品情况下较低的危险性与不法内涵相平衡[6]。鉴于

---

[1] 参见 Fischer, § 244 Rn 25；Küper/Zopfs，BT Rn 801，808；Lackner/Kühl, § 244 Rn 4；MK-Schmitz, § 244 Rn 32。其他观点见 Kindhäuser, § 244 Rn 26；Lesch，GA 99，375。开放 LK-Vogel, § 244 Rn 42。

[2] 就此而言其他开放性观点见 Rengier，BT I § 4 Rn 59 f，63；SK-Sinn, § 250 Rn 26（特别是）。S/S-Bosch, § 244 Rn 13，与此相关的与第 1a 项的重叠予以接受。也见 Eisele，BT Ⅱ Rn 206；如同本书 MK-Schmitz, § 244 Rn 30。

[3] 参见 BGH NStZ 93，79；BGH NStZ 07，332，334。在 BGH HRRS 18 Nr 871 看来，将一位 9 岁儿童的嘴粘上的情况下，胶带意味着危险的工具（在第 177 条的意义上）；对此见 Tomiak/Franzke，HRRS 19，337，339 f。

[4] 对此见 Küper，Schlüchter-GS S. 343 f。

[5] Vgl. BGH StV 96，315.

[6] 对于原来的法律情况，见 S/S-Eser，25. Aufl.， § 244 Rn 16。

相同的刑罚框架，这一点是难以接受的。由此，值得建议的是，对于第 1b 项中在使用及胁迫情形下保留的暴力，要求其可能导致同时涉及的、比如特别是自由之类的法益的重大损害。比如，在计划将相关人捆绑成粽子的情况下可以认定第 1b 项中在使用及胁迫情形下保留的暴力，[1]但在只是胁迫，通过短时间的封嘴来压制被害人呼救的情况下，则不能认定。

针对原第 244 条第 1 款第 2 项和原第 250 条第 1 款第 2 项所长期存在的争论，[2]在为使用保留所涵括的使用暴力情形下，对于在身体和生命危险意义上并不危险的工具或者手段是否足够，以及在胁迫情形下以同样不危险的所谓的假的武器相威胁是否已经足够，在法律修改之后，至少对于第 244 条第 1 款第 1b 项而言，应当在肯定的面向作出决定。[3] 286

德国联邦法院[4]针对之前法律即已生发出的印象论（Eindruckstheorie），就将之规定在法律当中而言，立法者得到了良好的建言，虽然能够以扎实的理由予以质疑，[5]但立法者却没有 287

---

[1] 参见 BGH NStZ 93，79。也见 BGH NStZ 07，332，334：捆绑手脚（但是，在该案中，只是在既遂之后，对此见边码 256）。

[2] 参见 Hillenkamp，BT，8. Aufl.，25. Problem 以及本书第 33 版边码 265。

[3] 同样如此 BK-Wittig，§ 244 Rn 12. 2；Dencker，JR 99，33；Eisele，BT Ⅱ Rn 207；Fischer，§ 244 Rn 26；HK-GS/Duttge，§ 244 Rn 14；Heghmanns，Rn 1113；H-H-Kretschmer，Rn 853；Hilgendorf/Valerius，BT Ⅱ Rn 34；Jäger，BT Rn 273；Joecks/Jäger，§ 244 Rn 28；Klesczewski，BT § 8 Rn 154；Krey/Hellmann/Heinrich，BT Ⅱ Rn 187；Küper/Zopfs，BT Rn 809；Küper，Hanack-FS S. 584；Kudlich，JR 98，358；Lackner/Kühl，§ 244 Rn 4；LK-Vogel，§ 244 Rn 44；M/S/M-Hoyer，BT I § 33 Rn 121；Mitsch，BT S. 126；MK-Schmitz，§ 244 Rn 31；M/R-Schmidt，§ 244 Rn 8；ders.，ZStW 111（1999），80；Rengier，BT I § 4 Rn 67；Schmidt，BT Ⅱ Rn 219；Schroth，NJW 98，2865；S/S-Bosch，§ 244 Rn 15；Seier，JA 99，670；Zöller，BT Rn 83。存疑 Hörnle，Jura 98，174。其他观点见 Kindhäuser/Hilgendorf，§ 244 Rn 25 f；§ 250 Rn 9 f。

[4] 参见 BGHSt 24，339 对于第 244 条、第 250 条原规定；BGH NJW 76，248；BGH NStZ 85，408；BGH JZ 90，552；BGHSt 38，116，118 也附有限制。

[5] 批判例如 Bosch，JA 07，469；Fischer，§ 244 Rn 26。

将之规定下来。原因在于，通过第 244 条第 1 款第 1b 项、第 250 条第 1 款第 1b 项之规定，创设对于非危险的物品和假的武器之类案件的“兜底犯罪构成”（Auffangtatbestände），并不只是在立法动议（BT-Ds 13/9064，S. 18）中可见，从“危险工具”/“其他工具或手段”的对立中也可以明显地看出。[1] 此外，与第 250 条不同，不只是不要求危险性，甚至是以非危险性为前提的加重构成，[2]在第 244 条中不再是另类。新增的侵入住宅盗窃罪也并非完全地防范升高的身体危险，而是也防护被害人损害，其作为侵害私密空间的后果而被确定于“严重的心理侵扰”之中（BT-Ds 13/8587，S. 43）。只有对于身体或生命并非危险的对象以及假的武器，才是第 244 条第 1 款第 1b 项意义上的工具和手段；相反，通过使用或者进行恶害宣示而变得危险的则不是。后者可能符合第 244 条第 1 款第 1a 项之规定。

288 由此，德国联邦法院已经与其对于第 250 条第 1 款第 1b 项中假的武器的判例建立了联系（见边码 373）。但是，与第 1b 项中其他的物品一样，对于假的武器，也需要寻求平衡，相对于根据本书所持观点同样须以使用意志而携带第 1a 项所规定的危险工具，协调存在于客观的非危险性当中的不法降低。在此，具有决定性的也是对特别是连带的法益的侵害，因设想以胁迫方式实现使用保留而对意志决定和确认自由的侵害。侵害必须超过非重大性的程度。在此要求的是，这是随身携带的假的武器的效应，而非奸诈言辞的作用，因为法律要惩处的是持有适合于暴力胁迫的物品，而非欺骗他人的把戏。在此基础上，持限制立场的、根据立法者的意旨对于修改后的法律同样有效的判例获得了意义，据其观点，物品的客观外在并非毫无意义，而单是欺

〔1〕 参见 Küper/Zopfs, BT Rn 809; SK-Sinn, § 250 Rn 29。其他观点见 Kindhäuser/Hilgendorf, § 244 Rn 26。

〔2〕 参见 BGH JR 99,31。反对导向相对于第 1a 项的排他关系 Mitsch, ZStW 111 (1999), 81; Rengier, BT I § 4 Rn 63; S/S-Bosch, § 244 Rn 13。

骗也并不足够。[1] 据此,并无使用或运转可能的击发枪支[2]以及看起来像是真实的欺骗性的仿真武器,足以认定第 1b 项规定的假的武器,但是,顶在后颈上的金属制品、感觉起来像是手枪的枪管、[3]顶在背上的唇膏,或者是拿在手上的木块,[4]对其而言,只有比如"我有武器"之类的欺骗性的语言才能引起想要的效果,则不能认定。这也适用于将钥匙谎称刀具的情形。[5] 也应排除的是,由理性观察者并无问题地从其外在形象[6]即可分辨的非危险物品,比如猎枪弹、谎称为炸弹的小方块、融化在手里的枪状糖果,或者是根据其形状和颜色可以明显辨别为玩具的水枪。[7] 在德国联邦法院看来,重要的只是客观观察者的视角,而并非关注犯罪被害人是否能够实际地做出这种观察,或者犯罪人通过他的欺骗行径是否刚好将之挫败。[8] 然而,在欺骗并不奏效的情况下,犯罪人是否想要将随身携带的物品(比如木块)在紧急情况下用作击打工具,对于物品的适格性的判断,在第 1a 项和 1b 项中与

---

〔1〕 同样如此 A/W-Heinrich, § 14 Rn 58;Eisele,BT Ⅱ Rn 208 f;Kudlich,JR 98,359;MK-Schmitz, § 244 Rn 31;Otto,BT § 41 Rn 59;Rengier,BT I § 4 Rn 68 ff;S/S-Bosch, § 244 Rn 15;S/S/W-Kudlich, § 244 Rn 25。存疑 Dencker, in:Dencker ua, Einführung in das 6. StrRG 1998,S. 11;Hohmann,NStZ 97,185;Kindhäuser/Hilgendorf, § 244 Rn 25 f;Klesczewski,GA 00,259;LK-Vogel, § 244 Rn 45。否定 Küper/Zopfs, BT Rn 812。

〔2〕 Vgl. BGH StV 98,486;487.

〔3〕 参见 BGH NStZ 07,332,333 f 附评议 Bosch,JA 07,468;Jahn,JuS 07,583;Kudlich,JR 07,381。其他观点 BGHSt 38,116,118 附评注 Graul,JR 92,297;Kelker,NStZ 92,297;Mitsch,NStZ 92,434。对于一把压在被害人臀部的螺丝刀,这必须同样适用,如此 BGH JR 05,159。其他观点 Schlothauer,StV 04,655。

〔4〕 参见 BGHSt 38,116,118;BGH NJW 96,2663;BGH NStZ 97,184 附评注 Hohmann;OLG Köln StV 10,636(更粗的树枝)。

〔5〕 其他 BGH NStZ 17,581 附评注 Kudlich;Jahn,JuS 17,85 以奇怪的理由,认为一把钥匙在客观上已经是危险的,所以欺骗也就并不重要。

〔6〕 参见 BGH NStZ-RR 97,129。在不能查清而存在疑问的情况下,要以此为出发点,见 BGH StV 08,520。

〔7〕 参见根据 BGH NStZ 98,38(以所述的顺序安排)的例证;Geilen,Jura 79,389;Hillenkamp,JuS 90,457;BGH StV 11,676 附评注 Bosch,JK 12/11,StGB § 250 I Nr 1b/14。

〔8〕 Vgl. BGH StV 11,676,677.

其他情形下并无不同。

判例例证：犯罪人进入一家加油站，将封闭的运动包放在售货台上，并将手机拿在手里，如果他拿取收银机中的钱款并未成功，他就会对收银员进行恐吓，他随时可以引爆运动包中的炸弹。根据 BGH NStZ 11，278，在此并不存在例外。原因在于，在此并不存在"声称危险的物品的客观上的非危险性"。相反，"对于客观的观察者而言……危险性……压根难以判定"（同样的是，声称在随身携带的拉杆箱中有一个"箱体炸弹"，BGH NStZ 16，216）。[1] 如此则存在第 250 条第 1 款第 1b 项之情况（以及在此阐述的第 244 条第 1 款第 1b 项之情形）。这种认定有待商榷，因为在此首要的是作为演员的特质。[2] 即便是理性的观察者也无从可靠地对危险性作出判断，鉴于这一特殊之处，判决当然也是并非不可赞同的，但仍然存在疑问的是如何并无矛盾地释明？重要的是何者——犯罪人、被害人、理性的第三者及以何种认知状况——的判定。[3] 在较轻情形下（见边码 262）从轻处罚可能的认可，也隐含了设置过于宽泛的"被害人友好型"标准的风险。

Ⅱ. 侵入住宅盗窃罪

289 《第 6 刑法改革法案》（见边码 11）从第 243 条第 1 款第 2 句第 1 项规定的封闭空间中，将此前一起规定的住宅（Wohnung）予以分离，并将为实施盗窃而以侵入、爬入等方式进入住宅，作为侵入住宅盗窃罪在第 244 条第 1 款第 3 项中拔高的一个新的加重构成（对此见边码 224）。与示例规定不同，这一拔高，排除了对于特别是作为加重构成而言并非足够的"严重情形"的存有偏差的分级，获得了普遍的好评。[4] 这一拔高立基于立法者的考量。一方面，侵入住宅深切侵扰了被害人的私密空间，并由此可能导致如长

---

[1] 对此见 Jäger，JA 16，71；Preuß，HRRS 16，466；Satzger，Jura 16，573。

[2] 因此否定 Hecker，JuS 11，757，759 和 Pfuhl，ZJS 11，415，417 f；Jahn，JK 12/11，StGB § 250 I Nr 1b/14。

[3] Vgl. Fischer，§ 250 Rn 11d.

[4] Vgl. Hörnle，Jura 98，171；Kreß，NJW 98，640；Kudlich，JuS 98，472；Sander/Hohmann，NStZ 98，276；BE-Noak，S. 70.

期的恐惧状态之类的严重的心理干扰;而另一方面,侵入住宅并不少见地与对他人实施暴力活动以及对于设备装置的毁坏相联系(BT-Ds 13/8587,S. 43)。在基本的犯罪构成所提供的财产保护之外,在第 244 条第 1 款第 3 项以及 2017 年在第 244 条第 4 款中新增的重罪犯罪构成(BT-Ds 18,12359,S. 1,7)之中,作为保护的法益,房内的私密空间(häusliche Privatsphäre)以及身体和精神的完好(Unversehrtheit)增加了进来。侵入住宅盗窃罪应并入进入房间后实施的抢劫,从法益内涵的确定上看,并非直接地可以看出。[1]

对于侵入、[2]爬入、[3]利用虚假钥匙盗窃以及逗留盗窃之犯罪方式, 290
针对第 243 条第 1 款第 2 句第 1 项所述内容(边码 222 及以下数个边码)相应地予以适用。鉴于对于私人空间和完好性而言,涉及的是抽象的危险犯,犯罪人和被害人是否具体相遇,并不重要。[4] 然而,如果此种相遇能够得以排除,因为从唯一的居住者死亡之后房屋就一直空置,而犯罪人刚好就选择了此类住宅实施侵入住宅盗窃,则人们不仅不能适用第 244 条第 4 款,由于缺乏对于私人空间的危险,也应否定第 244 条第 1 款第 3 项的适用,而只能适用第 242 条、第 243 条第 1 款第 2 句第 1 项对之予以保护。[5] 未遂是可罚的(第 244 条第 2 款)。对于示例的未遂问题(边码 211 及以下数个边码)

---

[1] 但是如此 BGH NStZ-RR 05,202,203。与立法者不同的是,BGH StV 01,624 并未谈及私密空间,而是谈及"私人空间"(Privatsphäre);这一概念能够更好地标识所意指的对象,见 Krumme,Die Wohnung im Recht 2004,S. 291 f。鉴于文本中提及的两种法益,其将第 244 条第 1 款第 3 项恰当地标识为抽象的危险犯(前注 S. 301 ff,308 f)。由此可知,心理损害的实际出现,可以起到刑罚加重的效果,见 BGH HRRS 19 Nr 1067。对于第 244 条第 4 款的法益,见 BGH HRRS 19 Nr 560。

[2] 即便是在侵入住宅的情况下,同时实现的物品损坏,也不是典型的伴随行为,对此见边码 245。

[3] 参见 BGH StV 11,17,18:犯罪人通过探入而打开此前倾斜的天井门,并由此进入,则并非爬入。相反 OLG Oldenburg NStZ 16,98(移送裁定);BGH StraFo 14,339:只有在很难进入的情况下,才会爬入;BGH StV 15,113。

[4] Vgl. OLG Hamburg NStZ 17,584.

[5] 其他观点参见 BGH NJW 20,1750。

在此并不涉及。但是,对于未遂开始的判断仍如前述(见边码 219)。[1] 第 244 条并未规定价值低微条款。对于住宅概念而言,根据最初的观点,通常会援引对于第 123 条之阐述。[2] 彼处作为基底的住宅概念,将比如临时利用的酒店房间、露营车辆和帐篷,以及所有的附属空间如厕所、连廊、洗漱、仓储和地下空间囊括在内,即便其处于原本的居住区域之外,或者——比如一间独立的车库——甚至是在房屋之外,[3] 鉴于不再允许偏离的评价的加重构成、较高的排除罚金刑的法定刑框架,以及并无例外的处罚未遂,[4] 在此显得过于宽泛。如果犯罪人用万能钥匙,从与独户房屋并不相连的仓库中投了一根缆绳,鉴于低微价值条款的缺失,不能从第 244 条第 1 款第 3 项中予以排除;以及从房屋前廊厕所中盗取了一卷厕纸,之前行为人具有共同使用关系并取得了钥匙,此后利用保留的钥匙进入厕所,通过由立法者阐述的理由而满足刑罚加重的要求显然并不合适。本书第 21 版中最先提出的观点,得到了贯彻。[5] 由此,人们虽然并非要强制性地放弃适用于第 123 条的住

---

〔1〕 参见 Mitsch, ZStW 111(1999), 84; BGH HRRS 20 Nr 538 附评注 Kudlich, NStZ 20, 353; 澄清 BGH HRRS 20 Nr 597。

〔2〕 例如见 Dencker, in: Dencker ua, Einführung in das 6. StrRG 1998, S. 7, 13; S/S-Eser, 27. Aufl., § 244 Rn 30。实质上类似,现在也还见 S/S-Bosch, § 244 Rn 30。鉴于第 244 条第 4 款规定而加以强调 Bosch, Jura 18, 52。

〔3〕 所有例证见 S/S-Sternberg-Lieben/Schittenhelm, § 123 Rn 4。

〔4〕 因此,相对于升高而批判 Wolters, JZ 98, 399。

〔5〕 赞成 AnK-Kretschmer, § 244 Rn 44; BK-Wittig, § 244 Rn 22; Eisele, BT Ⅱ Rn 235; Fischer, § 244 Rn 47; Hellmich, NStZ 01, 511; Hilgendorf/Valerius, BT Ⅱ § 4 Rn 63; Jäger, BT Rn 277; ders., JuS 00, 657; Joecks/Jäger, § 244 Rn 41 f; Klesczewski, BT § 8 Rn 169; Koranyi, JA 14, 245; Krey/Hellmann/Heinrich, BT Ⅱ Rn 197; Lackner/Kühl, § 244 Rn 11; LK-Vogel, § 244 Rn 75; MK-Schmitz, § 244 Rn 60; M/R-Schmidt, § 244 Rn 14; Rengier, BT I § 4 Rn 83; Schmidt, BT Ⅱ Rn 246; S/S-Bosch, § 244 Rn 30; S/S/W-Kudlich, § 244 Rn 40; Trüg, JA 02, 193; Zöller, BT Rn 86; Zopfs, Jura 07, 520。未决 Seier, Kohlmann-FS S. 304。开放 BGH NStZ 05, 631; 在——但是并不重要的——理由上赞成 BGH JR 08, 514 附评议 Heintschel-Heinegg, JA 08, 742; Ladiges, JR 08, 493。尽管限制的出发点,但更泛 A/W-Heinrich, § 14 Rn 64; HK-GS/Duttge, § 244 Rn 28 f。尽管更狭,但在力争上并非连贯 Hohmann/Sander, BT I § 2 Rn 26。也见 Krumme, Die Wohnung im Recht 2004, S. 281 f, 284 ff, 291, 314 ff, 324。概览 Küper/Zopfs, BT Rn 822。

宅概念，[1]但可能必须将第244条第1款第3条规定的住宅回溯到内在的核心（innerer Kern）之上，其由空间所组成，而空间（持续地或者至少很长时间地）作为私人生活的中心，为个人发展、个人放松和私密交流[2]提供保障。外面的走廊、大型出租公寓的地窖和地下空间、[3]独立的车库、简易木屋、[4]空置的住宅和花园亭榭、[5]临时使用的酒店房间，[6]以及即便是在使用期间[7]但只是用于度假的宿营式旅游车和房车，均不属于住宅。对于以上所列空间，第243条第1款第2句第1项（建筑物、封闭的空间）一如既往地提供了足够的灵活的保护。[8] 至于周末度假住宅，也是一样。[9] 需要警示的是，同样是2011年新增的第244条第3款（见边码262），也不影响偏离对于住宅概念的限制界定。否则，并未对法益进行相关的恰当的限缩解释，而是将过于宽泛界定的犯罪构成在刑罚裁量过程中进行匡正，将会是一种方法论上的错误程序。[10]

支持对第244条第1款第3项中的住宅概念进行限制性解释的理由，在 290a
将侵入持续使用的私人住宅盗窃犯罪从这一条款中分离之后（见边码262），

---

〔1〕 但是如此 Behm, GA 02, 153, 157；也支持限制 Schall, Schreiber-FS S. 435；相反 Krumme, Die Wohnung im Recht 2004, S. 311 ff, 325。

〔2〕 参见 Schall, Die Schutzfunktionen der Strafbestimmung gegen den Hausfriedensbruch 1974, S. 90 ff; Leibholz/Rinck/Burghart, GG 2009, Art. 13 Rn 13。

〔3〕 参见 BGH StV 16, 639 附评注 Jäger, JA 16, 872。

〔4〕 Vgl. BGH StV 15, 113.

〔5〕 参见 AG Saalfeld StV 04, 384; 05, 613。BGH NJW 20, 1750 想要将唯一居住者死亡后空置的公寓，纳入第244条第1款第3项之内（对此见边码290）。

〔6〕 其他观点 BGH StV 01, 624; AnK-Kretschmer, § 244 Rn 46。如同本书 Krumme, Die Wohnung im Recht 2004, S. 317 ff 以及尽管更为宽泛的住宅概念，现见 M/S/M-Hoyer, § 33 Rn 127。

〔7〕 其他观点 BGHSt 61, 285 附进一步的文献，对于与此相关的争论情况。赞成性评注 Bachmann, JR 17, 445; Bosch, Jura (JK) 17, 604; Hecker, JuS 17, 470。批判 Mitsch, NJW 17, 1188。

〔8〕 同样如此 OLG Schleswig NStZ 00, 479; LK-Laufhütte/Kuschel, Nachtrag zur 11. Aufl., § 244 Rn 11。批判 A/W-Heinrich, § 14 Rn 64。

〔9〕 其他 BGH NStZ-RR 18, 14。

〔10〕 赞成 Schmidt, BT Ⅱ Rn 246。

仍然适用。[1] 此外,严格解释的戒令,亦应延伸至第 244 条第 4 款的新的犯罪构成。[2] 其适用不只是因为对于侵入住宅盗窃罪的这一部分而言,并无认定较轻情节的可能性,[3]还因为此种犯罪情形被升格为了重罪,据德国联邦法院,在判决样式上应表明为“加重的侵入住宅盗窃罪”。[4] 根据立法草案的论证,予以特别保护的“私人住宅或者单户房屋”以及“因工作原因通勤者的第二住宅”,在此也包括与之直接相连的“其他居住区域如侧室、地窖、楼梯、洗衣和干衣房间”。一般而言,此种直接的空间上的联系,只于单户房屋中存在。

291 对于侵入混合用途的建筑物,在同一屋檐下有以居住为目的的空间,也存在以营业或者自由职业为用途的空间,由此带来的多种多样的变种,仍然广泛地存在问题。[5] 前文已述的支持对住宅概念严格限制的理由,也给予了宪法层面上所要求的[6]限制性解释的动因。当犯罪人打破了位于底层的咖啡馆的厕所的窗户并进入,从里面出来后,经过楼梯,进入了店主夫妇位于一楼的住宅,法条规定禁止将此认定为侵入到(in)一户住宅当中。在住宅不再特意设防的情况下也是一样的。[7] 根据值得赞同的限制的住宅概念,如果犯罪人暴力地侵入了分离的地窖[8]或者前廊上的厕所,从中出来后,未有

---

〔1〕 其他 Bosch,Jura 18,52,附对于新规定的批判性评价,S. 55 ff。

〔2〕 在倾向上类似 Rengier,BT I § 4 Rn 84a[“住宅单位”(Wohneinheit)]。支持“涵盖的同一性”(Deckungsgleichheit) S/SBosch, § 244 Rn 32;S/S/W-Kudlich, § 244 Rn 46。对于协调,见——与因工作原因通勤者的(第二)住宅相关——P.-A. Hirsch/M. Dölling,JuS 19,999。更为宽泛 Fischer, § 244 Rn 52 ff,58;Schmidt,BT Ⅱ Rn 247。对于程序上的后果,见 Joecks/Jäger, § 244 Rn 44。

〔3〕 参见 BGH BeckRS 19,7346。根据这一判决,以及第 244 条第 4 款规定的只是未遂的盗窃,也不应退居根据第 244 条第 1 款第 3 项规定的既遂盗窃之后。

〔4〕 Vgl. BGH BeckRS 20,2840.

〔5〕 总结迄今的判例 BGH NStZ 13,120 附评注 Bosch,JK 9/12,StGB § 244 I Nr 3/3;也见 Küper/Zopfs,BT Rn 824。

〔6〕 对此见 Schall,Schreiber-FS S. 426,428 ff;更为宽泛 Fischer, § 244 Rn 48 f。

〔7〕 Vgl. BGH JR 08,514,515;Krack,Rengier-FS S. 249,252;Seier,Kohlmann-FS S. 295,304.

〔8〕 参见 BGH BeckRS 18,14109;恰当地对单户房屋的地下室不同对待 BGH NStZ 13,120。

新的犯罪行为的实现[1]即已进入住宅[2]，也不属于侵入到住宅当中。另外，犯罪人爬入住宅，通过属于住宅的浴室窗户进入，但这么干的目的只是在于经过相连的走廊进入营业区域，其中，根据自己正确的认知将保存的现金盗取，则不应认定侵入住宅盗窃罪。[3] 在此种情况下，犯罪之不法更好地为第243条第1款第2句第1项而非第244条第1款第3项所把握。原因在于，虽然为实施盗窃而以可能满足第243条第1款第2句第1项规定的方式而进入，但对于户主而言，只是引发了侵害住宅安宁的危险，相反，并未引发对于从住宅中盗窃而言典型的、被立法者作为加重的动因予以阐明的危险。

一般化地看，对"为实施犯罪"而侵入（以及其他方式）住宅这 292
种说法，人们应该如此理解：从住宅内（也）实施了取走。[4] 只有这样，才能将加重构成限制在理性范围内。通过此种解释，第243条第1款第2句第1项原来规定的糊涂结论[5]将会重来，并不需要担忧，毕竟，糊涂结论在此只是针对从"封闭的空间"中盗窃这种情形（对此见边码206）而产生，但并非针对从建筑物中盗窃之情形。

人们在此必须允许一个例外，牵涉到盗窃当中的是融入住宅 293
的营业场所（比如律师或者牧师的办公室）。犯罪人可能经过场

[1] 也即，不同的是，紧接着打破了位于1层的住宅的入户门，见BGH BeckRS 18,14109。

[2] 开放BGH JR 08,514,515。否定BGH StraFo 14,339。肯定第244条第1款第3项Fischer，§ 244 Rn 48；Küper/Zopfs，BT Rn 824；Ladiges，JR 08,493,494 f。

[3] 其他观点BGH NStZ 01,533附赞成性评注Geppert，JK 02，StGB § 244 I Nr 3/1；Koranyi，JA 14,246；Krumme，Die Wohnung im Recht 2004，S. 323；Lackner/Kühl，§ 244 Rn 11；Schall，SchreiberFS S. 435；Trüg，JA 02,191；Zopfs，Jura 07,521。如同本书Küper/Zopfs，BT Rn 804；NK-Kindhäuser，§ 244 Rn 52以及通过详细的论证Krack，Rengier-FS S. 249,253 ff。

[4] 否定Küper/Zopfs，BT Rn 824；LK-Vogel，§ 244 Rn 76。如同本书Eisele，BT Ⅱ Rn 237；Krack，Rengier-FS S. 249,253 ff。也见M/S/M-Hoyer，§ 33 Rn 127。

[5] 对此见BGH NStZ 01,533；Maurach，JZ 62,380,381。

所进入住宅并从住宅中盗窃,可能经过住宅进入场所并从中盗窃,甚至可能爬入场所并从中盗窃。即便此种空间在工作时间可为第三人所寻访,但通过其对于住宅的融入,此种空间难以从通过住宅所保护的私人空间中清晰地予以界分,有鉴于此,人们必须将其纳入第244条第1款第3项的保护范围。[1] 与之相反,如果住宅区域与营业场所清晰界分,而盗贼只是侵入营业场所,并此后从中实施盗窃,则确定不存在第244条第1款第3项的适用情形。[2]

294 在案例20中,P在多起案件中带着随时可以击发的公务用枪,依据有所争议但却恰当的观点,实施了第244条第1款第1a项意义上的持有武器盗窃犯罪。[3] 他作为警察而属于与职业相符的武器持有者,以及可能会确实地将武器投入使用的可能,并不会妨碍这一认定。足够的是,其至少知悉携带了武器,但当案情显示,犯罪人在犯罪当时缺乏持有武器的现时的明知,则应特别地对之予以更为细致的查明。[4] 但是,武器在犯罪事实之时必须是随时可取的。当P将之留在停着的执勤车上,则不存在此种情形。鉴于P在离开执勤车时尚无盗窃意图,而返回执勤车之时犯罪已经既遂,则P在犯罪进程的核心阶段并未持有武器(见边码267)。[5] 在另外的案件中,携带并未上弹的并由此不可使用的公务用枪——因为P想要在紧急状况下用其恐吓阻碍他的人——被认定为持有第244条第1款第1b项意义上的所谓的虚假武器(见边码286及下一边码)。鉴于P也曾想过将武器用作击打他人

---

〔1〕 开放BGH JR 08,514,515。现在如同本书BGH NStZ 13,120(牧师住宅)附评注Bosch,JK 9/12,StGB § 244 I Nr 3/3和——立基于"形式的住宅概念"——Bachmann,NStZ 09,667,668。区别Fischer, § 244 Rn 49;Krumme,Die Wohnung im Recht 2004,S. 326。其他Ladiges,JR 08,493,495。

〔2〕 Vgl. BGH NStZ 05,631.

〔3〕 Vgl. BGHSt 30,44;Rn 258.

〔4〕 参见BGH StV 02,120,122;191。根据OLG Naumburg BeckRS 11,21702,并非相近的案件,见边码270。

〔5〕 就两个方面都过泛BGH NStZ 98,354。

头部的打击武器，在此也应认定第244条第1款第1a项规定的持有危险工具，[1]因为选择性的使用保留，并不排斥第1b项的适用。虽然存有盗窃故意，但P并未以所规定的方式进入各个涉案的住宅，也未自我隐匿其中，因此，第244条第1款第3项并不符合。

Ⅲ. 结伙盗窃罪

案例21：V经营牲畜买卖以及与之相连的屠宰生意。为了改善收入，他与同样缺钱的职员A和B商议，由二人在其负责的远途运输中从牧场偷牛，并在事前告知且夜色掩护之下运到V处。加工和后续出卖由V执行，利润平分。这一计划并无定期，至少较长时间地予以执行。直到罪行败露，A和B通过此种方式将45头牛运到了V的屠宰场。 295

参与者根据第242条及以下数个条文是否具有刑事可罚性？（见边码304）

第244条第1款第2项规定了结伙盗窃罪（原第3项规定），所规定的刑罚加重适用于团伙的成员（Mitglied einer Bande）。团伙为了连续地实施抢劫或者盗窃而结合，在其他的团伙成员的协作下实施盗窃。对于结伙盗窃罪升高的刑事可罚性，一方面在于其对于公众的特殊的危险性，这种危险性由专业化的危险（例如对于计谋盗窃、住宅侵入、撬保险柜等）[2]而产生，但首要的是从彼此紧密的结合（Bindung）下而产生，这种结合构成了对于犯罪活动继续而言不断地激励［组织化危险（Organisationsgefahr）］。[3]另一方面，如果人们正确地（见边码301）要求，在犯罪现场至少应当有两名团伙成员［行动危险（Aktionsgefahr）］[4]，则被害人在 296

[1] 参见BGHSt 44，103，105。

[2] Vgl. BGHSt 23，239，240.

[3] Vgl. BGH NStZ 07，33，34.

[4] 反对这一升高的行动或执行风险（Aktions-oder Ausführungsgefahr）的学说Altenhain，ZStW 113（2001），128。

“分散的防卫力量”[1]中面临危险的寡不敌众。论据并非只是纯粹与犯罪行为相关;[2]相反,其标识了个人的积极性,相互间组成危险的结合,在共同的团伙利益中彼此负有责任。内在的结合(也会)印刻到行为之上。由此,团伙成员性(Bandenmitgliedschaft)是第 28 条第 2 款意义上的特殊的人身特征(besonderes persönliches Merkmal),每个参与者本身都必须有所显示。外围人员由此只能根据第 242 条、第 243 条结合第 25 条第 2 款、第 26 条、第 27 条进行惩处。[3]

1. 团伙概念

297 团伙(对此也见边码 593)是立基于明示或者暗示的约定而形成的多数人的结合,其为了持续地实施第 242 条、第 249 条规定的数个独立但具体而言尚未确定的犯罪而组成。[4] 作为明示或者默示达成的约定的对象,立法上尚未要求确切数量的犯罪[团伙约定(Bandenabrede)]。[5] 比如,在已经存在的共同正犯的基础

---

[1] 参见 Zopfs,GA 95,327。Flemming,Die bandenmäßige Begehung 2014,S. 135 ff 谈到的是“维持联系的风险”(Verbindungsaufrechterhaltungsgefahr)和“合作的风险”(Mitwirkungsgefahr)。

[2] 但是如此 Kindhäuser/Hilgendorf, § 244 Rn 37;Otto,BT § 41 Rn 65;S/S-Bosch, § 244 Rn 28/29;Toepel,ZStW 115(2003),83。在结论上也是如此 LK-Roxin, 11. Aufl. 1994, § 28 Rn 45。

[3] 也如此 BGH NStZ 96,128;BGH NStZ-RR 07,112;BGH NStZ 07,526;BGH BeckRS 12,10714;BGH BeckRS 13,07322;BGH StraFo 14,471 附评注 Satzger,Jura 15,424(《德国刑法典》第 244a 条);BK-Wittig, § 244 Rn 20;Fischer, § 244 Rn 44;Joecks/Jäger, § 244 Rn 48;Krey/Hellmann/Heinrich,BT Ⅱ Rn 195;Lackner/Kühl, § 244 Rn 7;LK-Schünemann, § 28 Rn 68;Schild,GA 82,83;SK-Sinn, § 250 Rn 50。

[4] 参见 Küper/Zopfs,BT Rn 75;BGH wistra 10,347。总结 BGH NStZ-RR 13,209;BGH NStZ 15,648。

[5] 参见 BGH StV 13,509 f 对其条件进行了全面描述,以及对其支持和犯罪的证据;更简短 BGH BeckRS 19,19904。对此也见 Flemming,Die bandenmäßige Begehung 2014,S. 74 ff,102 ff。

上，约定也可以借第三人加入之机而达成。[1] 结合必须超越具体的单个犯罪的谋划、[2]对于特定时机的利用、短暂时间的共同合作，而完全一般性地以未来的、尚未确定的对于抢劫或盗窃的实施为目标。如果结合并不只是短时间内，而是在一定的期限内得以维系，则亦属于此。[3] 鉴于对此所要求的整体的故意，一般而言，在此前根据连续性关联（Fortsetzungszusammenhang）的标准而产生一个连续的盗窃或者抢劫，而由此根据历来的判例对于第 244 条并不足够，此种行为现今也不满足以上条件。[4] 由此，也涉及盗窃的规定，通过判例 199[5] 扩展了连续犯类型的刑事处罚范围，并非强制性的结论。对于团伙而言，也必须有足够数量的成员为实施抢劫或盗窃而相互联合。[6] 与第 260 条第 1 款第 2 项相反，由盗窃者和销赃者组成的“混合”团伙，并不符合第 244 条第 1 款第 2 项的规定。[7]

现实判例：在作为 BGH BeckRS 19，18187 基础的案件中，R 和 Z 商议，在 95 岁的 O 住院时对其别墅进行多次“家访”，将别墅里的价值约 530，000 欧元的古董专业地打好包，并渐次从别墅中运出，以供此后销售。P 是一位古董商人，他答应二人通过分得一定财物帮助他们销售古董。通过 6 次单个

---

〔1〕 对于沉默的/默示的或者是事后产生的团伙约定，见 BGH NStZ-RR 13，209。对于默示的约定，也见 BGH BeckRS 12，18738 附评注 Bosch，JK 1/13，StGB § 244a/2；Hecker，JuS 13，177；BGH BeckRS 16，18886。

〔2〕 Vgl. BGH NStZ 96，443.

〔3〕 参见 BGH NStZ 06，574；OLG Hamm NJW 81，2207 附赞成性评注 Tenckhoff，JR 82，208；Schild，GA 82，55，81。

〔4〕 参见 BGHSt 40，138，148 f。对于就此而言第 261 条第 4 款第 2 项的案件，见 Krack，JR 06，436。

〔5〕 Vgl. BGHSt 40，138.

〔6〕 第 252 条、第 255 条、第 316a 条并不符合这一条件，见 Ladiges，NStZ 16，446 承接 LK-Vogel，§ 244 Rn 61。

〔7〕 Vgl. BGH NStZ 07，33，34.

行为,R 和 Z 将古董运输完毕。他们用房屋钥匙打开了房子的大门,钥匙是 R 编个借口从与 O 相熟的护理 O 的医院护士 K 那里拿来的。前三次行为之时,O 仍然在世。但在实施第四次行为时,这一点不再能确定地查明。而在最后两次行为之时,O 已经确定去世了。但由 O 指定为继承人的基金会尚未将遗产占有。——在前三起案件中,如果人们如初审法院认定了三起单独的犯罪,那么 R 和 Z 每次都实施了既遂的盗窃。在此期间,通过 P 的允诺,P 给予了心理上的支持。由于高额的赃物价值,地方法院根据第 263 条第 3 款第 2 句第 2 项,并根据第 243 条第 1 款第 2 句第 1 项——钥匙并非“虚假”(见边码 227),而是骗来后未经授权地使用——认定了非典型的盗窃罪的特别严重情形(见边码 210)。德国联邦法院发现缺失了对此而言必要的针对加重情节的“总体衡量”。第四起案件中——如果 O 已经去世的话,则古董系丧失支配——对于盗窃罪和侵占罪之间的选择判处,德国联邦法院也进行了批驳。根据第 246 条的新的规定,盗窃为这一更为轻缓的兜底犯罪构成所涵括(对此见边码 307),存疑规则应予适用。也即,如果不再能查清是否存在 O 的支配,或者只是存在单纯的遗产占有(见边码 94),则应存疑有利于被告,适用第 246 条。这应予赞同。地方法院否定了结伙盗窃罪的成立,因为根据判例不能确定本案中 P 对于团伙而言是必要的第三人,其也可能是帮助犯(边码 298 及以下数个边码)。对于不确定数量的犯罪,是否具有必要的认知(见边码 297),德国联邦法院对此并未深入。但其也否定了团伙的存在,理由是,“约定(……)并未针对不确定数量的具体而言尚未确定的盗窃犯罪”,而是一开始就确定在别墅中“以整体的宝贵财产形态存在的确定数量的有价之物”。虽然被告人实施了单独的盗窃犯罪,但犯罪是提前确定的,且“具体而言就其规划的关键特征”也是确定的。由此,在此并未涉及对于团伙而言必要的“开放的约定,而是一个闭合的约定”。其中缺失“不断生发新的犯罪的特别的危险性”,由此也就缺失对于刑罚加重而言最为重要的“组织化危险”。

297a 判例并不要求接近于犯罪组织(kriminelle Vereinigung)(第 129 条)之概念特征的固定的组织。[1] 而且判例将“与黑帮类似的结构”以及有组织犯

---

〔1〕 参见 BGHSt 42,255,258;BGH BeckRS 19,19904。其他 Altenhain,ZStW 113(2001),140,其将团伙和犯罪组织同等对待。对其赞成 Klesczewski,BT § 8 Rn 161。

罪的其他标准恰当地只是评价为证据,[1]由此,在地点上受到限制的区域内开展活动,或者只是集中于特定的对象,而与有组织犯罪无关的(少年)团伙,并未被排除在外。[2] 对于同等权利的或者共同正犯式的合作的约定并非必要。[3] 然而,根据历来的判例,倘若不存在固定的团伙意志,并未遵循更高级别的团伙利益,也未好似被"绑在一根绳子上",就其本身而言也不足够。[4] 与新近的判例相反,即便人们对于团伙的成立要求两个以上的人员,[5]也不能对这些特征予以放弃,因为只有这样才能将团伙从只是重复的共同正犯中凸显出来。如果某个团伙成员趁着一次未果的共同盗窃汽车犯罪未遂的机会,将汽车内的东西完全出于自己的利益而据为己有,也可能缺少一个更高层级的利益。[6]

虽然在犯罪学上[7]以及在刑法文献[8]当中,对于团伙而言, 298
压倒性地要求 3 个及其以上的成员,但自 BGHSt 23,239 以来得以

[1] 对此见 Dessecker, NStZ 09, 184; Schöch, NStZ 96, 169; BGH NJW 96, 2316; BGH NStZ 96, 443; BGH NStZ 06, 574。批判 Glandien, Anm. NStZ 98, 197。

[2] Vgl. BGH NStZ 08, 625 f.

[3] 参见 BGHSt 46, 321, 338; 更狭 BGH NJW 00, 2034, 2035。

[4] 参见 BGHSt 42, 255, 259; BGH NJW 97, 3387; BGH NJW 98, 2913 附评注 Erb, NStZ 99, 187; BGH NStZ 01, 32, 33; OLG Düsseldorf NStZ 99, 249; 为 BGH NStZ 07, 269, 270 所再次使用。

[5] 但是如此 BGHSt 46, 321, 325 ff; BGH NStZ 06, 574; BGH NJW 13, 884, 887; Zöller, BT Rn 84。

[6] 参见 BGH NStZ 00, 30; BGH NStZ-RR 11, 245; 12, 172 f; Eisele, BT Ⅱ Rn 231; Rengier, BT Ⅰ § 4 Rn 103。

[7] 见 Dessecker, NStZ 09, 184; Schöch, NStZ 96, 166 附进一步的文献。

[8] Vgl. A/W-Heinrich, § 14 Rn 60; BK-Wittig, § 244 Rn 15; Eisele, BT Ⅱ Rn 214; Fischer, § 244 Rn 34; H-H-Kretschmer, Rn 863; Hilgendorf/Valerius, BT Ⅱ Rn 45; Joecks/Jäger, § 244 Rn 32; Kindhäuser/Hilgendorf, § 244 Rn 30; Klesczewski, BT § 8 Rn 159; Krey/Hellmann/Heinrich, BT Ⅱ Rn 193; Mitsch, BT Ⅱ S. 129 f; MK-Schmitz, § 244 Rn 40; Otto, JZ 93, 569, 566; Rengier, BT Ⅰ § 4 Rn 89, 91; SK-Hoyer, § 244 Rn 32.

加强的判例[1],要求两人足矣。虽然对于一个团伙而言典型的轮流的占据在此种情况下并不可能,而谈及譬如为连续实施犯罪而结合的夫妻组成的团伙[2]至少是有些异常的,[3]可是,鉴于立法者对于二人团伙概念的赞成,[4]根据第 244 条第 1 款第 2 项之规定而明显可以视为足够的数字,以及至少难以简单否定二人团体的危险性,[5]人们应当坚持目前的判例的观点。[6] 当然在此需要注意,通过生活共同体而标识的共同的利益格局,尚不能够证明所要求的更高级别的团伙利益。[7]

299 然而,对于第 4 刑事审判庭的移送裁决,[8]德国联邦法院大刑事审判庭[9]也要求至少 3 名人员组成。[10] 但在此被忽略的

---

〔1〕 参见 BGHSt 38,26,27;42,255;BGH NStZ 98,255 附评注 Körner;BGH NJW 98,2913;00,2034;2907。

〔2〕 参见 BGH MDR/D 67,369;BGH NJW 97,3387。

〔3〕 对于“联合”的此种保留,见 BGH JR 79,425 附批判性评注 Volk。

〔4〕 《帝国税收条例》(Reichsabgabenordnung/RAO)第 397 条第 2 款第 1 项、1977 年《税收条例》第 373 条第 2 款第 3 项,对此见 BGHSt 38,26,28 和 Volk, Anm. JR 79, 427。也见 Rissing-van Saan, Geilen-FS S. 133 ff; Sya, NJW 01, 344。此外, Küper/Zopfs, BT Rn 76 指向第 224 条第 1 款第 4 项和第 231 条第 1 款。

〔5〕 想想传奇的黑帮夫妇 Bonnie 和 Clyde 以及 Götze 兄弟(对此见 Zieschang, Weitzel-FS S. 706 ff),在 20 世纪 30 年代他们为非作恶。

〔6〕 同样如此 Krings, Die strafrechtlichen Bandennormen 2000, S. 156; Küper/Zopfs, BT Rn 76 f; S/S-Bosch, § 244 Rn 24。此前也为 SK-Günther, § 250 Rn 37 所支持的观点,在 SK-Sinn, § 250 Rn 45 中被予以放弃。

〔7〕 Vgl. BGH NStZ 98,256;BGH NJW 00,2034,2035.

〔8〕 参见 BGH JR 01,73 附就此而言赞成性评注 Engländer;也见 Schmitz, NStZ 00,477。对于论证,见 Kudlich/Christensen, JuS 02,144。

〔9〕 参见 BGHSt 46,321,325 ff;Rissing-van Saan, Geilen-FS S. 131;BGH HRRS 14,314(Nr 735)。

〔10〕 赞成 AnK-Kretschmer, § 244 Rn 29;Ellbogen, wistra 02,10;Erb, NStZ 01, 561;HK-GS/Duttge, § 244 Rn 20;Hohmann/Sander, BT I § 2 Rn 19;Joerden, JuS 02, 329;Schmidt, BT Ⅱ Rn 228,233;Toepel, ZStW 115(2003),72。尽管赞同,但也批判 S/S/W-Kudlich, § 244 Rn 31 f。限制 LK-Vogel, § 244 Rn 58 f。

是,在两份裁决中汇编的多数意见,同样反对至少 3 名成员的最低人数,由此,所论及的顾虑只是通过明显更为激进的人数(5 名成员以及更多),但从未要求[1]提高最低人数来予以去除。也不能看清的是,如果人们同时放弃了固定的团伙意志以及为更高层级的团伙利益而行动的要求,这一 180 度的大转弯会如何简化与只是以共同正犯形式反复实施的犯罪之间的界分。[2] 对于判例而言,[3]目前就此重要的只是,“为将来共同实施具体而言尚属未知的法律所规定类型的犯罪,数个犯罪人之间在一定期限内确定的结合”。通过这一因素,团伙相对于共同正犯而得以凸显。但是,单单这样,相对于只是共同反复实施抢劫和盗窃犯罪的共同正犯,显著的刑罚加重不能被正当化。

在德国联邦法院看来,第 3 名建构团伙的人只是负责帮助犯的活动也是足够的。[4] 由此,对于 3 人的要求又重新撤回了半步。如果虽然放弃了固定的团伙意志以及更高级别的团伙利益,但针对预期的行为贡献,要求其不能是完全从属性的,而且是由组织上已经加入的帮手所实施的,[5]那么,大刑事审判庭对其解决方案所要求的法明确性上的获益将岌岌可危。相较于被背弃的,此种条件几乎没有更少的不明确。此外,后一条件与一般认为正 300

---

〔1〕 在 Kosmalla, Die Bandenmäßigkeit im Strafrecht 2005, S. 129 看来,(5 个或者更多)对此形成了一个例外;但其从应然法的角度,却要求废除团伙犯罪构成(S. 204)。

〔2〕 对此见 LK-Vogel, § 244 Rn 58; Sowada, Schlüchter-GS S. 383, 390 ff; S/S-Bosch, § 244 Rn 24。恰当地支持保留 Lackner/Kühl, § 244 Rn 6。也见 SK-Sinn, § 250 Rn 45。

〔3〕 Vgl. BGH NStZ 06, 574.

〔4〕 参见 BGHSt 47, 214; 同样如此 BGH NStZ 07, 33, 34; 否定 MK-Schmitz, § 244 Rn 44。

〔5〕 参见 BGHSt 47, 214, 217, 219 附批判性评注 Erb, JR 02, 338; Gaede, StV 03, 78; Rath, GA 03, 823; Toepel, StV 02, 540; BGH wistra 04, 105, 108。将界分困难明晰化 Zopfs, Jura 07, 513。如同本书批判 Lackner/Kühl, § 244 Rn 6。

确的对于团伙"组织性"的放弃相矛盾,判例将团伙与松散的全体相等同。[1] 如果团伙的两名成员实施了盗窃,即便是领导团伙的、对于团伙而言具有建构性的团伙的第3名成员对此并不知情,也仍然涉及结伙盗窃。[2] 如果人们与德国联邦法院一起放弃了共同正犯形式的共同协作,则要注意的是,此时作为规则基础而适用的第25条第2款之规范,并不能为单纯的团伙成员属性所替代。[3] 团伙约定与团伙成员属性和对于团伙犯罪的参与,应当相互独立地作出判定。[4] 正如并非团伙实施的一起犯罪的每个参与者因此就已经是团伙成员,反过来,并非作为团伙犯罪参与人的每个团伙成员,仅基于团伙成员属性就已经是共同正犯。相反,共同正犯和共犯的界分,仍然应当遵循一般的原则。[5]

2. 团伙作案

301 在第244条第1款第2项的情况下,必须至少有两名团伙成员在现场实际参与盗窃。[6] 据此,并不足够的是,一名团伙成员在盗窃过程中只是得到了一名非团伙成员的支持。[7] 另外,团伙作案并不取决于共同正犯形式的共同协作,只要至少两名团伙成

---

〔1〕 对此见 Fischer, § 244 Rn 36,36a;但是,BGH wistra 10,346 通过"有效的规则",重新谈到了"组织"。

〔2〕 参见 BGH NStZ 06,342。并不要求团伙成员之间相互知悉,对此见 BGHSt 50,160,164 ff。

〔3〕 参见 BGH wistra 07,100,101;BGH BeckRS 13,06991;BGH HRRS 16,221(Nr 487)(对此也见边码593)。

〔4〕 Vgl. BGH NStZ-RR 13,209;BGH HRRS 15 Nr 1165.

〔5〕 Vgl. BGH NStZ 11,637;BGH BeckRS 12,10714;BGH wistra 13,97;BGH HRRS 16 Nr 487;BGH HRRS 18,Nr 521;BGH HRRS 20 Nr 24;Fischer, § 244 Rn 39.

〔6〕 参见 BGHSt 46,120,127 ff。其他观点见 A/W-Heinrich, § 14 Rn 62;Hohmann,NStZ 00,259;Müller,GA 02,318;Schramm,BT I § 2 Rn 146。

〔7〕 Vgl. BGH StV 93,132.

员直接参与犯罪,使危险潜质当场表现出来。[1] 然而,德国联邦法院第4刑事审判庭和大刑事审判庭[2]通过参考放弃协作条款的团伙犯罪,并不想突出升高的实施危险(Ausführungsgefahr),而是对于所有的团伙犯罪,只将组织危险性(Organisationsgefährlichkeit)作为刑罚加重根据进行处罚,由此,对于团伙盗窃和抢劫,也不要求其他团伙成员的当场参与。[3] 据此,如果当场取走只是一名非团伙成员为团伙实施的,而此外只要两名成员予以协助,且非团伙成员作为正犯的直接实施可归责于至少其中一位成员,甚至也足以认定团伙犯罪。[4] 但由此,人们淡化了这一前提,即犯罪必须是由其所得出的危险性的表达。[5] 此外,人们抹平了有意形成的立法区分,其认为盗窃和抢劫团伙的危险性(也)在于行动危险。而与之相反,在销赃和麻醉品交易的情况下,则首先在于对于取得和交易链条的组织,其危险性也会且经常在对他人协作的掩饰中得以体现。[6]

根据迄今为止的判例,[7]结伙盗窃的正犯只能是团伙成员, 302

---

[1] 参见 Küper/Zopfs,BT Rn 80 ff;Zopfs,GA 95,327。赞成 BK-Wittig, § 244 Rn 19;LK-Vogel, § 244 Rn 70。

[2] 参见 BGH JR 01,73,75 附就此而言否定性评注 Engländer;BGHSt 46,321,332 ff。同样如此 Altenhain,ZStW 113(2001),143 f。

[3] 赞成 Beulke,III Rn 432;Eisele,BT Ⅱ Rn 228;Ellbogen,wistra 02,11 f;H-H-Kretschmer,Rn 865;Kindhäuser/Hilgendorf, § 244 Rn 33;Krey/Hellmann/Heinrich,BT Ⅱ Rn 194;Rengier,BT I § 4 Rn 98 f;Rissing-van Saan,Geilen-FS S. 140 ff;S/S-Bosch, § 244 Rn 26;Zöller,BT Rn 85。否定 MK-Schmitz, § 244 Rn 52 f;Sowada,Schlüchter-GS S. 383,395 ff。

[4] 参见 BGHSt 46,321,328;Fischer, § 244 Rn 41 ff;Heghmanns,Rn 1118。对此也见 Küper/Zopfs,BT Rn 84。

[5] Vgl. BGH StV 13,510.

[6] 参见 Erb,NStZ 01,564 ff;Klesczewski,BT § 8 Rn 164;Krings,Die strafrechtlichen Bandennormen 2000,S. 162 ff;Schmitz,NStZ 00,478;Zopfs,Jura 07,516。

[7] Vgl. BGHSt 8,205,206;25,18;33,50,52;BGH StV 97,247.

其在犯罪现场(即便并不必然是身体上的)一同合作。此种主张立基于第244条第1款第2项所假定的“犯罪构成特点”[1],即法律上所要求的空间上和时间上“其他团伙成员的合作”就其意义而言与正犯相关,[2]只有直接参与在当场所证成的“行动危险”,才能证明正犯的不法。[3] 对此应予反对。与成员属性不同,合作并非强制性规定的正犯要件,而只是一个刻画在未遂与既遂[4]之间的犯罪之危险性的犯罪构成条件。根据一般的规则(对此见边码300、304),即便对于并未在场的团伙成员,亦可能将合作归责于他。[5] 若非如此,由犯罪构成所假定要求的对于一般的归责规则的偏离,对于教唆犯和帮助犯也应适用,但从未出现过这种主张。新近的判例赞成这一结论。[6] 在此,大刑事审判庭当然放弃了本书以BGHSt 46,120,129 f而保持(见边码301)的要求,即至少有两名其他的团伙成员在当场实际地一同合作。

应当记住(见边码300)的是,一名对于团伙犯罪的成功并未施以自己的核心的或者至少是有益的贡献的团伙成员,并不会因为他通过团伙约定而与犯罪实施者捆绑在一起,而将其认定为正犯或者共犯。相反,对于犯罪参与而言,二者必须重合。[7] 根据团伙约定,一名团伙成员并未参与盗窃犯罪的谋划和实施,而只是在犯罪结束之后,在处理贼赃过程中负责销赃,则其并非

---

[1] Vgl. BGHSt 8,205,209.

[2] 如此 Miehe, Anm. StV 97,248;Otto, JZ 93,566;Wessels, BT Ⅱ Rn 264。

[3] BGHSt 38,26,29 承接 Volk, Anm. JR 79,428;同样如此 SK-Hoyer, § 244 Rn 36。

[4] 就此而言更泛 BGH StV 99,151:终了。

[5] Vgl. A/W - Heinrich, § 14 Rn 62; Fischer, § 244 Rn 43; Kindhäuser/Hilgendorf, § 244 Rn 33 f; Küper, GA 97,333 f; Rengier, BT I § 4 Rn 96; SK-Sinn, § 250 Rn 49; Sowada, Schlüchter-GS S. 383,394 f.

[6] 参见 BGHSt 46,120,127 ff 附赞成性评注 Hohmann, NStZ 00,255;BGHSt 46,138;321,333,338。

[7] Vgl. BGH wistra 13,307 f.

结伙盗窃的正犯，而应当根据第 257 条、第 259 条和第 261 条进行评价。如果他答应了协助处理赃物，则在此之外还可考虑结伙盗窃的帮助犯。[1] 最后要注意的是，如果两名团伙成员在原本的团伙约定之外，以完全不同的犯罪模式实施了犯罪，则并不存在结伙盗窃。[2]

3. 加重结伙盗窃罪

与第 244 条第 1 款相对应，加重结伙盗窃罪（第 244a 条第 1 款）[3] 意味着一个另外的加重构成，其由团伙形式的犯罪事实与加重事由的结合所构成，而条件规定在第 243 条第 1 款第 2 句第 1—7 项或者在 244 条第 1 款第 1 项、第 3 项当中。这一罪名是重罪[4]，根据判例，该罪也可以由少年团伙实施。[5] 根据立法动议，这是应予质疑的。由此，至少应当考虑减轻情节之认定。[6]《第 6 刑法改革法案》（见边码 11）取消了与第 243 条第 2 款相对应的轻微犯罪条款（原第 244a 条第 4 款），从而去除与之前就缺少轻微犯罪条款的第 244 条规定之间的评价冲突，且对规定的行为所具有的严重的不法和危险内涵予以考虑（BT-Ds 13/8587，S. 63；13/9064，S. 17）。 303

在第 244a 条第 1 款框架内所涉及的第 243 条第 1 款第 2 句所规定的示例规定，并不只是具有举例的意义。相反，其在此属于加重结伙盗窃罪的真正的犯罪构成要件，从而对于其间故意和错误以及竞合的判定，应遵循一般

---

〔1〕 Vgl. BGH NStZ 03，32，33 f；07，33.

〔2〕 Vgl. HRRS 16，174（Nr 291）.

〔3〕 对于立法沿革，见 Zopfs，GA 95，320。

〔4〕 对此见 Fischer，§ 244a Rn 3；批判第 30 条之适用 Flemming/Reinbacher NStZ 13，136。

〔5〕 参见 BGH StV 00，670；BGH NStZ 06，574；BGH NStZ 08，625。对于少年和儿童参与的问题，见 Flemming，Die bandenmäßige Beteiligung 2014，S. 160 ff。

〔6〕 参见 LK-Vogel，§ 244a Rn 2，11；Möller，StraFo 09，92。

的规则。[1] 对于第244a条，德国联邦法院对于正犯也不合理地(见边码302)要求参与者与另外的团伙成员在空间和时间上的共同合作中实施比如侵入行为。[2] 根据第244a条第1款和第243条第1款第2句第3项认定加重结伙盗窃罪，与根据第260a条第1款认定常业性的结伙窝赃罪，二者之间进行选择性认定是有可能的。[3] 在德国联邦法院看来，在加重结伙盗窃罪与同时实施的毁损财物罪之间，始终存在想象竞合(第52条)。[4] 而且，加重结伙盗窃罪也不会被同时实施的第244条第4款规定的侵入住宅盗窃罪所排除。[5]

304 在案例21中，A和B先是实施了针对45头牛的盗窃(关于动物作为物品，见边码18)。盗窃是常业性实施的(第243条第1款第2句第3项)，而且从接近生活的观察来看，也是通过第243条第1款第2句第1项所规定的侵入作为封闭空间的牧场所实施的。[6] A和B是否实施了第244条第1款第1a项或者第1b项所规定的加重盗窃，根据BGHSt 33,50所给定的案件事实无法判定。但是，A、B和V至少为连续地实施具体而言尚未确定的盗窃而在不确定的期限内组成了团伙。[7] A和B——两人均是团伙成员，因为其纳入了团伙的组织，并接受了其中所适用的规则[8]——在空间和时间上的共同合作中以共同正犯的方式实施了盗窃，因而符合第244条第1款第2项、第25条第2款之规定。鉴于盗窃也是在实现第243条第1款第2句第1项、第3项规定的示例条件下所实施的，A和B应根据第244a条予以惩处

---

〔1〕 参见第15条、第16条第1款；Lackner/Kühl，§ 244a Rn 2；关于第244a条第1款结合第243条第1款第2句第1项、第2项与第303条之间的竞合，并无说服力BGH NStZ 14,40附赞成性评议Hecker,JuS 14,181；Zöller,ZJS 14,214；Satzger,JK 3/14，§ 52 StGB/16。对此已见边码245。

〔2〕 参见BGH NStZ 96,493。对于进一步的适用问题，见Zopfs,GA 95,322。

〔3〕 参见BGH NStZ 00,473；BGH NJW 17,2842(=BGHSt 62,72)附评议Kudlich,JA 17,870；Stuckenberg，StV 17,815；BGH NStZ-RR 18,47和49附评注Bosch,Jura(JK)18,424。对于盗贼和窝赃者组成的团伙，见GH StV 15,118。

〔4〕 参见BGH NJW 19,1086附批判性评议Jäger,JA 19,386；Mitsch,NJW 19,1091。对此也见本书边码245和Grosse-Wilde,HRRS 19,160。

〔5〕 Vgl. BGH HRRS 20 Nr 125.

〔6〕 参见OLG Köln MDR 69,237；BGH NStZ 83,168。

〔7〕 就应试所要求的“团伙案件”的分析，见Ŏglakcıŏglu,Jura 12,770 ff。

〔8〕 Vgl. BGH wistra 10,347.

（第 243 条第 1 款第 2 句第 1 项和第 2 项、第 244 条第 1 款第 2 项退居其后）。V 也是团伙的成员，但并未在犯罪现场共同实施盗窃。他是共同正犯还是只是共犯，应根据在其他情况下也适用的界分标准进行判定（见边码 300）。根据主观的犯罪参与学说，对于犯罪结果的利益，以及决定性地共同型塑整体犯罪的意志，支持共同正犯的认定。但根据犯罪操纵说，即便犯罪人自己并未直接地参与犯罪构成之实现，人们也不能否定幕后操纵者和团伙负责人的正犯性质，那么，无论如何，V 应被视为第 244a 条的共同正犯。[1] 鉴于 3 名被告共同结合，依据大刑事审判庭的判决[2]也要从结伙盗窃出发，即便 A 或者 B 各自单独地实施了盗窃，也应根据第 25 条第 2 款对 V 进行归责（此种情况下，根据本书——边码 301——支持的观点，欠缺第 244 条第 1 款第 2 项之犯罪构成）。与之相反，依据 BGHSt 33，50，52，由于缺少判例当时仍然要求的当场一起合作，对 V 只能以第 244a 条的教唆犯惩处——团伙成员属性对他也不利（第 28 条第 2 款）。此外，当然以第 242 条、第 243 条第 1 款第 2 句第 1 项及第 3 项、第 28 条第 2 款、第 25 条第 2 款作为一般的基本原则对共同正犯予以处罚。依据 BGHSt 33，50，52，后者被通过接纳偷来的牛而成立的窝赃罪（根据本书所支持的方案本来是不能认定的）所排斥。（加重）结伙盗窃罪系加重构成，由此关涉有罪判决。因此，是否存在团伙或者团伙形式的犯罪实施，在刑事诉讼中并非协商的对象（见《德国刑事诉讼法》第 257c 条第 2 款第 3 句）。[3]

Ⅳ. 鉴定结构：加重盗窃罪，第 244 条

加重盗窃罪，第 244 条

Ⅰ. 犯罪构成

1. 客观构成

a）犯罪对象：· 他人的可移动的物品

---

〔1〕 如此例如 MK-Schmitz，§ 244 Rn 54。对于争论情况，见 LK-Schünemann，§ 25 Rn 180 ff，184 ff；Wessels/Beulke/Satzger，AT Rn 820 ff。

〔2〕 Vgl. BGHSt 46，321.

〔3〕 参见 BGH wistra 11，235 附评议 Kudlich，JA 11，632。

b)犯罪行为:·取走

c)加重构成:加重构成的客观要件

第1a项:(1)犯罪手段:·武器

Ⓟ毒气/警示手枪

·危险工具

Ⓟ客观的类武器性或者使用保留

(2)行为:·持有

Ⓟ时间跨度

Ⓟ与职业相应的武器携带者

第1b项:(1)犯罪手段:·其他的工具或者手段

→适合于暴力/胁迫

Ⓟ假的武器

Ⓟ明显非危险时之限制

(2)行为:·持有

Ⓟ时间跨度

第2项:(1)正犯特征:·团伙成员

Ⓟ团伙

Ⓟ第28条第2款

(2)实施方式:·其他团伙成员的共同合作

Ⓟ本人在犯罪现场的共同合作

Ⓟ犯罪现场的成员人数

第3项:(1)行为:·闯入

·爬入

·侵入

—利用假的钥匙

—利用其他工具

·自我隐匿

(2)涉及对象:·住宅

Ⓟ第123条中的住宅概念

2. 主观构成
a) 故意：· 任何故意类型
→ 对于基本犯罪构成
→ 对于加重的情形
b) 占为己有意图：· 将犯罪对象非法占为己有的意图
c) 特殊的主观要件
第 1a 项：Ⓟ使用保留
第 1b 项：· 特别的使用意图
第 2 项：Ⓟ以团伙利益而行为
第 3 项：· 为实施犯罪
→ 行为实行时的盗窃故意
Ⅱ. 犯罪构成(第 244 条第 2 款)
1. 涉及对象：持续使用的私人住宅
2. 重罪
Ⅲ. 违法性
Ⅳ. 有责性
Ⅴ. 情节较轻
→加重构成(第 244a 条)
→减轻构成(刑事告诉，第 247 条)

§5 侵占与侵吞

案例 22：作为 X 公司的职员，A 获准将公司的磁盘带回家中，并用之开展工作。其中一张磁盘上有 X 公司的供货清单。通过打开这张磁盘，A 将供货清单打印了出来，并寄给了 X 公司的顾客。在此，他是将供货清单作为 Y 公司清单的对照发出的，而 Y 公司是他自己和另外两名合伙人共同建立的。当 X 公司的主管得知这一消息后，他将 A 无限期地辞退，并要求他在月底之前将磁盘归还。A 并没有遵守这一期限，因为他想将磁盘保留。此后过了几天，警察在搜查过程中将磁盘找回。 305

对于载有供货清单的磁盘,A 是否应以侵占罪被追究责任?(见边码324)

Ⅰ. 基本的侵占罪

306 原第 246 条第 1 款的规定是:"将所占有或支配的他人的可移动的物品,非法地占为己有,处三年以下自由刑或者罚金,如果受托管控物品的,处五年以下自由刑或者罚金。"《第 6 刑法改革法案》(见边码 11)赋予了这一条文当下的、明显更为宽泛的版本。[1]

1. 结构、法益与犯罪对象

307 根据第 246 条第 1 款之规定,如果为自己或者第三人而非法将他人的可移动的物品占为己有,应以侵占罪处罚。同时可能以盗窃罪、抢劫罪、诈骗罪、敲诈勒索罪、背信罪或者窝赃罪等犯罪予以惩处(见《1962 年刑法典草案》第 240 条)。因此,第 246 条第 1 款并非所有取得型犯罪的基本犯罪构成(Grundtatbestand),[2]相反,应将其解读为兜底性犯罪构成(Auffangtatbestand)。[3] 这一犯罪构成应当包括将他人物品非法占为己有的所有形式,只有当其并未在其他条款中以更重刑罚惩处的情况下,才能证成独立的

---

[1] 对此批判 Duttge/Fahnenschmidt, ZStW 110(1998), 899 ff, 904 ff, 907 ff。

[2] 其他观点参见 Kindhäuser, Gössel-FS S. 451; Lesch, JA 98, 477; Otto, BT § 39 Rn 8。

[3] Vgl. BGH NJW 18, 1557; A/W-Heinrich, § 15 Rn 1; BK-Wittig, § 246 Rn 1; Fischer, § 246 Rn 2; HK-GS/Duttge, § 246 Rn 1; Lackner/Kühl, § 246 Rn 1; LK-Vogel, § 246 Rn 4; S/S/W-Kudlich, § 246 Rn 3; 在结论上赞成 Fahl, Jura 14, 387; 对于第 246 条的概览 Kudlich/Koch, JA 17, 184; 一则例证——在不能查明犯罪过程(第 242 条还是第 255 条)的情况下适用第 246 条——见 BGH NJW 18, 1557 附评议 Kudlich, JA 18, 549。

可罚性(见边码 71)。[1] 侵占罪与盗窃罪的区别在于(对此见边码 69),侵占罪要求具有作为犯罪行为的占为己有,而盗窃罪只要求具有占为己有的意图。由此,侵占罪可以通过取走的方式实施,只要是其中——但并非必须是[2]——存在占为己有。[3] 在此类案件中,第 246 条退居第 242 条之后。如果未能查清被害人在犯罪之时是否已经死亡,以及物品是否因此丧失支配(见边码 94),应根据存疑规则适用第 246 条。[4] 但是,物品在各种情况下应并未打破占有而被侵占。因此,比盗窃罪情况下更为清晰的是,侵占罪保护的法益只是所有权(Eigentum)(见边码 70)。

犯罪的对象是他人的可移动的物品。此类要件的内涵与第 308
242 条中的要件内涵并无差异(见边码 73 及以下数个边码)。[5]

然而,需要注意的是,首先侵占罪的对象只能是根据其特性而确定的物品。[6] 在第 246 条的条件下,如果只是提供给他人物品总体的未予区分的部分,其在总量上是确定的(比如大型仓库库存中的 2000 公斤土豆),则只是签订购买合同,并未实施既遂的侵占罪;相反,对此则需要将占为己有的对

---

〔1〕 参见 E 1962, Begr. S. 409; BT-Ds 13/8587, S. 43 f; Küper/Zopfs, BT Rn 856。

〔2〕 其他观点参见 M/S/M-Momsen, BT I § 34 Rn 4 f; 区别 Kindhäuser/Hilgendorf, § 242 Rn 76; 对此见边码 57。

〔3〕 参见 Küper/Zopfs, BT Rn 856; Mitsch, BT Ⅱ S. 178; 其他观点参见 S/S-Bosch, § 246 Rn 1: 侵占罪作为并无支配打破的财物侵害; 同样如此见 Hecker, JuS 10, 741。

〔4〕 参见 BGH BeckRS 19, 18187(见边码 297 现实判例); 第 246 条作为兜底犯罪构成与第 242 条处于等级关系当中,有基于此,不再需要考虑选择确定。

〔5〕 在所有权保留案件中,出于假定的被害人共同过错的原因,不当地主张"刑法的限缩"A/W-Heinrich, § 15 Rn 5 f; 相反 Hillenkamp, Vorsatztat und Opferverhalten 1981, S. 48 ff, 142, 172 ff。

〔6〕 Vgl. OLG Düsseldorf StV 92, 432.

象予以分选(Aussonderung)。[1] 其次,需要斟酌的是,在占为己有时,物品必须仍然是他人的物品。如果在占为己有之前已经转移了所有权,或者与占为己有同时出现了转移所有权,则不可适用第246条规定。因此,在自动取款机上拿走现金(见边码182)或者在未曾支付油费的情况下开走车辆(见边码197)[2],只有在民法上仍然认为现金或者汽油处于第三人所有之下的前提下,才能认定侵占罪。最后,物品至迟在占为己有之时(被)变成是可以移动的。[3]

2. 犯罪行为

a) 占为己有意图之表征

309 犯罪行为在于犯罪人将他人的可移动的物品为自己或者第三人而非法地占为己有。与盗窃罪相反的是,盗窃罪要求以占为己有为目的的取走,也就是说,在非法占为己有意图支配下,行为即为已足,而在侵占罪的情况下,需要外在地表现出来的占为己有行为(Zueignungshandlung)。其中再次出现了占为己有概念。这一概念的内容在两个犯罪构成中是一样的。由此,可以想见的是,作为意图涉及之对象的占为己有所要求的,也就是占为己有行为所要求的。据此,第246条规定的自己占为己有的条件是,犯罪人自己将物品或其所蕴含的价值至少临时性地据为所有,并长期地将之从所有权人处予以剥夺(见边码150及以下数个边码)。而当犯罪人将物品转移到第三人的财产当中,[4]或者以正犯证成的方

---

[1] 参见RG JW 34,614;S/S-Bosch, § 246 Rn 4;Tenckhoff,JuS 84,775;其他RGSt 73,253。

[2] 参见 Krey/Hellmann/Heinrich, BT Ⅱ Rn 219 ff; 对此也见 Beulke/Zimmermann,II Rn 131 ff;Küper/Zopfs,BT Rn 446;OLG Braunschweig JR 08,435附评注Niehaus/Augustin;对于诈骗式加油,见BGH NJW 12,1092附评议v. Heintschel-Heinegg,JA 12,305。

[3] Vgl. Mitsch,ZStW 111(1999),91.

[4] 参见BGH wistra 07,18,20;进一步的例证Fahl,JuS 98,24。

式使得第三人据为所有成为可能(见边码 166),则存在第三人占为己有。在此,剥夺他有因素保持不变。

并不缺少的尝试是,将占为己有行为通过这种方式表现并非只是作为内在的占为己有意图的外在表征,而是将之界定为占为己有因素的内容上的实现(inhaltliche Verwirklichung der Zueignungselemente)。其间,部分观点要求的是,至少据为所有已经在客观上得以执行。[1] 与之相反,部分观点将重点置于剥夺他有之上。据此,占为己有的条件是,物品损失(高度盖然性)将会出现。犯罪人必须是已经引致了此种“危险后果”。[2] 因此,对于物品的出卖要约或者是债法上的买卖合同并不足够。相反,物权上的执行是可予期待的。更为狭窄的是,个别观点也要求剥夺他有的结果的出现[3],或者将占为己有限制在消费、去值和出售之上。[4] 此类观点,[5]一般而言会将侵占罪之既遂推后,也因此对于窝赃罪的连接行为具有意义(见边码 832 及以下数个边码),使得行为中内容上的占为己有的不法得以清晰化,将第 246 条的 310

[1] Vgl. SK-Samson, 4. Aufl., § 246 Rn 40 ff;赞成 Krey/Hellmann/Heinrich, BT Ⅱ Rn 226;Noak, Drittzueignung und 6. StrRG 1999, S. 132;Rönnau, GA 00,424。

[2] 参见 Maiwald, Der Zueignungsbegriff im System der Eigentumsdelikte 1970, S. 191 ff;M/S/M-Momsen, BT Ⅰ § 34 Rn 27 mit Varianten;赞成 Degener, JZ 01,398;Dencker, in:Dencker ua, Einführung in das 6. StrRG 1998, S. 23 ff;Gropp, JuS 99,1045;HK-GS/Duttge, § 246 Rn 14;MK-Hohmann, § 246 Rn 33,36;Duttge/Sotelsek, Jura 02,530;两种基点相结合参见 Ambos, GA 07,141 ff;Basak, in:Irrwege der Strafgesetzgebung 1999, S. 188 ff;ders., GA 03,120;Heghmanns, Rn 1150;Mitsch, BT Ⅱ S. 168 ff;L. Schulz, Lampe-FS S. 664。

[3] Vgl. Hohmann/Sander, BT Ⅰ § 3 Rn 13;Joecks/Jäger, § 246 Rn 18 f,24 f;Kauffmann, Zur Identität des strafrechtlichen Zueignungsbegriffs 2005, S. 155 ff;LK-Vogel, § 246 Rn 28,32,34;Mikolajczyk, Der Zueignungsbegriff des Unterschlagungstatbestandes 2005, S. 54 ff;Mylonopoulus, Roxin-FS S. 917,920;SK-Hoyer, § 246 Rn 20.

[4] Vgl. Kargl, ZStW 103(1991),181.

[5] 对于争论情况,见 Hillenkamp/Cornelius, BT 24. Problem 附进一步的文献;Otto, Jura 96,383;也见 Börner, Die Zueignungsdogmatik der § § 242,246 StGB 2004, S. 141 ff,167 ff,179 ff。

性质拔高为了结果犯,并给未遂阶段分派了明晰的空间。[1] 可是,此类观点并未恰当地执行。原因在于,在三种观点中,最后一种主张将侵占罪的适用范围不恰当地予以了限缩,另外两种仅关注两个同等重要的因素当中的一个,也不能获得合理解释。占为己有存在于据为所有和剥夺他有之中。此外,为自己利益而对物品加以利用(据为所有),而事实上尚且缺少终局性的物品丧失(剥夺他有),也已经可以认为物品被侵占。最后,在第三人占为己有的情况下,第三人占为己有的行为始终必须是可期待的。但是,对于侵占罪的既遂而言,并不取决于其实际实施(见边码 313)。

311 与之相对,判例[2]和绝大多数学说[3]满足于占为己有意志的客观上可辨识的确证(objektiv erkennbare Betätigung des Zueignungswillens)。当然,对此而言,并非任意可理解为占为己有意志之确证的行为即已足够。[4] 相反,对于中立的、熟悉事实的观察者而言,行为必须表现为对于占为己有意志的类似的可以信赖且并无歧义的表征,如同作为《德国刑法典》前身的《1851 年普鲁士刑法典》在其所规定的行为中所涵括的一样。[5] 出售、抵押、消耗、隐匿以及对于支配的否认,在所有情况下并非只是占为己有意图的迹象,而是占为己有之不法的客观化的特征。为替代此种对

---

[1] 对此优点,见 Maiwald,Schreiber-FS S. 321 ff。

[2] Vgl. OLG Düsseldorf NStZ 92,298;BayObLG NJW 92,1777;Bay ObLG wistra 94,322.

[3] 参见 AnK-Kretschmer, § 246 Rn 7;Beulke,III Rn 168;BK-Wittig, § 246 Rn 4;Eisele,BT Ⅱ Rn 253 ff;Küper,Jura 96,206 f;Lackner/Kühl, § 246 Rn 4;M/R-Schmidt, § 246 Rn 5;Rengier,BT I § 5 Rn 23;Schmidt,BT Ⅱ Rn 274 ff;Schramm,BT I § 3 Rn 15,21;S/S-Bosch, § 246 Rn 11;Zöller,BT Rn 95;并不清晰 A/W-Heinrich, § 15 Rn 29 ff。

[4] 但是如此 BGHSt 14,38,41;24,115,119;OLG Düsseldorf StV 85,330;对此批判 Degener,JZ 01,390;如同本书 Hilgendorf/Valerius,BT Ⅱ Rn 10 ff。

[5] 对此见 Küper,ZStW 106(1994),371;ders./Zopfs,BT Rn 845;批判 Maiwald,Schreiber-FS S. 323 ff。

于行为的类型化,出现了作为“占为己有”之描述的占为己有意图之表征的概念。据此,单纯的“声张”或者“意志告知”就像“证据线索”一样,并不足够。[1] 相反,意志必须被实行和确证,所有权人的地位也因此受到威胁。[2] 一般而言,犯罪人建立自己或者他人的占有或者支配,就会出现这种情况(见边码319)。[3]

据此,占为己有是一个客观—主观的意义单位。未查清犯罪人通过其行为所图(will)为何之前,难以确定占为己有。依此,在不存在同时发生的占为己有意图的情况下,行为也就不可能是占为己有。由此,两者应共同予以阐述。[4] 并未释明的是,占为己有意志与占为己有意图之间是否相互一致,[5]或者是否任何故意形式即已足够。[6] 对此,占为己有概念本身难有助益。与第242条相反,第246条对于意图不作要求——规定内容并非以自己或者第三人非法占为己有之意图——有鉴于此,人们对之也不能加以要求。这一点在内容上也是可予证明的;原因在于,在盗窃罪情况下,只有具备占为己有意图才将犯罪构成确定为财物犯罪,而在侵占罪情况下,具备占为 312

---

〔1〕 参见Tenckhoff,JuS 80,726;因此,指向于此的思考Heghmanns,Rn 1150并非正当。

〔2〕 Vgl. RGSt 65,145,147.

〔3〕 例如,LK-Laufhütte/Kuschel,Nachtrag zur 11. Aufl.,§ 246 Rn 4和Rengier,Lenckner-FS S. 811将之视为占为己有的强制性条件;也见Ambos,GA 07,141 ff;S/S/W-Kudlich,§ 246 Rn 19;相反见Duttge/Sotelsek,Jura 02,529。

〔4〕 参见Hecker,JuS 10,741;M/S/M-Momsen,BT I § 34 Rn 11;Rengier,BT I § 5 Rn 5;其他观点参见Eisele,BT Ⅱ Rn 256;Klesczewski,BT § 8 Rn 61,77;LK-Vogel,§ 246 Rn 28。

〔5〕 如此例如Dencker,in:Dencker ua,Einführung in das 6. StrRG 1998,S. 19;ders.,Rudolphi-FS S. 425,441 f;Kindhäuser/Hilgendorf,§ 246 Rn 8;Klesczewski,BT § 8 Rn 77;Küper/Zopfs,BT Rn 846,854;Schroth,BT S. 190。

〔6〕 Vgl. Ambos,GA 07,143;Eisele,BT Ⅱ Rn 270;Fischer,§ 246 Rn 20;H-H-Kretschmer,Rn 883;Lackner/Kühl,§ 246 Rn 9;MK-Hohmann,§ 246 Rn 48;M/R-Schmidt,§ 246 Rn 9;LK-Vogel,§ 246 Rn 54;Rengier,BT I § 5 Rn 18;Schmidt,BT Ⅱ Rn 273;SK-Hoyer,§ 246 Rn 38;Tenckhoff,JuS 84,781.

己有行为犯罪即已发生。如此,对其作为财产侵害的标识而言,任何故意形式都是足够的。由此,如果一本价值较高的图片集的借阅者,将图片集终局性地归入到了自己的藏书当中,因为对他而言,在长时间超期的借阅之后,归还是不太情愿的,而同时他也有想法,他肯定时不时地会翻一下这本集子,但对于此种可能性的保持而言,对其并不重要,在此情况下,涉及的并不是单纯的物品剥夺,而是侵占。

b)例证

313 在自己占为已有的意义上,典型的占为已有行为系在僭越所有权人权利的前提下,将他人物品比如消耗、加工(《德国民法典》第950条)、转让和销售。典型的第三人占为已有在于占有之创设[1],或者由犯罪人所掌控的、允许第三人据为所有的接触可能性的开启[2]。例如,将他人的资金付款到第三人的账户上。对于第三人占为已有而言,并非必要的是,第三人(善意或恶意地)完成将他人物品据为所有的举动,或者其对占为已有表示同意。[3]犯罪人将其能够拿取的他人的木材,放在了贫穷的邻居的门口,使其取暖成为可能,与犯罪人在病重的邻居未曾发现的情况下,用他人的木材为其取暖,都属于完成了侵占犯罪。对于侵占罪的刑事

---

〔1〕 Vgl. Gehrmann, Systematik und Grenzen der Zueignungsdelikte 2002, S. 94; Kudlich, JuS 01, 771.

〔2〕 同样如此 Eisele, BT Ⅱ Rn 259 f; Rengier, BT I Rn 41; 更狭 HK-GS/Duttge, § 246 Rn 16; Klesczewski, BT § 8 Rn 73; MK-Schmitz, § 242 Rn 159 f; Rönnau, GA 00, 416 f, 423; Schmitz, Otto-FS S. 770 ff: 引致第三人据为己有中内在的使用; 还更狭 LK-Vogel, § 246 Rn 47: 引致第三人的据为己有结果。

〔3〕 但是如此 Bussmann, StV 99, 616; Kauffmann, Zur Identität des strafrechtlichen Zueignungsbegriffs 2005, S. 208 f; 可能也 Schmidt, BT Ⅱ Rn 280; Mitsch, ZStW 111 (1999), 86; 区别 Kindhäuser, Gössel-FS S. 465; LK-Vogel, § 246 Rn 48; 如同本书 HK-GS/Duttge, § 246 Rn 16; Krey/Hellmann/Heinrich, BT Ⅱ Rn 240; Küper/Zopfs, BT Rn 854; Rengier, BT I § 5 Rn 45; Schenkewitz, NStZ 03, 18; Schroth, BT S 190 f; 对于争论, 批判 Hauck, Drittzueignung und Beteiligung 2007, S. 63 ff。

可罚性而言，第三人的合作或者同意并不重要。[1] 与在盗窃罪中一样(见边码 166 及下一边码)，对于第三人占为己有也不要求，仅要求犯罪人通过犯罪“在最为宽泛的意义上”取得了经济收益。[2] 借由新的法律规定，立法者有意地将受利己动机所驱使的与受利他动机所驱使的占为己有同等对待(对于必要的“物品关系”，见边码 319)。因此，只是使得第三人的自利行为成为可能的犯罪人，并非必然降格为单纯的帮助犯。[3] 犯罪人也并不必须对第三人实施的据为所有正犯式地予以掌控。[4] 由此，只有使得第三人接触物品变得简单，例如通过将障碍消除或者将单纯的他人占有予以让渡[5]而对第三人予以支持(见边码 167)，才存在帮助的空间。

狭义的表征学说所划定的边界，司法实践并未加以重视，对其而言，物品销售的要约或者委托即已足够。[6] 根据实践观点，若将他人的钱款或者可替代的物品与自己的钱款和物品混同，即已意味着存在占为己有，对其进 314

[1] Vgl. Duttge/Sotelsek, Jura 02, 532; Eisele, BT Ⅱ Rn 260; S/S-Bosch, § 246 Rn 26；其他观点参见 M/S/M-Momsen, BT I § 34 Rn 34。

[2] 但是如此 Duttge/Fahnenschmidt, ZStW 110(1998), 918; Duttge/Sotelsek, Jura 02, 531。

[3] 进一步阐释参见 M/S/M-Momsen, BT I § 34 Rn 34；也见 Rönnau, GA 00, 423。

[4] 但是如此 Schenkewitz, NStZ 02, 19；也见 Rengier, BT I § 5 Rn 46；在行为中，基于其自身的处置权利，将有关物品交给受益的第三人的意志得以客观化就足够了，Küper/Zopfs, BT Rn 854 f, 859；对于掌控性标准对此问题的影响，见 Hauck, Drittzueignung und Beteiligung 2007, S. 210 ff。

[5] 在 BGH wistra 07, 18, 20 案件中即如此，在该案中，担保人只转让其获得的对于他人财物的占有；如果他认为，第三人可能会将他人所有权转换为自有所有权，并且想要提供支持，则在转换发生时，成立帮助犯；对此也见 Kudlich, JuS 01, 771; Schenkewitz, NStZ 03, 20。

[6] 参见 BGHSt 14, 38, 41; RGSt 58, 230。

一步判定取决于案件的具体情状。由于在此一般会产生共同所有(Miteigentum)(《德国民法典》第 948 条、第 947 条),重要的是,混同者是否尊重相关人员的共同所有,还是想要将物品整体为自己目的而使用。[1] 将同一物品多次地因担保而转移所有给(Sicherungsübereignung)不同的债权人(《德国民法典》第 929 条、第 930 条),可能成立诈骗罪或侵占罪。如果犯罪人认为重新转移所有是具有法律效力的,或者以其他方式使得第一位担保物权人的所有权限失效,根据判例的观点,即满足第 246 条所规定的条件。[2] 在为自己利益而侵占担保物的情况下,担保人必须通过其对物品继续利用的方式和方法表明,犯罪人不再重视担保物所有权,而是想要将迄今的他人占有转换为自己占有。[3] 对于他人物品的擅自质押(Verpfändung)(《德国民法典》第 1204 条及以下数个条文),对其效力不予考虑[4]可能成立单纯的使用僭越或者占为己有。当基于犯罪人的财产状况,不能保证在所有权人需要被出质物品的情况下,马上赎回质物,则可认定占为己有。[5] 对于不属于债务人所有的物品的扣押(Pfändung),也同样适用(《德国民事诉讼法》第 808 条、第 814 条及以下数个条文)。如果犯罪人为了减少自己的债务,通过违反义务地未将扣押必要地告知给物品所有人,从而实现对扣押物的拍卖和利用,则犯罪人将扣押物的经济价值占为己有。[6] 不申报拾得物以及不归还出借的物品或者是材料,确切地说,其中尚难以看出存在清晰可辨的占为己有行为,

---

[1] 参见 RGSt 71,95,96;OLG Düsseldorf NJW 92,60。

[2] Vgl. BGHSt 1, 262, 263; BGH GA 1965, 207; BGH MDR/D 67, 173; LG Lübeck wistra 13,207.

[3] 参见 BGH wistra 07,18,20 附评注 Hauck, wistra 08,241("利用功能的阻碍",245)。

[4] Vgl. RG JW 24,1435.

[5] Vgl. BGHSt 12,299,302;RGSt 66,155,156 f.

[6] 参见 OLG Oldenburg NJW 52,1267;OLG Schleswig SchlHA 53,216;Fischer, § 246 Rn 7;其他观点见 Ranft,JA 84,287。

因为二者都可能是出于单纯的疏忽[1]或者是出于其他原因[2]。

判例例证:在一则由 OLG Brandenburg NStZ 10,220 判处的案件中,A 从她的邻居那里拿走了一条旧的牛仔裤和一条新的拉链,她的任务是把拉链缝上去。起初,A 并未搭理之后邻居要求其归还牛仔裤的要求,因为不想承认没有能力也并不愿意完成缝拉链的任务,之后只是为了让邻居生气,故 A 声称裤子找不到了。在邻居以侵占对其提起告诉之后,她才将裤子归还。州高等法院表示,单纯的不予归还,并不能视为占为已有意志的足以信赖的表征。这也可能是由于疏忽或者耽搁。然而,确切地说,这不只是缺少了明确的表征,而且是缺失了——有待表征的——占为己有意志,因为 A 压根没想将裤子占为己有。[3]

与之相反,相对于权利人而否认对物品的占有,其他形式例如将物品隐匿,或者是声称是自有之物而予以利用,通常情况下包含了占为己有意志的确证。[4] 如果犯罪人在车辆的使用能力消逝后,才形成和实现决意,将所有权予以保留的或者只是临时交由其使用的车辆,通过将之抛弃的方式予以处理,因欠缺据为所有因素,并不成立侵占罪。[5] 如果犯罪人只是将其所支配的他人物品故意地予以毁坏,仅就此而言由于缺少据为所有,并不成立侵占罪,而只是成立第 303 条规定的毁损财物罪。[6] 在按照任务完成收账工作之后,以并不交出以及继续保留的意图将钱款收入,尚且不能认定侵占。但是,有所不同的是,如果在此过程中,并未遵守规定的或者约定的控制措施(例如登入收账名单当中、出具连续编码的收据),或者采取了其他的操纵手

---

[1] 参见 BGHSt 34,309,312;BayObLG NJW 92,1777;OLG Düsseldorf StV 90,164;OLG Hamm wistra 99,112 附评议 Fahl,JA 99,539。

[2] 参见 BGH StV 07,241:执行自己的诉求;OLG Hamburg StV 01,577:寻求其他的合同对象;BGH wistra 10,483:愤怒;BGH StV 13,632;OLG Hamm NStZRR 15,214:继续使用;BGH BeckRS 18,39510:用作质押。

[3] 对此也见 Hecker,JuS 10,740。

[4] 参见 RGSt 72,380,382;BGH wistra 06,227,228;BayObLG JR 55,271;LG Potsdam NStZ-RR 08,143;不同的是,可能情况下,在侦查程序中面对警察的单纯的保护主张:OLG Hamm JR 52,204。

[5] Vgl. BGH NJW 70,1753;BayObLG NJW 61,280 Nr 25.

[6] 参见 OLG Düsseldorf JR 87,520 附评注 Keller。

段,则属于对占为己有意志的确证。[1] 相反,在德国联邦法院看来,在尚未清楚查明其具体意图为何的情况下,货车司机将所运输的货物并未卸载到指定地点,而是运到了其他地方,还不能认定其正犯形式的侵占罪。[2] 用他人资金来填补收银机的钱款亏空,是否存在占为己有,取决于案件事实的具体细节。[3]

315 前民主德国的官员将从前联邦德国寄来的信件和包裹中取出的钱款或贵重物品上交国库,正确地看来,并不存在第 246 条所规定的"自己占为己有"。[4] 相反的观点,[5]要不就是基于任何为第三人之利益而实施的擅自处分,均以自己占为己有为前提,或者是基于,即便是远隔的利用或者利益,对于占为己有来说也是足够的,而且应对公务人员予以认定,至少根据《第 6 刑法改革法案》之后的第 246 条的新的规定,二者系以并无法律依据的据为所有概念作为基础(见边码 168)。[6] 主要以此种案件作为契机,立法者对犯罪构成增加了第三人占为己有之情形(BT-Ds 13/8587, S. 43)。当然,第三人占为己有的规定不再能够对前民主德国的案件作出判决(《德国民法典实施法》第 315 条、《德国刑法典》第 2 条)。由此也会面临将帮助犯的不法并无区别地升格为正犯的危险,[7]通过适用对正犯与共犯之界分有效的规则,即足以解决(对于在第三人占为己有意图和第三人获利意图中相应的问题,见边码 166 及下一边码;见边码 590)。

3. 占有抑或支配

316 根据第 246 条的原有规定,犯罪须涉及犯罪人"占有或者支

---

[1] 参见 BGH NJW 53,1924;BayObLG NJW 99,1648。

[2] Vgl. BGH wistra 08,466.

[3] 参见 BGHSt 9,348 以及仿照这一判决而来的判例的详细解析,本书第 33 版,边码 283 及以下数个边码;也见 Krey/Hellmann/Heinrich,BT Ⅱ Rn 251 ff。

[4] Vgl. BGHSt GrS 41,187,195.

[5] 参见 BGH JR 95,120 以及 Otto, Anm. JZ 96,582;Schroeder, JR 95,95;Wolfslast,评注 NStZ 94,542 附进一步的文献。

[6] 其他观点见 Duttge/Fahnenschmidt, ZStW 110(1998),918;MK-Schmitz, § 242 Rn 160 也否定了第三人占为己有。

[7] 参见 Duttge/Fahnenschmidt,ZStW 110(1998),914。

配”的物品。一般情况下,这一条件并无问题,因为它原本也只是对日常典型的侵占案件进行了描述。在其中,犯罪人屈服于此种诱惑,[1]将通过支配所创设的表象对外加以利用,或者将他人占有转换为自己占有:他将借来的书籍卖掉,或者谎称借来的车辆丢失了,从而继续将车辆当作“自己的”予以使用。然而,从字面来看,支配条款也会引致刑罚处罚漏洞,对于漏洞的范围和意义存在争议。

一方面涉及的问题是,犯罪人是否必须在占为已有行为之前,就已经具备了支配意志(所谓的“严格解释”),或者,支配获得和占为已有同时归并到一个行为当中时,是否也足够(所谓的“较小修正的解释”),这一观点从结论上包括了所谓的“较大修正的解释”。在此之外,在这一条款中只是看到了一个相对于盗窃罪的“表述欠妥的界分标准”,通过这一标准应当表达的是,任何并无支配打破的占为已有,均应认定为侵占罪。[2] 另一方面存在争议的是,在支配之外,是否应承认占有所具有的独立的意义,并带来较大修正的解释路径也支持的结果,即间接占有对于侵占而言也是足够的。[3]

《第6刑法改革法案》通过在第246条的现行规定中将支配 317
条款予以删除的方式,去除了此种解释上的困难以及由之引发的刑事处罚漏洞(BT-Ds 13/8587,S. 43)。通过这一步骤,立法者使得较小和较大修正解释方法的结论成为可能,[4]但前者本身比后者走得还更远一些。原因在于,相较于较大修正解释,在较小的修

---

〔1〕 相对于盗窃,宽缓处罚的理由,见 Hillenkamp, Vorsatztat und Opferverhalten 1981, S. 56。

〔2〕 对此争论,见 Hillenkamp, BT, 8. Aufl., 22. Problem 附进一步的文献;Küper, BT 1. Aufl., S. 58 ff;Duttge/Fahnenschmidt, Jura 97, 282;Wessels, BT Ⅱ Rn 271 ff。

〔3〕 对此见 S/S-Eser, 25. Aufl., § 246 Rn 1 附进一步的文献。

〔4〕 误导性 Lesch, JA 98, 497;BE-Noak, S. 73;Stächelin, StV 98, 99;Wolters, JZ 98, 399。

正解释下,即使通过取走的方式实施,法律也予以认定侵占。如此,相对于盗窃罪,侵占罪只是补充性的。[1] 根据新的法律规定,从立法者将之圆满解决的意义上,以下四种之前存在争议的案件类型,现在无疑能够为犯罪构成所涵括。[2]

318 第一,是对于所谓的侵占拾得物(Fundunterschlagung)的刑事可罚性,其中犯罪人已经以占为己有意志而占有拾得的物品,与支配建立和占为己有归并到一个行为当中,不再相互冲突。[3] 就此而论,所谓较小修正解释的结论变为了法律规定。就实践而言,对于侵占拾得物来说当然并未有太多改变。对之而言,之前占支配地位的较小修正解释和严格解释之间几乎也不存在差异,原因在于,单纯地拿取物品对于真诚的拾得者而言也是必要的,因而完全不令人困惑的是,其尚未展示对预警存在的占为己有意志的足够清晰的确证。[4] 然而,并不取决于占有或者支配意志,此种清楚的占为己有行为一直被认为是必要的。[5] 占为己有行为当然也可能——比如从捡到的钱包中有选择性地只拿取现金——在例外情况下与占有之创设同时发生。现在而言,并无疑义地应将之认定为侵占罪。第二,对于所谓的尸体盗抢(Leichenfledderei)来说也是如此。[6] 在尸体上发现的物品,与丢失物一样,并无支配可言(见边码 95、边码 109)。只有[7]通过对物占有才能建立支配。将在公路上不幸死亡的摩托车手洗劫一空,在此情况下,在对物占

---

[1] 参见 Küper/Zopfs, BT Rn 856;赞成 Dencker, in: Dencker ua, Einführung in das 6. StrRG 1998, S. 21; Duttge/Fahnenschmidt, ZStW 110(1998), 898; Sinn, NStZ 02, 66。

[2] 具体见 Rengier, Lenckner-FS S. 806 ff。

[3] Vgl. Lackner/Kühl, § 246 Rn 3; LK-Vogel, § 246 Rn 18.

[4] 参见 Hilgendorf/Valerius, BT Ⅱ Rn 14; M/S/M-Momsen, BT Ⅰ § 34 Rn 32。

[5] 基于据为己有理论(Aneignungstheorie)——见边码 310——而有所不同,参见 Krey/Hellmann/Heinrich, BT Ⅱ Rn 227。

[6] Vgl. BGHSt 47, 243.

[7] 差异参见 Duttge/Fahnenschmidt, Jura 97, 286。

有中存在占为己有,相反,在亲戚实施的“关怀性质的”将物取走行为中,因其欠缺明确性而尚且不存在占为己有。只有在第一种情形下,侵占罪通过洗劫而既遂,因为不再与之对立的是,占为己有和支配建立同时发生。[1] 第三,在过去广泛适用的是侵占罪之共同正犯只能是至迟占为己有形式之时获得自己的支配的犯罪人,[2]因为这一证成刑事可罚性的要件,并不能根据第25条第2款进行归责。并无自己支配的犯罪参与者因此只能是教唆犯或帮助犯。这一问题通过法律上的确定而得以解决:即便是单独正犯也不需要具有占有或者支配,因此,共同正犯也不需要。第四,对于“占有”一次之独立意义的论争也得到了解决。如果人们将占有和支配等同,[3]则只是间接占有而因缺乏物品管控并不足够。依此,如果出借人(=间接占有人)将一本只是给他本人看的书籍卖给了善意的借阅者,其并不具有刑事可罚性。只有当人们给予占有以独立的、依赖于民法的释义,或者对于第246条予以较大修正解释,才能避免这一结论的出现。法律支持了这一结论,[4]也就是说,基本上也承认由只是间接的占有人实施的侵占罪。

通过对支配条款的放弃,虽然占有和支配丧失了其在侵占罪 319
犯罪构成中的原初意义,但对于侵占罪犯罪构成而言并非变得没有意义。在占为己有框架内,其仍然保有重要性。[5]

---

[1] Vgl. Rengier, BT I § 5 Rn 35 f.

[2] 参见 BGHSt 2, 317, 318;其他观点参见 Küper, ZStW 106(1994), 354, 379。

[3] Vgl. OLG Schleswig NJW 79, 882.

[4] Vgl. A/W-Heinrich, § 15 Rn 31; Krey/Hellmann/Heinrich, BT Ⅱ Rn 228.

[5] 参见 A/W-Heinrich, § 15 Rn 26 ff; Cantzler, JA 01, 569; Kindhäuser/Hilgendorf, § 246 Rn 18 ff, 23 ff; Mitsch, BT Ⅱ S. 162 ff, 166 ff; ders., ZStW 111 (1999), 89; Rengier, BT I § 5 Rn 29 ff; Schmidt, BT Ⅱ Rn 280 f;总结 Küper/Zopfs, BT Rn 856 f。

如果他人的物品因为被出借、出租或者保管,已经属于侵占者的控制范围,对于占为己有而言,需要针对占为己有的意志的确证,将他人占有毫无疑义地转换为自己占有,或者为第三人创设了据为所有的可能性,只是声张或者告知并不足够。[1] 即便在掌控建立中已经存在占为己有,但占为己有必须同样毫无疑义地自证为意欲实施的财物损害的表征。尽管存在占为己有意志,只是将找到的物品单纯地拾起,也同样并未做到。[2] 对占有物品的占为己有也取决于此种确证。[3] 由此,无须担心的是,如果一位住在科隆的犯罪人在电话中表示要把“整个世界”献给他的女朋友,或者是将第三人在柏林丢失的自行车通过电话送给他在慕尼黑的朋友,根据修正后的法律也不会成立侵占罪。[4] 这只是告知和声张,却不是已经侵害他人所有的意志确证。在此类案件中,一般而言,只有自己占为己有之人创设管控关系,或者以第三人占为己有之意图将物品成功地送到了第三人的控制领域,并由此出现权利人控制关系的恶化或者取消,才会导向此种确证。[5] 根据社会—规范以及事实的视角,当一名流浪汉将从马车上掉落的一捆木柴点燃来取暖时,这种确证是存在的。[6] 如此,在毁损财物罪之外,也存在既遂的侵占罪。

4. 占为己有之违法性和故意

320 由占为己有行为而带来的对实体财产的秩序侵害,标识了占为己有的违法性。就此而言,与盗窃罪一样,违法性是一项规范的

[1] Vgl. Lackner/Kühl, § 246 Rn 8.

[2] Vgl. Maiwald, Der Zueignungsbegriff im System der Eigentumsdelikte 1970, S. 107 ff.

[3] Vgl. Otto, BT § 42 Rn 8; ders., Jura 98, 552.

[4] 但是如此 Sander/Hohmann, NStZ 98, 276;类似 Duttge/Fahnenschmidt, ZStW 110(1998), 909;如同本书 Rengier, BT I § 5 Rn 30 ff。

[5] 参见 BGH wistra 07, 18, 20;根据原来法律的此类案件处理,参见 Maiwald, Der Zueignungsbegriff im System der Eigentumsdelikte 1970, S. 193, 211; Otto, Die Struktur des strafrechtlichen Vermögensschutzes 1970, S. 257;根据新的法律 Joecks/Jäger, § 246 Rn 20 ff; Mitsch, BT Ⅱ S. 166 f; Rengier, Lenckner-FS S. 809 ff; Sinn, NStZ 02, 67。

[6] 其他观点参见 Maiwald, Der Zueignungsbegriff im System der Eigentumsdelikte 1970, S. 211; Rengier, Lenckner-FS S. 811。

犯罪构成要件。对此,针对盗窃罪所作论述相应地适用于侵占罪(见边码 200 及以下数个边码)。如果所有权人对于占为己有表示同意,不需考虑(既遂的)侵占,在商事采购融资框架内,将为担保而转移占有的物品予以出售,而担保人在正常的业务经营中能够以自己的名义出售,以及同样的在小偷陷阱案件中,对于上述规则均应予以注意。[1] 如果一名消费者将公司未曾预定而供货的商品占为己有,而未曾想过要接受购买要约和支付价款,则其所实施的侵占罪可能通过《德国民法典》第 241a 条而得以正当化。[2] 因此,故意必须延展至占为己有的违法性。对此存在的错误应与盗窃罪一样予以处理。[3] 间接故意即已足够。对于占为己有意志也是一样。对于意图并不作要求(见边码 312)。

Ⅱ. 侵吞型侵占罪

321 将受托的物品(anvertraute Sachen)占为己有,作为侵吞型侵占罪,法律为之规定了更高的刑罚。作为一般的侵占罪的加重犯罪构成,[4]相较之前,《第 6 刑法改革法案》将其更为清晰地规定在一个单独的条款中(第 246 条第 2 款)。根据通说观点,受托物品是指犯罪人从所有人或者第三人处负有责任地获得物品,只能将之用于特定的目的,进行保管,或者也可以只是归还。[5] 依此,即便根据第 246 条第 1 款的规定,对于侵占法律上不再要求占有

---

〔1〕 参见 BGH NStZ 05,566,567;对于所有权保留的购买者,也是如此 OLG Düsseldorf,NJW 84,810,811;对于盗贼陷阱,见 Hillenkamp,评注 JR 87,254;其他观点参见 OLG Celle JR 87,253;见边码 106。

〔2〕 见 HK-GS/Duttge, § 246 Rn 6;Matzky,NStZ 02,462;NK-Kindhäuser, § 246 Rn 26;S/S/W-Kudlich, § 246 Rn 8;对此也见 Otto,Beulke-FS S. 512 ff 和本书边码 20。

〔3〕 参见 OLG Hamm NJW 69,619;见边码 203。

〔4〕 Vgl. BGH wistra 18,51.

〔5〕 参见 BGHSt 9,90,91;16,280,282;其他参见 SK-Hoyer, § 246 Rn 44:只有在并无使用权限的情况下给予;对此批判见 Fischer, § 246 Rn 16。

或支配,但对于侵吞而言,(间接)占有或支配意义上的支配权利是必要的。[1] 犯罪人的故意必须延展至这些情状。

依此,针对受托的例如包括租来的、借来的、通过租赁合同获得的、[2]交予保管的、为完成任务而交给的、在所有权保留前提下发来的、直到完全支付价款之前的物品,对于物品托付之人的可信任度,并不作要求。[3]

322 根据恰当的观点,即便是予以考察的法律行为有违善良风俗,或者出于其他原因而无效,对于物品的托付也无影响。[4] 首要的是,犯罪人在法秩序所否定的情况下获得了处置权利,相对于此而将加重的刑罚予以收回,并不值得赞同。对于刑法而言,因应予否定的被害人的行为而使保护或利益丧失,并未有见,在此类案件中,刑法的退后拓宽了侵害的自由,也并无意义。[5] 然而,就此而言,恰当要求的条件是,区别于所有权人的第三人将物品交予犯罪人,并不与所有权人利益相违背。[6] 盗贼将盗取的物品交给窝赃者进行保管,并非第246条所规定的受托。依据在于,对于盗贼与窝赃者之间的信任关系的侵害,并非同时是对于侵吞而言必要的、针对所有权人利益至少是间接的侵害。相反的是,如果盗贼将物

---

〔1〕 参见 A/W-Heinrich, § 15 Rn 35;Hohmann/Sander, BT I § 3 Rn 28;Küper/Zopfs, BT Rn 44;Lackner/Kühl, § 246 Rn 13;MK-Hohmann, § 246 Rn 51;S/S-Bosch, § 246 Rn 29;其他观点参见 Mitsch, ZStW 111(1999),94。

〔2〕 Vgl. BGH wistra 09,236,237.

〔3〕 其他观点参见 A/W-Heinrich, § 15 Rn 35。

〔4〕 参见 BGH NJW 54,889;OLG Braunschweig NJW 50,656;Eisele, BT Ⅱ Rn 273;LK-Vogel, § 246 Rn 64;其他观点参见 NK-Kindhäuser, § 246 Rn 41;S/S-Bosch, § 246 Rn 30;SK-Hoyer, § 246 Rn 45。

〔5〕 参见 Hillenkamp, Vorsatztat und Opferverhalten 1981, S. 184 ff,204 ff。

〔6〕 Vgl. RGSt 40, 222; BK-Wittig, § 246 Rn 11. 1; Fischer, § 246 Rn 17; Rengier, BT I § 5 Rn 62;Küper/Zopfs, BT Rn 46.

品交给中间人，只是为了将贼赃归还被盗者，则情况不同。

由此，从侵吞犯罪构成中排除的主要只是单方面建立对物品的支配权利的案件，比如通过拾得、自然事件，[1]又如犬只走失所可能发生的情况。相较于第266条所要求的信赖关系（Treueverhältnis）而言，其对于受托提出的要求明显更低。有鉴于此，以上限制将导向，鉴于与背信罪相应的刑罚框架，并非对于加重构成不可设想地加以无限扩大。[2]

受托构成了第28条第2款意义上的特殊的人身状况。[3] 处于此种特别的信赖关系之外的犯罪参与者，只应根据基本犯罪构成（第246条第1款）予以处罚。 323

在案例22中，出现了——鉴于所有权人将磁盘交给A，同时附着一定责任，只能将之用于特定的目的——侵吞型侵占罪（第246条第2款）。对此的前提是，满足基本犯罪构成（第246条第1款）之要求。A虽经催告未将磁盘归还，并不会导致处于公司X所有权之下的磁盘——如果人们以巴伐利亚州高等法院的主张[4]为基础——由A占为已有。与上诉法院[5]系列的判例相一致，基于狭义的表征说（Manifestationslehre），可以恰当的论证，只是单纯疏忽了对于他人物品的归还义务，并不能够绝对地得出结论，疏忽者想要将他人物品归入自己的财产范围之内，由于并未对他人所有提出质疑的疏忽，或者是单纯的保留利益，这种情况同样完全可以出现。由此，欠缺的是A 324

[1] Vgl. RGSt 4,386,388.

[2] 其他观点开放性参见BGHSt 9,90,92。

[3] 参见BGH StV 95,84；Fischer，§ 246 Rn 19；HK-GS/Duttge，§ 246 Rn 19；S/S-Eser/Bosch，§ 246 Rn 29；S/S/W-Kudlich，§ 246 Rn 28；Wessels/Beulke/Satzger，AT Rn 872。

[4] 参见JR 93,253附赞成性评注Julius；也参见Cramer，CR 97,693,696。

[5] 参见OLG Koblenz StV 84,287；OLG Hamm wistra 99,112；OLG Hamburg StV 01,577；OLG Brandenburg NStZ 10,220；RGSt 4,404,405；BGHSt 34,309,312；BGH wistra 10,483；对于后一案件，见Hillenkamp/Cornelius，BT 24. Problem附案例解析。

所存在的占为己有意志的明白无误的表征(这种意志在作为案件基础的决定中,同样并不确定)。占为己有完全不能通过不作为的方式实施,[1]或者只能通过保证人来实施,[2]而 A 显然不是,此种论据也可能导向相同的结论。但与之相较,判例的证阐更值得赞同,因为即便不存在保证人地位,在具体案件中,在"商量好的沉默"或者并未履行归还义务的情况下,也可能存在对于占为己有意志的足够的确证。[3] 只有在犯罪人并未对第三人占为己有予以制止的情况下,保证人地位始才必要,但在犯罪人保有物品的情况下,并不要求。在利用磁盘制作供货清单的过程中,也不存在占为己有,巴伐利亚州高等法院[4]对此也作出了恰当的决定。但论证是具有歧义的。理由在于,在对磁盘的使用中,既无据为所有,也无剥夺他有,只是对占为己有行为的足以认定予以否定,占为己有行为要求对于占为己有要素的内容上的(部分)执行。与之相反,在此并不缺少明确的确证。实际上真正缺失的是占为己有意志。虽然 A 如同所有权人一样对于磁盘进行了利用,但不论在本体还是在其重要功能上,均相对于所有权人长期地将之保留。相反,应将——A 在使用之时的设想是这样的——磁盘并无价值或功能损失地重新归还给公司 X。但如此,则缺少剥夺他有之故意。[5]

Ⅲ. 多次占为己有和补充性条款

325 案例 23:作为 X 市采购局的职员,T 负责在食品商店中采录样本,并将之交给市检测局。如果出现了异议,T 必须将之通知商户,并向其出具一份付款单,要求其支付检测局由此产生的费用。虽然 T 并无职权,但他多次自己收取了钱款,并接着把钱花到了自己身上。

T 之行为是否具有刑事可罚性?(见边码 332)

---

〔1〕 参见 SK-Rudolphi 2. Aufl. 1977, § 13 Rn 11 附进一步的文献。

〔2〕 Vgl. Maiwald, Der Zueignungsbegriff im System der Eigentumsdelikte 1970, S. 201 f; M/S/M-Momsen, BT I § 34 Rn 31 f; Lagodny, Jura 92, 665.

〔3〕 参见 Otto, JK 92, StGB § 246/7。

〔4〕 赞成 S/S-Bosch, § 246 Rn 11。

〔5〕 赞成 Julius, Anm. JR 93, 256。

1.“同时的”占为己有

通过《第6刑法改革法案》(见边码11),立法者将第246条变为了兜底犯罪构成,“其涵括了将他人的可移动的物品不法地占为己有的所有形式”(见边码71),但是,“只有行为并未在其他条文中规定了更重的刑罚”[补充性条款(Subsidiaritätsklausel)],才可能导向处罚。此前针对旧法而广泛主张的观点,与这一立法决定并不一致,即从对于所有与占为己有相关联的犯罪之概览能够得出,在所有此种案件中补充性地予以适用,并不可能是侵占罪犯罪构成的意义所在。且由此推论,在犯罪构成层面,在通过盗窃罪、诈骗罪、背信罪等而同时发生的占为己有的情况下,侵占罪就已经不存在了。[1] 依此主张,在其原本的适用范围内,补充性条款毫无用处。[2] 根据由条文规定(……在第1款规定的情况下……)以及从总体条文的兜底属性所支撑的、正确的观点,补充性条款也适用于侵吞型侵占罪。[3] 326

也就是说,如果通过盗窃[4]或者诈骗而产生占为己有,同时实现的侵占罪借由竞合路径而不予适用。[5] 自此要注意的是,同时实施的犯罪必须配

---

〔1〕 如此 BGHSt 14,38,46 f;Krey/Hellmann/Heinrich,BT Ⅱ Rn 243 f。

〔2〕 参见 Küper/Zopfs,BT Rn 861;赞成 Cantzler/Zauner,Jura 03,487;Graul,JuS 99,567;Lackner/Kühl, § 246 Rn 7;LK-Vogel, § 246 Rn 71 f;Noak,Drittzueignung und 6. StrRG,1999,S. 97,112;Murmann,NStZ 99,16。

〔3〕 参见 BGH NJW 12,3046 附赞成性评注 Hohmann,NStZ 13,161;Fischer, § 246 Rn 23;Lackner/Kühl, § 246 Rn 14;Rengier,BT I § 5 Rn 64;其他观点参见 Heghmanns,ZJS 13,125。

〔4〕 对此见 BGH BeckRS 15,12151,与其他物品的盗窃在一罪关系中实施的侵占的案件。

〔5〕 参见 Mitsch,BT Ⅱ S. 178;相反,一如既往地支持犯罪构成方案 JuS 13,27;Krey/Hellmann/Heinrich,BT Ⅱ Rn 244。

备了更重的刑罚。例如,在背信罪情况下,相较于第 246 条第 2 款之规定,即欠缺此种条件。在此情况下,只有在法条竞合的情况下,侵吞型侵占罪才会不予适用,[1]除非是涉及背信罪的特别严重情形(第 266 条第 1 款、第 2 款、第 263 条第 3 款)。如此,则适用补充性条款。[2]

327 补充性条款的涉及范围有所争议。区别于《1962 年刑法典草案》第 240 条第 1 款对于具体罪名的明确规定,第 246 条新的规定并未规定侵占罪退居其后的具体罪名,尽管如此,从立法者将侵占罪设计为占为己有领域的兜底犯罪构成可以看出,优先适用的犯罪必须对占为己有之不法有所表达。如果犯罪人实施了妨害刑罚罪,他在被发现前夕,将放在其处的肇事逃逸者的事故车辆交由第三人占为己有(在第 246 条中,第三人据为所有意图并不重要,见边码 312),虽然因妨害刑罚罪会被判处 5 年以下自由刑(第 258 条第 1 款),但可能——即便第 246 条第 2 款不予适用——同时以侵占罪予以处罚。否则的话,对于财物的侵害未曾得偿。[3] 就此种对于第 246 条的解释,[4]德国联邦法院不当地认为受到了条文限制的阻碍。原因在于,联邦法院看到的、倡导在此所持观点的立法意志(BT-Ds 13/8587 S. 43 f),在将第 246 条作为占为己有领域中所有犯罪的兜底犯罪构成的设计当中已经得到了足够

---

[1] 参见 Lackner/Kühl/Heger, § 266 Rn 23。

[2] 参见 BGH NJW 12,3046 对于常业性实施的案件;对此批判 Bosch,JK 2/13, § 246/15。

[3] 通过 BGH JZ 98,470 附否定性评注 Rudolphi,第 125 条中的补充性条款的意义有所不同;如同本书 A/W-Heinrich, § 15 Rn 42;BK-Wittig, § 246 Rn 16;Cantzler, JA 01,571 f;Cantzler/Zauner,Jura 03,483;Eisele,BT Ⅱ Rn 276;Fischer, § 246 Rn 23a; HK-GS/Duttge, § 246 Rn 23;Kindhäuser/Hilgendorf, § 246 Rn 42;Küper/Zopfs,BT Rn 863;LK-Laufhütte/Kuschel,Nachtrag zur 11. Aufl. , § 246 Rn 9;LK-Vogel, § 246 Rn 75;M/S/M-Momsen,BT I § 34 Rn 42;Mikolajczyk,Der Zueignungsbegriff des Unterschlagungstatbestandes 2005, S. 128 ff;Mitsch,BT Ⅱ S. 193;Otto,Jura 98,551; Rengier,BT I § 5 Rn 66;S/S-Bosch, § 246 Rn 32;Schmidt,BT Ⅱ Rn 295;Schramm, BT I § 3 Rn 42;SK-Hoyer, § 246 Rn 46。

[4] 参见 BGHSt 47,243 附赞成性评注 Otto,NStZ 03,87 和否定性评注 Duttge/Sotelsek,NJW 02,3756;Geppert,JK 10/02 StGB § 246/13;Hoyer,JR 02,517;Küpper, JZ 02,1115;BGH NJW 12,3046 附就此而言的赞成性评注 Heghmanns,ZJS 13,134(然而,其认为方案“并无意义”)和 Hohmann,NStZ 13,161。

的表达。此外,认为侵占罪应退居故意杀人罪之后,本质上并非可予论证的结论,[1]而且通过"犯罪"(Tat)这一概念也难以得到支撑。相反,这一概念的条件是,这一罪行的不法内容在其他条文中也得到了表达(见边码440)。[2] 为了避免逃脱对财物侵害的法律约束,在存疑情况下,也应回溯到优先于侵占罪的其他犯罪。比如,尚未查清占为己有行为涉及的是遗失物(如此则第246条,见边码109)还是只是遗忘物(如此则第242条,见边码110)时,则应以第246条定罪处刑。[3]

判例例证:对于补充性条款在判例中的理解而言,富有启发性的是BGH NJW 12,3046。在本案中,被告人A通过操纵收银单据并伪造邮费的快递收据,从2004年年中到2007年年末,从她所就职的公司的并由她单独管理的收银机中,通过130起行为,共计取走288,330.63欧元,并为自己所用。对于上述在德国联邦法院决定中并未进一步告知的事实过程,地方法院认定其构成常业性实施的背信罪(第266条第1款、第2款,第263条第3款第2句第1项)以及侵吞型侵占罪(第246条第1款、第2款)。前者以对于背信罪犯罪构成并无争议的要求的财产照管职责(对此见边码769及以下数个边码、边码772)以及作为特别严重情形之依据的常业性(见边码593)为前提,后者以受托之加重构成(见边码321及下一边码)为条件。[4] 德国联邦法院对于以上认定并未予以反驳,但对于地方法院认为存在一罪(第52条)的认定予以了批驳。其是否存在第246条第1款规定的补充性条款意义上的较重的刑罚规定这一问题,取决于在具体案件中应予适用的刑罚框架,包括

---

[1] 但是如此BGH BeckRS 17,123467;对此也见边码440、671;同样并非能够理解:根据BGH StraFo 14,434,退居第99条规定的情报活动之后;对于第246条,同样也赞成德国联邦法院AnK-Kretschmer, § 246 Rn 17;Heghmanns,Rn 1164 f;ders.,JuS 03,956;Hohmann/Sander,BT I § 3 Rn 34;Joecks/Jäger, § 246 Rn 38;Lackner/Kühl, § 246 Rn 14;MK-Hohmann, § 246 Rn 61;Noak,Drittzueignung und 6. StrRG 1999,S. 110;Sander/Hohmann,NStZ 98,276;S/S/W-Kudlich, § 246 Rn 31;Wagner,Grünwald-FS S. 797;Zöller,BT Rn 88;如果存在数罪,则根据BGH NStZ-RR 06,202,在第211条之外,也要适用第246条。

[2] 赞成Freund/Putz,NStZ 03,242,246。

[3] Vgl. Küper/Zopfs,BT Rn 862;BGH BeckRS 19,18187.

[4] 对于两种犯罪构成的涵摄,见Bosch,JK 2/13, § 246/15。

对于特别严重情形适用的特别的刑罚框架在内,在此,依据第 266 条第 2 款应予适用的第 263 条第 3 款第 2 句第 1 项规定之示例,因其更高的刑罚框架设置,可得出第 246 条不予适用的结论。此前德国联邦法院强调——在此当然并不取决于此——第 246 条的补充性适用于所有的,也就是说不只是表达了类似的不法内涵的,配备了较高的刑罚框架的犯罪,且证阐了为什么根据联邦法院的理解,第 246 条第 1 款所包含的补充性条款,对于在第 246 条第 2 款规定的侵吞型侵占罪也应适用。[1]

2. "重复的"占为己有

328 应与"同时的"占为己有这一问题予以区分的,是"重复的"(wiederholt)或者再次的(nochmalig)占为己有。在侵占罪的视角下,犯罪人此前已经通过一项(更重的)可罚的财物或财产犯罪而将物品占为己有,此后,又实施了第 246 条意义上的"占为己有行为",则会出现这一问题。虽然有理由支撑,此类案件不应与"同时的"占为己有做不同的处理,[2]由此将"再次的占为己有"亦归入补充性条款之下,但理论上对此(一如以往地)存在争议。有观点认为,对此类案件,应坚持否定二次侵占可能的犯罪构成方案(Tatbestandslösung),但这显然是依照新的法律规定作出的决定,因为补充性条款只是涉及单数犯罪同与此犯罪同时实现的犯罪之间的关系,并未涉及与接续的多个"占为己有"之间的关系。[3] 这种解释虽然为条文根据其通常语用[4]所涵括,但事实上并非没有

---

[1] 参见部分批判的评议 Heghmanns, ZJS 13, 134, Hohmann, NStZ 12, 161 和 Bosch, JK 2/13, § 246/15。

[2] 参见也如此 Eckstein, JA 01, 31; Murmann, NStZ 99, 17。

[3] 参见 Dittrich/Pintaske, ZJS 11, 162; Klesczewski, BT § 8 Rn 75; Kretschmer, JuS 13, 24 f; Krey/Hellmann/Heinrich, BT Ⅱ Rn 246; Küper/Zopfs, BT Rn 860; LK-Vogel, § 246 Rn 51 f; Rengier, BT I § 5 Rn 65; Schramm, BT I § 3 Rn 27; 也见 Mitsch, BT Ⅱ S. 193, 但其自己支持竞合方案, S. 178 ff。

[4] 在程序上犯罪概念的意义上,对于第 265 条,差异参见 BGHSt 45, 211, 214。

疑问。原因在于,一方面,作为《第 6 刑法改革法案》援引的模本(BT-Ds 13/8587,S. 43 f),在《1962 年刑法典草案》中,可能就已经想通过其补充性条款对"再次的"占为已有作出决定。[1] 另一方面,与同时占为已有的案件并无二致,第 246 条所获取的兜底功能也支持在前的犯罪在出于与占为已有并不相关的事实或法律原因而存在疑问的情形下,仍然可以适用第 246 条之规定。[2] 此外,与此并不相关的是,更优的理由也支持竞合方案(Konkurrenzlösung)。

初始的通说观点认为,接续于取得犯罪的利用行为,虽然在犯罪构成上可能符合第 246 条之规定,但就与物品所有权之间的关系而言,在竞合的层面上,可以从共罚的后行为(mitbestrafte Nachtat)的视角予以解决,[3] 但这一观点已为判例所背弃。从 BGHSt 14,38,43 f 开始,判例采取的观点是,并非盗窃者、诈骗者或敲诈勒索者每个另外的控制意志的确证,均构成一个新的占为已有行为。从条文来看即可知悉,占为已有系类似于所有权人的对物控制的创立,以及对其进行的首次处置,但并非对于此种控制地位的单纯的利用。第 246 条规定的侵占罪在犯罪构成上就已经要求,犯罪人并非在占为已有意志支配下,通过比如盗窃、抢劫、敲诈勒索或诈骗之类的可罚行为,使自己取得财物。如果犯罪人并无获利意图而在销赃上帮助盗贼,并不能以侵占罪的帮助犯而只应以包庇罪(第 257 条)予以处罚。[4] 此外,竞合方案受到的指摘是,因每个重新实施的占为已有行为,诉讼时效在此之后都要重新 329

[1] 参见 Maiwald, Der Zueignungsbegriff im System der Eigentumsdelikte 1970, S. 224。

[2] 在结论我同样如此 Cantzler/Zauner, Jura 03, 487; Dencker, in: Dencker ua, Einführung in das 6. StrRG 1998, S. 25; Gropp, JuS 99, 1045。

[3] Vgl. BGHSt 3, 370, 372; 6, 314, 316; 8, 254, 260; BGH GA 55, 271, 272.

[4] 参见 BGH NStZ-RR 96, 131; 赞成 Lackner/Kühl, § 246 Rn 7; LK-Ruß, § 246 Rn 11; M/S/M-Momsen, BT I § 34 Rn 22; MK-Hohmann, § 246 Rn 41; NK-Kindhäuser, § 246 Rn 37 f 附进一步的文献; Schmidt, BT Ⅱ Rn 289; 区别 Otto, BT § 42 Rn 23 f。

计算。[1]

330 然而,新近的判例本身并非没有修正,[2]在学理上理所应当地受到了批判。[3] 首先不可否认的是,与将物剥夺他有一样,将他人物品据为所有也同样是可以重复的。[4] 如此,如果犯罪人将遗失物误以为是遗弃之物,并将之予以占有,但在其意识到自己的错误之后,就飞快地将物品予以出售,则侵占罪之认定是不可避免的。如果犯罪人在酩酊大醉的状态下(第323a条)盗窃了他人物品,但在清醒状态下又再次地将他人物品占为己有也是同样的。[5] 在犯罪构成方案的基础上,因为初次占为己有并不可罚,或者至少是不能作为占为己有予以处罚,从而在此类案件中认定侵占罪的成立,[6]这种尝试事实上背弃了作为出发点的立论本身。在通过第二次行为创设或者加深剥夺他有效果的案件中,人们认定存在二次占为己有,也并无不同。[7] 在两种情形下,人们承认了占为己有的可重复性,并由此明确,相关者继续存在的所有权在物品被剥夺之后,仍然具有保护的必要。[8] 此外,在首次占

〔1〕 Vgl. BGHSt 14,38,46;Kindhäuser/Hilgendorf, § 246 Rn 39;S/S/W-Kudlich, § 246 Rn 20.

〔2〕 Vgl. BGHSt 16,280,281;BGH NJW 61,1171.

〔3〕 参见 A/W-Heinrich, § 15 Rn 44 ff;Baumann,NJW 61,1141;Eisele,BT Ⅱ Rn 264 ff;HK-GS/Duttge, § 246 Rn 15;S/S-Bosch, § 246 Rn 19;Tenckhoff,JuS 84,775,778;Zöller,BT Rn 101。

〔4〕 参见 BGHSt 13,43,44 对于通过第三人对于被盗窃或侵占物品的占为己有。

〔5〕 参见 BGH MDR/D 71,546;Hillenkamp/Cornelius,BT 问题 25,例证 2;LK-Spendel, § 323a Rn 342;Weber,JZ 76,102。

〔6〕 Vgl. OLG Celle MDR 63,156;Maiwald,Der Zueignungsbegriff im System der Eigentumsdelikte 1970,S. 267 f;Schünemann,JuS 68,118.

〔7〕 参见 SK-Samson,4. Aufl., § 246 Rn 52;也见 Ranft,JuS 93,859;在结论上同样如此 SK-Hoyer, § 246 Rn 30。

〔8〕 参见 Mitsch,JuS 98,312;也见 Duttge/Sotelsek,Jura 02,533。

为己有不可证明的情况下，以及在参与假定不符合犯罪构成的处分行为的案件中，相反观点予以容认的刑罚处罚漏洞，尽管就其本身而言并不是理由（见边码 6），但在此也并无论述的意义。如果在行为时死亡的被害人不再能够根据第 247 条就首次行为提起必要的刑事告诉，则对于第一次占为己有的处罚会因此落空，也是同样的（对此见边码 337 中的判例例证）。[1] 由此，在“重复的”占为己有中，也应遵循竞合方案，其对于诉讼时效所产生的结果应予接受。

对于承继自己占为己有的第三人占为己有，也同样适用。[2] 331
如果人们对于第三人占为己有也要求通过犯罪人实施的据为所有行为，[3]论争立场（见边码 328 及以下数个边码）在此亦可适用。如果人们着眼于在第三人占为己有的情况下只是必须使得第三人据为所有成为可能（见边码 313），对于犯罪构成方案的几个支持者[4]以及竞合方案的倡导者[5]来说，反复占为己有问题的结论不可能是自己和第三人占为己有是相异的事物，并因此可以没有问题地一个接一个地予以实施。鉴于第三人占为己有是将先前的不法予以深化，其应根据第 246 条单独地予以处罚。[6] 其他论者[7]在自己占为己有之后的第三人占为己有中，只是看到了并未加重先前犯罪人负担的窝赃的不法，[8]因此想要在犯罪构成方案的意义上将此种第三人占为己有情形通过目的性限缩的方式从第

---

〔1〕 在 BGH BeckRS 16,116326 中如此，这一判决认定，对于赃赃的事后的使用并不符合犯罪构成。

〔2〕 对此见 Hillenkamp/Cornelius，BT 问题 25，例证 4。

〔3〕 如此例如 Rönnau，GA 00，424。

〔4〕 例如 Schmidt，BT Ⅱ Rn 291。

〔5〕 例如 Mitsch，ZStW 111（1999），92。

〔6〕 如此 Schmidt，BT Ⅱ Rn 291。

〔7〕 Vgl. Hohmann/Sander，BT I Rn 25；Murmann，NStZ 99，15.

〔8〕 对此见 Cantzler/Zauner，Jura 03，487 f；Eckstein，JA 01，30。

246 条中予以剔除。可是,对于自己占为己有之后的第三人占为己有,既不能在概念上予以否定,也不能从概念内核中予以目的性剔除,在此也应优先选择竞合方案。[1] 如此,则第三人占为己有也应退后,理由在于,对于任何用处的放弃,相较于通过赠送或出售方式实现的利己的自己占为己有,第三人占为己有对于犯罪人意味着明显较小的人身不法。

332 在案例 23 中,T 通过虚构收费授权的方式对商人们进行了欺骗,且由于通过付款给 T,商人的债务不能得以清偿,从而因此受损。因此,T 实施了诈骗罪。与此同时,在对于授权的虚构以及完成诈骗而收受钱款之中存在并无疑义的对于占为己有意志的表征,对其论证而言,人们不须求助于将意义并非明确的行为也包含在内的扩张的表征学说。[2] 对于与之同时存在的侵占罪的诟病,即侵占以占为己有之前的支配为前提,通过对于支配条款的放弃而得以解决。而且,担心认定与其他的取得犯罪同时实施的侵占罪并无任何意义,与在补充性条款中得以表达的立法者的意志相互冲突。当然,侵占罪应退居第 263 条之后。根据恰当的竞合方案,在对金钱的消费中,存在另外的侵占。根据一般的竞合考量,其——如果人们并未将之视为被补充性条款所包含——作为并罚的后行为而退居诈骗之后,但与对其否认的犯罪构成方案相对立,其允许在欠缺第 257 条、第 259 条规定条件的情况下,将对其予以的支持作为犯罪参与行为予以处罚。而且,在通过诈骗侵害了商人们的财产,而通过侵占已经侵害了集体财产的前提下,也只有通过另外的侵占,才能将独立的侵占不法表达出来。[3]

---

〔1〕 同样如此 Eisele,BT Ⅱ Rn 267;就此而言也支持犯罪构成方案 Rengier,BT I § 5 Rn 56 f;HK-GS/Duttge, § 246 Rn 17 附进一步的文献;同样如此 Kretschmer,JuS 13,25,然而,在其例证(赠送)中,正确地看,存在自己占为己有(见边码 168)。

〔2〕 但是如此 BGHSt 14,38,41。

〔3〕 如此也有不同 BGHSt 14, 38, 44 f;对于进一步的论证,见 Hillenkamp/Cornelius,BT 问题 25。

Ⅳ.鉴定结构:侵占罪(第246条)

332a

侵占罪,第246条
Ⅰ.犯罪构成
1.客观构成
a)犯罪对象:·《德国民法典》第90条规定的物品
→只有个性上确定的物品
→动物亦可
·可移动的
·他人的
b)犯罪行为:违法地占为己有
·占为己有意志
Ⓟ只有(清楚的)对于占为己有意志的表征或者
→据为所有
→剥夺他有
·自己或者第三人占为己有
Ⓟ占有和支配的功能
Ⓟ同时的/重复的占为己有
·占为己有之违法性
→与财物秩序之冲突
Ⓟ对于种类债务、特定债务、金钱债务的到期的、并无抗辩的诉求
2.主观构成
a)故意:·任何故意类型
Ⓟ涉及占为己有违法性的错误
Ⅱ.违法性
Ⅲ.有责性
→加重构成:侵吞型侵占罪,第246条第2款
信任地位:·受托物品

Ⓟ无效法律行为情况下的受托性
→ 减轻构成(刑事告诉,第 247 条、第 248a 条)
Ⅳ. 补充性,第 246 条第 1 款
→ 相对于配置更重刑罚的犯罪的补充性
Ⓟ补充性条款的涉及范围
Ⓟ同时的/重复的占为己有

§6 盗窃罪和侵占罪的减轻情形

333 案例 24:婚姻骗子 H 和女服务员 K“订婚”,并在他的要求下搬进了 K 的家里。他这样做只是为了对 K 晚上一起带回家的酒钱以及 K 在家中存放的积蓄实施盗窃,这也再三地发生过。当 K 发现了 H 盗窃后,她解除了“婚约”,并让 H 搬出去。但她并没有选择报案,因为跟一个婚姻骗子联系到一起,让她很不舒服,而且她自己之前也从 H 存放私人物品的上锁的盒子内将他的前女友送给他的售价为 150 欧元的领带别针拿走,并在跳蚤市场上卖了出去。

H 和 K 的行为在没有告诉的情况下是否可以追诉?(见边码 341)

Ⅰ. 住房和家庭盗窃

1. 减轻事由和适用范围

334 根据第 247 条之规定,当犯罪侵犯的对象是亲属、监护人或者照管人,或者如果犯罪人在犯罪当时与被害人居于同一屋檐之下,则所有形式的盗窃罪和侵占罪,包括第 233 条至第 244a 条以及第 246 条第 2 款,均须告诉才能予以追诉。在此,告诉要求并非基于更为轻微的不法或者是减轻的罪责,由于与行为相联的信任破坏,行为甚至可能是特别严重的。相反,法律的目的在于维护家庭内部的或住房内部的平和,使其免遭不为所愿的刑事追诉的故意侵扰,并为相关亲近关系的成员提供可能,将此事务在内部予以消化。[1]

有权提起告诉的是受害人(第 77 条第 1 款)。在侵占罪的情况下,则是物品所有权人。这对于盗窃罪也同样适用(见边码 70)。此外,在盗窃罪的情况下,判例认为支配者也在保护之列。[2] 据此,如果是不同的个人,必须是二者均与犯罪人处于此种关系当中;单纯的下位的共同支配,以及并无占有权基础的支配关系,则不予考虑。[3] 335

对于抢劫罪和抢劫型盗窃罪(第 249 条至第 252 条),第 247 条并不适用,但可能适用于——在第 248a 条之外——盗取电能罪(第 248a 条第 3 款)、窝赃罪(第 259 条第 2 款)、诈骗罪(第 263 条第 4 款)、计算机诈骗罪(第 263a 条第 2 款)、骗取给付罪(第 265a 条第 3 款)以及背信罪(第 266 条第 2 款)。此外,第 247 条对于滥用支票卡和信用卡罪(第 266b 条第 2 款)也并不适用。尽管第 266b 条相较于第 263 条和第 266 条的刑罚框架更低,但理由至少在于,通过第 266b 条,不只可以保护个人财产,而且能保护非现金的支付往来(见边码 794)。

2. 犯罪人与被害人之间的关系

如果被害人是亲属(第 11 条第 1 款第 1 项)、监护人(《德国民法典》第 1773 条及以下数个条文)或者照管人(《德国民法典》第 1896 条及以下数个条文),或者犯罪人在犯罪当时与被害人居 336

---

〔1〕 参见 BGHSt 29,54,56;SK-Hoyer, § 247 Rn 1 f;因不再与时代相符,而废止此规范,LK-Vogel, § 247 Rn 1。

〔2〕 参见 BGHSt 10,400,401;29,319,323;同样如此 HK-GS/Duttge, § 247 Rn 5;Lackner/Kühl, § 247 Rn 2;Wessels, BT Ⅱ Rn 302;其他观点见本书边码 70;NK-Kindhäuser, § 247 Rn 11;S/S-Bosch, § 247 Rn 10,11。

〔3〕 参见 BGHSt 10,400,401 ff;就第 242 条法益的争论对于自诉要求的影响,见 Jäger,BT Rn 176。

于同一屋檐之下,则犯罪被减轻。根据第 11 条第 1 款第 1 项之规定,《同居法》第 1 条所规定的同居者(Lebenspartner)也属于亲属之列,告诉要求只适用于存在此种关系的犯罪人。[1]

337 第 247 条意义上的生活在同一屋檐下,首要是指共同操持家务的家庭成员之间,并包括在其中吃住的其他人员,[2]但也应将其理解为任何其他的自由选择的居住和(与婚姻无关的)生活共同体,只要此种共同体意在持续一定的时间,并郑重地想要承担从人身关联中引申的责任。[3]

此种类型的共同体存在于寺院、寄宿学校或者学生公寓中,多数情况下,在老年公寓的居住者之间也存在。相反,对于医院中的病人、军营中的军人、[4]在避难者之家或者难民营中的被安置者或者是在刑罚或收容场所中的被羁押者,则并不存在自由的相互结合。

根据 BGHSt 29,54,如果共同居住者从一开始就只是为了利用共同居住而针对共同体内的成员实施可罚的行为,则不存在郑重地进行结合的意志(也就不存在刑事告诉的必要)。在此,只是外在的共同生活,以及对于参与者之一缺少郑重意志的订婚所予以的民法上的评判,均不重要。[5]

在存在第 247 条意义上的住房共同体的情况下,告诉要求在共同体解散后仍然存在。[6] 对于其他关系而言,也是这样。

判例例证:BGH BeckRS 16,116326 显示了盗窃罪和侵占罪的问题在第

---

[1] Vgl. Fischer, § 247 Rn 5;Lackner/Kühl, § 247 Rn 3.

[2] 对于以前的“仆役盗窃”(Gesindediebstahl),参见 BGH NJW 68,1197。

[3] 参见 BGHSt 29,54,57;OLG Hamm wistra 03,356:长期的住院并不会取消共同体关系。

[4] 援引《士兵法》(SoldatenG)第 12 条规定,对于自愿在军营中生活的士兵(参见《士兵法》第 18 条规定),情形有所不同,参见 Kinzig,Rengier-FS S. 237,241 f;也已见 Seelmann,JuS 85,699,703。

[5] 批判 LK-Vogel, § 247 Rn 10。

[6] 参见 OLG Celle JR 86,385 附赞成性评注 Stree;OLG Hamm NJW 86,734;例如,在生活伴侣死亡之后,也是如此,见 OLG Hamm wistra 03,356。

247 条的适用中所存在的问题。在此案中,A 和她的熟人 B 决定,由 B 到 M 的房子中盗取现金和贵重物品,M 是 A 的前夫 E 的母亲。在实施共同谋划的犯罪的过程中,在 B 已经将赃物拿在身上之后,B 碰上了寡居在房屋中的 M。B 将 M 扼死,造成了她的死亡,并带着赃物离开了房子,A 和 B 之后将赃物消费掉了。地方法院认定,由 B 所实施的谋杀罪行是不能归责于 A 的共同正犯过限。由此,法院以共同正犯形式实施的侵入住宅盗窃罪,依第 244 条第 1 款第 3 项,对 A 判处 2 年 6 个月自由刑。在 A 提起上诉后,德国联邦法院撤销了这一判决,并终止了针对 A 的诉讼,因为缺少"作为追诉前提的有效的刑事告诉"。首先被正确认定的是,M 作为盗窃罪的"被害人",是第 11 条第 1 款第 1a 项意义上的 A 的亲属,因为二人系"直系姻亲"(《德国民法典》第 1590 条第 1 款)。作为姻亲关系基础的 A 和 E 的婚姻虽然在犯罪之时已经不再存在,但并不影响姻亲关系的存续(《德国民法典》第 1590 条第 2 款),也不会影响告诉需要(第 11 条第 1 款第 1a 项)。同样正确认定的是,第 247 条——与第 248a 条不同(见边码 338)——不只对于第 242 条规定的基本犯罪构成适用,而且适用于第 243 条、第 244 条和第 244a 条规定之情形(见边码 334)。根据案件事实情况,并非全无适用可能的第 249 条和第 252 条,被地方法院明确地——很有可能是因为,在谋杀中不再涉及占有取得及占有防卫——予以排除。然而,正如 B 实施过限的谋杀罪一样,以上罪行也有可能无法归责于 A,由此得以排除。在特殊的公共利益情况下,即便并无告诉也可追诉的毁损财物罪(第 303c 条)也不涉及。由此,为了追诉 A 的罪行,在此需要获得授权者的有效的刑事告诉。在被害人因为犯罪而死亡(在此是 M)之后,只有当法律明文规定,在被害人死亡情况下,告诉权利由被害人转移到其子女身上时,才可能根据第 77 条第 2 款规定,使其子女成为告诉权利人。否则的话,告诉权利灭失,犯罪不再追诉。与第 194 条第 1 款第 5 句或者第 230 条第 1 款第 2 句不同的是,第 247 条并未包含此种规定,有鉴于此,在所述案件中,由 M 的两位子女"符合形式和期限地"提出刑事告诉,难以将缺少告诉而带来的程序障碍予以去除。否则的话只可能是,M 的两个孩子作为她的可以想见的继承人(他们是否真的是继承人,有待确证),自己本人是"被害人"。德国联邦法院对此进行了权衡,但最终予以了否定。有可能的是,孩子作为继承人虽然并非被盗物品的支配者(见边码 94),但作为其所有权人,因对其盗窃(见边码 70)或者侵占(见边码 307)的实施而受害。可是,在实际的情况中,德国联邦法院从 M 寡居在自己的房子当中,B 已经将物品放在了自己身上,明显也不害怕 M 阻止他将赃物带走中首先得出,在 B 与 M 相遇至 M 死亡之时,盗窃已经实施结束(对于结束,见边码 131 及下一边码),由此可见,行为完全是针对 M 实施的。因此亦不重要的是,在既遂和完成之间阶段才出现的损害,是否适合于证成自诉权利。人们对此仍然可以赞成。然而,对于案件有决定作用的问题是,通过在继承开始之后才发生的 A、B 二人对于赃物的消耗,其以共同正犯形式实施了侵占罪,对此是否也应排除。依从本书所否定的犯罪构成方案(见边码 330),德国联邦法院就这一问题作出了肯定的答复。与(本书所持的)竞合方案相反,将已经(在此通过盗窃)被占为己有的物品再次地占为已有,在并未事先放弃"表面的所有权人地位"的情况下,并无可能,即便"第一次的可罚的占为已有行为——比如在此——无法被追诉",对此也并无改变,由此,侵占罪并不成立。由此所呈现的更多的(见边码 330)(唯有)犯罪构成方案所扯开的刑事处罚漏洞,在此不仅会导向难以令人满意的结论,即侵入住宅盗窃罪的确定无疑的共同正犯,根据优先选择的学说,连侵占罪也不构成,而且是,她并不需要承担任何的程序成本,在可能的情况下,针对对其采取的刑事追诉措施,她有权诉请损害赔偿(对此见判决的边码 18 及以下边码,以及 Jahn, JuS 17, 472)。

Ⅱ. 价值低微物品的盗窃和侵占

338 如果价值低微的物品被盗窃或侵占,则对于犯罪的追诉而言——与第 247 条规定之情形一样——需要被害人提起刑事告诉(《德国刑事诉讼法》第 158 条第 2 款)。当然,只有在刑事追诉机关并未出于特殊的公共利益而依职权介入的情况下,这一规定才有效。[1] 与第 247 条不同的是,在盗窃罪的情况下,第 248a 条规定只适用于第 242 条,由此,第 244 条、第 244a 条规定的盗窃罪

---

〔1〕 这可以通过起诉而默示地得以表达,对此以及对于就此而言的限制,见 BGH StraFo 15, 127 和 Brandenburg OLG StraFo 15, 127。

行,[1]或者根据第243条规定科处刑罚的盗窃罪的特别严重情形,并不适用。[2] 虽然被盗物品价值低微,但比如第243条第1款第2句第7项(第243条第2款)规定之情形,或者是盗窃故意面向所有值得盗取之物,在实现示例规定的情况下却只找到了价值低微的物品[3](对此也见边码255及以下数个边码),都可能如此。与之相反,在侵占罪情况下,与第247条一样,第248a条规定也涵括第246条第2款规定的侵吞型侵占罪。

相较之前,第248a条与《德国刑事诉讼法》第153条第1款、第153a条相结合,通过所谓的"程序法方案"(prozessuale Lösung)路径,创设了处理轻微犯罪的更令人满意的规则。[4] 第248c条第3款、第263条第2款、第263a条第2款、第265a条第3款、第266条第2款和第266b条第2款对之均有援引。

就低微属性(Geringwertigkeit)概念而言,第243条第2款所述(见边码252及以下数个边码)相应适用。具有决定性的是物品在犯罪实施之时的客观的交易价值。[5] 相关者的情况虽然一般不会考虑,但并非必须在所有情况下均不予考虑。[6] 339

在此,价值的最高界线也可以高至货币转换所认定的50马

[1] Vgl. OLG Köln NJW 78,652.

[2] 其他观点参见 SK-Hoyer, § 248a Rn 6;如同本书 Eisele, BT Ⅱ Rn 297; Fischer, § 248a Rn 2;Lackner/Kühl, § 248a Rn 4。

[3] Vgl. BGHSt 26,104,105.

[4] 对此更详尽 BVerfGE 50,205;Dreher, Welzel-FS S. 917;Krümpelmann, Die Bagatelldelikte,1966;Vogler,ZStW 90(1978),132,151;也见 Reichert,ZRP 97,492 附建议,将价值低微物品的盗窃变为自诉犯罪(Privatklagedelikt)。

[5] 参见 BGH NStZ 81,62;BGH wistra 17,437;完全立足于此 HK-GS/Duttge, § 248a Rn 3。

[6] Vgl. BGHSt 6,41,43(对于第264a条原规定);Lackner/Kühl, § 248a Rn 5.

克,也就是 50 欧元(见边码 252)。[1]

第 248a 条中低微价值的标准,应作纯然经济的理解。将并无可以金钱测度的交易价值的物品盗取或侵占,并无第 248a 条的适用空间。[2]

Ⅲ. 错误问题

340 对于第 247 条、第 248a 条所规定的告诉条件存在的错误进行讨论并无意义,原因在于,其只是涉及可追诉性(Verfolgbarkeit),也就是犯罪的程序法侧面。就此来看,重要的只是客观的事实情状,而不是犯罪人的设想(见边码 250)。[3]

341 在案例 24 中,对于 H 实施的盗窃而言,并不会因为"订婚"以及"住房共同体"已经消散,而导致根据第 247 条的告诉要求失效。就此而言,重要的是在犯罪实施当时存在此种关系。但是,因为在 H 这边,订婚并非郑重其事,而住在一起也只是为了使其实施犯罪变得更加简便,这两个要件在犯罪当时也不满足。[4] 由此,倘若就盗取的物品价额来说,每次都是较小的数额(第 248a 条),可能会需要 K 提起的刑事告诉。当然,如果实际获取的物品总额明显超过了 50 欧元,且盗窃之间存在行为一体[5]或者连续关系[6],或

[1] 参见 OLG Zweibrücken NStZ 00, 536; OLG Hamm NJW 03, 3145; OLG Frankfurt a. M. NStZ-RR 08,311 附评议 Jahn, JuS 08,1024; Satzger, Jura 12,794;相反,支持 30 欧元的上限 OLG Oldenburg NStZ-RR 05,111;反对僵化的上限 KG StV 16, 652,654 ff。对此更为确切,参见 Henseler, StV 07,323。

[2] 参见边码 253 以及 BGH NJW 77,1460 对于盗取犯罪记录;BayObLG JR 80, 299 涉及个人证件、支票卡和支票表格;对此批判 Jungwirth, NJW 84,954。

[3] Vgl. BGHSt 18,123,125 f; Fischer, § 248a Rn 6; Kindhäuser/Hilgendorf, § 248a Rn 5; LK-Vogel, § 248a Rn 9; Rengier, BT I § 6 Rn 2a; S/S-Bosch, § 247 Rn 13; § 248a Rn 16; Wessels/Beulke/Satzger, AT Rn 790 f.

[4] Vgl. BGH JZ 89,256; BGHSt 29,54.

[5] Vgl. Lackner/Kühl, § 248a Rn 3.

[6] 参见 S/S-Bosch, § 248a Rn 11-14;但对此见 BGHSt 40,138。

者如果是在如第 248a 条之类的相对的自诉犯罪中,检察机关肯定了公共利益的存在,[1]则刑事告诉也并不是必要的。K 实施的盗窃也不符合第 247 条的规定。虽然涉及第 242 条、第 243 条第 1 款第 2 句第 2 项规定的盗窃罪之严重情形,并不影响第 247 条的适用,但是,在此不能减轻的原因是既不存在订婚,也不存在住房共同体的情形。K 主观上对两者有所设想,对其并无帮助,因为减轻规定是基于刑事政策上的目的性考量,而非基于减轻罪责的情状。[2] 由于并未涉及价值低微之物,第 248a 条也无法适用。倘若在跳蚤市场上得知,别针只具有 50 欧元以下的交易价值,则无法适用第 248a 条的原因在于 K 在盗窃时对此并不知情,并由此符合了第 243 条第 1 款第 2 句第 2 项之规定(见边码 251)。[3]

---

[1] 对此见 HK-GS/Duttge, § 248a Rn 11;Kindhäuser/Hilgendorf, § 248a Rn 6。

[2] 对于刑罚排除事由中对应的错误问题,见 Hillenkamp/Cornelius, AT 第 11 个问题。

[3] 差异参见 Fahl, JuS 01,49。

第三章 抢　劫

§ 7 抢劫罪之基本犯罪构成

342 案例 25：F 溜达着经过一片绿化地带，并用左手的一根手指挑着她的手提袋晃来晃去，此时，R 骑着自行车从后面逼近，奔着 F 的钱而来。在快速地抓过 F 的手提袋后，R 将手提袋中装了大约 20 欧元的钱包取出，并在几米远的地方将手提袋扔到了地上。

a）R 的刑事可罚性？（见边码 360）

b）如果 F 在最后一刻识别了 R 的意图，两只手紧紧地抓住手提袋的手柄，但 R 同样也为达到他的目的而用力地拉扯手提包，以致手提包的手柄脱落并留在了 F 的手里，如此的话，判定是否有所不同？（见边码 360）

Ⅰ．抢劫罪之不法要件

343 抢劫罪的基本犯罪构成（第 249 条）涵括了盗窃罪（第 242 条）的所有的客观和主观的要件。就此而言，可参阅此前的论述（见上文边码 73 及以下数个边码），对于犯罪对象及其特征、犯罪行为（对此也见边码 622 及以下数个边码）、犯罪故意以及占为己有意图等要件，均可无限制地予以利用。与盗窃罪相同，抢劫罪也并非毁损型犯罪。由此，财产损失并不重要。[1] 例如,犯罪人从毒贩那里,通过以现时的生命危险相威胁取走了毒品,则会出现——正确地看应予否定的(见边码 73)——犯罪对象适格性的问题,如果犯罪人在交货后,将作为对价支付的钱款通过暴力手段重新取回,如果从交易禁止(《麻醉剂管理法》第 29 条第 1 款第 1 项)中能够引申出货款占有转移的无效性(见边码 80),那么将因缺乏物品的他属性而不成立抢劫。[2] 在抢劫罪中同样有所规定的强制(Nötigung),针对暴力和胁迫所述的基本观点也有效,[3]但通过第 249 条所包含的补充而有所修正。以下所述,限于相较于盗窃罪和强制罪而言抢劫罪所凸显出的特殊之处。

在《第 6 刑法改革法案》(见边码 11)之中,如同一般的盗窃罪,抢劫罪的客观的犯罪构成并未有所改变。但也如在盗窃罪中一样,立法者在主观犯罪构成层面,在沿袭自利的占为己有意图之外,增加了利他的第三人占为己有之意图(对此见边码 166 及以下数个边码)。

1. 抢劫罪之基本结构和保护法益

抢劫罪的犯罪构成将盗窃罪的构成要件与加重的强制罪(对人实施暴力或者以现时的对于身体或生命的危险相胁迫)相结合,形成了一个独特种类的二行为犯罪,第 247 条、第 248a 条对其并无适用可能。[4] 抢劫犯强制被害人对取走其财物等的行为予以容忍。暴力或胁迫被抢劫者当作手段,以实现使取走财物成为可能以及防止或超越反抗的目的。由此,抢劫系将他人可移动的物品取走,目的是占为己有[对物攻击(Sachangriff)],手段是第 344

[1] Vgl. BGH HRRS 18 Nr 495.

[2] 相关例证见 BGH NJW 06,72;BGH NStZ-RR 00,234。

[3] 参见 Wessels/Hettinger/Engländer,BT I Rn 357 ff,367 ff。

[4] Vgl. BGHSt 20,235,237 f;BGH NStZ-RR 98,103.

249 条所规定的强制行为[对人攻击(Personenangriff)]。强制行为与随后的取走行为之间,需具有目的上的(final)关联(见边码350)。如果强制只是服务于对赃物的确保,则并不具备。如此,则可能存在抢劫型盗窃罪(第 252 条)。[1]

345 第 249 条是第 240 条和第 242 条及以下数个条文的特别法(lex specialis)。[2] 保护的法益是财物和人身自由。[3] 与第 242 条(见边码 70)一样,在此,支配并非独立地被予以保护。重点是财物保护;[4]抢劫罪是财物犯罪。相反,规定在《刑法典》同一章的抢劫型敲诈勒索罪(第 255 条)是财产犯罪(详见边码 706 及以下数个边码)。

2. 升格的强制手段

346 抢劫手段较强制罪更为狭窄,或者是对人实施暴力,或者是以对于身体或生命的现时风险相胁迫。

a)对人实施暴力

347 对人实施暴力(Gewalt gegen eine Person)仅指通过直接或间接地[5]对他人施加影响,而在他人身体上产生效力的压迫(körperlich wirkender Zwang),根据犯罪人的设想,此种影响用于并适于对实际发生的或者所期待的反抗进行压制或使其并不可能反抗。[6]

---

〔1〕 Vgl. BGH NStZ-RR 01,41;M/S/M-Hoyer,BT I § 35 Rn 3.

〔2〕 参见 BGHSt 20,235,237 f;然而,对于第 244 条第 1 款第 3 项和第 4 款(见边码 262)之间存在想象竞合,见 S/S-Bosch, § 249 Rn 13。

〔3〕 对此批判 LK-Vogel,vor § § 249 ff Rn 46。

〔4〕 支持同级性(Gleichrangigkeit)SK-Sinn, § 249 Rn 2。

〔5〕 参见 Fischer, § 249 Rn 4a;BGH NStZ 19,523 附评注 Kassebaum;BGH HRRS 19 Nr 1209 附评注 El-Ghazi,NStZ 20,220;Kudlich,JA 20,150。

〔6〕 Vgl. Küper/Zopfs,BT Rn 298 f.

由于第240条规定的一般的暴力是与人相关的,升格的暴力的意义尚未得以阐明。这一方面在于对暴力方向的更加强调,另一方面,着眼于升格的胁迫涉及更大强度的、对个人决定自由负担更大的干涉。[1] 一个纯粹精神上的压迫效果(心理强迫)如引致害怕或激动状态,并不足够。[2] 为避免模糊与胁迫方式之间的界限,对于心理变态的效果应有所保留。[3] 即便在"作为现时的恶害予以感知"的以武器相威胁的情况下,并非涉及暴力,而是以将来的恶害相胁迫,因为只是将始才预见到的身体上的恶害(被伤害或射杀)在思想上予以提前,才产生了现时的精神上的错误感受。[4]

使用暴力并非必然要求特别的力量消耗。[5] BVerfGE 92,1, 348
17也提到了这一要求,虽然描述了暴力概念的内核,但就语词而论,意味着退回到了被合理放弃的判例[6],而且德国联邦宪法法院[7]本身对此也未予重视。由犯罪人所生发出的体力上的力量展示并非决定性的,重要的是在被害人那里实现的压制效果

[1] 参见LK-Träger/Altvater, § 240 Rn 43;对于观点状况的详细描述,见Blesius,Raub-Gewalt 2004,S. 80 ff,96 ff附限制性的建议,排他性地以与"符合犯罪构成地违反《德国刑法典》第223条、第212条、第239条"相当的方式,对人实施暴力(第102页及以下数页);El-Ghazi,NStZ 20,220要求"给予身体接触的压制效应";也见Blesius,Jura 04,570;OLG Koblenz StV 08,474,475;LG Gera NJW 00,159;对此批判OLG Brandenburg NStZ-RR 08,201,202。

[2] 参见BGH StV 86,61;BGH NStZ 19,523附评注Kassebaum;BGH HRRS 19 Nr 1209附评注El-Ghazi,NStZ 20,220;Kudlich,JA 20,150;LK-Vogel, § 249 Rn 6;MK-Sander, § 249 Rn 13。

[3] Vgl. BK-Wittig, § 249 Rn 4;Krey/Hellmann/Heinrich,BT Ⅱ Rn 261;SK-Sinn, § 249 Rn 12 f;BGH HRRS 19 Nr 1209.

[4] 其他观点参见BGHSt 23,126,127 f;如同本书A/W-Heinrich, § 17 Rn 6。

[5] Vgl. BGHSt 41,182,185;BGH NStZ-RR 15,374;Eisele,BT Ⅱ Rn 309;LK-Vogel, § 249 Rn 5;M/R-Maier, § 249 Rn 6;Zöller,GA 04,152,159 f.

[6] 参见Krey, BT I, 11. Aufl. 1998, Rn 330 ff, 340h ff; Wessels/Hettinger/Engländer,BT I Rn 358 ff。

[7] Vgl. BVerfG NJW 02,1031,1032.

(Zwangswirkung),也就是通过对被害人身体上发生效果的压迫,从而排除或者超越任何形式的反抗。

就此而言,判例走得过远。然而,在第249条的框架内,德国联邦法院已经将偷偷地放入麻醉药,以及通过单纯将门关上而把他人拦在房间内的行为,[1]恰当地视为对人实施暴力。原因在于,虽然在此并不存在任何值得一提的犯罪人的力量展示,但是,在被害人处,可能已经存在显著的身体上的压制效果。而若只是将大街上的无意识者扛走,从而能够将其洗劫一空,或者将死者的手从他的装了钱包的后裤袋上推开,或者猝不及防地抓向某人的手提袋,此时在被害人处应尚未超过显著的身体强制效果的门槛。[2] 用对身体并无损害的止汗喷雾,一次地喷向他人的脸,只是起到了符合预期地让他人短暂闭眼的效果,也是同样。[3] 用轻型摩托车把汽车司机的路堵上,从而使同乘者能够将司机放在后座上的手包盗走,则并未实施暴力。[4] 在猝不及防的情况下夺取物品,虽然显现了更为严格的趋势,即只有作为取走之客观构成部分而展开的、在诡计和迅急之外发挥重要作用的暴力,才视为足够,但这种趋势是否能够贯彻,尚不明朗。[5] 为阻止被害人从紧迫的抢劫中逃脱,犯罪人驾驶机动车辆行驶到被害人汽车前面,在显示"绿灯"的红绿灯前刹车并停住不动,至少在此情况下,德国联邦法院否定了存在对人使用暴力的情形。[6]

---

[1] Vgl. BGHSt 1,145,146 f;BGHSt 20,194,195.

[2] 其他 BGHSt 4,210,212;16,341,342;18,329,330 f;对此见 Blesius,Raub-Gewalt 2004,S. 91 ff,107;Fischer, § 249 Rn 4b;Krey/Hellmann/Heinrich,BT Ⅱ Rn 265;LK-Vogel, § 249 Rn 7。

[3] 相反,对于暴力 BGH NStZ 03,89;Eisele,BT Ⅱ Rn 309;HK-GS/Duttge, § 249 Rn 5;如同本书 H-H-Kretschmer,Rn 894。

[4] 不同 LG Ulm NZV 10,257。

[5] 参见 BGH StV 86,61;90,262 以及边际案件 LG München NStZ 93,188;赞成 Rengier,BT I § 7 Rn 12;批判 LK-Vogel, § 249 Rn 12。

[6] Vgl. BGH HRRS 19 Nr 1209.

与通常适用的、公式化的反复表述相比，对于第 249 条规定的使用暴力而言，并非必然需要对被害人“身体的直接冲击”，或许是通过对身体的触碰，或者是其他的影响感觉的活动。 349

只是，对物实施暴力本身并不足够；犯罪人将门或窗打破，以期拿到赃物，实施的是侵入住宅盗窃罪（第 242 条、第 243 条第 1 款第 2 句第 1 项），却并非抢劫罪。但如果直接对物作用会间接地对他人产生影响，比如为了达到封锁目的而将门锁上，则属于第 249 条规定的使用暴力。[1] 与 BGHSt 1，145，147 相比，第 249 条并不必然要求对被害人“身体的直接冲击”，BGHSt 23，126，127 恰当地将之明确。

冲击必须让被害人“感知”（empfunden）到身体压制，这一表述也具有误导性。身体压制效果作为暴力使用的后果虽然是不可或缺的，但是，其并非必然需要由被害人“感知”。[2] 相反，第 249 条规定的暴力对于睡觉者和无意识者也是可能的，该类被害人意识不到犯罪人的暴力举动，[3] 当然，在此必要的也是被告人的预想，以暴力对抗可以想见的反抗。[4]

最后，暴力的使用（对于胁迫也同样适用）对于成功取走来说，既非客观必要，[5] 也非存在因果。一方面，根据犯罪人的主观目的设定，暴力作为行为的核心组成部分，通过排除或压制预计到 350

---

〔1〕 Vgl. BGHSt 20，194，195；S/S/W-Kudlich，§ 249 Rn 6；S/S-Bosch，§ 249 Rn 4，4a.

〔2〕 这在 BGHSt 23，126 中被忽视了。

〔3〕 参见 BGHSt 4，210，212；25，237，238；Kinzig/Linke，JuS 12，230；限制 Schünemann，JA 80，349，350；Seelmann，S. 47。

〔4〕 Vgl. Kindhäuser/Hilgendorf，§ 249 Rn 23；Mitsch，BT Ⅱ S. 498 f；Rengier，BT I § 7 Rn 11.

〔5〕 Vgl. Klesczewski，BT § 8 Rn 188；LK-Vogel，§ 249 Rn 37；MK-Sander，§ 249 Rn 25.

的反抗而使得取走成为可能,则已为足够。[1] 另一方面,根据目标设定的意义,在投入的强制手段与取走之间存在目的关联是不可或缺的(对此更为准确的论述,见边码 361 及以下数个边码、边码 380、边码 383)。[2]

也就是说,暴力或胁迫的投入,是成功取走的不可缺少的条件(conditio sine qua non),但这一点并非那么重要。就此来看,起决定性作用的只是犯罪人的设想和意志。据此,只要犯罪人认为使用暴力或胁迫能够使取走成为可能,则已足够。获得支持的反对观点,对于主观—目的性因素也要求客观的因果性关联,[3]并未认识到,在以取走为目的而使用升格的强制手段当中,已经实现了抢劫罪升高的不法和罪责内容要求,这种内容存在于,默示财物和支配的犯罪人亦不尊重被害人基本的人身自由空间,而此间预示了被害

---

〔1〕 Vgl. BGHSt 30,375,377;BGH StV 86,61;BGH NStZ 93,79;AnK-Habetha, § 249 Rn 10;Lackner/Kühl, § 249 Rn 4;MK-Sander, § 249 Rn 26;M/R-Maier, § 249 Rn 21 f;Rengier,BT I § 7 Rn 22;S/S-Bosch, § 249 Rn 7;Zöller,BT Rn 352.

〔2〕 参见 BGHSt 41,123,124;BGH HRRS 18,Nr 495;对于目的性关联总结 BGHSt 61,141 附评注 Bosch,Jura(JK)16,1082;Eisele,JuS 16,754;Habetha,NJW 16,2131;Heghmanns,ZJS 16,519;Kudlich,JA 16,632;Maier,NStZ 16,474;BGHSt 61,197 附评注 Berster,JZ 16,1017;BGH BeckRS 18,25410 附评注 Jahn,JuS 18,1246;BK-Wittig, § 249 Rn 14,15;Eisele,BT Ⅱ Rn 324 ff;Gierhake,JA 08,431;Hilgendorf/Valerius,BT Ⅱ § 14 Rn 17 ff;Hohmann/Sander,BT § 5 Rn 7,12 f;Küper/Zopfs BT,Rn 301;NK-Kindhäuser, § 249 Rn 11 f;对于此种联系的欠缺,见 BGH NStZ 03,431;BGH NStZ-RR 02,304 附批判性评注 Walter,NStZ 04,153;BGHSt 48,365 附批判性评注 Otto,JZ 04,364;BGH BeckRS 12,18373;BGH NStZ-RR 12,270;BGH BeckRS 13,01325 以及边码 361 及以下数个边码,实定法意义上反对目的性关联的要求,并不具有说服力的 Jakobs,Eser-FS S. 323 ff;反对其也见 A. H. Albrecht,Die Struktur des Raubtatbestandes 2011,S. 70 f;对于争论,也见 Kindhäuser/Hilgendorf, § 249 Rn 12 ff。

〔3〕 参见 A. H. Albrecht,Die Struktur des Raubtatbestandes 2011,S. 71 ff,75 ff;A/W-Heinrich, § 17 Rn 11;SK-Sinn, § 249 Rn 29;也参见 Schmidt,BT Ⅱ Rn 348;Hörnle,Puppe-FS S. 1143 ff 主要着眼于客观的功能性的关联——降低防御机会的影响(因果联系)。

人会有的反抗。[1] 倘若反抗不如预期而并未出现，并不会产生对犯罪人有利的效果。此中将第 249 条和第 252 条予以协调的观点，与法条并不冲突。[2] 以上条款之间，而非与敲诈勒索罪（其要求受到强制手段影响的被害人的共同合作）一样，需要协调一致。

不久之前，德国联邦法院再一次地总结其迄今的判例并强调，它也想继续地满足于在本书前述意义上的、强制与取走之间的（只是）目的性的关联。[3] 可是，对此联邦法院附加了与这一出发点至今未能特别好地匹配的两点见解。其一，如果（根据这一学说，抢劫罪对此并不要求，但事实上确实可能如此发生）强制对于取走实际地在因果上发挥了作用，或者对其起到了促进作用，则会产生“实际的因果流程与设想的流程之间的偏离”，此时应当根据适用于因果流程偏离的规则作出决定。如果偏离维持在根据生活经验可以预见的范围内，则设想和出现的因果流程是大概等值的，“（偏离）并未证成对于犯罪的其他评价”，此时偏离就是非重大的；相反，若不具备以上条件，则是重大的。[4] 如果一直以来归类的因果关联并不重要，则特别是后一观点是应予以反驳的。如此，难以有说服力的论证是：一个明显与设想的因果关联相区别的实际联系，因何理由为犯罪人减负。[5] 350a

其二，在两个更早时间的判决中[6]未予论证的提出的要求：在抢劫手段的使用和取走之间，要存在额外的（客观的）“地点和时间上的联系”，已首次得到详细论证并具体化。[7] 只要这一要件应当保证“强制行为……和取走必须构成抢劫特有的整体”，从而满足“抢劫罪典型的犯罪形象”，并为相对于盗窃罪和强制罪而言更高的刑罚规定提供正当性证明，那么，人们以此论证难以对其正确性予以否定。在犯罪当中，强制与取走“不能隔阂地相互独

[1] Vgl. Küper, JZ 81, 571.

[2] Vgl. Krey/Hellmann/Heinrich, BT Ⅱ Rn 271.

[3] 参见 BGHSt 61, 141; BGHSt 61, 197。

[4] Vgl. BGHSt 61, 141, 146; BGHSt 61, 197, 200.

[5] 恰当批判 AnK-Habetha, § 249 Rn 11; Berster, JZ 16, 2010; S/S-Bosch, § 249 Rn 7; BK-Wittig, § 249 Rn 16.1; 相反赞成 Eisele, BT Ⅱ Rn 330a。

[6] 参见 BGH Holtz MDR 84, 276 附评注 Seier, JA 84, 441; BGH NStZ 06, 38。

[7] Vgl. BGHSt 61, 141, 147 f; BGHSt 61, 197, 200 f.

立”。[1] 然而，对于经此划定的界线，尚未得出能够满足明确性原则（Bestimmtheitsgrundsatz）要求的确证。根据德国联邦法院的观点，既非“强制行为和取走行为的地点必须同一”，也非对“使用强制手段与取走之间时间上最高尺度的有约束力的数值”予以明晰。[2] 在此之外，只有“当出现……因强制而限制了支配者对于犯罪对象的处置自由”，[3]才应当存在所要求的“抢劫特有的整体”。如此，则其与德国联邦法院以及本书也选择的出发点，强制与取走之间只是目的性的而并非事实上的关联，处于不可调和的对立之中。倘若主张“抢劫特有的整体”取决于“由犯罪人所辨识的（也就是客观上存在的）、由强制所引致的、对于支配者防卫能力或防卫积极性的削弱”，[4]这种指摘也不会显著减少。只有当人们满足于，根据犯罪人的设想，通过抢劫手段的使用而实现意图的效果在某一地点和某一时间出现，从时空设定中，在已经实施的强制与尚未实现的取走之间，谈得上是结合为自然意义上的行为一体的进程时，人们才能够将对于空间—时间关联的要求与对于只是目的性联系的限制，无缝地拼合到一起。例如，如果一个徒步者将一位疗养胜地旅客打倒在地，只为了半个小时后将其停在别处的自行车盗走，尚可认为存在此种联系；但是，在预期 8 个月的帆船航程中，某旅客在第 30 天于茫茫大海上将旅伴丢下甲板，从而 7 个月之后可以将旅伴放在出发港口的家当占为己有，则不再存在此种联系。回溯到对于未遂开始的确定——强制发生的时间节点是取走已经进入未遂阶段的时候[5]——显得过于狭窄，但能够提醒我们，不能将考虑的联系过度延伸。但若共同正犯逼问尚未取走的赃物的隐匿之处，其中一人看管被害人，而同时其他正犯通过与留下来的共同正

---

〔1〕 Vgl. BGHSt 61, 141, 147 f.

〔2〕 参见 BGHSt 61, 141, 148; BGHSt 61, 197, 200;“具体案件的情形”应予决定；同样如此 BGH HRRS 19 Nr 1284。

〔3〕 Vgl. BGHSt 61, 141, 148; BGH HRRS 19 Nr 1284; Albrecht, Die Struktur des Raubtatbestandes 2011, S. 134, 141.

〔4〕 参见 BGHSt 61, 197, 201; Rengier, BT I § 7 Rn 29 将之视为“具有说服力”；相对化 Magnus, NStZ 18, 71；对此也见 Swoboda, Jura 19, 28, 35 f, 39 f. 如同本书批判 S/S-Bosch, § 249 Rn 7。

〔5〕 对此见 Eisele, BT Ⅱ Rn 321 f 附对于这一要求的进一步的提示；案例例证也见 Kudlich, JA 16, 633。

犯进行电话联系，翻找隐匿场所，并将赃物拿走，则仍然存在必要的“空间和时间上的联系”。[1]

351 暴力是针对所有权人、支配者还是针对其他的愿意保护支配的人，如针对即将被抢劫者的同伴，或者针对在商品仓库中上班的执勤人员，并无所谓。[2]

对此而言，犯罪人设想被攻击者可能对取走行为设置障碍，即已足够。[3]

352 暴力的表现形式包括对于身体的强制（vis absoluta）[排除意志操控行为的暴力（willensgesteuertes Handeln ausschließende Gewalt）]和对于精神的威胁（vis compulsiva）[屈服意志的暴力（willensbeugende Gewalt）]；[4]二者均可作为抢劫手段。第249条意义上的使用暴力，也可以是以取走为目的的杀死被害人。[5]

b）以对于身体或生命的现时风险相胁迫

353 法律将对于身体或生命的现时风险胁迫与使用暴力同等对待。将身体与生命相并列意味着立法者并不想要满足于非重大的身体损害的胁迫。[6] 胁迫概念与强制概念基本上并无差异（第240条）。胁迫是否能够执行，以及犯罪人是否想要将之实现，在此也不重要。决定性的只是其唤起了严重性（Ernstlichkeit）的表象，并应由被胁迫者所严肃（ernst）对待。在抢劫罪中，重要的并非强制手段与取走之间的因果性联系，重要的是目的性关联（见

---

〔1〕 如此参见 BGH NStZ 19,411 承接 BGH NStZ 06,38。对于告知藏匿地点而成为可能的取走与敲诈勒索之间的界分，见边码 714。

〔2〕 参见 BGHSt 3,297,298 f;RGSt 67,183,186。

〔3〕 Vgl. S/S-Bosch, § 249 Rn 7.

〔4〕 更详尽参见 LK - Vogel, vor § § 249 ff Rn 46; § 249 Rn 8; Wessels/Hettinger/Engländer, BT I Rn 362。

〔5〕 Vgl. RGSt 67,183,186.

〔6〕 Vgl. RGSt 72,229,230 f;MK-Sander, § 249 Rn 21.

边码 350),有鉴于此,被告人真正地将胁迫认真对待,(至少)在此并非必要。[1] 因此,即便被害人看穿了把戏,被告人通过示警或以玩具手枪进行胁迫,[2]也应适用第 249 条规定(但不适用第 250 条第 1 款第 1b 项,见边码 374)。虽然如此缺失了胁迫结果,[3]但这并无所谓,因为立法者以胁迫只是表述了确证行为的不法手段,犯罪人以之侵扰了意志自由之法益,并非也表述了(中间的)结果。

354 胁迫的受众,可以是根据犯罪人的设想,有义务或者有意愿保护他人支配的任何人。所威胁的恶害是涉及他本人,或者任何一个以任意方式与之相干的人,或者其他感觉对其负有责任的某人,基本上并不重要。[4] 由第 241 条所做的反向推论,以及认为只有在对此类人群进行恐吓才能产生所要求的升高的动机压制这种片面的设定,都反对将这个圈子限定在关系相近的人群之上[5]。当然,应当恰当地提请注意的是,根据犯罪人的设想,第三人面临的恶害应当被支配者感受为重大的、自己的、在其中通常关涉与第三人之关

---

〔1〕 对此问题,一般性地见 Küper/Zopfs,BT Rn 166 ff,对于抢劫罪 Rn 168;其他观点参见 LK-Vogel, § 249 Rn 19;NK-Kindhäuser,Vor § 249 Rn 24。

〔2〕 参见 Eisele,BT Ⅱ Rn 315。

〔3〕 因此否定性的 Rengier,Maurer-FS S. 1195,1201;在 Rengier,BT I § 7 Rn 18 中,为支持这一观点而引用的判决——BGH NJW 04,3437(该案中,被害人并未意识到威胁手段),涉及他处所论及的第 250 条第 2 款第 1 项(对此见边码 381)所规定的使用选择。

〔4〕 参见 BGH NJW 19,3659 附评注 Schiemann;Bosch,Jura(JK),20,192;Eisele,JuS 20, 275; Heghmanns, ZJS 20, 164; Jäger, NStZ 20, 221; Kudlich, JA 20, 64; Renzikowski,JR 20,332;AnK-Habetha, § 249 Rn 26;Küper/Zopfs,BT Rn 166,176;LK-Vogel, § 249 Rn 23;SK-Sinn, § 249 Rn 22;S/S-Bosch, § 249 Rn 5;然而,是否犯罪人以自杀或自伤相威胁,也已足够存在疑问,对此见 HK-GS/Duttge, § 249 Rn 16。

〔5〕 Vgl. Mitsch,BT Ⅱ S. 508;ders. ,NStZ 99,617;S/S/W-Kudlich, § 249 Rn 9;Zaczyk,JZ 85,1061;ders. ,Anm. JR 99,345.

系的恶害。[1] 如果依据宣示的内容,危险可能化作严重的[2]身体伤害或者死亡,比如在设定期限的情况下,[3]并非是直接面临的,那么,当危险随时可能转化为伤害(持续危险),或者是在并无立即的防护措施的情况下,损害不再能够被预先阻止,则同样已经可以谈得上存在现时性。[4] 此种对于现时性概念的扩张而可能带来的针对第 32 条、第 34 条的疑虑,[5]在此并不必要,因为在此涉及的是对相关者自由侵损的评判,而非涉及相关人对第三人的侵扰权限。[6]

3. 主观犯罪构成、犯罪参与和未遂

a)主观犯罪构成

355 抢劫故意必须涵括二行为(zweiaktig)结构的客观犯罪构成的所有要件。此外需要存在在取走之时已经存在的(见边码 204)、犯罪人将他人物品为自己或第三人非法占为己有的意图。就此而论,包括对于抢劫罪多次作出裁判的占为己有的违法性问题,以及特别是在金钱债务下与此相关的错误[7],均可参照对于盗窃罪所做的相应阐述(见边码 133 及以下数个边码;边码 200 及以下数个边码)。占为已有意图并非(必然是)获利意图,由此,犯罪对象的

[1] 区别 NK-Kindhäuser, vor § 249 Rn 29 ff。

[2] 对此见——否定严重性——SK-Sinn, § 249 Rn 20。

[3] 见 BGH NStZ-RR 98,135;BGH NStZ 99,406。

[4] 参见 BGH NStZ 96,494;BGH NJW 97,265 附评注 Geppert, JK 97, StGB § 255/8;评注 Joerden, JR 99,120;BGH StV 99,377 附评注 Kindhäuser/Wallau 和 Zaczyk, JR 99,343;BGH BeckRS 11,29794;BGH NStZ 15,36 附评议 Hecker, JuS 15,467。

[5] 对此见 Hillenkamp, Miyazawa-FS S. 141,152 ff。

[6] 参见 BGH NJW 97,266;Küper/Zopfs, BT Rn 183 f;批判 Joerden, JR 99,121;LK-Vogel, § 249 Rn 17 f;更狭也 Blanke, Das qualifizierte Nötigungsmittel der Drohung mit gegenwärtiger Gefahr für Leib oder Leben 2007, S. 94 f,针对将在此宽泛理解的持续危险涵括在内,以值得注意的理由予以反驳。

[7] Vgl. BGH StV 88,526;529;BGH StV 90,407;546;BGH StV 91,515;BGH StV 00,78;78,79;BGH StV 04,207.

价值并不重要(见边码 74)。如果在犯罪实施过程中,行为对象有所改变,对于客观和主观犯罪构成的一致性判断而言,其最后实施行为的时间节点具有决定性作用(见边码 204)。[1] 如果犯罪人将油画抢走,是为了让油画所有人支付"赎金"(也就是说并未否定所有权,见边码 158 及下一边码)才将其归还;或者犯罪人将物品抢走,只是为了出于憎恨和报复情感而将之灭失;[2]或者为了激怒所有权人;或者对于犯罪人而言重要的只是将物品丢弃(对于此类案件也见边码 152),以上情形并不存在占为己有意图。[3] 如果犯罪人在取走之时还不知道将物品——比如球迷夹克——予以灭失还是作为战利品予以保留,则犯罪人并未充分地形成据为所有的决意。犯罪人只是将据为所有作为其行为的后果予以容认,并不足够。[4] 如果犯罪人暴力地将物品取走,只是将其作为实现要求的压制手段,那么也缺失占为己有意图。此间,如果犯罪人对于要求的实现存在认识错误,则还缺失非法占为己有的故意。[5] 对此应当注意的是,德国联邦法院将其针对第 253 条作出的与毒品交易相关的判例转接到了第 249 条之上。依此,基于错误认定的要求,"如果实施强制者只是基于相关的犯罪圈子的观念,感觉自己是支付诉求的有权的保有者",则可认定其对所谋求

〔1〕 对于两种说法,见 BGH NStZ 14,516(在取走撕裂的 50 欧元纸币的情况下)。

〔2〕 参见 BGH NStZ 11,699;对此见边码 152 附进一步的文献;也参见 BGH NStZ-RR 12,207:在被发现的意图支配下,实施了取走行为;BGH StraFo 12,155:为了搜索存储器,而将移动电话取走;赞成 Hecker, JuS 13,468;否定 Jäger, JA 12,709;Putzke, ZJS 13,311。

〔3〕 参见 Graul, JuS 99,563;BGH NStZ 05,155;BGH NStZ 04,333。

〔4〕 参见 BGH NStZ-RR 12,241 附评注 Jäger, JA 12,790;其他参见 OLG Nürnberg NStZ-RR 13,78(对此也见边码 152)。

〔5〕 参见 BGH StV 99,315。

的占为己有之违法性的错误并不存在。[1] 最后，对强制与取走之间的主观—目的性的关联也应注意，这种关联已经影响了客观的犯罪构成，由此应在客观层面予以阐述(见边码 350)。[2]

b)犯罪参与

只有自己具有非法占有意图之人，才可能是共同正犯。[3] 如果参与者想要将赃物进行分配、共同利用或者出卖，则无疑能够认定其为共同正犯。相反，如果在共同取走之后，一名参与者将取得的共同支配立即让与到共同参与者的处置权利之下，[4]在此前法律规定的前提下，为认定共同正犯，还需要进行可予反驳的建构，从而在单纯的传递或让与中能够看到自己是否占为己有(对此见边码 168 及下一边码)。根据《第 6 刑法改革法案》(见边码 11)所创设的法律规定现状，在此类案件中，现在可能存在足以认定共同正犯的第三人占为己有意图，只要让与者想要共同正犯的占为己有意图成为可能，并共同管控针对于此的物品获取即可。[5] 作为 BGHSt 17,87 之基础的案件事实可以此为出发点，在共同实施暴力的过程中，负责搜查被害人提包的参与者，将发现的钱款交给了作为被害人债主的共同正犯。相反，对于 BGH StV 90,160 所载事实，则不能认定，在此案中，参与殴打的犯罪参加者只是同意其他的参加者可以将打倒在地的被害人洗劫一空。这对于第三人占为己有意图并不充分。 356

[1] 参见 BGH NStZ 08,626 附评议 Bosch,JA 09,70 和评注 Kindhäuser,StV 09,355;这在 BGH BeckRS 11,19727 中被予以跳过，尽管在该案中，涉及的是毒品交易中的“诉求”;对于第 253 条，见 BGHSt 48,322 和本书边码 719;对于诈骗，见边码 581。

[2] 参见 Rengier, BT I § 7 Rn 7,22 f;其他观点参见 Jäger, BT Rn 288;Kindhäuser/Hilgendorf, § 249 Rn 14。

[3] 参见 BGH StV 86,61;BGH StV 90,160;BGH NStZ 94,29;99,510;BGH NStZ-RR 97,297;298;对于共同正犯和帮助犯的界分，见 BGH NStZ 06,94。

[4] Vgl. BGHSt 17,87,92.

[5] 见边码 167 和 Ingelfinger,JuS 98,535。

对于此种犯罪参与者而言,也缺少强制与取得之间必要的目的性(Finalität)(见边码 350)。目的性也属于——如同占为已有意图——与个人相关的犯罪人要件,其并不适于共同正犯性归责。[1] 如果缺少占为已有意图或者目的性关联的意志,则不论参加者行为贡献的重要程度,只能考虑将其划定为帮助犯。[2]

判例例证:第三人促使犯罪人使用暴力,但犯罪人并不知道,第三人利用这一情境,取走了暴力受害者的财物,则该案中既不存在共同正犯,也不存在帮助犯,BGH NStZ 13,103 就是如此。在该案中,A、B、C 三人突袭了 N 的住宅,为了对 N 进行伤害,将其捆绑后关进浴室,并寻找毒品,然后"使 N 受损地"将毒品灭失。N 由此受到了惊吓并被逼进了住宅的房间。在 N 被虐待、凌辱和捆绑之后,A 进入了住宅,利用 B、C 二人对于 N 的暴力效果,将 N 的钱款、手表和其他物品拿走并予以保存。A 从一开始就计划这么做,但并未对 B 和 C 透露,直到三人共同离开住宅,B 和 C 也一无所获。为什么地方法院在本案中认定是以共同正犯方式实施的抢劫罪,并未可知,因为三人明显缺少对此的共同的犯罪决意:B 和 C 并不知道 A 所计划的取走,由此也对抢劫过程一无所知。二人也必然缺少任何的(第三人)占为已有意图。由于对主行为缺少认识,该案中也不存在帮助犯。取而代之,德国联邦法院认定了由 A 实施的间接正犯形式的加重的抢劫罪(第 249 条、第 250 条第 1 款第 1b 项:持有捆绑工具)。结构上看,这一犯罪由亲手实施的取走以及只在 A 身上存在的暴力与取走之间的目的性关联而组成,A 对于升格的强制以及由此原本的犯罪构成层面的抢劫进程的操纵,存在于由 A 有意引致的、B 和 C 对于犯罪构成实现的无故意和无意图状态的利用。这为之提供了正当性证明,如同德国联邦法院所恰当认定的一样,将 B 和 C 使用暴力作为 A 抢劫犯罪的补充行为而归责于 A。[3]

---

[1] Vgl. Fischer, § 249 Rn 21a; Küper, JZ 81, 571; Lackner/Kühl, § 249 Rn 8; SK-Sinn, § 249 Rn 37.

[2] Vgl. BGH NStZ 94, 29.

[3] 在结论上同样如此 Jäger, JA 13, 71。

与一般的规则相对应，加入一个已经开始且尚未结束的实施行为（以取走为目的而实施第 249 条规定的暴力使用或胁迫），那么成立承继的共同正犯是可能的，[1]但禁止对于一个已经结束的进程进行归责。[2] 357

如果攻击者将被打倒在地的无意识的受害者的钱包连同内装物品取走，则对于并未抢劫被害人而只是想要虐待被害人的共同参与者（第 224 条、第 25 条第 2 款），不能只因他（放弃了原本的拒绝）被实施抢劫的为首者强加地给予了部分赃物，就认定其属于抢劫罪的共同正犯。[3] 在犯罪既遂之后且不存在重复实施的情况下，承继的犯罪参与（共同正犯及帮助犯）也就不再可能出现。[4]

如果使得已经决意实施普通抢劫罪的犯罪人，在犯罪过程中使用了武器，则根据判例，[5]应将其作为犯罪整体的教唆犯处罚。对此而言重要的方面——不法内涵相较于初始的计划明显有所提高，未被此种观点所关注。如果促使了他的犯罪决意的"升格"，只有在由此产生的增量（Mehr）单独可罚或者是——如同将盗窃罪转为抢劫罪——相对于初始所计划的犯罪系他者教唆后产生，才能作为教唆犯追究责任。在所有其他情况下，都只 358

---

〔1〕 参见 BGH MDR/D 69,533；也参见 Wessels/Beulke/Satzger, AT Rn 830 ff。

〔2〕 Vgl. BGH NStZ 97,272.

〔3〕 不清晰 BGH JZ 81,596 附否定性评议 Küper, JZ 81,568；对此也见 Freund/Schaumann, JuS 95,801；LK-Vogel, § 249 Rn 55。

〔4〕 参见 Kindhäuser/Böse, BT Ⅱ § 13 Rn 31 f；Lackner/Kühl, § 249 Rn 6；Rengier, BT I § 7 Rn 44 ff；对此见 LK-Hillenkamp, vor § 22 Rn 35 ff。

〔5〕 参见 BGHSt 19,339,340 f；赞成 SK-Günther, 1998, § 249 Rn 49, § 250 Rn 53。

存在帮助犯。[1]

在捏造的抢劫案件(fingierter Raubüberfall)情况下,法律适用较为困难。相关的共同支配者与事件原本的策划者约定实施捏造的抢劫,但并未将犯罪计划透露给实行的同伙。根据德国联邦法院的观点,被归为同伙的帮手只能因盗窃罪的帮助犯,但不能因其所认为的抢劫罪予以处罚,原因在于,相对于相关的对此同意的共同支配者,其并未实施暴力取走行为;而相对于并未表示同意的共同支配者,其虽然实施了取走,但并未使用暴力,由此,可认定其主行为构成盗窃罪。[2] 如果犯罪人被蒙蔽,以为被抢劫的被害人对捏造的抢劫表示同意,[3]则并无抢劫故意。如果在捏造的抢劫案件中,单独支配者表示同意,则只存在侵占罪。[4] 如果在所谋划的抢劫当中,引入被害人"未遂"的"共同正犯"不再愿意实施犯罪,则不再存在可归责于其他人的未遂开始。[5]

c)未遂

359 仅使用暴力或者胁迫,抢劫罪并未既遂,只有通过此种手段所谋求的取走完成之时,抢劫才告既遂。[6] 对之适用的是——如同

[1] 参见 Bemmann, Gallas-FS S. 273; Ingelfinger, JuS 95, 322; Klesczewski, BT § 8 Rn 192; Küpper, JuS 96, 24;对于争论情况,见 Hillenkamp/Cornelius, AT 第 25 个问题。

[2] 如此 BGH MDR/D 74, 724;在上级的共同支配保有人同意的情况下,对下级的共同支配保有人实施抢劫,见 OLG Celle BeckRS 11, 23746(Rn 95);在可能的同级别的支配情况下实施的抢劫,见 BGH BeckRS 19, 2165。

[3] Vgl. BGH JZ 95, 733.

[4] 参见 BGH NStZ-RR 18, 108 附评注 Bosch, Jura(JK)18, 636; Jäger, JA 18, 390。

[5] Vgl. BGHSt 39, 236, 238; Hillenkamp, Roxin-FS S. 708 ff; Ingelfinger, JZ 95, 704, 714.

[6] Vgl. BGHSt 20, 194, 195; LK-Vogel, § 249 Rn 59.

在盗窃罪中一样——社会的—规范的支配概念。[1] 如果取走行为已经发生,即便犯罪人所取得的物品明显小于想要取得的,[2] 或者犯罪人由于对于较低价值的失望而将赃物扔掉,也不影响已经出现的既遂。但是,如果犯罪人在取走的容器中(当然容器本身并非其占为已有的对象),并未发现所希求的物品,而是完全其他的、对其而言并无价值的物品,则可能会有影响。如此,由于缺少与取走物品相干的占为已有意图,只能认定其对于原本希求物品的未遂。[3] 如果犯罪人为取代想要的但并未找到的物品,基于新的决意,拿走了容器中的其他物品,那么该行为除构成未遂的抢劫罪之外,还存在既遂的侵占罪。[4]

未遂一般开始于——也就意味着,取走应直接地产生——对暴力使用或者胁迫的直接着手,[5] 在判例当中,这比如按响被害人的门铃,[6] 但并非开始于进入电梯间。但是,对于多人的参与则应考虑第 30 条之规定。[7]

在案例 25 中,首先应区分手提包和钱包:如果犯罪人将容器(比如手提 360
包或档案袋)取走,但只是对容器内的物品感兴趣,在将容器内物品取出后,

---

〔1〕 对此见边码 82 及以下数个边码;边码 111,边码 131;并未基于事实的支配概念对之予以论证,无说服力的 BGH NStZ 11,158;BGH NStZ 14,40 f;BGH HRRS 10 Nrn 115,275;Bachmann/Goeck,Jura 10,927;Hütwohl,ZJS 09,131。

〔2〕 在 BGH NStZ-RR 19,311 中,从钱包中取出 50 欧元,而非所预期的从保险箱中取走 300,000 欧元,这并非重大的偏离。

〔3〕 参见 BGH NStZ 96,599;BGH NStZ 04,333;BGH NStZ 06,686 附评议 Streng,JuS 07,422;BGH NStZ-RR 13,309;Kudlich/Ŏglakcıŏglu,JA 12,324;LK-Vogel,§ 249 Rn 52;相反,支持既遂 LG Düsseldorf NStZ 08,155,156 附批判性评注 Sinn,ZJS 10,274;A/W-Heinrich,§ 13 Rn 131;Böse,GA 10,249;对于盗窃罪中的对应问题,见边码 138。

〔4〕 Vgl. BGH StV 13,440.

〔5〕 对此见 LK-Hillenkamp,§ 22 Rn 120 ff,126。

〔6〕 Vgl. BGHSt 26,201,203 f;39,236,238.

〔7〕 Vgl. OLG Hamm StV 97,242;SK-Sinn,§ 249 Rn 34/35.

立刻就将容器丢掉了，则就容器而言，其并无占为己有意图。〔1〕如果行为人将容器用作运输赃物，则情况会有不同，因为此种情况下，犯罪人将其据为己有意图也延伸至容器之上。〔2〕后者在案例25中并不具备。就此而论，在案例25a中，也只存在刑事不可罚的物品剥夺；但在变通案例（案例25b）中，则要对第303条和第240条〔3〕予以探析。

与之相反，对于钱包以及内装物品，应认定成立抢劫罪（第249条）。猝不及防地扯走手提袋，是应评价为抢劫罪（第249条），还是只将其认定为狡诈实施的盗窃罪（第242条），这取决于具体案件的情状。〔4〕虽然第249条规定的对人使用暴力并不要求特别的力量损耗，但是，为防止或压制反抗而施加的身体上的强制效果是必要的，也就是说，该条款比第242条规定的单纯地取走要求更高。

如果——如在案例25a当中——犯罪人的快速、一般地抓取物品就已经导致了支配转换，犯罪人对此还未能有所反应，则只是涉及所谓的公然盗窃（offener Diebstahl），在其中，取走就在相关人的眼皮底下并违背其意志而发生。〔5〕如此，第248a条具有适用可能。相反，如果被侵袭者（比如，特别是在对于攻击有所预计的情况下）将包紧紧攥在手里，以致只有通过重大的力量作用才能将其拽出（案例25b正是如此），那么，犯罪人需要对实际实施或者可以预料的反抗予以克服，这就在成功取走的前提下，成立抢劫。〔6〕由于第249条并未包含轻微条款，即便R从一开始就只是设想取得价值低微的物品，也不能——区别于第243条第2款之情形——适用第242条、第248a条之规定。

---

〔1〕参见BGH StV 90,205；BGH NStZ 00,531；BGH NStZ-RR 00,343；BGH NStZ 04,333；BGH MDR/D 75,22；Otto, Jura 97,473（已见本书边码204）。

〔2〕参见LG Düsseldorf NStZ 08,155附就此而言赞成性评注Sinn, ZJS 10,274；批判LK-Vogel，§ 249 Rn 52。

〔3〕见S/S-Eisele，§ 240 Rn 12。

〔4〕同样如此Krey/Hellmann/Heinrich, BT Ⅱ Rn 264 f。

〔5〕参见BGH StV 86,61；90,262；过泛BGHSt 18,329。

〔6〕参见BGH NJW 55,1404；02,2043；其他观点Mitsch, BT Ⅱ S. 500 f。

Ⅱ.在继续作用但并非为抢劫目的所创设的困境之下取走物品

案例 26:A 和 B 从监狱越狱之后,藏在了 A 的前妻 E 的房子当中。他 361
们将 E 和她的伴侣 L 捆了起来。之所以如此,是为了对 E 实施强奸,并阻止 L 对 E 实施帮助。在 A 并不知情的情况下,B 此后基于临时决意,将还被捆住的 E 的手表从其胳膊上撸下,并将之保有。此后,在 A 和 B 从 L 处把车钥匙拿走之后,二人开着 L 的汽车逃走。二人在捆绑 L 的时候是否已经决定这样来做,不再能够查清。

是否应以抢劫罪追究 A 和 B 的责任?(见边码 365)

在抢劫情况下,被害人的强制与取走他人财物之间,必须存在内在的、主观性—目的性的联系,由此,也需彼此处在一定的空间—时间关系(边码 350 及下一边码)当中。[1]

取走不能只是“偶然地”(gelegentlich)因强制行为而产生。与之相应,强制不能只是单纯的伴随现象,而必须——至少是根据犯罪人的设想——是取走的手段。[2] 基于此种情形,如果犯罪人在此之外还追求其他的目标,并无大碍。[3] 由此可以推知,利用最初完全是出于其他原因而创设的条件或产生的困境将物品取走,那么成立抢劫罪并非没有问题(第 249 条)。在并非罕见的、以性行为之容忍为目的[4]的情形之外,根据 BGH NStZ 82,380,犯罪人(一位出租车司机)使用暴力时只是想将其具有诉求的车钱取走,也

[1] 参见 BGH NStZ-RR 02,304 附批判性评注 Walter,NStZ 04,153;总结 BGHSt 61,141 附评注 Bosch,Jura(JK)16,1082;Eisele,JuS 16,754;Habetha,NJW 16,2131;Heghmanns,ZJS 16,519;Kudlich,JA 16,632;Maier,NStZ 16,474;BGHSt 61,197 附评注 Berster,JZ 16,1017;Eisele,BT Ⅱ Rn 320 f;对于并非一致的判例的概览,见 Fischer,§ 249 Rn 11 ff。

[2] Vgl. BGH MDR/H 84,276;BGH NStZ 03,431;BGH NStZ 15,698.

[3] Vgl. BGH StV 93,79;Fischer,§ 249 Rn 7.

[4] 例如见 BGH StV 13,442;BGH NStZ 13,648 附评注 Bosch,JK 12/2013,§ 249 StGB/13。

属于其他的类似情形。在此种案件中,强制手段的使用并非——如抢劫罪所要求——伴随着非法占为己有之意图。但是,这也属于抢劫特有之目的性的条件(见边码 363)。此外,如果犯罪人将其一开始只是针对取走特定物品的犯罪故意,在使用暴力过程中予以了扩张,[1]则并不缺少此种条件;但是,如果犯罪人放弃了最初的故意,并在并未继续实施伴随的暴力的情况下,转向了一个完全不同的物品,则该条件可能缺少。[2] 根据具体的犯罪情状,应做如下区分。

1. 暴力使用之继续

362 如果犯罪人在暴力使用尚在继续期间,形成并实现了他的取走决意,则其构成抢劫罪,原因和条件是,他将最初为其他目的而实施的暴力,基于一个新的犯罪决意,在积极维持身体上的强制效果的情况下,作为现在实现财物取走目的之手段进行使用。

在腕表案[3]中就是如此,在此案中,犯罪人在大街上暴力地将一个女孩扯向自己,想要强吻她,在拉扯中拉住了女孩的左手臂,感觉到了一块腕表,并在激烈反抗尚在继续的暴力使用中的女孩未曾注意到的情况下,基于新的犯罪决意将腕表顺走。在此情形中,暴力使用在继续过程中产生了功能转换。[4] 如果犯罪人一开始"只是"蓄意地对被害人实施伤害,但之后拖着被害人的手臂把他拖进住宅当中,并且将被害人的住宅内的钱款取走,这也成立抢劫罪。在此,已经结束的暴力引致了一个新的、由占为己有意图所伴随的暴力。[5]

---

[1] Vgl. BGH NStZ-RR 97,298.

[2] 对此见 BGH NStZ 1995,510;BGH NStZ-RR 1997,298;BGH StV 13,438(敲诈勒索);Rengier,BT I § 7 Rn 37;Walter,NStZ 04,154。

[3] 参见 BGHSt 20,32,33;对此见 Hörnle,Puppe-FS S. 1143,1147 f;Lackner/Kühl,§ 249 Rn 4;S/S-Bosch,§ 249 Rn 6a。

[4] Vgl. H-H-Kretschmer,Rn 898;Klesczewski,BT § 8 Rn 187;Krey/Hellmann/Heinrich,BT Ⅱ Rn 272;Küper/Zopfs,BT Rn 301;LK-Vogel,§ 249 Rn 47.

[5] Vgl. BGH NStZ-RR 15,372.

2. 暴力效果之利用

应作出不同决定的是,犯罪人在并无取走故意的情况下实施了暴力,由此产生了继续存在的效果;而犯罪人在新的决意框架内,为取走物品而对该效果加以利用,但并无强制行为的持续。[1]这也适用于被害人因此前的暴力而失去知觉的情况。[2] 对此,只能考虑认定盗窃罪(第 242 条)。 363

在上文已经提及的(见边码 361)出租车司机案件中就是如此。对出租车司机而言,其在使用暴力之时,只是为了实现其要求对方支付车费的诉求,因此,根据在此种案件中适用第 16 条的判例(对此见边码 355、边码 203),其主观上并无非法的占为己有的意图。当不愿支付车费的乘客的钱包掉在地上,而司机将钱包中远超过车费的 870 马克在并未实施其他的暴力行为的情况下拿走并保有,才涉及非法占为己有。那么,认为乘客在此时间节点仍然受到暴力作用的影响,“手脚并用地”爬开对与使用暴力的必要的联系的认定并不足够。同样,认为出于其他原因而实施的暴力只是“仍然以此方式发挥作用,以致被害人处于恐惧状态当中”,这一事实也不足够。[3]

然而,需要注意的是,在暴力使用结束之后,当犯罪人转向以 364

〔1〕 参见 BGHSt 32,88,92;BGH StV 83,460;BGH NJW 69,619;BGH NStZ-RR 13,45 f;BGH BeckRS 14,05762 附评议 Hecker,JuS 14,656;BGH HRRS 14,462(Nr 1080);BGH NStZ 15,585 附评注 Piel;Kudlich,JA 15,791;BGH StraFo 16,168;BGH BeckRS 17,121851 附评注 Nestler,Jura(JK)18,100;BGH HRRS 18,Nr 495;BGH BeckRS 18,25410 附评注 Jahn,JuS 18,1246;BK-Wittig,§ 249 Rn 14.1。

〔2〕 参见 BGH StV 95,416;BGH NStZ 06,508;在此要注意第 243 条第 1 款第 2 句第 6 项。

〔3〕 参见 Jahn,JuS 08,741 评议的 BGH BeckRS 08,07766 判决,援引 BGH NStZ 82,380;99,510,即如此;BGH NStZ-RR 97,298;BGHR StGB § 249 Abs. 1 Drohung 3;也见 BGH NStZ 09,325;BGH NStZ-RR 14,110;也见 BGH BeckRS 18,25410 附评注 Jahn,JuS 18,1246。

对于身体或生命的现时危险相胁迫,第 249 条本身仍然可以适用。[1] 在此类案件中,此种情况特别可能由此发生:被害人将犯罪人令人恐惧的行为理解为重新使用暴力的默示胁迫,犯罪人注意到了这一局面,并有意地为实现取走目的而对之加以利用。[2] 当然,在默示的胁迫和单纯未曾去除暴力影响之间,区隔是较小的,[3]后者不能与积极的暴力使用等同视之(第 13 条第 1 款),否则可能陷入危险。因为可能将使用暴力情况下对抢劫故意难以证明的嫌疑,通过延展不作为刑事可罚性的后门予以补偿;此外,也会模糊禁止的目的性与对并无目的性而产生效果的单纯利用之间的界限。如果犯罪人严重伤害被害人或者使其陷入无意识状态,并由此使自己失去取消困境的可能性,此种方案对其也是有利的。最后,在第 249 条中,并无与第 177 条第 1 款第 3 项相对应的条款。[4]

---

〔1〕 对此富有教益 BGH MDR/D 68,17,18;BGHSt 41,123,124 附评议 Krack,JuS 96,493;也见 BGH NStZ-RR 12,270;BGH StV 13,442 f。只是对于重新的使用暴力的害怕,并不足够,BGH NStZ 13,648;BGH StV 14,546;对于这一案例组,也见 S/S-Bosch,§ 249 Rn 6a。

〔2〕 对此见 BGH StV 15,768。

〔3〕 因此,只有在决意的行为具有毫不含糊的声明价值的情况下,才谈得上是隐含的威胁,见 Fischer,§ 249 Rn 14,14a;Ingelfinger,Küper-FS S. 201;M/R-Maier,§ 249 Rn 34。

〔4〕 如同本书 BGH NStZ-RR 17,143;Eisele,BT Ⅱ Rn 326 f;Ingelfinger,Küper-FS S. 202 ff;Krey/Hellmann/Heinrich,BT Ⅱ Rn 273;Küper/Zopfs,BT Rn 303;Lackner/Kühl,§ 249 Rn 4;Otto,BT § 46 Rn 20;Rengier,BT I § 7 Rn 31;SK-Sinn,§ 249 Rn 32;区别 NK-Kindhäuser,§ 249 Rn 24 f;其他观点 BGHSt 48,365 ff 附批判性评注 Baier,JA 04,431,433;Hohmann/Sander,BT I § 5 Rn 19;Otto,JZ 04,364;S/S-Eser/Bosch,§ 249 Rn 6b;Walter,NStZ 04,623;ders.,NStZ 05,243;Zöller,BT Rn 353;也见 Fischer,§ 249 Rn 12b,14 ff;HK-GS/Duttge,§ 249 Rn 14;赞成德国联邦法院 Gössel,JZ 04,254;Lackner/Kühl,§ 249 Rn 4;LK-Vogel,§ 249 Rn 25,49;MK-Sander,§ 249 Rn 32;S/S/WKudlich,§ 249 Rn 15 f;对于嫌疑刑罚的危险,见 Hillenkamp,Wassermann-FS S. 861,864 f。

如果犯罪人在第三人并不知情和同意的情况下,对其继续的行为予以利用,从而将被害人停在附近的货车上的贵重物品取走,则不构成抢劫罪,而应根据第 242 条、第 243 条第 1 款第 2 句第 6 项之规定,仅认定该行为属于盗窃罪的特别严重情形。[1]

在案例 26 中,B 对于手表只实施了盗窃罪的特别严重情形的行为(第 242 条、第 243 条第 1 款第 2 句第 6 项),因为他的行为是出于盗窃的临时决意而并非以暴力为基础。根据存在争议但适当的观点,对于违反义务而予以维持的捆绑的单纯利用,作为不作为行为被认为是使用暴力,与所要求的积极的暴力投入并不相符。[2] 就此来看,A 因缺少故意和占为己有意图而并非共同正犯,并因缺少故意也并非 B 的过限行为的帮助犯。如果 A 和 B 在将 L 捆起来的时候,已经决意将汽车钥匙拿走,则额外的阻止其施救的目的设定,并不影响抢劫特有的暴力使用的目的性。[3] 如果他们在之后才形成了决意,对 B 所述观点相应地适用。如果事实过程不再能够查清,在本书看来,遵循存疑有利被告的原则,应以后者为出发点,而只认定两人构成盗窃罪。即便持反对观点,也必须将这一由于第 13 条第 2 款规定的刑罚减轻可能反而更为有利的事实可能作为基础。[4] 365

Ⅲ. 鉴定结构:抢劫罪,第 249 条

365a

抢劫罪,第 249 条
Ⅰ. 犯罪构成
1. 客观构成
a)犯罪对象:· 物品
· 可移动的
· 他人的

---

〔1〕 Vgl. BGH StV 90,159,160.
〔2〕 其他 BGH JZ 04,362。
〔3〕 Vgl. BGH NStZ 93,79.
〔4〕 见 Lackner/Kühl, § 1 Rn 17。

b)犯罪行为:· 取走
→他人支配的打破
支配
Ⓟ事实的或社会的—规范的概念
他人的
Ⓟ共同支配
打破
Ⓟ同意(抢劫罪←→抢劫型敲诈勒索罪)
Ⓟ通过第三人(间接正犯←→三角敲诈)
→新的占有之建立
支配
Ⓟ支配飞地
建立
Ⓟ完成

c)犯罪手段:为取走而使用升格的强制手段
(1)强制手段:· 对人暴力
Ⓟ暴力概念
Ⓟ对物暴力作为对人暴力
Ⓟ暴力的受众
· 以对身体/生命的现时危险相胁迫
Ⓟ受威胁的恶害的受众
(2)取走关联:· 利用暴力/使用胁迫而取走
→ 强制与取走之间的目的性关联
Ⓟ只是主观/也是客观的因果联系
Ⓟ利用并非为抢劫目的而创设的困境

2. 主观构成
a)故意:· 任何故意类型
→他属性之意义辨识
b)占为己有意图:· 非法占为己有意图
→与盗窃罪,第 242 条相同

Ⅱ.违法性
Ⅲ.有责性
→加重构成,第 250 条、第 251 条

§8 抢劫罪之加重情形

案例 27:T 晚上侵入了 74 岁老人 O 的偏僻的房子实施盗窃。在他被果敢的 O 吓了一跳之后,他威胁道,如果 O 阻止他拿走已经在餐桌上堆积的钱款和首饰,就要射杀她。期间,戴着蒙面套的 T 用一把仿真的玩具手枪指着 O。O 曾在玩具商店中干过多年售货员,看穿了 T 的骗局,并试图将 T 从厨房中赶出去。此后 T 制服了激烈反抗的 O,并用他随身带着以在紧急状况下捆绑他人的缆绳,把 O 捆了起来。在把赃物揣到塑料袋中之后,T 离开了房子。不久之后,O 死于心脏病。这是由于紧张的反抗,但主要也是因为,O 对于失去她的首饰非常生气。 366

T 的刑事可罚性?(见边码 392)

Ⅰ.加重抢劫罪

1.第 250 条新条文概览

《第 6 刑法改革法案》对于第 250 条作出了新的规定。[1] 这一条文包含了犯罪构成上成型的、在第 1 款和第 2 款中按照不法程度予以分层的、第 249 条基本犯罪构成的加重情形。通过参照得知,以上加重事由也适用于抢劫型盗窃罪(第 252 条)和抢劫型敲诈勒索罪(第 255 条)。 367

第 250 条的新规定在第 1 款第 1a 项中规定了持有武器和危险物品实施的抢劫;在第 1 款第 1b 项中规定了以其他工具和手段 368

〔1〕 对于产生历程,见 Kreß, NJW 98, 642; LK-Vogel, § 250 Entstehungsgeschichte; SK-Sinn, § 250 Rn 2 ff 和本书第 33 版,见边码 340。

实施的抢劫,行为人以特定的使用意图将其持有;在第1款第2项中规定了结伙抢劫,将之作为一般的加重情形,相较于第249条之规定,法定最低刑被提高了两年。以上加重情形与第244条第1款第1a项、第1b项、第2项之规定相对应,其在立法程序中事后地与第250条相适应(BT-Ds 13/9064,S. 17)。作为更多的一般的加重情形,第250条第1款第1c项规定了创设使他人陷入重大健康损害的危险,其与第244条并无对应。新修正的第250条第2款规定的严重的加重情形也是如此,此前规定的5年自由刑的最低法定刑只适用于使用武器或其他危险工具(第2款第1项)、持有武器并结伙抢劫(第2款第2项)以及严重的身体虐待及危及生命危险的创设(第2款第3a项、第3b项)等事由。

现在在第250条第3款中规定了较轻的情节,[1]其对于一般的以及严重的加重情形并无区别地适用。相对于第250条原来的规定,其最高的法定刑从5年增加到了10年。对于具有毒瘾的行为人实施的取得犯罪,德国联邦法院对于较轻情节提出了较高的要求,但此外,其也可适用"明显超过"刑罚减轻情状。[2]

2. 一般的抢劫罪加重情形

a)持有武器或其他危险工具

369 第250条第1款第1a项要求,犯罪正犯或者其他的参与人随身带着武器或其他的危险工具。这在语词和内容上均与第244条第1款第1a项相对应。由此,在此前对于武器(见边码265及以下数个边码)、危险工具(见边码272及以下数个边码)以及持有

---

[1] 对此见BGH NStZ-RR 01,215;BGH BeckRS 13,00514(业余的/非专业的实行);LG Verden,StV 06,696和边码359;对于2011年在第244条第3款中增加的相应条款,见边码262。

[2] Vgl. BGH NStZ 02,31,32 f;BGH BeckRS 15,06200.

（见边码 267 及下一边码、边码 283）所做的论述，在此也并无限制地可予适用。

因此，在构成抢劫罪的情况下，如果行为人在犯罪实施过程中只是“出于安全原因”从犯罪被害人的书桌中获得武器，或者将在犯罪现场找到的危险工具带在身上，对有意（对此见边码 267、边码 270、边码 283）持有而言也已足够。[1] 相反，如果行为人未曾触及武器或工具，仅有单纯的感知并不构成持有。[2] 武器或危险工具——如同对于第 244 条第 1 款第 1a 项所述——必须也是可移动的，[3] 而且位于犯罪参与者的附近，以致其能够在未遂和既遂的阶段之内（并非在既遂与完成之间，见边码 267）[4] 不需花费值得一提的时间且无任何特别困难地对之进行使用。如果行为人在进入受害人的房屋之前，将武器或危险工具放在了停放的汽车上，而只有在逃离过程中才能对其使用，则并不满足前述条件。[5] 如果行为人在并无抢劫故意的情况下将被害人捆绑，并在接下来的取走过程中对之保持捆绑状态，或者如果行为人在电话恐吓中提及在被害人的可及范围内放置了工具，[6] 据此就认定犯罪人持有，也过于宽泛。相反，如果行为人将武器或危险工具放在了拉上 370

[1] 参见 BGH NStZ 85,217；也见 BGH BeckRS 13,08221 对于刀具作为危险的工具；也见边码 267。

[2] 参见 BGH BeckRS 16,20065 附评议 Eisele, JuS 17,369。

[3] 参见 BGH BeckRS 13,00525 否定了处于一定空间内的工业垃圾粉碎机；赞成 Hecker, JuS 13,948。

[4] 参见 Bachmann/Goeck, Jura 12,133；Geppert, Jura 99,604；Habetha, NJW 10,3133,3135 ff；Kiworr, JuS 18,424；Küpper/Gabow, Achenbach-FS S. 265 ff；区别 S/S-Bosch，§ 250 Rn 6 ff；根据 BGH NStZ 07,332,334 附否定性评注 Kudlich, JR 07,381，在此也应延伸至完成。

[5] 其他观点参见 BGH NStZ 98,354。

[6] 在第一种情形下，只能考虑很难想象的不作为方式的持有，对此恰当批判，见 Walter, NStZ 04,624 对于 BGHSt 48,365（Rn 364）；对于第二种情形，见 BGH StV 94,656 附批判性评注 Kelker, StV 94,657 和 Otto, Jura 97,474。

拉链的背袋中,则足以认定。[1]

371 此外,武器也必须是能够运转的,[2]可以作为武器在技术意义上投入使用的,[3]以及——在警示枪支的情况下并不具备[4]——一般性地用于对人们进行身体上的伤害。如果具备以上特征,即便基于特定的、在其本身之外所存在的犯罪的具体情状——比如因为单独在场的收银员身处防弹玻璃后面——并不存在真正的危险,也不会使其丧失作为武器的、决定性的、抽象的危险性,对于第 1a 项或者对于第 250 条第 2 款第 1 项规定的使用情况,均是如此。[5] 对于具体的、非危险性的相反证据,在此并不考虑(在此种案件中是使用,见边码 380)。相反,只是装了空包弹的毒气手枪,并不满足此种武器概念的要求。[6] 当然,与警示枪支一样,其可能属于危险的工具(对此见边码 265、边码 272 及以下数个边码)。[7] 然而,与第 2 刑事审判庭的移送裁决[8]相反,警示枪支虽然客观上可以"在尽可能短的时间内直接对被害人的身体使用",作为击打工具或者在紧贴身体时可能造成重大的伤害,可这并不足够。必须将枪支在必要的情况下以此种方式使用,或

〔1〕 过狭 BayObLG StV 99,383。

〔2〕 Vgl. BGH NJW 98,2915.

〔3〕 参见 BGH NStZ 99,448;只有对于第 250 条第 2 款第 1 项,枪支才必须是上膛,见 BGH NStZRR 07,375。

〔4〕 其他观点参见 BGHSt 48,197;BGH NJW 06,73,74;对此见边码 266;赞成德国联邦法院 Kindhäuser/Hilgendorf, § 244 Rn 4;Schmidt,BT Ⅱ Rn 193;对此恰当批判 AnK-Habetha, § 250 Rn 10;Fischer, § 250 Rn 5a-d。

〔5〕 Vgl. BGH StV 99,151;BGH NStZ 99,301;BGHSt 45,92,93.

〔6〕 误导性 BGHSt 44,103,106 f;BGH StV 01,274,275;BGH JR 99,33 附批判性评注 Dencker。

〔7〕 对此见 Hillenkamp/Cornelius,BT 第 26 个问题。

〔8〕 参见 BGH NJW 02,2889,2891;否定 BGH NStZ-RR 02,265。

者是以此种行为方式进行胁迫,方可适用。[1] 对此,对于危险性的确定,根据本书支持的观点所要求的使用保留(Verwendungsvorbehalt)(见边码 275)可予以决定。根据使用保留之要求,只有在工具正常运转的情况下才能确定危险性,在此也应作此要求。[2] 与之相反,根据第 3 刑事审判庭最初予以权衡但之后放弃的解决方案,[3]有待判定的问题是,行为人是否之前针对所有可能的情况,已经确定并准备将工具在必要的情况下进行危险的使用,且在犯罪实施过程中其对此是明知的。在满足以上条件的情况下,比如案例中提到的持有的地毯修整刀才可能是行为人确定的属于危险的工具,对于此时被害人是否对此应当有所感知,第 250 条第 1 款第 1a 项并未作要求。[4]

根据德国联邦法院的观点,[5]如果行为人在未遂行为时随身携带了武器,但之后将其处理掉,从而将计划的犯罪在并无武器的情况下予以完成,则应对该行为人以既遂的加重抢劫罪根据第 249 条、第 250 条第 1 款第 1 项(现第 1a 项)予以处罚。原因在于,法律规定中并不存在对加重的犯罪构成要件的部分中止。可是,第 24 条的基本精神与对于此种部分中止的承认,原

---

〔1〕 参见 BGH NStZ 02,31,33;并非完全清晰 BGH NStZ 99,301;如同本书 Bachmann/Goeck,Jura 2010,925;Erb,JuS 04,653,656;对于棒球棒也是同样如此,参见 BGH StV 08,470。

〔2〕 参见 BGH NStZ-RR 15,310(电机设备)。

〔3〕 参见 BGH NStZ 99,301;在 BGHSt 52,257 中予以放弃,对于此种方案仍然存在的支持者,见边码 277 及以下数个边码;对于工具的“危险的”持有,见边码 275。

〔4〕 参见 BGH StV 12,153 附评议 Bohnhorst,ZJS 12,835;Jäger,JA 12,907;在此,相对于并未看到地毯刀的女证人 L 而言,使用保留——德国联邦法院对此并未要求——也适用。

〔5〕 参见 BGH NStZ 84,216 附否定性评注 Zaczyk。

则上并不冲突。[1] 鉴于使用意图已经证实了第 250 条第 2 款第 1 项的未遂，因而在此与第 244 条第 1 款第 1a 项一样，对危险工具所要求的使用保留（见边码 275）将会空转，[2] 实则根据一般的未遂规则而言，此情况并非必然，因而也并非对本书所建议的目的性限缩的有力反驳。[3]

b）以其他工具或手段实施抢劫

372 第 250 条第 1 款第 1b 项要求——与第 244 条第 1 款第 1b 项一样——正犯或者其他参与者持有其他的工具或手段，通过暴力或者以暴力威胁而防止或压制他人的反抗。利用《第 6 刑法改革法案》之动因对第 244 条第 1 款第 1b 项进行的阐述，在此也可相应地适用。立法者的意图为通过这一条款创设兜底犯罪构成，并将之扩展至所谓的假的武器或者类似物品，其被暴力地或者以暴力相胁迫地、但客观上并无身体危险地用于压制他人反抗，在第 250 条第 1 款第 1b 项中亦得以实现。[4] 新近判例对于抢劫案件所生发出的限制（对此见边码 288），在新的规定中也应受到重视，这一确证的[5]期望也同样涉及这一条文。由此，要对边码 284 及以下数个边码予以参照。

373 然而，对此需要强调的是，假的武器问题[6]——在法律修改之

[1] 对此问题域，参见 HK-GS/Duttge，§ 244 Rn 34；Küper/Zopfs，BT Rn 121；Rengier，BT I § 4 Rn 77 ff；Streng，JZ 84，652 和评注 NStZ 85，359；Wessels/Beulke/Satzger，AT Rn 1052。

[2] 如此 Schlothauer/Sättele，StV 98，507。

[3] 参见 Küper，Hanack-FS S. 589；Roxin，JuS 79，8。

[4] 参见 BT-Ds 13/8587，S. 44 f；BT-Ds 13/9064，S. 18 f；BGH NJW 98，2914；对于本身而言符合第 250 条第 1 款第 1b 项规定之纯粹捆绑的案件，见 BGHSt 48，365，367 ff；这一案件的问题存在于不作为之上，对此见边码 364 及下一边码。

[5] Vgl. BGH NStZ 07，332，333.

[6] 对此具体见 Wessels，BT Ⅱ Rn 338 ff 和 Otto，Jura 97，473。

前就已经如此[1]——对于第 250 条应当在与第 244 条略有不同的视角下进行分析。原因在于:一方面,在持有预计使用的假的武器中存在的对被害人的意志决定和确证进行侵犯的意愿,以及由此升高的对被害人进行保护的需求,在根据第 249 条进行的处罚中,并未在适用第 242 条的普通盗窃案件中予以重视,这一事实在今天也仍然能够论证将假的武器规定在第 244 条第 1 款第 1b 项的必要性;而另一方面,对于假的武器以及难以证实身体危险的攻击或手段,立法者意图创设的兜底犯罪构成——第 250 条一如既往地是一个与体系相悖的另类(systemwidriger Fremdkörper),因为这一条文与第 244 条第 1 款的新的规定相反,所有其他的加重情形的根据,均在于行为和行为人的特别的客观的危险性。由此可知,对其中存在的不法升高,兜底性犯罪构成并未跟上。由于也并未去除此种压力,需在第 250 条第 3 款中为常规情况让路。[2] 由此,与之前相同,事实上存在根据,可以遵循《第 6 刑法改革法案》(见边码 11)之前的、在盗窃和抢劫案件之间予以区分的学说。[3] 其所敞开的路径,通过目的性限缩的方式,将假的武器和非危险手段(只)从第 250 条第 1 款第 1b 项的犯罪构成中排除出来,与新的规定相扞格。[4] 此前存在的有违规划的法律的不完整性[5]使得《第 6 刑法改革法案》对法律进行规划时,将非危险性作为兜底犯罪构成的条件。对于这一明确表述的立法意志,没有解

---

〔1〕 对于《第 6 刑法改革法案》(参见边码 11)之前的争论情况,见 Wessels,BT Ⅱ Rn 260;338;进一步的提示,见 Hillenkamp,BT,8. Aufl. ,S. 151 ff。

〔2〕 参见 BGH NStZ-RR 01,215;根据 LK-Vogel, § 250 Rn 13,在假的武器的情况下,这甚至是宪法所要求的;对之赞成 Schramm,BT I § 4 Rn 55。

〔3〕 一致的评价,载 Bosch,JA 07,470;Hörnle,Jura 98,173;Mitsch,BT Ⅱ S. 521 f;SK-Sinn, § 250 Rn 26 ff;对于这一区别的观点,见 Hillenkamp,BT,8. Aufl. ,S. 156。

〔4〕 Vgl. BGH NStZ 07,332,333;Küper/Zopfs,BT Rn 808;Mitsch,ZStW 111 (1999),102;MK-Sander, § 250 Rn 42;SK-Sinn, § 250 Rn 29;Rengier,BT I § 8 Rn 5 f.

〔5〕 对此见 Hillenkamp,JuS 90,458。

释能够略过(见边码 287)。[1] 由此,判例的续造[2]立于坚实基础之上。

374 由此,需要做的只是,将立法者的决定的影响也在此进行限制,平衡(Kompensation)观念可以成为对此的标准(见边码 285、边码 288)。根据物品外在的表现形象——依据判例可认为是根据客观观察者的判断——明显属于非危险的物品,只是通过伴随的多端诡计而非以其自身作为手段,对同时涉及的自由法益施以影响的(见边码 288),则不能将之包括在内。[3] 如果被害人意识到了武器是假的,则第 250 条第 1 款第 1b 项也不能适用。[4] 即便在此种情形下,认为"立基于行为人升高的犯罪意志的恐惧状态"客观

〔1〕 参见 Eisele, BT Ⅱ Rn 350; Fischer, § 250 Rn 10; Heghmanns, Rn 1494; Joecks/Jäger, § 250 Rn 17;Lesch,JA 99,38;Schmidt,BT Ⅱ Rn 393 ff;也限制于抢劫罪 Klesczewski,GA 00,257;批判 Lesch,JA 99,36;Mitsch,BT Ⅱ S. 521 f;NK-Kindhäuser, § 244 Rn 28 ff; 存疑 Hörnle, Jura 98, 173; 只是带有疑虑地赞成 Krey/Hellmann/Heinrich,BT Ⅱ Rn 283;否定 Klesczewski,BT § 8 Rn 217。

〔2〕 参见 BGHSt 44,103;BGH StV 98,486;487;659;BGH NJW 98,2914;2915; BGH NStZ-RR 98,295;BGH StV 99,91;92 附评注 Lesch,209;BGH NStZ 99,135;136; BGH NStZ 07,332,333;概览见 Boetticher/Sander,NStZ 99,294。根据 BGH NJW 13,707,可预见的使用假的武器的抢劫罪行,可以作为"严重的暴力犯罪",使得保安监禁(Sicherungsverwahrung)的继续执行获得正当性,可能情况下系《被害人赔偿法》(Opferentschädigungsgesetz/OEG)第 1 条第 1 款第 1 句所规定的"人身侵犯"(tätliche Angriffe),见 SG Karlsruhe juris PR-SozR 10/2013 评注 2 Dau。

〔3〕 参见 BT-Ds 13/9064, S. 18;BGHSt 38,116,118;BGH NStZ 97,184;BGH NStZ 98,38;BGH NStZ 07,332,333 f 附评议 Bosch,JA 07,468;Jahn,JuS 07,503; Kudlich,JR 07,781;BGH StV 08,520;BGH StV 11,676,677 附评注 Bosch,JK 12/11, StGB § 250 I Nr 1b/14;BK-Wittig, § 250 Rn 6;Eisele,BT Ⅱ Rn 350;Joecks/Jäger, § 250 Rn 18 f;MK-Sander, § 250 Rn 45;M/R-Maier, § 250 Rn 19 f;对此批判 Fischer, § 250 Rn 11 ff 附进一步的文献;Knupfer,Schlüchter-FS S. 130 f;Küper/Zopfs,BT Rn 812;LK-Vogel, § 250 Rn 12;对于一则就此而言存在疑问的案件,见 BGH NStZ 11,278 和 BGH NStZ 17,581 附评注 Kudlich;Jahn,JuS 17,85 以及本书边码 288。

〔4〕 同样如此 Küper/Zopfs,BT Rn 812;Rengier,BT I § 8 Rn 9(对于第 249 条也不足够);根据 BGH NStZ 16,215 附评议 Jäger,JA 16,71,则应足够;而 Satzger,Jura 16,573 要求被害人认为持有其他另外的(危险的)工具。

上也存在,[1]显然是无稽之谈,此时犯罪只是试图实现,这并非平衡缺失的自由侵损的理由。对于第 250 条而言,只存在未遂状况,[2]其也不被第 250 条第 1 款第 1b 项所具有的兜底功能所涵括。[3] 根据平衡标准,另外的应予排除的非危险手段是(会)导致短时间的、并未超过重大性门槛的对身体完整性或行动自由的侵害。这种情况比如存在于,在只是持续几分钟的犯罪实施过程中,随身带着胶带以压制被害人呼救,[4]或者喷洒除汗喷雾并只是导致被害人短暂地闭上眼睛,[5]或者用缆绳松松垮垮地绑住被害人,在很短的时间之后,被害人就能够自己解救自己。[6]

据此可知,工具和手段存在级别划分。例如,穿在脚上的鞋子是否属于第 250 条第 1 款第 1a 项规定的危险工具,是否属于第 250 条第 1 款第 1b 项规定的其他工具或手段,抑或都不是,这取决于个别案件的具体情状。在此,取决于鞋子的特征、在使用保留中设想的踢的激烈程度以及特别取决于踢的是哪个身体部位。[7] 如果行为人以笨重的军靴"武装"自己,从而在紧急情况下,通过不予控制地用脚踢被害人头部来压制被害人的反抗,则符合第 250 条第 1 款第 1a 项第 2 种情形(如果实施了,则符合第 250 条第 2 款第 1 项第 2 种情形、第 3 项)。[8] 如果行为人只是想至少让被 375

---

[1] 如此 BGH StV 90,547 附评注 Herzog;对此也见 Küper/Zopfs,BT Rn 812 附进一步的文献。

[2] Vgl. Küper/Zopfs,BT Rn 812;Rengier,BT I § 8 Rn 9;Geppert,Jura 92,500.

[3] 在其他的错误案件中,对此见 Küper/Zopfs,BT Rn 810 f。

[4] 见 BGH StV 99,91。

[5] 其他观点参见 BGH NStZ 03,89。

[6] 不同的是,以胶带进行捆绑 BGH NStZ 07,332,334 和 BGH NStZ-RR 16,339,或者用围巾和剪裁的手提包带子进行捆绑 BGH BeckRS 13,08221。

[7] 参见 BGH NStZ-RR 11,337;Hettinger,JuS 82,895,376;对于第 244 条,就此而言见 OLG Oldenburg StraFo 19,217。

[8] Vgl. BGHSt 30,375,376.

害人疼痛而用脚踢他的小腿,但排除被害人的受伤危险,[1]则应适用第 250 条第 1 款第 1b 项规定;如果行为人只是将脚短暂地踩在倒在地上的被害人的肚子上,则均不符合。

c)危及健康的抢劫

376 根据第 250 条第 1 款第 1c 项规定,通过犯罪行为而使他人陷入重大健康损害的危险的,则抢劫加重。这一犯罪构成并不涉及第 18 条规定的结果加重犯,而是危险犯的犯罪构成,其以重大健康损害的具体危险以及相应的危险故意为条件,对此,间接故意即已足够。[2] 如果危险是基于被害人个人的损害因素,则要求行为人对此必须有所认识。[3]

377 根据其迄今在法律中的运用(例如在第 218 条第 2 款第 1 项中),以及立法者的意志(Reg. E BT-Ds 13/8587, Begr. S. 27 f),重大健康损害这一概念与第 250 条第 1 款第 3 项原来规定中使用的“重大身体伤害”(第 226 条之新规定)不能等同视之。引致出现第 226 条第 1 款意义上的严重后果的危险程度当然是足够的,但是,其并非必要条件。根据《1962 年刑法典草案》第 147 条之规定,“对于身体或健康的重大损害”主要在于,使被害人断肢;使其永久或长期明显的毁容;在身体或意识利用、继续生长能力、精神力量、工作能力上造成重大损害;或者使其身患危及生命的、非常折磨的,或重大的和长期的疾病。[4] 从这一系列作为例证提及的

---

[1] Vgl. OLG Stuttgart NJW 92, 850.

[2] 参见 Fischer, § 250 Rn 15; Krey/Hellmann/Heinrich, BT Ⅱ Rn 289; S/S-Bosch, § 250 Rn 24; SK-Sinn, § 250 Rn 40; S/S/W-Kudlich, § 250 Rn 15。

[3] 参见 BGH NJW 02, 2043 附批判性评议 Baier, JA 03, 107; Degener, StV 03, 332; Hellmann, JuS 03, 17; Schroth, JR 03, 250; 也明确支持将此种情形涵括在内 LK-Vogel, § 250 Rn 21。

[4] 对此见 Küper/Zopfs, BT Rn 282 ff; Schroth, NJW 98, 2865 f; Windhorst, Der Rechtsbegriff der „schweren Gesundheitsschädigung“ 2001, S. 61 ff, 100 ff。

列举可见，虽然应放弃完结性的目录，但不应放弃以第 226 条为基础的严重程度（Schweregrad）。[1] 在德国联邦法院看来，至少当为了健康的重塑而需要采取深入的医疗手段以及全面和长期的康复措施时，应在此意义上足以认定犯罪人已造成了重大的、影响深远的、持久的健康损害。[2]

健康受到威胁的其他人，必须是并未参与犯罪的人，但既不需要是被抢劫的人，也不需要是实施或可能实施反抗的人。[3] 但是，必要的是，危险必须由犯罪所引致。这意味着，需要将之回溯到抢劫特有的，也就是由抢劫手段而非例外地因取走（比如救命的药物）[4]而引发的，处于未遂开始和既遂之间这一时间段的危险。因此，第 252 条所规定的更为严格的条件，也不能通过将直到结束这段时间涵括在内的方式使其失效。[5] 而且，在未遂开始之前[6]且并无取走故意[7]而实施的危险或危害行为，也不满足上述条件。符合第 250 条第 1 款第 1c 项的例证有：对明显有严重心脏病的患者进行恐吓；将捆绑起来的被害人抛弃在冬日的严寒当中或者荒凉之地；通过扫射的方式而危及被抢劫银行中的顾客。倘若被害人因此出现了生命危险，则适用第 250 条第 2 款第 3b 项规定。威胁的结果出现与否并不重要，但如果加重

---

[1] 参见 Hellmann, JuS 02, 18; Stein, in: Dencker ua, Einführung in das 6. StrRG 1998, S. 103; 差异 HK-GS/Duttge, § 250 Rn 7。

[2] Vgl. BGH NStZ-RR 07, 304, 306(zu § 225 III 1).

[3] 参见 Mitsch, BT Ⅱ S. 526; MK-Sander, § 250 Rn 49; S/S-Bosch, § 250 Rn 22 附进一步的文献。

[4] 其他观点参见 Krey/Hellmann/Heinrich, BT Ⅱ Rn 288; Lackner/Kühl, § 250 Rn 3; LK-Vogel, § 250 Rn 24; Zöller, BT Rn 363; 可能也 HK-GS/Duttge, § 250 Rn 9; 如同本书 BK-Wittig, § 250 Rn 7; Fischer, § 250 Rn 14a; H-H-Kretschmer, Rn 902; Kindhäuser/Hilgendorf, § 250 Rn 15; S/S/W-Kudlich, § 250 Rn 14。

[5] 参见 Eisele, BT Ⅱ Rn 360; Kindhäuser/Böse, BT Ⅱ § 14 Rn 7; Kiworr, JuS 18, 424 ff; MK-Sander, § 250 Rn 51; SK-Sinn, § 250 Rn 37; 其他观点 BGHSt 38, 295, 298 f 对于第 251 条; S/S-Eser/Bosch, § 250 Rn 23; Wessels, BT Ⅱ Rn 343。

[6] 参见 Eisele, BT Ⅱ Rn 359。

[7] Vgl. BGH StV 06, 418.

的危险在相应的结果中得以实现,则应适用第 250 条第 1 款第 1c 项之规定。[1]

d)结伙抢劫

378 结伙抢劫(第 250 条第 1 款第 2 项)与第 244 条第 1 款第 2 项之模式相符。对结伙盗窃的论述(见边码 295 及以下数个边码)相应地适用,因为法条规定和立法者意志要求作相同的处理。[2]由此,由德国联邦法院大刑事审判庭[3]对第 244 条第 1 款第 2 项所生发出的议题,可延展至结伙抢劫。据此,虽然一个团伙要求至少是三个人的结合(反对观点见边码 298 及以下数个边码),但结伙抢劫并不要求至少两名团伙成员在现场进行共同合作(反对观点见边码 301),共同正犯也不要求出现在犯罪现场(对此见边码 302)。但团伙成员在此的实行行为必须是抢劫。[4] 如果一直到犯罪实施,共谋都限制在盗窃,一旦至少两名团伙成员临时决定提升为抢劫,也不妨碍第 250 条第 1 款第 2 项的适用。[5] 一般的加重情形应退居第 250 条第 2 款第 2 项之后。还应注意的是,即便从表述上,第 250 条第 1 款第 2 项只凸显了“正犯”,但这一加重事由对于犯罪参与者也同样适用。[6]

根据通说观点,如果在同一犯罪行为中,存在数个第 250 条第 1 款规定

---

〔1〕 Vgl. S/S-Bosch, § 250 Rn 21.

〔2〕 参见 BGHSt 46,138,141 附评议 Baier,JA 01,368。

〔3〕 Vgl. BGHSt 46,321.

〔4〕 第 252 条、第 255 条、第 316a 条并不适用,见 Ladiges,NStZ 16,646 承接 LK-Vogel, § 250 Rn 28。

〔5〕 参见 BGH NStZ 99,454;BGH NStZ-RR 15,213 附评议 Kudlich,JA 15,551;Lackner/Kühl, § 250 Rn 2;S/S-Bosch, § 250 Rn 26。

〔6〕 Vgl. Fischer, § 250 Rn 16;S/S-Bosch, § 250 Rn 26.

的加重事由，只应认定一个(唯一的)“加重抢劫罪”。[1] 这对于第 250 条第 2 款也同样适用。[2]

3. 严重的抢劫罪加重情形

相对于一般的加重情形(第 250 条第 1 款第 1a 项、第 1b 项、第 1c 项、第 2 项)，第 250 条第 2 款规定了在不法程度上再次升格的加重形式，其完全地立基于升高的危险性(erhöhte Gefährlichkeit)之考虑之上。因此可知，只有第 250 条第 2 款第 3b 项在原有法律中有所规定，其他的严重的加重情形均系新增。 379

a)使用武器或其他危险工具

相对于第 250 条第 1 款第 1 项，在第 250 条第 2 款第 1 项中，升高的不法在于，正犯或其他的参与者使用了武器或其他的危险工具。在此，立法者的出发点在于，犯罪人不只是将之作为损害或危险工具而投入，还作为以暴力相胁迫之手段，在两种情形下皆可能存在使用。[3] 在任何情况下，犯罪手段必须是为了强制，因此，其不能只服务于取走(将保险柜锁击毁)或者是非抢劫犯罪特有的目的(比如折磨被害人)。[4] 380

基于此，武器概念与第 244 条第 1 款第 1a 项及第 250 条第 1 款第 1a 项规定的武器基本上没有差别(见边码 265 及以下边码、边码 369)。然而，一方面，如果武器在使用之时虽然并非必然上 381

---

〔1〕 参见 BGH JR 95,123 附评注 v. Hippel。

〔2〕 Vgl. SK-Sinn, § 250 Rn 67.

〔3〕 参见 BT-Ds 13/8587, S. 45; Geppert, Jura 99,605; HK-GS/Duttge, § 250 Rn 14; Hörnle, Jura 98,174; Küper/Zopfs, BT Rn 796; Lackner/Kühl, § 250 Rn 4; 对此见 BGHSt 45,92,94 f; BGH StV 98,487; 01,274; BGH JR 99,33; BGH NStZ 99,301; 02,31,33; BGH StV 08,470; BGH NStZ 18,278 附评注 Eidam; Eisele, JuS 18,393; Nestler, Jura (JK) 18,962; 批判 Fischer, § 250 Rn 22 ff; Lesch, JA 99,31 和 LK-Vogel, § 250 Rn 30, 37。

〔4〕 Vgl. Mitsch, BT Ⅱ S. 530 f; BGH BeckRS 13,01325.

膛并拉下保险,[1]却已经上弹,并因此就其客观的危险特征而言其已被投入使用,则应得出武器作为危险的犯罪手段不只是被携带,而是被使用的结论。因此,如果行为人在他的夹克口袋里装了配套的装有弹药的弹匣,虽可认定是携带武器(第250条第1款第1a项),但在这种情况下,当他用未上膛的手枪威胁受害人时,不能把它当作(危险的)武器。他虽然可以在几秒钟内将手枪用作(危险的)武器,但这并不意味着他正在使用它。[2] 另一方面,当武器之外的情况——如唯一受到威胁的出纳员在防弹玻璃后面——排除了对生命或身体的具体危险时,准备好并已上膛的武器也符合"武器"一词的含义。在这种情况下应认定其使用了武器,[3]因为在这一情形中,唯一重要的是运转正常的武器的抽象危险,[4]此外,不能确切地排除具体危险情况的出现,因此也就不能提供具体的无害性的反证。

382 与误导性的术语相反,未上膛或以其他方式不起作用的"武器"不是此种条文意义上的武器。如果其用作击打工具,或者——只是装入了空弹匣——距离很近或贴近地被使用,并由此造成了相当大的伤害危险,则只能依据第224条第1款第2项的标准,[5]认定其属于危险工具(见边码371)。[6] 如果受害人仅被

---

[1] Vgl. BGH NStZ-RR 01,41;BGH NStZ-RR 07,375.

[2] Vgl. BGHSt 45,249,251 f;BGH NStZ-RR 08,342;Lackner/Kühl, § 250 Rn 4;MK-Sander, § 250 Rn 63.

[3] 其他观点参见 BGH StV 99,151。

[4] 参见 BGH NStZ 99,301;BGHSt 45,92,93 附批判性评注 Mitsch,NStZ 99,617 和赞成性评注 Zopfs,JZ 99,1062;LK-Vogel, § 250 Rn 33。

[5] 对此见 BGH BeckRS 15,06119(本书见边码 282 判例例证)。

[6] 参见 BGH StV 01,274,275;BGH NStZ 02,31,33;BGH NStZ-RR 04,169。

用胶带绑住,[1]或仅被以无害剂量使用安眠药,[2]则缺失后一条件;但是如果受害人因使用药水而陷入3个小时的昏迷状态,[3]则可能并不缺失。如果受害人受到威胁,则必须以以下事实表明危险:如果造成了所宣示的恶害,则有遭受严重伤害的危险。[4]

判例例证:在一案件中,A和B想闯入加油站偷东西。他们携带凿子和破损的螺丝刀作为侵入工具。当他们注意到收银员K还在那儿时,他们戴上防毒面具,进入销售室,强迫K进入隔壁的房间并关闭销售室的灯。期间,A用螺丝刀抵着K的背部。K用眼睛余光看见工具,感觉到了轻微的压力,于是K把灯熄了。回到售楼处,K被要求去打开收银机,K照做了。A和B把钱塞进了裤子的口袋里。之后,他们放下螺丝刀和凿子,以便更好地把成条的香烟塞到所谓的黄色麻袋当中,这是他们从K那里要来的。在二人已经装满了两个麻袋,并准备搬走的时候,几名警察冲进销售室并抓获了A和B。K在看到蒙面男子走近的时候,就静静地发出了警报。——根据其所支持的事实性的支配概念(对此的批判见边码82及以下数个边码、边码123及以下数个边码),德国联邦法院在结论上正确地认为至少钱款已被既遂地取走;对于成条的香烟,已经装满的袋子的重量和尺寸应该很重要。根据螺丝刀的使用,判决依据第250条第1款第1a项认定了抢劫的成立(并不恰当,见边码273及以下数个边码),理由是,“就其客观性质而言,螺丝刀可能对受害者造成严重身体伤害,例如在用作刺刀时”。可是,只有在A和B在使用工具之前,已经存在相应的使用保留的决意时,判决的观点才是正确的。但是,在这种情况下,第250条第2款第1项也得以认定。A——在B的同意之下——使用螺丝刀作为威胁手段。K认识到了此种胁迫手段,意识

[1] 参见BGH StV 99,91;BGHSt 48,365(仅第250条第1款第1b项);BGH BeckRS 18,28411;可能不同的是,用扎带紧紧捆绑,见BGH NStZ-RR 04,169。

[2] Vgl. BGH StV 98,660.

[3] 其他观点参见BGH NStZ 09,505附批判性评注Bosch,JA 09,737;BGH NStZ-RR 18,141;SK-Sinn,§ 250 Rn 52。

[4] 参见BGH NStZ 11,211,212;Küper/Zopfs,BT Rn 796;其他观点Dencker,in:Dencker ua,Einführung in das 6. StrRG 1998,S. 14。

到它的使用，并正确地将其理解为一种隐含的威胁（见边码383），即在抵抗的情况下，螺丝刀将被用作捅刺他的工具。如此则会对身体造成相当大的伤害，这必须是胁迫的方式之一。然而，德国联邦最高法院对此的措辞是误导性的。如果人们认定，强行熄灯时，抢劫已经进入了未遂阶段，那么也应满足的条件是，武器使用必须在实施行为时发生。[1]

一方面，只需要一小段时间就能够引致造成严重伤害的可能，即已足够。[2] 另一方面，使用了不起作用的、没有弹药的或者只是没装弹药的枪支，对于第250条第2款第1项来说是不够的。[3] 它不是一种“武器”，因为它不起作用，而且因为它不适合伤害，在“实行”胁迫时也不是一种危险的工具。这同样适用于玩具手枪[4]和警示手枪，只要它们的使用仅限于假装存在实弹的枪支[5]或者从远处发出“警示射击”即可。与第2刑事审判庭的移送裁决相反，[6]行为人在很短时间内可能会将其从装有空弹的警示枪支，转变为直接将之以危险方式在受害人的身体上使用，这一事实也不足以认定将其用作危险工具，因为这种危险的应用可能

---

〔1〕 对此判决，见 Bachmann/Goeck，Jura 10，922；Hecker，JuS 11，565；Satzger，JK 1/11，StGB § 250 Abs. 2 Nr 1。

〔2〕 参见 BGH NStZ-RR 01，41；“通过插入已安装的弹匣而实弹”就足够了，并不需要“上膛”，BGH NStZ 10，390。

〔3〕 参见 BGHSt 45，249，251 f；BGH NJW 98，2915；BGH StV 98，487；659；BGH NStZ 98，567；BGHSt 44，103，106 去除了 BGH NJW 98，2914 的疑问；对于没有上膛的警示枪支，同样如此 BGH NStZ-RR 04，169。

〔4〕 Vgl. BGH NStZ 99，135；BGH NStZ 10，327.

〔5〕 参见 BGH StV 98，486；BGH NStZ-RR 98，294；358；BGH StV 99，209；BGH NStZ-RR 07，375；也参见 BGH StV 11，676 以及对于前述例证 BGH BeckRS 18，28411 参考第250条第1款第1b项。

〔6〕 Vgl. BGH NJW 02，2889，2891.

性也无法确定武器的属性(对此见边码 266)。[1] 因此,只要犯罪者不希望以潜在危险的使用方式对其加以利用,对于这些"假的武器"就应被正确地适用第 250 条第 1 款第 1b 项。

此外,用于胁迫的前提是,行为人不仅公开地持有该手段,而且有目的地将其用作对受害者的抢劫(或抢劫性敲诈勒索)手段,同时相关者也(在视觉或触觉上)感知到了犯罪人对于该手段的此种使 383
用。否则,受胁迫的人就不能陷入既遂的胁迫所必需的困境。[2] 这仅仅表明,行为人持有武器或危险工具本身是不够的,但它可能构成隐含的胁迫,[3]就像当面碰上受害人的蒙面行为人,在身前所持的棒球棒一样。[4] 此外,在某些情况下,将先前在没有抢劫意图的情况下使用的危险工具,再次向被害人呈现或者提醒,就足够了。[5] 武器使用必须在犯罪中进行,因此不仅必须在预备阶段,而且必须在未遂开始和既遂之间进行(见边码 267 及下

---

[1] 其他观点参见 BGHSt 48,197 附批判性评议 Baier,JA 04,15;Erb,JuS 04,653;Fischer,NStZ 03,569。

[2] 其他观点参见 BE-Becker,S. 23,79;如同本书 BGH JR 05,159 附就此而言的赞成性评注 Gössel;Kudlich,JuS 05,189;BGH StV 08,470;BGH StV 12,153 附评议 Bohnhorst,ZJS 12,835;Jäger,JA 12,307;BGH NStZ 13,37;BGH BeckRS 13,01325;BGH NStZ-RR 15,13;BGH NStZ 18,278 附评注 Eidam;Eisele,JuS 18,393;Nestler,Jura (JK) 18,962;S/S/W-Kudlich, § 250 Rn 24。如果意图的感知没有发生,则存在失败的未遂,出于查明的原因,这一未遂与根据第 250 条第 1 款第 1a 项既遂的持有——其并不要求被害人的感知,而是处于想象竞合关系当中(NK-Puppe,5. Aufl. 2017,vor § 52 Rn 14;其他观点德国联邦法院和 Gössel 同前注)。然而,鉴于在 BGH JR 05,159 中,犯罪人使用螺丝刀只是作为假的武器,因此正确的是,只存在第 250 条第 1 款第 1b 项的情形,见 Schlothauer,StV 04,655,656。

[3] 参见 BGH StV 98,487;Schroth,NJW 98,2864;更狭 Baumanns,JuS 05,405,406。

[4] Vgl. BGH StV 08,470.

[5] 对此见 BGH StV 15,768(电子脉冲设备)和边码 364;可能的是,在 BGH NStZ 17,26 附评注 Kudlich 对此缺失。

一边码)。[1] 在此,如果最初仅在非危险使用条件下随身携带的工具(第250条第1款第1b项),仅因其使用而成为危险工具,就足够了。如果人们通过判例(本书予以否定),允许第250条第2款第1项规定的加重抢劫发生在既遂和结束之间,[2]那么,将是否构成抢劫取决于是否(继续)存在"保护战利品的意图",会是具有误导性的。[3] 其属于——就自己占有被盗或被抢物品而言——第252条规定的主观犯罪构成。[4] 如果升格为加重构成尚且发生在第249条的框架内,即要求占为己有意图的(继续)存在,那么如果发生在第255条框架内,则要求获利意图的(继续)存在[5]。倘若行为人只关心逃跑而不要赃物时,这两种意图都不具备。

判例例证:在BGH NStZ 10,327一案中,行为人先是用假枪(第250条第1款第1b项)强迫一名雇员A,打开保险箱上层的门。他们把找到的钱放在一个随身携带的塑料袋里。由于对到手的"战利品"不满意,行为人要求A也打开保险箱的下层的门。A表示,只有在现金运输公司的配合下才能做到这一点。而行为人一开始不相信这一点,其中一人拔出一把"刀片长度至少为15厘米的火腿刀",向A说道,"那就可能会变得有点粗鲁"。后来,行为人意识到A说的是实话,带着保险柜上层的钱物离开了超市。德国联邦法院根据第250条第2款第1项在结论上正确地认定了该行为构成抢劫。然而,法院最初给出的理由是,即使在既遂和结束之间的阶段,危险的工具仍然"在犯罪中"使用。但是,如果仍然存在占为己有、获利或者——相当于后者——保护战利品的意图,则会遇到本书为反对将这一阶段包括在内所提出

---

[1] 参见Lackner/Kühl, § 250 Rn 4;LK-Vogel, § 250 Rn 36;Mitsch,BT Ⅱ S. 532;ders. ,JA 17,412;SK-Sinn, § 250 Rn 54;根据BGH NStZ 18,148:直到结束;在此阶段,帮助犯应当仍然可能,BGH BeckRS 19,21209。

[2] 如此例如BGH NStZ 04,263;BGH NStZ 10,327附评议Heintschel-Heinegg, JA 10,471;对此也见Rengier,BT Ⅰ § 8 Rn 30 ff。

[3] 但是如此BGH NStZ-RR 08,342,343;BGHSt 55,79;BGH StV 14,283;对此见Bachmann/Goeck,Jura 12,136;Küpper/Grabow,Achenbach-FS S. 265,277 ff。

[4] 因此正确BGHSt 52,376,377 f附评议Deiters,ZJS 08,672。

[5] 参见BGHSt 53,234,236 f附赞成性评议Dehne-Niemann,ZIS 09,376和Mitsch,JR 09,298以及否定性评议Nestler,JR 10,100对于第250条第2款第3a项的案件;BGH NStZ 10,327。

的疑虑。但结果是正确的,因为这是一个反复实施抢劫的问题,[1]也就是说,当使用刀时,犯罪甚至还没有既遂。因此,正确的认识是,不应将这一犯罪分裂为已经既遂的严重抢劫和未遂的特别严重的抢劫。[2]

b)持有武器之结伙抢劫

第250条第2款第2项规定了结伙抢劫的额外加重情形,即行为人在未遂开始和既遂之间持有武器(见边码268)。对于团伙(见边码297及下一边码)、武器(见边码265及以下数个边码、边码369、边码381)和持有(见边码267)的概念,应结合第244条、第250条所述相应地进行适用。必须要求的是,直接参加实施犯罪的参与者应携带武器,只有这样,才谈得上是再次升高的危险。[3] 384

适用第250条第2款第2项的理由是,借此应考虑到武装抢劫团伙的特殊危险性,但这并没有说明为什么危险工具不包括在内。[4] 如果认为"使用……壁纸刀或盐酸来抢劫,相较于使用枪支,应规定更低的最低刑罚"并不正确,则这同样也适用于团伙中持有的情况。当然,罪刑法定原则(nullum-crimen)并未给出纠正这种不一致的余地。[5] 人们也不能通过以下方式破坏这一决定:人们——误解地(见边码382)——将未上膛的或不起

〔1〕 对此见边码268以及LK-Hillenkamp, vor § 22 Rn 35 ff。

〔2〕 其他观点参见H-H-Kretschmer, Rn 910;对于判决,也见Bachmann/Goeck, Jura 12, 135; Habetha, NJW 10, 3133; Hecker, JuS 10, 930; Kraatz, StV 10, 630, Lehmann, JR 11, 132。

〔3〕 赞成LK-Vogel, § 250 Rn 38。

〔4〕 因此,武器和危险工具必须最晚在此(但已见边码265)相互界分;对于根据BGHSt 48, 197判决进行处理的困难,见Fischer, § 250 Rn 25。

〔5〕 同样如此HK-GS/Duttge, § 250 Rn 17。

作用的(枪支)武器或“相对较小的刀”[1]纳入武器的概念当中。

c)严重的身体虐待及危及生命

385 对于作为加重情形的严重的身体虐待的定义(第250条第2款第3a项),第250条原规定中并没有任何相同程度的相关列举,立法者也没有给出任何关于其含义的说法。[2] 诉诸对于第176条第3款第2项原来规定(第176a条第5款之新规定)所做陈述,[3]实践中还必须考虑到其犯罪被害人完全是儿童这一事实。严重的身体虐待由于描述了一种特别严重的暴力使用形式,因此,要求存在第250条第1款第1c项规定的故意造成严重的健康损害的情形,[4]或者除了对身体完整性的相当大的损害外,还要求有特别严重的虐待。[5] 与疼痛相连的剧烈拳打脚踢,至少当它们导致严重的健康损害,或者行为人故意造成的预先伤害导致被害人意识丧失时,则满足上述规定条件。[6] 在此,仅认定虐待在犯罪既遂后才开始是不够的,[7]因为在这种情况下,虐待与取走之

---

[1] 参见BayObLG StV 99,383;相反,对于刀具的不同观点BGHSt 43,266,267;BGH NStZ 98,511;肯定地毯刀OLG Schleswig NStZ 04,213;根据BGH StV 12,153:危险工具;对于将“刀刃相对较长”的刀具作为危险工具——而非武器,见BGHSt 52,257和本书边码279及以下数个边码。

[2] 批判Mitsch,BT Ⅱ S.533。

[3] 如此Fischer,§ 250 Rn 26;Hörnle,Jura 98,174;SK-Sinn,§ 250 Rn 56;如同本书LK-Vogel,§ 250 Rn 39;MK-Sander,§ 250 Rn 65。

[4] 这在此也不是必须符合第226条之规定,见BGH NStZ-RR 07,175。

[5] 对此见第225条第1款和Küper/Zopfs,BT Rn 396;更狭BGH Miebach,NStZ 94,223对于第176条的原规定;Lackner/Kühl,§ 250 Rn 4。

[6] 参见BGH NStZ 98,461;BGH BeckRS 18,29667;也见BGH JR 01,378,379附评注Kudlich对于第177条第4款第2a项;BGH NStZ-RR 07,175满足于激烈的、与疼痛相伴的打击;对于踢头和背,见BGH NStZ-RR 11,337;也参见BGH HRRS 17,10(Nr 71)。

[7] 参见SK-Sinn,§ 250 Rn 58;其他观点Fischer,§ 250 Rn 26:直到结束。

间的目的性关联——在逼迫处分中——是不存在的。[1] 德国联邦法院在结束阶段也允许此种加重情形,在这种情况下(见边码383)也作出了限制性的要求,虐待行为需"以进一步实现占为己有或获利的意图为基础"(对此的批判,本书边码383),而不仅仅是通过时空联系与各个基本的犯罪构成(第249条、第255条或第252条)联系在一起。[2] 如果与被害人在一起的共同正犯,从他的同伙那里得知,被害人为从他那里拿走的借记卡提供了一个错误的密码,以致该犯罪人此后继续在严重虐待的意义上对被害人拳打脚踢,但如果其只是出于愤怒和恼火,那么这不足以满足这一加重情形。[3] 尽管条文表述不同,但对于结束阶段的论述,也应适用于第250条第2款第3b项。[4] 这一犯罪构成——如同第250条第1款第1c项——系具体危险犯,[5]因而要求出现故意引致死亡的危险结果且这种危险必须来自加重的强制手段。如果夏尔巴人剥夺登山者温暖的睡袋,从而导致登山者出现生命危险,则此时一种予以禁止的一般生命危险就会取代特定于抢劫的危险(对此详见边码377)。[6]

---

〔1〕 在BGH NStZ-RR 15,277中,对于在犯罪开始前实施的虐待行为,这被认为是正确的。

〔2〕 参见BGHSt 53,234,236 f附评注Dehne-Niemann,ZIS 09,377;Mitsch,JR 09,298。

〔3〕 Vgl. BGH StV 12,153,154.

〔4〕 参见BGHSt 55,79附批判性评注Kraatz,StV 10,631;Kudlich,NStZ 11,518;Kühl,JZ 10,1131。

〔5〕 Vgl. S/S-Bosch, § 250 Rn 34;BGH NStZ 05,156.

〔6〕 其他观点参见Mitsch,ZStW 111(1999),102;Krey/Hellmann/Heinrich,BT Ⅱ Rn 295;LK-Vogel, § 250 Rn 24;Zöller,BT Rn 372;如同本书Eisele,BT Ⅱ Rn 373及Rn 358。

4. 鉴定结构:加重抢劫罪,第 250 条

加重抢劫罪,第 250 条

Ⅰ. 犯罪构成

1. 客观构成

a)基本犯罪构成之实现,第 249 条

b)加重情形:加重犯罪构成的客观要件

第 1 款第 1a 项:(1)犯罪手段:· 武器

Ⓟ空弹枪/警告枪

· 危险工具

Ⓟ客观的武器类似性或者使用保留

(2)行为:· 持有

Ⓟ时间跨度

Ⓟ与职业相关的武器持有者

第 1 款第 1b 项:(1)犯罪手段:· 其他的武器或手段

→ 适于暴力/胁迫

Ⓟ假的武器

Ⓟ明显不危险之限制

(2)行为:· 持有

Ⓟ时间跨度

第 1 款第 1c 项:(1)犯罪对象:· 他人

(2)犯罪结果:· 严重健康损害的危险

(3)因果关系:· 犯罪所致

→ 使用抢劫手段与危险之关联

Ⓟ时间跨度

第 1 款第 2 项:(1)犯罪人特征:· 团伙成员

Ⓟ团伙

Ⓟ第 28 条第 2 款

(2)实施方式:·其他团伙成员的共同合作
Ⓟ在犯罪现场的亲自参与
Ⓟ在犯罪现场的成员数量

第2款第1项:(1)犯罪手段:·武器
Ⓟ空弹枪/警告枪
Ⓟ弹药
·危险工具
Ⓟ第224条意义上的危险性
(2)行为:·使用
Ⓟ时间跨度

第2款第2项:(1)行为:·持有武器
→ 如同第1款第1a项
(2)犯罪时间:·在第1款第2项规定犯罪中

第2款第3a项:(1)犯罪对象:·他人
(2)犯罪结果:·严重的身体虐待
(3)犯罪时间:·在犯罪中
Ⓟ时间跨度

第2款第3b项:(1)犯罪对象:·他人
(2)犯罪结果:·死亡危险
(3)因果关系:·犯罪所致
→ 使用抢劫手段与危险之关联
Ⓟ时间跨度

2. 主观构成

a)故意:·任何故意类型
→ 对于基本犯罪构成
→ 对于加重的情状

b)占为己有意图:·涉及犯罪对象的非法占为己有意图

c)特殊的主观要件
第1款第1a项:Ⓟ使用保留

第 1 款第 1b 项:特别的使用意图 第 1 款第 2 项:Ⓟ为团伙利益而行为 Ⅱ. 违法性 Ⅲ. 有责性 Ⅳ. 较轻情形,第 250 条第 3 款

Ⅱ. 抢劫致死罪

386 第 251 条目前的版本主要归功于 1975 年的《德国刑法典施行法》。《第 6 刑法改革法案》(见边码 11)在"轻率"之前插入了"至少"一词,从而使得对于第 251 条原规定是否也适用于故意造成死亡后果的争议,对于第 251 条现规定在肯定意义上得以解决(见边码 390)。[1]

1. 后果和抢劫特有危险

387 第 251 条系结果加重犯(erfolgsqualifiziertes Delikt),加重的后果存在于他人的死亡之中。一方面,有鉴于第 250 条第 1 款第 1c 项及第 2 款第 3 项所给定的限制,其他的犯罪参与者(与危及公众的犯罪不同)[2]并不属于此列。另一方面,对因抢劫而受伤的人没有任何限制。第 251 条也包括了一个无关的人可能因一颗误伤的子弹而丧命的情况。[3]

388 在致命的结果中——即使是在无关者的情况下——必须始终反映抢劫对他人生命固有的和特有的危险。对于此种危险实现关

〔1〕 Vgl. BT-Ds 13/8587, S. 79; Dencker, in: Dencker ua, Einführung in das 6. StrRG 1998, S. 15; Hörnle, Jura 98, 174; Lackner/Kühl, § 251 Rn 2; BE-Becker, S. 80.

〔2〕 对此见 Hillenkamp, JuS 77, 167; SK-Wolters, vor § 306 Rn 9 f。

〔3〕 参见 BGHSt 38, 295, 297; BK-Wittig, § 251 Rn 2; Fischer, § 251 Rn 2; Günther, Hirsch-FS S. 547 f; H-H-Kretschmer, Rn 915; Kindhäuser/Böse, BT Ⅱ § 15 Rn 2; Schmidt, BT Ⅱ Rn 433 f; SK-Sinn, § 251 Rn 4; 其他观点 Rengier, Erfolgsqualifizierte Delikte und verwandte Erscheinungsformen 1986, S. 226 f。

联,有三个先决条件。

第一,使用加重的强制手段与死亡之间必须存在因果关系。据此,被害人假如会因为受到胁迫的冲击效应而死亡,这也就足够了。[1] 此外,受害者在取走实施之时已经死于抢劫行为的后果,也并不妨碍第 251 条的适用。在这方面,重要的是抢劫手段使用时的支配关系。[2] 然而,死亡作为取走的后果或伴随效应是不够的。原因在于,当被害人因为一种生死攸关的药物或一个保护性睡袋在冬天的山区被偷走而死亡时,并未产生与抢劫有关的危险,这就像被扔出窗外的赃物致路人殒命一样,在此涉及的是不予允许的一般生命风险的升高。对此,虽然第 212 条及以下数个条文保护这一点,但第 251 条并不予保护。[3] 第二,必须保证归责上的关联,这种关联在一般情况下,特别是在结果加重的情况下,[4]则可能存在疑问。例如,倘若结果不是直接归因于犯罪人的行为,而是归因于被害人的异常体质,[5]或者相关者或第三人的参与。这一点在此不能详细展开。[6] 但是,由暴力或有力胁迫而引发的危险逃避或逃跑行为,通常情况下[7]是可以归责的,就像在负有责任的援

---

[1] Vgl. OLG Nürnberg NStZ 86,556.

[2] Vgl. BGH NStZ 10,33.

[3] 如同本书 BK-Wittig, § 251 Rn 3 f;Eisele,BT Ⅱ Rn 380;Fischer, § 251 Rn 3a;Günther,HirschFS S. 546 f;Hilgendorf/Valerius,BT Ⅱ § 15 Rn 23;Klesczewski,BT § 8 Rn 205;Mitsch,BT Ⅱ S. 536 f;Rengier,BT I § 9 Rn 4;S/S-Bosch, § 251 Rn 4;相反,支持涵括在内 Heghmanns,Rn 1508;Herzberg,JZ 07,616;HK-GS/Duttge, § 251 Rn 5;Hohmann/Sander,BT I § 6 Rn 42;Krey/Hellmann/Heinrich,BT Ⅱ Rn 297;Lackner/Kühl, § 251 Rn 1;LK-Vogel, § 251 Rn 6;MK-Sander, § 251 Rn 6;M/R-Maier, § 251 Rn 4;Zöller,BT Rn 388。

[4] 对此见 BGHSt 33, 322; 38, 295, 298; Hinderer/Kneba, JuS 10, 590; Kühl, BGH-FS S. 248 ff。

[5] 例如,哮喘疾病,对此见 BGH StV 16, 644 附评注 Hauck; 对此一般性 Wessels/Beulke/Satzger, AT Rn 298。

[6] 参见 Wessels/Beulke/Satzger,AT Rn 266 ff,283 f。

[7] 对此以及对于更狭的判例,见 Wessels/Hettinger/Engländer,BT I Rn 262 ff zu § 227。

助尝试中的死亡一样，[1]但不包括在追捕犯罪人过程中发生的致命事故。[2] 第三，作为时间限制，要求致命行为必须发生在抢劫的实行阶段。与第 244 条、第 250 条一样，这既不包括预备阶段，也不包括既遂与结束之间的阶段。虽然前一种说法无可争议，但判例[3]和部分文献[4]却试图将逃亡和赃物保护阶段纳入其中。这意味着将依据第 249 条规定的内容和时间限制而设定的犯罪构成所特有的危险关联，扩大到与抢劫犯相对抗而产生的所有危险，[5]理由为，以武器保护赃物的危险不亚于用武器强行取走的危险，但该理由并不足以掩盖对罪刑法定原则的违反。此外，随意逃窜的行为人无法得到更好的处理，而更为狭窄的第 252 条要求保护赃物的意图，只能涵盖一些特别应受惩罚的案件。[6] 所有这些都是正确的，但不是法律而是被明智地做了碎片化的处理（见边码 6）。它要求死亡的后果是内在于犯罪构成的胁迫或暴力的结果，其目的是取走（第 249 条、第 251 条）；或者是外在于犯罪构成的胁迫或暴力的结果，其目的是保护赃物（第 252 条、第 251 条）。其间存在漏洞，立法者可将之填补，但司法者不能。[7] 这也必须与这样的认定相冲突，即死亡是由于不再是为了获得赃物而采取的行动，而仅仅是为了阻止

〔1〕 参见 BGHSt 39，322，324 ff 对于第 222 条、第 306 条第 2 项的原规定。

〔2〕 Vgl. HK-GS/Duttge，§ 251 Rn 8；Kühl，BGH-FS S. 261.

〔3〕 参见 BGHSt 38，295，298 附否定性评议 Rengier，NStZ 92，589 和 Schroeder，评注 JZ 93，52；BGH NJW 99，1039 附赞成性评注 Schroth，NStZ 99，554；BGH NStZ 01，371；BGH NStZ 16，214 附评注 Hinz，JR 16，400；Satzger，Jura 16，703（§ 251）。

〔4〕 Vgl. Otto，Jura 97，475；S/S-Bosch，§ 251 Rn 4；Wessels，BT Ⅱ Rn 346.

〔5〕 对此见 Hefendehl，StV 00，110。

〔6〕 Vgl. BGHSt 38，295，298.

〔7〕 在结论上同样如此 AnK-Habetha，§ 251 Rn 6；A/W-Heinrich，§ 17 Rn 31；BK-Wittig，§ 251 Rn 4；Eisele，BT Ⅱ Rn 382；Fischer，§ 251 Rn 5；Günther，Hirsch-FS S. 544 f；H-H-Kretschmer，Rn 916；HK-GS/Duttge，§ 251 Rn 6；Jäger，BT Rn 303；Kindhäuser/Hilgendorf，§ 251 Rn 6；Kühl，BGH-FS S. 264 f；Küpper/Grabow，Achenbach-FS S. 265，273 f，277 f；Lackner/Kühl，§ 251 Rn 1；LK-Vogel，§ 251 Rn 7；Mitsch，JA 17，412；MK-Sander，§ 251 Rn 10 f；Rengier，BT Ⅰ § 9 Rn 8；SK-Sinn，§ 251 Rn 8；Zöller，BT Rn 387。

被害人的抵抗和防止他逃跑,[1]或者是因为对敲诈勒索的失败感到愤怒,或者仅仅是因为一无所获的行为人害怕因被害人的尖叫而被发现,[2]就足够了。只有当抢劫已经结束时,第251条的规定才不再适用于此后使用武力而导致死亡的案件。联邦最高法院将此等同于抢劫未遂最终失败时,行为人在意识到这一点后,才开始实施致命的暴力作用的情况。[3]

2. 轻率(Leichtfertigkeit)

尽管第251条涉及结果加重犯,但与第18条不同的是,它至少需要存在轻率,这相当于重大过失(grobe Fahrlässigkeit)的概念。[4] 由于特别鲁莽或特别漠不关心而无视可能发生的致命事件,是轻率的行为。[5] 无认识的过失并不排除轻率,[6]相反,它恰恰可能是轻率的理由。行动的轻率必须与死亡的具体原因有关:其存在不能仅仅从抢劫行为中推断出来,否则,几乎任何(明显)可预见的死亡后果,都必须被视为由轻率造成的,这将违背法律对于第18条的限制性目的。[7] 如果几个参与者中只有一个触发了死亡肇因,则其他人根据第251条承担责任,前提是导致结果 389

〔1〕 但是如此 BGH NJW 98,3361 附否定性评注 Geppert,JK 99,StGB § 251/6;BGH NJW 99,1039 附否定性评议 Hefendehl,StV 00,109 f。

〔2〕 参见 BGH NStZ 03,34;BGH NStZ 17,638 附评注 Kudlich;恰当批判 Dehne-Niemann,StV 20,122;Jäger,JA 18,152。

〔3〕 参见 BGH NStZ 19,730 附评注 Habetha;Eisele,JuS 19,1219;Jäger,JA 19,950。

〔4〕 参见 OLG Nürnberg NStZ 86,556;Wessels/Beulke/Satzger,AT Rn 1107;也见 Steinberg,ZStW 131(2019),888,894 ff。

〔5〕 Vgl. BGH HRRS 15,263(Nr 686);Schramm,BT I § 4 Rn 87.

〔6〕 参见 BGH StV 16,644 附评注 Hauck。

〔7〕 参见 Eisele,BT Ⅱ Rn 383;Günther,Hirsch-FS S. 551;Krey/Hellmann/Heinrich,BT Ⅱ Rn 300;Lackner/Kühl,§ 251 Rn 2;LK-Vogel,§ 251 Rn 10;S/S-Bosch,§ 251 Rn 6;进而 A/W-Heinrich,§ 17 Rn 30。

的行为不属于实行过限,并且他们也将因轻率而受到责难。[1] 与之相反,如果共同正犯故意违反共谋,向被害人施以致命的刺伤,而不是按照约定简单地将被害人击倒,则看到刺伤行为的第二人对此过程的事后认可,不再能够证明他在致命行为结束后成为针对抢劫致死罪的承继共同正犯,即使死亡是在之后才发生的。相反,他本人必须是成为造成这种情况的原因之一时才成立。[2] 否则的话,人们就只让他为事后的犯意(dolus subsequens)承担责任。

390 既遂形态的第 251 条作为特别法优先于第 222 条、第 227 条。其与第 212 条、第 211 条之间,一罪关系是可能的。根据 BGHST 26,175,自 1975 年开始生效的第 251 条的规定已不再适用,因为文本中只出现了轻率地引致死亡。[3] 然而,这种观点并不符合立法改革的目标。鉴于第 251 条原有规定的措辞几乎不要求作出上述解释,如果死亡至少是轻率地——这也可能意味着故意地——引致,则应正确地适用第 251 条。[4] 因此,原第 251 条规定与第 212 条、第 211 条之间的一罪关系仍然是可能的。[5] 通过插入"至少"一词,《第 6 刑法改革法案》(见边码 11)将这一观点确切地予以规定。[6] 根据

〔1〕 参见 BGH NJW 98,3361;BGH NStZ 10,81(= 33)附评议 Bosch,JA 10,229;总结 GH NStZ 16,213 f 附评注 Hinz,JR 16,400;Satzger,Jura 16,703(§ 251);也见 BGH NStZ-RR 20,143 附评注 Kudlich,JA 20,390。

〔2〕 其他观点参见 BGH NStZ 08,280;如同本书 T. Walter,NStZ 08,548,549 ff。

〔3〕 同样如此 BGH NStZ 84,453;赞成 Lagodny,评注 NStZ 92,490;Otto,Jura 97,475;Rengier,StV 92,496;Rudolphi,Anm. JZ 88,880。

〔4〕 一则此种"故意犯罪案件",载 BGH NStZ 19,730 附评注 Habetha;Eisele,JuS 19,1219;Jäger,JA 19,950。

〔5〕 同样如此 BGHSt 35,257,258;BGHSt GrS 39,100,108 f;Alwart,Anm. NStZ 89,225;Geilen,Jura 79,557,613;Laubenthal,Anm. JR 88,335;Mitsch,BT Ⅱ S. 538 f;S/S-Bosch,§ 251 Rn 9。

〔6〕 参见 BT-Ds 13/8587,S. 79;BGH NStZ 03,34;批判 Küpper,ZStW 111(1999),800 f。

通说观点，第250条规定的加重处罚的理由退居第251条之后。[1]

3. 未遂和中止

第251条的未遂有两种可能的形式：[2]其一，可以想见，取走并未成功，但行为人可以通过已经使用的胁迫手段，可归责地并且轻率或故意地将被害人杀死。鉴于第249条之未遂是刑事可罚的，而第251条将加重的惩罚与使用抢劫手段的危险联系起来，因此，根据通说观点，这种结果加重的未遂是可能的，[3]前提是，为了使抢劫成为可能而使用的胁迫手段的具体危险已经实现。[4]因此，应根据第251条和第22条规定施以惩罚，其在轻率的情况下与第227条处于一罪关系。[5]如果在这种情况下，行为人自愿放弃取走，那么尽管发生了后果，他仍然属于中止，只能根据第222条或第227条惩罚。如此，对于第251条和第22条之适用，则 391

〔1〕 参见BGHSt 21,183,184；区别Fischer，§ 251 Rn 12；其他观点S/S-Bosch，§ 251 Rn 10。

〔2〕 参见BGH NStZ 01,371；BGH StV 02,81；BGH NJW 19,3659附评注Schiemann；Bosch，Jura（JK）20,192；Eisele，JuS 20,275；Heghmanns，ZJS 20,164；Jäger，NStZ 20,221；Kudlich，JA 20,64；Renzikowski，JR 20,332；LK-Hillenkamp，vor § 22 Rn 108,115。

〔3〕 参见Hillenkamp/Cornelius，AT第16个问题附进一步的文献；Otto，Jura 97,476；BGH NJW 98,3362。

〔4〕 参见Küper，JZ 19,872；ders.，GA 19,664；因此过泛BGH NStZ 03,34。

〔5〕 参见BGHSt 46,24,28 f附赞成性评注Kindhäuser，NStZ 01,31；Kudlich，JA 00,748。

缺少了作为其条件的[1]可罚的基本犯罪未遂。[2] 这与行为人中止持枪抢劫没有什么不同。在这种情况下——就像死亡结果一样——虽然加重的部分是无法撤回的,但中止并非因此没有可能。其二,如果抢劫只是未遂,结果也没有发生,但由于结果已被故意所涵盖,则根据第 251 条和第 22 条,这种未遂的结果加重也是可罚的。[3] 在此也是一样,基本犯罪中止完全消除了作为抢劫的可罚性。[4] 这在多大程度上也适用于可能[5]作为一罪实施的谋杀未遂,取决于抢劫中止是否延伸到了谋杀未遂。如果行为人在达到第 250 条第 2 款第 1 项规定的加重未遂的程度之后,成功地阻止了容认的死亡后果的发生,则即便行为人继续实施加重的行为,德国联邦法院也认可对于第 251 条和第 22 条规定的中止。[6]

392 在案例 27 中,T 首先符合了第 249 条的犯罪构成,其从被捆绑的 O 那里拿走了金钱和珠宝,并带着赃物离开了房子。因此,T 在捆绑中存在的对 O 的暴力,在客观上和主观上都对通过将物品揣到口袋中而实施的支配建立

〔1〕 争论见 Lackner/Kühl, § 18 Rn 11。

〔2〕 参见 BGHSt 42,158,160;BK-Wittig, § 251 Rn 7;Beulke,III Rn 407;Fischer, § 251 Rn 8a;Kudlich,JuS 99,355;Küper,JZ 97,233 附进一步的文献;Laue/Dehne-Niemann,Jura 10,75;LK-Lilie/Albrecht, § 24 Rn 461;LK-Vogel, § 251 Rn 18;MK-Sander, § 251 Rn 15;Otto,Jura 97,476;Rengier,BT I § 9 Rn 19;Sowada,Jura 95,653;其他观点参见 Wolters,GA 07,65;ders. ,Rissing-van Saan-FS S. 767 ff,在抢劫造成死亡结果的情况下,即使存在没有取走的情况,也认定抢劫既遂并导致死亡;相反,有说服力可见 Herzberg,JZ 07,615 ff;Joecks/Jäger, § 251 Rn 17 推荐,遵循通说观点;对于反对当下通说观点的异议,有说服力 Küper,GA 19,667:结果在中止之前还是之后出现,并无意义(第 682 页及下一页)。

〔3〕 参见 Mitsch,BT Ⅱ S. 540。

〔4〕 Vgl. SK-Sinn, § 251 Rn 20.

〔5〕 参见 BGH NStZ 01,194。

〔6〕 参见 BGH NJW 19,3659 附评注 Schiemann;Eisele,JuS 20,275;Heghmanns,ZJS 20,164;Jäger,NStZ 20,221;Kudlich,JA 20,64。

发挥了作用。由此,关于在本案中并未奏效的胁迫的较大争议,即被害人是否认真对待胁迫(见边码 353)以及胁迫手段是否必须在客观上有助于取走(见边码 350),在结果上并不重要。加重的抢劫起先是可以想见的,因为 T 使用玩具枪来阻止 O 预期的反抗。诚然,假的武器足以满足第 250 条第 1 款第 1b 项的要求。然而,如果被害人看穿了欺骗行为,尽管 T 实现了使用意图,但客观的无害性并没有因对意志自由的重大损害而得到充分补偿。在这方面,只存在未遂之不法(见边码 374)。然而,第 250 条第 1 款是存在的,因为 T 携带并使用缆绳来克服 O 反抗的阻力(第 250 条第 1 款第 1b 项),缆绳虽然不足以导致被害人受伤,但对 O 的行动自由和身体健康造成了相当大的损害(第 250 条第 1 款第 1b 项)。在使用虚假武器的情况下,仍然可以考虑不太严重的情况(第 250 条第 3 款)。[1] 然而,在夜间入室盗窃后,T 的“分级的”行为方式将该情况排除在外。被害人通过蒙面所表现出的恐惧也对他不利。[2] 但最重要的是,第 251 条也足以适用。当然,因珠宝丢失而激动作为死亡原因是不够的。在这方面,死亡是公开盗窃的结果,而不是特定于抢劫的危险。然而,死亡与使用暴力有关就足够了。被害人所施以的抵抗是被害人行为,这一事实并不排除归责;死亡只有在行为完成后才发生,这也并不重要;重要的是,致命的行为发生在她的面前。最后,轻率是应予肯定的。任何在夜间恐吓 74 岁的被害人、用虚假武器威胁她、并与她进行身体对抗的人,都是在粗暴地轻率地制造引致致命结果的危险(见边码 389)。第 251 条排斥第 222 条和第 250 条第 2 款第 3b 项。第 250 条第 1 款第 1b 项也应退居其后(见边码 390)。鉴于根据第 251 条作出的判决没有表明存在入室盗窃,可以认定其与第 244 条第 3 款(及第 244 条第 4 款原规定)的想象竞合,第 303 条和第 123 条退居其后。

---

〔1〕 对此批判 BGH NStZ-RR 01,215,216。

〔2〕 参见 BGH StV 98,652 附评注 Jahn。

392a 4. 鉴定结构:抢劫致死罪,第 251 条

抢劫致死罪,第 251 条

Ⅰ. 犯罪构成

1. 抢劫罪,第 249 条(可能结合第 250 条)
   → 符合犯罪构成的、违法的、有责的抢劫
2. 出现和引致严重后果:其他人的死亡
   · 死亡
   · 他人
   → 并非犯罪参与人
   → 抢劫被害人以外的其他人
   · 因果联系
3. 客观归责
   → 根据一般的归责规则,将严重后果归于行为人的行为
   → 加重构成特有的归责
   Ⓟ关联:基本犯罪的行为或结果?
   Ⓟ基本犯罪特有的危险之实现
   Ⓟ时间上的关联:将逃离和保护赃物阶段纳入
4. (至少)对于死亡后果具有轻率
   → 对于具体的死亡引致
   → 加重的注意义务违反和可预见性
   → 故意的结果引致亦可

Ⅱ. 违法性

Ⅲ. 有责性

特别是:对于严重后果和危险特有关联的主观的(不禁产生的=轻率)可预见性

Ⅳ. 结果加重犯之未遂与中止

第四章　与抢劫类似的特别犯罪

§ 9 抢劫型盗窃罪和抢劫式攻击机动车驾驶员罪

案例 28：T 带着一根撬棍进入没人在家的 F 女士的公寓，以便在那里偷东西。他在公寓里搜寻出珠宝和现金并把他认为值得带走的东西放入随身携带的公文包里。当他带着“战利品”准备离开公寓时，他听到 F 回来了。T 迅速躲在厨房门后面，从他的公文包里拿出一根 40 厘米长的木棍，根据他无可辩驳的供述，他总是随身携带这根木棍以便“应急救援”。过了一会儿，当 F 走进厨房时，他从后面狠狠地打了她两下。在这种情况下，他关心的是不被 F 认出，不被阻止逃走，同时也不想被迫舍弃有价值的赃物。在 F 苏醒之前，T 跑掉了。 393

T 的刑事可罚性？（见边码 413）

Ⅰ. 抢劫型盗窃罪

1. 法律本质

抢劫型盗窃罪（第 252 条）不是第 242 条规定的加重情形，而是一种类似抢劫的特殊罪 394

行,[1]其表现为用抢劫手段来防卫盗窃赃物,但并非一定成功,[2]如果实施,行为人将"如抢劫罪一样"受到惩罚。据此可知,抢劫罪的加重情形(第250条、第251条)也适用于抢劫型盗窃罪。[3]

395 第249条和第252条的不同之处在于:在抢劫罪的情况下,使用暴力或胁迫的目的是获得支配;而在抢劫型盗窃罪的情况下,使用暴力或胁迫的目的是维持对已经获得的赃物的支配。[4]

尽管第252条规定了自我获益,[5]但对抢劫型盗窃罪与抢劫罪等同视之的理由在于:在犯罪当场发现行为人的情况下,取走是否已经完成往往只是偶然的结果。对于在取走财物后立即使用抢劫手段来保护被盗赃物的人,虽然不能确定地期待,如果他更早地受到惊吓,为了取得支配他也会使用此种手段,[6]但确定的是,用抢劫手段来保护已经获得的支配的意愿,其在危险性上并不亚于以这种方式使得取走成为可能的意愿。[7] 为了证成抢劫型盗窃罪与抢劫罪的等同性,第252条的解释应尽可能与第249条的解释一致。[8]

2. 客观犯罪构成

第252条的客观犯罪构成要求:在盗窃的情况下,行为人在完

---

〔1〕 参见BGHSt 3,76,77;BK-Wittig, § 252 Rn 1;Lackner/Kühl, § 252 Rn 1;Fischer, § 252 Rn 1;其他观点Perron,GA 89,169;Kratzsch,JR 88,397。

〔2〕 Vgl. Küper,JZ 01,731;OLG Hamm StV 05,336,337.

〔3〕 Vgl. BGH NStZ-RR 02,237;BGH NStZ 09,36.

〔4〕 Vgl. BGH NStZ-RR 01,41;Lackner/Kühl, § 252 Rn 1.

〔5〕 对此见Mitsch,BT Ⅱ S. 548。

〔6〕 对此在BGHSt 9,255,257;RGSt 73,343,345中可见的假定,批判Küper,JZ 01,737。

〔7〕 对此见BGH StV 87,534;Herzog,评注EzSt StGB § 252 Nr 2;Perron,GA 89,145;对此支持同等对待的声明模式的批判LK-Vogel, § 252 Rn 2-5。

〔8〕 Vgl. Weigend,GA 07,276.

成取走之后，被当场发现而对他人实施暴力，或以对于身体或者生命的现时危险相胁迫。

a）先行为和适用范围

第252条意义上的适合的先行为（Vortat）包括第243条及以下数个条文在内的所有形式的盗窃罪（第242条），且虽然不包括抢劫型敲诈勒索罪，[1]但可能包括既遂的抢劫罪（第249条），因为其中包含了所有的盗窃要素。[2] 如果抢劫者在第252条所涵盖的时间框架内才开始实施第250条、第251条规定的加重情节，则抢劫罪变得重要。[3] 如果在这一阶段，人们[4]根据第250条、第251条（见边码370、边码377、边码383、边码388），正确地排除了对于已经既遂的抢劫加重情形的定性，则尤其如此。就像抢劫罪一样，抢劫型盗窃罪没有减轻情形。因此，赃物的价值低微（第248a条）与第252条的适用无关。[5] 396a

根据通说观点，行为人在实行过程中，也就是在既遂之前，[6] 397
或在取走完成后不久，于犯罪现场或其附近被另一个人察觉到、注

〔1〕 Vgl. Küpper/Grabow, Achenbach-FS S. 265, 267；其他观点 Frank, Jura 10, 893。

〔2〕 在抢劫型敲诈勒索既遂之后，防卫赃物只能是单纯的强制，见 BGH NStZ 05, 387；对于抢劫作为上游犯罪，见 BGHSt 21, 377, 379 f；Dehne-Niemann, Jura 08, 742；LK-Vogel, § 252 Rn 12；Zöller, JuS L 97, 89。

〔3〕 更详尽 BGHSt 20, 194, 197；21, 377。

〔4〕 相反 BGHSt 38, 295, 298；BGH NStZ-RR 08, 342；如同本书 Bachmann/Goeck, Jura 12, 133 ff；Küpper/Grabow, Achenbach-FS S. 265 ff。

〔5〕 参见 BGHSt 3, 76, 78；BGH MDR/D 75, 543；M/S/M-Hoyer, BT I § 35 Rn 40；其他观点 Burkhardt, NJW 75, 1687 和 JZ 73, 110；相反 Krey/Hellmann/Heinrich, BT Ⅱ Rn 307。

〔6〕 对此见 BGH NStZ 15, 701（监视下的盗窃）附评注 Becker；Küper, StV 16, 285 和评议 Brüning, ZJS 16, 386；Eisele, JuS 15, 1043. Küper/Zopfs, BT Rn 152, 154；Küper, Jura 01, 25；Mitsch, BT Ⅱ S. 558。

意到或简单地发现时,即属于被当场发现。[1]

规定当场发现(Betreffen auf frischer Tat)要件的目的是,在时间和空间上限制采取抢劫手段的盗窃者可被视为抢劫者的条件。其中包括行为人——他对此明知[2]——不仅被当场发现,而且在与这一犯罪紧密的时空联系中,使用胁迫手段保护赃物。[3]

398 从时间的角度来看,第 252 条的适用范围为:即使犯罪者已经被察觉,也只在取走完成时开始,而最迟在盗窃的实际结束时结束。[4] 在强制行为范围内于支配转换之前为使取走成为可能而发生的情况,已为第 249 条所直接涵括。只有在(在成功取走之后)盗窃者已经获得确保的支配,并且盗窃已经结束之后发生的事情(对此见边码 131 及下一边码),[5]才属于第 240 条规定的一般强制犯罪构成。[6] 只有在第 252 条结束后,第 249 条的范围才会被第 252 条所取代,[7]这一论点并没有得到任何论者的支持,因为它把第 249 条和第 252 条都延伸了。

只要犯罪者还在被盗者的房屋之中,也就是在其空间上的控制范围之

[1] Vgl. BGHSt 9,255,257;26,95,96;28,224,228 f.

[2] Vgl. Brüning,ZJS 16,388 f.

[3] 因此,Küper,StV 16,285;ders.,Streng-FS S. 77 ff 和 Küper/Zopfs,BT Rn 155 将“当场”也与强制行为相关联;对此批判 Brüning,ZJS 16,388。

[4] 参见 BGHSt 28,224,229;BGH StV 85,13;NJW 87,2687;LK-Vogel, § 252 Rn 34,39。

[5] Vgl. LK-Hillenkamp,vor § 22 Rn 37.

[6] Vgl. BGH JZ 88,471;BK-Wittig, § 252 Rn 6;MK-Sander, § 252 Rn 7;S/S-Bosch, § 252 Rn 3.

[7] 如此 Dreher, MDR 75, 529; Schmidhäuser, BT 8/51; 8/59; 相反 A/W-Heinrich, § 17 Rn 19。

内,盗窃通常就不会结束。[1] 一个例外是小偷在商店内完全消费被盗物品的情况。[2] 如果从商店偷来的赃物已经被存放在停放在停车场的汽车的后备厢里,而行为人(作为盗窃者并未被注意到,也没有受到干扰)则开始开车回家,在此过程中,因为交通违法行为而与警察巡逻队发生了枪战,那么先前的盗窃已经既遂并结束,其结果是,就新的犯罪事件而言,并没有更多的空间可供第 252 条适用。[3]

根据第 252 条的规定,盗窃在取走完成后多长时间内可被认定为“行为当场”(frische Tat),这是一个有争议的问题。在某种程度上,这被视为对仍可行使紧急权的期限的更严格限制(《德国刑事诉讼法》第 127 条,《德国民法典》第 229 条、第 859 条第 2 款)。[4] 通说观点正确地认定:一旦小偷获得了安全的物品控制(巩固的支配),并且行为被认为已经结束,盗窃就会失去这种特征。[5] 如果在此之后才使用强制手段,就不再是在盗窃过程中使用强制手段了。行为人的行为也与抢劫者的行为不相类似:在获得支配后,行为人没有将强制手段与对支配的侵害联系起来,这与抢劫不同。 399

然而,根据事件的发展,一个既遂的盗窃甚至在结束之前,就可能不再是一个当场发生的行为了[6](例如在 BGHST 28,224 的案件中:在从斯图加特

---

〔1〕 参见 BGH NJW 87,2687;对于终了,见边码 131 及下一边码。

〔2〕 对于第 252 条而言,如此则无问题:为 LG Freiburg ZIS 06,40 附评注 Marlie 所忽略。

〔3〕 Vgl. BGH JZ 88,471.

〔4〕 参见 Kindhäuser/Hilgendorf, § 252 Rn 12;Rengier,BT I § 10 Rn 7a;类似 Eisele,BT Ⅱ Rn 403。

〔5〕 参见 BGHSt 28,224,229;Fischer, § 252 Rn 4;Schmidt,BT Ⅱ Rn 459,462;Geilen,Jura 79,614,670;LK-Vogel, § 252 Rn 34,39;批判 HK-GS/Duttge, § 252 Rn 11 f;继而 Gössel,BT Ⅱ § 15 Rn 12 ff;Lackner/Kühl, § 252 Rn 4;Marlie,ZIS 06,44。

〔6〕 Vgl. Fischer, § 252 Rn 5;M/R-Maier, § 252 Rn 9.

开往哈姆的汽车旅行中,出租车司机 T 偷走了乘客 F 的钱包,里面有 15,500 马克,并在没有被注意到的情况下把它收了起来。由于 F 只是在一段时间后才开始怀疑,此时已行驶了 50 公里并离开了高速公路,直到 T 在一个偏僻的地方,攻击 F 并将 F 赶下汽车,故德国联邦法院不再认为,T 实施的盗窃在使用暴力的那一刻是第 252 条意义上的现场的行为)。

400 在空间方面,犯罪者必须在完成取走后,立即在犯罪现场或其附近被发现。[1] 如果是这种情况,那么只要在他逃跑的过程中,在立即开始并未曾中断的继续追捕中使用强制手段,就足够了,尽管这可能与被盗地点相去甚远。[2] 然而,一个先决条件仍然是,逃跑不会在犯罪者和被害人之间造成如此大的距离,以致于支配的确保已经结束了先行犯罪。[3]

与这种追捕情形不同的案件类型是:最初只发现了盗窃本身,而由于立即开始的追踪,盗窃罪在追赶期间才被"发现"。对此,在使用强制行为的情况下,只有第 240 条才有适用可能。

判例例证:上述前提条件可以通过德国联邦法院裁定(StV 13,445)所依据的事实予以再次澄清。在此案中,A 和 B 在开往苏黎世的夜班火车上偷走了两名熟睡的乘客的现金、手机和身份证件,他们把这些物品塞到了夹克里,并藏在并非每人都可自由进出的自行车车厢的行李舱里,A 和 B 都没有有效的车票。当 A 从一个车厢跑到另一个车厢以寻找更多的赃物时,他在卧铺车厢里被列车长 Z 注意到了。应 Z 要求,A 无法出示车票。他和 Z 一起去了 B 所在的行李舱。在那里,A 和 B 抓起装有赃物的夹克,经过 Z 的身

[1] Vgl. BGHSt 9,255,257;28,224,228;BGH StraFo 15,32.

[2] 参见 BGHSt 3,76,78;BGH GA 62,145;BGH StraFo 15,32;在 BGH NStZ 15,700 中,到犯罪现场的距离是 35 公里,但犯罪在实施过程中就已经被监视;LK-Vogel, § 252 Rn 38,57;对此批判且更狭 Küper,StV 16,286;ders. ,Streng-FS S. 77 ff,其要求将"当场"延伸至强制手段的使用。

[3] Vgl. A/W-Heinrich, § 17 Rn 20.

边并进入另一节车厢试图离开。由于Z对于二人的解释并不满意,A拉了紧急刹车。当B能够立即离开火车时,A和Z之间发生了争斗,期间A将Z推到墙上,此时装着被盗物品的夹克掉到了地板上。最后,A用一把刀刃长度约为10~15厘米的弹簧刀威胁Z,后抓住夹克并离开火车。后来他在匈牙利被捕。德国联邦法院并没有详细说明,A和B用武器实施了盗窃(第244条第1款第1a项)——无论如何,根据武器管理法,弹簧刀是一种武器——但没有犯下加重抢劫罪(第250条第2款第1项),因为在使用刀作为强制手段时,盗窃已经完成。法院只是否定了第252条,因为A——该裁定仅涉及他——虽然用抢劫手段保护了战利品,但不再是在犯罪当场被发现,这可以是正确的。A和B将"战利品"塞在夹克里,并藏在行李车厢,盗窃已经确定地既遂,虽然如此,但由于缺乏确保的支配,盗窃还没有结束,在这个阶段,第252条本身仍然可以适用。然而,在两次取走和使用抢劫手段之间,已经过去了这么长时间,以致已没有必要的时间上的(直接)联系。在此,"确保性三角敲诈"在结论上恰当地(见边码412)并未被考虑,而只是肯定了用武器实施的强制和盗窃,通过对武器管理法的违反而将其统一为一罪关系的认定被予以否定,因为这不能作为桥梁。这主要在于,根据联邦最高法院的意见,被任命作出决定的新的法官必须考虑,除了强制之外,是否可能"同时存在(严重的)抢劫型敲诈勒索","如果承运人不认识的乘客强行迫使他逃走,这通常是可以考虑的",目的在于阻止"对乘客收取的(在本案中根据《铁路运输条例》第12条提高的)票价可以被执行(参见BGH, Beschluss vom 17. 8. 2006 3 StR 279/06)"。鉴于第265a条不要求发生财产损失,那么没有(重新的/加深的)损害,也并不排除这种"确保性敲诈勒索"。但是,"新的"法官不得不根据BGH NStZ 07,95 f(对此见边码716),确定应付款项的"价值",判断谁是否只是"放弃了一个毫无价值的,因为完全无法收回的索赔,并不会因此遭受任何经济损失"。[1]

---

〔1〕 对于判决,见Bosch, JK 6/2013, § 252/8; Kudlich, JA 13,310; Jäger, BT Rn 307a; Joecks/Jäger, § 252 Rn 8; Landwehr, FD-StrafR 13,341896。

b)发现和强制手段

401 谁"发现了"盗窃者并无所谓;其可以是物品所有人、支配者,也可以是第三人。第252条也适用于所谓的当着被盗者的面而公开偷窃。[1] "发现"一词的含义存在争议。[2]

在盗窃的情况下,行为人必须被当场发现,这一说法的核心当然是,被发现者由发现者感知为盗窃的嫌疑人,并将其作为犯罪嫌疑人而发现和抓获。然而,在此之外,第三人看到,观察到,甚至仅仅在听觉上感知到犯罪者,就足够了,并不需要形成主观性的怀疑。[3] 这是代替国家(pro magistratu)而实施的程序行为的先决条件(《德国刑事诉讼法》第127条),但不是犯罪者被证明其犯罪行为与抢劫罪一样危险的先决条件。相反,陷入怀疑(In-Verdacht-Geraten)是一个相当缓和的方面。然而,判例[4]和主要的学说[5]走得更远,因为他们甚至放弃了"感知"(Wahrnehmen)的要求,即任何时空上的重合都应该足够,以至于盗窃者通过快速打击来阻止被注意到的情况,也应该被包括在内。事实上,在盗窃时或者——期间被发现——在既遂后不久进行攻击的人,就会因抢劫罪或盗窃罪而受到惩罚,并承担其所有后果(第250条、第251条),那么在特殊情况下,如果他在完成后不久通过攻击而

---

〔1〕 Vgl. BGH NJW 58,1547;RGSt 73,343,345 f.

〔2〕 对于争论情况 Hillenkamp/Cornelius,BT 27. Problem。

〔3〕 但是如此 Haas, Maiwald-FS S. 145, 167 ff; Lask, Das Verbrechen des räuberischen Diebstahls 1999,S. 124;LK-Vogel, § 252 Rn 29;Schnarr,JR 79,315;SK-Samson,4. Aufl., § 252 Rn 5;如同本书 Küper,Krey-FS S. 313,334;Mitsch,BT Ⅱ S. 559 ff;MK-Sander, § 252 Rn 9;Schwarzer,ZJS 08,267。

〔4〕 参见 BGHSt 26,95,96 f;批判 BGHSt 28,224,227。

〔5〕 Vgl. A/W-Heinrich, § 17 Rn 21;Beulke,III Rn 430 f;Eisele,BT Ⅱ Rn 409;Fischer, § 252 Rn 6;HK-GS/Duttge, § 252 Rn 15;Jäger,BT Rn 307b;Kindhäuser/Böse,BT Ⅱ § 26 Rn 7;Klesczewski,BT § 8 Rn 197;Krey/Hellmann/Heinrich,BT Ⅱ Rn 311;Lackner/Kühl, § 252 Rn 4;M/R-Maier, § 252 Rn 12;Otto,BT § 46 Rn 55;Perron,GA 89,163;Rengier,BT I § 10 Rn 8 ff;Schmidt,BT Ⅱ Rn 463;S/S-Bosch, § 252 Rn 4;SK-Sinn, § 252 Rn 11;S/S/W-Kudlich, § 252 Rn 11;Wessels,BT Ⅱ Rn 357.

先发制人,却不受惩罚,这是不合理的。一个小偷在被发现之前施暴,必须得到与一个在被发现之后施暴的小偷一样的对待。[1] 根据第252条的理性,这将会是一个合理的解决办法,但也可以断言,它并非第252条的解决办法。因为语词的意义被一个类推的结论所明显超越。谁先发制人,[2]切断了受害者的一切感知可能性,或者——与之相当[3]——用强制手段才催生了他的感知,谁就不属于当场被发现。这样的犯罪者不是被发现,而只是不可避免地引起人们的注意。这样一来,对他的从轻并不是那么荒谬。原因在于,在这种情况下,除了保护财产的必要意图之外,还会比平时更清楚地表明不被揭露和定罪的意愿。[4] 这种带有自我偏袒倾向的推定,使立法决定具有合理的意义。

第252条规定的强制手段与抢劫罪的手段相对应(见边码 402
346及以下数个边码),因此,在这种情况下,暴力也需要相当大的身体压制效果,[5]而仅仅是"推开"或"撕开"可能就缺乏这种效果。[6] 这些手段必须针对被盗的人,或者是盗贼——或者也可能是错误地——认为,其为被害人之利而重新剥夺他刚刚获得的支

〔1〕 Vgl. BGHSt 26,95,97.

〔2〕 同样如此 AnK-Habetha, § 252 Rn 9;BK-Wittig, § 252 Rn 8;Geppert, Jura 90,556;Haas, Maiwald-FS S. 177 f;Heghmanns, Rn 1130;H-H-Kretschmer, Rn 927;Hohmann/Sander, BT I § 7 Rn 9;LK-Vogel, § 252 Rn 28;Schramm, BT I § 5 Rn 19;Seier, JuS 79,338;Zöller, BT Rn 407;反对类推保留 Küper, Krey-FS S. 313,319 ff。

〔3〕 参见其他观点 Küper/Zopfs, BT Rn 158;Küper, Krey-FS S. 313,331 ff;SK-Sinn, § 252 Rn 11;如同本书 Dehne-Niemann, Jura 08,744。

〔4〕 对于此种动机捆绑(Motivbündelung),见 OLG Zweibrücken StV 94,545 f, OLG Köln StV 04,490,491;OLG Hamm StV 05,336,337。

〔5〕 参见 LG Gera NJW 00,159 附批判性评注 Otto, JK 01, StGB § 249/7;Rn 348。

〔6〕 参见 OLG Koblenz StV 08,474,475,但也 OLG Brandenburg NStZ-RR 08, 201,202。

配的人,或者是可能以其他方式阻碍拿走赃物的人。[1] 一名本人没有发现犯罪者的警察,但被监控盗窃行为的警察拉入到追捕当中来,也属于这一人群。[2] 为了确保与抢劫等同,必须要求犯罪在所规定的密切的时空背景下仍然是当场的,且使用了强制手段(见边码 397、边码 400)。

如果一个被当场发现的共同正犯为了保护他的赃物,而向一个跟着他的、他在夜间逃跑时错误地将其认定为追捕者的同谋开枪,那么,将认定为其构成既遂的严重的抢劫型盗窃罪(第 252 条、第 250 条第 2 款第 1 项)。[3] 不同观点认为,[4] 由于在这种情况下,只有错误地认为与所有权人或迄今的支配人相异的第三方愿意提供保护,因此没有挫败或危及任何恢复原状的机会,只应认定为由于不适格的受害者而未遂的抢劫型盗窃罪。

3. 主观犯罪构成

403 主观犯罪构成要求故意和行为人保持对赃物的占有意图,保护第三方占有的意图是不够的。如果考虑到,在《第 6 刑法改革法案》(见边码 11)中,对于所有的取得型犯罪增加了第三人占为己有的规定,这可能是不明朗的。由于第 252 条的意图基本上只不过是“修正的占为己有意图”[5],因此在第 252 条中增加“第三

---

[1] 参见 BGHSt 9,162,163 和 255;28,224,230 f;BGH StraFo 15,32。对于就此的争论,参见 LK-Vogel, § 252 Rn 45 f。

[2] 参见 BGH NStZ 15,701 附批判性评注 Becker; Küper StV 16,285 和评议 Brüning,ZJS 16,386;Eisele,JuS 15,1043;对此的案例解析,见 Brand/Freitag,JuS 17,235。

[3] 对于可能的杀人未遂,就此参见 BGHSt 11,268;Hillenkamp,Die Bedeutung von Vorsatzkonkretisierungen 1971,S. 76 ff。

[4] 参见 Küper,JZ 01,735;LK-Vogel, § 252 Rn 48 附进一步的文献;如同本书 Eisele,BT Ⅱ Rn 407。

[5] Vgl. Küper/Zopfs,BT Rn 145;Küper,JZ 01,732 f;LK-Vogel, § 252 Rn 6.

方占为己有意图”,是可以想见的。但这并没有发生。虽然这是立法者所无意保留的“与计划不符”,[1]但通过旨在维护第三方占有的意图来纠正这种情况,与禁止类推相对立。[2] 然而,对于想要保留赃物占有,从而此后将之交由第三人所有的人,则具有充分的保留自我占有意图。在什么时候作出关于使用暴力等的决意是无关紧要的。[3] 如果行为人最初没有注意到自己被发现,那么随后他在使用强制手段时有意地容认是由于他在盗窃时已被发现,就足够了。[4]

在上述意义上的意图中包括为了被盗者的利益而阻止刚刚获 404
得的支配的意图。剥夺必须是——也可能只是根据行为人的判断——已经存在或迫在眉睫的。[5] 只有这样,以抢劫手段主张刚刚确立的支配,才等同于抢劫罪的不法内涵。[6] 如果通过食用或消费已经不可逆转地完成了占为己有,则不存在这种情况。[7] 此外,相关行为人只是担心可能此后从他那里夺走赃物,而强行阻止记录他车牌的人,则并不适用第 252 条。[8] 然而,保护赃物的意

---

〔1〕 对此见 Freund,ZStW 109(1997),482;SK-Sinn, § 252 Rn 19。

〔2〕 参见 Fischer, § 252 Rn 9a;HK-GS/Duttge, § 252 Rn 21;Lackner/Kühl, § 252 Rn 5;M/S/M-Hoyer,BT I § 35 Rn 43;S/S-Bosch, § 252 Rn 7;S/S/W-Kudlich, § 252 Rn 16;其他观点 Lask,Das Verbrechen des räuberischen Diebstahls,1999,S. 177。

〔3〕 Vgl. BGHSt 3,76,78.

〔4〕 参见 BGH NStZ 15,701 附评注 Becker;Küper,StV 16,285 和评议 Eisele,JuS 15,1043;否定 Brüning,ZJS 16,388。

〔5〕 参见 BGHSt 9,162,164;BGH StV 87,196;Kindhäuser/Hilgendorf, § 252 Rn 14;Mitsch,BT Ⅱ S. 574;Zöller,BT Rn 411。

〔6〕 继而 Lackner/Kühl, § 252 Rn 5;SK-Sinn, § 252 Rn 20;对此的争论,见 Küper/Zopfs,BT Rn 146。

〔7〕 在此,盗窃无论如何已经实行终了(见边码 398);通过催吐剂的方式使得失去赃物,就此与生活扞格而假定的担忧,见 LG Freiburg ZIS 05,40 附批判性评注 Marlie。

〔8〕 参见 OLG Koblenz StV 08,474,475;LK-Vogel, § 252 Rn 65;其他观点 Küper,JZ 01,738;ders. /Zopfs,BT Rn 146。

图不一定是行动的唯一目标。此外,它可能伴随着逃避捕获的努力。[1] 如果逃跑的盗贼抛弃了他的赃物(例如将赃物扔掉),或者只是为了不被追诉或逮捕而不处理赃物,[2]而且使用强制手段的唯一目的是逃避逮捕和追诉,则情况就又不同了。在这种情况下,第252条的意图是缺失的,[3]它被视为一种"延长"的占为己有意图,[4]因此它只有在占为己有仍然存在的情况下才存在。如果保留占有只是保护自己免受刑事追诉的必要的中间目标,则必须否认这一点。根据生活经验,如果只涉及价值低微的赃物,这样的结果是不难想见的。[5]

405 抢劫型盗窃罪的既遂随着强制手段的使用而出现。不因犯罪者未能实现其意图,并保持对被盗物品的占有,而将之排除在外。[6]

因此,只有在强制手段的使用没有超出未遂阶段或者告以失败的情况下,才可以考虑第252条之未遂。如果犯罪者拿走了属于他自己的,并被错误地认为是"他人的"物品时,则构成不能犯未遂。诚然,在这里,当物品被别人支配时,取走就完成了。然而,在同样的刑罚框架下,与已经既遂的抢劫

〔1〕 参见BGHSt 13,64,65;BGH GA 1984,475,476;BGH NStZ 00,530,531,BGH StV 05,606,607;OLG Köln NStZ 05,448,449;M/S/M-Hoyer,BT I § 35 Rn 43。

〔2〕 参见OLG Zweibrücken JR 91,383附评注Perron;OLG Brandenburg NStZ 08,201,202;但也见OLG Köln NStZ 05,448,449附评注Kudlich,JuS 05,1053。

〔3〕 参见BGHSt 9,162;BGH NStZ 09,36附评议Deiters,ZJS 08,672;BGH HRRS 14,462(Nr 1088);OLG Köln StV 04,490,491;OLG Hamm StV 05,336,337;OLG Brandenburg NStZ-RR 08,201。

〔4〕 Vgl. OLG Zweibrücken StV 94,545;Küper/Zopfs,BT Rn 145;Rengier,BT I § 10 Rn 17.

〔5〕 Vgl. OLG Hamm StV 05,337;OLG Koblenz StV 08,474,475;KG StV 16,652,654.

〔6〕 Vgl. BGH NJW 68,2386;OLG Hamm StV 05,336,337;Küper,Jura 01,25.

相等同的不法，则要求盗窃也必须已经既遂。[1]

4. 犯罪参与情形

如果行为人被唤起了实施盗窃，并随后用抢劫手段保护赃物的决意，则存在教唆。由于第 252 条是与第 242 条相对应的法律，决意实施盗窃的人仍然可被教唆实施第 252 条规定之犯罪，但在盗窃既遂之后，才决定使用抢劫手段以保护占有的人，则不能被教唆实施本罪。[2] 无可争辩的是，第 252 条存在共同正犯和帮助犯。若盗窃罪的同案人以第 252 条所要求的意图，对共同占有之下的赃物进行防护，则构成共同正犯。如果一个没有参与先前犯罪的人，在先前犯罪者的鼓动下，阻止了一个追捕者，并且在盗窃既遂后存有相应的支持意愿，则构成第 252 条的帮助犯。[3] 在其他情况下，第 252 条的结构具有特殊性。 406

如果先前犯罪的共同正犯为了共同利益保护另一个正犯所占有的赃物不被剥夺而使用第 252 条所要求的强制手段，则“非占有的”正犯也构成第 252 条的共同正犯。这是当下作为通说的恰当观点，因为根据第 25 条第 2 款之规定，占有是可归责的，因此，在行为人是“非占有者”的情况下，实际上也必须谈及占有和正犯证成的意志，即要保持自己对被盗物品的占有。[4] 即使是先前犯罪的帮助犯，如果他试图通过暴力或胁迫等方式强制执行赃物保护意图，也可以成为第 252 条的正犯。但是，由于第 25 条第 2 款的归责对他来说是无效的，因此必须要求，他（共同）占有盗贼的 407

〔1〕 参见 Küper，Jura 01，23。

〔2〕 对其而言，留有对于强制罪的教唆犯和第 252 条的帮助犯的可能，见边码 358，以及 Natus，Jura 14，777。

〔3〕 Vgl. BGH StV 91，349.

〔4〕 参见 BGHSt 6，248，250；NK-Kindhäuser，§ 252 Rn 25；S/S/W-Kudlich，§ 252 Rn 19；Weigend，GA 07，281；批判 Dehne-Niemann，NStZ 15，251。

赃物。[1] 然而,与这一认定相矛盾的是,第 252 条要与抢劫罪一样,由盗窃和强制要素所组成。由此可知,第 252 条的正犯或共同正犯不能与抢劫中的正犯或共同正犯不同,这两个要素都要以正犯的方式予以实现。[2]

408 这一要求[3]也适用于第 252 条规定的抢劫类似行为的犯罪参与,其原则上得到了《第 6 刑法改革法案》(见边码 11、边码 393)的支持,并未有所修改。[4] 然而,有两个问题需要予以考虑。其一,根据原来的规定,仅仅是帮助犯,因为他只具有第三人占为己有的意图。但根据第 242 条的新的规定,他还属于盗窃罪的共同正犯。对于这样一个参与犯罪的人来说,旧的争辩已经结束了。根据本书坚持的观点,他也可以作为第 252 条的(共同)正犯受到惩罚:这是在如果他还没有将在第三人占为己有意图支配下取走的物品交给第三人,并且为了保有这种可能性而使用了第 252 条规定的强制手段来保护自己免遭即将出现的赃物剥夺的情况下。[5] 其二,根据任何观点,如果盗贼以第三方占为己有之意图,已经通过占有创设的方式使得第三人占为己有成为可能,且在之后使用了第 252 条规定的强制手段来维护第三方的占为己有,那么第 252 条的(共同)犯罪行为是不可想象的。这样的犯罪参与者缺乏对于第 252 条而言一如既往足够的、保持对被盗物品的占有的意图。在《第 6 刑法改革法案》将占为己有扩展至第三人占为己有之后,将占有保留

---

〔1〕 参见 BGHSt 6, 248, 250; BGH NStZ 15, 276 附评议 Dehne-Niemann, NStZ 15, 251; Satzger, Jura 15, 768(§§ 242, 252)。赞成 Fischer, § 252 Rn 11; Otto, BT § 46 Rn 65; SK-Sinn, § 252 Rn 25。

〔2〕 参见 Eisele, BT Ⅱ Rn 422; Geilen, Jura 80, 46; H-H-Kretschmer, Rn 930; HK-GS/Duttge, § 252 Rn 27; Lackner/Kühl, § 252 Rn 6; LK-Vogel, § 252 Rn 71; Mitsch, BT Ⅱ S. 578; M/S/M-Hoyer, BT Ⅰ § 35 Rn 40; Natus, Jura 14, 776; Weigend, GA 07, 281; Zöller, BT Rn 412; 现在也是如此 BGH StV 91, 349。

〔3〕 Vgl. Rengier, BT Ⅰ § 10 Rn 25.

〔4〕 其他观点参见 SK-Sinn, § 252 Rn 22。

〔5〕 这一由 Weigend, GA 07, 285 所述及的情形,在此的解决方案与 Weigend 并无不同;其中也没有第三人维持占有意图,而首先是第 252 条所要求的自己保留占有意图;误判 Krämer, Jura 05, 837; 对此情况,也见 Küper/Zopfs, BT Rn 148。

意图解释为延长的或修正的占为己有意图,会存在法律上的后果错误,但不能通过扩张的解释来进行纠正(见边码 403)。从抢劫罪和抢劫型盗窃罪的比较中也可以看出这一点。出于第三人占为己有意图,为了使共同正犯之取走成为可能,而将被害人打倒在地的,因根据第 249 条作为共同正犯承担责任;与之相对,在取走完成之后,才为了保有第三人占有之利益而使用武力的人,最多作为第 252 条的帮助犯承担责任。〔1〕

判例例证:如果一个女人 F 偷了餐厅服务员的钱包,而她的同伴 B 则用武力对抗变得警觉的工作人员,以便 F 带着钱包逃走,〔2〕那么,即使 B 已经以第三人占为己有的意图正犯式地参与了先前犯罪,也不构成抢劫型盗窃罪的(共同)正犯。对他来说,唯一重要的是,保有使得 F 占为己有成为可能。〔3〕 在这种情况下,B 是否系第 252 条的帮助犯,取决于他对于第 252 条的构成性的强制和 F 自己的行为是否完成了第 252 规定的主要罪行。只有当 F 本人有保护赃物的意图,并且根据正犯理论的一般规则,B 的行为可以归责于 F 时,这才是可能的。〔4〕 由于 B 缺乏正犯的必要意图,第 25 条第 2 款不能作为归责标准——因为这里涉及的是第 252 条,而不是第 240 条——予以考虑。〔5〕 如果 B 根据与 F 默示达成的合意而做出行为,那么,根据主观犯罪参与学说,仅仅对占有保留保护感兴趣的 B 所提供的利他的支持,可以由于其处于支配地位的利益,而归责于间接的女性正犯 F。〔6〕 根据犯罪支配学说,这个结果只能通过(有争议的)故意的但并无意图的工具这一角色来达到。〔7〕 如果对两种方案均予以拒绝,则必须否定对 F 和 B 适用第

〔1〕 也见 SK-Sinn § 252 Rn 19,22。

〔2〕 参见 BGH StV 91,349 附评注 Ennuschat,JR 91,500;对此也见 Witzigmann,Das „absichtslos-dolose Werkzeug“ 2009,S. 330 ff。

〔3〕 对此也见 Schmid-Hopmeier,Das Problem der Drittzueignung 1999,S. 221 ff。

〔4〕 Vgl. BGH StV 91,349.

〔5〕 但是如此 Rengier,BT I § 10 Rn 20;与之相反,合理的 Dehne-Niemann,JuS 08,59;ders. ,Jura 08,748;Haas,JR 14,109;LK-Vogel, § 252 Rn 71;也如同本书 Eisele,BT Ⅱ Rn 420 f。

〔6〕 如此 BGH StV 91,349;在由 F 对 B“授予任务”的情况下,在结论上也如此 Haas,JR 14,111。

〔7〕 参见 Küper/Zopfs,BT Rn 149。

252 条。[1] 如此,则 B 要根据第 240 条、第 223 条、第 257 条(但并非第 255 条,见边码 411)予以惩处,[2] 而 F 在可能的情况下要以强制罪的教唆犯予以处罚。[3]

5. 加重事由和界分问题

409 抢劫型盗窃罪应如同抢劫罪一样处罚。这一提法不仅涉及第 249 条规定的处罚框架,还涉及第 250 条、第 251 条的适用性,[4] 即这些提法应被解读为,就像是“抢劫”一词被“抢劫型盗窃”一词所取代。

但是,由于既遂的盗窃罪(第 242 条)仅通过第 252 条所述的强制行为就成为抢劫型盗窃罪,而第 251 条要求,死亡后果是“抢劫型盗窃”所造成的,因此在这种情况下,强制行为与死亡后果之间也必须存在犯罪构成特有的联系。如果死亡仅仅基于先前的取走行为,那仍然是不够的(见边码 388)。

410 如果第 250 条的加重情节是在取走完成之后但在犯罪结束之前才得到满足,则第 249 条和第 252 条之间的竞合问题和界分问题尤其可能出现。对此应予区分以下两组案例。

(1)如果先前犯罪是盗窃罪,而犯罪者只有在取走完成之后才对人使用暴力或者以现时的生命或身体危险相胁迫,则只是第 252 条与第 250 条一并适用。这源于这样一个事实,即强制行为不能再像第 249 条所要求的那样,

〔1〕 如此 Mitsch,BT II/1(2. Aufl.), § 4 Rn 40;同样如此 Dehne-Niemann,JuS 08,593。

〔2〕 Vgl. S/S-Bosch, § 252 Rn 11.

〔3〕 案例解析,见 Hillenkamp,JuS 03,157,160。

〔4〕 Vgl. BGH NStZ-RR 02,237;BGH NStZ 09,36.

作为其“手段”,而仅仅是为了确保对已经获得的赃物的支配。[1] 与第 252 条、第 250 条中更具体的规定相比,第 242 条及以下数个条文因法律单数而不予适用。[2]

(2)如果先前犯罪是抢劫罪,则第 252 条作为共罚的后行为而退居其后。如果在抢劫既遂之后但结束之前增加了加重情节,则根据判例,在第 411
249 条[3]或第 252 条的基础上引入第 250 条、第 251 条并无不妥。[4] 然而,可以肯定的是,犯罪者不能同时被判犯有严重的抢劫罪和严重的抢劫型盗窃罪,否则这两项罪行所包括的盗窃行为将被两次地予以评价。因此,唯一存在疑问的是,第 249 条及以下数个条文是否应优先适用,还是应被第 252 条、第 250 条所取代。BGH GA 69,347,348 对此指出:“在这些犯罪之间存在……法律单一。与先前的盗窃一样,抢劫作为先前犯罪也被第 252 条所规定的重罪所吸收,如果只有该重罪是在第 250 条所述的加重条件下实施的。在相反的情况下,抢劫型盗窃罪将因严重抢劫罪的处罚而被共同处罚。这也适用于同样严重的罪行;由于犯罪者无论如何都要作为抢劫犯受到惩罚,也就不需要只是类似于抢劫犯而予以处罚,因此没有必要适用第 252 条。”[5] 如果人们正确地认为,在抢劫的既遂和结束之间的阶段不可能再出现第 249 条的加重情形(见边码 370、边码 377、边码 383、边码 388、边码 267),那么这些陈述的有效性就会减少一种情形。在其中,第 250 条、第 251 条仅适用于第 252 条,因此,例如,尽管实施了加重处罚情形的行为,但如果没有意图保护赃物,则第 250 条、第 251 条并不适用。[6] 根据这些原则,如果中止的抢

---

〔1〕 参见 BGHSt 28,224,226;BGH StV 85,13;BGH NStZ-RR 01,41;对于相反观点:第 249 条,见边码 398。

〔2〕 参见 S/S-Bosch, § 252 Rn 13;在力图的暴力使用的情况下,不同 LK-Vogel, § 252 Rn 77。

〔3〕 参见 BGHSt 20,194,197;BGHSt 38,295,299;BGH NStZ-RR 08,342。

〔4〕 参见 BGH NStZ 09,36;BGH NStZ 18,103;支持后者 Isenbeck,NJW 65,2326;也参见 Schünemann,JA 80,393。

〔5〕 赞成 Lackner/Kühl, § 252 Rn 8;同样如此 BGH NJW 02,2043,2044 附评议 Baier,JA 03,107,110。

〔6〕 同样如此 Krey/Hellmann/Heinrich,BT Ⅱ Rn 318;Rengier,BT I § 10 Rn 27;其他观点参见 Wessels,BT Ⅱ Rn 366。

劫型盗窃罪的强制手段是针对尚未受到抢劫影响的第三人,则认为第249条、第250条与对第三人实施的强制罪或恐吓罪(第240条、第241条)之间存在一罪关系是正确的。[1]

412 如果抢劫型盗窃罪——这并不需要它的既遂(见边码405)——走向完成,那么它就意味着被迫容认对赃物的保全。因此,考虑同时实施的抢劫型敲诈勒索罪并不遥远(第253条、第255条),如果没有足够的当场性,[2]或者因为先前犯罪不是盗窃罪或抢劫罪,而是例如诈骗罪,[3]因而缺失第252条的条件,那它也具有实际的重要性。在这种情况下,只有通过第253条、第255条才能引致通过第252条同时实现而已经出现的后果。

问题的决定是有争议的。通过判例来看,在某些情况下,存在犯罪构成上的确保性敲诈勒索(Sicherungserpressung),但对归还诉求的暴力防护本身并不构成重大损害,因此——如果不存在第252条之情形——将诉诸强制罪,并在必要时诉诸故意伤害罪。[4] 与这种竞合方案相比,优先考虑的应是犯罪构成方案。因为受到敲诈勒索的被害人往往缺乏处分权,或者缺失与财产所有人之间的亲密关系,进而导致无法认定敲诈勒索罪,除此之外,[5]一般情况下并不存在损害。就此而言,人们不能依赖于失去对被盗物品的支配,因为这种情况在盗窃既遂时已经出现。然而,追回被盗物品的努力被挫败,本身并不能构成第255条规定的超出支配丧失之外的新的损失。[6] 因此,本条款与第252条之间可能不存在竞合问题。如果第252条的个别先决

---

[1] Vgl. BGH NJW 02, 2043, 2044; Hellmann, JuS 03, 20.

[2] 参见 BGH StV 86, 530;对此见 Rengier, BT I § 11 Rn 56。

[3] 对此见 BGHSt 41, 198, 203 f; Hillenkamp, JuS 97, 219 f; Jäger, JA 11, 952; Rengier, BT I § 11 Rn 56a。

[4] 如此 BGHSt 41, 198, 204; BGH MDR/H 87, 94; Schröder, MDR 50, 398, 400 f; SK-Sinn, § 252 Rn 23。

[5] Vgl. Lackner/Kühl, § 255 Rn 3.

[6] 有说服力的 Seier, NJW 81, 2152, 2155 ff;随之也见 LK-Vogel, § 252 Rn 83。

条件——如在钱包盗窃案(见边码 408)中 B 的情况——缺失,那么第 255 条也不会恢复适用。[1] 对确保性敲诈勒索进行相应限制,迫使其相对于确保性诈骗罪的相应的退却,这是正确的,但也应是适当的(见边码 599)。[2]

判例例证:BGH NStZ 12,95 确认了本书给出的说法。在此案中,两兄弟以愿意付款为幌子,从受害方 G 手中骗取了一个舵机的所有权,当 G 挡住他们的去路迫使他们付款时,他们已经带着赃物上了他们的车。为了让 G 让路、放弃要求,兄弟俩下车打 G,并用刀威胁急忙过来帮忙的 G 的姐夫。——德国联邦法院认为,由于先前的诈骗行为,财产损失已经发生。法院排除了诈骗罪和敲诈勒索罪的结合,因为暴力不是从一开始就计划好的,也不是与欺骗直接相关的。因此,财产损失不是“对受害者实施暴力或胁迫的结果”,后者也不会导致“(诈骗已经造成的)财产损失的加剧”。因此,“放弃”诉求的有效主张[在本案中是通过绝对强制(vis absoluta)而执行的]不再具有“独立的意义”。总的来说,这是可以接受的。然而,与其谈论(犯罪构成意义上的)确保性敲诈勒索罪,不如谈论这样一个事实,即抢劫型敲诈勒索罪之犯罪构成(在先前犯罪诈骗罪之后)是不成立的。[3]

在案例 28 中,[4] T 将珠宝和现金放入随身携带的公文包,此时其实施的盗窃已经既遂(见边码 82 及以下数个边码)(第 242 条、第 244 条第 1 款第 1 项以及第 244 条第 4 款之新规定)。然而,由于他仍然处于 F 的一般支配范围内,他的支配尚未最终确定,因此盗窃尚未结束。如果在既遂和结束之间的阶段依少数意见(见边码 398)而肯定抢劫,那么认定 T 构成抢劫是没有问题的。与之相反,如果在这个阶段正确地认为只有第 252 条是相关的,那么根据 BGHSt 26,95,96 f,这不应该因为 T 通过快速击打来阻止被 F 发现而失败。由于 T 保留占有的意图并没有被逃跑的动机所取代,而且第 252 条的 413

---

〔1〕 参见 BGH StV 91,350 承接 Seier,NJW 81,2155;Hillenkamp,JuS 97,219;03,161。

〔2〕 参见 Hillenkamp,JuS 97,220;Otto,BT § 51 Rn 152;也参见 BGH JZ 84,146。

〔3〕 对此也见 Jäger,JA 11,952;Mitsch,HRRS 12,181;Satzger,JK 9/12,StGB § § 253,255/15。

〔4〕 对于解析,也见 Hillenkamp/Cornelius,BT 第 26 个问题中的例证 2 以及第 27 个问题。

其他先决条件也存在,这一解决方案可能导向第 250 条第 2 款第 3b 项,至少会导向第 250 条第 2 款第 1 项,因为 T 使用的木棍是一种危险的工具,〔1〕同时实现的危险的故意伤害罪(第 224 条第 1 款第 2 项、第 5 项)与此构成了想象竞合。相反,如果人们否认被发现之人是在之前被发现的(见边码 401),则第 252 条、第 250 条不予适用,也不能援用第 255 条(见边码 412)。剩下的是第 244 条第 1 款第 3 项(以及第 244 条第 4 款之新的规定)。第 1 项必须予以否定,因为在没有相应的使用保留的前提下,在盗窃既遂之前,T 未携带任何(危险的)工具,而且从既遂到结束之间的阶段也不再适用这种加重情形。T 的保护声明,即他只携带棍子作为"紧急救援",至少隐藏了在犯罪之前的某个时间点所形成的主观目的,即"武装"自己以防万一,这是可以想见的,但明显无法予以证明。根据其最初的但现在被放弃的判例,〔2〕这种认定对于德国联邦法院第 3 刑事审判庭而言,足以谈得上第 244 条第 1 款第 1a 项意义上的持有危险工具(见边码 277 及以下数个边码)。根据本书支持的观点,在相应的明知的基础上,必须加上与具体行为有关的使用保留(见边码 274 及以下数个边码以及 OLG Stuttgart Jr 10,169)。除了第 244 条第 1 款第 3 项(及第 244 条第 4 款之新的规定)之外,还存在于第 224 条第 1 款第 2 项、第 5 项和第 240 条中。第 123 条不予适用。

6. 鉴定结构:抢劫型盗窃罪,第 252 条

抢劫型盗窃罪,第 252 条

I. 犯罪构成

  1. 客观构成

    a) 先前犯罪:盗窃罪

      → 盗窃罪的所有表现形式

---

〔1〕 参见 BGH StV 99,91。

〔2〕 参见 BGH NStZ 99,301 结合 BGHSt 43,266,269 f,也见 OLG Schleswig NStZ 04,212,214;BGHSt 52,257 中予以放弃。

→ 抢劫罪

b) 犯罪情境：当场发现

· 当场

时间上

→ 既遂至取走之完成

空间上

→ 在犯罪现场或其直接的周围

· 被发现

Ⓟ发觉或者只是时空上碰见

c) 犯罪行为：使用升格的强制手段

· 对人暴力

Ⓟ暴力概念

Ⓟ对物暴力作为对人暴力

Ⓟ暴力的受众

· 以对身体/生命的现时危险相胁迫

Ⓟ威胁的恶害的受众

2. 主观构成

a) 故意：· 任何故意类型

b) 占为己有意图：· 自己保留赃物占有的意图

→ 自己的或者通过第 25 条第 2 款可予归责的赃物占有

→ 赃物保全作为（中间）目标

→ 仅为自利

→ 对现时的/直接面临的占有剥夺的设想

→ 确保结果的出现并非必要

Ⅱ. 违法性

Ⅲ. 有责性

→ 加重情形：如抢劫犯一样处罚

→ 援用第 250 条、第 251 条

Ⅱ.抢劫式攻击机动车驾驶员罪

414 案例 29:T 在城外的汽车上和妓女 P 发生了性关系。当他在回程的路上停了一小段时间,看看报纸,看看电影院的夜间节目单时,P 用一句冒犯性的话催促他继续开车。由于她以前已经用贬损的话激怒了他,T 生气了。他把未上膛的毒气枪对准 P,要回“他的钱”,强行夺回他作为报酬递给她的 50 欧元钞票,P 此前把钱放进了外套口袋。

T 的刑事可罚性?(见边码 427)

案例 30:T 和 M 一起经营一家小吃店。为了非法获取货物,他们向一家境外公司订购了价值 43,000 欧元的食品。在送货过程中,他们通过电话将售货员 V 引导到一个偏远的地方。当 V 到达那里,关掉引擎,拉上手刹后,T 和 M 把他从驾驶室里拉出来,并把他绑了起来。然后他们把货物装上卡车,带着赃物离开。

T 和 M 的刑事可罚性?(见边码 428)

1. 犯罪结构

415 第 316a 条第 1 款规定,如果行为人利用道路交通的特殊情况,意图实施抢劫罪、抢劫型盗窃罪或敲诈勒索罪,而对机动车辆驾驶员或乘客的生命、身体或决定自由进行攻击行为的,则应受到惩罚。因此,一方面,该犯罪是一种行为犯,[1]其客观的犯罪构成是利用道路交通条件实施侵害,而不一定是“成功的”[2]侵害;另一方面,这是一种目的犯,既不需要实施上述任何一种犯罪,也不

---

〔1〕 参见 BK-Feilcke/Hollering, § 316a Rn 7;LK-Sowada, § 316a Rn 4;其他观点参见 BE-Bayer,S. 131;Kindhäuser/Hilgendorf, § 316a Rn 1:结果犯(附超过的内在趋向);NK-Zieschang, § 316a Rn 5:具体的危险犯;对于犯罪构成的概览 Bosch,Jura 13,1234;对于第 316a 条的诸多问题的案例解析,参见 Mitsch,JuS 20,149。

〔2〕 参见 Günther,JZ 87,27;Roßmüller/Rohrer,NVZ 95,258 f;Stein,in:Dencker ua,Einführung in das 6. StrRG 1998,S. 126 限制于实行终了的适格的未遂;Fischer, § 316a Rn 6,8;对此更详尽参见 Ingelfinger,JR 00,231。

需要对其直接地着手。[1] 抢劫式犯罪的未遂是可罚的(第 22 条、第 23 条第 1 款、第 12 条第 1 款),其存在于立即着手实施的犯罪当中。这一条款处于财产犯罪和交通犯罪之间的交叉点。与第 249 条、第 252 条、第 255 条相对,这一条款从对道路交通的安全和运转能力的额外的威胁中,获得了将刑事可罚性提前以及加重刑罚的正当性根据(E 1962,Begr. S. 534)。[2] 其位置赋予这一法益特殊的权重,对解释具有决定性的影响。[3] 例如,犯罪必须发生在公共交通领域。[4] 但这一条件并不能使这一罪行成为(纯粹的)交通犯罪。[5] 第 316a 第 3 款增加了与第 251 条条文结构相对应的加重情形。[6] 对其来说,至少是轻率造成的死亡,必须是犯罪实施或者是为实现犯罪构成特有的意图而使用的强制手段的直接后果,[7] 只要这些手段也是在利用道路交通条件的情况下使用的,那么就与死亡一起置于犯罪构成特有的危险关联之下。[8]

由于与第 249 条、第 252 条、第 255 条相比,5 年的最低刑期明 416

---

〔1〕 对于二者,参见 Küper/Zopfs,BT Rn 33 f。

〔2〕 参见 Lackner/Kühl/Heger, § 316a Rn 1;LK-Sowada, § 316a Rn 7;MK-Sander, § 316a Rn 2;NK-Zieschang, § 316a Rn 11;S/S-Hecker, § 316a Rn 1;S/S/W-Ernemann, § 316a Rn 2;BGH MDR/H 91,104;BGHSt 39,249,250;BGHSt 49,8,11;52,44,46 附就此而言的赞成性评注 Dehne-Niemann,NStZ 08,319 f;BGH NStZ 04,626;根据 Sowada,Otto-FS S. 813,与道路交通相关,第 316a 条仅用于避免(由于攻击而受到威胁的)事故危险;其中存在的危险是,遮蔽了恰好降低被害人自卫能力的道路交通条件;只是保护所有权和财产 SK-Wolters, § 316a Rn 2;对于两种观点,批判 Fischer, § 316a Rn 2。

〔3〕 参见 Geppert,Jura 95,311 附进一步的文献;ders. ,DAR 14,129。

〔4〕 Vgl. BGH BeckRS 17,112313(对于储蓄银行的停车场予以认可).

〔5〕 但是如此 BGHSt 22,114,117;Günther JZ 87,377,380 f;对于法益确定的后果,参见 Mitsch,BT II/2(1. Aufl.) § 2 Rn 6 ff。

〔6〕 对此参见 Stein,in:Dencker u. a. ,Einführung in das 6. StrRG 1998,S. 127 f。

〔7〕 参见 Fischer, § 316a Rn 19;对此具体见 Mitsch,BT Ⅱ S. 662。

〔8〕 区别 LK-Sowada, § 316a Rn 57。

显提高,而且通过对道路交通的信任的额外威胁并没有得到充分解释,因此仍然有理由对第316a条作限制的解释。[1] 虽然《第6刑法改革法案》(见边码11)在第316a条第1款新的规定中,根据《1962年刑法典草案》第348条的模板及其论证,不再将着手攻击认定为犯罪,而是将实施攻击规定为刑事犯罪,放弃了原来法律规定的未遂和既遂之间的等同(第11条第1款第6项)。可是,借此,它充其量只是消除了对实施一种行为的刑罚框架的批评,此种刑罚框架对行为的实施来说是非常过分的。原因在于,一方面,新的法条规定的也是一种犯罪,其出现在财物和财产犯罪之前,且仅仅是一种行为而无须必要的(中间)侵害结果,即足以既遂。[2] 另一方面,尽管存在较早的,而且并非必然侵害身体、生命或决定自由之类的个人法益的既遂认定,立法者废除了第316a条第2款原条文所规定的积极悔恨,而论证时并未考虑到这一既遂问题(对此见边码426),且因第24条规定了因放弃犯罪实施而开启的由未遂而中止的可能性,这一规定变得多余。[3] 该条款起源于1938年6月22日的国家社会主义性质的《反利用汽车陷阱实施汽车抢劫法》(RGBl I 651),[4]应完全取消该条款,[5]或至少将最低刑

[1] 参见 BGHSt 49,8,11;BGH NStZ 00,144;BGH StV 04,140;AnK-Esser, § 316a Rn 2;Ingelfinger,JR 00,232;Küper/Zopfs,BT Rn 34;Lackner/Kühl/Heger, § 316a Rn 1;M/R-Renzikowski, § 316a Rn 3;相对 SK-Wolters, § 316a Rn 3;Wolters,JR 02,166;对于选择在实践中情节较轻的情形,见 Zieschang,Weitzel-FS S. 717 f。

[2] 因此,对于新的规定也批判 Hörnle,Jura 98,175;Kreß,NJW 98,643。

[3] 参见 RegE BT-Ds 13/8587,Begr. S. 51;对此批判 Freund,ZStW 109(1997),482;Ingelfinger,JR 00,229;Stein,in:Dencker ua,Einführung in das 6. StrRG 1998,S. 127;Wolters,JZ 98,400;对于第2条第3款的适用,参见 Mitsch,JA 99,665。

[4] 对此参见 Fischer,Jura 00,434;Geppert,Jura 95,311;M/S/M-Hoyer,BT I § 35 Rn 45;Schramm,BT I § 5 Rn 33;Steinberg,NZV 07,545;Zieschang,Weitzel-FS S. 705 ff;对于这一作为动因或反射法律(Anlass - oder Reflexgesetz)的例证批评 Hillenkamp,FS Eisenberg Ⅱ S. 655,658,663 ff。

[5] 参见 Freund,ZStW 109(1997),482;对此也参见 Geppert,DAR 14,133 f。

期减至3年,[1]但立法者拒绝对此予以考虑。

2. 犯罪构成

a)实施攻击

对生命、身体或决定自由进行攻击是指在敌对意志支配下对上述合法利益进行侵扰。[2] 与提前的着手一样,实施并不意味着对合法利益的实际损害。攻击只需要通过发出威胁或开枪等方式进行(见边码416、边码425)。[3] 它可能与对财物和资产的攻击相吻合,但不一定如此。攻击者可以是任何外人,也可以是驾驶员本人或乘客。[4] 417

对身体或生命的攻击旨在造成(重大的)身体伤害或死亡。对决定自由的攻击是所有形式的胁迫,只要它们还没有达到对于身体或生命的攻击即可。也可以考虑影响决定自由的欺骗行为,条件是它们能与第240条所规定的强制手段产生类似的效果。因此,对于决定自由的攻击,不仅可以通过事实上的汽车陷阱(设置路障、在街道上铺设电线)而实施,还可以通过在法律上强制实施特定行为的虚构事故、警察控制,或者通过设置误导性的,但行为人必须遵守的交通标志而实施,[5]但请注意,仅仅通过隐瞒抢劫意图,或通 418

---

〔1〕 如此联邦参议院承接 RefE BT-Ds 13/8587,S. 75。

〔2〕 同样如此 Eisele,BT Ⅱ Rn 431;LK-Sowada, § 316a Rn 14;Rengier,BT Ⅰ § 12 Rn 14;S/S-Hecker, § 316a Rn 3;S/S/W-Ernemann, § 316a Rn 6;对侵扰予以放弃 MK-Sander, § 316a Rn 26;批判 NK-Zieschang, § 316a Rn 14。

〔3〕 Vgl. Fischer,Jura 00,438;Lackner/Kühl/Heger, § 316a Rn 4;LK-Sowada, § 316a Rn 4,9,14;M/R-Renzikowski, § 316a Rn 4;Schmidt,BT Ⅱ Rn 480.

〔4〕 参见 BGHSt 13,27,31;25,315;MK-Sander, § 316a Rn 8;NK-Herzog, § 316a Rn 14。

〔5〕 同样如此 Eisele,BT Ⅱ Rn 430,430a;Geppert,Jura 95,312;ders.,DAR 14,130;Hohmann/Sander,BT Ⅰ § 15 Rn 6;LK-Sowada, § 316a Rn 11;MK-Sander, § 316a Rn 11 ff;SK-Wolters, § 316a Rn 9;S/S-Hecker, § 316a Rn 5;Sternberg-Lieben/Sternberg-Lieben,JZ 04,636;Wolters,GA 02,315 f;其他观点 AnK-Esser, § 316a Rn 14;Duttge/Nolden,JuS 05,197 f;H-H-Kretschmer,Rn 937;HK-GS/Duttge, § 316a Rn 6;Kraemer,JA 11,193;Mitsch,BT Ⅱ S. 645;M/S/M-Hoyer,BT Ⅰ § 35 Rn 49;区别 Fischer, § 316a Rn 7。

过欺骗性的说明臆想的旅行目的地或旅行目的，则不行。[1]

判例例证：在作为 BGH NStZ-RR 14,342 的基础的案件中，N 驾驶他在法兰克福机场装载的卡车驶向 A 3 出口。途中他被分别被起诉的 S 和 M[2] 跟踪。就在到达一个休息区之前，他们把车开到卡车旁边的车道中间。当 S 多次按喇叭时，M 用手示意 N 打开侧窗，他应该从右边出来。N 这样做是因为——正如 S 和 M 所希望的那样——他假定这是一个便衣警察巡逻队，他们想要对车辆进行检查。当 N 停下来关掉引擎时，同样坐在车里的 A 走到 N 跟前，喊道："警察检查：请出示文件！" 在 N 找证件的时候，A 打开司机的车门，用手枪威胁 N，并把 N 绑在驾驶座后面驾驶室的床上。然后 A 把卡车开到一个地方——正如他从一开始就计划好的那样——在那里，其他同谋和 A 一起把价值 45 万欧元的货物转移到他们的车辆上。地方法院没有考虑由这里唯一的被告 A 对司机实施的抢劫袭击。在对分别受到指控的共同正犯 S 和 M 的诉讼（BGH Beckrs 15,09421）中，法院否认他们应根据第 316a 条受到惩罚，因为他们没有——如有必要——利用道路交通的特殊条件。挥手并不是（抢劫性的）攻击，但武器的威胁是在 N 停止并关闭发动机时才发生的。然而，此时 N 不再是卡车的"驾驶人"（BGH Beckrs 14,17294）。然而，德国联邦法院的两项裁定都没有遵循地方法院的第一项认定，这是正确的，因为联邦法院在 A3 出口的挥手中，已经看到了对决定自由的决定性攻击的开始，并且在这一时间节点上，两项论及的先决条件毫无疑问地已得到满足。因为对决定自由的攻击具有相当于强制的效果。即便出于法律原因，人们认为，在并没有标记为紧急车辆的情况下，单纯挥手并不具有约束力，这也仍然可以得到肯定，但因为这种限制对于外行来说一般可能是未知的，[3] 而重要的只是，N 应该并且已经将犯罪人的行为理解为警察的指示。[4]

---

〔1〕 参见 BGHSt 49,8,12 f；BGH StV 04,140,141；BGH NStZ-RR 14,342；BGH BeckRS 15,09421 附评注 Schiemann，JR 15,595；Theile，ZJS 16,109；LK-Sowada，Rn 11。

〔2〕 对其参见 BGH BeckRS 15,09421 附评注 Krüger，NZV 15,454；Schiemann，JR 15,595；Sowada，StV 16,292；Zopfs，NJW 15,2133；对于初始决定，见 Bosch，Jura（JK）15,117，§ 316a。

〔3〕 对此参见 Jahn，JuS 14,1137 和 Jäger，JA 15,236。

〔4〕 参见 BGH BeckRS 15，09421 附对于心理上的汽车陷阱的支持性评注 Sowada，StV 16,292。

攻击必须针对机动车辆的驾驶员或乘客。该条件所要求的是,犯罪的受害者在犯罪开始时,即在犯罪人实施攻击时,具有这种特征。然而,这不仅适用于受害者在攻击开始时已经是司机或乘客的情况。除此之外,如果受害者因受到在行程之前开始的攻击而被迫开车(或乘车),并且在开车(或乘车)的时候利用道路交通的特殊条件继续地受到攻击,就足够了。[1] 在这种情况下,不需要对后一个条件提出比通常更严格的要求。[2] 419

机动车的驾驶员当然不是骑自行车的人,但可能是轻便摩托车的驾驶员。[3] 德国联邦法院第4刑事审判庭将机动车辆的驾驶员定义为,使车辆开始运动,并使其保持运动,或一般性地从事车辆运行和/或处理交通过程的人。在交通条件下停车的情况当中,无论驾驶员是否在等待交通信号灯、存在障碍物或交通堵塞时关闭发动机,其作为驾驶员的身份都将保持不变。相反,在非交通条件下停车的情况中,发动机的关闭将会取消驾驶员的特性。[4] 最后一点就像德国联邦法院第4刑事审判庭采纳的观点一样没有道理,其认为:对于仍在车辆之外或再次离开车辆,或者“先是结束了”行程的

---

〔1〕 参见 BGHSt 52,44,45 ff 附批判性评议 Bosch,JA 08,313;Krüger,NZV 08,234;Sowada,HRRS 08,136;然而,根据本书支持的观点,在该案中,已经坐在驾驶座上的被害人,在袭击开始时已经是一名驾驶汽车的人员;同样如此 Dehne-Niemann,NStZ 08,321;批判 Joecks/Jäger, § 316a Rn 17 f。

〔2〕 但是如此 BGHSt 52,44,47,但其对于“例外情形”并未证明。

〔3〕 Vgl. BGHSt 39,249 f.

〔4〕 参见 BGHSt 49,8,14;50,169,171 f;BGH NStZ-RR 06,185,186;BGH BeckRS 17,110824 附评注 Eisele,JuS 17,793(出租车案件,也见边码 423);BGH NStZ 18,469;赞成 Hohmann/Sander,BT I § 15 Rn 9;MK-Sander, § 316a Rn 17 ff;M/R-Renzikowski, § 315a Rn 7;Steinberg,NZV 07,548 f。

人,应从一开始就将其排除在驾驶员或乘客之外。[1] 诚然,这些考虑虽然也是基于本书所建议的(见边码 416),因而是值得肯定的努力,以限制对犯罪构成的解释,然而,它们既不能从第 316a 条的措辞中得出,也不能从第 316a 条的理性和结构中引出。与第 315c 条、第 316 条不同的是,第 316a 条没有提到“在道路交通中驾驶车辆”的人,也没有提到在这样驾驶的车辆中“同乘”的人,相反,其规定的是“机动车辆的驾驶员”或“乘客”。这些概念显然比简单的行动描述更为宽泛。[2] 然而,如果德国联邦法院将驾驶员的身份限制在驾驶员“使机动车辆开始运动,使其保持运动”的时间范围内,或者在车辆静止不动的情况下“进行操作或交通过程的管理”,[3]并由此推断,乘客必须是以这种方式驾驶的车辆中的乘客,[4]那么,对限制性解释有利的概念上的差异就会消弭。原因在于,如果一个人在短时间内停止车辆,以便接听电话,或者在汽车地图中确定进一步的路线,或者如果他在堵车时,在发动机关闭的情况下陷入短暂的深度睡眠,甚至由于循环系统崩溃而暂时地失去知觉等,此时他既不会因此而失去车辆驾驶员的特征,也不会失去他作为受

---

〔1〕 参见 AnK-Esser, § 316a Rn 8,10;SK-Wolters, § 316a Rn 3;Wolters,GA 02,308;ders. ,JR 02,165;现在也如此 BGHSt 49,8,14 f;BGH StV 04,140,141;赞成 Eisele,BT Ⅱ Rn 434; Geppert, JK 5/04, StGB § 316a/b; Herzog, JR 04, 259 f; Hilgendorf/Valerius,BT Ⅱ Rn 14 ff;Jesse,JR 08,448;Klesczewski,BT § 15 Rn 113; Kraemer,Jura 11,194;Krey/Hellmann/Heinrich,BT Ⅱ Rn 336;Krüger,NZV 04,164;M/S/M-Hoyer,BT I § 35 Rn 47;Rengier,BT I § 12 Rn 17 ff;Sander,NStZ 04,501;S/S-Hecker, § 316a Rn 6;S/S/W-Ernemann, § 316a Rn 11 f;Zöller,BT Rn 419;也见 Gössel,BT Ⅱ § 15 Rn 33,36 ff;Roßmüller/Rohrer,NVZ 95,254 f;258;在本书予以的批判的意义上 HK-GS/Duttge, § 316a Rn 7 ff 和 Sowada,Otto-FS S. 799,803 ff 附建议,只有在“泊车”时才而非在“停车”时就已经丧失了驾驶人的特性;对此见 LK-Sowada, § 316a Rn 22:结论也与在此支持的结论非常一致;NK-Zieschang, § 316a Rn 26,28 将推机动车的人员也包括在内。

〔2〕 其他观点参见 Mitsch,BT Ⅱ S. 646。

〔3〕 参见 BGHSt 49,8,14;50,169,171;52,44,45;BGH NStZ-RR 06,185;BGH NStZ 18,470.

〔4〕 如此例如 Fischer, § 316a Rn 3,5;H-H-Kretschmer,Rn 940;区别 Rengier,BT I § 12 Rn 23,28 ff;Küper,BT(8. Aufl.)S. 21 表达了对于同乘者概念的“补充性”的怀疑。

害者的易感性，这是根据第 316a 条的理性所设定的，并与这一角色相关联。此外，所有这些，也都不会取消在发生此类事件时在场的乘客的特征，该特征原则上拓宽了保护范围。如果司机离开汽车几秒钟，因为他想确保前轮胎的气还是足的，或者向路人询问路线，则情况并无不同。出于这些原因停车和下车表明，"处理交通过程"并不是必然且完全地仅与留在车辆中相关联，并且对于驾驶员或（留下来的）乘客而言，这种下车也不会有理由从一开始就排除他们为第 316a 条所涵括的保护需求。[1] 任何得出不同结论的人，不仅将这种保护与违反第 316a 条理性的形式主义联系了起来，而且放弃了对于这一理性而言至关重要的、有进一步的先决条件的任何独立意义，即犯罪者利用"道路交通的特殊情状"。[2] 因此，在涉及攻击的实施与道路交通的具体情况之间的功能性联系时，考虑对法律进行限制性解释的努力是更为恰当的。只有在这种情况下，才能适当考虑因交通情况而增加受害者保护价值的可能的前后效应。

b）利用道路交通的特殊情状

实施攻击、特殊的道路交通条件和利用是相互关联的。道路交通条件可能会削弱参与道路交通的司机和乘客的防御和保护能力。如果他们这样做了，其就构成第 316a 条意义上的特殊。[3] 犯罪者必须利用这种特定的受害者的情况。[4] 其中所包含的交通条件的攻击，是指对身体、生命或决定自由的攻击，而不是对抢 420

---

〔1〕 对此也见 Duttge/Nolden，JuS 05，196 f；Sowada，Otto-FS S. 803 ff；Sternberg-Lieben/Sternberg-Lieben，JZ 04，636。

〔2〕 作为其所谓的"判例中的范式转换"的后果，也如此认为 Küper/Zopfs，BT Rn 36 f；其中存在对于"禁止变相"的违反；对其见 BVerfG NJW 10，3209 Rn 79 和 Saliger，Fischer-FS S. 523 ff。

〔3〕 赞成 Jesse，JR 08，448，451。

〔4〕 参见 Günther，JZ 87，378；BGHSt 50，169，172；BGH NStZ-RR 06，185；对于利用的客观和主观的条件的总结 BGH NStZ 16，607 附评注 Bosch，Jura（JK）16，1454；Hecker，JuS 16，850；Krell，ZJS 17，115；Kudlich，JA 16，707；Kulhanek，NStZ 16，601。

劫性行为的实施。[1] 因此,道路交通运输的特殊条件对于此种行为也必须是重要的,[2]这是一个错误的要求。只有在攻击与抢劫罪、抢劫型盗窃罪和抢劫型敲诈勒索罪意义上的加重强制手段之使用同时进行的情况下——但在实践中通常发生——才存在这种必要性,在这些罪行之前不存在独立的攻击。

421 当犯罪人将车辆交通的典型情况和危险状况用于实现其目的时,利用道路交通的特殊情况(根据第 316a 条内容上未经修改的原本规定),根据对于新的规定原则上仍然适用的[3]判例观点,即可认定。据此,该行为必须与车辆作为交通工具的使用密切相关。[4] 仅凭抢劫罪或抢劫型敲诈勒索罪的对象是一辆正在行驶的汽车这一方面是不够的。[5]

在这方面,根据在第 4 刑事审判庭转向之前存在的判例,尤其重要的是由于在流动的交通中驾驶车辆所造成的压力,由于难以逃跑或抵抗,以及由于他们被隔离和无法获得外部援助而对驾驶员造成的危险。也存在的可能性是,将受害者迅速带到偏远地区。对于此种危险的利用,不仅包括在驾驶过程中或交通原因而停在车辆中,[6]而且在受害者下车后,均有可能;然而,所计划的攻击必须在空间和时间上与停车和下车直接相关。[7] 因此,如果车辆仅被当作前往犯罪现场的交通工具,[8]且根据作为基础的犯罪计划,该车辆本身与交通没有内在关系,[9]则第 316a 条不适用。如果抢劫的犯罪决

---

[1] Vgl. S/S-Hecker, § 316a Rn 12.

[2] 参见 BGHSt 37,256,258;恰当批判 Geppert,Jura 95,315。

[3] 参见 BGH NStZ 01,197;BGH StV 04,141,142;深入德国联邦法院第四刑事审判庭(BGHSt 49,8,14;50,169,172 ff;52,44,47;StV 04,140)。

[4] Vgl. BGHSt 22,114;25,315;33,378;BGH StV 97,356.

[5] Vgl. BGHSt 24,320;BGH NStZ 96,389;BGH NStZ-RR 97,356.

[6] Vgl. BGHSt 38,196,197.

[7] Vgl. BGHSt 33,378,381;BGH NStZ 89,476;96,389.

[8] Vgl. BGH StV 02,362,363.

[9] Vgl. BGH StV 97,356;BGH NJW 99,510.

意是在驾驶结束后才作出的,则也没有利用道路交通的特殊情况,[1]即使犯罪者在驾驶时就打算在车辆停下后立即对司机实施除第316a条所述罪行以外的罪行(例如,第223条规定的身体虐待),或者由于此种原因而被迫终止的,也没有利用道路交通的特殊情况。[2] 据此,第316a条不仅适用于设置汽车陷阱,而且如果犯罪者为了抢劫目的而利用机动车在红绿灯前的停车状态,则也适用。[3] 与之相反,如果犯罪者只接近一辆停着的汽车来抢劫乘客,则不存在特定于交通的危险情况。[4] 如果受害者被汽车引诱到一个偏僻的地方,但抢劫(如事先计划的那样)只有在长途跋涉到周围的葡萄园之后才会发生,那么第316a条的条件也不具备。[5]

此前的判例并不太清晰,其并无确定的标准。判例没有把重点放在流动交通的核心危险上,这是正确的,因为在其他情况下也存在应受惩罚的案件,[6]但边界的确定性在扩大过程中却几乎没有发展。当然,法律在这方面也没有什么帮助。出发点必须是,就像德国联邦最高法院第4刑事审判庭现在所强调的那样,[7]必须考虑到道路交通的条件,这些条件以一种特殊的方式损害了司机或乘客的防御和保护能力。其造成了对个体参与者来说无法补救的日益增加的脆弱性,[8]因此,利用对社会有用和必要的道路交通设施是危险的,对参与其中的人也应予谴责。对此的利用往往 422

〔1〕 参见 BGH NStZ 00,144;03,35 附评议 Beckemper,JA 03,541;Sowada,Otto-FS S. 817 f。

〔2〕 更详尽 BGHSt 37,256,258;BGH StV 02,361,362。

〔3〕 Vgl. BGHSt 25,315,317.

〔4〕 Vgl. BGH StV 02,362.

〔5〕 参见 BGHSt 22,114,116;在所涉及的案件中,离汽车的距离是750米。

〔6〕 如此还 SK-Horn(7. Aufl.),§ 316a Rn 4;可能也还如此 SK-Wolters,§ 316a Rn 10。

〔7〕 Vgl. BGHSt 49,8,11;50,169,172;BGH NStZ 16,607;BGH NStZ 18,469.

〔8〕 Vgl. Günther,JZ 87,379.

会导致事故风险，但这不是一个条件。[1] 由于与司机不同的是，乘客一般不参与交通过程的掌控，因此，对司机而言不同的因素，可能对乘客很重要。[2] 在这个出发点上，最重要的是参与流动的道路交通，包括与交通有关的停车所带来的危险。[3] 在这种情况下，是否暂时（自动）关闭发动机并不重要，例如，在红绿灯或铁路障碍物之前关闭发动机。[4] 然而，在交通静止时对车辆乘客的攻击，[5]以及在车辆启动前对受害者的攻击，都被排除在外，这是正确的。[6] 即使在停放的车辆中，乘客也会被"隔离"，并且由于空间狭窄而失去防御的机会，这与帐篷中的住户没有任何区别，也与特殊的交通条件无关。[7] 非交通停车的情况则有所不同。在此，即使在发动机运行的情况下，第 4 刑事审判庭也打算否定第 316a 条之适用，除非出现进一步的交通特定情况，迫使操作车辆和/或交通过程，[8]并且在发动机关闭的情况下显然完全排除第 316a

---

〔1〕 但是如此 Sowada，Otto-FS S. 813 ff；此外，事故危险也可能——Sowada 将之排除——通过攻击在车外的繁忙道路上修复车胎的卡车司机，或者——例如，在繁忙的道路上打开车门，准备逃跑——尽管发动机关闭，而仍然产生；现在参见 LK-Sowada，§ 316a Rn 39。

〔2〕 参见 Eisele，BT Ⅱ Rn 443；Heghmanns，Rn 1554；LK-Sowada，§ 316a Rn 33；Rengier，BT I § 12 Rn 35 f。

〔3〕 同样如此 LK-Sowada，§ 316a Rn 28，41 f；BGHSt 38，196，197 f；49，8，14 f；50，169，173。更狭 Joecks/Jäger，§ 316a Rn 16，其要求对于行驶的车辆上的乘客进行攻击。

〔4〕 相反，BGHSt 50，169，173 要求"运行的发动机"；如同本书 Eisele，BT Ⅱ Rn 441；Hilgendorf/Valerius，BT Ⅱ § 18 Rn 25；更狭 Rengier，BT I § 12 Rn 33。

〔5〕 Vgl. BGHSt 38，196，198；BGH StV 97，356；02，363.

〔6〕 在攻击开始时，BGHSt 52，44 对此有所缺乏，而非缺失机动车辆驾驶人的特性。

〔7〕 Vgl. BGH NStZ 96，390；BGH NStZ-RR 97，356；BGH NStZ 00，144.

〔8〕 参见 BGHSt 50，169，173 f 作为对此的例证，列举了直接与制动过程关联的攻击，在予以反击的过程中松开了停止的车辆，或者将脚留在了刹车上；确认 BGH HRRS 18，Nr 364。当自动变速器的选档杆处于停车位置，并且没有交通时，BGH NStZ-RR 06，185，186 否定了此类情形。

条的适用。但这可能过狭了。如果司机被指定在一个偏僻的地方停留,[1]或者如果受害者驾驶的载有赃物的卡车被引导到一个偏僻的地方,在那里,犯罪人在发动机关闭后立即攻击受害者,[2]那么从语用上也不要求,不再谈得上是机动车驾驶人或乘客,或者不存在利用道路交通的特殊条件。[3]

也不强制要求,任何尚未登上车辆或已经(暂时)离开车辆的人,[4]均不具有受害者的身份。[5] 在这种情况下,唯一重要的是,利用道路交通情况的在先或后续的影响,[6]始终要求的是,受害者已经或仍然可以被称为机动车辆的驾驶员或乘客(见边码419)。如果受害者(仅)在下车后受到攻击,且攻击不再与交通过程有任何关系,此时则没有必要的联系;[7]相反,如果驾驶人只是快速检查前轮是否"平了"或载货是否仍然固定,并在此过程中被击倒,则存在必要的联系。虽然攻击出租车司机,是在出租车停车并收取车费时发生的,但仍然可以肯定的是,行为人利用了道路交通的特殊条件。在这种情况下,司机是否关掉马达并不重要,即使考虑到可以想见的自动系统,也不重要;出租车司机是否已经拉上 423

[1] Vgl. BGH NStZ 01,197,198;BGH JR 02,163.

[2] 参见 BGH NStZ 94,340 附批判性评议 Hauf,NStZ 96,40;Roßmüller/Rohrer,NZV 95,253。

[3] 如此 Wolters,GA 02,308;JR 02,165。

[4] 参见 BGH MDR/D 76,988;77,638;BGHSt 18,170,171。

[5] 但是如此 Günther,JZ 87,373;Joecks/Jäger,§ 316a Rn 16,18;Roßmüller/Rohrer,NZV 95,253;SK-Wolters,§ 316a Rn 6;S/S-Hecker,§ 316a Rn 9;随之 BGHSt 49,8,14 f;BGH StV 04,140,141;相反已见边码 419。

[6] 同样如此 Duttge/Nolden,JuS 05,196;HK-GS/Duttge,§ 316a Rn 7 ff;否定 Mitsch,BT Ⅱ S. 646 f;Rengier,BT Ⅰ § 12 Rn 22 f,33。

[7] Vgl. BGH StV 04,140.

手刹或通过踩下脚刹来阻止车辆继续前行，亦不重要。[1] 当然，这种情况已超出了核心区域，从而必须予以严格限制。新近的判例努力做到这一点。根据德国联邦法院的观点，如果在攻击发生之时，出租车司机在发动机运转的状态下将自动变速箱切换到停车状态，则不符合第316a条。相反，如果司机停止了持续运转，并用脚踩住制动踏板，以防止车辆继续前行，则适用第316a条。如果在这种情况下，出租车司机的脚由于他的抵抗而从踏板上滑落，车辆开始运动，则后者也适用。[2] 如果以本条规定的方式被袭击的卡车司机，被关到了私人汽车的后备厢中兜来兜去，直到其他犯罪人将卡车卸货完毕，这种情况也确定地不为第316a条所涵括。[3]

c）主观要件

424 主观犯罪构成首先要求有攻击意图。这必须伴随利用道路交通的特殊条件进行攻击的意识和意志。对德国联邦最高法院来说，犯罪者——就像在阴险谋杀中的利用意识一样——只需要意识到限制了犯罪受害者防御能力的道路交通的特殊情况，就足够了。相反，并非必要的是，犯罪人将设想攻击的简单化作为他行动的因果条件。[4] 这种意识也不排除这样一个事实，即犯罪者也依赖于他们的人数优势，这使受害者没有任何防御的机会。[5] 如果

---

〔1〕 参见 BGH StV 04,141,142；其他 BGHSt 49,8,15；50,169,173 f 和 BGH BeckRS 17,110824 附评注 Eisele,JuS 17,793；但对此也见 BGH NStZ 04,269；Kudlich,JA 15,35。

〔2〕 参见 BGH NStZ 18,469,470 附批判性评注 Berghäuser 和评议 Hecker,JuS 18,820。

〔3〕 Vgl. BGH NStZ 07,35.

〔4〕 参见 BGHSt 50,169,172；同样如此 BGH NStZ 16,607 附评注 Kulhanek；Bosch,Jura(JK) 16,1454；Hecker,JuS 16,850；Krell,ZJS 17,115；Kudlich,JA 16,707；BGH NStZ 18,469。

〔5〕 因此存疑 BGHSt 49,8,16。

犯罪人计划在行程结束后在“安静的地方”进行袭击,那么只有当袭击的地点和时间在犯罪者的具体想象中仍然与道路交通的特殊条件相关时,才谈得上存在此种意识和意志。例如,如果犯罪人将受害者带到偏远的地方,以便在那里仍然能够在车内抢劫他,即为如此。[1] 最后,必须加上实施抢劫罪、抢劫型盗窃罪或抢劫型敲诈勒索罪的意图。实施这种行为除了应有具体设想[2]之外,还要求犯罪者具有为这些罪行所必需的占为己有、[3]保护赃物或获利之意图。此外,意图必须在攻击发生时就已经存在,而不是事后出现。[4] 只有在攻击行为和抢劫行为同时发生的情况下,才能要求抢劫行为也应利用道路交通条件而实施(见边码 420)。

判例例证:BGH NStZ 13,43 再次对第 4 刑事审判庭对于第 316a 条解释的新近路线进行了归纳。在这起案件中,两名乘客在乘坐一辆汽车穿越莱比锡时,应司机的要求,对另一名乘客 M 进行了拳头殴打,指控他骚扰了他的女朋友并打了他的狗。在被告人到达他们的最终目的地——W 的一处停车场——之前,K 戴上了黑色皮手套,并要求 M“在一个居民区停车后,在经过他的乘客的同意下,把他的包里的东西掏出来”。由于害怕再次被打,M 从口袋里掏出一部手机、一个烟盒和一些硬币。这些物品随后被其中一名犯罪人从他手中抢走。后来,M 在停车场再次受到虐待,并被留在那里。对于 3 名被告人根据第 316a 条第 1 款、第 25 条第 2 款认定的对于机动车驾驶人的抢劫式攻击,德国联邦法院予以了撤销。联邦法院虽然承认,“乘客”也可能是合适的受害者,并强调,在犯罪发生时,M 可能只是身不由己地身在汽车里面,这一事实也并不妨碍这一点。然而,德国联邦最高法院随后发现遗漏

〔1〕 参见 BGHSt 33,378;Günther,JZ 87,20;更狭 BGHSt 49,8,16。

〔2〕 Vgl. BGH NStZ 97,236.

〔3〕 可能的情况下也存在第三人占为己有的意图,见 M/R-Renzikowski, § 316a Rn 15。

〔4〕 Vgl. BGH NStZ 97,236;Geppert,Jura 95,315;MK-Sander, § 316a Rn 43;SK-Wolters, § 316a Rn 13.

了必要的确证,即,“3 位被告在实施该行为时,利用了道路交通的特殊条件”,因为判决没有说明居住区的“更具体的情况”,特别是与交通是否有关,因此,案件被驳回。这确实是不可回避的。原因在于,一方面,之前的殴打并没有伴随抢劫的意图;另一方面,即使最终目的地尚未到达,也可能属于非交通停车和发动机关闭的情况。根据最近的判例——德国联邦法院并未将之问题化——已经不再谈及 M 作为“乘客”的身份,因为这个特性(可能)取决于是否有人驾驶车辆:没有司机(可能)也就没有乘客。而且,根据新近的判例,在这种情况下,犯罪人也没有充分利用道路交通的特殊条件。对于地方法院认定的抢劫罪,德国联邦法院提醒到,新的审判法官应遵循强制和取走之间目的性关联的要求(对此见本书边码 350、边码 380、边码 383)。地方法院很有可能是以 M 感觉到的潜在的胁迫作为出发点,如果他不屈服于交出物品的要求,他将受到进一步的攻击。案件中 M 只是导致了一种放松的支配,使得犯罪人能够抢走赃物,因此所有人都认为这是一种抢劫行为(根据判例观点,抢劫型敲诈勒索罪应退居抢劫罪之后)。[1]

3. 既遂、未遂和中止

425 一旦攻击完成,犯罪就既遂了。[2] 这种攻击既不需要对受害者造成伤害,也不需要对试图或既遂的抢劫性行为产生任何影响。然而,根据判例观点,对决定自由的攻击之既遂,要求使受害者至少认识到攻击行为的客观强制性质。这符合本书(见边码 417)所要求的条件,即犯罪者通过攻击对被害人的法益施加影响。例如,对于激活儿童锁以预防性地切断逃生的可能性的行为,如果稍后被抢劫的人没有注意到这一点,则可能是缺失的,[3] 如此则可能成立未遂。在新的法律规定中,未遂不再等同于既遂。作为重罪

〔1〕 对于判决,也见 Geppert, DAR 14, 128, 132 f; Hecker, JuS 13, 366; Satzger, JK 11/13, StGB § 316a/9。

〔2〕 根据判例,对于仍然允许承继的共同正犯的终了,见 Krell, ZJS 17, 118(对于 BGH NStZ 16, 607);参见 LK-Hillenkamp, vor § 22 Rn 19 ff, 35 ff。

〔3〕 参见 BGH StV 04, 140, 141; BGHSt 49, 8, 12。

的未遂将被单独起诉(见边码 415 及下一边码)。未遂何时开始,依据第 22 条规定。在第 316a 条原有规定中,“实行”(Unternehmen)(第 11 条第 1 款第 6 项)的情况并无不同。由此,判例将未遂开始(在实行的意义上)大大提前,[1]对此提出的批评仍将继续。[2] 据此,无论是乘坐出租车还是让受害者进入犯罪人的车辆,如果只有在一段时间和更长的旅程之后,才计划进行身体攻击,都难以认定构成对于身体攻击的直接着手。[3] 相反,根据犯罪人的计划,攻击必须在时间和地点上无限接近,[4]以致于在所采取的行为和实施攻击之间不再有任何实质性的中间步骤,并且由此产生的状态才可以被描述为犯罪构成实现的直接危险。[5]

从限制性解释的要求(见边码 416)可以看出,不仅未遂的开始,而且既遂都不能过早地实现。如果要求对与攻击有关的法益施加影响(见边码 417),或者攻击已经触及受害者,[6]则即使在“已完成的未遂”(beendeter Versuch)[7]的情况下,也可能并非既遂。除非是人们额外要求,为执行攻击行为,在攻击手段与保护法益直接接触意义上,触及了受害者领域的核心区域。[8] 如果并未对其有侵扰,这是不可想象的。此外的建议是,既遂并不包

[1] Vgl. Geppert, NStZ 86, 553; ders., Jura 95, 312; Günther, JZ 87, 23 ff; Krey/Hellmann/Heinrich, BT Ⅱ Rn 329; Roßmüller/Rohrer, NZV 95, 258.

[2] 参见 Küper/Zopfs, BT Rn 40。

[3] 但是如此 BGHSt 6, 82, 84; 18, 170, 173; BGH JZ 57, 226; 也见 BGHSt 33, 378, 381; 批判 Geppert, Jura 95, 313; Rengier, BT I § 12 Rn 44 f。

[4] Vgl. Günther, JZ 87, 26; Lackner/Kühl/Heger, § 316a Rn 4; LK-Sowada, § 316a Rn 49; Wolters, GA 02, 313.

[5] 参见 LK-Hillenkamp, § 22 Rn 85; 类似 S/S-Hecker, § 316a Rn 17。

[6] 参见 Fischer, § 316a Rn 13; 也见 BGHSt 49, 8, 12; BGH StV 04, 140, 141: 由被害人感知的行为的强制属性。

[7] 如此则始终支持既遂 Stein, in: Dencker ua, Einführung in das 6. StrRG 1998, S. 126 f。

[8] 如此 Ingelfinger, JR 00, 232。

括使用不适当手段的“未遂”。[1] 这可以通过第 316a 条作为非纯正实行犯(unechtes Unternehmensdelikt)的性质得以证明。[2]

426 根据这一犯罪的结构,中止(第 24 条)只有狭窄的认定空间。必须考虑的是这样一种情况,即攻击在时间和地点上都很接近,但尚未对受害者产生直接影响。相反,如果存在对于受害人的影响,那么即使(尚且)没有效果,鉴于已经完成的行为,也没有中止的余地。这意味着比以前的法律规定更加严苛。以前的法律许可,在攻击没有“成功”的情况下,尽管既遂了,但仍可通过避免结果出现而积极悔改。[3] 立法者可能没有考虑到这种法律上的严苛。其认为(BT-Ds 13/8587, S. 51)第 24 条将接管第 316a 条第 2 款的职能。然而,由于较早的既遂时间,情况仍然并非如此。[4] 因此,尽管现行法律对之未有规定,但考虑类推地适用积极悔恨的想法,也只是表面上存在矛盾。[5]

例证:当要被抢劫的摩托车手进入弯道时,将在弯道后面的道路上拉紧的绳索切断,此时系从欠缺影响而尚且未遂的攻击中撤回而中止(第 24 条第 1 款)。如果流浪汉 T 向司机提供添加了昏迷药滴的咖啡,以便在效果发生后抢劫他,但此后他要求将手指伸进喉咙,阻止了效果的发生,则他可以根据

[1] 参见 Fischer, Jura 00, 440; Ingelfinger 和 Stein 同前注。

[2] 参见 LK-Hillenkamp, vor § 22 Rn 128; MK-Sander, § 316a Rn 27; 批判 LK-Sowada, § 316a Rn 13。

[3] Vgl. BGHSt 10, 320, 323; BGH VRS 21, 206; LK-Schäfer, 10. Aufl., § 316a Rn 31.

[4] Vgl. Freund, ZStW 109 (1997), 482.

[5] 否定 Eisele, BT Ⅱ Rn 448; H-H-Kretschmer, Rn 943; LK-Sowada, § 316a Rn 52; MK-Sander, § 316a Rn 60; SK-Wolters, § 316a Rn 15; S/S-Hecker, § 316a Rn 18; S/S/W-Ernemann, § 316a Rn 21; 未决 HK-GS/Duttge, § 316a Rn 16; 如同本书 Küper/Zopfs, BT Rn 35; 对于积极悔罪想法的类推可能的争论, 见 Hillenkamp, in: Schöch, Wiedergutmachung und Strafe 1987, S. 81, 87 ff。

旧的法律免予处罚(第316a条第2款原规定)。与之相反,根据新的法律,攻击的完成——尽管仍然缺乏效果,但它是通过告知而"实施"的——推迟了中止的可能性。只有通过防止攻击的结果产生,且现行法律也允许积极忏悔的情况下,才能纠正与原有规定的不必要的差异。当然,这种差异在某种程度上会有所缓和,因为在旧的法律中,在积极忏悔的情况下,并非必然要考虑免予刑罚,而只是——就像在未遂中一样——减轻刑罚。如果拒绝积极悔改的可能性,则至少应适用第316a条第2款规定。[1]

在案件29中,在用虚假武器进行胁迫的情况下,通过暴力从P处拿走钞票,符合加重抢劫罪的所有要件(第249条、第250条第1款第1b项)。50欧元钞票对T来说是他人的东西,因为它是通过根据《德国民法典》第929条第1款的所有权转移而成为P的财产。根据《性工作者法律关系管理法》(BGBL 2001 I 3983)第1条,这一点在今天不再存在疑问。[2] 这张钞票现在可能属于P,T对此可能是能够认定的;收回"他的钱",可能只是指"他支付的"报酬。根据《性工作者法律关系管理法》第1条、第2条第1句,T无权要求所有权回转(《德国民法典》第812条第1款);因此,他所寻求的占为己有意图在客观上是非法的。如果T(这是为了进一步讨论而假定的,但这是一个事实问题)也没有错误地假定存在这种诉求,那么对第249条的认定是没有异议的。[3] 第250条第1款第1b项之所以适用,是因为未上膛的气体手枪是一种不适合射击的模拟武器,第250条第1款第1b项的新的规定(见边码372及下一边码)涵盖了这种武器。仍有待审查的是,T是否根据第316a条第1款承担刑事责任(如果是,则假定第316a条和第250条第1款第1b项之间存在一罪关系),[4]这是应予否定的。虽然T对乘客P的身体和决定自由进行了攻击,前提是车辆由于案件所描述的原因仅短暂停车并且没有停放。T(在这一前提下)是一名司机这一事实,以及攻击同时符合第249 427

[1] Vgl. Eisele, BT Ⅱ Rn 448; Fischer, § 316a Rn 16.

[2] 对于由《德国民法典》第138条所产生的此前的担忧,见BGHSt, 6, 377, 378。

[3] 在错误认为存在回付诉求的情况下的案例构造,对于抢劫和敲诈勒索领域,参见BGH StV 91, 515和BGH StV 91, 20;此外见边码355、719以及Hillenkamp, BT, 12. Aufl. 2013, 23. Problem。

[4] Vgl. BGHSt 25, 224, 229.

条规定的加重的强制手段,并无问题。然而,仅仅是 T 攻击了泊停车辆内的 P,而并未"利用道路交通的特殊条件"。他再次从 P 处取回钞票的决定,与使用汽车作为交通工具之间没有密切联系。这一过程与道路交通固有的危险也无关。[1]

428 在案件 30 中,T 和 M 共同实施了——可能是在第 250 条第 1 款第 1b 项(捆绑)规定的加重情况——抢劫行为。德国联邦法院[2]也对第 316a 条作出了肯定的认定。联邦法院认为,利用道路交通的特殊条件在于,V 被引诱到一个交通稀少的地方,并在那里遭到袭击,而他当时还在车辆中。由于车辆的空间狭窄,他的防御能力受到了相当大的限制。尽管德国联邦法院很难恰当地论证其在判决中所做的陈述,但在这一边界案件的决定中,人们在结论上可以赞同德国联邦法院的意见。[3] 任何在抢劫意图的支配下,通过欺骗机动车辆驾驶员——然而,这在本案当中是存在疑问的(见边码 418)——来造成一种情况,在这种情况下,孤立和狭隘严重限制了防御和保护的可能性,[4]即使机动车辆驾驶员已到达其(临时)目的地,也仍然可以利用道路交通的特殊条件。[5] 至少当他仍然在以确保交通安全的方式停放车辆时,情况就是如此。如果援引第 315a 条、第 315c 条中规定的较狭义的驾驶人概念,从而否定被害人此时的驾驶人特征,[6]那么就忽略了这样一个事实,即在第 315a 条、第 315c 条中,这一特征构成了犯罪构成的基础,而在第 316a 条中,这一特征产生了保护效果。[7] 后者也仍然可能受到驾驶的直接后果的影响(见边码 419)。

---

〔1〕 更详尽 BGHSt 19,191,192;同样如此 BGH GA 1979,466 对于在联邦高速公路的僻静的休息区,抢劫汽车乘客;根据 Rengier,BT I § 12 Rn 36,在乘客在逃离汽车时,必须暴露于流动道路交通的危险的情况下,第 316a 条在此种案件中是适用的。

〔2〕 Vgl. BGH NStZ 94,341.

〔3〕 相反,否定 Hauf,NStZ 96,40;Roßmüller/Rohrer,NZV 95,253。

〔4〕 然而,对此也不再重要,见 MK-Sander, § 316a Rn 31。

〔5〕 更狭 BGHSt 49,8,16;Sowada,Otto-FS S. 807。

〔6〕 如此 Roßmüller/Rohrer,NZV 95,254;Wolters,GA 02,310;尽管出发点更狭,但如同本书 Steinberg,NZV 07,549。

〔7〕 现在同样如此 NK-Zieschang, § 316a Rn 27。

4. 鉴定结构:抢劫式攻击机动车驾驶员罪,第 316a 条

抢劫式攻击机动车驾驶员罪,第 316a 条

Ⅰ. 犯罪构成

1. 客观构成

a)犯罪行为:

· 实行攻击

Ⓟ既遂/积极悔罪

· 对于身体/生命

· 决定自由

Ⓟ也通过诡计/欺骗

· 机动车驾驶人/乘客

Ⓟ上车前/停车后/行程中断时

b)犯罪情境:

· 道路交通的特殊情境

Ⓟ停滞的交通/并非交通所致的停车

· 利用

→ 被害人处境和攻击的功能性关联

Ⓟ上车前/停车后/行程中断时而直接攻击

Ⓟ机动车外的攻击

2. 主观构成

a)故意:

· 任何故意类型

→ 对于攻击

→ 对于利用交通情境

b)意图:

· 意图实施第 249 条、第 250 条、第 252 条、第 255 条规定之犯罪

→ 犯罪的具体设想

→ 犯罪特殊的主观情状的满足

→ 攻击之时的意图

→ 并非必要

→（未遂的）犯罪实行

→ 利用道路交通特别情状的意志

Ⅱ. 违法性

Ⅲ. 有责性

Ⅳ. 较轻情形，第 316a 条第 2 款

→ 结果加重情形：第 316a 条第 3 款

第二部分

侵犯其他特定财产价值的犯罪

429 在财物犯罪和侵犯整体财产的犯罪之间,应归入的是涉及特定财产价值保护的刑法规范。其中最为接近财物犯罪的,是刑法上处理的使用僭越(第 248b 条、第 290 条)和窃取电能(第 248c 条);略微远一些的,是关于非法狩猎和非法捕鱼的规定(第 292 条及以下数个条文),其中涉及对于特定人群保有的先占权利的保护;最后,包括特定的使用和用益权在内(第 288 条、第 289 条),侵犯具体债权人权利的犯罪也属于这一领域。

而且,破产犯罪(第 283 条及以下条文)也归入第二部分所讨论的犯罪之内。直至本书的第 33 版,都对此类犯罪进行了阐释(边码 457 及以下数个边码)。之所以自第 34 版以来,不再对其进行阐述,是因为此类罪名不是必修科目的一部分,也不需要对于重点领域而言必要的深度。就此,可以参考经济刑法的教学资料。

第五章 使用和消费僭越

§ 10 无权使用驾驶工具和质押物品及盗取电能

案例31:T在租车公司以周末价格租了一辆车,租期为周五到周日,但在租期结束后没有还车。即使V拒绝延长租期,并要求T立即交回车辆,T也没有遵守。相反,他继续使用了这辆车几天,后来在他的妻子E强烈建议他还车,并同意与他一起交付后,他才决定送回车辆。V提出了刑事告诉。 430

T和E是否应根据第248b条受到惩罚?(见边码441)

案例32:T和M在去外面派对的路上发现了一辆出租车,引擎开着。他们决意坐到里面去,并开着这辆车去到12公里外的一所孤零零的房子,在那里举行了聚会。临走时他们把出租车停在房子附近的一条土路上,并把钥匙留在里面。后来,据其供述,他们把出租车留在那里,是期待着它很快就会被发现,并安然无恙地归还给出租车运营商。事实上,直到6个星期后,出租车才被发现。

T和M的刑事可罚性?(见边码442)

Ⅰ.无权使用驾驶工具罪

1.保护目的、保护对象和权利人

根据第248b条,任何人违反权利人的意 431

志而使用机动车辆或自行车,即属犯罪。因此,该条例将纯粹的"使用盗窃"(Gebrauchsdiebstahl)——也称为 furtum usus——定性为刑事犯罪,这种行为通常是不受惩罚的,只有在其他规定中没有更严厉的刑罚规定的情况下,才可以本罪定罪处刑[相对的补充性(relative Subsidiarität)]。本罪未遂可罚,但只有在提出刑事告诉的情况下,才会予以追诉(第 248b 条第 3 款)。

这一规定可以追溯到 1932 年 10 月 20 日的《交通条例》(RGBl I 496),[1]其规定了对无权使用机动车辆和自行车的处罚。该规定的目的是保护使用权,[2]而使用权不一定属于所有权人,且使用权行使的风险更大,特别是因为停在街道和广场上的车辆很容易被滥用,故使用权经常受到损害。

432 根据第 248b 条第 4 款的法律定义,机动车辆包括所有类型的汽车、摩托车、轻便摩托车、飞机和摩托艇,但不包括拖车、帆船和固定在铁轨上的陆地车辆,如有轨电车或机车。除了机动车辆,自行车也受到保护。

433 根据第 248b 条,权利人是有权使用车辆或自行车的人。权利人不一定是所有权人;任何在物权上或债权上享有权利的人,如用益物权人、保留所有权的购买者或者承租人,都被考虑在内。[3]

将第 248b 条视为财物犯罪,是因为原则上将所有权人视为权利人的反

---

[1] 对此见 Wagner,JR 32,253;对于历程,具体见 Boller,Der unbefugte Gebrauch von Kraftfahrzeugen und Fahrrädern- § 248b,2013,S. 5 ff。

[2] 对于针对法益的讨论以及对于在此支持观点的论证,见 Boller,Der unbefugte Gebrauch von Kraftfahrzeugen und Fahrrädern 2013,S. 21 ff,34 f;同样如此 Fischer,§ 248b Rn 2;Kindhäuser/Hilgendorf,§ 248b Rn 1;M/R-Schmidt,§ 248b Rn 1。

[3] Vgl. BGH VRS 39,199;Fischer,§ 248b Rn 2;LK-Vogel,§ 248b Rn 9.

对性意见[1]实在过于狭隘。例如，在征得所有权人同意但违背用益物主意愿的情况下，行为人的刑事责任是毋庸置疑的。在这种情况下，根据用益物主可能提起的告诉，即使是所有权人本人也可以根据第248b条受到惩罚，这是绝不奇怪的，正如第289条或第123条的类似情况所表明的那样。只有这样，所有权仍然被保留的车辆的买方的权利才能得到有效的保护，以此防止未经授权的使用。[2]

衍生的使用权可能在内容和时间上受到限制；例如，车辆的借用人或租户通常无权将车辆继续让与第三方。[3]

2. 使用行驶工具

第248b条第1款的客观犯罪构成是任何人违背有权使用机动车辆或自行车的人明示或默示宣布的相反意志[4]而使用机动车辆或自行车，这并不包括任何任意的使用。第248b条的使用(Ingebrauchnehmen)仅指车辆作为运输工具的预定用途，无论是否启动发动机都无关紧要。[5] 434

---

〔1〕 Vgl. AnK－Kretschmer, § 248b Rn 1; Franke, NJW 74, 1803; H－H－Kretschmer, Rn 876; Lackner/Kühl, § 248b Rn 1; MK－Hohmann, § 248b Rn 1 f; Schramm, BT I § 13 Rn 5; SK-Hoyer, § 248b Rn 2; S/SBosch, § 248b Rn 1,7.

〔2〕 同样如此 A/W-Heinrich, § 13 Rn 141; BK-Wittig, § 248b Rn 1; Boller, Der unbefugte Gebrauch von Kraftfahrzeugen und Fahrrädern－§ 248b, 2013, S. 55 f; Eisele, BT Ⅱ Rn 279; HK-GS/Duttge, § 248b Rn 1; Klesczewski, BT § 8 Rn 239; LK-Vogel, § 248b Rn 2; Mitsch, BT Ⅱ S. 233; Rengier, BT I § 6 Rn 4; NK-Kindhäuser, § 248b Rn 1; S/S/W-Kudlich, § 248b Rn 1。

〔3〕 参见 BGH GA 63, 344; OLG Neustadt MDR 61, 708。

〔4〕 Rengier, BT I § 6 Rn 4；"并无意志"并不足够；对于声明必要性存在的争论，更为确切的见 Boller, Der unbefugte Gebrauch von Kraftfahrzeugen und Fahrrädern－§ 248b, 2013, S. 57 ff, 其根据同意的规则作出决定, S. 69 f。

〔5〕 参见 BGHSt 11, 44, 45 f 和 47, 50; Boller, Der unbefugte Gebrauch von Kraftfahrzeugen und Fahrrädern－§ 248b, 2013, S. 39 ff。

据此,未经授权使用他人车辆过夜,[1]或假装作为盲人乘坐公共汽车的,不构成犯罪(但后者可能违反第265a条)。此外,如果只是为了让车主生气,而将一辆自行车扔到更远的街角处,则缺失与适当用途相应的使用。[2]

435 判例合理地将使用与无权保持使用(Ingebrauchhalten)相等同。[3]

与第242条、第246条进行的当罚性比较,将会导致要求在第248b条情况下存在取走行为来作为对缺乏剥夺他有因素的平衡,但这并不成为其反对保持使用的理由。[4] 很明显,第248b条没有规定这样一个必要的要件。[5] 例如,如果一名机械师将交给他修理的汽车擅自开了出去,那么他将根据第248b条受到惩罚。这同样适用于司机和其他雇员的无权驾驶。在不超过语词边界的前提下——如发现缺乏授权后继续使用的情况[6]所示——使用,也可以在未经授权继续使用的情况下使用。最后,在约定的使用期限届满后,不向有权获得物品的人归还物品,不仅(并非刑事可罚地)违反了合同,而且侵犯了他有义务归还货物的人的使用权。[7] 这与不受惩罚地偏离仍然

---

〔1〕 参见 BGHSt 59,260 附评议 Floeth,NZV 15,95;Jahn,JuS 15,82;Kudlich,JA 14,873;Mitsch,NZV 15,423;Theile/Stürmer,ZJS 15,123;Zöller,BT Rn 113。

〔2〕 Vgl. BayObLG JR 92,346.

〔3〕 更详尽 BGHSt 11,47,50;BGH GA 63,344;BGHSt 59,260;OLG Zweibrücken VRS 34,444;OLG Schleswig NStZ 90,340 附批判性评注 Schmidhäuser;LAG Nürnberg BeckRS 11,7185 S. 5;其他 AG München NStZ 86,458 附赞成性评注 Schmidhäuser;Hohmann/Sander,BT I § 4 Rn 11;MK-Hohmann, § 248b Rn 17 f;区别 Küper/Zopfs,BT Rn 376;SK-Hoyer, § 248b Rn 10 ff。

〔4〕 但是如此 Schmidhäuser,Anm. NStZ 86,461。

〔5〕 Vgl. OLG Schleswig NStZ 90,340; Bock,JA 16,343; S/S-Bosch, § 248b Rn 5.

〔6〕 Vgl. BGHSt 11,47,50.

〔7〕 其他观点参见 A/W-Heinrich, § 13 Rn 142;Klesczewski,BT § 8 Rn 243;Krey/Hellmann/Heinrich,BT Ⅱ Rn 212;M/S/M-Schroeder,BT I § 37 Rn 9;Otto,BT § 48 Rn 6;Schramm,BT I § 13 Rn 19。

存在的使用权的约定限制，[1]绝不等同。[2]

第 248b 条不是亲手犯(eigenhändiges Delikt)。因此，予以使用也可能是因为行为人让另一个人驾驶，例如，因为他自己没有驾驶执照，[3]或者因为他想让司机来“驾驶”。然而，仅仅只是利用所乘坐汽车的驾驶员无论如何都会进行的行程本身是不够的，仅仅是有驾驶的动机也是不够的。在这种情况下，与其他情况一样，必须区分正犯和共犯。[4] 在此，考虑到缺乏亲手行为，也可以考虑间接正犯。 436

使用必须违背有权使用的人的意愿。第 248b 条规定的客观犯罪构成，在被给予使用许可的情况下，则不适用。如果车辆的使用许可明确地表明与持有和驾驶车辆有关的驾驶执照相关，那么仅假装持有该驾驶执照的承租人应被视为符合该犯罪构成。如果此后仅仅只是违反合同使用，例如开车绕道、“搭便车”或酒后驾车等，都可以不予处罚，这并不矛盾。[5] 推定的同意(见边码 437

[1] 对此见 Heghmanns，Rn 1175。

[2] 同样如此 AnK-Kretschmer，§ 248b Rn 6；Eisele，BT Ⅱ Rn 286 f；Fischer，§ 248b Rn 4；Hilgendorf/Valerius，BT Ⅱ § 6 Rn 6；Lackner/Kühl，§ 248b Rn 3；LK-Vogel，§ 248b Rn 5；M/R-Schmidt，§ 248b Rn 4；NK-Kindhäuser，§ 248b Rn 6 f；Rengier，BT I § 6 Rn 7；S/S/W-Kudlich，§ 248b Rn 4；Zöller，BT Rn 114；在出发点上也是如此 Boller，Der unbefugte Gebrauch von Kraftfahrzeugen und Fahrrädern - § 248b，2013，S. 43 ff，51，但其根据案例组而差异化处理，S. 52 ff；区别 S/S-Bosch，§ 248b Rn 4a。

[3] Vgl. BGH VRS 19，288；RGSt 76，176.

[4] Vgl. Boller，Der unbefugte Gebrauch von Kraftfahrzeugen und Fahrrädern - § 248b，2013，S. 93 ff；Küper/Zopfs，BT Rn 378；Mitsch，BT Ⅱ S. 240 ff.

[5] 参见 LK-Vogel，§ 248b Rn 8；对此批判 Joecks/Jäger，§ 248b Rn 12 f。

438)以及正当的紧急避险(《德国民法典》第 904 条)只排除违法性。[1]

误认为是权利人同意使用的错误观念,以及误认为允许使用的人是有权使用的人,则排除犯罪故意(第 16 条第 1 款)。

438 车辆开动时则使用既遂;为此目的打开点火装置系未遂。犯罪仅在停止使用时才结束[持续犯(Dauerdelikt)]。因此,第 248b 条也涵盖了未经授权使用该车辆的人将该机动车辆归还给有权使用该车辆的人;[2]因此,任何在这方面提供帮助的人,都不会因为缺乏主犯罪行为而不予处罚。[3]

如果权利人有效和实际地同意取回,则帮助犯和主要犯罪行为均不符合犯罪构成(见边码 437)。[4] 与之相反,如果归还只符合权利人的推定意志,则只有在第 248b 条等推定违背权利人意愿的罪行的推定同意(mutmaßliches Einverständnis)已被视为具有排他性效力的情况下,才不存在构成该犯罪的主要行为;[5] 正确地说,主犯罪行为可通过推定的承诺(mutmaßliche Einwilligung)而被正当化。只有在无法获得实际同意的情况下,推定的意志

---

[1] 见 Kudlich, JA 14, 874; Rengier, BT I § 6 Rn 4a; Mitsch, BT Ⅱ S. 232 f; 相反,支持犯罪构成排除 H-H-Kretschmer, Rn 877; LK-Vogel, § 248b Rn 8; NK-Kindhäuser, § 248b Rn 5; 对于推定的承诺,完全否定 Boller, Der unbefugte Gebrauch von Kraftfahrzeugen und Fahrrädern- § 248b, 2013, S. 70 ff, 105。

[2] 见 BGHSt 59, 260; Fischer, § 248b Rn 6; HK-GS/Duttge, § 248b Rn 9; S/S-Bosch, § 248b Rn 7; 开放 BK-Wittig, § 248b Rn 5; 其他 Wessels, BT Ⅱ Rn 388。

[3] 但是如此 OLG Düsseldorf JZ 85, 590。

[4] Vgl. Rengier, BT I § 6 Rn 4.

[5] 如此 Ludwig/Lange, JuS 00, 449; 赞成 Lackner/Kühl, § 248b Rn 4; LK-Vogel, § 248b Rn 8; 并不明确 BGHSt 59, 260 附评议 Floeth, NZV 15, 95; Jahn, JuS 15, 82; Kudlich, JA 14, 873; Theile/Stürmer, ZJS 15, 123; 在结论上一致 Küper/Zopfs, Rn 378。

才能排除返还的刑事可罚性。唯有如此,才有可能考虑,风险降低的想法是否会减轻正犯和帮助犯的负担。[1]

3. 与取得型犯罪的关系

任何违反权利人意志使用机动车辆或自行车的人,即使只是 439
打算暂时使用机动车辆或自行车,也通常系将机动车辆或自行车据为所有(见边码 150)。因此,如果使用是由于犯罪者取走车辆而发生的,则除第 248b 条外,[2]还可考虑盗窃罪(和侵占罪)。未经授权的使用如果涉及犯罪人在没有取走车辆的情况下而由其所占有,则为侵占罪。因此,决定是否存在第 242 条或第 246 条的情形,并在适当情况下取代第 248b 条的决定性因素是,当取走或表征足够明确时,车辆是否能够在不造成本体或价值损失的情况下归还给车主。如果是这样,则缺少剥夺他有故意;如果不是这样,就会构成盗窃罪或侵占罪。

判例认为,决定是否存在排除剥夺他有故意的"返还意志",首要取决于犯罪人是否将车辆返还交由偶然因素来决定。在这方面,应当记住的是,在机动车辆和自行车被盗取的情况下,剥夺他有的要求不应低于一般情形,而且,判例所引用的反对返还意志的证据线索[3],不能取代并不存在的剥夺他有故意(具体见边码 157 及以下数个边码)。也应指出的是,在通过取走而予以使用的情况下,问题并非在于犯罪者是否"从一开始就为了自己的利益而最终打破支配"(盗窃罪),或者他是否"只满足于暂时打破对他人的支配"

---

〔1〕 对于风险降低,见 Roxin, AT I § 11 Rn 53 f; Wessels/Beulke/Satzger, AT Rn 292 ff。

〔2〕 参见 Küper/Zopfs, BT Rn 379; 也见 Boller, Der unbefugte Gebrauch von Kraftfahrzeugen und Fahrrädern- § 248b, 2013, S. 119。

〔3〕 参见 BGH NStZ 96, 38; 对于判例的详细评介, 载 Boller, Der unbefugte Gebrauch von Kraftfahrzeugen und Fahrrädern- § 248b, 2013, S. 119 ff。

(第 248b 条);[1] 相反,这完全取决于犯罪者在执行取走之后,是否希望从权利人手中永久地剥夺物品本身或其中所体现的价值,或者他是否希望将物品归还给所有权人的控制而不造成任何实质性的价值损失。

440 相对于具有相同或类似保护方向的此类罪行,根据明确的补充条款,只要该行为被配备了更为严厉的刑罚,则第 248b 条不予适用。在第 246 条框架内,后者仅适用于第 2 款所规定的侵吞型侵占罪。[2] 与之相反,如果与第 315c 条第 1 款第 1a 项或第 222 条实现了一罪关系,则仅根据第 248b 条对其进行处罚是适当的。[3] 否则,对使用权的损害将无从表达。补充性条款由于其更广泛的措辞,禁止法官在此种相对补充性的意义上进行解释[4] 并不可取。在补充性条款的背景下,"犯罪"(Tat)不仅仅意味着单一的生活过程。相反,这一概念规定了一项条件,即这一犯罪的不法在其他条款中得到反映。只有这种解释——如对于第 246 条(边码 327)和第 265b 条(边码 671)所述——才能使该条款的含义,以及与补充性竞合关系内容上相关的意义具有有效性。[5]

根据第 248b 条所作的惩罚,须包括燃料的消耗量;否则的话,该条款的适用范围几乎没有任何余地,有鉴于此,对此不适用第 242 条或第 246 条第 2

---

〔1〕 但是如此误解性的 BGH NJW 87,266;BGH NStZ 96,38。

〔2〕 如果犯罪是针对所有权人的,那么由于严重的侵犯形式,一般的侵占罪应先予认定,此外,一罪关系也是可以想见的,见 Lackner/Kühl, § 248b Rn 6。

〔3〕 Vgl. Kindhäuser/Hilgendorf, § 248b Rn 14;S/S-Bosch, § 248b Rn 14.

〔4〕 如此 Bock,BT Ⅱ S. 470;Boller, Der unbefugte Gebrauch von Kraftfahrzeugen und Fahrrädern- § 248b, 2013, S. 114 ff;Hohmann/Sander, BT I § 4 Rn 16 参见 BGH NJW 98,465 对于第 125 条;同样如此 Heghmanns, Rn 1180;Klesczewski, BT § 8 Rn 248;Lackner/Kühl, § 248b Rn 6 和 BGHSt 47,243,244 对于第 246 条。

〔5〕 如同本书 BK-Wittig, § 248b Rn 11;Eisele, BT Ⅱ Rn 289;Fischer, § 248b Rn 11;HK-GS/Duttge, § 248b Rn 15;Rengier, BT I § 6 Rn 8;SK-Hoyer, § 248b Rn 18;S/S/W-Kudlich, § 248b Rn 11;区别 LK-Vogel, § 248b Rn 17。

款规定。[1]

441 在案例 31 中,在租赁期结束并且 V 明确拒绝续约之后,T 违背 V 的意愿,仍将机动车保持在使用状态。这是否符合第 248b 条所要求的使用,是有争议的。但可以正确地对之予以肯定,因为继续使用侵犯了 V 的使用权,而且在任何重新地继续使用的情况下,都谈得上是使用(见边码 435)。[2] T 不想永久地剥夺 V 的车辆,而只是暂时地剥夺 V 的车辆,这一点通过他对合同是否可以续签的声明得以展示。此外,就侵占罪而言,仅仅违反合同的继续使用,还不足以充分明确地表征占为己有意图(见边码 314)。[3] 只有当 T 把汽车返还给 V 时,第 248b 条规定的持续犯才告结束。由于 V 要求 T 立即交出车辆,因此可以认定为是对于 T 返还行为的同意。由此,足以让 E 参与的主犯罪行为不(再)存在。因此,根据第 248b 条之规定,只有 T 必须受到惩罚。由于该行为已经既遂,不需考虑通过归还车辆而导致实施中止。第 248b 条也没有规定因积极悔改而减轻处罚。必要的刑事告诉又被提起。

判例例证:与案例 31(见边码 441)具有类似性质的是 BGH NJW 14, 2887 =BGHSt 59,260 一案。在此案中,已婚的 T 和他的女友 F 在 E 公司租了一辆沃尔沃汽车,租期是到 2013 年 3 月 2 日。2013 年 2 月 27 日,T 和 F 分手,不能再和她住在一起了。T 在 2013 年 3 月 2 日之后保留了这辆车,但只是为了在里面过夜。2013 年 4 月 9 日,T 的妻子再次接纳了他。2013 年 4 月 10 日,T 将车送回 E 公司。公司的总经理提出了刑事告诉。在本案中,由于缺乏(充分明确地表现出来的)剥夺他有意志,并不考虑取得型犯罪。又因为 T 仅是过夜,故也可以将使用排除(见边码 434)。因此,唯一的犯罪行为可能只是 2013 年 4 月 10 日实施的归还。德国联邦法院对地方法院因此作出的判决提出质疑,认为其没有明确的调查结果,表明 E 在这方面具有相

[1] 参见 BGH GA 60, 182; Boller, Der unbefugte Gebrauch von Kraftfahrzeugen und Fahrrädern - § 248b, 2013, S. 133 ff; Küper/Zopfs, BT Rn 380; NK-Kindhäuser, § 248b Rn 13; Schmidt, BT Ⅱ Rn 256-258; 批判 Mitsch, BT Ⅱ S. 245 f; 区别 M/S/M-Schroeder, BT I § 37 Rn 11。

[2] Vgl. OLG Schleswig NStZ 90, 340.

[3] Vgl. Krey/Hellmann/Heinrich, BT Ⅱ Rn 82; Kudlich, JA 14, 873; OLG Hamburg StV 01, 577.

反的意志。“如果使用车辆作为交通工具——就像本案的情况一样——并不是为了侵犯有权使用车辆的人的不受限制的处置能力,而是为了车辆的重新给与……”德国联邦法院认为,“则可以推定,在此范围内,车辆的使用是在有权使用车辆的人的同意下进行的。事实上,由一个本身无权使用的人返还车辆,通常不会‘违背意愿’”,而这正是犯罪构成所要求的,且“由其推定的利益所涵盖”。如果如此理解,即由于此种原因,法官只需特别彻底地将取证范围扩大到相反的意志,那么人们就可以赞成这一判决。相反,如果将之解读为,必须澄清 T 是否有权合理地推定 E 的同意,则由此推导出的犯罪构成的排除,将受到可能不存在作为法律实体的推定同意的保留的阻碍。不同的是,如果设想通过推定的同意来作为可能的正当化事由,就可能会忽略这样一个事实,即考虑到 E 的实际意志是可核实的,这种推定承诺的认定背离了推定同意的补充性质。由于德国联邦法院并未处理这两个问题,对判决的第一种解释是可以想见的。[1]

442 在案例 32 中,T 和 M 共同打破了出租车司机的支配,并建立了属于他们自己的支配。鉴于他们打算驾驶出租车行驶 12 公里,可认为他们还打算(暂时)将这辆车据为所有。然而,T 和 M 的想法是,他们只想在这次行程中使用该出租车,很快就会将车完好无损地返还给出租车公司。在这种情况下,两人并没有长期剥夺他有的设想来表征占为己有意图。T 和 M 使第三人可以随意接触出租车,并将出租车停放在不太可能被立即发现的地方,这一事实可能会使他们在审判中的辩解失去可信度,但这并不能取代实际上剥夺他有故意的缺失。因此,必须对盗窃罪予以否定(也见边码 158 及下一边码)。[2] 相反,T 和 M 必须根据第 248b 条、第 25 条第 2 款进行处罚。由于在此并不存在亲手犯,没有理由反对共同正犯的犯罪实施方式,即使乘客在此共同控制了事件,并在平等的基础上参与使用,享有平等的利益。犯罪的可追诉性需以刑事告诉为前提。

---

〔1〕 对于判决,也见 Floeth, NZV 15, 95; Jahn, JuS 15, 82; Kudlich, JA 14, 873; Theile/Stürmer, ZJS 15, 123。

〔2〕 Vgl. BGH NStZ 96, 38.

4. 鉴定结构:无权使用驾驶工具罪,第 248b 条

无权使用驾驶工具罪,第 248b 条

Ⅰ. 犯罪构成

1. 客观构成

a) 犯罪对象:

· 机动车辆

→ 第 248b 条第 4 款

· 自行车

b) 犯罪行为:

· 利用

→ 与用途相符的利用

→ 正犯形式/既遂

Ⓟ保持使用

· 违背权利人意志

Ⓟ权利人

Ⓟ归还中的承诺/推定承诺

2. 主观构成

a) 故意:

· 任何故意类型

Ⓟ与取得型犯罪的界分(归还设想)

Ⅱ. 违法性

Ⅲ. 有责性

Ⅳ. 刑事告诉,第 248b 条第 3 款

Ⅴ. 补充性,第 248b 条第 1 款

→ 相对于规定更重刑罚之犯罪的补充性

Ⓟ补充性条款的射程

Ⅱ. 无权使用质押物罪

443 第 290 条将未经授权使用质押物品规定为刑事犯罪。这是另一个通常不受惩罚的使用盗窃情形。[1] 这项规定在实践中几乎毫无意义,因为该规定只适用于公共的当铺商,即从事当铺业务的人,且其业务向公众开放。只要行为是由在企业工作的人实施的,就不在乎是否存在与犯罪人相关的官方特许权。[2] 第 290 条意义上的使用,是指对于物品的任何使用,其性质与物品的性质相容,并且超出了单纯的保管范围。[3] 在这种情况下,也可以考虑再行质押。[4] 如果使用导致物品价值大幅下降,则可能构成侵占罪,从而取代第 290 条而适用侵占罪的处罚规定。

私人质权人不属于第 290 条的范围;在这种情况下,对所有权人的保护仅限于民事领域(《德国民法典》第 1217 条)。根据第 28 条第 1 款,[5]公共典当行人员不是一种特殊的人身特征,因为它没有设定具体的义务,而只是描述了对法益具有特别"危险"的犯罪人群体。根据——存有争议的——意见,未经授权是一项犯罪构成要件。[6]

Ⅲ. 盗取电能罪

444 根据第 248c 条,任何人利用不用于正常提取的导体从电力装置或设施中提取他人的电力,即构成刑事犯罪。在此,法律规定,在占为己有意图支配下实施此种行为的人(第 248c 条第 1 款),相较于仅仅具有损害意图的人(第 248c 条第 4 款),要受到更严厉的

---

〔1〕 Vgl. Lackner/Kühl/Heger, § 290 Rn 1.

〔2〕 Vgl. RGSt 8,269,270.

〔3〕 参见 BGHSt 11,47,48 f;Kindhäuser/Hilgendorf, § 290 Rn 5。

〔4〕 Vgl. RGSt 8,269,271.

〔5〕 参见 Lackner/Kühl/Heger, § 290 Rn 1;其他观点 Gössel, BT Ⅱ § 18 Rn 129;SK-Hoyer, § 290 Rn 2;开放 NK-Gaede, § 290 Rn 4。

〔6〕 参见 NK-Gaede, § 290 Rn 7;其他观点 LK-Schünemann, § 290 Rn 9。

刑事处罚。这两种情况,都可以谈得上是未经允许手段的消费僭越(unbefugte Verbrauchsanmaßung)。

该条款于1900年纳入《德国刑法典》,其以当时的帝国法院的判例为基础,判例虽然承认有必要惩罚"偷电"行为,但它正确地否认了电能的物的性质(第242条),并宣布自己没有资格填补刑事犯罪的空白。当时的帝国法院正确地证明,这仅仅是"立法的任务",因为刑事法官不能根据"最高原则:罪刑法定原则",通过类推适用"本案不存在的规范"来纠正"法律规定的缺陷"。[1] 不久之后,法院补充道,"电气公司和工业对法律保护的需求无疑是不可否认的",有鉴于保证"法律安定性和个人自由"的原则,这种需求并不能通过法院判决而得以满足。[2]

第248c条第1款规定了一个类似于盗窃的犯罪构成。因此,《第6刑法改革法案》(见边码11)针对于盗窃罪而扩展至第三人占为己有的做法,在本罪中也适用。此外,立法者还将此前的通说观点在第248c条第3款中规定了下来,[3]即对于本罪相应地适用第247条、第248 a条。电能不是一种物品,因此必须在转移的意义上使用他属性和占为己有意图的概念。[4] 如果犯罪人无权提取电力,则该电力是他人的;如果他想为自己消耗电力或允许第三方通过传导消耗电力,则存在占为己有的意图。[5] 只有在犯罪人未获得同意,[6]并通过权利人并未确定的导体来提取电力时,剥夺才是符合犯罪构成的。 445

---

〔1〕 Vgl. RGSt 29,111,116.

〔2〕 Vgl. RGSt 32,165,186 f.

〔3〕 见OLG Düsseldorf NStE Nr 1对于第248c条;BT-Ds 13/9064,S. 17。

〔4〕 Vgl. LK-Vogel, § 248c Rn 2,13;M/S/M-Hoyer,BT I § 33 Rn 150;MK-Hohmann, § 248c Rn 6,15;S/S/W-Kudlich, § 248c Rn 3,10;OLG Celle MDR 69,597.

〔5〕 Vgl. OLG Celle MDR 69,597;M/R-Schmidt, § 248c Rn 6.

〔6〕 Vgl. Brodowski,ZJS 10,145;Mitsch,BT Ⅱ S. 249.

据此,寒冷的上班族如违反雇主的指示,使用已安装在办公场所的电加热设备,或事先使用假币操作断电的投币机,则不符合犯罪构成;[1]相反,如果他们自行连接自带的加热器,则符合第248c条的犯罪构成。法律的适用者无法纠正这种并不明显的区别。[2] 根据判例,最常见的情况是,由于拖欠费用而停止供电,则通过桥接终端或从住宅之外的电源获得电力。[3]

判例例证:在LAG Hamm BB 10,2300一案的判决中,涉及的是,雇员A根据第248c条所犯的罪行,是否使雇主有权(无期限地)终止雇佣关系。A租了一辆"赛格威"电动滑板车几天的使用权,用一根电缆把它连接到他雇主数据中心前厅的一个插座上,以便给电池充电。在此期间提取的电量价值1.8欧分。目前尚不清楚,A是自带了充电电缆,还是找到了充电电缆。州劳动法院同意下级法院(ArbG Siegen BB 10,244)根据第248c条对于这一过程的涵摄,因为在这两种情况下,A都使用了雇主未指定的导体为自己的电动滑板车充电。如果发现的"充电电缆"通常用于从前厅的插座中提取电力,则可以对这一论点提出质疑。然而,雇主允许员工用公司的电力供电的私人物品如咖啡机、微波炉或电子相框,从中难以得出公司对于A的做法的同意。尽管A存在犯罪行为,但辞退的有效性仍被否定。[4]

446 即使在作为自诉犯罪的损害情形(第248c条第4款)中,若消费的僭越既不有利于犯罪人,也不有利于第三人,而只对权利人造成损害,如只是违背权利人的意志打开"耗电"的设备,也是不够的。相反,在此也必须借助于不用于正常提取的导体来提取电流。

---

〔1〕 参见BayObLG MDR 61,619;BK-Wittig, § 248c Rn 2.1;Fischer, § 248c Rn 3;其他观点SK-Hoyer, § 248c Rn 7。

〔2〕 参见Kindhäuser/Hilgendorf, § 248c Rn 7 f;对此也见Bock,JA 16,503 f;Brodowski,ZJS 10,146;LK-Vogel, § 248c Rn 11附建议,只是违反合同或约定的使用(如一个插座),只作为纯粹的民事不法进行处理。

〔3〕 例如见HansOLG Hamburg MDR 68,257;OLG Celle,MDR 69,597;OLG Düsseldorf NStE Nr 1关于第248c条。

〔4〕 对此也见Eckert,DStR 09,2324。

到目前为止,还没有证据表明由于“电流灭失”而造成损害的情形在实践中是必要的(BT-Ds 13/8587,S. 43)。然而,立法机关坚持这一犯罪构成(BT-Ds 13/8587,S. 63;13/9064,S. 17)。只有在第248c 条第 1 款规定的情况下,未遂始才可罚。[1]

[1] Vgl. MK-Hohmann, § 248c Rn 19.

第六章　侵犯先占权利

§ 11　非法狩猎和非法捕鱼

447 案例 33:T 作为狩猎客人参加了一次狩猎活动。他遇到的一头母鹿逃到邻近的一个地区,在那里死了,此处离边界大约 40 米远。T 把这只动物从他人狩猎场带回来,放在离界限一米半远的狩猎组织者的狩猎场里。在这样做的过程中,他设想在狩猎结束后,鹿会被猎区主人在那里捡起来并加以利用,这确实发生了。狩猎组织者和邻近猎场的租户之间没有协议。在 T 在邻近地区捡到鹿之前,他在那里趴了一小段时间,因为他发现了另一只鹿。他把枪放下,希望鹿能够接近射程。几分钟后,这只鹿出人意料地进入了狩猎组织者的领地,T 从高处将它射杀。

T 的刑事可罚性?(见边码 454)

Ⅰ. 非法狩猎罪

1. 法益和保护功能

448 非法狩猎罪的本质主要在于侵犯他人对受狩猎法管辖的物品的先占权利(对此参见《德国联邦狩猎法》第 1 条、第 2 条),并且对其——因为且只要它们是无主的(《德国民法典》第 960 条第 1 款第 1 句)——进行保护,第 242 条、第 246 条、第 303 条并不适用。

然而,仅仅是为了维护作为财产价值的先占权利,第 292 条的保护功能并没有用尽。刑罚威慑还旨在通过保护野生动物而维持野生动物的总量。[1] 第 292 条第 2 款第 2 项规定的最后三个示例和《德国联邦狩猎法》第 1 条证实了这一点。根据这些例子,狩猎权包含了这一专属的权限,即在特定地区饲养野生动物,对其进行狩猎和将其作为狩猎猎物据为所有。此外,附加的保护功能解释了为什么第 248a 条不适用。[2] 关于狩猎犯罪的特别规定与之并不冲突。[3]

狩猎权作为一种物权,产生于与它不可分割的土地的所有权 449
(《德国联邦狩猎法》第 3 条第 1 款),它也只能在狩猎区进行(《德国联邦狩猎法》第 3 条第 3 款、第 4 条及以下数个条文)。狩猎权的行使是可转让的,可以作为狩猎租赁合同的标的(进一步见《德国联邦狩猎法》第 11 条及以下数个条文);在这种情况下,狩猎实施权优先于土地所有者的狩猎权,因此也可能受到土地所有者的侵犯。[4]

在不属于狩猎区的基地和和平区,不允许狩猎(《德国联邦狩猎法》第 6 条第 1 款)。和平区包括直接靠近住宅的花园,并由某种围栏限制或以其他方式完全封闭(参见《北莱茵-威斯特法伦州狩猎法》第 4 条第 1 款第 b 项)。

---

〔1〕 参见 AnK-Putzke, § 292 Rn 1; BK-Witteck, § 292 Rn 7; Hohmann/Sander, BT I § 9 Rn 1; Kindhäuser/Böse, BT Ⅱ § 11 Rn 1; Lackner/Kühl/Heger, § 292 Rn 1; LK-Schünemann, § 292 Rn 1-3; M/S/M-Schroeder, BT I § 38 Rn 8 f; MK-Zeng, § 292 Rn 1; Rengier, BT I § 29 Rn 1; 其他观点 A/W-Heinrich, § 16 Rn 10; Geppert, Jura 08, 599; NK-Wohlers/Gaede, § 292 Rn 1; SK-Hoyer, § 292 Rn 4; S/S-Heine/Hecker, § 292 Rn 1; S/S/W-Kudlich, § 292 Rn 1; 对于纳粹时期的解释,见 RGSt 70, 220, 221 f。

〔2〕 Vgl. LK-Schünemann, § 292 Rn 3.

〔3〕 参见 LK-Schünemann, § 292 Rn 4; 对于规则也见 Geppert, Jura 08, 599。

〔4〕 Vgl. Joecks/Jäger, § 292 Rn 2; Krey/Hellmann/Heinrich, BT Ⅱ Rn 382; Mitsch, BT Ⅱ S. 861; MK-Zeng, § 292 Rn 8; M/R-Wietz/Matt, § 292 Rn 4.

根据通说观点，土地所有者在该区域捕杀或杀死猎物，并不构成第 292 条所规定的非法狩猎罪，而只是《德国联邦狩猎法》第 39 条第 1 款所规定的行政违法行为。[1] 与之相反，即使在和平区，第三方也可能侵犯所有者的狩猎权，从而在那里实施非法狩猎行为。[2]

2. 客观犯罪构成

a）犯罪对象和犯罪行为

450 第 292 条第 1 款之犯罪构成包含了两种情形。

（1）第一种情形的对象（第 292 条第 1 款第 1 项）主要是活着的野生动物（在野外生存的、根据《德国联邦狩猎法》第 2 条可以狩猎的动物）。对此种野生动物进行追捕、捕获、击毙、为自己或第三人占为己有的，则应予处罚。就追捕而言，涉及的是非纯正实行犯（unechtes Unternehmensdelikt）。[3] 因此，为了完成这种形式的非法狩猎，仅仅是追捕就足够了，也就是指任何旨在直接——即便没有成功——将活的野生动物捕捉、击毙或占为己有的行为。[4] 这包括，跟踪、埋伏和在狩猎区游荡，使用随时可用的狩猎武器，以及放置诱饵或吊索等。[5] 根据第 22 条的标准，这种行为会使野生动物处于被捕获、猎杀或占为己有的直接危险之中，因此在任何时候都可能被证明是犯罪构成实现之前的最后中间步骤。

---

〔1〕 参见 LK-Schünemann, § 292 Rn 14; OLG Düsseldorf JMBl NW 62, 179; OLG Hamm GA 61, 89; OLG Köln MDR 62, 671; 其他观点 Furtner, MDR 63, 98。

〔2〕 参见 BayObLG NStZ 92, 187; Lorz/Metzger/Stöckel, Jagdrecht, Fischereirecht, 4. Aufl. 2011, § 6 Rn 6 f; 在此关联上，2013 年新增的第 292 条第 3 款的意义，见 Lackner/Kühl/Heger, § 292 Rn 4a。

〔3〕 参见 Eisele, BT Ⅱ Rn 1054; Fischer, § 292 Rn 11; Geppert, Jura 08, 601; Mitsch, BT Ⅱ S. 866 f; M/RWietz/Matt, § 292 Rn 7; S/S-Heine/Hecker, § 292 Rn 12; 批判 LK-Schünemann, § 292 Rn 42。

〔4〕 Vgl. LK-Schünemann, § 292 Rn 43; Schmidt, BT Ⅱ Rn 955 f.

〔5〕 Vgl. RGSt 14, 419; 20, 4.

由此,未遂得以证实。[1] 此外,(不纯正的)实行犯的界限是不可延展的。如果只是想在狩猎中找到合适的地方来放置吊索,那么就包括了预备阶段,从而不具备实行犯的性质。[2] 犯罪手段是否合适是无关紧要的,[3]但对象必须是合适的。如果行为人正在寻找一只他认为是野猫的家猫,其也就不是在寻找"野生动物"。[4]

第 292 条第 1 款第一种情形中的其他犯罪行为,只有在没有以前的追捕行为的情况下才具有独立的意义(如游客发现一只被遗弃的精疲力竭的小鹿,把它捡起来带回家抚养它)。捕获动物就是活捉动物。击毙则包括任何一种杀戮,即使并非狩猎者的猎杀。自利或者牟利不是先决条件。[5] 只有在具备占为己有要件的情况下,占为己有意志的存在才是重要的。在此,与侵占罪(见边码 309)并无不同,占为己有要求在支配建立之外,[6]存在外部可识别的意志的确证,即在长期排除先占权利人的情况下,就像所有权人一样处置犯罪对象。在此,对于《第 6 刑法改革法案》新增的第三人占为己有而言,犯罪人必须有意允许无权占有的第三方的占为己有成为可能,方式是为其创设支配,或者以正犯实施的方式为其开启控制建立的可能性。[7] 第

---

〔1〕 参见 LK-Hillenkamp, § 22 Rn 85;赞成 MK-Zeng, § 292 Rn 26;对于与预备之间的界分,见 NK-Gaede, § 292 Rn 23。

〔2〕 如此例如 RGSt 70,220,222 f;AnK-Putzke, § 292 Rn 13(侵入野生动物的生活空间);A/W-Heinrich, § 16 Rn 15;BK-Witteck, § 292 Rn 17. 2/17. 3;Lackner/Kühl/Heger, § 292 Rn 2(直接的预备);LK-Schünemann, § 292 Rn 42,44;相反 OLG Frankfurt NJW 84,812;S/S/W-Kudlich, § 292 Rn 10;概览见 Küper/Zopfs, BT Rn 403 f。

〔3〕 在绝对不能的情况下,其他观点 LK-Schünemann, § 292 Rn 49。

〔4〕 参见 Geppert, Jura 08,601;Jakobs, AT 2. Aufl. 1991,25/7;Küper/Zopfs, BT Rn 406;LK-Hillenkamp, vor § 22 Rn 127;SK-Hoyer, § 292 Rn 15;其他观点 A/W-Heinrich, § 16 Rn 15;Kindhäuser/Böse, BT Ⅱ § 11 Rn 22;区别 Eisele, BT Ⅱ Rn 1054;MK-Zeng, § 292 Rn 43;区别 NK-Gaede, § 292 Rn 24。

〔5〕 Vgl. RGSt 14,419,420.

〔6〕 Vgl. Kindhäuser/Hilgendorf, § 292 Rn 11.

〔7〕 见 Fischer, § 292 Rn 12;OLG Hamm NJW 56,881。

292 条第 1 款规定的若干情形的实现,并不影响单一犯罪的认定。

451 (2)第二种情形(第 292 条第 1 款第 2 项)涉及占为己有、损坏或销毁狩猎权所涵括的无主物品。

《德国联邦狩猎法》第 1 条规定了具体的物品类型(坠落的野生动物,死亡的野生动物,脱落的鹿角和可狩猎的鸟类野生动物的蛋)。[1] 对于犯罪行为,法律采用了第 246 条和第 303 条所规定的占为己有、损害和破坏的概念,尽管这里的问题并不是保护他人的财产,而是着眼于狩猎实施权利人的先占权利。对于占为己有而言,不论是自己占为己有还是第三人占为己有,均不要求将猎物从他人狩猎场移走,因此应对第 246 条所作论述比照适用(见上文边码 309)。[2]

b)侵犯他人的狩猎或狩猎实施权利

452 在第 292 条第 1 款规定的两种情形中,必须在侵犯狩猎权或狩猎实施权的情况下实施该行为。因此,犯罪主体是不享有这两项权利的人。例外情况是有权在其狩猎场内的指定区域(《德国联邦狩猎法》第 6 条)狩猎的人,[3]将狩猎权出租的狩猎权人本人[4](《德国联邦狩猎法》第 11 条第 1 款),或者超过授予他的射击授权范围(需要特别许可)的狩猎客人。[5]

---

〔1〕 对此参见 KG JW 36,621;Lackner/Kühl/Heger, § 292 Rn 3。

〔2〕 也见 Fischer, § 292 Rn 12;LK-Schünemann, § 292 Rn 53。

〔3〕 Vgl. BayObLG NStZ 92,187.

〔4〕 其他观点参见 NK-Gaede, § 292 Rn 11。

〔5〕 参见 RGSt 43,439,440;RG DR 41,2059 Nr 14;BK-Witteck, § 292 Rn 11; Fischer, § 292 Rn 10。

对于这一条件而言,起决定性作用的是猎物的位置,而不是猎人的位置。[1] 在以驱赶方式狩猎的过程中,从他人的狩猎场驱赶野生动物的,构成以追捕的形式实施非法狩猎罪。[2] 在没有法律规定的情况下,追赶野生动物的准许性,即在他人狩猎场追捕被射杀的猎物,取决于与猎区邻居达成的相应协议。[3] 在这种情况下,如果被射杀的猎物被追捕和杀死,以使其免于遭受相当大的痛苦,也可以通过推定承诺的方式来证明其正当性。[4]

如果第三人违反第 292 条第 1 款第二种情形的规定,只要无主状态持续存在,非法狩猎也可以在狩猎场外实施。只有当被狩猎的对象归入狩猎实施权利人(《德国民法典》第 958 条第 1 款)或者善意的取得者(《德国民法典》第 932 条)的财物时,这种情况才会结束。[5] 但是,在派生收购的情况下,第 292 条退居第 259 条(窝赃罪)之后。[6] 453

在案例 33 中,T 作为一名狩猎客人,并不会因向最初被击中的母鹿开枪而犯有非法狩猎罪,只要他这样的行为是在狩猎实施权利人授予他的射击权限的范围内进行的即可。但是,当他把在邻近猎区死去的母鹿带回,并使得狩猎权利人将之占为己有时,根据第 292 条第 1 款第 2 项,他可能成立非法 454

---

〔1〕 Vgl. AnK-Putzke, § 292 Rn 9; Kindhäuser/Hilgendorf, § 292 Rn 5; MK-Zeng, § 292 Rn 18.

〔2〕 Vgl. BayObLG GA 55,247,249; Lackner/Kühl/Heger, § 292 Rn 4.

〔3〕 参见 Fischer, § 292 Rn 9; Geppert, Jura 08, 601; 对此参见 §§ 22a Ⅱ BJagdG, 17 LJagdG BW, 29 LJagdG NW; BayObLG GA 1993, 121, 123; OLG Hamm NJW 56, 881; LK-Schäfer, 10. Aufl., § 292 Rn 49 ff。

〔4〕 参见 NK-Gaede, § 292 Rn 37; 支持犯罪构成排除 LK-Schünemann, § 292 Rn 52。

〔5〕 更详尽 RGSt 23, 89, 90 f; BayObLGSt 1954, 116; S/S-Heine/Hecker, § 292 Rn 17。

〔6〕 参见 LK-Schünemann, § 292 Rn 37.

狩猎罪。由于这一行为没有得到猎物追捕协议[1]的涵盖,这是一个根据原来法律已经被广泛认为是刑事犯罪的案件;[2]而根据新的法律,即根据《德国联邦狩猎法》第1条第5款之规定,死亡的野生动物处于临近猎区的狩猎实施权利人的先占权利之下,将之由第三人占为己有,存在可罚性。如果T认为,他可以把死去的猎物捡起来,他就犯了一个禁止错误。[3] 然而,从邻近地区的高地杀死鹿并不构成非法狩猎罪,因为猎物的位置才是决定性的。然而,T之前已经通过将武器对准尚未在射程内的动物来追捕猎物。由于这只鹿是否会在邻近的猎区上足够接近T,完全取决于偶然,因此人们不再将利用武器瞄准看作是一种不受惩罚的预备行为,而应该是一种直接着手猎杀的行为。[4]

3. 猎捕或猎杀野生动物之占为己有

455 根据《德国民法典》第958条第1款并结合《德国联邦狩猎法》第1条及以下数个条文,先占权利人通过对野生动物单独占有,来获得捕获或猎杀的野生动物的所有权。从那一刻起,野生动物就不再是适合的非法狩猎罪的对象;作为他人的可移动的物品,它现在受到所有权的保护(第242条及以下数个条文)。[5] 因此,在狩猎权利人将猎杀的雄鹿放到了自己的狩猎小屋之内并准备将其运走的情况下,任何人将雄鹿拿走,以便为自己使用,都成立盗窃罪。相反,如果非法狩猎者将猎杀的动物占为己有,并将其置于自己的支配之下,那么该动物是否仍然构成非法狩猎罪的适格对象,是有争议的。通说观点认为,被非法狩猎的动物,即使被非法狩猎者自己占有并从狩猎场移走,也仍然是无主的,并且仍然处于

[1] 见§ 22a Ⅱ BJagdG;BayObLG GA 1993,121,123。

[2] 见BayObLG NJW 56,881。

[3] Vgl. S/S-Heine/Hecker, § 292 Rn 19.

[4] 对于界分,见OLG Frankfurt NJW 84,812;Fischer, § 292 Rn 11。

[5] Vgl. NK-Gaede, § 292 Rn 17;S/S/W-Kudlich, § 292 Rn 8.

狩猎权利人的先占权利保护之下。[1]

这是可予赞同的。根据《德国民法典》第 958 条第 2 款之规定,非法狩猎者本人不能取得所有权,因为他侵犯了他人的先占权利。[2] 而根据《德国民法典》第 958 条第 1 款之规定,狩猎权利人不会在任何人单独占有狩猎猎物的情况下取得所有权,[3]而只能在直接通过他或第三方为其创设单独占有的条件下,获得所有权。[4] 456

4. 故意和错误情形

犯罪人必须知道它是第 292 条规定的犯罪对象,特别是"野生动物"、"脱落的鹿角"和"鸟类野生动物的蛋"(《德国联邦狩猎法》第 1 条第 1 款、第 5 款)。对此存在错误认识,则无故意。[5] 在对犯罪构成和意义的认识框架内,犯罪人的故意(至少以间接故意的形式)还必须包括对侵犯他人狩猎权的认识;如果犯罪人认为被碾过的猎物不再属于狩猎权的范围,则故意可能是缺失 457

[1] Vgl. BayObLGSt 1954, 116; BK - Witteck, § 292 Rn 16; Eisele, BT Ⅱ Rn 1059; LK-Schünemann, § 292 Rn 36; MK-Zeng, § 292 Rn 22; M/S/M-Schroeder, BT I § 38 Rn 14; S/S-Heine/Hecker, § 292 Rn 17; S/S/W-Kudlich, § 292 Rn 8; Erman-Ebbing, BGB, 15. Aufl. 2017, § 958 Rn 8; Palandt-Herrler, BGB, 79. Aufl. 2020, § 958 Rn 4; Westermann/Gursky, Sachenrecht, 8. Aufl. 2011, § 58 Rn 7 f.

[2] 根据 Otto, BT § 50 Rn 25,然而,野生动物在此应该是偷猎者的占有和财产的对象,因此不再是第 292 条的对象,而只能是财产犯罪的对象(如第 259 条)。

[3] 但是,少数观点如此:Baur/Stürner, Sachenrecht, 18. Aufl. 2009, § 53 Rn 73; Heck, Grundriß des Sachenrechts, 1930, § 64, 6; Westermann, Sachenrecht, 5. Aufl. 1966, § 58 IV; Wilhelm, Sachenrecht, 6. Aufl. 2019, Rn 1038;对于争论,也见 Geppert, Jura 08, 602。

[4] 参见 RGSt 23, 89; BayObLGSt 1954, 116; Krey/Hellmann/Heinrich, BT Ⅱ Rn 386; Rengier, BT I § 29 Rn 6; Wessels, JA 84, 221; Soergel - Heussler, BGB, 13. Aufl. 2002, § 958 Rn 4; Westermann/Gursky, Sachenrecht, 8. Aufl. 2011, § 58 Rn 9。

[5] Vgl. S/S-Heine/Hecker, § 292 Rn 19.

的。[1] 对其他错误问题的评价是存在争议的。[2]

458 如果犯罪人将森林中准备运走的一块野味拿走的时候,认为它是由狩猎权利人或非法狩猎者储存在那里的,则存在所谓的“选择性故意”(alternativer Vorsatz),此时应以根据竞合规则适用的犯罪构成来作出判决。[3] 同样,如果犯罪者根本不关心是谁猎杀了野生动物,结果也是如此。在外行领域的决定性的平行评价中,这种概括的故意包括所有的重要情状,其在既存案件事实的基础上,决定了第 242 条或者第 292 条第 1 款第 2 项的适用与否。[4]

459 如果犯罪者客观上满足了盗窃罪的犯罪构成(第 242 条),因为野生动物是支配者的财物,但他认为它是被非法狩猎的,并且由于自身外行的相应的设想而认为它是无主物,那么盗窃的故意就不存在了(第 16 条第 1 款),对非法狩猎的惩罚也不适用,因为第 292 条第 1 款第 2 项的犯罪构成没有实际地得以实现。由于犯罪者的错误观念,确实存在一种不能犯未遂(犯罪对象的不能)。然而,后者仍然不受惩罚,因为第 292 条并没有规定惩罚未遂的非法狩猎罪行为。法律中的这一漏洞是必须予以接受的。[5]

460 如果犯罪者认为客观上无主的物品是“他人的”,那么第 242 条的客观犯罪构成就不存在了。在这种情况下,犯罪人只应因盗

---

〔1〕 参见 LK-Schünemann, § 292 Rn 71;恰当地反对禁止错误 MK-Zeng, § 292 Rn 37。

〔2〕 对其也参见 Mitsch, BT Ⅱ S. 874 ff;NK-Gaede, § 292 Rn 31 ff。

〔3〕 参见 LK-Hillenkamp, § 22 Rn 37;区别 Wessels/Beulke/Satzger, AT Rn 348 ff;Wessels, JA 84, 221, 223。

〔4〕 赞成 NK-Gaede, § 292 Rn 34。

〔5〕 参见 RG JW 1902, 298 Nr 19;BK-Witteck, § 292 Rn 34;Krey/Hellmann/Heinrich, BT Ⅱ Rn 385 ff, 392;MK-Zeng, § 292 Rn 40;Otto, BT § 50 Rn 28 f;其他观点 Welzel, Lb S. 363;类似 Jakobs, AT, 2. Aufl. 1991, 8/56;对其部分赞成 Fischer, § 292 Rn 17。

窃未遂而受到惩罚(第 242 条、第 22 条:对不能对象之未遂)。此时根据第 292 条第 1 款第 2 项的客观犯罪构成对其予以惩罚是不适用的,因为犯罪者不知道野生动物是被非法狩猎的,并因而仍然属于无主物。[1]

在某种程度上,人们认为,在这方面以既遂的非法狩猎罪对犯罪人予以惩罚是可能的,因为盗窃故意作为定性的"加",包括了范围较小的非法狩猎故意的"减"。[2] 然而,这种"加减理论",无论在教义学上是否存在问题,都没有实际的施行必要,因为犯罪者因盗窃未遂而受到惩罚,已经充分地把握了犯罪的非难内容。

5. 刑事告诉要求

在非法狩猎罪范围内,对于第 294 条所涵括的情况,特别是如果受害的人是亲属(第 11 条第 1 款第 1 项),或者如果犯罪者,例如作为狩猎客人,超过了允许的射击次数,并且在这种情况下,不存在第 292 条第 2 款规定的示例规定情形,则必须提起刑事告诉。[3] 此外,在违反第 292 条第 1 款的情况下,第 248a 条是否可以类推适用,由此,在价值较低的情况下是否也需要提起告诉,仍然存有争议。[4] 461

这个问题必须被正确地予以否定,因为法律在这方面并不存在无意识的

---

〔1〕 同样如此 RGSt 39,427,433;Krey/Hellmann/Heinrich,BT Ⅱ Rn 396;Mitsch,BT Ⅱ S. 874 f;Otto,BT § 50 Rn 30;对此情形,也见 Geppert,Jura 08,603。

〔2〕 参见 A/W-Heinrich,§ 16 Rn 19;M/S/M-Schroeder,BT Ⅰ § 38 Rn 20;相反 Eisele,BT Ⅱ Rn 1059;Rengier,BT Ⅰ § 29 Rn 10。

〔3〕 Vgl. NK-Gaede,§ 294 Rn 1,3.

〔4〕 肯定 SK-Hoyer,§ 294 Rn 1;S/S-Heine/Hecker,§ 292 Rn 2,21;如同本书 BK-Witteck,§ 294 Rn 2;Lackner/Kühl/Heger,§ 292 Rn 8;LK-Schünemann,§ 292 Rn 3。

规则漏洞。[1] 立法者规定第248a条仅适用于第257条、第259条、第263条、第263 a条、第265a条、第266条和第266 b条,但不适用于第292条,这一事实不能被解释为疏忽,而只能被解释为在非法狩猎的情况下放弃了这种规定。《第6刑法改革法案》(见边码11)确认了这一立法意图,它填补了第248c条的空白(第248c条第3款),却没有填补第292条的空白。司法者无权纠正这一决定。

6. 非法狩猎罪的特别严重情形

462 与第243条一样,经过《第6刑法改革法案》(见边码11)的修改,第292条第2款规定的加重处罚事由以示例规定方法为基础,其结果是,尽管存在规则示例的特征,但特别严重的情况可以被否定;反之,尽管不存在,但非典型的特别严重的情况可以被肯定。然而,与第243条第2款不同的是,即使犯罪涉及价值较低的物品,第292条第2款也并不包含任何的排除条款。同时,与第248a条(见边码461)一样,在这方面也不能进行类推适用。[2] 当然,价值低微意味着一个不够严重的例外情况。

463 与第292条第3款原有规定相比,第292条第2款第1项的规定对常业或者习惯非法狩猎者的惩罚有所减轻,这与对其他加重处罚理由的刑罚规定相对应。

在个别情况下它似乎仍然太高,原因在于,例如,决意常业实施非法狩猎的行为人,只是在夜间实施了一次而没有成功,或者多次追捕了同一只野生动物(在这种情况下,是否满足示例规定要求,是值得怀疑的,见边码239),[3]则示例规定的性质允许,并无保留地否定原则效应。

---

[1] 赞成 MK-Zeng, § 294 Rn 10;M/R-Wietz, § 292 Rn 11;NK-Gaede, § 294 Rn 2。

[2] 参见 Eisele, BT Ⅱ Rn 1067;NK-Gaede, § 292 Rn 39;其他观点 SK-Hoyer, § 292 Rn 27。

[3] 见 Fischer, § 292 Rn 23。

这种可能性也会对有关第292条第2款第2句第2项的历来争议问题产生影响。如果第292条第1款的非法狩猎是在夜间、在禁猎期、使用吊索或以其他非狩猎方式进行的，则一般情况下，符合第292条第2款第2项规定的特别严重情形。如果在个别情况下考虑减轻处罚的理由，则对于特别严重情形的认定并非强制性的。[1] 以前的少数意见，即第292条第2款和第293条第3款原条款规定的刑罚加重事由，只具有第243条第1款规定的示例规定的意义，[2]这一点，已经通过《第6刑法改革法案》(见边码11)成为法律。 464

因此，不再需要将第292条第2款的适用范围无一例外地限于第一手的非法狩猎行为，并强制性地排除仅存在第二手非法狩猎的情况。[3] 另外，人们已然认识到，“在禁猎期内”和“使用吊索”的方式只适用于第292条第1款所规定的情况，而不适用于将死亡猎物占为已有等情形。由此，关于禁猎期的规定的目的，是确保对野生动物种群的保护和维持，而不是在这个时期防止脱落的鹿角从禁猎区被运出。因此，在这种情况下，指示效果必须被否定。同样地，“在夜间”犯罪的前提，是犯罪者利用黑暗来实施犯罪并侵犯他人狩猎权。如果有人在夜间将在乡间小路上发现的死亡野生动物占为已有，或者他们在与行驶在他们前面的机动车辆相撞时，意外杀死了野生动物，那么这种功能性联系就会消除。[4] 如此，则指示效应也无法发挥作用。此外，该示例规定不限于第292条第1款第1项，其基本思想是通过提高刑罚威慑力来应对夜间非法狩猎升高的诱因，以及在夜间进行狩猎保护所增加的危险，这也适用于第292条第1款第2项所规定的情况。除了所提到的铺设吊索之外，

[1] 就此而言关于第292条第2款原规定，见BGHSt 5,211,213;OLG Hamm NJW 62,601;LK-Schäfer,10. Aufl.，§ 292 Rn 86。

[2] 参见S/S-Eser,25. Aufl.，§ 292 Rn 22附进一步的文献。

[3] 对于原规定LK-Schäfer,10. Aufl.，§ 292 Rn 35;但是，对于新的规定同样如此LK-Schünemann，§ 292 Rn 87和Rn 36。

[4] Vgl. BayObLGSt 1963,86;MK-Zeng，§ 292 Rn 57.

在认识到自己不打猎的情况下放置毒饵等,也系并非以狩猎方式而行为。[1]

465 根据第 292 条第 2 款第 3 项之规定,几名持枪人员所实施的犯罪,也是一种特别严重的情形。根据新的法律,尽管“共同”[2]一词源自第 25 条第 2 款,然而参与人员(对于概念,见第 28 条第 2 款)不再必须是共同正犯,[3]但必须在犯罪实行阶段持有枪支,并且必须至少有两人持有枪支且出现在犯罪现场。[4] 根据新的法律,第 292 条第 2 款也认定犯罪人的故意包括加重处罚的情况。[5] 在这方面,第 16 条第 1 款应相应地适用。

Ⅱ. 非法捕鱼罪

466 非法捕鱼罪(第 293 条)的具体犯罪构成[6]是仿照第 292 条的规定,在犯罪构成当中同样需要区分两种情形。

关于第 292 条的论述应比照适用;但刑罚框架较轻。因为第 293 条第 2 款和第 3 款规定的刑罚加重事由并不必要,故《第 6 刑法改革法案》(见边码 11)将之删除。必须注意的是,根据《德国民法典》第 960 第 1 款第 2 句之规定,封闭私人水域中的鱼类不是无主的,因此受到所有权保护(第 242 条及以下数个条文)。捕鱼包括任何旨在捕捉或捕获野生水生动物的行为,无论其成功与否。这也是一个非纯正的实行犯,只涉及未遂,而不涉及预备捕捉或捕获,也不涉及不适格的犯罪对象。[7] 此种未遂的前提,是犯罪与水域之间

[1] 参见 Lackner/Kühl/Heger, § 292 Rn 6;深入 LK-Schünemann, § 292 Rn 95。

[2] 对于由此而生的因 224 条第 1 款第 4 项产生的争论,见 Hillenkamp/Cornelius, BT 6. Problem。

[3] Vgl. BT-Ds 13/8587, S. 68;LK-Schünemann, § 292 Rn 97.

[4] Vgl. Fischer, § 292 Rn 25;NK-Gaede, § 292 Rn 45;S/S-Heine/Hecker, § 292 Rn 28.

[5] 参见 OLG Celle MDR 56,54。

[6] 对于《加洛林纳刑法典》(Constitutio Criminalis Carolina),见 Geppert, Jura 08,599。

[7] 对此见 NK-Gaede, § 293 Rn 4,5;其他也见 LK-Schünemann, § 293 Rn 11 ff.

存在密切的空间关系。倘若犯罪者没有在水面上携带渔具,他必须将渔具放置到水域当中;[1]如果鱼进入了捕捞权利人的渔网中,则捕捞权利人取得了占有和所有权,他的认识并不重要。任何人为了占为己有而将之拿走都是在实施盗窃。[2]

Ⅲ. 鉴定结构:非法狩猎罪,第 292 条

466a

非法狩猎罪,第 292 条
Ⅰ. 犯罪构成
1. 客观构成
A. 第 292 条第 1 款第 1 项
a)犯罪对象:
· 野生动物
→ 在野外生长的、根据《德国联邦狩猎法》第 2 条可猎捕的动物-
b)犯罪行为:
· 追捕
Ⓟ非纯正实行犯
· 捕捉
· 击毙
· 自己或第三人占为己有
→ 客观-主观的意义总体
→ 占有/支配之建立Ⓟ捕获/猎杀的野生动物之占为己有
Ⓟ只是(明确的)占为己有意志的表征或者
→ 据为所有
→ 剥夺他有

[1] 参见 OLG Frankfurt NJW 84,812。
[2] 见 RGSt 29,216 和边码 455。

→ 据为所有和剥夺他有

c）犯罪结果：

· 侵犯他人的狩猎（实施）权

→ 野生动物位置的决定性

Ⓟ跟随野生动物

B. 第 292 条第 1 款第 2 项

a）犯罪对象：

· 属狩猎权之下的物品

→《德国联邦狩猎法》第 1 条规定的无主物品

Ⓟ非法狩猎的动物（由非法狩猎者建立支配）

b）犯罪行为：

· 自己或第三人占为己有

· 损害

· 毁坏

c）犯罪结果：

· 侵犯他人的狩猎（实施）权

2. 主观构成

故意：

· 任何故意类型

→ 侵犯他人狩猎（实施）权之意义的认识

Ⓟ对于物品的无主性和他属性的认识错误（非法狩猎故意/盗窃故意）

Ⅱ. 违法性

Ⅲ. 有责性

Ⅳ. 特别严重情形，第 292 条第 2 款

→ 示例规定属性

→ 法定要件/非典型情形

Ⅴ. 刑事告诉，第 294 条

→ 第 248a 条之类推适用

第七章　妨害和危害债权人权利

§ 12　取走质押物和妨害强制执行

Ⅰ.取走质押物罪

案例34:学生S经常需要转租,当他拖欠大量房租时,他秘密地把自己珍贵的立体声设备送给他的朋友F。F提议,“谨慎起见”,要去把S质押在住在同一个学生宿舍的同学K的一台摄像机拿回来,S很高兴地接受了他的提议。就在同一天,S从一家百货公司的照相部取回了他的胶卷,他把装有胶卷的袋子藏在夹克里,然后未付钱就离开了百货公司。 467

对于S和F是否应予刑事处罚?(见边码473)

1. 保护功能、主体范围和犯罪行为

根据过于狭义的“取走质押物”(Pfandkehr)一词(第289条),法律保护的是用益权(Nutznießungsrechte)(《德国民法典》第1030条及以下数个条文),质权(Pfandrechte)(如《德国民法典》第562条、第583条、第592条、第647条、第704条、第1204及以下数个条文),使用权(Gebrauchsrechte)(参见《德国民法典》第535条、第581条、第598条)和留置权(Zurückbehaltungsrechte)(如《德国民法典》 468

第 273 条、第 972 条、第 1000 条，《德国商法典》第 369 条），使权利人对其的行使非因取走而变得不具可能。使用权还包括所有权保留（Eigentumsvorbehalt）的买方的权利（《德国民法典》第 449 条），以及在以担保方式转让所有权（Sicherungsübereignung）的情况下，提供担保的人已经或继续使用物品的权利。[1] 因此，取回质押物是一种“占有盗窃”，[2]犯罪者通过这种盗窃来擅自妨害受保护的权利。

469 有争议的是，质押权（Pfändungspfandrecht）（《德国民事诉讼法》第 804 条）是否也属于本条范围，或者第 136 条第 1 款在这方面是否应作为特别法优先适用。着眼于不同的保护功能（在第 136 条第 1 款中保护的是公法的介入和国家处置权，在第 289 条中保护的是个人权利的行使），必须遵循的观点是，如果扣押权是以执行债权人的债权为基础，则在任何情况下都应将扣押权纳入受保护的权利范围，并根据情况认定，在第 289 条和第 136 条第 1 款之间的可能存在的一罪关系。[3]

470 在法定质权的情况下，特别是房东的质权，必须注意它们只涵括可出质的物品。因此，如果违约的租户将供个人使用的物品（《德国民事诉讼法》第 811 条第 1 项）移出屋外，他将不会构成第 289 条规定的刑事犯罪。如果房东不能根据《德国民法典》第 562a 条第 2 句对搬离提出异议，这也适用。[4]

---

[1] Vgl. LK-Schünemann, § 289 Rn 7.

[2] Vgl. M/S/M-Schroeder, BT I § 37 Rn 14.

[3] 如此也 BK-Schmidt, § 289 Rn 6; Bock, ZStW 121(2009), 550; Fischer, § 289 Rn 2; Geppert, Jura 87, 427; Kindhäuser/Hilgendorf, § 289 Rn 5; LK-Schünemann, § 289 Rn 6; Mitsch, BT Ⅱ S. 910; MK-Maier, § 289 Rn 11 f; M/R-Wietz/Matt, § 289 Rn 2; S/S-Heine/Hecker, § 289 Rn 6; 未决 RGSt 64, 77, 78; 区别 AnK-Putzke, § 289 Rn 6; A/W-Heinrich, § 16 Rn 26: 只有当债权人取得了支配（对此见边码 471）; 其他观点 Lackner/Kühl/Heger, § 289 Rn 1 附进一步的文献。

[4] Vgl. Gericke, NJW 13, 1637.

但是,为了规避《德国民法典》第 562 条第 2 句、《德国民事诉讼法》第 811 条的规定,而使房东对租客带来的物品享有留置权,则不受保护;RGSt 37,118,125 f 中的相反观点,与目前对这一监管问题的福利国家的基础理解是不相容的。[1] 关于留置权,无论是基于合同还是基于法律,都没有区别。

第 289 条规定了与犯罪主体有关的两种情形:财物所有权人 471
本人所实施的或者代表所有人行事的第三人实施的犯罪。在这两种情况下,犯罪行为都是取走物品。与盗窃罪(第 242 条)不同的是,这可以在非常宽泛的意义上进行理解。它并不以打破支配为前提,而只是将物品从权利享有者的实际权利范围内移走,这实际上妨害了被保护者的权利,或者大大妨碍了被保护者的权利行使,[2]特别是在房东质权的情况下。[3] 在不同的监管背景下,以不同的方式解释相同的法律概念在法律中是常见的现象,相反的建议[4]在方法上是天真的。

如果人们如同在第 242 条中一样要求打破支配,则所有无占有的法定质

[1] 参见 Fischer, § 289 Rn 2;Lackner/Kühl/Heger, § 289 Rn 1;LK-Schünemann, § 289 Rn 9;NK-Gaede, § 289 Rn 8;其他 M/S/M-Schroeder,BT I § 37 Rn 16。

[2] Vgl. LK-Schünemann, § 289 Rn 14.

[3] 参见 RGSt 37,118,126 ff;BayObLG JZ 81,451;BK-Schmidt, § 289 Rn 9;Eisele,BT Ⅱ Rn 1026;Hohmann/Sander, § 8 Rn 15;Kindhäuser/Hilgendorf, § 289 Rn 9;Krey/Hellmann/Heinrich,BT Ⅱ Rn 403;Lackner/Kühl/Heger, § 289 Rn 3;Mitsch,BT Ⅱ S. 911 ff;ders. ,JuS 04,325;M/R-Wietz/Matt, § 289 Rn 3;MK-Maier, § 289 Rn 15;Rengier,BT I § 28 Rn 10,12;Schmidt,BT Ⅱ Rn 919;Schramm,BT I § 15 Rn 12;S/S-Heine/Hecker, § 289 Rn 9;其他观点 Arzt/Weber,BT(1. Aufl.) § 16 Rn 29;Bock,ZStW 121(2009),553;Bohnert,JuS 82,256;Laubenthal,JA 90,38;NK-Gaede, § 289 Rn 11 ff;Otto,Anm. JR 82,32;SK-Hoyer, § 289 Rn 10;S/S-Heine,28. Aufl. , § 289 Rn 8;也见 Küper/Zopfs,BT Rn 778 f。

[4] 尖锐化 H-H-Kretschmer,Rn 1152(其将第 288 条中的财产概念,作了相较于第 263 条当中的更为狭义的理解,见 Rn 1149)。

权都将不受保护,这将违背法律的意义和目的,即防止对受保护的权利行使的妨害。[1] 如此,房东为防止为房客"背弃"(第 288 条),只有在房客面临强制执行的情况下才会受到保护。在行使扣押权的情况下,必须注意的是,即使从通说观点的角度来看,如果法院执行人员根据《德国民事诉讼法》第 808 条第 2 款之规定,将被扣押的物品留在债务人的支配之下,也就不存在第 289 条规定的、有利于扣押债权人的实际权利关系;在这种情况下,也就没有为取走(第 289 条)留下任何空间。[2]

2. 主观犯罪构成

472 从主观的角度来看,第 289 条要求除了犯罪故意之外,还要有"非法意图"支配下的行为。

主流学说认为,就本规定意义上的意图而言,如对于第 288 条所述,直接故意即已足够。[3] 对此而言,犯罪人对他人权利的侵犯只要存在间接故意,也已足够。[4] 如果犯罪人是第三人,他不能仅仅追求自己的利益,他的意图必须是为财物所有人的利益行事,[5]也即在侵犯受保护权利的情况下,为财物所有人创设利益。[6] 如果第三人认为,不存在对财物所有人的留置权或并非忠实地行使该留置权,则可能缺失此种情形。[7]

473 在案例 34 中,根据有争议但真实的观点,S 通过秘密地将立体声设备交

[1] Vgl. Fischer, § 289 Rn 2;Kindhäuser/Böse,BT Ⅱ § 10 Rn 9.

[2] 参见 RGSt 64,77,78;其他 LK-Schünemann, § 289 Rn 13。

[3] 参见 LK-Schünemann, § 289 Rn 25;MK-Maier, § 289 Rn 21;Rengier,BT I § 28 Rn 14;S/S-Heine/Hecker, § 289 Rn 10;支持目标明确的意志的意义上的意图 S/S-Heine,28. Aufl., § 289 Rn 9/10。

[4] Vgl. Krey/Hellmann/Heinrich,BT Ⅱ Rn 404;MK-Maier, § 289 Rn 22;OLG Braunschweig NJW 61,1274.

[5] 对于这一要件的客观或者主观意义的争论,见 Bock,ZStW 121(2009),559。

[6] Vgl. RG JW 31,542 Nr 22.

[7] 对此见案例解析 Dötterl,JuS 13,351。

给F,达到了从房东那里“取走”了他自己的东西的目的。因此,他将该设备从“房东的实际控制和权利关系”中移除,秘密地拿走受房东质权约束的物品,并自行占有这些物品,这主要是基于自力救济权(《德国民法典》第562b条第1款)的可能性。[1] 然而,前提是立体声设备的位置受房东质权的约束。[2] 就此而言,如果在移走时启动的妨害质权仅在“安放”时被视为结束,对F可以考虑第289条的帮助犯,第28条对此并不适用,[3]否则的话,则适用第257条。如果F做了他所提议的事情,并把摄像机拿到自己那里,他就实施了侵犯质权的行为(《德国民法典》第1204条、第1227条、第1253条第2款),此外还违反了第289条的规定。如果物品是为了所有人的利益而保管的,那么在为了所有人的利益而取走的情况下,并不需要将物品归还给所有人直接占有。[4] 通过拿走待显影的胶片,S对其仍保留所有权(《德国民法典》第950条),S进一步实施了取走质押物罪,因为他侵犯了加工质权(《德国民法典》第647条)和百货公司的留置权(《德国民法典》第273条)。外行对他人存在的担保权的认识,应当根据生活经验进行推定。[5] 就第289条而言,追诉的条件是受害方提出刑事告诉(第289条第3款)。

Ⅱ.妨害强制执行罪

案例35:艺术学生K因贷款欠艺术品交易商G 3000欧元。他还因酒后驾车被处以持续30天的每天20欧元的罚款。他没有任何值得一提的现金,但他有一张价值5000欧元的东方地毯和一张价值大致相同的佛登斯列·汉德瓦萨亲笔签名的石版画作为传家宝,他非常喜欢这张石版画。在多次徒劳无功的催款之后,G威胁要聘请律师,此时K也收到了支付罚款的催款,K正确地判定,G打算通过质押的方式将“汉德瓦萨”拿到自己手中,于是迅速 474

[1] Vgl. BayObLG JZ 81,451.

[2] 对此见LG Duisburg MDR 86,682。

[3] Vgl. S/S-Heine/Hecker, § 289 Rn 3.

[4] 更狭Bock,ZStW 121(2009),566,其要求财产所有人取得支配。

[5] 对此,以及与袋子相关对于第242条、第274条,见OLG Düsseldorf NJW 89,115。

将石版画交给他的熟人 B,B 准备将其保存到 K 的债务还清为止。

K 和 B 犯了什么罪?(见边码 484)

1. 保护法益和债权人概念

475 将第 288 条中的犯罪构成在法律上指称为妨害强制执行罪,在两个方面是不准确的:一方面,没有必要发生妨害结果,相反,具备债务人以之为指向的行为就足够了(妨害的意图);另一方面,第 288 条并不保护强制执行权本身,而只保护债权人从债务人资产中获得清偿的实质性权利,这种权利可能受到该行为的威胁。[1] 因此,无论是否存在强制执行名义,只要在关键时间节点对债务人已经产生(不一定是到期的)有事实根据和可强制执行的债权的人,就是这一规定意义上的债权人。[2] 相反的观点是,无论诉求是否存在,只要是即将开始的强制执行即可,[3] 这扭曲了第 288 条的保护法益,即使在通过欺诈手段获得强制执行的情况下,可能也必须提供保护。[4] 因此,诉求的存在也必须由刑事法官独立审查,其他不受民事诉讼判决的约束。[5]

对于个人执行而言,第 288 条与第 283 条及以下数个条文规定的破产罪

〔1〕 Vgl. BGHSt 16,330,334;BGH NJW 91,2420.

〔2〕 Vgl. RG JW 37,1336 Nr 41;AnK-Putzke, § 288 Rn 5;BK-Schmidt, § 288 Rn 5; Eisele, BT Ⅱ Rn 992; Fischer, § 288 Rn 2; Heghmanns, Rn 1640; H-H-Kretschmer,Rn 1148;Krey/Hellmann/Heinrich,BT Ⅱ Rn 413;Mitsch,BT Ⅱ S. 892 f;S/S-Heine/Hecker, § 288 Rn 5 ff;S/S/W-Kudlich, § 288 Rn 2.

〔3〕 Vgl. NK-Gaede, § 288 Rn 2;SK-Hoyer, § 288 Rn 8.

〔4〕 Vgl. LK-Schünemann, § 288 Rn 3.

〔5〕 参见 BayObLGSt 1952,224;BK-Schmidt, § 288 Rn 6;法律效力情况下其他观点 LK-Schünemann, § 288 Rn 3 f;区别 MK-Maier, § 288 Rn 10 f;对于争论,见 HansOLG Hamburg StV 11,655,656。

行有一定的相似之处,在消费者破产时必须予以重视。[1]

2. 客观犯罪构成

第288条规定的客观犯罪构成要求,依据客观理由提出的诉求使债务人面临强制执行的人处置债务人的财产的组成部分或将其予以转移。 476

a) 即将的强制执行和犯罪行为

强制执行不仅在提起诉讼或发出强制执行令之后"即将来临",而且在有具体迹象表明债权人将立即强制执行其债权的情况下也是如此。[2] 477

如果债权人获得了可强制执行的许可,则可以很容易地认定强制执行的"即将来临"。[3] 提起诉讼也表明了这一点。如果出现进一步的情况,重复提醒表明债权人可能打算强制执行。[4] 如果强制执行已经开始,但预期会有更进一步的强制执行行为,例如,拍卖先前被扣押的物品,则强制执行也可能是"即将来临"的。[5]

面临强制执行威胁的人必须处置或转移其财产的一部分。在这种情况下,"财产"一词必须做纯粹的强制执行法理解;在强制执行金钱债权的情况下,其组成部分包括所有可扣押的物品和权利。保留买方(Vorbehaltskäufer)的物品占有也构成债务人资产的

〔1〕 见 M-G/B-Richter, § 88 Rn 6;BGH NJW 01,1874,1875。

〔2〕 参见 RGSt 63,341,342 f;BGH MDR/H 77,638;BGH NJW 91,2420;Küper/Zopfs,BT Rn 875 f;Lackner/Kühl/Heger, § 288 Rn 2;M/R-Wietz/Matt, § 288 Rn 3;Rengier,BT I § 27 Rn 6,8;也见 BGH NJW 01,1874 f 附就此而言否定性评注 Krause,NStZ 02,43。

〔3〕 Vgl. LK-Schünemann, § 288 Rn 16.

〔4〕 Vgl. RGSt 20,256,257 f;31,22,24 f;Kindhäuser/Hilgendorf, § 288 Rn 4.

〔5〕 参见 RGSt 35,62。

一部分;[1]这对于根据《德国民事诉讼法》第 883 条提出的归还要求,以及在保留卖方的要求下对仍属于他的物品进行扣押,是很重要的。与之相反,在因金钱请求而强制执行的情况下(《德国民事诉讼法》第 803 条及以下数个条文),不可扣押的财产和权利不为第 288 条的保护目的所包含。[2] 这同样适用于转让给债务人仅为收款的债权[所谓的收款转让(Inkassozession)],[3]以及第三方享有的《德国民事诉讼法》第 771 条规定的禁止出售的权利资产,从而使债权人无法从中获得清偿。[4]

478 第 288 条规定的转让(Veräußerung)是指从债务人财产中移除资产价值(在《德国民事诉讼法》第 803 条及以下数个条文中:没有全额补偿)的任何法律行为,该行为从法律上剥夺了债权人的权利,或降低了债务人的偿付能力。[5] 但在即将要强制执行的情况下,法律并不禁止仅仅交换同等价值资产的行为。[6] 其他债权人的清偿只有在他们获得不匹配的抵偿的情况下才会实现这一犯罪构成,而这些抵偿在这种形式下或在当时的时间节点是没有诉求的。[7]

479 任何其他行为,通过这种行为,即一个物品实际上被剥夺了强

---

〔1〕 参见 BGHSt 16,330,332 f;BGH GA 1965,309,310;也见 BGH NJW 91,2420;MK-Maier, § 288 Rn 19;批判 LK-Schünemann, § 288 Rn 25。

〔2〕 Vgl. RGSt 71,216,218;Eisele,BT Ⅱ Rn 996 f;Fischer, § 288 Rn 6;Lackner/Kühl/Heger, § 288 Rn 3.

〔3〕 参见 RGSt 72,252,253 ff。

〔4〕 Vgl. LK-Schünemann, § 288 Rn 24;NK-Gaede, § 288 Rn 9.

〔5〕 Vgl. RGSt 61,107;62,277;66,130,131 f;71,227;Haas,JR 91,272,GA 96,117;Küper/Zopfs,BT Rn 580 f;LK-Schünemann, § 288 Rn 28;MK-Maier, § 288 Rn 22.

〔6〕 Vgl. BGH NJW 53,1152;Schmidt,BT Ⅱ Rn 941;S/S/W-Kudlich, § 288 Rn 8.

〔7〕 Vgl. RGSt 71,227,230 f;BayObLGSt 1952,224;NK-Gaede, § 288 Rn 12.

制执行的权利,而不必在法律上将其从债务人的资产中移除,也属于转移(Beiseiteschaffen)。

例证:对此包含在空间上移除和隐藏物品,以及销毁物品,[1]而不仅仅是损坏物品。[2] 特别是对于通过移除而实施的犯罪,即使犯罪者允许最初成功移除的物品及时归还其资产,也仍应受到惩罚,这是不能令人满意的。由于在没有未遂可罚性的情况下不存在中止,在没有悔改规定的情况下也不存在积极的悔改,因此,实定法上刑事可罚性的结果可能是应该接受的。[3]

b)正犯和共犯

根据第288条的法条表述,正犯只能是被强制执行的债务人, 480
即受到强制执行威胁的人,以及基于任何法律规定有义务容忍对其资产的强制执行的人,即使他不是债权人的债务人本人。[4] 因此,第288条是一种特殊犯罪。[5] 如果法人有义务强制执行,则必须遵守第14条的规定。[6] 如果其他第三人在缺席的债务人的要求下将债务人资产部分转移,则债务人因缺少行为控制[7]而不能被认定是间接正犯,同时第三人因欠缺特别性质而不能是直接

〔1〕 参见RGSt 19,25,26 f;BGH GA 1965,309,310;BGH wistra 12,69(藏匿在债权人无法触及的地方);OLG Celle ZInsO 12,222(开设账户,对之债务人可以触及);在强制拍卖程序中出价最高,对此见Dehne-Niemann,NZWiSt 15,367 f;对于毁坏/损坏,其他观点Eisele,BT Ⅱ Rn 1003;S/S-Heine/Hecker, § 288 Rn 14。

〔2〕 Vgl. RGSt 42,62,63 f;Küper/Zopfs,BT Rn 581;LK-Schünemann, § 288 Rn 32;Rengier,BT I § 27 Rn 16.

〔3〕 参见MK-Maier, § 288 Rn 51 f;但也见LK-Schünemann, § 288 Rn 33附建议,将第288条解释为潜在的危险犯。

〔4〕 Vgl. RGSt 68,108,109;Fischer, § 288 Rn 5.

〔5〕 Vgl. Lackner/Kühl/Heger, § 288 Rn 7.

〔6〕 Vgl. LK-Schünemann, § 288 Rn 40;M/S/M-Schroeder,BT I § 47 Rn 11.

〔7〕 对于争论,见Mitsch,BT Ⅱ S. 897 ff;Herzberg,Täterschaft und Tatherrschaft 1977,S. 31 ff;对于案例及解析,见Mitsch,JuS 04,323,324 f。

正犯。由于缺乏主要犯罪行为,前者不是教唆犯,后者也不是帮助犯。即使是强制执行的债务人也不能构成不作为的犯罪,实践中必须接受这一法律漏洞(见边码6)。[1] 相反意见试图将之克服,要么使强制执行的债务人因其义务而成为直接正犯,要么由于其意图而使其成为间接(不作为)正犯,并使用无意图(或无资格)的工具。[2]

此外,犯罪参与的可能性取决于一般规则。因此,物品的接受者可以作为帮助犯来承担责任。[3] 根据第28条第1款,他的刑罚不得减轻,因为债务人的身份并不意味着仅对债权人承认个人责任。[4] 任何人为债务人开立一个银行账户,使其能够获得转移到该账户的资金,否则这些资金将在破产程序中予以执行,开设账户者就应承担第288条第1款规定的帮助犯的刑事责任,并根据《德国民法典》第823条第2款和第288条第1款,因触犯保护法而负担债权人的损害赔偿要求。[5]

3. 主观犯罪构成和告诉要求

481 从主观的角度来看,犯罪者的故意必须包括上述所有情况,其中,间接故意就足够了。此外,还需存在永久或暂时地阻止债权人

---

〔1〕 参见 BK-Beckemper, 2. Aufl., § 288 Rn 15; Krey/Hellmann/Heinrich, BT Ⅱ Rn 415 ff; 其他观点 BK-Schmidt, § 288 Rn 16; Fischer, § 288 Rn 5; LK-Schünemann, § 288 Rn 41。

〔2〕 形象地通过实践中的案例例证展现观点状况,见 Dehne-Niemann, NZWiSt 15, 366; 详细也见 LK-Schünemann, § 288 Rn 41; 对于基于委托的间接正犯的论证,见 Haas, Die Theorie der Tatherrschaft und ihre Grundlagen 2008, S. 80 ff; M/R-Haas, § 25 Rn 29。

〔3〕 参见 RGSt 20, 214, 215 f; 对于帮助故意,参见 RG JW 30, 2536; 深入 LK-Schünemann, § 288 Rn 42。

〔4〕 参见 Lackner/Kühl/Heger, § 288 Rn 7; LK-Roxin, 11. Aufl., § 28 Rn 56; 其他观点 LK-Schünemann, § 288 Rn 44。

〔5〕 Vgl. OLG Celle ZInsO 12, 222.

清偿的意图。[1]

根据正确的理解,第 288 条的直接故意包含两种形式。因此,犯罪者已经预见对债权人不利,作为其行为必要的和确定的后果,将其纳入意志就足够了。[2] 如果要求存在目的明确的意志意义上的意图,[3]那么对债权人的保护力度就会大大减弱,因为妨害往往只是寻求拯救财产的确实可预见的不良附属后果。[4]

强制执行的债务人必须只想要一般性地阻止债权人的清偿。 482
如果有其他有形资产足以满足债权人的要求,那么仅仅意图阻止某一强制执行措施并仅将某一资产从债权人手中夺走,在强制执行金钱债权的情况下,并不能满足第 288 条规定的主观要件。[5] 与之相反,即便有其他方式满足损害赔偿要求,但只要妨害对个体物品的诉求,也是符合犯罪构成的。[6]

违反第 288 条的行为只有在提起告诉的前提下才会被追诉 483
(第 288 条第 2 款)。在债权人方面要对行为人申请强制执行,且其清偿会因该行为而受到妨害的,此类债权人都有权提出告诉。

如果已经被扣押的物品被转移,则在第 288 条和第 136 条之间构成一罪关系。在第 288 条与第 246 条之间也构成一罪关系。[7]

---

〔1〕 Vgl. BayObLGSt 1952,224.

〔2〕 Vgl. RGSt 27,241;59,314;MK-Maier, § 288 Rn 40;S/S-Heine/Hecker, § 288 Rn 17.

〔3〕 如此 NK-Gaede, § 288 Rn 16;SK-Hoyer, § 288 Rn 19。

〔4〕 Vgl. LK-Schünemann, § 288 Rn 37.

〔5〕 Vgl. Fischer, § 288 Rn 13; Küper/Zopfs, BT Rn 582; RG JW 30, 2536; BayObLGSt 1952,224.

〔6〕 Vgl. Kindhäuser/Hilgendorf, § 288 Rn 10.

〔7〕 Vgl. BGH GA 65,309,310.

484 在案例 35 中,即使 K 未能缴纳罚金,[1]也并不会根据第 288 条追究 K 和 B 的刑事责任,因为在这种情况下,国家是在行使刑事司法权力,而不是作为财产法意义上清偿权的债权人而行事。[2] 然而,在多次不成功的催款通知,以及可被理解为收款意图声明的宣告而委托律师之后,K 面临由 G 提起的强制执行,[3]G 有实体上合理的得以清偿的权利。在这种情况下,K 通过将"汉德瓦萨"带给 B 的方式,将被出质的物品予以转移。K 当然只关心拯救他的"汉德瓦萨"免受 G 的扣押。然而,由于货币债权的债权人无权从债务人的某一资产中获得清偿,而现有的价值 5000 欧元的东方地毯不仅可以以同样的方式扣押,而且显然足以满足 G 的清偿,故 K 并不需要承担刑事责任。因此,B 的任何其他可能的帮助犯也不成立,对此,第 28 条第 1 款并不适用。

4. 鉴定结构:妨害强制执行罪,第 288 条

妨害强制执行罪,第 288 条

Ⅰ. 犯罪构成

1. 客观构成

a) 犯罪情境:

· 即将的强制执行

→ 强制执行

→ 行为人所面临(包含第 14 条)

Ⓟ只有在债权人事实上有所根据且可予执行的诉求

b) 犯罪对象:

· 被强制执行债务人的财产的组成部分

---

[1] 对此见 Meyer-Goßner/Schmitt, StPO, 63. Aufl. 2020, § 459 Rn 1-3 以及对于第 459c 条、第 495d 条的评注。

[2] Vgl. LG Bielefeld NStZ 92, 284; Lackner/Kühl/Heger, § 288 Rn 2; MK-Maier, § 288 Rn 9.

[3] 对此见 RGSt 31, 22, 24 f; BGH MDR/H 77, 638。

→ 执行法意义上的财产概念

c)犯罪行为:

· 出卖

→ 通过拍卖而从法律上剥夺财产价值

→ 在金钱债务的执行中:并无对价的补偿

· 转移

→ 从事实上剥夺财产价值

d)犯罪人特征:

· 强制执行债务人(特别犯罪)

2. 主观构成

a)故意:

· 任何故意类型

b)妨害债权人清偿的意图

Ⓟ直接故意的两种形式

Ⅱ. 违法性

Ⅲ. 有责性

Ⅳ. 刑事告诉,第288条第2款

第三部分

侵犯整体财产的犯罪

第八章　诈骗罪和诈骗相关的犯罪

§ 13　诈骗罪

Ⅰ. 诈骗罪的保护法益和犯罪构成构造

诈骗罪(第 263 条)是指犯罪人意图为自己或第三方获得非法的经济利益[结果短缩犯(erfolgskupiertes Delikt),边码 588],通过不正确地声称事实,或违反提供信息的义务而并未告知[交往犯罪(Kommunikationsdelikt),边码 490 及以下数个边码],来欺骗他人,从而导致该人因错误认识而处分财产,并最终损害该人负责的他人财产[自损犯罪(Selbstschädigungsdelikt),边码 490、边码 515 及以下数个边码;转移财产犯罪(Vermögensverschiebungsdelikt),边码 588]。诈骗罪保护的法益是整个财产,是扣除负债后的所有经济利益的缩影,[1]而不是情感利益、单纯的处置自由,也不是经济交往中 485

[1] Vgl. BGHSt 16,220,221;34,199.

的“真相”或“自由”。[1] 因此，诈骗罪是一种财产犯罪，处罚的并非任何欺骗，也非欺骗行为本身，而是损害财产的欺骗。[2]

486 因此，诈骗罪犯罪构成的客观要件之间必须存在持续的因果关系；此外，作为不成文的犯罪构成要件，受骗人处分财产必须构成受害人的错误与财产损失和犯罪人（为自己或为第三人）寻求的财产利益之间的连接点（关于通常的鉴定顺序，见边码 600a 中的综览）。

487 诈骗者往往能够利用受害者的缺乏经验、天真和轻信，或某些对生存和未来的恐惧。人们只需要看一下头发加厚器[3]或天狼星案[4]，或者进入婚姻诈骗或灵异诈骗的世界，[5]以了解人们可能会陷入的怪诞的无稽之谈。然而，诸多建议通过目的性限缩而对某些要件，特别是欺骗和错误，[6]予以

---

〔1〕 对此总结 BGHSt 60,1,10 附评注 H. Albrecht,JZ 15,841（附带了客观确定损失的结果）（对此见 C. Dannecker,NZWiSt 15,176）；BGH NJW 16,3543,3545；对于“真相/自由”恰当地予以否定 A/R/R-Kölbel,5. 1 Rn 9；A/W-Heinrich, § 20 Rn 15 ff；BK-Beukelmann, § 263 Rn 1；G/J/W-Dannecker, § 263 Rn 5；Hellmann, Kühl-FS S. 692 f；Lackner/Kühl, § 263 Rn 2；LK-Tiedemann, Vor § 263 Rn 18 ff；M/R-Saliger, § 263 Rn 1；NK-WSS-Heger/Petzsche, § 263 Rn 2；S/S-Perron, § 263 Rn 1/2。

〔2〕 Vgl. BGHSt 51,10,15；BGH StV 00,478,479；BGH wistra 06,228,229；OLG Köln wistra 09,126；OLG Düsseldorf StV 11,734. 鉴于在通常情况下，确实为财产损失，因此，将剽窃者标识为科学诈骗（Wissenschaftsbetrug）具有误导性，见 Fischer, § 263 Rn 123a；Goeckenjahn,JZ 13,726。

〔3〕 参见 BGHSt 34,199 对于第 263 条。

〔4〕 参见 BGHSt 32,38 对于第 211 条、第 25 条第 1 款第 2 种情形；对于同时包含的诈骗的批判 Hilgendorf, Tatsachenaussagen und Werturteile im Strafrecht 1998, S. 110, 120 f, 201 f。

〔5〕 对此见 Hillenkamp, Schreiber-FS S. 137, 141 ff；此外 Thomma, Die Grenzen des Tatsachenbegriffs 2003, S. 141 ff 试图通过事实概念，将此类案件广泛地从诈骗罪中排除；同样如此 Schünemann, Beulke-FS S. 543 ff。

〔6〕 对此见 Hillenkamp/Cornelius, BT 29. Problem 附进一步的文献。

限制，或者通过考虑源自客观归责的自我责任概念，[1]将头脑简单的、漫不经心的或轻率的受害者行为予以剔除，这些建议并不应该被接受。[2] 保护头脑简单或粗心大意的人免受自己头脑简单或粗心大意的后果，无疑也是诈骗罪犯罪构成的意义所在。[3] 一再发生的案件，特别是老年人，他们的积蓄被骗走，而且往往是童话般的欺骗，清楚地表明，试图通过限制性地适用第263条来为诈骗者开辟刑事政策上毫无意义的犯罪空间，是多么地不合适。[4] 可归责于受害者的易于实施的犯罪，可在量刑时予以考虑。[5]

鉴于欧盟法律的发展，德国刑法在多大程度上能够保持并将继续保持上 488
述高水平的保护，目前尚不清楚。第 2005/29/EG 号指令将对消费者免受不公平商业行为的保护减少到可能误导知情、警觉和通情达理的人的陈述，这

---

〔1〕 如此承接 Kurth, Das Mitverschulden des Opfers beim Betrug, 1984；也 Harbort, Die Bedeutung der objektiven Zurechnung beim Betrug, 2010；赞成出发点 AnK-Gaede, § 263 Rn 3；也附有保守的结论 A/R/R-Kölbel, 5. 1 Rn 62 ff；Gaede, Roxin-FS Ⅱ S. 967；根据主管和责任领域予以限制 Schwarz, Die Mitverantwortung des Opfers beim Betrug 2013, S. 113 ff；整体性地在诈骗罪中对客观归责予以重视，见 M/R-Saliger, § 263 Rn 10。

〔2〕 参见 Hillenkamp, Vorsatztat und Opferverhalten 1981, S. 21 ff, 29 ff, 39 ff, 85 ff。对于被害人学，更详尽 ders., ZStW 129(2017), 598；G/J/W-Dannecker, § 263 Rn 7；LK-Tiedemann, vor § 263 Rn 36-38；与"网络钓鱼"相关联，赞成 Stuckenberg, ZStW 118(2006), 895；否定 Schünemann, Beulke-FS S. 543 ff。对于被害人过错思想的历史起源，见 Vogel, in: Schünemann, Strafrechtssystem und Betrug 2002, S. 89, 105 ff。

〔3〕 尽管使用了限制性的表述，但在结论上几乎并无不同 BGHSt 47, 1, 4; BGH NJW 14, 2595, 2596；对此见 Arzt, Tiedemann-FS S. 595, 602 f 在脚注 8 中所述的意见，并未将基本的担忧予以清除。

〔4〕 对此见 Hillenkamp, Vorsatztat und Opferverhalten 1981, S. 195 f；赞成 Erb, ZIS 11, 372 f；对此也见第 291 条，以及 Holzhauer, ZRP 10, 87 中的建议，加强对（诈骗性地）利用"无知和软弱"的防范。

〔5〕 见 Hillenkamp, Vorsatztat und Opferverhalten 1981, S. 294 ff; OLG Hamm wistra 12, 161, 163（将被侵害银行的"草率""轻率"作为刑罚轻缓事由）；同样如此 Frank/Leu, StraFo 14, 198; Jahn, JA 14, 631; NK-Kindhäuser, § 263 Rn 52; Petropoulos, Die Berücksichtigung des Opferverhaltens beim Betrugstatbestand 2005, S. 171 ff; 批判 Jänicke, Gerichtliche Entscheidungen als Vermögensverfügung 2001, S. 283 ff；通过被害人共同责任的思想，"精巧把握"具体的犯罪构成要件 A/W-Heinrich, § 20 Rn 6, 26。

促使人们提出建议,在跨界案件之外,以部门或整体的方式,将不具有此种特征的欺骗行为,从诈骗罪犯罪构成中予以排除。[1] 本书自第 30 版以来(边码 491a)采取的立场是,在法律允许的范围内反对这一事态发展,[2]德国联邦法院在一项备受关注的判决中遵循了这一立场。[3] 声称必须放弃或修改这一判例,以便根据第 2005/29/EG 号指令所依据的欧洲消费者形象对消费者进行必要的解释,都没有认识到,旨在改善消费者保护的指令,不能具有降低传统的国家刑法保护水平的目的或效果,从而损害注意力不足或不了解情况的人的利益。这尤其适用于以快速交流和交易为目标的互联网交往,其用户的特点是具有一定程度的轻信性。虽然我们可以对程序和论证有所保留,[4]但从结论上必须对之表示赞同。因此,对于头发加厚器一案,即使在遵守欧盟法律规定的情况下,德国联邦法院对受害者保护的解决方案,(也)

---

〔1〕 对此见 AnK-Gaede, § 263 Rn 3; Hecker, Europäisches Strafrecht, 5. Aufl. 2015, § 9 Rn 33 ff; M/R-Saliger, § 263 Rn 6, 109; ders., E/R/S/T, § 263 Rn 6, 106; Ruhs, Rissing-van Saan-FS S. 568, 578 ff, 582 f; Soyka, wistra 07, 127, 132; S/S/W-Satzger, § 263 Rn 13 f, 118 ff; Wittig, § 14 Rn 3a 以及——保守的——Dannecker, ZStW 117(2005), 711; Klesczewski, BT § 9 Rn 52; LK-Tiedemann, Vor § 263 Rn 40; 对于"适合性",也见 AnK-Gaede, § 263 Rn 21 ff; Gaede, Roxin-FS Ⅱ S. 983 ff; Mühlbauer, NStZ 03, 651; 在瑞士,在类似案件中,刑法保护早就已经退出,对此见 Ackermann, Roxin-FS Ⅱ S. 949。

〔2〕 对此的例证 Brammsen/Apel, WRP 11, 1255; Erb, ZIS 11, 375; MK-Hefendehl, § 263 Rn 57 f; 其他与之相反 Eick, Die Berücksichtigung des Opferverhaltens beim Betrug am Beispiel der Werbung 2011, S. 164 ff。

〔3〕 BGH NJW 14, 2595; 对此赞成见 Hillenkamp, Müller-Graff-FS S. 180; 同样如此 Fischer, § 263 Rn 55, 55a; Erb, Müller-Graff-FS S. 188; 对于论证批判 Cornelius, StraFo 14, 276; ders., NStZ 15, 310; Hecker, JuS 14, 1043; Hecker/H.-F. Müller, ZWH 14, 329; Heger, HRRS 14, 467; Krack, ZIS 14, 536; Majer/Buchmann, NJW 14, 3342; N. Müller, NZWiSt 14, 393; Hoyer, ZIS 19, 413; NK-WSS-Heger/Petzsche, § 263 Rn 11 ff; Rönnau/Wegner, JZ 14, 1064; v. Heintschel-Heinegg, JA 14, 790. BGH wistra 14, 439 对此判决予以确认。

〔4〕 其尤其涉及对欧洲法院(Europäischer Gerichtshof/EuGH)提起的被拒绝的提案,以及所实行的对消费者模范形象的区分,见前注中给出的评议;对于案例,详见边码 499 中的判例例证。

值得称赞。[1]

Ⅱ. 第263条的客观犯罪构成

案例36：在检查银行对账单时，旧货交易商A发现，由于错误的记账，他之前空的活期账户被错误地记入了12,000,000欧元，这笔钱是记给X股份有限公司的。使用付款收据，A迅速提取5,000,000欧元用于自用并将另外6,000,000欧元转入他的债权人的账户。 489

案例37：A在G的商店买了一盒30欧元的雪茄，他用50欧元的钞票支付。在找钱过程中，G被一个打进的电话分散了注意力。错误地认为A给了他一张100欧元的钞票，G在柜台上放了70欧元而不是20欧元作为找零。A一言不发地接受了全部金额，尽管他立即意识到G的"错误"。

在第36和37号案件中，A是否通过欺骗引起或维持了第263条意义上的错误？（边码497、509）

1. 对事实之欺骗

490 诈骗行为是指通过与事实相悖的主张来就事实作出欺骗，也就是说，一项行为，对于接收者就事实的存在或不存在[2]具有声明价值。诈骗罪是一种交流犯罪。[3]

该主张必须能够客观地影响接收者的想法，并可能产生错误的后果。在缺乏对"欺骗性"行为的认识的情况下，[4]例如在完全

---

[1] 如此Heim在她的引人注意的著述"Die Vereinbarkeit der deutschen Betrugsstrafbarkeit（§ 263 StGB）mit unionsrechtlichen Grundsätzen und Regelungen zum Schutz der Verbraucher vor Irreführungen" 2013，S. 78 f，158 ff附进一步的文献，对于争论情况见上以及S. 67 ff。

[2] 对于强制拍卖程序中的声明的接收者，见BGH wistra 17，22附评注Brand，NJW 16，3383；Kudlich，JA 16，869。

[3] Vgl. Kindhäuser，Tiedemann-FS S. 579 f；LK-Tiedemann，§ 263 Rn 4；MK-Hefendehl，§ 263 Rn 26；Bock，BT Ⅱ S. 258；Schramm，BT Ⅰ § 7 Rn 7.

[4] 参见BGH StV 10，22（在收银人员并未意识到的情况下，为机动车辆加油）。

自动化的交易或程序中，[1]或者在缺乏与财产决定的联系的情况下，[2]这种适合性已经不存在。在大多数情况下，当只是一个错误被否定时，其结果是相同的。这种适合性的评估必须事先(ex-ante)进行，并对责任予以考虑，尽管在此涉及的是规范性，而不是纯粹的事实。如果受害者对某些信息单独负有责任，但与责任相悖的是，他依赖于犯罪者的声称，并因错误而作出决定，则在没有事前适格行为的情况下，不符合犯罪构成。特别是在合同风险分担的情况下，或在独立于声明而作出决定的内部准则的框架内(见边码 497)，也是如此；[3]然而，仅仅只是受害者共同责任，如天真或轻信，是不够的(见边码 487、边码 506)。

只有当自然人的设想受到实际影响时，欺骗才会完成。只有这样，错误才能成为(映射所声称内容的)影响的结果。因此，如果行为人只是改变了受害者稍后要设想的对象或情状，并使受害者从中得出结论，则他可能是在准备欺骗，但尚未实施欺骗。例如，调整里程表本身并不符合犯罪构成，只有当新的数值成为(至少是默示的)事实主张的对象时，其才与诈骗罪相关。由于事实的改变而变得不正确的受害者的设想(当下通常被称为单纯的未知[4])——因为它不是基于声明——也不是与诈骗罪相关的错误。如果有人偷偷溜进一个交通工具，可以预见善意的售票员认为交通

[1] OLG Karlsruhe NJW 09,1287,1288；对于自动化的催告程序，见 BGH NStZ 12,322 附评议 Bosch,JK 7/12,StGB § 263/96；BGHSt 59,68 附评注 Trüg NStZ 14,157；Trück,ZWH 14,235 和边码 511、610；对于择一故意的案件——员工或者完全自动化程序的欺骗，见 BGH MMR 17,693。

[2] BGH StV 02,82；S/S/W-Satzger，§ 263 Rn 42；Spickhoff-Schuhr，§ 263 Rn 10.

[3] 对此 BGHSt 46,196,199；S/S/W-Satzger，§ 263 Rn 12 f.，40,42,69 ff,85；M/R-Saliger，§ 263 Rn 36。

[4] 传统上，这个概念要宽泛得多，包括了所有的事实错误；因此，对于错误和未认识到之间的区别而言，其具有误导性(见 Spickhoff-Schuhr，§ 263 Rn 24)。

工具上没有逃票者,虽然这个设想是错误的,但只有当行为人不回答"还有人没有票吗?"这个问题时,始才(通过不履行声明义务)实施欺骗。[1] 诈骗罪只涉及对他人财产的确定的攻击,即通过交流进行的攻击,这种攻击必须导致受害者的自我损害(边码515)。

另外——与其他情况一样——犯罪人本人单独地对受害者施加影响并不是强制性的。因此,诉讼欺诈者在一般情况下可能实施的犯罪行为并不局限于他的主张。相反,他通常会通过提供证据来补充这一点,通过提供证据,一个善意的或一个被教唆作虚假陈述的证人作为假象的中间人而加入诉讼。[2] 此外,根据对民主德国国防委员会成员的诉讼程序中制定的原则,[3]以及在这方面值得怀疑的判例,利用商业企业的组织结构所确定的框架条件,使雇员所做的欺骗行为似乎是企业经营中无条件准备行动的"齿轮"性常规过程,其都可能构成间接正犯方式的欺骗。对于此种条件下的犯罪控制而言,在其他情况下这些雇员的必要的善意[4]并不重要,[5]重要的可能是具体证明,间接犯罪人本人并没有实现的诈骗罪的犯罪构成要件,而是由犯罪中介满足的。[6] 491

---

〔1〕 Fischer, § 263 Rn 15; Hilgendorf/Valerius, BT Ⅱ § 7 Rn 12; LK-Lackner, 10. Aufl., § 263 Rn 78:"欺骗"(Überlistung)并非必要; M/R-Saliger, § 263 Rn 26; Schmidt, BT Ⅱ Rn 524; S/S-Cramer/Perron, § 263 Rn 36 f;相反观点将预备行为错认为欺骗,或者以单纯的错误引起取代了欺骗;代表性 A/W-Arzt, § 20 Rn 45 ff; Krey/Hellmann, BT II, 15. Aufl. 2008, Rn 338; Mitsch, BT Ⅱ S. 286 f;也见 Rotsch, ZJS 08, 135。

〔2〕 BGHSt 43, 317, 320 附评注 Momsen, NStZ 99, 306。

〔3〕 BGHSt 40, 218, 236 ff;对于商业企业的可适用性,否定 I. Roxin, Wolter-FS S. 451 ff。

〔4〕 例如见 BGH wistra 01, 144。

〔5〕 BGH NStZ 98, 568 附批判性评注 Dierlamm; BGHSt 48, 331, 341 ff;对于其中缺失前提的例子,见 BGH wistra 08, 57 f;对此建构对于私人的电视频道的可适用性,见边码580中的提示(观众来电节目)。

〔6〕 BGH wistra 09, 437, 438;对于这一建构在废气丑闻中可以想见的可适用性,见 Isfen, JA 16, 5 f。对于归类为非原本的组织犯罪,见 BGH wistra 17, 232; BGH NStZ 17, 340。

492 根据第263条的并不准确和相互重叠的规定,欺骗可以通过虚构“虚假”事实或者歪曲、压制真实事实来实施。诚然,事实本身不可能是真的,也不可能是假的;事实存在或不存在,从本质上讲,只有存在的事实才是事实。对事实的主张是真实的或不真实的,即使其与价值判断的声明相反,而价值判断同样不具备事实能力。[1] 对事实的歪曲或压制也必须在事实主张的框架内进行,而不应仅仅被理解为改变情况,因为在其中并不存在交流。更确切地说,所言的是虚构并不存在的情况,总体而言其系所有虚假事实主张的上位概念(不存在的事实的主张;主张不存在实际存在的事实;重要的不完整的主张;对事实存在或不存在的澄清义务的默示)。[2]

犯罪构成中使用的概念要求在语言上对所主张内容的不正确性存在认识。然而,这些要求基本上只反映在鉴定结构框架内的故意中,而且由于过失的诈骗行为不受惩罚,因此在故意中对其进行判定就足够了。[3] 最近的一种观点主张,将欺骗限制在犯罪人的行为上,这种行为违背了受害者为维护“财产管理自由”而提出

---

[1] Vgl. LK-Tiedemann, § 263 Rn 7;NK-Kindhäuser, § 263 Rn 59;Schramm, BT I § 7 Rn 12;Spickhoff-Schuhr, § 263 Rn 6.

[2] 见 Küper/Zopfs,BT Rn 493;Kargl,ZStW 114(2007),268 要求“有意(恶意)的行为”;从中引申出在默示的欺骗和通过沉默而欺骗情况中的限制。

[3] 支持在客观的犯罪构成中,就已经对之予以重视,Hillenkamp 本书直至第40版;Eisele,BT Ⅱ Rn 521;Küper/Zopfs,BT Rn 494;Lackner/Kühl, § 263 Rn 6;Rengier, BT I § 13 Rn 9;H. Schneider,StV 04,538;Wittig, § 14 Rn 21;dies. ,Das tatbestandsmäßige Verhalten des Betrugs 2004, S. 210,383;Zöller,BT Rn 129;也见 BGHSt 18,235, 237;与之相反,支持在主观的犯罪构成中才予以重视 BGH NZWiSt 13,230,232(尽管是缺少欺骗故意的客观的欺骗);A/R/R-Kölbel,5. 1 Rn 32;Bock,BT Ⅱ S. 262; Fischer, § 263 Rn 14;Heghmanns,Rn 1208;HK-GS/Duttge, § 263 Rn 8;M/R-Saliger, § 263 Rn 27;NK-Kindhäuser, § 263 Rn 58;Pawlik,Das unerlaubte Verhalten beim Betrug 1999,S. 81 f;Spickhoff-Schuhr, § 263 Rn 9;区别 MK-Hefendehl, § 263 Rn 100;对其赞成 S/S/W-Satzger, § 263 Rn 32;也见 BayObLG NJW 99,1648。

的真相诉求,从而超出了上文(边码 490)所要求的对欺骗的适合性。在这种情况下存在的风险是,有可能减缩第 263 条旨在实现的财产保护范围,并将其推到处置自由中去。[1]

a)事实概念

事实是指,通过证据可以获知的,过去或现在的具体事件或情况。这也包括所谓的负面事实(Negativtatsachen)。例如,其可以出现在通常默示的主张中,即某些事情没有发生,但其实际上已经发生了。[2] 493

未来事件(zukünftige Ereignisse)不属于事实概念。[3] 然而,在预测(Prognose)的框架内,尽管它与未来有关,并且经常有与之相关的价值判断(见边码 495),但作为预测基础的已经存在的事实可能会被欺骗。[4] 对于一个事实的存在来说,所发生的或存在的是属于外部世界的表象,还是属于内在生活的领域,都是无关紧要的。除外部事实(如物品的来源或性质、价格的惯例,个人的偿付能力等)[5]之外,第 263 条还包括内部事实,比如存在信仰或特

---

〔1〕 参见 Kindhäuser,ZStW 103(1991),398;ders.,Bemmann-FS S. 339;Munoz,GA 05,129 和 Pawlik,Das unerlaubte Verhalten beim Betrug 1999,S. 74,83,139 ff;批判 A/W-Heinrich, § 20 Rn 26; Kargl, Lüderssen-FS S. 613; Krack, List als Tatbestandsmerkmal 1994,S. 71 附反批判 Pawlik,同前注,S. 104;MK-Hefendehl, § 263 Rn 68 ff;Vogel,Keller-GS S. 313,318 ff;对于被害人保护的限缩 SK-Hoyer, § 263 Rn 5。

〔2〕 BGHSt 51,165,171(附例证);BGH NStZ-RR 16,341,343。

〔3〕 参见 RGSt 56,227,231 f;NK-Kindhäuser, § 263 Rn 74;批判 M/S/M-Momsen,BT I § 41 Rn 28;澄清 BK-Beukelmann, § 263 Rn 3;也见 AnK-Gaede, § 263 Rn 15;G/J/W-Dannecker, § 263 Rn 14;Rengier,BT I § 13 Rn 4。

〔4〕 参见 BGHSt 60,1,6 附评注 H. Albrecht,JZ 15,841;Kudlich,ZWH 15,14;Schlösser,StV 16,25;对此也见 C. Dannecker,NZWiSt 15,174;此外 A/R/R-Kölbel,5. 1 Rn 29 f;NK-WSS-Heger/Petzsche, § 263 Rn 57;Spickhoff-Schuhr, § 263 Rn 8. 对于招股说明责任(Prospekthaftung)详细 Schuhr,ZWH 13,119 f。

〔5〕 Vgl. Lackner/Kühl, § 263 Rn 4;LK-Tiedemann, § 263 Rn 11.

定的知识和意图,例如愿意将捐赠的钱放在朝圣地点的祭品中去,[1]或者信守合同而行事。[2] 这些事实也可以通过"主体间的可核实性"(intersubjektive Nachprüfbarkeit)而获知。[3]

494 由此,在作为现金交易的"吃白食"(Zechprellerei)行为中,犯罪者是否仅虚构他的支付意愿(内部事实),或者是由于缺乏可用资金而虚构他的支付能力(外部事实),并不重要。[4]

同样,信贷业务中的欺骗行为可能涉及作为外部事实的信用状况,以及作为内部事实的支付意愿,而并非作为未来事实的偿还能力。然而,在这样做的过程中,被欺骗的人必须意识到这是一笔信贷业务。[5]

495 与事实主张形成对比的,不是关于负面事实的主张(见边码493),而是纯粹的意见表达和纯粹的价值判断,原则上包括(有待通过司法评估查明的)诉求的存在。由于界线的飘忽,有时很难将它们与前者区分开来。[6] 决定性的是,陈述的客观意义的内

---

〔1〕 Vgl. RGSt 42,40,42;BGHSt 2,325,326;15,24,26;BGH wistra 87,255 f;OLG Düsseldorf wistra 96,32;LK-Tiedemann, § 263 Rn 20.

〔2〕 Vgl. BGHSt 54,69,121;Bock,BT Ⅱ S. 249.

〔3〕 Vgl. M/S/M-Momsen,BT I § 41 Rn 27;S/S/W-Satzger, § 263 Rn 19;M/R-Saliger, § 263 Rn 15.

〔4〕 参见 Krey/Hellmann/Heinrich,BT Ⅱ Rn 492 ff;对此总体,更详尽 BGH GA 72,209;OLG Hamburg NJW 69,335;LK-Tiedemann, § 263 Rn 9 ff,38 f;S/S-Perron, § 263 Rn 28;批判 Hilgendorf,Tatsachenaussagen und Werturteile im Strafrecht 1998,S. 128;NK-Kindhäuser, § 263 Rn 76 f;Pawlik,Das unerlaubte Verhalten beim Betrug 1999,S. 94 f;Thomma,Die Grenzen des Tatsachenbegriffs 2003,S. 329 ff;也参见 BGH NJW 83,2827;02,1059 以及 OLG Düsseldorf JR 82,343 对于并无意愿付款者加油的类似案件(对此也见边码 197、580)。

〔5〕 就此而言更详尽 H-H-Voigt,Rn 988;Hillenkamp,JuS 03,157;S/S-Perron, § 263 Rn 25 ff。

〔6〕 参见 BGH JR 58,106;Fischer, § 263 Rn 9 ff;Graul,JZ 95,595;M/R-Saliger, § 263 Rn 16 ff;对此界分的重要性,见 Kuhli,ZIS 14,504。

涵,是否包含可以通过证据获知的事实核心。

从本质上讲,在此处理的是与侮辱犯罪相同的划界问题。[1] 作为商人购买经销商声称并不愁卖的商品,只会受到广告表达的观点的影响,而其影响仅限于对未来业务发展的、未经证实的并且显然没有严肃的确信支撑的预测(见边码 493)。而如果经销商也声称产品绝无敌手,那么他肯定会增加一个事实主张。[2] 说服其他人购买股票的人,保证这些股票很快就会在证券交易所上市,价值大幅增加,并证明该股票是一项有利可图的投资,因为其母公司背后有财力雄厚、有影响力的投资商,这不仅表达了他们对有关公司未来发展的看法,而且提出了一种事实性质的主张(这些股票是一家资本雄厚、利润丰厚的公司的股票,其市场机会在银行和股票圈子里得到了有利的评价)。[3] 将投资标识为“安全”或“无风险”,可被理解为在向投资者通报基本的商业经济数据时进行的概括宣传。如果没有这样的信息,同样的陈述也可能为事实的背景。“安全”或“无风险”之类的未详细说明的名称表明,在安全装置和规定的安全标准当中,存在一种防护。与此形成对照的是,一般的用语、夸张的宣传、特别是所谓的市场尖叫广告(“最畅销”的剃须刀片或“世界上最好的洗涤剂”等),通常缺少一个可把握的事实核心,以及一个做出的严肃主张的性质。[4] 征收过高的费用,通常只是对法律情况的一种刑法意义上的不相关的欺骗,对法律情况的评估和判断当然可以与对事实的

---

〔1〕 参见 Wessels/Hettinger/Engländer, BT Ⅰ Rn 451, 464 f; Hilgendorf, Tatsachenaussagen und Werturteile im Strafrecht 1998, S. 230 ff, 237; 类似 Schramm, BT Ⅰ § 7 Rn 13 ff。

〔2〕 Vgl. BGH wistra 92, 255 f; OLG Frankfurt wistra 86, 31, 32.

〔3〕 Vgl. BGH MDR/D 73, 18; 也参见 BGH NStZ-RR 10, 146。

〔4〕 在个案中就事实问题并各根据情状仔细地予以鉴定; 对此见 BGHSt 48, 331, 344 f 附就此而言赞成性评注 Beulke, JR 05, 40 f; BGHSt 34, 199, 201 附评议 Müller-Christmann, JuS 88, 109; Lackner/Kühl, § 263 Rn 5; Mitsch, BT Ⅱ S. 260 f; 批判 Kargl, Lüderssen-FS S. 624 f, 631; 就将物品标识为“有机”(bio)或“生态”(öko)的事实内涵, 见 Arzt, Lampe-FS S. 673 f, 680; 就此关联对于《不正当竞争法》第 16 条规定, 见 Schmidt, BT Ⅱ Rn 531。

主张联系在一起。[1] 如果律师有悖于真相而声称有法院判决证实了他的(错误的)法律主张,则相对于法官的欺骗(未遂)而言,并不足够,表达某一特定事实符合确立诉求条件之规范的法律观点,也是一样。[2] 然而,如果同时确凿地表述了证成诉求的案件事实,则情况会有不同。[3] 根据德国联邦法院的观点,竞争法上的正式警告(Abmahnung)声明,是一个合法的警告程序,而不仅仅是产生律师费用的滥用权利的行为。目标设定被视为内在事实。[4] 至少在滥用权利取决于此种内在事实的范围内,这是正确的;与之相反,此种滥用权利和警告理由的并不存在并非事实。然而,将滥用权利本身视为事实,或根据从之后的诉讼程序中发现的滥用行为推断出的欺骗性的声明,可能是不正确的(因为内部事实只能存在于犯罪时已经存在的设想当中)。与之相应,对预期的警告将根据 2018 年 5 月 25 日生效的《数据保护基础条例》进行评价。

b)通过作为之欺骗

496 捏造"虚假"事实是指,面对他人,把实际上不存在的事实说

[1] OLG Frankfurt NJW 96,2172;作为事实主张的法律主张,见 AnK-Gaede § 263 Rn 19; Fischer, § 263 Rn 11; Hilgendorf, Tatsachenaussagen und Werturteile im Strafrecht 1998, S. 205 ff,222;HK-GS-Duttge, § 263 Rn 7;Klesczewski,BT § 9 Rn 43; Krell,JR 12,102;Krey/Hellmann/Heinrich,BT Ⅱ Rn 503 ff;LK-Tiedemann, § 263 Rn 18 f;M/R-Saliger, § 253 Rn 18。

[2] 见 OLG Koblenz NJW 01,1364 附批判性评议 Protzen, wistra 03,208;OLG Karlsruhe JZ 04,101 附批判性评注 Puppe;Satzger,JK 1/14, § 263/104;Kretschmer,GA 04,459;LK-Tiedemann, § 263 Rn 19;MK-Hefendehl, § 263 Rn 71;区别 G/J/W-Dannecker, § 263 Rn 25。

[3] 就此 BGH wistra 19,279,280 附评注 Bülte,NJW 19,1762,特别是收债程序中追要律师费用的声明内涵。

[4] BGH wistra 09,393;BGH NStZ 17,536 附赞成性评注 Krell,537 和批判性评注 Becker,HRRS 17,405;其他观点 OLG Köln NJW 13,2772 附批判性评注 Bittmann; Becker,HRRS 17,405。

成是存在的。[1] 虚构也可以包括真实的主张，只要通过主张（隐含地）支撑了一个不真实的主张（例如，发票形式的合同要约，见边码 499；但仅是出示运输车票对于旅程而言并不足够）。[2]

无论是以不真实的明示声明的形式进行，还是以其他隐含的方式进行，例如秘密更换价格标签后在收银台出示货物或在篡改二手车或租车的里程表后提出出售要约，[3]都无关紧要。不重要的是，虚构是明确地发生的，还是以结论性（暗示性）[4]行动的方式发生的。唯一重要的是，对于相关人员的设想产生影响，并且从接收者的角度来看，犯罪者的行为具有一定的声明价值。这是欺骗的组成部分。[5] 这一问题的决定性因素，是交往观念如何在总体情况的框架内理解行为，以及在客观判断的情况下如何理解行为。[6] 对此而言，声明所处的“法律框架”和“规范性总体背景”

---

〔1〕 参见 S/S-Perron, § 263 Rn 6；Schumann, JZ 79, 588。对于 CEO 欺诈中的身份滥用，见 Buss, CR 17, 410。

〔2〕 Vgl. AG Dortmund BeckRS 17, 129465.

〔3〕 Vgl. BayObLG MDR 62, 70；OLG Hamm NJW 68, 1894；LG Marburg MDR 73, 66.

〔4〕 对此见 Becker, JuS 14, 307。

〔5〕 被害人可以从所声称的事实出发，这是声明价值（Erklärungswert）的结果，但不能取代声明价值，其他 Frisch, Jakobs-FS S. 101 f。

〔6〕 更详尽 LK-Tiedemann, § 263 Rn 23, 28 ff；M/S/M-Momsen, BT I § 41 Rn 39 ff；M/R-Saliger, § 263 Rn 32 ff；S/S-Perron, § 263 Rn 12 ff；S/S/W-Satzger, § 263 Rn 38 ff；OLG Köln wistra 91, 115, 116；具体化 Kindhäuser, Tiedemann-FS S. 579；为房地产融资目的，在过高的购买价格情况下的声明内涵，见 Cornelius, NZWiSt 12, 259；在强制执行中 Wagemann, GA 07, 146；在电视—电话抽奖情况下 Schröder/Thiele, Jura 07, 816（对此见边码 580）；对于与此相联的通过作为或不作为实施的欺骗的界分，批判 Streng, ZStW 122（2010）, 18；Wittig, Das tatbestandsmäßige Verhalten des Betrugs 2005, S. 251 ff, 284 ff. 对于比特币交易中默示的欺骗，见 Börner, NZWiSt 18, 51。

共同起到决定的作用。[1]

497 账户持有人——如在案例 36 中——在银行由于疏忽而将资金存入他的账户的情况下,将钱款取出,或者通过银行转账结清现有债务,可能存在的欺骗行为在于,他没有将他所发现的错误事实通知银行职员。在认定此类通过不实施披露义务而实施的(附属的)欺骗之前,必须仔细检验是否存在通过明示或默示的行为而实施的欺骗。早先的判例对后者作出了肯定的答复,主要的考虑是,付款或转账中包含了存有相应余额的声明。[2] 在错误记账的情况下,该判例认定这一主张是非真实的,因为其并未产生相应的存款。因此,在这种情况下,当被欺骗的银行职员在对存款存在信任的前提下执行订单,则应认定为诈骗罪。[3] 与之相反,在第三人进行错误转账的情况下,否认存在欺骗行为,因为客户通过这种方式获得了与其银行相关的相应余额,因此无法虚构余额的存在。由此,在此类案件中,欺骗只在于未能告知转款错误的人,但通常欠缺担保人义务来保证履行。[4] 据此,如果顾客错误地认为发生了错误的记账,则可以认定第 263 条之不能犯未遂。这在很大程度上得到了学说认可,被德国联邦法院正确地予以了放弃,因为即使在错误记账的情况下,余额的产生也是毫无疑问的,因此,在这种情况下,相应的默示主张也并非不真实。[5] 此外,鉴于通常的银行惯例,在没有足够的账户余额覆盖的情况下进行转账,通过转账订单,声明的不仅仅是执行转账的愿望,德国联邦法院是否认的并且否认这种愿望适于,在有义务检查账户覆盖范围或信贷额度的银行雇员那里,引起了与诈骗相关的错误认知。据此,在任何情况

[1] BGHSt 51,165,170;BGH JR 10,172,173 附评注 Gössel;A/R/R-Kölbel,5. 1 Rn 37;对于"结论"批判 Bung,GA 12,358;在将诈骗罪典型化为交流犯罪的基础上,确定默示的欺骗的新的基点,批判 Mayer Lux,Die konkludente Täuschung beim Betrug 2013;对于此种典型化,见 M/R-Saliger § 263 Rn 23,28。

[2] 见 OLG Celle StV 94,188 附批判性评注 Schmoller。

[3] OLG Karlsruhe Justiz 78,173;OLG Köln JR 61,433 附赞成性评注 Schröder。

[4] Vgl. BGHSt 39,392,395,398 ff;OLG Celle StV 94,188.

[5] 参见 BGHSt 46,196 附结论上赞成性评注 Joerden,JZ 01,614,Hefendehl,NStZ 01,281 和 Krack,JR 02,25;也见 Valerius,JA 07,781 f;批判 Ranft,JuS 01,856;在收款授权情况下,存在差异的法律情况,见 OLG Hamm wistra 12,161,163 f。

下，转账订单（这是德国联邦法院判决的唯一对象）都没有欺骗的性质。[1] 但是，根据历来的观点，提款中包含了声称拥有相应的额度，其中并未声明任何不真实的东西，这也适用于提款，有鉴于此，在这方面，也只能考虑通过不作为进行欺骗（见边码 509）。

如果原告在知道妨碍或灭失其权利的抗辩事由的情况下提起诉讼，并且对该情况保持沉默，默示性地欺骗法院，则他违反了根据《德国民事诉讼法》第 138 条规定课以的全面性义务（Vollständigkeitspflicht）。[2] 在正式公开招标的情况下，提交的投标书应包括一项确凿的声明，即该投标书是在投标者没有事先协商的情况下提出的。[3] 在履行合同义务时，债务人通常会默默地声明他准备履行合同。[4] 因此，任何在酒店或餐馆订购饮料和食物的人，都暗示他有偿付能力并且愿意支付费用（见边码 493 及下一边码）。这也适用于在自助服务站作为"正常"顾客出现的人。[5] 与此相反，酒店客人仅仅接受先前商定的住宿服务，随后 498

〔1〕 参见边码 490。赞成 AnK-Gaede, § 263 Rn 39; Bock, WV-BT2, S. 264 ff; BK-Beukelmann, § 263 Rn 15; HK-GS-Duttge, § 263 Rn 12; Joecks/Jäger, § 263 Rn 63 ff; Krack, JR 02, 25; M/R-Saliger, § 263 Rn 50; Rengier, BT I § 13 Rn 21 ff; SK-Hoyer, § 263 Rn 35; S/S-Perron, § 263 Rn 16c; S/S/WSatzger, § 263 Rn 53; 在结论上也 Pawlik, Lampe-FS S. 689, 696 ff; 批判 Heger, JA 01, 538; Otto, Jura 02, 609。

〔2〕 参见 Fischer, § 263 Rn 44; 在所谓的 AGG-Hopping 案件中，对此见 Brand/Rahimi-Azar, NJW 15, 2294 和 Metz, NZA 19, 877; 在此类案件中对于第 253 条，见边码 708。

〔3〕 参见 BGHSt 47, 83, 86 f; 对此也见 M/R-Saliger, § 263 Rn 42; Wittig, § 14 Rn 34。

〔4〕 参见 BGH wistra 98, 177; BGH NStZ 12, 95, 96 附评议 Jäger, JA 11, 950; 批判 H-H-Voigt, Rn 989。

〔5〕 参见 BGH NJW 12, 1092 附评议 Ernst, JR 12, 473; Hecker, JuS 12, 1138; Satzger, JK 6/13, § 263 StGB/101; Sinn, ZJS 12, 831; v. Heintschel/Heinegg, JA 12, 305。

无力支付,通常并不构成对持续支付能力的主张。[1] 在出售物品的要约中,有一项确凿的声明,即有权出售该物品并能够获得所有权。在作为“二手”许可证出售序列号的情况下,意味着其符合判例规定的销售二手计算机程序的条件。[2] 要求提供服务的人,一般也同时表明作为基础的诉求的存在。[3] 然而,要做到这一点,声明的内容必须超出仅仅表达法律意见的范围。[4] 为清偿债务而提供的支票,至少应包括在出示支票时予以兑现的保证;唯一有争议的问题是,是否以及在多大程度上与清偿承诺相关联。[5]

499 向银行出示支票进行兑现的人,由于这对于兑现银行来说并不重要,并未声称基础债务所产生的诉求(仍然)存在,而是暗示支票出票人已满足支票的基本要求,[6]并且支票的内容符合出票人的意愿。这包括这样一个事实,即只有通过发行协议而取得合法资格的人,而不是以犯罪方式获得支票的第三人,能够提交支票。[7] 无论谁以一定的价格提供商品或服务,只要其在有违道德和高利借贷的边界之内,都没有义务说明所购物品的真实价值,即使它大大低于其所索取的价格。因此,他并不声称所要求的价格是合理的

---

〔1〕 参见 BGH MDR/D 73,729;OLG Hamburg NJW 69,335;Beulke,Ⅲ Rn 202 f;Rengier,BT I § 13 Rn 26;NK-WSS-Heger/Petzsche, § 263 Rn 39;Triffterer,JuS 71,181;对于争论状况,见 Hillenkamp/Cornelius,BT 28. Problem。

〔2〕 参见 AG Gießen MMR 16,696 附评注 Rosemann。

〔3〕 也见 BGH NStZ-RR 17,313 附评注 Meyer,NZWiSt 18,74,79 f;Röß,NStZ 18,441;Tekin,ZWH 18,110,112 f。

〔4〕 参见 BGH JZ 12,518,520 附评注 Tiedemann;区别 Saliger,Imme Roxin-FS S. 314 ff;BGH wistra 17,318。

〔5〕 参见 BGHSt 3,69,71;24,386,389;BGH wistra 82,188;LK-Tiedemann, § 263 Rn 42;对于出示无记名支票和订单支票,见 BGH NStZ 08,396;BGH StV 09,244,245;BayObLG NJW 99,1648。

〔6〕 Vgl. BGH StV 02,82.

〔7〕 Vgl. BGH StV 09,244,245.

或正常的。[1] 此外,在向银行申报不动产的购买价格时,并不声称该房产是物有所值的。[2] 然而,在这方面,决定性因素是个别案件的具体情况,这也可能导致一般规则的例外情况(例如,涉及市场通常报酬的加工合同或提供“真正的”画作的情况)。[3] 根据这些规则,商店收银台的顾客不会声称他除了出示的货物之外,身上没有(隐藏的)货物。[4] 此外,在提供给公司的支付对价可被纳入特定目录的清晰要约中,并不能仅因为报价单在账单的颜色和设计上看起来类似于法院收据,就得出账单的声明价值。[5] 然而,这样做不是因为受害者的共同责任,[6] 而是信息和定向风险的交易习惯分配(见边码 506)。这要求有商业经验的人,如商人,完整地阅读商业信函,例如,将乍一看似乎是账单的文件在并未特别注意反面的情况下,识别为合同要约。[7] 与之相反,对于非商业接收者,例如受到丧事影响的个体,发件人必须清楚地表明要约的性质。如果他起草信件,给人一种有付款义务的印象,而对要约性质的提及完全被置于背景之下,那么这构成了一种默示性的

---

〔1〕 参见 BGH NStZ 15,463 附评注 Greeve;Kraatz,NZWiSt 15,313;Kudlich,ZWH 15,346;也参见 BGH JZ 89,759;BGH wistra 11,335,336 f 附评议 v. Heintschel-Heinegg,JA 11,710;OLG Stuttgart NStZ 85,503 附批判性评注 Lackner/Werle;BayObLG NJW 94,1078;Lackner/Kühl,§ 263 Rn 10;M/R-Saliger,§ 263 Rn 47;S/S-Perron,§ 263 Rn 17c。

〔2〕 Vgl. Cornelius,NZWiSt 12,259.

〔3〕 参见更详尽 Graul,JZ 95,595;对于规则以及对于例外,也见 BGH NStZ 10,88,89 附评议 Bosch,JA 10,153(癌症治疗);OLG München wistra 10,37 附评议 Kudlich,JA 10,70(剪刀式磨床);对于艺术市场上的诈骗,见 Kinzig,Heinz-FS S. 124 ff。

〔4〕 参见 Hillenkamp,JuS 97,221 附进一步的文献;Pawlik,Das unerlaubte Verhalten beim Betrug 1999,S. 87。

〔5〕 Vgl. LG Frankfurt wistra 00,72,73.

〔6〕 参见 Erb,ZIS 11,372 ff;Garbe,NJW 99,2869;Geisler,NStZ 02,86,89;误导性 BGHSt 47,1,4(对此已见边码 487 和 A/W-Heinrich,§ 20 Rn 49a)。

〔7〕 参见 BGH NStZ 97,186;OLG Frankfurt NStZ 97,187;区别 Garbe,NJW 99,2868;否定 Geisler,NStZ,02,86,89;相反,BGH wistra 14,439,440 将保护也延伸至企业主;同样如此 BGH NStZ-RR 16,341,344;与本书的倾向相同 A/R/R-Kölbel,5. 1 Rn 47。

欺骗。〔1〕这一结果可以更恰当地从提供信息的人的信息负担和《德国民法典》第305c条的思想中得出,〔2〕而不是从犯罪者有计划地利用真实事实的主张中得出〔3〕。如果以表面上符合交往的行为为幌子,有目的地追求对接收者造成损害,因此,引起错误不仅仅是行为的结果,而是行为的目的。〔4〕

---

〔1〕案例评议见 Bock, WV-BT2, S. 250 f 和 Kudlich, PdW BT I S. 72 f。

〔2〕对此见 Eisele, BT Ⅱ Rn 526; Geisler, NStZ 02, 88; 也参见 Kasiske, GA 09, 360, 通过参考被害人教条主义(第367页),不必要地将信息负担和义务的正确的出发点,暴露在对其提出的批评当中;对此也就被害人教义学予以否定,见 BGHSt 59, 195 = BGH NJW 14, 2054, 2055 f 附就此而言赞成性评注 Bosch, JK 11/14, StGB § 263/106。

〔3〕Schröder, Peters-FS 1974 S. 153; 由此质疑欺骗 Joecks/Jäger, § 263 Rn 50; 也批判 Paschke, Der Insertionsoffertenbetrug 2006, S. 105 ff; 对于以真实的事实实施的欺骗,也见 Peters, Betrug und Steuerhinterziehung trotz Erklärung wahrer Tatsachen, 2010。

〔4〕但是如此 BGHSt 47, 1, 5 附在结论上恰当的评议 Loos, JR 02, 77; Otto, Jura 02, 607; Rose, wistra 02, 13; BGH wistra 01, 386, 387; BGH wistra 04, 103, 104 附评注 H. Schneider, StV 04, 537; BGH wistra 14, 439, 440(也对于企业主);如同本书对于判例批判 M/R-Saliger, § 263 Rn 34. 对于这一议题对于所谓的"呼—呼叫"(Ping-Anruf)案件(在增值服务号码上,触发收费的电话回拨)的适用性,见 OLG Oldenburg wistra 10, 453, 454 f 附评议 Jahn, JuS 10, 1119 和确认了 LG Osnabrück CR 13, 581 判决的 BGHSt 59, 195 = BGH NJW 14, 2054 附评注 Cornelius(在欺骗和错误之外,也对于同质性)以及案例解析 Kudlich, PdW BT I S. 74; Ladiges, JuS 12, 54; 对此也见 Bosch, JK 11/14, StGB § 263/105; Brand/Reschke, NStZ 11, 379; Eiden, Jura 11, 863; Erb, ZIS 11, 368; Jahn, JA 14, 630; ders., JuS 14, 848; Kölbel, JuS 13, 193; AnK-Gaede, § 263 Rn 33; 批判 Scheinfeld, wistra 08, 169; Schuhr, ZWH 14, 347; Zöller, ZJS 14, 577; 从共同体法律的视角 Dannecker, ZStW 117(2005), 713; 也见 Hoffmann, GA 03, 610, 616 f, 相反,其除了欺骗性的总体印象之外,还需要利用现实的业务关系而产生的信任;关于 Rath, Gesinnungsstrafrecht 2002, S. 7 ff, 51 f, 在德国联邦法院对刑事犯罪不法的论证中,涉及的是并未证成的思想不法(Gesinnungsunrecht);这一被 Paschke, Der Insertionsoffertenbetrug 2006, S. 84 相对化了的批判,导向了一个值得讨论的建议,即通过禁止反言(protestatio facto contraria)思想而发展出默示的欺骗, S. 179 ff。

如果是这样,就没有理由区分商业和非商业交往。[1] 如果向银行客户提交直接借记不是将其作为非现金支付交易的工具,而是将其作为获得信贷的工具,则直接借记的提交构成对其正常使用的默示性欺骗。[2] 一名法律实习生是否在开始他的实习工作时含蓄地说,他不能同时被允许在另一个联邦州工作,因此不会担任"双重实习生"的角色,这个问题是值得怀疑的,但更有可能是否定的。[3] 在雇用关系中获得加油卡以便为其公务车辆加油的人,在提交相关单据时,应声明该卡仅在约定的框架内使用。将滥用予以公开是不可期待的,他不能对此进行援引。[4] 同样的标准也适用于对互联网上普遍存在的"成本陷阱"的评价,在这种情况下,在线页面的设计是故意使得普通用户不能识别要约的费用或者义务的承担。[5] 对于信用卡持有人向第三人提供的用于自己使用的证明,如果在信用卡持有人去世后,对他人的信用卡进行使用,则情况有所不同。鉴于信用卡公司有义务付款,那些被出示信用卡的相对方,并不担心其是否具有权限。[6] 因此,第 263a 条也不能适用。

---

〔1〕 对于两种情形下的欺骗 BGH wistra 04,103,104 附对通过(并非商人的)办公室工作人员来完成此种信函的提示;OLG Frankfurt NStZ-RR 02,47;NJW 03,3215,3216;Eisele, BT Ⅱ Rn 526; Fischer, § 263 Rn 28a; Geisler NStZ 02, 89; G/J/W-Dannecker, § 263 Rn 30; Rengier, BT I § 13 Rn 13 f; Schmidt, BT Ⅱ Rn 538; H. Schneider, StV 04,539; SK-Hoyer, § 263 Rn 50; S/S/W-Satzger, § 263 Rn 35; Zöller, BT Rn 128;也对德国联邦法院的论述批判 Baier, JA 02,366; Krack, JZ 02,613; M/S/M-Momsen, BT I § 41 Rn 42; Pawlik, StV 03,297;开放 BK-Beukelmann, § 263 Rn 16; Wittig, § 14 Rn 25。

〔2〕 BGHSt 50,147,155;BGH NStZ 07,647;对此也见 OLG Hamm wistra 12,161,163 f;案例解析 Fahl, JuS 12,1104。

〔3〕 OLG Saarbrücken NJW 07,2868,2869,其也恰当地对通过不作为方式实施的欺骗予以否定(见边码 506);差异 Fahl, Jura 08,455; Kudlich, JA 08,74;案例解析 Sengbusch, Jura 09,310。

〔4〕 Vgl. OLG Celle NStZ 11,218,219.

〔5〕 对此释明,见 Eisele, NStZ 10,193; Erb, ZIS 11,368;此外 Fischer, § 263 Rn 28b/c; M/R-Saliger, § 263 Rn 55;案例解析 Ladiges, Jura 13,844;在涉及智能手机用户所谓的"无线应用协议—计费"(WAP-Billing)案件中类似的结构,见 Gaßner/Strömer, NJW 16,2529; dies., HRRS 17,110; Wegner, NStZ 16,455。

〔6〕 Vgl. OLG Hamm NStZ-RR 15,213,214.

在没有财产管理义务的情况下,第 266 条也不适用,而在缺失占为己有意图之表征的情况下,一般而言,第 246 条也不适用。

判例例证:在 OLG Frankfurt a. M. in NJW 11,398 一案中,涉及此种情形附评注 Hansen 和评议 Bosch JK 6/11,StGB § 263/90;Brammsen/Apel,WRP 11,1254;Buchmann/Majer,CR 11,190;Eisele,MMR 11,273;Erb,ZIS 11,368;Hatz,JA 12,186;Hecker,JuS 11,470;Hövel,GRUR 11,253。

在这个案件中,被告人故意设计他们的网站,使访问该网站的费用和订阅合同的订立,对于"作为用户的一般知情和理解的消费者"(对此见边码 488)来说是不可预期的,与《价格管理条例》第 1 条第 1 款第 1 句、第 4 款第 2 句的规定相悖,既不是"容易识别的",也不是"清晰易读或以其他方式容易察觉的",更不是"要约""明确相关的"。在这种"以真实事实欺骗"的情况下,州高等法院遵循了上文引用的 BGHSt 47,1,5 判例,以论证隐含的欺骗的理由,指出,"使用互联网的目的"仅仅是"在支付报酬的义务方面误导消费者,并在经济上利用这一错误"。正如 BGH NJW 14,2595 所表明的那样,作为州高等法院裁定之基础的对于路线规划仪的订购陷阱也是如此,在此,欺骗的正确结论,可以更好地从《价格管理条例》明确强加给供应商的信息负担中引申出来而并非认为,此处错误的引起,不仅是行为的后果,而且是行为的目的(关于这种论证的可疑性,见边码 499)。此外,"受害者的轻信"并不能改变欺骗(意图)和错误的存在。在这一判决中,比以前更明确地拒绝了被害人教义学限制受害者保护的尝试(见边码 487 及下一边码、边码 512 及下一边码),以及依据第 2005/29/EG 号指令,关于企业与消费者之间内部市场商业交易中不公平的商业惯例(对此也见 Cornelius,NStZ 15,310 ff,虽然存在对德国联邦法院建议的路径的批评)。相反的观点是,以作为指令规定基础的理性和细心的消费者为范本,符合指令的解释强制要求,只有在能够欺骗知情、警觉和理性的对象的情况下,才认定存在与诈骗罪有关的欺骗行为。一方面,该指令旨在实现高水平的消费者保护,其目的不是降低第 263 条所保证的国家历来的保护水平,误导性商业行为(仅)旨在通过故意欺骗消费者而对消费者的财产造成损害,如果这些行为意在欺骗注意力不足和理解不足的消费者,则可能不受惩罚。另一方面,在任何情况下都不应以特别细心和缜密的消费者的理想类型为基础,而应以特定商业惯例所针对的"消费者群体"的"平均成员"为基础。在此涉及的是一位普通的互联网用户,他在“以快速的信息和快速的交易为目标”的互联网交流中，表现出一定程度的轻信。任何有意利用这一事实进行欺骗的人，其行为都为该指令的保护目的所涵括(BGH NJW 14,2597 f,2598;BGH wistra 14,439,441 同意将这种推理方式，适用于具有账单效果的报价函)。[1] 关于缺乏处分意识的无关紧要，关于直接性，以及关于尽管根据《德国民法典》第123条可以提出抗辩而出现的财产损失，在莱茵河畔的法兰克福州高等法院的裁决中，都能够找到恰当的阐述。德国联邦法院更详细地说明了财产损失的理由，即承诺的服务——订阅为期三个月的路线规划器，可能值59.95欧的价格。尽管经济上存在平衡，但根据个别损害说(对此见边码550及以下数个边码)，损害在于对被欺骗的用户的对价，这一订阅“主观上毫无意义，因此毫无价值”，因为“互联网上随时都有许多免费的路线规划器”，因此，购买的订阅不能轻易地以合理的方式——例如通过转售——转化为金钱。鉴于美茵河畔的法兰克福州高等法院(也见 LG Hamburg CR 12,544)因此导向了刑事责任的认定，催收犯罪人债务的所谓“收债律师”，也因成为诈骗罪之帮助犯而承担刑事责任(对此见 Hillenkamp, Müller-Graff-FS S. 186 f; AG Marburg MMR 10,329, AG Osnabrück CR 11,201 mit Anm. Majer; Erb ZIS 11,378)。

在解决2012年8月1日之后发生的案件时，要注意自该日起生效的《德国民法典》第312g条第2款至第4款规定的所谓按钮方案(Buttonlösung)，该方案使得电子商务合同的订立，取决于向用户明确和可理解地说明所要求的服务的付款义务(对此见《德国民法典》第312j条第3款第2句; Fervers, NJW 16,2289 ff)。如果不遵守或规避《德国民法典》第312g条第2款至第4款之规定，则不存在支付报酬的合同义务。因此，网站运营商要求付款，是在比以前更加明显地实施欺骗；作为律师进行收款的人是诈骗罪的从犯。由于在这种情况下不是没有可撤销或可抗辩的合同，而是根本没有合同，只有支

---

[1] 对于前一份德国联邦法院判决的被害人教义学意义，见 Hillenkamp, Müller-GraffFS S. 180; 赞成 Erb, Müller-Graff-FS S. 194; 批判性评注和评议 Cornelius, StraFo 14,276; Hecker, JuS 14,1043; Hecker/H.-F. Müller, ZWH 14,329; Heger, HRRS 14,467; Krack, ZIS 14,536; Majer/Buchmann, NJW 14,3342; N. Müller, NZWiSt 14,393; Rengier, K.-H. Fezer-FS, 2016, S. 365 ff; Rönnau/Wegner, JZ 14,1064; v. Heintschel-Heinegg, JA 14,790; Schramm, BT I § 7 Rn 64 ff。

付了不法索取的对价的用户,才会遭受损害。[1]

500 赌博诈骗和特殊犯罪构成(第 265c 条至第 265e 条):在进行赌注时,何时存在暗示性欺骗是一个有争议的问题。如果在解释具有法律意义的行为时,除考虑对交往观念具有决定性意义的具体情况外,还考虑了特定类型的交易以及合作伙伴之间的典型的责任和风险分配,[2]那么在所谓延迟投注的情况下,以及在故意操纵与投注有关的(体育)事件的情况下,必须从结论性的欺骗出发,即在投注要约中,隐瞒了对结果的了解或对结果的操纵性影响[3]。投注的基础,是对投注事件结果的不确定性及对"投注风险"未被任何投注伙伴操纵的信心。因此,认定投注者默示地声明他(还)不知道投注的结果,并非"武断的构想",[4]对不存在操纵企图的声明的解释,也非与事实不相符的欺骗的"过度规范化"。[5] 两者都有结论性的主

---

〔1〕 对此见 Boos/Bartsch/Volkamer,CR 14,11。对于 2012 年 8 月 1 日之后的民法和刑法情况,见 Kliegel,JR 13,389。索债律师在类敲诈勒索的(强制)案件中根据第 240 条,或者在特别重视第 2 款的情况下也根据第 253 条,对其可以想见的刑事可罚性,见 BGH NJW 14,401 附评注 Tsambikakis;Beckemper,ZJS 14,210;Becker,NStZ 14,154;Bosch,JK 4/2014, StGB § 240/26;v. Heintschel-Heinegg,JA 14,313;Schuster,NZWiSt,14,64;也见 Bülte,NZWiSt 14,41;Roxin,StV 15,447。

〔2〕 如此 BGHSt 51,165,170 f(Hoyzer 案);BGH BeckRS 13,61251 Rn 36 ff 附赞成性评注 Satzger,JK 5/13,StGB § 263 1/100;同样 BGHSt 58,103 附就此而言的批判性评注 Schiemann,NJW 13,888;Hecker,JuS 13,656;对此也见 Jäger,BT Rn 321b ff。

〔3〕 根据 Krack,ZIS 07,105,这种影响并不必然需要负责任自己实施;在 21 点游戏(Blackjack-Spiel)所谓的数卡(card-counting)中,也不存在,对此见 Witte,JR 12,97,99。

〔4〕 但是如此 BGHSt 16,120,121 反对 RGSt 62,415 在所谓的延迟投注案件(Spätwettenfall)中。

〔5〕 针对这一 Jahn/Maier,JuS 07,217 中的保留,有说服力的反对观点 Krack,ZIS 07,107;Radtke,Jura 07,450;也见 Kraatz,Geppert-FS S. 269 ff。

张。[1] 如果声明是按照所解释的方式进行理解,那么在投注者的知情意识中,认定相应的错误是合乎逻辑的(见边码 511)。[2] 然而,如果投注者只拥有内容不确定的信息,即游戏可能被第三方操纵,那么根据德国联邦法院的说法,仅仅利用这种真实或假定的信息优势仍然属于"一般的,因此不受惩罚的投注商业风险"。[3] 然而,存在疑问的是,是否需要从新引入的"比率损失"(Quotenschaden)来论证损失。

第 265c 条作为新的刑事犯罪而引入的运动赌博诈骗罪[4], 500a
对这类赌博诈骗并无任何改变。因为第 265c 条规定,将企图操纵体育比赛的过程或结果的行为,以与贿赂犯罪构成类似的方式,在

---

〔1〕 如此承接 BGHSt 29,165,167 f 见 Jahn,JuS 06,56 和 BGHSt 51,165,172 f; BGH BeckRS 13,01251 Rn 30 ff 和 BGHSt 58,102,103 对于操纵案件(对于延迟投注,开放性 BGH NJW 07,782,785);就此而论对德国联邦法院表示赞同:Bosch,JA 07,391;Engländer,JR 07,477;Feinendegen,NJW 07,787;Fischer, § 263 Rn 31 f;Hirsch,Szwarc-FS S. 579 f;Jäger,JA 13,870;Krack,ZIS 07,105;Lackner/Kühl, § 263 Rn 9;Radtke,Jura 07,450;也以其他的论证 Kubiciel,HRRS 07,70;Saliger/Rönnau/Kirch-Heim,NStZ 07,363;Zöller,BT Rn 993;区别 M/R-Saliger, § 263 Rn 45;Petropoulos/Morozinis,wistra 09,254;带有忧虑 Kutzner,JZ 06,713;Schlösser,NStZ 05,426;Trüg/Habetha,JZ 07,878;对于柏林地区法院,见 Fasten/Oppermann,JA 06,69;Hartmann/Niehaus,JA 06,432;Schlösser,NStZ 05,423;案例解析 Heissler/Marzahn,ZJS 08,638。

〔2〕 如此 BGH NJW 07,782,785;对此更详尽 Kraatz,Geppert-FS S. 269,280 ff;Krack,ZIS 07,108;否定 Trüg/Habetha,JZ 07,881;对于博彩诈骗的要件,总体性也见 Renner,Wettbetrug,2013。

〔3〕 如此 BGH StraFo 14,216 参照 Radtke,Jura 07,450 和 Saliger/Rönnau/Kirch-Heim,NStZ 07,364;在结论上赞成 Lienert,JR 14,484。是否在确切的信息情况下也适用,则明确地表示了开放性观点;对此见 Jahn,JuS 14,658。

〔4〕 第 265c-265e 条自 2017 年 4 月 19 日起生效(见 BGBl I 815)。对此批判 Berberich,ZfWG 17,347;Bohn,KriPoZ 17,88;Hoven/Kubiciel/ders.,S. 61 ff;Hoven/Kubiciel/Tsambikakis,S. 37 ff;Jansen,GA 17,600;Krack,ZIS 16,540(对于政府草案);Momsen,KriPoZ 18,1;Valerius,Jura 18,777;释明 Rübenstahl,JR 17,264,333 ff;Satzger,Jura 16,1142;Sinner,Neumann-FS S. 1229 ff;Stam,NZWiSt 18,41;Swoboda/Bohn,JuS 16,686。

第 263 条规制的赌博诈骗之前置阶段,规定为犯罪,因此其不以损失为前提。第 265c 条和第 265d 条的罪行不是以诈骗的方式构成的,而是以贪腐犯罪的方式构成的。犯罪行为必须与利益有关。与贪腐犯罪的其他情况一样,(利益)接受者(分别是第 1 款:运动员;第 6 款:教练和类似地位者;[1]第 3 款:裁判、评价裁判和对抗赛裁判)以及给予者(根据第 2 款和第 4 款的规定)都应受到惩罚。犯罪分为三个层次(犯罪阶段)分别完成:谈判阶段(要求或提供)、协议阶段(接受承诺或承诺)和实施阶段(接受或给予)。除了与利益有关的犯罪行为,还涉及其他行为["推荐行为"(Refe-renzverhalten)[2]]。在各种情况下都必须包括对体育比赛的特定影响。这两个条文在比赛(分别在第 5 款中予以界定)和操纵方式上的规定都有所不同:第 265d 条要求违反竞争,第 265c 条不要求违反竞争,但要求从公共投注中获得与操纵有关的额外的经济利益。这种推荐行为并不一定要实际上发生。相反,利益和推荐行为必须通过一项不法协议("为了……而影响……")联系在一起。[3] 在此,对于推荐行为、利益和所述的二者与开始阶段的联系,存在犯罪人的意图就足够了。在协议阶段,必须存在给予者和收受者之间商定的共同意图。此外,在实施阶段,必须实际实现利益。除了利益和推荐行为之间的作为对价的联系之外,在互利关系(Do-ut-des-Verhältnis)的意义上,不法约定的前提是,这种联系并非例外地具有社会相当性。通过两项示例规定,第 265e 条规定了第 265c/d 条的特别严重情形,其内容相仿于第 263 条第 3 款第 2 句第 1 项和第 2 项第 1 种情形(对此见边码 593)。

---

[1] Vgl. BK-Bittmann/Nuzinger/Rübenstahl, § 265c Rn 21 ff.

[2] 对此表述 Brettel/Duttge/Schuhr, JZ 15, 929, 931; NK-Dannecker/Schröder, § 299a Rn 69。

[3] Vgl. BK-Bittmann/Nuzinger/Rübenstahl, § 265c Rn 45 ff.

如果进而成立诈骗罪,由于第265c条还涉及体育比赛的纯洁度,第265e条可能与第265c条——类似于信用贷款诈骗罪中第263条与第265b条的关系(见边码699)——处于一罪关系。因此,收受方一般情况下同时系赌博诈骗罪的帮助犯,特别是其作为贿赂者而实施犯罪。

这些规则的目的,是保护体育活动的不可收买性(Nicht-Käuflichkeit),[1]从而保护"体育的纯粹性"(Integrität desSports)。[2]最近在贪腐犯罪中出现的关于保护公众信任(Vertrauen der Allgemeinheit)的说法是错误的。在社会机构受到保护的地方(在其他贪腐犯罪中同样受到保护),提高公众对这些机构的信心的想法总是可取的,因为只有通过信任,机构才能发挥作用。然而,只有以其应得的方式,才能有意义地对之予以加强,也就是说,负责任的行为人不让自己被利益操纵。这种正直性(Lauterkeit)是法益。在刑法中,信任只是一种保护映射的对象,而不是据以确定犯罪构成范围的法益。[3] 事实上,在谈论保护信任要求比保护正直更为广泛的情况下,只有不基于真实的、正直的盲目信任才能得到保护,而这绝不能成为刑法的目的。该规则的另一个保护映射的对象存在于投注者的财产利益。[4] 500b

鉴于暗示性欺骗行为,德国联邦法院将在体育博彩案件中隐瞒(计划)操纵合同标的的行为,等同于犯罪人购买多份人寿保险,并意图通过贿赂获得的伪造文件来捏造保险事件的发生。因此,人寿保险申请同时声明的内容,应该是"没有计划故意不道德 500c

[1] Vgl. BT-Ds 18/8831 S. 10.
[2] Vgl. BT-Ds 18/8831 S. 15,19.
[3] 对此更详尽 Spickhoff-Schuhr, § § 331 ff Rn 4 f 附进一步的文献。
[4] Vgl. BT-Ds 18/8831 S. 10 ff,15.

地操纵合同标的”,而是想要遵守合同。[1] 在这种解释中,德国联邦宪法法院正确地认为没有违反《德国基本法》第 103 条第 2 款之规定。[2] 最后,对于欺骗和错误而言,犯罪人将保质期尚未到期的食品藏在超市中,并在该日期之后拿出来,以便获得为这种“发现”提供的奖金,在结论上并无差异。[3]

501 第 263 条规定的“错误的”(falsch)指的是事实陈述的内容与客观事实情况不一致,即犯罪人声称存在实际上不存在的情况。[4]

502 法律中不够确切的措辞并不一定要有具体的意义,但人们可以做的是:“歪曲”一个“真实”事实,如果事实的整体形象(在交流中)因为误导而被改变,或者如果事实的呈现被增加或省略了重要的情节而被歪曲。对“真实”事实的“压制”,可能包括任何使有关事实不为他人所知的行为。[5]

捏造虚假事实与歪曲或压制“真实”事实之间,并不存在明显的界线;相反,这些欺骗行为的表现通常是相互融合的。这尤其适用于不完整的事实陈述,而另一人认为并且应该认为其是完整的。如果犯罪人在此歪曲了正确的东西,或者通过否认来压制它,那么他同时也捏造了一些错误的东西。[6] 如果你把草莓装在篮子里出售,然后用一层最好品质的草莓覆盖劣质的草莓,你就会假装所有数量都是一流的商品。同时,它压制了一个真实的事实,即

---

〔1〕 参见 BGHSt 54,69,121 附评注 Joecks,wistra 10,179;案例解析 Bock,WV-BT2,S. 239 ff。

〔2〕 参见 BVerfG wistra 12,102,104 f 附就此而言的赞成性评议 Bosch,JK 7/12,StGB § 263/97;Jahn,JuS 12,266;Kudlich,JA 12,230。

〔3〕 参见 OLG München NJW 09,1288 附评议 Kudlich,JuS 09,467;Kraatz,Geppert-FS S. 269,271 ff。

〔4〕 Vgl. Fischer, § 263 Rn 18.

〔5〕 Vgl. OLG Köln JR 61,433.

〔6〕 Vgl. RGSt 70,151.

大部分草莓是劣等的。

c)通过不作为之欺骗

然而,欺骗不仅可以通过积极的(明确的或结论性的)行为来 503
实现,也可以通过(根据恰当的和通说的观点)不作为来实现。[1]根据《德国刑法典》第13条之规定,不作为欺骗的条件是,不作为者能够作为保证人在法律上有义务,[2]即防止错误的出现或继续以及防止其对经济所造成的损害。此外,他的未作为必须与通过积极行动欺骗的社会意义相对应[第13条第1款第2半句中的所谓对应条款(Entsprechensklausel)]。[3] 更为详细的论述,可以参看非纯正不作为犯罪的一般规则。[4] 作为一种非法的先前行为,其可能出于推断而引致保证人地位,不仅包括客观的欺骗行为,而

[1] 参见BGHSt 39,392,398;BayObLG NJW 87,1654附评注Hillenkamp,JR 88,301;Maaß,Betrug verübt durch Schweigen,1982;其他观点Grünwald,H. Mayer-FS S. 281,291;Naucke,Zur Lehre vom strafbaren Betrug 1964,S. 214;相反Ranft,Jura 92,67;对于作为和不作为之间的必要界分,见Heghmanns,Rn 1202 f;对此任务批判Wittig,Das tatbestandsmäßige Verhalten des Betrugs 2005,S. 251 ff,但是,在存在相对于诈骗被害人存在与保证地位相对应的"照护关系"(Sorgeverhältnis)的情况下,在结论上认定了欺骗,S. 382,384 ff;将"消极的作为"(passives Tun)作为第三种行为方式Streng,ZStW 122(2010)1,18。

[2] 对于义务的追溯效力和明确性原则,见BGH NStZ-RR 17,282。

[3] BGH NJW 17,2052附评注Brand;Becker,NStZ 17,531;Ceffinato,JR 17,539;Ladiges,WuB 17,475;BGH wistra 17,437;对此详见Hillenkamp,Anm. JR 88,303;Krey/Hellmann/Heinrich,BT Ⅱ Rn 520 f;LK-Tiedemann,§ 263 Rn 73 f;S/S/W-Satzger,§ 263 Rn 117;根据Kargl,ZStW 119(2007),281,仅留有两组通过不作为方式实施的诈骗的案例;Roxin,AT Ⅱ § 32 Rn 230否定了相应条款对诈骗罪的适用;根据M/R-Saliger,§ 263 Rn 67,69,只有在认定保证地位的情况下,才可能产生限制性的效果。

[4] 参见Lackner/Kühl,§ 263 Rn 12;LK-Tiedemann,§ 263 Rn 53 ff;Wessels/Beulke/Satzger,AT Rn 1154,1167 ff;BGH NJW 00,3013,3014;差异Frisch,Herzberg-FS S. 744 ff。

且还包括比如徇私舞弊之类的行为。[1] 然而,本身并不违法的先前行为以此后的诈骗罪为目的,单是这一事实并不能正确地引发推断,原因在于,否则的话,仅仅凭思想就会改变刑事犯罪的边界。[2]

504 值得建议的是,在练习中,即使是以不作为方式实施的诈骗罪,也最好从欺骗行为和错误开始检验(而不是从作为结果的损失开始)。在此要问的是,犯罪者是否有义务以保证人的身份防止或纠正作为中间结果的错误。由于只有在没有通过积极行动实行欺骗的情况下,才可能通过不作为实施诈骗,因此,在讨论欺骗时,应在必要时事先讨论这种可能性。[3]

505 根据传统的形式义务学说(formelle Pflichtenlehre),[4]保证人地位和由此产生的声明义务(Aufklärungspflicht)[5]的基础,首先是法律本身[参见《德国民法典》第 666 条所规定的被委托人提供信息的义务,《保险合同法》第 19 条关于投保人的告知义务,《社会法典(第 1 卷)》第 60 条第 1 款关于社会福利受益人告知与

---

〔1〕 参见 BGH NJW 17,2052 附评注 Brand;Becker,NStZ 17,531;Ceffinato,JR 17,539;Ladiges,WuB 17,475 附对此要求在文献中的指引;BGH wistra 17,441。

〔2〕 仍然保持开放性 BGHSt 59,68 附评注 Trüg,NStZ 14,157;Trück,ZWH 14,235(在自动化的程序中申请催告和执行令,对此也见边码 610);恰当否定 Hillenkamp,Otto-FS S. 287 ff 附进一步的文献。

〔3〕 参见 Mitsch,BT Ⅱ S. 265;Runte,Jura 89,128;对此也见 BGH NJW 07,782,785 和附判例中的例证 Putzke,ZJS 16,787。

〔4〕 见 Wessels/Beulke/Satzger,AT Rn 1175;分类也见 Eisele,BT Ⅱ Rn 537 ff;Fischer,§ 263 Rn 40-51;Hilgendorf/Valerius,BT Ⅱ § 7 Rn 38 ff;HK-GS/Duttge,§ 263 Rn 18 ff;NK-WSS-Heger/Petzsche,§ 263 Rn 48 ff;Wittig,§ 14 Rn 39 ff;Zöller,BT Rn 137。

〔5〕 Seibert,Die Garantenpflichten beim Betrug 2007 支持另外的出发点。据此,保证义务仅涉及财产(S. 157 ff),而提供信息的义务是相应条文的重要的先决条件,因此不必具有保证义务的性质(S. 271 ff);根据 Frisch,Herzberg-FS S. 744 ff,750 ff,与担保人义务不同的真相义务(Wahrheitspflicht)是至关重要的。

福利有关的条件变化的义务,[1]《自置居所津贴法》第 12 条第 2 款关于向税务局通报导致减少或取消家庭津贴的条件变化的义务,[2]《民事诉讼法》第 138 条关于当事人在民事诉讼中披露真相的义务等]。因此,披露义务也可能来自违反义务的先前行为,[3]基于合同或非合同的特殊信任关系,[4]并且根据可能还是通说的观点,在严格有限的例外情况下,其也可能直接来自诚实信用原则。[5]

---

〔1〕 对此——在发现犯罪行为的危险的情况下——见 OLG Düsseldorf NStZ-RR 12,210 附批判性评注 Bringewat, StraFo 12,372; Mandla, NZWiSt 12,353; OLG Köln NStZ 03,374; HansOLG Hamburg, wistra 04,151(失业金)附评注 Peglau, wistra 04,316; OLG München NStZ 09,156; OLG Köln NStZ-RR 10,79,80; 否定 Bohnert, NJW 03,3611 [《联邦培训促进法》(Bundesausbildungsförderungsgesetz/BAföG)]; Bringewat, NStZ 11,131(社会福利诈骗)。此外存在争议的是,能否从《社会法典》第 1 卷第 60 条第 1 款第 2 句中,引申出保证地位(对于并未被涵括到社会福利关系当中的第三人,比如,死亡之后的人)。一般性地对此予以认可 OLG Braunschweig NStZ 15,520(对已亡者支付退休金); S/S/W-Satzger, § 263 Rn 94。更好的理由支撑是,根据《社会法典》第 10 卷第 18 条之规定,从报销程序(Erstattungsverfahren)引入中,认定保证地位: KG StV 13,513 附批判性评注 Zehetgruber, NZWiSt 14,67; OLG Naumburg NStZ 17,293,294; Floeth, NZS 13,189; S/S-Perron, § 263 Rn 21。对于这一问题, BGH wistra 18,481 保持开放,原因在于,针对《社会法典》第 1 卷第 60 条第 1 款第 2 句对于公务员法的类比适用,已经予以了否定。

〔2〕 对此见 Kudlich, JA 13,551 关于 BGH wistra 13,270。

〔3〕 BGHSt 54,44,47; BGH NJW 17,2052 附评注 Becker, NStZ 17,531; Ceffinato, JR 17,539; Ladiges, WuB 17,475; BGH wistra 17,437; OLG Stuttgart NJW 69,1975。

〔4〕 参见 BGH NJW 81,1231; BGH GA 1965,208; BGH wistra 16,488 附评注 Brand, ZWH 17,254; BGH NJW 17,2052 附前引评注; BGH wistra 17,437; 在民事诉争中如此 BGH wistra 15,112,114。

〔5〕 更详尽 BGHSt 6,198,199; 39,392,398; BGH NJW 97,1439; BayObLG NJW 87,1654 附批判性评注 Hillenkamp, JR 88,301 和 Otto, JZ 87,626; Jäger, BT Rn 322; NK-Kindhäuser, § 263 Rn 163; 对此也见 A/R/R-Kölbel, 5. 1 Rn 55; Hellmann, JA 88,73; Klesczewski, BT § 9 Rn 42; Lackner/Kühl, § 263 Rn 14; Rengier, JuS 89,802; Seier, NJW 88,1617。

506 由于并无明确的限制,根据《德国民法典》第 242 条推导出保证人的义务,与确定性要求(Bestimmtheitsgebot)相冲突,虽然如此,但如此编排的一般危险,在于忽视了在最近的学说中发展起来的保证人的实质性(materiell)概念。[1] 据此,有义务监控特定危险来源或防护特定法益的,限于能够实际控制事件,并有法律责任避免对法益造成损害的人,其方式特别,以致其他相关者可以并能够依赖其避免损害发生的行为。[2] 对于后者,在诈骗罪的情况下,重要的是基于正式对财产负有的特别证成的担保义务,[3]未曾声明者保证避免通过侵犯方式予以限制的与处分和财产相关的错误。[4] 在此必须考虑到,根据社会共识和商业惯例,定位和声明的利益也可能在于错误的受害者。[5] 因此,将每一种合同关系视为确认披露义务的充分基础,[6]或试图从《德国民法典》第 242

[1] 对此见 SK-Rudolphi, § 13 Rn 21 f;LK-Tiedemann, § 263 Rn 53;相对化 MK-Hefendehl, § 263 Rn 180 ff;对此赞同,见 KG StV 13,514 f;如同本书 S/S/W-Satzger, § 263 Rn 89;在出发点上现在也 BGH NJW 17,2052;Ceffinato,JuS 17,404(网络平台运营商的保证义务);BGH wistra 17,437。

[2] OLG Celle NStZ-RR 10,207,208 援引 BGHSt 39,392;OLG Bamberg wistra 12,279,280 f 附评议 Beckemper,ZJS 12,697;Satzger,JK 3/13,StGB § 263 I/99;Waßmer/Kießling,NZWiSt 12,313. 在出发点上也 BGH NJW 14,3669,3670 附批判性评注 Johnigk 和 Bringewat,StV 16,462;赞成 Bosch,Jura(JK)15,S. 221, § 263 StGB;Hecker,JuS 14,1133;Kudlich,JA 15,74。

[3] 在此范围与 Seibert,Die Garantenpflichten beim Betrug 2007,S. 177 ff 之基点一致;OLG Saarbrücken NJW 07,2868,2869 ff,其因此恰当地对“双重的见习律师”的保证地位予以否定;因此赞成 Kargl,wistra 08,123;案例解析见 Sengbusch,Jura 09,311。

[4] 对此基点,也见 AnK-Gaede, § 263 Rn 41;A/W-Heinrich, § 20 Rn 44;Fischer, § 263 Rn 39;G/J/W-Dannecker, § 263 Rn 46。

[5] BGHSt 39,392,398;OLG Stuttgart NStZ 03,554;LK-Tiedemann, § 263 Rn 30,68,74;Pawlik,Lampe-FS S. 689,696 ff,702 f,705 f;S/S/W-Satzger, § 263 Rn 89,91 ff.

[6] BGH NStZ 10,502.

条中推断出披露的一般义务，走得太远。[1] 鉴于不同的保护方向，其在第 266 条意义上没有财产照管义务，并不一定意味着也没有提供信息的义务。[2] 任何签订合同的人，都试图保护自己的权益和利益，却不能指望他的合作伙伴通过揭露可能对他不利的一切因素，来降低他通常的商业和定位风险。在这种情况下，提供信息的法律义务，只能从一开始就涉及对另一方的意志决定具有明显重要意义的情状。

此外，在个别情况下，必须存在特殊情况，根据社会习惯和诚 507
实商业行为习惯，使对此类情状的隐瞒看起来是对定位和声明风险的过度负担，而不仅仅是在道德上令人反感的行为。造成特别大损害的风险，一个完全没有商业经验的人草率作出决定的风险，甚至在“人际关系”中存在特殊关系的风险，其本身都不是充分的理由。[3] 此外，有商业经验的人，如商人（而不是直接受丧事影响的个体），[4]不应将商业信函误解为账单，而应将其视为合同要约。[5] 与之相反，根据这些标准，判例正确地认为，二手车的卖方

---

〔1〕 Krey/Hellmann/Heinrich, BT Ⅱ Rn 517; M/R-Saliger, § 263 Rn 86; Rengier, BT I § 13 Rn 29; Schramm, BT I § 7 Rn 38。而且，《版权法》（Urheberrechtsgesetz/UrhG）第 54e 条规定的、相对于版税征收协会的报告义务（Meldepflicht）并不足够，LG München GRUR-RR 18, 7 附评注 Verweyen。

〔2〕 其他观点 Lüderssen, Kohlmann-FS S. 177; Seelmann, NJW 81, 2132; 如同本书 G/J/W-Dannecker, § 263 Rn 44; M/R-Saliger, § 263 Rn 66; Pawlik, Das unerlaubte Verhalten beim Betrug 1999, S. 112; SK-Hoyer, § 263 Rn 56; S/S/W-Satzger, § 263 Rn 87; 支持限制于对交流性的交往义务的侵犯 Keller-GS S. 313, 322 f。

〔3〕 BGHSt 39, 392, 398 ff; OLG Stuttgart NStZ 03, 554; 差异 OLG Düsseldorf NJW 87, 854。

〔4〕 BGHSt 47, 1 附否定性评议 Pawlik, StV 03, 297。

〔5〕 BGH NStZ 97, 186; OLG Frankfurt NStZ 97, 187; 区别 Garbe, NJW 99, 2868; 其他观点 BGH wistra 04, 103; wistra 14, 439, 440; OLG Frankfurt NStZ-RR 02, 47; NJW 03, 3215; Geisler, NStZ 02, 89; 对此见边码 499。

有义务向潜在购买者指出,其所购买的物品是所谓的"事故车辆"。[1] 如果合同的启动显然与对专家建议的期望相关,或者如果合同关系的目的是保护合同另一方不受损害,则其也应该考虑披露义务(Offenbarungspflichten)。[2] 在养老金计划中,向所谓"盲池"(blind pool)支付的资金被挪用,根据德国联邦法院的观点,即便他们因此要面临刑事处罚风险,经纪人也有义务向投资者澄清。经纪人自身的违反义务的行为具有客观的欺骗性价值,法院并不想将之作为由推断得出的保证地位的前提条件。[3] 任何因个人需求而解约的租户,相比于已被解约但尚未搬出的租户承担定向风险,说明使个人需求具有有效性的事后取消性的理由,并有相应的义务来提供信息。[4]

508 如果诈骗犯罪是在公司内部实施的,则对其内部任务(也)是防止此类犯罪发生的人员,可以考虑其为不作为形式的帮助犯。[5] 德国联邦法院在针对所谓的"合规官员"(Compliance-Officers)的一份附带意见(obiter dictum)中——对于判决而言具有决定性意义地——针对公法机构(柏林城市清洁公司)的内部审计主任,对此予以肯定,由此认定为防止犯罪而引起

[1] OLG Nürnberg MDR 64,693 Nr 93;BayObLG NJW 94,1078;也参见 BGH NJW 67,1222。

[2] 更详尽 LK-Tiedemann, § 263 Rn 61 ff。

[3] BGH NJW 17,2052 附评注 Becker, NStZ 17,531;Ceffinato, JR 17,539;Ladiges,WuB 17,475 附文献中对此要求的提示;BGH wistra 17,437。

[4] BayObLG JR 88,301 附就此而言赞成性评注 Hillenkamp,303;Rengier,BT I § 13 Rn 32;否定 Hellmann,JA 88,80;对其赞成 Krell,JR 12,104;MK-Hefendehl, § 263 Rn 216 f;区别 Kindhäuser/Hilgendorf, § 263 Rn 91;对于此种情况下的损失,见 Gericke,NJW 13,1636。

[5] M/R-Saliger, § 263 Rn 81;对于经营者责任,见 Beulke,Geppert-FS S. 23 ff;Hillenkamp,in:Strafverteidigung-Grundlagen und Stolpersteine 2012, S. 73 ff;Roxin,Beulke-FS S. 239 ff;Schall,Rudolphi-FS S. 271 ff;ders.,Kühl-FS S. 417 ff。

的监督保证地位（Überwachergarantenstellung）。[1] 由于此类人员一般情况下没有（第三人）占为己有的意图，因此必须从帮助犯出发。如此，关于保证人未阻止实行犯罪的正犯，系正犯还是仅是帮助犯，[2]此种争议是无关紧要的。

案例 37 中的问题在于，A 是否通过他的沉默实施了欺骗。对此，首先确认的是，仅仅接受一项服务并不能确凿地表明，提供服务的人对此负有义务，或者是并未超过其已存的诉求。对此而言，定向风险由服务提供者承担。[3] 然而，A 能够纠正 G 的错误，而 G 的错误是在 A 没有参与的情况下产生的，也没有得到 A 的任何支持，当然，A 也并未指出，他只用一张 50 欧的钞票付款。然而，A 没有法律义务这样做，因为在没有特殊要求的情况下，不能从日常性质的销售合同中，推断出在这方面提供信息的义务（简单地利用已经存在的错误）。[4] 由于 A 没有保证人的地位，因此也没有通过违反义务的不作为来实施欺骗。A 只是利用了一个错误，这个错误是在他没有参与的情况下产生的，并且没有受到他的释明负担的影响。因此，A 的行为并不可罚。[5] 509

同样地，案件 36 也必须根据 BGHST 46，196 中衍生出的原则作出判定。在否定了默示的欺骗（见边码 497）之后，由于 A 没有义务通知银行错误的划款和由此产生的取消的可能性，因此，仅剩的通过不作为而实施的欺骗亦不可能。因先行行为（Ingerenz）而产生的保证人地位应予排除，因为 A 没有造成危险情况，[6]只是利用了无意中的进入账户款项。无论如何，如果没有具体约定，转账合同（《德国民法典》第 676f 条）并无可能产生释明义务。最

---

〔1〕 BGHSt 54，44；对此详细 Dannecker/Dannecker，JZ 10，981 附对于脚注 65 中无数的观点的指引；对于此种情况下的主犯罪，见 BGH JR 10，172 附评注 Gössel；案例解析 Vormbaum，Jura 10，861；对于案件整体也见 Kudlich/Ŏglakcıŏglu，Rn 232 ff，239 ff。

〔2〕 对此见 Hillenkamp/Cornelius，AT 20. Problem。

〔3〕 LK-Lackner，10. Aufl.，§ 263 Rn 39；OLG München NStZ 09，156.

〔4〕 BGHSt 39，392，398；OLG Köln NJW 80，2366 和 JZ 88，101；OLG Celle NStZ-RR 10，207，208。对此也见边码 514。

〔5〕 见 Rengier，BT I § 13 Rn 19 f；在错误认定保证地位/义务情况下，未遂和幻想犯的界分，见 BGH NStZ-RR 17，282；LK-Hillenkamp，12. Aufl，§ 22 Rn 209，237。

〔6〕 就此而言存在疑问 Joerden，Anm. JZ 01，615。

终,德国联邦法院也不希望从案件的数额中得出其他结论,这取决于各自的(偶然的)情况(这本身是正确的,见边码 507)。然而,这是否也适用于 5,000,000 欧元的现金提取是值得怀疑的,因为与银行转账不同(参见《德国民法典》第 676g 条第 1 款第 1 句、第 676 d 条第 2 款第 1 句),银行不再具备避免损害发生的可能性,银行的损失风险也会显著增加。在这种情况下,保护银行一般性的正当期望是值得考虑的,即汇划错误不会被用来造成这种严重(参见第 263 条第 3 款第 2 句第 2 项)和直接的损害。[1]

2. 错误的引起或维持

510 欺骗必须在被欺骗者中引起或维持错误(在多数人情况下,对于认识的归属,见边码 527)。第 263 条中的错误,是对事实的任何不正确的、不符合现实的设想。如果一个设想在某个重要方面是不完整的,那它也可能是错误的。根据正确的观点,在第 263 条的框架内,纯粹的并不知道而没有任何具体的错误观念,是不够的,就像错误观念仅仅是由于它所指的对象的改变而产生的那样。在这种对事实并不知情(ignorantia facti)的情况下,诈骗罪所固有的欺骗是缺失的。[2]

511 当然,被欺骗者的错误不一定是在意识中被证实的思维过程的结果。在设想内容的边缘,一个未经反思的客观的同理心,[3]

---

〔1〕 但是否定 Krack,JR 02,26;Ranft,JuS 01,857。

〔2〕 RGSt 42, 40; KG JR 86, 469; Küper/Zopfs, BT Rn 382; LK - Tiedemann, § 263 Rn 78;M/S/M-Momsen,BT I § 41 Rn 57;S/S-Perron, § 263 Rn 36;Wittig, § 14 Rn 47,49;其他 OLG Celle MDR 57,436;A/W-Heinrich, § 30 Rn 45 ff;Rotsch, ZJS 08,135;也见本书边码 490;对于两种观点的对立,见 S/S/W-Satzger, § 263 Rn 133 f;批判并以其他的定义 T. Walter, Betrugsstrafrecht in Frankreich und Deutschland 1999,S. 173 ff。

〔3〕 BGH BeckRS 13,01251 Rn 30;BGH NJW 13,884 附评注 Hecker,JuS 13,650; BGHSt 59,195 = BGH NJW 14,2054 附评注 Cornelius;Bosch,JK 11/14,StGB § 263/106;Jahn,JuS 14,848;Schuhr,ZWH 14,347;Sinn,ZJS 14,702;对于此种案件中的证据评价,见 BGH NStZ 14,459,460 附评注 Trück,ZWH 14,473。

就足以肯定错误,就像从某些事实中推断出的,在相关方面"一切都很好"的设想一样。[1] 例如,火车上的售票员就是这种情况,对于他提出的"是否还有人没买票"的问题,没有人回答。在接受订单时,餐厅的服务员通常会在没有"深思熟虑"的情况下实施行为,认为客人已经准备好并能够支付现金。任何收钱的人都认为不提供假币是理所当然的。在储蓄交易中,付款的雇员通常也会假定出示存折的人有权获得储蓄余额,[2]但却不假定,由于(错误的)转账而记入贷方的金额,账户持有人相对于转账人对之享有权利。[3] 然而,在具体案件中,必须通过收集证据(在大规模欺诈案件中也是一样[4])来澄清这一事实问题。[5]

判例例证:BGH wistra 14,97 是基于一个简单的事实,一名被告人从他的债务人处"获偿"了总额为 2 万欧的 200 欧元面值的假钞。后来,当他认出是假钞时,由于"假钞质量高",他设法用 45 张钞票在不同的商店购买商品,并将商品和零钱一起带走。德国联邦法院对销售商有关的错误进行了如下证明:"完全缺乏设想本身并不能证明错误。但是,在此种情况下也可能出

[1] BGH wistra 06,421,424;BGH JR 10,172,174 附评注 Gössel;BGHSt 57,112;OLG Hamburg NJW 83,768;AnK-Gaede, § 263 Rn 58;Blei,BT § 61 Ⅲ 1;H-H-Voigt,Rn 997;LK-Tiedemann, § 263 Rn 79;M/R-Saliger, § 263 Rn 90;Seelmann,NJW 80,2545,2550;SK-Hoyer, § 263 Rn 65;批判 BK-Beukelmann, § 263 Rn 25;Fischer, § 263 Rn 62;Frisch,Herzberg-FS S. 733;Schramm,BT Ⅰ § 7 Rn 54. 对于废气丑闻中顾客的错误 Isfen,JA 16,3;批判 Brand/Hotz,NZG 17,978;Brand,wistra 19,169,173 f。

[2] 就此在 RGSt 39,239,242 中表达的忧虑,与生活现实相矛盾;对此也参见 OLG Köln NJW 81,1851;Schmidt,BT Ⅱ Rn 578;对此批判 LK-Tiedemann, § 263 Rn 88;对于观点争论,见 Brand,JR 11,97 和 R 175。

[3] OLG Düsseldorf wistra 08,34,35.

[4] 对此更详尽 BGH NStZ 19,40;BGH wistra 18,518;BGH wistra 17,492,495;Ceffinato,ZStW 128(2016),804;Fischer, § 263 Rn 64。

[5] OLG Düsseldorf NJW 89,2003;AnK-Gaede, § 263 Rn 55;HK-GS/Duttge, § 263 Rn 24;Kraatz,Geppert-FS S. 269,284 f;Lackner/Kühl, § 263 Rn 19.

现的错误是,由于欺骗而产生的错误观念存在于'客观的同理心(sachgedankliches Mitbewusstsein)'与实际情况的偏差之上。据此,特别是统一形式的、大规模的或例行的交易领域,其特点在于其被视为理所当然的期望,尽管这些期望并不是在每一个案件中都被有意识地予以更新,但其作为充分具体化的事实设想,应成为关涉财产之行为的基础。"这意味着,卖家客观上认为这是真钱。即使在卖方未再详细确定的情况下[在没有详细询问的情况下得出处分者的设想的结论,对此的调查和举证责任见 BGH ZWH 15,14 附评注 Schuhr;BGH ZWH 15,102 附评注 Kudlich;Ceffinato,ZStW 128(2016),804 ff;Sinn,ZJS 15,627],这种假设也是适当的,因为如果客户不能立即和完全地履行付款义务,"在收银台工作的企业雇员,必须拒绝客户提出的订立销售合同的申请"。如果没有任何迹象表明,卖家存在串通或看穿欺骗,那么即使是那些对这一过程没有任何具体记忆的卖家,也可以陷入错误。

511a 在这方面,判例是相当宽松的,[1]但现在其合理地设定了一项限制,比如,不负责检查付款要求在事实上和计算上的正确性的主体,在执行主管部门签发的付款令,或者接受支票予以兑现时,也不能被视为具有这种设想,而且知道这一点的犯罪人,也并无引起错误的故意。[2] 出于类似的原因,鉴于在出示开出并非必要的药物的健康保险处方时,药剂师只具有有限的核查义务,可能也不存在符合犯罪构成的欺骗或者是错误。[3] 与之相反,虽然持有

---

[1] 参见 BGHSt 2,325,326 在津贴煤炭案件中(Deputatkohlenfall);BGHSt 24,257,260 对于催告程序中所谓的诉讼诈骗;对此批判 Seier,ZStW 102(1990),563;LK-Tiedemann,§ 263 Rn 90。

[2] BGH StV 94,82;97,410;BGH NStZ 00,375,376;BGH NStZ 02,144,145;BGH NStZ 05,157,158;BGH StV 06,583,584 附评议 Bosch,JA 07,70;BGH NStZ 08,340 f;BGH wistra 10,408;BGH BeckRS 12,10587;OLG Frankfurt NStZ-RR 98,333 附评注 Otto,JK 99,StGB § 263/52;AG Siegburg NJW 04,3725 附评注 Kudlich,JuS 05,566;如同本书 Eisele,BT Ⅱ Rn 544 f;M/R-Saliger,§ 263 Rn 98;Rengier,BT Ⅰ § 13 Rn 44 f,47 f;Wittig,§ 14 Rn 57。

[3] BGHSt 49,17,20 f 附评议 Herrsch,wistra 06,63;Spickhoff-Schuhr,§ 263 Rn 11;Taschke,StV 05,406(在此类案件中,只有医疗保险医生实施的背信罪,见 Ransiek,medstra 15,92);在直接借记程序中,银行职员在捏造取款授权的情况下形成的印象,见 OLG Hamm JZ 77,610,612 附批判性评议 Soyka,NStZ 04,538。

无记名支票的人通常已经通过持有无记名支票而获得合法证明,但根据联邦最高法院的观点,可能的遗失以及支票的正式要求,属于接受支票的银行雇员,为避免他人对银行提出损害赔偿请求而考虑的情况。[1] 此外,在使用标准化的批量结算程序(如医疗服务)的情况下,对于错误的设想而言,不应要求结算部门相关公职人员对每个具体的项目都有积极的设想,即其在数额上是合理的。相反,默认所提交的报表总体上是"正常的",就足够了。因此,对个别账目的实际审查,并不以存在错误为前提。[2] 同样存在的是,在支付令程序中,司法官员所应具有的"不需要根据具体情况予以更新的"设想,即申请人根据程序未经审查而提出的实际主张,是本分和真实的。[3] 如果设想,在以此方式陷入错误的司法官员的指令下,(实际上是自动的)支付令程序得以进行,则在此过程中应存在诈骗罪的不能犯未遂。[4] 然而,司法官员根本不需要审查诉求,而是受到申请的约束;客观的同理心应以对信息的利益为条件。此外,财产只有在执行令中才能处置,这取决于进一步的声明,因此也取决于一个重要的中间步骤。因此,判例对支付令案件中未遂的认定为时尚早。最近强制拍卖程序(Zwangsversteigerungsverfahren)当中关于诈骗罪的判例,恰好涉及这样一个事实,即在强制拍卖程序中,并无意愿和能力偿付的投标人,对负责程序的司法官员的诈骗行为是不存在的,因为对于司法官员在规范上由《强制拍卖和强制管理法》之规定而形成的设想,因缺少进行审查的义务,并不将之包含在内。[5] 然而,在实质内容上没有区别,所以

---

〔1〕 BGH StV 09,244 f;对于此种案件中默示的欺骗,见边码 499。

〔2〕 BGH JZ 12,518,519 附评注 Tiedemann 和评议 Dann,NJW 12,2001;BGH NStZ 15,341 附评注 Perron,medstra 15,300 和评议 Kubiciel,HRRS 15,382;对于此种欺骗和错误建构,批判见 Perron,Heine-GS,S. 281 ff;Trüg,HRRS 15,106。

〔3〕 BGH NStZ 12,322,323 附评议 Bosch,JK 7/12,StGB § 263/96;BGHSt 59,68,74 附评注 Trüg,NStZ 14,157;Zöller,BT Rn 146 f;Trück,ZWH 14,235 明确限制于裁判程序(催告和执行决定);在执行程序(扣押和汇划裁定)中,就存在的要求而言,缺失欺骗和错误(对此也见边码 610)。

〔4〕 OLG Celle JR 12,127,129 附评议 Kudlich,JA 12,152 和评注 Schuhr,ZWH 2012,31;对于在此基础上认定未遂,也见 LK-Hillenkamp,§ 22 Rn 225 ff;对于"简化程序"中的诈骗,见 Ceffinato,ZWH 14,89。

〔5〕 BGH wistra 17,22 附评注 Brand,NJW 16,3384;Kudlich,JA 16,869。

对这两个案件应同等处理。

512 被骗者必须相信行骗者所声称的事实是真实的，或者至少以其存在真实可能性为出发点。那些根本不关心真相的人，[1]就像那些认识到不真实的可能性，而且认真对待不真实的可能性，但对不真实的可能性予以容认的人一样，是不会犯错的。这样的“被害人”容认被认为是可能的不真实，因此不会误入歧途。[2] 然而，依据正确的观点，仅仅怀疑所声称的内容的正确性，并不能排除对错误的认定。[3] 第263条并不要求被骗者相信他的确信，或这种确信达到极高程度的盖然性，[4]而只要求他相信他的确信是可能发生的（引发或共同决定财产处分）。

---

〔1〕 Vgl. Mitsch, BT Ⅱ S. 291; BGH wistra 17, 318.

〔2〕 这是正确的，尽管有不同的理由，即基于缺乏间接犯罪的理由，但在这种“怀疑的品质”的情况下，错误也被否定了。恰当地，即便是以其他的理由，即基于间接正犯的缺失，在此种“怀疑属性”的情况下也对错误予以否定 Kindhäuser/Hilgendorf, § 263 Rn 104; Kindhäuser/Böse, BT Ⅱ § 27 Rn 34; Kindhäuser/Nikolaus, JuS 06, 197; SK-Hoyer, § 263 Rn 74 f; 类似 Gaugel, Die Dogmatik der konkludenten Täuschung 2000, S. 43 ff; Kargl, Lüderssen-FS S. 620 f; 也参见 KG StV 06, 584; MK-Hefendehl, § 263 Rn 279 所述的所谓的明知的风险决定（bewusste Risikoentscheidung），与其并无不同；随之 G/J/W-Dannecker, § 263 Rn 63。在“大多数认为很有可能”系伪造药品的情况下，BGH HRRS 16, 221（Nr 507）附评注 Sinn, ZJS 17, 375 排除了错误的存在。

〔3〕 BGH MDR/D 72, 307; BGH wistra 90, 305; 92, 97; 18, 174 f; BGHSt 47, 83, 88 和深入 BGH NJW 03, 1198 附批判性评注 Beckemper/Wegner, NStZ 03, 315; Hilgendorf/Valerius, BT Ⅱ § 7 Rn 52; Krüger, wistra 03, 297; 赞成德国联邦法院 Idler, JuS 04, 1038; Fischer, § 263 Rn 55, Eisele, BT Ⅱ Rn 548; Lackner/Kühl, § 263 Rn 18; Schramm, BT I § 7 Rn 60 f; Spickhoff-Schuhr, § 263 Rn 26; AnK-Gaede, § 263 Rn 61; NK-WSS-Heger/Petzsche, § 263 Rn 68, 74 f; S/S/W-Satzger, § 263 Rn 129, 139 f; 也参见 BK-Beukelmann, § 263 Rn 29; 详细且在实质上一致 M/R-Saliger, § 263 Rn 92 ff, 95 f, 109。

〔4〕 对此见 Krey/Hellmann, BT Ⅱ Rn 373; 在盖然性要求的意义上 Heghmanns, Rn 1210。

这源于这样一个事实,即第 263 条所禁止的欺骗侵害方式,会使得那些尽管对行骗者所称的事实有所怀疑但仍做出决定的人沦为被害人。同样,那些将他人认定为真实存在的事实认为是可能存在的人,也有真相持有错误的设想:怀疑的人陷入错误认识,即使他们其间对可能存在的错误有所意识。[1] 如果其可以合理地纠正怀疑,本就能够避免错误,对此并无任何影响。也不能利用对于此种可能性的忽视,来否认被欺骗的被害人的保护需求,并声明刑法相对于(未能)自我保护是补充性的。如此,则错误概念被一项与法律背道而驰的刑事政策决定所取代,此种决定为诈骗行为开辟了不合理的自由空间,并提议放弃对缺乏经验和轻信他人的人予以不可或缺的保护。[2] 鉴此,沿此方向的建议[3]在判例中也没有得到遵守,这是正

[1] A/W-Heinrich, § 20 Rn 65; Hillenkamp, Vorsatztat und Opferverhalten 1981, S. 23. Amelung, EserFS S. 20 f 在其中看到了超越条文的类推。

[2] 相反恰当地 BGHSt 34,199,201;也反对共同体法律中的在此方向上的趋势 BGH NJW 14,2595 ff; BGH wistra 14,439,441;对此见边码 488 和边码 499(判例例证);Cornelius/Birner, ZJS 18,605 和 S/S/W-Satzger, § 263 Rn 115 ff. 对于灵异诈骗(Okkultbetrug)中的此种趋势,见 Hillenkamp, Schreiber-FS S. 142 ff 反对 Schünemann, Beulke-FS S. 543 ff。

[3] 例如见 Amelung, GA 77, 1; ders., Eser-FS S. 19 ff; Beulke, Ⅲ Rn 205; Giehring, GA 73, 1, 16, 20 ff; R. Hassemer, Schutzbedürftigkeit und Strafrechtsdogmatik 1981; Hennings, Teleologische Reduktion des Betrugstatbestandes aufgrund von Mitverantwortung des Opfers 2002,限制于“风险交易”; Jänicke, Gerichtliche Entscheidungen als Vermögensverfügung iS des Betrugstatbestandes 2001, S. 197 ff, 294 ff; Kleszczewski, BT § 9 Rn 51; Naucke, Peters-FS S. 109 ff; Schünemann, in: Schünemann, Strafrechtssystem und Betrug 2002, S. 51, 80 ff;也见 Beckemper/Wegner, NStZ 03,315,“如果可以期待,被害人基于其怀疑,自己抵御处分的冲动”,则要否定客观上的可予归责;不太合逻辑地对之予以赞成 Krey/Hellmann/Heinrich, BT Ⅱ Rn 543; Harbort, Die Bedeutung der objektiven Zurechnung beim Betrug 2010, S. 79 ff 也选择了客观规则的基点——承接 Kurth, Das Mitverschulden des Opfers beim Betrug;对此也见 BGH wistra 18,477 附评注 Britz, jM 19,171; AnK-Gaede, § 263 Rn 65。

确的。[1]

513 犯罪者通过影响被骗者的设想来惹起错误,则其就是在引起错误。[2] 共同导致的关系,对此也已足够。[3] 如果经过足够仔细的审查,能否看出行骗者主张的不正确性,并不重要。[4]

重要的不是被害人理性地不应该从事什么,[5]也不是被骗者在适当的注意下应以什么为出发点,而是被骗者事实上从什么出发。因此,轻信和共同作用的过失,既不排除欺骗和错误引起之间的因果关系,也不排除二者之

---

[1] 见 BGH NJW 03,1198;LG Hildesheim MMR 05,130,131。对此问题,更详尽 Achenbach,Jura 84,602;Herzberg,GA 77,289;Hillenkamp,Vorsatztat und Opferverhalten 1981,S. 21 ff,85 ff;Kargl,Lüderssen-FS S. 621,631;ders.,ZStW 119(2007),256;HK-GS/Duttge, § 263 Rn 25; Kindhäuser, Bemmann - FS S. 357 f; Krack, List als Straftatbestandsmerkmal 1994,S. 38 ff;LK-Tiedemann, § 263 Rn 84 f;Loos/Krack,JuS 95,204;M/S/M-Momsen,BT I § 41 Rn 60 ff;NK-Kindhäuser/Hilgendorf, § 263 Rn 51 f; Pawlik, Das unerlaubte Verhalten beim Betrug 1999, S. 52 ff; Petropoulos, Die Berücksichtigung des Opferverhaltens beim Betrugstatbestand 2005,S. 119 ff;SK-Hoyer, § 263 Rn 68 ff;Stuckenberg,ZStW 118(2006),895;Wittig,Das tatbestandsmäßige Verhalten des Betrugs 2005, S. 311 ff, 357 ff, 364 f; Wittmann, Wissenszurechnung im Strafrecht 2006,S. 38 ff;对于争论情况,见 Hillenkamp/Cornelius,BT 29. Problem 以例证 2 对于 BGH NJW 03,1198;Küper/Zopfs,BT Rn 383 f。

[2] 欺骗性的行为必须为被害人所相应地感知到,见 BGH StV 10,22。

[3] OLG Celle StV 94,189 f.

[4] 即便声明的接收者系企业主/商人,也应并无限制地予以适用——如此 BGH wistra 14,439,440;BGH NStZ-RR 16,341,344——鉴于信息和定位风险的分担,可予反驳,对此见边码 499。

[5] 但是如此 Rengier,Roxin-FS S. 822 f;但对此也见边码 488。

间的归责关联。[1] 依此,即使在供应商连续交付货物的情况下,由于账单仍未结清,可能会发现最初捏造的偿付能力和意愿的实际缺失,但两者仍然存在必要的联系。然而,在这种情况下,必须仔细检查,他是否在没有认识到事实主张的不真实性的情况下,仍然决定进一步地履行义务。[2]

514 错误的维持,是通过犯罪者加强已经存在的错误观念,或者使其难以澄清。无论是通过积极作为,还是在保证人地位的情况下违反义务地不作为,并不重要。然而,维持错误,必须与单纯利用错误而没有澄清义务区别开来;后者并不符合第 263 条规定的犯罪构成。[3]

履行者的风险和信息范围,包括他所支付的债务是否存在,且履行是否超过诉求,由此,默默地接受超额付款,通常只是利用履行者已经存在的错误。除非保证人的义务迫使相关人员澄清,否则并不具有可罚性(对此见案例 37 及边码 509)。[4]

---

〔1〕 BGHSt 34,199,201;BGH wistra 92,95,97;BGH NJW 95,1844;BGH NJW 04,3569,3577;OLG Hamm NZWiSt 16,479,484 附评注 Schumacher;在重视第 2005/29/EG 号指令的情况下也是如此;对此见 BGH NJW 14,2595 ff;BGH wistra 14,439,441 附评注 Ŏglakcıŏglu,ZWH 428(对此更详尽边码 488、499——判例例证);Garbe,NJW 99,2869;M/R-Saliger, § 263 Rn 105 附有边码 96 中的限制;其他观点 Ellmer,Betrug und Opfermitverantwortung 1986, S. 287; Naucke, Peters - FS S. 109; 区别 Hilgendorf,Tatsachenaussagen und Werturteile im Strafrecht 1998,S. 199 ff,202 f;Kasiske,GA 09,360,367"在被害人自己很容易获得必要的信息之处",就已经将(默示的)欺骗予以排除。

〔2〕 见 BGH NStZ 93,440;BGH wistra 98,179;BGH NStZ-RR 12,210;Fischer, § 263 Rn 56。

〔3〕 参见 BGH JZ 89,550。

〔4〕 BGHSt 39,392,398;OLG Celle NStZ-RR 10,207,208(从劳动关系中,不能得出对不公正的工资支付予以释明的保证义务);Joerden, Anm. JZ 94,423;Lackner/Kühl, § 263 Rn 20。

3. 财产处分

a)处分的概念和功能

515 在被骗者身上所引起或维持的错误，必须导致被骗者处分自己或第三人的财产(对于多重行为的处分，详见边码528)。这一不成文的犯罪构成要件，设定了第263条所要求的错误与财产损失之间的因果关系[财产处分的所谓输送或连接功能(Transport-oder Verbindungsfunktion)];[1]同时，它允许在财物诈骗(Sachbetrug)和盗窃之间进行有时相当困难的区分[财产处分的界分功能(Abgrenzungsfunktion);对此见边码623及以下数个边码]，从而确保诈骗罪作为一种自我伤害犯罪的特殊性质，在这种犯罪中，被骗者作为犯罪者的工具，[2]自己实现了损害性的结果。因此，如果处分者与受害人之间产生分离[所谓的三角欺诈(Dreiecksbetrug)]，则第三人的处分必须归属于被害人。否则，自我伤害犯罪的形象就会被破坏(见边码641)。

财产处分是指被骗者的任何行为(Handeln)、容认(Dulden)或不作为(Unterlassen)，其直接导致被骗者本人或第三人在经济意义上的财产减损。[3] 这不是从民法意义上进行理解，而是纯粹的事实(tatsächlich)意义上的理解(详见边码530及以下数个边码)。除了法律行为上的处置(订购货物、发放贷款、提供担保、免除赔偿等)，这尤其包括国家的高权行为(Hoheitsakte)(在民事诉讼中驳回诉讼或作出判决、拘捕无家可归的、被错误指控的旅行

[1] 参见RGSt 64, 226, 228 f; 76, 82, 86 f; H-H-Voigt, Rn 1001; G/J/W-Dannecker, § 263 Rn 69; M/R-Saliger, § 263 Rn 110。

[2] 对此见Graul, Brandner-FS S. 814, 821 f; Kindhäuser, Bemmann-FS S. 339; ders., Dahs-FS S. 75; Küper/Zopfs, BT Rn 667。

[3] Vgl. BGHSt 14, 170, 171; M/R-Saliger, § 263 Rn 111; Zöller, BT Rn 152.

者等)。[1]

此种类型的实际处分(金钱或其他物品的处分等),也可能会影响到儿童或丧失行为能力的人。[2]

财产减损必须通过处分而直接(unmittelbar)(亦即并无行为人其他擅意的犯罪行为)得以实现。如果欺骗被害人的目的,是使犯罪人能够随后拿走物品,[3]从而损害他人,或进行另一种犯罪行为,例如伪造订货单,或在以欺诈手段设立 0190 号码后"收取"连接费用,则不存在这种情况。[4] 但如果犯罪人在无其他犯罪行为的情况下获得了所谋求的物品,比如兑现以欺诈手段获得的处方,则并非如此[5]["诡计盗窃"(Trickdiebstahl)与诈骗罪之间的界分,详见边码 623 及以下数个边码]。 516

财产减损可能包括任何类型的经济上的不利益(如对财产附以债务,物品、债权、权利、实际取得前景等的丧失)。因此,其出现就已经对处分概念产生影响。[6] 然而,应予区分的(最终决定性的)问题是,这种财产减损是否被同时发生的财产增加所弥补, 517

---

〔1〕 对此见 Jänicke, Gerichtliche Entscheidungen als Vermögensverfügung 2001; LK-Tiedemann, § 263 Rn 104。

〔2〕 Vgl. Kindhäuser/Hilgendorf, § 263 Rn 137.

〔3〕 如果一开始善意的第三人取得了支配,也有可能如此,BGH NStZ 17,351。

〔4〕 对于基本观点,见 BGH BeckRS 16,16704;对于后者,一方面参见 OLG Hamm wistra 82,152,153,另一方面 BGHSt 50,174,177 f 附评注 Eidam,JR 06,254; Kudlich,JuS 05,1133;对此详见 Jäger,JuS 10,761 和边码 579 和边码 623 及以下数个边码。

〔5〕 OLG Stuttgart NStZ-RR 13,175 附评注 Satzger,JK 10/13, § 263 StGB/103 和评议 Bülte,NZWiSt 13,346。

〔6〕 因此可以支持的是,在疑难案件中在处分层面就已经将财产概念予以问题化,且必要时予以确证,如此例如 M/R-Saliger, § 263 Rn 149。恰当的不同观点 Rengier,BT I § 13 Rn 72 ff。

并在经济上得到充分补偿。这是财产损失要件的一部分,只能在损失计算的框架内对其加以考虑。[1]

b)处分意识

518 被骗者有意识或无意识地作出处分,在债权、权利和取得前景等方面,都无关紧要;[2]在所谓的物品诈骗(Sachbetrug)之外,第263条并不要求被骗者具有处分意识(Verfügungsbewusstsein)。[3]由此,诈骗罪特别可能涉及债权的不予主张(Nicht-Geltendmachung)。可是,在物品诈骗的情况下,有必要保留诈骗罪行的自我伤害性质,并将其与盗窃行为区分开来。[4] 因此,对财产的处分也可以包括以下情况:货物订单是在欺骗的基础上签署的,误认为其只是一个广告传单;在互联网上接受需付报酬的服务,错误地认为它是免费的;或者没有提出索赔,而这种索赔的存在对相关者而言是由于欺骗而被蒙蔽的。[5] 但不能包括的是,财产所有人无意

---

〔1〕 参见 BGHSt 31,178,179;Küper/Zopfs,BT 边码 668 和边码 544 及以下数个边码。

〔2〕 其他观点 MK-Hefendehl, § 263 Rn 308 ff;Otto,BT § 51 Rn 28 ff;Ranft, Jura 92,68;SK-Hoyer, § 263 Rn 175 f,181。

〔3〕 更详尽 BGHSt 14,170,172;OLG Hamm NJW 69,620;OLG Celle NStZ 11, 218,219;同样如此 Bock,BT Ⅱ S. 356;BK-Beukelmann, § 263 Rn 36;Eisele,BT Ⅱ Rn 565;Fischer, § 263 Rn 74;HK-GS/Duttge, § 263 Rn 29;Lackner/Kühl, § 263 Rn 24; M/S/M-Momsen,BT I § 41 Rn 74;M/R-Saliger, § 263 Rn 124;Schmidt,BT Ⅱ Rn 583;S/S/W-Satzger, § 263 Rn 179 ff;Wittig, § 14 Rn 69;Zöller,BT Rn 154。

〔4〕 见 AnK-Gaede, § 263 Rn 91 f;Kudlich,PdW BT I S. 90;Küper/Zopfs,BT Rn 669 附进一步的文献;Rengier,BT I § 13 Rn 64 f;OLG Düsseldorf NJW 88,923;就此否定也见 LK-Tiedemann, § 263 Rn 118。

〔5〕 参见 RGSt 52,163,164;70,225;OLG Düsseldorf JZ 85,251;OLG Stuttgart NJW 69,1975;LK-Tiedemann, § 263 Rn 103;网络上的“成本陷阱”(Kostenfallen),见 OLG Frankfurt a. M. NJW 11,398,403;Eisele,NStZ 10,193,197 f;其他 Bockelmann,BT I S. 96;Hansen,MDR 75,533;整体批判 Miehe,Unbewußte Verfügungen 1987,在物品诈骗的情况下,其也认为处分意识是可以缺失的,但却要求,被骗者至少认识到物品运转的外在过程,由此知悉了相关财产,并“被争取到物品运转之中”,S. 77。

识地“允许”将物品从其财产中转移到第三人之手。

案例 38:为了增加现金余额,以便保留以后所产生的盈余,铁路售票处的 B 向所有匆忙的乘客少找了 1 欧元零钱。有关乘客并没有注意到这一点,因为他们中没有人计算零钱。 519

乘客是否根据第 263 条作出了减少其财产的处分?(边码 520)

B 以有说服力的方式假装全额支付了零钱,但实际上,缺少了 1 欧元。 520
这给旅客带来了错误的认识。他们没有意识到他们仍然有权获得 1 欧元的找零。旅客的财产处分可以从他们接受 B 的不完全支付,以及无意识地没有提出剩余款项索赔这一事实中看出。这直接对他们的财产产生了不利影响,因为在目前的情形下,如果不立即提出索赔,他们的索赔就无法再实现,而且尽管这 1 欧元在法律上继续存在,但其在经济上变得毫无价值。由于第 263 条的其他要件也得到充足,B 犯有诈骗罪。[1]

c)因果性和功能性关联

就错误而言,其属于欺骗的共同原因就足够了(边码 513),与 521
之相同,对于认定欺骗行为与处分之间的因果关系而言,错误的产生或维持,对被骗者的财产处分具有共同决定作用(mitbestimmend),也就足够;其不一定是唯一的(alleinig)原因。[2] 根据一般的规则,行为的实际过程与具体结果之间的联系,是决定性的。[3]

案例 39:爱情骗子 H 以贵族的名义获得了工厂主遗孀 F 的信任,并答应 522
与她结婚。他假装需要 5 万欧元才能在短期内建立新的生活。F 相信他,把

〔1〕 更详尽 RGSt 52,163。

〔2〕 RGSt 76,82,86 f;BGH wistra 99,419,420;BGH NStZ 12,95(在并无“问题”的情况下,也存在处分);G/J/W-Dannecker, § 268 Rn 76;M/R-Saliger, § 263 Rn 146 f.

〔3〕 参见 Wessels/Beulke/Satzger, AT Rn 237;BGH BeckRS 13,01251 Rn 36。

这笔钱留给他作为借贷。就像计划的那样,H 离开了,把所有的钱都花在一个赌场里。F 的律师建议其对 H 的欺诈行为提出刑事指控,F 不接受她的律师的建议,并指出她“无法怨恨魅惑的 H;由于他给了她很多生活的乐趣,如果 H 请求她,并承认他对赌博的热情,她也会把 5 万欧元拿给他玩”。

在这种情况下,H 的欺骗行为是 F 处分财产的原因吗?(边码 523)

523 在此的出发点是以下实际情况,F 相信 H 的虚假陈述,并相信这些陈述的正确性而决定给付借款。所以,H 引起的错误至少对 F 的财产处分起到了一定的作用。由于在确定因果关系时,不应考虑根据“若无则无”公式提出的假设替代条件,因此,不能通过指出“F 即使向 H 透露了他对赌博的热情和他使用的真正意图,F 也会给他 5 万欧元”,来否定由错误而引起具体的财产处分的因果关系。[1] 意志形成的实际过程,并不会因为一个具有相同最终结果的想象过程本可以取代它,但并没有取代它,而失去其存在和法律效力。[2] 其仍然是有关财产处分的实际基础。F 的错误(使得 H 新的生计成为可能)与由此导致或共同导致的给予借款之间的实际关联,并不会由此而得以消除,即 F 在能够获得真实信息的情况下,可能对金钱的开支具有其他考虑(如对 H 的感激,对他的赌博热情的理解等),而 F 实际上并没有这样做。因此,毫无疑问,在案例 39 中,存在第 263 条规定的由错误导致的财产处分。[3] 只有当借款给予者对预期用途全无兴趣时,情况才会有所不同。[4]

524 据此,如果错误实际决定了或至少共同决定了具体的处分,那么即使在看穿真实联系的情况下,被骗者也会做出财产处分决定,并不能改变因果关系。因此,如果——正如显而易见的那样——用尽所有其他形式治疗的病人也会购买,因为他们“被迫伸手抓

〔1〕 参见 LK-Tiedemann, § 263 Rn 123;Wessels/Beulke/Satzger, AT Rn 237。

〔2〕 BGHSt 13, 14; BGH BeckRS 13, 01251 Rn 39; 就此而言存在疑问 OLG Bamberg BeckRS 13,22035 附评议 Jahn, JuS 14,275。

〔3〕 对此深入 BGHSt 13,13,14 f;BGH MDR/D 58,139,140;BGH StV 02,132 f;BGH NStZ 17,340;Lenckner, NJW 71,599。

〔4〕 如此 BGH NStZ 17,170,涉及 BGH StV 02,132。

向每一根稻草”，那么，在价格明显过高的癌症治疗方法中，其所包含的对所谓功效的“科学证据”的不正确提及的因果关系就会消失，这是不合理的。[1] 与之相反，如果被骗者认为行骗者所声称的是真实的，但由于完全不同的原因而作出了财产处分（如有人相信一个冒充乞丐的骗子，但给他施舍并不是因为他愿意帮助该乞丐，而仅仅是因为他想尽快摆脱烦人的乞丐；A 尽管对 D 假装愿意偿还存有相当大的疑虑，但仅仅因为他发现 D“很聪明”并且“有点被她迷住”，才向 D 提供借贷），情况就不同了。[2] 这里没有任何的因果关系。不同的是，如果一个人总是不假思索地支付低于 100 欧元的账单，仅仅因为他想要得到安宁（边码 510），那已经不存在任何错误了。[3]

被骗者是否意识到其处分的财产减损性质，对因果关系并不 525
重要。与此不同，在另一个层面上争议的问题是，在因果关系之外，错误与财产损失之间是否需要一种特殊的功能联系（funktionale Beziehung），在此意义上，被骗者处分的财产减损效应对其而言必须予以隐瞒。

第 263 条仅涵盖无意识的自我损害或致第三人受损的观点，为通说观点 526

---

〔1〕 但是如此 BGH NStZ 10,88,89 附恰当的批判性评议 Bosch,JA 10,153,154;Puppe,JR 17,513;对此也参见 AG Gießen medstra 15,124 附评注 Porten。

〔2〕 见 BGH StV 02,132 f;OLG Bamberg BeckRS 13,22035 附评议 Jahn,JuS 14,275;Hillenkamp,JuS 03,157;Mitsch,BT Ⅱ S. 293。

〔3〕 BGH wistra 17,318. 在电话性爱热线假定的费用的情况下，由于“麻烦”而付款的错误问题，见 OLG Frankfurt wistra 19,158,161 附评注 Krack;批判 Jahn,JuS 19,404。

所否定。[1] 少数意见的支持者认为,第 263 条在有意的自我损害的情况下是不适用的,但借由所谓的目的落空说(Zweckverfehlungslehre),将其立场予以了相对化。根据该学说,如果因错误而决定的履行未能达到其固有的社会目的,而做出处分的人由于欺骗而未能认识到这一点,则应满足构成诈骗罪的客观要件,因此在此存在无意识的自我损害。[2] 通说观点理由更加充分,因为它确保了对于财产的全面保护,并避免了诈骗罪和敲诈勒索罪的界分领域所存在的、无法被客观证成的处罚漏洞。这个争议问题的实际意义当然是微不足道的,因为从经济上毫无意义的支出的角度来看,独立于无意识的自我损害理论,也可以提出目的落空理论,而且根据其基本思想,其已经作为损失概念的一个要素[3]而进入了判例。[4] 在财产损失的犯罪构成要件中将对此予以探析(边码 553 及以下数个边码)。

d)认识分歧和认识归属

527 尚未最终解决的是被害人一方为多人的案件。然而,无可争辩的是,多名被害人的情况下,被害人不会犯此类的错误。相反,在分工经营的企业或组织当中,必须查明的是,在具体案件中被欺骗,被导入错误认识,并因此成为财产处分的导火索的人。[5] 然而,目前尚不清楚的事实情状是,被害人一方对于欺骗的对象具有不同的认识。因此,可以想象的是,被害人知道真实情况,但处分人(对于三角诈骗,见边码 640 及以下数个边码)由于欺骗而陷入

〔1〕 RGSt 70,255,256;BGHSt 19,37,45;BGH NJW 95,539;OLG Düsseldorf NJW 88,922;Deutscher/Körner,JuS 96,296;Dölling,JuS 81,570;Fischer, § 263 Rn 75,137;Herzberg,JuS 72,570;Hilgendorf,JuS 94,466;M/R-Saliger, § 263 Rn 148;Schmoller,JZ 91,117;S/S/W-Satzger, § 263 Rn 205;进一步的文献,见 Gerhold,Zweckverfehlung und Vermögensschaden 1988,S. 19,56 ff。

〔2〕 参见 M/S/M-Momsen,BT I § 41 Rn 120 ff;Rudolphi,Klug-FS S. 315;S/S-Perron, § 263 Rn 41,102。

〔3〕 与之相反 Graul,Brandner-FS S. 805;如同本书 Hecker,JuS 14,562。

〔4〕 参见 BGHSt 19,37,45;BGH NJW 95,539;OLG Hamm NJW 82,1405。

〔5〕 BGH BeckRS 12,10587;也可能 BGH wistra 19,420,421。

错误认识。反过来,处分人可以看穿欺骗,并立即做出处分,而不通知被害人。最后,也可能是,做出处分的财产所有人可能会得到助手(如律师、税务顾问或审计师)的建议,这些助手会发现欺骗,但并未阻止处分的做出。[1]

在上述第一种情况下,鉴于处分人存在不可否认的错误,只有在被害人能够及时和合理地阻止处分的情况下,才有可能否定已经既遂的诈骗行为。 528
如果财产所有人或负责财产的管理人自己提出了操纵性举措,则符合这一要求。虽然在此情况下,也是由于欺骗而陷入错误并做出处分,[2]但损害并非可予归责地基于处分行为,而是基于财产所有人的有意的自我损害行为或管理人的违反义务行为。因为行骗者知道这一点,也不存在未遂的诈骗。对于财产管理人而言,可能会考虑由行骗者参与的背信罪。[3] 然而,这种解决办法的前提是,财产所有人或管理人一边并未被行骗者隐瞒欺骗的真实范围。[4] 在其他两种案件情况下,如果根据阵营理论(Lagertheorie)的标准(见边码645),将这些人归入到财产所有人的财产圈子之内,则处分人员或顾问助理的认知,应归于财产所有人。如此,则只存在诈骗未遂。但是,如果处分人或助理有意将其认知与行骗者的认识一起不向委托人如实告知,或者

[1] 对此情形,见 BGH NJW 03,1198,1199 f;BayObLG NStZ 02,91;Eisele,BT Ⅱ Rn 551 ff;Fischer, § 263 Rn 68 f;G/J/W-Dannecker, § 263 Rn 66;LK-Tiedemann, § 263 Rn 82;M/R-Saliger, § 263 Rn 102 ff;Rengier,Roxin-FS S. 823 f;Schuhr,ZStW 123 (2011),517;S/S-Perron, § 263 Rn 41a;S/S/W-Satzger, § 263 Rn 137 ff;Weißer,GA 11,333;Wittig, § 14 Rn 54 f;Zöller,BT Rn 165 ff;继而 Eisele,ZStW 116(2004),15。除非他们参与并了解具体的业务过程,否则一般不应一般性地依赖于上级的特殊知识(Schuhr,ZWH 12,363)。

[2] BGH StV 06,297 否定了错误,因为在从物品管理人获得处置权限时,重要的是他的认知;同样如此 BGH StV 14,684;对此批判 Brand/Vogt,wistra 07,408;关于方案也见 Rengier,BT Ⅰ § 13 Rn 53 ff;Wittmann,Wissenszurechnung im Strafrecht 2006,S. 86。

[3] Vgl. BGH NStZ-RR 10,146.

[4] 解决方案所要求的自负其责,是根据同意的效力标准予以确定的,见 Eisele,JZ 08,524 关于 BGH JZ 08,522;在结论上也赞成 Krack,ZIS 08,518,520 f。

与行骗者合谋行事,则归责的基础就会被破坏。在这种情况下,一般会涉及由辅助人员参与的诈骗犯罪。[1] 然而,对此种案件,德国联邦法院作出了不同的判决。在知道"欺骗"的处分人的合谋合作中,法院并未认定其与"行骗者"一起实施诈骗,因为对于错误而言,唯一重要的是处分人的设想图景(Vorstellungsbild)。不同的是,如果处分人对受损财产的所有人负有足以满足第266条规定的义务(Pflichtenstellung),则应认定其构成背信罪,对此,外部的"行骗者"由于缺乏特殊性质,只能根据第27条、第28条第1款之规定,作为帮助犯(或者有可能根据第26条、第28条第1款之规定,作为教唆犯)予以惩处。[2]

如果机关、公司等的职员作出了处分,这取决于他的设想,以及根据组织架构对处分负责的人的设想。任何其他机关工作人员的认知,都不能归属于机关。[3] 正确地看,在多重处分(mehraktige Verfügungen)的情况下,具有决定性的不是最后一个处分者是否陷入错误认识,而是最终的(部分)决定是否基于错误。[4]

4. 财产损失

529 被骗者的财产处分必须直接地损害自己或第三人的财产。

a)财产概念

530 受刑法保护财产的概念存在争议,其边缘领域尚未得到明确

---

[1] 见BayObLG NStZ 02,91;Otto,Jura 02,611。Eisele,ZStW 116(2004),15,23 f,29,30 ff,Rengier,BT I § 13 Rn 59和LK-Tiedemann, § 263 Rn 82认为,这些结论并非基于认识上的归责(Wissenszurechnung),而是基于客观归责的一般规则;Weißer,GA 11,334和Wittmann,Wissenszurechnung im Strafrecht 2006,S. 137 f以既遂的诈骗为结果,拒绝了对于帮助人员认识的归责;也见S/S/W-Satzger, § 263 Rn 137 ff;基本上如同本书AnK-Gaede, § 263 Rn 62 ff。

[2] Vgl. BGH NStZ 13,473.

[3] OLG München NStZ 09,156;区别Fischer, § 263 Rn 67;也见A/W-Heinrich, § 20 Rn 81a。

[4] 对此更详尽Schuhr,ZStW 123(2011),517,534 ff,547;Spickhoff-ders., § 263 Rn 34。

界定。其在判例和法学方面的发展的特点，是放弃了极端的立场，转向了可传播的教义学观点。[1]

古老的、现在已不再主张的法律财产理论（juristische Vermögenstheorie）认为，财产仅仅是单个的个人财产权利（Vermögensrechte）的总和。[2] 与此相反的是纯粹的经济财产概念（rein wirtschaftlicher Vermögensbegriff），其包括“一个人所有的具有货币价值的利益（geldwerte Güter）”，除了非法或不道德的交易产生的无效诉求，还包括非法或以其他方式获得的不正当价值。这种极端经济的考察方法通过 RGSt 44，230 被纳入判例，之后又通过 BGHSt 2，364 予以确认。[3] 其最重要的后果是，在所谓的盗贼情境（Ganovenumfeld）中，不能形成任何不受刑事制裁的空间，[4]也不存在不为诈骗罪、敲诈勒索罪、背信罪等罪行所侵害的经济价值。 531

在上述观点之间，法律—经济折中学说（juristisch-ökonomische Vermittlungslehre）越来越在法律学说中占据主导地位，[5]在各类不同方案中，该学说主张财产包括一个人的所有经济利益 532

〔1〕 对于争论，见 Evers, Das Verhältnis des Vermögensnachteils zum Vermögensschaden beim Betrug 2018, S. 16 ff; Hillenkamp/Cornelius, BT 31. Problem; Küper/Zopfs, BT Rn 624 ff; Kühl, JuS 89, 505; M/R-Saliger, § 263 Rn 150 ff; Otto, Jura 93, 424; 对于财产损失之问题领域的概观，见 Satzger, Jura 09, 518 和 Waszcynski, JA 10, 251 ff; 也见 Wittig, § 14 Rn 76 ff。

〔2〕 参见 RGSt 3, 332, 333; 11, 72, 76; Binding, Lehrbuch des Gemeinen Deutschen Strafrechts BT, 1. Bd., 2. Aufl. 1902, S. 238 ff; 对其——据称隐藏的和违宪的——通过德国联邦法院判例的“复活”，见 Saliger, HRRS 12, 363。

〔3〕 赞成 Blassl, wistra 16, 427; Fahl, JA 95, 205; Haft/Hilgendorf, BT S. 92; Heghmanns, Rn 1229; Krey/Hellmann/Heinrich, BT Ⅱ Rn 613 ff; Sonnen, JA 82, 593; Zöller, BT Rn 174; 接近 Fischer, § 263 Rn 89 ff; 在确定性要求的视角下，批判 Naucke, Kargl-FS S. 333 ff。

〔4〕 就其风险，见 Hillenkamp, Vorsatztat und Opferverhalten 1981, S. 204 f。

〔5〕 见 LK-Tiedemann, § 263 Rn 127, 132。

(Wirtschaftsgüter),该经济利益"没有法律异议地"(ohne rechtliche Missbilligung)归属于他,[1]或者"在法律秩序的保护下"(unter dem Schutz der Rechtsordnung)提供给他。[2]

533 零星学者提倡的是人格财产理论(Personale Vermögenstheorie),其基础是财产作为"人格发展的基础"(Grundlage der Persönlichkeitsentfaltung)的功能,并且在确定损失的过程中,主要关注财产所有人的经济潜力的降低以及经由处分所追求的目的。[3] 黑芬德赫尔(Hefendehl)的规范—经济财产概念(normativ-ökonomischer Vermögensbegriff)与其出发点相同,即将财产与其作用力(Wirkungsmacht)的范围等同起来,从而描述一种控制地位(Herrschaftsposition)。[4] 根据他的说法,如果一个人能够借助民法承认的手段,随心所欲地拥有符合法律秩序的经济活动潜力,并且能够有效地对抗外部干扰因素,那么该经济活动就会产生财产。

---

[1] Gössel, BT Ⅱ § 21 Rn 121; Lackner/Kühl, § 263 Rn 34 f; Lenckner, JZ 67, 105; Seelmann, S. 72; S/S-Perron, § 263 Rn 82 ff; E/R/S/T-Saliger, § 263 Rn 129, 131;更狭 Zieschang, HirschFS S. 837, 840。

[2] Franzheim, GA 1960, 269; Mitsch, BT S. 306 f; Rengier, BT I § 13 Rn 119; Schramm, BT I § 7 Rn 102; Tenckhoff,评注 JR 88, 126;并非与财产地位,而是与交换价值及其法律认可相关 SK-Hoyer, § 263 Rn 118, 121; ders., Samson-FS S. 339, 351 ff;也见 Nelles, Untreue zum Nachteil von Gesellschaften 1991, S. 426;批判 Kargl, JA 01, 714. 对于家养宠物作为财产对象,以及在此关联下财物和财产犯罪的意义,见 Mitsch, Jura 17, 1394 f. 对于比特币的价值确定,见 Börner, NZWiSt 18, 49, 52。

[3] 参见 Alwart, JZ 86, 563; D. Geerds, Jura 94, 309; ders., Wirtschaftsstrafrecht und Vermögensschutz 1990, S. 116 ff; Otto, Die Struktur des stafrechtl. Vermögensschutzes 1970, S. 34 ff, 69; Winkler, Der Vermögensbegriff beim Betrug usw 1995;对此批判 LK-Lackner, 10. Aufl., § 263 Rn 124;此外 Achenbach, Roxin-FS Ⅱ, S. 1005,其专注于"利用机会"(Nutzungschance)。对于与联邦宪法法院新近判例的一致性,见 Ceffinato, NZWiSt 15, 90。

[4] Hefendehl, Vermögensgefährdung und Exspektanzen 1994, S. 93 ff; ders., in: Schünemann, Strafrechtssystem und Betrug 2002, S. 185, 228 ff; MK-Hefendehl, § 263 Rn 405 ff;也见 Klesczewski, BT § 9 Rn 24, 26 ff; LPK-Schünemann, § 266 Rn 214。

所谓的功能性财产概念(funktionaler Vermögensbegriff),将财产理解为一个人对合法分配给他的可转让的利益的处分权(Verfügungsmacht)。[1]

新近的判例原则上坚持了留存下来的、作为出发点值得优先考虑的[2]经济财产概念,[3]但在部分符合法律—经济折中理论的情况下,对其进行了补充和修正,目的是通过纳入规范性评价,来避免民法与刑法之间的价值冲突。[4] 这方面的典型例子,是德国联邦法院在嫖资案件(Dirnenlohnfall)[5]中的决定,尽管案件已经过时,但其在方法论上仍然可以作为例证,据此,行为人欺骗了妓女所约定的嫖资,并不构成诈骗罪:“诚然,根据《德国刑法典》第263条规定,使用自己的劳动力以提供服务的可能性,如果这种服务通常只是为了获得报酬而提供的,也可能属于财产的范畴,但这不适用于为实现非法或不道德目的而提供的服务。如果刑法在诈骗罪犯罪构成框架内,保护非法或不道德的法律行为所产生的无效诉求,那么它将与其他法律秩序相冲突。……妓女获得的报酬仍然受到保护。没有理由进一步地予以惩罚。收入……应缴纳所得税这一事实,也不能支持相反的观点。就税收而言,符合税法规定的行为是否触犯法律或违反道德,是无关紧要的(1977年《税收条例》第40条规定)。”通过VG Berlin NJW 01,983判决,妓女 534

〔1〕 Vgl. NK-Kindhäuser, § 263 Rn 35 ff;Kindhäuser/Nikolaus,JuS 06,198.

〔2〕 Vgl. A/W-Heinrich, § 20 Rn 15 f,91;LK-Tiedemann, § 263 Rn 132.

〔3〕 见BGHSt 34,199,203;38,186,190,196附批判性评注Ranft,wistra 94,41;BGHSt 57,113;BGH JR 03,162附赞成性评注Engländer;OLG Düsseldorf NJW 88,922;94,3367;wistra 95,276,277;OLG Celle StV 96,155;KG NJW 01,86.

〔4〕 HK-GS/Duttge, § 263 Rn 39;对此批判Krey,BT Ⅱ,12. Aufl.,Rn 433 ff;M/R-Saliger, § 263 Rn 150。

〔5〕 BGH JR 88,125附评注Tenckhoff,126。Barton,StV 87,485和评议Bergmann/Freund,JR 88,189;也见BGHSt 26,346,347 f;31,178;OLG Hamm NJW 89,2551。对于电话性爱OLG Hamm NJW 90,342附评注Wöhrmann。

的服务是不道德的这一基础性的认定,自然被予以动摇,民法上无效的认定,也被《性工作者法律关系管理法》(ProstG vom 20. 12. 2001,BGBl I 3983)所超越(对于立法现状,见边码 567)。[1]

535 据此,仅仅是尚未在法律上予以确定的取得前景,以及其他不受法律保护的地位,不属于受法律保护的财产的一部分。就此而论,财产也参与了法律秩序的变更。这种对纯粹经济财产概念的限制似乎是无可辩驳的,因为纯粹经济的方法将使财产刑法与一般的法律秩序相矛盾,而刑法任务仅仅是确保行为规则的基本核心,以保护得到认可的法益。然而,经济的财产考察也具有一种危险,即鼓励诈骗犯"在道德弱者的圈子里寻找被害人",[2]放弃刑法在一个不受其规制的领域中的安抚功能,从而在没有正当理由的情况下为经济损害开辟空间。[3] 由于这一想法与刑法格格不入,而且不法被明显地分散在行为双方,所以禁止的是,以被害人应予否定的行为,来寻求取消财产保护的正当化论证。[4] 因此,有必要将经济财产概念的法律限制,限定于整体法律秩序所明确否定的、颇有问题的财产地位的少数情况。《德国基本法》所体现的价值体系是判断的基础(Basis),而不是限制(Grenze)。[5] 归根结底,受刑法保护的财产的组成部分,是所有具有经济价值的利

---

〔1〕 对此见 Heger,StV 03,350,355;Hilgendorf,Kühne-FS S. 91 ff;Rautenberg,NJW 02,650;v. Galen,Rechtsfragen der Prostitution 2004,Rn 314 ff,394 ff;Trede,Auswirkungen des ProstG auf das Straf-und Ordnungswidrigkeitenrecht 2006,S. 238 ff;Ziethen,NStZ 03,184。2017 年 7 月 1 日起生效的《性工作者保护法》(Prostituiertenschutzgesetz/ProstSchG)(BGBl I 2372)所作的规定,和《性工作者保护法》第 3 条的新的规定,不影响此处所述问题的变化。

〔2〕 Vgl. RGSt 44,230,249.

〔3〕 见 Hillenkamp,Vorsatztat und Opferverhalten 1981,S. 108 ff,204 f;Krey,BT II,12. Aufl. ,Rn 435。

〔4〕 同样如此 Bockelmann,JZ 52,464;LK-Lackner,10. Aufl. ,§ 263 Rn 242。

〔5〕 其他观点 Zieschang,Hirsch-FS S. 831。

益和地位,其在法律上没有明确地加以否定,即基本上受到法律秩序的保护[具有规范性限制的经济财产概念(wirtschaftlicher Vermögensbegriff mit normativer Schranke)]。[1]

例如,其包括物权性和债权性权利,包括不可诉的权益,[2]但并非根据《德国民法典》第134条、第138条的无效的诉求,期待权[3]以及实际取得前景,只要其足够具体,[4]基于合法的法律基础之上,[5]从而使保有人能够不受干扰地开发出全部价值。在此前提下,人们可以谈及财产价值的预期,其作为加强的获利机会而已经是财产的一部分。[6] 此外,如果服务通常是为了报酬而提供的,[7]而不是为了非法或不道德的目的而提供的,则可以使用

---

[1] AnK-Gaede, § 263 Rn 68; Beulke/Zimmermann, II Rn 179 f; Hilgendorf/Valerius, BT Ⅱ § 7 Rn 71 f; LK-Tiedemann, § 263 Rn 132; NK-WSS-Heger/Petzsche, § 263 Rn 91; Schramm, BT I § 7 Rn 102; Spickhoff-Schuhr, § 263 Rn 28; S/S-Perron, § 263 Rn 82 f; S/S/W-Satzger, § 263 Rn 152; 实质上也 Eisele, BT Ⅱ Rn 606 ff; Rengier, BT I § 13 Rn 119 ff; Satzger, Jura 09, 519。M/R-Saliger, § 263 Rn 158 将这一——内容上意志的——立场称为"经济上的财产概念附有规范上的适应";也参见 BGHSt 16, 220, 221; 34, 199, 203; BGH NStZ 86, 455; JR 88, 125。

[2] Vgl. RGSt 40, 21, 29 f; 68, 379.

[3] Vgl. BGH JR 78, 298; BGHSt 31, 178, 179.

[4] BGH NStZ 12, 272 f; BGH NStZ 18, 213 附评注 Schilling(餐馆的收入和利润前景)。立遗嘱人有生之年的继承前景,一般情况下不符合这一条件,对此见 OLG Stuttgart NJW 99, 1564 附评注 Thomas, NStZ 99, 622; Eisele, Weber-FS S. 271, 278 ff; 对于骗取遗嘱和遗产,见 Schroeder, NStZ 1997, 575; Hoyer, Schroeder-FS S. 497 ff; 案例解析 Putzke, Jura 17, 344。

[5] NK-Kindhäuser, § 263 Rn 241 ff; BGHSt 17, 147, 148; 34, 379, 390 f; BayObLG NJW 94, 208 附评议 Hilgendorf, JuS 94, 468; OLG Düsseldorf JR 94, 522 附评注 Ranft, 523。

[6] 见 Hefendehl, in: Schünemann, Strafrechtssystem und Betrug 2002, S. 135, 230 f, 237 ff; Lackner/Kühl, § 263 Rn 34; LPK - Schünemann, § 266 Rn 215; MK - Hefendehl, § 263 Rn 430 ff; M/R-Saliger, § 263 Rn 163 ff; 对此,在所谓的折扣诈骗(Rabattbetrug)情况下 BGH NStZ 04, 557 f; KG wistra 05, 37, 38; OLG Stuttgart NStZ-RR 07, 347, 348.

[7] Vgl. BGH NJW 01, 981.

自己的劳动力来提供服务。〔1〕妓女提供的服务也须包括在内。〔2〕另外，合法获得以及非法获得的物品占有，比如通过盗窃获得的物品占有，都受到保护。〔3〕

对被禁止的财产地位，如拥有儿童色情制品，根据《麻醉品管理法》规定应受惩罚的持有麻醉品（对于判例中的其他观点，见边码 536）等，正确地看，不能通过刑法手段同时进行保护。〔4〕诈骗罪唯一的不法之处在于犯罪人的谎言本身，但这本身是不够的，也不直接侵扰到法益本身。财产地位的丧失并未包含“不法”，而是法律要求的。犯罪人获得财产地位是不法的，但并不包括在第 263 条规定的（客观）犯罪构成当中，而应根据其他规定特别地予

---

〔1〕 BGH JR 88,125；BGH NStZ 01,534；LK-Tiedemann，§ 263 Rn 138；批判 Fischer，§ 263 Rn 108 f；Krey/Hellmann/Heinrich，BT Ⅱ Rn 619；也见 Heinrich，GA 1997,32。

〔2〕 并未考虑 BGH NStZ 11,278；相反 Eckstein，JZ 12,103；Hecker，JuS 11,945；M/R-Saliger，§ 263 Rn 170；ders.，E/R/S/T，§ 263 Rn 141；BGH NStZ 13,710 承接 Zimmermann，NStZ 12,211，将保护限于协商的（符合约定的）性行为，对此见边码 716（判例例证）和——否定性——Hecker，Kühne-FS S. 81 ff；对于争论，也见 Küper/Zopfs，BT Rn 631。

〔3〕 BGHSt 14,386,388；BGH JR 88,125；BGH NStZ 08,627 附否定性评注 Kindhäuser，StV 09,355；BayObLG NJW 87,1654；A/W-Heinrich，§ 20 Rn 115a；Jäger，BT Rn 357；LK-Tiedemann，§ 263 Rn 140；M/R-Saliger，§ 263 Rn 172；Rengier，BT I § 13 Rn 141；S/S/W-Satzger，§ 263 Rn 168；Tenckhoff，Anm. JR 88,126；对于犯罪方式获得的占有，不同的是 Eisele，BT Ⅱ Rn 608；G/J/WDannecker，§ 263 Rn 83；M/S/M-Momsen，BT I § 41 Rn 100；S/S-Perron，§ 263 Rn 95；Zieschang，Hirsch-FS S. 837；区别 SK-Hoyer，§ 263 Rn 125；对于争论情况，也见 Hillenkamp，Achenbach-FS S. 189 ff；Küper/Zopfs，BT Rn 632；案例解析 Ladiges，JuS 14,1097。

〔4〕 Hillenkamp，Achenbach-FS S. 189,204 f；赞成 Hoyer，Fischer-FS S. 361 ff；Lackner/Kühl，§ 263 Rn 34；Puppe，Fischer-FS S. 463 ff；Zimmermann，GA 17,549；开放 BGHSt 48,322,326；BGH StraFo 13,480；并未被问题化 BGH JR 15,206 f（在第 253 条框架内）附评注 Ernst。对此也见 BGH NStZ 15,572 附评注 Ǒglakcıoğlu；Jäger，JA 15,874；Kudlich，NJW 15,2901；Fischer，§ 263 Rn 102 附进一步的文献；其他观点 Bock，BT Ⅱ S. 343；案例解析 Drenkhahn，Jura 11,65；Wolters，Samson-FS S. 495,497,512；对于刑事可罚的占有的案件，见 Ambos，Yamanaka-FS S. 233 ff。

以惩处。当然,先决条件是法律上的否定针对也适用于任何人。[1] 根据德国联邦法院的判例,不能从第 89c 条规定中推断出此种判定,即恐怖组织的财产也是受到保护的。[2]

根据《德国民法典》第 858 条、第 859 条之规定,非法占有者也受到法律保护,不受被禁止的越权所侵犯。由此,如果他不能被盗窃、抢劫或敲诈勒索,那么对于诈骗也应该是一样的。[3] 然而,如果对他使用诈骗手段的目的,是使财物所有人重新取得其应有的占有,那么犯罪人所寻求的经济利益欠缺不法性,不符合第 263 条规定的刑事处罚条件(对此见边码 585 及以下数个边码)。此外,因受到刑法禁止而非法的占有,也应被排除在外,因为它明确受到法律秩序的谴责。[4] 536

判例例证:"根据德国联邦法院的判例,第 253 条、第 263 条意义上的财产,还包括非法占有的麻醉品,因为刑法中的财产概念必须从经济角度来看待。(第 2)刑事审判庭不想坚持这一点。其意欲判定,强迫转移非法占有的麻醉品,不涉及受刑法保护的财产。因此,由于法律问题上的分歧和根本重要性,其向其他刑事法庭询问,遵循第 2 刑事审判庭的意见还是遵循迄今判例的观点。"在 BGH NStZ 16,596[附批判性评注 Krell;Bosch,Jura(JK)16,1338;Jäger,JA 16,790;ders.,BT Rn 377b;Jahn,JuS 16,848]中,做了以上陈述。此项裁定是基于一个案件,在此案中,被告闯入了后来的共同原告毒贩 N 的家。他们要求 N 交出海洛因。在三人抓住他的衣领,殴打他,拿着一个尖锐的物体在他的脸上,阻止他逃跑之后,N 交出了三袋海洛因。下级法院对被告进行了审判,判定其犯有特别严重的敲诈勒索罪。第 2 刑事审判庭认为,这在法律上是错误的,因为"在法律之外……甚至与法律相矛盾,不可能存在值得刑法保护的财产"。这与本书(长时间以来)提出的观点相对应(对此见上文边码 73、282 以及 Hillenkamp,Achenbach-FS S. 189,204 f;二者皆

---

〔1〕 在刑事执行中非法占有的手机仍然受到保护,对此见 OLG Bamberg NStZ 16,243。

〔2〕 BGH StV 19,85,87 附批判性评注 Wachter;Bechtel,Jura 19,63,69 f;Ebner,ZWH 18,296;Jahn,JuS 18,721。

〔3〕 对于在法律—经济折中学说内部的争论,也见 Küper/Zopfs,BT Rn 632。

〔4〕 Hillenkamp,Achenbach-FS S. 204 f;赞成 Eisele,BT Ⅱ Rn 609.

赞成 Bechtel, JR 17, 197; Ladiges, wistra 16, 479)。然而,第1刑事审判庭(BGH NStZ-RR 17, 112)、第3刑事审判庭(BGH NStZ-RR 17, 244 ff)、第4刑事审判庭(BGH NStZ-RR 17, 44)、第5刑事审判庭(BGH NStZ-RR 17, 110)拒绝了这一质询。最终第2刑事审判庭也再次改变了其主张(在另一组判决中, BGH NSTZ-RR 17, 111, 在主要程序中, BGH NSTZ 18, 104 f; 在类似的诉讼中, 比如 BGH Wistra 18, 41; BGH NSTZ-RR 18, 16)。恰当地受到攻击的判例,因而继续存在。

537 由于罚金作为刑法制裁手段的特殊性质,国家对于支付罚金的权利,不属于受第263条保护的国家财产。[1] 罚金的目的不是填补国库,尽管由此产生的收入可能对国家财政具有经济意义。[2] 此外,诉求并不取决于市场(并无交易价值)。[3] 这同样适用于《秩序违反法》规定的警告或罚款。[4] 作为对其同名儿子的罚款诉讼的父亲,在法庭上声称系相关人并因此导致不罚结果,并不构成诈骗。[5] 操纵停车罚单,以阻止交通监控人员给予警告或罚款,都不会导致财产处分。[6] 虽然国家的收费和费用都基本上被包括在内,[7]但由于使用费用的事后收取不是由相同的职务人员实施的,所以在此,就只是针对试图诈骗来说,欠缺故意和同质性(Stoffgleichheit)。

---

[1] 其他观点 Otto, BT § 51 Rn 83, 但其想要从第258条第5款中引申出刑事不罚; Fahl, NStZ 17, 65; 如同本书 M/R-Saliger, § 263 Rn 179; Rengier, BT I § 13 Rn 127; 对此更详尽 Jänicke, Gerichtliche Entscheidungen als Vermögensverfügung 2001, S. 363 ff, 418, 433 f; BGHSt 38, 345, 351 f; OLG Karlsruhe NStZ 90, 282; BayObLG JR 91, 433 附评注 Graul; BGH NJW 98, 1568, 1576。

[2] 对此见 Hillenkamp, Lackner-FS S. 455。

[3] Vgl. Kudlich, PdW BT I S. 86.

[4] Jänicke, Gerichtliche Entscheidungen als Vermögensverfügung 2001, S. 440 ff; BGH wistra 07, 258(因此将诈骗限制在费用之上); 其他观点 Fahl, NStZ 17, 65; Mitsch, NZV 16, 565。

[5] AG Aachen wistra 12, 322; 一般情况下,对于费用而言,缺少故意和获利意图。

[6] OLG Köln NJW 02, 527; 对此见 Hecker, JuS 02, 224; Mitsch, NZV 12, 156。

[7] Vgl. Fischer, § 263 Rn 99; MK-Hefendehl, § 263 Rn 500; NK-Kindhäuser, § 263 Rn 246.

b)财产损失

第263条意义上的财产损失(Vermögensschaden),是指在财产处分之前和(直接的)[1]之后受处分影响而产生的存在于财产价值之间的不利差异。这一解释也符合联邦宪法法院的要求。[2]损失应根据整体清算(Gesamtsaldierung)原则予以确定。如果至少在经济上等值,则财产处分所产生的劣势,可由同一处分所产生的优势填补。例如,经常会出现的情况是,通过(本身不利的)付款而清偿债务时,以致同样数额的支付义务因此灭失。[3] 在社会福利诈骗(Sozialleistungsbetrug)的情况下,必须仔细核查,支付的福利金额是否高于有权获得的金额。[4] 随后的发展,如损害加剧(如通过进一步的支出)或损害赔偿,不再对财产损失产生影响。其只对量刑具有意义。[5] 538

[1] 关于直接性标准的(错误)指导,见 Küper,JZ 09,801。

[2] 关于 BVerfGE 126,170(见本书边码 778)对于诈骗罪中损失概念的影响,见 Saliger,Imme Roxin-FS S. 307 ff;BGH JR 12,79,80 附评注 Becker;BGH wistra 11,387;BGH StV 11,733 f;BGH BeckRS 12,10850 附评注 Scheinfeld,NZWiSt 14,180 以及现在直接关于《德国刑法典》第263条 BVerfG wistra 12,102 附评议 Bosch,JK 7/12,StGB § 263/97;Jahn,JuS 12,266;Kudlich,JA 12,230;BGH NStZ 16,285 附评注 Krehl,NStZ 16,346。总结 Graf,Das Vermögensstrafrecht vor den Schranken des Verfassungsrechts,2016;M/R-Saliger,§ 263 Rn 183 ff;Rostalski,HRRS 16,73。

[3] Vgl. BGH NStZ-RR 16,13.

[4] 对此详见 BGH NStZ 16,412 附评注 Hoven。

[5] 总结 BGHSt 60,1,9 ff 附评注 H. Albrecht,JZ 15,841;C. Dannecker,NZWiSt 15,173;Kudlich,ZWH 15,14;Schlösser,StV 16,25;S/S-Perron,§ 263 Rn 120,141;BGH NStZ 18,538 附评注 Krug,FD-StrafR 18,402885;BGH NStZ 16,409 附评注 Becker;BGH NStZ 16,674;BGH NStZRR 16,341,343 f 特别是关于缔约诈骗的内容。此外见 BGHSt 16,220,221;321,325;22,88,89;23,300,302;34,199,203;BGH wistra 99,263,265;BGHSt 53,199,201 f(附评议 Bosch,JA 09,548)参考 BGHSt 30,388,389 f;因此,在官方的指导原则2中提及的"最终的损失",是具有误导性的;就此而言恰当批判 Ransiek/Reichling,ZIS 09,315,316 f;也见批判性评议 Küper,JZ 09,800;在等同于损害的财产危险(边码 572)类案件中,对于"最终损失"对于刑罚裁量的意义,见 Schlösser,StV 08,548。

538a 财产组成部分的经济价值,要根据客观的(objektiv)个性化的(individualisierend)标准来予以确定。[1] 如果存在的话,通常应以("客观的")交易或市场价值(Verkehrs-oder Marktwert)为基础。但是,除非此种共识本身受到错误的影响,如果服务仅由个人所要求,并且合同双方商定了价格,则应以该服务的["个人的"(individuell)]价值确定以及合同双方共同视为关键的因素为出发点。[2] 其中并不存在"客观化"确定的任何例外。确切地说,在一个以私人自治为特征的经济秩序中,这正是经济价值。个别化的约定本身是市场价格(Marktpreis)确定的先决条件;其绝不能与中世纪的"公平价格"(gerechter Preis)概念相互混淆或混为一谈。据此,如果处分行为剥夺了归属于受保护财产并具有可衡量价值的[3]组成部分,或者如果以财产承担了债务,但没有将等价物归入财产,则损失就会立即出现。相反,如果相关者获得了等值对价,那么只有在损失大于获得的价值的情况下,[4]即在被害人因此变得更穷的情况下,才可以谈得上财产损失。在经济关联上,联邦宪法法院和德国联邦法院原则上要求根据会计法上的

---

[1] 见 Becker/Rönnau, JuS 17, 975。

[2] BGHSt 61, 149, 156 f 附评注 Bosch, Jura (JK) 16, 263; v. Galen, NJW 16, 2438; Raum, FischerFS S. 479, 485 ff; 对于"主体间的价值确定"(intersubjektive Wertsetzung)的含义的批判性概览,见 C. Dannecker, NStZ 16, 318; 深入 Krehl, NStZ 16, 347; 扩展 Bittmann, Joecks-GS S. 203, 210 ff。对于产品剽窃和黑市价格,见 Wagner, wistra 17, 467。

[3] 比如,旅行护照或者证件即不属其中,见 BGH NStZ 09, 694; Fischer, § 263 Rn 97。

[4] Lackner/Kühl, § 263 Rn 36; LK-Tiedemann, § 263 Rn 159; M/R-Saliger, § 263 Rn 194 ff; 对于以客观的损失计算为出发点,见 Satzger, Jura 09, 521; Eisele/Bechtel, JuS 18, 97 f. 比如在证券交易中的客观的损失计算 BGH wistra 19, 153 f。

(bilanzrechtlich)标准进行判定,[1]这些标准当然是多种多样的。但最重要的是,其遵循商业谨慎(kaufmännische Vorsicht)的原则,这往往会增加损失数额,与存疑有利于被告(in dubio pro reo)原则背道而驰;在刑事诉讼中,必须纠正这一点,并进行中立的评估。[2] 被害人仅仅因为欺骗而感觉受到伤害,与确定被害人由于错误而做出了他在了解事实情况时不会做出的决定一样,均不足够,否则的话,诈骗罪就会被转变为侵犯商业交易真相(Wahrheit-im Geschäftsverkehr)和处置自由(Dispositionsfreiheit)(见边码485)的罪行。[3]

损害必须是因错误而处分财产的"直接的"(unmittelbar)后果;只有这种自我损害才为犯罪构成所涵括。由于进一步的处分而造成的损失可能构成进一步的诈骗[如果是通过同一欺骗行为和一体的故意而实施的,则系一罪关系(Tateinheit)]。其他损害,特别是因犯罪人的其他行为而造成的损害,只能为其他犯罪构成所包含。然而,从时间的角度来看,需要仔细考虑:在"立即"(sofort)的意义上,财产的经济价值(整体上)必须"直接"受到财产处分的影响。可是,对个别财产而言,影响的出现或保留可能要晚得多。单独地看,其对犯罪构成并无意义;唯一重要的只是价值。如果牵涉财产组成部分的未来事件——无论是不利的还是有 538b

[1] 仅见 BVerfGE 126,170,207(Rn 103),212(Rn 114),216(Rn 123),224 ff (Rn 141 ff),230(Rn 151);以及 BGH NStZ 10,329 f;批判 Blassl,wistra 16,425;Ginou, NZWiSt 17, 138. 对于结算意义的深入分析,见 Wostry, Schadensbezifferung und bilanzielle Berechnung des Vermögensschadens bei dem Tatbestand des Betrugs,2016.

[2] BGHSt 58,102(Rn 41)。联邦宪法法院也只关注对于被告人保护的方法论上的最低标准。深入 Kempf, Volk-FS S. 231, 240 f; Becker HRRS 09, 334, 338 f; Hefendehl,Vermögensgefährdung und Exspektanzen 1994,178 ff。

[3] BGH NStZ-RR 01,41,42;BGHSt 51,10,15;OLG Düsseldorf StV 11,734; Wittig, § 14 Rn 98;与"折扣诈骗"相关联,对此见 OLG Stuttgart StV 07,132;NStZ-RR 07,347 f(也见边码 544);总结 Fischer-Waßmer,S. 175 f。

利的——在财产处分时已经被认为是可能的,并且可以估计预期价值(Erwartungswert)[概率(Wahrscheinlichkeit)和价值变化(Wertänderung)的乘积],则该财产组成部分和总体财产的价值立即因此发生变化。价值预估了具体可期的未来的变动。例证:如果预计在几天内会有飓风,并且特定的木屋受到飓风的威胁,那么这将根据发生的概率和预期损失的程度,降低房屋的当前价值。如果房屋是在这种危险的欺骗下出售的,那么飓风最终是否会对房屋造成损害,对确定损失是无关紧要的,但房屋在犯罪时的价值必须考虑这种危险来确定。危险损失(Gefährdungsschaden)这一形象(详见边码572及以下数个边码)尤其立基于此种一般性关联,正确地对之予以考量,核心上并无问题。然而,重要的是,刑法应仅根据经济规则对客观化的(objektivierbar)和可量化的(quantifizierbar)期望予以关注。要做到这一点,必须根据既定的经验法则来看待事件——例如自然事件、大众与市场现象——甚至必须受制于经济理性法则(经济上必要的、因此一般可预期的后续举措)。与之相反,犯罪人、被害人或其他具体个人的进一步的个人行为,不得以对犯罪人不利的方式加以推定,因为其应被视为"开放的"(frei),不能被可靠地加以预测。即便此种行为此后被实际地予以实施,也应适用存疑有利于被告原则,因为价值确定的唯一的决定性时间点,是财产处分之时。

5. 损失计算

a)缔约诈骗和履约诈骗

539 在合同交易的情况下,首先应对缔约诈骗(Eingehungsbetrug)

和履约诈骗(Erfüllungsbetrug)进行区分。[1]

如果没有实际交易,或至少没有实现被骗者的履行,[2]或者随后的交易不再符合诈骗罪之犯罪构成,[3]则应特别注意缔约诈骗(合同订立时的欺骗),其中,应对双方的合同义务(Vertragsverpflichtungen)进行相互比较。[4]在这种情况下,财产损失发生,以及在订立合同时已经既遂的诈骗行为的出现,[5]应以被骗人获得的诉求的经济价值,低于其所承担的义务为条件。[6]对此,必须根据客观的价值标准进行评估,同时考虑违约风险以及有关人员的个人需求和个人情况[所谓的"个人特点"(persönlicher Einschlag)]。然而,对损失的认定并非主观评估,而是客观观察者(objektiver Betrachter)的理

〔1〕 见 A/W-Heinrich, § 20 Rn 94 f; G/J/W-Dannecker, § 263 Rn 96 ff; Hilgendorf/Valerius, BT Ⅱ § 7 Rn 87 ff, 101 ff; Lackner/Kühl, § 263 Rn 53; MK-Hefendehl, § 263 Rn 632 ff; Rengier, § 13 Rn 171 ff, 183 ff; Satzger, Jura 09, 526; S/S/W-Satzger, § 263 Rn 256 ff; Wittig, § 14 Rn 117 ff; Zöller, BT Rn 181 ff。对于缔约诈骗形象的宪法符合性,见 BVerfG wistra 12, 102 和本书边码 572。案例解析 Konhäuser/Lindemann, JuS 11, 804。

〔2〕 对于缔约诈骗相对于履约诈骗的在基本上的补充性,见 Küper/Zopfs, BT Rn 654; LK-Tiedemann, § 263 Rn 274; Müller-Christmann, JuS 88, 112; 区别 K. Klein, Das Verhältnis von Eingehungs-und Erfüllungsbetrug 2003, S. 162 ff, 262 ff; 对于损失确定,德国联邦法院(JR 12, 80; BeckRS 13, 01251 Rn 38; NJW 13, 885)在非真正的履约诈骗情况下,也"只是着眼于履行阶段"。

〔3〕 Vgl. BGHSt 22, 38 f.

〔4〕 Vgl. BGH NJW 16, 3543, 3544.

〔5〕 对于针对既遂可罚性的异议,见 K. Klein, Das Verhältnis von Eingehungs-und Erfüllungsbetrug 2003, S. 115 ff; LK-Tiedemann, § 263 Rn 175。

〔6〕 BGHSt 51, 165, 174 f, 177; 54, 69, 122; 58, 205, 208, 210 附评议 Albrecht, NStZ 14, 17; Bittmann, wistra 13, 449; Bosch, JK 8/2013, § 263/102; C. Dannecker, NZWiSt 15, 173; Kubiciel, JZ 14, 99; Krell, NZWiSt 13, 370; Sinn, ZJS 13, 625; BGH NJW 91, 2573; BGH NStZ 04, 557, 558; BGH NStZ 14, 318; BGH NStZ-RR 16, 205, 207。对于租赁情况下的损失计算 Leasing BGH wistra 18, 29; BGH NStZ 19, 614, 616 附评注 Bittmann; BGH NStZ 20, 157, 158 附评注 Soyka。

性判断。[1] 据此,如果所承诺的低于被骗者负债的履行(对此注意《德国民法典》第 433 条第 1 款第 2 句),或者承诺的人无力履行或不愿履行,则一般应将其称为缔约损失。[2] 如果债权人由于欺骗而不要求或不立即要求他有权要求的债权,从而降低或具体危及债权的可实现性,则也可认定存在损失(对于处分已见边码 518)。[3] 由于在缔约诈骗阶段尚未发生给付交易,因而并不会出现导致诈骗既遂的、类似于损失的、在缔约诈骗案件中重要的[4]财产危险(对此见边码 572),条件是,如果并且只要被骗者能够通过同时履行抗辩[5]或者其他法律上机制防止损害的发生可能性,[6]保护自己免受实际财产损失的影响。这适用于《德国民法典》第 312 条及以下数个条文和第 355 条及以下数个条文规定的可能的撤销权,也适用于解除所承担义务的其他可能性,但只有在财产受到威胁的人知悉此类权利,并且行使此类权利没有重大障碍的情况下,才一般可以适用。[7] 例如,《德国民法典》第 444 条规定的以欺诈方式获得的免责声明,可能不存在这种情况。[8]

540 在雇佣诈骗(Anstellungsbetrug)(边码 580)的情况下,作为缔约诈骗的

---

[1] BGHSt 16, 220, 221; 321, 325; 32, 22, 23; 54, 69, 122; BGH NJW 85, 1563; BGH wistra 08, 149, 150; BGH NStZ 14, 318; Fischer, § 263 Rn 176a; Ranft, Anm. JR 94, 523.

[2] S/S-Perron, § 263 Rn 128;对于无支付能力,见 Schlösser, wistra 10, 164;对于无支付意愿作为财产危险的证明,批判 Schlösser, StV 14, 694。对于损失的独立的查明,见 Wahl, Die Schadensbestimmung beim Eingehungs-und Erfüllungsbetrug 2007, 总结 S. 202 ff。

[3] LK-Tiedemann, § 263 Rn 229; BGH HRRS 18, 311 Nr 684(被害人与犯罪人并不存在的要求之间的抵销); BGH wistra 18, 28。

[4] Fischer, § 263 Rn 176 及 156 ff; Küper/Zopfs, BT Rn 655; Rengier, BT I § 13 Rn 184; BGHSt 45, 1, 4 f; 51, 165, 174 ff; BayObLG NJW 99, 663。

[5] 对此见 OLG Düsseldorf JR 94, 522 附评注 Ranft; OLG Bamberg wistra 16, 332; BGH wistra 98, 59, 60; 01, 423, 424; 05, 222, 223; Eisele, BT Ⅱ Rn 584。

[6] 见 LK-Tiedemann, § 263 Rn 176;对于不动产买卖,见 OLG Stuttgart JR 02, 214 附评注 Erb。

[7] 见 Krey/Hellmann/Heinrich, BT Ⅱ Rn 637; Küper/Zopfs, BT Rn 636; MK-Hefendehl, § 263 Rn 638 ff;对于取消和撤销权,也见边码 549。

[8] OLG München wistra 09, 126 并未讨论。

一种,根据判例,其完全取决于缔约损失,因为即使最初的诈骗行为继续存在,被骗者履行给付义务,也并非意味着其再次符合诈骗罪的犯罪构成。[1]根据 BGHSt 45,1,4 f,在缔约诈骗的此种类型中,"必须通过对合同中确立的相互诉求的价值对比,来确定合同订立前后的财产状况。据此,比较的是双方的合同义务。如果行骗者的履约诉求的价值(在此:被告人履行职责的价值)低于对被骗者的对向给付义务的价值(在此:机关承诺的金钱的价值),则被骗者遭受损害。由于可资比较的,是在订立合同时的合同义务——但并非在合同履行框架内未来所提供的履行——因此,这是一种危险损失,必须与损失相等,才能证成财产损失……在此,财产损失必须在事前分析(ex-ante-Betrachtung)的基础上予以确定。但是,在这种价值比较中,如果雇佣关系持续时间较长,则可以考虑债务人随后的实际表现,将其作为合同订立时存在的危险的指标"。在缺乏必要的资格,以及先前的疾病阻碍履约的情况下,这尤其适用。然而,在公务员关系(Beamtenverhältnis)中或在"与公务员类似的"雇佣的情况下,如果没有法律或行政规定所要求的雇佣技术要求,基本上意味着必须否认对向履行的价值对等。在不具备个人化的要求的情况下,如果被欺瞒的情况在法律上与雇佣相悖,则亦同样适用。[2]

如果一个人以另一个人的名义订购货物或服务,从而使另一个人感到不 541
安或恼火,但另一个人拒绝接受货物或服务,这也是一种缔约诈骗,而非履行诈骗。[3] 在这种情况下,损失的决定性因素,不是受到侵犯的财产在交易完成后是否受到损害(例如,交付的货物——如比萨饼——无法另外地予以利用),而是财产是否因缔结合同而遭受损失。在此,情况就是如此,因为供货商没有相对于假定的客户获得任何诉求,而且,类比适用《德国民法典》第177条、第179条之规定,对真正的客户产生的诉求,由于客户的匿名性和欠

---

[1] BGHSt 22,38 f;对此见 Fischer, § 263 Rn 152;Heghmanns,Rn 1255 f;HK-GS/Duttge, § 263 Rn 58;LK-Tiedemann, § 263 Rn 274;M/R-Saliger, § 263 Rn 252 ff;Fischer-Ransiek,S. 286。

[2] BGHSt 45,1,6 f;BGH BeckRS 19,26456;此前的判例仍然不同,如此 RGSt 65,281,282;对此概览,见 MK-Hefendehl, § 263 Rn 674。

[3] 在这一现在也被第 238 条第 1 款第 3 项所涵括的案件中,肯定缔约诈骗 BayObLG JR 72,344 和 LG Kiel NStZ 08,219;在"原本"意义上,以值得注意的理由,反对对于缔约诈骗以及履约诈骗的认定 Krack,Puppe-FS S. 1205,1207 ff。

缺付款意愿,在经济上毫无价值。尽管企业主的履行义务可能经常被否定,但实际上其创造了一种经济地位,在这种地位下,根据经济理性的规则,可以对履行形成期待(因为履行被认为是有效的关于自我提供的服务的协议,在经济上原则上是明智的),故而在财产价值中(不利地)对履行形成预期。然而,获利意图(Bereicherungsabsicht)可能会缺失,因为所谋求的使他人恼火的不是损害的另一面,所获得的诉求也不是作为财产价值而被谋取的。[1] 在原本无法令人信服地构建履约诈骗中,这也同样适用。[2]

542 在所谓的履约诈骗的情况下,必须区分真正和不真正的履约诈骗。[3] 在真正的履约欺诈(echter Erfüllungsbetrug)的情况下,合同伙伴在合同订立后才决定不按照合同履行,并在这方面实行诈骗,然后,应比较合同义务和实际提供的履行。[4] 如果出现不利的差异,损害了被骗者的利益(他收到的金额少于他有权获得的金额,或支付的金额超过他在法律上必须支付的金额),则构成财产损失。即使行骗者的表现本身是物有所值的,但却低于合同约定的义务,也是如此。[5] 随着债法的改革,关于销售合同中的种类债务和特定债务(Gattungs-und Stückschulden)之间的区别,展开的刑法讨论变得多余。[6] 如果鉴于持续存在的(后续)履约诉求,仅从无意识地、事实地放弃了以这种诉求为依据的对实际应付履行的期待当中,尚未看到与损失相似

[1] 在结论上同样如此 Joecks/Jäger, § 263 Rn 171;Krack,Puppe-FS S. 1205, 1210 ff;Maurach,JR 72,346;Schröder,JZ 72,26;S/S-Perron, § 263 Rn 167;也见本书边码 583。

[2] 支持履约诈骗 Herzberg,JuS 72,185;M/S/M-Schroeder,BT I § 43 Rn 136;相反恰当 Blei,JA 72,435(StR 115);案例解析 v. Schenck,Jura 08,557。

[3] 见 Eisele,BT Ⅱ Rn 588 ff;G/J/W-Dannecker, § 263 Rn 98;Küper/Zopfs, BT Rn 657,661;LK-Tiedemann, § 263 Rn 202;Rengier,BT I § 13 Rn 171 ff;M/R-Saliger, § 263 Rn 242 ff;Schmidt,BT Ⅱ Rn 639 ff。

[4] 根据同样的原则,BGH wistra 11,456 认定,法院聘请了专家,但专家未获允许而持有学位,尽管类比适用《德国民法典》第 654 条规定,其已丧失了诉求,但仍然使得获得报酬的诉求生效,诈骗成立。

[5] 对此参见 BGH NStZ 16,539 附评注 Becker。

[6] 对此见 Küper/Zopfs,BT Rn 658 f;ders. ,Tiedemann-FS S. 625 f。

的危害,那么只有当被骗者以其履约行为履行合同时,才会认定为履约损失。[1]

在非真正的履约诈骗的情况下,在负担行为(Verpflichtungsgeschäft)的框架内,就已经实施欺骗,例如,一条裤子是由“纯羊毛”制成的,或者一辆二手车只显示一半的里程。[2] 由于这是与双方的价格有关的情状,且该错误涉及双方的协议,则该协议不能继续地具有决定性。这种欺骗和由此产生的错误在履行阶段继续存在。如果在这种情况下所提供的服务(棉质裤子,两倍里程的二手车),不值约定的价格,则存在诈骗行为。[3] 相反,如果价格与所交付货物的市场价值相对应,则在任何情况下都不存在缔约损失(Eingehungsschaden),因为即使没有所保证的特征,所交付的货物也值得商定的价格,因此存在平衡的负担行为。然而,商品物有所值这一事实,也构成对履行的损害(Erfüllungsschaden)。在这种情况下,购买者只是为了以合理的价格获得纯羊毛裤子或较少使用的二手车的预期利益(Gewinnerwartung),[4]而不是在经济上变得更贫穷。因此,与人们普遍认为的[5]相反,非真正的履约诈骗行为不应被作为真正的履约诈骗,而应被作为在没有损害的情况下,根据边码 544 及以下数个边码所阐述的非真正的履约诈骗行为来做出决定。

判例例证:BGH wistra 12,385(修改后的案例,见 Puschke,ZJS 13,285)涉及一个案件,该案凸显了在此及边码 539 中提出的问题,并表明了正确分类的重要性。在该案中,A 在互联网平台 eBay 上经营一家轮胎和轮辋零售店。他以全价提供轮辋和轮胎,并错误地声称,这些轮辋是保时捷品牌的高

---

〔1〕 如此 Küper,Tiedemann-FS S. 632 ff;即便如此,根据 Wahl,Die Schadensbestimmung beim Eingehungs-und Erfüllungsbetrug 2007,S. 167 ff 的设计,损失可能仍然缺失。但是,至少在对作为诉求基础的事实(对此见 Wahl,S. 141)未有认识的情况下,在接受给付时,已经应当存在足够的财产危险。

〔2〕 BGHSt 16,220,223 f;BayObLG NJW 87,2457;也见 BayObLG NJW 99,663 附评注 Bosch,wistra 99,410 和评议 Rengier,JuS 00,644。

〔3〕 Vgl. Rengier,BT I § 13 Rn 171 f.

〔4〕 Vgl. LK-Tiedemann, § 263 Rn 202;Tenckhoff,Lackner-FS S. 686.

〔5〕 S/S-Perron, § 263 Rn 137;Otto,JZ 93,657;Schneider,JZ 96,916;Seyfert,JuS 97,29;如同本书 AnK-Gaede, § 263 Rn 110;Jahn,JuS 13,83。

品质原装轮辋。但事实上,这是他在意大利以平均每套 800 欧元的价格购买的,带有保时捷标识的剽窃轮辋,这些轮辋没有获得联邦汽车管理局的批准,而且他自己(部分地)在轮辋上打上了一个伪造的测试编号。在对买家进行的欺骗下,他卖掉了 26 套轮辋。地方法院认定了购买者遭受了 1000 欧元的损失,因为“剽窃轮辋的价值低于相应的原始轮辋……500 欧元”,并且在道路交通中获得必要批准的费用也为 500 欧元。显然,就第一项损失而言,地方法院是根据真正的履约诈骗来计算损失的。但是,关于“价值形成的情状”(wertbildende Umstände)的欺骗(对此见 Bosch,JK 3/13, § 263/100),在合同订立时已经发生,并且(仅)在履约阶段继续有效,因此这是一种非真正的履约诈骗行为(对此见 Jahn,Jus 13,83),其中,损失必须根据一般的标准予以确定(见边码 544 及以下数个边码)。这意味着,客户在购买过程中,对“在很大程度上共同决定了货物的交易价值的”情状,形成了错误认识,则只有在货物客观上不值商定价格的情况下,“才会造成损失”。与此相对,交付的货物的价值是否低于合同约定的价值,通常(同样)是无关紧要的。即使客户(仅)以一笔在确保特征存在时对其特别有利的交易为出发点,决定订立合同——因为这不关于保护处置自由(见边码 544)——这也是适用的。重要的是,根据个体化损害确定的标准(边码 550 及以下数个边码),“被骗者是否能够将交付的货物用于合同约定的目的”。然而,德国联邦法院认为,只有当——地区法院没有充分地查明——交付的轮辋套件的价值不高于支付的对价时,才会认可地区法院在这方面认定的“许可费用”属于损害(对此批判见 Jäger,JA 12,952)。鉴于在此已经完成的履行,无法回溯到缔约诈骗(对此见 Bosch,前引文)。BGH BeckRS 13,01251 对此作了澄清。其涉及一个被操纵的体育博彩案件(见边码 500、511、543),在该案件中,投注时已经发生的欺骗行为,在随后的利润分配中继续存在,因此这也是一个非真正的履约诈骗案件。法院讲道,“在这种情况下,如果——如这里所述——被骗者完全履行了合同约定的义务,而合同订立所造成的不利条件因此而完全包含在履行合同所造成的损失中,则必须仅以履行阶段为基础,来对损失予以确定”(BGH JR 12,79)。

现实判例:在作为 BGH NStZ 18,713(批判性评议 Becker;赞成性评议 Eisele,JuS 18,917)基础的案件中,被告 A 与 L 签订了一份关于土地附带房屋的公证的销售合同。在支付购买价款之前,L 仍然是所有人。有利于 A 的优先权已被登记。购买价格——按市值计算——为 185,000 欧元。在订立合同时,A 默示地就其偿付能力和意愿的事实实施了欺骗,L 也对此陷入了错误认识。L 已经把房子的钥匙交给了 A,并对提前的重建表示了同意。A 没有支付价款,优先登记被删除。L 现在以低于市场价值的 167,000 欧元的价款出售该地块,因为重建工作尚未完成,而且该房屋在某些地方具有“建筑工地特征”。这里必须区分两种财产处分——(1)销售合同的订立(缔约诈骗)和(2)占有的认可,包括同意改建的声明(履约诈骗)。(1)由于 L 只负有同时履行的义务(在 A 支付购买价款后才在土地登记册上登记),因此就缔约诈骗而言,并无类似于损失的财产危险。(2a)对于第二种处分而言,财产的丧失可能是一种经济上的不利因素,其不能通过与合同相符合的对应诉求来弥补(只是经济上的不利因素),但必须对此种不利因素具体地予以查明,并(至少在最低损失的意义上)确定负的总额。然而,在这方面,德国联邦法院的限制过于严格:通常情况下,对于建筑物的占有仅以租金的形式转让,正因为此,当地惯常的租金可被视为损失。德国联邦法院恰当地指出,在不动产购买中,提前转让占有然后支付租金是较不常见的,但这恰恰取决于对顺利交割的期望,在此,如果这从一开始就不是预期的,则正属于就此陷入错误认识。就此来看,缔约诈骗和履约诈骗(非真正的履约诈骗,边码 542)相互结合:正确地看,合同(其中没有约定租金诉求)不能用于确定履约行为所造成的损失,因为合同的相关内容本身就受到了欺骗的影响,由此,有理由认为,其——与德国联邦法院在此作出的决定相反——仍然是一般的经济性评估,即产生了损失。(2b)与之相反,重建措施并非 L 的处分,对之表示同意也并无直接导致(而只是通过 A 的行为间接地)财产减损的作用。倘若同意之表示在通常或具体情况下是以金钱为对价的,则应作不同的评价,但这里的情况并非如此。虽然重建措施所造成的价值下降是另外的损失,但放弃占有至少是条件说因果关系意义的原因。但是,这种损失不是处分的直接的(故而不能客观地予以归属的)后果(参见边码 538),而且与预期的经济获益并非“物质等同”(stoffgleich)(对此见边码 588 及以下数个边码)。后果损失(Folgeschäden)不能为诈骗罪犯罪构成所涵括。

在固定赔率的操纵体育博彩(manipulierte Sportwette)[所谓 543

的赔率投注(Oddset-Wette)]的情况下,柏林地方法院认定,在投注合同订立时,庄家(Wettanbieter)那里就已经出现了与可能的投注赢款(减去赌注)相等的财产风险,从而证明了缔约损失。最近两项关于操纵体育博彩的判决遵循了这种方法,由于尚未支付奖金,因此应当着眼于缔约诈骗。如此,在存在风险的业务(Risikogeschäft)中,重要的是根据联邦宪法法院的规定(对此见边码 572)来进行计算并在专业的建议下来进行估算,“欺骗和错误所引致的损失风险超出了作为合同基础的风险”。据此,如果客观地考察,“被欺骗的庄家所承担的——由于操纵而增加了实现风险的——支付约定投注盈利的义务,不再能为对于投注的诉求所抵消”,则存在财产损失。[1]

在霍伊泽尔(Hoyzer)案中,[2]德国联邦法院拒绝了这种论证方式,理由是,在缔约损失的情况下,最终损失的风险必须足够大,以至于在缔约时,这意味着财产的减损与损失相当。然而,尽管存在操纵行为,但在大多数情况下,不太可能对坐庄者造成不利影响,则谈不上存在这种情况。如此,在并未获得投注收益的情况下,则认定存在以“赔率损失”(Quotenschaden)形式出现的缔约损失。在合同义务的基础上,如果加入了投注和投注单的交换,那么重要的是,“庄家由于欺骗而从其财产中提供了获利的机会”,“这(考虑到庄家的定价)与博彩投注相比太高了”。比赛操纵者“使得每个庄家在其商业计算中所依据的风险,变得对自己极其有利”,且没有为由此产生的明显增加的机会(符合赔率地)支付对价。也就是说,行骗者获得了更高的获利

[1] 如此——措辞相同的——BGHSt 58,102,103 附评注 Schiemann,NJW 13,888 和评议 Hecker,JuS 13,656;Jäger,JA 13,868;Schlösser,NStZ 13,629 以及 BGH BeckRS 13,01251 Rn 48 ff 附评注 Satzger,JK 5/13,StGB § 263 1/100;对于损失确定的概览,也见 Greco,NZWiSt 14,334 和案例评议 Bock,WV-BT2,S. 256 ff。在利润分配情况下,对于损失证明,德国联邦法院适用了对非真正的履约诈骗有效的规则,对此见前文的判例例证,BGH wistra 12,385。

[2] 参见 BGHSt 51,165,174 ff(Hoyzer 案)。

机会,而不是庄家在正确的风险评估之下,将之以所支付的价格予以"出售"。如果奖金已经支付,则"损失风险(Verlustrisiko)转化为具体庄家最终的财产损失,金额为投注金额与投注获利之间的差额",并且支付了"投注者因操纵比赛而无权获得的奖金"。以此数额,庄家的财产减少了,而这种获利正是行骗者所谋求的。[1] 在两种可以想见的投注结果中,以上考虑都受到了批评。有人建议,在德国联邦法院作为另外加入的特点所提及的、投注和投注单之间的交换中,已经看到,由于操纵而对庄家不利的与财产相关的履行交换(Leistungsaustausch),已经满足了履行诈骗的前提条件。[2] 倘若如此,将会使得对于缔约诈骗的艰难构建变得多余。可是,在实际支付获利的情况下,不能忽视损失的可归责性问题,因为这种损失超出了以前的损失,而且此种损失对第 263 条第 3 款第 2 句第 2 项中的示例规定也很重要。可以期待的是,今后的判例将以上文所述的德国联邦法院最近的两项判决为基础,因为只有这两项判决对联邦宪法法院判例关于危险损失的规定予以重视。[3]

b)财产保护和处置自由

与第 263 条的保护方向相关的问题是,如果被骗者在交换关 544
系的框架内,在经济上为其履行获得了等同的对价,但如果他看穿了真实的情况,他就不会承担合同义务,那么是否也可以对财产损害做出肯定的答复。这个问题的答案是否定的,因为诈骗罪只保

---

〔1〕 BGHSt 51, 165, 177 f;赞成 Hellmann, Kühl-FS S. 704; Krey/Hellmann/Heinrich, BT Ⅱ Rn 683;批判 Fischer, § 263 Rn 132; M/R-Saliger, § 263 Rn 260 ff; Petropoulos/Morozinis, wistra 09, 257。

〔2〕 如此 Krack, ZIS 07, 109;对其赞成 Engländer, JR 07, 479; Radtke, Jura 07, 451。S/S/W-Satzger, § 263 Rn 298 ff; Saliger/Rönnau/Kirch-Heim, NStZ 07, 364 ff, 367 ff 否定了签约情况下的损失,但认为,在获利情况下,(可归责的)支付损失是可能的;也见 Rengier, BT I § 13 Rn 220 f;案例解析 Heissler/Marzahn, ZJS 08, 638, 641 ff。

〔3〕 对此情况,见 Steinsiek/Vollmer, ZIS 12, 589;第 265c 和第 265d 条并未涉及第 263 条规定的体育博彩诈骗,对此见边码 500。

护财产,而不保护财产所有人的处置自由(Dispositionsfreiheit)。[1]

545 案例40:经销商H在公寓门口向无辜的买家K供应了800欧的东方地毯,其正常零售价为800欧,但H错误地声称,这是其公司临时促销活动中的特价,地毯的正常标价是1800欧。为了不错过这个所谓的获利机会,K以800欧的价格购买了可以用得上但不需要的地毯。如果没有欺骗,K是不会同意购买的。

K是否遭受了经济损失?(边码546)

546 基于错误,K的财产处分首先是购买合同的订立,该合同要求K支付约定的购买价格(《德国民法典》第433条第2款)。然而,K从这一合法交易中获得了可予补偿的交货诉求(《德国民法典》第433条第1款),其价值在经济上完全抵销了他所承担的义务,即使考虑他的个人需要。因此,在缔约损失的意义上,不存在对K不利的财产差异。在此种案件中,在优先需要阐述的合同履行上,K也没有遭受任何损失,相反,其财产只是在组成部分中发生了变化。800欧元的现金被同样价值的地毯所取代。因此,第263条的客观犯罪构成并没有得到满足。[2] K是否感到受损,并不重要,因为他的主观评估并不是决定性的。与地毯的标价相比,他对获得的1000欧元的利益的信任也不应予以考虑,因为第263条的保护方向,是防止经济损失、防止变穷,而不是保护纯粹的利益预期(Gewinnerwartung)。[3] K知道真相就不会买地毯,也不会因此而受到伤害。如果要将其视为损失,诈骗罪将失去其财产犯罪的性质,并会被视为对经济处置自由的侵扰。[4]

---

〔1〕 BGH NJW 95,539;BGHSt 51,10,15;KG JR 98,43;OLG Köln wistra 09,126;OLG Düsseldorf StV 11,734;Hellmann,Kühl-FS S. 693;区别M/R-Saliger,§ 263 Rn 1,189;也见本书边码485、538a。

〔2〕 对此基础性的BGHSt 16,321,325在所谓的挤奶机案(Melkmaschinenfall)中;此外参见BGH NJW 83,1917;OLG Hamm NStZ 92,593。

〔3〕 Vgl. Graul,Brandner-FS S. 806;LK-Tiedemann,§ 263 Rn 201;Mitsch,BT Ⅱ S. 317.

〔4〕 对此见Otto,Jura 02,613;OLG Düsseldorf StV 11,734。

在刑法上，此类处分自由（Verfügungsfreiheit）只针对暴力和胁迫而受到保护（参见第 240 条、第 253 条），而不相对于欺骗和诡计而受到保护。因此，仅仅干涉被骗者的经济处置自由，并不能足以认定第 263 条之诈骗罪。[1] 依此，如果由于错误而导致处分的财产减损效应，在经济上完全被与其直接相关的财产增加所抵销[所谓的损害补偿（Schadenskompensation）]，则不存在财产损失。 547

c）通过法定诉求和权利的损失补偿

除价值相等的对价（Gegenleistung）外，[2]被骗者履行到期且无异议的义务这一事实，也适用于损害补偿。[3] 与之相反，由于与相关的财产处分没有直接关系、仅与其有外部联系，而给予被害人的利益——例如第三方的自愿履行或公共当局的赔偿——是不属于补偿损失的。在此对之不予考虑，也不考虑随后的损害赔偿。[4] 而且，相关人员因欺骗而产生的法定诉求（Ansprüche）和权利（Rechte），例如，根据《德国民法典》第 823 条第 2 款和第 826 条提出的损害赔偿请求（Schadensersatzansprüche）或根据《德国民法典》第 812 条及以下数个条文所提出的获利请求（Bereicherung- 548

〔1〕 参见边码 485 和 BGH StV 95，254；BGH NJW 95，539；BGHSt 60，1，10 附评注 H. Albrecht，JZ 15，841；Kudlich，ZWH 15，14；Schlösser，StV 16，25；OLG Düsseldorf NJW 91，1841；Rengier，BT I § 13 Rn 162；Schramm，BT I § 7 Rn 2；其他 Kindhäuser，ZStW 103（1991），398。

〔2〕 例如，没有价值相同的对价履行，使得对电脑软件的非法利用成为可能，见 BGH NStZ-RR 19，114。

〔3〕 参见 BGH NStZ-RR 19，181，182；Küper/Zopfs，BT Rn 664；M/R-Saliger，§ 263 Rn 201。也参见 BGH StV 11，733 f 关于多个阶段的欺骗。

〔4〕 参见 RGSt 41，24，25 f；BGH NStZ 99，353；G/J/W-Dannecker，§ 263 Rn 91；Jäger，JuS 10，764；LK-Tiedemann，§ 263 Rn 161 f；批判 Bittmann，NStZ 12，289，291；T. Walter，Tiedemann-FS S. 763；对于第 266 条意义上财产不利当中的类似的问题，见 BGH NStZ 86，455。

sansprüche),也不能补偿损失。[1] 此外,在任何情况下都必须并无对价地提供的履行,不能作为可予抵扣的对应价值(Gegenwert)。[2]

549 这同样适用于撤销权利和瑕疵担保权利(Anfechtung-und Gewährleistungsrechte)。[3] 对法定的承揽人质权(Unternehmerpfandrecht)(《德国民法典》第 647 条),是否完全地不予考虑,存在争议。[4] 如果担保人和债务人一样,以货物有缺陷为由拒绝付款(《德国民法典》第 768 条第 1 款,第 437 条第 1 项、第 2 项),或者如果根据债务人的偿付能力,担保人能够获得全额的追偿请求(Rückgriffsanspruch),则提供共同担保(selbstschuldnerische Bürgschaft),并不构成相当于损失的财产危险。[5] 如果被欺骗的合同一方尚未履行义务,仅受犯罪人的合同请求的约束,并且可以通过简单的单方面声明而取消其义务,则在约定解除权(Rücktrittsrecht)[但不仅仅是取消意愿(Stornierungsbereitschaft)][6]的情况下,通常不存在类似于损失的财产危险。[7] 一旦其履行完毕,情况就不同了;在此状况下,其享有的解除权通常不会完全补偿已经发生的财产减损。[8] 这同样适用于在履行之前和之后行使撤销权。[9] 被害人对其自我保护的自负其责(Eigenverantwortlichkeit)以

---

[1] Vgl. BGH MDR/D 70,13;Lackner/Kühl, § 263 Rn 36a;S/S-Perron, § 263 Rn 120.

[2] BGHSt 26,346,348;Stoffers,Jura 95,117 关于第 253 条;因此 OLG Köln StV 13,639。

[3] Vgl. BGHSt 21,384,386;23,300,302 f;54,69,124;BGH NJW 85,1563.

[4] 肯定 BayObLG JZ 74, 189 = JR 74, 336 附批判性评注 Lenckner;区别 Amelung,NJW 75,624;D. Meyer,MDR 75,357。

[5] Vgl. BGH NStZ 98,570.

[6] 见 BGHSt 23,300,303 f;Rengier,BT I § 13 Rn 189。

[7] Vgl. BGH MDR/D 71,546.

[8] 更详尽 BGHSt 34, 199, 203 附评注 Bottke, JR 87, 428 和评议 Müller-Christmann,JuS 88,108。

[9] S/S-Perron, § 263 Rn 131;对此也见 OLG Frankfurt NJW 11,398,403。

及假定此种自我保护优先于国家保护,并试图以此作为此种结论的依据,[1]是基于对补充性原则(Subsidiaritätsprinzip)的可予批驳的理解(见边码 487、边码 512 及下一边码),[2]而在此并不需要适用该原则。

d)个体的损害影响

如果对价的交易价值在纯计算上与被骗者的履行相对应,那么,如果存在特殊情状,根据个体损害影响(individuelle Schadenseinschlag)原则,[3]仍可考虑财产损害。根据这一方面基础性的判决——BGHSt 16,321,326 ff,[4]特别属于此种情况的是,如果获得者所提供的履行不符合或不完全符合合同设定的目的,或以其他合理的方式予以利用;或者因所承担的责任,而被迫采取损害财产的措施;或者因为此项义务,而不再拥有适当履行其义务所必需的手段,或以其他任何方式维持适合其个人情况的经济或生活所必需的手段。 550

只有在对处分前后的财产进行初步比较后,在没有出现(经济上)负的差额的情况下,才应考虑和援引个体损害影响。只有这样,才有可能通过这里讨论的学说,对损失的界定进行"规范上

[1] Vgl. Luipold, Die Bedeutung von Anfechtungs-, Widerrufs-, Rücktritts-und Gewährleistungsrechten für das Schadensmerkmal des Betrugstatbestandes 1998, S. 208 f.

[2] 对此见 Hillenkamp, Vorsatztat und Opferverhalten 1981, S. 175 ff。

[3] 对此见 A/W-Heinrich, § 20 Rn 92 f; BK-Beukelmann, § 263 Rn 60 ff; Eisele, BT Ⅱ Rn 619 ff; Fischer, § 263 Rn 146 ff; Heghmanns, Rn 1263 ff; H-H-Voigt, Rn 1038 f; Hilgendorf/Valerius, BT Ⅱ § 7 Rn 119 ff; HK-GS/Duttge, § 263 Rn 64 ff; Klesczewski, BT § 9 Rn 79 ff; Krey/Hellmann/Heinrich, BT Ⅱ Rn 643 ff; Lackner/Kühl, § 263 Rn 48 ff; LK-Tiedemann, § 263 Rn 177 ff; M/R-Saliger, § 263 Rn 207 ff; NK-WSS-Heger/Petzsche, § 263 Rn 118 ff; Rengier, BT I § 13 Rn 176 ff; Satzger, Jura 09, 522 ff; S/S-Perron, § 263 Rn 121 ff; Schmidt, BT Ⅱ Rn 631 ff; OLG Hamm wistra 82, 152, 153; 批判 AnK-Gaede, § 263 Rn 141; Kindhäuser/Hilgendorf, § 263 Rn 183。

[4] 对挤奶机案,见 Bock, BT Ⅱ S. 398 ff; Fahl, JA 95, 198。

的修正”(normative Korrektur)。[1] 在联邦宪法法院看来,评估损失时并不排除规范性因素,但其不能完全叠加或取代经济视角,由此,德国联邦法院最近的判例,对从 BGHSt 16,321 中发展出的原则是否可以完全地保留,表示出了怀疑。[2] 因此,将来会出现哪些限制,还有待观察。然而,不能指望放弃个体损害影响学说。[3] 毕竟,它确实具有经济背景:一种商品的利益(Nutzen),不可能对所有市场参与者来说是相同的。与之相应,商品对个体的价值是各不相同的。市场价值并不衡量人人平等的客观利益,而是为各方决定是否和如何进行交易提供一个将总利益(Gesamtnutzen)[及销售额(Umsatz)]最大化的标准;只有在这方面,它才是客观的。在其他市场参与者在经济上合理竞争该货物的情况下,将被害人在被估价货物中的利益与其他市场参与者的利益挂钩,唯有如此,才能对在交易过程中获得的货物做出估价。如果情况并非如此,那么一致的经济性考察必须基于其他的经济—目的理性(ökonomisch-zweckrational)的标准。将之称为“规范的”(normativ)是相当具有误导性的。

---

〔1〕 见 BGH NStZ 14,517,519;BGH NStZ 18,105 附评注 Schlösser. 过渡性 BGH NStZRR 18,283 附批判性评注 Jäger,JA 18,949,951;ders. ,BT Rn 361a;评注 Eisele,JuS 18,1109。

〔2〕 见 BGH NStZ 14,318,320 附评注 Schmidt,NZWiSt 14,274;BGH NStZ 14,517,519 参见 BVerfGE 126,170;130,1;对此判决的评注载 Jäger,JA 14,875;Schlösser,HRRS 14,396;Trüg,NStZ 14,520;也见 Rostalski,HRRS 16,73;Teixera,ZIS 16,310(整体肯定)。

〔3〕 BGH NJW 14,2595,2598 f 适用了这一学说,而并未探讨可以想见的修正;对于问题,见 Ceffinato,NZWiSt 15,90;Fischer/Saliger,S. 28 f;Fischer/Kudlich,S. 129 ff;Schilling,NStZ 18,316,320 f;在 BGH NStZ 14,318 和 14,517 中附带意见中表达的两个限制,均为 Schmidt,NJW 15,284 所拒绝。

根据第一项恰当且被广泛接受的[1]准则,例如,如果订户或购买者因虚构事实而“被说服买下”科学期刊或教育作品,这些书刊本身是物有所值的,但远远超出了订户或购买者的理解,或者在客观观察者的判断下,[2]这些书刊不适合他们的特殊目的和个人需要,那么财产损失无疑是存在的。[3] 如果一辆二手车是物有所值的,但其行驶里程明显高于合同所保证的行驶里程,则判例根据这些标准认定,损失取决于一个例外的条件,即由于特殊的个人情况,买方显然比通常情况下需要更少地修理或需要更高的道路安全。[4] 如果被害人能够在没有任何经济和时间耗损的情况下,以合理的方式实现这一目标,则通常不考虑取得物中蕴含的等值(Gegenwert),只有在减少或排除损失的情况下,才会对之予以考虑。[5] 由于市场上并不存在订购收费的路线规划器,因此,在通过所谓的网络订购陷阱而取得此种订购的情况下,不可能考虑获得想见的补偿(对此见边码 499 的判例例证)。[6] 因为订购者无法“轻松而合理地将订购转换为货币”。即使可用的服务本身应该物有所值,但根据德国联邦法院的意见,这种订购对购买者来说,“主观上毫无意义,因此毫无价值”,因为“互联网上随时都有 551

〔1〕 Fischer, § 263 Rn 146 f;HK-GS/Duttge, § 263 Rn 64;LK-Tiedemann, § 263 Rn 178;Rengier,BT I § 13 Rn 178;S/S/W-Satzger, § 263 Rn 233;Wittig, § 14 Rn 110.

〔2〕 从个人财产概念(personaler Vermögensbegriff)的视角,对此批判 Geerds,Jura 94,315;也见 Jakobs,JuS 77,231。

〔3〕 BGHSt 23,300,301;BGH NJW 90,1921,1923;OLG Köln JR 57,351 和 NJW 76,1222;继而 Schmoller,ZStW 103(1991),92。

〔4〕 OLG Hamm NStZ 92,593;OLG Düsseldorf JZ 96,913 附评注 Schneider。

〔5〕 BGHSt 51,10,15 f;BGH NZWiSt 12,67,68 f(为某协会取得垮掉的、无人居住的房屋)附评注 Steinberg/Kreuzner;BGHSt 16,321,326 所述的“以其他可期待的方式”的用法,体现在 RGSt 16,1,9“不费任何力气和思虑”就可以实现的“转售可能”中。

〔6〕 也参见 Gaßner/Strömer,HRRS 17,110(移动设备的订阅陷阱)。

许多免费的路线规划器”。[1] 如果在客观上有可能以合理的方式实现所获取物的价值,那么,不会只因为被骗者并不想实施可能的实现(Realisierung),而导致损失的产生。就此而论,第 263 条并不保护处置自由。[2]

如果贸易交往中将某些原产地的货物(如来自特定种植区的啤酒花),或者认为某些性质的货物的价值高于其他客观上等值的货物(如德国品牌黄油相对于同等质量的其他国家的黄油),那么,关于货物来源或其性质的协议或保证,在计算损失时可能具有重要意义。[3] 例如,仅仅因为受到欺骗,认为浴盐是从赖兴哈尔浴场用于浴疗的天然盐水中萃取的,而愿意为其支付高价,但实际上它是一种纯粹的脱水盐(可用作牲畜用盐、路面撒盐和腌制盐),这样即使赖兴哈尔浴场的天然浴盐根本没有进入交易,购买者也会受到经济损失。[4] 这里的决定性因素是,鉴于对原产地和性质的具体说明,购买者并没有收到与其履行价值相当的等同物(Äquivalent)。

552 其他两个密切相关的个体损失的理由的实际意义很小。[5] 首要涉及的情况是,采取损害财产的措施或设定来承担,以便利用所谓的唯一有利的购买机会,但实际上却是以市场价格销售。要求直接造成的损失以及相关人员有意地关照的财产被害人,由此产生的对损害认定的疑虑,虽然很难消除,但证实了此类情形的边际性质。[6]

---

〔1〕 BGH NJW 14,2595,2599(对此判决,见边码 488、499)。

〔2〕 BGH StraFo 15,479 附评注 Bosch,Jura 16,218(第 255 条):以敲诈勒索方式获得的葡萄酒,且被害人作为旅店老板原本可以继续出售的,对此也见边码 716。

〔3〕 Vgl. BGHSt 8,46,49;12,347,352 f.

〔4〕 Vgl. BGH NJW 80,1760.

〔5〕 仅见 BayObLG NJW 73,633;OLG Köln,MDR 74,157。

〔6〕 见 LK-Tiedemann, § 263 Rn 180;支持限制于由欺骗导致的签约的直接的和现实的后果 M/R-Saliger, § 263 Rn 209;也见 Teixera,ZIS 16,311。

e)社会性目的落空

在损失查明中,从社会性目的落空(soziale Zweckverfehlung)和经济上毫无意义的支出(wirtschaftlich sinnlose Ausgabe)的角度总结的案件,也与对相关财产所有者的个人情况和所谓“个人的损失影响”的考察相关。与个体的损失影响一样,这些案件并不构成经济的(wirtschaftlich)财产和损失概念的例外。相反,其涉及市场价值客观可确定性的界限。在一个私人自治的经济体系中,除了在市场上形成价格外,在销售频率如此之低,交易的商品如此多样化,以至于没有真正的市场存在,以及利益相关者在与通常情况不同的特定的使用功能(Nutzenfunktion)的基础上,以经济—理性的方式行事,规则的经济的价格形成也是可能的。在任何情况下,每个人都要支付或索取市场价格,这绝不是经济—合理的;市场价格是统计过程的结果,而不是个体行为的经济模型。从这个角度来看,在只涉及真正的履约诈骗的情况下,所述案件的具体特点被予以了充分考虑,原因在于,当事方之间无错误地确定的价值,在刑法意义上也是决定性的(边码542)。与之相反,在缔约诈骗的情况下,恰恰不能诉诸无欺骗的合意(Einigung),而刑法必须正视有关价值认定的问题。在市场环境中存在特殊特征,并且只缺少实际市场价格的情况下,必须诉诸形成价值的因素(如在估计具体土地的价值时)。相反的是,在特殊情况存在于行为者人身之上时,必须对其加以区分:不常见的使用功能以外的具体情况在经济上是不相关的,因此刑法关于财产的概念也是不相关的。一项不常见的使用功能是相关的,如果它——对犯罪者来说是可认知的,并且被犯罪者所认知——是从一个特殊的经济情境中出于目的理性而产生,也就是在个体的损害影响的案例组中(边码550及以下数个边码)产生的。如果其明显是共同事务的基础,则系相关的;在此涉及此组案例的具体阐述。在此,必须保持客观的价值评估(objektive Wertermittlung),因为犯罪者也可以在犯罪时 553

根据相同的标准进行评估，这毕竟不是一个事后确定的“公平价格”问题（主要是一个中世纪的概念），而是根据经济标准（在可能的合作框架内使各自利益最大化的标准），在行骗者和处分人之间的假定的无欺骗关系中，进行价值的重构（Rekonstruktion）。因此，在有疑问的情况下，此类案例组必须被限制性地进行界定，并且较适才给定的基本问题之特征描述，其应更为窄狭。

普遍认为的是，通过不正确地披露与分配有关的（包括内部）事实，为自己或第三人获得专用公共资金，且此种资金是用于促进某些社会或经济政策目标的（促进社会住房，在结构薄弱地区建立企业，帮助有需要的人等），则该行为构成诈骗罪。在这种情况下，如果受益人不符合给予补贴的条件，[1]或者不打算将补贴用于特定目的，[2]则会产生损失。

554 然而，这在多大程度上可以适用于类似的主观性的目的设定，以及在私人领域的目的落空，是一个有争议的问题，尚未得到最终解决。[3] 如果要有效地防范损失概念主观化（Subjektivierung）的风险，[4]将保护范围扩大到处置自由而扭曲保护方向的风险（见

〔1〕 例如，在申请“报废溢价”后，并没有将汽车报废，而是在国外出售（对此见 Stumpf，NJW Spezial 09，648；案例解析 Fahl，JA 11，836；Schneider/Schumann，ZJS 13，199），所声称的短时工作根本没有引入（对此见 Graede/Leydecker，NJW 09，3542）或者没有建造住房补贴所需的新公寓（对此见 Kudlich，JA 13，551 对于 BGH wistra 13，270）。

〔2〕 参见 BGHSt 19，37，44 f；BGH NJW 82，2453；BGH wistra 06，228 f 附评注 Bosch，JA 06，492 和评议 Idler，JuS 07，904；BGH NJW 14，2297 附评注 Gaede；Bosch，JK 10/14，StGB § 263/105；KG JR 62，26；OLG Hamm NJW 82，1405；Lackner/Kühl，§ 263 Rn 56；LK-Tiedemann，§ 263 Rn 183。

〔3〕 见 Küper/Zopfs，BT Rn 672 ff。

〔4〕 因此完全否定 A/W-Heinrich，§ 20 Rn 111 f；Evers，Das Verhältnis des Vermögensnachteils bei der Untreue zum Vermögensschaden beim Betrug 2018，S. 40 ff；如同本书 M/R-Saliger，§ 263 Rn 215。

边码 538a),以及违反联邦宪法法院规定的“禁止变相”(Verschleifungsverbot)[1]的风险,必须以以下规则为出发点:只有可被客观化的、具体履行所固有的、经济上相关的目的设定,才能成为损害的依据,而不是将财产使用与纯粹的情感利益(Affektionsinteressen)和任意类型的目的联系起来。由于财产处分的错误前提(Irrtumsbedingtheit)本身并不构成损失,因此在原则上必须排除动机错误(Motivirrtum),其不涉及履行本身的经济上的相关内容或者未对履行的社会目的的实现进行质疑。[2] 例如,可以适用的情况是,为非营利性的关爱残疾人的协会而招募的对象,基于错误而认为招募者不是商业活动,而是志愿活动。然而,如果被招募者(也)预设,他的会员费完全被用于实现良好的目的,而不是主要用于广告支出的融资,情况可能会有所不同。当然,在这种情况下,错误必须基于默示的欺骗,或者通过违反保证人义务的不作为来实现的欺骗。[3] 类似的情况是,厕所清洁公司的经营者,在出口区域放置盘子,用于收取小费,而小费专门用于承担其工作人员的工资。[4]

如下面的例子所示,在目的落空的情况下,必须区分无偿捐款 555

---

〔1〕 对此见 Fröba/Straube, StraFo 14, 500; MK-Hefendehl, § 263 Rn 843 f; Schlösser, HRRS 11, 254。Fischer-Schlösser, S. 89 ff 从目的落空学说的违宪性出发;相反 Fischer-Saliger, S. 29。

〔2〕 如此恰当地 BGH NJW 95, 539; BGH wistra 03, 457, 459; OLG München wistra 14, 33 f 附评议 Hecker, JuS 14, 561; 继而 OLG Frankfurt a. M. NStZ-RR 11, 13 附赞成性评议 Bosch, JA 11, 69; BK-Beukelmann, § 263 Rn 50.1; HK-GS/Duttge, § 263 Rn 68; LK-Lackner, 10. Aufl., § 263 Rn 167; S/S/W-Satzger, § 263 Rn 239 f; Kudlich, PdW BT I S. 110; Küpper/Bode, JuS 92, 642; Zöller, BT Rn 193; Schramm, BT I § 7 Rn 156; 批判 MK-Hefendehl, § 263 Rn 839。

〔3〕 对此见 BGH NJW 95, 539 附评注 Rudolphi, NStZ 95, 288; OLG Celle BeckRS 12, 20313 附评议 Jahn, JuS 13, 179; Fischer, § 263 Rn 139。

〔4〕 LSG Berlin-Brandenburg BeckRS 14, 72346 附评议 Kudlich, JA 15, 632。

(unentgeltliche Zuwendungen)和交换交易(Austauschgeschäfte)。无偿捐款主要涉及骗取“丢失的补贴”(verlorene Zuschüsse)以及乞讨和捐赠诈骗(Bettel-und Spendenbetrug)案件。在此,必须确保有正确的解决方案,在第 263 条的范围内,在无偿捐款的情况下,与在有报酬的合法交易的情况下一样,不考虑纯粹的情感利益(对此见边码 485)。[1]

556 案例 41:谎称母亲突然去世,没有足够的钱回家,外籍工人 G 从他的雇主 A 那里骗取了 500 欧的“丢失的补贴”,用于他所谓的计划参加葬礼。但实际上,G 计划在工厂“颓”几天,并把钱挥霍掉。

根据第 263 条 G 是否应受惩罚?(边码 557)

案例 42:S 在一个教区为博爱募捐。为了增加捐款的热情,他在捐款清单的开头输入了一个实际上没有发生的 A 的捐款,金额为 30 欧。为了不落后于 A,A 的邻居和许多熟人也捐赠了至少 30 欧,否则他们会满足于 10 或 20 欧作为捐赠。

根据第 263 条 S 是否应受惩罚?(边码 558)

557 在案例 41 中,通过欺骗手段,将无偿捐助由 A 转移到 G,但未能实现其内在的和与经济相关的目的。该无偿捐助以客观可识别的方式被指定为社会福利,但由于 G 想要与目的相悖地使用该无偿捐助,该无偿捐助成为 A 的在经济上毫无意义的支出,G 损害了 A 的财产。G 实施了诈骗行为。

558 在案例 42 中,情况有所不同。因为 S 引起的错误对有关人员的捐款数额起了决定性作用,巴伐利亚州高等法院[2]认定存在第 263 条规定的条件。然而,在目前的情况下,仅凭这一考虑不足以惩罚诈骗行为。巴伐利亚州高等法院忽略了一个事实,即捐款所追求的社会目的(为博爱救济组织提供资金)在该情况下已实现,因此,对每一个捐助者来说,经济捐助仍然是一个经济上合理的支出。确实,在一些捐赠者那里,多出的金额是由 S 引起的错误

〔1〕 更详尽 LK-Lackner,10. Aufl.,§ 263 Rn 162,171。

〔2〕 BayObLG NJW 52,798 Nr 30;对此的区别性观点,见 LK-Tiedemann,§ 263 Rn 185。

所导致的;然而,这种动机的重要性,已被纯粹的情感利益所耗尽(不落后于A,也不显得比A更慷慨),但这不足以“证明损失”。[1]

在交换合同中,商品的交换与一定的社会目的有关,如果商定的目的是达成交易的决定性因素,并且随后未能实现,则可以认定有关损失。[2] 然而,在这种情况下,与目的落空的观点相对,履行和对价履行的等值性(Gleichwertigkeit)也具有一定意义。 559

案例43:A在门口提供艺术家明信片,每份10张,价格为10欧。它们的实际价值最多为5欧。A总是用不真实的暗示来证明价格是合理的,即收益将用于残疾儿童,他们的卡片是“用嘴画的”。所有卡片的背面都有一个小的印章,上面印有A为了实现欺骗的目的而贴在那里的内容。 560

是否属于对善意买家的诈骗?(边码561)

案例44:案例43中的判定是否会改变?如果卡片的价格是10欧的真实价值,而A只是为了不被拒绝并增加他的营业额而作弊?(边码562)

在案例43中,在履行和对价履行之间,缺乏经济平衡,被欺骗的购买者因此而遭受经济损失。10欧的付出,却只得到5欧的等值。然而,鉴于对价格过高的认知,只有在将违反与购买明信片有关的社会目的作为证明损失的理由的情况下,根据第263条第1款的可罚性,该认知才不存在任何疑问(在这方面,关于刑事告诉的要求,参阅第263条第4款及第248a条之规定)。 561

与之相对,在案例44中,履行和对价履行在经济上是完全平衡的,因为明信片(对于其他类型的物品,这将在个别情况下进行检查)对购买者是有用的,这不是无用的购买。唯一令人失望的是购买者出于社会动机的期望,即收益将用于残疾儿童。然而,在履行和对价履行在经济上等同的情况下, 562

---

〔1〕 同样如此 BGH NJW 95,539;Deutscher/Körner,JuS 96,296;Eisele,BT Ⅱ Rn 628;Fischer,§ 263 Rn 137;Gallas,Beiträge zur Verbrechenslehre 1968,S. 226,258;Gerhold,Zweckverfehlung und Vermögensschaden 1988,S. 54;M/R-Saliger,§ 263 Rn 215;Rengier,BT I § 13 Rn 152 ff;Rudolphi,Klug-FS S. 315;S/S-Perron,§ 263 Rn 102;其他 Gössel,BT Ⅱ § 21 Rn 170 ff;反对否定损失 Graul,Brandner-FS S. 806 ff。

〔2〕 BGH wistra 03,457,459;S/S-Perron,§ 263 Rn 105(所谓的混合合同)。

后者本身不足以认定为财产损害。[1]

563 受骗的买家在了解真实情况的情况下，不会购买 A 提供给他们的明信片，这一事实并没有改变结果，因为第 263 条既不保护商业交易中的诚实信用，也不保护处置自由本身，而是要求存在财产损失，且这种损失不能通过直接获得的财产增加在经济上得到充分补偿。[2]

563 在目的落空的概念之下并合的所有案件群组，其解决方案处于流动之中。[3] 将想象中的目的之实现，解释为经济上的重要补偿，尽管经济上明显变得穷困，但仍应排除对损失的认定，在迄今尚未完全消除对此种解释的反对意见的背景下，值得讨论的是，将问题前移到欺骗要件当中。据此，只有当犯罪者使被害人意识到其处分的经济意义，甚至——在作为慈善者（homo beneficus）而行为的情况下——意识到其处分的社会意义时，该欺骗才可以谈得上是与诈骗相关的欺骗。[4] 然而，与将问题转移到欺骗要件中相

---

〔1〕 更详尽 OLG Köln NJW 79，1419；Achenbach，Jura 84，602；Beulke，Ⅲ Rn 222；Bock，BT Ⅱ S. 392；Küpper/Bode，JuS 92，642；Mayer，Jura 92，238；M/R-Saliger，§ 263 Rn 217；S/S-Perron，§ 263 Rn 105；Sonnen，JA 82，593；S/S/W-Satzger，§ 263 Rn 242；就此不同的是 OLG Düsseldorf wistra 90，200；M/S/M-Momsen，BT I § 41 Rn 121；也见 SK-Hoyer，§ 263 Rn 224。对于只是错误标识的、但质量上符合规定的“有机产品”，如同本书 Heghmanns，ZIS 15，102。

〔2〕 参见 BGHSt 16，220，222 和 321，325。

〔3〕 整体上批判并附有各自新的基点 Kindhäuser，ZStW 103（1991），398；LK-Tiedemann，§ 263 Rn 184 f；Schmoller，JZ 91，117；Pawlik，Das unerlaubte Verhalten beim Betrug 1999，S. 273 ff。

〔4〕 如此以值得重视的理由 Graul，Brandner-FS S. 813 ff，818 承接 Schröder，NJW 62，721；随之 AnK-Gaede，§ 263 Rn 24 附进一步的文献；以其他的且可反驳的论证 Pawlik，同前注 S. 157 f；也见 Merz，Bewußte Selbstschädigung und die Betrugsstrafbarkeit nach § 263 StGB 1999，121 ff，186；否定 M/R-Saliger，§ 263 Rn 214。

关的零星引论,即完全从诈骗中清除社会目的落空,[1]是不可接受的,因为财产被害人的无意义性(Sinnlosigkeit)并非自我答责的(selbst verantwortet),而是外部决定的(fremdbestimmt)。

f)为不当目的而投入财产价值

有争议的是,如果财产被用于非法(rechtswidrig)或不道德的 564
(unsittlich)目的,第263条对财产的保护范围有多大。

案例45:A和他的邻居N吵架。B向A提出,在当天晚上把N所有的窗玻璃都打碎,并让A预付200欧。A很乐意接受这个建议。但实际上,B并没有考虑兑现他的承诺;他的目标是从容易上当的A那里骗取200欧。

B是否成立诈骗罪?(边码565)

在回答这个问题时,必须考虑这样一个事实,即与普遍的看 565
法[2]相反,不能承认由于被害人的不当行为而消灭财产的保护价值。从所谓的民法上拒绝撤销交易的诉求中,不能推断出刑法的立场。[3] 如果将《德国民法典》第817条第2款作为这一拒绝的依据,[4]那么也没有认识到,这一规定只涉及获利性法律诉求(bereicherungsrechtlich),由于其例外性质,这并不妨碍根据《德国民法典》第985条、第826条或第823条第2款以及《德国刑法典》

[1] 如此 Mitsch, BT S. 275 f; 也见 Merz, Bewußte Selbstschädigung und die Betrugsstrafbarkeit nach § 263 StGB 1999, 121 ff, 186。

[2] 见 Beulke, Ⅲ Rn 232; Cramer, Vermögensbegriff und Vermögensschaden 1968, S. 243 f; Harbort, Die Bedeutung der objektiven Zurechnung beim Betrug 2010, S. 100 ff; Mitsch, BT Ⅱ S. 276 ff。

[3] Vgl. KG NJW 01, 86.

[4] 例如见 Hecker, JuS 01, 231。

第 263 条的规定而提出的追偿要求。[1] 同样,仅仅因为被骗者追求非法的或令人反感的目的,就容许侵犯者以牺牲被骗者利益为代价而获利,并获得他为了达到法律上予以否定的目的而将之置于危险之中的财产价值,这是没有意义的。因其来源、生成或使用而完全不值得保护的财产,法律上并不承认。[2] 从关于没收(Einziehung)追缴(Verfall)的规定中,也不能推断出相反的结论,[3]因为这种措施的目的,不适用于私人扣留被滥用的财产。此外,与由诈骗而生的惩罚并不对立的是,通过给予钱款而被骗取的预先履行,是一种所谓有意的自我伤害行为。[4] 这将忽视这样一个事实,即以不法目的而使用财产价值,不能与无目的的、有意的财产放弃(Vermögensentäußerung)相提并论。[5]

---

[1] BGH JR 03,163 附评注 Engländer;Hillenkamp,JuS 03,163;Rengier,BT I § 13 Rn 145;S/S/WSatzger, § 263 Rn 172;此外 Spickhoff,JZ 02,970;但是,根据《德国民法典》第 823 条第 2 款结合第 263 条进行的追回可能是滥用权利的,如果其——比如先前因诈骗而丢失的大麻——旨在(重新)创设可罚,对此见 BGHSt 48,322,327 和边码 719。

[2] RGSt 44,230,248 f;对此见 Hillenkamp,Achenbach-FS S. 189,190 ff。

[3] 对此见 RGSt 44, 230; BGHSt 48, 322, 330; Hillenkamp, Vorsatztat und Opferverhalten 1981,S. 104 ff,108 ff;LK-Tiedemann, § 263 Rn 138;批判 Fischer, § 263 Rn 108 f;参考第 73 条、第 74 条的其他观点 Kindhäuser/Wallau,NStZ 03,152 f;同样如此 AnK-Gaede, § 263 Rn 83; LG Regensburg NStZ-RR 05, 312, 313; 相反 Gröseling,NStZ 01,517。

[4] 参见 Rn 525 f;其他 Freund/Bergmann,JR 91,357;Seelmann,S. 72;Seier,JuS-Lernbogen 1996,L 21;S/S-Perron, § 263 Rn 150;Zimmermann,GA 17,549;Harbort, Die Bedeutung der objektiven Zurechnung beim Betrug 2010,S. 107 f 也谈到排除归责的"自负其责的自我威胁"。

[5] Vgl. LK-Lackner, 10. Aufl. , § 263 Rn 242; Otto, Jura 93, 424; Zieschang, Hirsch-FS S. 845.

在案例 45 中,金钱的给付是一种基于错误的[1]财产处分,其使 A 的财产减少了 200 欧,且没有得到补偿损失的等价物。根据《德国民法典》第 138 条第 1 款之规定,他与 B 之间的协议确实是不道德和无效的;然而,这并不妨碍第 263 条规定的财产损失的发生,因为任何将欺骗用于非法目的的人,都不会失去对其财产的保护,使其免受诈骗行为的侵害。

判例在最近的两项判决中确认了这一立场。在德国联邦法院审理的案件中,[2]涉及有可能是的毒贩,在柏林州高等法院审理的案件中,[3]涉及一个仅仅表面上佯装的雇佣杀手,对他们都支付了由于缺乏履行意愿而丢失的预付款。在此类情况下,根据经济的财产概念所得出的结果,[4]与法律—经济的立场(边码 534 及下一边码)也相符合。[5] 然而,在此类案件中,必须始终采取正确的做法:对预付款人造成损失的原因,不是没有不道德的回报,而是他被欺骗从而减少了他的财产,这意味着他在经济上存在毫无意义的支出,因为他没有达到目的,并使他就其所提供的东西而言变得更穷。由此,行骗者也不会被迫兑付非法的要约,因为他不会由于不履行义务而受到惩罚,而是因为他以欺诈的方式诱使进行履行的人作出损害性的处分,并为了获利而"剥夺他真正拥有的财产"。[6] 正如《德国民法典》第 826 条所表明的那样,民法也 566

[1] 其他观点 Mitsch,BT Ⅱ S. 276 f;ders.,JuS 03,122,126:已经没有对于诈骗具有重要性的欺骗。

[2] BGH NStZ 02,33 附评议 Heger,JA 02,454。

[3] KG NJW 01,86 附赞成性评议 Baier,JA 01,286;Gröseling,NStZ 01,515;与之相反,否定 Hecker,JuS 01,228;案例解析 Hillenkamp,JuS 14,929。

[4] Vgl. KG NJW 01,86;Krey/Hellmann/Heinrich,BT Ⅱ Rn 602 f,623.

[5] 见 Hillenkamp,JuS 03,162;A/W-Heinrich,§ 20 Rn 115 ff;Eisele,BT Ⅱ Rn 610 f;HK-GS/Duttge,§ 263 Rn 49;Lackner/Kühl,§ 263 Rn 35;M/R-Saliger,§ 263 Rn 178;Rengier,BT I,§ 13 Rn 145。

[6] Hillenkamp,Vorsatztat und Opferverhalten 1981,S. 109;基础性 RGSt 44,230,246 ff。

不会剥夺任何对受害者的保护。[1] 在没有完全且很大一部分并未履行的情况下，例如，交付的是 4 公斤“货”和 31 公斤巧克力，而不是 35 公斤大麻，也应当考虑这一论证。[2]

567 当一个街头妓女让她的“顾客”提前付款而其不愿意履行对价时，情况也是如此。与之不同，在相反的情况下，嫖客在约定的嫖资上欺骗了妓女，根据 BGHSt 4,373 的观点，这种情况并不符合第 263 条规定的客观犯罪构成，因为身体上的奉献不是对财产的处分，“性交在法律上并不具有可以用金钱来衡量的任何价值”。在德国联邦法院看来，[3] 妓女通过不道德的履行而获得承诺的或正常的报酬，不属于受刑法保护的财产。根据《德国民法典》第 138 条的规定，这些表述因 2002 年 1 月 1 日《性工作者法律关系管理法》(vom 20. 12. 2001, BGBl I 3983 mit Begr. in BT-Ds 14/5958, S. 4) 第 1 条之规定而失去了效力。因此，现在这两类案件中都存在诈骗行为。[4]

判例例证：在 BGHSt 61,149 [附评注 Bosch, Jura (JK) 16,826; v. Galen, NJW 16,2438; Krehl, NStZ 16,347] 一案中，被告人 A 与受损的妓女 G 约定，为他提供性服务，为期数天，费用为 4000 欧。为此，G 以 2000 欧的价格在一个“机构”租了两天的房地。在此期间，A 享受了 G 的约定服务以及“机构”的食宿。作为付款，A 前一天给了 G 一张 4000 欧的汇划支票，A 知道，这张支票无法被兑现。由此，G 试图在提供服务后兑现支票，但没有成功。于是

---

[1] 见 Spickhoff, JZ 02, 970, 977。

[2] 在此种情况下也恰当地支持诈骗 BGH JR 03, 163 附赞成性评注 Engländer；相反批判 Kindhäuser/Wallau, NStZ 03, 152; Mitsch, JuS 03, 122; SK-Hoyer, § 263 Rn 132; Swoboda, NStZ 05, 476, 480 ff。

[3] BGH JR 88, 125 附评注 Tenckhoff, 126。

[4] BGH NStZ 16, 283 附评注 Krehl, NStZ 16, 347; Fischer, § 263 Rn 107; Trede, Auswirkungen des ProstG auf das Straf-und Ordnungswidrigkeitenrecht 2006, S. 239 ff; v. Galen, Rechtsfragen der Prostitution 2004, Rn 396, 398; Hecker, Kühne-FS S. 81 ff; 区别 Ziethen, NStZ 03, 184；评价同样适用于电话性爱的案件，见 Beulke, Ⅲ Rn 235; Fischer, § 263 Rn 107; HK-GS/Duttge, § 263 Rn 51，但是，为了获得约定的 20,000 欧元来资助学业，一次性地实施性行为，根据 LG Bad Kreuznach BeckRS 13, 05628 成立诈骗，是存在疑问的。对此类案件中的敲诈勒索，见边码 716。

认定 A 因就“实际上不存在的支付能力和支付意愿”作出欺骗而犯有诈骗罪,德国联邦法院对其定罪的理由如下:“受刑法第 263 条保护的财产,还包括被害人……提供的所谓的性服务。诚然,根据《德国民法典》第 138 条第 1 款之规定,关于提供性服务以换取报酬的合法交易,仍然因违反道德而认定无效[Palandt/Ellenberger BGB,75. Aufl. ,Anh. zu § 138(§ 1 ProstG);也见 BGH Beschl. v. 21. 7. 2015－3 StR 104/15,NStZ 15,699 f u. v. 18. 1. 2011－3 StR 467/10,NStZ 11,278]。可是,《性工作者法律关系管理法》第 1 条第 1 句——对此而言系《德国民法典》第 138 条的例外规定(MüKo－BGB/Armbrüster 7. Aufl. ,Anh. zu § 138,ProstG § 1 Rn 9)——规定,如果妓女提供了约定的性服务,则应如前所述,妓女对于约定的性服务的报酬,能够提出具有法律效力的要求。根据这一立法上的评价,在履行协议和期待约定报酬的情况下进行的性服务必须在刑法中具有与诈骗有关的经济价值。如果像这里所说的那样,嫖客没有按照交易开始时已经存在的意愿支付约定的报酬,没有对妓女所提供的服务予以补偿。”

然而,需要注意的是,如果诈骗的被害人以犯罪的方式使用其劳动力,而随后没有收到所承诺的报酬,则不存在经济损失。根据法律—经济学说,以这种方式耗费的劳动力不具有受第 263 条保护的价值。[1] 因此,如果受雇杀手在没有得到承诺的酬劳的情况下实施谋杀,他并未被剥夺受保护的财产部分。此外,他的报酬索赔无效,因此在这方面也没有诈骗行为(边码 570)。这与对雇凶者的保护并不矛盾:金钱的所有权受到法律制度的保护,而谋杀的手艺却不受保护。

g)由违反法律或道德的行为而产生的诉求

根据《德国民法典》第 134 条、第 138 条之规定,在法律上不成立的诉求,如果在个别情况下具有经济价值,是否可能成为诈骗 568

---

〔1〕 同样如此 BGH NStZ 01,534;A/W－Heinrich, § 20 Rn 119,120c;Hecker,JuS 01,228;Lackner/Kühl, § 263 Rn 34;S/S/W－Satzger, § 263 Rn 169;其他观点 Krey/Hellmann/Heinrich,BT I Rn 619,621;Otto,JK 02,StGB § 263/64;概观见 Küper/Zopfs,BT Rn 631。

的对象,也没有统一的判定。

案例46:A和B在一次入室盗窃中,抢走了价值很高的珠宝,A认为应该把这些珠宝变成金钱;根据约定,二人将各获得50%的收益。A获得3000欧,但只给B 1000欧,并声称“他无法获得更多”。轻信的B上当了。

A是否以犯罪方式诈骗了B?(边码571)

569 当下的通说观点对之予以否定,理由是违反法律或道德的交易产生的诉求,不属于受刑法保护的财产。[1] 相反的观点着眼于,无效诉求对有关人员具有经济价值抑或没有;在前一种情况下,应该有发生财产损失的余地。[2]

在大多数情况下,从经济角度来看,无效的(nichtig)债权毫无价值,因为在特定情况下,“债务人”缺乏履行义务的意愿。如此,意见的不同并不会对结果产生影响。然而,当有关各方之间存在特殊联系(besondere Bindungen)(如亲密的友谊或共谋)时,情况可能会有所不同,这表明一方将会自愿履行职责。在此,将存在纯粹实际的获得前景,如果将其充分具体化,其可能具有财产价值。

关于所谓的“共犯诈骗”(Komplizenbetrug)案件,德国联邦法院在其先前的判例中,仍然受到了纯粹的经济观点的影响,认为无效索赔的经济价值的迹象在于,实施欺骗的销赃者并没有完全逃避履行兑付约定,而是向犯罪人支付了部分的款项。[3] 然而,这种结论是否有效似乎值得怀疑。从销赃者的行为可以得出结论,就整个需求或500欧的额外金额而言,其不愿意予

[1] 参见BGH JR 88,125;LK-Tiedemann, § 263 Rn 151;MK-Hefendehl, § 263 Rn 512 ff;M/R-Saliger, § 263 Rn 174 f;Rengier,BT I § 13 Rn 136;概观Küper/Zopfs, BT Rn 629。

[2] 参见Heghmanns,Rn 1260;Krey/Hellmann/Heinrich,BT Ⅱ Rn 615。

[3] BGHSt 2,364,370在车床案(Drehbankfall)中。

以履行。[1]

根据在此期间盛行并在本书中作为基础的(见边码 534 及下一边码)的法律—经济折中学说,对第 263 条在这种情况下的适用性应予否定,因为源自违反法律或道德的协议的索赔,被法律制度明确拒绝(《德国民法典》第 134 条、第 138 条),不属于受刑法保护的财产。[2] 只有从这个角度出发,才能避免民法与刑法之间的判定矛盾。在此情况下,有关索赔的经济价值问题并不重要,而只有当无效性(Nichtigkeit)——例如在形式缺陷(Formmangel)的情况下——并非出于法律制度所否弃而产生时,这个问题才可能具有意义。[3] 570

在案例 46 中,由于 A 的欺骗行为,B 没有要求获得实际收益的全部份额,也没有向 A 提出支付剩余 500 欧的"索赔"请求(根据《德国民法典》第 138 条第 1 款无效,因此在法律上不存在)。然而,与 BGHSt 2,364 相反,无论 A 的部分履行是否为"索赔"提供了经济价值,都必须否认 B 因此遭受了第 263 条规定的损失。由于判定的非法性和不道德性,缺乏损失的法律依据已经导致索赔无效,这排除了从受第 263 条保护的财产中获得履行的前景。 571

h)与损害相当的财产危险(危险损失)

对于财产损害,通说观点也承认具体的["类似于损害的"(schadensgleich)]财产危险(Vermögensgefährdung),只要它已经与根据既定事实推断的[4]当前财产状况的恶化相互关联。这种 572

---

〔1〕 参见 Lenckner,JZ 67,105,109 Fn 27 和 Fall 46,其与 BGHSt 2,364 相符。

〔2〕 也见 BGH NStZ 01,534;Rengier,BT I § 13 Rn 136;S/S/W-Satzger, § 263 Rn 170;在黑工情况下,关于——根据 BGH NJW 14,1805 予以否定的——工作报酬的诉求,见 Kolb,NZWiSt 14,344。

〔3〕 Vgl. M/R-Saliger, § 263 Rn 176;S/S/W-Satzger, § 263 Rn 171.

〔4〕 Vgl. BGH StV 95,24;BGH wistra 04,60.

状况可以证明是造成损失的原因,[1]特别是如果受威胁的人没有能力避免风险而使财产危险转变为最终的损失。[2] 只有在经济上的不利极有可能(überwiegend wahrscheinlich)发生的情况下,德国联邦法院才会将具体的危险认定为损失,[3]因此,被骗者必须对经济上的不利认真地考虑。事实上,这是朝着正确方向迈出的一步,但这会使情况有点走样,因为这将得出一个被禁止的类比结论(Analogieschluss)。然而,如果危险状况在任何时候都可以"立即转化为利益的实际损失",因为这一事件不再依赖"犯罪人、被害人或第三人的进一步越权行为",[4]那么利益的经济价值(完全独立于损失随后是否实现)立即下降,确切地说,是在损失的预期价值范围内下降(损失发生的概率乘以程度)。例如,一辆可能很快就会达到报废状态的自行车,在报废状态发生之前,其价值也会下降,即使它实际上在很长一段时间内都可以很好地骑行。概率最终决定的不是损失是否发生,而是损失的程度;以此标准,德国

---

〔1〕 Küper/Zopfs, BT Rn 652; LK-Tiedemann, § 263 Rn 168; BGHSt 15, 24, 27; 21, 112, 113; 34, 394, 395; BGH JR 1990, 517 附评注 Keller; 对此批判 Bung, in: Jenseits des rechtsstaatlichen Strafrechts 2007, 363 ff; Evers, Das Verhältnis des Vermögensnachteils bei der Untreue zum Vermögensschaden beim Betrug 2018, S. 46 ff; 108 ff; Hauck, ZIS 11, 919; Riemann, Vermögensgefährdung und Vermögensschaden 1989, S. 60 ff。

〔2〕 见 Hefendehl, Vermögensgefährdung und Exspektanzen 1994, S. 129 ff; ders., in: Schünemann, Strafrechtssystem und Betrug 2002, S. 185, 233, 243 ff; LPK - Schünemann, § 266 Rn 230; Wahl, Die Schadensbestimmung beim Eingehungs - und Erfüllungsbetrug 2007, S. 45 ff; 203 ff 生发出了一种非常宽泛的避免权力(Vermeidemacht)。BGH HRRS 14, 120 附评注 Bittmann, ZWH 14, 186 和 Satzger, JK 10/14, StGB § 263/105, 基于其自由的可撤销性,提交通过欺骗手段得到的转账单,对造成损害的财产风险予以否定。

〔3〕 BGHSt 51, 165, 177; BGH StV 08, 526, 527; BGH NStZ 17, 30 附评注 Becker。

〔4〕 在此前提下,关于等同于损害财产危险的形象,如同本书赞成 M/R-Saliger, § 263 Rn 225, 229; 也见 OLG Stuttgart NStZ-RR 13, 174 附评议 Bülte, NZWiSt 13, 346; Satzger, JK 10/13, § 263 StGB/103; 概观 Becker/Rönnau, JuS 17, 499。

联邦法院(正确地)忽略了微不足道的损失,由此其对被告有利,而不是作为加重负担的类推。如果我们认真对待这些要求,那么根据《德国基本法》第103条第2款之规定,将造成损失的财产风险包括在措辞的界线内是正确的。[1] 因此,没有理由放弃判例和学说所发展的概念以及与之关联的损失论证。[2] 从财产和损失概念的经济起点出发,既不是可有可无的,也不是对所谓的未遂不法的掩盖。[3] 相反,它描述了根据经济标准已经发生的危险损失,[4]根据联邦宪法法院的要求,必须"以经济上可理解的方式确

---

〔1〕 对此见涵括第263条的判决 BVerfG wistra 09,385,387 f 对于第266条附评议 Fischer,StV 10,95;Jahn,JuS 09,859 以及 BVerfG wistra 10,380 附评注 Steinberg/Dinter,JR 11,224;Krüger,JR 11,369 和 BVerfG wistra 12,102,105 附评议 Peglau,wistra 12,368 对于第263条。

〔2〕 但是如此第1刑事审判庭载 BGHSt 53,199,202 附就此赞成性评注 Ransiek/Reichling,ZIS 09,315;Schlösser,NStZ 09,663;如同本书否定 A/R/R-Kölbel,5. 1 Rn 115,118;Brüning,ZJS 09,300,302 f;Eisele,BT Ⅱ Rn 577 ff;G/J/W-Dannecker, § 263 Rn 95;Küper,JZ 09,803;NK-WSS-Heger/Petzsche, § 263 Rn 112 ff;Rengier,BT I § 13 Rn 185 ff;Schramm,BT I § 7 Rn 136;Spickhoff-Schuhr, § 263 Rn 53;Wittig, § 14 Rn 113;Zöller,BT Rn 179 f;总结 Fischer, § 263 Rn 156 ff;Sickor,JA 11,109;批判 Hefendehl,Samson-FS S. 295 ff;H-H-Voigt,Rn 1028 ff;Joecks,Samson-FS S. 355 ff;对于第266条的相应的发展,见第1刑事审判庭判决,载 JR 08,426,428 附就此而言恰当的批判性评注 Beulke/Witzigmann S. 430,433。

〔3〕 见 Fischer,NStZ-Sonderheft 09,8,11 ff 附进一步的文献;也参见 A/W-Heinrich, § 20 Rn 97。

〔4〕 在 BGHSt 52,323,336,338 中,第2刑事审判庭恰当地并未放弃"危险损害"概念;在 BGHSt 54,69,122-126 中,第3刑事审判庭避免了这一概念;对于损失论证批判 Saliger,Samson-FS S. 455,475 ff。然而,这往往会导致忽视特殊性。无论是"等同于损害的危险"(schadensgleiche Gefährdung)还是"危险损害"(Gefährdungsschaden),从宪法问题的角度来看,几乎没有区别;其他观点 AnK-Gaede, § 263 Rn 108;对于最初述及概念的忧虑,也见 Rengier,BT I § 13 Rn 185。

定"并进行量化。[1] 根据联邦宪法法院——就此可予质疑的——的观点,德国联邦法院在其基地组织判决(Al Qaida-Entscheidung)中没有满足这一宪法要求,但在缔约损失的构建中,宪法法院对确定性原则无可置疑地予以考虑。[2] 给予犯罪人积极悔改的可能性的建议并不属于论证损失的理由。在较小程度上,这也适用于将风险损失考虑在内以减轻惩罚的建议。[3] 如果相对于被骗者已经提供的履行,存在由于具体情况而无法履行的诉求,并由此存在"补偿层面的危险损失",那么在此类案件中,可以考虑证明损失的财产危险,[4]最为主要的,是在缔约诈骗(见边码 539 及以下数个边码)的情形下,[5]以及在信贷诈骗、善意取得和泄露提供进入账户或保险库的密码的领域中。

573 在信贷诈骗(Kreditbetrug)的情况下,信贷作为风险交易(Risikogeschäfte)的一类,如果由于无财产或不愿意付款而导致的

---

〔1〕 BVerfG wistra 10,380,395(就第 266 条);随之 BGH wistra 11,22,23;BGH wistra 17,146(无效的扣押和转账裁定);OLG Stuttgart NStZ-RR 13,175;对此见 Fischer, § 263 Rn 161a;值得注意的具体化,见 AnK-Gaede, § 263 Rn 122 ff;对于专家参与损失确定,批判 Hefendehl,wistra 12,325 和 Krause,wistra 12,331;对于会计法上的标准,批判 Blassl,wistra 16,428;Ginou,NZWiSt 17,138。尝试通过建立计算公式来精确量化损失,在即将到期的诉讼时效期间作为应收账款损失情况下的模型,Zebisch/Kubik,NStZ 17,324,328。

〔2〕 对于 BVerfG wistra 12,102 取消 BGHSt 54,69 判决,见评议 Kraatz,JR 12,329;Kudlich,JA 12,230;ders.,PdW BT I S. 101 f;Schlösser,NStZ 12,473;Steinsiek/Vollmer,ZJS 12,586;Waßmer,HRRS 12,368;对以在方法论上可予反驳的方式,侵犯专业法院的解释权限的忧虑,见 Bosch,JK 7/12,StGB § 263/97 和 Jahn,JuS 12,268["复核机关"(Superrevisionsinstanz)诟病];但对此澄清 Kuhlen,JR 11,246;但是,通过 BGHSt 54,69 对损失论证进行的应予关注的批判,也见 Fischer, § 263 Rn 176a-d;相反,对论证表示赞成 Krey/Hellmann/Heinrich,BT Ⅱ Rn 684。

〔3〕 但是如此 AnK-Gaede, § 263 Rn 202。

〔4〕 见 Küper,JZ 09,804,在其中恰当地指出了对于 BGHSt 53,199 正确的损失论证;也见 AnK-Gaede, § 263 Rn 122;Kindhäuser/Hilgendorf, § 263 Rn 192。

〔5〕 Vgl. BGH NStZ 20,157;Küper/Zopfs,BT Rn 655.

反对债权(Gegenforderung)(一般是对偿还、利息和费用的诉求)不构成等值物,则通常在信贷授予中就已经造成损失。[1] 在反对债权的(始终是经济的)估值中,担保,如担保抵押(Sicherungshypothek),[2]是特别重要的。[3] 其使应收账款的经济价值与名义价值(Nominalwert)保持一致,并在与风险相对应的范围内排除损失,也就是说,如果它们足以覆盖风险,并且债权人可以在没有大量时间和经济支出的情况下,不需要不愿付款的债务人的必要合作,能够直接取得等值物。[4]

关于此类担保的价值性,必须以财产处分之时为基础。[5] 由于发放贷款是一项风险业务,为了确定损失,必须根据联邦宪法法院的标准,“可靠地估计损失概率”(Verlustwahrscheinlichkeit),并在必要时,在专家意见的基础上,评估“与欺骗有关的风险不平衡

[1] BGH wistra 13,268,269;BGH NStZ 16,343 附评注 Becker;Brüning,ZJS 16,781;Ladiges,wistra 16,231;BGH NStZ 19,144 附评注 Kulhanek;BGH wistra 20,67,69。

[2] 除了物保之外,还可以使用人身担保手段,但通常会带来信用风险,这也可以估算,见 MK-Hefendehl, § 263 Rn 629;NK-Kindhäuser, § 263 Rn 255;S/S-Perron, § 263 Rn 162a。如果担保提供者自己参与了犯罪,这尤其适用,见 GH wistra 18,129。

[3] BGH NStZ 17,170,171;Fischer, § 263 Rn 133。反过来,并非所有无担保的诉求都可以被认为是价值较低的诉求,也并非所有风险增加都必须特别地予以补偿,见 BGH HRRS 17,400(Nr 981);Spickhoff-Schuhr, § 263 Rn 54。

[4] 见 BGH wistra 92,142;95,28;00,350;BGH NStZ 99,353;BGH NStZ-RR 09,206;BGH wistra 13,268 f 附评注 Schlösser,NStZ 13,713;BGH wistra 14,349,350;BGH NStZ 16,287;BGH wistra 17,22 附评注 Brand,NJW 16,3383;Kudlich,JA 16,869;BGH StraFo 17,515;M/R-Saliger, § 263 Rn 230;Rengier,BT I § 13 Rn 209;BGH HRRS 17,434(Nr 1050);S/S-Perron, § 263 Rn 162a。

[5] Vgl. BGH NStZ 09,150.

(Risikoungleichgewicht)”。[1] 为了确定损失,一般情况下,还应考虑银行的标准估值方法以及个案的具体情况,以查明市场上还款要求(Rückzahlungsforderung)的价值。[2] 如果债权人在欺骗的影响下推迟提出索赔或撤回执行申请,那么只有在损失索赔的前景恶化的情况下,这种行为才构成与损失同等的财产危险。如果债务人在债权人采取行动时,不再拥有可扣押的财产,则不存在这种情况。[3] 如果行为人从一开始就有意不偿还无担保的贷款,判例在多数情况下将还款诉求的全额视为损失;[4]在诉讼和信用风险(Prozess-und Bonitätsrisiken)使索赔在经济上毫无价值的情况下,这是正确的。为了在购买股票时获得投机利润,而将以后的还款资金留给他人,如果此人从一开始就不想进行购买以及不想偿还这笔钱,则会造成损失,但如果这笔钱用于其他方面且不损害还款诉求的价值,则不会造成损失。即使在这种情况下,贷款人也认为自己被欺骗了,但这不足以造成损失。[5] 如果投资者在损失风险的程度上被误导,由于风险较高,市场价格实际上会较低,则会

---

〔1〕 BGH BeckRS 12,10850;对于风险失衡(Risikoungleichgewicht)而言,具有决定性的是,如果犯罪人没有就风险决定因素作出欺骗,而是正确地作出了说明,那么,违约风险是否以及在多大程度上发生了变化,见 BGH StraFo 14,166,167 附评注 Becker,NStZ 14,458;BGH NStZ 16,344 附评注 Becker;Hotz,ZWH 16,355;Ladiges,wistra 16,231;BGH NStZ 19,144 附评注 Kulhanek。

〔2〕 BGH NStZ 19,82,83;BGH NStZ 19,144 附评注 Kulhanek。

〔3〕 见 BGH StV 03,447;BGH wistra 03,232,233;BayObLG NStZ 04,503。

〔4〕 BGH NStZ 17,708 附评注 Eidam;BGH wistra 17,494;18,169 附评注 Weber,FD-StrafR 18,400404;19,151;BGH NStZ-RR 18,77,78[对于投资诈骗(Anlagebetrug)]。在同一天向同一银行机构提出若干贷款申请的情况下,存在一个自然意义上的行为单数,只存在一个诈骗罪行,见 BGH NStZ-RR 16,281。

〔5〕 Vgl. BGH NStZ 17,469.

造成危险损失。[1] 银行的违约保险(Ausfallversicherungen)并不意味着损失补偿,因为它们不是基于财产处分,而是基于银行的独立决定。[2]

与信用诈骗相关的是所谓的开户诈骗(Kontoeröffnungsbetrug)。根据可 574
予反驳的判例,[3]如果犯罪人在银行开立账户,出示伪造或盗用的身份证件,并就其支付意愿作虚假意思表示,从而银行根据要求向他提供信用卡或借记卡,或者准许透支,则可能发生以类似于损失的财产风险形式存在的损害。如果账户仅以存款为基础(Guthabenbasis),则应排除危险损失。[4] 在提交无担保支票以进行托收时,托收银行所做的保留贷记(Vorbehaltsgutschrift),也具有与上述情况类似之处。在此情况下,如果账户持有人在任何情况下都无法访问其账户,则不再存在类似损失的财产危险,而且如果(使用的)支票金额的借记以账户余额的价值所支付,或者如果账户持有人愿意并且能够衡平账户,也不再存在类似损失的财产危险。[5] 与之相反,如果根据个别案件的具体情况,托收银行没有得到其有权获得的回款权利(Rückbelastungsrecht)的充分保障,则存在损失。[6]

案例 47:T 向 X 借了一辆轻便摩托车外出。在路上,轻便摩托车失灵 575
了。T 把它推到 O 的修理厂,O 让 T 意识到摩托车需要大修。然后,T 以 130 欧的价格向 O 出售摩托,并承诺将证件寄给 O。O 最初认为 T 是车主,买了

[1] BGH NStZ 14,320;Fischer, § 263 Rn 127;S/S/W-Satzger, § 263 Rn 274;Kasiske,NZWiSt 16,302。在庞氏骗局的情况下,德国联邦法院的出发点在于(严格地说,过于概括),就存款的全部范围造成的损害,见 BGH NStZ 16,410 附评注 Becker;Schmidt,StV 18,57;Fischer-Trüg,S. 217,226 f。

[2] 对此见 BGH HRRS 18,502 Nr 1166;LK-Tiedemann, § 263 Rn 167。

[3] 总结 BGH NStZ 11,160;BGH BeckRS 19,32574;案例解析 Zöller,Jura 03,638 f;危险实现取决于犯罪人进一步的行为,这支持单纯的未遂不法,对此见边码 572、579 和 AnK-Gaede, § 263 Rn 128。

[4] OLG Hamm wistra 12,161,162 参见 BGHSt 47,160 和 BGH NStZ 09,329 中仍然作为基础、2001 年 12 月 31 日失效的支票卡保证。

[5] BGH wistra 12,267,269 附评注 Bosch,JK 9/12,StGB § 263/98。

[6] Vgl. BGH wistra 16,311;442 f.

这辆摩托,但当文件没有送达时,他产生了怀疑,在后来得知真实情况后,他把轻便摩托车还给了X。

T是否对O实施了诈骗?(边码578)

576 在此类案件中,即使善意的取得者也无法获得物品的所有权,因为物品是从所有人那里被偷走的、丢失的或以其他方式失去的,损失的存在并无问题(《德国民法典》第935条)。丧失(Abhandenkommen)是指直接占有的非自愿丧失。然而,决定自愿性的意志不是法律性质的,而是事实性质的。根据判例,在欺骗行为中,或者在简单的、与绝对强制(vis absoluta)效果不同的胁迫中,均不能排除自愿意志。[1] 据此,如果善意取得是可能的,并且是存在的,[2]那么损失似乎是缺失的。在此种取得案件中,如果物品之前的所有人对取得人提起诉讼(《德国民法典》第985条),诉讼风险由物品所有人承担,因为根据《德国民法典》第932条的规定,原告有举证证明买方在收购时没有善意行事的责任。考虑到这一点,帝国法院最初否认了善意取得人的损失。[3] 然而,在1938年的一项判决中,法院放弃了民法的这一观点,认为善意取得的经济价值,通常低于从权利人那里获得的经济价值。其后果是,善意取得人必须为其取得辩护,并在必要时,发现自己被阻止有意地转售该物品;此外,未经授权的人的取得,带有"道德缺陷"(sittlicher Makel)。[4]

577 德国联邦法院明确拒绝了缺陷理论(Makeltheorie),但从与损

---

[1] Vgl. BGH HRRS 16,426(Nr 865).

[2] 在取得二手车辆的情况下,关于对此而言必要的前提条件,见BGH BeckRS 19,12617。

[3] RGSt 49,16;也如此M/S/M-Momsen,BT I § 41 Rn 125;S/S-Perron,§ 263 Rn 111。

[4] RGSt 73,61;对此见Bock,BT Ⅱ S. 410;Fischer,§ 263 Rn 151。

失类似的具体的财产危险的角度来看，遵循了新的进路。可是，法院完全将注意力集中在案件的具体性质和纯粹的经济考虑上。[1]因此，对第263条规定的财产损失的肯定或否定，在很大程度上取决于所涉人员、合同标的的性质以及发生出售和取得的其他情状。为了解决司法争议，以上情况必须对具体危险予以证明，受制于此或出于经济考虑而将物品退还，[2]以及适用符合联邦宪法法院要求的方式，对危险损失予以证明。[3]

很明显的是，在案例47中，T通过欺骗手段说服O处分财产。唯一的问题似乎是财产损失问题。由于X并未依《德国民法典》第935条的规定而丢失出借的轻便摩托车，因此O善意地获得了轻便摩托车所有权（《德国民法典》第929条、第932条）。然而，值得怀疑的是，这种财产的增加，是否与向T支付的购买价格在经济上是完全平衡的，不能排除的是，因在购买时缺乏证件，X指控O为恶意（Bösgläubigkeit）的可能性（参见《德国民法典》第932条第2款），并以此为由，否认出售的有效性，甚至可能以诉讼的形式碾压O。出于这些原因，BGHSt 15,83在此肯定了诈骗的成立。[4] 578

判例例证：此外，BGH wistra 11,387进一步强调了这一点（附评议Kudlich,JA 11,790;Schlösser,NStZ 13,162）。在该案中，被告的丈夫从专业

---

〔1〕 Vgl. BGHSt 3,370,372;15,83,87;BGH StV 03,447,448.

〔2〕 对此具体见A/W-Heinrich, § 20 Rn 98;Eisele,BT Ⅱ Rn 612;Hefendehl, Vermögensgefährdung und Exspektanzen 1994, S. 353 ff; Küper/Zopfs, BT Rn 653; Lackner/Kühl, § 263 Rn 43;Mitsch,BT S. 327 ff;Rengier,BT I § 13 Rn 205 f;S/S/W-Satzger, § 263 Rn 253;也见Beulke,Ⅲ Rn 252。

〔3〕 对此见BGH wistra 11,387（本书边码578：判例例证）;BGH StraFo 15,300附否定性评议Pannenborg, NZWiSt 15, 429和评注Begemeier/Wölfel, NStZ 16, 129; Bosch,Jura 15,1136（第145d条）;Brüning,ZJS 15,535;Hecker,JuS 15,949;Kudlich,JA 15,947;BGH StraFo 13,480;Begemeier/Wölfel,JuS 15,307。这只是在例外情形下适用，同样如此M/RSaliger, § 263 Rn 233。

〔4〕 对此见Hillenkamp/Cornelius,BT 32. Problem;机动车信函并非“传统证件”。由此，对于所有权的取得，移交并非必要，见BGH NStZ-RR 07,201。

出租车商那里租了两辆价格昂贵的跑车,目的是在出示伪造文件的情况下,将这些汽车出售给潜在客户。他在妻子的帮助下成功做到了这一点,妻子对销售谈判提供了支持。德国联邦法院撤销了她因帮助诈骗而被定罪的判决(见边码 590)。地方法院并未阐明,购买者是否善意地获得了汽车所有权。这些汽车是通过诈骗而获得,然后被侵吞,但由于“自愿”放弃(对此见 BGH HRRS 16,426 Nr 865 和边码 576)而没有丢失。联邦总检察院(Generalbundesanwalt)认为,在善意取得的情况下,在相当大的诉讼风险当中,存在符合犯罪构成的(危险)损失,在德国联邦法院看来,这不(再)是关于损失的充分理由。BVerfGE 126,170(见边码 778)关于第 266 条的判决,着眼于确定性要求(Bestimmtheitsgebot),重要的是单独地确认,将损失与其他要件区分开来,并要求对实质内容的一致性(Stoffgleichheit)作出有力的陈述,该判决也对第 263 条有效(对此见 Saliger,Imme Roxin-FS S. 310 ff 和 BVerfG wistra 12,102)。显然,仅仅提到善意取得的民事诉讼风险是不够的。[1]

579 犯罪人经常通过强制手段(见边码 714)或欺骗被害人(见边码 614),获得附有相关密码或者保险箱号码组合的借记卡。关于这类案件的判决并不统一。一些判决认定,财产受到了与损失等同的危险。[2] 然而,其他判决正确地否认了已经存在的危险。[3] 在这种情况下,诈骗(或敲诈勒索)的损害,是由犯罪人的进一步

---

〔1〕 但与此相对,参见 BGH StraFo 15,299 附否定性评议 Begemeier/Wölfel,NStZ 16,129;ElGhazi,HRRS 15,386;Pannenborg,NZWiSt 15,429 附评注 Bosch,JK 15,1136(第 145d 条);Brüning,ZJS 15,535;Hecker,JuS 15,949;Kudlich,JA 15,947;ders. ,PdW BT I S. 111 f。

〔2〕 如此例如 BGHR StGB § 263 Abs. 1 Konkurrenzen 6;BGHR StGB § 263a Anwendungsbereich 1 附批判性评议 Mühlbauer,NStZ 03,650;BGH NStZ-RR 04,333,334;Thüringer OLG wistra 07,236,237;BGH HRRS 14,313(Nr 795)的前提是,涉及的是正确的密码。

〔3〕 如此在类似的案件中 BGHR StGB § 263 Abs. 1 Vermögensverfügung 2(留下客户卡);BGH NStZ 06,38(告知隐藏之处);BGHSt 50,174,177 f(骗取“0190”号码合同)。

行动造成的，而不是由被害人直接造成的。[1]

i）其他个例

在许多其他案件中，涌现了反复出现的问题，使对诈骗罪犯罪构成的符合与否存在疑问。对其处理须留给自学。[2] 应当注意的问题比如有： 580

健康保险医生（Kassenärzte）实施的会计诈骗（Abrechnungsbetrug）。[3] 对此，德国联邦法院判定，在合同约定的计费系统框架内，根据特定的费用顺序编号，结清服务的健康保险医生隐含地声称，他所提供的服务属于该编号描述的服务，属于健康保险医疗服务，并可根据一般的估价标准进行结算。[4] 如果这是不正确的，医生以并未对其设定的收费边码对未获认可的服务（如磁场治疗）办理结算，那么，健康保险医生协会就会在一个重要的事实上被欺骗。在此种错误计算基础上支付的报酬，系基于相应的错误，并导

---

〔1〕 见边码 714、620；Cornelius/Birner，ZJS 18，606；其他观点 Fischer，§ 263 Rn 173；Stuckenberg，ZStW，118（2006），899；区别 Graf，NStZ 07，330。

〔2〕 对此排序也见 A/R/R-Kölbel，5. 1 Rn 203 ff；G/J/W-Dannecker，§ 263 Rn 173 ff；M/R-Saliger，§ 263 Rn 246 ff。

〔3〕 概览见 Wostry，medstra 15，217。对于损害论证，详见 Spickhoff-Schuhr，§ 263 Rn 43 ff；Schmidt，medstra 17，79。

〔4〕 所有这些均为法律上的评价。严格地说，必须把重点放在共同声称的事实核心上，对此而言正确的是，不应——与迄今的判例相反——根据刑事法院对与结算有关的法律的解释，而是应根据声明者的法律主张，只要该法律主张在当时可接受的框架内，也由此在客观的接收者视野框架内能够成立，毕竟，对声明的解释，必须取决于行动的当时，见 BGH NStZ 15，591 Rn 11 ff，16 附评注 Waßmer NZWiSt 15，467 和 Schuhr，ZWH 15，145；也见 BGH NStZ-RR 17，313 附评注 Meyer，NZWiSt 18，74，79 f；Röß，NStZ 18，441；Tekin，ZWH 18，110，112 f（并未同时声明回扣支付）；OLG Stuttgart NZWiSt 20，83，84 f 附评注 Sinn；以及 Spickhoff-Schuhr，§ 263 Rn 18 ff；类似 Gaede，MedR 18，548，552 ff。对于声明内涵，详见 Krause，Schlothauer-FS S. 383 ff。

致与不当收费的服务范围相对应的损害。[1] 这一判例并不涉及《德国基本法》第12条第1款第1句之保护范围。[2] 如果医生向病人未(如此)提供的服务而收取费用，且病人将被认定为不合理的医疗账单转交给付款人，而没有指出账单的不正确之处，则根据第263条的规定，病人也应受到惩罚。[3] 无论其所提供的护理服务的质量如何，如果护理服务是由不具备健康和护理保险合同约定的资格的护理人员提供的，也应存在有关护理服务的会计

---

[1] BGH NStZ 93,388；也见 BGH NStZ 95,85 附评注 Hellmann,NStZ 95,232；A/R/R-Kölbel,5. 1 Rn 208 ff；A/R/R-Seier,5. 2 Rn 273 f 对于第266条在此类案件中的适用；Gaidzik,wistra 98,329；Singelnstein,wistra 12,417；基于 BVerfGE 126,170(见本书边码778)，对此批判 Saliger,Imme Roxin-FS S. 907,314 ff。

[2] BVerfG NStZ 98,29。关于在不当的雇佣关系中，通过医疗保险医生的活动而实施的诈骗，见 Stein,MedR 01,124；BGH NJW 03,1198,1200 附评议 Beckemper/Wagner,NStZ 03,315；Idler,JuS 04,1037；Krüger,wistra 03,297。相对于医疗保险和药剂师，医疗保险医生开具非必需药物的处方而成立诈骗，见 BGHSt 49,17,18 ff 附评议 Taschke,StV 05,406；也见边码511a。对于私自清算医生实施的会计诈骗，见 BGHSt 57,95 附评议 Bosch,JK 9/12,StGB § 263/97；Brand/Wostry,StV 12,619；Dann,NJW 12,2001；Lindemann,NZWiSt 12,334；Mahler,wistra 13,44；Tiedemann,JZ 12,525。对于医院实施的会计诈骗，见 Schneider/Reich,HRRS 12,267。对于名誉医生模式下，医院实施的会计诈骗，见 Eufinger,MedR 17,296,299 f；Spickhoff-Schuhr, § 263 Rn 16,43 ff。对于背信罪，见 Brandts/Seier, Herzberg-FS S. 811, 814 ff；否定 Leimenstoll, Vermögenspflicht des Vertragsarztes? 2012,S. 89 ff；173。整体对于会计诈骗，见 Fischer-Hellmann, S. 245 ff；Hancok, Abrechnungsbetrug durch Vertragsärzte, 2006；Hellmann/Herffs, Der ärztliche Abrechnungsbetrug, 2006；Herffs, Der Abrechnungsbetrug des Vertragsarztes, 2002；Stirner, Der privatärztliche Abrechnungsbetrug, 2015；Magnus, NStZ 17,249。对于损失见 Fischer-Gaede,S. 257 ff。为惩治医疗行业的失范行为，对于自由职业人员的参与行为的惩罚，见 Dannecker/Bülte,NZWiSt 12,81。关于药剂师实施的诈骗性结算，见 BGH NStZ 15,341 和 Perron,HeineGS S. 281 ff。对于检察实践，见 Badle,NJW 08,1028。引介 Braun,ZJS 14,35；案例解析 Braun,ZJS 13,188。在“自由执业”中，为实验室医生的履行进行结算，见 BGH HRRS 17,399(Nr 902)附评议 Ellbogen,ArztR 18,33。

[3] 对此见 Gaßner/Strömer,NStZ 13,624。

诈骗。[1]

雇佣诈骗(Anstellungsbetrug)。雇佣诈骗是缔约诈骗的一种形式,[2]如果雇主承诺的金钱利益超过雇员提供的服务的价值,则必须将之视为对雇主"等同于损失"的财产危险。[3] 因此,在这种情况下,就像在其他情况下一样,如果没有欺骗,被欺骗的人就不会做出处分(雇佣)。[4] 相反,必须附加(缔约)损失。尽管对提供与实际要求相对应的服务存在期望,但在薪酬水平所要求的特殊资格或个人素质(如可信赖性和可靠性)缺失的情况下,也可以这样说。[5] 就此而言,也可以考虑隐瞒犯罪前科(Vorstrafen),只要能够认定声明所要求的保证义务。[6] 对公务员,不存在预先确定的职业任命前提,所以总是带来损失,但是,掩盖与个人"价值"(Würdigkeit)相悖的品格和道德缺陷,并非总是这样。[7] 因此,联邦宪法法院[8]恰当地未提出反对,但在实质上过度扩展了第263条之保护范围,认定一名警官因隐瞒了与斯塔西的合作(MfS-Mitarbeit)而构成诈骗罪,由此有根据地受到批评。[9] 然而,如果由于隐瞒的、证明个人不可靠的事实,使得机关的聘任自由裁量权被

---

[1] BGH NStZ 14,640,642 f 附评注 Piel;Böse,ZJS 15,239;Bosch,Jura(JK)15,S. 422, § 263 StGB;Brand,ZWH 14,427;Lange,NZWiSt 15,278;Magnus,NStZ 17,252;Schuhr,NJW 14,1373;Warntjen,medstra 15,58。

[2] BGHSt 45,1,4 f;Fischer, § 263 Rn 152;M/R-Saliger, § 263 Rn 252 ff 和本书边码 540。

[3] Vgl. Lackner/Kühl, § 263 Rn 52.

[4] Vgl. OLG Düsseldorf StV 11,734(隐瞒犯罪记录)。

[5] Vgl. BGHSt 17,254,256 f,259;BGH NJW 1978,2042.

[6] 对此见 Fischer-Gercke,S. 299 ff;Fischer-Ransiek,S. 285 ff;Krey/Hellmann/Heinrich,BT Ⅱ Rn 673 ff;广泛地 BGH NJW 1978,2042 附批判性评议 Miehe,JuS 1980,263;Rengier,BT I § 13 Rn 224 ff,228;Schmidt,BT Ⅱ Rn 624 ff,627。

[7] BGH BeckRS 19,26456;LK-Tiedemann, § 263 Rn 224;MK-Hefendehl, § 263 Rn 674 ff;M/R-Saliger, § 263 Rn 255;S/S-Perron, § 263 Rn 156;限制 S/S/W-Satzger, § 263 Rn 281;在聘用"双重的见习律师"情况下的损失(OLG Saarbrücken NJW 07,2868)详见 Kargl,wistra 08,123。

[8] Vgl. BVerfG NStZ 98,506.

[9] 见 LG Berlin NStZ 98,302;KG JR 98,434;Protzen,NStZ 97,525。

“减少到零”,德国联邦法院[1]想要继续认定等同于损失的财产危险。[2]

所谓的建设工程诈骗(Baubetrügereien)[3]和被禁止的公开招标中的价格串通(Preisabsprachen bei öffentlichen Ausschreibungen)[4][对于投标诈骗(Submissionsbetrug),详见边码 701 及下一边码]。这组案件涉及《反限制竞争法》第 1 条和第 25 条规定所禁止的公开招标中的串通,对其惩罚往往因难以证明存在财产损失而失败。[5] 诚然,这并不妨碍根据 1997 年引入的第 298 条对其作出判决,该条规定了一种抽象危险罪(见边码 703)。然而,由于第 263 条和第 298 条之间存在想象竞合,故而问题仍然存在。[6]

在房地产融资中掩饰支付回扣(Kick-Back-Zahlungen)。在此涉及的问题是,通过向银行提供过高的购买价格来获得房地产融资,构成缔约诈骗。过高购买价格的一部分回馈给房地产购买者[回扣(Kick-Back)]。首先要注意,其是否已经存在欺骗行为。[7] 例如,如果部分贷款资金的挪用(Zweckentfremdung)导致对违约风险的误判(Fehleinschätzung),并且没有足够的抵押物和提高的利息进行补偿(Kompensation),银行可能会面临“等同

---

[1] BGHSt 45,1,4 f,9 附批判性评注 Geppert,NStZ 99,305;Jahn,JA 99,628;Jerouschek/Koch,GA 01,273;Otto,JZ 99,738;Prittwitz,JuS 00,335;Saliger,ZStW 112(2000),600;Seelmann,JR 00,164;也见 OLG Dresden NStZ 00,259。

[2] 对于整体也见 Geppert, Hirsch-FS S. 525; Protzen, Der Vermögensschaden beim sog. Anstellungsbetrug 2000, S. 252 ff。对于与此关联的“科学诈骗”,见 Jerouschek,GA 99,420; Kudlich, in: Dreier/Ohly, Plagiate 2013, S. 117 ff; Ottermann, Wissenschaftsbetrug und Strafrecht 2006,S. 256 ff;Trüg,Schiller-FS S. 630 ff。

[3] Vgl. F. Geerds,NStZ 91,57.

[4] BGHSt 16,367;38,186;47,83;BGH wistra 01,103,104;Baumann,NJW 92,1661;Bruns,NStZ 83,385;Cramer,Anm. NStZ 93,42;Joecks,wistra 92,247;Kramm,Anm. JZ 93,422;对此批判 Hefendehl,JuS 93,805;继而 Satzger,Der Submissionsbetrug 1994。

[5] BGH NJW 97, 3034, 3038; Oldigs, Möglichkeiten und Grenzen der strafrechtlichen Bekämpfung von Submissionsabsprachen 1998,S. 63 ff;Otto,BT § 61 Rn 142;S/S-Perron, § 263 Rn 137a;也见 Grüner,JuS 01,882。

[6] Vgl. Otto,BT § 61 Rn 151;Rengier,BT I § 13 Rn 234.

[7] 见 BGH HRRS 18,503(Nr 1200)关于在殡葬行业的返款情形。

于损失”的财产危险。[1]

利用兴奋剂诈骗竞争对手、组织者、观众等。[2] 2015 年 12 月 10 日《反兴奋剂法》(Anti-Doping-Gesetz)(BGBl I 2210)另外禁止非法使用兴奋剂，禁止任何人未经授权使用兴奋剂，并禁止在有组织的体育竞赛中自行使用兴奋剂。[3] 此部法律并未对第 263 条产生直接的影响。

判例例证：迄今为止，根据第 263 条规定追究使用兴奋剂的刑事责任更多地由“专家”进行讨论，OLG Stuttgart SpuRt 12,74(附评议 Kudlich 以及 Jahn,JuS 12,181)的一份判例，对其讨论增加了更多助力。案件的基本事实是，一直到 2008 年 7 月 27 日，公路自行车职业选手 S 在一个由公司 H 赞助的车队中，参加了环法自行车赛。该公司的总经理(G)一直致力于“清白”自行车运动。尽管 S 至少在三个赛段服用了兴奋剂，但他在 7 月 17 号接受 G 的紧急询问时说道，他可以百分之百地排除使用兴奋剂，因此他从 G 那里收到了 2008 年 7 月至 9 月的 151,462 欧元的部分付款(Abschlagszahlungen)。10 月 3 日，G 被告知，S 于 2008 年 7 月 3 日和 15 日的检测呈阳性。G 随后无期限地解雇了 S。针对 G 的以公司 H 为被害人的诈骗诉讼，斯图加特地方法院以犯罪构成符合存在疑问予以拒绝，但也是因为，即便在符合犯罪构成的前提下，法院不认为这种行为是“应受惩罚的”(strafwürdig)[也就是认为这种行为是社会相当的(sozialadäquat)，根据《反兴奋剂法》，如此

---

[1] 对此更详尽 Cornelius,NZWiSt 12,262。对于相反的案件以及拒绝对于融资银行的返款，参见 Gerst/Meinicke,CCZ 11,96;Schäfer,BKR 11,239;Schlösser,BKR 11,465。

[2] 对此见 Ackermann,Strafrechtliche Aspekte des Pferdeleistungssports 2007,47 ff; Cherkeh, Betrug (§ 263 StGB), verübt durch Doping im Sport 2000; Funk, Täuschungsbedingter Betrugsschaden 2018,S. 454 ff(关于缔约损失型体育博彩的问题);L. C. Hamm,Sportspezifische Manipulation als Anwendungsfall des Strafrechts 2005,S. 142 ff;Hirsch,Szwarc-FS S. 577 f;Kerner/Trüg,JuS 04,140;Leipold,NJW-Spezial 06,423;Momsen-Pflanz, Die sportethische und strafrechtliche Bedeutung des Dopings 2005;Rössner,Mehle-FS S. 567 ff; Schattmann, Betrug des Leistungssportlers im Wettkampf 2008。也见 Kargl,NStZ 07,489;Kudlich,JA 07,90(应然之法)。

[3] 对此法律以及刑法上的兴奋剂惩治，见 Hoven/Kubiciel/Jahn,S. 117 ff 和 Hoven/Kubiciel/Merkel,S. 111 ff。

评价是被禁止的]。在检察机关立即提出抗诉后,斯图加特州高等法院对此提出了异议。法院认为,S 对 G 声称可以 100%地排除使用兴奋剂,是一种不予准许的欺骗,这个问题在法律上是被允许的,但不真实的告知违反了合约。此外,在(进一步)参加比赛的情况下,暗含的声明是,是在遵守清白要求(Sauberkeitsgebot)的前提下这样做的,根据本书阐明的标准(边码 500),这一认定并未被完全排除,但确实存在疑问。从紧急询问中,法院推导出 G 存在疑问,但与边码 512 及下一边码所述一致,法院拒绝由此推导出对错误的否定。在 7 月 17 日未曾实施的无期限的辞退,以及部分款项的支付,而根据合同并无与之相对的具有价值的履行,则可被视为处分和损失。主观犯罪构成也得到了充足。裁定中没有对于其他的诈骗情形(针对竞争对手等)的论述(对此见 Jahn,Jus 12,182 中的提示)。

政党诈骗(Parteienbetrug)。在政党的会计报告中,将自然人实际上未提供的捐款或者——在没有相应说明的情况下——所谓的影响募捐(Einflussspenden)纳入其中。由此,在提交报告和申请国家资助后,该政党获得其实际无权获得的国家资金,根据 BGH NJW 04,3569,3576 ff[克里门达尔(Kremendahl)案],应以诈骗罪追究刑事责任,条件是,德国联邦议院主席因虚假的说明(不论是否可以避免)(见 BGH 同上 3577 和边码 513)而陷入错误,并由此将国家资金确定为该政党实际上无权获得的资金。[1]

在自助式加油机上,并无付费意愿而加油(见边码 197);关于第 263 条,只有在犯罪人欺骗加油站工作人员的情况下,才有其适用可能。因此,既遂的诈骗需要收银员意识到并同意加油过程。[2] 如果"客户"只是错误地以此为出发点,则存在未遂的诈骗。损失存在于,加油站所有人失去了对燃料的占有(并且——如果认为汽油的所有权通过不诚实客户的加油也已经转移到该客户身上——失去了对其所有)。同时实现的侵占退居(未遂的)诈

---

[1] 对于 BGH NJW 04,3569 见 Saliger/Sinner,NJW 05,1073。通过的 2002 年 6 月 28 日《第 8 政党法修正案》(BGBl I 2268),在《政党法》修正之前和之后的政党诈骗,详见 Saliger, Parteiengesetz und Strafrecht 2005, S. 493 ff, 689 ff;也见 Faust, Zur möglichen Untreuestrafbarkeit im Zusammenhang mit Parteispenden 2006;M/R-Saliger, § 263 Rn 256 f。对于通过建立黑金账户而成立背信罪,见边码 747。

[2] Vgl. BGH HRRS 16,114(Nr 275).

骗之后。[1] 如果犯罪人在汽车上贴了假的车牌,则其中存在的伪造文件与在加油站实施的诈骗或盗窃处于一罪关系中。[2]

在由私人电视台组织的"来电节目"中,人们可以通过付费电话参与猜谜游戏,而获胜的机会很小,其中很大一部分的费用是向电视台支付的。对此,当然不是由检察官,而是在文献中,将之涵摄在诈骗罪犯罪构成之中。主持人[根据公司中组织控制的原则(见边码 491)]以及电视台的负责人(可能还符合示例规定)可能属于犯罪主体。[3]

如果承租人自己将并不存在的物品出售给租赁公司[出售和回租(sale-and-lease-back)],或者在承租人的促使下,由第三人(然后一般会将购买价格的一部分转给承租人)出售给租赁公司,这通常构成缔约诈骗。此后实际支付的租赁分期付款,并不能减少损失,但可以在量刑时作为部分损害赔偿予以考虑(见边码 538)。[4]

Ⅲ. 主观犯罪构成

1. 故意

故意必须延伸到客观犯罪构成的所有要件,包括将它们联系 581

---

[1] BGH StV 10,22;BGH NJW 2012,1092 附评议 Ernst,JR 12,473;Hecker,JuS 12,1138;Satzger,JK 6/13, § 263 I StGB/101;Sinn,ZJS 12,831;v. Heintschel-Heinegg,JA 12,305;更详尽 BGH NJW 83,2827,BGH StV 13,510,511,BGH BeckRS 13,01331,BGH NStZ 16,216 附评议 Hecker,JuS 16,566 和 OLG Köln NJW 02,1059 对于诈骗未遂,如果犯罪人错误地认为,其被人所监视。驾车驶向站在路上的加油站工作人员,从而带着诈骗获取的汽油逃走,在此情况下,关于第 255 条以及第 240 条的适用可能,见 BGH NJW 84,501 以及边码 734;案例变体,见 Ast,NStZ 13,305;Lange/Trost,JuS 03,961;也见 Rebler,JA 13,179。

[2] Vgl. OLG Hamm BeckRS 17,105918.

[3] 见 Becker/Ulbrich/Voß,MMR 07,149;Eiden,ZIS 09,59;Noltenius,wistra 08,285;Oehme,JA 09,39;Schröder/Thiele,Jura 07,814。对于归类为运气或技巧游戏,见 Ernst,MMR 05,735,738 ff;对此也参见 BGHSt 36,74(小帽子游戏)。

[4] 参见 BGH NStZ-RR 17,413 附赞成性评注 Kulhanek,416;BGH NStZ-RR 18,77;BGH HRRS 18,97(Nr 286);BGH wistra 07,18,21;BGH NStZ 12,276;BGH NStZ 16,674。

在一起的因果关系。存在间接故意就足够了,只要它不涉及对与自己个人有关的内部事实的虚构。在此需要蓄意(Wissentlichkeit)。[1] 在德国联邦法院看来,[2]例如,在贷款诈骗(Darlehensbetrug)或者诈骗式资金募集(betrügerische Einwerbung von Kapitaleinlagen)的情况下,仅仅因为犯罪人打算、希望或相信,能够避免将已确认的类似于损失的财产危险转变为最终损失,也不能排除损害故意。如果犯罪人知道危及还款的情况,从而知道导致还款诉求价值降低(Minderwertigkeit)的情况,则足以证明其存在故意。然而,在不存在直接故意的情况下,对意志(voluntativ)要素也必须要有充分的证据。[3] 然而,即使在"危险损失"的情况下(见边码572),也只涉及造成损失的损失风险,并未延展到在诈骗罪认定的任何环节都不需要的"最终损失"(Endschaden)中实现这种风险。[4] 第2刑事审判庭依据第266条对此种案件提出的反对观点,[5]消解了客观和主观犯罪构成关于损失要件的强制的一致性(zwingende Kongruenz),因此必须根据第266条(见边码783)和第263条予以拒绝。[6] 对于后者,第2刑事审判庭的论证本身已经给出了提议。[7]

582 犯罪人将真正处于不利地位的人以外的人视为被害人,这一

---

〔1〕 RGSt 30,333,335 f;OLG Celle GA 57,220;HK-GS/Duttge, § 263 Rn 75;区别 Dencker,Grünwald-FS S. 80。

〔2〕 BGH wistra 01,423,424;BGHSt 48,331,346 ff 附批判性评注 Beulke,JR 05,40。

〔3〕 BGH StV 07,581;对此批判 AnK-Gaede, § 263 Rn 163。

〔4〕 HK-GS/Duttge, § 263 Rn 75;BGHSt 53,199,204。然而,危险损害的构建在本书中受到诟病,对此见边码572;BGH HRRS 16,283(Nr 591)。

〔5〕 BGHSt 51,100,121 ff;对此见 Fischer,StraFo 08,269。

〔6〕 Vgl. Hillenkamp,Maiwald-FS S. 323,341 ff;M/R-Saliger, § 263 Rn 275.

〔7〕 BGHSt 51,100,123;明显支持对第263条的适用性 Fischer, § 263 Rn 182 f。

事实也不排除故意。[1] 根据适当的和通行的观点，犯罪构成故意还必须包括犯罪人所追求的利益的非法性。[2]

如果错误地认为，对所谋求的财产利益存在到期的、有法律根据的诉求，则其存在犯罪构成错误（Tatbestandsirrtum），就此，根据[3]第 16 条第 1 款的规定，其与拒绝仅仅假定为不合理的诉求一样，欠缺故意。[4] 由此，在此类案件中，犯罪人在欠缺犯罪决意（Tatentschluss）的情况下，即使他以欺骗手段执行或抗辩，也不会存在未遂的诈骗。[5] 当然，在这方面必须注意 BGHSt 48,322,328 f，即如果行骗者仅仅根据有关犯罪圈子的观念，认为自己是诉求的"合法"保有者，则其不足以作为犯罪构成错误的基础。相反，行为人必须认定，这项诉求也得到法律秩序的认可，因此其可以在司法的帮助下强制执行。再相反，如果犯罪人有权获得其所谋求的利益，但他不知道这一点，或者如果他以欺骗的方式拒绝了不存在的诉求，而他认为这是错误的，则系不能犯未遂。[6] 从法律—经济（juristisch-ökonomisch）的角度来看，此类错误情形是对损失的错误认识（见边码 586），以致在对诉求存在错误认定的情况下，已经不存在损害故意。[7]

[1] Vgl. BGH MDR/D 72,571.

[2] BGH MDR/D 56,10；BGH MDR/H 92,320；BGHSt 42,268 附进一步的文献。

[3] Fischer, § 263 Rn 194；H-H-Voigt, Rn 1046；Lackner/Kühl, § 263 Rn 62；M/R-Saliger, § 263 Rn 294；S/S/W-Satzger, § 263 Rn 329；Zöller, BT Rn 197；差异 Roxin, AT I § 12 Rn 142；类比；见边码 203。

[4] Vgl. Rengier, BT I § 13 Rn 268 f.

[5] Vgl. BGHSt 42,268,272；BGH NStZ 03,663；Wittig, § 14 Rn 147.

[6] BGHSt 42,268,272 f 附评注 Arzt, JR 97,469；Kudlich, NStZ 97,432；LK-Hillenkamp, § 22 Rn 181；其他观点 Klesczewski, BT § 9 Rn 94。

[7] 见 S/S-Perron, § 263 Rn 175；Küper/Zopfs, BT Rn 133；在结论上同样如此 NK-Kindhäuser, § 263 Rn 370 ff；SK-Hoyer, § 263 Rn 275。

2. 不法获利意图

a) 意图

583 如果获得利益对于犯罪人而言非常重要,即便获得利益只是作为达到其他目的的手段,将之作为中间目标(Zwischenziel)予以谋求[所谓的获利意图(Bereicherungsabsicht)作为针对目标的达成意志(Erfolgswille)],则为自己或第三人获得非法经济利益的意图是存在的。并非必要的是,利益的获得是其行为的原初驱动、动机或首要期望的目标。[1]

关于这一意图要件,与间接故意相对应的认识和意志是不够的;相反,犯罪人必须为自己或第三人谋取利益。[2] 那些只是为了惹恼他人而为其订购商品,可能并不具备该意图要件。[3] 然而,就所谋求利益的不法性而言,间接故意就足够了。[4]

584 根据第263条规定,有关资产状况的任何更为有利的安排,都应被视为财产利益(Vermögensvorteil),无论是通过财产的积极增

〔1〕 参见 BGHSt 16,1;18,246,248;BGH JR 10,172,174;Fahl,JA 97,110;Rengier,JZ 90,321;总结 Küper/Zopfs,BT Rn 135 ff;LK-Tiedemann,§ 263 Rn 251 f;Wittig,JA 13,401。

〔2〕 BGHSt 16,1,5;BGH MDR/D 75,22;针对判例中并非完全清晰表述的公式的批判,见 Küper/Zopfs BT Rn 136 f。

〔3〕 其他观点 BayObLG JZ 72,25 附否定性评注 Schröder 和肯定性评议 Herzberg,JuS 72,19;也见 Puppe,MDR 1973,12 f;LG Kiel NStZ 08,219;Rengier,BT I § 13 Rn 239;在此种认定中(OLG Schleswig 判决),BVerfG EuGRZ 06,603,604 并未看到对于恣意禁止的违反;如同本书 Eisele,BT Ⅱ Rn 637;Jahn,JuS 07,385;Joecks/Jäger,§ 263 Rn 171;Krack,Puppe-FS S. 1205,1210 ff;S/S-Perron,§ 263 Rn 167。对于强加的商品或服务预定,见第238条第1款第3项和本书边码541。

〔4〕 对此富有教益 BGHSt 31,178,181;42,268,271;OLG Bamberg NJW 82,778;批判 Gössel,Zipf-GS S. 228。

加,不履行所欠债务,还是免除责任,均可。[1]

第263条并不要求,犯罪人实际获得所寻求的利益。故意地及在获利意图支配下实施的诈骗,在财产损失发生时就已告既遂。[2]

b)谋求利益的不法性

所谋求的财产利益在客观上必须是非法的。如果行为人对之没有合法的权利,即为非法。[3] 585

案例48:债权人G向债务人S提供了800欧的借款。在偿还这笔款项时,S收到了一张收据,但未能从G那里收回借据。过了一段时间,G去世了。他唯一的继承人E在遗产中发现了借据,并坚持要S偿还借款。最后,他起诉了S,要求其偿还借款,S在他的文件中寻找收据,但未能找到。为了避免再次支付800欧,S制作了一张带有G签名的假收据,并在诉讼过程中出示。由于没有人怀疑收据的真实性,E的诉讼被驳回。

S是否要承担刑事责任?(边码587)

如果犯罪人对其所谋求的利益享有无异议的、到期的诉求,与试图针对实际上不存在的诉求提出抗辩一样,其并不存在构成诈骗的可能。由于所追求的目标符合法律秩序,故通过不公平的手段追求利益,不会构成非法。因此,在诉讼过程中使用虚假陈述或伪造证据,用于贯彻存在的、因举证困难而面临风险的诉求,或用于抗辩不存在的诉求[所谓的自力救济诈骗(Selbsthilfebetrug)], 586

---

〔1〕 参见BGHSt 42,268,271;OLG Stuttgart NJW 62,502。

〔2〕 Vgl. BGH NJW 84,987;Lackner/Kühl, § 263 Rn 63.

〔3〕 BGHSt 20,136,137。强调为执行并不存在的债权而取得作为质押的物品,以及犯罪人对此认知的意义(也见边码582),BGH NStZ 18,713。

并不会构成诈骗罪。[1] 从纯粹经济的角度来看,履行有证据风险的诉求,与"损失"无根据但根据证据情况具有前景的诉求一样,构成损失,因此,只有在所谋求的经济利益不具有违法性的前提下,才不构成诈骗罪。[2] 与之相对,对损失的法律—经济方式的界定(见边码 535),应当遵循普遍法律秩序的内在一致性,必须否定与诈骗相关的损害。[3] 若只是做了负有责任的事情,或只是失去了在法律上不应得到的东西,也就不存在损失。[4] 这并不会导致在所谓的诉讼诈骗(Prozessbetrug)领域产生刑事处罚漏洞,原因在于,第 153 条及以下数个条文和第 267 条及以下数个条文,确保在法官被欺骗的情况下为其提供充分的保护。

587 在案例 48 中,S 为在法律事务中实施欺骗,制作了一份虚假文件(第 267 条第 1 款)。[5] 问题在于,该案例中是否也存在损害 E 的诈骗行为(所谓的自助诈骗形式的诉讼诈骗)。S 通过出示虚假收据,欺骗了法官并导致诉讼被驳回,也就对 E 的财产进行了错误处分(见边码 653)。如果没有 S 的欺骗行为,E 的诉讼就会成功,因为持有借据使 E 处于有利的诉讼地位,而 S 无法提供他偿还借款的证据。由于从经济角度来看,财产也可能包括不公正地持有财产,因此,E 的损失在于,其在诉讼程序中取得成功的机会和相关的实际取得前景,因诉讼被驳回而受到损害。此种结果是 S 故意实现的,目的是通

---

〔1〕 BGHSt 42,268,271 f;Fischer, § 263 Rn 135;Lackner/Kühl, § 263 Rn 61;LK-Tiedemann, § 263 Rn 194,231;M/R-Saliger, § 263 Rn 206,289;也见 OLG München NStZ 07,157 附评议 Kraatz,Jura 07,531;批判 A/W-Heinrich, § 20 Rn 125。私人医生结算业务中的确保诈骗,见 Beulke,Rogall-FS S. 311 ff。

〔2〕 Vgl. Krell,JR 12,106;Krey/Hellmann/Heinrich,BT Ⅱ Rn 694.

〔3〕 LK-Tiedemann, § 263 Rn 186,194,231,265;M/S/M-Momsen,BT Ⅰ § 41 Rn 135,146;Rengier,BT Ⅰ § 13 Rn 267;BGHSt 42,268,272;对此也见 Eisele,BT Ⅱ Rn 643 f 和 OLG Düsseldorf JR 98,478 附评注 Krack 以及 Kösch,Der Status des Merkmals "rechtswidrig" 1999,S. 59。

〔4〕 Vgl. BGH NStZ-RR 00,140.

〔5〕 对此也见 Krack,Anm. JR 98,479。

过避免对他的判决来改善他自己的财产状况。然而，第263条的主观犯罪构成并不成立，因为S没有为自己谋求“非法”利益。决定财产利益是否为客观上不法的唯一因素，是事实上的(sachlich)权利。然而，E对S的诉讼在实质上是没有根据的，因为S已经偿还了借款(参见《德国民法典》第488条第1款第2句，第362条第1款)。因此，S所追求的目标(避免再次偿还的判决)符合实体法的规定，并没有因为S使用不法手段来实现，而非法。[1] 根据法律—经济的财产概念，损失已经消失，因为E没有失去任何合法的权利。如果S认为他的行为是诈骗，则属幻想犯(Wahndelikt)。

c)直接关联(所谓的“同质性”)

由于诈骗罪属于转移财产罪，犯罪人必须以直接损害被侵害财产的方式，谋求非法的财产利益；在某种程度上，利益必须是损害的另一面，而不是其——考虑个体的损害影响——确切的对应物。[2] 因此，在这种关系中使用“同质性”(Stoffgleichheit)一词是不准确的，有时甚至是具有误导性的。[3] 如果损失和利益是通过同一财产处分而产生的，即不能归因于不同的处分行为，则存在所 588

---

[1] Vgl. BGHSt 3,160,162 f;20,136,137 f;BGH NJW 82,2265;BGH NStZ 88,216;BGH NJW 97,750.

[2] BGH NStZ 03,264;BGHSt 60,1,13(损失或益处之间的同质性，而非欺骗对象和损失之间的同质性，同样如此 BGH NJW 16,3543);Hilgendorf/Valerius,BT Ⅱ § 7 Rn 138;Fischer, § 263 Rn 187;HK-GS/Duttge, § 263 Rn 79 f;Lackner/Kühl, § 263 Rn 59;MK-Hefendehl, § 263 Rn 906 f;S/S/W-Satzger, § 263 Rn 314,320;Wittig, § 14 Rn 139。在“反面理论”(Kehrseitentheorie)意义上予以明晰 M/R-Saliger, § 263 Rn 283。个人损失影响情形下的同质性，见 Eisele,BT Ⅱ Rn 641;Rengier,BT Ⅰ § 13 Rn 253。

[3] Küper/Zopfs,BT Rn 139 f;Lackner/Kühl, § 263 Rn 59;BGHSt 34,379,391;例如 Heghmanns,Rn 1277 中的“镜像”(Spiegelbild)的说法，也具有误导性。

指的直接关系。[1] 通过考虑与鉴定顺序(Prüfungsreihenfolge)相反的相互关联,可以最好地理解构成要件的含义:犯罪人所希求的结果[其行为的最终目的(Finalität)]是获利(Bereicherung),但这"切割"了客观犯罪构成;诈骗罪也是一种结果断绝犯罪(参见边码69)。与盗窃罪一样,作为技术意义上的结果,客观犯罪构成只要求对受保护的法益造成损害。就后者而言,符合犯罪构成的结果,其原本只是一个中间结果。与最终希求结果没有直接联系的其他(附带)损害,不应被包括在内(但作为第46条第2款规定的其他犯罪后果,对量刑具有意义[2]);犯罪构成仅在这种特殊的关系之中,对法益施以保护。就法律的财产概念而言,其所谋求获利的对象,必须同时是从受保护的财产中作为损失而丧失的对象。这表达了"同质性"的内涵,但由于这种财产概念已经过时,故而是错误的。

589 在佣金代理人欺骗客户下订单,以期从其公司中获得谎称的正常收到的订单预付款佣金,在此情况下,这一问题具有特别的实际意义。在这种情况下,代理人寻求的利益——佣金和买方的损失之间,不存在"同质性"。然而,如果考虑到,犯罪人(也具有)的意图是,首先以骗取订单的形式,向其公司提供非法的经济利益,那么就不难证明损害客户的诈骗是合理的。这是一个所谓的他利性(fremdnützig)欺诈,其中,订单在客户的一方面造成损失,而给

---

[1] 更详尽 BGHSt 6,115,116;21,384,385 f;34,379,391;BGHSt 59,195 = BGH NJW 14,2054 附评注 Cornelius;Bosch,JK 11/14,StGB § 263/106;Jahn,JA 14,631;ders.,JuS 14,848["呼"-呼叫-案件("Ping"-Anruf-Fall),见边码 499];BayObLG NJW 87,1654 和 NStZ 94,491;OLG Düsseldorf NJW 93,2694;OLG Stuttgart NStZ-RR 13,176 附评注 Satzger,JK 10/13,§ 263 StGB/103;在结论上一致 AnK-Gaede,§ 263 Rn 168;HK-GS/Duttge,§ 263 Rn 80;Jäger,JuS 10,765;Straßer,100 Jahre Stoffgleichheit 2002,S. 99 ff,107 f。

[2] Vgl. BGH wistra 11,262;BGH HRRS 17,103(Nr 216).

另一方面带来经济利益。[1] 与之相反，当交通事故的肇事者，对保险公司否认其过错，并不关心避免向被害人支付损害赔偿（并无第三人获利的意图），而只关心获得无损害折扣时，“同质性”就不存在了。被害人因未能获得损害赔偿而遭受的损失，并非犯罪人获益的另一面。[2] 同样地，如果犯罪人以诈骗的方式向一名工匠下达命令，在不属于他的公寓楼内翻修供暖系统，从而意图向租户虚伪地声称自己是房屋的所有人，并能够收取租金，则“同质性”也是缺乏的。[3]

d）获利意图、犯罪参与和未遂

获利的意图是证成刑罚的要件，由于其与犯罪相关的属性，不 590
受第28条第1款的规制。[4] 任何形式的正犯，都要求有关人员自己有获利的意图。一方面，由于犯罪构成也足以使第三人获利，因此，犯罪参与人谋求一个共同犯罪人获利，并不排除共同正犯。[5] 另一方面，第三人获利意图的存在，并不一定使有关各方成为共同正犯。相反，在这一犯罪构成情形中，划定共同正犯和帮助犯的标准，也必须以对此适用的一般原则为基准。因此，任何意图使第三人获利的人，本身就符合诈骗罪的所有要件，通常是正

---

〔1〕 Vgl. Jäger, BT Rn 371 f; Krey/Hellmann/Heinrich, BT Ⅱ Rn 638 ff; MK-Hefendehl, § 263 Rn 911; S/S-Perron, § 263 Rn 169; BGHSt 21, 384, 385 f; OLG Braunschweig NJW 61, 1272.

〔2〕 Vgl. BayObLG NStZ 94, 491.

〔3〕 BGH NStZ-RR 02, 10。同质性确定的其他的例证见 BGHSt 49, 17, 23; BGH NStZ 04, 557, 558；也见 Hohmann/Sander, BT I § 11 Rn 159 ff。

〔4〕 Fischer, § 263 Rn 205; Lackner/Kühl, § 263 Rn 58；其他观点见 Umansky/Mathie, HRRS 15, 45。

〔5〕 LK-Tiedemann, § 263 Rn 283; M/R-Saliger, § 263 Rn 305；对于间接正犯，见其边码306以及本书边码491。

犯,[1]相反,既没有犯罪控制也没有控制意志的人,则被视为帮助犯。[2] 在这种情况下,如果有人故意向犯罪人提供一种决定性的犯罪手段,例如伪造的专家报告,从而故意增加利用这种手段实施诈骗的风险,其就可以构成诈骗罪的帮助犯。对被害人、犯罪时间或具体犯罪方式进行更为详细的了解,并不构成帮助的重要因素。[3] 如果这种行为是具有职业典型性的(berufstypisch),其看起来是"中立的"(neutral)行为,例如银行雇员、律师或公证人的行为,[4]根据所援引的判决,只有当助力是针对明显倾向于犯罪的主犯,并且帮手与他团结一致时,才可认定为帮助。[5] 根据判例,仅仅参与预备阶段并不能排除共同正犯。[6] 此外,人们普遍认为,如果一名警官在其职务行为之外,发现了一个损害较高的诈骗行为,但没有采取任何行动,那么他就有可能通过不作为提供帮助。[7] 在其背后——通常——是对通过积极作为参与犯罪的怀疑,这种怀疑是难以证明或无法证明的。[8] 诈骗既遂后的共同正

---

〔1〕 见 Hillenkamp, Schünemann-FS S. 407 ff。

〔2〕 Vgl. BGH StV 97, 411; BGH BeckRS 12, 09218; S/S-Perron, § 263 Rn 180.

〔3〕 参见 BGHSt 42, 135, 138 附评注 Kindhäuser, NStZ 97, 273; Loos, Jura 97, 297; Schlehofer, StV 97, 412; BGH NStZ-RR 00, 326; BGH NStZ 11, 399, 400; BGH NStZ 17, 274。

〔4〕 BGH wistra 00, 340, 341; 459, 460; BGH StV 00, 479, 480; BGH NZWiSt 14, 139 附评注 Bott/Orlowski; Satzger, JK 11/14, StGB § 27/27; Trüg, ZWH 14, 436; BGH MDR 17, 1151; BGH NStZ 17, 337 附评注 Kudlich; Beyer, NZWiSt 17, 362; Bode, NJ 17, 203; Schörner/Bockemühl, StV 18, 20; 也见 Putzke, ZJS 14, 637; BGH NStZ 17, 461 附评注 Wohlers, JR 17, 585。

〔5〕 对此见 Hillenkamp/Cornelius, AT 28. Problem; 对于 BGH NZWiSt 14, 139, 更为确切见 Roxin, StV 15, 449。

〔6〕 Vgl. BGH StV 99, 317; BGH NStZ 02, 145, 146.

〔7〕 参见 BGH wistra 00, 92, 93 附评注 Wollweber, wistra 00, 338。

〔8〕 对此见 Hillenkamp, Wassermann-FS S. 861, 864。

犯或帮助犯,只有在反复实施犯罪的情况下才有可能认定。[1]

通常情况下,未遂的开始[2]是在实施欺骗行为之时,例如,在缔约诈骗的情况下,与欺骗有关联的合同要约(Vertragsangebot)。[3] 然而,如果涉及一个多行为(mehraktig)的事件,只有直接导致被骗者基于错误的财产处分的欺骗行为,才是决定性的。[4] 在犯罪参与的情况下,应适用整体解决方案。[5]

Ⅳ.示例规定和加重构成

1.示例规定

《第6刑法改革法案》(见边码11)以五个示例规定取代了此前并未具名的诈骗罪的"特别严重情形",以便通过其"标准建构(maßstabbildend)意义"[6],为刑事法官提供更准确的刑罚裁量指导。从法治国家的角度来看,这一解决办法优于先前存在的解决 591

〔1〕 LK-Hillenkamp, vor § 22 Rn 35 ff;其他观点 BGH wistra 01,378;BGH NStZ 02,482;BGH NStZ 14,516 附评注 Becker;对于一个已经终结的犯罪过程的归责的禁止,见 BGH wistra 09,389,390。

〔2〕 对此详见 M/R-Saliger, § 263 Rn 301 ff。对于预订案件,见 Krell,ZIS 19,62,65 ff。

〔3〕 Vgl. Fischer, § 263 Rn 197;MK-Hefendehl, § 263 Rn 939.

〔4〕 见 LK-Hillenkamp, § 22 Rn 94;BGH NStZ 02,433,435;BGH NStZ 11,400,401 附评注 Satzger,JK 9/11,StGB § 263/92;BGH wistra 17,397(对于诉讼诈骗)附评注 Webel;OLG Hamm StV 12,155;OLG Hamm BeckRS 16,18657;KG BeckRS 12,12410;也见 BGH HRRS 14,120 附评注 Bittmann,ZWH 14,186;Satzger,JK 10/14,StGB § 263/105:相对于已经等同于损害的财产危险的界分。

〔5〕 BGH StV 99,24;BGH wistra 00,379,381;LK-Hillenkamp, § 22 Rn 173;Wessels/Beulke/Satzger,AT Rn 960 ff;对于诉讼诈骗情况下的未遂开始,见 Zaczyk,Krey-FS S.485,495 ff。

〔6〕 Vgl. BGHSt 28,318,320.

方案。[1] 在内容方面,很大程度上,示例规定与判例和文献中根据此前法律被认为是特别严重的案件的情况有关,或者已经在其他的量刑规定中存在。[2]

592 与盗窃罪中的示例规定(第243条第1款第2句第1—7项)一样,第263条第3款第2句第1—5项中的示例规定,是关于刑罚裁量的规则,应遵循针对盗窃罪示例规定所得出的原则。相应地,在此也是,对于特别严重的情形——例如,被害人使犯罪大大地变得轻易——的认定并非强制性的,[3]但这一规则不需要附加的论证,在例外情况下,未满足先决条件也可适用(见边码209及下一边码)。[4] 关于未遂、故意和犯罪参与,针对第243条所阐述的特殊之处应比照适用(见边码211及以下数个边码、边码220及以下数个边码)。犯罪人仅仅是可能符合示例规定是不够的(见边码215及下一边码)。[5] 帮助犯并不需要以主要犯罪行为的严重程度为基础,而只需要着眼于帮助行为本身(见边码220)。[6] 根据第263条第4款之规定,第243条第2款适用于所有示例规定(包括非典型的严重情形)。[7]

---

〔1〕 参见 Freund, ZStW 109(1997), 471; Kudlich, JuS 98, 469; 批判 Stächelin, StV 98, 100。

〔2〕 参见 BT-Ds 13/8587, S. 42; BGH NJW 91, 2574; BGH StV 96, 34; 判例概览, 见 Jannusch, NStZ 12, 679。

〔3〕 BGH NStZ 04, 265, 266; 关于通过被害人实现的犯罪简化, 见 LG Gera NStZ-RR 96, 167; OLG Hamm wistra 12, 161, 163; Hillenkamp, Vorsatztat und Opferverhalten 1981, S. 295 ff; Frank/Leu, StraFo 14, 198; 对于多个示例规定的存在, 见 BGH wistra 04, 262, 263。

〔4〕 对于附加的论证的放弃, 见 BGH NJW 04, 2394, 2395; 对于偏离的论证 BGH wistra 03, 460, 461; OLG Karlsruhe NStZ-RR 02, 333。

〔5〕 Vgl. Tiedemann/Waßmer, Jura 00, 539; M/R-Saliger, § 263 Rn 314.

〔6〕 Vgl. BGH wistra 01, 105.

〔7〕 对此见 OLG Hamm wistra 12, 40; Lackner/Kühl, § 263 Rn 66; Mitsch, ZStW 111(1999), 113; 对于非典型案件否定 Jesse, JuS 11, 313。

参考第243条第1款第2句第3项、第244条第1款第2项 593
之规定(对此见边码239、边码295及以下数个边码),在第263条第3款第2句第1项中,常业行为和为持续实施犯罪而结合的团伙成员的行为,被规定为示例。在此,由团伙实施的犯罪,并不依赖于其他团伙成员(在欺骗行为中)的合作。[1] 然而,根据德国联邦法院大刑事审判庭的判决,[2]此类团伙必须至少由三人组成,这将使他们与仅是共同正犯的情形区别开来,并在一定时间内与将来的犯罪实施联系在一起。如果他们——就像牙医和牙科实验室一样——联合起来对第三方(在此是健康保险医生协会)造成诈骗性损害,那么他们虽然在商业上相互对抗,但这并不妨碍他们"齐心协力"。[3] 根据判例(见边码297、300),不仅是共同正犯,帮助犯也可以组成团伙,故而团伙不适合作为归责的基础(Zurechnungsgrundlage)。因此,彼此犯罪份额的归责,在团伙中也只能通过第25条第2款在共同正犯之间进行。[4] 然而,即使是团伙成员,也只有在他参与了具体犯罪的情况下,才能将其作为正犯或共犯,由于团伙实施的犯罪而受到惩罚。在此情况下,正犯和共犯之间的区别,取决于适用的共性原则。[5] 待决犯罪一定是团伙约定的结果。不得仅为了直接有关人员的利益而单独实施犯

---

〔1〕 Vgl. BGH BeckRS 16,16704.

〔2〕 BGHSt 46,321;对此见边码298及下一边码和BGH wistra 02,21;BGH NStZ 02,200,201;07,269。

〔3〕 BGH NStZ 07,269,270;作为标准,本书重新使用的"往同一方向使劲"被BGHSt 46,321,325 ff所放弃,对此见边码297a。BGH NJW 13,887与放弃了"利益同步"(Interessengleichlauf);对此批判M/R-Saliger, § 263 Rn 318。

〔4〕 Vgl. BGH wistra 07,100,101.

〔5〕 Vgl. BGH StV 07,579,580;BGH wistra 13,97.

罪。[1] 除了诈骗之外,伪造文件也可能是团伙犯罪。[2] 犯罪人[3]只想用所得款项偿还旧债,这并不妨碍犯罪的常业性(Gewerbsmäßigkeit)。此外,行为人不必仅通过实施犯罪来谋生或者主要是通过实施犯罪来谋生,只要他是为了通过反复犯罪获得持续的收入来源,即可。[4] 只要财产利益流入一个由他控制的圈子,他随时获取成为可能即为已足。[5] 此外,如果雇员以诈骗方式增加的营业收入,通过工资或对营业利润的分配间接地归其所有,则对雇员的营业性行为的认定,就足够了。[6] 如果只涉及一项犯罪,或者由于法律,一系列诈骗犯罪中的个别罪行,在同类的一罪关系中予以合并,与营业性,或者团伙犯罪之间并不矛盾。唯一相关的是,在实施犯罪时,存在常业性或团伙行为所必需的特定意图。与获利意图不同的是,其是要求以犯罪人自己的收入为目标的自利(eigennützig)行为。[7]

594 首先第 263 条第 3 款第 2 句第 2 项将示例作用与重大的财产损失联系起来。[8] 在此(如第 267 条第 3 款第 2 句第 2 项所述),“重大(großer Ausmaß)损失”概念,指的是被害人实际遭受的损

[1] Vgl. BGH StraFo 17,122.

[2] 对于就此而言的解释争论,见 Fischer, § 263 Rn 212;MK-Hefendehl, § 263 Rn 970 f。

[3] 帮助犯的常业性并不足够,见 BGH BeckRS 17,125784。对于第 28 条第 2 款的相应适用,见边码 220。

[4] 见 BGH wistra 03,460,481;BGH NStZ 08,282 f;对于常业性,更详尽 Brodowski,wistra 18,97。

[5] BGH wistra 08,379;09,351;12,350;BGH NZWiSt 12,67(由犯罪人所掌控的团体)附评注 Steinberg/Kreuzner 和评议 Satzger,JK 5/12,StGB § 263/95。

[6] Vgl. BGH wistra 15,357;NJW 19,378.

[7] Vgl. BGHSt 49,177,181,186 ff.

[8] 参见 BGH NJW 91,2574;BGH MDR/D 75,368。对于第 2 项中的示例规定,见 Peglau,wistra 04,7。

失,但不一定是持续性的(bleibend)[1]损失,这也见于《德国刑法典》第264条第2款第2句第1项、第335条第2款第1项以及《税收条例》第370条第3款第2句第1项。[2] 但是,解释必须正确地以相关的犯罪构成为基础。[3] 对其而言,重要的不是犯罪人获得的利益,而是被害人的财产损失。只有在归并为一罪的罪行涉及同一被害人的情况下,才可考虑在系列诈骗中累积单个的损失。[4] 示例规定的前提是,根据客观标准,损害远远超出平均诈骗损失的范围,参照第264条第2款第2句第1项之规定,[5]根据对此值得怀疑、但在此期间已被德国联邦法院采纳的立法设想(BTDs 13/8587,S. 43),此种损失以100,000马克(等于50,000欧元)为起点,[6]但作为财产损失,不应仅由与损失等同的财产危

---

〔1〕 BGH wistra 02,339 附否定性评注 Joecks,StV 04,17 和赞成性评议 Hannich/Röhm,NJW 04,2063。

〔2〕 对此见 BGH wistra 94,228,229;对此见 Stam,NStZ 13,144。

〔3〕 BGH NZWiSt 16,71 附评注 Bürger;Sinner,HRRS 16,196;想法,支持50,000欧元意义上的一致性 BGH NZWiSt 16,359(对于第355条第2款第1项)附评注Houben。

〔4〕 Vgl. BGH NStZ 11,401,402;BGH NStZ 12,213;BGH NJW 13,884,887 f.

〔5〕 对此见 Fischer, § 264 Rn 46;LK-Tiedemann, § 264 Rn 147;Schramm,BT I § 7 Rn 197;Satzger,Jura 12,792;S/S-Perron, § 264 Rn 74。

〔6〕 对此见 BGHSt 48,360;BGH wistra 09,236,237;BGH HRRS 18,97(Nr 286);LK-Tiedemann, § 263 Rn 298;质疑 Fischer, § 263 Rn 215a;也已见 BGH StV 02,144。

险所引致。[1] 鉴于与损失相当的财产危险和损失的等同性,[2] 其并非没有问题,但与损害(Schaden)相比,损失(Verlust)的含义更为狭隘,且可以证明其合理性。基于此种观点,在特别严重的情形下,也不可能有未遂的情况发生(在盗窃的情况下被认为是可能的,见边码 215),在其中,犯罪仍然是未遂的,而且行为人意图造成重大的财产损失。[3] 与之相反,对于第二种情形,行为人意图通过在法律意义上独立的诈骗行为,[4] 使大量[5] 人员面临财产价值损失的具体风险,即已足够。[6] 如果犯罪人希望通过犯罪所用的媒介接触数量不确定的被害人,就必须认定这一点的存在。[7] 法人(Juristische Personen)被排除在"人"(Menschen)之外。[8]

---

〔1〕 见 BGHSt 48,354,355 ff;附赞成性评注 Krüger,wistra 04,146;Gallandi,NStZ 04,268;在结论上赞成两种说法 A/W-Heinrich, § 20 Rn 135;Eisele,BT Ⅱ Rn 652;M/R-Saliger, § 263 Rn 320 f;Rotsch,ZStW 117(2005),577,591 ff,597 ff;批判 Wittig, § 14 Rn 161 ff;HK-GS/Duttge, § 263 Rn 104;相反,支持也涵括财产危险在内 MK-Hefendehl, § 263 Rn 975 f;Satzger,Jura 12,792;S/S/W-Satzger, § 263 Rn 391;对于两项判决,批判性评议 Hannich/Röhm,NJW 04,2061;Lang ua,NStZ 04,528;此外 Krüger,wistra 05,247;案例解析 Rotsch,ZJS 13,83。

〔2〕 在对于危险损害的争议的背景下,对此见 Fischer,NStZ-Sonderheft 09,8,12;疑虑见 Hohmann/Sander,BT I § 11 Rn 174。

〔3〕 参见 BGH StV 07,132;BGH NStZ-RR 09,206;对此批判 Steinberg/Burghaus,ZIS 11,580 f。

〔4〕 确定的认识足够,Kindhäuser/Hilgendorf, § 263 Rn 245。

〔5〕 对此见 Joecks/Jäger, § 263 Rn 127:至少 50;LK-Tiedemann, § 263 Rn 299:至少 10;MK-Hefendehl, § 263 Rn 980;S/S-Perron, § 263 Rn 188d:至少 20;BGH NZWiSt 12,67(无论如何在 123 人中实现);也见 BGH JR 99,210(= BGHSt 44,175)附评注 Ingelfinger 对于第 306b 条;支持对于损失额度的关联 Kretschmer,Herzberg-FS S. 835。

〔6〕 对此见 BT-Ds 13/8587,S. 64;Mitsch,BT Ⅱ S. 346;Otto,BT § 51 Rn 108。

〔7〕 Vgl. OLG Jena NJW 02,2404.

〔8〕 Vgl. BGH wistra 01,59.

第 263 条第 3 款第 2 句第 3 项的示例规定，适用于使他人陷入经济困境（wirtschaftliche Not）的行为人。在此——如对于第 283a 条第 2 句第 2 项、第 291 条第 2 款第 2 句第 1 项——如果被害人面临如此短缺的情况，以致其没有资源支付自己或被扶养人必需的生活开支（lebenswichtige Aufwendungen），则可予认定。[1] 595

滥用其作为公职人员或欧洲公职人员的权力或地位的人，符合第 263 条第 3 款第 2 句第 4 项之示例规定。这一示例规定与《德国刑法典》第 264 条第 2 款第 2 句第 2 项以及《税收条例》第 370 条第 3 款第 2 句第 2 项之规定相一致。关于公职人员或欧洲公职人员的界定，在第 11 条第 1 款第 2 项和第 2a 项中有所规定。第 28 条第 2 款应比照适用。滥用权力意味着在其职权范围内有欺骗行为，滥用地位意味着利用该职位所提供的其他机会。[2] 596

第 263 条第 3 款第 2 句第 5 项（BT-Ds 13/8587，S. 85）规定的示例，是后来在立法程序中新增的，它包含原来保险诈骗罪（Versicherungsbetrug）的要件（原第 265 条规定），并与第 265 条的新规定密切相关。由此，将在后文对此予以阐析（边码 662 及以下数个边码）。 597

2. 加重构成

第 263 条第 5 款依照第 260a 条而制定，并在第 244a 条和第 243 条第 1 款第 2 句第 3 项中，存在类似规定。即使在罪行较轻的情况下（第 12 条第 3 款），将团伙和常业犯罪联系在一起的实施方式（对此见边码 239、边码 296 及以下数个边码），也构成了一种重罪（Verbrechen），将其作为加重构成（Qualifikation）予以规 598

---

〔1〕 Vgl. BGH NStZ-RR 07，269；Mitsch，BT Ⅱ S. 346 f；S/S-Heine/Hecker，§ 291 Rn 43.

〔2〕 Vgl. LK-Tiedemann，§ 263 Rn 301；Mitsch，BT Ⅱ S. 347.

定,第 30 条可以对之适用。[1] 在此,一个团伙至少需要三个成员。[2] 这一条款(此前与第 263 条第 7 款相结合)旨在打击有组织犯罪。[3] 其扩大了第 263a 条、第 264 条、第 268 条和第 269 条所涵盖的罪行范围。作为先前规定的其他条件(BT-Ds 13/8587, S. 10,43),获得重大经济利益已经被放弃(BT-Ds 13/8587, S. 64),作为平衡,在罪行较轻的情况下增加了关于刑罚减轻的规定(BT-Ds 13/9064, S. 19)。

V. 确保诈骗和可追诉性

1. 确保诈骗

599 如果犯罪人只是为了确保其已经从财物或财产犯罪中获得的利益,而不造成新的、独立的经济损失——例如对第三方[4]——那么,共罚的后行为(mitbestrafte Nachtat)就被认为是一种诈骗行为。根据通说观点,这尤其适用于犯罪人通过向被害人提供虚假信息,从而阻止退还或提出赔偿诉求的情况[所谓的确保诈骗(Sicherungsbetrug)]。[5] 至少是,如果没有"将财产犯罪已经造成的损害予以扩大或深化",[6] 则必须对以上建构提出反对意见。在此情况下,诈骗已经不复存在。[7] 因此,例如,即使收银人员由

---

〔1〕 BGH NStZ-RR 07,269;总结 BGH StraFo 17,122;M/R-Saliger, § 263 Rn 329;Mitsch,BT Ⅱ S. 344 f。

〔2〕 BGH wistra 02,21;BGHSt 49,177,187;BGH NStZ-RR 17,248;相反,见边码 298。

〔3〕 因此,以常业或团伙形式实施的诈骗罪,也是洗钱罪的适格的上游犯罪(第 261 条第 1 款第 4a 项,见边码 896);对其确定,见 KG NStZ-RR 13,13。

〔4〕 Vgl. BGH wistra 08,423,424.

〔5〕 BGH GA 1957,409,410;1958,369,370;1961,83;HK-GS/Duttge, § 263 Rn 113;Lackner/Kühl, § 263 Rn 69;LK-Tiedemann, § 263 Rn 325 ff;Kretschmer,JuS 13,26;M/R-Saliger, § 263 Rn 339;Schröder,MDR 50,398;在诉讼过程中,针对诉求的抗辩是不同的 Bittmann,NStZ 12,289 ff。

〔6〕 Vgl. BGH StV 92,272.

〔7〕 见 Otto,BT § 51 Rn 152;深化 Sickor,GA 07,590。

于欺骗而没有要求行为人交出被盗财物,行为人在收银台隐瞒在百货商店内盗取的货物,仍然是盗窃。[1]

2. 可追诉性

根据第263条第4款之规定,第243条第2款、第247条和第 600
248a条均可相应地适用。据此,对于小额诈骗以及住房和家庭内部诈骗,需要提起刑事自诉。在后一种情况下,只有被害人才有资格提出告诉,而非与其产生分离的被骗者。[2] 在诈骗罪的诉讼时效开始时,必须遵守第78a条之规定。[3]

Ⅵ. 鉴定结构:诈骗罪,第263条

600a

诈骗罪,第263条

Ⅰ. 犯罪构成

1. 客观构成

a)欺骗:

· 事实

→ 与价值判断的界分

· 捏造虚假事实

· 歪曲/隐瞒真实事实

→ 通过积极/默示的行为

→ 通过不作为

Ⓟ保证(释明)义务

---

[1] Hillenkamp, JuS 97, 220, 222;在"确保性敲诈勒索"情况下的相应问题,同样如此 Kienapfel,评注 JR 84, 389;Seier, NJW 81, 2157;边码735;边码412附BGH NStZ 12, 95。

[2] 参见 RGSt 74, 167;对于整体更详尽 Naucke, Lackner-FS S. 695。

[3] Vgl. Otto, Lackner-FS S. 715, 723 ff;BGH wistra 04, 228;BGH wistra 20, 65, 66.

b)错误:

· 错误

Ⓟ存疑时的错误

Ⓟ对于事实的无知←→客观的同理心

· 引起/维持

→ 共同引起

c)财产处分:

· 减损财产的处分

→ 直接性

→ 自愿性

→ 处分意识

Ⓟ盗窃罪←→诈骗罪

· 被骗者

→ 财产所有人(自损)

→ 第三人(他损)

Ⓟ三角诈骗或者间接正犯形式的盗窃

d)财产损失

· 财产减损

Ⓟ财产概念

Ⓟ与损失相当的财产危险

· 欠缺补偿

Ⓟ个体的损失影响

Ⓟ有意的财产减损/目的落空

e)因果关系

· 4 项要件之间的因果关联

Ⓟ错误→处分的功能性联系

2. 主观构成

a)故意:

· 任何故意类型

Ⓟ损失和收益之间的同质性

b)获利意图

· 为自己或第三人创设非法的财产收益的意图

犯罪人/第三人的财产收益

对于财产收益的第1等级的直接故意

财产收益的客观违法性

→ 对于到期的、并无抗辩的诉求,则不存在

对于违法性至少存在间接故意

Ⓟ对于违法性的错误

Ⅱ.违法性

Ⅲ.有责性

Ⅳ.减轻情形(刑事告诉,第263条第4款结合第247条、第248a条)

Ⅴ.特别严重情形,第263条第3款

→ 加重构成,第263条第5款

§14　计算机诈骗罪

案例49:O把他的借记卡留给了T,给了她密码,并允许她在一次旅行 600b
中提取2000欧。但这次旅行取消了。然而,在没有得到O同意的情况下,T八次使用卡和密码从O的账户中提取了总额为10,800欧的资金。根据第263a条,T是否应受处罚?(边码620)

案例50:1995年,T准备了2500枚瑞典5克朗硬币,每枚价值1马克,他 600c
用透明箔覆盖窄边,使其直径等于5马克硬币的直径。他用这些硬币中的一部分,在赌场的老虎机上赌博,赢了182枚5马克硬币。他之所以能够这样做,是因为老虎机中的电子硬币检测仪坏了。T预计会有这样的硬币检测仪,但不知道其有缺陷。

根据第263a条,T是否应受处罚?(边码621)

Ⅰ. 规范的目的、法益和归类

601 计算机诈骗罪(第263a条)填补了由于越来越多地使用数据处理系统而造成的财产保护空白,而在这种情况下,诈骗罪所要求的人的(menschlich)错误是不可能存在的。[1]

602 这一条文将损害他人财产的操纵方式(Manipulationsformen)规定为刑事犯罪,与诈骗罪(第263条)相比,这种操纵形式的特殊性在于,在这种情况下,不是一个人被欺骗并因错误而处分财产,而是通过操纵数据处理系统造成损失。因此,虽然第263a条沿用了第263条中完整的主观犯罪构成和财产损失要件,但其需通过一系列广泛的计算机操纵,来确定该条文所规定的欺骗行为(Täuschungshandlung)。与诈骗罪一样,该罪名保护的是财产(Vermögen)。[2]

未遂可罚;[3]根据第263a条第2款规定,第263条第2—6款应比照适用。[4] 2003年,在欧盟委员会关于打击与非现金支付手段有关的欺诈和伪造的框架决定之后,立法机关已经在第263a条第3款(存在悔改的可能性,

〔1〕 对此通过1986年5月15日《第2惩治经济犯罪法》(BGBl I 721)增加的规定,更详尽 Lackner, Tröndle-FS S. 41; Lenckner/Winkelbauer, CR 86, 654; Möhrenschlager, wistra 86, 123, 131; Otto, Jura 93, 612; Tiedemann, JZ 86, 865; BGH NJW 07, 2864, 2866;对于第263a条、第266b条,详见 Pütz, Der Computerbetrug und verwandte Delikte, 2013, S. 95 ff, 180 ff。

〔2〕 BGHSt 40, 331, 334; Fischer, § 263a Rn 2; Lackner/Kühl/Heger, § 263a Rn 1; NK-WSS-Waßmer, § 263a Rn 5; Schramm, BT I § 8 Rn 4;进一步 LK-Tiedemann/Valerius, § 263a Rn 13 f; S/S-Perron, Vor § 263 Rn 12。由此,第263a条是《德国民法典》第823条第2款规定的保护法律。

〔3〕 对于未遂开始,见 KG BeckRS 12, 18313 附评议 Jahn, JuS 12, 1135。

〔4〕 例如,第263条第5款的加重构成存在于团伙和常业形式组织的非法数据读取,见 BGH NStZ 12, 626; BGH NStZ-RR 13, 109,以及存在于操纵比赛,见 BGH NJW 13, 1017。作为第261条的上游犯罪,第263a条必须以团伙和常业形式实施,见 KG NStZ-RR 13, 13。

第263a条第4款)中,将制造、获取计算机程序等仅仅预备实施计算机诈骗罪的行为(其目的在于实施第263a条第1款所规定的犯罪),增设为了犯罪。[1] 该程序的"客观目的"(objektiver Zweck)必须是实施计算机诈骗。只有为实施相应犯罪而开发或修改的程序,才是合适的犯罪对象。这种意图是可以从产品营销策略和广告推广中推断出来的。[2] 据此,两用工具(Dual-Use-Tools)基本上可予排除。[3] 因此,仅仅有实施计算机诈骗的适合性是不够的,[4]仅仅是存在滥用该程序的可能性也是不够的。[5]

与诈骗罪的相似性主要[6]要求对该条文进行类似的解释。[7] 原则上应遵循这一规则,以保持两个犯罪在结构和价值上 603

---

〔1〕 对此见 AnK-Gaede, § 263a Rn 32 ff; Heger, ZIS 08,496,498; Husemann, NJW 04,104,107 和——由于刑事可罚性延伸到先前阶段而恰当地批判—— Duttge, Weber-FS S. 285;建议严格把控 NK-WSS-Waßmer, § 263a Rn 106。对于此种犯罪的嫌疑,见 LG Karlsruhe wistra 06,317;对于预备相对于未遂的补充性,见 BGH BeckRS 14,16408。

〔2〕 Vgl. K/H-Cornelius, Kap. 102 Rn 110.

〔3〕 参见 BVerfG ZUM 09,749 f; Cornelius, CR 07,684; Popp, GA 08,375 对于第202c条对应的问题。

〔4〕 对此见 Eisele, CR 11,1341,134; Fischer, § 263a Rn 30 ff; HK-GS/Duttge, § 263a Rn 35。

〔5〕 S/S/W-Hilgendorf, § 263a Rn 38;对于两用程序,也见 BK-Schmidt, § 263a Rn 48 f。

〔6〕 否定 Achenbach, Gössel-FS S. 481; Mitsch, BT Ⅱ S. 396 ff; Ranft, NJW 94,2574;深入 Otto, BT § 52 Rn 29。

〔7〕 BGHSt 47,160,162 f; BGH NStZ 05,213; BGH NStZ 16,149 附评注 Piel; OLG Düsseldorf NStZ-RR 98,137; OLG Karlsruhe NStZ 04,333,334; AnK-Gaede, § 263a Rn 2; A/R/R-Heghmanns, 6 Rn 201 f; BK-Schmidt, § 263a Rn 4; Hilgendorf, JuS 99,542; M/R-Altenhain, § 263a Rn 1; NK-WSS-Waßmer, § 263a Rn 1,37; Rengier, BT I § 14 Rn 1,19; SK-Hoyer, § 263a Rn 6; S/S-Perron, § 263a Rn 2;在结论上也 Kindhäuser, Grünwald-FS S. 285;批判 MK-Mühlbauer, § 263a Rn 4; Wachter, NStZ 18,241; Zöller, BT Rn 217;对于争论,见 Kraatz, Jura 10,36。

的平等,并恰当地发挥新的犯罪构成的兜底功能(Auffangfunktion)。[1] 当然,这只能在措辞和具体构成要件之诈骗等同性(Betrugsäquivalenz)允许的范围内进行。[2] 将纯粹的人类(menschlich)处理过程明确地分配给第263条,而将纯粹(通过数据处理)的自动(automatisch)处理过程分配给第263a条。当人与机器都参与决策过程时,问题就会出现。这取决于对财产处分的最终(部分)决定,是正确的。[3] 如果无法确定决策过程是由人还是由机器完成的,通说观点提出选择认定(Wahlfeststellung),并非常"慷慨"地认定了两个犯罪(第263条和第263a条)的间接故意。[4] 但是,由于第263a条包含与第263条在法律上的类比(Analogie),并且类比不会产生新的规定,而只是扩展现有的规定,因此最好将诈骗罪和计算机诈骗罪视为统一的罪行(在两个条文中规定不同的实施方式)。在上文所述不明确的情况下,一个——并无问题的——非真正的选择认定就足够了。[5]

Ⅱ.犯罪构成

1.中间后果、结果和获利意图

604 犯罪构成区分了四种犯罪行为。对于四种情况,作为犯罪构成上的中间后果(Zwischenfolge),[6]它们必须首先影响数据处理过程的结果。在此,数据处理过程和其影响取代了诈骗罪中的错

〔1〕 Vgl. Lackner/Kühl/Heger, § 263a Rn 2,13.

〔2〕 Vgl. Hilgendorf/Valerius,BT Ⅱ § 8 Rn 4;LK-Tiedemann/Valerius, § 263a Rn 6,16 f.

〔3〕 Vgl. LK-Tiedemann/Valerius, § 263a Rn 67; Spickhoff-Schuhr, § 263a Rn 3.

〔4〕 Vgl. BGH,NStZ 08,281 f;v. Heintschel-Heinegg,JA 08,660;Fischer, § 263a Rn 38;LK-Tiedemann/Valerius, § 263a Rn 65;MK-Wohlers, § 263a Rn 76;NK-Kindhäuser, § 263a Rn 62.

〔5〕 对此建议,更详尽 Schuhr,ZWH 2012,50,53;Spickhoff-ders., § 263a Rn 8。

〔6〕 Vgl. LK-Tiedemann/Valerius, § 263a Rn 26,65;Wachter,JuS 17,724.

误和处分。[1]

法律没有解释"数据处理过程"(Datenverarbeitungsvorgang)这一相当笼统的概念。对之应作宽泛的解释。[2] 数据通常被认为是编码的(kodiert)信息;第202a条第2款规定的限制在此并不存在。数据处理包括所有的技术操作,其中有通过记录数据并将其链接到程序上,来实现特定的工作结果。[3] 在第263a条的意义上,如果以法律规定的犯罪行为之一,进入计算机的处理过程,以某种方式共同影响其过程并引致财产处分,则数据处理过程的结果受到影响。在任何情形中,数据处理过程中对结果的影响(Ergebnisbeeinflussung)并不以数据处理已经在进行为前提。更确切地说,影响也可以在于过程的启动(Anstoßen)或触发(Auslösen)。[4] 605

以这种方式影响财产处置的直接后果,必须是对他人财产的损害(边码530及以下数个边码)。例如在此以及在诈骗案件中(见边码548及下一边码),使用被盗的身份证提款,因此受害的银行可能对持卡人提出的损害赔偿要求,并不构成充分的补偿。银行受到损害的原因是,相对于对其账户既无其授权也无其他法定原因的情况下进行借方记入(Belastungsbuchungen)的账户持有人,根据《德国民法典》第675c条、第670条和第675条第1款之规定,因为缺少授权(Autorisierung),银行无权提出支出赔偿诉求 606

---

[1] G/J/W-Bär, § 263a Rn 31;Lackner/Kühl/Heger, § 263a Rn 16;SK-Hoyer, § 263a Rn 5;对其缺失的例证载BGH NStZ 05,213;AG Gera NStZ-RR 05,213,214。

[2] 同样如此Wittig, § 15 Rn 6;对于限制的尝试,见Kraatz,Jura 10,38。

[3] 见RegE BT-Ds 10/318 S. 21。

[4] BGHSt 38,120,121;BGH wistra 17,102;Beulke,Ⅲ Rn 375;Eisele,BT Ⅱ Rn 670;Fischer § 263a Rn 20;Klose,NZWiSt 18,16 f;Krey/Hellmann/Heinrich,BT Ⅱ Rn 733;Kudlich,PdW BT I,S. 116;NK-WSS-Waßmer, § 263a Rn 70;Rengier,BT I § 14 Rn 5,26;Mitsch,BT Ⅱ S. 401;SK-Hoyer, § 263a Rn 12;Wittig, § 15 Rn 21。对于相反观点,见MK-Mühlbauer, § 263a Rn 19;S/S/W-Hilgendorf, § 263a Rn 28。

(《德国民法典》第 675u 条第 1 句),且银行必须立即退还(Rückerstattung)付款金额(《德国民法典》第 675u 条第 2 句)。[1] 然而,由于最初被盗者的账户会被记入借方,因此,也可以考虑以三角诈骗(Dreiecksbetrug)的形式对账户持有人实施的计算机诈骗。账户持有人的损失可能在于与损失等同的财产风险,因为他必须发现借记,并且必须在对抗可以想见的抗辩——他因重大过失而违反了他的保管职责(Aufbewahrungspflichten)(在这种情况下,损害可能仍由他承担[2])——的情况下,才可能实现退款。[3] 但是,根据第 263a 条确定和量化的此种危险损失,也必须符合联邦宪法法院就此对第 266 条和第 263 条提出的要求。[4] 参考以上案件,策勒州高等法院判定,滥用通过禁止的擅权而获得的加油卡,直接损害的不是加油卡的持有者,而是(如同借记卡案件中的银行)只有加油站的运营商。[5]

处理结果所直接产生的财产减损作用,确保了计算机诈骗罪与诈骗罪相等同的结构。[6] 正如财产减损必须是错误的直接后果一样,在此的财产减损必须是被操纵的数据处理的直接结果。例如,如果在处理结束时,产生民法上的处分(如记入贷方)或对

---

〔1〕 BGH NJW 01,1508;BGH NStZ 08,396,397;Fest/Simon,JuS 09,798,801 f;NK-WSS-Waßmer, § 263a Rn 81;Rengier,BT I § 14 Rn 30;在所谓非法数据读取的案件中,对此也见 Seidl,ZIS 12,421。

〔2〕 Beulke,Ⅲ Rn 376;对此现见《德国民法典》第 675v 条第 2 款;对于持卡人的谨慎要求,见 Seidl,ZJS 12,421。

〔3〕 Rengier,BT I § 14 Rn 30;也见 Goeckenjahn,wistra 08,128,132;Stuckenberg,ZStW 118(2006),878,898 f;在未经授权而予以使用的直接借记方式(Lastschriftverfahren)当中,对损失的论证,见 BGHSt 58,119,128 ff;BGH NStZ 14,580。

〔4〕 对此见边码 572、776 附进一步的文献。

〔5〕 Vgl. OLG Celle NStZ-RR 17,80.

〔6〕 Vgl. BGH StV 14,85,86.

被害人有约束力的声明（如养老金通知）[1]，则存在直接性（Unmittelbarkeit）。即使犯罪人操纵的数据处理过程的结果，仅仅是由一个没有自己决定权和内容控制权的人所实施的，必要的直接性仍然存在。[2] 与之相反，如果对结果的操纵仅仅是犯罪人实施欺骗的辅助手段——例如向医生出示和读入未经授权使用的保险卡[3]——则缺乏致使被害人做出处分的直接性（第 263 条）。而且，在其所造成的影响只是让犯罪人可能自己造成损害或者掩盖损害的情况下，也缺乏这种直接性。[4] 与诈骗罪一样，第 263a 条与盗窃也处于排他关系之中。[5]

判例例证：OLG Hamm wistra 14，36 作出了正确的判决。在本案中，在超市里被告人先是从杂志架上取下了一本《花花公子》，后来又从杂志架上取下一本《明星》杂志，但在自助收银台上，他扫描的不是从杂志架上取下的条形码，而是从家里一份价值 1.2 欧元的日报上取下的条形码，然后把两本更贵的杂志放在扫描仪下面，每本杂志支付了 1.2 欧元。与处分等同的数据处理结果已不具备；这两本杂志并没有被转移所有。并非自助收银台上发生的事情，而是将较贵的杂志取走，始才导致了所出现的财产损失。此外，州高等法院也不认为四种经过审查的犯罪行为都已实现。特别是被解释为“特定于诈骗的”（betrugsspezifisch）（见边码 613）未经授权使用数据并不存在，因为在这种情况下，必须根据“自然人的设想”，“主要处理计算机也检验的

---

〔1〕 Vgl. Lackner/Kühl/Heger，§ 263a Rn 18；M/R-Altenhain，§ 263a Rn 23.

〔2〕 BGH NStZ-RR 16，371，372 附评注 Hecker JuS 17，276；BGH BeckRS 16，17444 附评注 Bramssen，EWiR 17，79。

〔3〕 对此见 OLG Hamm NStZ 06，574，575；赞成 H-H-Voigt，Rn 1067。

〔4〕 参见 BGH wistra 18，344；BGH，ZWH 13，361 附评注 Schuhr。在银行客户输入个人识别密码后，犯罪人将其推开，紧接着擅自取款，对于现实判决，见本书边码 736。

〔5〕 参见 BK-Schmidt，§ 263a Rn 38 f；Kindhäuser/Hilgendorf，§ 263a Rn 73；LK-Tiedemann/Valerius，§ 263a Rn 65；Otto，Anm. JR 00，215；SK-Hoyer，§ 263a Rn 49 f；S/S-Perron，§ 263a Rn 21，23；批判 M/S/M-Momsen，BT I § 41 Rn 243，246。

问题”(见边码 615)。然而,这不包括输入的条形码与取出的货物的一致性,这一结果表明这一“衡量标准”的可疑性。而且,因为其并不涵盖第 242 条所涵括的行为,州高等法院对第四种情形的兜底犯罪构成也未予认定。但是,就杂志的取走而言,缺乏有效的同意(见边码 120),尽管存在监视(Beobachtung)(见边码 126),就此的认定是正确的(因此也赞成 Jäger,JA 14,155,ders.,BT Rn 210e,Jahn,JuS 14,179 和 Schuhr,ZWH 14,111;部分批判,但在结论上也赞成 Fahl,NStZ 14,244。相反,B. Heinrich,Beulke-FS S. 398 ff 认定了第 263a 条的第 3 种情形,在完成扫描和付款程序之后,获准通过了由人员监管的栏杆,在此情况下认定适用第 263 条,S. 403)。

607 在主观方面,第 263a 条与第 263 条的规则一致。在此,犯罪人的意图必须是通过操纵或未经授权而进行的数据处理过程的结果,来获得非法的财产利益[所寻求的利益与财产损失之间的所谓“同质性”]。如果犯罪人有到期的利益请求权,则不存在谋取利益的非法性。[1] 如果犯罪人错误地认为他的权限不足,则成立构成要件错误。[2] 通说观点在结论上恰当地认为,如果预想的情况是将实现第 263a 条,但实际的情况却是实现了第 263 条,则都不属于重要的错误认识,反过来也是一样。可是,法院无法令人信服地解释这一点,因为其假定犯罪构成之间是排他的。与之相反,同一罪行(einheitliches Delikt)的认定(见边码 603)解释了这一结果。因此,(仅)从已经既遂的罪行出发而对其施以惩罚是正确的。[3]

---

〔1〕 Thüringer OLG wistra 07,237;然而,在此结论合理的是(见边码 620),滥用以虚假借口骗取的银行卡,不能被涵摄到第 263a 条当中。

〔2〕 Vgl. Lackner/Kühl/Heger, § 263a Rn 24.

〔3〕 Vgl. Fischer, § 263a Rn 23; NK-WSS-Waßmer, § 263a Rn 86; S/S/W-Hilgendorf, § 263a Rn 34.

相应地，在择一故意（dolus alternativus）的情况下，亦应如此。[1]

2. 犯罪行为

关于犯罪行为，法条规定了四种不同的情形，其具体要件必须 608
根据第263条规定的欺骗概念，将其特定于诈骗而加以解释（见边码603）。[2] 这尤其适用于利用不正确的或不完整的数据而实施的犯罪行为。

数据处理过程总是由程序（Programm）控制的，对程序的不正 609
确设计已经作为犯罪构成上的操控被犯罪构成所涵括。因此，其远远超出了诈骗的模式，因为一个人处理信息的方式，很有可能是通过教育，而非通过欺骗来操控。程序是指以可执行代码的形式固定到计算机的任何指令。由于代码也被映射到存储状态，因此它可以被理解为数据的集合，并最终被理解为第二种情形所规定的输入操控（Inputmanipulation）的特殊形式。[3] 然而，立法者的意图，是将程序作为数据处理规则的集合，与根据这些规则在处理过程中使用（输入）的数据进行对照。从诈骗的特定意义上讲，如果其导致的结果，是作为基础的任务分配和所涉各方之间的关系，与实体性法律规定相矛盾，从而不应以这种方式发挥其作用，因此该程序设计是不正确的。据此，这并不取决于纯粹主观的、系统操作员意愿的不正确，而是取决于根据任务分配的标准，以及其在职责手册、迄今的程序版本等中的表述，而得以被客观化的（objek-

---

〔1〕 与之相反，通说观点按照竞合规则做出决定，见 BGH wistra 17, 405; Hillenkamp，本书直至第40版；Lackner/Kühl/Heger, § 263a Rn 24；对于择一故意，见 LK-Hillenkamp, § 22 Rn 37。

〔2〕 更详尽 BGH StV 14, 684 f; LK-Tiedemann/Valerius, § 263a Rn 16 f; S/S-Perron, § 263a Rn 2; SK-Hoyer, § 263a Rn 24, 31, 46；差异 Ranft, NJW 94, 2574 和 JuS 97, 19。

〔3〕 K/H-Cornelius, Kap. 102 Rn 87; LK-Tiedemann/Valerius, § 263a Rn 27; Schramm, BT I § 8 Rn 12；对于第1种情形的例证存在于 BGH NStZ-RR 16, 371。

tivierend)不正确(Unrichtigkeit)。[1] 例如,不正确的程序设计存在于转账系统中,使得查验是否存在足够的覆盖范围或透支框架的代码失效。

609a 在被输入数据处理进程时,该数据被使用。数据不必特别地与此进程相关联;即使程序借助传感器或网络访问来获取数据,在这种对数据获取结果的影响中,也存在对数据的使用。在第二种情形的意义上,如果数据——根据在编程过程中设定的、用户可识别的阐释——显示,存在与实际相矛盾的事实情况,则数据是不正确的(unrichtig)。如果数据不能充分解释基本的生活事实,以便进行处理,则其是不完整的(unvollständig)。[2] 数据与现实之间的这种差异存在于,虽然没有发出相应的借记指令(Abbuchungsaufträge),但通过借记程序,将伪造的债权作为直接借记提交给银行。[3]

610 如果从与诈骗的相似性中得出正确的结论,与实施的行为相对应的欺骗行为不会构成诈骗,[4]则第263a条不适用。那么,如果在自动的督促程序(Mahnverfahren)中,在签发支付令(Mahnbescheides)的申请中提供了虚假信息(《德国民事诉讼法》第689条第1款第2句),并将其输入机器的处理当中,则应否定第263a条之适用。在此,缺失的是欺骗和错误的等值性

---

[1] AnK-Gaede, § 263a Rn 6;Bock,BT Ⅱ S. 437;E/R/S/T-Saliger, § 263a Rn 8;Hilgendorf,JuS 97,131;HK-GS/Duttge, § 263a Rn 6;Lackner,Tröndle-FS S. 55 f;LK-Tiedemann/Valerius, § 263a Rn 30 f;Rengier,BT I § 14 Rn 9;Schmidt,BT Ⅱ Rn 671 f;Schramm,BT I § 8 Rn 14;SK-Hoyer, § 263a Rn 24;其他观点 BT-Ds 10/318, S. 20;NK-Kindhäuser, § 263a Rn 14 f;例证 Wittig, § 15 Rn 11。

[2] Vgl. BGHSt 58,119,125.

[3] BGHSt 58,119,125 f 附评议 Heghmanns,ZJS 13,323;Schuhr,JR 13,579(在具体案件中观点不同,因为涉及的是没有事实依据的税收代码,而指令存在于银行的单独的责任领域当中)。

[4] Vgl. Lackner,Tröndle-FS S. 54 ff;S/S-Perron, § 263a Rn 2.

(Äquivalenz),即使在非自动化程序中,司法人员也没有义务核实诉求所依据信息的真实性。首先能在判例中找到的认定是仍然存在由申请人故意造成的司法人员的错误认识,这种认定与现实脱节,而且鉴于缺乏审查义务,其在法律上也没有确凿的依据,[1] 德国联邦法院将其限于裁判程序(Erkenntnisverfahren)[督促和执行令(Mahn-und Vollstreckungsbescheid)]。德国联邦法院认为,在执行程序中,在申请发出扣押和移交裁定(Pfändungs-und Überweisungsbeschluss)时,也缺乏相对于欺骗的等同性。[2]

如果一个被竞争对手贿赂的程序员,故意通过错误的编程使数据处理系统瘫痪,或者如果财产损失是由于计算机被操纵而产生错误的工作结果,而这些工作结果因为其缺陷而无法使用,则由于缺少谋求的财产转移(Vermögensverschiebung)而不符合第 263a 条的犯罪构成。在此类案件中,必须考虑其他刑法条文(如第 303b 条)是否可以适用。 611

在第三种情形中,未经授权而使用数据将会被处以刑罚。这也涵盖了已经(边码 177 及以下数个边码)讨论过的滥用自动柜员机卡的情况。[3] 在此种实施方式的意义上,数据无疑是被分配 612

---

[1] 对此已见边码 511a;如同本书 Kraatz, Jura 10, 40;K/H-Cornelius, Kap 102 Rn 93;Lackner/Kühl/Heger, § 263a Rn 20 结合 § 263 Rn 17 参考《德国民事诉讼法》第 692 条第 1 款第 2 项;M/R-Altenhain, § 263a Rn 22;Rengier, BT I § 14 Rn 13;在结论上同样如此 MK-Mühlbauer, § 263a Rn 32;其他观点 BGH NStZ 12, 322, 323 附评议 Bosch, JK 7/12, StGB § 263/96(对此见边码 511a);OLG Düsseldorf NStZ 91, 586;OLG Celle JR 12, 127 附评议 Kudlich, JA 12, 152;Wachter, JuS 17, 726。在结论上同样如此 Klesczewski, BT § 9 Rn 141;LK-Tiedemann/Valerius, § 263a Rn 39, 68(通过提出对于执行命令签发的申请,未遂才开始);NK-WSS-Waßmer, § 263a Rn 28;可资比较的案例类型存在于,破产债权人将法律上虚假或存疑的债权,登记在破产表格当中,见 Sick, Jura 09, 814, 816 f。

[2] BGHSt 59, 68, 71 f 附评注 Trüg, NStZ 14, 157;Trück, ZWH 14, 235;Bosch, JK 06/2014, StGB § 263a/18;要求进行释明的保证义务,就此而言被予以否定。

[3] 见 BT-Ds 10/5058, S. 30。根据 BGH NJW 08, 1394,犯罪人通过伪造他人账户的转账单,而从他人账户中无权地获取资金,则也被包含在内,前提是,转账单的真实性仅以自动方式进行查验(否则的话,则为第 263 条)。

给账户持有人的密码和存储在银行卡磁条中的信息。如果数据处理过程的结果因实然与应然状况之间的矛盾而被证明是不正确的,以及其系因未经授权的数据使用而产生的,均可认为数据处理的结果受到了影响。[1] 这种犯罪构成样态,恰恰是为了防止这种计算机滥用,并使个别法院和部分法律学说使用的存在问题的替代性建构,在将来变得多余。[2]

613 然而,第 263a 条涵盖的滥用自动取款机的范围,在很大程度上取决于如何理解未经授权(unbefugt)这一要件。[3] 如果将其解释为"特定于计算机"(computerspezifisch),即运营商反对利用数据并使利用未经授权的意志,必须反映在计算机程序中,[4]那么该范围就会大大缩小,最重要的是,这排除了透支账户的权利人滥用数据的可能性。与之相对,如果以主观化解释的方式,将任何违反运营商真实或推定意愿[5]或者与"合同约定的能够"[6]相矛盾

---

〔1〕 BGHSt 38,120,121;BayObLG NJW 91,438,440 和 JR 94,476;Cramer,Anm. JZ 92,1032;Krey/Hellmann/Heinrich,BT Ⅱ Rn 733;Schlüchter,JR 93,493;其他 Ranft,wistra 87,79 和 NJW 94,2574。

〔2〕 在自动取款机滥用的情况下,对于此前针对第 242 条及以下数个条文或者第 246 条之适用存在的争议,例如见 BayObLG NJW 87,663,665(回溯到第 242 条、第 243 条第 1 款第 2 句第 2 项),BGHSt 35,152 和 OLG Stuttgart NJW 87,666(仅回溯到第 246 条)以及 OLG Hamburg NJW 87,336 和 OLG Schleswig NJW 86,2652(承认存在刑事处罚漏洞);对于观点争论的进一步的提示,见上文边码 182 及以下数个边码。

〔3〕 对此见 Hillenkamp/Cornelius,BT 问题 36;简短的案例解析 Tetzlaff,JuS 13,155。

〔4〕 如此 Lenckner/Winkelbauer,CR 86,657;同样如此 Achenbach,JR 94,295;ders.,Gössel-FS S. 494 f;Arloth,Jura 96,357 f;OLG Celle NStZ 89,367;接近 Schönauer,wistra 08,445,450,其附加地要求存在"错误相当性";对此深入 BGH NJW 13,1018。

〔5〕 Vgl. BGHSt 40,331,335;BayObLG JR 94,289;Bock,WV-BT2,S. 320 ff;Hilgendorf,JuS 97,132;Mitsch,JZ 94,883;Otto,BT § 52 Rn 40;Popp,JuS 11,385,392;S/S/W-Hilgendorf,§ 263a Rn 14.

〔6〕 如此 Mitsch,BT Ⅱ S. 396。对此也参见 M/S/M-Momsen,BT I § 41 Rn 240。

的使用，均宣布为未经授权，那么计算机诈骗罪就变成了纯粹包含合同不法的一体化的计算机背信罪（Computeruntreue）。因此，在此种情形当中，试图通过对诈骗特有的理解，来保持与诈骗罪的结构和价值等同的尝试，是值得赞同的。依此，要求行为具有欺骗等值性。如果数据的使用对他人具有欺骗属性，则存在此种等值性。[1] 例如，将明显无意寄送的在线优惠券进行兑现，[2] 或者是——如同仅仅利用已经存在的错误（见边码 514）——当犯罪人利用在运营商风险范围内的技术缺陷，免费地使用服务，在此情形下，就不存在此种等值性。[3]

判例例证：BGH NJW 13，1017（附评注 Satzger，JK 10/13，StGB § 263a/17）提供了一个关于欺骗等值性，以及德国联邦法院就此制定原则的有启发性的例证。这一案例与投注机（Wettautomaten）相关。根据德国联邦法院的

---

〔1〕 基础性 Lackner，Tröndle-FS S. 52 ff；基本上赞成 AnK-Gaede，§ 263a Rn 11 f；BK-Schmidt，§ 263a Rn 23；Beulke，III Rn 385；Eisele，BT Ⅱ Rn 677 ff；Fischer，§ 263a Rn 11；Heghmanns，Rn 1304；H-H-Voigt，Rn 1065；HK-GS/Duttge，§ 263a Rn 15；Jäger，BT Rn 543；Klesczewski，BT § 9 Rn 146；Kraatz，Jura 10，41；ders.，Jura 16，880；Kunze，Das Merkmal "unbefugt" in den Strafnormen des BT des StGB，2014，S. 175 ff；Lackner/Kühl/Heger，§ 263a Rn 13；LK-Tiedemann/Valerius，§ 263a Rn 44，46 ff；Mühlbauer，wistra 03，248；NK-WSS-Waßmer，§ 263a Rn 37；Rengier，BT I § 14 Rn 19；ders.，Neumann-FS S. 1149 ff；Schmidt，BT Ⅱ Rn 678；Schroth，S. 241；SK-Hoyer，§ 263a Rn 16，19；S/S-Perron，§ 263a Rn 9；Wachter，NStZ 18，242；Wittig，§ 15 Rn 16；Zöller，Jura 03，639；BGHSt 38，120，121 f；BGHSt 47，160；BGH NJW 08，1394；BGH NJW 13，1018；OLG Köln NJW 92，126；OLG Düsseldorf NStZ-RR 98，137；OLG Karlsruhe NJW 09，1287，1288；OLG Köln StraFo 16，36；在结论上也 MK-Wohlers/Mühlbauer，§ 263a Rn 44 f；批判 Kindhäuser，Grünwald-FS S. 295。

〔2〕 Vgl. LG Gießen wistra 13，326.

〔3〕 KG Berlin NStZ-RR 15，111；OLG Karlsruhe NStZ 04，333，334；AG Karlsruhe CR 13，642；Bung，GA 12，354，363；Klas/Blatt，CR 12，136，139；对此也见边码 197、617。但是，根据 OLG Braunschweig NJW 08，1464，在此种案件中，应考虑第 4 种犯罪构成情形；参见 Obermann，NStZ 15，187。

观点,在机器上签订投注合同时,投注者通过向球员或裁判支付金钱来操纵有关竞赛,投注者的行为相当于欺骗。在与投注庄家订立合同时,合同要约的默示和声明内容的一部分是,所投注比赛的过程和结果不受要约人的影响,因此其不知道结果(见本书边码500)。在BGHSt 47,160,163一案中,第2刑事审判庭对"未经授权"概念进行了有关计算机特定解释的限制,即欺骗必须与数据处理系统本身检验的事实有关(见本书边码615)。第4刑事审判庭认为,其虽然对于已经存在的合同关系框架内的行为来说可能是正确的,但不适用于在此存在的为欺骗而订立合同的情形。然而,即使对此作出了限制,且这一限制也得以满足,因为"投注庄家不允许对操纵的比赛进行投注的意志……在数据处理过程中通过确定投注赌注的最高限额……找到了它的表达",BGH NJW 16,1336附评注Bosch,Jura(JK)16,954也是如此。更有说服力的是,通过否认限制的正当性,得出相同的结果。在这种情况下,对损失确定与对诈骗罪的探析无异(对此见本书边码543)。

614 据此,未经授权的持卡人使用伪造、篡改[1]或非法获得的[2]代码卡(Codekarte),根据第263a条之规定,对(发卡的)银行[3]构成刑事犯罪,因为在这种情况下,他必须向银行职员暗示地虚构

[1] BGHSt 38,120,123;BayObLGSt 93,36;银行卡刻录(Kartenrohlinge)也属于其中,将此前通过所谓的非法复刻(Skimming)(通过安装在自动取款机或者支付终端的电子设备,提取重要的数据;对于非法数据读取技术,见BGH JR 11,456;Seidl,ZIS 12,415 f)而盗取的数据,载入其中,对此见Bachmann/Goeck,JR 11,425,427;Eisele,CR 11,131,135 f;MK-Mühlbauer,§ 263a Rn 57;Seidl,ZIS 12,417,421;BGH NStZ 12,626 f。对于第263a条与第152a条、第152b条的关系,见BGH NStZ-RR 13,109。对于犯罪参与形式,见Feldmann,wistra 15,41。对于非法数据读取和网络钓鱼的案例解析,见Wörner/Hoffmann,Jura 13,742。

[2] BGHSt 47,160,162;如果持卡人通过对其身份的欺瞒而从发卡行处取得银行卡,则其属于合法的银行卡持有人,见BGHSt 47,160,162;50,174,179;OLG Köln NJW 92,125。

[3] 见BGH NJW 01,1508附评注Fad,JA-R 01,112;Wohlers,NStZ 01,539;关于损失的论证,见以上文献和Krey/Hellmann/Heinrich,BT Ⅱ Rn 734以及——也对于可以想见的计算机三角诈骗——本书边码606。

其缺失的权限。[1] 主观化的观点在结论上与此一致。[2] 根据德国联邦法院的观点,如果犯罪人在没有输入个人识别密码的情况下,使用被盗的借记卡,只是通过伪造持卡人在收据上的签名来进行"付款",则其并非构成计算机诈骗罪,而是构成诈骗罪。[3] 根据判例,第 263a 条规定的非法获取银行卡的犯罪形式,包括盗窃和抢劫式敲诈勒索,[4]但不包括导致错误发放银行卡和泄露个人识别密码的诈骗行为。在此,诈骗行为只能是针对持卡人的,在自动柜员机上使用该卡,则不受惩罚。[5] 这不能让人信服。正确的是,通过欺骗获得银行卡和个人识别密码之后的犯罪是计算机诈骗罪,如果存在的话,并以(占有)诈骗[(Besitz) Betrug]作为共罚的先前犯罪。

现实判例:作为 BGH NStZ 16,149 基础的案件是,A 给老人们打电话,谎称其是一名银行职员,并向他们报告了所谓的黑客攻击。他要求账户持有人将银行卡和相关的个人识别密码交给银行职员,以便检查交易。与 A 合作的 B,接收了银行卡和个人识别密码。在其中的一起犯罪中,B 还接收了提取的现金,并在不久之后,在自动取款机上从各个账户中提取了一笔较大的金额。德国联邦法院正确地确认了对现金的诈骗定罪,但错误地推翻了地方法院的认定,即在所有情形下(也)存在计算机诈骗。就此而言,鉴于"宪法规定的对于犯罪构成的限制性解释",对"未经授权"(见边码 613)这一要件的主观化解释,导致第 263a 条之适用被正确地拒绝。然而,对于正确要求

---

〔1〕 A/W-Heinrich, § 21 Rn 37; G/J/W-Bär, § 263a Rn 16; LK-Tiedemann/Valerius, § 263a Rn 48 f; SKHoyer, § 263a Rn 31; 在结论上也 NK-Kindhäuser, § 263a Rn 46; 对于使用留给未获授权者的食堂卡,见 Raschke/Zirzlaff, ZJS 12,224。

〔2〕 Vgl. Hilgendorf, JuS 97,134.

〔3〕 Vgl. BGH MMR 12,127.

〔4〕 Vgl. BGH NStZ 01,316; BGH StV 02,362.

〔5〕 BGHR StGB § 263a Anwendungsbereich 1; BGH HRRS 13,73(Nr 279); BGH NStZ 16,149 附评注 Jäger, JA 16,151,153; 评注 Kraatz, JR 16,312; Thüringer OLG wistra 07,236,237。

的诈骗特定解释(再次见边码 615),银行柜台的查验过程被宣示为决定性的比较标准,该查验过程仅限于“自动取款机也处理”的方面。由于自动取款机只查验银行卡和个人识别密码的一致性,这在此是存在的,所以自动取款机不会被“欺骗”(对此的疑虑 BGH NStZ-RR 17,79 附支持性评议 Ladiges, wistra 17,255)。这消除了与过于窄狭的计算机特定解释的区别(见 Rengier,BT I § 14 Rn 22)。而且,人们也忽略了这样一个事实,即使用银行卡并知道密码的人在柜台要求提款,不是被要求提供要保密的密码,而是提供与银行卡上的签字相对应的签名,由此,为了成功,行为人将被迫伪造签名。与此相关的欺骗,实现了自动柜员机上相应操作的诈骗等值(Betrugsäquivalenz)。这一发现显然并不取决于,犯罪人是通过盗窃和强制,还是通过抢劫型敲诈勒索,或者如同分析的案件那样,通过可能符合诈骗罪犯罪构成的欺骗行为,而获得银行卡和个人识别密码。因为无论是自动柜员机还是银行员工,都无法查验获取取款手段的方式,也无法证明为什么——正如德国联邦法院希望的那样——要将通过欺骗与通过(必要时强制的)压力而损害意志来对其予以区分。即使是在强制和敲诈勒索的情况下(除了银行卡被盗窃或者存在绝对强制之外),权利人提供进入手段,与在诈骗罪中“根据他的意志”通常并无二致。

因此,即使——正如德国联邦法院现在要求的那样——“将诈骗罪和计算机诈骗罪的比较考察……通过对事件的总体考虑……来进行补充”,也必须保持对自动柜员机行为的一致评价。由此存在的计算机诈骗,取代了德国联邦法院认定的、先前的、作为共罚的先行为的对银行卡的持有诈骗(在没有强制的情况下,骗取个人识别密码的行为并不可罚)。当然,对此以及对于德国联邦法院的解决方案的前提是,相对于持卡人对于银行卡的诈骗罪犯罪构成是符合的。这是值得怀疑的,因为——德国联邦法院没有提到这一点——仅仅拥有银行卡,即使知道个人识别密码,难谓其具有可予量化的财产价值,因此,根据联邦宪法法院的标准,损失也会造成不可名状的损害。此外,在提款之前,人们只能谈论一种充其量“与损害等同”的财产危险,其并不已经具有证成诈骗的构造,原因在于,在此种情况下,“实际”损害仅通过提款和犯罪人的行为而产生,而不是直接通过被害人的行为而产生(与欺骗有关的银行卡和个人识别密码的给出)(在偷偷摸摸地使支配松弛并随后取走的情况下,对诈骗罪符合性的类似怀疑,见边码 627)。大体一致的批评意见 Berster, wistra 16, 73; Böse, ZJS 16, 663; Bosch, Jura 16, 451(§ 263a); Brand, StV 16, 360; Jäger, JA 16, 153; Kraatz, JR 16, 312; ders. , Jura 16, 881 f; Piel, NStZ 16, 151。对所谓的网络骗局(Phishing)更为深入和更富教益的对照 Ladiges, wistra 16, 180 ff;也参见 Ceffinato, NZWiSt 16, 464。关于在意志上并无问题地将银行卡和个人识别密码给出,在此后被滥用的案件,见本书边码 600b 结合边码 620。

如果账户持有人本人违反合同,在自动取款机提款,超过了其(根据《德国民法典》第 504 条之规定)所具有的通常被称为承兑信用(Dispositionskredit)[1]的贷款额度[以及可能在此之外存在的、其所知悉的差额极限(Toleranzgrenze)][2],根据主观化的主张,第 263a 条无疑是存在的。[3] 相反,在优先选择的诈骗特定解释的支持者中间,解决方案是有争议的。[4] 在某些情况下,第 263a 条被否定,因为违反合同而超过信贷限额,相对于银行职员,在未对其欺骗的情况下也是可能存在的,[5]根据《德国民法典》第 505 条负有的透支几乎不会导致刑事犯罪。[6] 此外,在对诈骗等值性的检验当中,不应将注意力集中在一个完全代表银行利益的虚构的银行职员身上,而应集中在一个处理计算机也核查问题的 615

[1] Vgl. Rengier, BT I § 14 Rn 38; Rengier, Stürner-FS S. 892.

[2] Rengier, Stürner - FS S. 894 f: "容认的账户透支"(geduldete Kontoüberziehung),《德国民法典》第 505 条关于"透支信贷"(Überziehungskredit)。

[3] Vgl. S/S/W-Hilgendorf, § 263a Rn 17.

[4] 见 Heinz, Maurer-FS, S. 1127 ff; Küper/Zopfs, BT Rn 705 ff;也参见 Beulke, III Rn 386; Hillenkamp/Cornelius, BT 问题 36,例证 2; Kempny, JuS 07, 1084; Valerius, JA 07, 781。

[5] Vgl. A/W-Heinrich, § 21 Rn 43; BK-Schmidt, § 263a Rn 28; Kraatz, Jura 10, 43; Krey/Hellmann/Heinrich, BT Ⅱ Rn 735; SK-Hoyer, § 263a Rn 35; S/S-Perron, § 263a Rn 11.

[6] Vgl. Eisele, BT Ⅱ Rn 685.

虚构的银行职员身上。[1] 这不仅不恰当地将银行职员降级为人格化的计算机。[2] 而且,由此得出的不符合犯罪构成的结论,也是存在矛盾的。[3] 由于发卡机构的银行职员不能在透支限额用尽后,不可以并无问题地支付所提取的金额,由此在提取之前会检查账户余额,并需要暗示的欺骗,即所提取的金额仍然能被覆盖。一般情况下,该机构的自动取款机也是同样运作的。如果核查表明,承兑信用(以及可能的差额极限)已用尽,其将拒绝付款。因此,存在相当于欺骗的行为。[4] 如果持卡人使用其他银行的自动取款机,核查也不限于"处置框架"(Verfügungsrahmen)。[5] 相

---

[1] BGHSt 47,160,163 附评议 Kudlich, JuS 03,537;BGH wistra 13,228,230;Altenhain, JZ 97,752,758;AnK-Gaede, § 263a Rn 12 f;A/R/R-Heghmanns,6 Rn 210;E/R/S/T-Saliger, § 263a Rn 6;HK-GS/Duttge, § 263a Rn 17;M/R-Altenhain, § 263a Rn 15;Schmidt, BT Ⅱ Rn 686;Schramm, BT I § 8 Rn 28,37;Zöller, Jura 03,640;在已存的合同关系的框架内的行为,BGH NJW 13,1017,1018 对 BGHSt 47,160 表示赞同,但是,在骗取(投注)合同缔结的情况下,则非如此;相对于此种"比较形象"的使用,恰当地予以反对 MK-Mühlbauer, § 263a Rn 46;与"域名预定"相关联,以与德国联邦法院类似的方式予以限制 OLG Karlsruhe NJW 09,1287,1288。

[2] 如同本书否定 NK-WSS-Waßmer, § 263a Rn 40;Rengier, BT I § 14 Rn 22 f。

[3] Vgl. Bernsau, Der Scheck-und Kreditkartenmißbrauch durch den berechtigten Karteninhaber 1990, S. 154 ff,191 f;Beulke, Ⅲ Rn 387;Eisele/Fad, Jura 02,311;Lackner/Kühl/Heger, § 263a Rn 14;LK-Tiedemann,11. Aufl., § 263a Rn 51;Lackner, Tröndle-FS S. 53 f.

[4] 其他观点 Jäger, BT Rn 545;Klesczewski, BT § 9 Rn 146;Eisele, BT Ⅱ Rn 685;Fischer, § 263a Rn 14a;Krey/Hellmann/Heinrich, BT Ⅱ Rn 735;Küper/Zopfs, BT Rn 706;MK-Mühlbauer, § 263a Rn 58;M/R-Altenhain, § 263a Rn 15。NK-WSS-Waßmer, § 263a Rn 42 f 和 Rengier, BT I § 14 Rn 23,38 也否定欺骗相当性,虽然其如同本书,否定在 BGHSt 47,160,162 f 中述及的、对于仅仅检验计算机同样检验问题的个人的限制;作为对此的例证,参见判决中的案件事实 OLG Schleswig NJW 86,2652;OLG Stuttgart NJW 88,981;LG Karlsruhe NStZ 86,71;对于在自助收银机上的支付,不同 OLG Rostock wistra 20,122,125 附评注 Schmidt。

[5] 但是如此 BGHSt 47,160,163;Krey/Hellmann/Heinrich, BT Ⅱ Rn 735;"处分框架"(Verfügungsrahmen)指的是,确定一个账户持有人在特定的期限内(在一天之内、在一周以内)可以提取的最高限额,见 Rengier, Stürner-FS S. 894 f。

反,其通常延伸到(如同在机构自身的自动取款机提取现金的情况)核查限额,以及核查银行卡是否被封锁。[1] 因此,即使在个别情况下,核查不应直接涉及信贷额度,也没有理由否认这种欺骗的等同性。否则的话,人们又回到了对"未经授权"这一要件的过于狭隘的计算机特定解释中。[2] 与在诈骗罪中一样(见边码 487 及下一边码、边码 512),银行作为被害人利于犯罪人实施犯罪,并且银行可能没有利用所有可用的自我保护手段,但这一事实并不足以将此类案件从犯罪的保护范围中剔除。[3]

由于第 263a 条和第 266b 条中规定的法定刑的差异,一些人认为,账户持有人滥用自动取款机的行为,不是第 263a 条涵盖的行为,而是第 266b 条所规定的较轻的刑事犯罪,[4]或者为该条所排斥。[5] 此外,建议以"法律后果限制"(Rechtsfolgenbeschränkung)的方式,将第 263a 条的刑罚范围从第 266b 条中剔除。[6] 德国联邦法院第 2 刑事审判庭鉴于诈骗等值性的缺失而否定了第 263a 条之适用可能(见边码 615),取而代之,认定第 266b 条基本上是与计算机诈骗相关的,从而在结果上,对此类建议采取了更为接近的态度。如果权利人在发卡机构的自动取款机上,违反合同约定提取现金,这将导致完全的不予处罚,因为在这种情况下,第 266b 条所要求的三方体系 616

〔1〕 当下的标准即如此,见 Rengier, Stürner-FS S. 899。

〔2〕 Hillenkamp/Cornelius, BT 问题 36, 例证 2; Lackner/Kühl/Heger, § 263a Rn 14; Mühlbauer, wistra 03, 249。

〔3〕 见 Hillenkamp, Vorsatztat und Opferverhalten 1981, S. 18 ff; 46 f; 180 ff; LK-Tiedemann/Valerius, § 263a Rn 51 结合 Rn 5; MK-Wohlers/Mühlbauer, § 263a Rn 10。

〔4〕 OLG Stuttgart NJW 88, 981; Huff, NJW 87, 815; Joecks/Jäger, § 266b Rn 17; Meier, JuS 92, 1017; Mitsch, JZ 94, 877, 881; S/S-Cramer, 26. Aufl., § 263a Rn 19; Schulz/Tscherwinka, JA 91, 119; Weber, JZ 87, 215; Zielinski, Anm. CR 92, 223, 227; 区别 M/S/M-Momsen, BT I § 45 Rn 79。

〔5〕 NK-Kindhäuser, § 263a Rn 49.

〔6〕 Bernsau, 同前注 S. 181 ff; 对于争论, 见 Hillenkamp/Cornelius, BT 问题 36, 例证 2; 也关于既不适用第 263a 条, 也不适用第 266b 条的观点。

(Drei-Partner-System)并不存在,这种体系才产生了与背信的相似性(Untreueähnlichkeit),并触发了发卡机构对保护的更大需求。与之相反的是,并无支付能力或意愿的持卡人,在第三方银行机构的自动取款机上不法地提取现金,符合第266b条之规定,因为其与在第三方银行兑现有担保的现金支票(ec-Scheck)没有实质性区别。[1] 然而,有人对这一观点持保留意见(也见边码796)。在此类案件中,编码借记卡并不是作为具有以前必不可少的担保功能的支票卡使用,而只是作为"自动取款机钥匙"(Automatenschlüssel)使用。一方面,随着2001年12月31日欧洲支票系统的取消,[2]这一点变得更加明显,因为从那时起,借记卡仍然可以用作后一种功能,但不再用作支票卡。[3] 因此,它甚至不能再被称为第266b条所规定的"支票卡",[4]即使它可能仍然带有ec标志。另一方面,在此,账户持有人辜负的不只是金融机构通过提供银行卡而给予的信任。更确切地说,他还攻击了银行或储蓄机构用来保护自动现金支付的安全机制。这种超出第266b条范围的、额外的不正当行为,适用第263a条是合理的,因为第263a条规定了更高的法定刑格。

617 在第4种情形当中,其他未经授权而对流程施加的影响,被规定为犯罪。其为前三种犯罪情形未涵盖的、应受惩罚的案件,或者由于新技术的发展而可能出现的案件,提供一个兜底性的犯罪构成(Auffangtatbestand)。[5] 属于此类的案件是,在将费用记入导

[1] BGHSt 47,160,164 ff;对此见 Beckemper,JA 02,545;Fischer, § 263a Rn 14a 结合 § 266b Rn 7 ff;Kudlich,JuS 03,538;Zielinski,JR 02,342。

[2] 对此见 Baier,ZRP 01,454。

[3] Vgl. Krey/Hellmann/Heinrich,BT Ⅱ,Rn 735.

[4] A/W-Heinrich, § 21 Rn 43a;Rengier BT I § 19 Rn 2[相反,其意欲将借记卡(Debitkarten)涵括到"信用卡"的概念当中,见 Rengier,BT I § 19 Rn 23,25;Rengier,Stürner-FS S. 903];在第266b条中保留"支票卡"以及在第152b条中保留"欧元卡",只是为了原有案件的判定可能,见 Husemann NJW 04,104,108。

[5] Vgl. Fischer, § 263a Rn 18;OLG München NStZ 08,403,404.

入的电话卡之前，终止通过租用卡电话建立的电话连接。[1] 其兜底功能特别体现在，当在第 2 种和第 3 种情形的意义上使用数据，要求在数据处理过程中输入数据。[2] 如此，通过使用非法获得的关于程序运转的认知，使自动取款机空转（Leerspielen），仅属于第 4 种情形规制的范围。原因在于，当操纵风险按钮（Risikotaste）时，只使用与数据相关的特殊知识，非法获得的数据本身并没有输入到处理系统中。[3] 根据为参与投注而制定的标准（见边码 500），投注者会向推测的自动投注机营运者暗示地声明，他并没有获得特殊认知（Sonderwissen），使他能够在对其有利的数据处理过程中获得编程的获胜机会，因此，在这种情况下，在与诈骗罪近似的解释中，这种影响是未经授权的。[4] 如果程序知识是非法获得的，那么欺骗等同性也可以通过这样一个事实来证明，即对游戏运营商来说，隐瞒特殊认知是一种欺骗行为，其违反了基于推断

[1] OLG München NStZ 08，403 附评注 Schönauer，wistra 08，445；租用卡电话的持有者，通过这种"秒连"（Sekundenverbindungen）实现了高额的费用销售，其参与其中。对于诈骗相当性，见 S. 405。

[2] Rengier，BT I § 14 Rn 11，14，59；对于争论，见 BK-Schmidt，§ 263a Rn 35 f；S/S/W-Hilgendorf，§ 263a Rn 24 f。

[3] Kudlich，PdW BT I S. 119；Mitsch，BT Ⅱ S. 399 f；NK-WSS-Waßmer，§ 263a Rn 65；Theile，JA 11，32，35；相反，支持"使用"BayObLG JR 91，298 附就此而言赞成性评注 Neumann，301；Hilgendorf，JuS 97，131；开放 BGHSt 40，331，334；批判 M/R-Altenhain，§ 263a Rn 18。

[4] HK-GS/Duttge，§ 263a Rn 24 恰当地提醒注意——对此也见 BGH NJW 13，1017，1018——对于博彩诈骗的平行性；如同 Krey/Hellmann/Heinrich，BT Ⅱ Rn 750；Rengier BT I § 14 Rn 60；在强调认识必须非法获得的前提下，也认可与默示的欺骗的相当性 A/W-Heinrich，§ 21 Rn 47；Hilgendorf，JuS 97，130，132；Lackner/Kühl/Heger，§ 263a Rn 14a；LK-Tiedemann/Valerius，§ 263a Rn 61；SK-Hoyer，§ 263a Rn 45；S/S-Perron，§ 263a Rn 17。

的披露义务。[1] 然而,将不知道自动柜员机的故障,作为暗含的声明内容,或使知悉该故障的人有义务对此作出声明,是错误的。[2]

判例例证:后者在 KG NStZ-RR 15,111 被作出了正确的判定。[3] 在本案中,被告人可能利用已经在互联网上公布的特定类型的老虎机(Spielautomaten)的软件错误,并获得最大可能的游戏利益。柏林州高等法院只考虑了根据第 263a 条第 1 款第 4 种情形的刑事可罚性,并未恰当地对之予以认定,理由在于,在"形式上合规的操作"的框架内,被告人只是利用了他们所知道的一个现存缺陷。根据法院的观点,在作为前提的诈骗等同的情况下,此种做法并非未经授权的,因为对已经存在的错误进行类似的利用,也不符合第 263 条之规定。这一结论的另一个原因是,被告人没有非法地获得对缺陷的了解,并且自动游戏机的运营者在知道存在缺陷的情况下,仍然继续运行机器。

618 在电子现金程序(electronic-cash-Verfahren)中滥用银行卡,与处理的自动取款机滥用相关联。[4] 此外,第 263a 条也适用于使用电话卡模拟器(Telefonkartensimulator),未经授权使用他人的

---

〔1〕 Eisele, BT Ⅱ Rn 689;在结论上同样如此 BGHSt 40,331;BayObLG JR 94,289;Mitsch, JZ 94,877,882;其他 Achenbach, Anm. JR 94,293;M/S/M-Momsen, BT I § 41 Rn 241;MK-Mühlbauer, § 263a Rn 91;Neumann, Anm. StV 96,375;Schulz, JA 95,538;Zielinski, Anm. NStZ 95,345。

〔2〕 其他观点 OLG Braunschweig JR 08,435,436 附评注 Niehaus/Augustin;如同本书 OLG Karlsruhe NStZ 04,333,334;KG NStZ-RR 15,111;附评议 Hecker, JuS 15,756;Eisele, BT Ⅱ Rn 690;K/H-Cornelius, Kap. 102 Rn 103;Klas/Blatt, CR 12,136,139;Rengier BT I § 14 Rn 57;Vogt/Brand, Jura 08,305,306;对此也见边码 197、613 和 Obermann, NStZ 15,198。

〔3〕 也见 OLG Stuttgart ZfWG 17,59 附评注 Hambach/Berberich。

〔4〕 对此见 Altenhain, JZ 97,752;G/J/W-Bär, § 263a Rn 19;Rossa, CR 97,219;SK-Hoyer, § 263a Rn 41 以及更确切 Rengier, Stürner-FS S. 900 ff。

移动电话,在互联网上滥用信用卡和使用付费电视盗版卡(Pay-TV-Piratenkarte),设置和使用拨号器以及滥用通过密码钓鱼[网络钓鱼(phishing)]获得的银行账户数据,[1]但不适用于拨入未加密操作的无线网络,并意图免费使用互联网。[2]

正确的观点是,第263a条作为特别规定,排除或取代第242条、第246条对滥用自动取款机的适用。[3] 然而,德国联邦法院的观点,[4]使滥用盗窃银行卡成为可能(见边码177及下一边码),其并不构成第263a条的共罚的先前犯罪。 619

相反,据此存在数罪关系(Tatmehrheit)。通说观点认为,倘若对于同一

[1] 对此列举的顺序,见 LG Würzburg NStZ 00,374;Hecker,JA 04,762,768;Hefendehl,NStZ 00,348。Busch/Giessler,MMR 01,586;Hellmann/Beckemper,JuS 01,1095;Laue,JuS 02,359;Schmidt,BT Ⅱ Rn 678;H. Scheffler,CR 02,151。Fülling/Rath,JuS 05,598;Gercke,CR 05,606,608;Krutisch,Strafbarkeit des unberechtigten Zugangs zu Computerdaten und-systemen 2004,S. 164 ff;Popp,NJW 04,3517;ders.,MMR 06,84;AG Hamm CR 06,70 附评注 Werner;Heghmanns,wistra 07,167,169;Kögel,wistra 07,206;Popp,MMR 06,84。对于卡片共享相对于将付费电视订户的智能卡与并未预订者分享,见 OLG Celle StraFo 17,76 附评注 Esser/Rehaag,wistra 17,81。在网络钓鱼的情况下,要注意区分可能根据第202c条第1款第1项或者《联邦数据保护法》(Bundesdatenschutzgesetz/BDSG)第44条规定的刑事可罚的数据获取,和可以想见根据第263a条的刑事可罚的、对其的无权使用,对此见 Ceffinato,NZWiSt 16,465;Goeckenjan,wistra 08,128,131 f;dies.,wistra 09,47,49 ff;招募/介绍人员,将其银行账户交由网络钓鱼使用,对此的刑事可罚性,见 BGH wistra 18,254 f;对于信用卡和直接借记刷卡(真的银行卡加上被操纵的磁条中的账户信息),见 Ullenboom,NZWiSt 18,26;对于实体上的终了,见 BGH wistra 15,20;附评议 Mayer,HRRS 15,500;对于与此关联的未遂开始,见 KG MMR 12,845;LK-Tiedemann/Valerius,§ 263a Rn 56 和 Stuckenberg,ZStW 118(2006),906,但其将账户进入数据的获取,已经视为诈骗(S. 894 ff)。对于滥用银行卡保护的支付系统的概览,见 Eisele/Fad,Jura 02,305;Heinz,Maurer-FS,S. 1111;Kempny,JuS 07,1084;Valerius,JA 07,778。

[2] Vgl. LG Wuppertal MMR 11,65,66;Ŏglakcıŏglu,JA 11,588,592.

[3] 更详尽 BGHSt 38,120,124 f;S/S-Perron,§ 263a Rn 42;其他 Ranft,JuS 97,19 以及 Anm. JR 89,165。

[4] 参见 BGH NJW 01,1508 附评注 Fad,JA-R 01,110。

财产状况，可适用第263条规定，则不适用第263a条；[1]可能更优的方案是，认定为统一的（多举动的）犯罪（见边码603）。如果犯罪人以诈骗手段获得借记卡，[2]则根据德国联邦法院的观点，利用借记卡提取现金可能构成第266b条之犯罪，与第263条之犯罪处于一罪关系当中（见边码797）。[3] 如果犯罪人利用被盗的借记卡以直接借记的方式（Lastschriftverfahren）"支付"时，伪造持卡人的签名而非输入个人识别密码（因为处分是由自然人作出的；计算机仅用于通过账户数据进行处理），则只符合第263条而非第263a条之规定。[4] 如果犯罪人在输入雇员的工资总额和个人资料后，开始对以前记录的所有数据进行"真实工资支付"，并创建"银行随附清单"，则在当天进行的所有转账中，其只构成一个计算机诈骗罪。[5] 如果犯罪人在自动取款机上连续进行未经授权的取款，银行分行和银行卡都没有更换，也同样如此。[6] 如果无法确定，转账载体是由（当时被欺骗的）银行职员或者仅以"自动方式"进行查验，则存在第263条和第263a条规定的同一犯罪[根据通说观点，系选择认定，见边码603]。相反的是，如果确定存在计算机诈骗行为，但不能确定此前犯罪人是否实施了诈骗，则遵循事后未决（Postpendenz）的处断原则，根据第263a条对其予以处罚。[7] 关于帮助犯的故意，德国联邦法院遵循了其关于诈骗罪的相关判例（边码590），对于所谓的金融经纪人（Finanzagent），至少要求其认为，对于不法内涵和侵犯方向（作为计算机诈骗）基本上可予认知的主要犯罪，可能做出支持性的犯罪助益。[8]

---

[1] Lackner/Kühl/Heger, § 263a Rn 27；《税收条例》第370条也可能是排斥第263a条之适用，见 BGH NJW 07,2864,2866 f。

[2] 在此类案件中，对于存在疑问的与损害等同的财产危险，见 BGH NStZ 09,329（尚未关注到德国宪法法院对此作出的判决，见边码572、606、776）和本书边码614中的现实判例。

[3] BGHSt 47,160,167 f；对此见 Mühlbauer, NStZ 03,650,655 和本书边码614。

[4] BGH MMR 12,127 援引 BGH NJW 03,1404。

[5] Vgl. BGH wistra 10,263,264.

[6] Vgl. BGH NStZ-RR 13,13；BGH BeckRS 20,3076.

[7] BGH NJW 08,1394,1395 附评议 v. Heintschel-Heinegg, JA 08,660；BGH NStZ 08,396；BGH wistra 13,271。

[8] Vgl. BGH BeckRS 12,08602.

在案例49中,T向O的账户记入借方,意图是非法获利10,800欧(准许的2000欧与旅行目的有关),从而损害O的资产。[1] 她还通过启动自动取款机程序[2](边码605),影响自动取款机数据处理过程的结果。这是通过使用O的个人识别密码和数据来完成的。[3] 因此,认定是否构成计算机诈骗在很大程度上取决于数据的使用是否未经授权。这可以通过主观化的解释来获得支持,因为提供银行卡和个人识别密码,与银行的条款和条件相矛盾,也与系统运营商的意志相冲突。[4] 此外,在与O的内部关系中,T没有遵守限制,因此其违反了合同。[5] 与之相反,根据恰当的特定于诈骗的解释,决定性因素是其是否存在相当于欺骗的行为。因为犯罪人必须向银行职员声称他缺乏的对外有效的权限,虽然这是应予肯定的。[6] 可是,由于犯罪人——不同于BGH NStZ 16,149判决在意志上并无问题(对此见边码614之现实判例;另见BGH NStZ-RR 17,79,涉及由错误导致的交付)——在持卡人提供银行卡和个人识别密码的基础上,拥有处置权,其也不必——就像相对于银行其具有没有限制的授权书的情况一样——就此进行欺骗。因此, 620

---

〔1〕 参见S/S-Cramer,26. Aufl., § 263a Rn 28。

〔2〕 参见OLG Köln NJW 92,125;其他观点Kleb-Braun,JA 86,259;Ranft,wistra 87,83 f。

〔3〕 参见LK-Tiedemann/Valerius, § 263a Rn 50结合Rn 21。

〔4〕 如果第三人的授权以合同的方式毫无例外地予以排除,则BGH NStZ-RR 17,79附评注Stam,NZWiSt 17,238和评议Ladiges,wistra 17,255,其意欲肯定第263a条的适用。

〔5〕 Vgl. Mitsch, JZ 94, 877, 882; NK-Kindhäuser, § 263a Rn 51; S/S/W-Hilgendorf, § 263a Rn 16.

〔6〕 Vgl. Lackner/Kühl/Heger, § 263a Rn 14; Rengier, BT I § 14 Rn 34; Theile, JA 11,32,33.

人们也可以否定存在欺骗价值。[1] 更多存在的是背信行为。然而,由于T对O财产的接触,不是基于在法律行为上有效授予的处分权,因此只有违反信赖犯罪构成(Treubruchstatbestand)才可予以考虑。可是,由于仅限于严格限制的提款程序,因此缺乏忠诚义务(Treuepflicht)。[2] 由此,如果第263a条之适用被否定,则T至多可因侵占而受到惩罚,[3]因为第266b条也不适用。根据第266b条,O也并不具有刑事可罚性。[4] 在此类案件中,如果犯罪人通过虚假地声称,他只是想为持卡人收集银行对账单,向他支付债务或检查他账户中的违规行为,从而获得银行卡和个人识别密码,则根据判例,(仅)应适用第263条。[5] 这是值得怀疑的,因为财产损失不是由银行卡和个人识别密码的给予所引起的,而是由犯罪人由此成为可能的提款所引起的,因此该损失不是处分的直接后果。[6] 在这种情况下,正确的观点是,(至少也)应适用第263a条(见边码614),因为与案例49不同的是,犯罪人没有被授予任何与提取现金有关的处分权限。[7]

---

〔1〕 参见 BGH HRRS 17,155(Nr 353)(对此的担忧 BGH NStZ-RR 17,79;赞成 Ladiges,wistra 17,255);OLG Düsseldorf NStZ-RR 98,137 附否定性评注 Otto,JK 99,StGB § 263a/9 和否定性评议 Hilgendorf,JuS 99,542;OLG Köln NJW 92,126;OLG Dresden StV 05,443;BK-Schmidt, § 263a Rn 27;Fischer, § 263a Rn 13;HK-GS/Duttge, § 263a Rn 18;Kraatz,Jura 10,42;LK-Tiedemann/Valerius, § 263a Rn 50;Meyer,JuS 92,1017;M/R-Altenhain, § 263a Rn 14;NK-WSS-Waßmer, § 263 Rn 47;S/S-Perron, § 263a Rn 12;SK-Hoyer, § 263a Rn 39;在滥用为公务之用而给予的移动通信代码卡片的情况下,同样如此 LG Bonn NJW 99,3726 以及加油卡 OLG Celle NStZ 11,218,219;OLG Koblenz StV 16,372 附评注 Bosch,Jura 15,1010(§ 263a);对于直接借记程序中的类似问题,见 BGH StraFo 15,340。

〔2〕 见 S/S-Perron, § 263a Rn 12;在赋予权限,为适当的生活开支而提取钱款的情况下,有所不同 OLG Hamm NStZ-RR 04,111,112;也见 Kraatz,Jura 10,43。

〔3〕 如此 OLG Köln NJW 92,127;对此见边码 183 及下一边码。

〔4〕 Vgl. BGH NStZ 92,278;Löhnig,Jura 98,838.

〔5〕 BGHR StGB § 263a Anwendungsbereich 1;Thüringer OLG wistra 07,236,237;目前对此更为确切见 BGH NStZ 16,149(边码 614 现实判例)。

〔6〕 援引(Tröndle)/Fischer, § 263 Rn 46,Thüringer OLG wistra 07,236,237 对此予以略过;也见 Stuckenberg ZStW 118(2006),899 和本书边码 579。

〔7〕 对此区别,见 Ladiges,wistra 16,183;随之 Böse,ZJS 16,665。

在案例 50 中,由于电子硬币检测仪有缺陷,T 在不影响数据处理操作结果的情况下造成了损失。因此,只能考虑计算机诈骗的未遂。T 认为,通过影响硬币检测的过程,可以影响检测结果。[1] 根据关于这个问题的所有观点,他使用的准备好的硬币是未经授权的,T 也知道这一点。他知悉,必须将准备好的硬币作为 5 马克的硬币,支付给一个假想的控制人。由于 T 希望损害老虎机运营者的利益并从利润中非法获利,因此其似乎已经形成了犯罪决意。然而,策勒州高等法院[2]正确地否认了这一点,因为根据 T 的设想,只有在他使用老虎机,并通过硬币检测仪打开游戏和获胜之后,才能获得利润,并将其据为己有。在这种情况下,并不具备基于诈骗等同性要求的,取代财产处分的数据处理过程的结果对于损失的直接性。[3] 这并没有改变这样一个事实,即通过欺骗硬币检测仪,已经出现了财产危险。[4] 这相当于在诡计盗窃(Trickdiebstahl)情况下的支配松弛(Gewahrsamslockerung),但其对于诈骗而言也是不够的。[5] 试图用所谓的数据处理过程的"不重要",来取代策勒州高等法院给出的正确理由,难以奏效,原因是,检测过程对财产保护具有基础作用,[6]这也是财产所有人将硬币检测仪投入使用的目的。[7] 因此,策勒州高等法院正确地判定其构成盗窃罪。其间,显然存在特别严重的情形(第 243 条第 1 款第 2 句第 2 项)(见边码 229)。[8] 621

---

〔1〕 根据 OLG Düsseldorf NStZ 99,249;JR 00,212 附否定性评注 Otto,在只是对硬币查验进行"欺骗"的情形下,已经不存在对于原本的数据处理过程的影响;同样如此 MK-Mühlbauer, § 263 Rn 92。

〔2〕 Vgl. OLG Celle JR 97,345.

〔3〕 Vgl. Lenckner/Winkelbauer,CR 86,659.

〔4〕 但是如此 Hilgendorf,Anm. JR 97,349;Mitsch,JuS 98,313。

〔5〕 Krey/Hellmann/Heinrich,BT Ⅱ Rn 555,557;怀疑 S/S-Cramer,26. Aufl. , § 263a Rn 26。

〔6〕 因此,LK-Tiedemann/Valerius, § 263a Rn 22,65 也否定 Hilgendorf,Anm. JR 97,349。

〔7〕 因此也并无说服力 Mitsch,JuS 98,334。

〔8〕 对于更多的罪名,见 Biletzki,JA 97,749;Hilgendorf 和 Mitsch,各同前注;OLG Düsseldorf JR 00,212 附批判性评注 Otto;对于案件情形,见 Jerouschek/Kölbel,JuS 01,780。

Ⅲ. 鉴定结构:计算机诈骗罪,第 263a 条

621a

计算机诈骗罪,第 263a 条

Ⅰ. 犯罪构成

1. 客观构成

a)犯罪行为:影响数据处理过程的行为

· 对程序的不正确建构

Ⓟ不正确性

· 使用不正确/不完整的数据

Ⓟ不正确性

Ⓟ未输入数据而使用

· 未经授权的数据利用

Ⓟ未输入数据而使用

Ⓟ对未经授权的解释(银行自动柜员机案件)

· 对流程未经授权的影响

b)中间后果:

· 影响数据处理的结果

→ 行为侵入处理过程

Ⓟ通过启动而施加影响

c)犯罪结果:

· 财产损失

财产减损

→ 同第 263 条诈骗罪

补偿缺位

→ 同第 263 条诈骗罪

影响与损失之间的直接性

2. 主观构成

a)故意:

· 任何故意类型

b)获利意图

· 为自己或第三人创设非法的财产收益的意图

→ 同第 263 条诈骗罪

Ⅱ.违法性

Ⅲ.有责性

Ⅳ.减轻情形(刑事告诉,第 263a 条第 2 款结合第 263 条第 4 款、第 247 条、第 248a 条)

Ⅴ.特别严重情形(第 263a 条第 2 款结合第 263 条第 3 款、第 4 款)

→ 加重构成(第 263a 条第 2 款结合第 263 条第 5 款)

§ 15 诈骗与盗窃之界分

诈骗和盗窃之间的界分,并非“教义学上的玻璃珠游戏”(Glasperlenspiel)。[1] 存在诈骗还是盗窃行为,对被害人具有民法上的后果。一方面,民法上仅排除被盗物品的善意取得,而不排除被骗物品的善意取得(《德国民法典》第 935 条第 1 款)。另一方面,保险的范围往往仅限于盗窃。对犯罪人来说,第 242 条可能会导致第 244 条、第 244 a 条规定的加重构成,但在诈骗的情况下,此种加重构成仅在示例中存在非常有限的相应规定。此外,抢劫型盗窃罪(第 252 条),可能引发抢劫罪的加重情形(第 250 条、第 251 条),其只能以第 242 条作为先前犯罪。[2] 此外,在不存在使用盗窃(第 248b 条)的情况下,可能存在占有诈骗。因此,划界 622

[1] 但是如此 Dreher, JR 66, 29 和 GA 69, 56, 如同本书 Högel, Die Abgrenzung zwischen Diebstahl und Betrug 2015, S. 49。

[2] 见 AG Tiergarten NStZ 09, 271; BGH NStZ 12, 95 附评议 Jäger, JA 11, 950; BGH BeckRS 16, 19983 附评议 Eisele, JuS 17, 698。

问题往往具有相当大的实践意义。[1]

Ⅰ. 物品诈骗与诡计盗窃

1. 排除关系

623 所谓的物品诈骗和所谓的诡计盗窃的界分涉及的问题是,存在第 263 条规定的财产处分,还是第 242 条规定的取走。诈骗的特点是,财产损失是以财产处分为基础的,而财产处分是被骗者的错误决定的结果,是通过欺骗手段获得的,并且在没有犯罪人进一步犯罪的情况下,产生直接的财产减损效果。与此相反,在盗窃行为中,被害人的损害是由于犯罪人对物品的任意取用,也就是说,将物取走以及随之而来的支配的丧失。诈骗是一种自损犯罪,而盗窃是一种他损犯罪。因此,通说观点正确地得出结论,与同一物品或同一财产有关的单一实际处理行为,不能同时构成诈骗和既遂的盗窃,确切地说,上述两种犯罪构成相互排斥。[2] 因此,这种

---

[1] Vgl. Hillenkamp, JuS 97, 218; MK-Hefendehl, § 263 Rn 274.

[2] 见 BK-Beukelmann, § 263 Rn 38; G/J/W-Dannecker, § 263 Rn 69; LK-Tiedemann, § 263 Rn 98; S/S/W-Satzger, § 263 Rn 144;此外 Hillenkamp, JuS 97, 220; Krey/Hellmann/Heinrich, BT Ⅱ Rn 555 ff; SK-Hoyer, § 263 Rn 160;对于界分必要,详见 Högel, Die Abgrenzung zwischen Diebstahl und Betrug 2015, S. 37 ff。基础性 BGHSt 17, 205; 18, 221; 41, 198; LK-Tiedemann, § 263 Rn 98 ff。此外见 OLG Düsseldorf NJW 88, 922; A/W-Heinrich, § 20 Rn 70 ff; Beulke, Ⅲ Rn 249; Biletzki, JA 95, 857; Eisele, BT Ⅱ Rn 555 ff; Geiger, JuS 92, 834; Geppert, JuS 77, 69; Gössel, BT Ⅱ § 21 Rn 135; H-H-Voigt, Rn 1004; Kindhäuser/Böse, BT Ⅱ § 27 Rn 44, 54 f; Lackner/Kühl, § 263 Rn 22; M/R-Saliger, § 263 Rn 2, 110; Otto, ZStW 79 (1967), 59; Rengier, BT Ⅰ § 13 Rn 75; Kudlich, PdW BT Ⅰ S. 84; S/S/W-ders., § 242 Rn 31; Roxin/Schünemann, JuS 69, 372, 376; Schmidt, BT Ⅱ Rn 587; Schramm, BT Ⅰ § 7 Rn 70; Zöller, BT Rn 153;以稍有不同的论证 MK-Hefendehl, § 263 Rn 273 ff, 315 ff, 875。对于相反观点,即认为诈骗罪和盗窃罪之间可能存在一罪关系,见 Heghmanns, Rn 1234; Herzberg, ZStW 89 (1977), 367; Joecks, Zur Vermögensverfügung beim Betrug 1982, S. 122, 137; Lenckner, Anm. JZ 66, 320; Miehe, Unbewußte Verfügungen 1987, S. 54 ff, 102; Timmermann, Diebstahl und Betrug im Selbstbedienungsladen 2014, S. 134 ff, 158 f; Walter, Jura 02, 420。对于这一问题域,也参见 NK-Kindhäuser, § 242 Rn 53 ff, § 263 Rn 204 ff; Offermann-Burckart, Vermögensverfügungen Dritter im Betrugstatbestand 1994。

排他性理论(Exklusivitätsthese)直接源于这两种犯罪的对立性质,其目的绝不仅仅在于避免两种犯罪之间的毫无意义的想象竞合。[1]

2. 界分标准

主要的界分标准[2]首先是在处分领域。在此,最重要的是,基于作为给予行为(Gebeakt)的处分而导致损害发生的直接性。如果这导致犯罪人不必为自己采取行动,那么自我损害的形象就表现出来了。人们普遍认为,这包括被害人意识到其对物品的处分,并同意丧失支配。如果不是这样,则其既不存在给予(Geben),也不存在对于其对应进行考量的取走的同意,而是他人的损害。最后,如果处分人与受害财产之前并无任何的亲近或看管关系,那么也没有权利造成可归因于财产所有人的、并代表他的自我伤害,因此也必须讨论这一问题。这在区分诈骗罪和盗窃罪的间接正犯方面很重要。同样的标准也适用于计算机诈骗和盗窃之间的区分。 624

a)直接性

如果被骗者的行为,系在没有完全转换支配的情况下交出(Aushändigung)物品,则因欠缺直接性(Unmittelbarkeit),应认定为盗窃而非诈骗,以至于,对于继续存在的权利人的支配关系,犯罪人需要通过进一步的越权行为来予以消除。[3] 625

---

[1] 批判 Küper/Zopfs,BT Rn 667;Stuckenberg,ZStW 118(2006),901。

[2] 对此批判 Högel,Die Abgrenzung zwischen Diebstahl und Betrug 2015,S. 173 ff;对于从批判中引申的自有路径,在此无法就其结论展开具体的阐述,总结见其 S. 282 ff。

[3] BGH NStZ 16,727 附评注 Kulhanek;Kudlich,JA 16,953;Satzger,Jura(JK)17,871;BK-Beukelmann,§ 263 Rn 38;Fischer,§ 263 Rn 76 f;G/J/W-Dannecker,§ 263 Rn 72;LK-Tiedemann,§ 263 Rn 106;LK-Vogel,§ 242 Rn 119;S/S/W-Satzger,§ 263 Rn 189,191;批判 Jäger,Rengier-FS S. 227,229 ff;对于“多行为的”处分情况下的直接性,见 A/R/R-Kölbel,5. 1 Rn 91;M/R-Saliger,§ 263 Rn 123;OLG Stuttgart NStZ-RR 13,175。

626 案例51:A按了F女士的门铃。在F打开门后,A声称,他按电力公司的要求来检查仪表。

在这个谎言的基础上,A进入了公寓。当F按照A的指示在走廊上观察仪表,并通过叫喊通知A仪表盘的运行或停止时,A关闭各个房间的光源。在这样做的过程中,他迅速寻找有价值的物品,并把他认为值得带走的东西都拿走了。最后他离开时,表示必须要安装一个新的电表。直到后来,F才发现她上了一个骗子的当,并遭受了相当大的损失。

F是诈骗还是盗窃犯罪的被害人?(边码628)

626a 案例52:A戴上了一顶印有“行李搬运工”字样的鸭舌帽,通过谎称不允许携带行李进入候车室,让乘客R将她的行李放在车站大厅的储物柜中。在R给了他所需的硬币后,A把她的手提箱放在一个编号为700的隔间里,取下钥匙,把另一个(空的)储物柜的钥匙交给了毫无防备的R。当R在候车室时,A从储物柜里拿出R的手提箱,带着它消失了。

该行为成立诈骗还是盗窃?(边码629)

627 此类(研习)案例的基础事实建构——“骗取的同意”(erschlichenes Einverständnis),一再地[1]引起了法院的注意。

在这方面,德国联邦法院指出,即使存在骗取的同意,也可能排除第242条规定的犯罪构成。但是,“通过欺骗获得的同意,必须包括所寻求的支配转换的全部范围。如果被骗者只同意支配的松弛,而由此犯罪人必须通过进一步的越权行为,才能打破保留的支配,则其间存在对物品的取走。在此之前,由于允许盗贼接触从而导致的财产危险,不能被视为诈骗罪犯罪构成意义上的损失”。因此,根据判例,第242条适用于这些案件。这在结论上是值得支持的。诚然,在个别案件中,即便根据联邦宪法法院关于确定和量

[1] 见钱包案(Brieftaschenfall),OLG Köln MDR 73,866;OLG Düsseldorf NJW 90,923;BGH GA 87,307;洗车工案(Autowäscherfall),BGH VRS 48,175;洗洗钱案(Wash-Wash-Fall),KG NStZ-RR 13,138 附评注 Kudlich,JA 13,552;Schramm,BT I § 2 Rn 30;对此的案例解析 Burghardt/Bröckers,JuS 14,238。

化财产危险的要求(对此见边码 572、776、778),也不总是能够否定将财产危险视为中间阶段。[1] 然而,这绝不能掩盖这样一个事实,即在这种情况下,真正想要和造成的损失,不是被害人行为的直接结果,而是犯罪人行为的直接结果,犯罪人首先通过这种行为获得了以前没有交给他的东西。因此,在此谈及的是他人的损害,而不是自己的损害。[2] 根据德国联邦法院的观点,以只想短暂使用某物为借口,将该物转移到持有人的一般支配范围之外,但犯罪人随后按其意图保留该物,在此情况下,这也同样适用。[3] 如果犯罪人违背被害人的意志,实现了被害人对物品控制的完全丧失,其至多可以取得共同支配并将物品取走。这与本书支持的社会—规范意义上的支配概念(见边码 82 及下一边码)是一致的。

在案例 51 中,A 成功地欺骗了 F。然而,后者允许 A 进入其住所,并不构成对她的经济利益产生影响的行为意义上的财产处分。相反,F 只是让 A 更容易地接触其财产。所以,只有通过 A 的进一步的单独行动(将贵重物品取走),F 才会因此受损。这是外来损害,而不是自我损害。因此,A 并非成立诈骗罪,而是盗窃罪[所谓的诡计盗窃(Trickdiebstahl)]。[4] 628

在案例 52 中,比如 R 把手提箱交给了 A,然后没有要求 A 交出正确的储物柜钥匙,但 R 并没有将她拥有的支配转移给 A。无辜的 R 的行为是由 629

---

[1] Herzberg, ZStW 89(1977), 367; MK-Hefendehl, § 263 Rn 307 ff 附部分差异的结论; Stuckenberg, ZStW 118(2006), 901。

[2] Eisele, BT Ⅱ Rn 560; Hohmann/Sander, BT I § 11 Rn 96; Jäger, BT Rn 210; Krey/Hellmann/Heinrich, BT II, Rn 555 ff, 570 ff; Lackner/Kühl, § 263 Rn 22; 25 f; LK-Tiedemann, § 263 Rn 106; Rengier, BT I § 13 Rn 84; SK-Hoyer, § 263 Rn 16; 在此不再有东西被取走——如此 Rotsch, GA 08, 68——并无说服力。

[3] BGH BeckRS 16, 19983 附评议 Eisele, JuS 17, 698; BGH HRRS 17, 338(Nr 786); 其他观点 AG Tiergarten NStZ 09, 271; 对此也见 Fischer, § 263 Rn 77; Hilgendorf/Valerius, § 7 Rn 157 f。

[4] 对此见 BGH MDR/D 74, 15; AnK-Gaede, § 263 Rn 90; Kudlich, PdW BT I S. 89 f; Mitsch, BT Ⅱ S. 296 f; MK-Hefendehl, § 263 Rn 318。

欺骗引起的,这只是给了 A 以打破支配的方式拿走手提箱的机会。在所描述的钥匙操纵中,只存在支配松弛。在这一点上,支配的事实和社会—规范概念是一致的(见边码 82、92)。这本身并不会导致诈骗。更确切地说,其仅仅系有计划地取出手提箱的、以欺骗为特征的准备行为。由于 R 在未经她同意的情况下,被排除在对她的手提箱的实际控制范围之外,A 不是犯有诈骗罪,而是犯有盗窃罪。[1]

630 (此后的)犯罪人首先通过诱使善意的第三方,根据与被害人签订的合同,将犯罪对象置于第三方的支配之下,目的是得到更好的机会以获得对犯罪对象的支配,德国联邦法院将之与前述处理的案件相等同。[2] 所谓的零钱陷阱(Wechselgeldfalle)导致了类似的问题。在这,需要采取不同的考察视角。[3] 例如,如果犯罪人把他的钞票放在面前的柜台上,一般情况下所有权还没有转移到银行。如果他——正如他从一开始就打算的那样——把钞票和零钱一起拿走,而且银行既没有建立所有,也没有建立支配,那么只存在诈骗行为。[4]

b)自愿性

631 从处分作为一种自我损害的给予行为的实质中,可进一步地得出结论,尽管处分由错误所导致,但在此之外物品的移交必须是自愿(freiwillig)发生的。[5] 因此,在谎称的刑事或执法官员欺骗扣押的情况下,决定性的不是给予或拿走的外在表现,而是在于,由于错误而放弃物品或容忍他人将物品取走,是否系基于被骗者

---

〔1〕 更详尽 BGH MDR/D 66,199;类似 BGH MDR/H 87,446。

〔2〕 Vgl. BGH NStZ 17,351.

〔3〕 对此见 RG JW 19,321;BayObLG NJW 92,2041 附评注 Graul,JR 92,519;OLG Celle NJW 59,1981;Eisele,BT Ⅱ Rn 561 f;Fahl,JA 96,40;Hohmann/Sander,BT I § 11 Rn 97;MK-Hefendehl, § 263 Rn 322 ff;Roxin/Schünemann,JuS 69,372。

〔4〕 Vgl. LK-Tiedemann, § 263 Rn 107;M/R-Saliger, § 263 Rn 120.

〔5〕 见 Küper/Zopfs,BT Rn 671;LK-Tiedemann, § 263 Rn 102,120。

内在自由的意志决定(innerlich freie Willensentschließung)。

632 案例53:财务人员B代表公司老板F从银行提取工资。当他离开银行时,A走到他跟前,冒充一名侦探,并向他出示了伪造的警徽,要求B把公文包交给他,里面装着约20,000欧的工资,并称其“由于涉嫌逃税而被扣押”。B回答说,如果没有事先与F商量,那么他就无法遵从这一要求。A表示,一切都将由警察总部澄清,B必须跟着他去那里,B对此表示相信。在警察总部,A与B一起穿过了多个部门;最后,A命令B坐在警察局长办公室前的长凳上,把公文包交给A,并等着被叫进来。B按照A的要求行事。A自己穿过一扇翼门,然后带着赃物通过一个紧急出口逃走了。

该行为是诈骗还是盗窃?(边码635)

633 将物品移交给“主权机关”并不意味着任何处分,因为被害人只是想服从国家权力以及据称由国家权力所产生的强制力。如果被骗者并非出于自由意志而同意失去支配,即其只是在抵抗是不允许的或徒劳的观念的压力下,对之予以接受,那么,虽然仍存在自己采取的意志决意,但不是第263条所规定的自愿进行的财产处分,而是第242条所规定的取走。[1] 即使被骗者通过积极的行动(如打开容器、交出“被扣押”的物品等),参与支配的变更,这种情况也不会有所改变。唯一重要的是,他对此所作的贡献,不是他内心自由意志的结果,而是他承受压力的结果。[2]

---

[1] 在“亲手交出”情况下的其他观点LK-Vogel, § 242 Rn 126;也见Miehe, Unbewußte Verfügungen 1987, S. 74 ff,将物品从“管辖”中取回,即已视为处分;如同本书BK-Wittig, § 242 Rn 23;HK-GS/Duttge, § 263 Rn 30;Jäger, BT Rn 206;Lackner/Kühl, § 263 Rn 26;MK-Hefendehl, § 263 Rn 281;S/S/W-Satzger, § 263 Rn 188;Zöller, BT Rn 153;区别NK-Kindhäuser, § 242 Rn 54;批判Rotsch, GA 08, 66;ders., ZJS 08, 135。

[2] 更详尽BGHZ 5, 365, 368 ff;BGHSt 18, 221, 223;BGH NJW 52, 796 Nr 26;53, 73;95, 3129;S/S-Perron, § 263 Rn 63附进一步的文献;对此批判R. Schmitt, Spendel-FS S. 575。

634 判例和学说通常以缺乏第 263 条规定的自愿财产处分为理由,否定诈骗罪的成立。[1] BGHSt 18,221,223 判决对于这一观点做了如下表述:“然而,在确定诈骗和盗窃之间的界限时,被害人的内在意志可能是决定性的,这是正确的。如果他容忍取走,只有在容忍是基于自由意志的情况下,且他受到错误的影响,这才能被视为诈骗行为。但是,如果在未经他同意的情况下打破支配,那么这不是诈骗,而是盗窃。因此,如果犯罪人通过虚假的行政扣押主张,要求并获得他人动产,即使被害人不仅容忍取走,而且应犯罪人的要求,将该财产交给犯罪人,判例也会如此判定;因为在此,被害人没有自由意志的空间,这种自由意志屈服于强制。”

635 因此,在案例 53 中,尽管外在现象显示了给予行为,但仍存在盗窃。在此,排除物品给予自愿性的原因,不是 B 具有的诈骗所必需的错误偏见,而是以下事实,即在其他情况下的自由的意志决定,对他而言完全谈不上。对此认定,人们不必依赖于不太现代的“威权国家设想”(obrigkeitsstaatliche Vorstellungen),[2]而只能依赖于这样一个事实,即 B 以非此即彼的方式——也是在考虑过的抵抗的情况下——看到了物品的丧失。

然而,只有在犯罪人宣称该物品已被“没收”的情况下,才可认定这一点。如果只是在物品支配者并非“自愿地”交出物品的情况下,他才威胁要扣押物品,而被害人为了避免强制而这样做,那么应认定对于诈骗而言的足够的自愿性。因为即使是程序上的压力,在拒绝的情况下也可能会产生繁重的后果,且这些后果是由国家强制执行的,并不妨碍程序法上修正的自愿性。《德国刑事诉讼法》第 94 条第 2 款的规定也表明了这一点,其提到,即使在面

---

[1] 参见 BGHZ 5,365,368 ff;Geppert,JuS 77,69;Hillenkamp,JuS 94,771;Krey/Hellmann/Heinrich,BT Ⅱ Rn 577 ff。Küper,Anm. NJW 70,2235,Jäger,BT Rn 206 和 SK-Hoyer, § 263 Rn 166 否定了处分意志。

[2] M/S/M-Hoyer,BT I § 33 Rn 31;但见 Rengier,BT I § 13 Rn 80,出于此种原因,在“意志形成”上即已经认为缺失。

临没收威胁的情况下，物品支配者也有可能自愿地交出。[1]

判例例证：在 BGH NJW 11,1979(BGHSt 56,196；本案的决定性陈述在官方汇编中被省略了)中，A 和 B 出现在 O 的住处，因 O 对一个共同熟人的性虐待而意欲殴打他。两人都带着毒气枪，穿着野战制服。他们谎称是野战战士，并出示了一份自制的“搜查令”，上面标识着“联邦国防军”、联邦鹰和一位上尉的名字。因为 O 并不是一个人，所以 A 和 B 并未对其进行殴打。然而，他们从抽屉里“没收”了一把刀还有属于公寓室友的一袋大麻，抽屉是 O 应其要求打开的。惊恐的 O 在阅读搜查令后没有反抗，因为他认为 A 和 B 是野战战士，并将其与虐待指控联系起来。德国联邦法院撤销了本案中对“严重抢劫罪”的定罪，因为关于将气体枪作为武器的调查结果并不足够。目前尚不清楚它们是否已经装弹，也不清楚它们是否可以击发(关于这两个条件，见边码 271、371；对于并非完全毫无疑问的占为己有的意图，见 Theile, ZJS 12,138 f)，也不清楚其携带是否与取走相关。然而，德国联邦法院确认了对刀具和大麻被取走的认定，因为在虚假的扣押中，屈服于强制的被害人，并没有自己自由意志决定的空间。即使被害人“不仅容忍取走，而且应犯罪人的要求，将物品交出”，情况也是如此。如果法院在重新的审判中，认定了武器和功能关系，那么根据本书所支持的学说(边码 709 及以下数个边码)，其对敲诈勒索也要求——在案件中不存在的——(其余)自愿的处分，则必须认定为抢劫罪。但根据德国联邦法院的判例，只有在物品从外部图景上看被取走的情况下，才有可能认定抢劫(对此见 Jäger, JA 11,633 和 Satzger, JK 3/12, StGB § 250 Ⅱ Nr 1/11)。据此，倘若外在上存在交出(Weggabe)的表象，则会存在抢劫型敲诈勒索。这表明，这两个相关的犯罪之间的界分(对此见边码 729 及以下数个边码)，是多么地不令人信服。另外，并未得到一致处理的是，在加油站，不只是由工作人员加注汽油，而且由顾客在自助服务站独立地加油，根据“犯罪行为的外在表现……从自然的角度来看……是一种通过欺骗而产生的给予，而不是……打破支配意义上的拿走”(BGH NJW

---

[1] 对此基础性 Amelung, Die Einwilligung in die Beeinträchtigung eines Grundrechtsgutes, 1981, S. 111 ff；对于此种情形的提示 Hillenkamp, MedR 16,112。

12,1092)。在自助加油的情况下,这不仅在表现上是难以理解的,而且也是对自由意志标准的否定。根据判例,界定诈骗和盗窃的决定性标准——这是所涉及的问题——系自由意志标准。基于(只是被骗的)观察加油过程的工作人员的同意,自由的意志决定是存在的。因此,在侦查人员案件(Kriminalbeamten-Fall)中,在两种情形之下,均属诈骗,而非盗窃(对于与之相异的论证,见 Rengier,BT I § 13 Rn 80;Hecker,JuS 11,850)。

636 然而,无论在扣押案件中是多么的显著和适当,只要将自愿性标准与第 263 条规定的处分概念联系起来,都不能不受限制地予以坚持。[1] 诚然,诈骗作为自损犯罪,其前提是,欺骗行为的被害人必须从其财产中将某个对象——尽管是出于欺骗,但无论如何,是出于内心的自由决定——交出。但是,不能从这种通常或经常出现的诈骗的表现形式中得出结论,且在任何情况下,如果在错误之外,对被骗者的意志决定增加了强制(Zwang),则并无第 263 条规定的财产处分,即处分并非与任何内在的强制相绝缘。

637 关于勒索案(Chantagefall)的 BGHSt 7,197 判决证明了这一点,该案事实如下:F 女士与信誉良好的商人 K 有通奸关系,并生了一个孩子(出生后不久就死了)。为了维护 K 的声誉,F 声称 1944 年阵亡的 B(她朋友的兄弟)是她孩子的生父。为了让她的父亲和自己以牺牲 K 的利益为代价而获益,F 在战争结束后向 K 表示,被宣布阵亡的 B 突然回来了,现在跟她要封口费;并威胁说,如果拒绝,他将把一切都公之于众,特别是把发生的事情通知 K 的家人。K 相信了 F,并向他们支付了 16,000 马克作为封口费,以避免 B 抖搂出对他不利的事情。在本案中,德国联邦法院认可了刑事审判庭的意见,即 F 并非犯有敲诈勒索罪(见边码 724),而是犯有损害 K 的诈骗罪。并且也未出现第 253 条所规定的胁迫,因为 F 并没有给人带来一种印象,恶害的发

[1] 就此批判 A/W-Heinrich, § 20 Rn 75 f;Herzberg,JuS 72,570;Rengier,BT I § 13 Rn 77 ff;ders. ,JuS 81,654。

生与否取决于她的意志。[1] 相反,F扮演了一个寻求帮助的角色,她自己也希望得到保护,不受敲诈勒索威胁的损害。F通过对K的欺骗,引起了他(谎称是由B)对恶害威胁的设想,从而使他处于困境,这不足以因敲诈勒索罪而受到惩处,但应以诈骗罪定罪处罚。

据此,正确地看,犯罪人(并未诉诸第253条规定的手段)通 638
过欺骗使被害人陷入心理困境,如果第263条并不因此而不适用,那么即使在强制的情况下,也必须提及自愿性。诚然,这意味着对自愿性标准的重大限制,但这并不意味着放弃自愿性标准。因为在扣押的案件中,被害人认为物品以非此即彼的方式丢失,而在勒索案中,被害人仍然有依据将金钱损失的决定归于自己。但在这种情况下,付款也可以被理解为自愿的自我损害。[2]

由于这一限制的必要性,有时建议,在扣押案件中,不要从处分中,而是从盗窃罪犯罪构成的要件中推导出的被认为是正确的结果(因盗窃罪而非诈骗罪被施以处罚),以及从第242条规定的取走概念中寻求解决办法。[3]

就此而论,重要的不是解决办法本身,而是对问题的明确和完整的把握。可是,这在两种解决方案中都是相同的。如果从盗窃开始,就会在取走中提出其与诈骗罪的界分问题,如果从诈骗开始,就会在处分中遇到其与盗窃罪的界分问题。在这两种情况下——如果正确地不是根据外在表现,而是根据行为的自愿性来进行界分——人们必须决定的是,意志必须有多大的自由,才能认定对于取走的同意(并由此是自愿的处分),或者是自愿的处分(并由此是对取走的同意)。据此,关于自愿性这一事实问题,没有解决方案是可

---

〔1〕 对此参见 Wessels/Hettinger/Engländer, BT I Rn 387;对于 Küper, GA 06, 439, 456 ff, 465 f; ders., Puppe-FS S. 1217 ff 而言,这种情况在此存在所谓的"误导性的警告",其达到了胁迫的性质。

〔2〕 同样如此 M/R-Saliger, § 263 Rn 128;否定 Rengier, BT I § 13 Rn 79。

〔3〕 如此 Wessels, BT Ⅱ Rn 601;类似 Arzt/Heinrich, BT § 20 Rn 76, 78; OLG Hamburg HESt 2, 19。

以绕开的。因此,在扣押案件中,反对有效同意的判决的同时也是反对自愿处分的判决,这个问题不是“悬而未决”的。[1] 然而,经验表明,将划界问题描述为“非此即彼”的问题,最好是对想要认定的罪名进行审查。在这种审查中,必须提出并拒绝作为替代的并不成立的罪名。如果从要拒绝的罪名开始,[2]解释有时会显得好像仍然可以自由决定要认定的罪行,尽管在拒绝的情况下,这个问题已经预先地决定了。当然,这一建议只有在以排他性论题为基础的情况下才适用,而根据这一论题,如果在扣押案件中存在取走,则并无第 263 条的适用空间。[3]

c)处分意识

639 最后,如果要保留诈骗行为的自我损害性质,并将其与盗窃区分开来,就必须在物品诈骗的情况下,要求其行为中存在处分意识(见边码 518)。这样做的原因是,如果诈骗的被害人由于欺骗而没有意识到其正在转移支配,或者不阻止支配转移,那么,其就不会做出自损的行为。在这种情况下,也谈不上是同意改变支配,相反,存在取走行为。[4] 这在实践中尤其重要,特别是对犯罪人在自助商店的收银台,将隐藏的商品顺走的情况。[5]

在上述情况中,往往缺乏欺骗和错误。然而,即使客户在回答收银员的

---

[1] 如此完全清晰地见案例解析 Samson, Strafrecht Ⅱ S. 27 f。

[2] Rengier, BT I § 13 Rn 85 的建议如此。

[3] 其他 Miehe, Unbewußte Verfügungen 1987, S. 101 ff,其在谎称的没收中,认为可能存在第 242 条和第 263 条的一罪关系。

[4] Vgl. Krey/Hellmann/Heinrich, BT Ⅱ Rn 558; Küper/Zopfs, BT Rn 669; Rengier, BT I § 13 Rn 64, 75; S/S-Perron, § 263 Rn 60, 63a; S/S/W-Satzger, § 263 Rn 179 f.

[5] 对此见 Hillenkamp, JuS 97, 217, 220 ff;此外 Beulke, Ⅲ Rn 129; Fahl, JuS 04, 885; B. Heinrich, Beulke-FS S. 396 ff; Jäger, BT Rn 203 ff; Kudlich, PdW BT I S. 93 f; Küper/Zopfs, BT Rn 670; Ŏglakcıŏglu, JA 12, 904; Poisel/Ruppert, JA 19, 353, 355 f。

明确提问时,否认隐藏的货物,也不存在诈骗行为。[1] 在这种情况下,犯罪人的目的在于,“在被骗者不知情的情况下,未经被骗者同意打破支配”,即隐瞒取走商品的情况,而不是诱使收银员将之交出。因此,如果犯罪人在他的购物车里把商品藏在宣传册下,而只支付了提交的商品的钱,则正确的做法是,将其认定为盗窃而非诈骗。[2] 隐藏的方式并不重要,所以隐藏在盲点[3]或者所购商品的原始包装中[4]的物品,也系通过盗窃而获得的。[5] 在这种情况下,利益诈骗(Forderungsbetrug)也不存在。并非因为“权利人因欺骗而放走了小偷”,而使这个过程失去了其“拿走行为”的性质。[6] 不仅如此,更为确切地说,除了他人的损害之外,也没有由被害人共同造成的单独的损害。[7] 相反,当犯罪人作为顾客在自助商店打开一个装有婴儿尿布的纸箱,用几条香烟代替尿布,用胶带重新密封,然后在收银台出示纸箱,以便付款和转让所有权(以其上标明的尿布包装价格)时,就不会缺乏对犯罪对象的具体处分意识。收银员知情和有意地移交“纸箱及其内容物”,然后由于错误而作出了第263条规定的财产处分,因此并无(根据第242条)取走的空间。在藏匿商品的案件中,由于缺乏认知,处分意识不能延伸到这些货物,

---

〔1〕 就此而言差异观点 MK-Hefendehl, § 263 Rn 294;如同本书 H-H-Voigt,Rn 1006。

〔2〕 BGHSt 41,198;OLG Zweibrücken NStZ 95,448;赞成 Hillenkamp,JuS 97,221;Hohmann/Sander, § 11 Rn 102;MK-Hefendehl, § 263 Rn 292 f;M/R-Saliger, § 263 Rn 125;Scheffler,JR 96,342;Zopfs,NStZ 96,190;在此种情况下,Miehe,Unbewußte Verfügungen 1987,S. 54 ff,60 f,70 也否定了其所要求的“个人参与的最低限度”,并由此否定了诈骗成立。

〔3〕 Vgl. BayObLGSt 88,5.

〔4〕 Vgl. OLG Köln NJW 84,810;Vitt,NStZ 94,134.

〔5〕 其他观点 OLG Düsseldorf NJW 88,922;Fahl,JuS 04,889;Otto,BT § 40 Rn 36;Rengier,BT I § 13 Rn 88 f;如同本书 Jäger,BT Rn 204;MK-Hefendehl, § 263 Rn 295 f;S/S-Perron, § 263 Rn 63a;S/S/W-Satzger, § 263 Rn 182;未决 AnK-Gaede, § 263 Rn 92。

〔6〕 如此 LK-Lackner,10. Aufl. , § 263 Rn 106;同样如此 Biletzki,JA 95,859;Roßmüller/Rohrer,Jura 94,472。

〔7〕 Hillenkamp,JuS 97,222;同样如此 LK-Tiedemann, § 263 Rn 120;批判 Rotsch,GA 08,66。

但与之不同的是,在上述案件中,售货员只是在不知道其特性的情况下[对象上的错误(error in obiecto)]处分了被调包的商品。[1]

Ⅱ. 间接正犯形式的盗窃与所谓的三角诈骗

640 案例 54:在主火车站的站台上,A 观察到旅客 R 走到一个摊位,而他的手提箱无人看管。A 指着这个手提箱,指令刚好经过的行李员 G 把"他的"手提箱带到出口,这个行为也确实发生了。在那里,A 奖励了善意的 G,并带着他的赃物离开。(边码 646)

640a 案例 55:A 偶然得知,F 女士通过电话指示皮草店的 P 去取她的波斯大衣,并将其加长 20 厘米。等 F 离开房子后,A 向女佣 H 报告,假装是 P 的差使,让善意的 H 把 F 的大衣交给他,他随后把大衣销赃。

A 构成诈骗罪还是盗窃罪的间接正犯?(边码 650)

1. 三人关系

641 在诈骗的情况下,被骗人的处分可能会损害其本人或第三人的财产。处分人(Verfügender)和被害人(Geschädigter)不必是同一个人(见边码 515)。

这可以在自助商店的案件中看出。其中,在诈骗的情况下,收银员可以处分店主的财产。被骗者和处分者必须是同一个人,否则第 263 条的客观要件之间的因果关系就会缺失(参见边码 486)。

由此产生了所谓三角诈骗发生的可能性,对此有三方参与者

---

[1] OLG Hamm OLGSt § 263, S. 165; Fahl, JuS 04, 888; Rengier, BT I § 13 Rn 91; Roßmüller/Rohrer, Jura 94, 471; M/R-Saliger, § 263 Rn 125; 限制 S/S/W-Satzger, § 263 Rn 183; 相反,支持盗窃 MK-Hefendehl, § 263 Rn 297 f; Zöller, BT Rn 158; 对此问题域,也见 Brocker, JuS 94, 205; Rotsch, JA 04, 537; Schmitz, JA 93, 350; Stoffers, JR 94, 205。

(犯罪人、因错误而处分者和受害者)。当然,其结构假定,被欺骗的人在法律上(rechtlich)或(由于与有关财产的特殊关系)能够实际(tatsächlich)处分第三人的财产,[1]并且尽管有非财产人的处分,但仍保留了自损犯罪的形象。在这种情况下,将这种三角诈骗与间接正犯形式的盗窃区分开来是必要的,但在诡计地取得财产的领域,这遇到了困难,并引起了许多争议。根据排他性理论(Exklusivitätsthese),只有通过考察这两种犯罪的互斥结构,才能适当地对其做出判定。[2]

例如,如果犯罪人诱使被他欺骗的人交出属于第三方的物品,则对该行为的法律评估和犯罪分类取决于,该行为是否确定存在第263条规定的可归因于财产所有人的财产处分,[3]或者是否可以认定,被欺骗的人只是在第242条规定的打破占有和(由幕后黑手策划的)取走过程中,扮演了善意工具的角色。[4]

2. 界分标准

根据普遍接受的观点,[5]如果被欺骗的人在影响他人的财产 642

〔1〕 参见BGHSt 18,221,223 f;BayObLG GA 1964,82;Geppert,JuS 77,69;LK-Tiedemann, § 263 Rn 116;S/S-Perron, § 263 Rn 65。

〔2〕 不同的是LK-Vogel, § 242 Rn 124 ff的"盗窃教义学"的出发点;如同本书AnK-Gaede, § 263 Rn 93。

〔3〕 例证:BGHSt 18,221。

〔4〕 对此参见OLG Stuttgart JZ 66,319附赞成性评注Lenckner,在该案中,这位不知情的房东把她的房客的车钥匙从房客的房间里拿出来,交给了一个骗子;对于争论情况,见Hillenkamp/Cornelius,BT 30. Problem;Küper/Zopfs,BT Rn 676 ff;在出发点上一致H-H-Voigt,Rn 1007。

〔5〕 Fischer, § 263 Rn 81;Küper/Zopfs,BT Rn 681;Lackner/Kühl, § 263 Rn 29;M/R-Saliger, § 263 Rn 130;OLG Stuttgart NStZ-RR 13,174(医疗保险医生相对于疾病保险机构)附评议Bülte,NZWiSt 13,346;Satzger,JK 10/13, § 263 StGB/103。对于这一说法对于案例解析的意义,见Rotsch,ZJS 13,81。

时，实施了法律行动或做出了支配处置，且被欺骗的人根据法律、官方命令、合法交易或默示授权（例如，作为破产管理人、遗嘱执行人、法定代表人、代理人或在类似职位的框架之内），基于错误在主观上认为，他有具体的权利这样去做，则不存在取走，而是根据第263条对他人的财产进行处分。如果以这种方式采取行动的权限，涵盖了所要评判的物品的移交，则被骗人同意转移支配的行为，以与财产所有人同意相同的方式，排除了取走的可能性。

643 然而，值得怀疑和争议的是，如果是主观地基于相应的授权，被骗人的行为是否可以完全（如亲手给出）归于财产所有人。这是少数人支持的授权和权限理论（Ermächtigungs-oder Befugnistheorie）所主张的。[1] 但这并不值得赞同。

实际上，以民法为导向的权限理论（Befugnistheorie），在其唯一的主观版本（见边码642）中，基本偏离了其所声称的客观存在的处分权限的归属基础。此外，它不符合第263条中的经济导向的财产和处分概念，也没有充分考虑到刑法概念相对于民法概念的独立性。[2] 这一理论的排他性主张（Ausschließlichkeitsanspruch）还受到以下事实的不利影响：在与取走界分的领域中，其对财产处分设置了过于严格的限制，而且在具体案件中，关于某一

---

〔1〕 Amelung，GA 77，1，14；Backmann，Die Abgrenzung des Betrugs von Diebstahl und Unterschlagung 1974，S. 127 ff；Heghmanns，Rn 1244；Joecks，Zur Vermögensverfügung beim Betrug 1982，S. 131，135；Mitsch，BT Ⅱ S. 302；MK-Schmitz，§ 242 Rn 100 f；SK-Hoyer，§ 263 Rn 144 ff；在此阐述的主观化的——对此见 Kindhäuser，ZStW 103（1991），417；Küper/Zopfs，BT Rn 682——权限理论的意义上，更为清晰 Krey/Hellmann/Heinrich，BT Ⅱ Rn 587，591；MK-Hefendehl，§ 263 Rn 329，332；Otto，BT § 51 Rn 44；Schünemann，GA 69，46；（只）从第242条的角度予以赞成 LK-Vogel，§ 242 Rn 125。

〔2〕 Hohmann/Sander，BT Ⅰ § 11 Rn 113；Pawlik，Das unerlaubte Verhalten beim Betrug 1999，S. 217；对于针对主观化的变体的异议，见 Küper/Zopfs，BT Rn 682，686；随之 Rotsch，JA 04，534。

授权(如家庭佣工或其他辅助人员)的范围(Reichweite)的问题,其也并不能提供比通说观点更为明确的解决办法。

然而,如果被骗人只是在纯粹事实上(tatsächlich)能够处分被害人的财产,就认为第263条是适用的,也走得更远。在较早的判例中,可以找到这种纯粹事实的贴近理论(Nähetheorie)的运用。[1]在这种情况下,没有一个适当的标准来区分盗窃罪的间接正犯,其也认定,犯罪人利用的善意工具,能够影响到他人的财产。此外,纯粹的实际接触可能并不能成为将损害归咎于财产所有人的根据。 644

在三角类型的案件中,他人的物品构成行为的对象,因此,根据通说观点,在他损的三角诈骗的情况下,除了纯粹的实际处分可能之外,需要认定被骗人与有关财产之间,存在特别的规范上的接近关系(normatives Näheverhältnis),且这种接近关系必须在行为发生之前就已经存在,并在被骗人与被害人的财产范围之间建立了比其他任何人更为密切的关系,使归属合法化[所谓的"阵营理论"(Lagertheorie)],[2]如此,才能在财产处分和取走之间,划定 645

---

〔1〕 RGSt 25,244,247;BGHSt 18,221,223 f;BayObLG GA 1964,82;OLG Hamm NJW 69,620;也见 Gribbohm,NJW 67,1897;接近事实的贴近理论 Kindhäuser/Hilgendorf,§ 263 Rn 155 ff;Kindhäuser/Nikolaus,JuS 06,295;本书(边码645)支持的主张,不能被纳入——与 G/J/W-Dannecker,§ 263 Rn 75 相反——这一学说。

〔2〕 参见 BGH wistra 17,485 附评注 Jäger,JA 17,950;Beulke/Zimmermann,II Rn 113;Beulke,III Rn 246;BK-Beukelmann,§ 263 Rn 35;Geppert,JuS 77,69;G/J/W-Dannecker,§ 263 Rn 74 f;Eisele,BT Ⅱ Rn 569;Herzberg,ZStW 89(1977),367,407;HK-GS/Duttge,§ 263 Rn 33;Jäger,BT Rn 343;LK-Tiedemann,§ 263 Rn 116;Lenckner,Anm. JZ 66,320;M/S/M-Momsen,BT I § 41 Rn 80;Rengier,BT I § 13 Rn 103;S/S-Perron,§ 263 Rn 66;S/S/W-Satzger,§ 263 Rn 198;Schramm,BT I § 7 Rn 91;Zöller,BT Rn 164;大致也 Küper/Zopfs,BT Rn 686;Schmidt,BT IIRn 597(并非界分事实的理论与阵营理论);具体化 Offermann-Burckart,Vermögensverfügungen Dritter im Betrugstatbestand 1994,S. 148 ff,169。M/R-Saliger,§ 263 Rn 135 所要求的对于阵营概念的限制,与本书支持的观点相符;未决 Hilgendorf/Valerius,BT Ⅱ § 7 Rn 161 ff。

明确的界限。如果从所要求的、证成归属的处分人“权限”中,要求看似从其自主性中衍生出来的“相关财产所有人自我设限(Selbstbindung)的一种表现”,则几乎没有偏离这一学说的背景和结论。[1] 并非更为不确定的“阵营隐喻”(Lagermetaphorik),也未表达具有显著差异的观点。[2]

当共同支配者、雇员、店员、女佣、仆人和其他支配维护者受犯罪人欺骗而转移物品时,这一点尤其重要。

3. 结论

646 据此,如果被欺骗的人在犯罪行为发生之前与犯罪人所要获得的物品没有任何看管关系(Obhutsbeziehung),而是必须从外部接触到它——就像犯罪人自己一样——并因此作为带走物品的工具出现,那么就可以认定犯罪人为盗窃罪的间接正犯。

因此,在案例 54 中,行李员 G 与 R 的手提箱的关系,并不比 A 与手提箱更密切或更接近,A 是有计划地指挥事件的人。在此,因为 A 将善意的 G 作为执行取走行为的工具,所以应认定为盗窃罪的间接正犯。

647 与此形成对照的是,如果被欺骗的人——形象地说——由于已经存在的对财产的照护关系(Obhutsbeziehung)而“处在受害方的阵营当中”,那么在执行财产转移时,其实际上是作为财产所有

[1] 如此 Pawlik,Das unerlaubte Verhalten beim Betrug,1999,S. 206 ff。

[2] 见 Pawlik,同前注 S. 210,217;尽管与 Pawlik 相一致的出发点:处分人必须具有由财产所有人“引申出的、相对于欺骗者而言对于真相的权利”,但基于其所为的有效性理论(Wirksamkeitstheorie),Kindhäuser/Hilgendorf, § 263 Rn 155 ff;Kindhäuser, ZStW 103(1991),398 ff,415 ff,420;ders.,Bemmann-FS S. 538 ff 得出了存在显著差异的结论,对此批判见 Krack,List als Tatbestandsmerkmal 1994,S. 72 ff;Pawlik,同前注 S. 217 f;SK-Hoyer, § 263 Rn 147。

人的“代表”(Repräsentant)行事,且在其间,他在主观上认为,可以合法地进行具体的处分,那么就会产生与错误有关的财产处分和三角诈骗的情况。[1]

同时,由此推论,如果支配维护人(Gewahrsamshüter)有意地超出其职责范围的限制,并擅自改变支配,则应适用第 242 条,而非第 263 条。[2]

当然,就上述贴近关系而言,被骗者处于受害方的“阵营”的 648
某个地方,并以某种方式受制于受害方,这是不够的。只有当被骗者对犯罪的具体对象具有照护关系和维护地位(Hüterstellung)时,才存在与所涉财产更为密切的关系。[3] 仅凭这一点,根据被骗的交出以及对于支配转移的同意,就有理由将他视为财产所有人的代表,并将该事项归入第 263 条的规制范围。

因此,女主人的衣橱和换洗衣物的看管会委托给女佣,但不会委托给园丁。如果园丁被欺骗,按照捏造的命令交出其雇主的皮大衣,他就会成为侵犯他人财产的善意的工具(第 242 条),而并未根据第 263 条对财产进行处分。

此外,只要可以肯定被骗者对于个别的财产具有具体的看管 649
关系,不在财产所有人管辖范围内行为的人,可能与财产所有人财产存有特殊的亲近关系(Näheverhältnis)。

---

〔1〕 BGHSt 18,221,224;对此更详尽 Küper/Zopfs,BT Rn 684;放弃后者 Fischer,§ 263 Rn 83。

〔2〕 参见 LK-Lackner,10. Aufl.,§ 263 Rn 114;Otto,ZStW 79(1967),59,81;其他 Rengier,JZ 85,565。

〔3〕 BGH wistra 17,484,485 附评注 Jäger,JA 17,950 对此关系予以认定,条件是,被骗者通过财产所有人的同意,履行保护或检验功能,或者具有共同支配。

这尤其适用于，有关人员单独或共同支配他人的、处于其看管之下的物品，比如《德国民法典》第 966 条第 1 款规定的拾得者(Finder)情形，或者是在集体车库案件中(Sammelgaragenfall)，由车库管理部门指定的警卫，负责保管每辆停放车辆的第二把钥匙的情况。[1]

650 在案例 55 中，可以认定(一般情况下通常是)女佣 H 的职责是在 F 不在的情况下保管她的财产，并执行 F 在该任务范围内的命令。因此，从通说观点的角度来看，A 并非犯了盗窃罪，而是犯了诈骗罪。

651 在涉及同一行为的情况下，在概念上以及出于客观的一体系性的原因，财产处分和取走相互排斥的原则也适用于三角诈骗。[2] 这方面的决定性因素是，基于其看管和保护任务，被欺骗的人作为受害财产的所有者的代表而行为，并且倘若认定与第 263 条处于一罪关系中的取走，则可能与事件本身的意义并不相称。如果这种代表的行为被归于财产所有人或者相隔的共同支配人，就像其自身行为一样，那么相关人就没有机会在这方面援引其不同意，也没有机会根据第 242 条的规定，将通过欺骗手段获得的物品的移交宣称为取走。毕竟自损和他损是相互排斥的。

652 与之相反，少数人认为，在集体车库案件[3]和类似案件中，诈骗和盗窃之间的一罪关系是可能存在的，因为受害财产的所有人不同意失去(单独或共同的)支配。[4] 由于前述原因，这一观点不值得赞同，也因为它将扩大抢

---

[1] 对此见 BGHSt 18,221,224;BGH wistra 17,485 和 Hillenkamp/Cornelius,BT 30. Problem。

[2] 参见 BGHSt 17,205,209;LK-Tiedemann,§ 263 Rn 116。

[3] Vgl. BGHSt 18,221.

[4] Haas,GA 90,204;Herzberg,ZStW 89(1977),367,387;Lenckner,Anm. JZ 66,320;S/S-Perron,§ 263 Rn 67 附进一步的文献;Schröder,ZStW 60(1941),33,79 f;也见 LK-Vogel,§ 242 Rn 123;SK-Hoyer,§ 242 Rn 64。

劫型盗窃的范围(第252条),使其包括典型的诈骗行为。[1]

在不涉及物品诈骗和盗窃之间(处分概念和取走之间)的界限,而是涉及债权(Forderungen)、权利(Rechte)或实际获得前景(tatsächliche Erwerbsaussichten)的“三角诈骗”的可能性的情况下,是否也应要求被骗人与受害方财产之间存在特殊关系,这种关系甚至在犯罪之前就已经确立,这是一个有争议的问题,尚未最终解决。由于不存在“债权盗窃”(Forderungsdiebstahl),因此反对诈骗的决定,可能意味着刑罚的缺失。 653

判例和学说中的通说观点含蓄或明确地否定了这个问题。[2] 然而,这是应予反对的,因为不仅为了区分盗窃和诈骗,而且为了维护诈骗作为一种自我损害犯罪的性质,要求必须存在亲近关系(Näheverhältnis)。因此,应该优先考虑一种折中观点,该观点的目的是以适当的方式调整这一问题领域对亲近关系的要求。[3] 据此,在诉讼诈骗的情况下,法律赋予了法院接触当事人有争议的财产的权力,这就足够了。[4] 尚未得出明确结论的案件是,特别

---

[1] 对此疑虑,也见BGHSt 41,198,203 f。

[2] 参见BGHSt 17,147,148 f;24,386,389;对于相反观点,见BayObLG wistra 98,157附评注Otto,JK 99,StGB § 263/51;Schröder,Anm. JZ 72,707,709。

[3] 对此更详尽OLG Celle NJW 94,142附批判性评议Krack/Radtke,JuS 95,17和Linnemann,wistra 94,169;LK-Tiedemann,§ 263 Rn 117;M/S/M-Momsen,BT I § 41 Rn 81;MK-Hefendehl,§ 263 Rn 333 ff;M/R-Saliger,§ 263 Rn 140 ff;Rengier,BT I § 13 Rn 112 f;Rönnau,JuS 11,984;S/S/WSatzger,§ 263 Rn 199 ff;对于同样的要求SK-Hoyer,§ 263 Rn 177;反对对于亲近关系的“特别的检验”Fock/Gerhold,JA 10,511,513,原因在于,每一项有效的处分(而且只有这种处分)构成了三角诈骗的基础,如果没有所要求的亲近关系,有效处分的权力就不可能“在逻辑上”存在。

[4] 参见Eisele,BT Ⅱ Rn 572;Kretschmer,GA 04,460;Krey/Hellmann/Heinrich,BT Ⅱ Rn 593;Kudlich,PdW BT I S. 99;Schmidt,BT Ⅱ Rn 599;S/S-Perron,§ 263 Rn 69;Zaczyk,Krey-FS S. 485,489 f;批判Fahl,Jura 96,74;(也)出于此种原因对亲近关系予以批判,但并无有说服力的相对方案Ebel,Jura 07,897;08,256。

是根据《德国民法典》的规定，[1]由于债务人向非债权人以清偿效力进行履行，债权会相应失效。在存折案件中（对此见边码 175、511），如果抛开对欺骗和错误的疑虑，则可以认定该案件中存在侵害存折持有人利益的诈骗行为，原因在于，根据《德国民法典》第 808 条第 1 款第 1 句之规定，通过代表合同对方（发行银行或储蓄银行）的处分人，存折持有人丧失了相对于签发人的债权。根据《德国民法典》第 407 条之规定，债务人通过向迄今的债权人履行而获得清偿的案件中，也可以看到类似的情况。[2]

§ 16 滥用保险罪、捏造保险事故和骗取给付罪

Ⅰ. 滥用保险罪

654 第 265 条经由《第 6 刑法改革法案》（边码 11）进行了修改。[3]与第 265 条的原规定一样，其目的在于，[4]提前在保险滥用领域进行刑法保护，将保护范围从火灾和事故保险[5]扩展到其他的财产保险（Sachversicherungen），并放弃对诈骗意图的要求。[6] 为什

〔1〕 对于此种以及其他的权利表见规则，见 Brand，JR 11，96；M/R－Saliger，§ 263 Rn 143 ff。

〔2〕 如此 Rengier，BT I § 13 Rn 116；区别 Brand，JR 11，101。

〔3〕 根据《1962 年德国刑法典草案》第 256 条第 2 款的模本，Begr. S. 427 f；对此见 BT－Ds 13/8587，S. 87；NK－WSS－Hoven，§ 265 Rn 1。认定抽象危险犯 Fischer，§ 265 Rn 2；NK－Hellmann，§ 265 Rn 16；Kindhäuser/Böse，BT 2 § 32 Rn 1；Krey/Hellmann/Heinrich BT 2 § 12 Rn 713。

〔4〕 关于产生历程和改革，见 Zopfs，VersR 99，265；并无替代地删除第 265 条、第 263 条第 3 款第 2 句第 5 项 Wirth，Zur Notwendigkeit des strafrechtlichen Schutzes des Privatversicherungswesens durch Sondernormen 2004，鉴于对实定法的否定的必要性，而建议对第 265 条进行限制性解释，总结 S. 331 ff；对此的进一步的文献 S/S/W－Saliger，§ 265 Rn 2。

〔5〕 对其历程，参见 Ebel，Jura 97，187。

〔6〕 参见材料 BT－Ds 13/9064，S. 19。

么第 265 条的保护范围只包括财产保险公司,而不包含责任保险、人寿保险或意外保险公司,[1]对此缺乏合理的理由。[2]

案例 56:在支付 30,000 欧后,运输商 F 将一辆卡车交给 A。F 打算——正如 A 所知——向保险公司报告卡车被盗。在 F 能够向保险公司报告“损失情况”之前,A 就被抓住了。是否应根据第 265 条对 F 和 A 定罪处罚?(见边码 661a) 655

1. 结构和法益

656 滥用保险罪既不是背信行为,也不是(特殊的)诈骗行为。它可以用于准备实施诈骗,例如,如果投保人自己实施行为,以便向保险公司提出——由于故意造成保险损失而丧失的(《保险合同法》第 81 条)——索赔。如果发生这种情况,即便诈骗相对于滥用保险是一项独立的罪名,因第 265 条措辞中存在过于窄狭的补充条款(Subsidiaritätsklausel),相对于(未遂或既遂的)诈骗(如有必要,在特别严重的情况下,根据第 263 条第 3 款第 2 句第 5 项之规定),第 265 条不予适用。[3] 然而,滥用保险的行为也可能使诈骗或诈骗未遂不发生。如果第三人导致保险事故,却不会致使保

[1] 对此见 LK-Tiedemann, § 265 Rn 2;Schüll,Die Strafbarkeit von Versicherungsnehmer und Versicherungsvermittler nach dem StGB 2011,S. 109 ff。

[2] 对此条款的批判详见 Zopfs,VersR 99,268,270;也见 MK-Kasiske, § 265 Rn 7;M/RGaede, § 265 Rn 1;Wolff,Die Neuregelung des Versicherungsmißbrauchs 2000,S. 133 ff;Kindhäuser,ZStW 129(2017),382,384。

[3] BGH NStZ 12, 40; Bröckers, Versicherungsmißbrauch 1999, S. 164; Lackner/Kühl/Heger, § 265 Rn 6; MK-Kasiske, § 265 Rn 34; Mitsch, BT Ⅱ S. 433; M/R-Gaede, § 265 Rn 10;S/S/W-Saliger, § 265 Rn 15;BGHSt 45,211,213 f 在诉讼的意义上理解“犯罪”;同样如此 AnK-Gercke/Hembach, § 265 Rn 17;BK-Wittig, § 265 Rn 14;Fischer, § 265 Rn 17;Kindhäuser/Hilgendorf, § 265 Rn 10;NK-WSS-Hoven, § 265 Rn 24;SK-Hoyer, § 265 Rn 29;相对于诈骗罪的犯罪参与,也存在的补充性,见 G/J/W-Sackreuther, § 265 Rn 32。

单持有人丧失索赔,则会发生这种情况。[1] 这两种情形证明被降格为轻罪的规定系兜底性犯罪构成(Auffangtatbestand),目的在于保护保险公司的财产和保险人的履行能力。第 265 条在可能的情况下后位于第 263 条适用,并不会使该条文单一地附着于财产保护。[2]

2. 犯罪对象和犯罪行为

657 犯罪对象是已投保的免遭灭失、损坏、功能受损、丢失或盗窃的物品(对于物品概念,见边码 18、边码 74 及以下数个边码)。如果保险合同已经订立并在形式上得以完成,则有关物品已被投保,即便合同可被撤销,或者根据《保险合同法》第 74 条第 2 款之规定,该合同可能因过度保险而无效。[3] 就此来看,同样无所谓的是,应付的保险费是否按时支付。[4] 鉴于(抽象的)危险,在保险

〔1〕 BT-Ds 13/9064, S. 19 f 援引 E 1962, Begr. S. 427 f; BGHSt 51, 236, 238 f;其他例证 Tiedemann/Waßmer, Jura 00, 533, 538。

〔2〕 但是如此 Bröckers, Versicherungsmißbrauch 1999, S. 94; Geppert, Jura 98, 363; NK-Hellmann, § 265 Rn 15; Kindhäuser/Böse, BT 2 § 32 Rn 1; Rengier, BT I § 15 Rn 2; SK-Hoyer, § 265 Rn 6 f; S/S/WSaliger, § 265 Rn 1;仅保护社会意义上的运转能力 HK-GS/Duttge, § 265 Rn 1; Jäger, BT Rn 523; MK-Kasiske, § 265 Rn 4; Otto, BT § 61 Rn 1;如同本书 BE-Klipstein, S. 85; Eisele, BT Ⅱ Rn 695; G/J/W-Sackreuther, § 265 Rn 3; Hörnle, Jura 98, 176; Lackner/Kühl/Heger, § 265 Rn 1; LK-Tiedemann, § 265 Rn 4; Mitsch, BT Ⅱ S. 427; NK-WSS-Hoven, § 265 Rn 3; Rönnau, JR 98, 442, 445; S/S-Perron, § 265 Rn 2。这一争论对于外国保险公司的保护问题,对此见 LK-Tiedemann, § 265 Rn 40。至少保险公司的财产也受到保护,对于作为《德国民法典》第 823 条第 2 款意义上的保护法律的特征而言,已经足够(见 MK-Kasiske, § 265 Rn 2)。

〔3〕 BGHSt 8, 343, 344 f; AnK-Gercke/Hembach, § 265 Rn 3; A/W-Heinrich, § 21 Rn 126; Joecks/Jäger, § 265 Rn 9; MK-Kasiske, § 265 Rn 13; NK-WSS-Hoven, § 265 Rn 7; S/S-Perron, § 265 Rn 6;在无效情况下,其他观点 NK-Hellmann, § 265 Rn 21; SK-Hoyer, § 265 Rn 10 通过存在疑问地指向保险的"自我保护可能"; Schramm, BT 1 § 8 Rn 62。

〔4〕 Vgl. BGHSt 35, 261 f; Geppert, Jura 98, 384.

人因被保险人迟延履行而免除自己的履行义务的情况下(《保险合同法》第37条第2款、第38条第2款),这也同样适用。[1] 明显的非履行义务案件很少见,不应予以剔除。[2] 对物品被投保的特征,诸如意外损坏部分自负(Selbstbehalt)或者个人限制之类的设限,也是无关紧要的。[3]

对于被保的物品,将其损害、毁坏、有用性侵损、放在一边或交给他人,均实施了犯罪行为的一种。可是,行为的结果必须属于保险风险的范围[例如,如果全保险损害(Vollkasko-Schaden)是由未投保的司机造成的,则赔偿可能落空]。[4] 在此,损害(Beschädigung)和毁坏(Zerstörung)的含义与在毁损财物罪中的含义相同[5](见边码23及以下数个边码)。对可用性的损害(Beeinträchtigung der Brauchbarkeit)意味着功能能力的大大降低,在并无实体损害的情况下,这种情况也是可以想见的。[6] 根据《1962年德国刑法典草案》的设想,如果"在空间上剥夺了权利人 658

---

〔1〕 G/J/W-Sackreuther, § 265 Rn 9; LK-Tiedemann, § 265 Rn 10; NK-Hellmann, § 265 Rn 20;其他观点 Kindhäuser/Böse, BT 2 § 32 Rn 3; Klesczewski, BT § 9 Rn 214; MK-Kasiske, § 265 Rn 13(通过存在疑问地指向保险的"自我保护可能"); Otto, BT § 61 Rn 2; S/SPerron, § 265 Rn 6;更狭 Wolff,同前注 S. 76.

〔2〕 S/S/W-Saliger, § 265 Rn 4 对此建议本身,并未给出"明确的"例证;在此也能看到存在疑问地(见 Hillenkamp, Vorsatztat und Opferverhalten 1981, S. 172 ff)指向"足够的自我保护可能";根据 LK-Tiedemann, § 265 Rn 10; S/S-Perron, § 265 Rn 6,并未支付首期保费的情形,即属此列。

〔3〕 LK-Tiedemann, § 265 Rn 12; MK-Kasiske, § 265 Rn 14; S/S/W-Saliger, § 265 Rn 5;差异 NK-Hellmann, § 265 Rn 22。

〔4〕 E 1962, Begr. S. 428; BK-Wittig, § 265 Rn 4; Geppert, Jura 98, 384; HK-GS/Duttge, § 265 Rn 6 f; LK-Tiedemann, § 265 Rn 13 及 Rn 11; M/R-Gaede, § 265 Rn 3; NK-WSS-Hoven, § 265 Rn 8; Schroth, BT S. 251; S/S-Perron, § 265 Rn 8; S/S/W-Saliger, § 265 Rn 7; Zöller, BT Rn 246;在结论上也 Bröckers, Versicherungsmißbrauch 1999, S. 124 f。

〔5〕 其他观点 MK-Kasiske, § 265 Rn 16; S/S-Perron, § 265 Rn 8。

〔6〕 Vgl. Lackner/Kühl/Heger, § 265 Rn 3; Otto, BT § 61 Rn 4.

的处分可能（Verfügungsmöglichkeit）”，则系将物品放在一边（beiseitegeschafft）。[1] 被保险人将物品对保险人隐藏（Verbergen）即已足够。[2] 然而，仅仅声称盗窃，但不移走或隐藏物品是不够的。[3] 在合作接管物品的情况下，如果造成了丢失的表象，则系买方将物品放在一边。[4] 否则的话，立法者的意图，即在车辆转移（Kfz-Verschiebung）的案件当中，将职业的黑市商人归入犯罪人之列，就不可能实现。[5] 如果将物品控制转移给他人，或者如果允许他人建立控制，则系将被保险物品交予他人（überlassen）。[6]

很难否定，这种行为也可以通过不作为来实施。然而，与诈骗的情况一样，必须重视对涵括实质的保证人学说（materielle Garantenlehre）中保证人地位（Garantenstellung）的论证（见边码506），以及§13中第I部分所要求的相应性（见边码503）。[7]

3. 主观构成

659 犯罪人必须故意地实现犯罪构成，即故意地针对他所知道的属于所列保险类别之一的物品实施犯罪。对此，必须存有从财产

---

〔1〕 对此批判 NK-Hellmann，§ 265 Rn 26 f。

〔2〕 A/W-Heinrich，§ 21 Rn 127；BE-Klipstein，S. 85 f；Geppert，Jura 98，384；G/J/W-Sackreuther，§ 265 Rn 13；Otto，BT § 61 Rn 4；Rengier，BT I § 15 Rn 3；SK-Hoyer，§ 265 Rn 17 f；更狭 Lackner/Kühl/Heger，§ 265 Rn 3；其他观点 Mitsch，BT Ⅱ S. 430。

〔3〕 Vgl. Fischer，§ 265 Rn 6；NK-WSS-Hoven，§ 265 Rn 13.

〔4〕 LK-Tiedemann，§ 265 Rn 16；S/S/W-Saliger，§ 265 Rn 10；更狭 HK-GS/Duttge，§ 265 Rn 11。

〔5〕 见 BT-Ds 13/8587，S. 65；13/9064，S. 19；G/J/W-Sackreuther，§ 265 Rn 14；Hörnle，Jura 98，176；S/S/W-Saliger，§ 265 Rn 12；其他观点 HK-GS/Duttge，§ 265 Rn 11；Rönnau，JR 98，443；也见 SK-Hoyer，§ 265 Rn 19 f。

〔6〕 Eisele，BT Ⅱ Rn 700；S/S-Sternberg-Lieben，§ 149 Rn 6；RGSt 59，214，216 f；更狭 Rönnau，JR 98，444。

〔7〕 因此保守 Joecks/Jäger，§ 265 Rn 28；MK-Kasiske，§ 265 Rn 20；但也见 Lackner/Kühl/Heger，§ 265 Rn 3；LK-Tiedemann，§ 265 Rn 18f。

保险中使自己或第三人（在保险范围内“同样覆盖的”）获得利益[1]的意图。[2] 但这不一定是最终目标，[3]且所寻求的保险给付的非法性并不重要。[4] 因此，即便第三人的行为并不能够在《保险合同法》第68条规定的框架内归于投保人，所以不至于使保险索赔落空，也符合主观的犯罪构成。相应地，想要使得投保人获得其应得的保险给付的人，也符合第265条之规定。[5]

4. 既遂与未遂

犯罪既遂时间较早。由于本罪不以向保险人报告损害为前 660
提，所以它可以外在地以“自身”（在并无所要求的意图的情况下）不受禁止的行为为结束，这种行为仍然存在于犯罪人的私人生活领域，例如，在相应意图的支配下，投保人在其家中销毁了被保险的财物。[6] 这些行为对保险公司的财产和社会性运转能力产生的危险往往很小。因此，德国显然也应为其提供积极悔改的可能（参见《奥地利刑法典》第151条第2款）。然而，与比如第264条

---

〔1〕 对此参见 Fischer, § 265 Rn 11；NK-Hellmann, § 265 Rn 9；S/S/W-Saliger, § 265 Rn 13。

〔2〕 Vgl. Joecks/Jäger, § 265 Rn 15 f；Kudlich, PdW Strafrecht BT I, S. 121；Otto, BT § 61 Rn 5.

〔3〕 E 1962, Begr. S. 428；S/S - Perron, § 265 Rn 13；过泛 Bröckers, Versicherungsmißbrauch 1999, S. 155，在其看来，间接故意即为已足；相反恰当地 NK-WSS-Hoven, § 265 Rn 19。在机动车黑市交易案件中，在与投保人商定的情况下，通常存在第三人获取意图；其他观点 MK - Kasiske, § 265 Rn 23；开放 G/J/W - Sackreuther, § 265 Rn 23。

〔4〕 LK-Tiedemann, § 265 Rn 23；M/S/M-Momsen, BT I § 41 Rn 208；S/S/W-Saliger, § 265 Rn 13；对此批判 Hörnle, Jura 98, 176；Rönnau, JR 98, 445。

〔5〕 Vgl. E 1962, Begr. S. 427；BT-Ds 13/9064, S. 19 f；AnK-Gercke/Hembach, § 265 Rn 10；A/W-Heinrich, § 21 Rn 131；BE-Klipstein, S. 86；Geppert, Jura 98, 386；G/J/W-Sackreuther, § 265 Rn 24；Rengier, BT I § 15 Rn 5.

〔6〕 例证在 Hörnle, Jura 98, 176；Rönnau, JR 98, 445；对于此类案件不符合犯罪构成 Schroth, BT S. 250。

第 5 款、第 264a 条第 3 款、第 265b 条第 2 款[1]以及第 320 条不同的是,立法机关决定不这样做。对于第 306e 条规定的类推适用,即使在并无与计划相悖的规制漏洞的情况下,这也是不可能的。[2]

661 虽然第 265 条已经将刑事可罚性提前到了预备阶段(Vorbereitungsstadium),但立法机关并没有放弃未遂的可罚性。立法机关认为,这一犯罪危险性的未遂处罚——并非显而易见——是不可或缺的。[3] 就此来看,中止当然是可能的。但是,如果犯罪人始才中止实施未遂的(保险)诈骗,则中止并不包括已经既遂的滥用保险罪。对之惩处,与补充条款并不矛盾。[4]

661a 在案例 56 中,尚未发生针对保险公司的诈骗未遂,因为 F 尚未开始对经办人的预想造成误导性的影响。在没有主行为(Haupttat)的情况下,A 的

[1] 对其类推适用 Kindhäuser/Hilgendorf, § 265 Rn 9;Klesczewski,BT § 9 Rn 218;M/S/M-Momsen,BT I § 41 Rn 211;MK-Kasiske, § 265 Rn 32;S/S-Perron, § 265 Rn 15;Wirth,Zur Notwendigkeit des strafrechtlichen Schutzes des Privatversicherungswesens durch Sondernormen 2004,S. 244 ff。

[2] 其他观点 Geppert,Jura 98,385;MK-Kasiske, § 265 Rn 32;M/R-Gaede, § 265 Rn 9;如同本书 Eisele,BT Ⅱ Rn 703;Lackner/Kühl/Heger, § 265 Rn 5;Mitsch,BT Ⅱ S. 432;NK-WSS-Hoven, § 265 Rn 22 f;Rengier,BT I § 15 Rn 9;Rönnau,JR 98,446;Schroth,BT S. 250;S/S/W-Saliger, § 265 Rn 14;G/J/W-Sackreuther, § 265 Rn 28 指向《德国刑事诉讼法》第 153 条;同样如此 LK-Tiedemann, § 265 Rn 29;区别 SK-Hoyer, § 265 Rn 26 f。

[3] BT-Ds 13/9064,S. 26;E 1962,Begr. S. 428;赞成 LK-Tiedemann, § 265 Rn 27;NK-Hellmann, § 265 Rn 39;批判 Fischer, § 265 Rn 13;G/J/W-Sackreuther, § 265 Rn 27; Sander/Hohmann, NStZ 98, 277; R. Schröder, Versicherungsmißbrauch – § 265 StGB,2000,S. 139 ff;Stächelin,StV 98,100。

[4] BE-Klipstein,S. 85;Fischer, § 265 Rn 14,17;H-H-Voigt,Rn 1072;NK-Hellmann, § 265 Rn 44; Mitsch, ZStW 111(1999),119;其他观点 Kindhäuser/Hilgendorf, § 265 Rn 9;MK-Kasiske, § 265 Rn 34;M/R-Gaede, § 265 Rn 11;SK-Hoyer, § 265 Rn 15;S/S/W-Saliger, § 265 Rn 15。

犯罪参与也被排除在外。这是这一结果，鉴于汽车转移造成的损害相当大，并对投保人产生了不利的影响，在立法者看来，是“不再能够接受的”。〔1〕现在，第265条填补了相关刑事处罚的空白。为了获得保险利益，F把投了盗窃险的卡车留给了A，A把卡车放在一边。当然，对A处罚的前提是，至少作为必要的中间目标，他也关心如何为F提供保险给付。因为这笔交易是以双方的利益为基础的，所以在诸如此类的案件中，对此一般可以认定。〔2〕如果没有意图，则A构成对F所犯的滥用保险罪的帮助犯。〔3〕

Ⅱ.捏造保险事故

案例57：农夫B债台高筑。为了给他获取保险赔付，他的儿子S在B不知情的情况下，在投保火灾险的院子里放火。整个院子都被烧毁了。S的参与未被发现。B提出了保险索赔，并由保险公司支付了保险金额。 661b

如何根据第263条、第265条对B和S予以惩罚？（见边码668）

1.第263条第3款第2句第5项之示例

根据第263条第3款第2句第5项之规定，如果犯罪人在自己或其他人为此目的点燃具有重要价值的物品，通过放火全部或部分地予以毁坏，或者使船只沉没或搁浅，在此后通过捏造保险事故而实施犯罪，则属于诈骗罪的特别严重情形。〔4〕 662

a）犯罪对象和预备行为

第1种情形的对象是具有重要价值的物品。对此，客观的交 663

〔1〕 Vgl. BT-Ds 13/8587, S. 65; NK-Hellmann, § 265 Rn 6.

〔2〕 其他观点对于隐匿和对于意图 Rönnau, JR 98, 444 f; MK-Kasiske, § 265 Rn 23 在此也否定意图；开放 G/J/W-Sackreuther, § 265 Rn 23。

〔3〕 就此而言深入也见 Rönnau, JR 98, 444。

〔4〕 对于限制于两种犯罪对象和行为的意义的批判 Mitsch, ZStW 111（1999），115。

易价值(Verkehrswert)是决定性的,其必须至少达到1000欧的金额。[1] 如果物品被点着后,在易燃物质被移除或熄灭后,它也能继续燃烧,则该物品即为被点燃。[2] 足够的是,通过火灾将物品全部或部分地予以毁坏(见边码36),即比如通过燃烧装置的爆炸而将之灭失。[3] 另一种情形,涉及一艘必须被沉没或搁浅的船只。对此而言,犯罪人通过使船丧失操纵能力或者在海滩上搁浅而导致船舶的部分被淹没,即为足够。[4] 在这两种情形下,对象并不需要实际上被投保。[5]

b)捏造保险事故

664 在这两种情形之下,所描述的行为必须是为了实现捏造保险事故的意图而进行的,且诈骗行为的犯罪人当时也这样做了。根据法律规定,只有在发生的事故是保险人履行义务的必要条件的情况下(《保险合同法》所规定的保险事故),[6]犯罪人才构成对保险事故的捏造。如果(如烧毁的)物品或者(如沉没的)船只被错误地作为保险标的物,情况也是如此。就此而言,放弃对货物或船舶必须被投保的要求,是有意义的。此外,与立法者的意志相一致,承继原第265条规定的核心规则内涵,即使保险事故确实发

〔1〕 更详尽见S/S-Heine/Bosch,vor § 306 Rn 15;AnK-Gaede, § 263 Rn 199:1300欧;MK-Hefendehl, § 263 Rn 860和SK-Wolters/Horn,vor § 306 Rn 11:1200欧;Klesczewski,BT § 9 Rn 207:500欧。

〔2〕 参见BGHSt 16,109,110;18,363,364。

〔3〕 见Wessels/Hettinger/Engländer,BT I Rn 951;Küper/Zopfs,BT Rn 356 f。

〔4〕 RGSt 35,399,400;对此的定义,在M/R-Saliger, § 263 Rn 326。

〔5〕 对此见边码664;Kindhäuser/Hilgendorf, § 263 Rn 248;Mitsch,BT Ⅱ S.348;MK-Hefendehl, § 263 Rn 859;S/S/W-Satzger, § 263 Rn 394。

〔6〕 见Prölss/Martin/Armbrüster, VVG, 30. Aufl. 2018, § 1 Rn 166; Rüffer/Halbach/Schimikowski/Brömmelmeyer,VVG,3. Aufl. 2015, § 1 Rn 62。

生,但保险索赔没有发生,或者保险人履行义务已免除,[1]而犯罪人知道这一点,也必须将此保险事故称为捏造保险事故。

尽管发生了保险事故,但如果被保险人故意造成保险事故,保险人将不 665
承担赔付义务(《保险合同法》第 81 条第 1 款)。对此而言,作为犯罪人的第三人同意合作就足够了。[2] 此外,根据判例,即使没有这种合作,如果第三人是投保人的所谓代表,或者是真正经济上的被保险人,投保人也必须将第三人的行为视为自己的行为。[3] 判例中的代表(也在配偶相互之间的关系中),系任何基于实际的代理关系而对被保险物品进行看管的人,或者是在被保险风险范围内,有权在相当大的程度上独立为被保险人行事,从而行使被保险人作为投保人的权利和履行义务的人。[4] 就像配偶关系一样,单纯的家庭成员之间的关系,对此并不足够。[5] 潜在的继承人不应被视为真正经济上的被保险人,但被投保股份有限公司中并不参与经营管理的唯一股东,则可能属于。[6] 对于此种认定,必须要保持克制,判例本身不断增加对第三人行为的归属要求,就证明了这一点。[7]

---

〔1〕 同样如此 Fischer, § 263 Rn 225;LK-Tiedemann, § 263 Rn 302;HK-GS/Duttge, § 263 Rn 102;Mitsch,BT Ⅱ S. 348;S/S/W-Satzger, § 263 Rn 394;Wolters,JZ 98,399;Zöller,BT Rn 205。

〔2〕 BGH NStZ 86,314;LK-Tiedemann,11. Aufl. , § 265 原规定 Rn 29,在 LK-Tiedemann, § 263 Rn 302 中对之有所指向。

〔3〕 对于代表,详见 Prölss/Martin/Armbrüster,VVG,30. Aufl. 2018, § 28 Rn 98 ff,附例证边码 118 及以下数个边码; § 81 Rn 6;对于真正的经济上的被保险人 § 47 Rn 22;Rüffer/Halbach/Schimikowski/Brömmelmeyer,VVG,3. Aufl. 2015, § 28 Rn 109 ff; § 81 Rn 67 ff;也参见 M/R-Saliger, § 263 Rn 327;Schramm,BT 1 § 8 Rn 71 ff;Wittig, § 16 Rn 6 ff。

〔4〕 更详尽 BGH NJW 76,2271;BGH StV 89,299;BGH NJW 07,2038。

〔5〕 Vgl. BGH NStZ 87,505;BGH NStZ 17,290.

〔6〕 Vgl. Ranft,Jura 85,501.

〔7〕 见 Prölss/Martin/Armbrüster,VVG,30. Aufl. 2018, § 28 Rn 100。

666 通过捏造保险事故,[1]示例规定已经实现。特别严重的情形可能在诈骗未遂时就已经存在。[2]

2. 第 265 条与第 263 条第 1 款、第 2 款、第 3 款第 2 句第 5 项之关系

667 通过捏造保险事故进行诈骗,并不以滥用保险为前提。[3] 反过来,如果第三人滥用保险而不使保险索赔无效,则保险滥用不会导致诈骗。[4] 与此相反,如果他是投保人、投保人的代表或者真正的被保险人,对第 265 条规定的被保险人的物品,通过其所规定的行为方式损毁,导致保险事故,并由此丧失保险索赔,则系通过滥用保险来准备实施诈骗。如果保险滥用是通过第 263 条第 3 款第 2 句第 5 项规定的准备性行动实现的,则在此同时存在对特别严重情形的(保险)诈骗罪的预备。如果诈骗不再发生,或者只是未遂,则第 265 条仍然适用。相反,如果犯罪人以"诈骗之意图"捏造保险事故,则即使不是单一的罪行,第 265 条也会退居第 263 条的各个实现方式之后(见边码 656)。如果投保人的代表在投保人不知情的情况下滥用保险,并且投保人善意地主张假定的索赔,则可考虑对其代表认定诈骗罪的间接正犯,从而取代第 265 条之适用。[5]

668 在案例 57 中,B 提出了一项保险索赔,该索赔是存在的。S 纵火引发了保险事故。而且,保险人履行义务并没有免除,因为作为一个家庭成员和可以想见的继承人,S 并非代表或者是一个已然真正的经济上的被保险人(见

[1] 对于保险中介的实证意义 Ossege/Riedel, ZVersWiss 17, 369。

[2] M/R-Saliger, § 263 Rn 328 要求既遂。

[3] 见 S/S/W-Satzger, § 263 Rn 396;其他观点 BeckOK-Beukelmann, § 263 Rn 112;Fischer, § 263 Rn 222;NK-Kindhäuser, § 263 Rn 401。

[4] 见 BGHSt 51, 236, 238 f。

[5] Vgl. Lackner/Kühl, § 263 Rn 9.

边码665)。因此,B和S都没有(在间接正犯的情况下)实施(保险)诈骗罪的特别严重情形。然而,根据第265条,S因销毁已投保(火灾险)的物品,以便为他的父亲谋取保险赔付而应受惩罚。第265条并不排除,B可以合法地要求履行赔付(见边码659)。相反,相对于第263条将第265条独立化(Verselbstständigung),在立法机关看来,这一案件是应受惩罚的。[1] 在此案中,如果B知道S的行为,基于对保险形成的错误认识,认为其无权提出索赔,则应认定存在不能犯的诈骗未遂(而非幻想犯)。根据恰当的观点,仅仅假定地符合示例规定,并不会引发其刑罚框架的适用(见边码216及下一边码)。[2] 如果第265条的犯罪人希望使诈骗成为可能,就刑事可罚性的总体评价而言,除了第306a条之外,也要考虑第306b条第2款第2项。[3] 然而,正确的是,鉴于第306b条第2款第2项规定的5年较高的最低刑期,有必要将仅用于预备实施保险诈骗的纵火情况排除在外。[4] 然而,在可能的犯罪当中,德国联邦法院只提出了一罪实施的第265条和第303条(对于库存),因为在其看来,在此不存在其他犯罪行为。[5]

3. 鉴定结构:滥用保险罪,第265条

668a

滥用保险罪,第265条 Ⅰ. 犯罪构成 1. 客观构成

---

〔1〕 E 1962, Begr. S. 427 f; BT-Ds 13/9064, S. 20; Geppert, Jura 98, 385; Rönnau, JR 98, 441.

〔2〕 Tiedemann/Waßmer, Jura 00, 539 附进一步的文献;正确的是,应认定存在幻想犯,见 LK-Hillenkamp, § 22 Rn 225。

〔3〕 见 MK-Hefendehl, § 263 Rn 862; Stein, in: Dencker ua, Einführung in das 6. StrRG 1998, S. 106 f。

〔4〕 Fischer, § 306b Rn 9a, b; Hecker, GA 1999, 338, 342; Mitsch, ZStW 111 (1999), 114;其他观点 BGHSt 45, 211, 216 ff 附否定性评注 Schlothauer, StV 00, 138;相反赞成 Radtke, Anm. JR 00, 428; Rönnau, JuS 01, 328。

〔5〕 BGHSt 51, 236, 239 ff;对于争论,见 Hillenkamp/Cornelius, BT 16. Problem。

a)犯罪对象:
· 投保的物品
→(也包括自己的/不可移动的)物品
→ 就沉没等投保
Ⓟ保险合同的有效性
b)犯罪行为:
· 损害
· 毁坏
· 侵损可用性
· 放在一边
· 给予他人
c)犯罪结果:
· 保险事故的出现
→ 被保险的风险框架内的结果
2. 主观构成
a)故意:
· 任何故意类型
b)获利意图
· 为自己或第三人获得保险赔付的意图
→ 对于保险赔付的不法性并无要求
Ⅱ. 违法性
Ⅲ. 有责性
Ⅳ. 补充性,第 265 条第 1 款
Ⓟ与第 263 条第 3 款第 2 句第 5 项的关系(犯罪的概念)

Ⅲ. 骗取给付罪

669 案例 58:A 通过爬过栅栏,在没有门票的情况下,绕过售票处进入了一场门票尚未售罄的德甲足球比赛。在体育场内,他把伪造的硬币塞进一台香烟自动售货机,他是在收到这些硬币后才意识到这些硬币是假的。由于硬币的大小和重量与真正的欧元硬币相同,因此一盒香烟落入取出装置中,以便A可以将其拿走。如何对案件事实进行刑法上的判定?(见边码682)

1. 犯罪构成概览

第265a条规定了三种兜底性犯罪构成,应在财产保护框架内填补相对于诈骗罪(第263条)的空白,[1]与具有同等保护范围的更为严重的罪行相比,这些犯罪构成仅应补充性地予以适用。更具体地说,第265a条涵括骗取通过交通工具而进行的运输,进入活动或设施,以及得到自动售货机或公用的电信网络的服务。 670

根据法律规定的、相对于规定了更为严厉的刑罚的罪名的补充性(Subsidiarität),涉及具有相同保护方向(gleiche Schutzrichtung)的罪名,[2]因此在第242条、第263条、第263 a条中,特别是在通过诈骗手段欺骗检查人员,从而获得对价履行的案件中,第265a条应退居其后。[3] 与之相对的是,鉴于更为广泛理解的补充性条款,德国联邦法院(不当地)认为,不应将补充性限制在具有相同的保护方向的罪行之上(第246条、第248b条也做此种要求,见边码327、440)。[4] 例如,如此必将导向的并非正确的结论是,在骗 671

---

[1] 对此见 RGSt 68,65;LK-Tiedemann, § 265a Rn 2 f;这一条文系1935年(RGBl I 839)增加。

[2] AnK-Gercke/Hembach, § 265a Rn 26;Eisele,BT Ⅱ Rn 723;Hilgendorf/Valerius,BT Ⅱ § 10 Rn 19;HK-GS/Duttge, § 265a Rn 27;Kindhäuser/Hilgendorf, § 265a Rn 26;NK-Hellmann, § 265a Rn 50;Rengier,BT I § 16 Rn 1;SK-Hoyer, § 265a Rn 38;S/S-Perron, § 265a Rn 14;Zöller,BT Rn 274。其他观点 Bock,JA 17,357,361;Hohmann/Sander,BT I § 12 Rn 27;Klesczewski,BT § 9 Rn 190;Lackner/Kühl/Heger, § 265a Rn 8;MK-Hefendehl, § 265a Rn 213;M/R-Gaede, § 265a Rn 23。未决 BK-Valerius, § 265a Rn 25;S/S/W-Saliger, § 265a Rn 22。

[3] Vgl. BGHSt 16,1;OLG Düsseldorf NJW 90,924;S/S-Perron, § 265a Rn 1.

[4] Vgl. BGH NJW 98,465;BGHSt 47,243,244.

取运输的过程中,对乘客造成身体伤害的危险的人(第 224 条),不应根据第 265a 条定罪处刑。

672 不成文的客观犯罪构成要件是服务、活动及设施的对价性(Entgeltlichkeit)。[1] 理由在于,该条款具有保护财产的功能,以及对四种情形共同适用的不支付报酬的意图的要求。因此,如果不被允许参加免费活动的人,以违反秩序的方式进入活动,可能构成侵入住宅罪,但不具有第 265a 条规定的可罚性,同样适用的是,只是没有携带已经购买的月票或有权免费或减价使用的证件,[2] 使用免费货币兑换机,[3] 或者在公共游泳池关闭的(夜间)时间进入公共泳池的行为。

2. 作为实行行为的骗取

673 对于第 265a 条规定的犯罪构成,犯罪行为均通过骗取(Erschleichen)要件进行界定。人们一致认为,这一概念既不要求欺骗(Täuschung),也不要求"偷偷摸摸"(Einschleichen),[4] 但在其他方面是有争议的。在某种程度上,其意味着未经授权的服务利用(Inanspruchnahme der Leistung)。[5] 另有观点认为,所需实

[1] BK-Valerius, § 265a Rn 10;Hilgendorf/Valerius,BT Ⅱ § 10 Rn 10;Küper/Zopfs,BT Rn 71;MK-Hefendehl, § 265a Rn 70;Rengier,BT I § 16 Rn 2;S/S/W-Saliger, § 265a Rn 3;要件 LG Wuppertal CR 11,245,247;未成年人签订的缺失批准的无效合同情况下,这一要件的缺乏,见 SK-Hoyer, § 265a Rn 29。对于在刑罚裁量中对犯罪经常的琐碎属性予以关注,见 OLG Brandenburg StV 09,361;OLG Stuttgart NStZ 07,38;OLG Naumburg StV 12,734。

[2] BayObLG NJW 86,1504;OLG Koblenz NJW 00,86 附评注 Kudlich,NStZ 01,90;Fischer, § 265a Rn 9;NK-Hellmann, § 265a Rn 38;SK-Hoyer, § 265a Rn 10;S/S/W-Saliger, § 265a Rn 4;不同的是,仅限于第三人并行使用可转让的银行卡,见 MK-Hefendehl, § 265a Rn 98;Kudlich,NStZ 01,90 f;Zieschack/Rau,JR 09,244。

[3] Vgl. OLG Düsseldorf NJW 00,158;Kudlich,JuS 01,22.

[4] BGHSt 53,122,126 援引 1927 年《德意志刑法典草案》第 347 条的论证,对于判决批判 Alwart,JZ 09,478;Zieschack/Rau,JR 09,244。

[5] Vgl. OLG Stuttgart MDR 63,236;OLG Hamburg NJW 87,2688.

行的行为,必须规避有权获得服务的人为确保为服务付费而采取的保障措施,[1]或者具有隐瞒、营造正常使用外观的性质。[2] 这种用语所暗示的欺骗相似性(Täuschungsähnlichkeit),是从骗取概念中,[3]或者从第 265a 条具有的与第 263a 条相对应的诈骗近似性(Betrugsnähe)中得出的,[4]在此并不清晰。正确地看,对第 265a 条所规定的具体犯罪构成的典型特点,应作如下区分:[5]

在滥用自动售货机和骗取电信服务的情况下,存在未经授权的、服务于逃避付款的、通过不当使用技术设备的服务利用,就足够了,其间存在对确保收费机制的欺骗(Überlistung)。[6] 例如,这可以通过插入假币来实现。[7] 对价性必须与所使用的犯罪构成意义上的服务有关。例如,意图不支付停车费而驶入停车场或收费停车区,并不代表接受自动设备的服务,[8]但无论如何,这种服务——以及“进入”(驶入)——通常是免费的,而且在此后的驶 674

[1] Vgl. Lackner/Kühl/Heger, § 265a Rn 6; Kindhäuser/Hilgendorf, § 265a Rn 11.

[2] BayObLG NJW 69,1042;Bockelmann,BT Ⅰ S. 118;连接二者 MK-Wohlers/Mühlbauer,2. Aufl., § 265a Rn 45。BGHSt 53,122 附评议 Bosch,JA 09,470 对后者有所述及。

[3] Vgl. Fischer, § 265a Rn 4;LK-Tiedemann, § 265a Rn 34 ff;Mitsch,BT Ⅱ S. 448;M/R-Gaede, § 265a Rn 12.

[4] 如此 BK-Valerius, § 265a Rn 16;HK-GS/Duttge, § 265a Rn 1,13;SK-Hoyer, § 265a Rn 5;S/S/W-Saliger, § 265a Rn 7。

[5] 相反,支持统一的解释参见 Fischer, § 265 Rn 3 ff,5;S/S/W-Saliger, § 265a Rn 5;如同本书 Mitsch,BT Ⅱ S. 448 ff;NK-Hellmann, § 265a Rn 14;S/S-Perron, § 265a Rn 8 ff;也参见 BGHSt 53,122,127。

[6] Arloth,CR 96,362;Küper/Zopfs,BT Rn 72;Lackner/Kühl/Heger, § 265a Rn 6a;OLG Karlsruhe NJW 09,1287,1288;LG Wuppertal CR 11,245,247。通过告知密码,而无权使用在线流媒体服务,见 MK-Hefendehl, § 265a Rn 54 ff,149 ff(否定骗取)。

[7] LK-Tiedemann, § 265a Rn 42.

[8] 停车计时表和停车自动售票机也未提供履行,Küper/Zopfs,BT Rn 73;M/S/M-Momsen,BT Ⅰ § 41 Rn 221。

出之中,也不存在骗取驶入[1](而且在此并无收费的自动设备服务)。与之相反,如此一般只是违反了(不是处以刑罚,但可能处以罚款的)停车禁令(Parkverbot),且在付款的情况下,这一禁令可能会在一段时间内被取消。[2]

675 仅仅利用技术缺陷的行为并非被涵括在内。[3] 而且,在"响铃"之后(根据与伴侣的事前约定或者出于对夜间干扰的考虑)迅速地挂断电话,以便节省费用,以此为目的而接通电话,也是不够的;第 265a 条所规定的服务,只有在建立语音连接时才会被骗取。[4] 在电信网络中,干扰收取费用或者未经授权连接到网络,会发生骗取,但未经授权而在服务设备上进行私人呼叫,则不发生骗取。[5] 在没有注册且并未付费地收听广播或收看电视的情况下,缺乏作为条件的对于安全机制的欺骗。[6] 此外,未经授权使用发给账户持有人的代码卡,并从自动取款机获取现金,不属于第 265a 条的范围,而符合计算机诈骗罪的犯罪构成(第 263a 条)。在这种情况下,虽然对财产所有人的行为相当于欺骗(见边码 614),但不存在违反规则和条例操纵机制的行为(见边码 181)。另外,必须对所提供服务的对价性提出质疑。[7]

---

〔1〕 参见 Fischer, § 265a Rn 22,24;Mitsch,NZV 12,157。

〔2〕 BayObLG JR 91,433 附评注 Graul;Fischer, § 265a Rn 14;Lackner/Kühl/Heger, § 265a Rn 5。

〔3〕 Vgl. HK-GS/Duttge, § 265a Rn 16;NK-Hellmann, § 265a Rn 24;Popp,JuS 11,391;OLG Karlsruhe wistra 03,116,117.

〔4〕 参见 LK-Tiedemann, § 265a Rn 51;Mitsch,BT Ⅱ S. 441;NK-Hellmann, § 265a Rn 29;S/S-Perron, § 265a Rn 10。其他观点 LG Hamburg MDR 54,630;Brauner/Göhner,NJW 78,1469;Herzog,GA 75,257。

〔5〕 Vgl. Eisele,BT Ⅱ Rn 713;MK-Hefendehl, § 265a Rn 155.

〔6〕 Eisele,BT Ⅱ Rn 714;LK-Tiedemann, § 265a Rn 44;Ŏglakcıŏglu,JA 11,590 ff;S/S/W-Saliger, § 265a Rn 15;关于滥用有线电视连接,见 Krause/Wuermeling,NStZ 90,526。

〔7〕 Vgl. Krey/Hellmann/Heinrich,BT Ⅱ Rn 745;Schroth,NJW 81,730.

在骗取运输[1]和骗取进入的情况下，骗取概念要求存在的行为，要么以符合规定的表象为幌子，要么绕过或消除现有的管控措施。后一种说法满足了在这种情形中对骗取行为提出的所有要求，而对符合规定的各种表象，提出了不同的严格要求。[2] 判例——未受联邦宪法法院[3]的质疑——倾向于将未经授权的利用等同于骗取式的利用，具体做法是，并未兑付车票或（故意）[4]没有扣划，就足够了。[5] 在瑙姆堡州高等法院的移送裁决中，采用了本书所支持的与欺骗等同的解释，德国联邦法院对此表示了赞同。[6] 据此，任何人在未经授权的情况下使用运输工具，并在假定的客观观察者（不一定是运输经营者或其雇员）面前，假装符合经营者营运条件的要求，即属于骗取运输服务。[7] 例如，如果犯罪人乘坐交通工具，但不关心是否获得运输票证，就会发生这种情况，理由在于，客观的观察者会从这种不显眼的行为中，推断出交通工具使用的合法性。[8] 676

---

〔1〕 对于车票检查情况下，不同的刑法关联，启发性 Mitsch，NZV 14，545。

〔2〕 参见 Küper/Zopfs，BT Rn 85。

〔3〕 BVerfG NJW 98，1135；对于应然之法相反的澄清 Bock，JA 17，360。

〔4〕 Vgl. LG Bonn StraFo 15，81.

〔5〕 OLG Hamburg NJW 87，2688；JR 92，40；OLG Düsseldorf NStZ 92，84；NJW 00，2120；OLG Stuttgart MDR 89，841；OLG Frankfurt a. M. NStZ-RR 01，269；BayObLG StV 02，428；赞成 Hagemann，Rechtliche Probleme des Schwarzfahrens 2008，S. 89；Rengier，BT I § 16 Rn 6；Wessels，BT Ⅱ Rn 637；此外 Hauf，DRiZ 95，18。对于法政策学上的论辩，见 Harrendorf，NK 18，250，256 ff；Sasse，NJ 19，59。

〔6〕 BGHSt 53，122 附评议 Bosch，JA 09，470；批判 Alwart，JZ 09，478；Zieschack/Rau，JR 09，244。

〔7〕 如此 BGHSt 53，122 的指导原则附第 127 页的澄清；OLG Naumburg StraFo 09，343 和 OLG Hamm NStZ-RR 11，206 对之予以遵循；批判 Fischer，§ 265a Rn 5；更为严格 OLG Frankfurt a. M. NJW 10，3107 附评注 Krumm。

〔8〕 Vgl. OLG Koblenz NStZ-RR 11，246，247.

然而，这种解释并不能合理地把握骗取的意义。[1] 这样认为的依据在于，假装符合规定的使用者也符合犯罪的外在行为，是放弃了界定行为的、在此指向欺骗类似性的意义，从而剥夺了骗取行为的特定不法内涵。[2] 因此，必须要求的是，犯罪人通过“验证”无效的运输票证，避开检票口，或者穿过路障、闸锁，表现出隐藏或掩饰的行为，而不仅仅要求不显眼的外在表现。[3] 为了证明这一限制的合理性，并不需要存在疑问地[4]考虑，任何取消控制和保障措施的人，都不配受到刑法的保护。相反，从这个词本身的意义上能够推导出来，并且，其依据还在于，就像未经付费而收听和收看一样，单纯只是未付费而乘坐车辆，对于骗取的不法内涵而言并不足够。[5] 由于缺乏欺骗性，如果乘客在交通工具上乘坐的时间

---

〔1〕 对此详见 Putzke/Putzke, JuS 12, 500, 504；在结论上同样如此 Roggan, Jura 12, 303；对于观点状况的概览 Preuß, ZJS 13, 261 ff。

〔2〕 Vgl. A/W-Heinrich, § 21 Rn 20；BK-Valerius, § 265a Rn 20 f；Fischer, § 265a Rn 5 ff；Kindhäuser/Hilgendorf, § 265a Rn 8；Krey/Hellmann/Heinrich, BT Ⅱ Rn 722；M/R-Gaede, § 265a Rn 15.

〔3〕 AnK-Gercke, § 265a Rn 18；Bock, BT Ⅱ S. 504 f；Fischer, § 265a Rn 4, 5e, 6 f；Hefendehl, JA 11, 406；H-H-Voigt, Rn 1078；Hilgendorf/Valerius, BT Ⅱ § 10 Rn 12, 16；Hohmann/Sander, § 12 Rn 22；Ingelfinger, StV 02, 429, 430；Klesczewski, BT § 9 Rn 187；Lackner/Kühl/Heger, § 265a Rn 6a；Mitsch, BT Ⅱ S. 450；Mosbacher, NJW 18, 1069 f；Ranft, Jura 93, 84；Schall JR 92, 1；SK-Hoyer, § 265a Rn 21；S/S-Perron, § 265a Rn 11；S/S/W-Saliger, § 265a Rn 17；Zöller, BT Rn 268；更狭 Alwart, JZ 86, 563 和 Anm. NStZ 91, 588；Albrecht, Anm. NStZ 88, 222。

〔4〕 对其参见 LG Bonn StraFo 15, 81；MK-Wohlers/Mühlbauer, 2. Aufl., § 265a Rn 43；SK-Hoyer, § 265a Rn 7；与此相反 Hillenkamp, Vorsatztat und Opferverhalten 1981, S. 47；ders., ZStW 129(2017), 596, 617 ff；Schall, JR 92, 1。

〔5〕 Alwart, ZIS 16, 534；HK-GS/Duttge, § 265 Rn 21 f；Ŏglakcıŏglu, JA 11, 589；SK-Hoyer, § 265a Rn 8 f；通过强调被告人的共同责任 LK-Tiedemann, § 265a Rn 47。

超过了其车票所允许的时间,那么骗取也是不可能存在的。[1] 然而,在与组织者指定的监督人员相勾结的情况下,必须认定这种情况[2](因为欺骗的参照人是假定的观察者,而不是监督人员);然而,在这种情况下,如果涉及背信罪的教唆或帮助(第266条),则不适用第265a条。

在抗议宣布票价上涨的背景下,进入有轨电车仅仅是为了散发传单,并且在没有车票的情况下乘坐到下一站,并非骗取运输服务,而是犯了侵犯住宅安宁罪(Hausfriedensbruch)。[3] 677

判例例证:作为KG NJW 11,2600判决基础的案件事实是,被告A在无票的情况下一再故意地使用柏林的公共交通工具。在他衣服的胸前有一张支票大小的牌子,上面写着"为了在公交汽车和轨道交通上免费乘坐"(Für freie Fahrt in Bus und Bahn)和"我不付钱"(Ich zahle nicht),中间有一张柏林交通运输公司三辆公共汽车的照片,上面斜印着"罢工"(Streik)字样。柏林州高等法院认为,对于一个假定的客观观察者来说,A的行为被描述为完全适当地和并不显眼地使用交通工具,因此与BayObLG NJW 69,1042判决(公开和明确无误地不支付任何费用)中的行为,并不类似。小牌子并无影响,因为它很难被察觉,而且即使被察觉,也没有明确的拒付声明。法院还认为,该文案可能被解释为,仅仅是在政治立场的意义上倡导免费乘坐。然而,这与"我不付钱"的声明[OLG Köln BeckRS 15,16686附评注Satzger,Jura (JK) 17,362:"我坐车不买票"(Ich fahre schwarz)或者OLG Frankfurt BeckRS 16,112425附评注Rathgeber,FD-StrafR 17,386894:"我免费坐车"(Ich fahre umsonst)]并不一致,客观观察者从这句话中可以看出,他正在处理一个"信念犯"(Überzeugungstäter)。

---

[1] 参见Mitsch,NZV 19,70,73 ff(也关于不作为和原因自由行为之一般性问题);MK-Hefendehl, § 265a Rn 175;NK-Hellmann, § 265a Rn 39;其他观点AG Dortmund,BeckRS 17,129465。

[2] 参见Lackner/Kühl/Heger, § 265a Rn 6a;Tiedemann/Waßmer,Jura 00,535;其他观点Eisele,BT Ⅱ Rn 716;Rengier,BT I § 16 Rn 8。

[3] Vgl. BayObLG NJW 69,1042.

当然,问题在于,通过行为或声明(两面都用大写字母印制的 T 恤,对此见 Jahn,JuS 11,1042 f,Roggan,Jura 12,299 和 Ŏglakcıŏglu,JA 11,590)表达得是否清晰,向谁表明这一点(对此见 OLG Köln BeckRS 15,16686:向同行乘客表明这一点是不够的),以及在目前的情况下是否有必要加以明确(OLG Hamm NStZ-RR 11,206,207:以前向运输公司发出的书面通知,即犯罪人打算在不支付车费的情况下使用运输服务,是不够的)。

3. 给付和商品自动机器及设施

678 第 265a 条所指的自动机器(Automat)是一种技术设备,其机械或电子控制装置,使得自动机器提供的可调用的服务取决于对价的支付。[1] 在数据处理操作的情况下,第 265a 条和第 263a 条可以适用,但必须遵循补充性条款。[2] 在滥用自动机器(Automatenmissbrauch)的情况下,必须根据第 265a 条区分服务自动机器和商品自动机器(Leistungs-und Warenautomaten)。后者包括出售商品、有价证券、车票、入场券等的设备。货币兑换机是商品自动机器。[3] 服务自动机器包括电话机、老虎机和点唱机等。在使用老虎机的情况下,其特征之间相互混合:通过获胜机会带来的游戏乐趣是服务(Leistung),而获益本身就是商品(Ware)。[4] 与仍然存在的通说观点相反,[5]第 265a 条规定的犯罪构成不仅涵盖

[1] 在稍后结算的、并无对价支付也可获得的履行的情况下,第 265a 条不予适用,见 OLG Karlsruhe NJW 09,1287,1288。

[2] MK-Wohlers/Mühlbauer,2. Aufl. , § 265a Rn 12;NK-Hellmann, § 265a Rn 23。根据其他观点,对于第 263a 条的案件,第 265a 条的刑罚框架类比适用,MK-Hefendehl, § 265a Rn 28。

[3] Vgl. OLG Düsseldorf JR 00,212.

[4] Vgl. OLG Celle JR 97,346;OLG Düsseldorf NStZ 99,248.

[5] Klesczewski, BT § 9 Rn 181; Krey/Hellmann/Heinrich, BT Ⅱ Rn 724; Lackner/Kühl/Heger, § 265a Rn 2;M/S/M-Momsen,BT I § 41 Rn 221;M/R-Gaede, § 265a Rn 5;NK-Hellmann, § 265a Rn 19 ff;S/S-Perron, § 265a Rn 4;Zöller,BT Rn 257;未决 BK-Valerius, § 265a Rn 11。

了服务自动机器，而且涵盖了其他两种类型的自动机器。[1] 然而，根据补充性条款，如果通过插入假币或其他方式滥用有关自动售货机的机制，从而使自己能够免费提取商品（以占为己有的意图取走），则不应根据该条款进行处罚，而应根据盗窃罪（第 242 条结合第 248a 条）进行处罚。[2] 在此，由于在这两种情况下行为人都没有得到机器运营者的同意，因此不能区分正常运行过程的非法启动与来自外部的与功能相悖的影响。[3]

如果有人在取回插入的钞票后，从货币兑换机获得货币，[4]或者通过技术手段，欺骗机器的驱动触发装置，从而从自动游戏机中取走货币，[5]这也适用（对于从外部对自动机器的传动装置产生的其他影响，第 243 条第 1 款第 2 句第 2 项的适用可能，见边码 238），由此，通说观点认为，该行为并不只是构成侵占罪，是恰当的。可是，如果有人不小心（并无取走故意）插入了假币或外国硬币，并在获得自动售货机交予的货物，或者在获得游戏的收益之前，认识到他的错误，则应适用第 246 条。

---

〔1〕 Vgl. A/W-Heinrich, § 21 Rn 13; Bock, BT Ⅱ S. 497; Eisele, BT Ⅱ Rn 709; Fischer, § 265a Rn 11; Hilgendorf/Valerius, BT Ⅱ § 10 Rn 5; HK-GS/Duttge, § 265a Rn 6 f; Kindhäuser/Hilgendorf, § 265a Rn 16; Mitsch, JuS 98, 313; MK-Hefendehl, § 265a Rn 31 ff; Otto, BT § 52 Rn 14 f; Rengier, BT I § 16 Rn 3; SK-Hoyer, § 265a Rn 12 f; S/S/W-Saliger, § 265a Rn 8.

〔2〕 BGH MDR 52, 563; BayObLGSt 1955, 120; 也见 Mitsch, BT Ⅱ S. 437 f。

〔3〕 与之相反，在第一种情况下支持第 265a 条 Otto, BT § 52 Rn 15; 也见 SK-Hoyer, § 265a Rn 13; Anm. MDR 52, 563 表达了对取走的忧虑。

〔4〕 OLG Düsseldorf JR 00, 212 附否定性评注 Otto; Biletzki, Anm. NStZ 00, 424; Kudlich, JuS 01, 20; 其他观点 A/W-Heinrich, § 21 Rn 14 和 § 13 Rn 150（侵占罪）。

〔5〕 富有教益 BayObLGSt 1955, 120; BayObLG NJW 81, 2826 附赞成性评注 Meurer, JR 82, 292; OLG Koblenz NJW 84, 2424; OLG Stuttgart NJW 82, 1659; Albrecht, JuS 83, 101; 其他观点 AG Lichtenfels NJW 80, 2206 附否定性评注 Seier, JA 80, 681 和 Schulz, NJW 81, 1351; A/W-Heinrich, § 21 Rn 14 f 和 § 13 Rn 150（侵占罪）。

679 除电话和电传网络外，公共电信网络还包括无线传输和因特网。[1] 在此的骗取（见边码674）不仅包括未经授权使用外部连接，而且包括使用未经授权的自充电话卡。[2] “设施”（Einrichtung）一词在此要进行非常广泛的理解，涵盖了旨在满足人类需求、并可供公众或大范围的人使用的任何物品的整体（博物馆、美术馆、天文馆或公共厕所）。任何持有效门票参加活动的人——音乐会或电影放映——都不会因为占用比付费座位更好的位置，而构成骗取。如果一个艺术收藏展的参观者，在没有有效的附加卡的情况下，偷偷进入一个特别的展览，例如，在一个有边界的房间里，并需要为此付费，情况就不同了。[3]

4. 故意、未遂和可诉性

680 故意必须涵盖客观犯罪构成的所有要件，[4]特别是给付的对价性；任何错误地认为给付是免费的人，都存在犯罪构成错误（第16条第1款第1句）。如果犯罪人在乘坐公共交通工具时，错误地认为他持有有效车票，则同样适用。[5] 必须附加的是不支付或不全额支付对价的意图。对于那些只是将依规兑付的月票忘在家里，[6]或者在晚上偷偷进入封闭的游泳池的人来说，该意图是缺失的。关于意图概念，可比照适用关于第263条规定的所述内容。[7]

---

[1] BK-Valerius, § 265a Rn 5 f; Hellmann/Beckemper, JuS 01, 1096; Laue, JuS 02, 361; S/S/W-Saliger, § 265a Rn 13 附进一步的例证。

[2] Krey/Hellmann/Heinrich, BT Ⅱ Rn 725; Hecker, JA 04, 768; 对于使用开放的无线网络，见 LG Wuppertal CR 11, 246, 247。

[3] 在第1种情况下，不同 NK-Hellmann, § 265a Rn 43; 就此而言如同本书 S/S/W-Saliger, § 265a Rn 19。

[4] Vgl. OLG Frankfurt a. M. NJW 10, 3107, 3109; LG Bonn StraFo 15, 81.

[5] Vgl. OLG Hamm NJW 12, 1239, 1240; OLG Koblenz NJW 00, 86.

[6] Vgl. OLG Koblenz NJW 00, 86; Lackner/Kühl/Heger, § 265a Rn 7.

[7] BayObLG NJW 69, 1042; 参见边码583及以下数个边码。

未遂可罚。既遂的时间与“给付”的开始一致，因此不可能在所有情形中同样地确定。[1] 特别是在运输和进入活动的情况下，既遂出现得更早，但不是在旅程或表演开始之前。[2] 在开始驾驶的情况下，当犯罪人在驾驶几米后停止乘车或被发现时，其犯罪仍然系未遂。[3] 由于犯罪已经既遂，无法通过随后支付报酬或支付“合同罚款”来实现中止。[4] 根据第265a条第3款之规定，只有在具备第247条、第248a条[5]规定的条件时，才需要提起刑事告诉。 681

在案例58中，A没有欺骗检查人员，因此，没有认定为诈骗（第263条）[6]的余地。然而，他绕过了入口控制，通过爬过体育场围栏的方式进入，意图不支付入场费。这种行为符合骗取进入的所有要件（第265a条第1款）。随着比赛的开始，该犯罪就既遂了。在此之前，中止是可能的。此外，还构成了侵害住宅安宁罪（第123条）。在保护不同法益的第265a条和第123条之间，普遍认为存在一罪关系（第52条；关于刑事告诉的要求，见第265a条第3款、第123条第2款）。通过插入假币和取出香烟，A有将假币投入流通的犯罪，[7]并且根据本书支持的观点，A犯有盗窃罪（第242条、第248a条），这两个条款取代了第265a条而得以适用。由于假币的插入已经是取走的开始，因此这两项罪行（第242条、第147条）处于一罪关系当中（第52条）。 682

---

〔1〕 对此的区别观点参见 S/S/W - Saliger, § 265a Rn 21；也参见 LK - Hillenkamp, § 22 Rn 11 ff。

〔2〕 参见 OLG Frankfurt a. M. NJW 10,3107；S/S-Perron, § 265a Rn 13；部分差异 Fischer, § 265a Rn 28a。

〔3〕 参见 OLG Koblenz NStZ-RR 11,246,247；也参见 OLG Hamm NStZ-RR 11,206,207；案例解析 Krell, JuS 12,537；Ladiges, JuS 12,50。

〔4〕 Vgl. SK-Hoyer, § 265a Rn 34.

〔5〕 三次不买票乘车，对于特别的公共利益的认定，可能已经足够，见 KG Berlin BeckRS 16,115973。

〔6〕 对于诈骗罪鉴定的优先性，参见 Preuß, ZJS 13,257。

〔7〕 第147条；对此参见 Wessels/Hettinger/Engländer, BT I Rn 929 ff。

5. 鉴定结构:骗取给付罪,第265a条

682a

骗取给付罪,第265a条

Ⅰ.犯罪构成

1.客观构成

a)犯罪对象:

· 给付

自动机器之给付

Ⓟ商品自动机器

电信网络之给付

· 交通工具之运输

· 进入展览或设施

· 给付的对价性

b)犯罪行为:

· 骗取

Ⓟ类似于欺骗之行为

2.主观构成

a)故意:

· 任何故意类型

b)意图:

· 不(全部)支付对价的意图

Ⅱ.违法性

Ⅲ.有责性

Ⅳ.减轻情形(刑事告诉,第265a条第3款结合第247条、第248a条)

Ⅴ.补充性(第265条第1款)

Ⓟ补充性条款的范围

§ 17　补贴诈骗罪、金融商品诈骗罪、贷款诈骗罪、投标诈骗罪

683 案例 59：早年残疾的 F，按小时经营一个小糖果亭，生活非常贫穷。应他的申请，S 市社会福利办公室在冬季开始时向他提供了社会援助基金的支持。后来发现，F 在不是故意的情况下，由于严重疏忽，没有或没有充分地说明重要的情况。

F 是否应作为犯罪被惩处？（见边码 690）

Ⅰ. 补贴诈骗罪

1. 保护目的和犯罪本质

684 第 264 条保护公共利益，旨在通过防止滥用补贴（Subventionen），有效地促进国家经济发展。[1] 此外，公共部门的财产也受到保护，其因不合理地使用有限的可用资金，以及与之相关地使得支出目的落空而受到损害。[2]

685 补贴诈骗的称谓具有误导性，因为与第 263 条相比，第 264 条包含独立和封闭的特别规定，其中，并不重要的是诈骗罪要件的实现。第 264 条第 1 款第 1 项、第 3 项和第 4 项只是要求其具有与欺骗行为类似的行为方式，可是，考虑到第 1 至 3 款规定的轻率的实施方式，其在结构上与欺骗行为并不

---

〔1〕 同样如此 OLG Hamburg NStZ 84，218；类似 HK-GS/Duttge，§ 264 Rn 3；LK-Tiedemann，§ 264 Rn 23；S/S-Perron，§ 264 Rn 4。

〔2〕 AnK-Gercke/Hembach，§ 264 Rn 3；BK-Momsen/Laudien，§ 264 Rn 7；Eisele，BT Ⅱ Rn 725；Lackner/Kühl/Heger，§ 264 Rn 1；Mitsch，BT Ⅱ S. 404；NK-WSS-Isfen，§ 264 Rn 4；Rengier，BT Ⅰ § 17 Rn 3；S/S/W-Saliger，§ 264 Rn 1；Wittig，§ 17 Rn 4；支持反转的顺序 G/J/W-Straßer，§ 264 Rn 3-5；仅支持财产保护 Fischer，§ 264 Rn 2b；Hellmann，Rn 880；Krey/Hellmann/Heinrich，BT Ⅱ Rn 757；Ranft，JuS 86，445；SK-Hoyer，§ 264 Rn 10 ff；争论的意义相对化 A/R/R-Wattenberg，4. 2 Rn 11。

一致,而且,也不要求由于错误的处分而带来的对犯罪对象的损害或者具体的危险;作为行为犯(Tätigkeitsdelikt),这一犯罪构成了一种抽象的危险罪(abstraktes Gefährdungsdelikt),〔1〕相较于诈骗罪,既遂节点更早。〔2〕

686 特别是根据《反滥用补贴法》的相关规定,第 264 条得以补充和完整,其更详细地规定了补贴提供者向补贴接受者说明与补贴有关的事实(《反滥用补贴法》第 2 条)及补贴接受者在使用补贴时进行披露的义务(《反滥用补贴法》第 3 条),以及虚假交易(Scheingeschäft)的不相关性(《反滥用补贴法》第 4 条,《德国民法典》第 117 条之意旨)。〔3〕

687 在第 264 条第 4 款中,立法机关首次以轻率(Leichtfertigkeit)的形式,在核心刑法(Kernstrafrecht)中创设了一种可以过失实施的财产犯罪。其主要原因为,在证明故意方面存在的相当大的困难。〔4〕 判例(错误地只是)将轻

---

〔1〕 BGHSt 34,265,267 f; S/S-Perron, § 264 Rn 5; W/J-Dannecker/Bülte, 2/309;其他 LK-Tiedemann, § 264 Rn 28 f,其在第 264 条中看到了单纯的行为犯(Tätigkeitsdelikt); MK^2-Wohlers/Mühlbauer, § 264 Rn 12 f[累积犯罪(Kumulationsdelikt)]; M/R-Gaede, § 264 Rn 5 S/S/W-Saliger, § 264 Rn 2[适格犯罪(Eignungsdelikt)];对于《惩治经济犯罪法》第 1 条和对于改革目标,更详尽 Hack, Probleme des Tatbestandes Subventionsbetrug, § 264 StGB, 1982; Heinz, GA 1977, 193, 225; Löwer, JZ 79, 621; Sannwald, Rechtsgut und Subventionsbegriff, § 264 StGB, 1982。对于整体,也见对于判例的批判性概览 Ranft, NJW 86, 3163。

〔2〕 BGH wistra 08,348; OLG München NStZ 06,630,631;对此批判 BGH wistra 07,217;对于诉讼时效意义上的终结,见 OLG Rostock NZWiSt 12,386。

〔3〕 只要是根据第 264 条第 8 款第 2 项之规定,补贴由欧盟本身发放,则《反滥用补贴法》不能适用。在欧洲法的层面上,根据 Nr 2988/98 规定的第 4 条第 3 款,是否存在类似于《反滥用补贴法》第 4 条的规则,以及是否可以回溯到不成文的一般性的原则,存在争议;对此更详尽 LK-Tiedemann, § 264 Rn 12,124; S/S/W-Saliger, § 264 Rn 25。质疑后者 BGH wistra 18,130 附评注 Mansdörfer, ZWH 18,144。

〔4〕 其他 G/J/W-Straßer, § 264 Rn 95; M-G-Retemeyer, § 52 Rn 49; Tiedemann, WirtschaftsstrafR Rn 718;对此批判["嫌疑刑罚"(Verdachtsstrafe)] Hillenkamp, in: Achenbach ua, Recht und Wirtschaft 1985, S. 237 ff, 247; Mitsch, BT Ⅱ S. 411; MK-Wohlers/Mühlbauer, § 264 Rn 111; M/R-Gaede, § 264 Rn 7; NK-WSS-Isfen, § 264 Rn 3;也见 BGHSt 43,148,167;对于第 264 条的证明问题,总体见 A/W-Heinrich, § 21 Rn 55,64,73; Detzner, Rückkehr zum "klassischen Strafrecht" und die Einführung einer Beweislastumkehr 1998; SK-Hoyer, § 264 Rn 3 f;对于这一条款的违宪性,见 BK-Momsen/Laudien, § 264 Rn 10; NK-Hellmann, § 264 Rn 6 ff; S/S/W-Saliger, § 264 Rn 3。

率理解为一种近乎故意的罪过形式，其前提是特别地漠不关心（Gleichgültigkeit）或非常地粗心大意（Unachtsamkeit），[1]例如，受过法律教育并由此相较于犯罪人更有能力的人，在提供咨询的过程中并未发现信息的不正确，则可能出现上述情况。[2]

2. 补贴概念

根据第264条第8款第1项之规定，第264条意义上的补贴，是根据联邦法律或州法律，向企业或公司[3]（包括公共属性的公司，第264条第8款第2句）提供的公共资金，而不是向公法上的地方当局提供的补贴。[4] 此类给付必须至少部分地在没有市场回报的情况下予以提供，并且必须用于促进经济发展。[5] 可以考虑的是灾害援助、低息贷款、赠款等。[6] 第264条第8款第2项涵括了根据欧盟法律提供的公共资金给付，但在此，放弃了此种给付用于促进经济发展的条件。[7] 688

向私人提供的社会福利（如住房津贴、儿童津贴或教育资助）[8]和公共 689

〔1〕 BGH NStZ-RR 10,311,312；BGH NStZ 13,406；也见 BGHSt 43,158,168。

〔2〕 BGH wistra 13,149 f；在此，虽然（只是）将轻率标识为“与故意近似的罪过形式”，但是至少实质上暗指的是，已经涉及了通过（客观的）轻率进行标识的行为方式（犯罪行为）。

〔3〕 根据 BGHSt 59,244 附评注 Asholt，ZWH 14,467 和 Hellmann，JZ 15,724，补贴在此之外也对私人“开放”，并无所碍。

〔4〕 LG Mühlhausen NJW 98,2069；对此见 Achenbach，NStZ 98,561。

〔5〕 对此全面见 Schmidt，GA 79,121；此外 Kudlich/Ŏglakcıoğlu，Rn 265 f；NK-WSS-Isfen，§ 264 Rn 7 ff；Wittig，§ 17 Rn 22 f。

〔6〕 见 Lackner/Kühl/Heger，§ 264 Rn 6；Tiedemann，WirtschaftsstrafR Rn 713 ff。

〔7〕 对此见 Fischer，§ 264 Rn 12；W/J-Dannecker/Bülte，2/309 f；对于农业领域的欧盟补贴，见 Janovsky，NStZ 98,120；Schrömbges，wistra 09,249。纯粹的合同补贴并不包含在内，见 BGH HRRS 19 Nr 330。

〔8〕 见 Fischer，§ 264 Rn 2,10 f；Mitsch，BT Ⅱ S. 405。

服务中,至少有部分不是为了促进经济发展,而是为了实现其他目的,特别是文化任务、教育机构等,不包括在第 264 条第 8 款第 1 项规定的范围内。[1] 骗取根据联邦或各州法律提供的此类服务,仅在第 263 条的范围内受到惩罚。在最近的金融危机中,在报废车辆的同时购买新车,支付的“报废津贴”(Abwrackprämie)属于这一类别,因为它只支付给私人。[2] 虽然短期工作津贴也可能有助于“促进经济发展”,但它属于所谓的补贴中转(Subventionsvermittlung),其中,将补贴交给企业,企业并不是自己使用,而是要转交给工人。因此,在这种情况下,只有诈骗是可能被认定的,而不可能认定是补贴诈骗。[3]

690 在案例 59 中,从分配给特定目的的社会资金的错误管理的角度来看,对 S 市不利的诈骗行为(第 263 条)是不可能存在的,因为 F 没有故意采取行动。轻率只有在补贴诈骗领域,根据第 264 条第 1 款第 1—3 项才可能受到惩罚。根据上述情况,对此犯罪构成的适用而言,并不存在第 264 条第 8 款第 1 项规定的法律定义意义上的补贴。因此,F 没有犯罪。

691 即便这些补贴是以现金给付而不是仅仅是以税费减免的形式存在的,根据税法规定而给予的补贴,也不属于第 264 条的适用范围,因为税法具有原则上的优先性。[4]

3. 犯罪行为与刑事可罚性

692 第 264 条第 1 款第 1 项、第 3 项和第 4 项所规定的犯罪行为(不正确或不完整的信息,不负责任地不了解情况,以及在补贴程序中使用因不正确或不完整的信息而获得的文件),必须涉及对补

[1] Vgl. Hellmann, Rn 884; Otto, BT § 61 Rn 13.

[2] 对此见 Stumpf, NJW-Spezial 09, 648;案例解析 Fahl, JA 11, 836。

[3] 见 Gaede/Leydecker, NJW 09, 3545; S/S/W-Saliger, § 264 Rn 12, 14。比如,对于恶劣天气款项,也同样适用,见 A/R/R-Wattenberg, 4. 2 Rn 17; BK-Momsen/Laudien, § 264 Rn 18。

[4] 参见 LK-Tiedemann, § 264 Rn 41; MK-Ceffinato, § 264 Rn 122; NK-Hellmann, § 264 Rn 17;相对于诈骗和补贴诈骗,对于税法意义上的骗取税收利益(Steuervorteilserschleichung)之界分,见 Fuhrhop, NJW 80, 1261。

贴而言重大的事实（subventionserhebliche Tatsachen）。[1] 根据第264条第9款第1项之规定，其包括法律上或由补贴提供者根据法律规定（特别是《反滥用补贴法》第2条）[2]，足够明确地确定与补贴有关的事实。[3] 此外，根据第264条第9款第2项之规定，对于补贴而言重要的事实，也包括没有明确说明的事实，但其应是补贴决定（批准、收回等）的先决条件，而法律或补贴合同必须对此足够明确地做出规定。[4] 第264条第1款第4项也规定，有补贴资格证书本身就足够了。[5]

有轻率就足够了（第264条第5款），但在概念上，欺骗以对不真实的明知为前提（见边码492），这些犯罪行为就不能等同于第263条规定的欺骗或"捏造"。[6] 第264条第1款第1项意义上的不正确之处，不仅包括与现实不符的陈述，还包括仅提供不完

[1] 对此 BGHSt 44,233；BGH NStZ-RR 11,81；OLG Rostock NZWiSt 12,388 附评注 Reimers；LG Magdeburg wistra 05,155,156 f；NK-Hellmann，§ 264 Rn 50 ff；在欧盟补贴中，对此标记的缺失，见 W/J-Dannecker/Bülte,2/310；OLG Celle StraFo 16,525 附评注 Groß/Lange,ZWH 17,47。法律规定批准取决于某些事实，一般而言就足够了，更详尽 S/S/WSaliger，§ 264 Rn 20。

[2] 参见 OLG Celle，StraFo 16,525 附评注 Groß/Lange,ZWH 17,47；Achenbach，NStZ 17,692。

[3] 对于补贴而言具有重大性的事实，以及《反滥用补贴法》第4条的意义，更详尽 BGH wistra 18,302,305 ff；BGH wistra 18,130 附评注 Mansdörfer,ZWH 18,144；BGH HRRS 19 Nr 324。

[4] BT-Ds 7/5291,S. 13；BGH BeckRS 18,37937；BGH wistra 19,369,371.

[5] 更详尽的参见 Müller-Emmert/Maier,NJW 76,1657,1659；Schmidt-Hieber，NJW 80,322；BGH JR 81,468 附批判性评注 Tiedemann；BayObLG NJW 82,2202。

[6] 其他观点 G/J/W-Straßer，§ 264 Rn 56；NK-Hellmann，§ 264 Rn 74；NK-WSS-Isfen，§ 264 Rn 38；Wittig，§ 17 Rn 38："欺骗"；Fischer，§ 264 Rn 22；MK-Ceffinato，§ 264 Rn 77；S/S/W-Saliger，§ 264 Rn 23："捏造"作为不成文的犯罪构成要件；BGH NStZ 10,327 也谈及"欺骗故意"。

整的总体情况的陈述。[1] 必须对第 264 条第 1 款第 1 项规定的“为他人”而行为的要件，做广义的解释；提供有利于补贴接受者的信息就足够了。因此，参与补贴程序的公职人员也可能是犯罪人，如果他不负责签发准许通知。[2]

根据第 264 条第 2 款之规定，违反使用限制的人，将受到惩罚。

693 一旦违反第 264 条第 1 款规定的行为，向补贴提供者提供了有利于申请人或其他人的虚假信息，即犯罪既遂。[3] 有争议的是，在何种条件下，有关信息在该条款的意义上是“有利的”。[4] 德国联邦法院认为，如果在将其提交时，似乎能够对补贴程序产生有利影响，则为如此；由于其他原因，给予补贴的条件已经满足，即使没有虚假信息也可以获得所寻求的利益，这一事实不应改变行为的犯罪构成符合性。[5] 根据 OLG Karlsruhe NJW 81，1385，多数法律学说采取相反的立场。[6] 这是应予遵循的，原因在于，在第 264 条的未成型的诈骗中，并非毫无疑问地消逝的不法，[7]要求以共同保护的财产遭

---

〔1〕 BGH NStZ 06，625，627；10，327；对于非正确性和非完整性，也见 M/R-Gaede，§ 264 Rn 32。

〔2〕 BGHSt 32，203，208；OLG Hamburg NStZ 84，218；M/S/M-Momsen，BT Ⅰ § 41 Rn 179；Ranft，JuS 86，445；Rengier，BT Ⅰ § 17 Rn 6；S/S/W-Saliger，§ 264 Rn 27.

〔3〕 BGHSt 34，265，267；对于既遂和终结，也见 BGH wistra 07，217；08，348；OLG München NStZ 06，630，631；OLG Rostock NZWiSt 12，386。

〔4〕 参见 Achenbach，BGH-FS S. 608 ff。

〔5〕 BGHSt 34，265，270；36，373，375 f；赞成 Achenbach，Anm. JR 88，251；Meine，wistra 88，13；MK-Ceffinato，§ 264 Rn 86；Otto，BT § 61 Rn 19。

〔6〕 更详尽 Kindhäuser，JZ 91，492；Lüderssen，wistra 88，43；M-G/B-Bender，§ 52 Rn 18 f；Mitsch，BT Ⅱ S. 408 f；NK-Hellmann，§ 264 Rn 87；Ranft，NJW 86，3163，3166；S/S-Perron，§ 264 Rn 47 附进一步的文献。

〔7〕 参见 Hack，Probleme des Tatbestandes des Subventionsbetruges 1982，S. 112 ff；Hillenkamp，in：Achenbach ua，Recht und Wirtschaft 1985，S. 237 f，247。

受危险为前提。[1]

由于第 264 条不仅要涵盖诈骗的前期行为，而且要涵盖成功骗取补贴的情况，因此其法定刑格与诈骗罪相对应。对于特别严重的情形，第 264 条第 2 款对列举的示例，规定了 6 个月至 10 年的自由刑。根据第 264 条第 3 款之规定，第 263 条第 5 款应比照适用。借助第 24 条第 1 款，并根据第 264 条第 6 款之规定，对积极悔罪要给予刑罚免除的优待。[2] 主管部门应在更正资料后（错误地）给予补贴，并不会因此而将积极悔罪排除在外。在这种情况下，最初不正确的信息与批准补贴之间没有因果关系。[3] 如果有数人参与，则应比照适用第 24 条第 2 款之基本意旨。[4] 694

如果存在第 264 条规定的处罚不能适用的行为，则仍然允许诉诸第 263 条；[5] 此外，违反第 263 条规定的行为，将通过第 264 条第 1 款规定的刑罚进行补偿。[6] 例如，在使用投资津贴当中，第 264 条具有实际意义。[7] 695

---

〔1〕 Eisele, BT Ⅱ Rn 734; Lackner/Kühl/Heger, § 264 Rn 18; NK-WSS-Isfen, § 264 Rn 47; SK-Hoyer, § 264 Rn 58; S/S/W-Saliger, § 264 Rn 26; Tenckhoff, Bemmann-FS, S. 469 ff, 478; Wittig, § 17 Rn 45; 批判 Achenbach, BGH-FS S. 611 ff。

〔2〕 对于理性，见 A/W-Heinrich, § 21 Rn 59 f; Krack, NStZ 01, 505。

〔3〕 Vgl. BGH NStZ 10, 327, 329.

〔4〕 Vgl. MK-Wohlers/Mühlbauer, § 264 Rn 120; S/S-Perron, § 264 Rn 69.

〔5〕 Vgl. BGH NJW 82, 2453; Lackner/Kühl/Heger, § 264 Rn 31.

〔6〕 BGHSt 44, 233, 243; BGH wistra 07, 217; BGH wistra 19, 369; 更详尽 A/W-Heinrich, § 21 Rn 75 f; LK-Tiedemann, § 264 Rn 185 f; 其他观点 MK^2-Wohlers/Mühlbauer, § 264 Rn 123。关于第 264 条中的犯罪行为的关系，见 BGH NStZ-RR 16, 140（对于第 1 款第 1 项和第 3 项）; LK-Tiedemann, § 264 Rn 188; S/S/W-Saliger, § 264 Rn 43。

〔7〕 对此更详尽 Hentschel, wistra 00, 81; M-G/B-Küster, § 15 Rn 6 f; BayObLG NJW 82, 457; OLG Koblenz JZ 80, 736; 关于补贴诈骗的犯罪实证，见 Kaiser, § 74 Rn 24 ff。

Ⅱ. 金融商品诈骗罪

696 为了打击投资诈骗(Anlageschwindel),第 264a 条规定了一项刑事犯罪,[1]与第 264 条、第 265b 条一样,该规定主要是为了消除诈骗前置阶段的举证困难[2]。除了保护潜在投资者的个人资产外,[3]这项规定的目的是防止对资本市场的一般信任动摇。[4]这解释了为什么该法只涵盖招股说明书、演示说明和相对于更广泛人群而做的资产状况的信息,而不涵盖被排除在该法保护范围之外的、个人谈判中的不诚实行为,对其而言,第 263 条仍然适用。仅仅提供不正确的有利信息,以及隐瞒在特定要约情况下对投资决策具有重大意义的[5]不利事实,第 264a 条第 1 款、第 2 款已经将之规定为犯罪。隐瞒意味着有意识地"不说"或隐藏,对此而言,只是在"以后"提供已经存在的关联并提供准确的信息,并不足认定隐瞒。[6] 如果转发包含准确信息的招股说明书,但也知道,某些信息在后来会变得不正确,也可能是在传播不

---

[1] 参见 LK-Tiedemann/Vogel, § 264a Rn 1 f;M-G-Wagenpfeil, § 27 Rn 110。

[2] 参见 M/R-Schröder/Bergmann, § 264a Rn 1;NK-Hellmann, § 264a Rn 3;但也见 Tiedemann, WirtschaftsstrafR, Rn 1020。

[3] 对于限制于这一法益,见 Jacobi, Der Straftatbestand des Kapitalanlagebetrugs 2000, S. 15 ff, 51;NK-Hellmann, § 264a Rn 9f;对此批判 Hefendehl, wistra 19, 2;相反,指向机构保护 Kubiciel, JZ 18, 176。

[4] 参见 BT-Ds 10/318, S. 22;A/R/R-Joecks, 10. 1 Rn 7 ff;G/J/W-Bock, § 264a Rn 5;Lackner/Kühl/Heger, § 264a Rn 1;Otto, BT § 61 Rn 38 f;相对于"信任",否定 MK-Ceffinato, § 264a Rn 5,其(见边码 6)如同 Wohlers/Mühlbauer 在此前的版本也已经提出的那样,"单纯将资本市场的运作能力作为制度予以保护";对于表现形式,以及刑法追诉实践和改革建议,见 v. Schönborn, Kapitalanlagebetrug 2003, S. 55 ff, 79 ff, 101 ff。

[5] 对于这一要件(以及其他)的并非无法相见的不确定性,见 A/W-Heinrich, § 21 Rn 85 ff;对于重视《德国基本法》第 103 条第 2 款的解释,见 NK-WSS-Momsen/Laudien, § 264a Rn 25。

[6] Vgl. BVerfG NJW 08, 1726, 1727.

正确的信息。[1]

据此,所有对投资的价值、机会和风险产生影响的情况,对明智的、谨慎的投资者来说,犯罪人都是有义务予以释明的。由此,很明显的是,根据其功能,招股说明书中的信息,不能以完整性为基础。因此,披露义务的履行应限于,根据资本市场预期,对投资者作出投资决定具有重要意义的情况。[2] 这一罪名并非特别罪行(Sonderdelikt),[3]但其可能是直接犯罪人精神上的始作俑者。[4] 该条款的实际意义不大。[5] 关于在此之外的法律规定的具体问题,可以参考第 264a 条第 1 款和第 2 款之规定。[6] 根据第 264a 条第 3 款 697

〔1〕 Vgl. BGH(Z)ZWH 15,347,350.

〔2〕 见 BGH JR 06,248 附肯定性评注 Ziemann;Fischer, § 264a Rn 15;LK-Tiedemann/Vogel, § 264a Rn 70 ff。将评价和预测理解为"陈述"Fischer, § 264a Rn 14;MK-Ceffinato, § 264a Rn 41;只着眼于事实 SK-Hoyer, § 264a Rn 15;NK-Hellmann, § 264a Rn 32 f. 在重大性的判定中,《证券招募法》(Wertpapier-Prospektgesetz/WpPG)、《财产投资法》(Vermögensanlagengesetz/VermAnlG)、《财产投资—出售招募条例》(Vermögensanlagen-Verkaufsprospektverordnung/VermVerk-ProspV)以及判例,都能够为招募责任(Prospekthaftung)提供证据(保留意见 OLG Hamm BeckRS 16,18360)。

〔3〕 Vgl. S/S/W-Bosch, § 264a Rn 23;Wittig, § 18 Rn 8;BGH(Z)ZWH 15,347,349.

〔4〕 参见 LK-Tiedemann/Vogel, § 264a Rn 103;S/S/W-Bosch, § 264a Rn 23;批判 Fischer, § 264a Rn 22;Darleder/Knops/Bamberger-Waßmer, § 86 Rn 87。

〔5〕 BK-Momsen/Laudien, § 264a Rn 4;S/S/W-Bosch, § 264a Rn 3;但是例如也见 BGH BeckRS 13,04310(附符合宪法解释的要求,边码 15 及下一边码);KG wistra 11,358,359:第 264a 条作为《德国民法典》第 823 条第 2 款意义上的保护法律;Stackmann NJW 13,1986;如此,则第 264a 条必须被故意地予以实现,见 BGH NJW-RR 12,404;支持第 264a 条之废止 Zieschang,GA 12,616。然而,在公司法实践中,重要的是,根据《有限责任公司法》第 6 条第 2 款第 2 句第 3e 项和《股份公司法》第 76 条第 2 款第 2 句第 3e 项之规定,总经理和董事会人员的职务上的无能(Amtsunfähigkeit)。

〔6〕 也见 M-G/B-Schmid, § 27 Rn 102 ff;Mitsch,BT Ⅱ S. 420 ff,案例解析 Hellmann,Rn 1 ff。

之规定,在满足设定条件的前提下,积极悔罪的要给予刑罚免除的优待。[1]由于对法益的超个人保护,在第 263 条和第 264a 条之间,可能存在一罪关系。[2]

Ⅲ.贷款诈骗罪

698 1976 年《经济犯罪惩治法》增加了第 265b 条之规定,其所涉及的特定欺骗行为,[3]处于诈骗罪的前置领域。[4]然而,其范围仅限于出借人和借款人的关系是第 265b 条第 3 款第 1 项规定的企业或公司之间的信贷交易(Kreditgeschäfte)。[5]

据此,向个人或由个人提供的贷款,被排除在外。对其只可能适用第 263 条之规定。[6]这同样适用于针对刚刚创建企业的贷款。[7]但是,第 265b 条第 1 款第 1 项、第 2 项规定的实施贷款诈骗行为的犯罪人,可以是私

〔1〕 对于整体,更详尽 Achenbach, NJW 86, 1835; Joecks, wistra 86, 142; 对于第 264a 条与欧元引入之间的关联,见 Schröder, NStZ 98, 552。如果根据第 264 条第 3 款的刑事可罚性落空,则其对于同时实现的诈骗罪并不适用,也见 Kindhäuser/Hilgendorf, § 264a Rn 13; NKHellmann, § 264a Rn 74; MK-Ceffinato, § 264a Rn 88; 其他观点 LK-Tiedemann/Vogel, § 264a Rn 100。

〔2〕 MK^2-Wohlers/Mühlbauer, § 264a Rn 108; Otto, BT § 61 Rn 67; Rengier, BT I § 17 Rn 11; 其他观点 Lackner/Kühl/Heger, § 264a Rn 17 及 § 265b Rn 10。

〔3〕 对其解释,见 BGH wistra 14, 484, 485。

〔4〕 鉴于第 263 条的证明困难,对于合法性,见 Tiedemann, WirtschaftsstrafR Rn 988 ff。

〔5〕 对此参见 BGH NStZ 11, 279; LG Hamburg, BeckRS 17, 117883; A/R/R-Hellmann, 9. 1 Rn 11 ff; BK-Valerius/Momsen/Laudien, § 265b Rn 5; G/J/W-Wiedner, § 265b Rn 26; S/S/W-Saliger, § 265b Rn 3; Darleder/Knops/Bamberger-Waßmer, § 86 Rn 106 f; Wittig, § 19 Rn 6-11。

〔6〕 对于广义和狭义上的贷款诈骗的区分,参见 M-G/B-Nack, § 50 Rn 52 ff, 86 ff。

〔7〕 BayObLG NStZ 90, 439.

人之内的任何人,其类似于补贴诈骗(见边码 692),也可以是贷款人的雇员。[1] 对贷款的定义,可见第 265b 条第 3 款第 2 项之规定。[2] 第 265b 条第 1 款第 1a 项之规定,符合确定性原则(Bestimmtheitsgrundsatz)(《德国基本法》第 103 条第 2 款)之要求。[3]

这一犯罪系抽象危险犯。除了具体贷款人的资产外,保护对象还包括,防范贷款诈骗对国内信贷业造成危险的一般化利益(Allgemeininteresse)。[4] 因此,第 265b 条并非优先于第 263 条——与判例相反——而适用,而是存在一罪关系。[5] 699

第 265b 条第 1 款更为详细地描述了犯罪构成意义上的欺骗行为。第 265b 条第 1 款第 2 项规定了真正的不作为犯罪。在主观方面,故意始终是必要的。与第 264 条第 4 款的规定相反,第 265b 条并未规定任何轻率行为。该犯罪既遂并不要求发生财产损失。[6] 在支付最后一笔贷款之前,可以提供犯罪帮助。[7] 关于积极悔改的规定(第 265b 条第 2 款),与第 264 条第 5 700

---

[1] 对此详见 Mitsch,BT Ⅱ S. 456;深入 MK-Kasiske, § 265b Rn 45。

[2] 例如"享用券"(Genussscheine)也属于其中,见 OLG Celle wistra 08,196,197。

[3] BGHSt 30,285,286 ff;对此见 NK-WSS-Momsen/Laudien, § 265b Rn 10。

[4] BGHSt 60,15,25 ff 附评注 Rübenstahl,NJW 15,426(外国的贷款发放者也同样地受到保护);也参见 OLG Stuttgart NStZ 93,545;仅支持财产保护 M/S/M-Momsen,BT I § 41 Rn 173;SK-Hoyer, § 265b Rn 7 f。

[5] 其他观点 BGHSt 36,130,131 f;BGH NStZ 11,279,280;Lackner/Kühl/Heger, § 265b Rn 10;Mitsch,BT Ⅱ S. 455;NK-Hellmann, § 265b Rn 69。如同本书 LK-Tiedemann, § 265b Rn 15,113;Fischer, § 265b Rn 3;Otto,BT § 61 Rn 37;Darleder/Knops/Bamberger-Waßmer, § 86 Rn 175;也支持第 265b 条和纯粹的诈骗未遂之间的一罪关系 Kindhäuser,JR 90,520;对于第 265b 条和《德国商法典》第 331 条之间的竞合关系,见 BGH NStZ-RR 20,45。

[6] BGH NStZ 03,539,540.

[7] BGH wistra 10,219,220.

款的规定基本一致。[1]

Ⅳ.投标诈骗罪

1.串通投标和投标诈骗

701 货物或商业服务的合同通常通过招标(Ausschreibung)[投标(Submission)]确定。招标的目的,是在自由竞争的条件下,使招标方获得最为有利的投标。[2] 其间,就投标者组成的投标联盟当中,哪个成员将被授予合同,以及该成员将被授予合同的价格,达成投标约定的情形,并不少见。由于联盟其他成员的虚假投标不太有利,合同被给予联盟中被选定的成员。[3]

702 第263条所规定的投标诈骗是指,联盟成员向招标者隐瞒约定,并暗示他们是真正的竞争性投标,[4]招标者由于相应的错误而将合同授予选定的成员,并因此遭受(缔约)损害。[5] 损害计算不应以“合理”的价格为基础,而应以未经协商且在自由竞争中可

---

〔1〕 对于整体,更详尽 A/R/R-Hellmann,9. 1 Rn 6 ff;Lampe,Der Kreditbetrug,§§ 263,265b StGB 1980;M-G/B-Nack,§ 50 Rn 86 ff;Mitsch,BT Ⅱ S. 453 ff;对于实践意义,特别是在破产当中,见 W/J-Pelz,9/309 ff;W/J-Knierim,10/170 sowie M-G-Hebenstreit,§ 50 Rn 150 f;Reiter/Methner,VuR 03,128;案例解析 Hellmann,Rn 194 ff;Wittig,§ 19 Rn 5 ff。在两个条款中,对于(预期的)积极悔改,见 Ǒglakcıoğlu/Kulhanek,JR 14,465。

〔2〕 更详尽,参见 Satzger,Der Submissionsbetrug 1994,S. 27 ff,32 f。

〔3〕 Oldigs,Möglichkeiten und Grenzen der strafrechtlichen Bekämpfung von Submissionsabsprachen 1998,S. 10 ff;Satzger,Der Submissionsbetrug 1994,S. 38 ff。对于与此种犯罪通常关联的贪腐犯罪 Hohmann,NStZ 01,567;König,JR 97,401。对于针对未参与的竞争对手的可能的诈骗 BGH wistra 97,144,145;M/R-Saliger,§ 263 Rn 266。

〔4〕 对此见 BGHSt 47,83 附赞成性评注 Rönnau,JuS 02,545;Rose,NStZ 02,41。

〔5〕 详细 Grützner,Die Sanktionierung von Submissionsabsprachen 2003,S. 161 ff,308;Oldigs,Möglichkeiten und Grenzen 1998,S. 60 ff;Satzger,Der Submissionsbetrug 1994,S. 57 ff;对于不经公开拍卖而给出报价问询,此种原则的可适用性,见 BGHSt 47,83,87 f;对此批判 Satzger,JR 02,392;Walter,JZ 02,255;概览 M/R-Saliger,§ 263 Rn 263 ff。

能形成的价格为基础。[1] 在实践中，这种假设的竞争价格的计算，[2]似乎遇到了重大的（证明）困难，以至于很少会被定罪。[3]

2. 招标时限制竞争的约定

在“侵犯竞争犯罪”一章中，第298条[4]涵括了招标程序基于限制竞争的约定而给出的投标[5]（第298条第1款），以及在事先参与竞争之后被直接授予合同（第298条第2款）。[6] 此罪系抽象危险犯，[7]其主要目的[8]是保护自由竞争，但其也保护招标组 703

---

〔1〕 OLG Frankfurt NJW 90,1057；BGHSt 38,186,190 ff，对此见 Hellmann，Rn 609 ff；Tiedemann，WirtschaftsstrafR，Rn 747 ff。

〔2〕 Vgl. BGHSt 38,186,194 ff.

〔3〕 参见 BGH NJW 95,737，但也 BGH NJW 97,3034,3037 f；BGH wistra 01,103,104 和 BGHSt 47,83,88；Otto，BT § 61 Rn 142；ders.，wistra 99,42 ff。对于判例的发展，以及对于损害之构建具有启发性的，见 Moosecker，Lieberknecht-FS S. 407 ff；Satzger，ZStW 109（1997），357；也见 A/W-Heinrich，§ 21 Rn 104 ff；Fischer，§ 298 Rn 3；Grüner，JuS 01,882；Regge/Rose/Steffens，JuS 99,160；Rönnau，JuS 02,549；Satzger，JR 07,391。

〔4〕 对此见 das Gesetz zur Bekämpfung der Korruption vom 13. 8. 1997（BGBl I 2038 ff）；Dahs，Kriminelle Kartelle? Zur Entstehungsgeschichte des § 298 StGB，1998；LK-Tiedemann，vor § 298 Rn 1 f；Möhrenschlager，JZ 96,829；SK-Rogall，§ 298 Rn 1 f；对于贪腐现象，详见 Dölling，in：Dölling（Hrsg.），Handbuch der Korruptionsprävention 2007，1/1 ff；对于第298条的概览 Stoffers/Möckel，NJW 12,3270。

〔5〕 对于招标的概念，更详尽 BGHSt 59,34 附评注 Bosch，ZWH 14,275。

〔6〕 对此参见 BGHSt 47,83；然而，在此，在第2种情形中，涉及协商程序（Verhandlungsverfahren），对此见 Walter，JZ 02,256。

〔7〕 根据 G/J/W-Böse，§ 298 Rn 2；MK-Hohmann，§ 298 Rn 6：实害犯；如同本书 S/S-Heine/Eisele，§ 298 Rn 2；S/S/W-Bosch，§ 298 Rn 2。

〔8〕 并非优先，而只是：Hotz，JuS 17,925；Kuhlen，Lampe-FS S. 744 ff；MK-Hohmann，§ 298 Rn 4 f；M/R-Schröder/Bergmann，§ 298 Rn 1-3；SK-Rogall，§ 298 Rn 4；S/S/W-Bosch，§ 298 Rn 1；Vormbaum，Schroeder-FS S. 649 ff。

织者〔1〕和竞争对手〔2〕的财产。因此，可以得出结论，第 298 条并没有取代同时发生的投标诈骗行为，〔3〕而是与之处于一罪关系当中。〔4〕 只有这样，才有可能根据第 263 条第 3 款将投标诈骗行为认定为特别严重的情形。〔5〕 立法者在很大程度上放弃了对诈骗类似性要求。〔6〕 其消除了对难以证明的财产损失的要求。〔7〕 更为确切地说，欺骗和错误是犯罪构成的原则性要件，但并非强制性要件。作为犯罪行为，只有约定作为条件是不够的。〔8〕 相反，投标必须被提交和收到，〔9〕且是在约定的基础上。〔10〕 投标是否存在缺陷，且缺陷是否必然会将其排除在招标程序之外，并不重要。〔11〕 约定必须是非法的。如果行为人违反了《反不正当竞争

〔1〕 对于概念，更详尽 BGHSt 59,34 附评注 Bosch,ZWH 14,275。

〔2〕 BT-Ds 13/5584,S. 13;BK-Momsen/Laudien, § 298 Rn 7;Dölling,ZStW 112 (2000),348;LK-Tiedemann, § 298 Rn 9 f;NK-WSS-Greeve, § 298 Rn 3;对于后者批判 Hellmann,Rn 559(只是保护反射);NK-Dannecker, § 298 Rn 12;Pasewaldt,ZIS 08,84;对于法益和罪行结构，更确切 Rotsch,ZIS 14,579。

〔3〕 但如此 Krey,BT II,12. Aufl. ,Rn 534b;Wolters,JuS 98,1102。

〔4〕 Achenbach,WuW 97,959;Fischer, § 298 Rn 22;G/J/W-Böse, § 298 Rn 41;König,JR 97,402;Korte,NStZ 97,516;Lackner/Kühl/Heger, § 298 Rn 9;M-G/B-Gruhl, § 58 Rn 20;Otto,BT § 61 Rn 151;Pasewaldt,ZIS 08,90;Regge/Rose/Steffens,JuS 99,162;SK-Rogall, § 298 Rn 48;支持第 298 条的补充性 Maurach/Schroeder/Maiwald,BT Ⅱ § 68 Rn 9。

〔5〕 BT-Ds 13/5584,S. 14;将其纳入第 298 条 Walter,JZ 02,256。

〔6〕 Vgl. S/S-Heine/Eisele, § 298 Rn 1.

〔7〕 见 Bottke,ZRP 98,219.

〔8〕 Vgl. LK-Tiedemann, § 298 Rn 26.

〔9〕 对此见 Kindhäuser/Hilgendorf, § 298 Rn 6;Kuhlen,Lampe-FS S. 752;Pasewaldt,ZIS 08,87.

〔10〕 Vgl. SK-Rogall, § 298 Rn 18 f,21 f;S/S-Heine/Eisele, § 298 Rn 11,15。

〔11〕 BGHSt 59,34,36 f 附对于争论状况的提示和评注 Greeve,NStZ 14,403;Kretschmer,JR 14,407。

法》第 1 条规定的卡特尔禁令(Kartellverbot),那就会出现这种情况。[1] 故意必须与之相关。[2] 基于此种对卡特尔法律的依附性,第 298 条第 1 款随《反不正当竞争法》第 1 条的变动而改变,因此,根据判例的观点,自 2005 年以来,投标者与组织者之间的纵向约定也被包括在内。[3] 对德国联邦法院来说,这意味着不仅卡特尔成员,而且“组织者方面的人”,甚至组织者自身,都被认为是第 298 条第 1 款的犯罪人。然而,如果认为第 298 条不仅保护自由竞争,而且保护组织者的财产,则后一种认定几乎没有明确的理由。鉴于既遂节点的提前,第 298 条第 3 款开辟了积极悔改的道路。[4]

3. 商业交往中受贿和行贿

在招标之后,投标者往往是试图通过向决策者输送利益来赢得合同。[5] 在公共部门招标的情况下,通常适用第 331 条及以下数个条文。如果在私人招标过程中,贿赂企业的雇员或代理人,则适用第 299 条。2015 年通过了《反腐败法》(BGBl I 2015),该法 704

[1] Vgl. A/R/R-Achenbach,3. 5 Rn 15;G/J/W-Böse, § 298 Rn 26;NK-WSS-Greeve, § 298 Rn 77 ff;Kuhlen,Lampe-FS S. 754 ff;LK-Tiedemann, § 298 Rn 33 f;Wittig, § 25 Rn 29.

[2] Kindhäuser/Hilgendorf, § 298 Rn 7,9;Lackner/Kühl/Heger, § 298 Rn 3,5;LK-Tiedemann, § 298 Rn 43;S/S/W-Bosch, § 298 Rn 14;Wittig, § 25 Rn 38 f;疑虑 Fischer, § 298 Rn 12,18a。

[3] 对此 BGH NZWiSt 13,139 附评注 Greeve 以及 Bosch,JK 2/13, § 298/2;Hohmann,wistra 13,105;LK-Tiedemann, § 298 Rn 14;MK-Hohmann, § 298 Rn 71;其他观点 G/J/W-Böse, § 298 Rn 23 f;NK-Dannecker, § 298 Rn 73 ff;L. Rengier,Rengier-FS S. 291,295 ff。

[4] BT-Ds 13/5584,S. 14 f。鉴于对于卡特尔成员的激励,怀疑见 Hombrecher,NZKart 17,148。

[5] 参见 Möhrenschlager,JZ 96,828。对于所导致的损害,参见 Dölling,Gutachten C,61. DJT,1996,C 25 ff;W/J-Dannecker/Müller,18/10 ff。

增加了所谓的企业主情形(Geschäftsherrenvariante),[1]在此处所述的背景之外,企业主情形的规定也自然地具有有效性,[2]借助第331条及以下数个条文的规定,将商业领域中的受贿(第299条第1款)和行贿(第299条第2款)规定为犯罪。[3] 将其纳入核心刑法的目的,[4]是提高公众的认识,即商业领域的腐败也是一种犯罪形式,其不仅会影响经济本身,而且是一种在社会伦理上普遍不受欢迎的行为的表现。[5] 第299条的保护法益是公正和公平的竞争。立法者在2016年新增的第299a条和第299b条,德国联

[1] 对此参见 Krack, ZIS 16, 83 ff; Schröder-Frerkes, Wessing-FS S. 296 ff; Walther, NZWiSt 15, 255;就对于第261条的影响 Bülte, NZWiSt 25, 281。

[2] 对此仅见 Wittig, § 26 mit Beispielen vor Rn 1。

[3] 对于条款的概览 Kieferle, NZWiSt 17, 391; Nöckel, ZJS 13, 50; Roxin, Rössner-FS S. 892 ff;例证 BGH NZWiSt 16, 70 附评注 Bürger; BGH NStZ 14, 324; Sinner, HRRS 16, 196; LG Frankfurt ZWH 15, 352; LG Münster BeckRS 15, 19392; OLG Stuttgart, JR 15, 651 附评注 Kretschmer(私人的雇员并非竞争者);对于第331条及以下数个条文,见 Kudlich/Öglakcıoğlu, Rn 371 ff;对于应然之法的探讨,见 Kubiciel, ZIS 14, 667。对于终结,见 BGH wistra 18, 35 附评注 Böhme。对于第1款第2项和第2款第2项中,所谓的企业主的情形,见 Grützner/Helms/Momsen, ZIS 18, 299; Jansen, NZWiSt 19, 41(对于义务违反); Krack, ZIS 16, 83; Lorenz/Krause, CCZ 17, 74; Schröder-Frerkes, Wessing-FS S. 296 ff; Walther, NZWiSt 15, 255;就对于第261条的影响 Bülte, NZWiSt 15, 281。对于赞助的问题,见 Hohmann, Joecks-GS S. 243 ff。

[4] 相反批判 BR-Ds 553/96, S. 6; Dölling, Gutachten C, 61. DJT, 1996, C 84 f; König, JR 87, 401; Wolters, JuS 98, 1103;对于此前历程,见 Ulbricht, Bestechung und Bestechlichkeit im geschäftlichen Verkehr 2007, S. 5 ff;对于表现形式,见 Pragal, Die Korruption 2006, S. 17 ff;对于改革,见 G/J/W-Sahan, § 299 Rn 3; Krack, Samson-FS S. 377 ff;案例解析 Pösl/Walther, ZJS 10, 523。对于不法约定的解释,见 BVerfGK 8, 50; BGH NZWiSt 16, 70 附评注 Bürger; Grützner/Momsen, CCZ 17, 160 ff。对于竞争当中不公平的偏向的概念,见 Fomferek, wistra 17, 174。

[5] BT-Ds 13/5584, S. 15; BK-Momsen/Laudien, § 299 Rn 1; LK-Tiedemann,第299条产生历程; M/R-Sinner, § 299 Rn 1; SK-Rogall, § 299 Rn 3; S/S/W-Rosenau, § 299 Rn 2;案例例证 Hellmann, Rn 788 ff; N. Müller, NZWiSt 14, 255; Wittig, § 26 vor Rn 1。

邦法院大刑事审判庭关于第 299 条的判决所揭示的医疗健康领域的保护漏洞,[1]借此得以弥补。[2]

〔1〕 根据 BGHSt 57,202 附评注 Brand/Hotz,PharmR 12,317;Hohmann,wistra 12,383;Ihwas/Lorenz,ZJS 12,712;Kölbel,StV 12,592;Kraatz,NZWiSt 12,273,被准许实施合约医生事务的医生,既非公职人员(第 334 条),也非第 299 条第 2 款意义上的法定医疗保险机构的受托人员。移送裁决存在于 BGH NStZ-RR 11,303 和 BGH wistra 11,375;对此见 Fischer, § 299a Rn 2;Duttge,Steinhilper-FS S. 203 ff;Schroth,Imme Roxin-FS S. 327 ff;Schuhr,NStZ 12,14;Tsambikakis,Steinhilper-FS S. 217 ff;对于刑事政策学上的引申,见 Dannecker,ZRP 13,37。

〔2〕 对此见 das Gesetz zur Bekämpfung der Korruption im Gesundheitswesen(BGBl I 1254);Brettel/Duttge/Schuhr,JZ 2015,929;Dann,KriPoZ 16,169;Dann/Scholz,NJW 16 2077;Gaede/Lindemann/Tsambikakis,medstra 15,142;Grzesiek/Sauerwein,NZWiSt 16,369;Krüger,NZWiSt 17,129;Schröder,NZWiSt 15,321 以及评论 Fischer,NK-SSW-Gaede 和 S/S/W-Rosenau。对于同样仿照第 299 条的犯罪构成——运动赌博诈骗罪(第 265c 条)和操纵职业体育竞赛罪(第 265d 条),见边码 500 以及批判 Bohn,KriPoZ 17,88;Krack,ZIS 16,540;释明 Rübenstahl,JR 17,264;Satzger,Jura 16,1142;Swoboda/Bohn,JuS 16,686;Valerius,Jura 18,777。

第九章　敲诈勒索罪、抢劫型敲诈勒索罪和勒索型绑架罪

§ 18　敲诈勒索罪和抢劫型敲诈勒索罪

Ⅰ. 敲诈勒索罪

705 案例 60：D 从 E 那里偷走了一幅价值很高的画作，这幅画作为一位著名大师的作品，很难被卖出。因此，D 的操作如下：他威胁说，如果 E 报警或不付钱，就再也见不到他的画了，他提出，E 以 20,000 欧元的赎金换回这件不可替代的艺术品。为了防止事态恶化，E 接受了交易，并以 20,000 欧元的价格收回了精心包装的画作。

应认定敲诈勒索罪还是仅仅是强制罪？（见边码 717、720、721）

1. 罪行结构和保护法益

706 敲诈勒索罪（第 253 条）是强迫他人放弃自己或他人的资产。在其犯罪构成结构上，该罪与诈骗罪相似，具有转移财产犯罪（Vermögensverschiebungsdelikt）的性质。它们之间的本质区别在于，在敲诈勒索罪的情况下，财产损失的发生是由于强制而被迫的作为、容忍或

不作为,而在诈骗罪的情况下,财产损失必须是通过欺骗手段获得的财产处分的直接结果。敲诈勒索罪的典型特征在于其自由买卖性质(Freikaufcharakter),被害人通过被逼迫的履行,来换取强制效果的终止,以及未来免于强制的自由,〔1〕有时甚至只是为了避免损害,〔2〕例如“勒索木马”(Erpressungstrojaner)的情况。其间,受害者可能会冒着使自己受到惩罚的风险。这尤其适用于通过支付保护费来支持犯罪组织的情况。〔3〕

敲诈勒索者利用对被害人个人决策自由(Entscheidungsfreiheit)的侵犯,作为实现所谋取财产转移的手段。法益侵害的重点在于对他人财产的侵犯。〔4〕 因此,整个犯罪属于财产犯罪。受到保护的法益是财产和个人决定自由(Entscheidungsfreiheit)。〔5〕 从体系上看,第 253 条和第 255 条处于基本犯罪构成和加重犯罪构成(Qualifikation)的关系当中。对于犯罪人常业犯罪(见边码 239),〔6〕或者作为团伙成员(对此见边码 296 及以下数个边码)而实施犯罪的,第 253 条第 4 款规定了加重处罚的示例规定(对此见边码 206 及以下数个边码)。

---

〔1〕 参见 Mitsch,NStZ 95,499;Rengier,JuS 81,654;通过对于客户而言危险的对于(出售)产品的操纵,对公司实施的敲诈勒索,直观地见 Moseschus,Produkterpressung 2004,S. 28 ff;参见第 253 条、第 255 条 S. 102 ff。

〔2〕 在网络空间,作为对于“勒索木马”的反应而支付赎金(电子的敲诈勒索),见 Ceffinato,NZWiSt 16,467;Salomon,MMR 16,575。

〔3〕 对此参见 Arzt,JZ 01,1052;A/W-Heinrich, § 18 Rn 21;对于彻底地对被害人(必要的共同犯罪人)不予处罚,参见 Fischer, § 253 Rn 48;赞成 K-Wittig, § 253 Rn 23;M/R-Maier, § 253 Rn 38;对于正当化问题,也见 Dann,wistra 11,127。

〔4〕 Lackner/Kühl, § 253 Rn 1;M/S/M-Momsen,BT I § 42 Rn 13.

〔5〕 BGHSt 19,342,343;41,123,125;Kindhäuser/Hilgendorf, § 253 Rn 1;SK-Sinn, § 253 Rn 2.

〔6〕 对此见 LG Düsseldorf MMR 11,624 附评注 Bär。

2. 客观犯罪构成

707 第253条的外在犯罪构成是，通过暴力或胁迫，以可被感知的恶害，强制他人实施作为、容忍或不作为，从而对被强制者或第三人的财产造成不利影响。

a)强制手段

708 关于第253条的强制要素，可以参考对于第240条的论述，[1]因为在这方面，犯罪构成在措辞上完全相同，在内容上也基本相同。

在虽然日渐失势但却恰当的观点的支持者看来，被强制的行为必须显示了财产处分的存在。有鉴于此，与第240条不同的是，第253条意义上的暴力(Gewalt)，仅涵括相对强制(vis compulsiva)，即扭曲意志的(willensbeugend)暴力，相反，并不包括绝对强制(vis absoluta)。[2] 在第253条的情况下，如果直接针对财产，而只是间接针对被害人，则可能就足够了。[3] 对于以不作为方式实施的胁迫——法官威胁，如果被追诉人不向他支付5000欧元，他就不会说服他的妻子，一位检察官，停止针对被追诉人的诉讼——判例对于第253、255条[4]也坚持认为，如果所预设的恶害是如此严重，以至于不能指望坚持谨慎的自我主张(Selbstbehauptung)，则在没有作为义务

[1] 参见 Wessels/Hettinger/Engländer, BT I Rn 357 ff, 367 ff 以及 BGH NStZ 85, 408。

[2] 如此——更为详尽的后续的——特别是与判例相反的学说，对此见 Kudlich, PdW BT I, S. 153 f; Küper/Zopfs, BT Rn 688 ff; Rengier, BT I § 11 Rn 13。

[3] S/S/W-Kudlich, § 253 Rn 6; Schramm, BT I, S. 235.

[4] 对于第240条，见 BGHSt 31, 195, 200 ff; Hillenkamp/Cornelius, BT 7. Problem; Wessels/Hettinger/Engländer, BT I Rn 371 ff; 在 OLG Karlsruhe NJW 04, 3724 中，能看到与 BGHSt 31, 195——以不停止对于入店盗窃的刑事告诉相威胁——相应的、与第253条相关的案例情形。

(Handlungspflicht)的情况下,也符合犯罪构成。[1] 如果犯罪人威胁不予阻止恶害的持续,获得了与新的恶害发生相当的分量,或者如果胁迫者为阻止恶害,而要求对被胁迫者来说并非合理的回报,即使被胁迫者的行为空间确实因犯罪人的提议而得以扩大,也同样应当如此。[2] 就像在强制罪中一样,在敲诈勒索罪中,犯罪人在通过第三人行为实施胁迫的情况下,也必须表明,"如果不执行所要求的财产处分",[3]其将在被害人所担心的方向上对第三人施以影响。如果犯罪人谎称,只有支付金钱,才会试图阻止捏造的对第三人施加计划中的恶害,则并非成立敲诈勒索罪,但可能是诈骗罪。[4] 然而,在此存在顾虑的是,在待决案件中存在不实施某种行为的威胁,即避免致命攻击,犯罪人甚至根据第 323c 条之规定而可能有义务这样做。所以,这一判定与对于不作为威胁的陈述并非完全一致。在敲诈勒索的情况下,威胁的恶害涉及第三人这一事实,同样并无损害(见边码 354),[5]只要被害人对于威胁予以认真考量,威胁就不能实施,也无影响。主观上,犯罪人不一定想让被胁迫者相信威胁的严重性。如果犯罪人认为,这种威胁可能引起对其实施的恐惧,那么被害人只要认为这种威胁是可能的,就足够了。[6] 犯罪人利用被害人的误信这一事实,并不妨碍认定威胁。[7] 任何受到不合理诉讼威胁的人,一般情况下都必须以谨慎的自我主张参与其中。[8] 如果获利的意图是

---

[1] 参见 BGHSt 44,251,252;OLG Oldenburg NJW 08,3012,3013(法官案)就此而言附否定性评议 Kudlich,JA 09,901 和赞成性评议 Sinn,ZJS 10,447;也见 Jäger,BT Rn 375;M/R-Maier, § 253 Rn 8;S/S/W-Kudlich, § 253 Rn 9;赞成判例 Eisele,BT Ⅱ Rn 757; Hillenkamp, JuS 97, 822; MK - Sander, § 253 Rn 12; 批判判例 Kuhlen, Schünemann-FS S. 625 ff;也见 Hartmann,JA 98,947;案例解析 Kaspar,JuS 12,628。

[2] 参见 BGHSt 44,68,74 ff——Vogel 案附评注 Sinn,NStZ 00,195;对此案例组,见 Fischer, § 253 Rn 8b;SK-Sinn, § 253 Rn 15;对于 Vogel 案,也见 Lagodny/Hesse,JZ 99,316;Liebernickel,Erpressung ausreisewilliger DDR-Bürger,2000。

[3] 如此表述 BGH NStZ 96,435;对于胁迫和警告的界分,见 Küper,GA 06,439。

[4] BGH NStZ-RR 07,16;Fischer, § 253 Rn 7.

[5] 参见 Esser,Jura 04,277;对于法人作为强制的被害人,见 Wallau,JR 00,312。

[6] BGH NStZ-RR 16,45 附评议 Kudlich,JA 16,236。

[7] 参见 Hillenkamp,JuS 03,163;ders. ,Schreiber-FS S. 135,137 f。

[8] 对此见 OLG Karlsruhe NStZ-RR 96,296;JZ 04,102 以及——对于所谓的 AGG-Hopping 案——Brand/Rahimi-Azar,NJW 15,2996;Metz,NZA 19,881。

在出于其他原因进行胁迫的过程中产生的,那么只有在胁迫继续存在的情况下,才足以用于敲诈勒索,但如果仅利用了先前的胁迫,则并不足够。[1]

判例例证:OLG Hamm NStZ-RR 13,312 判决的基础案件事实是,被告人向检察机关表示,(仅)通过支付购买价格,才会交出某些文件作为证据。州高等法院对开始买卖谈判的解释是,在谈判失败的情况下,意味着"同时暗示宣传不交出文件(也就是被扣留)"。如果在此情况下,检察机关支付了所要求的购买价格,则存在财产损失,因为文件不具有补偿损失的财产价值,而且一般情况下,无论如何都必须作为证据免费予以提供。当然,后者可能——如同所谓的税务光盘所显示的——有时也会存在不同的情况。在此,在社会意义上,存在一种不作为的威胁——拒不交出,法院并未讨论。因为作为公职机关,可以期望检察机关"在谨慎的自我主张中经受住威胁",所以法院否定存在胁迫的强制手段。BGHSt 31,195,201 判决否定了在此情况下受到恶害胁迫的敏感性(Empfindlichkeit),因为恶害并不适于"在犯罪人要求的意义上激励受到胁迫的人",援引这一判决,表明了对于第 240 条相关论述的回溯。内容上,州高等法院指出,对于检察机关,不存在适合性的规范前提,因为其可以依据《德国刑事诉讼法》第 94 条及以下数个条文来搜集和保全证据。如果在个别案件中,以上手段并未介入,则证据的损失——不是通过支付金钱予以弥补——将是"可以接受的",因为刑事诉讼不能"不惜一切代价来调查事实"(对此——在结果上是恰当的——见 Wedler,NZWiSt 14,246;中立的重述见 Fischer, § 253 Rn 11)。

b)财产处分

709 关于敲诈勒索罪犯罪构成讨论的核心问题是,通过强制所迫使的作为、容忍或不作为,是否必须构成财产处分。这在为临时使用而暴力移走物品,[2]以及暴力扣押物品的情况下,[3]尤其有实

[1] 对此见 BGH BeckRS 13,01323;Fischer, § 253 Rn 18a;对于抢劫罪所述(边码 361 及以下数个边码)在此相应地适用,也见边码 726。

[2] 参见 BGHSt 14,386,390 附否定性评注 Schnellenbach,NJW 60,2154;BGH NStZ-RR 99,103。

[3] 参见 RGSt 25,435。

际意义。在这种情况下,如果人们对此争议问题认可了之前的通说观点,则第 249 条和第 255 条都不包括强制行为,而仅包括在第 240 条中了。

710 由于第 263 条和第 253 条[1]作为自我损害犯罪(Selbstschädigungsdelikt)的平行结构,法律学说中仍然普遍认为,敲诈勒索罪的犯罪构成要求被强制者处分财产。[2] 然而,在这种意见内部,对于财产处分的要求存在争议(见边码 714)。

711 与此相反,判例并不认为在第 253 条、第 255 条中存在财产处分是绝对必要的。为了同样严厉惩罚所有被认为是同样危险的行为,德国联邦法院试图通过抢劫罪(第 249 条)或抢劫型敲诈勒索罪(第 255 条)涵括因对人的暴力行为,或因对生命或身体的实际危险相胁迫而引致的任何财产转移。据此,在可能的情况下,犯罪人诉诸绝对强制手段(vis absoluta),[3]并自行实施损害财产的行

[1] 对此出发点,批判性见 Küper,Lenckner-FS S. 503 f;继续对之赞同见见 Erb,HerzbergFS S. 211 ff。

[2] AnK-Habetha, § 253 Rn 10;A/W-Heinrich, § 18 Rn 14 ff;Beulke,Ⅲ Rn 411 f;BK-Wittig, § 253 Rn 7-7. 2;Brand,JuS 09,900 f;Eisele,BT Ⅱ Rn 769 f;Fischer, § 253 Rn 5,10;Heghmanns,Rn 1460;H-H-Kretschmer,Rn 956;HK-GS/Duttge, § 253 Rn 7, 13 f; Hohmann/Sander, BT Ⅰ § 13 Rn 14 ff; Joecks/Jäger, § 255 Rn 6; Klesczewski,BT § 9 Rn 277 f;Krey,BT Ⅱ,12. Aufl. ,Rn 304;Lackner/Kühl, § 253 Rn 3;M/S/M-Momsen,BT Ⅰ § 42 Rn 6 ff;MK-Sander, § 253 Rn 13 ff;Otto,ZStW 79(1967),59,85;ders. ,BT § 53 Rn 4;Rengier,BT Ⅰ § 11 Rn 13,25 ff;ders. ,JuS 81,654;Schmidt,BT Ⅱ Rn 765;SK-Samson,4. Aufl. , § 253 Rn 5;S/S-Bosch, § 253 Rn 8,8a;Schröder,ZStW 60(1941),33,83;Zöller,BT Rn 445.

[3] 对此赞同见 Kindhäuser/Hilgendorf, § 253 Rn 21;否定见 SK-Sinn,vor § 249 Rn 17。

为——比如取走物品——就足够了。[1] 从这个角度来看,每一起抢劫中均同时存在抢劫型敲诈勒索;与第 255 条的一般规定相比,第 249 条属于特别法条。[2] 根据第 249 条规定,任何并非抢劫犯的人,因为他的行为没有占为己有的意图,只是为了使用僭越,则其将根据第 255 条,“如抢劫犯一样”受到惩罚。[3]

712 如果要遵循判例,相对于第 255 条,抢劫罪的犯罪构成(第 249 条)将是多余的。[4] 因为在实践中,很少有人使用抢劫的手段来获得完全没有价值的物品,或者将爱物(Liebhaberstücke)“以完全的价值报销”。[5] 与此同时,将系列罪名(例如第 248b、289、292 条)过度诉诸第 255 条,将创设法律没有规定的加重处罚的可能。此外,在盗窃过程中,使用并非加重的强制手段,[6]将会导向

〔1〕 参见 BGHSt 7,252,254;14,386,390;25,224,228;32,88;41,123,125;42,196,199;BGH NStZ-RR 99,103;OLG Celle BeckRS 11,23746 附评议 Bosch,JK 3/12,StGB § 255/11;Jahn,JuS 11,1131;Krell,ZJS 11,572(对此也见边码 96、715);赞成 Geilen,Jura 80,50;Günther,Rössner-FS S. 798 ff;Hecker,JA 98,305;Jäger,BT Rn 376;Kretschmer,Jura 06,221;Krey/Hellmann/Heinrich,BT Ⅱ Rn 433;S/S/W-Kudlich,§ 253 Rn 11;vor §§ 249 ff Rn 7 f;Lüderssen,GA 1968,257;M/R-Maier,§ 253 Rn 14;Schünemann,JA 80,486;Seelmann,S. 94;Tausch,Die Vermögensverfügung des Geschädigten-notwendiges Merkmal der Erpressungstatbestände? 1995,S. 73 ff;相对于“处分理论”,批判见 Mitsch,BT Ⅱ S. 602 f;NK-Kindhäuser,vor § 249 Rn 47 ff;§ 253 Rn 16 f;区别 SK-Sinn,vor § 249 Rn 11 f,17;§ 253 Rn 16。

〔2〕 如此 BGHSt 14,386,390;41,123,125;Bock,BT Ⅱ S. 581;SK-Sinn,vor § 249 Rn 11,16 f。在抢劫罪和抢劫型敲诈勒索罪之间的选择确定,并不予以考虑,BGH NStZ 14,640;BGH StV 19,273。

〔3〕 争论概览 Geppert/Kubitza,Jura 85,276;Hecker,JA 98,301 f;Hillenkamp/Cornelius,BT 33. Problem;Küper/Zopfs,BT Rn 691 ff;案例解析 Radtke/Matula,JA 12,265;Kudlich/Aksoy,JA 14,85;概述 Bode,JA 17,110;Rönnau,JuS 12,888。

〔4〕 对此见 Kindhäuser/Böse,BT Ⅱ § 18 Rn 7 ff。

〔5〕 相反论证见 Schünemann,JA 80,486,488。

〔6〕 所谓的小抢劫(kleiner Raub),对此见 Küper/Zopfs,BT Rn 697;SK-Sinn,§ 253 Rn 17。

敲诈勒索，尽管在加重的强制手段的前提下，财产犯罪在第 249 条中规定了加重的法定刑格。由此，在具体财产犯罪的惩罚框架内建立的价值等级体系，可能在很大程度上受到破坏，但这很难与法律的精神相符合。因此，将敲诈勒索罪犯罪构成视为一种独立的犯罪类型的学说，值得优先考虑。该学说的任务是只涵盖那些基于被害人自我伤害的财产侵犯，因而是基于财产处分的财产侵犯。因此，根据罪名之间的平行结构，诈骗罪和敲诈勒索罪的不同之处在于，彼处损害财产的处分，是通过欺骗获得的，还是通过强制获得的。[1]

这一学说经常被反驳，在并无占为己有意图的情况下（例如，为了临时使用而以抢劫手段开走一辆出租车，并立即归还权利人），[2]这一学说有利于残暴的、采取绝对强制手段的暴力犯罪人，原则在于，其只涵盖了第 240 条规定的强制行为，而对于以生命或身体的现实危险相威胁，从而迫使被害人处分财产（将物品占有转移给自己）的行为，根据第 253、255 条之规定，以抢劫型敲诈勒索罪予以惩罚。[3] 倘若绝对强制始终是比胁迫更为残酷的强制手段，那么这些担忧就会有说服力，但很难谈得上是如此。例如，出租车司机将他的汽车交给犯罪人，因为他受到已经上膛及松开保险枪支的威胁，相较于其他情形，即犯罪人通过迅速锁上房门，将出租车司机锁在出租车站的候车室里面（绝对强制），[4]从而使其被迫对开走汽车予以容忍，系更为危险的情况。正确的只是，在此处论及的领域，刑法对财产的保护需要改进，而且在目前的法律情况下，无论是判例的观点还是本书所倾向的学说，都不能产生完全令人满意的结果。虽然后者可以基于更好的教义根据，但必须承认， 713

---

〔1〕 对此见 Rengier，JuS 81，654 和 JZ 85，565；批判见 Küper，Lenckner-FS S. 495 ff。

〔2〕 参见 BGHSt 14，386。

〔3〕 参见 Geilen，Jura 80，50，51；Schünemann，JA 80，486，488；对此也见 Brand，JuS 09，900。

〔4〕 参见 BGHSt 20，194，195；BGH GA 1965，57。

从刑事政策的角度来看,判例在打击暴力犯罪方面并非没有优势,[1]并且符合第253、255条的措辞。

714 财产处分同样适用于财物和诉求的敲诈勒索(Sach-und die Forderungserpressung),[2]对其决定,需要对其内容上的特质进行描述。[3] 如果从与诈骗罪的结构关系,以及这两种罪行特有的自我损害中推断出处分的要求,则可以考虑敲诈勒索的具体特点,并借助诈骗罪中财产处分的概念(见边码624及以下数个边码)。

有意识地导致财产转移的体现意志的行为,是最低要求。[4] 根据第253条,无意识的不作为,不能构成对财产的处分,因为由强迫性暴力或威胁导致意志扭曲的本质是,被强迫的人被指定实施意志驱动的、有意识的行为。这也排除了绝对强制是一种强制手段的观点。

自愿性(Freiwill igk eit)并不能在与诈骗相同的意义上做出要求,因为即使低于绝对强制的门槛,敲诈勒索的强制要素也会产生相当大的(意志扭曲的)压力。处分必须是有意的(willentlich),但并非自愿的(freiwillig)。在这方面,维持自我损害性质的决定性因素是,被强制者认为有必要采取一种可持续的、维护财产的行为替代办法或者"合作"形式,并由此将交出部分财产视为自

[1] 对此参见Kudlich/Aksoy,JA 14,85 f;对此也见Hilgendorf/Valerius,BT Ⅱ § 17 Rn 16 ff,与本书观点不同,根据对于争论情况的类似评价,转向了判例一边,边码23。

[2] 参见Rengier,JuS 81,661;其他观点Brand,JuS 09,901。

[3] 参见Küper/Zopfs,BT Rn 702 ff。

[4] 参见AnK-Habetha, § 253 Rn 11;Rengier,BT I § 11 Rn 37;S/S-Bosch, § 253 Rn 8;如此也SK-Sinn, § 253 Rn 16,但其并不要求"处分";批判A/W-Heinrich, § 17 Rn 17。

己的决定。如果敲诈勒索被害人拥有获取其资产的“关键位置”(Schlüsselstellung),[1]则会出现后一情形,例如,这可能包括知道数字组合或隐藏之处,而不仅仅只是拿着(保险箱)钥匙。[2]

即使犯罪人从被害人的角度出发,依赖于他的合作(Mitwirkung),也不能必然地得出结论,认为被害人直接减少财产行为的影响并不重要。[3] 确切地说,在这种情况下,获取财产路径的开启,只允许犯罪人实施他损的(fremdschädigend)拿取,此类案件事实也应被排除在敲诈勒索之外。[4] 因为,即使在“开启”(Aufschlüsselung)之后,犯罪人接触财产的范围也是开放的,如果不交出所要求的部分,其损害仍然不是“最终的”(definitiv)。[5] 相反,其仍然取决于他人实施损害的拿取行为。在使用强制手段逼迫交代属于借记卡的密码的情况下,如果犯罪人已经拥有该卡并且提款迫在眉睫,则不排除认定与损害相同的财产危险(见边码 572)。然而,在此,与诈骗罪(见边码 579、627)一样,不应否认直接性(Unmittelbarkeit)。原因在于,实际损害仅由第 263a 条所涵括的

---

[1] 参见 BK-Wittig, § 253 Rn 9;Hauf,BT I S. 109;H-H-Kretschmer,Rn 959,962;HK-GS/Duttge, § 253 Rn 13;Krey,BT II,12. Aufl. ,Rn 300,305;Küper,NJW 78,956;ders. ,Jura 83,288;Lackner/Kühl, § 253 Rn 3;Tenckhoff,JR 74,492;Zöller,BT Rn 446。对此批判见 Biletzki,Jura 95,637;Hecker,JA 98,305;Rengier,BT I § 11 Rn 34 ff,37。

[2] 可能的情况下,钥匙可能被从被害人那里取走;由此,在 BGH NStZ-RR 07,375 中,在两种犯罪情形下,鉴于生命威胁,都存在抢劫。通过援引外在的表现形式,德国联邦法院作出不同判决,对此见边码 729。

[3] 但是如此 Lackner/Kühl, § 253 Rn 3;Otto,BT § 53 Rn 5;Tenckhoff,JR 74,492。

[4] Hillenkamp,JuS 90,455;Hellmann,JuS 96,524,在其案例中,可能应当认定敲诈勒索;也见 BGH NStZ 06,38,附批判性评注 Hoyer,ZIS 06,140。

[5] 但是如此 Küper,Lenckner-FS S. 506;对其赞成 AnK-Habetha, § 253 Rn 11;Hohmann/Sander,BT I § 13 Rn 29。

未经授权使用银行卡而造成(见边码 607)。[1] 当然,如果由于账户额度不足或告知不正确的密码而无法提取资金,则排除这种可能性。如此,则只可考虑未遂。[2]

在任何情况下,强制手段的压迫作用都一定将被害人逼向了犯罪人所寻求的行为,从这个意义上说,被害人的意志已经被扭曲了。而如果被害人仅仅出于侦查战术的原因而付款,而不是在警察的建议之外,出于对胁迫实现的恐惧而付款,则不存在此种情形。[3]

715 被强制者和处分者身份必须是同一的(personengleich),而被强制者和受害者则不必是相同的。[4] 与诈骗罪的情况一样,损失也可能影响到第三人的财产,由于亲近关系(Näheverhältnis),被强制者实际上是能够处分财产所有人财产的对象(见边码 515、641)。

在这种三角敲诈勒索(Dreieckserpressung)的情况下,对这种"亲近关系"的具体要求,在很大程度上仍不清楚。[5] 如果在敲诈勒索罪中,看到与诈骗罪结构相关的自我损害犯罪,那么在考虑到敲诈勒索罪特别之处的前提下,

---

〔1〕 其他 BGH NStZ-RR 04,333,334;如同本书 Rengier,BT I § 11 Rn 36,38,47 ff;区别 Graul,Jura 00,208。

〔2〕 BGH NStZ 11,212,213;BGH HRRS 14,313(Nr 795).

〔3〕 BGHSt 41,368,371;BGH JR 99,117;BGH NStZ 10,215.

〔4〕 更详尽 BGH NStZ 87,222;BGHSt 41,123,125 f;BGH NStZ-RR 97,321 附评注 Cramer,NStZ 98,299 和 Krack,NStZ 99,134;BGH NStZ-RR 11,143,144。

〔5〕 概览 Ingelfinger,JuS 98,537 f;Küper/Zopfs,BT Rn 705 ff;批判 Erb,Herzberg-FS S. 716 ff;在三角敲诈勒索的情况下,对于未遂和既遂问题,见 Knauer,JuS 14,690。

对(三角)诈骗的探析,在此也是助益良多的。[1] 因此,必须要求财产处分的第三人,处在财产所有人的阵营(Lager)当中(见边码 645)。[2] 但就其性质而言,这并不要求他主观上认为,他有权作出具体的财产放弃。[3] 虽然反对意见并不要求存在处分,但亦要求存在"亲近关系"。[4] 根据德国联邦法院的观点,在此类案件中,敲诈勒索意味着"强迫放弃……他人的财产价值,被强制者能够并愿意对其施以保护"。因此,被强制者必须最迟在犯罪实施之时,"站在财产所有人一边"。当然,对于法人的"决策者"来说,这是肯定的。[5] 同时,这对于"替代被害人地位而履行职责"的警察,[6] 对于被害人的伴侣,对于对委托人的财产利益并非漠不关心的雇员,[7] 对于火车乘务员,也都是肯定的。[8] 从本质上讲,这与敲诈勒索罪是一种自我损害犯罪的论点是一致的。[9]

---

[1] 如此也见 BK-Wittig, § 253 Rn 11; Eisele, BT Ⅱ Rn 773 f; Esser, Jura 04, 278; H-H-Kretschmer, Rn 963; Kindhäuser/Böse, BT Ⅱ § 17 Rn 42 ff; Klesczewski, BT § 9 Rn 279; Krey, BT II, 12. Aufl., Rn 306; Heghmanns, Rn 1466; MK-Sander, § 253 Rn 23; Rengier, BT I § 11 Rn 30; S/S-Bosch, § 253 Rn 6; 差异的构思见 Fischer, § 253 Rn 11; Mitsch, BT Ⅱ S. 603 ff。

[2] 在结论上相近 Röckrath, Die Zurechnung von Dritthandlungen bei der Dreieckserpressung 1991, S. 67 ff; 对此 M/S/M-Momsen, BT I § 42 Rn 31。

[3] Biletzki, JA 96, 162; Küper/Zopfs, BT Rn 707; Otto, Anm. JZ 95, 1020.

[4] Hilgendorf/Valerius, BT Ⅱ § 17 Rn 35; M/R-Maier, § 253 Rn 25; SK-Sinn, § 253 Rn 18; S/S/W-Kudlich, § 253 Rn 21.

[5] 参见 BGH NStZ-RR 11, 143, 144(银行监督委员会的成员)。

[6] 参见 BGHSt 41, 368, 371。

[7] 对于女性伴侣,见 BGHSt 41, 123, 125 f; 更详尽、部分地对此判决批判 Krack, JuS 96, 493; Mitsch, Anm. NStZ 95, 499; Otto, Anm. JZ 95, 1020; 否定见 Wolf, Anm. JR 97, 73; 与之相反,温和见 Ingelfinger, JuS 98, 537 f; 对于职员,见 OLG Celle BeckRS 11, 23746 附评议 Bosch, JK 3/12, StGB § 255/11; Jahn, JuS 11, 1131; Krell, ZJS 11, 572; 对此案件,也见边码 96。总体也见 Rengier, JZ 85, 565。

[8] 参见 BGH StV 13, 445(对此见边码 400 附进一步的文献)。

[9] Geppert, JK 90, StGB, § 255/9; 批判见 Kindhäuser/Hilgendorf, § 253 Rn 24 ff, 30 f。

c)财产损失

716 第253条中的财产损失概念,与第263条中的财产损害要件相同。[1] 因此,判例在此也使用了一种经济上的考查方式,但与第263条相同,在第253条中,这种方法也受到了规范上的限制(对此见边码534)。[2] 例如,妓女在限制区域内的站街地点,不仅被认为商业交易的前景太不确定,从而无法满足具有财产价值的期待权(Exspektanz)的要求,而且也因为在那里,卖淫在任何时候都可能(根据法律)被禁止。[3] 此外,强迫提供符合犯罪构成的给付,或者放弃部分赃物,尽管存在经济上的价值,也不会对被害人造成损害。[4] 这与否认以刑事可罚的方式占有(麻醉品)是受保护财产的组成部分一样,[5]符合财产的法律——经济概念(边码534及下一边码)。如果因价值(Werthaltigkeit)欠缺而不足以给予索赔独立的重要性,在法律上不存在索赔的情况下,也同样符合。[6] 与之相对,被害人仅仅由于胁迫而放弃提出一项因为完全无法收回而无论如何都毫无价值的[7]索赔,判例上否定其存在损

[1] 参见BGH StV 96,33。

[2] 参见BGHSt 44,251,254 f。

[3] BGH JR 12,204,205 f附评注Erb und Satzger,JK 6/12,StGB § 32/37。

[4] 参见BGH NStZ 01,534;BGH NStZ-RR 09,106。

[5] 开放性BGHSt 48,322,326;BK-Wittig, § 253 Rn 14.1;与之相反,肯定见BGH wistra 18,41;BGH NStZ-RR 17,244;Wolters,Samson-FS S. 495,512。对于可罚的占有麻醉品,否定见Hillenkamp,Achenbach-FS S. 189,205;见本书边码535。

[6] BGH NStZ 08,627附评注Kindhäuser,StV 09,355。

[7] 对于占有比如麻醉品的刑事可罚性问题,见边码535,以及BGH NStZ-RR 17,244;BGH BeckRS,17,123966附评注Müller-Metz,NStZ-RR 17,341;BGH NStZ-RR 18,15。

失，则经济上的出发点就变得很清楚了。[1] 在敲诈勒索罪中，也可能根据个人的损失影响学说（Lehre vom individuellen Schadenseinschlag）（边码 550 及以下数个边码）产生损失。[2] 同样地，与诈骗罪中的一样，根据联邦宪法法院设定的要求（见边码 572），引致具体的财产危险（Vermögensgefährdung）即已足够。[3] 例如，如果在敲诈勒索过程中进行的现金转移受到警察的监视，使犯罪人没有机会带着现金逃跑，则欠缺具体的财产危险。[4] 与此同时，由于损害性事件而对第三方提出的索赔，并不排除在敲诈勒索的情况下造成的损失。[5]

判例例证：作为 BGH NStZ 11,278 判决基础的案件事实是，被告 A 用一把警枪指着妓女 P 头，强迫妓女 P 进入她工作的房车。他首先让 P 告诉他交易的价格，对于价格表示同意，并设法让 P 允许他进入她的房车，坐在他前面的床沿上。P 两次试图逃跑，A 用他空闲的手把她推回到床上来阻止 P。但在 P 因恐惧而屈服于 A 的要求后不久，她还是设法逃脱了。根据德国联邦法院的观点，此案件（抢劫型）敲诈勒索罪并不成立的原因有二。其一在于，不存在强迫放弃根据服务合同提出的报酬诉求，因而没有损失，原因在于，根

[1] 参见 BGH NStZ 07,95,96；对此批判见 Grabow, NStZ 10,371；也见 BGH NStZ 11,278 对于被迫提供服务的妓女的损害赔偿请求；但是，Eckstein, JZ 12,101 和 Hecker, JuS 11,944 恰当地（见边码 535）指向了劳动力的财产价值；在 BGH StV 13,445 中，价值保有性（Werthaltigkeit）问题也存在空间，对此见边码 400 附进一步的文献。

[2] 参见 BGH StraFo 15,479 附评注 Bosch, Jura 16,218（《德国刑法典》第 255 条）；然而，对于第 253 条，这一 BVerfG NJW 13,365 并未批驳的学说，也不能单纯因为侵犯处置自由而对损害进行论证，见边码 551。

[3] 参见 BGHSt 34,394；BGH NStZ-RR 18,316 关于对于不曾存在的债权，强迫出具欠条；BGH NStZ-RR 98,233；00,234；BGH NStZ 00,197；BK-Wittig, § 253 Rn 14；HK-GS/Duttge, § 253 Rn 17；MK-Sander, § 253 Rn 24 f；M/R-Maier, § 253 Rn 16；批判 S/SBosch, § 253 Rn 9。

[4] 参见 BGH StV 98,80；661；对此见 StV 99,94。

[5] 参见 BGH NStZ-RR 04,333,334 f。

据《性工作者法律关系管理法》第1条之规定，这种索赔仅发生在事先商定对价的性行为中，而不是在强制提供性服务的情况下。在待决案件中，这可能是正确的，因为认定默示的放弃将与日常生活格格不入。其二，对于这两种情形而言，由于缺乏履行意愿，放弃在经济上基本毫无价值的索赔，无论如何都不会造成损失。然而，在对该判决的评论中（Eckstein，JZ 12，101；Hecker，JuS 11，944；Zimmermann，NStZ 12，211），恰当的批评意见是，德国联邦法院并未考虑至少将强迫劳动（操纵性器官）视为犯罪构成实现的可能性，在现有的情况下，这种劳动在法律上不再受到谴责（对此见边码534、535、567），并通常只是为了报酬而提供。在一个类似的案例中，BGH NStZ 13，710现在弥补了这一点。借助齐默曼（Zimmermann）的观点，违背妓女意愿而进行性交的财产价值，现在也被否定了。在此种案件中，法益侵犯完全体现在对于性自主（Selbstbestimmung）的侵害当中。Jäger，JA 14，232对这一可疑的观点表示同意（赞成观点也见Satzger，JK 8/14，StGB § 253/16），理由在于，将妓女降格为对象，是对人的尊严的侵犯，从而禁止将以这种方式取得的"履行"，等同于具有财产价值的处分。与之相反，Hecker，Kühne-FS S. 81 ff正确地提出质疑。例如，在被迫免费运输或修理时，出租车司机或汽车修理师受到第253条的保护，而在被迫提供性服务时，妓女却不受保护，如此处理的原因何在？因此，对人的尊严的呼吁，最终与人的尊严背道而驰（对此也见Barton，StV 14，418；Schwaab，ZJS 14，706）。

717 在案例60中，D已经实现了第253条第1款规定的客观的犯罪构成：宣称E"不会再见"他的珍贵画作，除非他屈服于D的要求，包含了可以感知的恶害威胁，因为D以对其在法律上有义务做的事情的不作为相威胁。[1] 由此，E被迫支付赎金，也就是直接损害其财产的行为（财产处分），根据所有关于这一问题的观点，这足以作为强制手段和损害之间的连结点。仍然有待检验的是，由于D必须归还这幅画，以换取这笔钱，那这幅画是否会受到经济

〔1〕 更详尽见 Hillenkamp/Cornelius，BT 7. Problem；Puppe，Anm. JZ 89，596；Wessels/Hettinger/Engländer，BT I Rn 371。

上的不利影响。[1] 然而,德国联邦法院[2]正确地对此问题——即便与纯粹经济上的考察方式不相一致——[3]予以否定。由于D有义务根据《德国民法典》第985、861条之规定,免费地归还盗窃所得的赃物,因此,E收回艺术品只补偿先前因盗窃而造成的损害,而不是补偿赎金的损失。就此来看,既没有可予计算的对等价值(Gegenwert),也没有将其纳入损失计算的条件。与赎金损失相比,归还被盗物品——这是基于先前盗窃行为产生的法律义务——并不构成可予赔偿的对等物(Äquivalent)(对此参见边码548)。

3. 主观犯罪构成

718 在主观方面,敲诈勒索罪以故意以及使自己或第三人非法获利为条件。尽管有不同的语言表述,但这实际上与诈骗罪所要求的意图相对应,即为自己或第三人获得非法的经济利益。[4] 因此,可以参考先前在这方面所作的阐述(参见边码583及以下数个边码)。

719 只要其具有独立的经济价值,占有就可能是一种具有财产价值的优势。[5] 例如,在计划破坏之前先是使用车辆作为逃生手段,谋求获得财产上的优势,[6]但是,逼取被害人手机防止其呼救,或者从一个“敌对的歹徒”身

[1] 但是如此 OLG Hamburg JR 74,473;同样如此 Trunk,JuS 85,944;在详尽阐述争论状况之后,得出相同的结论 Dehne-Niemann,ZStW 123(2011),485。

[2] 参见 BGHSt 26,346,347 f;同样如此 Stoffers,Jura 95,113;区别 Mitsch,BT Ⅱ S. 615 f:第253条仅在于不符合犯罪构成的(对此见本书边码173)先前行为(Vorverhalten);对此批判 Dehne-Niemann,ZStW 123(2011),485,500 ff。

[3] 参见 Graul,JuS 99,566。

[4] 参见 BGH NStZ 89,22;96,39;概览 Wittig,JA 13,401。

[5] 参见 BGH NStZ-RR 18,282 f。

[6] 参见 BGH NStZ 96,39。

上取下“大衣”，却既不想使用也不想出售，而是在犯罪后立即扔掉，则不然。[1] 根据判例，如果从犯罪人的角度来看，利益仅仅是“其行为的必要或可能的结果，完全是为了另一个目的”，也并非寻求经济利益。[2] 强迫缔结与一家酒馆的用益租赁或房租租赁合同，如果意图支付“约定的”租金，则不会损害被害人的财产，也并无自己（等质地）非法获利的意图。[3] 此外，所谋求的利益与被害人所遭受的损害之间，必须存在同质性（Stoffgleichheit）。[4] 为使相关人员支付债务，而自行扣押贵重物品，除非有权利要求归还此种物品，则不具备获利意图。[5]

如果犯罪人或第三人根据实体法，无权获得所谋求的财产利益，则该财产利益是非法的。根据德国联邦法院的观点，如果可以想见的归还或赔偿要求与诚实信用原则相悖违，因为履行这一要求——就像归还通过诈骗方式获得的毒品一样——将导致应受惩罚的状况，亦并无不同。[6] 与之相反，如果存在一项诉求——比如，妓女在按照协议提供服务后，根据《性工作者法律

---

〔1〕 参见 OLG Jena NStZ 06,450。根据 BGH StraFo 12,155，这也适用于手机，如果只搜索内存并复制找到的图像文件，在这种情况下，也不应存在任何占为己有的意图，也即排除抢劫。赞成 Hecker，JuS 13,468；否定 Jäger，JA 12,709；Putzke，ZJS 13,311。对于风衣，见 Hells-Angels-案 BGH NStZ 11,699,701（见边码 152）附评议 Jahn，JuS 11,846。

〔2〕 参见 BGH NStZ-RR 18,282 f。

〔3〕 参见 BGH NStZ 14,41；BGH NStZ 18,213 附评注 Schilling。

〔4〕 参见 BGH NStZ 02,254 附评注 Baier，JA 02,457；NK-Kindhäuser，§ 253 Rn 38；S/S-Eser/Bosch，§ 253 Rn 20；BGH NStZ 18,712 f；BGH NStZ 19,473 附评注 Habetha。

〔5〕 参见 BGH NJW 82,2265；BGH NStZ 88,216；BGH StV 99,315；对此见 Bernsmann，NJW 82,2214；Graul，JuS 99,564；其他观点（只有利益的违法性才缺失）BGH NStZ 17,642 附赞成性评注 Kulhanek；Fischer，§ 253 Rn 20；对于损害就已经存在疑问 NK-Kindhäuser，§ 253 Rn 28,36；Schramm，BT I，S. 243。

〔6〕 BGHSt 48,322,326 f 附评注 Kühl，NStZ 04,387 和案例评析 Käßner/Seibert，JuS 06,810,812；在可罚的毒品占有的情况下，肯定损害的存在，见边码 535，其他观点 Hillenkamp，AchenbachFS S. 189,196,205 以及本书前一版的边码 535。

关系管理法》第1条的规定提出的索赔[1]——且该项诉求是到期的,且并没有任何抗辩的,则通过胁迫或其他不予允许的手段获得利益,并不属于非法获利(见边码586)。[2] 这同样适用于债权的执行,即使其受到质疑,从而必须诉至法院解决。至关重要的是,债权是根据实体法而存在的。[3] 同样地,如果犯罪人强制他人开具汇票并不希望建立额外的独立债权,而只是为了促进其现有债权的执行,则所谋求利益的不法性也是欠缺的。[4] 任何因购买毒品而被诈骗的人,因为其所购得的是巧克力而不是大麻,都可以根据《德国民法典》第985条(在混合之前)要求归还他所支付的款项,[5]并根据《德国民法典》第823条第2款、《德国刑法典》第263条以及《德国民法典》第826条的规定,提出损害赔偿请求。如果他使用了强制手段,也并非在谋求非法利益。《德国民法典》第817条规定与这种评价也并不矛盾,[6]如同在可能的情况下,就所用资金产生的追缴或没收的可能性。[7] 鉴于盗贼也享有相对于第三方的占有保护,即使是通过敲诈勒索手段取回被盗物品的人,也并未谋求任何的非法获利,相应地,如果他以武力强制执行其权利,则只能因强制罪受到惩罚。[8] 然而,由于这样做(重新)确立了相对于所有人的非法的占有地位(Besitzposition),而财产归属——这在此非常重要——仅仅通

---

[1] 对此见BGH NStZ 02,481,482;BGH NStZ 11,278;Ziethen,NStZ 03,184;Trede,Auswirkungen des ProstG auf das Straf-und Ordnungswidrigkeitenrecht 2007,S. 40 ff,274 ff;在部分失败的妓女对于获利诉求,见BGH NStZ 10,391。

[2] 参见BGHSt 3,160,162 f;20,136,137;BGH StV 00,79,80;BGH NStZ-RR 04,45;BGH NStZ 11,519 f(所获之物当然必须来源于债务人的财产);BGH BeckRS 14,18282。

[3] 参见BGH StV 09,357 f;BGH NStZ-RR 09,17,18;BGH BeckRS 19,37171。

[4] 参见BGH NStZ 09,386。

[5] 参见BGH NStZ-RR 00,234;对此见H-H-Kretschmer,Rn 967 ff。

[6] 参见BGH NJW 92,310;BGH JR 03,163 附评注 Engländer;Hillenkamp,JuS 03,163;其他观点见Hecker,JuS 01,231。

[7] 但是如此Kindhäuser/Wallau NStZ 03,152,154;Mitsch,JuS 03,122,123 f;相反见BGHSt 48,322,329 和边码565。

[8] 参见BGH NStZ-RR 08,76;对于占有赃赃作为财产的组成部分,见Hillenkamp,Achenbach-FS S. 189,201 ff;见上文边码535。

过占有权意义上的占有保护诉求并不能够得以证明,这很难令人信服。[1]

如果错误地认定对所谋求的获利存在法律上有根据的诉求,则陷入——与盗窃(见边码 203)和诈骗(见边码 582)的情况并无不同——犯罪构成错误,从而不适用第 253 条的规定,[2]在这种情况下,有可能会因强制罪而受到惩罚。[3] 与之相反,如果犯罪人认为所认定的诉求可能不存在并对此予以容认,则与损害和获利违法性相关的意图仍然存在。[4] 如果敲诈勒索者仅仅是根据相关犯罪圈子的观点,而不是根据法律秩序的价值观,认为自己是对被害人提出诉求的合法的权利人,也是同样。[5] 具有第三人获利意图者,并非必然是(共同)正犯。如果缺失证成犯罪支配的犯罪参与和自我利益,则尽管具有这种意图,也只可能考虑帮助犯。[6]

720 在案例 60 中,D 具有故意,且具有获得以其无权获得的 20,000 欧元的形式存在的非法经济利益的意图。D 财产状况的改善,是 E 所遭受损害的另一面;据此,由同一财产处分所产生的优势和劣势之间所谓的"同质性",并无疑义。[7] 由此,第 253 条第 1 款规定的主观犯罪构成也是具备的。

---

〔1〕 因此恰当的批判见 Bauer, Jura 08, 851; Dehne-Niemann, NStZ 09, 37, 但其意欲将认为正确的结论,立基于《德国民法典》第 812 条第 1 款第 1 句规定的诉求;赞成德国联邦法院观点见 Eisele, BT Ⅱ Rn 786。

〔2〕 参见 BGH NStZ 88, 216; BGH StV 99, 315; BGH StV 00, 78, 79 附评议 Jahn/Dickmann, JA 00, 541; BGH JR 03, 163; BGH NStZ 02, 481; BGH BeckRS 13, 16583 附评注 Hecker, JuS 14, 366; BGH BeckRS 14, 18282 附评议 Kudlich, JA 14, 947; BGH NJW 17, 1487(Parkkrallen 案)附评注 Kudlich/Koch; S/S-Bosch, § 253 Rn 22。

〔3〕 参见 BGHSt 4, 105, 106 f; BGH NJW 86, 1623; Krey/Hellmann/Heinrich, BT Ⅱ Rn 464 ff; 对于错误,见 Küper, JZ 13, 453; BGH NJW 17, 1487 附评注 Kudlich/Koch; Bosch, Jura(JK) 17, 990; S/S-Bosch, § 253 Rn 22。

〔4〕 参见 BGH JR 99, 336 附评注 Graul; BGH BeckRS 19, 39406。

〔5〕 参见 BGHSt 48, 322, 328 f; BGH NStZ 08, 626; BGH BeckRS 17, 105591 附评注 Bock, NStZ 17, 468 和边码 578。

〔6〕 参见 BGH StV 98, 540; BGH NStZ-RR 11, 111, 112。

〔7〕 参见 RGSt 67, 200; BGH MDR/H 80, 106; 对于受 E 委托的赎金信使可以想见的刑事可罚性,见 Rönnau, JuS 05, 481, 484 ff。

4. 违法性和既遂

整个犯罪的非法性需根据第 253 条第 2 款规定的目的——手段关系予以确定，这一规定与第 240 条第 2 款的规定是一致的。因此，关于强制罪的论述，在此也相应地适用。[1] 然而，在敲诈勒索的情况下，对应受谴责性的肯定更为明显，因为敲诈勒索总是针对一个至少是非法的中间目标，即非法获利。[2] 在此，就像在强制罪中一样，[3]相较于通过“原则”来具体判定应受谴责性，[4]判例更倾向于一种导向道德或社会上不可容忍（Unerträglichkeit）的判定的总体考察（Gesamtbetrachtung），这种观点不是基于“道德上的可疑”（moralische Bedenklichkeit），而是基于“重视被害人的立场”（Beachtung der Position des Opfers）。[5] 721

在案例 60 中，符合了第 253 条第 2 款所规定的所有条件。排除责任事由并不存在，也不存在第 253 条第 4 款规定的加重处罚事由。因此，应根据第 253 条第 1、2 款之规定，对 D 予以惩罚。

---

〔1〕 参见 Wessels/Hettinger/Engländer, BT I Rn 378 ff；对此，由律师实施的（未遂的）强制的准敲诈勒索（Schuster, NZWiSt 14, 65）案件，见 BGH NJW 14, 401 附评注 Tsambikakis；Beckemper, ZJS 14, 214；Becker, NStZ 14, 154；Bosch, JK 4/2014, StGB § 240/26；v. Heintschel－Heinegg, JA 14, 313；Schuster, NZWiSt 14, 64；也参见 Bülte, NZWiSt 14, 48, Roxin, StV 15, 447 和本书边码 499。

〔2〕 参见 A/W－Heinrich, § 18 Rn 18；Joecks/Jäger, § 253 Rn 23；根据 SK－Sinn, § 253 Rn 29，这一条款是多余的；深入见 MK－Sander, § 253 Rn 36 f；对于剩余的存在问题的案件，见 S/S/W－Kudlich, § 253 Rn 33；对于根据犯罪人的设想允许目的的案件，见 BGHSt 17, 328, 331 f 对于第 240 条。

〔3〕 参见 Küper/Zopfs, BT Rn 416 f。

〔4〕 但是见 BGHSt 39, 133, 137：国家强制措施优先的原则；OLG Karlsruhe NJW 04, 3724：缺失的连通性。

〔5〕 参见 BGHSt 44, 68, 81；Fischer, § 240 Rn 41；特别是在以与事实相对应的刑事举报为威胁的情况下，欠缺可谴责性，BGHSt 5, 254, 260 f；BGH BeckRS 16, 15363。例如，涉及以将从银行盗取的数据转交给财政部门相威胁的情况下，则存在可谴责性，BGH NStZ－RR 11, 143。

722 对于敲诈勒索罪的既遂,所强制的财产处分直接造成了不利影响,就足够了。造成了能证明损失的财产危险,也就足够了(见边码 716)。犯罪人真正地实现其所希求的获利,并非必要。[1]根据德国联邦法院的观点,在抢劫型敲诈勒索的情况下,对于一罪关系的创设而言,仍然适合的结束阶段持续到驾驶汽车逃亡开始之时,因为犯罪人"尚未获得对敲诈勒索的犯罪所得的确保的支配"。[2]

如果犯罪人不知道其有权获得所谋求的利益,则(仅)可以考虑未遂。[3] 一般情况下,未遂从立即实施强制行为(例如,通过寄交威胁信件)开始。试图进入被勒索者的家中且未成功,本身是不够的,在这种情况下,仍然缺乏对被害人意志的影响。[4] 如果犯罪人通过诈骗获得被害人的钱款,并且在必要时除了欺骗之外,还保留使用强制手段的可能,也同样如此。如果并非必要,则并未直接地实施强制。[5] 如果敲诈勒索人收到的金额低于要求,则该犯罪已经既遂,但旨在获得更高金额的未遂,则告失败。[6] 与之相反,如果移交的物品不符合犯罪人的期望,因此他将其归还,则只存在未遂。[7]

5. 竞合

723 数个威胁应被视为仅构成一项敲诈勒索犯罪法律上的评价总体,前提是这些威胁仅根据初始威胁的具体情况进行调整或更新,

---

〔1〕 BGHSt 19,342,344;Fischer, § 253 Rn 22;S/S-Bosch, § 253 Rn 23-27.

〔2〕 参见 BGH NJW 14,871 附评注 Bosch,JK 06/2014,StGB § 52/17。

〔3〕 参见 BGH NStZ 08,214:"反向的犯罪构成犯罪"案件;对此也参见 BGHSt 42,268,272(对于第 263 条)和 LK-Hillenkamp, § 22 Rn 218,228;Rengier,BT I § 11 Rn 64a。

〔4〕 参见 BGH MDR/D 75,21 对于第 22 条、第 30 条第 2 款。

〔5〕 参见 LK-Hillenkamp, § 22 Rn 129 f;其他观点见 BGH NStZ 02,33。

〔6〕 BGHSt 41,368,371.

〔7〕 BGH StV 08,356.

并用于索取相同的利益;[1]当目标已经实现或实现目标的尝试失败时,这一原则就达到其界限。[2]

第253条与其他犯罪构成之间的关系,是存有争议的。如果用于影响意志的手段是相互独立的,并且如果诈骗罪并无争议要求的基于此的财产处分既可归因于威胁的影响,也可归因于欺骗的影响,而且尽管存在威胁,但仍可被认定为足以满足第263条的自愿要求(见边码631及以下数个边码),则可以考虑在威胁和欺骗相结合的情况下与诈骗罪的一罪关系。[3] 这方面的适例有出于对刑事指控威胁的恐惧,以及对犯罪人佯装但实际上不愿意偿还的相信将钱款出借。[4]

724 但是,如果欺骗的目的仅仅是捏造威胁的可执行性,加强其效果,或使所设想的恶害以特别打眼的形式展现,则其构成威胁的一部分,并在威胁中发挥作用,其结果是犯罪者只应因敲诈勒索罪或抢劫型敲诈勒索罪而定罪处刑。[5]

对此恰当的论证是犯罪构成方案(Tatbestandslösung),该解决方案已经否定了与诈骗罪相关的欺骗,而欺骗只是为了支持威胁。在此,欺骗并不是"必不可少的"——因此也是同等的——"威胁的一部分",[6]而仅仅是其意志扭曲核心的强化。因此,欺诈的诡计并不存在。相反,犯罪人向被害人谎称对于第三人造成的生命危险,并提出在支付金钱的前提下采取行动以避免这种危险,只有如此,才会发生诈骗行为[关于确保性敲诈勒索(Sicherung-

---

〔1〕 BGH NStZ-RR 12,79;BGH BeckRS 19,39406.

〔2〕 BGH NStZ-RR 08,239;BGH NStZ 18,148 附评注 Kudlich;对于失败,更详尽见 S/S/W-Schuhr/Kudlich, § 24 Rn 19 f。

〔3〕 RG HRR 1941,169.

〔4〕 对于在此以及在所有财产犯罪中通常探讨的逃税(《税收条例》第370条)——在数罪关系中——见 Trinks,NStZ 16,263。

〔5〕 BGHSt 23,294.

〔6〕 但是如此 BGHSt 23,296;如同本书 HK-GS/Duttge, § 253 Rn 8 f,40。

serpressung),见边码 734 及以下数个边码]。[1]

6. 鉴定结构:敲诈勒索罪,第 253 条

724a

敲诈勒索罪,第 253 条

Ⅰ. 犯罪构成

1. 客观构成

a)犯罪行为

· 强制

b)犯罪手段

· 暴力

Ⓟ暴力概念

Ⓟ仅绝对强制

· 以可感知的恶害相胁迫

Ⓟ恶害的受众≠胁迫的受众

Ⓟ不作为形式的胁迫

c)胁迫的结果

· 作为、容忍或不作为

→ 胁迫之因果(强制效果)

→ 行为

Ⓟ被胁迫的行为=任何任意的行为(也可通过绝对强制)或者财产处分

Ⓟ处分条件:

→ 直接性

→ 自愿性

→ 处分意识

[1] 参见 BGH NStZ-RR 07,16;对此见边码 708。

Ⓟ三角敲诈勒索(亲近关系)
d)犯罪的结果
→ 如第 263 条诈骗罪之财产损失
2. 主观构成
a)故意
· 任何故意类型
b)意图
·让自己或第三人不法获利
→ 如第 263 条诈骗罪之获利意图
Ⅱ. 违法性
1. 一般的正当化事由
2. 第 253 条第 2 款规定之可谴责性
Ⅲ. 有责性
Ⅳ. 特别严重情形,第 253 条第 4 款
→ 加重构成,第 255 条

Ⅱ. 抢劫型敲诈勒索罪

725 案例 61:T 闯进了 V 的房子。在那里,他发现 V 11 岁的儿子 S 睡在沙发上。T 站在 S 和 V 之间,对 S 讲"如果你不把钱给我,我就把你爸爸刺死",让 S 找寻现金交给他。T 没有带刀,也不打算伤害 V。但他希望 S 会认真对待他的威胁。S 也这样做了。他吓了一跳,打开了一个墙上的保险箱,而他知道这个保险箱的密码。然后,S 把里面的 10,000 欧元交给了 T。

T 的刑事可罚性?(见边码 733)

1. 犯罪构成结构和强制手段

726 如果敲诈勒索罪是通过对人的暴力,或者以对生命或身体造成现实危险相威胁而实施的,则成立抢劫型敲诈勒索罪(第

255 条)。

加重的强制手段与抢劫罪的手段相同(对此见边码 346 及以下数个边码)。然而,绝对的身体强制被排除在外(见边码 708、730)。对于生命或身体危险的要求,只涉及胁迫,而不涉及犯罪人实施的暴力。[1] 胁迫不仅可以用明确的语言表达,还可以用一般的表达方式或隐蔽的暗示表达,也可以用一连串的行为使其得以实现。然而,犯罪人必须清楚地示明对生命或身体的危险。被害人仅仅知道伤害会发生是不够的。仅仅利用相应的恐惧,并不能满足胁迫的条件。利用适当的恐惧不足以构成胁迫。[2] 对生命或身体的威胁,必须与敲诈勒索的被害人或第三人相关。因此,即便——犯罪人并无意图地——被害人也担心自己的生命受到恐吓气氛的威胁,射杀被害人的狗的胁迫也并不足够。[3] 如果直接面临危险转化为损害,或者倘若不立即采取防御措施,那么事态自然发展下去,损害是肯定或极有可能发生的,也即根据人类的经验和既定情况的自然发展,异常状况可能随时转变为损害,则危险是现实的(gegenwärtig)。[4] 因此,持续的危险就足够了(已见边码 354)。如果恶害的施加与一个不太长的(付款)期限并无结果的到期有关,那么危险就已经是现实的。[5] 如果威胁的恶害不是针对被要求作出处分的人,而是针对第三人,则在敲诈勒索的情况下也必须要求处分人将其视为重大的自

---

[1] BGHSt 18,75 f.

[2] 参见 BGH StV 14,286 f 附评注 Satzger,JK 10/14,StGB § 253/17;BGH NStZ 15,461;BGH NStZ 17,92 附评注 Lorenz,HRRS 17,309;BGH NStZ 17,26 附评注 Kudlich;BGH StV 19,106 f;BGH NStZ 19,674。

[3] BGH StV 14,287 f.

[4] 参见 BGH NJW 89,176;1289;BGH NJW 97,265 附评注 Geppert,JK 97,StGB,§ 255/8;评注 Joerden,JR 99,120;BGH StV 99,377 附评注 Kindhäuser/Wallau 和 Zaczyk,JR 99,343;BGH NStZ 15,36 附评议 Hecker,JuS 15,467;Fischer,§ 255 Rn 3;HK-GS/Duttge,§ 255 Rn 5;Rengier,BT I § 11 Rn 11。

[5] 参见 BGH NStZ-RR 98,135;BGH NStZ 99,406;BGH StV 99,377。Blanke,Das qualifizierte Nötigungsmittel der Drohung mit gegenwärtiger Gefahr für Leib oder Leben 2007,S. 94 f,219 f 对于上述说法表示赞同,但前提是,期限"如此之短,以至于危险在规范上可被视为迫在眉睫"(也见边码 354)。

己的恶害(见边码 354)。[1] 例如,如果基于盗取的账户收据,以揭发检举对银行客户予以胁迫,同时也必须视为对被敲诈勒索的银行的自己的经营损害。[2] 利用最初在没有胁迫故意或获利意图的情况下形成的,但持续存在的、以现实的生命或身体危险相威胁的胁迫,强令被胁迫的被害人交出他的钱包,[3] 如果犯罪人意识到持续存在的胁迫的影响,则成立抢劫型敲诈勒索罪。[4] 与抢劫一样,在抢劫勒索的情况下,使用加重的胁迫手段和旨在造成损害的处分之间也必须存在目的上的(final)关联。[5]

在抢劫型敲诈勒索罪的情况下,犯罪人必须“如抢劫犯一样” 727
受到惩罚。第 255 条规定的这一提示,不仅涉及第 249 条规定的刑罚框架,而且还涉及抢劫罪的加重情节(第 250、251 条)。[6]

因此,与此相关的论述(边码 369 及以下数个边码)也相应地适用。在此背景之下,必须拒绝根据第 250 条第 1 款第 1b 项的规定所界定的抢劫型敲诈勒索,因为根据外观即可判定此类物品的无害性,由此只能通过额外的

[1] 参见 Lackner/Kühl, § 255 Rn 1; S/S/W-Kudlich, § 255 Rn 3;并无更详尽的论证,也见 BGH NJW 19,3659,3660。

[2] BGH NStZ-RR 11,143,144.

[3] 富有教益 OLG Frankfurt NJW 70,342;也见 BGH NStZ-RR 12,173,174;BGH BeckRS 13,01325。

[4] BGH StV 14,287.

[5] 参见 BGH NStZ-RR 12,173,174 参见 BGH NStZ 06,508;BGH BeckRS 13,01325;BGH StV 19,106 f;BGH StV 19,98 f(就对于犯罪决意的意义);BGH NStZ 19,674,675。鉴于德国联邦法院并不要求处分,对其而言,涉及的是与强制手段之间的关联,以及(所获取的)利益。

[6] 参见 BGHSt 27,10,11;BGH NJW 94,1166 附批判性评注 Kelker, StV 94,657;BGH NStZ-RR 06,12;BGH NStZ-RR 12,173,174(就第 250 条第 2 款第 3 项);根据第 250 条第 3 款规定的较轻情形,也可以考虑,BGH NStZ 09,37。

欺骗,才可被视为胁迫性的假的武器(见边码 374、288)。[1] 对于第 255 条、第 250 条第 2 款第 1 项来说,仅使用示警手枪作为胁迫手段是不够的,因为只有上膛的枪支,才可谎称为胁迫手段。[2] 与抢劫一样——与判例相反——犯罪既遂和实施完毕之间的阶段,不再适合引致第 250、251 条规定的加重构成(见边码 370、377、383、388)。[3]

2. 与抢劫罪之界分

728 抢劫犯(第 249 条)逼迫被害人容忍取走物品,而抢劫型敲诈勒索者(第 255 条)则迫使被害人自己采取财产减损行动,不实施财产维持活动,或容忍损害财产的行为,而上述行为超出了取走物品的范围(对此见第 709 条及以下数个条文)。

729 根据判例观点,与在谎称扣押案件中界分诈骗罪和盗窃罪(对此参见边码 631 及以下数个边码)不同的是,抢劫和"单纯的"抢劫型敲诈勒索之间的"界分"(是否也存在构成抢劫的带走的问题),并不取决于被害人内在的意志决意(Willensentschließung),而仅仅取决于给出(Geben)(如此,则第 255 条)或拿走(Nehmen)(如此,则第 249 条)的外在表现。[4] 这相应地适用于三角类型的

---

〔1〕 参见 BGH StV 11,676;OLG Köln StV 10,636;对于就此而言存在疑问的运动包案 BGH NStZ 11,278 见边码 288,对于原规定 BGH NStZ-RR 96,356;BGH StV 98,77。

〔2〕 参见 BGH NStZ-RR 98,358;BGH NStZ-RR 07,375 ff;更确切见边码 382、266。

〔3〕 对此见 Bachmann/Goeck,JuS 12,133;Küpper/Grabow,Achenbach-FS S. 265 ff。

〔4〕 参见 BGHSt 7,252,255;41,123,125;BGH NStZ 99,350;BGH NStZ-RR 07,375;BGH NStZ-RR 11,80;BGH HRRS 18 Nr 495;对此批判 Erb,Herzberg-FS S. 721 ff;对于判例的摇摆不定,见边码 635;BGH StV 12,153 也不符合判例路线,对此见 Bohnhorst,ZJS 12,835;Jäger,JA 12,307。

敲诈勒索。[1]

据此,如果犯罪人使用加重的胁迫手段获取物品,具有占为己有的意图,并且犯罪人自己拿走了物品,则构成抢劫罪(在这种情况下,判例同时认定的抢劫型敲诈勒索罪退居其后)。在此之外,与之相反的是,在同样的条件下,如果犯罪人只是接受物品,则构成抢劫型敲诈勒索罪。[2] 这种给予行为(Gebeakt)是否基于(剩余的)自愿,是无关紧要的,因为根据判例,处分的性质恰恰无须予以重视。[3] 这导向了一个不太明确的结论。具体而言,如果行为人在谎称扣押的印象之下,让他人交出了一件物品[在此,内在的意志方向是决定性的(见边码 634)],则其成立盗窃罪,但相反,如果其间他同时用"职务用枪"威胁被害人,他就构成了抢劫型敲诈勒索罪。[4] 与之相反,如果缺乏——例如,在使用加重的胁迫手段强制(Gebrauchsanmaßung)的情况下——占为己有的意图,则外在的表现形式是无关紧要的。[5] 由于抢劫在没有占为己有意图的情况下被排除,因此无论是让他人交出(Sichgebenlassen)(第 253 条规定的行为)还是接受(Nehmen)(第 253 条意义上的容忍取走),都应认定敲诈勒索罪。从这个意义上看,相较于一般的敲诈勒索,抢劫罪是一种更为特殊的犯罪,其特点是占为己有意图和外在的取走,当两个抢劫要素中的一个缺失时,一般的敲诈勒索就会发生。[6] 然而,如果没有

[1] 参见 BGH NStZ-RR 97,321 附评注 Cramer,NStZ 98,299 和 Krack,NStZ 99,134;SK-Sinn,vor § 249 Rn 18。

[2] 在相继发生的二行为的过程中,两种犯罪图像可能连续出现,见 BGH NStZ 11,519,520。

[3] 因此并不清楚 MK-Sander, § 253 Rn 21;就此而言不同见 SK-Sinn,vor § 249 Rn 11,尽管不要求存在处分,但在绝对强制的情况下,否定了第 253 条。

[4] 就此见 BGH NJW 11,1979 和边码 635;身着便衣的据称的警员以再次监禁相威胁,并想要从毒贩的"蛋糕"中分一杯羹,在此情况下第 253 条的适用,见 BGH BeckRS 12,11284。

[5] BGH NStZ-RR 99,103.

[6] 见 Küper/Zopfs,BT Rn 690 ff 附进一步的文献。

获利意图,就不可能认定为敲诈勒索。[1]

730 与此相反的是,在第 255 条和第 249 条之间的区分中,"处分理论"(Verfügungstheorie)正确地着眼于是否存在受到意志支配的财产处分,其结果是,在第 255 条的框架内,绝对强制不再是一种适格的暴力方式。由此,在任何情况下,抢劫型的物品敲诈勒索(Sacherpressung)[2]都包括意志的扭曲(Willensbeugung)和被害人有基于此的合作,其形式是有意地转移支配。支配转移的存在,是由"交出"(Hingeben)的外在表现所指示的,[3]但并非完结性地予以证明。由于看到——比如在"要钱还是要命"的威胁之下[4]——或此或彼地失去物品,敲诈勒索的被害人将物品交出,如此,则由于缺乏站得住脚的替代行为,尽管外在地将物品交出(Herausgabe),但仍然存在取走行为(Wegnahme)。

731 仅仅告知藏匿之处或其他秘密(例如,对于保险箱的数字组合/个人识别密码),借助此,犯罪人随后能够按计划取走贵重物品,这并不一定是第 253、255 条所规定的"财产损失"(Vermögensnachteil),相应地,也并不足以取代第 249 条而适用以上规定。[5] 这也不意味着对于此后犯罪人将财物取走的同意。[6] 确切地说,造成损害的是对其实施的他损的拿取。因此,一般

---

[1] 参见 BGH NStZ-RR 98,235;BGH NStZ 11,699,701(Hells-Angels 案,见边码 152)。

[2] 鉴于所涉及的只是界分,而非犯罪属性的维持,对于诉求敲诈勒索(Forderungserpressung)来说,不应作不同决定,对此见 Rengier,BT Ⅰ § 11 Rn 14a 和本书边码 737;区别于 Brand,JuS 09,899 ff。

[3] 温和 Rengier,JuS 81,654,657。

[4] 对此见 Samson,Strafrecht Ⅱ S. 109。

[5] 参见 BGH MDR/H 84,276;BGH HRRS 18 Nr 1189;批判 Graul,Jura 00,208;对此也见边码 713。

[6] 其他观点见 Küper/Zopfs,BT Rn 704。

情况下,在此实现的是抢劫罪,而不是抢劫型敲诈勒索罪。[1]

这一观点是基于这样一种认定,即抢劫和抢劫型敲诈勒索如同盗窃和诈骗,是相互排斥的。一个是他损的犯罪,另一个是自损的犯罪(对此见边码714)。[2] 732

在案例61中,T向S发出威胁,使得V的生命和身体处于现实的危险之中。威胁是否既不能被执行,也不应被执行,并无紧要。唯一具有决定性意义的是,被胁迫的人认为有可能实施威胁,由此陷入恐惧,并因此采取相应的意志决意。[3] 同样无关紧要的是,恶害涉及V而非S,条件是,被胁迫的人受到与其自己的威胁相当的行动压力。当威胁其父亲时,当然可以肯定对其实施了胁迫。[4] 由于从外在表现上看,S将钱交给了T,而T通过胁迫消除了S对熟睡父亲的保护功能,因此,根据判例,存在三角敲诈勒索。[5] 处分理论也没有得出不同的结论:S处在V的阵营当中,并作出处分,因为他对受损财产而言具有"关键地位",并且除了"输入密码"之外,还执行了转移行为本身。他的年龄不足并不妨碍认定(事实上的)处分。这直接导致了V的财产损失,这也是T非法获利意图的目标所在。如果存在第255条,则无须讨论第253条第2款之适用。[6] 根据第250条第1款第1b项之规定认定加重构成并不可行,原因在于,携带一把刀的暗示性主张是不够的。两种观点都排除了同时实施的间接正犯形式的抢劫罪。[7] 根据本书坚持的观点(边 733

[1] 参见BGH NStZ 06,38;Hellmann,JuS 96,524;Hillenkamp,JuS 90,455;相反,对于敲诈勒索见Hecker,JA 98,305;Küper,Lenckner-FS S. 506。

[2] 对于论争的细致的重述,见Hillenkamp/Cornelius,BT 33. Problem;Küper/Zopfs,BT Rn 690 ff;对于三角敲诈勒索情况下的差异观点,见Ingelfinger,JuS 98,538。

[3] 参见BGHSt 23,294,295 f;26,309,310 f;BGH JZ 85,1059附评注Zaczyk。

[4] 参见S. Cramer,Anm. NStZ 98,300。

[5] 参见BGHSt 41,123,125 f;BGH NStZ-RR 97,321;对此Geppert,JK 98,StGB,§ 255/9。

[6] Kindhäuser/Hilgendorf,§ 255 Rn 6;S/S-Bosch,§ 255 Rn 1.

[7] 参见BGH NStZ-RR 97,321;Ingelfinger,JuS 98,538对于差异的观点。

码 724),三角诈骗在犯罪构成上也已经不存在了。

3. 判例例证

734 根据 BGH NJW 84,501 判决,如果确保通过诈骗获得利益的方式在于重新形成的犯罪决意,以对人暴力的方式阻止被害人执行其索赔,则不构成抢劫型敲诈勒索罪,而仅仅是强制罪。

在相关案件中,被告在一个自助加油站加满了价值约 150 德国马克的汽油,其先前形成的意图是不付钱就离开。为此目的,他在他的汽车上贴上了假的牌照(关于这类案件中的诈骗行为,见边码 580)。当加油站服务员挡住他的去路阻止他离开时,被告全速驶向服务员,从而服务员不得不跳到一边。

德国联邦法院认为,在这种情况下,被告只是确保了已经通过诈骗获得的利益,但没有对有关人员造成进一步的损害。〔1〕

735 出于同样的考虑,如果有人——如在 BGH MDR/H 87,94 一案中——在已经结束的盗窃之后,试图通过危险的胁迫,阻止被盗者的返还要求,来获取已经获得的利益,则没有第 255 条的适用可能,而只可能适用第 240 条。〔2〕 在第二种情况下,尽管情况相同,但确实符合了犯罪构成,可是,确保性敲诈勒索被视为共罚的事后行为,这是不合理的。确切地说,由于损害已经由先前犯罪造成,因此应优先考虑犯罪构成的解决办法(Tatbestandslösung),否则不清楚的便是,为什么与轻罪相比,重罪应该是一个无关紧要的事后

---

〔1〕 对此也见 Grabow, NStZ 14, 121; Kienapfel, Anm. JR 84, 388; Seier, JA 84, 321;BGH MDR/H 88,452。

〔2〕 对此也见 BGHSt 41,198,203 f;BGH NStZ 12,95 附评议 Jäger,JA 11,950, Mitsch,HRRS 12,181 和 Satzger,JK 9/12,StGB § § 253,255/15(对此见边码 412)。

行为(见边码 412)。[1]

由于这些原因,德国联邦法院也应该保留斯图加特地方法院的判决,根据该判决,对于已经既遂的诈骗犯罪的犯罪人,如果他在实施诈骗时已经计划在必要时使用胁迫手段来获得赃物,或者阻止随后的交出要求,但只实施了后一行为,则仅因强制罪而非敲诈勒索罪而受到惩罚。[2]

根据 BGHSt 32,88,89 ff 判决,因为不再有能力支付酒店账单而对酒店守卫使用暴力,并携带行李离开酒店,可能犯有抢劫型敲诈勒索罪。在这种情况下,经济上的不利因素可能损害了旅店老板的法定留置权(《德国民法典》第 704 条)。如此认定的前提条件是,客人的物品必须被扣押(《德国民法典》第 704 条第 2 句结合第 562 条第 1 款第 2 句)。 736

在相关案件中,地方法院并未承认这一联结,相反,根据第 255 条的规定提出的定罪理由是,由于被告人强迫守卫允许其不付款而离开酒店,酒店管理者的财产受到了损害。

德国联邦法院正确地反对了这一论证,指出酒店经营者平负账单的要求,没有受到对守卫实施的暴力行为的影响。在这方面,

---

〔1〕 参见 Hillenkamp, JuS 97, 219; H-H-Kretschmer, Rn 964; Kretschmer, JuS 13, 26; Seier, NJW 81, 2155 ff; 对于争论情况,也见 Grabow, NStZ 14, 121 ff; Rengier, BT I § 11 Rn 53 ff。BGH NStZ 12,95 将通过诈骗带来的损害宣称“已经出现”,但同时谈及确保性敲诈勒索;其他 BGH StV 18,34 对于第 263、266 条;对于犯罪构成上存在的确保性敲诈勒索, Grabow, Die Sicherungserpressung 2013, S. 178 ff, 250 f 赞成其刑事可罚性。

〔2〕 参见 BGH NStZ 02, 33; 对此见边码 722 和 Kindhäuser/Hilgendorf, § 253 Rn 48。

胁迫的后果与应予考虑的不利损害之间,没有必要的因果关系。[1] 在这种情况下,适用第255条的适当切入,只能是《德国民法典》第704条规定的留置权;就此而言,案件事实需要进一步查清。[2]

现实判例:根据BGH NJW 18,245 mit Anm. Brandt,如果被害人在自动取款机上输入个人识别密码之后,被犯罪人推到一边,犯罪人输入金额并拿走取出的钞票,则应认定抢劫型敲诈勒索罪。这与判例的路线相对应,判例并不要求作为敲诈勒索的胁迫结果处分财产,而是通过绝对手段强制容忍——因此也容忍取走——就足够了。与之相反,对于学说而言,在此种情形下,通常只考虑侵占罪[并非盗窃罪、抢劫罪等,原因在于,持卡人甚至还没有获得对于钱款的支配,最初具有支配的自动取款机运营者可能会认为,通过自动取款机交出系排除支配打破的同意而予以归属——而未经授权的用户肯定不会收到任何转让所有权的要约(Übereignungsangebot)]。然而,该案还有其他特点:首先是,在交出钱款之后,被害人要求犯罪人把钱还给他,然后犯罪人威胁要殴打被害人。被害人在此之后不再要求返还钱款,或许可以视为财产处分,如此,从学说的角度来看,也可能认定为抢劫型敲诈勒索。可是,如此认定的前提是,持卡人原本有权要求退还(否则不能处分自己的财产),而且他自己也受到损害。损害银行利益的三角关系的敲诈勒索并不成立,因为客户不是"在其阵营当中"(判例在其中是否没发现问题,因为其由于欠缺处分也不要求归责,德国联邦法院可惜并未予以阐述)。然而,更有说服力的是,这一过程不应被视为得到授权的提款,由此,账户持有人对银行的诉求也不应被视为已经减少(而应该是,最初必然较低的账户余额被视为是错误的),而后者恰好应被视为被害人(参见Jäger, Anm. JA 18, 309,311),相应地,第246条(和第240条)仍然适用。相反的是,犯罪人并未在自动取款机上实现第263a条之规定,原因在于输入提款金额并非相当于

〔1〕 对此见SK-Sinn, § 255 Rn 6。

〔2〕 对此更详尽见Jakobs, Anm. JR 84,385;Otto, Anm. JZ 84,143;Sonnen, JA 84, 319。

诈骗意义上的"未经授权",即一个人被欺骗代替自动取款机进行交易(见边码 603、606、613);可能的是,自然人也会注意到由暴力主宰的其他行为(见 Brand,Anm. NJW 18,246;其他观点 Jäger,Anm. JA 18,309,311)。

737 如果与前述案件一样,犯罪人试图通过使用胁迫手段阻止对他提出的诉求,[1]则涉及所谓的"诉求敲诈勒索"(Forderungserpressung)。是否也应该要求敲诈勒索的被害人对之予以处分,在处分学说的支持者中存有争议。支持的理由是,处分不仅是抢劫型敲诈勒索罪与抢劫罪的区别,而且是这种"自由交易犯罪"(Freikaufdelikt)的一个犯罪构成特征。但是,当使用绝对强制手段时,这一图像将遭到破坏。[2]

4. 鉴定结构:抢劫型敲诈勒索罪,第 255 条

737a

抢劫型敲诈勒索罪,第 255 条

Ⅰ. 犯罪构成

1. 客观构成

a)犯罪行为

· 强制

b)犯罪手段

· 暴力

Ⓟ暴力概念

Ⓟ仅绝对强制

Ⓟ对物暴力作为对人暴力

· 以对于身体/声明的现时危险相胁迫

Ⓟ恶害的受众≠胁迫的受众

Ⓟ现时性

Ⓟ不作为形式的胁迫

---

[1] 对此也见 BGH NStZ 11,278,279。

[2] 对此不同的回答,见 Brand,JuS 09,899;Eisele,BT Ⅱ Rn 771 f。

c)胁迫的结果
· 作为、容忍或不作为
→ 胁迫之因果(强制效果)
→ 行为
Ⓟ被胁迫的行为=任何任意的行为(也可通过绝对强制)或者财产处分(抢劫罪←→抢劫型敲诈勒索罪之界分)
Ⓟ处分条件:
→ 直接性
→ 自愿性
→ 处分意识
d)犯罪的结果
· 财产不利
→ 如第263条诈骗罪之财产损失
2. 主观构成
a)故意
· 任何故意类型
b)意图
·让自己或第三人不法获利
→ 如第263条诈骗罪之获利意图
Ⅱ. 违法性
1. 一般的正当化事由
2. 第253条第2款规定之可谴责性
Ⅲ. 有责性
→ 加重构成:如同抢劫犯而予以惩处
→ 援引第250、251条

§ 19 勒索型绑架罪

738 案例62:T走进J的珠宝店,让J给他看几件非常贵重的珠宝“以供比较”,然后——按照事先计划——从夹克口袋里掏出一把上膛的、松开保险的手枪,顶在J的太阳穴上,喊道:“打劫,别动。”T马上抢走了珠宝,并留下了惊恐的J。T的刑事可罚性?(见边码745)

Ⅰ.犯罪构成结构和保护法益

勒索性绑架罪(erpresserischer Menschenraub)(第239a条)系 739
一种重罪,本罪的未遂和共谋应受惩罚。[1] 在犯罪构成要件和结构上,本罪与劫持人质(Geiselnahme)(第239b条)密切相关。与此不同的是,第239a条犯罪人的目的是通过敲诈勒索而非法获利。因此,计划中的行为必须满足敲诈勒索的所有要求。在被害人方面,按照本书支持的观点,被勒索的行为应为处分行为(见边码709及以下数个边码、边码745),并且还应具有财产价值(例如,因为为实施犯罪而投入的劳动力不属于受保护财产的一部分,所以在被害人被胁迫的犯罪中,这并不具备,见边码535)。

犯罪构成的第一种情形要求,所规定的意图仅仅是伴随绑架(Entführen)或劫持(Sich-Bemächtigen)犯罪行为的内在因素。与之结合的设想是,将行为引起的被害人对其自身利益的关切或第三人对被害人利益的关切用于实施敲诈勒索。在犯罪构成的第二种情形中,在没有这种设想和意图的前提下,绑架或劫持,实际上必须被犯罪人用于此种敲诈勒索,也即至少在第22条规定的意义上,直接开始实施敲诈勒索。[2]

虽然第239a条的原本规定仅限于该罪行所特有的三角关系,只有第三人对被绑架或劫持者利益的关注才可被利用,但立法者在1989年将该罪行扩大到包含二人关系。[3] 从那时起,绑架(劫

---

[1] 对于界分,见BGH StV 99,593。

[2] BGH NJW 97,1082;BGH NStZ-RR 12,173,174.

[3] 对于立法历程,见BK-Valerius, § 239a Rn 1. 1 u. 1. 2;LK-Schluckebier, § 239a 产生过程;Satzger,Jura 07,114;SK-Wolters, § 239a Rn 1。

持)的被害人和敲诈勒索的被害人就可能是相同的。

判例例证:BGH NStZ-RR 12,173 一案就是如此。在此案中,A 让 O 和他一起去 T 的公寓(可能是购买毒品)吸毒。事实上,A——他告诉了 T——想要就对他自己和一个亲戚实施的盗窃,找 O 理论并惩罚他。A 和 T 威胁、殴打和侮辱"供认的"O,最后把他绑了起来。在这种情况下,他们强迫他打电话向亲戚道歉。此后他们问 O(显然出于临时想法),"O 欠他们多少钱,来偿付他自己的罪过"。被吓到的 O 身上没有钱,主动提出从他的账户里取钱。后来,这获得了实现,A 被喊过来的他的女友 F 和 T,把 O 放到 A 的车里,并驶往银行,在前往那里的大约 20 分钟里——可能并没有绑缚——把 O 单独留在了车里。对于第 239a 条第 1 款第一种情形所规定的勒索型绑架罪,德国联邦法院正确地予以了排除,因为在创设劫持处境的当时,A 和 T 还没有勒索 O 钱款的意图。因此,仅可考虑第二种情形。A 通过将 O 转移到 T 的住所——O 在那里屈服于 A 和 T 有形的权力——并将 O 绑了起来,毫无疑问地建立了一个稳定的劫持情境(见边码 743)。对于第 239a 条第 1 款第二种情形,地方法院同样予以了否定,原因在于,法院不再认为此种情形所必需的敲诈勒索意图,在时间性——功能性关联上(边码 742)与劫持情境有关。因为在法院看来,通过将 O 留在汽车中 20 分钟(可能是正确的),劫持情境已经被解除了。然而,与此相反,德国联邦法院指出,在这种情形中要求的敲诈勒索意图(边码 744),可能已经存在于 O 欠他们多少钱的问题中。事实上,如果这一问题是在一种即使是错误的,但通过购买毒品计划,并非毫无根据的期待中提出来的,也即 O 可能能够而且也会立即付款,则其证明了在公寓中就已经勒索 O 的(不能犯的)意图。德国联邦法院在新的审判程序中,给予了地方法院将之调查清楚的任务。

740 即使通过敲诈勒索,计划或实施针对财产的侵犯,但根据其重点和体系地位,第 239a 条规定的并非一种保护财产的犯罪,而是一种保护被害人个人自由和完整性[1]的犯罪,并在可能的情况下,

---

[1] 只是对于后者 MK-Renzikowski, § 239a Rn 3 ff。

保护第三人自由的人身权益(Persönlichkeitswerte)[1]。然而,由于其与敲诈勒索的实质相关联,在此概述的是犯罪构成的基本特征,以及其与第239b条之间的差异。[2]

Ⅱ. 犯罪构成

在两种犯罪构成的情形中,客观犯罪构成具有同等的行为可能性。绑架作为劫持的一种初步阶段或形式[3],使被害人改变其行踪,其效果是受到犯罪人的支配。在劫持的情况下,不需要这样地点上的改变。将他人[4]劫持是指,为了将其用作人质,而将其在物理上置于暴力之下,[5]或者将已经——例如对自己的孩子[6]——存在的暴力予以改变,从而大大降低被害人的安全性。[7] 在此,用枪控制就足够了。[8] 如果处置权力具有依据,假 741

〔1〕 参见 Brambach, Probleme der Tatbestände des erpresserischen Menschenraubes und der Geiselnahme 2000, S. 77; Fischer, § 239a Rn 2; Hohmann/Sander, § 14 Rn 1; Krey/Hellmann/Heinrich, BT Ⅱ Rn 469; Lackner/Kühl/Heger, § 239a Rn 1; LK-Schluckebier, § 239a Rn 1; M/R-Eidam, § 239a Rn 2; Nikolaus, Zu den Tatbeständen des erpresserischen Menschenraubes und der Geiselnahme 2003, S. 97 f, 135, 199; S/S/W-Schluckebier, § 239a Rn 1; 其他观点见 S/S-Eisele, § 239a Rn 2。

〔2〕 具体见 Wessels/Hettinger/Engländer, BT I Rn 405 ff。

〔3〕 Wessels/Hettinger/Engländer, BT I Rn 409; SK-Wolters, § 239a Rn 4.

〔4〕 对此见 Mitsch, BT Ⅱ S. 674 f。

〔5〕 BGH NStZ 96, 276; 02, 31, 32; Küper/Zopfs, BT Rn 466 ff.

〔6〕 参见 BGHSt 26, 70, 71 f; 必须是他人的孩子,见 LK-Schluckebier, § 239a Rn 6, 13。

〔7〕 参见 Eisele, BT Ⅱ Rn 819; Krey/Hellmann/Heinrich, BT Ⅱ Rn 483; Rengier, BT Ⅱ § 24 Rn 43; Wessels/Hettinger/Engländer, BT I Rn 444 f; Nikolaus, 同前注 S. 111 ff 以从个人照护关系(Personensorgeverhältnis)向支配关系(Gewahrsamsverhältnis)的转化为前提。

〔8〕 BGH NStZ 86, 166; JZ 87, 366.

的武器也足以用作犯罪手段。[1] 正如(最幼小的)儿童的例子所表明的那样,既不要求剥夺自由,也不要求存在事实上的,被害人在被绑架或劫持时就意识到了自己的处境。[2] 如果存在交换人质的可能,也并非不符合犯罪构成。[3] 相反,一个仅仅表面上允许自己被当作人质的人,作为犯罪被害人是不够的。[4]

742 在犯罪构成的第一种情形中,犯罪人必须故意行为,且意图在于利用被害人对其利益的担忧,或者利用(任意的)[5]第三方——也可以是国家[6]——对被害人利益的担忧,[7]以便实施敲诈勒索(对此见边码 739、745)。对此而言,犯罪人必须在犯罪实施的同时具有所述意图,并计划了绑架或劫持处境与所谋求的敲诈勒索之间的时间性——功能性关系。[8] 根据判例,后一种情况的发生方式是,绑架被害人或第三人在所造成的身体或心理上的[9]困境期间,对其加以利用就已经形成勒索——也就是说,并非在这种

---

〔1〕 参见 Rengier,GA 85,318;BGH NStZ 99,509 附评议 Baier,JA 00,191;BGH StV 99,646 附就此而言的批判性评注 Renzikowski;否定也见 BK-Valerius, § 239a Rn 7;Fischer, § 239a Rn 4a-d 附有对于客观抽象危险侵袭境况的要求,其在假的武器的情况下并不具备;如同本书 Hohmann/Sander, § 14 Rn 4;Lackner/Kühl/Heger, § 239a Rn 3;LK-Schluckebier, § 239a Rn 11,14,对于两种情形来说,诡计即已足够;SK-Wolters, § 239a Rn 4。

〔2〕 BGH StV 99,646;A/W-Heinrich, § 18 Rn 35;Mitsch,BT Ⅱ S. 674 f,677 f;S/S-Eisele, § 239a Rn 7.

〔3〕 HK-GS/Lenz, § 239a Rn 3;LK-Schluckebier, § 239a Rn 7.

〔4〕 参见 Rengier,BT Ⅱ § 24 Rn 8;Satzger,Jura 07,116;对于敲诈勒索罪的犯罪参与,见 LK-Schluckebier, § 239a Rn 9。

〔5〕 参见 Rheinländer,Erpresserischer Menschenraub 2000,S. 70,85 f。

〔6〕 Kindhäuser/Hilgendorf, § 239a Rn 9;S/S-Eisele, § 239a Rn 13.

〔7〕 参见 Lackner/Kühl/Heger, § 239a Rn 4。

〔8〕 参见 BGH,NStZ-RR 03,328。

〔9〕 BGH NStZ-RR 19,212.

困境结束之后才陷入恐惧,[1]而且在三方关系中,犯罪人的设想是,第三人正是根据他所知悉的劫持情况提供了所要求的履行。[2]

在三人或两人关系中的绑架案件中,规则是犯罪人通过绑架,对被绑架的被害人创造了一种单独的劫持境地(Bemächtigungslage),作为犯罪人利用由此产生的对被害人利益的忧虑来勒索被害人或第三人的基础和起点。虽然如此,但对于劫持境地与获利意图之间功能联系的遵循,在两人关系的劫持中,则不那么理所应当。在原本的抢劫型敲诈勒索案件中,当犯罪人——例如通过枪支进行威胁——仅使用第 255 条规定的升格的胁迫手段,并"在此同时"迫使被害人交出部分财产时,通常就可以谈得上是劫持。由此,许多日常的抢劫型敲诈勒索案件,将成为勒索型绑架案件,且惩罚要高得多。[3] 这一后果并非立法机关所能接受的。而且鉴于较早的既遂节点,犯罪人只有通过积极悔罪(第 239a 条第 4 款)才可能减轻处罚。为了避免这一后果,对于第 239a 条的规定而言,在劫持的情况下,应当要求与绑架的状况相当的稳定的劫持状况,而犯罪人试图利用这种状况实施进一步的敲诈勒索行为 743

[1] 参见 BGH NStZ 08,569,570;BGH NStZ-RR 09,16,17;BGH BeckRS 12,10847;BGH StV 14,284 f;BGH StraFo 14,30;BGH StraFo 14,32(对于第 239a 条和第 239b 条;对此,强制地出具欠条,可能就已足够;对此见 Bosch,JK 4/2014,StGB § 239a/12;Hecker,JuS 14,368);BGH HRRS 16,273(Nr 546);BGH NStZ-RR 19,212;A/W-Heinrich,§ 18 Rn 36;Eisele,BT Ⅱ Rn 823;Rengier,BT Ⅱ § 24 Rn 14。

[2] BGH StV 97,302 f;BGH NStZ-RR 97,100;BGH NStZ 99,509;BGH NStZ 05,508;Küper/Zopfs,BT Rn 470;LK-Schluckebier,§ 239a Rn 32;Wessels/Hettinger/Engländer,BT I Rn 413.

[3] 参见 Graul,in:Vom unmöglichen Zustand des Strafrechts 1995,S. 345 ff。

[不完全的二行为犯(unvollkommen zweiaktiges Delikt)]。[1] 具有决定性作用的是,劫持状况独立的意义体现于,除与暴力有关的任何胁迫行为所固有的劫持状况之外,对被害人的进一步的压力影响恰恰来自稳定的劫持状况,而犯罪人必须打算利用这种状况实施勒索行为。[2]

在德国联邦法院看来,[3]这也适用于三人关系,[4]但在此,这通常是不言而喻的。[5] 如果(谋求的)敲诈勒索行为同时消除了劫持状况,[6]或者只有非常"短时间的权力行使",[7]则可能缺乏必要的状况。如果在释放之后才实施勒索行为,这通常而言是不够的。[8] 在获得部分结果(Teilerfolg)时,这取决于部分结果是否对最终结果具有重要性和独立意义。[9] 原第 237 条规定中"无

[1] 参见 BGHSt 40,350,359;BGH JR 98,125 附批判性评注 Renzikowski;BGH NStZ-RR 04,333,334;BGH NStZ-RR 09,16 f;BGH NStZ-RR 10,46 附评议 Jahn,JuS 10,174;BGH HRRS 15,302(Nr 726);BGH StV 19,98;BK-Valerius, § 239a Rn 12 f;Bock,WV-BT2,S. 139;S/S/W-Schluckebier, § 239a Rn 10 f;H-H-Voigt,Rn 312 f;对此批判 Fischer, § 239a Rn 8a;由于欠缺可确定性,也见 Eisele,BT Ⅱ Rn 828 f;Satzger,Jura 07,119;适应于"操控被害人的持续时间"SK-Wolters, § 239a Rn 7。

[2] 参见 BGH-NStZ 06,448,449;BGH NStZ-RR 15,337;对此见 Satzger,Jura 07,115(例证案例 3)。

[3] 参见 BGH NStZ 99,509 附评议 Immel,NStZ 01,67。

[4] 更狭 Rheinländer, Erpresserischer Menschenraub 2000, S. 261;差异方案 Nikolaus,同前注 S. 137 ff,200 f。对此案例广泛且批判的文献的提示,见 Küper/Zopfs,BT Rn 469 ff,471 f;Lackner/Kühl/Heger, § 239a Rn 4a。

[5] 参见 BGH NStZ 02,31,32;Jäger,BT Rn 119;批判见 Fischer, § 239a Rn 8b f。

[6] 参见 Küper/Zopfs,BT Rn 469,471;对其赞成 HK-GS/Lenz, § 239a Rn 15;Zöller,JA 00,481。

[7] Immel,Die Gefährdung von Leib und Leben durch Geiselnahme 2001,S. 218 ff,382.

[8] BGH NStZ-RR 17,372.

[9] BGH NStZ-RR 17,176.

助的状况”(hilflose Lage),[1]通常会与之相伴出现,但并不完全相同。

如果犯罪人以所规定的想法和意图绑架了被害人或将被害人劫持,则在犯罪构成的第一种情形中,犯罪已告既遂。与之不同的是,在犯罪构成的第二种情形中,虽然并不需要犯罪既遂,[2]但可能需要意图意义上敲诈勒索的开始实施。在此,与第一种情形相同,犯罪人必须以(功能性的)方式,(意欲)利用在没有敲诈勒索意图的情况下创造的情状。[3] 由于法律设定了犯罪人创设的劫持状况作为前提条件,所谓的“搭便车者”(Trittbrettfahrer)如果只是谎称出现了此种情形,则并非犯罪人。[4] 此外,敲诈勒索加入的(共同)正犯利用以前仅由第三方创造的劫持情况,也是不够的。当然,如果通过他的干预,被害人的情况发生了质的变化,从而在很大程度上(共同)决定了劫持的状况,则根据第239a条第1款第一种情形之规定,他当然可以成为犯罪人。[5] 744

自愿行为并非积极悔罪所必需的(见第239a条第4款),[6]但犯罪人必须让被害人回到他的生活圈子,并完全放弃所谋求的

[1] 如此建议 Brambach, Probleme der Tatbestände des erpresserischen Menschenraubes und der Geiselnahme 2000, S. 196 ff,附从中引申的、但并不具有说服力的将侵袭限制在绝对强制的情况之上。

[2] 但是如此 Elsner, JuS 06, 784, 788; MK-Renzikowski, § 239a Rn 68; M/R-Eidam, § 239a Rn 19。对于既遂和未遂而言,“敲诈勒索”概念与第243条中盗窃罪的概念一样(对此见边码212);如同本书 BGH NJW 1997, 1082, 1083; Eisele, BT Ⅱ Rn 832; Satzger, Jura 07, 117; S/S-Eisele, § 239a Rn 24。

[3] 对于第二种情形,详见 Mitsch, BT Ⅱ S. 698 ff;也见 BGH NStZ-RR 12, 173。

[4] Fischer, § 239a Rn 11a; MK-Renzikowski, § 239a Rn 65.

[5] 参见 BGH StraFo 14, 30; BGH StraFo 14, 32 附评议 Bosch, JK 4/2014, StGB § 239a/12; Hecker, JuS 14, 368。

[6] 参见 Krey/Hellmann/Heinrich, BT Ⅱ Rn 477; Rengier, BT Ⅱ § 24 Rn 39;对于放弃自愿性要求的理由,见 Hillenkamp, Streng-FS S. 266; LK-Schluckebier, § 239a Rn 54。

履行。[1] 如果犯罪人通过犯罪至少轻率地导致被害人死亡,则第239a 条第 3 款规定的结果加重犯应予适用。通过插入"至少"(wenigstens)一词,《第 6 刑法改革法案》(见边码 11)在此(如同在第 251 条当中一样)予以明确,与迄今的判例相符,[2]故意杀人也被包括在内。对于特定于犯罪构成的危险,以及其在死亡结果中的实现,本书对于第 251 条(见边码 388)以及第 239b 条所述,相应地予以适用。[3]

745 在案例 62 中,根据第 249 条、第 250 条第 2 款第 1 项之规定,T 实施了严重情形的抢劫,方式是以对于生命和身体的现实危险相威胁,[4]T 从 J 手中夺走了 J 仍然支配的珠宝(尽管他的支配有所放松),并使用随时可以击发的枪支作为威胁手段。这是否构成第 239a 条第 1 款第 1 项规定劫持形式的勒索型绑架罪存在疑问,原因有两个方面。一方面,T 威胁 J 实施抢劫,根据本书坚持的"处分理论",抢劫罪与敲诈勒索罪之间具有排他关系(Exklusivitätsverhältnis)。以此观点为据,在此只考虑第 239b 条。然而,对于判例来说,通往第 239a 条的道路是开放的,[5]因为判例认为,抢劫罪与抢劫型敲诈勒索罪相比,"仅仅"更为特别。[6] 在第 249 条的案件中,虽然排除了第 253 条的适用,但未排除根据第 253 条规定同时存在的犯罪。相应地,

---

[1] 参见 BGH HRRS 17,9(Nr 56)附评注 Renzikowski,JR 17,316;BGH NStZ-RR 19,285,286;Schiemann,NJW 17,1125。

[2] BGH NStZ 94,481.

[3] 见 BGH NStZ 16,214 附评注 Hinz,JR 16,400;Satzger,Jura(JK)16,703;Wessels/Hettinger/Engländer,BT I Rn 415 ff;此外 Fischer,§ 239a Rn 18。

[4] 与已经施加的暴力相反,此种情形对于第 239a 条的意义,见 S/S-Eisele,§ 239a Rn 12。

[5] 见 BGH HRRS 19 Nr 362;Ingelfinger,JuS 98,533;Klesczewski,BT § 9 Rn 301;S/S-Eisele,§ 239a Rn 11。

[6] 参见 BGH NStZ-RR 97,321;BGH NStZ-RR 11,80。

根据判例观点，犯罪人总是打算在抢劫的同时实施抢劫型敲诈勒索。[1] 然而，另一方面，在这两种情况下，根据正确地寻求限制的判例，由于并不足够稳定且相对于加重的强制而言只是非独立的劫持情状，各个犯罪构成均不符合：通过手枪的威胁来实施劫持，是通过抢劫手段实现的，抢劫手段随后立即迫使人们容忍将物品取走。如此，则只构成抢劫罪。[2]

Ⅲ. 鉴定结构：勒索型绑架罪，第 239a 条

745a

> 勒索型绑架罪，第 239a 条
> A. 绑架型犯罪构成，第 239a 条第 1 款第 1 种情形
> Ⅰ. 犯罪构成
> 1. 客观构成
> a）犯罪对象
> · 一个（其他的）自然人
> b）犯罪行为
> · 绑架
> → 改变停留地点
> Ⓟ自愿性（人质交换）
> · 劫持
> → 建立物理上的支配权力（并无地点改变）
> Ⓟ通过假的武器进行劫持

[1] BGH NStZ 02，31，32；BGH NStZ 03，604，605；BGH NStZ-RR 04，333，334；BGH NStZ 06，448，449；BGH NStZ-RR 09，16，17；BGH BeckRS 13，01325；BGH NStZ 13，648.

[2] 或者抢劫型敲诈勒索罪，见 BGH NStZ-RR 07，375；对于案例解析，具体见 Ingelfinger，JuS 98，531 ff；对于其他案件，见 Hartmann，JA 98，946，952；Hellmann，JuS 96，527；Tag，JuS 96，909；对于未遂，见 BGH JR 00，293 附评注 Dey；对于案例分析的构造，见 Zöller，JA 00，476。

2. 主观构成
a)故意
· 任何故意类型
b)意图
· 通过利用被害人的担忧或者第三人对于被绑架/劫持被害人安危的担忧而实施敲诈勒索
→ 绑架/劫持
→ 意图的实施并不必要
· 敲诈勒索
→ 非法获利的意图
Ⓟ实施抢劫的意图
(抢劫罪←→抢劫型敲诈勒索罪之关系)
· 利用意图
Ⓟ通过犯罪行为创设的稳定的劫持情状与计划的敲诈勒索之间的时间性——功能性关联
Ⅱ. 违法性
Ⅲ. 有责性
Ⅳ. 积极悔罪,第 239a 条第 4 款
→ 结果加重犯,第 239a 条第 3 款
B. 利用型犯罪构成,第 239a 条第 1 款第 2 种情形
Ⅰ. 犯罪构成
1. 客观构成
a)犯罪对象
· 一个(其他的)自然人
b)犯罪行为
· 绑架(如上)
→ 尚无敲诈勒索意图
· 劫持(如上)
→ 尚无敲诈勒索意图

· 利用创设的情状敲诈勒索

Ⓟ抢劫罪亦同(抢劫罪⟷抢劫型敲诈勒索罪之关系)

→ 至少具有敲诈勒索意图(抢劫意图),并具有相应的获利意图(占为己有意图)

2. 主观构成

a)故意

· 任何故意类型

b)意图

· 非法获利(占为己有)

Ⅱ. 违法性

Ⅲ. 有责性

Ⅳ. 积极悔罪,第239a条第4款

→ 结果加重犯,第239a条第3款

第十章　背信罪及类似犯罪

§ 20　背信罪

746 案例 63：正在上数据处理课程的家庭主妇 F，从办公设备商 B 那里租了一台笔记本电脑，并开始在电脑上勤奋练习。然而，当 F 后来失去了对课程的兴趣时，她以 500 欧的价格，将笔记本电脑卖给了善意的收购人 E，以便用所得款项偿还拖欠的电费和煤气费。

F 是否构成对 B 不利的背信罪？（见边码 766）

Ⅰ. 第 266 条概览

1. 保护法益和罪名性质

747 背信罪（Untreue）（第 266 条）是指，由于故意违反财产管理义务，而对他人财产造成损害。本罪是经济刑法的核心罪名之一。[1] 这一条文的理由很简单：在一个分工劳动的经济秩序中，如果不是必要的话，或多或少地委托他人管理自己的部分财产，是有意义的。在许多情况下，法律甚至强令这样做（例如，父母对子女的财产管理），有时甚至（特别是出于交通保护的原因）规定了广泛的转移的法定权利

---

〔1〕 参见 Schünemann, Frisch－FS S. 837 ff; Kudlich/Öglakcıöglu, Rn 327。

[例如,全权代理人(Prokurist)],对其内部关系的限制,在外部关系中无效。刑法以第 266 条规定,[1]对于"从内部"(von innen)对财产造成的危险作出了应对。根据通说观点,保护的法益只限于资产。[2]

如果这样做的目的,是将对于犯罪人忠实义务的信任,以及法律和商业交易的公正性作为独立的法益排除在外,[3]则对此应予赞同。对于信任的保护,始终只是一种——尽管往往也更为重要——保护上的反射(Schutzreflex),这种模糊且必然是推测性的概念,原则上不适合作为给定轮廓的法益内涵。同样正确的是,与诈骗罪一样,财产所有人的处置自由和权限(Dispositionsfreiheit und-befugnis)并不与作为保护法益的财产相并列,[4]而且,仅对权利人处置权限的限制本身,也不足以确定财产损失。[5]但是,由于背信罪的被害人特别容易受到将处置权利交予犯罪人的威胁,而且犯罪人系"从内部"侵犯财产,[6]因此,漠视被害人的处置自由,从实质上

---

[1] 参见 Schünemann,I. Roxin-FS S. 341 ff;Spickhoff-Schuhr, § 266 Rn 4;S/S/W-Saliger, § 266 Rn 3。

[2] 参见 BGH NJW 00,154,155;BVerfGE 126,170,200;BGH NStZ 18,107 附评注 Schlösser;Kraatz JR 18,400;AnK-Esser, § 266 Rn 1 ff;A/R/R-Seier,5. 2 Rn 10;BK-Wittig, § 266 Rn 3; Bock, BT Ⅱ S. 512; G/J/W-Waßmer, § 266 Rn 9; LK-Schünemann, § 266 Rn 23;M/S/M-Momsen,BT I § 45 Rn 1;M/R-Matt, § 266 Rn 1;NK-Kindhäuser, § 266 Rn 1;NK-WSS-Jahn/Ziemann, § 266 Rn 4;Schramm,BT I § 10 Rn 2;SK-Hoyer, § 266 Rn 1 ff;S/S-Perron, § 266 Rn 1。

[3] 类似 BVerfGE 126,170,200 f;LK-Schünemann, § 266 Rn 35;Mitsch,BT Ⅱ S. 357。债权人保护同样应予排除,BGH NJW 00,154。

[4] BGHSt 43,293,297;BGH HRRS 19 Nr 320;BVerfG ZWH 13,62.

[5] 参见 BGHSt 51,100,113 f(Kanther 案);BGH NStZ 18,107 附评注 Schlösser;Kraatz,JR 18,400。

[6] LK-Schünemann, § 266 Rn 1;Rönnau,ZStW 119(2007),887,890.

形塑了背信罪的行为和结果不法。[1] 处置自由的观点部分地包含在财产法益中，同时，其对背信罪的重要性，受到财产法益的限制，也就是具有经济价值处置的可能性（Dispositionsmöglichkeiten）。[2] 因此，一方面，处置自由的基本概念有时在分析上是有价值的，但另一方面，它不能被用来进一步扩大已经轮廓模糊的犯罪构成。判例在“黑收银”（schwarze Kassen）案件中认为，保留财产所有者“处置自己资产的可能性……构成受《德国刑法典》第266条保护的法律地位的核心”，[3] 并且义务违反和损害应“与使用目的无涉地”（verwendungszweckunabhängig）予以确定，这也就意味着，在确定过程中不考虑犯罪人是否为权利人自我界定的利益而行事。从中可以清晰地看出，这一边界何其狭窄。[4] 在所谓的预算背信（Haushaltsuntreue）中，通过对预算制定者“政治决策权力”（politische Gestaltungsbefugnis）的损害，财产上的不利也会得以证实，[5] 当然也会强调，需要以经济上可行的方式来确定独立的损失。[6]

748 与第253、263条相反，第266条并不要求犯罪人谋求获利，因此，背信罪不是转移财产的犯罪（Vermögensverschie-bungsdelikt），

---

〔1〕 参见 Hillenkamp, NStZ 81, 166; Mansdörfer, JuS 09, 114, 115; Ransiek, ZStW 116(2004), 635, 646 ff; BGH NStZ 84, 550; 也见 Fischer/Fischer, S. 51 f; Kraatz, ZStW 123(2011), 447, 453: 在其“对于个体的自由处置的可用性”上，对财产加以保护；对此阐述见 S. 465 f, 468。

〔2〕 也见 BVerfGE 126, 170; S/S/W-Saliger, § 266 Rn 1; LK-Schünemann, § 266 Rn 23。

〔3〕 参见 BGHSt 52, 323, 339（Siemens 案）；对此更详尽并附判例例证指引，见边码 761。

〔4〕 BGHSt 51, 100, 112 ff（Kanther 案）；对此批判 Dierlamm, Widmaier-FS S. 607, 609 ff; Saliger, NStZ 07, 545, 546 ff; Saliger/Gaede, HRRS 08, 57, 70。

〔5〕 BGHSt 43, 293, 297 ff 附对此否定性的评注 Brauns, JR 98, 381; BGH NStZ 03, 541, 542 附评注 Wagner; 批判 Saliger, ZStW 112(2000), 563, 589 ff; ders., Samson-FS S. 455, 463 ff; v. Selle, JZ 08, 178, 180 f; 在设立黑账户和预算背信中损失的确定，详见 Schünemann, StraFo 10, 1, 4 ff。

〔6〕 BGH NStZ 11, 520, 521 附评议 Bosch, JK 8/11, StGB § 266/37。

而是纯粹的损害他人的犯罪(Fremdschädigungsdelikt)。这一条文并不包含自己的行为规范,而是附属于某一项(刑法之外的,比如民法、公司法、公务员法或社会法上的)义务设定的(Pflichtenstellung)。[1] 只有裁判规范才首先具有真正的刑法意义,其包含了对违反这一义务设定的刑罚威胁。该条文本身没有任何行为规范,因此也没有任何不法核心(Unrechtskern),这使其在结构上模糊不清,[2]并导致刑法上罪刑法定原则(《德国基本法》第103条第2款)的困境。然而,以独立的刑法规范规定独立的行为规则,绝不是可取的。即使(以及正是)它可以非常明确地被制定出来,其中所规定的义务也将与其他法律领域(当下正在与之关联)的现行规范存在差异;该规范的受众(潜在的犯罪人)将共同服从于所有的规则,但始终只能以一种方式行事,因此总体上将出现比现在更不明确的法律上的指示。其结果将是对法律利益的保护效率更低。因此,所选择的规制结构是相对最好的,其所涉及的问题必须在犯罪的刑法处理中加以解决。这在构建上也是完全可能的:(1)裁判规范具体确定了,与其他法律领域的哪些义务有关,以及发生这种情况所关涉的确切内涵。[3] 在不改变或减少基本义务本身的情况下,背信罪犯罪构成只涵盖了这些义务的一部分。(2)裁判规范确定了,在何种其他条件下,刑事可罚性得以确立(特别是要求存在经济损失,并且必须客观上可归因于犯罪人违反义务的结果)。最后,该罪完全处于罪刑法定原则的要求之下。通过"限制性解释"(restriktive Auslegung)进行的事后限制,没有

---

[1] 对此法律技术的深入分析见 Cornelius, Verweisungsbedingte Akzessorietät bei Straftatbeständen, 2016, passim;简要概览见 Spickhoff-Schuhr, § 266 Rn 5 f, 41 ff。

[2] 参见 S/S/W-Saliger, § 266 Rn 4;Spickhoff-Schuhr, § 266 Rn 6;Hohmann, ZIS 07, 38;对于后果的深入分析 Ransiek, ZStW 116(2004), 634。

[3] 对此特别是边码755中的判例例证:涉及的义务必须是,本质上服务于保护所照护的个人财产。

多大用处,因为刑事可罚性必须在犯罪之时已被确定(《德国基本法》第103条第2款)。但是,正是这一要求导向了另一个标准。(3)裁判规范仅能涵盖此种行为:犯罪当时,在犯罪人的情境下,一个理性人明显违反义务的行为[所谓的明显的违反义务(evidente Pflichtverletzung)][1]。刑法在确立自有的行为规范之处,必须具有自有性(selbst)和一般性(allgemein);在与他属(fremd)规范建立联系的情况下,后一项标准必须限制裁判规范的适用。通过上述三个标准的结合,刑法最终形成了对于义务设定的一个单独的部分,与之只是附属性地(akzessorisch)予以关联,更确切地说,在此应遵循刑法上的原则。"规范分离"(Normspaltung)的表述强调了这一点——在不改变基本规范(Ausgangsnormen)的情况下,刑法将其中的部分规范"分离开来",并以刑罚予以维护。[2] 就此类结构上的条件来看,联邦宪法法院正确地认为,第266条仍然足够具体,可是,(涉及上述第二项标准)要求在方法上正确地量化损害,制定了禁止变相(Verschleifungsverbot)的规定,并要求对标准进行整体化处理,从而只有在犯罪时已经确定了刑事可罚性的情况下,此后才有可能产生刑罚风险[具体化要求(Präzisierungsgebot)]。[3]

---

[1] 参见BVerfGE 126,170,211(Rn 110 ff);BGH NStZ 13,715。

[2] 基础性Tiedemann,Tatbestandsfunktionen im Nebenstrafrecht,1969,S. 187。也见Kudlich/Ŏglakcıŏglu,Rn 49b;AnK-Gaede, § 1 Rn 9;(并无这一表述)MK-Joecks, § 119 BetrVG Rn 7 ff。然而,不应将标准的划分视为过于形式化地仅限于措辞,例如,如果一个模糊的劳动法规定,仅仅被一个(在劳动法中被接受的)类似的拓展掩盖,那么这本身并不能产生一个足够具体的规则,见Spickhoff-Schuhr, § 266 Rn 43。

[3] 对此见边码778之判例例证。类似Fischer, § 266 Rn 5;LK-Schünemann, § 266 Rn 24;MK-Dierlamm, § 266 Rn 14 ff;NK-Kindhäuser, § 266 Rn 2 f;Spickhoff-Schuhr, § 266 Rn 6;S/S/W-Saliger, § 266 Rn 4;ders. ,Fischer-FS S. 523,525 ff(对于禁止变相的详尽阐述);其他观点见Kargl,ZStW 113(2001),565。

目前的规定取代了第266条原有规定中并不充分的决疑论(Kasuistik),并以滥用理论和背信理论(Missbrauchs-und Treubruchstheorie)的统一结束了此前二者之间的争论,[1]其依据是1933年5月26日的一项法律修正案(RGBl I 295)。其规定了第243条第2款、第247条和第248a条的相应适用。第263条第3款也应相应地予以适用(第266条第2款)。立法者没有引入未遂的刑事可罚性。[2]

2. 犯罪构成之构造

749 第266条第1款涵括了两种犯罪构成的情形:滥用型和背信型犯罪构成(Missbrauchs-und Treubruchstatbestand)。滥用型和背信型犯罪构成彼此之间应如何处理,是有争议的。少数人认为,二者是独立的,在概念上是不相同。[3] 但是,通说观点值得同意,其认为,滥用行为只是一个更狭义地、更精确地具体规定背信罪行的适用情形,因此给予它特别法(lex specialis)的优先地位,而不是后者处于优先地位。[4] 由于滥用型犯罪构成中的某些相互关联更具可塑性,所以总是正确的是,首先鉴定更为特别的规定,并且在"陈述策略上"(darstellungstaktisch)通常建议先讨论特别的前提(若没有共同的前提条件,鉴定就这样结束了)。本书建议此种

---

[1] 对此更详尽Küper/Zopfs,BT Rn 613;LK-Schünemann, § 266 Rn 6 ff。

[2] 参见BT-Ds 13/8587,S. 10,43 以及对此批判 Matt/Saliger,in:Irrwege der Strafgesetzgebung 1999,S. 217;对于解释的结果,见 BVerfG wistra 09,385,388 附评注 Fischer,StV 10,95;Jahn,JuS 09,859。

[3] BGH NJW 54,1616;LK-Schünemann,11. Aufl., § 266 Rn 13 ff,18;S/S-Perron, § 266 Rn 2;Schramm,BT I § 10 Rn 9.

[4] 参见BGH JR 83,515;OLG Hamm NJW 68,1940;A/W-Heinrich, § 22 Rn 79;Bock, BT Ⅱ S. 513; Eisele, BT Ⅱ Rn 856; G/J/W - Waßmer, § 266 Rn 29; Hilgendorf/Valerius,BT Ⅱ § 11 Rn 6; M/S/MMomsen, BT I § 45 Rn 13; MK-Dierlamm, § 266 Rn 31;SK-Samson/Günther, § 266 Rn 5;S/S/W-Saliger, § 266 Rn 7;对于由此产生的构建问题,见 Kindhäuser/Hilgendorf, § 266 Rn 8;Kohlmann,JA 80,228;Mitsch,JuS 11,98;Schmidt,BT Ⅱ Rn 736;Wittig, § 20 Rn 12。

鉴定顺序,并相应地组织以下陈述。当然,在背信犯罪构成中才处理的一般问题(也涉及故意等),同样适用于这两种情形。此外,在鉴定意见中,首先处理背信犯罪构成[作为“基本罪行”(Grunddelikt)],然后处理滥用犯罪构成进一步的条件[准“加重构成”(Qualifikation)],这也并非绝对错误。

750 根据新近判例,[1]其间获得支持的观点是,不仅在背信型犯罪构成的情况下,而且在滥用型犯罪构成的情况下,均应以财产照护义务的侵犯为条件。[2] 这种观点应予赞同。证成的依据是,法条中“……而致其所照护之财产……”的表述,指的是两种情形,对更为具体背信情形的要求应不亚于对更为一般背信情形的要求。这一观点还考虑到公认的必要性的需要,即防止第266条适用的泛滥,并通过限制性解释适当地限制其范围。广泛存在的反对意见[3]没有充分考虑的是,在不违反特殊的照护义务的情况下,滥用型犯罪构成所涉及的案件情形,尽管规定了同样的刑罚框架,但在行为不法上严重落后于背信罪行。这也成为其反对“稀释化”(verdünnt)的财产照护义

[1] BGHSt 24,386,387;33,244,250;BGH wistra 91,305,307.

[2] 参见 AnK-Esser, § 266 Rn 10;A/W-Heinrich, § 22 Rn 68;BK-Wittig, § 266 Rn 7;Bock,BT Ⅱ S. 249 f;Eisele,BT Ⅱ Rn 878 f;Fischer, § 266 Rn 6,21;G/J/W-Waßmer, § 266 Rn 30;H-H-Koranyi,Rn 1088;Joecks/Jäger, § 266 Rn 30;Klesczewski, BT § 9 Rn 117;Krey/Hellmann/Heinrich,BT Ⅱ Rn 793 ff;Lackner/Kühl/Heger, § 266 Rn 4;M/S/M-Momsen,BT Ⅰ § 45 Rn 20;M/R-Matt, § 266 Rn 7;NK-WSS-Jahn/Ziemann, § 266 Rn 64;Rengier,BT Ⅰ § 18 Rn 3,14;Schramm,BT Ⅰ § 10 Rn 7;Zöller, BT Rn 294;关联 NK-Kindhäuser, § 266 Rn 34;对于两种犯罪构成中义务上要求的同等性 BGHSt 50,331,341 f;MK-Dierlamm, § 266 Rn 31。

[3] 参见 Heghmanns,Rn 1607;Labsch,Jura 87,345;Miehe,JuS 80,262;Otto,BT § 54 Rn 7 ff;批判也见 A/R/R-Seier,5. 2 Rn 55 f;对于这一在莱比锡法律评注的第11版中(第266条,边码28及下一边码)仍然坚持的主张,Schünemann 在第12版中虽然并未完全放弃,但却达成了确信,即要使通说观点“不再倒退”,见 LK-Schünemann, § 266 Rn 13 f,144;Schünemann,Frisch-FS S. 846。

务的理由,该义务应足以满足不同程度的滥用型犯罪构成。[1] 通过增加财产照护义务,滥用型犯罪构成也会产生附属性(Akzessorietät)和确定性(Bestimmtheit)问题,这是正确的,但鉴于该要件限制犯罪构成的功能,这是无须多虑的。[2]

Ⅱ. 滥用型犯罪构成

1. 处分权限和义务权限

如果犯罪人滥用法律、官方命令或法律行为赋予他的权限处分他人的财产或对他人施加义务,从而损害他应予照护的财产利益,则第 266 条规定的滥用型犯罪构成即告符合。 751

在此,主要考虑的法律关系包括,父母对其子女财产的法定权利(《德国民法典》第 1626 条),监护人(《德国民法典》第 1793 条)、照护人(《德国民法典》第 1896 条)、[3]遗嘱执行人(《德国民法典》第 2205 条)、法官或司法行政人员、[4]破产管理人(《破产条例》第 22、56、80 条)[5]和法院执行人员(《德国民事诉讼法》第 753、814 条及以下数个条文)[6]的代理权限(Vertretungsbefugnis),以及授权代表(《德国民法典》第 164 条及以下数个条

---

〔1〕 参见 Eisele,GA 01,377,380 f;Eser IV,Fall 17 Rn 41;Mitsch,BT Ⅱ S. 363 f;S/S-Perron, § 266 Rn 2;Wegenast,Missbrauch und Treuebruch 1994,S. 134 ff;对其危险,见 A/R/R - Seier, 5. 2 Rn 56;对于争论情况,见 Hillenkamp/Cornelius, BT 34. Problem;HK-GS/Beukelmann, § 266 Rn 7;Küper/Zopfs,BT Rn 618 f;Nelles,Untreue zum Nachteil von Gesellschaften 1991,S. 218 ff,502 ff;如同本书 Hohmann/Sander, § 16 Rn 3;Mitsch,JuS 11,100;SK-Hoyer, § 266 Rn 17。

〔2〕 其他观点参见 Kargl,ZStW 113(2001),565,588 ff;相反见 BVerfGE 126,170,175 f,204 f,209;H-HKoranyi,Rn 1091;LK-Schünemann, § 266 Rn 24 ff。

〔3〕 对此见 OLG Stuttgart NJW 99,1564;案例解析 Rotsch,ZJS 13,75。

〔4〕 参见 BGHSt 35,224,227 附评注 Otto,JZ 88,883。

〔5〕 对此参见 BGH wistra 98,150,151。

〔6〕 对此参见 BGHSt 13,274,276;KG NStZ-RR 13,279。

文、《德国商法典》第 54 条)、[1] 全权代理(《德国商法典》第 48 条)和公司法上机关的合法代理权(Vertretungsmacht)。[2] 所有这些人员的共同之处在于,他们的地位一般情况下产生了一种代理权,赋予了他们相对于他人财产处置和为财产设定义务的权限。与之不具有可比性的“法律权利”(Rechtsmacht)是,犯罪人根据权利表见(Rechtsschein)或者善意保护(Gutglaubensschutz)规则(例如《德国民法典》第 407、932 条;《德国商法典》第 56 条、第 366 条第 2 款和第 3 款),采取对财产所有人具有约束力的法律行为。因此,此类案件不符合滥用型犯罪构成。[3] 然而,最初有效授权假定的继续存在(Fortbestehen)(《德国民法典》第 168、674 条),或者继续有效(Fortwirkens)(《德国民法典》第 170 条及以下数个条文)的情况,仍然被涵括在内,因为在这些情况下,作为后续影响的权限来自有效授权,并由此来源于法律行为(Rechtsgeschäft)。[4]

2. 财产照护义务

752 在滥用型犯罪构成的情况下,也要求财产照护义务的对象必须是为他人在并非完全不重要的事项上提供代理,其任务范围具

---

[1] 对于银行全权授权,见 BGH wistra 12,22 和与此等同的 ec 卡和个人密码的给予 OLG Hamm wistra 03,356;S/S-Perron, § 263a Rn 12。

[2] 比如见 BGH NJW 97,66;BGH wistra 97,146;LG Düsseldorf NJW 04,3275 和 BGH NJW 06,522,523(Mannesmann);M-G/B-Schmid, § 31 Rn 11;对于理想的团体机关,见 Eisele,GA 01,377,386 ff。

[3] A/R/R-Seier,5. 2 Rn 47;H-H-Koranyi,Rn 1096;HK-GS/Beukelmann, § 266 Rn 21;Hohmann/Sander, § 16 Rn 17;Krey/Hellmann/Heinrich,BT Ⅱ Rn 805;Küper/Zopfs,BT Rn 616;MK-Dierlamm, § 266 Rn 34;NK-Kindhäuser, § 266 Rn 88;Rengier,BT I § 18 Rn 8 f;S/S-Perron, § 266 Rn 4;S/S/W-Saliger, § 266 Rn 20;BGH wistra 92,66;区别 Fischer, § 266 Rn 20;G/J/W-Waßmer, § 266 Rn 84 f;LK-Schünemann, § 266 Rn 38 ff。

[4] OLG Koblenz NStZ 12,330;Kudlich,PdW BT I S. 169;NK-Kindhäuser, § 266 Rn 89;其他观点见 SK-Hoyer, § 266 Rn 80。

有一定的分量以及一定程度上的责任〔1〕(见边码 769 及以下数个边码)。第 266 条在这方面设定的要求,即使对更明确界定的滥用型犯罪构成,也应不亚于对背信型犯罪构成的严格程度,后者因范围很广而存在问题。〔2〕

3. 滥用行为

第 266 条第 1 款规定的第一种情形当中的滥用(Missbrauch),只能以法律(rechtsgeschäftlich)行为或者高权(hoheitlich)行为的形式进行。纯粹事实性质的背信行为(例如,为自己的目的非法使用他人资金,由于缺乏照护而使物品损坏等)不属于滥用型犯罪构成,而属于背信型犯罪构成。〔3〕在此方面,判例并非没有矛盾。〔4〕第 266 条第 1 款规定的第一种情形在具体案件中的适用,关键点在于代理权之内部和外部关系之间的比较,这里的决定性因素,是于内的"可以"(Dürfen)和于外的"能够"(Können)之间经常不同的法律障碍。如果犯罪人在其具有法律约束力的"能够"(Können)的范围内,故意超出了在内部关系中必须遵守的法律上的"可以"(Dürfen)的限度,〔5〕从而违反了其财产照护义务,则存在对于义务和处分权限的滥用。对于滥用型犯罪 753

〔1〕 参见 BGHSt 13, 315, 317; 24, 386, 387; 33, 244, 250; BGH NStZ 13, 40 f; Saliger, JA 07, 327; Schreiber/Beulke, JuS 77, 656。

〔2〕 其他见 Wessels, BT Ⅱ Rn 702; 对于同一性 BGH NJW 06, 522, 525; BK-Wittig, § 266 Rn 7; G/J/WWaßmer, § 266 Rn 30; SK-Hoyer, § 266 Rn 17; S/S/W-Saliger, § 266 Rn 6。

〔3〕 AnK-Esser, § 266 Rn 137; Jäger, BT Rn 389; LK-Schünemann, § 266 Rn 46; Zöller, BT Rn 286.

〔4〕 对此批判参见 Heinitz, H. Mayer-FS S. 433; 也参见 Arzt, Bruns-FS S. 365。

〔5〕 参见 BGH JR 85, 28 附评注 Otto; A/W-Heinrich, § 22 Rn 31; Eisele, BT Ⅱ Rn 863; H-H-Koranyi, Rn 1097; Hilgendorf/Valerius, BT Ⅱ § 11 Rn 11; Hohmann/Sander, § 16 Rn 19; Kindhäuser/Hilgendorf, § 266 Rn 40; Klesczewski, BT § 9 Rn 113; Krey/Hellmann/Heinrich, BT Ⅱ Rn 802 ff; Rengier, BT I § 18 Rn 6; Schmidt, BT Ⅱ Rn 732 f; Wittig, § 20 Rn 18; 对此批判参见 Schünemann, Imme Roxin-FS S. 341, 345 ff。

构成的符合条件而言,决定性的是,必须作出(法律上)有效的处分,或有效地确立诉求(或者对于财产的其他法律负担)。[1]

754 这一点最好通过《德国商法典》第 49 条和第 50 条的规定予以说明。上述条文规定了全权代理人(Prokuristen)在外部关系中的法律能力范围,方式是,存在差异的约定和限制,只对内部关系具有意义。如果全权代理人故意违反指示,例如,在财务瓶颈得到解决之前限制货物采购,并且在没有公司负责人同意的情况下,暂时不承担任何新的票据义务,则他滥用了他的义务权限(Verpflichtungsbefugnis)。根据《德国商法典》第 49 条和第 50 条的规定,票据义务对于第三方的效力不受影响。如果公司因票据拒付(Wechselproteste)、票据债权人的强制执行措施等遭受不利,而全权代理人至少应以间接故意(dolus eventualis)行事,才符合背信罪之滥用型犯罪构成。法律在其他地方也规定了与《德国商法典》第 49 条和第 50 条类似的规定(参见《德国商法典》第 126 条、《有限责任公司法》第 37 条和《股份公司法》第 82 条)。

755 照护义务人的权限在多大程度上与内部关系有关,以及他的职责具体要求或禁止他做什么,(只要法律或章程不适用)首先取决于他与财产所有人达成的协议;此外,还必须考虑,合规和尽职的"商人"必须遵守的注意义务要求(参见《有限责任公司法》第 43 条第 1 款、《德国商法典》第 347 条和《股份公司法》第 93 条第 1 款)。[2] 然而,从事经济活动的主体负有许多不同的义务,必须筛选出其违反义务,成立第 266 条第 1 款规定之犯罪的情形。此前,判例中发掘出了各种其他方法来限制涵括的义务违反(这绝不是过时的,将在后面予以讨论),在此之后,德国联邦法院在西

---

〔1〕 BGHSt 50,331,341;54,148(Rn 31 ff);BGH NStZ 07,579,580 f;NK-Kindhäuser, § 266 Rn 86 ff.

〔2〕 参见 Baur/Holle,JR 19,181,183;Esser,NZWiSt 18,201,206 f;Hillenkamp,NStZ 81,167;Joecks/Jäger, § 266 Rn 23。对于第 283 条,见 Ceffinato,ZIP 18,457。

门子—独立雇员行动联盟—判决（Siemens－AUB[1]－Entscheidung）中，引入了一个与受保护的法益直接相关的核心标准：只有违反（至少间接）保护受到照护财产的义务，才在背信的认定中予以考虑。其他义务是不够的，即便违反这些义务本身已经构成犯罪。[2] 当然，必须注意的是，如果犯罪人最初只是“主要违反”（Primärverstoß）一项不保护财产的规范，例如，将属于第206条规制范围内的消息，发给了受委托评估的公司，但随后违反了可以从信任关系中推导出来的、与财产有关的义务，即不支付无效的债权，而向受委托的公司付款，则可以考虑以背信罪施以刑罚。可以说，重要的是义务的财产保护属性，违反义务会直接地带来不利。[3]

判例例证：德国联邦法院作出的西门子—独立雇员行动联盟判决（BGHSt 55，288，v. a. 300 f 附评议 Brand，JR 11，400，Jahn，JuS 11，183 和 Kraatz，wistra 11，447；案例解析 Bock，WV－BT2 S. 409 ff）基础的案件事实是，被告作为西门子股份公司工会主席，为他所属和竞选的独立雇员行动联

---

〔1〕 这一缩写具有不同的含义，比如独立雇员行动联盟（Aktionsgemeinschaft Unabhängiger Betriebsangehöriger）。

〔2〕 在接下来的判决之外，也见地方预算条例中的财产保护规范：BGHSt 61，48 附评注 Rönnau/Becker，JR 17，204；Saliger/Schweiger，NJW 16，260。并非《政党法》（Gesetz über die politischen Parteien/PartG）第25条，但可能的情况下与之相关的财产保护法规：BGHSt 56，203，211 附评议 Jahn，JuS 11，1133 以及 BGH NJW 12，3797 f 和 BGHSt 60，94，115 f（Böhr 案）附评注 Altenburg，NJW 15，1624；Brand/Seeland，ZWH 15，258；批判 Rönnau，StV 11，755。《有限责任公司法》第64条第3句财产保护：Rönnau，Schünemann－FS S. 678 ff。《社会法典（四）》第4条以及《信贷法》第18条财产保护：BVerfGE 126，170，217 f 和 220；对此 Saliger，Roxin－FS Ⅱ S. 1053，1060 f。违反《税收条例》第55条以及《德国商法典》第325条并不足够：OLG Celle BeckRS 12，20313 附评议 Jahn，JuS 13，179；LG Ravensburg NStZ－RR 17，145。也参见 Rönnau/Becker，NZWiSt 14，442。尽管存在违法，对学说对于承诺有效性的影响，见 Lesch，Wessing－FS，S. 235 ff。

〔3〕 参见 BGH NZWiSt 13，189，192；对此见 Bülte，NStZ 14，683；Krell，NStZ 14，62 和批判 Cornelius，NZWiSt 13，166；S/S/W－Saliger，§ 266 Rn 35；对于此种情况下的损害，见边码777。

盟的工作和竞选活动接受了该公司的资金。这些付款是在没有通知管理委员会或监事会的情况下进行的,也掩盖了实际目的。与独立雇员行动联盟代表的合作[以及对于五金工会(IG Metall)的压制]为西门子公司带来了经济利益。在判决中,首先涉及根据《企业组织法》第119条第1款第1项第二种情形结合该法第20条第2款(以及《税收条例》第370条)的刑事可罚性问题。德国联邦法院错误地肯定了这一点,原因在于,该行为没有直接违反《企业组织法》第20条第2款的规定,而是违反了对其类推的扩展。由此,正确地看,该行为不应被视为被《企业组织法》第119条规定的空白指引(Blankettverweisung)所涵括(刑法上的禁止类推)。[1]

然而,在此有意思的是判决的其他审理事项,即这种违反法律的行为在背信罪中的角色。(即使所提及的刑事可罚性被正确地予以否定,但毫无疑问,行为人违反了企业组织法上的义务。在劳动法上没有禁止类推规定,而且第266条第1款提到了成文法中规定的义务。)德国联邦法院非常有说服力地判定,只有那些具有保护财产性质的义务才与背信罪有关。与之相反的是,《企业组织法》第119条规定甚至没有间接地保护雇主或公司的财产,而是仅用于保护工会选举、工会的完整性以及雇员的共同决议。此外,德国联邦法院完全一贯地指出,西门子公司的成本,也必须与其(尽管是间接的)财产上的优势进行比较;如果在总体平衡中没有发现任何损失,则犯罪构成也未得到满足。在纽伯格林案件(Nürburgringverfahren)中(BGH NJW 16,2585 ff 附评议 Schlösser,StV 17,123 ff;Brand,NZG 16,690 ff;Saliger/Schweiger,NJW 16,2600),德国联邦法院也作出了类似的判决,涉及的问题是,违反欧洲国家援助规范是否成立背信罪;保护所照护财产以外的其他财产,是不够的。然而,在最近的一项判决中,涉及的是给予工会过高的工作津贴(《企业组织法》第37条第4款第1句),德国联邦法院认为违反了《公共公司治理准则》(Public Corporate Governance Kodex),但没有解决财产保护的性质问题(BGH wistra 18,514 f;附批判性评议 Bittmann,wistra 18,495,497;Brand/Strauß,GmbHR 18,909,912 f;Buchholz,StV 19,36 ff;Strauß NZA 18,1372,1375 ff)。

756 为了更详细地确定在刑法上具有重大意义的义务,已经出现了在此无法

[1] 更详尽参见 Kudlich Stöckel-FS 2009,S. 93,114。

具体阐述的(也无法在考试中进行有意义的检验)判例群组,[1]但有些相互

---

[1] 更详尽例如对于贷款发放中的背信:BGHSt 46,30;47,148;Feigen,Rudolphi-FS S. 445;Gallandi,wistra 01,281;Keller/Sauer,wistra 02,365;Knauer,NStZ 02,399;M-G/B-Nack,§ 66 Rn 1 ff;Martin,Bankuntreue 2000;Zimmermann,in Steinberg ua,Das Wirtschaftsstrafrecht des StGB 2011,S. 71 ff。对于合同医生规定情况下的背信[“医疗保险医生”(Kassenarzt)]:BGHSt 49,17,23 f;BGH NJW 16,3253(Rn 8 ff)附赞成性评议 Hoven,NJW 16,3213;评注 Steinhilper,MedR 17,138;批判 Kusnik/Mandera. medstra 17,43,44 f;Waßmer/Zeller,wistra 17,71;Kraatz,medstra 17,336;也参见 BGH NStZ-RR 17,313 附评注 Meyer,NZWiSt 18,74,79 f;Röß,NStZ 18,441;Tekin,ZWH 18,110,112 f。对于尚未注册有限责任公司的经营:BGHSt 3,23,25。对于侵犯有限责任公司注册资本的处置:BGHSt 34,379 和 35,333。对于私人有限公司负责人的背信:BGH wistra 10,268 附评注 Wegner,GWR 10,267;批判 Kraatz,ZStW 123(2011),447,469 f;对此也见 Schramm/Hinderer,ZIS 10,494;Radtke 和 Rönnau NStZ 11,556,558。股份公司董事会成员对于关联的有限责任公司不利的背信[集团背信(Konzernuntreue)]:BGH NJW 04,2248(Bremer Vulkan);对此 Arnold,Jura 05,844;Kasiske,wistra 05,81;Krause,JR 06,51;Kudlich,JuS 04,1117;Ransiek,wistra 05,121;Salditt,NStZ 05,269;Wattenberg,StV 05,523;对此也见 Arens,Untreue im Konzern 2010;D. Busch,Konzernuntreue 2004;Höf,Untreue im Konzern 2006。在(股份公司中)授予认可奖励(Anerkennungsprämien)的背信:BGHSt 50,331(Mannesmann/Vodafone);对此 Bernsmann,GA 07,219,220 ff;Braum,KritV 04,67;Dittrich,Die Untreuestrafbarkeit von Aufsichtsratsmitgliedern 2007;Geesch,Otto-FS S. 561;Günther,Weber-FS S. 311;Hamm,NJW 05,1993;Hanft,Jura 07,58;Hoof,Kompensationsmöglichkeiten innerhalb des Untreuenachteils 2018,S. 222 ff;Hohn,wistra 06,161;Jakobs,NStZ 05,276;Krause,StV 06,307;Kubiciel,NStZ 05,353;Kudlich,JA 06,171;ders.,Streng-FS S. 68 ff;Ransiek,NJW 06,814;Schünemann,Organuntreue 2004;ders.,NStZ 05,473;ders.,NStZ 06,196;Tiedemann,Weber-FS S. 319;ders.,ZIP 04,2056;Vogel/Hocke,JZ 06,568;Wostry,JuS 18,1138,1140 ff。对于监事会成员(Aufsichtsratsmitglieder)的财产照护义务:BGH wistra 16,314,320;Bramssen,ZIP 09,1504;Dittrich,Die Untreuestrafbarkeit von Aufsichtsratsmitgliedern 2007;Krause,NStZ 11,57;Lüderssen,Lampe-FS S. 727;Rönnau/Hohn,NStZ 04,113;Saliger,JA 07,330;Schilha,Die Aufsichtsratstätigkeit in der AG im Spiegel strafrechtlicher Verantwortung 2007;Schünemann,Organuntreue 2004;Schwerdtfeger,NZG 17,455;Tiedemann,Tröndle-FS S. 319;Zech,Untreue durch Aufsichtsratsmitglieder einer Aktiengesellschaft 2007;Wilke,NZWiSt 20,2。对于股份公司中的“董事会背信”(Vorstandsuntreue):Brammsen,wistra 09,85;对于二者 Seibt/Schwarz,AG 10,301。损害合伙企业(Personengesellschaften)的背信:Soyka 2008 的同名作品;BGH NJW 13,3590(Rn 42 ff)附评注 Brand。

关系具有根本的重要性,本书将在下面介绍。所有经济活动(不仅仅是风险交易)都与承担风险有关,这在经济上是合理的,在法律上是可取的(在许多情况下,甚至是财产照护义务的一部分),而且不应受到刑法的禁绝。因此,在任何情况下,第 266 条的适用都不应基于所谓的“采取最安全途径的义务”。该条文不包括避免犯罪构成结果(财产损失)的一般义务,它本身也不包含行为规范(边码 748)。与建立在自身行为规范基础上的罪名(理想典型的是故意杀人罪、故意伤害罪等)完全不同的是,第 266 条不将结果的引致规定为刑事犯罪,而是将结果出现作为附加条件,对于违反义务(和滥用权限)独立地予以确定。犯罪人在多大程度上有义务避免损失,这完全是他具体财

对于遗嘱执行人(Testamentsvollstrecker)的背信:BGH GA 1977,342(风险交易)和 AG Düsseldorf BeckRS 16,09807(维持遗留财产)。公证人的职责(对应于律师),将受托的客户资金立即汇入其他账户:BGH NStZ 82,331;BGH NJW 15,1191。对于财政官员(Finanzbeamten)的背信行为:BGH NStZ 98,91;BGH NJW 07,2864,2866;BGHSt 62,288 附评注 Brand,NJW 18,1334,Gehm,NZWiSt 18,328;OLG Stuttgart ZWH 17,374 附评注 Wittig;对于公务,一般性地见 Fabricius,NStZ 93,414。对于由(临时的)破产管理人实施的背信:BGH BeckRS 16,20475;LG Aurich BeckRS 17,117963 附评注 Bittmann,ZInsO 17,1874;Weyand,ZInsO 17,1740;Keramati/Klein,NZI 17,421;Lassmann,NStZ 09,473;Schramm,NStZ 00,398。对于理想的团体机关的背信(非盈利):Brand/Sperling,JR 10,473;见 Eisele,GA 01,377;Lassmann,NStZ 09,473。对于基金会的背信:BGH wistra 10,445 附评注 Büch,wistra 11,20;Lassmann,Stiftungsuntreue 2008;Saliger,Non Profit Law Yearbook 2005,S. 209 ff。对于黑账户的设立:BGH NStZ 00,206;BGHSt 51,100(Kanther);BGHSt 52,323(Siemens);对此进一步的提示,见边码 761;BGH wistra 11,301(CDU-Kreisverband Köln)附评注 Corsten S. 389;BGH NStZ-RR 14,343;BGH wistra 17,193;Brammsen/Apel,WM 10,781;Rönnau,Tiedemann-FS S. 713;Saam,HRRS 15,345;Saliger,NStZ 07,545;Schünemann,StraFo 10,1,4 ff;Strelczyk,Die Strafbarkeit der Bildung schwarzer Kassen 2008;Tsagkaraki,Die Bildung der sog. “schwarzen Kassen” als strafbare Untreue gemäß § 266 StGB,2013;Weimann,Die Strafbarkeit der Bildung schwarzer Kassen gem. § 266(Untreue)1996;BGHSt 55,266(Trienekens);Saliger,Roxin-FS Ⅱ S. 266 ff。对于通过人员配置(Stellenbesetzungen)实施的背信:BGH NStZ 06,307 和 Krell 2015 年的同名作品。对于通过与目的相悖的投入科研人员而实施的背信:BGH wistra 19,60。对于违反市政法规中的投机禁止(Spekulationsverbot)而实施的背信:BGHSt 62,144 ff 附评注 Eisele;Brand,NZG 18,293;BGH NJW 19,378 附评注 Brand;赞成 Schneider,NZWiSt 19,234。为身份不明的不动产权人确定法定代理人时,法律办公室公职人员的检查义务:BGHSt 61,311 ff。

产照护义务的问题,而不是第 266 条的问题,而且答案大相径庭(比如,从将风险降至最低的保管义务或者托管服务,[1]经由节俭性或盈利性的义务,[2]再到对于有风险的、最大限度地提高收益机会投资策略的要求)。当然,一般情况下,义务包含尽可能地避免并无(根据预期价值,也即盖然性和数额)对应价值盈利预期的损害。但是,犯罪构成仅将与个人决策空间相关的情况,视为财产照护义务的内涵(见边码 752)。正因如此,基本上看,只有在具体情况下,以不利于所照护财产的方式,在事实上、经济上或法律上显示为并非正当的(unvertretbar)行为,[3]才可被视为违反义务的行为["实施上的正当性"(unternehmerische Vertretbarkeit)][4]。决策越复杂,越重要,越有风险,对有义务的人要求就越高,他们必须以有条不紊的方式确定情况和他们自己的行为可能,对这些选择的后果作出预测,然后在合理的理由下选择其中一个。[5] 然而,在这种情况下,所有的判断、预测和自由裁量空间都属于有义务的人;随后作出判决的法院,不得以自己的评判取而代之。[6] 这是联邦宪法法院对"明显"违反义务[7]的限制所作解读的一个核心部分。通过误导性的要求,即只有严重违反义务的行为(见边码 764)才被视为背信行

[1] 比如参见 BGH NJW 06,3219,3223 律师向未成年人的法定代理人支付意外保险的高额索赔,并由其投资;也见 Scheja, Das Verhältnis zwischen Rechtsanwalt und Mandant im Hinblick auf den Straftatbestand der Untreue 2006;Schmidt,NStZ 13,498。

[2] 比如参见 BGH NStZ 08,87,89 和 BGH NJW 20,628 附评注 Brand 对于城市的市长;对于超越自由裁量权限,见 BGH NStZ 16,600 附评注 Eidam;Satzger,Jura(JK) 17,246。

[3] 对于法律上(非)正当性的构想见 Schuhr,JZ 08,603。

[4] BGHSt 49,163;BGH NJW 06,454;OLG Köln BeckRS 16,117223;Spickhoff-Schuhr, § 266 Rn 52.

[5] 与银行存在风险的证券交易相关,对此见 Becker/Walla/Endert, WM 10, 875;对于在此领域内的进一步指引,见 Brüning/Samson,ZIP 09,1089;C. Schröder,NJW 10,1169;一般性 Kudlich, Streng-FS, S. 67;对于"花钱玩"(pay to play)开销,见 Duesberg,wistra 20,101。

[6] 比如参见 BGH StV 06,299,301;BGH wistra 16,314,320 f 关于公司机构决定,以新的商业理念和技术投资开拓新的业务领域。

[7] BVerfGE 126,170,211(Rn 110 ff);BGH NStZ 13,715;见边码 748。

为，同样的要求原本也应该得以表达。[1]

757 商业上的处置包含了风险的变化，而所谓的风险交易（Risikogeschäfte）暗含在财产损害意义上失败的危险，[2]财产所有人对此表示同意可能导致法律授权中相关内部限制的相应扩张。据此，如果风险交易是在适当权衡风险和机会之后进行的，并且——这二者在结果上是相同的——从一开始就由义务设定所规定的义务人的权限涵盖，或者由财产所有人随后的有效"承诺"（Einwilligung）（边码 758）涵盖，则不存在违反义务的情况，[3]因此也不存在犯罪构成的实现。在许多情况下（特别是对于公司的总经理、董事会成员等），义务人甚至有义务利用现有的商业机会。如此，违反义务的行为也可能包括以经济上不合理的方式避免承担必要的风险（而不利之处在于未实现的实际盈利机会，见边码 775）。

758 在这种情况下，这种对于背信的承诺（Einwilligung），构成排除

---

〔1〕 参见 BVerfGE 126，170，211（Rn 110 ff）；BGHSt 47，148，150 ff；BGHSt 47，187，197；对于相关案例组的阐明 BGHSt 50，331，345；也参见 Beulke，Eisenberg-FS 2009，S. 245，252 ff；Bittmann，wistra 13，1，6 ff；Schünemann，ZIS 12，183，191；Kubiciel，NStZ 05，353，357 f；SpickhoffSchuhr，§ 266 Rn 45，48 f；Zehetgruber，wistra 18，489，493 f。

〔2〕 对于风险交易，具体见 Hillenkamp，NStZ 81，161；此外 Bittmann，NStZ 11，361；Fischer/Piel，S. 109 ff；Hellmann，ZIS 07，433；Murmann，Jura 10，561；Ransiek，ZStW 116（2004），634；Rose，wistra 05，281；Stenzel，Risikogeschäfte und strafbare Untreue，2016；Waßmer，Untreue bei Risikogeschäften 1996；批判 Martin，Bankuntreue 2000，S. 96 ff。

〔3〕 参见 Hellmann，ZIS 07，435；Lackner/Kühl/Heger，§ 266 Rn 7；Mitsch，BT Ⅱ S. 369：对于滥用；如同本书 Rönnau，Tiedemann-FS S. 713，717 f。

犯罪构成的同意（tatbestandsausschließendes Einverständnis）。[1]它修改了在这种情况下存在的义务，由此不再发生违反义务的情况，并且——由于第266条从违反义务中推导出犯罪行为的不法内容（Unrechtsgehalt）——也（在可能的情况下，尽管有损失）不再存在不法。因此，在这种情况下，财产所有人的同意必须具有规范性［规范给定的（normsetzend）］属性，而不仅仅具有纯粹的事实（tatsächlich）意义。因此，不仅是"自然意义上的同意"（natürliches Einverständnis），而且通常情况下，只有财产所有人或其法定代理人有效的（明示或默示）声明（Erklärung），才可排除第266条规定的义务违反。[2] 这也适用于只是假定同意（hypothetisches Einverständnis）的情况，[3]这一结论被歪曲：如果只是被问到并表示同意，是不够的。但是，也不必要求义务人承担每个出现的风险。更

---

〔1〕 如此 BGHSt 50,331,342;55,266,278;BGH NJW 00,154,155;BGH NJW 03,2996,2998;BGH NStZ-RR 12,80;A/W-Heinrich, § 22 Rn 70;Bock,BT Ⅱ S. 532;Edlbauer/Irrgang, JA 10, 786; Eisele, BT Ⅱ Rn 865; Fischer, § 266 Rn 29, 90 ff;Heghmanns,Rn 1609;H-H-Koranyi,Rn 1100;Hillenkamp,NStZ 81,161,165;Jordan,JR 00,137;LK-Schünemann, § 266 Rn 100;Mitsch,JuS 11,101;MK-Dierlamm, § 266 Rn 143;NK-Kindhäuser, § 266 Rn 66;NK-WSS-Jahn/Ziemann, § 266 Rn 75;Rengier,BT Ⅰ § 18 Rn 39;Schmidt,BT Ⅱ Rn 750;S/S-Perron, § 266 Rn 21;S/S/W-Saliger, § 266 Rn 58 ff;Schramm,Untreue und Konsens 2005,S. 52 ff,57 ff;Wittig, § 20 Rn 68 ff;Zöller,BT Rn 288;其他 BGHSt 9,203,216,主张正当化的承诺。

〔2〕 参见 BGHSt 34,379,384;G/J/W-Waßmer, § 266 Rn 144 ff;S/S/W-Saliger, § 266 Rn 46;在结论上并无不同 Hellmann,ZIS 07,435 f;对于承诺限制于有行为能力人，见 Schramm,Untreue und Konsens 2005,S. 75 ff。

〔3〕 假定的承诺（hypothetische Einwilligung）范畴对于第266条可以想见的拓展，见 OLG Hamm wistra 12,448［"假定的同意"（hypothetisches Einverständnis）］;Beckemper,NZWiSt 13,235;Hengstenberg,Die hypothetische Einwilligung im Strafrecht 2013,S. 416 ff;Schmidt,Die Rechtsfigur der hypothetischen Einwilligung und ihre Übertragbarkeit auf die Untreue 2018,S. 201 ff;G/J/W-Waßmer, § 266 Rn 144a;否定见 NK-WSS-Jahn/Ziemann, § 266 Rn 77;S/S/W-Saliger, § 266 Rn 58;批判见 Wittig, § 20 Rn 72。

确切地说,这取决于义务的设定,哪些风险(可能甚至是确定的损失)可以由他自己决定(无须向老板询问),以及何时必须征求老板的决定——倘若老板总是想被请示,他就不会委托其他人处理财产问题。并且,必须始终通过适当考虑委托人的利益来行使此种自由裁量权。如果这(有点歪曲地)被称为“假定的同意”,那么这一形象绝对在第266条中占有一席之地。与之相反的是,事后的同意(nachträgliche Zustimmung)在刑法中没有效力,[1]但可能是先前(至少是隐含的)同意的[声明性的(deklaratorisch)]指示。

759 在第266条的框架内,(类似于对身体完整性的侵犯)不能在不考虑承诺能力(Einwilligungsfähigkeit)、[2]意志的可能缺陷、可能缺失的对于所设想交易异常高风险的披露以及承诺人在商业事务方面具有或缺失经验的情况下,对于同意的有效性(Wirksamkeit)进行评判。[3]

例证:富有但缺乏商业经验的工厂老板遗孀F,委托她的熟人B管理她的私人资产,她向B授予了一般代理权(Generalvollmacht)。在一些盈利的股票交易之后,B无法抗拒诱惑,用F的钱进行高风险的股票市场投机。在此之前,F在他的坚持下,同意了该项目,也未哪怕只是暗示性地表明其风险。在得到F的同意之前,B很清楚F无法对她所做的事情有所概览。在此种案件中,如果投机性交易失败,毫无疑问,F做出的无效的[4]同意(基于缺失的告知、错误的预期和缺乏商业经验)并不排除存在滥用型犯罪构成意义上的义务违反,原因在于,F(如B所知)无法理解其决定的范围,并适当地评

[1] 参见BGHSt 60,94,108(Böhr案)附评注Altenburg,NJW 15,1624;Brand/Seeland,ZWH 15,258。但是,Bock,ZIS 16,69指向了刑罚裁量的相关性。

[2] 参见BGHSt 9,203,216。

[3] 参见A/R/R – Seier, 5. 2 Rn 92, 396; M/R – Matt, § 266 Rn 93; NK – Kindhäuser, § 266 Rn 67; S/S/W – Saliger, § 266 Rn 59; Waßmer, Untreue bei Risikogeschäften 1996, S. 32 ff; BGH NStZ 97,124。

[4] 但对此也参见LK-Schünemann, § 266 Rn 124。

估其面临的风险。授权 B 为财产管理人,正是为了防护 F 由于缺乏商业经验,从而做出这种错误的决定。但是,如果由于上述原因,F 的同意无效,B 在内部关系中仍然受到风险政策下审慎规则(Sorgfaltsregel)的约束,诚实和尽职的财产管理人必须遵守这些规则,并且应禁止在投机交易中以异于寻常的高损失风险危及所照护的财产。[1]

这一例证表明,财产所有人在背信领域同意的有效性,在是否排除义务违反并由此已经成立第 266 条犯罪构成这一问题上,原则上必须根据同样的原则来进行判定,就如同通常在作为正当化事由承诺(Einwilligung)的情况下一样;[2] 在此涉及的必须是财产所有人的自主决定(autonome Entscheidung)。这也是特殊的犯罪构成结构产生的结果(见边码 748):如果行为规范是由犯罪构成产生的,则通过正当化事由检验这一(一般性的)行为规范是否在特殊情况下例外地被予以免除,因此(尽管存在犯罪构成符合性)实际上并未违反行为规范;在此,必须相应地进行检验,可是,在具体案件中,犯罪构成就已经要求对于行为规范的违反。 760

就其性质而言,同意的有效性要求财产所有人知悉受托人的行为。在没有具体证据的情况下,无法认定委托人违反其公司合规规定(Compliance-Vorschriften)中包含的商业交易中的贿赂禁止,默示地(stillschweigend)同意设置为此种贿赂提供资金的“黑 761

---

〔1〕 参见 BGH wistra 82,148,150;GA 1977,342;BGH StV 04,424,425;BGH wistra 12,233[高投机性期权证明(Optionsscheinen)的证券交易];Hillenkamp,NStZ 81,167;LK-Hübner,10. Aufl.,§ 266 Rn 87;Waßmer,Untreue bei Risikogeschäften 1996,S. 58 ff。

〔2〕 对此参见 AnK-Esser,§ 266 Rn 147;Kindhäuser/Hilgendorf,§ 266 Rn 54 f;Wessels/Beulke/Satzger,AT Rn 554;BGH,in BGHSt 9,203,216 提及正当化承诺的可能依据;开放性 BGHSt 30,247,249;如同本书 Eisele,BT Ⅱ Rn 865;G/J/W-Waßmer,§ 266 Rn 116,145;Rengier,BT I § 18 Rn 39;S/S/W-Saliger,§ 266 Rn 59;Wittig,§ 20 Rn 71 ff。

色金库”(schwarze Kassen)。[1] 与此同时,由于同意可能涉及可以想见的犯罪,并不会导致这种同意是无效的。[2] 当然,如果同意本身是非法的(例如,学生议会批准通过学生总委员会执行一般政治任务的决定),[3]或者同意本身构成违反第 266 条规定的义务,[4]则同意的有效性可能会因此缺失。这特别适用于协会成员大会背信的同意,[5]比如股份公司的监督机关对于董事会的背信行为表示同意,或者是有限责任公司股东对(一人)公司的总经理滥用职权转移财产的同意。[6] 在这种情况下,德国联邦法院认为,对损害公司股本,剥夺公司生产基础或者危及其流动性处分的同意,是无效的。[7]

---

〔1〕 参见 BGHSt 52,323,335(西门子案)。

〔2〕 Ransiek,StV 09,321;Weber,Seebode-FS S. 437,442.

〔3〕 参见 BGHSt 30,247,249;OLG Hamm NJW 82,190,192;在私营经济(在设立黑账户的情况下)中对此 Privatwirtschaft Rönnau,Tiedemann-FS S. 713,718 ff;也参见 BGHSt 60,94,109(Böhr 案:党团未经允许的同意)附评注 Altenburg,NJW 15,1624;Brand/Seeland,ZWH 15,258。

〔4〕 G/J/W-Waßmer, § 266 Rn 146 ff.

〔5〕 OLG Hamm wistra 99,350,353.

〔6〕 参见 BGHSt 34,379,384 f;35,333,337;55,266,278;BGH NJW 97,66;BGH NJW 00,154,155 附评议 Gehrlein,NJW 00,1089;BGH NJW 03,2996,2998;BGH JR 12,443;BGH StV 17,79 附评注 Floeth,EWiR 16,629;Achenbach,BGH-FS S. 596 ff;Brammsen,DB 89,1609;Fischer, § 266 Rn 93 ff;Kindhäuser/Hilgendorf, § 266 Rn 56 ff;Kraatz,ZStW 103(2011),447,473 ff;LK-Schünemann, § 266 Rn 125;MK-Dierlamm, § 266 Rn 146 ff;Schramm,Untreue und Konsens 2005,S. 91 ff;Waßmer,Untreue bei Risikogeschäften 1996,S. 51 ff,80 ff;Wodicka,Die Untreue zum Nachteil der GmbH 1993,S. 210 ff,249 ff,274 ff;Zieschang,Kohlmann-FS S. 351;也见对于边码 756 脚注 48 中,Mannesmann 和 Bremer Vulkan 案件的提示。

〔7〕 参见 BGHSt 54,52,57 f;BGH NStZ-RR 12,80;BGH wistra 13,232;BGH NStZ-RR 19,381;对此批判 Beulke,Eisenberg-FS S. 245,256 ff;Kraatz,ZStW 103(2011),447,472;也参见 Anders,NZWiSt 17,17;Habetha/Klatt,NStZ 15,672;Tiedemann,Mehle-FS S. 625,633 ff。

判例例证：在西门子［—意大利国家电力公司（ENEL）］一案（BGHSt 52,323）中，两名负责获得新订单的经理，贿赂意大利国家电力公司集团的高级管理人员以获得订单。贿赂款是从为此目的设立的“黑色金库”中支付的，公司资金被“转移”到该金库中。除了对于第 299 条规定犯罪的陈述之外（德国联邦法院以现行法律条文中不再存在的理由予以否定），法院还根据第 266 条第 1 款第 1 种情形，对于背信犯罪作出了判决。支付贿赂款是违法的，其是否因此就已经违反了第 266 条第 1 款的规定（根据此后的西门子—独立雇员行动联盟—判决，这必须受到质疑，见边码 755 中的判例例证），在本案中并不重要，原因在于，所获得订单的利润率（在存疑有利被告的情况下，只有这样才能获得）超过了贿赂款的金额，因此，贿赂产生了财产收益，而不是损失。然而，“黑色金库”的注资，已经违反了内部规则，因此被认为是与义务相悖的（政策是否仅在形式上予以制定，且可能会被其他具有约束力的协议所抵消，着眼于这一问题，对此原本可以更为详细地加以讨论）。

根据德国联邦法院的观点，“黑色金库”的注资，已经产生了最终资产上的劣势。即便根据既定惯例可以肯定，资金的使用只会产生超过资金数额的利益，但事实上，公司对于黑金不再可能接触，也就不能将之计入公司财产（也见 BGH HRRS 19 Nr 236）。在此，德国联邦法院远离了一贯坚持的经济上的考察视角。正确的做法可能是，并无疑义的不利因素（资金外流）应与合理经济预期的价值相互权衡。对此参见 Bosch, JA 09, 233, 235; Brammsen/Apel, WM 10, 781; Hoof, Kompensationsmöglichkeiten innerhalb des Untreuenachteils 2018, S. 268 ff; Jahn, JuS 09, 175; Knauer, NStZ 09, 153; Kudlich/Ŏglakcıoğlu, Rn 329; Satzger, NStZ 09, 297, 303; S/S/WSaliger, § 266 Rn 1；部分赞成见 Rönnau, StV 09, 246, 249；赞成见 Fischer/Fischer, S. 51 f; Fischer/Hoven, S. 206 f；对此澄清 Hohn, Rissing-van Saan-FS S. 259, 265 ff；为涵括此类案件的侵占罪犯罪构成的应然法设计 Fischer/Perron, S. 189 ff；案例解析 Bock, WV-BT2 S. 399 ff; Jäger, BT Rn 392e, f; Rotsch, JA 13, 278。

根据德国联邦法院的判例，任何照护义务人（Betreuungspflichtiger）受到 762

指示约束[1]并在履行其建议职责后,仅遵守其委托人具有约束力指示的人,都不违反义务(pflichtwidrig),而是按照义务行事(pflichtgemäß)。在这方面,滥用第266条规定的义务或处置权限(Verpflichtungs-oder Verfügungsbefugnis)是不可想象的;在此,只有违反指示的行为才能构成背信犯罪。如果遵守具有约束力的指示导致财产丧失和损失,则完全由委托人[根据他的指示权限(Weisungsbefugnis)]负责。[2] 只要义务设定由委托人支配,并且他通过指示有效地做出了处置,则这一观点是令人信服的,但与之相反,如果是在无法处置的法定义务的情况下,则不然。在此情况下,指令只能被视为同意,其有效性和效果,必须遵循为此目的所阐述的规则,[3]但这不太可能导致结果上的差异。

763 滥用和违反义务,必须分别由交易的种类和内涵推导出来。例如,作为代表人或代理人,根据订单收取应收款项,但意图将款项用于自己目的的人,则(尚未)滥用其处置权限。[4] 可是,违反交付义务使用金钱,可能违反第266条规定的背信型犯罪构成。

764 根据德国联邦法院的观点,[5]在授予贷款时,对于滥用型犯罪构成意义上的义务违反而言,决定性因素是决策者——在其中,即使是在统一性原则(Einstimmigkeitsprinzip)下,其也可能承担不同的责任[6]——是否严重忽视了他们负有的银行业所通常要求的信息义务和审查借款人经济状况的义务。

---

[1] 对此见BGH JZ 84,682。

[2] 如此例如BGH GA 1977,342;S/S-Perron, § 266 Rn 20;Wessels,BT Ⅱ Rn 712;对此更详尽Nelles,Untreue zum Nachteil von Gesellschaften 1991,S. 563 ff。

[3] 参见Waßmer,Untreue bei Risikogeschäften 1996,S. 35 ff;Schramm,Untreue und Konsens 2005,S. 61 f;始终只是此种情形Hillenkamp,本书直到第40版。

[4] 参见BGH wistra 84,143;S/S-Perron § 266 Rn 19;Wittig/Reinhart,NStZ 96,467;其他LK-Hübner,10. Aufl., § 266 Rn 71附并不具有说服力的提示,即恶意意志已经证明了恶意行为的存在;对于"恶意",见Dölling,Roxin-FS Ⅱ S. 1901 ff。

[5] BGHSt 46,30,35;47,148;BGH wistra 10,21,23 f.

[6] 对此见Knauer,NStZ 02,399,403 f。

对此而言,依托点可能是《银行业法》中规定的义务,[1] 以及自私(Eigennützigkeit)。[2] 如果一家股份公司的董事会从其资产中向一家足球俱乐部捐款,同样地,根据可反驳的、第 3 刑事审判庭在曼内斯曼一案(Mannesmann)中并未赞同的[3]第 1 刑事审判庭的观点,只有在严重违反公司法上义务的情况下,才可能认定义务违反性(Pflichtwidrigkeit)(参见边码756)。与公司目标的背离,公司内部缺乏透明度,以及存在不适当的动机,特别是追求纯粹的个人偏好,都证明了这种做法的合理性。[4] 正确的是,在第266 条的两种类型中,犯罪行为应限于清晰且明显不可接受地违反普遍接受

---

〔1〕 参见 BGHSt 47,148,149 ff 附批判性评议 Keller/Sauer, wistra 02,365 和 Knauer, NStZ 02,399;对此也见 ansiek, ZStW 116(2004),671。

〔2〕 BGHSt 46,30,34.

〔3〕 参见 BGHSt 50,331,343 f;对于两项判决,参见 Jäger, BT Rn 388; Beulke, Eisenberg-FS S. 245,252 ff 要求回归到对于"严重性"的要求;对此也见 BVerfGE 126,170,210 f; OLG Hamm wistra 12,448; LG Hamburg ZWH 15,147;对于争论情况 AnK-Esser, § 266 Rn 100 f; Fischer, § 266 Rn 61 ff; S/S/W-Saliger, § 266 Rn 47 ff 在边码50 中附批判性立场; Wittig, § 20 Rn 50;澄清 G/J/W-Waßmer, § 266 Rn 94 ff; LK-Schünemann, § 266 Rn 95 ff; Schünemann, ZJS 12,191; Kraatz, ZStW 103(2011),447,479 ff 创设了——承接 Schünemann, NStZ 05,476——与客观归责学说之间的关联。

〔4〕 参见 BGHSt 47,187,197;对此见 MK-Dierlamm, § 266 Rn 175 ff; Otto, Kohlmann-FS S. 187; Saliger, JA 07,329;根据《证券法》第 87 条规定,在 Mannesmann 案中,对于认可奖金分配的评价,详见 LG Düsseldorf NJW 04,3275,其并不想以"严重的"侵害作为出发点;对于这一关联意义上的"可确定性"(Bestimmtheit)问题,见 Lüderssen, Schroeder-FS S. 569。对于葡萄酒和香槟礼物的充分性,见 OLG Düsseldorf wistra 15,484 附评议 Jahn, JuS 15,850 和 Bernsmann, ZWH 16,81。

的价值评价,并且所引述的标准就是这一方面的表征。[1] 如果董事会成员超越了《股份公司法》第93条第1款规定的企业行为的最大边界,德国联邦法院认为,“严重”(gravierend)违反义务要件的存在“几乎是自动的”(automatisch)。[2] 与此相对,援引违反一般的禁止损害规定,几乎不足以证明违反忠诚义务。[3]

765 由于背信罪的两种类型犯罪构成都仅要求违反义务(Pflichtverletzung)[滥用权利(Befugnismissbrauch);违反忠诚义务(Treuepflichtverletzung)],因此,均可以通过作为和不作为实现。[4] 在此,保证人地位必然来自财产照护义务。也就是说,第13条第1款的适用最终不包含任何附加条件,在实质上,作为和

〔1〕 同等对待 Lackner/Kühl/Heger, § 266 Rn 20b;对此批判 Fischer, § 266 Rn 64a;对此也见 Ignor/Sättele, Hamm-FS S. 211, 220; Jahn/Ziemann, ZIS-FS S. 770 f; Otto, Tiedemann-FS S. 693, 695 ff; Rönnau, ZStW 119(2007), 887, 909 ff; Tiedemann, WirtschaftsstrafR, Rn 566 和区别 S/S/W-Saliger, § 266 Rn 47, 49 f;同样如此 BGH NStZ 13, 715 附赞成性评议 Jahn, JuS 14, 82; Kubiciel, StV 14, 91; Saliger, ZWH 14, 73; BGHSt 60, 94, 107 f(Böhr 案)附评注 Altenburg, NJW 15, 1624; Brand/Seeland, ZWH 15, 258; OLG Celle BeckRS 12, 20313; OLG Celle StV 14, 99 附评注 Brand, ZWH 14, 23。在此关联意义上,对于工会成员的福利,见 Bittmann/Mujan, BB 12, 637, 640。在没有任何行动空间决定的情况下——例如,在章程规定会议津贴的情况下——“严重性”这一要件并不重要,见 OLG Braunschweig NJW 12, 3800 附评注 Rübenstahl, NZWiSt 13, 267。

〔2〕 参见 BGH NJW 17, 578(HSH Nordbank)附评注 Brand; Becker, NStZ 17, 232; Bittmann, wistra 17, 121; Kubiciel, JZ 17, 585; Leimenstoll, StV 17, 394; Nepomuck, NZWiSt 17, 119; Stam, JR 17, 439; Weiler/Lingert, CB 17, 344;原则对于有限责任公司的转换,对此见 Wagner, ZfBR 17, 549。

〔3〕 但如此 BGHSt 50, 331, 336, 343 f;对此见 Deiters, ZIS 06, 152; Krause, StV 06, 308; Ransiek, NJW 06, 814; Schünemann, NStZ 06, 196; Thomas, Hamm-FS S. 767;在风险管理中的义务违反,对此见 NZG 11, 1252, 1254。

〔4〕 Lackner/Kühl/Heger, § 266 Rn 2; S/S-Perron, § 266 Rn 35; S/S/W-Saliger, § 266 Rn 22, 40.

不作为之间的区别并不重要。[1] 因此,通常不存在根据第 13 条第 2 款之规定从宽处理的事由。[2]

因此,第 266 条第 1 款第 1 种情形意义上权限被滥用的可能方式比如,在《德国商法典》第 362 条的情况下,或在不告知缺陷抗辩的情况下(《德国商法典》第 377 条第 2 款)保持沉默(Schweigen),[3]当然也可能由接受委托提出索赔的律师,通过债权经过诉讼时效而滥用。[4] 在可被归类为风险交易(Risikogeschäft)的和解(Vergleich)中,滥用存在于健康保险公司的代表人放弃了因会计诈骗行为(Abrechnungsbetrug)而很可能引致的、向医生遗孀提出的偿还索赔,而其方式,根据适用于规范管理行为的标准和原则,不再合理。[5]

在案例 63 中,根据《德国民法典》第 929、932 条之规定,F 确实能够向善意的 E 创设 B 笔记本电脑的所有权。但是,这样做法律上的可能性仅仅是《德国民法典》保护效力的结果,该效力将财产的占有和由此产生的法律表象联系起来,以利于善意第三人(参见《德国民法典》第 1006 条第 1 款)。因此,处置有关标的物的权限,并不能从中推导出来。[6] 相应地,在这种情况下,没有理由认为 F 可能滥用了第 266 条规定的与 B 有关的权限。在此之 766

---

[1] 对此参见 BGHSt 52,182,189;323,334;BGH NJW 11,3528,3529 附评议 Becker HRRS 12,237;OLG Braunschweig NJW 12,3800;赞成 Rönnau,StV 09,246,247;其他观点(第 13 条完全不能适用)Rengier,BT I § 18 Rn 36 ff;Hillenkamp,本书直至第 40 版。

[2] 如果不作为仅涉及非典型的轻微罪责,则可以考虑此种从宽的可能性 BGHSt 36,227;BGH NStZ-RR 97,357;BGH NJW wistra 07,3366,3367;BGH NJW 15,1191;A/R/R-Seier,5. 2 Rn 80;Fischer, § 266 Rn 55;G/J/WWaßmer, § 266 Rn 282;Lackner/Kühl/Heger, § 266 Rn 2;LK-Schünemann, § 266 Rn 202;MK-Dierlamm, § 266 Rn 142;NK-WSS-Jahn/Ziemann, § 266 Rn 97。其他观点(第 13 条完全不能适用)Eisele,BT Ⅱ Rn 884;Rengier,BT I § 18 Rn 38;Schmidt,BT Ⅱ Rn 745;SK-Rudolphi, § 13 Rn 4,6(被 Stein 所放弃, § 13 Rn 65);Hillenkamp,本书直至第 40 版。

[3] 更详尽参见 LK-Schünemann, § 266 Rn 53;Seebode,Anm. JR 89,301;S/S-Perron, § 266 Rn 16。

[4] 参见 BGH JR 83,515 附评注 Keller;LK-Schünemann, § 266 Rn 53。

[5] OLG Karlsruhe NJW 06,1682.

[6] BGHSt 5,61,62 f.

外，在案件63中，所有形式的背信罪行都不适用，因为承租人的看管义务仅仅是附属义务(Nebenpflicht)，并不构成“财产照护义务”(Vermögensbetreuungspflicht)。[1] 因此，F只犯有背信的侵占罪(第246条第2款)。

4. 施加不利

767 对犯罪人应当照护其财产利益的人，滥用行为必须造成不利(经济损失)。这一概念大致相当于诈骗造成的经济损失，但需要更广泛地进行理解(特别是为了未实现的实际盈利机会)(见边码775及以下数个边码)。经济劣势必须可归因于义务违反行为，并与之相互关联。[2] 这种归属关系，部分已经在财产保护义务的要求中予以阐述(见边码755)。

Ⅲ. 背信之犯罪构成

768 案例64：在一个较小的火车站内，售票处由售票员S负责管理售票收银。每天的收入必须在服务结束时，与最终金额一起记录在交付簿中，并在收到收据后存入集体收银台。每月两次总结算。为了还清个人债务，S从收银机内取了钱，错误地记录了交付账簿，并以错误的数据记录后来的收入来掩盖资金不足。

S的刑事可罚性？(见边码785)

1. 信任关系、财产照护义务和义务侵害

769 如果违反基于法律、官方授权、法律行为或事实上的信任关系而负有的、实现第三人财产利益的义务，从而损害其财产利益，则符合了背信型犯罪构成。因此，信任关系(Treueverhältnis)可以建立在与滥用型犯罪构成相同的基础之上，但与其相反，信任关系也

---

[1] 参见BGHSt 22,190,191；M/S/M-Momsen,BT I § 45 Rn 33。

[2] BGHSt 46,30,34；H-H-Koranyi,Rn 1104；Mansdörfer,JuS 09,114,116 f；Perron,Frisch-FS S. 868 ff；Weber,Seebode-FS S. 437,445.

可以产生于实际上的联系。[1] 如果基础交易因法律原因而无效，则会产生事实上的关系，而在有效的情况下，则会产生法律上的忠诚义务（Treuepflicht）。[2] 如果一个公司的总经理在没有正式任命的情况下，经股东同意，只在事实上拥有和行使管理权，并在这样做时，相对于形式上的总经理，占据更为优越的地位，则也应当认定存在实际的信任关系。[3] 通过与初始忠诚义务人的合法交易，也可以为第三方确立忠诚义务。[4]

违反义务的行为可以是法律意义上的行为，也可以是实际意义上的行为。例如，从银行或协会的资产中支付雇员个人的罚金或罚款，[5] 向工会成员支付法律不允许的高额特别奖金，[6] 从体育博彩分支机构的保险箱中提取一笔钱供私人使用，[7] 进行有损

---

〔1〕 AnK-Esser, § 266 Rn 57; Hohmann/Sander, BT I § 16 Rn 25; S/S-Perron, § 266 Rn 30.

〔2〕 Lackner/Kühl/Heger, § 266 Rn 10; S/S/W-Saliger, § 266 Rn 25 ff; 对此也见 Reiß, Das Treueverhältnis des § 266 StGB, 2014, S. 507 ff。

〔3〕 所谓事实上机关地位（Organstellung）的案件，对此见 BGH NJW 13, 624 f; M/R-Matt, § 266 Rn 44; Mayr, ZJS 18, 212; Leppich, wistra 18, 361（对于终了）；类似也见 BGH BeckRS 20, 3554。在同时存在事实上总经理的情况下，“稻草人”（Strohmann）—总经理的背信，对此问题，见 BGH wistra 17, 65 附评注 Ceffinato; Heuking, BB 16, 3089; Sahan/Altenburg, NZWiSt 18, 161。

〔4〕 参见 BGH NStZ 00, 375, 376; 在财产照护人为处理相对于保险公司的索赔而雇用人员的案件中，由于事实原因而予以否定，OLG Hamm NZWiSt 16, 479 附评注 Schumacher。

〔5〕 对此见 BGHSt 37, 226; OLG Frankfurt StV 90, 112; Hillenkamp/Cornelius, BT 12. Problem; Ignor/Rixen, wistra 00, 448; Kranz, ZJS 08, 471, 473 ff; Spatschek/Ehnert, StraFo 05, 266; 区别 Otto, Tiedemann-FS S. 693, 699 ff; Stoffers, JR 10, 239。

〔6〕 参见 BGHSt 54, 148, 156 ff（VW 案）附评议 Corsten, wistra 10, 206; 对此参见 Bittmann/Mujan, BB 12, 637; Zwiehoff, Puppe-FS S. 1337 ff。

〔7〕 在 OLG Hamburg NStZ 10, 335 案件中，通过出纳将黑钱“洗白”，对此见 Jahn, JuS 09, 1144; Satzger, JK 7/10, StGB § 266/35; 由总经理“向财务伸手”，见 BGH wistra 12, 237。

信用从而引起损害赔偿要求的面谈,[1]或由照护人诱使无证明能力的人将其作为受益人[2]。在此,行为方式也可以是作为或不作为。

770 这一犯罪构成几乎无穷无尽的范围,[3]可能会惩罚所有违反协议的行为。对此危险,判例和学说通过不同的侧重,[4]以对于财产照护义务相对严格的要求予以应对:前提是,维护他人财产利益的义务,构成法律上或事实上存在的信任关系的典型的和核心内容。[5]

---

[1] 此类案件 Kirch/Breuer BGHZ ZIP 06,317;对此 Jäger,Otto-FS S. 593。

[2] 根据 OLG Celle NStZ-RR 13,176 附评议 Kudlich,JA 13,710,将立遗嘱人作为工具的间接正犯的案件。与策勒州高等法院的观点相反,促使遗嘱形式的包庇,尚未足以证明危险损害,见 BGH HRRS 19 Nr 320;BGH NStZ 18,347。

[3] 由此,支持违宪性 Kargl,ZStW 113(2001)589 和 MK-Dierlamm, § 266 Rn 3,相反 NK-WSS-Jahn/Ziemann, § 266 Rn 24;Ransiek,ZStW 116(2004),640;S/S/W-Saliger, § 266 Rn 4;这一争论通过 BVerfGE 126,170 LS 1 被作出决定:《德国刑法典》第 266 条第 1 款规定的背信罪犯罪构成,与《德国基本法》第 103 条第 2 款的确定性要求(Bestimmtheitsgebot)相一致,这一判决最重要的观点,见 Kuhlen,JR 11,246,253 f。

[4] 见 Küper/Zopfs,BT Rn 619,638 ff 中的对照;总结 BGHSt 61,48 附评注 Rönnau/Becker,JR 17,204;Saliger/Schweiger,NJW 16,260。

[5] 参见 BGHSt 1,186,189;22,190,191;55,288,297 f;BGH NZWiSt 12,33,34 附评注 Waßmer;BGH NStZ 13,40 f;BGHSt 62,144 ff 附评注 Eisele;Brand,NZG 18,293;BVerfGE 126,170,208 ff;KG wistra 15,72;总结 BGHSt 60,94,104 f(Böhr 案)附评注 Altenburg,NJW 15,1624;Brand/Seeland,ZWH 15,258;BGH wistra 17,153 附评议 Bittmann,wistra 17,124;BGH NJW 18,1486,1488;Eisele,BT Ⅱ Rn 889 ff;Fischer, § 266 Rn 21;HK-GS-Beukelmann, § 266 Rn 8 ff;H-H-Koranyi,Rn 1105,1112 ff;Krey/Hellmann/Heinrich,BT Ⅱ Rn 810 ff;Rengier,BT I § 18 Rn 15 ff;Zöller,BT Rn 295;概览 A/R/R-Seier,5. 2 Rn 132 ff;Fischer, § 266 Rn 35 ff,48 f;Kindhäuser/Hilgendorf, § 266 Rn 36-39;M-G/B-Schmid, § 31 Rn 92 ff;Spickhoff-Schuhr, § 266 Rn 10 f;S/S-Perron, § 266 Rn 23 ff;S/S/W-Saliger, § 266 Rn 25 ff;Wittig, § 20 Rn 123 ff。通过“保证义务”(Garantenpflicht)替代这一表述 Jakobs,Dahs-FS S. 49,55 f,58 f;对于标准批判性 Kraatz,ZStW 123(2011),447,461 f;Ransiek,Joecks-GS S. 287,290 ff。

履行合同并考虑到另一方利益，此类一般性的义务并非第266条意义上的"财产照护义务"。[1] 因此，在购买、租赁、工程、贷款或劳动合同的情况下，不履行简单的合同义务，并不符合背信型犯罪构成的要求。[2] 确切地说，被违反的义务必须特别地为合同对方的财产利益服务，也正是出于这一原因，必须达成协议，并且——作为法律行为意义上订立的义务——必须显示有利于合同对方的业务照护（Geschäftsbesorgung）要素。[3] 例如，如果在信用卡持有人去世后，使用为利己目的而保留的信用卡，则情况并非如此。[4] 保险公司的任务，在于就所释放资金的投资，向人寿保险保单的持有人提供建议，并在没有新的合同签订的情况下将资金交给他们。这并不意味着，其负有财产照护义务。[5] 而且，在信贷授予的框架范围内，让与担保（Sicherungszession）只对借款人一般性地产生附随义务，而主要义务仅限于偿还所授予的信贷。[6] 对于公务员而言，其一般性的忠诚义务对于第266条而言并不足够；相反，在这方面，必须有因特定职责范围而产生的财产照护义务。[7] 例如，对国家补贴具有决定性作用的公职人员就会出现此种情况。

---

〔1〕 BGHSt 33,244,251;BVerfGE 126,170,209 f.

〔2〕 参见 BGHSt 22,190,191;BGH wistra 98,61 附评注 Otto,JK 98,StGB,§ 266/16;BGH NStZ-RR 00,236 附评注 Otto,JK 01,StGB,§ 266/20;对于承揽合同（Werkvertrag）中的"保证金"（Sicherheitseinbehalt），OLG München NStZ 06,632 做出了例外;对此批判并附进一步的指引 OLG Stuttgart NJW-RR 10,1612;在使用债务人认股权证（Besserungsscheinen）中的财产照护义务，参见 Sahan/Minkoff,ZIS 18,317,319 ff。

〔3〕 参见 BGHSt 52,182,186 f;BGH NZWiSt 19,473,475。在雇主的从属义务中，缺乏对其雇员实施具有财产上有效性的履行义务，见 BGH wistra 10,483,484;BGH NStZ-RR 11,276,277（仅次要义务）。

〔4〕 参见 BGH NStZ-RR 15,213 附评注 Jäger,JA 15,629;Kudlich,PdW BT I S. 172 f。

〔5〕 BGH StV 02,143.

〔6〕 参见 BGH wistra 84,143;对于保险公司的平行评价，见 OLG Celle StV 14,99 附评注 Brand,ZWH 14,23。在土地债务（Grundschuld）情况下的担保合同，见 Clemente,wistra 10,249。

〔7〕 BGH StV 95,73;财务官员同时符合《税收条例》第370条第3款第2项之规定，BGH NStZ 98,91;也见 LG Dresden NStZ 06,633，州刑事警察局的警员，利用为公务车辆预留的信用卡加油。

与之相反,这种义务不应适用于补贴的接受者,因为他不是为了他人的利益,而是为了自己的利益而增加自己的附加值。[1] 在某些情况下,归类必须是有区别的,虽然原则上肯定有照护财产义务,但同时也必须承认存在个别情况,或存在其他主要义务,例如,在工会中,对于公司雇员而言,[2]以及在保健服务中,对于合同医生(Vertragsarzt)而言,相对于病人的医疗利益,其根据经济性要求(Wirtschaftlichkeitsgebot)负有义务的后位性。[3]

771 照护义务的最低要求始终是独立性,在具体案件的整体情况下,这是一个相当重要的问题,具有一定的权重和一定程度的责任(由此也有一定的决定空间)。对此而言的表征包括所涉活动的性质、范围和持续时间,义务人可能具有的、滥用型犯罪构成典型固有的、具有可比性的自由裁量权,[4]以及其独立性的程度。受雇、服务和辅助义务范围内的(雇员)活动,[5]以及纯粹机械化的活动,如执行信使服务或文书工作,并不构成第 266 条规定的信任关系,亲属关系、友谊或者故有的相熟关系。[6]

虽然在学说中,最后提到的两个方面发挥了重要作用,这是正确的,理由在于,财产所有人仅以类似于拥有处置或义务权限的人的方式,给予犯罪人

[1] 如此 BGH NJW 04,2248,2251 f(Bremer Vulkan);BGHSt 49,147,155 f。

[2] 对此见 Lobinger,in:Rieble ua(Hrsg),Arbeitsstrafrecht im Umbruch 2009,S. 99,109 ff。

[3] 对于医疗保险医生的处方背信(Verordnungsuntreue),见边码 756 的判例,此外 Dannecker/Bülte,NZWiSt 12,81,84 ff;Schneider NZWiSt 20,10 和 Spickhoff-Schuhr,§ 266 Rn 28 ff。

[4] 在将维萨卡交由自由使用的情况下,决定空间的缺失,见 OLG Hamm NStZ-RR 15,214 附评议 Jäger,JA 15,629。

[5] 对于所谓的跑腿活动(Handlangertätigkeiten),见 G/J/W-Waßmer,§ 266 Rn 38;LK-Schünemann,§ 266 Rn 42 ff;OLG Hamburg wistra 10,155,157(银行职员相对于汇划账户的持有人);对于投资顾问,见 Mölter,wistra 10,53,56 ff。

[6] 参见 RGSt 69,58,60 ff;279,280 f;Wittig,§ 20 Rn 122。

相对于他人财产一定的行动自由,[1]但是,判例在此期间对以上方面重视不足。由此,判例认定,例如,如果房东违反合同或者违反法律使用房客押金,则符合背信型犯罪构成,[2]尽管"根据《德国民法典》第 550b 条第 2 款第 1 句的规定,对于房客押金的处理,房东只具有相对狭窄的决定空间"(参见《德国民法典》第 551 条第 3 款)。不能允许的是,将房东的义务与服务员、送货员、司机和信使提供的"帮助服务"(Dienste der Handreichung)相互等同。根据这一判决,拜仁州高等法院[3]反向认定,承租人取消为房租押金设立的邮政储蓄账户,也属于背信行为。根据此类标准,一名议员违反严格制定的规范,从他人员稀少的"访客名单"中邀请议会访客进入剧院,也可能犯有背信罪行。[4] 通过此种判决,并不能消除将违反忠诚义务的行为淡化为仅仅违反合同或规则的风险。[5]

根据判例,公证人(Notar)作为被予公证的交易各方中立的照护人,必须照护其财产利益,告知他们其声明的重要性和范围,并 772

[1] Hohmann/Sander, BT I § 16 Rn 8; Mitsch, BT Ⅱ S. 375; MK-Dierlamm, § 266 Rn 52 ff; S/S-Perron, § 266 Rn 23, 23a; SK-Hoyer, § 266 Rn 32; S/S/W-Saliger, § 266 Rn 10 f.

[2] 参见 BGHSt 41, 224, 227 ff 附批判性评议 Sowada, JR 97, 28 和 Satzger, Jura 98, 570; Saliger, JA 07, 328; 赞成 Bock, BT Ⅱ S. 523; 否定 Lackner/Kühl/Heger, § 266 Rn 12; 案例解析 Beulke, Ⅲ Rn 470 ff; 判决涉及的是住房租金; 对于商业空间租金, BGHSt 52, 182, 185 ff 附批判性评议 Bosch, JA 08, 658 和 Kretschmer, JR 08, 348 想要至少不允许对于财产管理义务法律上的引申; 在两种情况下否定背信 Rönnau, NStZ 09, 633, 肯定 Gericke, NJW 13, 1634; Pauly, ZMR 10, 256。

[3] 参见 BayObLG wistra 98, 157 附批判性评议 Satzger, JA 98, 926 和案例解析 Radtke/Steinsiek, JuS 10, 417; 从两则判决中(尽管也存在差异性的判例, 见 OLG Düsseldorf wistra 94, 33), OLG Zweibrücken wistra 07, 275 引导出了检察官的"诉讼提起义务"; 对此问题, 见 Beulke/Swoboda, Strafprozessrecht, 14. Aufl. 2018, Rn 89 f。

[4] 参见 OLG Koblenz NJW 99, 3277; 也见 Lesch, ZRP 02, 159; 议员通过购买金笔作为办公必需品而成立背信罪, 见 Soyka, JA 11, 566。

[5] LG Mainz StV 01, 296.

提请他们注意风险承担者可能没有意识到的损害风险。[1] 而且,一名律师(Rechtsanwalt)使用了他为他的委托人代收的资金,或者从他的委托人那里收到的资金(如保证金),也犯有背信罪。与此同样的是,一名犯罪人在给他的一张带有识别码的信用卡的帮助下,背信地提取资金,以支付适当的生活费用。[2] 虽然一名律师违反律师代理合同约定的义务,不将代表其客户收到的款项存入另一个账户而是供自己使用,原则上会因背信罪而受到惩罚,[3] 但是,保险经纪人(Versicherungsmakler)不将收到的保险费存入另一个账户——他没有义务这样做——而是将其存入自己的账户,只有在他没有在约定日期内将保险费转交投保人的情况下,才能认定成立背信罪。在德国联邦法院看来,经纪人在此日期内缺乏偿付能力,与之并不相悖。[4] 一般而言,在为他人收取、管理和交付资金时,应考虑委托资金的数额,以及是否应为了控制收入,而保存账簿或编制会计文件。[5] 但是,如果没有任何单独的处置权限,则并不足以满足作为前提的利他的财产照护(fremdnützige Vermögensfürsorge)要求。如果鉴于其从属意义,尚待履行的义务是详尽无遗的,从而没有任何的处置权限,那么就缺乏足够的独立

---

〔1〕 参见 BGH NStZ 14,517,518 附评注 Trüg;Jäger,JA 14,875;Schlösser,HRRS 14,396。

〔2〕 参见对于律师案件中的两种情形,附进一步的文献 BGH wistra 04,61;BGH wistra 15,27,28;KG NJW 07,3366;OLG Hamm NStZ-RR 04,111(对此也见案例 49 及边码 620);这同样适用于受托人,其违反信托协议条款将资金转移到第三人的账户,BGH wistra 19,506,508。

〔3〕 参见 BGH NJW 15,1191;但是,如果律师能够并愿意按照指示处理收到的款项,则有所不同 OLG Köln wistra 20,127。

〔4〕 参见 BGH NStZ 14,158 附评注 Krehl;Wagner,ZIS 14,364。尽管缺乏支付能力,但对于不得作为的责任(Unterlassenshaftung),见 Hillenkamp,Tiedemann-FS S. 949 ff 附进一步的文献。

〔5〕 更详尽参见 BGHSt 13,315,319;BGH GA 1979,143;BGH wistra 89,60,61。

性(Selbstständigkeit)。例如,对支付交易负责的乡镇的乡长及其财务负责人,[1]以及销售分支机构的经理,[2]存在第266条的适用空间,但是,如果银行职员只需要对从其他人那里获得的外国货币进行分类,并将其从其他待支付的资金中放好,则不存在适用第266条的可能。[3]

可是,根据判例,与严格限制的适用空间相应的,在于控制的欠缺,以及由此产生的犯罪人在没有保管人控制和监督的情况下获取其财产的可能性。[4] 即使在合同关系导致产生第266条规定的信任关系的情况下,也不是每一项单独的义务都必然属于该条的保护范围。例如,行为人应该将其客户的资金投资获利,并且已经这样做了,但在合同终止时没有及时交出这些资产,这并不违反第266条所涵括的忠诚义务,而只是一个单纯的债务人义务(Schuldnerpflicht),其与并无忠诚约定(Treueabrede)的其他债务关系中的偿还义务不存在实质性的差异。[5] 任何对于委托决定和订购行为具有决定性作用的人,比如大学附属医院的医务主任,都必须在其忠诚义务的框架内,努力为委托人达成有利合同。与之相反,向委托人交出个人佣金、与人身关联的捐赠或回扣(《德国民法典》第667条),则均不是忠诚义务,而只是一般的交出义 772a

[1] 参见 BGH NStZ 03,540,541;BGH NStZ 94,586;BGH NStZ 07,579 附评注 Dierlamm。

[2] BGH wistra 04,105,107.

[3] 参见 BGH NStZ 83,455。如果贷款案件必须根据严格的标准进行分类,而没有任何的判断余地,也是如此,BGH NStZ 13,40,以及与律师相关,受到约束的程序推进,BGH NJW 13,1615 f;对此也见 Bosch,JK 11/2013, § 266 I/40 和 Schmidt/Corsten, NZWiSt 13,470。

[4] 参见 BGH wistra 08,427,428(运钞员)。

[5] 对此参见 BGH NStZ 86,361;BGH NStZ-RR 00,236;BGH StV 02,142;Beulke/Ruhmannseder,Die Strafbarkeit des Verteidigers,2. Aufl. 2010,Rn 424;Schmidt,NStZ 13,498。

务,违反这一义务可能导致与职务相关的法律后果,但不会导向背信罪。[1]

现有的财产照护义务与其所依据的法律关系同时到期,以及随后可能的交出或清算义务(Herausgabe-oder Abwicklungspflichten)仅仅是债务人义务,对于以上原则,可能存在例外。例如,这适用于监护(Vormundschaft)或者照顾关系(Betreuungsverhältnis)的终止。[2] 根据《德国民法典》第168条,在内部关系中失效的(银行)授权书,如果通过权利表见(Rechtsschein)(《德国民法典》第170~173条)对外部继续存在,也可以产生同样的效果。[3] 对于法院执行人员,通过将其调到内勤服务部门而使其在丧失管辖权后,继续进行已经开始的执行活动,并保留所收取的款项,亦无不同。[4]

773 面包师学徒收取"面包钱",或收取日常生活物品的销售款项,并将这些物品连同发票一起交付,以及仅仅约定,转售所交付的货物并将所得款项交回,都不符合第266条的要求。[5] 在此,第246条的保护是完全足够的。在邮政人员收取货到付款的钱款,以及银行、邮局和铁路柜台工作人员收取现金的情形下,情况就不同了。[6] 而且,在发布执行令(Vollstreckungsauftrag)的框架

〔1〕 BGHSt 47,295,297 f;Kindhäuser/Goy,NStZ 03,291;Rönnau,JuS 03,232.

〔2〕 RGSt 45,434;OLG Stuttgart NJW 99,1566;OLG Celle NStZ-RR 13,177;Fischer,§ 266 Rn 43.

〔3〕 对此参见 OLG Koblenz NStZ 12,330。

〔4〕 参见 BGH StraFo 13,480,481 附批判性评注 Bittmann,ZWH 14,70;Jäger,JA 14,311(替代第266条或第263条)和批判性评议 Kraatz,JR 14,241;部分更狭 Reiß,Das Treueverhältnis des § 266 StGB 2014,S. 511。

〔5〕 参见 OLG Düsseldorf NJW 98,690;00,529;如果涉及《德国商法典》第383条及以下数个条文意义上真正的行纪业务(Kommissionsgeschäft),则会有不同。

〔6〕 参见 RGSt 73,235;BGHSt 13,315,317 ff;BGH wistra 89,60,61;差异见 LK-Hübner,10. Aufl.,§ 266 Rn 32,37。

范围内，相对于执行债权人，法院执行人员负有财产照护义务，[1]相对于债务人及其债权人，强制管理人（Zwangsverwalter）以及负责强制管理程序的司法人员也负有此种义务。[2]

774 在所谓的盗贼背信（Ganovenuntreue）的框架内，应予区分的是：如果行为人只是不遵守其与他人达成的、违反法律或道德的协议，则谈不上第266条所规定的背信罪。[3] 与此同时，根据第266条第1款的第二种情形（视具体案件的情况而定），如果以违反协议的方式从其客户委托他用于非法目的的资金中获利，则不排除因事实上的信任关系而具有刑事可罚性。由于此种原因而否定损害，并无显著助益。[4]

2. 施加不利

775 违反义务的作为或不作为的后果，必须是对犯罪人必须照护其财产利益的人造成不利影响。[5] 对此而言，有待保护与受到损害利益的同一性（Identität）是必要的。仅仅是不履行义务，不足以

---

〔1〕 BGH NStZ 11，281，282 附评注 Ceffinato，StV 11，418 和 Satzger，JK 2/12，StGB § 266 I/38；BGH StraFo 13，480，481 附评注 Jäger，JA 14，311；Kraatz，JR 14，241。

〔2〕 参见 BGH NZWiSt 12，33，34 f 附评注 Waßmer。

〔3〕 参见 BGH MDR/H 79，456；Eisele，BT Ⅱ Rn 887；G/J/W－Waßmer，§ 266 Rn 101。

〔4〕 参见 Hillenkamp，Vorsatztat und Opferverhalten 1981，S. 195 f；同样如此 BGHSt 8，254，256 ff；BGH NStZ 10，704；A/W－Heinrich，§ 22 Rn 55；Bock，BT Ⅱ S. 530；Haft/Hilgendorf，S. 125；HK－GS/Beukelmann，§ 266 Rn 15；Krey/Hellmann/Heinrich，BT Ⅱ Rn 807；LK－Schünemann，§ 266 Rn 64；Rengier，BT I § 18 Rn 32；其他 Eisele，BT Ⅱ Rn 888；Joecks/Jäger，§ 266 Rn 38；Klesczewski，BT § 9 Rn 123；MK－Dierlamm，§ 266 Rn 165 ff；Kindhäuser/Hilgendorf，§ 266 Rn 35；M/S/M－Momsen，BT I § 45 Rn 30；S/S－Perron，§ 266 Rn 31；区别 S/S/W－Saliger，§ 266 Rn 29；并未表态 AnK－Esser，§ 266 Rn 64；Fischer，§ 266 Rn 44 ff；对于争论情况，见 Hillenkamp/Cornelius，BT 35. Problem；Küper/Zopfs，BT Rn 643。

〔5〕 对于企业联盟中的财产保有人，见 Lesch/Hüttemann/Reschke，NStZ 15，610。对于合伙企业 BGHSt 34，222 f；BGH wistra 17，439；LPK－Schünemann，§ 266 Rn 221；S/S/W－Saliger，§ 266 Rn 69；Radtke，NStZ 16，639；K. Schmidt，JZ 14，878。

认定背信意义上的不利,就像是错误导致的被骗者的处置,也不足以认定诈骗罪中的损失。必要的是,由违法性引致的不利,才是必要的。[1] 因此,对犯罪构成所作的符合宪法的解释,不得以义务违反来弥补财产不利,因为前者是从后者中得出的,反过来也是一样。[2] 责任可以(而且往往会)存在于对于财产损失的避免中。可是,财产不利尽管在经济上可以事后(ex post)予以确定(这往往更容易),但对于违反义务的行为,必须事先(ex ante)进行评估——根据对于行为人而言遵循义务而可以识别的情况,并考虑到他有权做出的评估和决定的空间。

第266条第1款中的不利概念,原则上与第263条中的财产损失具有相同的含义。[3] 然而,在背信犯罪的情况下,违反义务地不予作为从而未增加财富,以及灭失(即使只是纯粹事实上的,但具体可量化的)财产期待(Exspektanz),也可被视为不利。[4] 在这方面,必须特别强调禁止变相规定(Verschleifungsverbot):义

---

〔1〕 BGHSt 43,293,297;46,30,34;47,295,301 f;55,288,304;BGH NStZ 01,248,251;BGHSt 43,293;NK-Kindhäuser, § 266 Rn 94,99;S/S/W-Saliger, § 266 Rn 64.

〔2〕 参见 BVerfGE 126,170,211 ff(Rn 113 ff),221 ff(Rn 136 ff),228 ff(Rn 149-156)承接 Saliger,ZStW 112(2000),563,610,就此问题,参见本书边码 777(现边码 780);深入也见 Saliger,ZIS 11,902;Kudlich,ZWH 11,1;BVerfG NJW 13,365 f;OLG Köln StV 13,639;BGH wistra 20,506,507;Lackner/Kühl/Heger, § 266 Rn 16;S/S/W-Saliger, § 266 Rn 65 f。但也已见 BGHSt 43,293,297 f。

〔3〕 参见 BGHSt 40,287,294 ff;43,293,297;BGH wistra 88,26;Fischer, § 266 Rn 110,115;Fischer-Schünemann,S. 61 ff;Lackner/Kühl/Heger, § 266 Rn 17;Munz, Haushaltsuntreue 2001,S. 61 ff;但对此也见边码 780;批判 Evers,Das Verhältnis des Vermögensnachteils bei der Untreue zum Vermögensschaden beim Betrug 2018;Perron, Frisch-FS S. 857 ff。对于担保背信,一方面参见边码 599,另一方面参见 BGH wistra 18,126。

〔4〕 参见 Fischer, § 266 Rn 116;MK-Dierlamm, § 266 Rn 210;Spickhoff-Schuhr, § 266 Rn 68;Otto,BT § 54 Rn 33;Perron,Frisch-FS S. 863 ff;Rengier,BT I, § 18 Rn 54;对此也见 BVerfG 126,170,212 ff。

务人绝非必须实现任何可能的,当然也不是非法的财产增加——义务违反是独立确定的,且在此甚至是损害的先决条件。

例如,如果由于担保案件发生的盖然性,将来损失的风险在声明发出之时就已经升高到可以被视为“等同于损害”的程度,那么,“与损害等同”的财产风险(Vermögensgefährdung),[1]可能由于违反义务给出担保声明而产生,[2]其思维上的起源存在于背信当中。在诈骗罪的情况下,在相应案件中可能更易认定未遂,但在背信罪中,并不会处以刑罚。在此,必须认清的是,确切地说,经济上已经发生的损害,即便其实际上仍然取决于并不确定的未来事件,同时应尊重立法上的决定——反对处罚单纯的(仍然没有出现损害的)未遂(对此见边码 572)——也应将其视为既遂。这些前提条件已被数十年间的判例充分地予以确定。[3] 如果鉴于所要求的、证成损害等同性(Schadensgleichheit)具体的损失风险(Verlustrisiko),人们对此认真对待,则可避免将背信罪错判为危险犯,或者将背信罪中不罚的未遂混淆为既遂的犯罪。[4] 而且,相较于第 263 条,第 266 条假定的明显的不可确定性(Unbestimmtheiten),以及据称可以观察到的、不合理地威胁着经济管理人员的“适用扩张”(Anwendungshypertrophie),都难以使其正当化,即在无数的并不涉及“重大的”经济犯罪案件中所保留的,以及在损害概念的经济向度上, 776

[1] 参见 RGSt 16,77 f;BGHSt 44,376,384;46,30,34;47,8,11;52,182,188;OLG Stuttgart NJW 99,1564;OLG Hamm wistra 10,76,77;Fischer-Schünemann,S. 63;Ransiek,ZStW 116(2004),659;Saliger,JA 07,331 ff;对于第 266 条,应就等同于损失的财产危险独立地予以确定 Mansdörfer,JuS 09,114,116 f;Perron,Tiedemann-FS S. 737,739 ff;批判 Hauck,ZIS 11,919;深入 Ensenbach,Der Prognoseschaden bei der Untreue,2016;Göhler,Der Gefährdungsschaden im Untreuetatbestand,2016。

[2] 参见 BGH HRRS 16,280(Nr 522)。对于担保的放弃,见 BGH HRRS 18 Nr 955;S/S-Perron,§ 266 Rn 45a。

[3] 参见 BVerfG wistra 09,385 附评议 Fischer,StV 10,95;Jahn,JuS 09,859;BVerfGE 126,170,221 ff(对此见边码 778)。

[4] 对于未遂不罚的危险,见 Bosch,wistra 01,257;Matt/Saliger,in:Irrwege der Strafgesetzgebung 1999,S. 234 ff;Mosenheuer,NStZ 04,181;Saliger,ZStW 112(2000),565,574 ff。

通过“危险损害”进行的不可或缺的损害描述,(至少)对于第 266 条可予以背弃。〔1〕 到目前为止,这一概念所涵盖的事实,被作为单纯的未遂不法而予以排除。循此方向,此种背弃难以获得正当性,反过来看,由于在其所涵盖的案件中已经发生了“最终的财产不利”,并因此在谈到等同于损害的财产风险时,只是提到了一个“伪问题”,所以这一概念是“可有可无的”(entbehrlich),也无法证成此种背弃。以这种方式论证的第 1 刑事审判庭,〔2〕不仅错误地要求“最终的”损害,而且不可接受地将之等同于只是预测的较高的损失风险。在后一种情况下,尚未以已经发生的“最终”损失为特征,等同于损害的财产风险的概念是明确的,由此也不是“可有可无的”。〔3〕 因此,应与第 2 刑事审判庭一样,坚持与损害等同的财产危险(Vermögensgefährdung)。〔4〕 如此,人们可能在个别案件中争论是否已经发

---

〔1〕 如此合理地 Fischer,NStZ-Sonderheft 09,8 f,11 ff 附对于所引批判的全面指引;对于批判仅见 Bernsmann,GA 09,296;Beulke,Eisenberg-FS S. 245 ff;Perron,GA 09,219,222[“通用武器”(Allzweckwaffe)],231 ff;Ransiek,ZStW 116(2004),634:“第 266 条总是符合”;总结并回应批判 LK-Schünemann, § 266 Rn 3;Schünemann,Imme Roxin-FS S. 341 ff;Schünemann,StraFO 10,1;Schünemann,ZIS 12,183;Sickor,JA 11,109。

〔2〕 参见 BGH JR 08,426(对于第 266 条)附批判性评议 Beulke/Witzigmann,JR 08,430,432 f;Peglau,wistra 08,430;Rübenstahl,NJW 08,2454;Schünemann,NStZ 08,430,432;Selle/Wietz,ZIS 08,471,474;Wegner,wistra 08,343;BGH NStZ 09,330,331(对于第 263 条)附就此赞成性评注 Ransiek/Reichling,ZIS 09,315;如同本书否定 Brüning,ZJS 09,300,302 f;S/S/W-Saliger, § 266 Rn 66 ff,82 ff;也见 Rengier,BT I § 18 Rn 55 ff;Satzger,Jura 09,518,524。对此转向更为详尽的论证 Nack,StraFo 08,277。

〔3〕 Fischer,StraFo 08,269;ders. ,NStZ-Sonderheft 2009,8.

〔4〕 参见 BGHSt 51,100,113 ff;BGH StV 07,581;BGHSt 52,323,336,338;第 5 刑事审判庭同样如此,见 BGHSt 52,182,188 f;也见 OLG Stuttgart ZWH 17,374 附评注 Wittig。BVerfG wistra 09,385;BVerfGE 126,170,221 ff 并未就此形象提出彻底的反驳;对此见 Fischer,StV 10,95;Jahn,JuS 09,859;Saliger,NJW 10,3195;也支持保留 Eisele,BT Ⅱ Rn 903 ff;G/J/W-Waßmer, § 266 Rn 183 ff;LK-Schünemann, § 266 Rn 178 ff;NK-Jahn/Ziemann, § 266 Rn 109;Rengier,BT I § 18 Rn 57。

生了危险损害,[1]或者——比如在管理“黑色金库”的情况下——是否取而代之地已经发生了损失形式的损害,[2]这是不言而喻的,也不是反对“制度”(Institution)的理据。然而,第2刑事审判庭要求,[3]在以间接故意将危险损害容认的情况下,取消客观和主观犯罪构成之间的一致性,并要求对于危险实现的赞同,这是不合逻辑的,因此必须予以拒绝。倘若为此给出的理由是,在危险损害的情况下,实体上仅仅涉及未遂的不法,那么就必须承认反对者是正确的,并必须放弃与损害等同的财产风险作为对于损害的论证(对此见边码781及以下数个边码)。在存在押金或者客户资金(他人资金)的情况下,如果债权人可以获得的钱款被消费,产生了利息损失,或者财产预期灭失,则必须认定存在不利或不利危险。[4]

与诈骗有关的损害计算原则(边码538及以下数个边码)—— 777
包括个别的损失影响学说(Lehre vom individuellen Schadenseins-

---

[1] 例如在担保的情形下——对此见 Schneider, wistra 15,372——或者由无遗嘱能力者指定遗产的照护人,对此见 OLG Celle NStZ-RR 13,176 附评议 Kudlich, JA 13,710 和 Ŏglakcıŏglu, ZWH 13,375。

[2] 在 Kanther 案(BGHSt 51,100)中,德国联邦法院认定了具体的财产危险,与之相反,在 Siemens 案(BGHSt 52,323)中,(就此而论放弃了其在 Kanther 案中的立场。)认定了通过损失的损害;同样如此 BGHSt 55,266,282(Trieneken);BGH NZWiSt 15,37 附评议 Becker;对此见 Saliger, Roxin-FS Ⅱ S. 1033 ff。对于尚未等同于损害的危险与损害之间的界限,见 BGHSt 52,182,188 f。也见 Fischer-Hoven, S. 201 ff; Gerhäuser, Der Vermögensnachteil des § 266 bei Bildung schwarzer Kassen 2015。相应地对于与约定相悖的投资交易 BGH NZWiSt 20,119 附评注 Schmidt。

[3] 参见上注中的文献;对之反对 Hillenkamp, Maiwald-FS S. 323,341 ff。

[4] 更详尽见 S/S/W-Saliger, § 266 Rn 92; Spickhoff-Schuhr, § 266 Rn 70。

chlag)[1]——对于背信罪也同样适用。[2] 据此,如果负责集团安全的高级雇员支付了由其委托的公司提出的债权,而因为这些债权涉及根据第206条以及《联邦数据保护法》规定应受惩罚的,且其结果已经转交股份公司的"调查活动"的报酬,所以根据《德国民法典》第134条的规定,此种债权是无效的,则股份公司将遭受损失。[3] 如果根据第261条的规定,因其总经理常业性实施的诈骗行为而受到玷污的债权或金钱履行,与由法人已经提供的履行相对立,则法人也可能遭受损失。[4] 与之相反,如果财产所有人

---

[1] BGH NStZ 10,330,332;BGH NStZ-RR 11,373,374 附评议 Satzger,JK 5/12, StGB § 263/95;BGH NStZ 18,107 附评注 Schlösser;Kraatz JR 18,400;S/S-Perron, § 266 Rn 43;S/S/W-Saliger, § 266 Rn 79;根据后续的被予复制的联邦宪法法院判例,这一学说未予限制地继续有效,对此的担忧见 BGH NStZ 14,318 附评注 Schmidt, NZWiSt 14,274;ders. ,NJW 15,284;BGH NStZ 14,517,519 附评注 Trüg;Schmidt,NJW 15,284(也见边码551及下一边码)。

[2] 对于损害确定,见 Bittmann,NStZ 12,57;NK-Kindhäuser, § 266 Rn 94 ff; ders. ,LampeFS S. 709,722 ff;BGHSt 50,299,313 ff;对于回扣过程(Kick-back-Verfahren)中,与贿赂支付(对此见 BGH NJW 06,2864,2867;BGH wistra 19,190,192 f)和佣金支付相关联的不利,总结性见 BGHSt 49,317,332 ff;Gerst/Meinicke,CCZ 11, 96;与世界杯夏日童话(WM-Sommermärchen)相关,见 Hoven/Kubiciel/Waßmer, NZWiSt 16,121;第263条中,在雇佣公务人员或者职员情况下的损害计算原则对于第266条的可适用性,见 BGH wistra 06,307,308 和对此 Bernsmann,StV 05,576;ders. ,GA 07,219,223 ff;Saliger,NJW 06,3377;Schünemann,NStZ 06,196,199 ff;Vogel,JR 05,123(Fuchs-Panzer);也参见 Krell,Untreue durch Stellenbesetzungen,2015,S. 150 ff。对于财产不利的会计计算,见 Blassl,wistra 16,425,以及股票交易中的损害确定 Saliger,NJW 19,886,888 ff。

[3] 参见 BGH NZWiSt 13,189 附评注 Satzger,JK 6/13, § 266 I StGB 39 和批判性评议 Cornelius,NZWiSt 13,166,Burghardt/Bröckers,NJW 15,905(只是在结论上赞成 S. 908)以及 S/S/W-Saliger, § 266 Rn 74;如果存在债权,则财产外流将通过清偿予以补偿,对此见 OLG Celle BeckRS 12,20313。对于 BGH NZWiSt 13,189 论证——存在疑问的——对于向黑工支付工作报酬案件的可适用性,见——否定性——Burghardt/Bröckers,NJW 15,905。

[4] Bülte,NStZ 14,680.

在犯罪之前和之后总资产的比较中,[1]并没有变得更穷,那么就没有任何不利因素。例如,如果所发生的损失在经济上完全被同时获得的利益所抵销,而这些利益是直接地(见边码538[2])基于违反义务的行为,则属于这种情形。[3] 但是,如果犯罪人在犯罪当时高度投机性证券交易极其不确定的利润,事后重新转回被害人的账户,[4]或者是,自愿的被害人将第三人,如在前总理科尔(Kohl)呼吁捐款的案件中,引致事后的损害赔偿,则并不属于此种情形,[5]并不只是当补偿与违反义务行为在时间上密切相关时,才会存在直接的、补偿经济劣势的经济获益。补偿性的事件不必同时发生。相反,只是要求——与科尔案的情况不同——不再需要采取进一步的单独行动来产生可补偿的财产增长。[6] 根据判例,贿赂款以及卡特尔定价协议情况下的回扣支付或补偿付款,可予辩驳地(widerleglich)表明,对财产更为有利的行为原本是可

---

〔1〕 参见 BGH NStZ 97,543;BGH NStZ-RR 06,175,176;BGH wistra 07,21 f;BGH NJW 11,3528,3529 附评议 Becker,HRRS 12,237。

〔2〕 不利也必须是违反义务行为的直接后果,见 OLG Celle BeckRS 12,20313 附评议 Jahn,JuS 13,179;也可能 BGH BeckRS 20,3554;对于直接性标准的批判 § 266 Perron,Frisch-FS S. 863 ff;对此也见 Hinrichs,wistra 13,166. A. Albrecht,GA 17,130 想要以客观归责规则的适用取代直接性标准。

〔3〕 参见 BGHSt 31,232,234;对此更详尽见 Hoof,Kompensationsmöglichkeiten innerhalb des Untreuenachteils 2018;S/S/W-Saliger,§ 266 Rn 73;对补偿缺少认识并不会将其去除,见 BGH NStZ 18,107 附评注 Schlösser;Kraatz JR 18,400。

〔4〕 BGH wistra 12,233,234;BGH NZWiSt 20,119,120 附评注 Schmidt。

〔5〕 对此,以及对于接受对基督教民主联盟(CDU)匿名捐赠可罚性矛盾的评价,见 LG Bonn NStZ 01,375;Krüger,NJW 02,1178 和 Schwind,NStZ 01,349 附进一步的文献;此外 Fischer,§ 266 Rn 164 ff;对于政党背信(Parteienuntreue)基础性 Saliger,Parteiengesetz und Strafrecht 2005,对于 Kohl 案和对于 Hessen-CDU S. 696 ff;对于 Hessen 案,见 OLG Frankfurt NJW 04,2028;Matt,NJW 05,389 和 BGHSt 51,100 附评注 Bosch,JA 08,148 和评议 Saliger,NStZ 07,545。

〔6〕 BGHSt 55,288,305.

能的。[1]

778 如果财产所有人具有诉求,以一定的劳动报酬获得从事某项工作的机会,并无权限的机构与义务相悖地提高了此种报酬,即使提高的报酬是“恰当的”,财产所有人也会受到损害。[2] 同样地,在支付“特殊奖金”(Sonderboni)的情况下,奖金领取者已经有义务向雇主实施的履行,也不适合进行补偿。[3] 判例虽然在此也以经济上的财产概念作为基础,[4]但是,在所产生的情况符合实体法秩序的情况下,否定了经济损失。相应地,即使债权人难以证明债权,也不认为履行到期且无异议的债权是不利的,所以,判例正确地(边码 535)脱离了纯粹的经济考量。[5] 然而,在这种情况下,仅仅对违反义务的行为所造成的损害进行赔偿,并不能改变犯罪构成的实现。[6] 此外,由于不负责任地给予贿赂而产生的最终缔结有利合约的模糊机会,甚至犯罪人仅针对于此的意图,都不是

---

〔1〕 参见 BGHSt 47,83,88;BGH NJW 2013,3590;LK-Schünemann, § 266 Rn 84。对于可反驳性 BGH NJW 01,2102,2105;Spickhoff-Schuhr, § 266 Rn 69。详细对于不利 S/S/W-Saliger, § 266 Rn 76 f,80 ff。

〔2〕 BGH wistra 14,186,188 附评议 Bittmann,NZWiSt 14,129;Klemm,NStZ 15,223;Trück,ZWH 14,361。

〔3〕 参见 BGHSt 54,148,158 f(VW 案)附批判性评议 Corsten,wistra 10,206;对于此种案件中的补偿问题,详见 Lösing,Die Kompensation des Vermögensnachteils durch nicht exakt qualifizierbare vermögenswirksame Effekte 2012,S. 70 ff,164 ff;即便开销是并无对价地(义务地)“被负担”,提供的履行也不能用以补偿,其他见 OLG Köln StV 13,639。

〔4〕 BGH wistra 99,350,354.

〔5〕 BGH NStZ 04,205,206;OLG Hamm wistra 99,420,422 f;在履行尚未到期或者存在抗辩债权的情况下,对于损害,见 Rönnau,Schünemann-FS S. 683 ff。

〔6〕 参见 BGH NStZ 86,455;BGH NJW 11,3528,3529 附评议 Becker,HRRS 12,237。

适合补偿的财产价值。[1] 在提供贷款的情况下,法官必须根据会计标准,计算银行要求偿还贷款权利的价值减损。[2]

判例例证:在 BVerfGE 126,170 中处理的三项宪法申诉(Verfassungsbeschwerden)中,只有第三项是成功的。这些申诉所针对的,是被诟病为不够确定的背信罪的犯罪构成。基础案件事实是,作为被告的银行董事会成员,向一家面临破产威胁的从事购买预制建筑业务的集团发放数百万之巨的贷款,后来未能收回。就此而论,联邦宪法法院指摘,如果地方法院和德国联邦法院在此案件中,没有"根据公认的评估标准具体确定损害程度"(第 227 页),则系以违宪的方式,未能充分地通过"适用教义学上的危险损害形象"来应对"犯罪构成扩张的危险"(第 226 页)。据此,立法者所希望的经济考量,被一个主要具有规范性的考量取代(第 228 页,对此也见 Rönnau,StV 11,761 f;对于案例解析见 Krell/Hülsen,Jura 16,98 ff)。在这一判决之后,BGH wistra 11,22 和 KG StV 13,89 对之予以了避免。然而,使联邦宪法法院这一判决具有意义的,主要不是这一结果,而是判决对于刑法中确定性功能的要求(《德国基本法》第 103 条第 2 款),以及从这一角度对第 266 条所有犯罪构成要件进行的(解释上的)细致审查的阐述。在这方面,联邦宪法法院表达了针对判例的、对于"未具体规定的"规范的精确化要求(Präzisierungsgebot)以及变相规定禁止(Verschleifungsverbot)(见边码 775)。在结果上,以最高法院判例给定的形式,背信罪规定的违宪性被予以否定。其实根据法院的指示予以确定和查明的,首先也适用于在德国联邦法院内部具有争议的

---

[1] 参见 BGHSt 52,323,338;此种案件中,对于损害确定,见 Dierlamm,Widmaier-FS S. 607,612 ff;Fischer,NStZ-Sonderheft 09,8,17 f;Ransiek,StV 09,321;Satzger,NStZ 09,297,302 f;Schünemann,NStZ 08,431,433;也参见 Saliger,Parteiengesetz und Strafrecht 2005,S. 218 ff;实际获得的利益对于补偿的适格性,见 R. Keller,Puppe-FS S,1189 ff。对于通过引发刑罚和罚款意义上的制裁而带来的损害,见 Solka/Altenburg,NZWiSt 16,212;Weber,Seebode-FS S. 437。

[2] 根据 BGH NStZ 10,329,330,在仍然存在不确定性的情况下,应当在对于疑问予以关注的情况下进行估算;对于会计标准的回溯,批判性见 Perron,Frisch-FS S. 866 ff;对此也见 Bittmann,NStZ 13,72;Hefendehl,wistra 12,325;Hinrichs,wistra 13,161。

危险损失范畴。对于判决见 Beckemper, ZJS 11, 88; Böse, Jura 11, 617; Hüls, NZWiSt 12, 12; Kraatz, JA 11, 434; Krüger, NStZ 11, 369, Kudlich, JA 11, 66; Perron, Heinz-FS S. 796 ff; Safferling, NStZ 11, 376; Saliger, NJW 10, 3195 和——极具教益的——Kuhlen, JR 11, 246; 代表性 Graf, Das Vermögensstrafrecht vor den Schranken des Verfassungsrechts, 2016。对于诈骗罪中与损失等同的财产危险的相关判决 BVerfG wistra 12, 102, 见边码 538、578。

779 在第 253、263 条中予以严格执行的原则,即在确定损害时不能考虑针对犯罪人的法定赔偿要求,也即其并无可予补偿的可能(kompensationsfähig),在背信案件中,判例并非不受限制地予以坚持。相应地,在破产管理人实施的与破产无关的(konkursfremd)处分中,德国联邦法院否认了不利因素的施予,前提是,具有补偿意志的犯罪人"有自己的流动资金在适当的金额上不断地投入使用"。[1] 在同样的条件下,如果律师不将其客户的资金存入另一个账户,或不将其转移到另一个账户,因为其希望抵销,但随后未能就抵销(Aufrechnung)做出声明,其也不会受到惩罚。[2] 然而,在此,犯罪人持续支付的意愿和能力(Zahlungsbereitschaft und-fähigkeit)是至关重要的。[3] 在(结构性的)官方赞助(Ämterpatronage)的案件中,公共部门的不利条件是不存在的,因此不存在适用第 266 条的可能。[4]

780 在背信罪的情况下,义务违反和经济不利是紧密地结合在一起的。这一点在风险交易(Risikogeschäfte)中体现得非常明显。

---

[1] 参见 BGHSt 15, 342, 344; 继而 BGH NStZ 95, 233; 赞成 Lackner/Kühl/Heger, § 266 Rn 17; M/S/M-Momsen, BT I § 45 Rn 47; MK-Dierlamm, § 266 Rn 209; 否定 S/S-Perron, § 266 Rn 42; 对此也见 Wittig, Imme Roxin-FS S. 375 ff; 对于考试中的处理方式,见 Eisele/Bechtel, JuS 18, 98。

[2] BGH wistra 15, 27, 28; BGH NJW 15, 1191; OLG Hamm wistra 10, 76, 77; KG NStZ 08, 405, 406.

[3] BGH MDR/H 83, 281; BGH wistra 04, 61 f; BGHSt 52, 182, 188 f; BGH wistra 15, 27, 28; BGH NJW 15, 1191.

[4] 对此见 Lindenschmidt, Zur Strafbarkeit der parteipolitischen Ämterpatronage in der staatlichen Verwaltung 2004, S. 46 ff 负有对于法律应然的建议 S. 178。

在其中,不能简单地从已经发生的经济不利中推断出义务的不予履行。[1] 但是,如果犯罪人违反了保护财产所有人免受过高损失风险的行为规则,那么,这一般也会导致风险损害(Risikoschaden)意义上的财产不利(Vermögensnachteil)。[2] 当然,这并不能免除对其进行确切的损害赔偿意义上的查明。[3]

3. 故意

与其他情况并无不同的是,犯罪人的故意必须延伸到所实现 781
的每种犯罪构成情形中所有客观的构成要件。间接故意即已足够。据此,只有知悉其具有财产照护义务,故意地违反了这一义务,并且至少容认财产所有人所可能遭受的不利,才会构成故意地背信行事。由于违反义务系(规范的)犯罪构成要件,因此,知悉违反义务是故意的一部分。[4] 对其而言,犯罪人的行为"可认识地"(erkennbar)违反义务是不够的。相反,其行为必须"认识到地"(erkanntermaßen)违反义务。例如,在与公司宗旨并无任何关联的情况下,鉴于这种"自利行为"义务违反的显著性,对之认定是不可避免的。[5] 此外,由于义务不是来自第266条本身,而是来自犯罪构成的规范,犯罪人必须通过非专业领域中充分的平行

---

[1] 参见 Jahn/Ziemann,ZIS 16,555:"回望错误"(Rückschaufehler)。

[2] 参见 Hillenkamp,NStZ 81,166 f;Waßmer,Untreue bei Risikogeschäften 1996,S. 144 ff,150;更狭 Hellmann,ZIS 07,439;ders.,Kühl-FS S. 694 f;对于信贷业务中的风险损害,见 BGHSt 46,30,34;M-G/B-Nack,§ 66 Rn 96 ff;批判 Martin,Bankuntreue 2000,S. 124,128;继而 Ransiek,ZStW 116(2004),646 ff,659 ff。

[3] 违反市政法规中禁止投机的规定,以利率互换(Zinssatzswaps)的形式订立金融衍生品,以及由此产生的损害,见 BGH NJW 19,378 附批判性评注 Brand;对此详见 Schneider,wistra 18,281。

[4] 争议见 Beulke,Eisenberg-FS S. 265;Lackner/Kühl/Heger,§ 266 Rn 19;LK-Schünemann,§ 266 Rn 193 f 附进一步的文献;M/R-Matt,§ 266 Rn 151 f;Spickhoff-Schuhr,§ 266 Rn 74;对于就此并不清晰的判例,见 A/R/R-Seier,5. 2 Rn 86;S/S/W-Saliger,§ 266 Rn 128;区别 Leite,GA 15,527。

[5] 参见 BGHSt 54,148,164(VW 案)附评议 Corsten,wistra 10,206。

评估(Parallelwertung),意识到其由此产生义务的根据和界限。[1] 如果是这样,就不存在禁止错误(Verbotsirrtum)了,其可能存在于,犯罪人尽管知道自己的义务,但认为自己有权从事被禁止的行为。[2] 如果财产所有人的同意具有排除犯罪构成的效力(见边码758),则根据第16条第1款之规定,犯罪人对此的错误认定排除了故意的义务违反。[3] 关于损害故意,在此并无特别规定。然而,必须注意的是,联邦宪法法院给出的"变相禁止"(Verschleifungsverbot)(见边码775)也适用于主观方面。与之相应,不利施加的故意与义务违反的故意并不同一,在不履行义务与造成不利密切相关的情况下,也应独立地予以确定。[4] 损害的故意是可能的,但不是必然的。直接或间接的故意就足够了。立法者并未引入任何获利意图。背信罪系一种损害犯罪(Schädigungsdelikt)。

782 原则上,对于间接故意的认定而言,与其他情况并无不同。然而,帝国法院时期以来,在与背信罪关联的意义上,判例对之提出了特别严格的要求。[5] 如果其目的在于——正如人们普遍认为

---

〔1〕 参见 BGH NJW 18,179 附评注 Eisele。

〔2〕 在 Mannesmann 案件中,LG Düsseldorf NJW 04,3275,3285 认定存在此种错误,见 BGH NJW 06,522,529(在 BGHSt 50,331 中并未申明)以及 Hohn,wistra 06,164;Ransiek,NJW 06,816 中的表态;也见 BGHSt 52,182,190 f。对于犯罪构成错误与禁止错误的界分,见 G/J/W-Waßmer, § 266 Rn 223a ff,227,230;LK-Schünemann, § 266 Rn 192 f;NK-WSS-Jahn/Ziemann, § 266 Rn 123。对于平行的问题,在所谓的前见错误(Vorfeldirrtümer)中,界分不能犯未遂和幻想犯见 LK-Hillenkamp, § 22 Rn 210 ff。

〔3〕 Hantschel,Untreuevorsatz 2010,S. 92 ff.

〔4〕 参见 BGH NStZ 13,715 附评注 Trüg 和评议 Bung,StV 15,176;Jahn,JuS 13,82;Kubiciel,StV 14,91;Saliger,ZWH 14,73;S/S/W-Saliger, § 266 Rn 127;对于帮助故意同样如此 BGH HRRS 15,97(Nr 236)附评注 Bosch,JK 15,766(§ 27)。

〔5〕 仅参见 BGH NStZ 97,543;BGH wistra 00,60,61;03,463,464;对此见 Hillenkamp,MaiwaldFS S. 323, 326 ff;此外 Fischer, § 266 Rn 176;Hantschel,Untreuevorsatz 2010,S. 63 ff;LK-Schünemann, § 266 Rn 190;M/R-Matt, § 266 Rn 149 f;NK-Kindhäuser, § 266 Rn 123。

的那样——通过主观方面来“纠偏”客观犯罪构成的广泛性和模糊性，则这可能是错误的路径。客观犯罪构成的界限，必须由其自身设定。[1] 经常提出的论证是，鉴于经济生活的复杂性和模棱两可的结构，以及背信罪犯罪构成的广泛性和不确定性，法官必须在确定故意时特别小心，并需要遵守最高法院判例所提出的对于意志（voluntativ）方面的（概念上的）要求，特别是在犯罪人并未自利的行为中，不仅要在形式上，而且要在内容上予以考查，对此，并无可以反对之处。这种情况也发生在其他领域，在其中，反复出现的情况——例如在杀人犯罪中——否定对于间接故意的认定。[2]

据此，如果损害（如同通常在所谓的风险交易当中）存在于危险损害行为中，那么仅仅损害出现的盖然性（Wahrscheinlichkeit）程度，并不足以证明犯罪人在间接故意意义上对于结果表示了同意。[3] 反过来看，持续数年的损失危险并未转化为损失，这表明，犯罪人并没有对损害表示接受，而是相信损害不会出现。[4] 然而，如果存在已知特别高且难以控制的损失风险（Verlustrisiko）， 783

---

〔1〕 Beulke/Witzigmann, JR 08, 435; Dierlamm, NStZ 97, 535; Feigen, Rudolphi-FS S. 459 f; Fischer, § 266 Rn 176; Hantschel, Untreuevorsatz 2010, S. 64 f; Hillenkamp, NStZ 81, 163; Kindhäuser/Hilgendorf, § 266 Rn 106; LK-Schünemann, § 266 Rn 190 ff; MK-Dierlamm, § 266 Rn 281; Spickhoff-Schuhr, § 266 Rn 72; S/S-Perron, § 266 Rn 50; S/S/W-Saliger, § 266 Rn 126 f; Waßmer, Untreue bei Risikogeschäften 1996, S. 156 ff.

〔2〕 对于故意杀人的心理抑制阈值（Tötungshemmschwelle），见 BGH NStZ 84, 19; 86, 550; BGHSt 36, 1, 15。但是，BGHSt 46, 30, 35 和 47, 148, 157 也参阅对于故意伤害罪的判决（BGHSt 36, 1, 9）以及在刑事辩护的框架内伪造文件罪的判决（BGHR StGB § 15 Vorsatz, bedingter 8）；对此见 Hillenkamp, Maiwald-FS S. 323. 336 ff；差异评价 G/J/W-Waßmer, § 266 Rn 223; Otto, Puppe-FS S. 1247, 1268；如同本书 Hantschel, Untreuevorsatz 2010, S. 305。

〔3〕 参见 BGHSt 46, 30, 35；对此见 Beulke, JR 05, 41。

〔4〕 参见 BGHSt 51, 100, 121 f（Kanther 案）；对此批判见 Bernsmann, GA 07, 219, 229 ff; Ransiek, NJW 07, 1727, 1729。

则根据判例观点,其中存在对于等同于损害之危险同意的表征。[1] 犯罪人必须始终接受(abfinden)这样一个事实,即他对委托给他照护的财产造成了损害。[2] 对此而言,在间接故意造成的等同于损害的财产危险的情况下,犯罪人认真考虑了足以证明损害的高损失风险的可能性,并对此表示接受,即已足够。无论是直接故意还是间接故意,犯罪者相信或希望,比如,贷款最终会被收回,都无关紧要。随后的损害发展情况,只对量刑具有意义。[3]

784 因此,与第2刑事审判庭的新近判例[4]相反的是,在此之外,对接受"最终的"损失意义上的"对于危险实现的同意",并不做要求。在其提议中,针对根据其观点在等同于损失的财产危险中仅仅实现的未遂不法,第2刑事审判庭看到了消散的疑虑,因为未遂不法将通过以实际既遂为目标的"犯罪决意"(Tatentschluss)予以补偿。[5] 但是,这一方案腹背受敌。一方面,法官将会拒斥将实体上的未遂不法与以既遂为目标的故意结合起来,捏合成一个既

〔1〕 参见 BGHSt 47,148,157;对于通过证据证明故意,见 Hantschel,Untreuevorsatz 2010,S. 217 ff。

〔2〕 BGH wistra 86,25;BGH NStZ 86,455.

〔3〕 BGH wistra 10,21,23.

〔4〕 参见 BGH NStZ 07,704,705 附评注 Schlösser,NStZ 08,397 承接 BGHSt 51,100,121 f;OLG Hamburg NStZ 10,336;对于以上判决,见 Fischer,StraFo 08,269;ders.,NStZ-Sonderheft 09,8,13 f;ders.,StV 10,95,99 ff。反对他的,见 Nack,StraFo 08,277;批判也见 Bernsmann,GA 07,219,229 ff;Kasiske,NZWiSt 16,308;Perron,Tiedemann-FS S. 737,766 f;Rönnau,Tiedemann-FS S. 713,731 ff;Saliger,NStZ 07,545,550;Schlösser,StV 08,548;Schünemann,Frisch-FS S. 852 f;Weber,Eisenberg-FS S. 371,374。赞成见 BK-Wittig,§ 266 Rn 59;Ignor/Sättele,Hamm-FS S. 211,224 f;Kempff,Hamm-FS S. 255,262 ff;在 BGHSt 52,182,189 f 中,第5刑事审判庭遵从第2刑事审判庭;BGH BeckRS 13,10324;也参见 A/W-Heinrich,§ 22 Rn 78;Bock,BT Ⅱ S. 564;Eisele,BT Ⅱ Rn 905,911;Joecks/Jäger,§ 266 Rn 53;Rengier,BT Ⅰ § 18 Rn 56a ff;S/S/W-Saliger,§ 266 Rn 127。

〔5〕 BGHSt 51,100,123.

遂犯罪。倘若“危险损失”只是法律所要求不利条件的前期阶段,则人们也可能将其作为相当于损失的损害形式予以放弃。另一方面,法官也没有权力在并无超过内在倾向(überschießende Innentendenz)的犯罪中,“发明”这样的倾向,从而终止客观和主观犯罪构成之间存在的、教义上不可分割的一致性。[1] 因此,必须坚持认为,与损害同等的财产危险是一种损害,而故意的两个组成部分只应涉及危险损害所证成的损失风险。[2]

在案例 64 中,S 的行为符合了背信型侵占罪的所有要件。问题在于,其中是否也同时存在背信罪。第 266 条第 1 款规定的滥用型犯罪构成并不适用,因为 S 无权自行处置委托给他的资金,而且纯粹事实性质的违反义务,仅由第 266 条第 1 款规定的背信型犯罪构成涵盖。[3] 因此,比如,即使柜台人员以低于官方规定的价格出售车票,也没有认定滥用型犯罪构成的空间,原因在于,就此来看,他在外部关系中的法律权力并未宽于他的内部权限。在“能够”(Können)和“可以”(Dürfen)重叠的地方,也即犯罪人同时超越了他在外部关系中的代表权(Vertretungsmacht),背信型犯罪构成取代了滥用型犯罪构成。[4] 鉴于其在现金管理方面的责任程度和独立尺度,必须认定 S 的财产照护义务。通过将部分资金非法地占为己有,S 违反了这一义务。[5] 785

---

〔1〕 参见 Hillenkamp, Maiwald-FS S. 335, 341 ff; Kühne, StV 02, 199 在 BGHSt 47, 148 中就已经认定存在“超过的故意”(überschießender Vorsatz);针对 BGHSt 51, 100, 对此见 Bernsmann, GA 07, 219, 230; Beulke, Eisenberg-FS S. 264; Saliger, NStZ 07, 545, 550; Schünemann NStZ 08, 431。也参见 Marwedel, ZStW 123(2011), 948, 563。

〔2〕 如此也 AnK-Esser, § 266 Rn 229; Mitsch, BT Ⅱ S. 383 f; NK-WSS-Jahn/Ziemann, § 266 Rn 120; SK-Hoyer, § 266 Rn 119 f; 对此批判见 Fischer, § 266 Rn 183 f; Otto, Puppe-FS S. 1247, 1260 ff。折中见 BGH NStZ 13, 715, 716 附评议 Bung, StV 15, 176; Jahn, JuS 13, 82; Kubiciel, StV 14, 91; Saliger, ZHW 14, 73; G/J/W-Waßmer, § 266 Rn 225。

〔3〕 与 BGHSt 13, 315, 316 中的附带意见相反。

〔4〕 见 Küper/Zopfs, BT Rn 615。

〔5〕 更详尽见 BGHSt 13, 315。

S 引致的不利施加,以及针对所有客观上不法犯罪构成要件的故意,可以毫无困难地予以认定。因此,总体而言,S 犯有背信罪(第 266 条第 1 款第 2 种情形)。第 246 条第 2 款经由法条竞合路径(吸收关系)而不予适用(见边码 326 及下一边码)。[1]

4. 总则问题和示例规定

786 在两种情形下,背信罪都可以通过作为或不作为的方式实施(见边码 765、769)。在财产损失发生时,背信罪即告既遂,在类似损害的财产危险的情况下也是一样。[2] 未遂不罚。这种特殊罪行的正犯或共同正犯只能是负有财产照护义务的人。[3] 然而,根据德国联邦法院的观点,仅仅违反义务本身,并不能证成正犯的成立。[4] 局外人只可能作为犯罪参与人;通说观点认为,第 28 条第 1 款规定对其适用,原因在于,对于他人财产进行照护义务的存在系特别的人身要件。[5] 然而,如果具有行为支配力的犯罪参与人的正犯认定,只因为其不负有财产照护义务而告失败,并因此只能将其作为帮助犯予以惩处,如此,判例认为,根据第 27 条第 2 款予以从宽处罚,这一观点被视为完全用尽,而根据第 28 条第 1 款进一步的从宽则又被排除在外。[6] 如果背信行为是基于集体决定

---

[1] Küper, Jura 96, 207.

[2] 对于第 78a 条意义上的终了,见 Cordes/Sartorius, NJW 13, 2635。

[3] 参见 BGH StV 95, 73;在信贷机构中,对于身份不明主犯的犯罪进行帮助的框架内,此种义务的确定见 OLG München wistra 10, 155, 156 f;对于犯罪参与,也见 Thomas, Rissing-van Saan-FS, S. 669 ff。

[4] 参见 BGH NJW 16, 2585, 2599 f 附评议 Schlösser, StV 17, 123; Saliger/Schweiger, NJW 16, 2600;对此也见 Hillenkamp, Schünemann-FS, S. 407, 411 f。

[5] 参见 BGH wistra 97, 100; 07, 306, 307; BGH NStZ-RR 08, 6; 09, 102; BGH NStZ 12, 316; BGH NJW 16, 2585, 2600; KG StV 13, 91; Fischer, § 266 Rn 186; Joecks/Jäger, § 266 Rn 58; MK-Dierlamm, § 266 Rn 288; Seier, JuS 98, 49;不同 S/S-Perron, § 266 Rn 52。

[6] BGH wistra 15, 146.

(Kollektiventscheidungen)的,那么总则部分疑难的因果和归责问题就会出现。[1]

在正当化事由的范围内,推定和假定的承诺(mutmaßliche und hypothetische Einwilligung)以及正当化的紧急避险(第34条)在此可能具有实际意义。[2] 第266条第2款在特别严重的情况下,援引了诈骗罪的示例规定。[3] 这种援引的意义非常有限。除了第263条第3款第2句第2项第1种情形[4]和第3项之外,对于背信犯罪的严重情形,第263条第3款的规定几乎并不相关[5]或适当[6]。比如,公职人员身份(Amtsträgerschaft)既具有刑罚证成(strafbegründend)的效果,又根据第263条第3款第2句第4项规定具有刑罚加重(strafschärfend)的作用。[7] 第243条第2款规定应相应

---

〔1〕 参见BGHSt 47,148,156;BGHSt 37,106,125 ff,129 ff;OLG Stuttgart JZ 1980,774;Knauer,NStZ 02,399,403;Martin,Bankuntreue 2000,S. 73 ff;MK-Dierlamm, § 266 Rn 290 ff。

〔2〕 参见BGHSt 12,299,304附评注Bockelmann,JZ 59,495;Küper,JZ 76,515。对于风险交易中推定的承诺,见Hellmann,ZIS 07,437;Hillenkamp,NStZ 1981,167。对于推定的同意和推定的承诺之间的区别,见Hantschel,Untreuevorsatz 2010,S. 102 f;Schramm,Untreue und Konsens 2005,S. 227 ff,235 ff。起源于医疗刑法的假定的承诺,对之(可能已经具有犯罪构成排除的效果)对于背信罪的可适用性,见OLG Hamm wistra 12,448;Rönnau,StV 11,755和——基础性——Hengstenberg,Die hypothetische Einwilligung im Strafrecht 2013,S. 406 ff,416 ff。批判见S/S/W-Saliger, § 266 Rn 58。

〔3〕 通过在最低刑和最高刑上均予提高的刑罚框架,在示例规定中,同时实施的背信型侵占罪(第246条第2款),被对其也可以适用的第246条第1款第2句中的补充条款予以取代,见BGH NStZ 12,628附评注Hohmann,NStZ 13,161。

〔4〕 如同本书,认为等同于损害的危险对于“损失”而言并不足够,见BGH wistra 07,306,307;此外参见BGH wistra 01,348,349以及BGH wistra 04,20及边码594;对于背信存在的怀疑见Rotsch,wistra 04,300。

〔5〕 对于常业性,存在两个利他驱使的,并因而存在疑问的案件,即BGH NStZ-RR 03,297;BGH NStZ 14,85。

〔6〕 LK-Schünemann, § 266 Rn 218 f.

〔7〕 参见BGH NStZ 00,592;BGH StraFo 13,480;对此批判S/S-Perron, § 266 Rn 53;Spickhoff-Schuhr, § 266 Rn 79。

地予以适用。第247条之适用也是一样。如果被害的合作伙伴没有提出刑事告诉,只要有限责任公司本身会遭受财产损失,就可以对该行为进行追诉。[1]

Ⅳ. 鉴定结构:背信罪,第266条

背信罪,第266条
Ⅰ. 犯罪构成
1. 客观构成
A. 滥用型犯罪构成,第266条第1款第1种情形
a) 犯罪行为
滥用授予的处分/义务权限
· 对于他人财产的处分/义务权限
→ 通过法律、官方授权、法律行为
Ⓟ权利表见/善意保护
· 滥用
→ 在法律上"能够"的框架内,超越了法律上的"可以"
→ 通过法律行为/高权行为
Ⓟ对于排除犯罪构成同意的要求
Ⓟ风险交易中的背信性
Ⓟ不作为方式的滥用
b) 信任关系
· 财产照护义务

[1] 参见 BGH NStZ-RR 07,79,80;对于与此存在差异的情形,见 BGH wistra 12,233,234。

Ⓟ忠诚义务的要求和内涵
Ⓟ犯罪参与人情况下第 28 条之适用
c)犯罪结果
· 财产不利
→ 与第 263 条诈骗罪中的财产损失基本相同
Ⓟ义务违反—财产不利之关联
B. 背信型犯罪构成,第 266 条第 1 款第 2 种情形
a)信任关系
· 财产照护义务
→ 出于法律或事实上的信任关系
Ⓟ忠诚义务的内涵
Ⓟ窃贼背信
Ⓟ犯罪参与人情况下第 28 条之适用
b)犯罪行为
· 违反财产照护义务
→ 通过法律上或事实上的行为
c)犯罪结果
· 财产不利
→ 同滥用型犯罪构成
2. 主观构成
a)故意
· 任何故意类型
Ⓟ对于间接故意更为严格的要求
Ⅱ. 违法性
Ⅲ. 有责性
Ⅳ. 减轻构成(刑事告诉,第 266 条第 2 款结合第 247、248a 条)
Ⅴ. 特别严重情形,第 266 条第 2 款结合第 263 条第 3 款、第 243 条第 2 款

§ 21 背信罪之类似犯罪

Ⅰ.抑留和侵吞工资罪

1.抑留社会保险费用

787 在第266a条的前两款规定中,将以前分散的、关于扣留社会保险费用(Sozialversicherungsbeiträge)的规定,合并为一项刑事犯罪构成,其目的在于保护社会团结(Solidargemeinschaft),并通过刑法手段保障社会保障机构和联邦就业机构[1]的费用收入。[2]第1款涉及(由雇主负责缴纳的)雇员费用(Arbeitnehmerbeiträge),第2款涉及雇主费用(Arbeitgeberbeiträge)。通过这一规定,是否在整体上对于雇员的个人财产予以保护,存在争议,[3]但对于第3款规定来说,对此并无问题。根据第266a条之规定,如果雇主和雇员通过共同协议,约定在支付工资时——比如对于黑工(Schwarzarbeit)——并不支付社会保险费用,可能受到惩罚。[4]这样的约定是无关紧要的。在判定是否存在需要缴纳社

---

〔1〕 参见BT-Ds 14/8221,S. 18。

〔2〕 更详尽见Martens,wistra 86,154;LK-Möhrenschlager,§ 266a Rn 8;Mitsch,JZ 94,877,887;SK-Hoyer,§ 266a Rn 3;BGH NStZ 90,588;BGHZ 144,311,321;wistra 92,144。

〔3〕 支持见Tag,Das Vorenthalten von Arbeitnehmerbeiträgen zur Sozial- und Arbeitslosenversicherung 1994,S. 33 ff;同样如此LK-Gribbohm,11. Aufl.,§ 266a Rn 5;LK-Möhrenschlager,§ 266a Rn 10 f。其他观点见BK-Wittig,§ 266a Rn 2;Fischer,§ 266a Rn 2a;M/R-Matt,§ 266a Rn 2;NK-WSS-Fuchs,§ 266a Rn 4;S/S/W-Saliger,§ 266a Rn 2。对于争论见SK-Hoyer,§ 266a Rn 5 ff。

〔4〕 参见AnK-Esser,§ 266a Rn 77;A/R/R-Gercke,12. 2 Rn 33;G/J/W-Wiedner,§ 266a Rn 19,26;HK-GS/Beukelmann,§ 266a Rn 16 f;M-G/B-Heitmann,§ 36 Rn 22 f;NK-Tag,§ 266a Rn 6,57 f;SK-Hoyer,§ 266a Rn 34。对于评价黑工收入和扣留费用的允许性,见BGH NStZ 10,635,636 f,在非法从业情况下的德国联邦法院判例,见Thum/Selzer,wistra 11,290。

会保险和工资税费的劳动关系时,[1]唯一相关的因素是实际上存在的情况,而不是为隐瞒而选择的法律形式或者约定。因此,合同双方在此之外也不能以异常的合同形式去除由此产生的缴费义务。[2]

在两种情形(第1款和第2款)之下,第266a条都是结果犯(Erfolgsdelikt),[3]只有在缴费义务灭失时,才告终止。[4]第266a条第1款和第2款的正犯只能是雇主,以及根据第266a条第5款规定,与之等同的人。因此,第266a条第1款和第2款是真正的特别犯罪(echte Sonderdelikte)。[5] 788

以此种身份相对于收款机构扣留雇员的社会保险费用[6][包

[1] 对于2017年4月1日生效的《德国民法典》第611a条规定之从属性和重要性,见Schulz,Neumann-FS S. 1219 ff;Buchholz,NZWiSt 20,89;对于与此关联的问题见Bertheau,NJW 20,664。

[2] 参见BGH NJW 11,3047;BGH NJW 12,471;BGH NStZ 16,348;BGH HRRS 18,97(Nr 240);对于"表面上的独立性",见BGH GmbHR 19,278附评注Brand;Klose,NZWiSt 18,12;L. Schulz,ZIS 14,573;Ziehm,NZWiSt 16,387;对于共享经济见Rieks,wistra 20,49。

[3] 参见Krack,wistra 15,121附对于因果关系和功能性关联后果的描述,对于财产征收(Vermögensabschöpfung)Bach,NZWiSt 19,214。

[4] BGHSt 53,31;BGH HRRS 18,5(Nr 75);BGH HRRS 17,445(Nr 1041).

[5] 参见BGH wistra 11,344,346;Lackner/Kühl/Heger,§ 266a Rn 2;MK-Radtke,§ 266a Rn 78;SK-Hoyer,§ 266a Rn 18;S/S/W-Saliger,§ 266a Rn 7;对于雇主概念,见BGH NStZ 13,587 f;BGH wistra 14,24;BGH NStZ-RR 14,246,247附评注Küpper,ZWH 14,396;BGH ZWH 14,389,390附评注Küpper,393;BGH NStZ 17,354;Krumm,NZWiSt 15,102;L. Schulz,ZIS 14,573;BGH NStZ 15,648附评注Trüg;Bürger,wistra 16,169;对于破产管理人作为雇主,见Dupper/Petzsche,wistra 16,294。

[6] 参见Fischer,§ 266a Rn 9;BGH NStZ 96,543;OLG Frankfurt StV 99,32;雇员必须(可能根据欧洲社会保险法的法律冲突规范)在德国也有社会保险义务,对此见BGHSt 51,124,127 f附评议Zimmermann,ZIS 07,407;BGHSt 51,224,228 f附评议Rübenstahl,NJW 07,3538;BGH JZ 08,366附评注Heger;EuGH NZA 18,1253 ff;对于雇员(或第三人)可以想见的帮助犯,见Wittig,ZIS 16,700,702 ff。

括就业促进费用(Arbeitsförderung)],也即最迟在到期之日,不向收款机构缴纳费用,则符合第266a条第1款规定的犯罪构成。[1]费用的计算,应以《社会法典(四)》第14条第1款界定的劳动报酬(Arbeitsentgelt)为基础。在此意义上,作为提供劳动的对价(Gegenleistung),合同双方不能通过异常约定来逃避缴费义务(Beitragspflicht)。[2] 在黑工的情况下,德国联邦法院根据《社会法典(四)》第14条第2款第2句之规定,计算扣留的社会保险费用金额。[3] 根据第266a条第2款之规定,扣留雇主缴费的行为,现在也被规定为刑事犯罪。虽然第1款规定的罪行与背信罪相类似,但立法机关通过将第266a条第2款的规定与逃税罪(Steuerhinterziehung)的犯罪构成联系起来(《税收条例》第370条第1款),[4]使该条款更类似于诈骗行为。[5] 因此,只有当雇主向主管机构提供不正确或不完整的、关于社会保险法意义上重要事实的信息,例如其雇员的人数或工资水平,或使该机构不了解这些事实时,抑留行为——其表述了这一犯罪构成的结果[6]——才

[1] 对于与此关联的诉讼时效开始 BGH NStZ 20,159,160 f 附赞成性评注 Lanzinner;Gercke/Hembach, wistra 20,113; Lorenz, FD-StrafR 20,425803 和 BGH BeckRS 20,3814;其他的还有 BGH NZWiSt 19,266 附评注 Gehm。

[2] 参见 BGH wistra 09,438,439;BGH NJW 12,471;BGH NStZ-RR 14,246,247 f 附评注 Küpper,ZWH 14,396;BGH NStZ 17,354 附评注 Gehm,NZWiSt 17,233。

[3] 参见 BGHSt 53,71 附评注 Joecks,JZ 09,531;BGH wistra 11,344,345;BGH NStZ 10,635;G/J/WWiedner, § 266a Rn 26;对于非法雇佣情况下的工资估算,也见 Krumm,NZWiSt 13,97;S/S/W-Saliger, § 266a Rn 14 ff,18。

[4] 对于第266a条和《税收条例》第370条之间的关系,见 BGH NZWiSt 17,189 附评注 Rolletschke;对于刑事诉权耗尽(Strafklageverbrauch),见 Bülte,NZWiSt 17,49;对于与第266a条和《税收条例》第370条相关的帮助行为,见 BGH NZWiSt 17,233 附评注 Gehm。

[5] 对此犯罪构成方案更详尽见 Loose,Das Vorenthalten von Arbeitgeberbeiträgen zur Sozialversicherung gemäß § 266a Abs. 2 StGB,2017。

[6] 参见 NK-Tag, § 266a Rn 94;对此更详尽见 Wittig,HRRS 12,64。

是刑事可罚的。[1] 在私人家庭中从事小微就业的情况下,雇主扣留社会保险费用的行为,被排除在第 266a 条规定的刑事犯罪之外,而仅仅只是一种行政违法(Ordnungswidrigkeit)行为。[2] 对于主观的犯罪构成而言,任何形式的故意都足够了。[3]

迄今为止受到关注的第 266a 条第 1 款的实际意义和现存问题,可以——这不是偶然的——[4]以德国联邦法院在民事案件中的一项判决[5]作为例子予以说明: 789

一家陷入经济危机的有限责任公司的总经理 G,拖欠了 3 月份的待付工资。此时,有限责任公司已经无力偿债,因为 G 此前用剩余的流动资金"等额覆盖地"为有限责任公司的债务支付了利息。G 被社会保险机构起诉,要求赔偿被扣留的 3 月份缴费数额。

德国联邦法院根据《德国民法典》第 823 条第 2 款和《德国刑法典》第

[1] 对于第 266a 条第 1 款和第 2 款中"不可能性"(Unmöglichkeit)和"不可期待性"(Unzumutbarkeit)不同的后果,见 BGH NJW 11,3047 f 附评注 Bittmann 和批判性评议 Wittig,HRRS 12,63。

[2] 私人家庭中从事小微就业中的例外,见 BT-Ds 15/2573, S. 28; Fischer, § 266a Rn 19a。

[3] 参见 BGH NJW 02,1123,1125;BGHSt 47,318,323;BGH BeckRS 20,1453;对于雇主特征认识错误情况下的犯罪构成错误,现在 BGH wistra 18,339 附评注 Rode/Hinderer;Bollacher,NZWiSt 19,59;Galen/Dawidowicz,NStZ 19,146;Habetha,StV 19,38;Theile,ZJS 18,482 和 BGH NStZ 20,89,91 附评注 Hinderer;Brand,NJW 19,3535;Grötsch,wistra 20,74 和评议 Eisele,JuS 20,365;开放性 BGH NStZ-RR 19,151,153。

[4] 参见 Fischer, § 266a Rn 2a 对于第 266a 条作为《德国民法典》第 823 条第 2 款意义上保护法律的意义。

[5] 参见 BGH NJW 97,1237 附结论上赞成的评议 Heger,JuS 98,1090 和 Hellmann,Anm. JZ 97,1005 以及结论上否定的评注 Tag,BB 97,1115;对于解决方案,也见 Hellmann,Rn 915 ff。更多的案例例证 Waszczynski,ZJS 09,596;Wittig, § 22 vor Rn 8。对于第 266a 条中的鉴定顺序,也见 Krumm,wistra 12,211;对于第 266a 条的总体概览 Wickel,ZJS 16,189。

266a 条第 1 款之规定,确认了对 G 的损害赔偿要求。[1] 雇主是有限责任公司。然而,根据第 14 条第 1 款第 1 项之规定,鉴于这一证成刑罚特别的人身性要件,该罪名也适用于 G,其系有权代表有限责任公司的主体。即使 G 只是作为一个“稻草人”发挥作用,他在内部关系中没有明显的权能,但在形式上却担任总经理的职位,也不会有任何不同。[2] 他的任务在于确保履行公共法律义务。[3] 就此,他在到期时相对于收款机构,扣留了雇员份额的社会保险费用。由于第 266a 条第 1 款涉及的是不作为犯罪,因此必须考虑的是在 3 月份缴费到期时发生的破产,根据“力所不及,何必强求”(nemo ultra posse obligatur)的基本原则,是否排除了犯罪构成。[4] 这有时会被否定,其依据是民法上引申的推理,即每个人都必须为自己经济上的履行能力承担责任,而不论其过错如何,但这与刑法中的罪责原则(Schuldprinzip)并不相

---

[1] 参见 Heger, JuS 98, 1091; BGH NJW 02, 1123 也与此相关;民法上的通说观点认可第 266a 条作为保护法律,见 BGH wistra 05, 339, 340;对于此类案件中,原告的阐明和证明负担,见 BGH NJW 13, 1304;对于第 266a 条第 2 款作为保护法律,见 NK-WSS-Fuchs, § 266a Rn 5; OLG Saarbrücken wistra 16, 203 附评注 Loose。

[2] 参见 BGH NStZ 17, 149 附评注 Ceffinato, wistra 17, 65; OLG Celle, EWiR 17, 655 附评注 Baumann/Schlieker; Weiler, NJOZ 17, 1066。

[3] 参见 BGH NStZ 97, 125,对于第 14 条,见 G/J/W-Wiedner, § 266a Rn 14;对于事实上的总经理案件,见 LG Augsburg wistra 15, 39;根据《有限责任公司法》第 6 条第 2 款第 2 句第 3e 项规定,尽管丧失职务,但总经理活动还是继续的情形,见 OLG Bamberg, BeckRS 16, 03553。

[4] 见 OLG Frankfurt StV 99, 32; OLG Hamm StV 02, 545; OLG Hamm NZWiSt 18, 72 附评注 Floeth;对于可期待性,见 Lackner/Kühl/Heger, § 266a Rn 10; S/S-Perron, § 266a Rn 10; S/S/W-Saliger, § 266a Rn 21 f;也参见 Hillenkamp, Tiedemann-FS S. 949(对于第 283 条第 1 款第 5、7 项);对于第 266a 条第 2 款框架内,差异的判决,参见 BGH NJW 11, 3047 f 附区别的评议 Wittig, HRRS 12, 63。

称。[1] 与之相反,正确的问题是,根据原因自由的不作为(omissio libera in causa)[2]之基本原则,犯罪人是否应因其造成破产而受到责难。例如,尽管他面临明显的流动资金问题,但他没有建立对其而言可能和合理的储备金。只要雇主在危机期间仍然能够并且可以自己做出处分,德国联邦法院就将这一设想与社会保险相对于其他诉求的优先性认定结合起来。[3] 优先性可以从这一诉求的刑法保护中推导出来,正因为如此,根据义务冲突标准,这一诉求必须被优先考虑。[4] 虽然这一论证是以循环论证(Zirkelschluss)为基础的(刑事可罚性最终是以刑事可罚性为基础的),而且它创设了破产法并未给予的保险机构的优先地位,[5]但是,“考虑到法律秩序的统一性”,德国联

---

[1] 参见 OLG Celle JR 97,479;被 OLG Celle NJW 01,2985 所放弃。

[2] 对此见 BGHSt 47,318,321 f;BGH BeckRS 18,33540;OLG Hamm wistra 03,73,74;OLG Düsseldorf StV 09,193,194;OLG Köln BeckRS 11,28440;A/R/R-Gercke,12. 2 Rn 38;A/W-Heinrich, § 23 Rn 14;BK-Wittig, § 266a Rn 17;Fischer, § 266a Rn 15b;G/J/W-Wiedner, § 266a Rn 45;Heger,JuS 98,1093;LK-Möhrenschlager, § 266a Rn 58;Mitsch,BT Ⅱ S. 467;MK-Radtke, § 266a Rn 67;SK-Hoyer, § 266a Rn 51 ff;Tag,Das Vorenthalten von Arbeitnehmerbeiträgen zur Sozial-und Arbeitslosenversicherung 1994,S. 118 ff。对此批判参见 Hellmann,JZ 97,1005;Renzikowski,WeberFS S. 334,341 ff;S/S/W-Saliger, § 266a Rn 18。相较于对于第 283 条第 1 款第 5、7 项关联的问题,原因自由的不作为在此更适于作为解决方案,对此见 Hillenkamp,TiedemannFS S. 967。在第 266a 条第 2 款框架内,对于无支付能力的差异判决,见 Krack,wistra 15,126。

[3] 参见 BGH JZ 97,1003;赞成 Heger,JuS 98,1093;Hellmann,JZ 97,1006;也参见 LG Leipzig NStZ 98,304。

[4] 随之 BGHSt 47,318,321 f 附就此而论否定性的评议 Radtke,NStZ 03,154,156;Tag,JR 02,521,522 f;BGHSt 48,307,311 f 附评议 Bittmann,wistra 04,327;Radtke,NStZ 04,562。Rönnau,NJW 04,976 将优先性扩展至现存的破产成熟之后的阶段,尽管民法上与之相反的通说观点——见 BGH wistra 05,339,340,BGH wistra 06,17,18(附评注 Sinn,NStZ 07,155)对此予以坚持;对此见 Kutzner,NJW 06,413;Radtke,Otto-FS S. 695, 703 ff; Rönnau, wistra 07, 81; C. Schröder, GmbHR 05, 736; Tiedemann, WirtschaftsstrafR,Rn 1300 ff。

[5] Fischer, § 266a Rn 16;NK-Tag, § 266a Rn 70 ff.

邦法院第 2 民事审判庭对优先性学说表示了赞同。[1] 在实践中,这种义务冲突已经部分得以解决,方式是,根据《破产条例》第 270 条第 1 款之规定,应申请任命临时的财物管理人,而社会保险费用的支付则取决于他的同意。[2]

2. 秘密地未将扣留的工资交予第三方

790 第 266a 条第 3 款规定了另外一种情形,涉及雇主对其雇员类似于背信和诈骗的罪行,[3] 从而属于财产犯罪。[4] 在此,犯罪构成包含的是雇主两方面的不作为:不将扣留的部分工资支付给雇员的债权人,而在到期之时或刚刚到期之后,没有通知雇员这一事实。[5]

在此,可予考虑的是,在带来财产收益的履行、自愿提高或继续保险、工资转让或质押以及类似的情况当中,抑留的劳动报酬部分。考虑到《税收条例》(《税收条例》第 370、378、380 条)中已有的规定,第 266a 条第 3 款第 2 句排除了工资税(Lohnsteuer)。[6] 如果雇主和雇员以合同方式约定由雇主为

[1] 参见 BGHZ JZ 08,44,45 f 附评注 Rönnau;对此也见 Bittmann,wistra 07,406,二者也涉及此种“适应”并未释明的后果;赞成德国联邦法院 A/W-Heinrich, § 23 Rn 14。赞成 G/J/WWiedner, § 266a Rn 47;M/R-Matt, § 266a Rn 46;与之相反,恰当地否定优先性判例 MK-Radtke, § 266a Rn 70 ff;Radtke,NStZ 03,154,156;Tag,BB 97,116;dies.,JR 02,521,522 f;对于 BGHSt 47,318 也见 Röhm,DZWIR 03,36;Wegner,wistra 02,382;具体阐述有区别的立场 LK-Möhrenschlager, § 266a Rn 60 ff;SK-Hoyer, § 266a Rn 60 ff,66 ff;S/S/W-Saliger, § 266a Rn 18 f。

[2] 肯定此种申请的允许性 AG Hamburg,EWiR 17,537 附评注 Hofmann;AG Heilbronn NZI 16,583 附评注 Hörmann;其他观点 AG Hannover ZInsO 15,1111 附评注 Frind,EWiR 15,651。

[3] Lackner/Kühl/Heger, § 266a Rn 1;S/S/W-Saliger, § 266a Rn 1.

[4] Kindhäuser/Hilgendorf, § 266a Rn 1;MK-Radtke, § 266a Rn 6;Otto,BT § 54 Rn 56.

[5] 对此详见 Fischer, § 266a Rn 22 ff;Mitsch,BT Ⅱ S. 470。

[6] 具体参见 S/S-Perron, § 266a Rn 12 ff; Tag, Das Vorenthalten von Arbeitnehmerbeiträgen zur Sozial-und Arbeitslosenversicherung 1994,S. 146 ff。

雇员支付养老保险(Altersversorgung),而雇主没有支付此种费用,则只有在约定费用构成"雇员的部分报酬"的情况下,雇主才会根据第266a条第3款之规定承担刑事责任。[1]

Ⅱ.滥用支票卡和信用卡罪

案例65:T是邮政银行转账账户(Girokonto)的持有人。他的账户超额了,且透支信贷(Dispositionskredit)(《德国民法典》第504条)已经耗尽。在这种其明知的境况之下,T利用邮政银行自动取款机的技术缺陷,通过使用他邮政银行卡的编码和他的密码,连续4天成功地从自动取款机中提取了322笔款项,每笔金额分别为400欧元或500欧元,总额为158,700欧元。 791

T的刑事可罚性?(见边码800)

案例66:T把他的信用卡卖给了S。S用它来购买奢侈品,通过转售以这种方式购买的奢侈品来偿还他的赌债,从而为他进一步参与赌博提供资金,T也参与其中。T将卡片报失,并向S提供他的签名,以便S可以在购买收据上签署他的名字。通过这种方式,S获得的产品总价值为123,175欧元。 792

根据第266b条T和S的刑事可罚性?(见边码801)

1.条文目的

根据第266b条的规定,任何人滥用通过提供支票卡或信用卡而给予他的机会,以促使签发者付款,从而损害签发者的利益,即属犯罪。1986年增设的这一条文,使得截至当时针对滥用两种银行卡类型存在的观点纷争——其造成了诈骗罪和背信罪之间的刑 793

〔1〕 参见BGH HRRS 17,262(Nr 531)附评注Floeth,NStZ-RR 17,249;Sahan,NStZ 17,530。

罚处罚漏洞——画上了句号。[1]

794 支票卡(注意边码 795)是根据欧洲银行业协议统一设计的"欧元支票"(Eurocheque)卡。用这种卡可以经常地从自动取款机中提取现金。然而,从其称谓即可知道它们的功能是,发卡机构保证持卡人签发的支票将被兑现,且最高可达一定数额。与第 266 条规定的滥用型背信罪情形相对应,在这一程序中,即使持卡人在对内关系上,因账户缺乏资金而不再被允许开立支票,但其对外仍然具有法律上的权利,要求发卡机构兑现支票。

2. 犯罪构成

795 这一罪名放弃了财产照护义务,但在其他方面与背信罪类似,[2]使发卡机构的财产得到了保护。同时(作为反射),也保护了非现金支付交易。[3] 根据在于,根据第 266b 条第 2 款之规定,第 248a 条的规定在此相应地适用。[4] 犯罪人的范围仅限于得到授权的持卡人,因为只有他们才被"赋予"了可能性,促使发卡机构付款。[5] 对于未经授权的人,第 263 条仍然适用。因此,这一犯罪是一种特殊罪行,并且由于对持卡人的信任,正犯应具备第

---

〔1〕 对此参见 BGH JZ 87,208;GA 1987,263;KG JR 87,257;2. WiKG vom 15. 5. 1986(BGBl I 721);对于这一条款的范本,见 Rengier, Heinz-FS S. 809 ff;也参见 Hillenkamp,本书直至第 40 版,边码 794。

〔2〕 参见 BK-Wittig, § 266b Rn 3;Fischer, § 266b Rn 3。

〔3〕 参见 Fischer, § 266b Rn 2; G/J/W-Bär, § 266b Rn 3; Kindhäuser/Hilgendorf, § 266b Rn 1;M/R-Maier, § 266b Rn 1;Otto,BT § 54 Rn 41;SK-Hoyer, § 266b Rn 3;其他观点(并非纯粹的反射)见 BGH NStZ 93,283;Bernsau,Der Scheck- oder Kreditkartenmissbrauch durch einen berechtigten Karteninhaber 1990,S. 64,77 f;HK-GS/Beukelmann, § 266b Rn 1;Lackner/Kühl/Heger, § 266b Rn 1。

〔4〕 相反观点 Bernsau,同上注 S. 78。

〔5〕 BGH StV 18,35; Bock, BT Ⅱ S. 567; MK-Radtke, § 266b Rn 4; NK-Kindhäuser, § 266b Rn 4; S/S-Perron, § 266b Rn 7; S/S/W-Hilgendorf, § 266b Rn 14.

28 条第 1 款规定的特殊人身要件。[1] 所以,在去世后继续使用(违反合同)留为自用信用卡的人,不会根据第 266b 条的规定受到惩罚。[2]

由于欧洲银行于 2001 年 12 月 31 日停止了担保的欧洲支票交易,因此不再会发生上述类型的支票卡滥用(见边码 793)。[3] 以前的欧元支票卡(EC 卡)将不再发行。今天,ec 标志(现在是小写的)可以在取代它的卡上找到,现在其具有“电子现金”(electronic-cash)的含义。[4] 这一发展的后果不仅完全消除了传统的支票卡滥用(在边码 793 的意义上),[5]而且更为确切地说,人们不再能够声称原本存在争议的(见边码 616)可能性,即在发卡机构以外的自动取款机上滥用银行卡的情况,可被第 266b 条之规定所涵摄。[6] 由于万事达卡(Maestro-Karte)与支票程序之间没有任何关联,但第 266b 条和第 152a 条第 4 款明确区分了支票卡和其他(信用)卡,因此,将该卡进一步归入支票卡的概念,意味着被禁止的类推(Analogie)。[7] 由禁止类推引申出的质疑也反对将万事达卡作为信用卡而不是支票卡予以发行;传统的信用卡和电子现金程序的使用过程“相类似”或者“可比较”,以及将通用 796

〔1〕 Fischer, § 266b Rn 21; HK - GS/Beukelmann, § 266b Rn 3; M/S/M - Momsen, BT I § 45 Rn 79; M-G/B-Nack, § 49 Rn 34.

〔2〕 以其他的理由(无损害)OLG Hamm NStZ-RR 15,213,如同本书评注 Jäger, JA 15,629,631。类似地,对于公司内部的加油卡 OLG Koblenz StV 16,371,373。

〔3〕 对此参见 Baier, ZRP 01,454; K/H-Cornelius, Kap. 102 Rn 120。

〔4〕 AnK-Esser, § 266b Rn 5; Fischer, § 266b Rn 6; Krey/Hellmann/Heinrich, BT Ⅱ Rn 735; Wittig, § 21 Rn 11.

〔5〕 参见 Krey/Hellmann/Heinrich, BT Ⅱ Rn 831; Rengier, BT I § 19 Rn 2; 第 266b 条中“支票卡”概念的继续使用,(如同第 152b 条中“欧元卡”的使用一样)用于处理原来的案件,见 Husemann, NJW 04,104,108,但现在应当予以放弃。

〔6〕 如此仍然 BGHSt 47,160,164 f; 随之 Joecks/Jäger, § 266b Rn 17; 区别 G/J/W-Bär, § 266b Rn 9。

〔7〕 A/W-Weber, 2. Aufl., § 23 Rn 48a 所支持的观点,将万事达卡涵摄到支票卡概念之下,是“任意可能的”,在 A/W-Heinrich, § 23 Rn 44b 已被放弃; 与本书类似 Eisele, BT Ⅱ Rn 926; K/H-Cornelius, Kap. 102 Rn 121; Rengier, BT I § 19 Rn 2。

信用卡中使用的信用卡概念应用于万事达卡——这一不同的处理方式并非合理——均难以提供正当性说明。[1] 这只能通过立法上的介入来实现。[2]

797 未经授权使用代码卡(Codekarte)而滥用自动取款机的案件,并非为第266b条,而是为第263a条所涵括。在剩余的少数情况下也是如此。在这些情况下,将代码卡与账户持有人的支票卡结合在一起,并且在户主的转账账户用尽之后,违反与银行的协议,通过自动取款机提取现金(对此已见边码615及下一边码)。为了简便起见,将这两种功能合并在一张卡中虽然是可取的,但这基本上是随机的和任意的,且不应掩盖这样一个事实,即在自动取款机上,权利人的卡不是作为其(先前的)保证功能(Garantiefunktion),而是仅仅作为自动取款机的钥匙予以使用的。[3] 无论持卡人使用的是机构自己的提款机还是其他机构的提款机,这都适用。[4] 与之相反,假使认为应适用第266b条而非第263a条,则由于缺乏三者关系(Drei-Personen-Verhältnis),将会导致在机构自有的自动取款机上提款的行为并不可罚。[5]

798 在使用信用卡(Kreditkarte)[6][例如,美国运通卡(American-Express-Card)、食客俱乐部卡(Diners-Club-Karte)、欧洲信用卡

〔1〕 如同本书 Eisele, BT Ⅱ Rn 927; Lackner/Kühl/Heger, § 266a Rn 3,4;其他观点 Rengier, BT I § 19 Rn 23,25; ders., Stürner-FS S. 903(但在当下仍然具有实践意义的背景之下,对于第266b条第2种情形在结论上也予以否定);同样如此 Brand, JR 08, 496,498 f; ders., WM 08,2194,2196 f,2200 附对于争论现状的全面提示;对于通用信用卡,也见 Fest/Simon, JuS 09,800。

〔2〕 对于不同方向的建议,见 Baier, ZRP 01,454,457 ff。

〔3〕 对于此前的争论情况,见 Hillenkamp, BT, 9. Aufl., 36. Problem; A/R-Hellmann, 3. Aufl., IX 2 Rn 81 ff; Lackner/Kühl/Heger, § 266b Rn 3。

〔4〕 参见 LK-Gribbohm, 11. Aufl., § 266b Rn 10 f;不同 AnK-Esser, § 266b Rn 14。

〔5〕 如此 BGHSt 47,160,165 ff;赞成 Fischer, § 266b Rn 8。

〔6〕 对于民法和刑法,更详尽参见 Schur/Schur, JA 17,739,740。

(Eurocard)、维萨卡(Visacard)]的情况下,涉及的是损害财产的滥用。情形是,犯罪人在使用该卡时,违反了信用卡合同约定的义务,例如,用于购买商品或使用服务,尽管他知道他的财务状况不允许结账。作为第266b条意义上的信用卡,只有上述所谓的通用信用卡(Universalkreditkarten),但非——比如汉莎航空公司的航空加客户信用卡(Air-Plus Kundenkreditkarte)或者宜家家庭卡(Ikea-FamilyCard)——"双方伙伴系统"(Zwei-Partner-System)中所谓的客户卡。[1] 这可以从第266b条的措辞和结构中看出。在"双方伙伴系统"中,该卡用于提供有价值的服务,但不用于支付(为第三方的服务付款),因此也不用于引致保证义务。由此,不存在对于与背信相关情况的滥用。骗取的只是与签发者关系中的一笔信贷。[2] 在此类案件中,可以考虑将第263条的刑罚框架限制在第266b条刑罚框架的范围之内。[3]

与之相反,在通用信用卡传统的"三方伙伴系统"(Drei-Partner-System)(发卡机构、信用卡持有人、订立合同的公司)中,发卡机构本身向订立合同的公司提供保证付款的承诺(见第152b条第4款第1项)。[4] 在提出抽象的债务承诺时,根据历来观点,它是在持卡人使用信用卡时被"代表"(vertreten)的。相应地,其 798a

---

[1] 参见BGHSt 38,281,282 ff 附批判性评注 Otto,JZ 92,1139;Ranft,NStZ 93,185;赞成 A/R-Hellmann,3. Aufl. ,IX 2 Rn 92 ff;Eisele,BT Ⅱ Rn 934;Fest/Simon,JuS 09,801;Fischer, § 266b Rn 10a;Lackner/Kühl/Heger, § 266b Rn 4;M-G/B-Nack, § 49,Rn 42;Mitsch,JZ 94,885;MK-Radtke, § 266b Rn 26;SK-Hoyer, § 266b Rn 11;支持双方伙伴系统中银行卡的涵括 A/W-Weber,2. Aufl. , § 23 Rn 48(为 A/W-Heinrich, § 23 Rn 48a 所放弃);S/S/W-Hilgendorf, § 266b Rn 13。

[2] Krey/Hellmann/Heinrich,BT Ⅱ Rn 847;Lackner/Kühl/Heger, § 266b Rn 4;Ŏglakcıoğlu,JA 18,338,341 f;Rengier,BT Ⅰ § 19 Rn 5,18 ff;S/S-Perron, § 266b Rn 5b.

[3] Kindhäuser/Hilgendorf, § 266b Rn 12.

[4] Eisele,BT Ⅱ Rn 930;Ŏglakcıoğlu,JA 18,279,282;Rengier,BT Ⅰ § 19 Rn 6.

有权要求信用卡公司付款。如果因为信贷已经用尽,从而在内部关系中不允许这样做,则第 266b 条"与背信相类似"。[1] 然而,在当下的实践中,"四方伙伴系统"(Vier-Partner-System)占据主导地位,在其中,除了发卡银行作为信用卡组织的持牌人(Lizenznehmerin)外,还包括收购公司(Aquiring-Unternehmen)(也作为信用卡组织的持牌人)。[2] 该收购公司的任务,是向订立合同的公司提供付款保证(Zahlungsgarantie)。作为对价,它将获得对发卡银行不可撤销的内部赔偿诉求。[3] 因此,在滥用类型的案件中,被害方是银行。与背信罪中不同的是,对于这种"四方伙伴系统"中的信用卡持卡人滥用,持卡人的实际权利,必须足以通过使用信用卡而引致发卡机构的付款义务,毕竟,在此,持卡人不能作为作出债务承诺公司的代理人,或者以其他方式代表该公司行事。[4]

如果持卡人已经通过诈骗行为获得了信用卡的发行和交付,那么第 263 条之既遂所必需的结果,可能在于通常存在的、尽管难以充分量化、与损害相当的财产危险(Vermögensgefährdung)(对此见边码 572)。若非如此,则必须在未将信用卡投入使用的情况下,对之不予处罚。[5] 如果第 263 条得以认定,则通过符合第 266b 条规定的信用卡使用,损害将进一步加剧。[6] 相应

[1] Ŏglakcıŏglu,JA 18,338,341;Rengier,BT I § 19 Rn 12.

[2] 参见 AnK-Esser, § 266b Rn 6;BK-Wittig, § 266b Rn 12;Lackner/Kühl/Heger, § 266b Rn 4;LK-Möhrenschlager, § 266b Rn 20;Rengier,BT I § 19 Rn 14;信用卡机构作为许可颁发者也被部分计算在内,以至于谈的上"五方合作体系",参见 Eisele,BT Ⅱ Rn 931 f。

[3] 此类系统的运转方式,根据调研 Rengier,Heinz-FS S. 815 ff。

[4] 参见 AnK-Esser, § 266b Rn 17;Eisele,BT Ⅱ Rn 922,932;Rengier,Heinz-FS S. 819 ff;ders. ,BT I § 19 Rn 17 承接 Brand,WM 08,2194,2200 和 JR 08,496,499 f;也参见 BK-Wittig, § 266b Rn 15;LK-Möhrenschlager, § 266b Rn 22。

[5] 参见 A/R-Hellmann,3. Aufl. ,IX 2 Rn 72;对此 Rengier,BT I § 13 Rn 197 f。

[6] 参见 BGHSt 47,160,168;对此也见 BGH NStZ 09,329。

地,认定第 263 条和第 266 条之间的一罪关系可能是合理的。[1] 然而,如果将第 266b 条的保护法益仅视为财产(边码 795),则更容易将第 263 条视为共罚的在前犯罪(mitbestrafte Vortat)。还应记住的是,滥用信用卡也只能由得到授权的持卡人实施(见边码 795)。[2]

损害(Schädigung)应作与背信罪中不利(Nachteil)相同的理解。[3] 因此,就像在那一样,如果犯罪人在任何时候都愿意并且能够在超出其内部关系中获得信贷额度的情况下平衡账户,则可能不存在损害。[4] 如果他对于这种可能性认识错误,则无故意。如果将卡交给第三方的持卡人,对发卡机构进行赔偿,也不存在损害。[5] 799

在与案例 65 相类似的一则案件中,拜仁州高等法院[6]将被告无罪释放。在该案中,法院正确地认定,由于缺乏财产照护义务,第 266 条不成立,以及因缺乏欺骗——也没有向银行告知有关缺陷信息的义务——第 263 条不成立。对于第 266b 条而言,法院想要与斯图加特州高等法院[7]一样,忽视这样一个事实,即在此并非将支票卡作为支票卡,而是将之作为代码卡予以使用。可是,第 266b 条必须因滥用而告失败,原因在于,"三方伙伴体系"中典型的信任违反情境在此并不存在。诚然,与 BGHSt 38,281,282 ff 相异 800

---

[1] Rengier, BT I § 19 Rn 30; Wittig, § 21 Rn 26; Jäger, BT Rn 363 在第 266b 条中看到了共罚的后行为;对此更确切见 Fischer, § 266b Rn 24 f。

[2] Krey/Hellmann/Heinrich, BT Ⅱ Rn 849.

[3] Fischer, § 266b Rn 18; G/J/W-Bär, § 266b Rn 21; S/S/W-Hilgendorf, § 266b Rn 20.

[4] 参见 BK-Wittig, § 266b Rn 18; Lackner/Kühl/Heger, § 266b Rn 6; MK-Radtke, § 266b Rn 73; Otto, BT § 54 Rn 49;也参见 Bernsau,同前注 S. 113 ff。

[5] LG Dresden NStZ 06,633;赞成 Eisele, BT Ⅱ Rn 923; Geppert, JK 4/07, StGB § 266/30。

[6] BayObLG StV 97,596.

[7] OLG Stuttgart NJW 1988,982.

的是,在银行自动取款机提款的情况下,即使在双方关系中也可以说发卡者被促使付款,但是利用偶然的缺陷,并无超出内部许可范围法律上的可能。正确的是,这一结果可以解释为,在这种情况下,没有使用支票卡,而且滥用支票卡和信用卡仅限于三人(或更多人)之间关系的情况。[1] 然而,令人惊讶的是,拜仁州高等法院宣布无罪,却未涉及第263a、242条及第246条之规定。[2] 可能的是,仅仅利用缺陷并不构成等同于欺骗的行为(对此见边码613),这一点对于第263a条的不予讨论起到了一定作用。

801 在案例66中,S和T都没有符合第266b条之规定。在与发卡机构的关系中,未经授权的持有人不仅是从授权机构窃取卡的人,而且也是授权机构违反其与发卡机构之间的协议而将卡交其使用,并在此后滥用该卡的人。[3] 因此,不应根据第266b条规定对S定罪处刑。而且,T未经授权而转交其信用卡,也不符合滥用之要件。虽然这超出了内部准许的范围,但是,这一条文并不能防止任何形式的违反合同的使用,以及与之相关的滥用可能性。其所针对的只是本身有权利的持卡人,前提是,其在知道他将无法偿付的情况下,使用该卡接受服务。对于根据第266条及第263条规定均不成立相关犯罪的可罚行为,才会考虑使用第266b条之规定。[4]

---

〔1〕 赞成参见BGHSt 47,160,165 f。

〔2〕 参见Achenbach, NStZ 98, 563; Otto, JK 98, StGB § 266b/4;对此更详尽Hillenkamp, BT 9. Aufl. ,问题36,例证2;Löhnig, JR 99,362。

〔3〕 参见BGH StV 18,35;Bernsau,同前注S. 106;Fischer, § 266b Rn 12;MK-Radtke, § 266b Rn 4。

〔4〕 参见BGH NStZ 92,278提及第263条、第267条和对此的帮助犯;A/R-Hellmann,3. Aufl. ,IX 2 Rn 76 ff;LK-Möhrenschlager, § 266b Rn 43 ff;Wittig, § 21 Rn 10。

3. 鉴定结构:滥用支票卡和信用卡罪,第 266b 条

801a

滥用支票卡和信用卡罪,第 266b 条

Ⅰ. 犯罪构成

1. 客观构成

a) 犯罪人

· 支票卡/信用卡的有权的持卡人

→ 通过发卡机构授予而获得授权

Ⓟ有权的持卡人将银行卡交予第三人

Ⓟ　ec 卡之处理

b) 犯罪行为

· 滥用促使发卡者支付的可能

Ⓟ使用信用卡

→ 仅在三方伙伴体系中

→ 也在二方伙伴体系中

Ⓟ使用 ec 卡

→ 在本机构的银行自动柜员机

→ 在他机构的银行自动柜员机

c) 犯罪结果

· 损害

→ 与第 266 条背信罪中的财产不利相同

2. 主观构成

故意:

· 任何故意类型

Ⅱ. 违法性

Ⅲ. 有责性

Ⅳ. 减轻构成(刑事告诉,第 266b 条第 2 款结合第 248a 条)

第十一章　包庇罪、窝赃罪和洗钱罪

§ 22　包庇罪

802 案例 67:A 闯进一家珠宝店,偷走了珠宝和手表。就在案发当晚,他给了他的妻子 F 一块贵重的男士手表,并指示第二天把它作为礼物送给他的熟人 B。F 知道手表是偷来的,而 A 因某件事情欠 B 一个人情。第二天早上,A 被捕;警察还发现了一些盗窃的赃物。当天,F 担心手表也可能会被发现,执行了 A 交代给她的任务。

F 犯了什么罪?(见边码 816)

案例 68:T 用暴力手段从一个金钱押运者手中抢走了两个装有 3 万欧元的钱箱。在他逃跑时,他被目击者 Z 跟踪。Z 看着 T 把钱藏在路边的灌木丛里,然后走开了。Z 拿走了钱箱,并把它们交给了在这期间赶到的警察,警察随后监视着藏匿之处。一个小时后,T 和他的妻子 F 一起回来了,他在这段时间里见过她,并让她帮他从灌木丛中取出两个钱箱。F 为了帮助她的丈夫,同意这样做。当她在灌木丛中寻找钱箱时,被警察抓获。

F 犯了什么罪?(见边码 822)

Ⅰ. 保护法益和罪名归类

803 虽然第 258 条和第 258a 条以“阻碍刑罚罪”(Strafvereitelung)对于针对人身的(persönlich)

包庇行为作出了规定，[1]但第 257 条仅限于物质上的(sachlich)包庇。[2] 这一罪名是轻罪，未遂不罚。[3] 包庇罪(第 257 条)存在于，犯罪人向其他人提供帮助，目的是确保其从非法行为中获得的利益(第 11 条第 1 款第 5 项)。这种确保(Sicherung)并不一定要有成效。因此，在此涉及的是一项危险犯(Gefährdungsdelikt)。[4] 上游犯罪并不一定是针对他人的财产；例如，通过伪造文件、贿赂、或者——比如购买账户数据的案件——盗取数据(第 202a 条)或违反《反不正当竞争法》第 17 条之规定而获得医生执照，以及根据《麻醉品管理法》第 29a 条第 1 款第 2 项之规定非法持有麻醉品，均已足够。[5] 而且，该犯罪旨在确保的利益不

---

〔1〕 对此参见 Wessels/Hettinger/Engländer, BT I Rn 699 ff。

〔2〕 之前在第 257 条中共同包含的两种形式，在 1974 年(BGBl I 503)就已经分开，更详尽参见 Stree, JuS 76,137；批判参见 Hruschka, JR 80,221。

〔3〕 对于修正后法律的详尽分析 Geppert, Jura 80,269,327；对于第 257 条的犯罪学问题，见 Geerds, GA 1988,243。

〔4〕 更详尽参见 Küper/Zopfs, BT Rn 343 ff(“特殊类型的危险犯”“独立化、客观化的未遂犯罪”)；BK-Ruhmannseder, § 257 Rn 2；Kindhäuser/Hilgendorf, § 257 Rn 2；MKCramer, § 257 Rn 4；M/R-Dietmeier, § 257 Rn 3。

〔5〕 更狭义地——仅以财产犯罪作为上游犯罪——Bosch, Jura 12,270 f；如同本书 Fischer, § 257 Rn 2；HKGS/Pflieger, § 257 Rn 6；LK-Walter, § 257 Rn 18；S/S-Hecker, § 257 Rn 4；将列支斯坦顿及瑞士的账户数据传播给联邦情报局和/或德国税务局(对此注意第 257 条第 3 款第 1 句之规定)，对此情形，见 Benkert, Schiller-FS S. 29 f；Ignor/Jahn, JuS 10,390,393；Sieber, NJW 08,881,884；Spernath, NStZ 10,307,309；Trüg/Habetha, NJW 08,887,888；对于根据第 257 条，使得购买成为可能“帮手”的刑事可罚性，参见 Bielefeld/Prinz, DStR 08,1122,1123；LG Düsseldorf NStZ-RR 11,84；对于收购商恰当地否定第 257 条 Satzger, Achenbach-FS S. 447,455；Sonn, Strafbarkeit des privaten Entwendens und staatlichen Ankaufs inkriminierender Kundendaten 2014, S. 200 ff；对于争论现状，也见 RhPfVerfGH NZWiSt 14,421,427 判决(附评注 Krug)，其探讨了在刑事程序中的可使用性。对于“数据窝赃”的犯罪构成，现在见第 202d 条；对此批判参见 Berghäuser, JA 17,244；Rennicke, wistra 20,135；Stuckenberg, ZIS 16,526；此前的应然法，参见 Bohnert, Schiller-FS S. 70 ff；Golla/von zur Mühlen, JZ 14,668；Klengel/Gans ZRP 13,16(和边码 826)。对于《麻醉品管理法》第 29a 条作为上游犯罪 OLG München NStZ-RR 11,56。

一定是财产上的利益。然而,多数时候,情况就是这样,所以包庇者往往——就像上游犯罪人一样——侵犯了他人的财产利益。

804 就其本质而言,第257条的刑罚规定保护的是个人和公共利益。[1] 只要包庇者通过随后对上游犯罪的支持,试图阻止为上游犯罪的被害人之利剥夺从上游犯罪中获得的利益,并挫败仍然存在的补救损害的可能,个人利益就会受到侵害。[2] 在任何情况下,这种行为都是对司法(Rechtspflege)的攻击,因为司法的任务就是恢复因上游犯罪而受到损害的法律状况。犯罪人通过使恢复原状复杂化或阻碍恢复原状来妨害这项任务的完成。[3] 同时,该条款还服务于一般预防目的,方式是,在犯罪之后,将上游犯罪人予以孤立。就像他在犯罪过程中不应该得到帮助一样,他在犯罪之后,也不应该得到帮助。[4] 这也间接地保护了上游犯罪所攻击的法益。[5] 如果上游犯罪是在国外实施的,则只有在侵害此种法益的前提下,才成立包庇罪。[6]

---

〔1〕 参见 Rengier,BT I § 20 Rn 2;SK-Hoyer, § 257 Rn 1 f;S/S-Hecker, § 257 Rn 1。其他观点参见 Altenhain,Das Anschlussdelikt 2002,S. 269:只有国家对于利益剥夺的权力,也参见 NK-Altenhain, § 257 Rn 6;通过个人的恢复诉求而限制一般利益 S/S/W-Jahn, § 257 Rn 4。

〔2〕 BGHSt 57,56,58 在其中也看到了"对于司法的阻碍";对此批判 Altenhain, JZ 12,915。

〔3〕 参见 BGHSt 24,166,167;36,277,280;BGH NStZ 94,187;A/W-Heinrich, § 27 Rn 1;Amelung,JR 78,227,231;Geppert,Jura 94,442;07,592;Hohmann/Sander, § 18 Rn 1;Mitsch,BT Ⅱ S. 726;Rengier,BT I § 20 Rn 2;Zipf,JuS 80,24。

〔4〕 参见 BGHSt 42, 196, 197; Heghmanns, Rn 1676; Weisert, Der Hilfeleistungsbegriff bei der Begünstigung 1999,S. 266 ff;对此批判参见 Hörnle,Schroeder-FS S. 483 f,489 f,494。

〔5〕 参见 Seel, Begünstigung und Strafvereitelung durch Vortäter und Vortatteilnehmer 1999,S. 18 ff 承接 Miehe,Honig-FS S. 91 ff;类似 Wilbert,Begünstigung und Hehlerei 2007,S. 87 f;仅对之加以保护 Klesczewski,BT § 10 Rn 14。

〔6〕 参见 Hecker,Heinz-FS S. 714,721 ff。

上游犯罪通常是一种财产犯罪,这一事实并不能说明仅仅将该犯罪视为财产犯罪是合理的,[1]但可以说明,尽管包庇罪具有双重性质(侵犯司法的犯罪,并具有强烈的财产影响),但在财产犯罪中对之加以讨论,且在其适用范围的重点领域将本罪归入财产犯罪。[2]

Ⅱ. 犯罪构成

1. 上游犯罪之要件

包庇罪是一种附加犯罪(Anschlusstat)。因此,第257条的上游犯罪(Vortat)只能是已经实施的犯罪行为。其必须符合刑事法律规定的客观和主观的犯罪构成——该法律不一定用于保护他人的财产(边码803)——是非法的(第11条第1款第5项),并且(已经)为上游犯罪人创设了利益,对于此种利益的确保,即为包庇罪的犯罪对象。 805

如果上游犯罪已经结束,则在提供帮助的情况下,只能考虑包庇罪(在可能的情况下与洗钱罪相结合)。[3] 但是,上游犯罪不需要彻底完成。在其终结之前,例如被盗的赃物在刚刚既遂地被取走之后,尚未安全地予以保存,在此时间点,实施包庇行为也是可能的。[4] 在此,根据通说观点,[5]如果认为在既遂(Vollendung)和终止(Beendigung)之间的阶段,(接续的)帮助仍然是可能的,则可能会出现包庇和对于上游犯罪帮助之间界分上的困难和重叠。在这种情况下,是否可以认定其中一个或另一个,应视个别案件的情况而定,并基本上是一个事实问题。在此,判例首先是根据参与人员的设想 806

---

[1] 其他观点参见 Otto, BT § 57 Rn 1;如同本书 Eisele, BT Ⅱ Rn 1075。

[2] 参见 BGHSt 23, 360, 361; E 1962, Begr. S. 455; Mitsch, BT Ⅱ S. 728。

[3] 参见 BGH StV 98, 25; BGH NStZ 00, 31; 08, 152; BGH NStZ 11, 637; BGH NStZ 13, 463, 464; BGH NStZ 14, 516 附评注 Becker; BGH BeckRS 17, 109821; BK-Ruhmannseder, § 257 Rn 9。

[4] 参见 BGHSt 4, 132, 133;其他观点参见 Otto, BT § 57 Rn 4。

[5] 参见 S/S-Heine/Weißer, § 27 Rn 20; Wessels/Beulke/Satzger, AT Rn 909 ff 附进一步的文献;对于第257条,也参见 Beulke, Ⅲ Rn 288 f。

(Vorstellung)和意志(Willensrichtung)来确定的,但此种想法或意愿很难可靠地予以确定:[1]如果帮助者想要促进主要犯罪的实施,则系帮助犯;如果他想要确保从犯罪中获得的利益,则存在包庇。[2] 然而,只有在帮助使获得尚未获取的利益成为可能的情况下,才可能考虑帮助犯。[3] 与之相反的是,根据另外一种同样以重叠(Überschneidung)可能作为基础的观点,根据第257条第3款之规定,仍然有利于上游犯罪本身,并旨在促进其成功结束的支持(Unterstützung),应始终作为帮助犯予以惩罚;对于第257条第1款规定的可能的违反,应退居其后。[4] 对此提出的理由是,对于提供帮助的人而言,并不能因为他同时谋求利益的确保,就免除其因帮助行为而可能产生的更为严格的责任。[5] 这是有道理的。然而,作为一般规则,在此被视为上游犯罪的大多数犯罪形式上既遂之后,[6]就不会出现界分问题。既遂和终止之间的阶段是不确定的,并且通过第257、258、259条和第261条之规定,立法机关仅片段化地,并且在限制性条件之下,将犯罪之后的帮助实施规定为犯罪。有鉴于此,值得优先考虑的观点是,在犯罪既遂之后,原则上[7]不再

---

[1] BGHSt 4,132,133;OLG Köln NJW 90,587.

[2] 同样如此 HK-GS/Pflieger/Momsen, § 257 Rn 9;MK-Cramer, § 257 Rn 24;但也参见 BGH BeckRS 12,08602:一直到"实体上终结"为帮助犯,(只有)"在此之后"系根据第257条第3款标准的包庇。

[3] BGH NStZ 11,399,400.

[4] 参见 Bosch,Jura 12,272;Hilgendorf/Valerius,BT Ⅱ § 19 Rn 14;Maurach/Schroeder/Maiwald,BT Ⅱ § 101 Rn 6;Laubenthal,Jura 85,630;Vogler,Dreher-FS S. 405,417;Wessels,BT Ⅱ Rn 746;在结论上类似 Weisert,Der Hilfeleistungsbegriff bei der Begünstigung 1999,S. 217 ff,222。

[5] S/S-Hecker, § 257 Rn 7.

[6] 对于必要的区分,见 LK-Hillenkamp,vor § 22 Rn 34 ff。

[7] 对于例外,见 LK-Hillenkamp,vor § 22 Rn 36 f;其中不应——与 BVerfGK 10,442 相反(对此见 Hillenkamp/Cornelius,BT 19. Problem)——包括第142条第1款。

允许帮助犯的认定。[1] 如果在例外情况下发生重叠,则应根据竞合原则(Konkurrenzgrundsätze)作出决定。包庇行为在上游犯罪既遂之前已经实施,但在犯罪发生后才发生效果,对于此种案件,这也同样适用。[2] 其中可能存在——就像在上游犯罪既遂之前答应的确保帮助一样——通过精神上的帮助来触发第 257 条第 3 款第 1 句规定的对于上游犯罪的参与。[3]

上游犯罪必须是实际实施的;犯罪人仅仅是错误地认定这一 807
点是不够的。然而,根据通说观点,上游犯罪的可追诉性并无所谓(在诉讼时效经过或者没有必要的刑事告诉时,非常重要)。[4]

但是,如果上游犯罪是自诉犯罪,根据第 257 条第 4 款第 1 句之规定,倘若包庇者作为上游犯罪假定的正犯或共犯,只有在提出告诉后才能被追诉,则必须对其提起刑事告诉。例如,如果上游犯罪是住房和家庭盗窃(第 247 条),则根据第 257 条第 1 款、第 4 款第 1 句之规定,如果被盗者是包庇者的亲属或与他住在同一屋檐下,那么针对包庇罪行的追诉取决于被盗者的刑事告诉。

2. 犯罪行为

根据存有争议[5]但相对恰当的观点,任何客观上能够确保上 808

---

[1] 参见 A/W-Heinrich, § 27 Rn 20;Eisele,BT Ⅱ Rn 1082;H-H-Kretschmer, Rn 1165;Joecks/Jäger, § 257 Rn 10;LK-Schünemann, § 27 Rn 42;LK-Walter, § 257 Rn 102;Mitsch,JA 17,412;M/R-Dietmeier, § 257 Rn 8;NK-Altenhain, § 257 Rn 14;Rengier,BT I § 20 Rn 18;S/S/W-Jahn, § 257 Rn 11 f;Zöller,BT Rn 488;类似 SK-Hoyer, § 257 Rn 25 f;也参见 B. Wolff,Begünstigung 2002,S. 89,113,120;对于总体,也参见 Küper/Zopfs,BT Rn 351。

[2] 对此参见 Küper/Zopfs,BT Rn 348 ff;B. Wolff,Begünstigung 2002,S. 70 f,131,134;区别 Klesczewski,BT § 10 Rn 39 ff。

[3] BGH BeckRS 13,10259.

[4] 对于国外犯罪作为上游犯罪,参见 Hecker,Heinz-FS S. 714,721 ff;Sonn,Strafbarkeit des privaten Entwendens und staatlichen Ankaufs inkriminierender Kundendaten 2014,S. 201 ff。

[5] 对于争论,参见 Hillenkamp/Cornelius,BT 37. Problem;Küper/Zopfs,BT Rn 343。

游犯罪所获得或产生利益的帮助实施,防止利益为被害人之利而从上游犯罪人处予以剥夺,都足以作为犯罪行为。[1]

犯罪人的处境实际上得到了改善,犯罪的目标得到了实现,这是当下不再提出的要求,是正确的。[2] 将犯罪构成限制为仅仅提供帮助,意味着对于结果出现的放弃。与此同时,犯罪人错误地认为,他可以通过提供客观上不适格的帮助来实现他的目标,是不够的。[3] 如此理解,将破坏立法上的决定,其反对将帮助犯升格为正犯,并处罚(不能犯)未遂,并且在没有客观理由的情况下,对于提供帮助的概念作不同于第 27 条的界定。[4]

809 如果上游犯罪人已经终局性地放弃了他从上游犯罪中将会获得的利益,[5] 由于其他原因而不再拥有该利益[6]——其中不包

[1] 参见 BGHSt 4,122;4,221;BK-Ruhmannseder, § 257 Rn 15;Bosch,Jura 12,273;Eisele,BT Ⅱ Rn 1084;Fischer, § 257 Rn 7;Geppert,Jura 07,592;Heghmanns,Rn 1687;H-H-Kretschmer,Rn 1167;Hilgendorf/Valerius,BT Ⅱ § 19 Rn 20 f;Hohmann/Sander, § 18 Rn 12;Kindhäuser/Hilgendorf, § 257 Rn 12;Krey/Heinrich,Strafrecht BT I,15. Aufl. 2012,Rn 856;Lackner/Kühl, § 257 Rn 3;Mitsch,BT Ⅱ S. 742 ff;MK-Cramer, § 257 Rn 16 f;M/R-Dietmeier, § 257 Rn 14;NK-Altenhain, § 257 Rn 22;Rengier,BT I § 20 Rn 10;Schramm,BT I § 12 Rn 12;S/S/W-Jahn, § 257 Rn 14;Stoffers,Jura 95,122;Vogler,Dreher-FS S. 405,421;Zipf,JuS 80,24;Zieschang,Die Gefährdungsdelikte 1998,S. 333 ff;ders.,Küper-FS S. 733,734 f;Zöller,BT Rn 476;结论上也见 LK-Walter, § 257 Rn 44 从第 257 条作为"结果犯"中有问题地予以引申。

[2] 但参见 SK-Hoyer, § 257 Rn 20 f(通过阻碍恢复原状而渐次改善);随之 AnK-Tsambikakis, § 257 Rn 12;Klesczewski,BT § 10 Rn 24 要求存在"对于恢复原状的具体威胁"。

[3] BGH JZ 85,299;Bockelmann,BT I S. 175;摇摆 A/W-Heinrich, § 27 Rn 6 f。

[4] 对于复活也包含并不适合行为的"利益促成理论"(Interessenförderungstheorie),参见 Weisert,Der Hilfeleistungsbegriff bei der Begünstigung 1999,S. 74 ff,210 ff;与之相反,参见 NKAltenhain, § 257 Rn 20。

[5] BGHSt 24,166,167 f.

[6] BGH JZ 85,299;NStZ 94,187.

括警察只是暂时性地将从上游犯罪中获得的钱款予以保全[1]——或者可以合法地保留该利益(比如因为他其间继承了被害人的遗产),则上述意义上的行为客观上的适合性就是不存在的。

例证:包庇行为包括保管被盗物品或协助隐瞒被盗物品,通过重新粉刷被盗汽车使其"面目全非",从通过盗窃获得的存折中提取钱财,[2]协助销售犯罪所得,[3]向侦查机关提供虚假信息,[4]以及类似情形。据此,其涵盖了对于上游犯罪人在努力确保利益方面的类似于帮助犯的依附性的支持,以及"正犯形式的"利益确保。[5] 可能作为"中立的"(neutral)日常行为而被排除在帮助犯之外的行为,不应因在此所要求的包庇意图,而丧失其犯罪构成符合性。[6]

从第 257 条的保护功能中可以明显看出,提供帮助的目的必须是确保上游犯罪人从上游犯罪中获得的利益,防止为被害人的利益而被剥夺。仅用于物品维护(例证:喂养被盗的动物),防范自然灾害(在洪水、风暴等情况下),或防止非法攻击的行为,被排除在包庇罪的犯罪构成之外。[7] 810

第 257 条规定的帮助也可能通过处于保证人地位上违反义务 811

---

[1] 参见 BGH NStZ 00,259 附评注 Geppert,JK 00,StGB § 257/5;但也见边码 822。

[2] RGSt 39,236 f.

[3] BGHSt 2,362,363;4,122,123.

[4] RGSt 54,41.

[5] Küper/Zopfs,BT Rn 345.

[6] 参见 A/W－Heinrich, § 27 Rn 8;LK－Walter, § 257 Rn 56;Hillenkamp/Cornelius,AT 28. Problem。

[7] RGSt 60,273,278;76,31,33.

的不作为方式[1]实施,比如,如果父母不采取任何措施,阻止其未成年子女将所盗取或窝藏的物品带入家中,并将其存放在家里,[2]或者,如果运钞车司机通过延迟通知警方,使他的副驾获得时间,带着被盗的钱箱逃跑。[3]

3. 故意和包庇意图

a)故意

812 从主观方面来看,必需的故意涵括对于犯罪行为所必要的适合性(边码 808),以及——至少以间接故意形式[4]——认定,所考虑的利益直接来自第 11 条第 1 款第 5 项规定的违法的上游犯罪。与帮助犯的情况一样,[5]包庇者不必知道上游犯罪人的身份、上游犯罪的种类和利益性质。[6] 为上游犯罪人藏匿的盒子是否含有现金或珠宝,以及盒子及其内容物是否通过盗窃或窝赃而落入其手中,就此可能形成的误解,并无意义。然而,关于上游犯罪种类的错误,如果其从愿意帮助人的角度来看,排除了利益确保的可能性,则是应予注意的。[7]

b)包庇意图

813 此外,第 257 条第 1 款规定的主观犯罪构成,还包括旨在确保被包庇者从非法的上游犯罪中受益的意图。确保结果是否达成,

---

[1] 参见 BGH StV 1993,27;OLG Braunschweig GA 63,211(对此见 Bosch,Jura 12,274;Dehne-Niemann,ZJS 09,152);Eisele,BT Ⅱ Rn 1085;Rengier,BT I § 20 Rn 13;S/S/W-Jahn, § 257 Rn 19。

[2] 参见 RG DR 43,234;BK-Ruhmannseder, § 257 Rn 18.1;S/S-Stree/Hecker, § 257 Rn 13。

[3] BGH NStZ 92,540,541.

[4] 对于律师限制于明确的认知(对此见第 261 条边码 902)Jahn,JuS 12,566。

[5] 对于主犯罪 BGHSt 42,135,138;BGH NStZ 11,399;BGH NStZ 11,399。

[6] BGHSt 4,221,224;RGSt 76,31,33 f;OLG Frankfurt NJW 05,1727,1735;LK-Walter, § 257 Rn 68.

[7] 更详尽参见 BGHSt 4,221。

并不重要;犯罪人对之谋求,即已足够。对此而言,必要[1]但非充分[2]条件是,犯罪人已将利益确保作为其行为的可能后果纳入其意识当中。[3] 根据第257条第1款规定,只有在提供帮助者为了上游犯罪人的利益,而阻止或使恢复合法状态变得困难的情况下,才系以利益确保为意图。这一目标设定在很大程度上决定了他的行为,但不一定是他行为的唯一目的,也不一定是他行为的动机。[4]

提供帮助的人所寻求确保的利益,必须直接来自不法的上游 814
犯罪,[5]并且在提供帮助之时已经存在,或者仍然处于上游犯罪者掌握之中。[6] 相较于窝赃罪(第259条)案件,通说观点[7]在包庇罪(第257条)领域更广泛地扩大了直接性(Unmittelbarkeit)概念[8],其根据在于,与第259条不同,第257条没有提到“已经

---

〔1〕 BGH NStZ 00,259.

〔2〕 BGH NStZ 00,31.

〔3〕 BGH NStZ 00,259;BGH NStZ-RR 20,175.

〔4〕 更详尽参见 BGHSt 4,107,108 f;BGH NStZ 92,540;94,187;BGH GA 85,321,322;BGH NStZ-RR 20,175;OLG Düsseldorf NJW 79,2320;BK-Ruhmannseder, § 257 Rn 27 f;Hohmann/Sander, § 18 Rn 17;Lackner/Kühl, § 257 Rn 5;S/S/W-Jahn, § 257 Rn 23;Zipf,JuS 80,24;在账户数据案件中,在德方机构必要的中间目标的意义上予以肯定 Ignor/Jahn,JuS 10,390,393;Trüg/Habetha,NJW 08,888;否定 LK-Walter, § 257 Rn 77;Spernath,NStZ 10,307,309;对于 Bosch,Jura 12,275;Otto,BT § 57 Rn 9 确切认识已足够,与之相反参见 SK-Hoyer, § 257 Rn 31。

〔5〕 BGHSt 24,166,168;BGH NStZ 87,22;BGH NStZ 11,399,400;Lackner/Kühl, § 257 Rn 5.

〔6〕 BGH NStZ 11,399;BGH BeckRS 13,10259.

〔7〕 参见 BK-Ruhmannseder, § 257 Rn 14;Eisele,BT Ⅱ Rn 1089 f;Fischer, § 257 Rn 6;Maurach/Schroeder/Maiwald,BT Ⅱ § 101 Rn 9;S/S/W-Jahn, § 257 Rn 20;在出发点上更狭 Mitsch,BT Ⅱ S. 759 ff;Rengier,BT I § 20 Rn 7 f。

〔8〕 对其批判 SK-Hoyer, § 257 Rn 13;同样如此 NK-Altenhain, § 257 Rn 18。LK-Walter, § 257 Rn 32 将其(类似于判例对于第261条中的“源自”)接近于“因果关系”。

获得的物品”,而只是笼统地提到“犯罪的利益”。[1] 例如,从刑事犯罪中获得的钱款,即使是通过银行账户获得的,同时又投资于证券,其也应成为包庇对象。[2] 根据德国联邦法院的观点,其是否仍然是第257条第1款意义上的“犯罪的利益”,不仅仅是实体同一性(Sachidentität)的问题,更取决于上游犯罪的特殊种类。如果上游犯罪是诈骗罪,那么在彼处适用的经济上的考察方式,也将在第257条上适用。

判例例证:BGHSt 57,56走得更远。在此案中,PU帮助建立了一个虚假公司,使P能够进行大规模的诈骗行为,并从P那里预先获得了5万欧元的犯罪酬劳。在被告律师A的帮助下,PU逃避了监管并将钱转到了瑞士。德国联邦法院认为A的行为成立包庇罪。对此,联邦法院论述道:“根据刑罚规范的措辞,犯罪利益是全面涵盖的。条文中并未区分为了犯罪的利益和从犯罪中获得的利益,而是涵括了与犯罪实施相关的任何利益。据此,并非必要的是,利益从犯罪中产生。以之为据,犯罪的利益不仅是上游犯罪的果实”——P后来诈骗性地获得的资金——而且是“(预先)支付给犯罪参与者的”——如在本案中P支付给PU的酬劳——“犯罪酬劳”。根据德国联邦法院的判例,限制性地要求直接通过上游犯罪获得利益,与之并不相悖。也就是说,直接性标准(Unmittelbarkeitskriterium)只是为了“将替代性利益(Ersatzvorteile)[利益替代品(Vorteilssurrogate)]予以剔除”。但是,对于犯罪参与的报酬,并不涉及这种替代利益;相反,犯罪酬劳也是犯罪的直接利

---

[1] 对于分歧性观点,参见Küper/Zopfs, BT Rn 346;LK-Walter, § 257 Rn 31;Miehe, Honig-FS S. 91;S/S-Hecker, § 257 Rn 18。

[2] 参见BGHSt 36,277,282附赞成性评注Keller, JR 90,480;BGHSt 46,107,117;对于“经济性的”考察方式,也见OLG Frankfurt NJW 05,1727,1734,特别是诈骗罪作为上游犯罪BGH BeckRS 2013,10259;通过援引《德国基本法》第103条第2款而更为狭窄BGH NStZ 87,22。

益。然而，只是向（其他人）承诺的犯罪酬劳，尚未满足这一条件。[1]

根据判例，[2]包庇者的帮助并不一定是为了让上游犯罪人取得对于被盗物品的占有（Besitz）。因为盗窃的利益主要在于，可以像主人一样随心所欲地处分被盗物品。相应地，包庇罪不仅限于对物品占有的确保，还可以旨在确保通过对于物品销售或赠送的合作，而获得僭越的与所有权人类似的处分权利，前提是，合作不仅旨在利用物品，而且旨在保护物品不受其他潜在的剥夺。[3]从这个意义上说，即使犯罪人通过将物品回售给所有人来确保对犯罪人有利的销售，也可以谈得上利益的确保。[4] 如果犯罪人将他的 eBay 账户提供给盗贼，以便其将偷来的货物出售，如此，只有当犯罪人的意图也在于保护盗贼的贼赃不被剥夺，才可能成立包庇罪。接下来将收益转移给盗贼，不符合第 257 条的规定，因为就此而言，利益的直接性是缺失的。[5] 815

据此，在案例 67 中，第 257 条第 1 款规定的客观和主观方面的构成要件得到了满足。通过执行任务，F 使 A 能够通过赠与像所有人一样处置手表。这对 F 来说是重要的，就像阻止所担心的警察取回一样。此外，是否可以考虑窝赃罪（第 257 条和第 259 条之间的一罪关系是可能的），可能取决于第 816

〔1〕 对此参见——对于后一说法批判性的——评议 Jahn，JuS 12，566；整体否定 Altenhain，JZ 12，913；Cramer，NStZ 12，446；Fischer，§ 257 Rn 6；Satzger，JK 10/12，StGB § 257/7。

〔2〕 BGHSt 2，362，363；4，122，124.

〔3〕 更详尽参见 BGHSt 4，122，124；Küper/Zopfs，BT Rn 347。

〔4〕 参见 OLG Düsseldorf NJW 79，2320；Fischer，§ 257 Rn 10。其他观点参见 Bosch，Jura 12，276；Geppert，Jura 07，594；SK-Hoyer，§ 257 Rn 33；对此见 Kindhäuser，§ 257 Rn 18；Küper/Zopfs，BT Rn 347；Stoffers，Jura 95，122。

〔5〕 参见 BGH StV 08，520，521 附评议 Kudlich，JA 08，656；对此也见 AnK-Tsambikakis，§ 257 Rn 10；Bosch，Jura 12，277；对于缺失的直接性，也参见 BGH NStZ 11，399。

259 条中的销售和帮助销售的概念是否被通说观点限制为有报酬的处置。[1] 但使 B 获益的意图,是能够予以认定的。

4. 犯罪既遂

817 以包庇意图实施帮助,则犯罪已告既遂;谋求的结果是否出现并不重要。[2] 对于犯罪既遂而言,通说观点认为,立即着手帮助行为就足够了,客观地说,这种帮助行动适合于确保上游犯罪人获得犯罪利益,而免遭为被害人之利的剥夺。[3] 这种前移源于这样一个事实,即包庇罪是一种非真正的企行犯罪(Unternehmensdelikt)。[4] 据此,仅仅处于预备阶段的行为,肯定不足以实现犯罪构成。适用于某些企行犯罪特别的中止规定(参见第 83a 条、原第 316a 条第 2 款),或者第 261 条第 9 款[5]对于包庇罪的类推适用,也是不可能的,因为在此并不存在与计划相悖的法律漏洞。[6]

Ⅲ. 自我包庇以及上游犯罪参与者之包庇

1. 自我包庇

818 第 257 条第 1 款仅惩罚对于他人的包庇;在此所规定的帮助必须提供给"另一个人"。自我包庇(Selbstbegünstigung)本身并不构成犯罪,因此,根据第 257 条第 1 款,这种包庇不应受到惩罚。它没有破坏团结禁令(Solidarisierungsverbot),根据这一禁令,第

---

〔1〕 参见 RGSt 32,214,215 f;BGH NJW 76,1950 附进一步的文献;其他 S/S-Hecker, § 259 Rn 28;更详尽边码 865、868。

〔2〕 BGH StV 94,185.

〔3〕 更详尽参见 BK-Ruhmannseder, § 257 Rn 21;S/S-Hecker, § 257 Rn 22;对此批判 Geppert,Jura 80,269,275;07,593;LK-Walter, § 257 Rn 57。

〔4〕 SK-Hoyer, § 257 Rn 3;对此也见 LK-Hillenkamp,vor § 22 Rn 126 f,129。

〔5〕 支持参见 Schittenhelm,Lenckner-FS S. 534 ff。

〔6〕 赞成参见 Lackner/Kühl, § 257 Rn 7;MK-Cramer/Pascal, § 257 Rn 27;S/S/W-Jahn, § 257 Rn 18;其他 Rengier,BT I § 20 Rn 20;S/S-Hecker, § 257 Rn 22;对此也参见 Kindhäuser/Hilgendorf, § 257 Rn 32;LK-Hillenkamp,vor § 22 Rn 129。

257 条旨在孤立犯罪人,并以此前景预防犯罪。[1] 但是,通过涉及自我包庇的犯罪而同时实施另一种罪行(如诬告陷害罪或伪造文件罪),当然不能让之逍遥法外。

2. 上游犯罪参与者之作用

根据第 257 条第 3 款第 1 句的规定,因参与上游犯罪而应受惩罚,则不应以包庇罪定罪处刑。但是,这不适用于上游犯罪的参与者煽动上游犯罪的非参与者实施包庇行为(正犯、共同正犯或共犯)(第 257 条第 3 款第 2 句)。[2] 根据这一规定,必须事先考虑包庇者是否可能参与上游犯罪。[3] 819

第 257 条第 3 款第 1 句规定的刑罚排除(Strafausschluss),并不影响行为的犯罪构成符合性和违法性。基础权衡在于,作为对上游犯罪的事后支持而实施的包庇,通过惩罚对该上游犯罪的参与而得以补偿。然而,只有当包庇者因参与上游犯罪而真正受到惩罚时,这种共罚事后行为的基本思想才会发生作用。[4] 相反,这种思想拒绝的是,包庇者不能因参与上游犯罪而受到惩罚(例如,如果排除罪责的事由对其有利,或者如果参与上游犯罪不能毫无疑问地确定,从而难以对之惩处)。必须记住的是(见边码 806),对于上游犯罪的参与,可能也包括在上游犯罪既遂之前给出的后续帮助承诺。[5]

---

〔1〕 Joerden, Lampe-FS S. 771, 781 f; Seel, Begünstigung und Strafvereitelung 1999, S. 31.

〔2〕 对此条款——部分而言十分严格的——解释,参见 Lackner/Kühl, § 257 Rn 8; NK-Altenhain, § 257 Rn 38 f;批判 Seel, Begünstigung und Strafvereitelung 1999, S. 72, 88 f。

〔3〕 BGH NStZ 11, 637;也见 BGH NStZ 11, 399。

〔4〕 参见 Fischer, § 257 Rn 5; M/R-Dietmeier, § 257 Rn 24; Geppert, Jura 94, 444;其他观点参见 SK-Hoyer, § 257 Rn 8;对于存在疑问的上游犯罪的参与案件,参见 BGH BeckRS 13, 10259。

〔5〕 BGH BeckRS 13, 10259.

第257条第3款第2句包含一项借鉴了过失的罪责参与理论(Schuldteilnahmetheorie),从而存在问题的[1]规则:影响非参与人的上游犯罪的参与人,可能是有利于他自己的包庇罪的煽动者。

判例例证:在OLG München NStZ-RR 11,56案件中,警察在检查过程中在A处发现了少量大麻。A和他的兄弟B住在一个房间里。在那里,A储存了84克大麻和68克印度大麻供自己吸食。B被允许"共同吸食"。A设法在没有被注意到的情况下,向B报告了检查情况,并要求他"让库存消失,这样他就不会"在所惧怕的房屋搜查中"被发现"。B把存货装在一个背包里,并将藏在离前门有6米到8米远的灌木丛里。他没有走得更远,因为警察已经接近了。警察在房间里只发现了5克大麻,所以他们让狗主人带着一条禁毒犬来。45分钟后,禁毒犬到了,并很快就找到了背包。根据《麻醉品管理法》第29条第1款第2项之规定,B可能实施的包庇罪的上游犯罪是A持有毒品的犯罪。尽管存储在其共用的房间里,并且允许一起吸食,但法院首先否定了B根据第257条第3款第1句之规定排除包庇罪的犯罪参与。只有通过藏匿,他才以刑事可罚的方式建立了占有。通过这一行为,第257条第1款规定也得到了满足。鉴于隐藏在客观上适合于保护A的财产,这是正确的,即便"隐藏把戏"没有成功,也不会因此存在问题。此外——与共同审查的妨害刑罚罪不同——确保利益的时间非常短,并不妨碍既遂。根据州高等法院的观点,第258条第6款规定的个人刑罚排除事由不能延伸到第257条,因为B超出了妨害结果所必需的尺度——销毁库存可能就足够了——因此并不一定是包庇罪或者《麻醉品管理法》第29条第1款第2项规定的犯罪人(对此见边码822)。

Ⅳ. 可追诉性

820 在第257条第4款第1项规定的条件下,只有在申请(Antrag)、授权(Ermächtigung)或刑罚要求(Strafverlangen)的情况下,才会

---

[1] 参见Hauf,BT I S. 132;Lackner/Kühl, § 257 Rn 8;LK-Walter, § 257 Rn 86;但也见Seel,Begünstigung und Strafvereitelung 1999,S. 72。

针对为上游犯罪实施的包庇进行追诉。在这方面,重要的是客观的犯罪事实,而非包庇者的设想。

第257条第4款第2句援引第248a条的规定,其意义存在争议。[1] 根据实质上的关联(Sachzusammenhang),第248a条的类似使用,并不涉及上游犯罪的性质和重要性,而是必须仅仅涉及所确保的利益本身。由此可知,只有当包庇者的行为旨在确保客观上价值较低的财产利益时,对第248a条的援引才具有相关性。[2] 821

在案例68中,首先要澄清的问题是,T所实施的抢劫,是通过隐藏赃物是未遂的、既遂的,还是已经终了的。Z的追踪事实上并不能阻止支配的转换。从社会性——规范性的角度来看,T对钱箱建立了支配。也就是说,当F介入之时,抢劫肯定已经既遂了。此外,德国联邦法院认为,[3]隐藏赃物是对法益侵害的"不能撤销的终结",尽管没有终局性的赃物确保,但其结束了抢劫。如此,即使根据判例也不再需要在帮助和包庇之间界分。在此种情况下,只有认为不能犯的包庇未遂也已足够,才能认定成立包庇罪(见边码808)。如果——与这里不同的是——根据犯罪人的设想,倘若没有同时发生物质上的包庇,妨害刑罚罪就无法实现,则第258条第6款(与第258条第5款一样)可以类推适用于第257条。[4] 可是,正确的是,在这种情况下,由于在提供帮助之时,上游犯罪人T不再享有最初获得的利益,故而该行为缺失客观上的先决条件。[5] 据此,F无罪。 822

---

[1] 参见 Heghmanns, Rn 1694; Lackner/Kühl, § 257 Rn 10。

[2] Otto, BT § 57 Rn 16; S/S/W-Jahn, § 257 Rn 31.

[3] BGH NJW 85, 814.

[4] 参见 BGH StV 95, 586; BGH BeckRS 19, 18187; OLG München NStZ-RR 11, 56; Lackner/Kühl, § 258 Rn 16 f; 开放性 BGH NStZ 00, 259 附评注 S. Cramer, NStZ 00, 246; 对此也见 Bosch, Jura 12, 278。

[5] 对此参见 BGH NStZ 11, 399; 对于案件,见 Küper, JuS 86, 862。

V. 鉴定结构:包庇罪,第 257 条

822a

包庇罪,第 257 条

Ⅰ. 犯罪构成

1. 客观构成

a) 上游犯罪

· 违法的犯罪

→ 符合犯罪构成和违法的行为

→ 其他人

Ⓟ参与上游犯罪

→ 已经实际实施

Ⓟ界分包庇⟵⟶对于未结束犯罪承继的帮助

→ 直接来自上游犯罪的(一般是财产上的)利益

b) 犯罪行为

· 实施帮助

→ 防止利益被剥夺

Ⓟ利益确保之适合性

2. 主观构成

a) 故意

· 任何故意类型

b) 意图

· 为上游犯罪人之利而确保利益的意图

Ⅱ. 违法性

Ⅲ. 有责性

Ⅳ. 刑罚排除,第 257 条第 3 款第 1 句

Ⅴ. 刑事告诉,第 257 条第 4 款

§ 23　窝赃罪

Ⅰ.窝赃罪之保护法益和实质

与通说观点一致的是,第 259 条的现行规定澄清了受到保护的法益是财产。财产损失并非条件。因此,窝赃罪是一种以某些活动为特征的危及财产的犯罪(Vermögensgefährdungsdelikt)。[1]其本质在于,通过与上游犯罪者或其占有承继者之间表示同意的合作来维持上游犯罪所创造的非法的财产状况,即所谓的维持或延续理论(Aufrechterhaltungs-oder Perpetuierungstheorie)。[2] 823

妨害恢复理论(Theorie der Restitutionsvereitelung)、[3]利用或剥削理论(Nutznießungs-oder Ausbeutungstheorie)[4]以及保护所有法益的对于事后帮助行为禁止(Verbot der Nachtathilfe)的观点等,[5]与此种法益保护和本质确定相背离,通过 1975 年对第 259 条规定的修正,以上观点更是无所依附。[6]然而,在大刑事审判庭的一项判决[7]之后,一种观点[8]所强调的,对于一般性的、由窝赃不法侵损的安全利益方面,越来越多地被提升为同时受到保护 824

[1] 更详尽参见 Arzt, NStZ 81, 10; Berz, Jura 80, 57; Geppert, Jura 94, 100; Küper, Stree/Wessels-FS S. 407; Lackner/Kühl, § 259 Rn 1; Roth, JA 88, 193, 258; S/S-Hecker, § 259 Rn 1; Rudolphi, JA 81, 1 und 90; 也参见 KG NJW 06, 3016, 3017。其他观点参见 Altenhain, Das Anschlussdelikt 2002, S. 269。

[2] 参见 BGHSt GrS 7, 134, 137; 27, 45; 42, 196, 198; OLG Düsseldorf JZ 78, 35; LK-Walter, § 259 Rn 7; S/S/W-Jahn, § 259 Rn 1(二者均排除其他法益)。

[3] 参见 Schröder, MDR 52, 68。

[4] 参见 Geerds, GA 58, 129; 作为补充予以认可 Klesczewski, BT § 10 Rn 53。

[5] 如此 Miehe, Honig-FS S. 91。

[6] 参见 Eser, Strafrecht IV S. 189; Geppert, Jura 94, 100。

[7] BGHSt 7, 134, 141 f.

[8] Miehe, Honig-FS S. 92, 105.

的法益的地位,[1]并被用于解释犯罪构成。[2] 如此可能更为正确,而非仅仅谈论另外的法益,即在核心上只是意图实现的财产保护的两个方面,第259条中涉及防范危及恢复以及防范创设财产犯罪的诱因,[3]其在本质上具有合理性的原因在于,禁止窝赃的目的是打击窝赃者——一般性地助长财产犯罪——帮助取走赃物的积极性,因为这种积极性使得窃贼免于担心危险地利用赃物,从而为实施财产犯罪创造了持续的诱因。因此,窝赃者也被称为“盗贼的皮条”(Zuhälter der Diebe)。[4] 这一认知特别影响了对作为犯罪行为购买(Ankaufen)或获得(Sich-Verschaffen)的解释(见边码845及以下数个边码、边码853及下一边码)。

Ⅱ.窝赃罪之对象和上游犯罪

825 案例69:A从酒吧顾客B那里偷了一张500欧元的钞票,并在L的皮具店买了一个价格为100欧元的手提包。在A事先告知他的女朋友L事情经过之后,A将手提包和L收到零钱中一张100欧元的钞票给了F。

F接受馈赠是否成立窝赃罪?(见边码837)

1.犯罪对象

826 窝赃行为的犯罪对象只能是一个物品(Sache)(一个有体的对

---

[1] 参见Eisele,BT Ⅱ Rn 1135;Mitsch,BT Ⅱ S. 775 f;MK-Maier, § 259 Rn 3;Rengier,BT I § 22 Rn 1,3;Rudolphi,JA 81,4 ff;Schmidt,BT Ⅱ Rn 812;Seelmann,JuS 88,39;SK-Hoyer, § 259 Rn 2 f;S/S-Stree/ Hecker, § 259 Rn 3;相反A/W-Heinrich, § 28 Rn 3;Geppert,Jura 94,100 f;Jahn/Palm,JuS 09,502;M/S/M-Momsen,BT I § 39 Rn 5;NK-Altenhain, § 259 Rn 3;Roth,JA 88,194;Wilbert,Begünstigung und Hehlerei 2007,S. 123;开放性BK-Ruhmannseder, § 259 Rn 3;对于论争,参见Küper/Zopfs,BT Rn 484;Küper,Probleme der Hehlerei bei ungewisser Vortatbeteiligung 1989,S. 44 ff附进一步的文献;关于支持“非法市场”的方面,见Hörnle,Schroeder-FS S. 485 ff。

[2] BGHSt 42,196,197.

[3] 参见Küper,Dencker-FS S. 203,214和Fn 56;也参见Bosch,Jura 19,827。

[4] BGHSt 7,134,142;42,196,200.

象)，而不是一项要求、一项权利或诸如此类经济上的价值。[1] 刑法典只规定了物品窝赃行为(Sachhehlerei)，而非价值窝赃行为(Werthehlerei)。数据(Daten)也不是第259条的适格对象。因此，在列支敦士登和瑞士的账户数据案件(Liechtensteiner und Schweizer Kontendaten-Fälle)中——如果数据载体属于报告者——也不存在德国当局的窝赃行为。[2] 在这方面，自2015年12月18日起，数据窝赃的犯罪构成(第202d条)具有决定性意义。[3] 与之相反，体现权利或诉求的文件，如汇票、支票、存折、车票或行李收据，是"物品"，因此属于第259条的规制范围。[4]

判例例证：LG Düsseldorf NStZ-RR 11,84裁定涉及的是，对于向他在逃税调查中签发的搜查和扣押令，被告人B提出上诉(《税收条例》第370条第1款)。地方法院最初怀疑建立在数据之上，财务管理部门通过购买告密者I

---

[1] 对此参见Heinrich，JZ 94,938；相对于银行的支付诉求之否定BGH NStZ-RR 19,379。

[2] 参见Benkert，Schiller-FS S. 29；Busch/Giessler，MMR 2001，586，590，595；Satzger，AchenbachFS S. 447 ff；Scheffler/Dressel，ZRP 00，517；也见《反不正当竞争法》第17条第2款第2项规定的所谓窝藏秘密(Geheimnishehlerei)，其在列支敦士登和瑞士的账户数据案件中具有意义；在此意义上对于第259条，参见LG Düsseldorf NStZ-RR 11，84；FG Köln BeckRS 11，95441；Göres/Kleinert，NJW 08，1353，1357；Ignor/Jahn，JuS 10，390，391；Kühne，GA 10，275，276；Samson/Langrock，wistra 10，201，202；Satzger，Achenbach-FS S. 447，455；Schünemann，NStZ 08，305，308；Sieber，NJW 08，881，883；Spernath，NStZ 10，307，309；Stahl/Demuth，DStR 08，600；Trüg/Habetha，NJW 08，887，888。对于列支敦士登案，也见Kölbel，NStZ 08，241。

[3] 对此参见BGBl I 2218，2227和Roßnagel NJW 16，537；Singelnstein，ZIS 16，432；Stamm，StV 17，488；Stuckenberg，ZIS 16，526；对于第202d条和第259条之间信息上的比较参见Berghäuser，JA 17，244。对于增设数据窝赃罪之犯罪构成(第259a条并排除"履行合法的职务和职业义务"的刑事可罚性，现在对此见第202d条第3款)的前期考虑，参见Bohnert，Schiller-FS S. 70 ff；Klengel/Gans，ZRP 13，16；Rennicke，wistra 20，135；对于第257条，见边码803。

[4] BGH NJW 78，170；BayObLG JR 80，299；OLG Düsseldorf NJW 90，1493.

提供给它的 CD 而获得了数据,I 在未经授权的情况下,将关于在德国的纳税义务人——也同样包括 B——在一家瑞士银行持有的资本投资数据,刻录到了该 CD 上。与 BVerfG NStZ 11,103 裁决相一致(当然,这一裁决在判决当时尚未发布),杜塞尔多夫州法院认定,根据第 202a 条或《反不正当竞争法》第 17 条规定可能受到惩罚的 I 获取数据,或者在证据使用禁止(Beweisverwertungsverbot)的意义上,财务管理部门购买这些数据,不妨碍初步怀疑理由的可行性。可能的理由在于,财务管理部门购买并不成立犯罪。就可能存在对于《反不正当竞争法》第 17 条规定的泄露秘密或者包庇的犯罪参与而言,法院认为,犯罪构成的实现"已为《税收条例》第 399 条第 1 款、第 404 条结合《德国刑事诉讼法》第 161 条第 1 款和第 163 条第 1 款规定的调查权限所涵盖"。法院并未认定窝赃罪,原因在于,"所购买的数据不属于《德国刑法典》第 259 条第 1 款意义上的物品",而且可以想见的上游犯罪——这并不会有损包庇罪,但可能有损窝赃罪——并未针对他人的财产[关于根据第 202d 条对公职人员(Amtsträger)的不予处罚,见其第 3 款]。[1]

827 涉及的无论是可移动还是不可移动的物品,[2]无论是他人的、无主的甚至是犯罪人或上游犯罪人自己的物品,都无关紧要。与取得型犯罪(Zueignungsdelikte)(第 242 条及以下数个条文)相反的是,第 259 条的适用范围不限于他人可移动的物品(尽管其在实践中最为重要)。[3]

例如,猎杀的无主动物(第 292、293 条),[4]以及犯罪人自己的物品[其他人为其之利,通过取回质押物(第 289 条)的方式,将物品置于其占有之

[1] 参见 Satzger, Achenbach-FS S. 447 ff;对于证据使用禁止,也参见 LG Bochum NStZ 10,351 附评议 Heine, HRRS 09,540。

[2] 参见 RGSt 56,335,336。

[3] M/S/M-Momsen, BT I § 39 Rn 4,13.

[4] 参见 RGSt 63,35,38。

下],[1]都可以成为窝赃罪的对象。

2. 上游犯罪和窝赃罪之关联

法律将窝赃罪的犯罪对象规定为物品,其"系其他人以盗取或其他针对他人财产的违法犯罪而获得"。在此涉及的不一定是狭义上的财产犯罪。[2] 确切地说,根据第 259 条的规定,任何(符合第 11 条第 1 款第 5 项要求的)针对他人财产的犯罪,都应被视为侵犯他人财产的上游犯罪,其通过侵害他人的财产利益,导致非法取得财产,并因此直接导向非法的财产状况。由于窝赃罪只涉及物品,这种财产状况应被理解为非法地占有物品(Sachbesitz)。[3] 828

因此,窝赃罪的上游犯罪不仅可以是取得型犯罪(第 242 条及以下数个条文)、财产转移型犯罪(第 253、263 条)、[4]背信罪(第 266 条)、非法狩猎罪(第 292、293 条)、取回质押物品罪(第 289 条)或窝赃罪[所谓的连锁窝赃(Kettenhehlerei)][5],而且还可能是伪造文件罪(第 267 条)、[6]包庇罪(第 257 条)[7]或者强制罪(第 240 条)。[8] 与此同时,伪造货币罪(第 146 条及 829

---

[1] BGH wistra 88,25;RGSt 18,303,304;Kindhäuser/Hilgendorf, § 259 Rn 5;NK-Altenhain, § 259 Rn 8.

[2] BK-Ruhmannseder, § 259 Rn 9;Fischer, § 259 Rn 2 f;HK-GS/Pflieger/Momsen, § 259 Rn 6;Jäger,BT Rn 401;Joecks/Jäger, § 259 Rn 9 f;S/S-Hecker, § 259 Rn 6;S/S/W-Jahn, § 259 Rn 8;Schmidt,BT Ⅱ Rn 819.

[3] Krey/Hellmann/Heinrich,BT Ⅱ Rn 854; Küper/Zopfs,BT Rn 476; S/S-Hecker, § 259 Rn 1,7.

[4] 对此参见 RGSt 59,128。

[5] 参见 BGHSt 27,45;33,44,48;BGH GA 1957,176,177;BGHSt 59,40 附评议 Jäger,JA 13,952 和 Jahn,JuS 13,1044。

[6] 参见 BGH NJW 69,1260;RGSt 52,95 f;对此也见 Husemann,NJW 04,108;否定 MK-Maier, § 259 Rn 34。

[7] RGSt 39,236 ff.

[8] BGH MDR/D 72,571;MK-Maier, § 259 Rn 36.

以下数个条文)、贿赂犯罪(第331条及以下数个条文)、与被保险的物品有关的保险诈骗罪和滥用保险罪[1](第202a条)[2]和诸如违反公共秩序的犯罪[3]及单纯的行政违法行为,应被排除在外。上游犯罪人必须通过上游犯罪取得了物品。因此,物品通过上游犯罪才产生,并不足够。[4]

830 上游犯罪必须已经实现了刑法所规定的客观和主观犯罪构成,[5]是违法实施的,就物品取得而言在法律上已告完成。[6] 只有当其获得物品,并因此已经产生非法的财产状况时,未遂才足够。[7]

831 上游犯罪人是否受到个人罪责谴责,或者因为责任能力的欠缺,由于无法避免的禁止错误,或基于免责事由的介入,个人罪责失效,都是无关紧要的。[8] 同样并不重要的是,上游犯罪人是否可以援引个人化的刑罚排除事由,以及上游犯罪是否可以追诉。然而,如果犯罪人只是错误地设想了一个

---

[1] 参见 BGH StV 05,329 附评注 Rose,JR 06,109;BGH NStZ-RR 14,373;澄清参见 M/R-Dietmeier, § 259 Rn 6,也参见 AnK-Matthies/Scheffler, § 259 Rn 11。

[2] 参见 LG Düsseldorf NStZ-RR 11,84(存疑)。

[3] 参见 BGH MDR/D 75,543;对于第269条作为上游犯罪——否定——LG Würzburg NStZ 00,374,对此 Hefendehl,NStZ 00,349 f;Otto,JK 00,StGB § 263a/11;Schmidt,BT Ⅱ Rn 819。

[4] LK-Walter, § 259 Rn 27.

[5] 更详尽参见 BGHSt 4,76,78;对于上游犯罪须如何确切地予以确定这一问题,见 Kudlich/Kessler,NStZ 08,62,64。

[6] 参见 BGHSt 13,403,405;BGH MDR/H 95,881;BGH NStZ 12,700;也参见 OLG München wistra 07,37,38;对于税收窝赃(《税收条例》第374条)的情况下,在上游犯罪既遂和终了阶段的帮助销售,参见 BGH NJW 12,1746 附评注 Schiemann;Gehm,NZWiSt 12,228;Kindler,NStZ 12,640。

[7] 参见 Fischer, § 259 Rn 8;LK-Walter, § 259 Rn 19;Rengier,BT I § 22 Rn 14;也参见 BGH NJW 12,1746,1747。

[8] 参见 BGHSt 1,47,50;LK-Walter, § 259 Rn 14;S/S-Hecker, § 259 Rn 9;Zöller/Frohn,Jura 99,379;部分差异 Bockelmann,NJW 50,850 和 BT I S. 162。

适格的上游犯罪的实际前提条件,那么仅仅是一个不能犯的窝赃未遂。[1]此外,根据犯罪地法律和德国法律应受惩罚的,但并非必然是在此也可以追诉的外国犯罪,如果其针对的是他人的财产,也可构成适当的上游犯罪。[2]

在与上游犯罪的关系当中,窝赃者的实行行为构成了所谓的后续犯罪(Anschlusstat)。在这方面,第259条明确规定,上游犯罪人的物品取得必须在法律上和时间上先于窝赃。有关物品在成为窝赃的犯罪对象之前,必须已经带有非法获取的"污点"。[3] 如果双方的行为密切相关,甚至在时间上重合,那么就会出现区分上游犯罪和窝赃罪行之间的困难。这在实践中尤其重要,首先在取得犯罪领域特别是在侵占罪中。[4] 832

在这种情况下,根据判例,对窝赃的惩罚(在可能的情况下,与上游犯罪的帮助之间存在一罪或数罪关系)取决于,在第259条所涵盖的犯罪发生之前,上游犯罪人在法律和时间上完成了对物品的非法获取。然而,对于在各自的行动之间必须存在的时间跨度,仅限于最小的要求,即两者可以直接彼此相随,并且几乎彼此过渡。[5] 尽管在侵占罪的情况下,这种分离程度很 833

---

[1] BGH wistra 93,264,265;BGH NStZ 99,351.

[2] 参见 Hecker,Heinz-FS S. 714,720 f。

[3] RGSt 55,145 f;59,128;BGH StV 89,435;02,542.

[4] 对此参见 BGH NStZ 94,486;BGH NStZ-RR 11,245,246;BGH wistra 12,147(选择确定的案件);BGH NJW 12,3736 附评议 Kudlich,JA 13,392;OLG Stuttgart NStZ 91,285 附批判性评注 Stree。

[5] 如此 BGHSt 13,403 对于废品盗窃案件和 BGH NJW 59,1377 对于在储油库中加注燃料过程中第246条和第259条之间的关系。

低,但通说观点正确地同意这一点。[1] 少数意见认为,上游犯罪通过有利于窝赃者的处分而实施,[2]这使措辞过于宽泛("已经……盗取"),并模糊了上游犯罪之参与和后续犯罪之间的界限。如果行为人已经促成了非法占有情况的出现,就参与了上游犯罪,而并未实现窝赃罪的不法行为。[3] 然而,即使从通说观点的角度来看,特别是在盗窃(第242条)的情况下,也不能要求上游犯罪"终了"(Beendigung)。[4]

834 因此,根据第259条规定,如果非法占有的境况是在上游犯罪者处确立的,则物品被获得。如果在上游犯罪的实施过程中,该物品已经由上游犯罪人单独保管,但随后(如在侵占罪的情况下)将其先前占有的他人财产转变为自己财产,则也可能存在这种情况。[5]

判例例证:上述问题出现在BGH NStZ-RR 11,245判决中(相同的事实

---

〔1〕 参见A/W-Heinrich, § 28 Rn 9a; Beulke, III Rn 293; BK-Ruhmannseder, § 259 Rn 14; Eisele, BT Ⅱ Rn 1142; Geppert, Jura 94, 100; H-H-Kretschmer, Rn 1196; Hilgendorf/Valerius, BT Ⅱ § 21 Rn 8; HK-GS/Pflieger/Momsen, § 259 Rn 13; Hohmann/Sander, BT I § 14 Rn 23; Jäger, BT Rn 402; Jahn/ Palm, JuS 09, 502; Kindhäuser/Böse, BT Ⅱ § 48 Rn 7; Klesczewski, BT § 10 Rn 57; Krey/Hellmann/Heinrich, BT Ⅱ Rn 867 f; Lenz, Die Vortat der Hehlerei 1994, S. 267 ff; LK-Walter, § 259 Rn 31; MK-Maier, § 259 Rn 49 f; M/S/M-Momsen, BT I § 39 Rn 21; M/R-Dietmeier, § 259 Rn 10; NK-Altenhain, § 259 Rn 15 f; Rengier, BT I § 22 Rn 15; Schmidt, BT Ⅱ Rn 833; Schramm, BT I § 12 Rn 39; S/S-Hecker, § 259 Rn 14; S/S/W-Jahn, § 259 Rn 11; Zöller, BT Rn 510;开放性 Kindhäuser/Hilgendorf, § 259 Rn 15。

〔2〕 参见 Eser, Strafrecht IV S. 193; Haft/Hilgendorf, BT S. 66; Küper, Stree/Wessels-FS S. 467; ders., Jura 96, 205; Otto, BT § 58 Rn 8; S/S-Stree, 27. Aufl., § 259 Rn 15; Bosch, Jura 19, 829 认为,如果犯罪系"上游犯罪的反面",则为足够。

〔3〕 对于争论,参见 Hillenkamp/Cornelius, BT 38. Problem。

〔4〕 参见 Fischer, § 259 Rn 8;但如此 OLG Hamburg NJW 66, 2227;就税务窝赃(《税收条例》第374条)案件,对此见 BGH NJW 12, 1746。

〔5〕 RGSt 55, 145 ff; 58, 230; S/S-Hecker, § 259 Rn 12.

也是BGH wistra 12,147判决的基础,两则判例的核心观点相同)。在该案中,被告A和居住在意大利的E决定在意大利购买租赁车辆,并在北非出售。承租人报告车辆被盗。在部分判决中,A和E与承租人谈判,从他们那里购买车辆,并由在德国招募的司机将车辆运到北非,在那里出售。在另一起案件中,A被告知,S打算在国外出售他的债务融资和银行担保所有权的汽车,然后报告为被盗。A从S手中购入了这辆车,并在北非出售。州法院判定A成立常业窝赃罪。德国联邦法院以非常简单的措辞反对这一点。"在这两类案件中","根据《德国刑法典》第259条第1款规定的非法的占有情况,仅在将有关车辆移交给"A和E或者A时才会发生,"在延伸的取得之时,针对他人财产的犯罪"——正如判例所要求的那样——尚未完成。相反,上游犯罪——也就是汽车占有者的侵占——在每种情况下,"只有通过有利于窝赃者的处分才实施"。但在这种情况下,只存在(在此是共同正犯形式的)对于侵占罪的犯罪参与。这是一个不充分的解决办法,[1]因为缺乏对上游犯罪的充分讨论。但是,所传达的犯罪事实并未表明,承租人已经被说服订立租赁合同,以便能够采取进一步的行动。倘若如此,在这种情况下,上游犯罪是已经既遂的占有诈骗(Besitzbetrug)(对此见BGH wistra 12,148 aE)。如此,则A将作为对此的教唆犯以及窝赃者而受到惩罚(见边码881)。如果在这方面不存在可受惩罚的上游犯罪(及其参与),则承租人或担保人(可能)的背信罪(具有类似的既遂问题)是不可能的,因为二者都可能缺少财产照护义务(对此见边码770及以下数个边码)。但是,根据第265条,也不排除成立滥用保险罪。然而,据此,也可能是对A的交付才创设了非法的占有状况[2],如此,对于A而言——如同德国联邦法院所认定的那样——也不具有已经"事先存在"的有缺陷的情况。因此,问题实质上集中到了侵占罪之上。由于在这两种情况下,在移交车辆(在其中德国联邦法院认定了侵占罪)之前,都进行了关于"购买价格"的谈判,因此必须查明的是,"购买合同"是否已经将他人占有转化为自己占有。相应地,"出售"已经充分表明了占为己有的意志(对此见边码309及以下数个边码),也就是说,在接管车辆之前已经完成了"占为己有",并因此创设了非法的财产状况。在

---

[1] 参见Hecker,JuS 11,1040;Satzger,JK 4/12,StGB § 259/27。

[2] 对其在根据第265条犯罪中的缺失,参见BGH StV 05,329和本书边码829。

BGH Wistra 12,148 中,也没有考虑到这个问题。

3. 违法的财产状况之继续

835 根据通说观点,可能被窝赃的物品是通过上游犯罪直接获得的,并且在窝赃行为实施之时,由此产生的非法的财产状况仍然存在。这意味着被窝赃的物品与通过上游犯罪获得的物品,在物理上必须是同一的。[1] 替代的窝赃(Ersatzhehlerei)是不受惩罚的。

836 在经济上取代被盗物品的替代物(替代物品)中,财产状况的非法性[也称为"瑕疵"(Bemakelung)]不会继续存在。如果钱被偷了,一部分钱被存入第三人的账户,第三人不会从犯罪所得中获得钱款,而是向账户开具银行提出付款诉求。此外,这和保险柜里的钱也并非同一。[2] 只有在"交换行动"(Umtauschaktion)框架内,对其获取是基于新的犯罪行为的情况下,此类替代物品才能成为适格的窝赃对象。[3] 即使是犯罪人用被盗钱款换取的零钱(Wechselgeld),这些原则也不能例外。支持这一点的少数人意见放弃了对于钱款的物品属性(Sachqualität)要求,并将价值总和的想法(Wertsummengedanke)转移到了第 259 条,[4] 消除了窝赃罪的犯罪构成界限,也与维

---

〔1〕 参见 BGH NJW 69,1260;RGSt 58,117;Lackner/Kühl, § 259 Rn 8;Mitsch, BT Ⅱ S. 794 ff;Rengier,BT I § 22 Rn 24;Stree,JuS 61,50 附进一步的文献。

〔2〕 BGH NStZ-RR 19,379.

〔3〕 参见 BK-Ruhmannseder, § 259 Rn 13;Eisele,BT Ⅱ Rn 1146;Fischer, § 259 Rn 7;LK-Walter, § 259 Rn 30;MK-Maier, § 259 Rn 51 f;M/S/M-Momsen,BT I § 39 Rn 10;S/S-Hecker, § 259 Rn 13。

〔4〕 参见 Roxin,H. Mayer-FS S. 467;同样如此 Blei,BT § 72 III;Eser,Strafrecht IV S. 192;Rudolphi,JA 81,1,4。

持理论(Aufrechterhaltungstheorie)不相容。[1]

在案例69中,F接受的不是A偷来的500欧元的钞票,而是用它买的手提包和从L处收到的部分零钱。作为赃款的替代品,手提包不是一个适格的窝赃罪对象。根据恰当的观点,这也适用于零钱。手提包和现金也不是A通过新的不法行为获得的。这里不存在针对L的诈骗行为,因为根据《德国民法典》第929、932条和第935条第2款之规定,L善意地获得了500欧元钞票的所有权,因而没有因交付手提包和零钱而遭受第263条规定的经济损失(对此见边码577)。据此,在案例69中,F并不成立窝赃罪。 837

根据《德国民法典》第935条第1款的规定,当不是将被盗的钱以兑换或其他方式予以销赃,而是将其他种类的被盗物品售出并换成钱时,情况就不同了。 838

案例70:A从酒吧顾客B的夹克里偷走了一枚金戒指,并以500欧元的价格卖给了善意的E,E认为A是物主。从收益中,A把两张100欧元的钞票作为礼物送给了他的女朋友F,F对此完全知情。 839

这些钞票是否适合作为窝赃罪的对象?

A欺骗E,为其创设对于戒指的所有权。事实上,他无权这样做(参见《德国民法典》第935条第1款),因此E在执行购买合同时支付了500欧元,但没有收到完全的对价物。被盗的B,其所有权仍然存在,可以在任何时候要求E归还戒指(《德国民法典》第985条)。因此,作为收益获得的500欧元,其中200欧元是F在知道其来源的情况下由A赠送的,是通过诈骗获得的(第263条),这本身就是一个适格的窝赃对象。诚然,E已根据《德国民法典》第929条将这些钱款转让给A。然而,在本案的情况下,这并不影响第

〔1〕 更详尽参见RGSt 23,53,54;26,317 ff;OLG Braunschweig NJW 52,557;Berz,Jura 80,57,61;BK-Ruhmannseder, § 259 Rn 13.1;Bosch,Jura 19,828;Eisele,BT Ⅱ Rn 1147;H-H-Kretschmer,Rn 1195;Hilgendorf/Valerius,BT Ⅱ § 21 Rn 17;Hohmann/Sander,BT I § 19 Rn 28;Krey/Hellmann/Heinrich,BT Ⅱ Rn 852 ff;M/R-Dietmeier, § 259 Rn 9;Rengier,BT I § 22 Rn 24,27;Zöller,BT Rn 513;Zöller/Frohn,Jura 99,380。

259 条的适用性,原因在于,在此涉及的不是对现有财产(Bestand)的所有权取得,而仅仅是一种可撤销的取得。[1] 根据《德国民法典》第 123 条第 1 款、第 823 条第 2 款和第 826 条规定,E 可以从 A 处撤回这种取得。对于就此而言存在的违法的财产状况,在与 A 同意的合作之下,F 故意且在获利意图支配下予以了维持,从而对其以窝赃罪(第 259 条)定罪处刑,并无障碍(对于通过接受 200 欧元作为礼物而实现的"获得"要件,参见边码 845 及以下数个边码)。

840 然而,一个有缺陷地获得的东西并非必须,也不一定在其存在的整个时间内都是一个适格的窝赃对象。相反,一旦财产状况的非法性消失,并且通过获得现有财产而消除其"瑕疵",则就不再如此。即使物品此后落入知道获取行为之原始缺陷的第二或第三购买者手中,"瑕疵"也不会恢复。

841 案例 71:旅店老板 G 错误地认为,他在与一个野生动物交易商打交道,善意地通过支付给 W 惯常的购买价格,获得了他前一天在 J 的领地里偷猎的一只雄鹿。在 W 离开后不久,G 从他的农场工人 L 那里得知了雄鹿的真正来源。由于他害怕在他的农场里加工偷猎的动物,他以必须支付给 W 价格的三分之一,向 L 转售了雄鹿。在短暂的犹豫之后,L 接受了这一交易。

根据第 259 条 G 和 L 的刑事可罚性?

W 非法狩猎了雄鹿(第 292 条),因此通过非法的上游犯罪将其作为遗失物获得(参见《德国民法典》第 960 条第 1 款、第 958 条第 2 款以及边码 455 及下一边码)。在将其出售给 G 之时,它是第 259 条规定的适格对象。然而,G 并不成立窝赃罪,因为他是善意的,其行为不符合第 259 条第 1 款规定的主观上的犯罪构成。与之相反的是,L 作为第二获得者,完全了解雄鹿的来源。然而,关于他是否通过"自己获取"(Sichverschaffen)的方式成立窝藏罪,也是同样应当予以否定的。具体而言,在他获得之时,不存在第 259 条

[1] 对此参见 SK-Hoyer, § 259 Rn 11;S/S/W-Jahn, § 259 Rn 14;赞成参见 Kühl/Brutscher,JuS 11,339(案例解析);其他观点参见 Arzt,NStZ 81,11。

规定的适合的犯罪对象。原因在于,根据《德国民法典》第 929、932 条规定,非法狩猎雄鹿的非法的财产状况,随着 G 的善意取得而结束。《德国民法典》第 935 条第 1 款在此并无适用空间;野生动物不属于任何人占有,因此,在非法狩猎的情况下,狩猎权利人不能"丢失"(abhanden kommen)。在此种不可撤销的所有权取得的情况下,迄今存在的物品的"瑕疵"是失效的。L 知道了获取行为的原始错误,其也不会因此重新产生"错误"。因此,在案例 71 中,G 和 L 都不应以窝赃罪定罪处刑(在给定的情况下,也不会对 L 认定第 259、22 条规定的不能犯未遂)。[1]

类似的情况是,画家偷走画布和颜料,用它们制作一幅画,并将它们收费或免费地交给了同修。在这种情况下,《德国民法典》第 950 条规定了以"制造者"(Hersteller)的身份取得所有权的条件,因此,第 259 条对于画作并不适用。[2] 842

Ⅲ. 窝赃行为

窝赃罪的犯罪行为可能存在于购买"有缺陷"的物品,或以其他方式将其提供给自己或第三人[取得型窝赃(Erwerbshehlerei)],或者将其出售或协助出售[出售及利用型窝赃(Absatz - bzw. Verwertungshehlerei)]。所有这些形式的犯罪,都需要窝赃者与上游犯罪人或其占有承继者之间同意的协作(einverständliches Zusammenwirken);只有这种同意(Einvernehmen),才能在窝赃和上游 843

---

〔1〕 对此参见 LK-Hillenkamp, § 22 Rn 196,205,210 ff;Wessels/Beulke/Satzger, AT Rn 979,990 ff。

〔2〕 参见 RGSt 57,159 f;BayObLG JZ 79,694。

犯罪之间建立内在联系[1](见边码 854)。

844 案例 72:盗贼 D 把一批偷来的汽车轮胎交给他毫不知情的熟人 B 保管。一段时间后,B 得知 D 作为“连环盗贼”被捕。在读了相关的新闻报道后,他意识到这些轮胎是偷来的。B 利用这种情况,将轮胎成对出售,并按计划将收益用于自己。

B 可以被以窝赃者予以处罚吗?(见边码 855)

1. 为自己或第三人获取

845 “为自己或第三人获取”(sich oder einem Dritten verschaffen),实际上对应的是第 259 条原规定中的“自己取得”(Ansichbringen)这一要件。[2] 在自己获取(Sichverschaffen)的情况下,处分权(即使只是暂时的)转移到犯罪人手中,而在第三人获取(Drittverschaffung)的情况下,由于犯罪人的行为,处分权直接从此前占有者手中转移到第三人手中。[3]

a)经同意而获得处置权利

846 获取(Verschaffen)必须存在于,通过衍生取得以及与上游犯罪人或其他的此前占有人之间同意的合作(见边码 853 及下一边码),为自己的目的而有意识和有意愿地获得实际的处置权利。[4]

---

[1] 参见 BGHSt 7,134,137;10,151,152;27,45 f;42,196,197;BGH NJW 13,2212;BGH NJW 19,1540 附评注 Jahn;Altenhain,StV 19,674;Bosch,Jura(JK)19,896;ders.,Jura 19,833;Eidam,NStZ 19,477;Heger/Weiss,JR 19,644;Jäger,JA 19,548;Ruppert,NStZ-RR 19,212;Eisele,BT Ⅱ Rn 1149;Hilgendorf/Valerius,BT Ⅱ § 21 Rn 2,20;Mitsch,JA 20,32;对此批判参见 Hruschka,JR 80,221;Roth,Eigentumsschutz nach der Realisierung von Zueignungsunrecht 1986,S. 116 f;总结参见 Küper/Zopfs,BT Rn 483 ff。

[2] 参见 BGHSt 2,355,357;6,59,60;也参见 Arzt,JA 79,574;Küper/Zopfs,BT Rn 477。

[3] BGH NStZ-RR 12,247;13,79.

[4] BGHSt 15,53,56;27,45,46;BGH NStZ 95,544.

然而，在此，没有必要采取“共谋”(kollusiv)行动，即对于双方都要求存在不法意识。[1] 确切地说，只要对于获得者取得类似于所有权人的处置权利，双方表示同意，并且在“获取”之时仍然存在，就足够了。例如，从善意的中间占有者(Zwischenbesitzer)那里自己获取赃物，即可能存在。[2]

表示同意的给予和接受的目的必须是，为获得者提供独立于此前占有人的，与所有权人相同的、为自己目的而处置或共同处置该物品的权利。[3] 只有当行为的目的在于，以占为己有之类似方式将物品并入犯罪人或第三人的财产，且行动系为其而实施的，则系为自己目的而接受处分权利。就此来看，作为抵押或贷款接受就足够了，[4]但为保管、改造、[5]销毁[6]或仅仅作为借用人或租赁人予以使用[7]而获得支配，则并不足够。所谓的销售代理人(Verkaufskommissionär)只是为此前的占有者出售“有瑕疵的”物品，同样不能为其自身目的而获得处置权利，因此，他的行为只能 847

[1] 参见 OLG Düsseldorf JZ 78,35;S/S-Stree,27. Aufl., § 259 Rn 42;S/S/W-Jahn, § 259 Rn 17;NK-Altenhain, § 259 Rn 27。其他观点参见 Kindhäuser/Hilgendorf, § 259 Rn 19;Rengier,BT I § 22 Rn 40。

[2] 参见 OLG Düsseldorf JZ 78,35 案件;如果在该案中通过 eBay 销售赃物的“中间商”是善意的，而购买者与之相反是恶意的;根据《德国民法典》第 935 条不能获得所有权这一事实，自然并不妨碍获取(被盗物品)，则也可以作为 BGH wistra 08,423 的变体。

[3] 参见 BGHSt 33,44,46;BGH NJW 19,1311 附评议 Eisele,JuS 19,915;BK-Ruhmannseder, § 259 Rn 19。

[4] BGH JR 58,466.

[5] BGHSt 10,151,152 f.

[6] BGHSt 15,53,56;BGH NStZ 95,544.

[7] 参见 BGH StV 87,197;对于获取型窝赃罪的占为己有性质，参见 Küper/Zopfs,BT Rn 476,481。

归入“销售”(Absetzen)的犯罪实施形式。[1]

848 相反的是，如果将销售代理人归入“自己获取”之情形当中，[2]则错误地将其等同于为自己的目的设置处置权利的购买者，并将最重要的案件类型从“销售”(Absetzen)中予以消除。此外，如果后者要求必须售出结果，这种重新分配的影响是，据此最初只是力图的销售，擢升为既遂的窝赃。对此，并不存在客观根据。如果通过支付赎金，从窃贼手中“购买”被盗艺术品，以便将其归还权利人，并在纯粹事实意义上恢复其先前的所有权地位，则第259条意义上的“自己获取”也不存在。如果上游犯罪的被害人本人自己买回物品，就更是如此了。[3]

849 在自己获取的情况下，典型的是，上游犯罪人或先前占有人为窝赃者之利，将存在瑕疵的物品出售，并使窝赃者能够按照自己的意愿处置该物品。如果将物品移交给多数人，他们(比如公司的成员)只要获得相互间共同的处置权(Mitverfügungsgewalt)就足够了。[4] 如果上游犯罪人只是将共同支配权限(Mitgewahrsam)交给另一个人，而不完全放弃自己的处置权，则并非没有问题地存在窝赃性的取得。[5] 确切地说，在这种情况下，必须区分的是，共同的权利是否存在于双方，其只能根据所达成的协议共同处置该物品，抑或每个人都可独立于另一方的意愿，单独处置该物品。

---

[1] 参见 BGH GA 83,472;NJW 76,1698;LK-Walter, § 259 Rn 41;也参见 RGSt 55,58。

[2] 如此 Dencker,Küper-FS S. 9 ff;对此见 Küper/Zopfs,BT Rn 482 mit Rn 9。

[3] 参见 RGSt 40,15,47 ff zu § 257;BayObLGSt 1959,78;Hohmann/Sander, § 19 Rn 44 f;对于通过第三人实施的回售案件，见 Stoffers,Jura 95,113。

[4] BGHSt 35,172,175; BGH NStZ-RR 05,236; Fischer, § 259 Rn 11; S/S-Hecker, § 259 Rn 18.

[5] 参见 BGH StV 99,604;BGH StV 05,87;Küper/Zopfs,BT Rn 478。

在所述的第一种情况下，并不存在自己获取形式的窝赃，原因在于，上游犯罪人因其保留的参与决定权（Mitspracherecht），并未对物品在本来意义上予以放弃。而且，另一个人也为自己的处置权利而获得存在瑕疵的物品；上游犯罪人的参与决定权阻止他这样做。只有当上游犯罪人和获得者约定各方均可独立地处置物品，也即获得者可以根据自己的意愿、不受上游犯罪人意愿的影响而处置物品时，才能肯定存在上游犯罪人和获得者之间的共同处置权利（Mitverfügungsgewalt），这是对于窝赃罪犯罪构成而言具有核心地位的不法财产状况之延续（Perpetuierung）的要求。[1] 850

b）问题情形

对于寄放的物品，其处于准备交出的第三人的支配之下，是否可以通过获得相应的激发权限（Auslösungsbefugnis）来获得实际的处置权利，是一个有争议的问题。[2] 虽然依托于 BGHSt 27，160，163 判决，在取得质押凭证（Pfandschein）的情况下（其使为自己的利益处置质押物成为可能），主要学说已经肯定了对于质押物的自己取得，[3] 但少数意见以值得重视的理由对此提出了异议。[4] 取而代之的是，人们只能考虑对于质押凭证的窝赃。[5] 在此类案件中，只有当激发权利允许在任何时候不受阻碍地接触物品时，才可以肯定地谈及自己处置权利的建立。这并非毫无问题地适用于质押单，但却可能适用于提供衣帽间牌子、行李托运单或者储物柜钥匙，在前列情况下，可以没有任何困难地对物品建立占有。 851

---

〔1〕 BGHSt 33，44，46 f；35，172，175；BGH StV 99，604；BGH StV 05，87.

〔2〕 对于争论，参见 Hillenkamp/Cornelius，BT 39. Problem。

〔3〕 BK-Ruhmannseder，§ 259 Rn 22. 1；Lackner/Kühl，§ 259 Rn 11；LK-Walter，§ 259 Rn 47；MK-Maier，§ 259 Rn 82；Rengier，BT I，§ 22 Rn 46；SK-Hoyer，§ 259 Rn 25；S/S-Hecker，§ 259 Rn 19.

〔4〕 参见 Schall，JuS 77，180；ders.，NJW 77，2221；对此也见 Joecks/Jäger，§ 259 Rn 28 f。

〔5〕 OLG Schleswig NJW 75，2217；Schall，JuS 77，180.

852 另一个有争议的问题是,仅仅共同消费食物或饮料,是否属于第259条的"自己获取"。可能的通说观点正确地拒绝了这一点,因为被邀请共同消费的人——通常情况下——没有获得独立于主人的处置权或共同处置权。[1]

不是被邀请的人,而是主人,通常决定提供什么和多少以供共同消费。但归根结底,这是一个事实问题。在个别情况下,共同消费者可能独立于其他参与者而分享处置权。在这种情况下,第259条有适用的余地。[2] 类似地,在共同家庭经营的框架内,丈夫或伴侣对被盗物品进行共同食用、共同消费或共同使用,其中,上游犯罪人一般情况下保有排除单独处置权利的参与决定权,也是如此。[3]

853 通过先前占有者同意派生获得而产生的自己获取,与其他刑事犯罪中的获取行为形成鲜明对比的是,在其他犯罪中,对犯罪对象实际处置权的获得,是基于犯罪人的任意拿取(eigenmächtiger Zugriff)。例如,如果非法地从犯罪人手中夺走被盗物品,根据其行为方式,可能犯有盗窃罪或抢劫罪,[4]但不可能是窝赃罪。

虽然在这种情况下,也可以谈及非法占有状态的存续,[5]但窝赃罪原本的犯罪形象并没有得以满足。正如"购买"(Ankaufen)所表明的那样,其所涉及的是同意取得,通过这种取得,窝赃者在上游犯罪完成之后,成为上游犯

[1] 参见 BGHSt 9, 137, 138; BGH NJW 52, 754 Nr 24; NStZ 92, 36; A/W-Heinrich, § 28 Rn 10; Fischer, § 259 Rn 12; LK-Walter, § 259 Rn 48; Mitsch, BT Ⅱ S. 800 f;但其他观点 M/R-Dietmeier, § 259 Rn 16; M/S/M-Momsen, BT I § 39 Rn 27; NK-Altenhain, § 259 Rn 33; S/S-Hecker, § 259 Rn 22;拿进(Insichbringen)作为"拿来"(Ansichbringen)的最强形式(第259条原规定);对于争论,也见 Küper/Zopfs, BT Rn 479。

[2] 参见 BGH NStZ 88,271。

[3] BGH StV 99,604.

[4] 对此参见 Hillenkamp, Achenbach-FS S. 189 ff。

[5] 参见 Küper/Zopfs, BT Rn 484; Roth, JA 88,206。

罪人的帮凶。[1]

根据德国联邦法院的判例，通过胁迫或敲诈勒索的方式剥夺犯罪人存在瑕疵的物品，也不存在与犯罪人或其后续占有人之间同意的合作。这是值得赞同的。实际上，此种直接针对上游犯罪人实施的财物剥夺，其特点不在于愿意帮助上游犯罪人变现或者转移犯罪所得。而且，由于敲诈勒索或强制而失去谋求的赃物前景，并不会诱使人们实施财产犯罪。由此，这些案件被排除在上文（边码823及下一边码）所述的，也包括一般安全利益在内的窝赃罪的保护范围之外。[2] 同样的情况也必须适用于通过欺骗将物品从上游犯罪人那里取走，[3]即使可能是“被洗脑”的前景也并不 854

[1] 根据 Küper, Dencker-FS S. 203, 219，这一特征只对帮助销售者有效，而非对于参与“类法律行为”（Quasi-Rechtsgeschäft）的行为人；BGH NJW 13, 2212 对此予以明确，在犯罪实行终了之后，不再存在帮助犯。

[2] 参见 BGHSt 42, 196, 200 附评注 Hruschka, JZ 96, 1135 和 Kudlich, JA 02, 674；也见 BGH StV 10, 359, 361（其否定了对于第261条的转移）；同样如此 A/W-Heinrich, § 28 Rn 12; Gleß, Jura 03, 501; H-H-Kretschmer, Rn 1197; Rudolphi, JA 81, 1; Zöller/Frohn, Jura 99, 381；在结论上也是 Otto, Jura 88, 606; ders., JK 97, StGB § 259/16；不同的是 LK-Ruß, 11. Aufl., § 259 Rn 17; S/S-Stree, 27. Aufl., § 259 Rn 42; RGSt 35, 278, 280 f; Küper, Dencker-FS S. 203, 219 仅将加重强制罪的情形，作为毁损类法律行为性质的情况予以剔除。

[3] 如此 BK-Ruhmannseder, § 259 Rn 17. 2; Eisele, BT Ⅱ Rn 1151; Heghmanns, Rn 1706; Hohmann/Sander, BT I § 19 Rn 41; Jäger, BT Rn 405; Kindhäuser/Hilgendorf, § 259 Rn 18; Klesczewski, BT § 10 Rn 68 f; LK-Walter, § 259 Rn 36; Mitsch, BT II/1 § 10 Rn 38; ders., JA 20, 32; MK-Maier, § 259 Rn 72; Rengier, BT I § 22 Rn 35; Schramm, BT I § 12 Rn 46; S/S-Hecker, § 259 Rn 37; S/S/W-Jahn, § 259 Rn 18; Zöller, BT Rn 514；其他观点 BGH NJW 19, 1540 附评注 Jahn; Altenhain, StV 19, 674; Bosch, Jura (JK) 19, 896; ders., Jura 19, 833; Eidam, NStZ 19, 477; Heger/Weiss, JR 19, 644; Jäger, JA 19, 548; Ruppert, NStZ-RR 19, 212; Fischer, § 259 Rn 13a; Krey/Hellmann, BT II, 15. Aufl. 2008, Rn 587a; Küper, Dencker-FS S. 203, 219; Lackner/Kühl, § 259 Rn 10; M/S/M-Momsen, BT I § 39 Rn 22; M/R-Dietmeier, § 259 Rn 12; Schmidt, BT Ⅱ Rn 839；案例解析 Kaspar, JuS 12, 634。

会同样地挫败犯罪意志。“存续保护”(Perpetuierungsschutz)由此落空,这是正确的,但也适用于盗窃、抢劫型敲诈勒索和抢劫一类的案件。[1] 如果想要对之予以坚持,则必须在此类案件中认定窝赃罪,但现在几乎没有人愿意这样做,而这是恰当的。[2]

现实判例:对于 BGH NJW 19,1540 判决附 Jahn 的评注,其涉及的复杂的犯罪过程可被简化陈述如下:O 拥有一辆——正如他所知——被盗取的沃尔沃汽车,他很乐意在没有透露出处的情况下,出售这辆沃尔沃,但他不想以卖家的身份出现。最终,有四个人愿意收取佣金从事这笔交易。然而,如同收到车辆时已经打算的那样,对于收取的 54,000 欧元的销售款,他们并没有交给 O,而是几个人一起分掉了。面对 O,他们谎称,单独收钱的那个人卷款潜逃了。德国联邦法院确认了对于 O(占有)诈骗的定罪,但也认为成立(连环)窝赃。这一判决的重要性在于,作为与上游犯罪的内在联系(在所有情形中,由此也包括在此设计的销售),欺骗是否切断了上游犯罪人(本案中是 O)和窝赃者之间同意的合作,这一问题至今在判例中未有定论,在文献中存有争议,德国联邦法院的判决首次就此问题做出了否定的回答。通过取走或强制建立处置权利,与通过欺骗建立处置权利,不能等同视之。即便人们认为,由于欺骗而获得的同意,在法律意义上并非自由,它也是——可能必须予以补充,事实上——由上游犯罪人的意志而做出的。但是,对意志的同步性(Gleichlauf)没有更多要求。而且,将窝赃标识为在犯罪之后为犯罪人之利而提供帮助的行为,并不排除将“自私(eigennützig)和逐利(gewinnsüchtig)的行为”——为了得出结论,人们必须加上“完全损害(ausschließlich schädigend)的行为”——作为窝赃行为。即便防止这种动因构成惩罚窝赃可能的理由,从被(如此)欺骗的经历中,并没有产生继续实施犯罪的动因(对此见边码 824),与之也并不矛盾,原因在于,这并不能证明,“限制对最初有权获得财产的人财产利益的保护”是正当的。最后,同样被拒绝的一种观点

[1] 因此对于一般的强制罪或诈骗罪案件中的窝赃罪 Küper, Dencker-FS S. 203,217 ff。

[2] 对此参见 Hillenkamp, Achenbach-FS S. 189,200 f。

是，其并非要排除任何只是对于“将物品放弃(Preisgabe)之类”欺骗情况下的窝赃行为。

在案例72中，B只是经过D的同意而获得了保管占有。相反地，他只有通过以违反协议出售的形式擅自占为已有的行为，才创设对于被盗取汽车轮胎的与所有权人等同的处置权利。这种行为符合基本的侵占罪的犯罪构成(第246条第1款)，而并非窝赃行为[1][对于第246条第2款的“受托”(Anvertrautsein)要件，参见边码321及以下数个边码]。 855

购入只是“获取”的一个例子，故而必须完全满足其要求。[2]因此，强制性销售合同的订立本身，尚不符合第259条的犯罪构成。[3] 与此同时，如果购买者获得间接占有(mittelbarer Besitz)(《德国民法典》第870条)从而排除了上游犯罪人迄今的物品控制，就足以实现既遂。[4] 任何以窝赃方式购买物品的人，即便他后来在上游犯罪人同意的情况下出售物品，也会使自己受到惩罚。如果其中存在销售行为(Absetzen)，也会退居购买行为(Ankaufen)之后。[5] 856

2. 销售和帮助销售

案例73：不明身份的人从一位著名画家的画室里偷走了许多画作，并以远低于其价值的价格卖给了H，H知道这起盗窃案。画家去世后，H指示A为画作寻找买家，并为此目的将画作交给A。A应该是所谓代表H的销售代理人(Verkaufskommissionär)，并收取销售收入的10%作为佣金。A认为有可能，与他的说法相反，H不是画作的所有者，而是一个窝赃者。但由于预期佣金，A对此并无所谓。作为销售营销的一部分，A制作了这些画作的照 857

[1] 更详尽的BGHSt 10,151,152 f;15,53,56;27,45,46。
[2] 参见BGHSt 5,47,49;BGH NStZ-RR 05,236。
[3] 参见RGSt 73,104 ff;Fischer, § 259 Rn 10;NK-Altenhain, § 259 Rn 46。
[4] BGH NStZ-RR 19,14.
[5] BGH NStZ 14,577.

片,并将它们呈现给一系列对此感兴趣的人,这些人是他的熟人 B 介绍给他的。直到将这些画作没收,A 的努力并没有效果。

A 和 B 是否成立窝赃罪?(见边码 866、870)

858 任何销售或帮助销售"有缺陷"物品的人,也会犯有窝赃罪。这些犯罪事实形式取代了此前的"参与销售"(Mitwirken zum Absatz)的行为模式。就此而言,对窝赃罪犯罪构成进行重大的修改或者限制,并不在意图之中。加入"销售"(Absetzen)一词只是为了澄清,行为人虽然经过上游犯罪人或者先前占有人的同意,但其余情况下完全独立地为其考虑而出售物品,也系窝赃者(BT-Ds 7/550,S. 252 f)。

a)概念上的界分

859 销售是通过独立的行动(代表他人行事,但"在自己的方向上"),在转移"有瑕疵的"物品上为他人提供支持。与之相反,帮助销售是指,在销售过程中就其销售努力给予上游犯罪人[盗窃犯、抢劫犯、诈骗犯等,也包括所谓的"中间窝赃者"(Zwischenhehler),但不包括销赃帮助者]依赖于指示的(weisungsabhängig)并非独立的支持。虽然这两种窝赃的实施方式涉及不同的活动,但在第 259 条当中,其平等地并列在一起。二者之间没有"等级关系"(Stufenverhältnis);二者任一都通过正犯式的行为,符合了窝赃罪的犯罪构成。[1]

860 为什么立法机关在第 259 条中,将对于上游犯罪人实施的帮助销售行为在犯罪构成上予以独立,以及通过帮助销售而实施的窝赃罪行(第 259 条意义上的正犯行为)与仅仅协助他人实施窝赃区分开来,对此问题,应作如下回答:第 259 条要求,在上游犯罪人及其占有承继者与窝赃者之间,必须存在同一的共同合作(einverständliches Zusammenwirken)。如果行为人自己实施了上

[1] 参见 BGHSt 26,358,362;27,45,48;对此批判参见 Küper,JZ 15,1032。

游犯罪(作为正犯或共同正犯),就不能在一个人身上跟自己“合作”,也就不能成为自己的销赃者。[1] 犯罪人自己将非法获得的财物予以售出的努力,不为第259条的犯罪构成所包含。在此过程中,对他予以支持的人,加功于不符合犯罪构成的行为,因欠缺主行为(Haupttat),不能作为“窝赃罪的帮助犯”予以惩处。为了填补这一空白,立法机关在第259条的犯罪构成中列入了“帮助销售”(以前的“参与销售”),作为一种特殊形式的窝赃行为。这也就意味着,在犯罪构成上将单纯的实施帮助行为予以了独立(作为参照,对此参见第257条第1款)。

然而,这并不意味着,现在任何形式非独立的帮助销售行为,无论其受益者是谁,无论是直接给予上游犯罪人还是仅仅给予财产获得者[所谓的采购帮助(Verschaffungshilfe)],都属于“帮助销售”的正犯(täterschaftlich)行为(第259条)。只有这样一种观点才能得出适当的结论,即包括为自己利益行事的中间窝赃者在内,帮助销售的行为模式仅涉及上游犯罪人的销售努力(从第259条的角度来看,并不符合犯罪构成,并因此不具有刑事可罚性)。由此,必须对第259条作限制性解释,并将其限于因欠缺符合犯罪构成的主行为(参见第27条第1款)而不具有刑事可罚性的支持活动。与之相反,任何其他形式的促进销售活动,例如给予销售助理的帮助,[2] 就像“采购助手”(Verschaffungshilfe)一样,应当作为窝赃罪的帮助犯予以处罚(第259、27条)。[3] 实践中,这对于所谓帮助犯的从宽优待(Milderungsprivileg)(第27 861

[1] BGHSt 7,134,137;33,50,52.

[2] 对其参见 Küper,JZ 15,1037。

[3] 同样如此 BGHSt 26,358,362;27,45,52 对于判决理由的 IIc 项;BGH NStZ 09,161;BGH wistra 14,309;BGH NStZ 19,276;BGH StV 19,676;也参见 BGHSt 33,44,49;BGH NStZ 94,486;99,351;BGH wistra 08,146,147。BGH NJW 12,1746 和 BGH HRRS 19 Nr 947 对于税务窝赃中的帮助销售;Küper/Zopfs,BT Rn 8;S/S-Hecker,§ 259 Rn 33;在此类案件中,尽管“形式上”完全符合犯罪构成,但与第25条第1款第1种情形相反,根据一般的规则进行界分之必要,参见 Hillenkamp,Schünemann-FS S. 407,415 ff 以及对于第261条中的类似问题,见本书边码898。

条第 2 款第 2 句),以及仅仅未遂帮助的不可罚具有影响。

b)既遂和销售结果

862 存在问题的是,销售和帮助销售的犯罪方式是否以销售的成功(Gelingen des Absatzes)为前提。[1] 当然,只有在销售结果(Absatzerfolg)缺失的情况下,这个问题才是重要的。例如,在航运被盗车辆的情况下,如果由于将车辆装在轮船上密封的集装箱中,从而"对车辆收货人非常有利地"对所有权人的接触可能性施予了限制,则已经存在销售结果。警方在轮船启航前扣押集装箱这一事实,并不能改变这一点。[2]

863 对于原第 259 条中规定的"参与销售"(Mitwirken zum Absatz)要件,在通说观点看来,任何能够支持上游犯罪人或先前占有人努力实现"有瑕疵的"物品经济利用的活动,无论销售成功与否,均足以实现犯罪既遂。[3] 与之相反,修改后的法律规定措辞大多被理解为,目前在两种犯罪情形下,[4]或者至少是在涉及销售的情况下,需要存在成功的销售。[5] 德国联邦法院最初仅在帮助销售的案件中坚持传统判例,即没有要求销售结果,[6]在此之后,法院最终整体性地回到了以下结论,即既遂并不要求——即

---

[1] 对于争论状况,见 Hillenkamp/Cornelius, BT 40. Problem; Küper/Zopfs, BT Rn 13 ff。

[2] BGH NStZ 08, 570.

[3] 参见 BGHSt 22, 206, 207; BGH NJW 55, 350; LK-Ruß, 11. Aufl., § 259 Rn 24 附进一步的文献;其他观点见 Stree, GA 61, 33。

[4] OLG Köln NJW 75, 987; Blei, JA 74, 527; Hohmann/Sander, BT I § 19 Rn 65; Küper, JuS 75, 633; S/S-Hecker, § 259 Rn 29, 31.

[5] 如此 BGH NJW 76, 1698; Bockelmann, BT I S. 166; Geerds, GA 1988, 256; Kindhäuser, 7. Aufl., § 259 Rn 26。

[6] BGHSt 26, 358.

使在新增加的情形中也是一样——销售结果。[1] 除了从纯粹的语言意义上讲，"销售"完全可以理解为"为此目的而开展的活动"之外，德国联邦法院还引据了(无可争辩的)论点，即通过第 259 条新的规定，立法机关在这方面对以前的法律状况未作任何改变，由此，对于销售这一情形，也不要求以结果为条件。

判例的这一观点从教义学的角度引起了怀疑，[2]并在法律学说中遭到了广泛的拒绝，[3]在本教科书中得到了韦塞尔斯的支持，主要的考虑是，非法的占有地位不仅是在获得者手中才得以实现，而且在销赃者手中就已经得以维持。此外，从刑事政策的视角来看，从任何角度都没有理由将销售和帮助销售的独立的犯罪实施方式，与"获取"(Verschaffen)相等同。事实上，窝赃式取得的 864

---

〔1〕 参见 BGHSt 27,45,47 ff; BGH NJW 79,2621; BGH GA 83,472; BGH NStZ 90,539; BGH NStZ-RR 00,266; BGH wistra 06,16; BGH NStZ 08,570; BGH StV 09,411; 差异性观点 NJW 76,1698 被德国联邦法院第 2 刑事审判庭背弃; 同样如此 A/W-Heinrich, 2. Aufl., § 28 Rn 19; LK-Walter, § 259 Rn 57,60; D. Meyer, MDR 75,721; Rosenau, Anm. NStZ 99,352; 在"利益促成理论"(Interessenförderungstheorie)的基础上，也见 Weisert, Der Hilfeleistungsbegriff bei der Begünstigung 1999, S. 195 f; 折中 Mitsch, BT Ⅱ S. 811 f。

〔2〕 BGH wistra 10,229 认证了文献中的通说观点，即其针对判例"以显著的论述予以抗衡"。

〔3〕 参见比如 Beulke, Ⅲ Rn 307 f; BK-Ruhmannseder, § 259 Rn 29. 2, 34; Bergmann/Freund, JuS 91,224; Berz, Jura 80,57,65; Eisele, BT Ⅱ Rn 1163; Fischer, § 259 Rn 18; Heghmanns, Rn 1708; H-HKretschmer, Rn 1203 f; Hilgendorf/Valerius, § 21 Rn 27; Hohmann/Sander, BT Ⅰ § 19 Rn 53 ff; Jäger, BT Rn 408; Jahn/Palm, JuS 09,504; Klesczewski, BT § 10 Rn 74,76; Krey/Hellmann/Heinrich, BT Ⅱ Rn 890 ff; Kunz, Jura 97,155; Lackner/Kühl, § 259 Rn 13; MK-Maier, § 259 Rn 112 ff,116; M/R-Dietmeier, § 259 Rn 21; M/S/M-Momsen, BT Ⅰ § 39 Rn 30; NK-Altenhain, § 259 Rn 49; Otto, BT § 58 Rn 22; Rengier, BT Ⅰ § 22 Rn 55 ff; Roth, JA 88,204; Rudolphi, JA 81,90,92; Schmidt, BT Ⅱ Rn 845,849; Schramm, BT Ⅰ § 12 Rn 60; Schwabe/Zitzen, JA 05,195 f; SK-Hoyer, § 259 Rn 20 f; S/S-Hecker, § 259 Rn 29,31; S/S/W-Jahn, § 259 Rn 27 ff; Zieschang, Schlüchter-GS S. 403,408 ff; Zöller, BT Rn 522; Zöller/Frohn, Jura 99,383。

核心特征与窝赃式销售的核心特征全然不同。而且,还有一些形式的销售帮助行为并未成功,但就其罪责内涵和危险程度而言,这些形式大大超过了其他的窝赃行为,比如打碎和研磨不可替代的贵重物品,例如,当时被偷走的科隆大教堂宝藏中的圣体匣,或者是由乐意帮忙的小工"美化"被盗的汽车。[1] 这些理由都是有分量的。此外,对于帮助销售而言,即使在没有成功销售的情况下,对于既遂的认定也几乎不与此种情形的法律用语相矛盾。然而,在第 3 刑事审判庭的提议下,[2] 德国联邦法院现在修改了其意见,并从此首先对单独程序对象销售的既遂认定,要求存在销售结果。对此而言,第一,联邦法院提到了措辞来源,因为在这一概念所源发的商人之间的贸易中,如果销售的努力徒劳无功,则没有人会谈及货物的销售。第二,增加销售之表述只是为了澄清(对此见边码 858),而不是为了将截至当时在判例中存在的对于帮助销售的解释固定下来。第三,对于购入和其他的获取方式,要求处置权利的让与,而对于销售却不要求,与犯罪构成的体系要求相冲突。第四,就此而言,目的论(Teleologie)也支持一致性,理由在于,通过上游犯罪创造的非法财产状况的二手的维持,只能通过成功的进一步转移得以实现。第五,对于未遂犯罪的刑事可罚性而言,并不会出现不可接受的处罚漏洞。在结论上,这应该得到——但却不包括到处可以找见的、奇怪的补充,即这个问题通过德国联

[1] 对此参见 BGH NJW 78,2042。

[2] 参见 BGHSt 59,40 附评议 Bosch,JK 01/2014, § 259/28;Jäger,JA 13,951;Jahn,JuS 13,1046. Theile,ZJS 14,458。案例 73(见边码 857)倚赖于该案中与 H 和 A 相关的作为基础的案件事实。对于第 3 刑事审判庭提出的质询(《法院组织法》第 132 条第 3 款),其他审判庭是否愿意坚持历来(对于销售的)判例,第 2、4、5 刑事审判庭(BGH BeckRS 13,15924;17708;16033)均予以了否决,第 1 刑事审判庭明确地将之限制为,仅仅是对于判决具有重要性的销售(BGH BeckRS 13,15726)。在 BGH BeckRS 15,16557 中,对之予以了忽略。BGH NStZ 17,359 中放弃了这一保留。在此后对于销售帮助的判决中,对于请示义务的问题,见 Küper,GA 15,143 ff。

邦法院的转向，已经得到了“解决”——赞同。[1] 虽然前两个论据并不同样适用于帮助销售这种情形，但也不应恢复德国联邦法院最初（见边码 863）所作的区分，而是出于其他原因，现在也应要求销售成功，以实现销售帮助的既遂。第 3 刑事审判庭也希望这样做，其补充道，唯有如此，被指控为犯罪人的销售助手（见边码 860）才不会被剥夺第 27 条第 2 款及第 23 条第 2 款所规定的刑罚框架优待（Strafrahmenprivileg）。[2] 其间，所有其他的刑事审判庭都对此予以了遵从。[3]

判例例证：在作为 BGH wistra 14，309 判决基础的案件中，P 从一个身份不明的人 U 那里得到了 88 颗钻石，钻石要么是 U 自己盗窃，要么是其从盗贼那里销赃获得的。P 负责出售钻石，并获得销售收入的 10%作为酬劳。在两次徒劳无功的销售尝试之后，卧底调查的女警 V 与 P 取得了联系，并声称自己是潜在买家。A 驾驶他的汽车载被告人 P 参加第一次会面，A 基本上知道这将是什么，并通过一个虚构的幕后黑手模拟的电话对话，对 P 与 V 的谈判予以支持。P 和 V 商定了购买价格为 100，000 欧元，并同意当天在一家酒店交钱交货。在这次会面过程中，在移交后 A 和 P 就被警察抓获，而这次会面，A 为 P 驾驶车辆，并在移交过程中陪同。对于在本案中被单独起诉的被告人 A，由于他既没有帮助上游犯罪人 U 实施销售努力，也没有进行任何的销售努力，因此只能考虑 P 的销售帮助。如此，P 必须已经将钻石在第 259 条意义上“予以销售”。虽然并未查明上游犯罪人 U 实施的罪名是盗窃罪还是窝赃罪，但 P 主要罪行的认定并不会因此而告失败，原因在于，这两种罪行

[1] Wessels 所捍卫的反对立场，本书在此前版本中作为可予接受的观点予以保留，但在第 37 版中予以放弃。现在同样如此 A/W-Heinrich，§ 28 Rn 19；BGHSt 59，40 附对于具体论证富有教益的评论 Küper，GA 15，129。

[2] 参见 BGH NStZ 13，585 f；对此批判参见 Jäger，JA 13，952；赞成参见 Dehne-Niemann，HRRS 15，72；ders.，wistra 16，216；Joecks/Jäger，§ 259 Rn 3b；OLG Köln BeckRS 17，117610 附评议 Jahn，JuS 17，1128；对于税务窝赃也 BGH NStZ 17，359。

[3] 参见 BGH NJW 19，1311 附评议 Eisele，JuS 19，915；Mitsch，NJW 19，1258。此外 Bosch，Jura（JK）19，680 和 BGH NStZ-RR 19，180。

都是适当的上游犯罪(见边码 829),而窝赃者也不必对上游犯罪形成更加确切的设想(见边码 871)。考虑到两项有关罪行的等同性,选择性的故意(alternativer Vorsatz)就足够了。但是,德国联邦法院正确地对既遂窝赃罪帮助犯的定罪予以了推翻。由于"销赃"给 V 并不能使得非法的占有状态得以延续,并使其对于所有权人而言更为恶化,因此,通过将钻石交给 V 来实现销售的既遂,并不可能。由于这个原因,通过 V 实现购入或自己获取,也不存在(见边码 865、867)。因此,在此类案件中,在德国联邦法院尚未将销售结果作为销售既遂的条件之前,法院就已经否定了既遂窝赃罪的成立。鉴于联邦法院现在已经将销售结果作为了销售既遂的条件(见边码 864),作为缺失的既遂理由,除欠缺的适合性之外,第 259 条所规定的销售结果的未出现,也是原因之一。州法院也没有忽视第一个原因,因此只接受了相对于 V 的未遂。可是,以过时的德国联邦法院判例为基础,在 P 的前两个销赃试图中,尽管没有成功,但法院认定了既遂的窝赃,以及还有 A 对此实施的帮助。但是,德国联邦法院对此正确地予以了反对,原因在于,即便将 P 的所有销售尝试都归结为一种自然意义上的行为,并因而只认定了一项窝藏罪行,对于帮助犯而言,也只能让他为其所知悉的作为主行为的具体行为承担责任。A 一开始并且此后持续地对于前两次尝试并不知情,那么,连(无论如何都存在疑问)承继的帮助(也)是不可能的。与之相反,他可能对上游犯罪和(伴随的)通过 P 实施的销赃并不存在完全确切的想法,但并不妨碍其存在帮助的故意。因此,他在结果上被正确地(仅仅)因为销赃未遂的帮助犯而被定罪。

c)具体意义

865 具体而言,销售的概念涵盖了为第三方利益但独立进行的、对"存在瑕疵的"物品任何经济上的利用(wirtschaftliche Verwertung),如同在"销售代理人"的情况下(见边码 847 及下一边码),只能通过将其以对价出售给第三方,[1] 而不能通过赠与来实现,

---

[1] BGH NJW 76,1950;BGHSt 27,45,48;BK-Ruhmannseder,§ 259 Rn 31;Eisele,BT Ⅱ Rn 1160;Fischer,§ 259 Rn 15;LK-Walter,§ 259 Rn 53;MK-Maier,§ 259 Rn 104 f;Rengier,§ 22 Rn 50;S/S/W-Jahn,§ 259 Rn 32.

因为这种利用欠缺“经济性”(Wirtschaftlichkeit)[1](也见边码868)。根据判例,将其出售给被害人本人,甚至也符合犯罪构成,除非这样做是为了恢复其原有的所有权地位。[2] 理由是,即使在这种情况下,销赃者也有助于维持上游犯罪所造成的非法的财产状况,方式是,他接管了对窝赃对象的经济利用,并且为了上游犯罪人的利益,实现其僭越的处置权利。但是,普遍的意见[3]却与之相反,认为将物品回售给所有人,并不适合维持非法的占有状况。然而,如果欠缺这种延续(的适合性),则不存在窝赃罪的不法。[4] 而且,如果行为人不代表他人行事,而是为了自己的利益而处置取得的物品,则并不符合第259条规定的犯罪构成。

在案例73中,这些画作首先被偷走,然后被H因窝赃而取得。也就是说,上游犯罪人H通过非法的上游犯罪(第11条第1款第5项)获得画作,侵犯了他人的财产利益。在A方面的“自己获取”是不可能的,因为A不是为了自己,而是与上游犯罪人达成协议(窝赃罪也是适格的上游犯罪,见边码829、869),从而获得了实际的处置权利,目的是代表H进行出售。能够考虑的仅有第259条规定的销售。A自行组织销赃,且独立完成,这一要件的 866

[1] 其他观点参见Küper/Zopfs,BT Rn 11;Kindhäuser/Hilgendorf, § 259 Rn 23;NK-Altenhain, § 259 Rn 50;Roth,JA 88,204。

[2] 参见RGSt 30,401 f;54,124 f;赞成A/W-Heinrich, § 28 Rn 16;Wessels,BT Ⅱ Rn 809。

[3] BK-Ruhmannseder, § 259 Rn 32;Eisele,BT Ⅱ Rn 1162;Fischer, § 259 Rn 16a;Joecks/Jäger, § 259 Rn 32;Kindhäuser/Hilgendorf, § 259 Rn 23;Lackner/Kühl, § 259 Rn 14;LK-Walter, § 259 Rn 52;Mitsch,BT Ⅱ S. 808;MK-Maier, § 259 Rn 106;M/R-Dietmeier, § 259 Rn 23;M/S/M-Momsen,BT I § 39 Rn 28;NK-Altenhain, § 259 Rn 51;Rengier,BT I § 22 Rn 51;S/S-Hecker, § 259 Rn 30;S/S/W-Jahn, § 259 Rn 33;Stoffers,Jura 95,115.

[4] 参见BGHSt 43,110,111;BGH wistra 14,309;BGH HRRS 19 Nr 797;OLG Hamburg StV 19,688(在“销售”给卧底调查人员的情况下,适合性的缺失);对于争论,也见Küper/Zopfs,BT Rn 12。

要求得以满足。[1] 根据部分学说和传统判例,意图中的出售没有成功,这一事实并不妨碍犯罪既遂。向"有购买兴趣者"提出的要约也表明,非法的占有状况将会得到维持。这也证明了存在必要的适用性(见边码 867)。因此,A 以销赃的形式,实施了既遂形态的窝赃罪行。与之相反,通说观点[德国联邦法院现在在一个案件中遵循了通说观点(见边码 863 及下一边码)]认为,在没有成功售出的情况下,只存在未遂的窝赃。A 的故意和犯罪决意是存在的,因为其对于上游犯罪的间接故意,与其获利意图相关联。

867 根据第 259 条的规定,作为窝赃行为的帮助销售,只是指在双方同意的基础上,向犯罪人提供的受指示约束的、并非独立的帮助,其在客观上适合于促进犯罪人在经济上利用"存在瑕疵的"物品的努力。[2] 根据新近判例,在销售的情况下(见边码 865),已经要求的这种适当性(Eignung),不应取决于抽象的一般化考虑,[3]而应取决于犯罪人在具体案件中的努力适于引致结果。[4]以此方式——与对于第 257 条提出的要求相对应(见边码 808)——提供帮助的不能犯未遂,被排除在(既遂的)犯罪构成之外。然而,与第 257 条相反,在此,未遂应受惩罚(第 259 条第 3 款)。[5] 据此,不适于维持非法财产状况的帮助是指,为上游犯罪人在其试图上提供帮助,将物品回售给所有权人,或者出售给由帮

[1] 参见 BGHSt 27,45,48;BGH NJW 76,1698。

[2] 参见 BGHSt 26,358;27,45,48;对于适合性要求的批判见 Maiwald,Roxin-FS Ⅱ S. 1019,1027 ff。

[3] 参见 BGH NStZ 90,539。

[4] 参见 BGHSt 43,110,111 附评注 Endriß,NStZ 98,463;Krack,NStZ 98,462;Otto,JK 98,StGB § 259/18;Rosenau,NStZ 99,352;Seelmann,JR 98,342;批判参见 BK-Ruhmannseder,§ 259 Rn 35;否定参见 Zieschang,Schlüchter-GS S. 403,411 ff。

[5] BGHSt 43,110;Fischer,§ 259 Rn 27.

助者指定的卧底调查员[1]或非警务人员。[2] 在这两种情况下，非法的占有情况都不会存续下去。

例证：提供销售机会的指示，安排与感兴趣各方的联系，提供进行销售谈判的场所，将货物运送给客户或运送到预定的销售地点兑换赃款，以及可能的情况下向犯罪人提供建议促成货币周转，[3]给偷来的汽车重新上漆，拆分珠宝，重磨宝石等，都构成帮助销售。[4] 与之相反的是，仅仅一起挥霍赃款，并不构成帮助销售。[5] 对赃物进行保管，从而使之后的销售成为可能，本身同样不足以成立窝赃，但通常情况下符合包庇罪的犯罪构成（第257条）。[6]

根据恰当的观点，只有在“赠送”是为了支付服务费用或期望得到回报的情况下，也即至少部分具有报酬性质的情况下，将被盗物品作为礼物赠送，才构成第259条规定的帮助销售。[7] 可能的情况下，在此应取代第259条，对第257条予以审查。[8] 868

相对于第259条意义上的上游犯罪人，所谓的“中间窝赃者”（Zwischenhehler）也可以帮助其销赃。虽然如此，但根据该条款的含义和目的，归属此的窝赃者仅仅是取得了与所有人相同的处置 869

---

〔1〕 参见BGHSt 43,110;BGH HRRS 19 Nr 797;在此情况下的销售情形，见BGH wistra 14,309:对于只是未遂的窝赃的帮助；同样如此OLG Hamburg StV 19,688。

〔2〕 参见BGH NStZ-RR 00,266附评议Baier,JA 00,923;对于二者批判参见S/S/W-Jahn, § 259 Rn 30。

〔3〕 参见BGHSt 10,1 f附批判性评注Maurach,JZ 57,184。

〔4〕 BGHSt 26,358,362 f.

〔5〕 BGHSt 9,137,138 f;LK-Walter, § 259 Rn 63.

〔6〕 参见BGHSt 2,135,137;BGH NJW 89,1490附批判性评注Stree,JR 89,384。

〔7〕 参见RGSt 32,214,215 f;LK-Ruß,11. Aufl., § 259 Rn 27;Rudolphi,JA 81,90,92;其他观点参见S/S-Stree,27. Aufl., § 259 Rn 32,在其看来，即便是无对价的处置也应足够；现在与本书相似S/S-Hecker, § 259 Rn 28;也见本书边码865。

〔8〕 参见BGHSt 4,122,124。

权利而获取“有缺陷的”物品,然后为了自身利益试图将其出售,也即就本款规定而言,并未符合第 259 条规定的犯罪构成(并无为其他人或为其他人之利进行销售)。[1]

870 在案例 73 中,由于 B 向 A 介绍了对于购买有兴趣的人,其可能已经成立帮助销赃(第 259 条)或者 A 所实施的(未遂的)窝赃罪的帮助犯(第 27、259、22 条)。但是,B 并没有向上游犯罪人 H 提供帮助,而是以销售赃物为目的,向 A 提供了帮助;B 与 H 之间没有任何联系。因此,就此而言,第 259 条规定的销售帮助是不适用的。就与 A 而言,也不存在帮助销赃。A 并非中间销赃者;相反,作为 H 所谓的销售代理人,他是第 259 条意义上的销赃者(见边码 847 及下一边码)。他的销售努力符合了(未遂的)窝赃罪的犯罪构成,相应地,第三人可以通过犯罪的方式参与其中。但是,根据一般规则(如边码 860 所述),对于此种销售帮助人提供的支持,只能作为(未遂的)窝赃罪的帮助犯来定罪处刑。因此,在案例 73 中,B(仅)成立 A 所实施的(未遂的)窝赃罪的帮助犯,相应地,B 也受益于第 27 条第 2 款规定的从宽处罚优待。[2]

Ⅳ. 主观构成

1. 故意

871 除认识到双方同意的合作外,窝赃罪的故意还特别包括这样一种认识,即构成犯罪对象的物品,是通过第 259 条规定的非法的上游犯罪获得,而且财产状况的非法性仍然存在。[3] 然而,必要的故意认知并不需要在所有细节上具体化;因此,接受任何针对他

---

〔1〕 参见 BGH NJW 79,2621;BGHSt 33,44,48;BGH NStZ 99,351 附评注 Otto,JK 00,StGB § 259/20。

〔2〕 更详尽参见 BGH StV 89,435;BGHSt 27,45,52。

〔3〕 BK-Ruhmannseder, § 259 Rn 40 f;NK-Altenhain, § 259 Rn 60 f.

人财产利益的上游犯罪就足够了。[1] 间接故意即为足够。[2] 然而，在互联网拍卖中购买物品的情况下，比如一个导航设备是以“便宜货”的价格从波兰的一个供应商那里，从起价 1 欧元到最后以新货价格的 1/3 购买，则不能因此认定间接故意的存在。而且，只有当犯罪人至少接受被认为可能的犯罪构成实现时，才可认定间接故意。[3]

如果行为人在获得支配后，才知道该物品来自非法的上游犯罪，则第 259 条的适用与否取决于，在事件的进一步过程中，其是否与上游犯罪者或先前占有者达成了不可或缺的合意，以及是否发生了第 259 条规定的犯罪行为。[4] 如果犯罪人先前将物品取走的意图，是为了排除上游犯罪人将物品运走的妨碍，则其由此并未为自己的目的而建立必要的处置权利。如果行为人后来决意出售物品，这种态度的改变，并不能使先前的行为事后地转变为窝赃罪行。[5] 872

根据《税收条例》第 374 条的规定，对于税收窝赃（Steuerhehlerei）而言，以及对于第 259 条之适用而言，过失并不足够，但根据《工商业管理条例》第 148b 条之规定，在关于贵重金属和宝石的窝赃案件中，如果犯罪人过失地没有认识到涉及存在瑕疵的物品，则可将其认定为刑事犯罪。

2. 获利意图

窝赃者必须以使自己或第三人获利的意图行事（以金钱价值财产利益的形式谋求利润）。在这个意义上，上游犯罪人是否也 873

[1] BGH NStZ 92,84;KG JR 66,307;LK-Walter, § 259 Rn 71.

[2] BGH NStZ 83,264;BGH NStZ-RR 13,79.

[3] 参见 LG Karlsruhe MMR 07,796 附评注 Meckbach 和 Jahn, JuS 08,174;BGH StV 00,258;在标识为“非卖品”的商品样品（如香水小样）的购买者和销售者中，具有的间接故意，对此参见 Kudlich/Kessler, NStZ 08,62,66 f。

[4] 参见 BGHSt 2,135,138;BGH NJW 55,350;RGSt 64,326 f。

[5] BGHSt 15,53,56.

可以是“第三人”,是有争议的。[1] 对此否定的理由,除法律的历史沿革之外,还有第259条使用的措辞,该条文将犯罪人称为“其他的”(anderen),并将其与(可为其谋取存在瑕疵的物品的)“第三人”(Dritter)区别开来。对于窝赃者的获利意图而言,至少在犯罪人只关心以物品占有(Sachbesitz)的方式向上游犯罪人取得非法获得的经济利益的情况下,此种更为设限的观点是具有优势的。[2] 此类案件可由第257条所涵盖,但不为第259条所涵括。[3]

874 在交换同等价值给付的情况下,第259条主观的犯罪构成可能是不符合的,[4]即便获得正常商业利润的意图已经足够了。[5] 任何购买被盗手机的人——正如他所知悉——如果他支付了市场价格,并且不打算将手机牟利地予以转售,就不会构成窝赃罪。[6] 与纯粹的占有一样,占有他人的身份证件本身并不是一种具有金钱价值的利益,否则,任何自己获取的行为,都可以是在获利目的支配下发生的。[7] 但是,如果犯罪人的目的是通过获得占有来改善他的财产状况,那么就有可能成立窝赃犯罪。[8] 与诈骗罪和敲

[1] 肯定参见 BGH JR 80,213 附否定性评注 Lackner/Werle;Mitsch,BT Ⅱ S. 820;ders. ,JuS 99,375;S/S-Hecker, § 259 Rn 44。否定参见 BGH NStZ 95,595;Beulke,Ⅲ Rn 309;Hohmann/Sander,BT I § 19 Rn 86;Lackner/Kühl, § 259 Rn 17;Rengier,BT I § 22 Rn 61;M/S/M-Momsen,BT I § 39 Rn 38。

[2] 如此 BGH NStZ 95,595;Paeffgen,Anm. JR 96,346。

[3] Fischer, § 259 Rn 24;MK-Maier, § 259 Rn 153 ff;NK-Altenhain, § 259 Rn 70;S/S/W-Jahn, § 259 Rn 43.

[4] 参见 BGH MDR/D 67,369;OLG Hamm NStZ-RR 03,237,238;NK-Altenhain, § 259 Rn 66。

[5] RGSt 58,122.

[6] BGH wistra 12,148,149.

[7] Otto,Jura 85,155.

[8] BGH GA 1986,559;BGH MDR/H 96,118.

诈勒索罪不同，根据通说观点，所谋求的财产利益并不一定是非法的。[1] 因此，比如，当贷款人用他所知道的从银行抢劫中获得的钱款偿还贷款时，也会成立窝赃罪名。同样正确的是，并无必要在窝赃对象和利益谋求之间保持同质性（Stoffgleichheit）。[2]

特别是在销售和帮助销售的情况下（对此参见案例73），犯罪人是从犯罪所得当中还是从外部资源中谋求可能获得的酬劳，这并不重要。在获利目的支配下实施的行为，表明了窝赃罪的不法内涵，因此与犯罪有关，而不属于第28条规定的特殊的人身要件。[3]

V. 既遂与未遂

案例74：A在他的熟人B那里存放了一个据称属于他的、实际上是盗取的卡车轮胎。不久之后，他告知B盗窃已经被发现。同时，他建议B，在事情未平之前，先保管轮胎，然后，二人可努力寻找买家，并分享收益。B对此表示同意。其他的事情并不重要，因为第二天警察就把轮胎拿回来了。 875

B犯有窝赃罪吗？（见边码878）

在自己获取（Sichverschaffen）和购入（Ankaufen）的情况下，既遂要求获取者获得了独立于犯罪人的（共同的）处置权利，这使他能够独立地处置该物品。在这方面，未遂的认定并无特别。[4] 876

〔1〕 参见MK-Maier, § 259 Rn 150; S/S/W-Jahn, § 259 Rn 42; 差异A/W-Heinrich, § 28 Rn 29; Roth, JA 88, 259; 区别LK-Walter, § 259 Rn 78; Otto, BT § 58 Rn 28。

〔2〕 参见BGH MDR/H 96, 118; BayObLG JR 80, 299附评注Paeffgen; BK-Ruhmannseder, § 259 Rn 47; Fischer, § 259 Rn 25; LK-Walter, § 259 Rn 79; MK-Maier, § 259 Rn 149; 其他观点参见Arzt, NStZ 81, 10, 14; Seelmann, JuS 1988, 41。

〔3〕 更详尽参见Stree, JuS 76, 137, 144; Wessels/Beulke/Satzger, AT Rn 873。

〔4〕 参见LK-Walter, § 259 Rn 87; S/S/W-Jahn, § 259 Rn 44 ff。

也就是说,根据犯罪人对行为过程的设想(第 22 条),其必须直接地获得处置权,或者换句话说,不得再有任何实质性的中间步骤来对抗其获得处置权。[1] 对于销售和帮助销售而言,必须区分的是:如果着眼于此前判例,其根据仍然被普遍认可的关于销售和销售帮助的学说,并不要求销售的成功(见边码 863 及下一边码),通过以销售意志支配下的"准备、实行或帮助活动"来认定既遂,只要其"适于在犯罪人为经济目的而利用存在瑕疵的物品的努力上,为其提供支持",如此,则为为销售目的进行的预备活动,也被包括在既遂的销赃活动当中,相应地,也就几乎没有预备和未遂的余地。[2] 然而,即使在这一(并不要求存在销售结果的)观点的基础上,也必须为一个不罚的预备和(可罚的)未遂阶段留出空间。[3] 因此,仅仅保管盗窃赃物,并承诺在不久的将来寻找购买者,即便人们对于既遂放弃销赃结果,也不存在窝赃罪构成要件的实现——确切地说,也不构成根据第 259 条第 3 款规定应受惩罚的未遂形式。[4] 在此类情况下,预备和未遂之间的界限,只有在进一步的情况下才会被逾越,这些情况必须被视为对促成销售活动的直接着手(Ansetzen)。在德国联邦法院看来,在此区分不罚的对于预备销售之帮助与处罚的未遂或既遂之帮助销售取决于,帮助是在尚未详细预见或具体计划之前提供的,还是在已经确定的销售计划中提供的,从而构成销售过程的开始。[5] 据此,根据

---

〔1〕 参见 Lackner/Kühl, § 259 Rn 19;LK-Hillenkamp, § 22 Rn 85,87 f。BGH NStZ 19,80:"自己的处置权利的接管,必须直接地即将(来临)。"

〔2〕 参见 BGHSt 43,110,111;由此删除了"准备性的活动",也是因为,否则的话,会有中性的日常行为被涵括到既遂当中的危险,Maiwald, Roxin-FS Ⅱ, S. 1019, 1022 ff。

〔3〕 参见 Küper/Zopfs, BT Rn 18 附进一步的文献。

〔4〕 BGHSt 2,135,137.

〔5〕 BGH NStZ 08,152,153(附评议 Bosch,JA 08,231)区别于 BGH NStZ 94,395 和 BGH wistra 06,16。

不以销售结果作为既遂前提的学说，只有当销售的犯罪人已经在寻找潜在的购买者或开始销售谈判时，才可能认定未遂。[1] 然而，各根据犯罪计划的设想，实施的销售帮助的开端可能已经存在于为保管而接收，例如，保管人应将“有缺陷的”物品准备好，以便由已经确定的收购人在不久的将来取走，[2]而且，上游犯罪人由此已经开始了他的销售努力。根据进一步的观点（在本书中直到第36版也持此观点），后者也为帮助销售未遂之认定一般性地做出要求[3]（对于不能犯未遂的情况，见边码831）。

877 与之相反，如果销售成功是既遂认定的先决条件（见边码864），则只有当犯罪人直接开始将处置权移交收购人时，才会发生销售的意图（Versuch），[4]而当上游犯罪人如此行事，则无论如何也会出现帮助销售的意图。[5] 如此，除了未遂所必需的行为直接性（Handlungsunmittelbarkeit）之外，还增加了犯罪既遂的危险（Gefahr der Deliktsvollendung），这对于未遂开始是必要的，而且其是由此而生的。[6] 在转向销售结果的第一项判决中（见边码864），[7]德国联邦法院虽然同意了这里提出的观点，即如果根据上游犯罪人的设想，“销售过程的开始”已经实现，则帮助销售的未遂“无论如何”已经开始了，但是，由于对于未遂开始的判定，关

[1] BGH MDR/D 71,546.

[2] 参见 S/S-Hecker, § 259 Rn 46。

[3] 参见 Küper, BT 8. Aufl. , S. 11 附进一步的文献；Mitsch, BT II/1, 2. Aufl. , § 10 Rn 71; BGH wistra 06, 16, 17。

[4] 参见 BGH NStZ 19, 80；对于两种情形，也参见 Bosch, Jura 19, 834。

[5] 参见 Rengier, BT I § 22 Rn 64 f; S/S/W-Jahn, § 259 Rn 47 f; OLG Köln BeckRS 17, 117610 附评议 Jahn, JuS 17, 1128；在结论上赞成 Dehne/Niemann, HRRS 15, 79。

[6] 参见 LK-Hillenkamp, § 22 Rn 85, 96 f；对此也见 Küper/Zopfs, BT Rn 20；以其他的理由，在结论上也如此 Küper, JZ 15, 1039; ders. , Paeffgen-FS S. 345 ff。

[7] 参见 BGH NJW 19, 1311 附对于未遂的否定性评议 Bosch, Jura (JK) 19, 680; Mitsch, NJW 19, 1258；与之相反，赞成参见 Eisele, JuS 19, 915。

键的是帮助销售者而非犯罪人的视角,法院想要做的是,通过部分恢复此前使用的公式(见边码 876),一如既往地通过单独着眼于帮助销赃阶段,在可能的情况下使得未遂远在销售本身之前就已经开始。由此,在一个准共同正犯的情境中,判例所要求的、有利于根据所谓的个别解决方案(Einzellösung)做出评价的、对于"整体罪行"(Gesamttat)未遂的进入,变得不再可能。这既是自相矛盾的,也是错误的。[1]

878 在案例 74 中,B 并没有超出计划日后销售的纯粹准备阶段。因此,第 259 条第 1、3 款规定的处罚未遂的先决条件并不存在。[2] 但是,他的行为符合了包庇罪的犯罪构成(第 257 条第 1 款);被盗物品的保管,是其所必要和充分"实施帮助"(Hilfeleisten)的典型例子(对此见边码 808 及以下数个边码)。

Ⅵ. 参与上游犯罪和窝赃罪

879 案例 75:通过一个"万无一失的提议",并暗示他愿意以高额报酬购入赃物,A 指派小偷 B、C 和 D 夜间闯入珠宝商 J 的店铺。成功后,三人将系列珠宝分开;他们将大部分赃物交给 A,A 立即向他们每个人支付了预估收益的一部分。在回家的路上,B 从 D 那里买了一条珍珠项链,D 在分赃时收到了这条项链,而 B 想把这条项链送给他的母亲。

犯罪参与人员的刑事责任?(见边码 884)

1. 上游犯罪正犯和窝赃罪

880 上游犯罪的正犯和共同正犯不能就其取得的物品同时成立窝

---

〔1〕 对于共同正犯未遂的情况下,整体和个别方案,参见 LK-Hillenkamp, § 22 Rn 170 ff;判例恰当地(边码 173)遵循了整体方案。

〔2〕 更详尽参见 BGH NJW 89,1490。

赃罪。[1] 正如第259条原规定明确指出的那样,至少一位窝赃者与其相较必须是“其他的”(ein anderer)。此外,没有新的法益遭到上游犯罪人的侵犯。[2] 如果上游犯罪人对窝赃者实施教唆,则存在共罚的事后行为(mitbestrafte Nachtat)。[3]

存在争议的是,在随后重新取回赃物或者部分赃物的情况下,第259条是否也不予适用(参见边码882及下一边码)。如果在刑事诉讼程序中无法确定被告是否作为共同正犯参与了上游犯罪(如诈骗罪或抢劫型敲诈勒索罪),但很明显他是在知道上游犯罪的情况下,才从上游犯罪人那里得到了部分赃物,如此,德国联邦法院对以窝赃罪定罪处刑予以了肯定。[4]

2. 上游犯罪共犯和窝赃罪

根据通说观点,上游犯罪的教唆犯和帮助犯在犯罪实施后从 881
事窝赃行为,即使上游犯罪的参与从一开始就是为了获得赃物或其中的某些部分,也成立窝赃罪。[5] 在大刑事审判庭的一项原则性判决中,这一观点得到了强有力论据的支持。通行学说对之予以追随,[6]部分地附加了值得考虑的限制,即通过上游犯罪,并没

---

〔1〕 BGH NStZ-RR 17,246;Bosch,Jura 19,830.

〔2〕 Lackner/Kühl, § 259 Rn 18.

〔3〕 Geppert,Jura 94,103.

〔4〕 参见 BGHSt 35,86,89;BGH JZ 89,504;OLG Brandenburg BeckRS 12,25099(事后未决情形);对此更详尽参见 Geppert,Jura 94,100;Küper,Probleme der Hehlerei bei ungewisser Vortatbeteiligung 1989;此外 Wolter,Anm. NStZ 88,456。

〔5〕 参见 BGHSt 33,50,52;然而,在此种情形下,也可以考虑排除窝赃的、对于上游犯罪的共同正犯,见 BGH BeckRS 12,18738 附评议 Bosch,JK 1/13,StGB § 244a/2;Hecker,JuS 13,177。

〔6〕 参见 BGHSt 7, 134; 33, 50, 52; A/W - Heinrich, § 28 Rn 38; BK - Ruhmannseder, § 259 Rn 57;Fischer, § 259 Rn 31;Hohmann/Sander,BT I § 19 Rn 91;Klesczewski,BT § 10 Rn 80;S/S-Hecker, § 259 Rn 51;S/S/W-Jahn, § 259 Rn 51;区别 S/S-Stree,27. Aufl. , § 259 Rn 56 f。

有获得对于赃物的“权利”(Anrecht),也即由上游犯罪人向窝赃者的转移不是为了履行“义务”(Verbindlichkeit),而是“自由地”(frei)发生的。[1]

3. 上游犯罪人取回赃物

882 存在争议的是,如果上游犯罪人在放弃最初的处置权后,重新获得赃物或赃物的一部分,或在销售过程中加以合作,其是否应因窝赃罪而受到惩罚。如果一名共同正犯在分赃之后,获得了一位共同犯罪人的份额,对于第259条之原规定,德国联邦法院认定了窝赃罪的成立。[2]

这样做的理由是,如果盗贼从收购人手中取走赃物,他会再次实施盗窃。如果他通过实施窝赃罪而非盗窃罪获得了新的处置权利,为什么对他的行为应受惩罚的评价会有所不同,这是无法让人理解的。

883 依窝赃罪犯罪构成的现行规定,德国联邦法院的这一立场难以维持,原因在于,单独或者作为共同正犯实施盗窃的上游犯罪人,并非因其此后重新获得了赃物或赃物的部分,或者参与销赃而成为第259条现行规定中的“其他的”(ein anderer)。此外,在这种情况下,认定上游犯罪人再次侵犯了法益,不符合作为财产犯罪窝赃罪的性质。[3] 至少,在此类案件中,共罚的后行为基本思想

---

〔1〕 如此 S/S-Stree, 27. Aufl., § 259 Rn 57; BGH NJW 87, 77; OLG München wistra 07, 37; 否定 M/RDietmeier, § 259 Rn 34; Zöller, BT Rn 505。

〔2〕 BGHSt 3, 191, 194 反对 RGSt 34, 304 ff。

〔3〕 对此参见 H-H-Kretschmer, Rn 1207; Lackner/Kühl, § 259 Rn 18; 不同 Geppert, Jura 94, 100, 104; Kindhäuser/Hilgendorf, § 259 Rn 6; LK-Walter, § 259 Rn 90; Rengier, BT I § 22 Rn 73: Tatmehrheit; 区别 S/S/W-Jahn, § 259 Rn 53。

将占上风。[1]

在案例 75 中，B、C 和 D 共同实施了特别严重情形的盗窃（第 242 条、第 243 条第 1 款第 2 句第 1 项、第 25 条第 2 款）。就此而言，A 应作为教唆犯而受到惩罚（第 26 条）。这一事实，以及他接收赃物的承诺，都不能阻止他因窝赃罪而受到惩罚（第 242 条、第 243 条第 1 款第 2 句第 1 项、第 26 条、第 259 条、第 53 条）。[2] 与之相反，B 作为上游犯罪的共同正犯，就获得 D 的珍珠项链而言，尽管在此期间分割了赃物，也不会因窝赃罪而受到惩罚。 884

Ⅶ. 可追诉性和刑罚加重

1. 援引第 247、248a 条

根据第 247 条和第 248a 条规定的条件，依第 259 条第 2 款以窝赃罪进行刑事追诉，取决于上游犯罪被害人提出的刑事告诉。[3] 在第 248a 条的框架内，唯一重要的问题在于，被盗物品是否具有低微价值；[4]至于所谋求的获利是否也必须是低微的，则不作额外要求。[5] 即使在例外情况下谋求的是较大的经济利益，但所转移物品的较小价值印刻了低微不法（Bagatellunrecht）。 885

2. 加重构成

就其与第 259 条规定的基本犯罪构成的关系来看，常业性窝赃罪（gewerbsmäßige Hehlerei）（第 260 条第 1 款）系加重情形。如果希望从重复的犯罪实施中获得一定规模和一定期间的持续的 886

---

〔1〕 如此 BK－Ruhmannseder，§ 259 Rn 55；Eser，Strafrecht Ⅳ S. 193；Krey/Hellmann，BT Ⅱ Rn 578；S/SHecker，§ 259 Rn 50；通过上游犯罪的被害人或者为其利而取回，对此见边码 848。

〔2〕 对于竞合关系，参见 BGHSt 22，206 ff。

〔3〕 MK－Maier，§ 259 Rn 186.

〔4〕 参见 BT－Ds 7/550 S. 253；Fischer，§ 259 Rn 26；Kindhäuser/Hilgendorf，§ 259 Rn 2；LK－Walter，§ 259 Rn 101；Stree，JuS 76，137，144。

〔5〕 Lackner/Kühl，§ 259 Rn 22.

收入来源,则系常业实施犯罪。[1] 常业性(Gewerbsmäßigkeit)是第 28 条第 2 款规定意义上加重刑罚的人身要件,因此,只有在帮助犯本人实施常业犯罪的前提下,才会与其相关。[2]

887 结伙窝赃(Bandenhehlerei)(第 260 条第 1 款第 2 项)的犯罪构成是在法律上新增的。[3]

对于团伙概念(Bandenbegriff),相应地适用关于第 244 条的论述(见边码 297 及以下数个边码)。[4] 如果只有正犯与至少另外一个人达成了结伙约定,则德国联邦法院[5]并不要求,其对于团伙的几个甚至全部成员存在认知。与第 244 条第 1 款第 2 项、第 244a 条第 1 款、第 250 条第 1 款第 2 项(见边码 301)不同的是,对于第 260、260a 条来说,并不要求至少一名其他的团伙成员在犯罪现场的合作。与彼处相反的是,这在此是普遍性的观点,[6]原因在于,在第 260、260a 条中,"在另一个团伙成员的合作下"这一表述谨慎地(见边码 301)未予规定。由此,在此也决定,对于(共同)正犯而言,犯罪时在场(Tatortpräsenz)并非先决条件(对于结伙盗窃和结伙抢劫就此存在的争议见边码 302)。在此之外,团伙成员特殊人身要件(见边码 296)的归属,也不以对于团伙犯罪正犯形式的参与为前提。与之相反,根据第 28 条第 2 款之

[1] 参见 BGHSt 1,383;BGH NStZ 95,85;更详尽 BGH NZWiSt 14,306 附评注 Floeth;写入 BGHwistra 16,307;第 260 条第 1 款第 1 项作为加重构成写入判决正文,BGH NStZ-RR 07,111。

[2] BGH wistra 08,379;BGH StV 12,339,342.

[3] 对于财产刑,见 BVerfGE 105,135。

[4] 参见 BGH wistra 02,57;对于由盗贼和窝赃者混合的团伙,见 BGHSt GrS 46,321;对于概念与有组织犯罪的协调 Erb,NStZ 98,541。

[5] BGH NStZ 96,495.

[6] 参见 BGH NStZ 95,85;96,495 附赞成性评注 Miehe,StV 97,247;BGH NStZ 00,473;BGHHRRS 20 Nr 21;Erb,NStZ 98,539;S/S-Hecker,§ 260 Rn 3;S/S/W-Jahn,§ 260 Rn 6;鉴于"混合的"团伙,对此批判参见 BK-Ruhmannseder,§ 259 Rn 4.1。

规定,这一要件也可能涉及教唆犯或帮助犯。[1]

同样地,《非法毒品交易和其他形式有组织犯罪惩治法》将常业性结伙窝赃(第260a条)创设为第259条新的加重构成。这一犯罪构成结合了结伙窝赃之要件与常业性行为之要求。[2] 这一罪名是重罪,由此,在第30条规定之外,可以在原本的犯罪事实之前被涵括。[3] 在其与第244a条第1款第2句结合第243条第1款第2句第3项规定的特别严重的结伙盗窃之间,选择认定是可能的。[4] 888

Ⅷ. 鉴定结构:窝赃罪,第259条

888a

窝赃罪,第259条
- Ⅰ. 犯罪构成
  - 1. 客观构成
    - a) 犯罪对象
      - · 物品
    - b) 上游犯罪
      - · 盗窃罪或者其他侵犯他人财产的违法犯罪
      - → 并非必然是狭义上的财产犯罪

[1] 参见 BGH BeckRS 12,18738 附评议 Hecker,JuS 13,177;BGH HRRS 20 Nr 124 附否定性评注 Hinderer,NStZ 20,276;赞成 Kudlich,NJW 20,1083。

[2] 对此批判参见 Erb,NStZ 98,541;对于前提,见 BGH StV 12,339,342。

[3] 对此批判参见 Flemming/Reinbacher,NStZ 13,136。

[4] 参见 BGH NStZ 00,473;BGH HRRS 14,458(Nr 1065);Bauer,wistra 14,475;对于出现问题的询问裁定,参见 Stuckenberg,ZIS 14,461;Wagner,ZJS 14,436;大刑事审判庭确认了选择认定的可能性,BGH NJW 17,2842(BGHSt 62,72)附评议 Kudlich,JA 17,870;Stuckenberg,StV 17,815。也见 BGH NStZ-RR 18,47,49 附与事后未决的界分,对此评注 Bosch,Jura(JK)18,424 和 BVerfG NJW 19,2837 附赞成性评议 Hecker,JuS 19,1119。

Ⓟ对于物品取得而言上游犯罪已经完成的要求
→ 对于上游犯罪所建立的违法财产状况的延续
Ⓟ直接关联/替代性窝赃
→ 替代品
c)犯罪人
· 上游犯罪=其他人的犯罪
→ 排除上游犯罪的正犯/共同正犯
Ⓟ上游犯罪(共同)正犯将赃物重新取回
d)犯罪行为
· 为自己或第三人获取
→ 独立于上游犯罪人的(共同的)处置权利
→ 为自己目的的处置权利
Ⓟ共同食用
Ⓟ对于寄托物品激发权限的获得
· 购入
· 销售
→ 上游犯罪人销赃努力的独立的支持
Ⓟ帮助的奏效适合性
Ⓟ销售成功
· 与上游犯罪人之间同意的合作
Ⓟ通过强制/欺骗而剥夺物品
2. 主观构成
a)故意
· 任何故意类型
b)意图
· 为自己或第三人获利的意图
→ 并不要求谋求利益的不法性
→ 并不要求谋求利益的同质性
Ⓟ上游犯罪人作为第三人

Ⅱ. 违法性
Ⅲ. 有责性
→ 减轻情形(刑事告诉,第 259 条第 2 款结合第 247、248a 条)
Ⓟ价值低微之连结点
→ 加重构成,第 260、260a 条

§ 24　洗钱罪和隐藏不法获取的财产价值

案例 76:T 在一次抢劫中获取了 5 万欧元。从这笔钱中,他从一个善意的珠宝商 J 那里,花了 10,000 欧,买了一块金色的女士手表,他想把它送给他的女朋友,并把 500 欧元给了他的熟人 B,B 用这笔钱和另外 5 万欧元买了一辆新车。 889

女士手表、B 的汽车和 J 善意接受的钱款,是否属于第 261 条的适格对象?(见边码 901)

Ⅰ. 产生、目的和法益

洗钱罪(Geldwäsche)(第 261 条)犯罪构成[1]的目的,在于防止非法获得的财产在隐瞒其来源的情况下,潜入合法的经济循环。[2] 特别应该禁绝的是有组织犯罪的伎俩,也即将从严重犯罪中获得的财产,通过存入银行账户或以其他方式进入经济循环[安置(placement)],将其来源通过大量交易予以隐瞒[分层(lay- 890

[1] 对于洗钱罪的全面论述,见 Herzog - ders. /Achtelik, Geldwäschegesetz, 3. Aufl. 2018, Einleitung; Herzog/Mülhausen, Geldwäschebekämpfung und Gewinnabschöpfung 2006 中的论文(其中,对于洗钱罪的犯罪构成 Nestler, § § 13-22);对于洗钱罪的类型和技术,见 A/R/RHerzog, 13 Rn 5 ff; Hoyer/Klos, Geldwäsche, 2. Aufl. 1998, S. 8 ff; M-G/B-Häcker, § 51 Rn 1 ff;概览 Hombrecher, JA 05, 68。

[2] 参见 BT-Ds 12/989, S. 26 f。对于“规则理念”和“规则目的”,详见 G/J/W-Eschelbach, § 261 Rn 2 ff。

ering)],以及将其价值回流给组织者[整合(integration)]。[1] 由第 261 条规定产生的处置犯罪资产的义务,旨在提高查明上游犯罪刑事追诉的有效性[第 1 款规定的妨害和危及型犯罪构成(Vereitelungs-und Gefährdungstatbestand)],以及防止犯罪资产回流到合法的经济循环中,并剥夺其流通能力[第 2 款规定的孤立型犯罪构成(Isolierungstatbestand)]。[2]

891 所保护的系"国内的国家司法消除犯罪影响的任务"(BT-Ds 12/989,S. 27)。除了对司法(Rechtspflege)的这种保护之外,根据普遍和恰当的观点(至少)[3],在第 261 条第 2 款中——与在第 257 条中一样——还包括对上游犯罪所损害利益的保护,[4]德国联邦法院认为,在民事案件中,这一保护也得到了第 261 条第 1 款的保障。相应地,这两个条款都被视为《德国民法典》第 823 条第 2 款的保护性法律。[5] 通过经济上对财产进行的隔离,其目的在于降低其经济价值,并使上游犯罪的实施失去吸引力。

---

[1] 参见 Tiedemann, WirtschaftsstrafR Rn 936; Herzog - ders./Achtelik, Geldwäschegesetz, 3. Aufl. 2018, Einleitung Rn 7-11;对于洗钱罪的类型和技术,见 A/R/R-Herzog, 13 Rn 5 ff; Hoyer/Klos, Geldwäsche, 2. Aufl. 1998, S. 8 ff; M-G/B-Häcker, § 51 Rn 1 ff;概览 Hombrecher, JA 05, 68。

[2] Bülte, NStZ 14, 681; S/S-Hecker, § 261 Rn 2.

[3] 参见 BGH NStZ-RR 13, 253 从中推导出,根据第 7 条第 1 款规定,对于在西班牙实施的、针对德国人上游犯罪的洗钱罪,德国刑法可予适用。

[4] 参见 BK-Ruhmannseder, § 261 Rn 6; Eisele, BT Ⅱ Rn 1172; Jahn/Ebner, JuS 09, 597; Lackner/Kühl, § 261 Rn 1; Krey/Hellmann/Heinrich, BT Ⅱ Rn 908; Mitsch, BT Ⅱ S. 836 f; MK-Neuheuser, § 261 Rn 7, 12; M/R-Dietmeier, § 261 Rn 2; NK-WSS-Reichling, § 261 Rn 12; Rengier, BT Ⅰ § 23 Rn 4; SK-Hoyer, § 261 Rn 2; S/S/W-Jahn, § 261 Rn 7; zusf. BGHSt 55, 36, 49; HansOLG Hamburg NJW 00, 673, 674;进一步差异 NK-Altenhain, § 261 Rn 11 ff;只保护司法 Otto, BT § 96 Rn 28;也保护"内在的安全"LK-Schmidt/Krause, § 261 Rn 4。判例对于第 261 条的保护法益并未明确表态,只是在 BGHSt 43, 158, 167 中认定了独立的不法内涵。

[5] 参见 BGH NJW 13, 1158 f(包括第 261 条第 5 款); BGH NJW 18, 1602, 1603 f 附评注 Schubert。

对法益内涵的不同确定,突出了对于合法的金融和经济体系健全性和清洁性的信任中难以捉摸的超个人方面。[1] 鉴于在这种背景下犯罪构成将进一步失去其确定性,故而这是不可接受的。在德国联邦法院看来,[2]通过将混乱描述的系列犯罪,与几乎将所有处理“受到污染的”对象的行为均规定为犯罪而导致的多样的犯罪行为相结合,该条文已经“行动”“在可理解的极限之上”。为了获得足够的确定性,需要“对犯罪构成要件的限制性解释”。这种努力中,不包括对法益过于模糊的确定。

由于涉及的对象并不总是来自侵犯他人财产的犯罪,涉及的是不再能够涵括在内的替代品,如存款、债权及类似事物,或者欠缺第 257 条及以下数个条文所要求的意图,从而导致就洗钱行为而言,第 257 条及以下数个条文存在明显的处罚漏洞,而第 261 条之目的,就在于弥补此种漏洞。[3] 在德国联邦法院看来,如果在洗钱罪之外也成立(未遂的)常业性的窝赃罪,则存在一罪关系。[4] 891a

第 261 条绝不是关于洗钱罪的唯一规定。首先是《追踪严重犯罪所得法》(《洗钱法》),其规定了全面的注意和可疑报告义务(Sorgfalts-und Verdachtsmeldepflichten)。其最初于 1993 年 10 月 25 日通过(1993 年洗钱法),于 2008 年 8 月 13 日重新制定(2008 891b

[1] 参见 Lampe, JZ 94, 125; Schittenhelm, Lenckner-FS S. 528; J. Vogel, ZStW 109 (1997), 350; 也参见 Bottke, wistra 95, 124; Findeisen, wistra 97, 121; 恰当批判参见 A/W-Heinrich, § 29 Rn 5 ff。

[2] BGH NJW 08, 2516, 2517.

[3] 参见 BT-Ds 12/989, S. 26; BGHSt 50, 347, 353 f(也涉及与窝赃罪的关系,对此也见 Schramm, wistra 05, 245; ders., wistra 08, 245); Arzt, NStZ 90, 2; Flatten, Zur Strafbarkeit von Bankangestellten bei der Geldwäsche 1996, S. 19 ff; Krey/Dierlamm, JR 92, 353; Otto, Jura 93, 329; Schmidt, BT Ⅱ Rn 860 ff; 880a; 只要第 261 条超出了第 257 条至 259 条的范围, Helmers, ZStW 121 (2009), 509 对第 261 条的“合法性”予以了批判。

[4] BGH NJW 19, 1311, 1315 ff.

年洗钱法),并于 2011 年 12 月 22 日通过《优化洗钱预防法》进行了根本性的修订,并为贯彻第 4 欧盟反洗钱指令(4. Geldwäsche-RL der EU)而于 2017 年 6 月 23 日再次修正(2017 年洗钱法)。[1] 这一综览已经初步说明了这一监管问题的动态发展、国际依赖性和日益增长的经济上的重要性。为了通过洗钱的"书面线索"(Papierspur)进入有组织犯罪的结构之内,[2] 应当向调查机关提供查明和调查现金流动所必需的信息,并使他们能够识别财产价值。当下,《洗钱法》第 2 条第 1 款规定的义务人范围很广。例如,其涵括了信贷和金融机构、房地产经纪人、货物交易商、艺术品经纪人、会计师、税务顾问以及(许多)特定要约和交易的保险公司、律师、公证人。[3] 存在关于一般风险管理的义务(《洗钱法》第 4 条及以下数个条文)、关于客户的尽职调查义务(《洗钱法》第 10 条及以下数个条文)、与 2017 年新增的透明登记有关的报告和透明义务(《洗钱法》第 18 条及以下数个条文)和可疑交易报告义务(《洗钱法》第 43 条及以下数个条文)。除《洗钱法》以外,比如《信贷法》第 25h 条及以下数个条文,针对信贷和金融服务机构规定了更广泛的风险管理义务,《税收条例》第 31b 条规定了在洗钱嫌疑的情况下,对于金融机构的通报义务。[4]

---

[1] 对于洗钱法的欧洲法特征 S/S/W-Jahn, § 261 Rn 13;对于第 4 欧盟反洗钱指令带来的洗钱法修改 Kim, ZWH 17, 365 和 Bülte, NZWiSt 17, 282;对于第 5 欧盟反洗钱指令带来的修改 Frey, CCZ 18, 170 和 Brian/Frey/Krais, CCZ 19, 245。也还参见 Gentzik, Die Europäisierung des Geldwäschestrafrechts 2002。

[2] 参见 BT-Ds 12/989, S. 26;对于此前并未达到期望的利益追缴实践见 Kaiser, wistra 00, 121。

[3] 对此参见 A/R/R-Herzog, 13 Rn 30 ff; Dahns, NJW-Spezial 18, 126;对于艺术行业义务的新规定 Raue/Roegele, ZRP 19, 196;对于与(律师的)职业秘密的冲突见 Hamacher, wistra 12, 136;也参见 EGMR NJW 13, 3423。

[4] 对于更多的义务,参见 Diergarten/Barreto da Rosa, Geldwäscheprävention, 2015, 6 Rn 1 ff。

根据《洗钱法》第 10 条第 2 款之规定，尽职调查（Sorgfaltspflichten）的范围遵循基于风险的方法，根据洗钱风险确定具体必要的措施。与一般的尽职调查义务不同，根据《洗钱法》第 14 条和第 15 条之规定，可能存在简化或强化的尽职调查义务。《洗钱法》第 43 条规定的可疑交易报告义务（Verdachtsmeldepflicht），远远超出了《德国刑法典》第 138 条规定的义务，对其而言，决定性因素在于存在表明该条第 1 款所述的特定事由的事实。根据 2014 年 11 月 6 日《联邦财政部关于处理嫌疑报告事宜的解释性说明》——即便是在《洗钱法》修正后，这一说明也是可以适用的〔1〕——所根据的是雇员对“各自业务背景下的异常和显眼”所进行的主观性评估。〔2〕 891c

《洗钱法》确立了所谓的第三方合规义务（Third Party Compliance-Pflichten）；〔3〕对有义务的人施予控制义务（Kontrollpflichten），以防止第三方的非法行为。在此，私营部门最初被赋予了国家的预防和刑事追诉任务。对这种“刑法追诉私营化的趋势”（Trend zur Privatisierung der Strafverfolgung）〔4〕的批评，〔5〕不仅在于成本过重，而且还在于对基本权利保护的潜在限制。此外，鉴于打击洗钱活动迄今只取得了有限的成果，故而存在探讨的必要。 891d

《洗钱法》第 56 条对于罚款的规定，确保了对于此种义务的遵守。《洗钱法》第 10 条和第 43 条规定的义务，可以构成保证人的地位，因此也可能构成第 261 条和第 13 条第 1 款规定的刑事犯 891e

---

〔1〕 BT-Ds 18/11555, S. 156 f.

〔2〕 对于彼处阐述标准的批评 Bülte, NZWiSt 17, 280；一般性地就报告义务 BGH wistra 19, 164 附评注 Reichling 和 Peukert, NZWiSt 19, 223。

〔3〕 就此 Busekist/Uhlig, in: Hauschka/Moosmayer/Lösler（Hrsg）, Corporate Compliance, 3. Aufl. 2016, § 35。

〔4〕 Herzog-ders. /Achtelik, Geldwäschegesetz, 3. Aufl. 2018, Einleitung Rn 105.

〔5〕 Fischer, § 261 Rn 4b ff; Herzog-ders. /Achtelik, Geldwäschegesetz, 3. Aufl. 2018, Einleitung Rn 105; Tiedemann, WirtschaftsstrafR Rn 955; Böse, ZStW 119（2007）, 867; Dannecker/Bülte, NZWiSt 12, 4.

罪,只要各自的业务活动涉及典型的洗钱风险[监督保证人地位(Überwachungsgarantenstellung)]。[1] 由于《洗钱法》规定的预防性导向,并非所有简单的违反义务行为都已足够,[2]但鉴于欧洲法律规定中已经存在的强制性参考,将保证人地位概括地予以否定,是不恰当的。[3] 此外,在违反这些义务的情况下,可能会因包庇罪(第257条)或妨害刑罚罪(第258条)而受到惩罚。

Ⅱ. 犯罪构成

1. 犯罪对象、上游犯罪和犯罪人

a)犯罪对象

892 犯罪对象可以是所有动产和不动产以及权利(如现金、账面钱款、应收账款、证券、不动产、宝石、艺术品、账户数据及类似事物),[4]以上对象“源自”重罪(第261条第1款第2句第1项)或者第261条第1款第2句第2—5项所规定的轻罪(对此边码894及以下数个边码)。与犯罪构成的保护目的相符合,犯罪对象必须具有可衡量的财产价值。[5] 其是否也包括具有经济价值的无

[1] 参见G/J/W-Eschelbach, § 261 Rn 58;Neuheuser,NZWiSt 15,241;Herzog-Nestler/El-Ghazi,Geldwäschegesetz,3. Aufl. 2018, § 261 Rn 116 ff;Bülte,NZWiSt 17,282,但其基本上只认为可能存在犯罪参与的刑事可罚性。

[2] 参见S/S/W-Jahn, § 261 Rn 100;结论上也参见NK-Altenhain, § 261 Rn 93。

[3] Neuheuser,NZWiSt 15,243.

[4] 限制性地Geurts,ZRP 97,252;进一步Cebulla,wistra 99,281;更为确切地G/J/W-Eschelbach, § 261 Rn 10 ff;Voß,Die Tatobjekte der Geldwäsche 2007;但对于比特币/加密货币作为犯罪对象,见Herzog/Hoch,StV 19,412;支付安全代码作为犯罪对象,参见BGH wistra 19,338,339。因此,在账户数据案件中(列支斯坦顿/瑞士),与Kühne,GA 10,276相反,欠缺的并非适格对象,而是(截至当下)相关的上游犯罪。

[5] AnK-Sommer, § 261 Rn 6;S/S/W-Jahn, § 261 Rn 19.

效债权,是有争议的,但由于缺乏法律性质,必须对之予以否定。[1]

然而,为了保护一般性的法律交往,如果此前——比如善意的第三人——获得了该对象,而没有因此成立犯罪,则因欠缺第261条第6款规定的犯罪对象,第261条第2款规定的刑事责任则不予适用(对于存在争议的第1款的延伸,见边码901)。有争议的是,哪些罪名对于第6款而言具有意义。特别是当一个善意的犯罪人从上游犯罪人处偷走了物品,从而使自己(仅仅)因盗窃罪而受到惩罚时,就会出现污点祛除(Entmakelung)问题。从法条表述来看,可能涉及所有的犯罪。对应于第261条的保护目的、第6款的目标、减轻涉及不再可能去除瑕疵法律交往的罪责以及总体性解释的要求,最好是将第6款仅适用于第261条规定的罪名本身。决定性的是,第三人犯有第261条规定的犯罪;其他罪行的实施,与污点祛除并不冲突。[2] 893

将存在瑕疵的钱款存入善意的银行账户,然后通过该账户将资金转移给恶意的第三方,在此情况下,第261条第6款是否也可以适用,存在争议。认定付款人在此将针对银行存在瑕疵的债权转让给第三方,而这一债权源于支付,由此也源于上游犯罪,并不正确。[3] 转账是根据《德国民法典》第675条及以下数个条文规定、基于独立的付款服务合同而实施的履行,并非存在瑕疵债权的 893a

[1] 参见 Klesczewski, BT § 10 Rn 99; MK-Neuheuser, § 261 Rn 31; S/S/W-Jahn, § 261 Rn 21;其他观点见 BK-Ruhmannseder, § 261 Rn 8; Lackner/Kühl, § 261 Rn 3; LK-Schmidt/Krause, § 261 Rn 10。

[2] 参见 S/S-Hecker, § 261 Rn 21; MK-Neuheuser, § 261 Rn 78; NK-Altenhain, § 261 Rn 88 附进一步的论证; Lackner/Kühl, § 261 Rn 6;其他观点参见 S/S/W/Jahn, § 261 Rn 58。进一步 Hillenkamp,本书至第42版;其他观点参见 Fischer, § 261 Rn 27; Eisele, BT Ⅱ Rn 1189; Rengier, BT I § 23 Rn 16。

[3] 但如此 Fischer, § 261 Rn 45; BK-Ruhmannseder, § 261 Rn 37.1; Hilgendorf/Valerius, BT Ⅱ § 22 Rn 22; Hillenkamp,本书至第42版。

让与。尽管从经济上讲,其属于对银行提出的存在瑕疵诉求的替代品,可是,在没有中间获取的情况下,去污名化不能由银行中断,所以第 261 条第 6 款规定并不适用。[1] 如果债权实际上被让与,或者上游犯罪人保留了对于受到污染资金的控制权,而第三方的中间获取并没有发生,亦同样如此。[2]

b)源自

894 按照立法机关的设想,“源自”(Herrühren)这一定义不明确的概念也包括一系列利用行为(Verwertungshandlungen),在这些行为中,原始的物品在保持其价值的同时,被另一物品取代。[3] 由此,与窝赃罪不同的是,第 261 条中的接触(Zugriff)不应在“洗钱过程”(Waschvorgang)之后就已经结束。据此,如果其价值通过进一步加工主要回溯到第三方独立的随后履行,则不再源自上游犯罪。[4] 据此,必须从经济角度进行考虑。[5] 与之相反,由于由此产生的不确定性,认为第 261 条系兜底性犯罪构成(Auffang-

---

[1] 参见 MK-Neuheuser, § 261 Rn 79;Herzog-Nestler/El-Ghazi, Geldwäschegesetz,3. Aufl. 2018, § 261 Rn 122;S/S-Hecker, § 261 Rn 21;结论上也参见 Lackner/Kühl, § 261 Rn 6;其他观点参见 S/S/W-Jahn, § 261 Rn 60;NK-WSS-Reichling, § 261 Rn 57。

[2] 如果上游犯罪人通过善意律师的其他账户,将钱款转给恶意第三人,则如此,BGHSt 55,36,56 f。

[3] 参见 BGH NStZ 17,28;对于强制执行程序中对象的限制,见 LG Aachen StV 19,57。

[4] 参见 BT-Ds 12/989, S. 27;Lackner/Kühl, § 261 Rn 5;差异 SK-Hoyer, § 261 Rn 16;对此难以限定概念的进而分析,见 Barton, NStZ 93,159;Körner, NStZ 96,64;Lampe, JZ 94,123;Leip, Der Straftatbestand der Geldwäsche 1995, S. 66 ff;Otto, Jura 93,330;例证 A/R/R-Herzog,13 Rn 79 ff。

[5] 参见 Flatten, Zur Strafbarkeit von Bankangestellten bei der Geldwäsche 1996, S. 70 f;H-H-Kretschmer, Rn 1213;Otto, BT § 96 Rn 31;Zöller, BT Rn 538;BGH NJW 19,533,534;BGH NZWiSt 19,148,150 附评注 Raschke;OLG Karlsruhe NJW 05,767,768。对于“源自”,见 A/W-Arzt, § 29 Rn 13 ff;Eisele, BT Ⅱ Rn 1176 f;Fischer, § 261 Rn 7 ff;Jahn/Ebner, JuS 09,599;Rengier, BT Ⅰ § 23 Rn 7 ff。

tatbestand)，而对于源自的认定，原则上“允许宽泛的解释”。[1] 相应地，只要“对象与上游犯罪之间存在因果关系”，也即对象从上游犯罪中“派生”出来，即为足够，这种观点走得太远了。[2] 源自上游犯罪的对象首先存在于犯罪的赃物、赎金或上游犯罪的报酬，以及上游犯罪产生的“产品”(比如假币)当中，但不存在于上游犯罪的犯罪工具中。[3]

作为例证，法律草案(BR-Ds 507/92，S. 28)非常广泛地描述了以下案件：“如果犯罪人将毒品交易的利润以现金形式存入其银行账户，则银行余额源自上游犯罪。如果他用银行存款购买珠宝或证券，那么这些物品也来自上游犯罪。如果犯罪人随后从银行获得贷款，并将证券作为抵押品，那么获得的贷款也源自上游犯罪。比如他用这笔贷款购买了一块土地，这也是从上游犯罪中得来的。与之相反，如果犯罪人用非法获得的钱款获得公司的股份，那么这些股份，不是公司生产的物品，而是源自上游犯罪。关于将合法资金与非法资金混同的问题，应当指出：如果犯罪人以 10,000 马克的价格购买了一辆汽车，其中 1000 马克是非法来源，那么这辆汽车就源自上游犯罪；可以诉诸德国联邦法院在钱款混同的情况下，对于窝赃罪所设置的基本原则(如 BGH NJW 1958，1244)。” 895

将存在瑕疵的财产对象与并无瑕疵的财产对象相混同，会产生 895a

---

〔1〕 如此 BGHSt 53，205，209 附批评性评注 Fahl，JZ 09，747 和 Kuhlen，JR 10，271；批评也见 Bülte，ZWH 16，386。

〔2〕 同样地 BGHSt 53，205，209。根据 BGH NStZ-RR 10，109，111，无论如何，“如果代理人与上游犯罪人存在直接关系”(贿赂款)，则应如此认定；这与限制性解释也并不相符(见边码 891)；对于“源自”，见 A/W-Arzt，§ 29 Rn 13 ff；Eisele，BT Ⅱ Rn 1176 f；Fischer，§ 261 Rn 7 ff；Jahn/Ebner，JuS 09，599 f；Rengier，BT I § 23 Rn 7 ff。

〔3〕 参见 S/S/W-Jahn，§ 261 Rn 37；由第三人为受贿人接收的贿赂款项，系——与 Fahl，JZ 09，748 相反——适格的对象，见 BGHSt 53，205，208 f 附就此的赞成性评注 Kuhlen，JR 10，272 f。

问题。就此,在德国联邦法院看来,[1]在转账款项(Giralgeld)混同的情况下,如果从经济角度看,源自上游犯罪的份额并非完全无关紧要,至少要达到5.9%的份额,[2]那么,为了避免规避行为,应认定整体的汇划资金存在瑕疵[完全污染(Totalkontamination)]。根据《德国民法典》第947、948条的评估,对此应予反对,即污染仅发生在受污染部分和干净部分之间的关系中[部分污染(Teilkontamination)]。可是,这会导致确定和界定存在瑕疵与并无瑕疵财产份额的问题。[3] 然而,就受污染资产的一小部分而言,完全污染的认定很难与"源自犯罪"(aus der Tat herrühren)的措辞相一致,并可能导致整个企业的经济瘫痪,而这些企业无法确实地避免这种情况。[4] 出于此种原因,至少必须存在可能,通过将相当于或超过原本存在瑕疵的转账资金的金额,转移到相应标记的个人账户以事后地消除对于剩余债务的污染。根据第261条第1款第3句第1半句规定同样涵括的通过逃税而节省的费用以及非法获得的退税和报酬,问题在此会更加严重。节省的费用通常不能归属资产的任何特定部分,但认定整个资产受到污染,可能也将是不相称的。[5]

---

〔1〕 参见 BGH NZWiSt 16,157,158 附评注 Krug;与巴拿马文件相关,对于与此关联的后果 Schuhr,NZWiSt 17,272。

〔2〕 参见 BGH NJW 15,3254,3255;BGH NZWiSt 2019,148,150 附评注 Raschke。部分观点认为,超过所涉及资产的最低百分比限制,则应认定为整体污染:5%(Barton NStZ 93,159,163 f),25%(Leip/Kardtke,wistra 97,283),50%(Salditt,StraFo 92,124);对此的概览 Herzog-Nestler/El-Ghazi,Geldwäschegesetz,3. Aufl. 2018, § 261 Rn 75。

〔3〕 关于部分污染的各种方法和对此存在的批评 NK-Altenhain, § 261 Rn 75。

〔4〕 如此也见 Tiedemann,WirtschaftsstrafR Rn 946;Bülte,NZWiSt 17,286;ders.,ZWH 16,385。

〔5〕 G/J/W-Eschenbach, § 261 Rn 16; Herzog-Nestler/El-Ghazi, Geldwäschegesetz,3. Aufl. 2018, § 261 Rn 82;Fischer, § 261 Rn 12.

c)上游犯罪

洗钱罪——就像窝赃罪一样——是一种连结犯罪(Anschlusstat)。[1] 第261条仅将处理由重罪(第261条第1款第2句第1项)或第261条第1款第2句第2—5项所规定的轻罪[2]所产生的物品,规定为刑事犯罪。虽然通过1992年7月15日《有组织犯罪法》第1条第19项之规定,增设了作为打击有组织犯罪之工具的洗钱罪犯罪构成,并仅限于有限的罪名范围,但为贯彻国际和欧洲法律,[3]通过在第261条第2款中扩大上游犯罪的目录,该规范成为广泛的联系犯罪(Kontaktdelikt)。[4] 上游犯罪必须——与窝赃罪(见边码830)并无不同——在获得对象方面已告完成,也即在所有情况下已经既遂。[5] 根据第261条第8款之规定,上游犯罪也可以在国外实施。[6] 在其核心的、排除合法获取及非目录 896

〔1〕 拒绝意见见Bülte,ZWH 16,384 ff,取而代之的是,其想要称之为联系犯罪(Kontaktdelikt)(第386页)。

〔2〕 就此而言具体详见Fischer, § 261 Rn 14 ff;G/J/W-Eschelbach, § 261 Rn 21 ff;NK-Altenhain, § 261 Rn 37 ff;对于上游犯罪与“巴拿马文件”的关联,见Papathanasiou,JA 17,88。

〔3〕 对于联盟法律中对于上游犯罪的规定Böse/Jansen,JZ 19,591;一般性地对于国际法和欧洲法的特征以及法律修改,见S/S/W-Jahn, § 281 Rn 1 ff;BGHSt 50,347,354 ff;Ambos,ZStW 114(2002),236;A/R/R-Herzog,13 Rn 14 ff;Dannecker,Jura 98,83;Hetzer,ZRP 01,266;Koslowski,Harmonisierung der Geldwäschestrafbarkeit in der Europäischen Union;对于刑事惩处洗钱犯罪的欧盟方针Schröder/Blaue,NZWiSt 19,161。

〔4〕 Bülte,NZWiSt 17,279,285;Fischer, § 261 Rn 4b;S/S/W-Jahn, § 261 Rn 8;Bülte,ZWH 16,377.

〔5〕 参见LG Köln NZWiSt 13,430附评注Heimann;S/S/W-Jahn, § 261 Rn 22,在未遂作为上游犯罪上,予以了重要限制。

〔6〕 对此参见Hecker,Heinz-FS S. 714,716 ff;Lütke,wistra 01,85;对于存在第9条第1款情形3或情形4规定的结果地点,见BGH wistra 19,336,337。

内犯罪的要件上,上游犯罪必须得以确定,[1]对于犯罪人的故意,至少在粗略的范围内作为——可能的情况下常业性的——目录罪名加以把握。[2]

896a 第261条第2款第4项规定的轻罪(比如第242、246、253、266条)必须是常业性地实施,或者由团伙成员实施。常业性人身要件必须存在于上游犯罪之正犯身上。如果只是帮助犯常业性实施犯罪,并不足够。[3]

896b 但是,根据第261条的新规定(见边码891b),上游犯罪不再必须是"其他人"的犯罪(第261条第1款第1句、第5款)。原则上,犯罪人也可能以自洗钱(Selbstgeldwäsche)定罪处刑,从而就上游犯罪而言,犯罪人是正犯还是共犯这一问题,将不再重要。即使在上游犯罪的正犯不明确的情况下,只要上游犯罪的犯罪构成要件无可争议,也可以认定成立洗钱罪。[4]

896c 依附于这一规定,为了避免重复处罚(Doppelbestrafung),援引第257条第3款第1句之规定,第261条第9款第2句规定了个人的刑罚排除事由,据此,参与上游犯罪而受到处罚的人,不得因洗钱再受到惩罚。如果对上游犯罪的参与存有疑问,则可以通

[1] 参见BVerfG wistra 06,418,419;BGH wistra 16,192;BGH NZWiSt 19,148,150附评注Raschke;Kreß,wistra 98,125;更狭Bernsmann,StV 98,46;Klos,Anm. wistra 97,236;Zöller,Roxin-FS Ⅱ S. 1033,1046 ff。

[2] 参见BGH wistra 03,260,261;BGH wistra 13,19;BGH NStZ-RR 20,80,81;总结性参见BGH BeckRS 18,38747。

[3] 参见BGH NJW 08,2516 f附评注Hoch,StV 09,414;BGH BeckRS 14,18273;对于常业性认定的必要性,见BGH wistra 12,188;HansOLG Hamburg StV 13,93;KG StV 13,92。

[4] 对于此种情形根据现行有效法律,见BGH NStZ 17,167;对于"自洗钱"见Bergmann,NZWiSt 14,448和Teixeira,NStZ 18,634。

过事后确定(Postpendenzfeststellung)的方式,以洗钱罪定罪处刑。[1] 上游犯罪在洗钱时已经既遂或结束,第261条第9款第2句并无要求。[2] 如果正犯或共犯将从目录犯罪中获得的物品投放市场,从而掩盖该物品的非法来源,对此,第261条第9款第3句规定了个人刑罚排除事由的取消(Rückausnahme)。[3] 对经济和金融运转完整性的危险,危及了一种额外法益,以至于该行为具有特别的不法内涵,因此并不违反禁止双重处罚的规定。[4] 根据德国联邦法院的观点,[5]此种"自洗钱"比如可以通过将非法获得的现金存入银行账户实现,即使该账户完全用于犯罪人自己的目的。鉴于银行通过存入获得了相关金额的接触,犯罪人已经——如同投入流通所要求的——将实际的处置权转让给了第三方。

2. 犯罪行为

在第1款和第2款中,第261条规定了大量的相互重叠的犯罪行为。 897

第261条第1款规定的行为方式,侵害司法——部分已经是风险管控——的方式在于,将物品隐藏,或者掩盖其来源[掩饰型犯罪构成(Verschleierungstatbestand):第1款情形1和情形2],或者妨害或具体[6]危及物品落入刑事追诉机关之手[妨害和危及型犯罪构成(Vereitelungs-und Gefährdungstatbestand):第1款情形

---

[1] 参见BGH NJW 16,3317附评注Ebner/Papathanasiou,ZWH 17,14;BGH NJW 17,2842,2845(BGHSt 62,72)附评议Kudlich,JA 17,870;Stuckenberg,StV 17,815。

[2] BGH NStZ 00,653,654.

[3] 对此参见Barreto da Rosa,JR 17,101;Neuheuser,NZWiSt 16,265;对于限制性解释Teixeira,NStZ 18,639。

[4] 参见BT-Ds 18/6389,S.13;BGH wistra 19,145附评注Raschke NZWiSt 19,186;对此批判S/S/WJahn,§ 261 Rn 97;S/S-Hecker,§ 261 Rn 7;对于限制性解释Teixeira,NStZ 18,639。

[5] 参见BGH NJW 19,533附评注Jahn;Bosch,Jura(JK)19,556。

[6] 参见OLG Karlsruhe NStZ 09,269,270;KG StV 13,92("具体地被妨碍")。

3]。根据第 261 条第 2 款第 1 项之规定,应受处罚的是使自己或第三人获取物品,根据第 2 项规定,应受处罚的是将对象进行使用或保管[孤立型犯罪构成(Isolierungstatbestand):第 2 款]。[1]

898 隐藏(Verbergen)要求的行为是,其实际上阻碍了对犯罪对象的接触。[2] 掩饰(Verschleiern)包括了所有误导性的行为,其目的是给犯罪对象一个不同(合法)来源的表象,或掩盖其真实来源。一项目标明确、具体适当的行为就足够了;其不一定要成功。[3] 除了不予告知真正的来源之外,私密性(Heimlichkeit)是不做要求的。[4]

898a 妨害(Vereiteln)要求在相当长的一段时间内使刑事追诉机关无法接触。对于危及(Gefährden)来源的调查以及寻找[5]而言,引致具体的危险是必要的,比如,其可能将犯罪所得款项带到国外,并将之投入使用。与包庇罪(见边码 809)和窝赃罪(见边码 867)一样的是,在洗钱罪的情况下,犯罪人的努力必须具体地适合于取得成功,如果要将物品交给卧底警察,则缺乏这种努力。[6] 在这种情况下,根据德国联邦法院的观点,根据第 261 条第 3 款的规定,仍然存在可罚的未遂。[7]

---

〔1〕 对此见 BGH wistra 12,188 f;对于三种称谓,见 BVerfG NZWiSt 15,472 和 S/S/WJahn, § 261 Rn 42。

〔2〕 S/S/W-Jahn, § 261 Rn 44.

〔3〕 参见 BGH NStZ 17,28,29;G/J/W-Eschenbach, § 261 Rn 44;其他观点参见 S/S/W-Jahn, § 261 Rn 45;SK-Hoyer, § 261 Rn 16。

〔4〕 BGH NStZ 17,28,29 f;BGH NJW 19,533.

〔5〕 对此见 BGH wistra 16,192。

〔6〕 见 BGH StV 99,94—Zlof 案附评注 Jahn,JA 99,186 和 Krack,JR 99,472;同样 BKRuhmannseder, § 261 Rn 28;LK-Schmidt/Krause, § 261 Rn 19;S/S/W-Jahn, § 261 Rn 48;AnK-Sommer, § 261 Rn 33 要求,在阻碍调查工作意义上的"犯罪结果"。

〔7〕 参见 BGH StV 99,95;赞成参见 SK-Hoyer, § 261 Rn 23。

与第 259 条一样，自己获取（Sichverschaffen）[1]需要建立独立于上游犯罪人的处置权，对此，上游犯罪人负有的随后履行的合同义务是不够的。[2] 在此之外，在这方面，针对第 259 条规定的获取行为（Verschaffungshandlung）所做论述也应比照适用（BT-Ds 12/989，S. 27），从而未经同意而发生的取得（见边码 846、边码 853 及以下数个边码），也不符合第 261 条之规定。[3] 如果物品被（暴力地）从第 261 条意义上的上游犯罪人手中夺走，对此，德国联邦法院确认了这种一致性。[4] 如果（客观上）存在窝赃行为，则其并不排斥第 261 条之适用。[5] 898b

然而，与第 259 条不同的是，在通过强制引致同意的情况下，第 1 刑事审判庭想要作出判决。根据这一观点，基于强制或欺骗的缺乏意志的同意，不应排除第 261 条规定的自己获取。只有这样，才符合历史上立法者的意志，其并不知道新近关于第 259 条的限制性判例。此外，这取决于与其他窝赃行为的一致性，但第 261 条中并无类似内容。[6] 因此，在没有充分理由的情况下，促进第 261 条之明确性，并由立法机关本身为此设想的对于一项重要犯罪行为的一致性，应予放弃。由此来填补一项漏洞，并不

---

〔1〕 对于第三人获取与第 261 条中缺少的销售之间的关系，见 Bülte，Rengier-FS S. 181，182 ff。

〔2〕 参见 BGHSt 43，149，152；对于钱款汇入转账账户情况下的既遂，参见 BGH HRRS 14，382（Nr 952）。

〔3〕 参见 A/W-Heinrich，§ 29 Rn 26；Eisele，BT Ⅱ Rn 1187；Fischer，§ 261 Rn 24；LG Köln NZWiSt 10，188，189 附评注 Valerius；差异 Rengier，BT I § 23 Rn 13a；分歧 Lackner/Kühl，§ 261 Rn 8；NK-Altenhain，§ 261 Rn 114；Otto，BT § 96 Rn 34。

〔4〕 BGH NStZ 10，222，223.

〔5〕 参见 BGHSt 50，347，352 ff 附评注 Herzog/Hoch，StV 08，524；Schramm，wistra 08，245。

〔6〕 参见 BGHSt 55，36，48 ff 附赞成性评注 Geppert，JK 11/10，StGB § 261/10；也赞成 Rengier，BT I § 23 Rn 13a。

能超过因此而生的缺点。[1]

898c 对于物品(Sachen)而言,保管(Verwahren)只意味着有意识地行使支配,而在诉求(Forderungen)的情况下,则是通过与直接物品管控相应的、对于债权实际上的处置权利。[2] 如果上游犯罪人将犯罪对象带入共用公寓的共同控制范围,则室友的保管应以接管行动为条件,由此表达自己对财产的控制意志。[3]

(见边码898d)与第259条(见边码861)中的销售帮助一样,个别的犯罪行为,如危及来源查明或发现的行为,根据其措辞也包括并未操控整个事件的行为,因此相当于帮助。如果要有效地解决与之相联的单一正犯(Einheitstäterschaft)风险,那么与德国联邦法院的观点相反,[4]人们不应认定犯罪构成所能涵摄的行为总是导向正犯。正确的是,对此应根据一般规则加以界定,特别应以行为控制(Tatherrschaft)为前提。[5]

3. 犯罪构成上的限制

899 在秘密调查(verdeckte Ermittlungen)的框架内,可能涉及引起、执行或促成财务转移(Finanztransaktion),根据其措辞,其符合洗钱罪的犯罪构成。这引出了在此不再深入分析的、国家层面造

---

〔1〕 参见边码6和Hillenkamp, in: Kube u. a., Leitgedanken des Rechts 2013, S. 1156 ff;批判和拒斥也见Jahn, JuS 10,650;Putzke, StV 11,178 ff;S/S/W-Jahn, § 261 Rn 52(在单纯欺骗的情况下予以赞成);Rübenstahl/Stapelberg, NJW 10,3692。

〔2〕 参见BGH NJW 13,1158;BGH BeckRS 16,17228也附使用的例证;BGH NJW 19,1311,1314;BGH NZWiSt 2019,148,150附赞成性评注Raschke。

〔3〕 BGH wistra 12,188 f;BGH NJW 19,1311,1314.

〔4〕 参见BGH wistra 16,192;对于升格也见BGH StV 99,94(Zlof案)。

〔5〕 对此参见Hillenkamp, Schünemann-FS S. 407,418 ff和——对于第259条——边码861。

成的不法的问题。[1] 但是,经刑事追诉机关同意、参与此类交易的调查人员和银行雇员,也有可能因洗钱罪而受到惩罚。将此类行为排除在犯罪构成之外,立法机关并没有遵循这一建议。[2] 然而,在这样做时,立法机关认为,为刑事追诉服务的行为,超出了第261条的保护目的,因此无论如何都不包括在内。[3] 这一观念是值得怀疑的,因为受到保护的不只是司法(参见第261条第2款),而且由国家引起的不法司法性质本身,也是有问题的。然而,归根结底,这不是洗钱罪的特别问题,而是与(秘密)调查措施有关"犯罪"的刑法评判问题,应根据一般原则予以回答。[4]

目前尚不清楚的是,具有社会或职业相当性的(sozial-oder 900
berufsadäquat)行为方式,在多大程度上应被排除在第261条之外。[5] 如果在日常生活的业务中,或者在变得必要的医疗或法律咨询的情况下,商家、医生或律师可以付费服务,这似乎是相关上游犯罪的结果,那么严格遵守"孤立要求"(Isolierungsgebot),就像惩罚相应的"妨害刑罚行为"一样,可能会减少上游犯罪人的基本诉求,甚至可能克减他们的生活机会。[6] 虽然第261条是一项独

---

[1] 对此取代诸多 Esser in:Strafverteidigertag, Abschied von der Wahrheitssuche, 2012, S. 197 ff。

[2] Kraushaar, wistra 96, 170.

[3] 参见 BT-Ds 13/8651, S. 9 f; BK-Ruhmannseder, § 261 Rn 49; M/R-Dietmeier, § 261 Rn 20。赞成参见 Hund, ZRP 97, 181; LK-Schmidt/Krause, § 261 Rn 29; NK-Altenhain, § 261 Rn 129 f; NK-WSS-Reichling, § 261 Rn 72; S/S/W-Jahn, § 261 Rn 72 ff。批判参见 Kreß, wistra 98, 126;在受到污染财产总体的情况下,对于破产管理人,Brüning, wistra 06, 241, 243 ff 建议进行目的性限缩。

[4] 例如参见 BGH StV 81, 549; Krey, Rechtsprobleme des strafprozessualen Einsatzes Verdeckter Ermittler 1993, Rn 440 ff, 525 ff, 551 ff, 562 ff;也见 Hillenkamp/Cornelius, AT 5. 和 24. Problem,各处案例 2。

[5] 对于立法沿革上试图的"社会相当性条款"(Sozialadäquanzklausel),参见 BT-Ds 11/7663, S. 7; HansOLG Hamburg NJW 00, 673, 674 f。

[6] 参见 Kargl, NJ 01, 63。

立的犯罪构成,而不是一种参与上游犯罪的形式,[1]但参与中立的日常行为不应处罚,人们可以据此标准做出决定。[2] 在此类问题中,接受从受污染的资金中支付已经存在的赡养费问题,也必须被涵括在内。[3]

900a 由于第 261 条第 1 款并未包括有利于易受洗钱影响职业群体的例外情况,因此,特别需要提出的是在刑事辩护律师的情形下减轻处罚的问题。汉堡汉斯州高等法院[4]已经以充分的理由赞成将既不是基于过高的诉求,也不是基于仅仅是表面上商定的诉求,且不符合第 261 条第 1 款规定的酬劳支付(Honorarzahlungen),通过符合刑法的解释路径,排除在第 261 条第 2 款第 1 项的适用范围之外。[5] 否则的话,将会产生侵犯《德国基本法》第 12 条第 1

---

〔1〕 参见 BGHSt 43,149,152;BGHSt 50,347,357 附评注 Herzog/Hoch,StV 08,524。

〔2〕 参见 Hillenkamp/Cornelius,AT 28. Problem 和——以不同的界限划定——Amelung,Grünwald-FS S. 9 ff;AnK-Sommer,§ 261 Rn 44 f;A/W-Heinrich,§ 29 Rn 39 ff;Barton,StV 93,156 ff;Eisele,BT Ⅱ Rn 1197;G/J/W-Eschelbach,§ 261 Rn 59 ff;Heghmanns,Rn 1742 ff;H-HKretschmer,Rn 1217;HK-GS/Hartmann,§ 261 Rn 5;Kindhäuser/Hilgendorf,§ 261 Rn 17;Kreß,wistra 98,126;Lackner/Kühl,§ 261 Rn 5;Rengier,BT I § 23 Rn 22;Schmidt,BT Ⅱ Rn 875;Zöller,BT Rn 553;对于"日常的"银行业务恰当地予以否定 Flatten,Zur Strafbarkeit von Bankangestellten bei der Geldwäsche 1996,S. 118 ff,150;完全否定 BK-Ruhmannseder,§ 261 Rn 39;Fischer,§ 261 Rn 30 ff,36,38;Klesczewski,BT § 10 Rn 119;LK-Schmidt/Krause,§ 261 Rn 25;MK-Neuheuser,§ 261 Rn 81 ff;NK-Altenhain,§ 261 Rn 120 ff;S/S/W-Jahn,§ 261 Rn 62.

〔3〕 对此参见 A/W-Heinrich,§ 59 Rn 50 f;Jahn/Ebner,JuS 09,601。

〔4〕 参见 HansOLG Hamburg StV 00,140。赞成参见 Rengier,BT I(7. Aufl.)§ 23 Rn 17;结论上也见 SK-Hoyer,§ 261 Rn 25,30 ff,批评反向例外 Reichert,Anm. NStZ 00,316。

〔5〕 相反,限制性的正当化方案如 Ambos,JZ 02,80;Bernsmann,StV 00,40;Hamm,NJW 00,636 排除故意案件;Hombrecher,Geldwäsche durch Strafverteidiger 2001,S. 147 ff。

款保护的辩护律师自由行使其职业，以及《德国基本法》第20条第3款（以及《欧洲人权公约》第6条第3款C项）保护的被告人在诉讼程序的任何情况下获得辩护律师帮助的权利。德国联邦法院对此表示了反对（BGHSt 47,68）。[1] 联邦宪法法院[2]判定，根据宪法，这一犯罪构成必须作限制性解释，即刑事辩护律师接受费用，只有在肯定地知道费用的犯罪来源的情况下，才符合这一犯罪构成。[3] 因此，初始怀疑（Anfangsverdacht）也需要有确凿的证据，表明这笔钱是通过目录犯罪获得的，[4]并支持辩护律师在接受费用时的直接欺诈行为（dolus directus）。这方面的证据是，例如，过高数额的费用或其他不寻常的现金给付。[5] 刑辩律师接受

---

〔1〕 赞成参见 A/W - Arzt, 2. Aufl., § 29 Rn 48a; Katholnigg, JR 02, 30; Neuheuser, NStZ 02, 647; Peglau, wistra 01, 641。批判参见 Ambos, JZ 02, 70; Gotzen/Schneider, wistra 02, 121; Hefendehl, Roxin-FS S. 145; Matt, GA 02, 137; 也参见 Fad, JA 02, 14。

〔2〕 参见 BVerfG NJW 04, 1305, 1306（BVerfGE 110, 226）。最初的赞成 Dahs/Krause/ Widmaier, NStZ 04, 261；对于联邦宪法法院的判决，进一步见 Barton, JuS 04, 1033；Eisele, BT Ⅱ Rn 1191；Fahl, JA 04, 704（附案例解析 JA 04, 624）；Fischer, NStZ 04, 473；v. Galen, NJW 04, 3304；Jäger, BT Rn 421, 424；Matt, JR 04, 321；Müssig, wistra 05, 201；也参见 A/W - Heinrich, § 29 Rn 48a；Bussenius, Geldwäsche und Strafverteidigerhonorar 2004, S. 188 ff；Fertig, Grenzen einer Inkriminierung des Wahlverteidigers wegen Geldwäsche 2007；Lee, Die Beteiligung des Strafverteidigers an der Geldwäscherei 2006。在 Balzer, Die berufstypische Strafbarkeit des Verteidigers 2004 的论著中，判决尚未受到重视；批判 NK-Altenhain, § 261 Rn 127 f；支持和反对对刑事辩护律师予以宽待的理由 Fernandez/B. Heinrich, ZStW 126（2014），421 ff, 436 ff。

〔3〕 同样 Beulke, Rudolphi-FS S. 391 ff，但在确实明知的情况下，已经排除客观的犯罪构成；在结论上也是如此 Winkler, Die Strafbarkeit des Strafverteidigers jenseits der Strafvereitelung 2005, S. 294 ff, 301；S/S/W-Jahn, § 261 Rn 71 f 也支持对于客观犯罪构成的目的性限缩；SK-Hoyer, § 261 Rn 32 想要继续坚持广泛的“犯罪构成方案”（Tatbestandslösung）。

〔4〕 对此参见 LG Ulm StV 11, 722（双重的初始怀疑），并与辩护酬劳相关联 E. Müller, Müller-FS 2008, S. 477, 483 ff。

〔5〕 BVerfG NJW 05, 1707, 1708.

辩护酬劳或者预支费用,可能符合第 261 条第 2 款第 1 项规定的犯罪构成,联邦宪法法院认为,原则上并不违宪。但是,只有在其设定标准的范围内,对于刑事辩护律师职业自由行使、选举保护机制(Wahlverteidigung),以及《德国基本法》第 12 条第 1 款同样保护的律师和当事人之间信任关系的干涉,才可能被正当化。这一标准最初仅适用于第 261 条第 2 款第 1 项规定的孤立型犯罪构成,此后,联邦宪法法院也将其适用于第 261 条第 1 款第 1 句情形 3 所规定的妨害型犯罪构成,目的在于避免限制规定在一般情况下空转。[1] 出于同样的原因,这必须适用于整个第 261 条。如果刑事辩护律师从其作为司法机关的角色中退出,则上述限制在这方面不再适用。[2] 由于对第 261 条进行限制的理由基本上是以法治国家的辩护机制为基础的,不能被转移到其他专业领域,[3] 因此不能解决更为普遍的问题(见边码 900)。其他可能在一罪关系中实施的罪行,如包庇罪,也不受这些限制的影响。[4]

900b 联邦宪法法院的规定,类似于德国联邦法院在限制中立的日常活动作为犯罪参与的可罚性方面所选择的解决方案,但这一方案也存在问题。[5] 然而,联邦宪法法院的规定远远超出了对该条

[1] 参见 BVerfG NZWiSt 15,472 f 附评注 Raschke。

[2] 参见 OLG Frankfurt NJW 05,1727,1733 附评议 Herzog/Temba/Warius,StV 07,542。

[3] 对此的异见 S/S-Stree/Hecker, § 261 Rn 25;支持对于其他法律咨询职业的可转移性 Raschke,NStZ 12,606 和 NZWiSt 15,478 以及 S/S-Hecker, § 261 Rn 25,其以"普遍性的律师宽待"为出发点;BVerfG NZWiSt 15,473 未予解决,与洗钱相关联的宽待仅存在于《洗钱法》第 43 条第 2 款的框架范围内。

[4] 参见 OLG Hamburg NJW 00,673,682;BK-Ruhmannseder, § 261 Rn 47;LK-Schmidt/Krause, § 261 Rn 27;NK-Altenhain, § 261 Rn 128;对于第 259 条和第 261 条之间的一罪关系,参见 Stam,wistra 16,143;但对于向包庇罪的转移 OLG Frankfurt NJW 05,1727,1735;对此也参见 Jahn,JuS 12,566。

[5] 例如参见 Rath,Gesinnungsstrafrecht 2002,S. 3 ff,47 ff。

款内容[1]的解释，实际上是目的论上的限缩（teleologische Reduktion）。对之有利的是，立法机关并没有充分地考虑“宪法维度”（verfassungsrechtliche Dimension），[2]也没有重视过度之禁止（Übermaßverbot）。[3] 但是，联邦宪法法院并没有在宪法中找到施以限制的标准，而是自己构建了刑法教义（Strafrechtsdogmatik），这是立法机关、专业法院以及学界所保有的。其结构不太合适：首先关注故意，意味着相当大的证据困难以及法律上的不确定性。此外，对选举辩护和信任关系谋求的保护也失败了。根据联邦宪法法院的构造，辩护律师避免自己刑事责任的方式恰恰在于，他们自己并未获得真实的供词，从而放弃了法律建议所需要的认知。而且，面对刑事追诉机关，与此相关的供认在很大程度上是不可能的，这大大限制了辩护策略。[4] 在初审定罪后的上诉程序中，也就是在了解法院查明结果的情况下，联邦宪法法院的解决方案完全不适合满足自己给定的宪法上的要求。与其他大多数情况一样，对故意要求的修正，只是一种解决方案的表象。真正的解决办法，应以客观的犯罪构成为基础，或在正当化的层面上以义务冲突为基础。

4. 主观构成、轻率和其他规定

作为——必要时是常业性的——目录罪名，上游犯罪必须至 900c

[1] 对此参见 Klatt, Die Wortlautgrenze, in: Lerch (Hrsg), Rechtverhandeln. Argumentieren, Begründen und Entscheiden im Diskurs des Rechts, 2005, S. 343, 360 ff; NK-Altenhain, § 261 Rn 125。

[2] 参见 BVerfG NJW 04, 1305, 1312; 通过援引立法程序的记录内容而对之赞成 Galen, NJW 04, 3304, 3305; 其他观点参见 BGHSt 47, 68, 72; Fischer, § 261 Rn 53。

[3] BVerfG NJW 04, 1305, 1307 ff.

[4] 也参见 Fischer, § 261 Rn 55; SK-Hoyer, § 261 Rn 30; A/R/R-Herzog, 13 Rn 104 f; 对于更多的未决问题参见 Fischer, NStZ 04, 473, 477。

少以粗略的形式为犯罪人的故意所涵括。[1] 对于犯罪行为来说,故意上的要求不受限制地予以适用。

900d 此外,第 261 条第 5 款规定,在对于涉及对象的来源存有轻率(Leichtfertigkeit)的情况下,可以认定洗钱罪的刑事可罚性。[2] 这首先适用于第 261 条第 2 款第 1 项的犯罪行为。对于第 261 条第 2 款和第 5 款规定,德国联邦法院(合理地限制性地)作出了近乎故意的解释。据此,必要的是,资金的来源"从目录犯罪中推导出事实情况,而犯罪人仍然采取行动,因为他由于特别漠不关心或粗心大意而对之未予注意"。[3] 由于在此涉及一种过失犯罪,犯罪参与是不可能的。[4]

900e 只有在完全故意实施犯罪的情况下,也即并非在与轻率(第 261 条第 5 款)相结合的情况下,未遂才会受到惩罚。[5] 如果犯罪人错误地将目录犯罪视为上游犯罪,则会存在不能犯未遂(当

---

〔1〕 参见 BGH wistra 03,260,261;BGH wistra 13,19;总结性 BGH BeckRS 18,38747。

〔2〕 对于轻率,进一步见 BGHSt 43,158,165 ff 附评注 Arzt,JR 99,79;BGHSt 50,347,351 f;BGH wistra 15,20 附评注 Floeth,NZWiSt 15,196;Mayer,HRRS 15,500;BGH NStZ-RR 19,145(对于上游犯罪常业性的轻率);LG Köln MMR 08,259,260;Otto,JK 98,StGB § 261/2;Sauer,wistra 04,89;BGH NStZ-RR 19,145;对于在所谓的"钓鱼陷阱"的(见边码 618)情况下,利用金融代理人因对于钱款来源轻率的误判而导致的刑事可罚性,参见 Neuheuser,NStZ 08,492,496 f。

〔3〕 参见 BGHSt 43,158,168;BGH NStZ-RR 19,146(对于上游犯罪常业性的轻率);OLG Hamburg NStZ 11,532;OLG Karlsruhe NZWiSt 16,395 附评注 Floeth;Bülte,ZWH 16,377;轻率只能涉及来源,此外,仍然要求故意,见 KG StV 13,92 f;KG BeckRS 12,20283;BGH HRRS 14,431(Nr 1005)附评议 Sebastian,NStZ 16,438;对此也参见 Schmidt,JR 01,451。关于轻率和民法意义上的疏忽大意并非同一,见 BGHSt 50,347,352。

〔4〕 对于两种说法,参见 Bülte,Rengier-FS S. 181 ff。

〔5〕 参见 OLG Karlsruhe NStZ 09,269,270;对于不能犯未遂,见 BGH NStZ 08,465,466。

然也应受到惩罚）。[1]

第 261 条第 4 款通过两个典型例证，规定了特别严重情形的犯罪。第一种情形是犯罪人的常业行为，第二种情形是与持续实施洗钱犯罪有关的团伙成员的行为（对此相应地参见边码 239、边码 296 及以下数个边码）。 900f

在案例 76 中，女士手表被"污染"为完全用"赃款"支付的替代品，因此，系第 261 条的适格对象。如果 T 的女朋友在明知或者轻率而无知（第 261 条第 5 款）的情况下接受了它，她将根据第 261 条第 2 款第 1 项（如果可能，结合第 5 款）受到惩罚（自己获得）。因此，如果因为所谓的"替代型窝赃罪"的不予处罚而导致第 259 条规定不予适用，也可以考虑洗钱罪。然而，如果一个对象只包含相对较少的具有"存在瑕疵的"价值的部分，那么，它在多大程度上仍然来自一个目录犯罪，是值得怀疑的。B 购买的汽车是用 5 万欧元"干净"的钱支付的。存在问题的是，"肮脏的"500 欧元是否"毒害"了整辆汽车。原则上，即使一个物品只是部分包含存在瑕疵的价值，也可以认为物品源自目录犯罪。然而，为了避免无休止的"扩张"，论及最低份额，被定罪的份额"从经济角度看来不是完全微不足道的"；根据 BGH NStZ 15，704 附评注 Bosch，Jura 16，110（§ 261 I）；Krug，NZWiSt 16，159，对于完全污染而言，在金钱的情况下，5.9%至 35%的份额就足够了。[2] 根据标准的经济上的考察视角，B 的汽车所包含的 1%的"污染"价值，可能不足以"污染"整辆汽车，因此汽车不是第 261 条规定的适格对象。[3] 原则上，如果某人获得了物品的所有权——就像这里的 J 根据《德国民法典》第 932 条、第 935 条第 2 款——物品的瑕疵化（Bemakelung）也不会结束。然而，为了保护一般的法 901

[1] BGH BeckRS 18，38747.

[2] 参见 AnK－Sommer，§ 261 Rn 29；Barton，NStZ 93，159，163；G/J/W－Eschelbach，§ 261 Rn 37；根据 OLG Karlsruhe NJW 05，767，769，入罪的份额"不能从经济的角度完全不重要"；根据 BGH NStZ 15，704 附评注 Bosch，Jura 16，110（§ 261 I）；Krug，NZWiSt 16，159，对于全部污染，在金钱情况下，5.9%至 35%的份额是足够的。

[3] 在此种情形下也支持"全部污染"NK－Altenhain，§ 261 Rn 76 ff；同样涉及"部分对象"Petropoulos，wistra 07，241，246；对其赞成 HK－GS/Hartmann，§ 261 Rn 15。

律交往,如果第三人事先获得了该物品而没有成立犯罪(洗钱罪或包庇罪),[1]则第 261 条第 6 款排除了第 2 款规定的刑事责任。由于 J 是善意的,从而没有因接受这笔钱而成立犯罪,因此,根据第 261 条第 6 款规定,任何人——即使是恶意的——都不能根据第 261 条第 2 款规定而对这笔钱承担刑事责任。然而,根据法条措辞和立法意图,并不排除根据第 261 条第 1 款认定应受惩罚的罪行。但是,为了防止第 2 款规定之间的紧张关系,这些物品一旦以并无瑕疵的方式被善意获得,则必须将其整体地排除在第 261 条之外。[2] 据此,J 善意获得钱款,不能再以洗钱罪予以惩处。如果 T 因抢劫而受到惩罚,则第 261 条第 1—5 款对其不再适用(第 261 条第 9 款第 2 句)。

Ⅲ. 鉴定结构:洗钱罪,第 261 条

903

洗钱罪,第 261 条
- Ⅰ. 犯罪构成
  - 1. 客观构成
    - a) 上游犯罪
      - · 第 261 条第 1 款第 2 句、第 8 款规定的不法犯罪
      - → 重罪或
      - → 第 261 条第 1 款第 2 句第 2—5 项规定之轻罪
      - → 并不必然是他人的犯罪
      - → 在国外实施的、按照国外法律应予处罚的第 1 款规定的犯罪

[1] 参见 Maiwald, Hirsch-FS S. 645 f;不同 SK-Hoyer, § 261 Rn 37;仅限于第 261 条 S/S-Hecker, § 261 Rn 21;涉及其他罪名 S/S/W-Jahn, § 261 Rn 58。

[2] 如此 A/R/R-Herzog, 13 Rn 107; Klesczewski, BT § 10 Rn 122; Lackner/Kühl, § 261 Rn 5; Rengier, BT I § 23 Rn 17; S/S-Hecker, § 261 Rn 21;其他观点 BGH NStZ 17,28,29 援引 BGHSt 47,68,80; BK-Ruhmannseder, § 261 Rn 35. 1; Jahn/Ebner, JuS 09,601; Mitsch, BT Ⅱ S. 848 f; Kindhäuser/Hilgendorf, § 261 Rn 16; NK-Altenhain, § 261 Rn 85; OLG Karlsruhe NJW 05,767,769;折中 Maiwald, Hirsch-FS S. 642 ff。

b)犯罪对象

· 物品

→ 并不只是《德国民法典》第 90 条规定的钱款或物品

· 源自上游犯罪

→ 包括替代物

Ⓟ通过继续加工而提高价值

Ⓟ小部分存在瑕疵

c)犯罪人

· 任何人

→ 也包括上游犯罪的参与者

d)犯罪行为

· 隐藏/掩饰,第 261 条第 1 款第 1 句

· 获取,第 261 条第 2 款第 1 项

· 保管/适用,第 261 条第 2 款第 2 项

Ⓟ目的性限缩

→ 对于第 1 款规定的行为,也适用第 6 款

→ 经刑事追诉机关同意而实施的行为

→ 社会和职业相当性的行为方式(如辩护酬劳)

2. 主观构成

a)故意

· 任何故意类型

b)结合

· 对于源自上游犯罪的轻率,第 261 条第 5 款

· 此外的故意

Ⅱ. 违法性

Ⅲ. 有责性

Ⅳ. 刑罚排除/刑罚减轻

1. 因参与上游犯罪而刑事可罚,第 261 条第 9 款第 2 句

2. 刑事追诉机关的自愿支持,第 261 条第 9 款第 1 句

Ⅴ. 特别严重情形,第 261 条第 4 款

缩略语

缩写	德文	中译
aA	anderer Ansicht	其他观点
AG	Die Aktiengesellschaft	股份公司
aaO	am angegebenen Ort	同前
ABl. EU	Amtsblatt der Europäischen Union	欧盟公报
abl.	ablehnend	反对
Abs.	Absatz	款
abw.	abweichend	差异
AE	Alternativ-Entwurf eines Strafgesetzbuches	刑法典选择草案
aF	alte Fassung	原规定
AG	Amtsgericht	初级法院
AktG	Aktiengesetz	股票法
Alt.	Alternative	情形
Anm.	Anmerkung	评注
AO	Abgabenordnung	税收条例
ArbG	Arbeitsgericht	劳动法院
Art.	Artikel	条
ArztR	Arztrecht	医生法

续表

缩写	德文	中译
AT	Allgemeiner Teil(Strafrecht)	(刑法)总论
Aufl.	Auflage	版
BayObLG	Bayerisches Oberstes Landesgericht	巴伐利亚州高等法院
BayObLGSt	Entscheidungen des Bayerischen Obersten Landesgerichts in Strafsachen	巴伐利亚州高等法院刑事判例集
BB	Betriebsberater	企业管理顾问
BBG	Bundesbeamtengesetz	联邦公务员法
Bd.	Band	卷
BeckRS	Beck-Rechtsprechung	贝克-判例
Begr.	Begründung	说明
Bespr.	Besprechung	评议
BeurkG	Beurkundungsgesetz	公证法
BGB	Bürgerliches Gesetzbuch	德国民法典
BGBl	Bundesgesetzblatt(Teil,Seite)	联邦法律公报(部分,页码)
BGH	Bundesgerichtshof	德国联邦法院
BGHSt	Entscheidungen desBundesgerichtshofes in Strafsachen	德国联邦法院刑事判例集
BGHZ	Entscheidungen desBundesgerichtshofes in Zivilsachen	德国联邦法院民事判例集
BJagdG	Bundesjagdgesetz	联邦狩猎法
BKR	Zeitschrift für Bank-undKapitalmarktrecht	银行和资本市场法律杂志
BND	Bundesnachrichtendienst	联邦情报局
BNotO	Bundesnotarordnung	联邦公证条例
BR-Ds	Bundesrats-Drucksache	联邦参议院-印刷品
BT	Besonderer Teil(Strafrecht)	(刑法)分论

续表

缩写	德文	中译
BT-Ds	Bundestags-Drucksache	联邦议会-印刷品
BtMG	Betäubungsmittelgesetz	麻醉品法
BT-Prot.	Bundestags-Protokolle	联邦议会-记录
BVerfG	Bundesverfassungsgericht	联邦宪法法院
BVerfGE	Entscheidungen des Bundesverfassungsgerichts	联邦宪法法院判例集
BVerwG	Bundesverwaltungsgericht	联邦行政法院
BVerwGE	Entscheidungen des Bundesverwaltungsgerichts	联邦行政法院判例
CB	Compliance Berater	合规顾问
CCZ	Corporate Compliance Zeitschrift	企业合规杂志
CR	Computerund Recht	计算机和法律
D	Dallinger	达林格
DAR	Deutsches Autorecht	德国汽车法
ders.	derselbe	前作者
diff.	differenzierend	区别
Diss.	Dissertation	学位论文
DJT	Deutscher Juristentag	德国法学家日
DJZ	Deutsche Juristenzeitung	德国法学家报
DR	Deutsches Recht	德国法
DRiZ	Deutsche Richterzeitung	德国法官报
DStR	Deutsches Steuerrecht	德国税收法律
DZWIR	Deutsche Zeitschrift für Wirtschafts - und Insolvenzrecht	德国经济与破产法法律杂志
E 1962	Entwurf eines Strafgesetzbuches 1962	1962 年刑法典草案
EG	Einführungsgesetz	实施法

续表

缩写	德文	中译
EGStGB	Einführungsgesetz zumStrafgesetzbuch	刑法典实施法
EGV	Vertrag zur Gründung der Europäischen Gemeinschaft	欧洲共同体成立条约
Einl.	Einleitung	引言
einschr.	einschränkend	限制
Erg.	Ergebnis	结论
EU	Europäische Union	欧盟
EuGRZ	Europäische Grundrechte Zeitschrift	欧洲基本权利杂志
EUV	Vertrag über dieEuropäische Union	欧盟条约
EWiR	Entscheidungen zum Wirtschaftsrecht	经济法判例
EzSt	Entscheidungen zum Straf-und Ordnungswidrigkeitenrecht	刑法和秩序违反法判例
FamRZ	Zeitschrift für das gesamte Familienrecht	整体家庭法杂志
FD-StrafR	Fachdienst Strafrecht	专业服务 刑法
Fn	Fußnote	脚注
FS	Festschrift	祝寿文集
GA	Goltdammer's Archiv für Strafrecht	戈尔特达默刑法档案
GewO	Gewerbeordnung	行业条例
GG	Grundgesetz für die Bundesrepublik Deutschland	德意志联邦共和国基本法
GmbH	Gesellschaft mit beschränkter Haftung	有限责任公司
GmbHG	Gesetz betreffend die Gesellschaften mit beschränkter Haftung	有限责任公司法
GmbHR	GmbH-Rundschau	有限责任公司-评论
GrS	Großer Senat für Strafsachen	大刑事法庭

续表

缩写	德文	中译
GRUR-RR	Gewerblicher Rechtsschutz und Urheberrecht Rechtsprechungs-Report	知识产权保护和版权判例报告
GS	Gedächtnisschrift	纪念文集
GVG	Gerichtsverfassungsgesetz	法院组织法
GWB	Gesetz gegen Wettbewerbsbeschränkungen	反竞争限制法
GWG	Geldwäschegesetz	洗钱法
GWR	Gesellschafts-und Wirtschaftsrecht	公司和经济法
H	Holtz	霍尔茨
HESt	Höchstrichterliche Entscheidungen in Strafsachen	最高法院刑事判例集
HGB	Handelsgesetzbuch	商法典
hL	herrschende Lehre	主流学说
hM	herrschende Meinung	通说观点
HRR	Höchstrichterliche Rechtsprechung (zitiert nach Jahr und Nummer)	最高法院判例(按年份和编号引用)
HRRS	Onlinezeitschrift für Höchstrichterliche Rechtsprechung zum Strafrecht	最高法院刑事判例在线杂志
Hrsg.	Herausgeber	主编
idF	in derFassung	文本
idR	in der Regel	一般
iE	im Ergebnis	在结论上
ieS	im engeren Sinn	在狭义上
InsO	Insolvenzordnung	破产条例
iR	im Rahmen	在……框架内
iS	im Sinne	在……意义上

续表

缩写	德文	中译
iVm	in Verbindung mit	结合
iwS	im weiteren Sinn	在广义上
JA	Juristische Arbeitsblätter	法学工作
JA-R	JA-Rechtsprechung	法学工作-判例
JGG	Jugendgerichtsgesetz	青少年法庭法
JK	Jura-Kartei	法律-索引
JMBl NW	Justizministerialblatt für das Land Nordrhein-Westfalen	北莱茵-威斯特法伦州司法公报
JR	Juristische Rundschau	法学综览
Jura	Juristische Ausbildung	法学教育
Juris PR-ITR	jurisPraxisreport IT-Recht	信息技术法律实务报告
JuS	Juristische Schulung	法学教学
JW	Juristische Wochenschrift	法学周刊
JZ	Juristenzeitung	法学家报
KG	Kammergericht	柏林高等法院
KriPoZ	Kriminalpolitische Zeitschrift	刑事政策杂志
krit.	kritisch	批判
KTS	Konkurs-, Treuhand-und Schiedsgerichtswesen	破产、信托和仲裁法院体系
L	Lernbogen	学习表
LAG	Landesarbeitsgericht	州劳动法院
Lb	Lehrbuch(Strafrecht)	(刑法)教科书
LG	Landgericht	州法院

续表

缩写	德文	中译
LJagdG NW	Landesjagdgesetz Nordrhein-Westfalen	北莱茵-威斯特法伦州狩猎法
LM	Entscheidungen des Bundesgerichtshofes imNachschlagewerk von Lindenmaier, Möhring ua	林登迈尔,梅林等的工具书中的德国联邦法院判例
LPartG	Lebenspartnerschaftsgesetz	生活伴侣法
LZ	Leipziger Zeitschrift	莱比锡杂志
MDR	Monatsschrift für Deutsches Recht	德国法月报
MedR	Medizinrecht	医疗法
medstra	Zeitschrift für Medizinstrafrecht	医疗法学杂志
MMR	MultiMedia und Recht	多媒体和法律
MRK	Konvention zum Schutze der Menschenrechte und Grundfreiheiten	保护人权与基本自由公约
mwN	mit weiteren Nachweisen	附进一步的文献
NdsRpfl	Niedersächsische Rechtspflege	下萨克森州司法工作
nF	neue Fassung	新的规定
NJ	Neue Justiz	新法学
NJOZ	Neue Juristische Online Zeitschrift	新法学在线杂志
NJW	Neue Juristische Wochenschrift	新法学周刊
NK	Neue Kriminalpolitik	新刑事政策
NStE	Neue Entscheidungssammlung für Strafrecht	新刑事判例集
NStZ	Neue Zeitschrift für Strafrecht	新刑法杂志
NStZ-RR	NStZ-Rechtsprechungs-Report	新刑法杂志-判例报告
NZG	Neue Zeitschrift für Gesellschaftsrecht	新公司法杂志

续表

缩写	德文	中译
NZI	Neue Zeitschrift für das Recht der Insolvenz und Sanierung	新破产和重组法律杂志
NZV	Neue Zeitschrift für Verkehrsrecht	新交通法杂志
NZWehrR	Neue Zeitschrift für Wehrrecht	新军事法杂志
NZWiSt	Neue Zeitschrift für Wirtschafts-, Steuer- und Unternehmensstrafrecht	新经济、税收和公司刑法杂志
OGHSt	Entscheidungen des Obersten Gerichtshofes für die Britische Zone in Strafsachen	英占区最高法院刑事判例集
OHG	Offene Handelsgesellschaft	开放式贸易公司
ÖJZ	Österreichische Juristenzeitung	奥地利法学家报
OLG	Oberlandesgericht	州高等法院
OLGSt	Entscheidungen der Oberlandesgerichte zum Straf-und Strafverfahrensrecht	州高等法院刑法和刑事诉讼法判例集
OrgKG	Gesetz zur Bekämpfung des illegalen Rauschgifthandels und anderer Erscheinungsformen der Organisierten Kriminalität vom 15. 7. 1992	1992 年 7 月 15 日惩治非法毒品交易和有其他表现形式的有组织犯罪法
öStGB	österreichisches Strafgesetzbuch	奥地利刑法典
OWiG	Gesetz über Ordnungswidrigkeiten	秩序违反法
ProstG	Prostitutionsgesetz	性交易法
Prot.	Protokoll	记录
RefE	Referentenentwurf	报告草案
Reg. E	Regierungsentwurf	政府草案
RG	Reichsgericht	帝国法院
RGBl	Reichsgesetzblatt(Teil, Seite)	帝国法律公报(部分,页码)

续表

缩写	德文	中译
RGSt	Entscheidungen des Reichsgerichts in Strafsachen	帝国法院刑事判例集
RGZ	Entscheidungen des Reichsgerichts in Zivilsachen	帝国法院民事判例集
Rn	Randnummer	边码
RPflG	Rechtspflegergesetz	司法行政法
Rs.	Rechtssache(n)	诉讼案件
S	Satz	句
S.	Seite	页码
s.	siehe	见
ScheckG	Scheckgesetz	支票法
SchlHA	Schleswig-Holsteinische Anzeigen	石勒苏益格-荷尔斯泰因通告
SchlHOLG	Schleswig-Holsteinisches Oberlandesgericht	石勒苏益格-荷尔斯泰因高等地区法院
SchwZStr	Schweizerische Zeitschrift fürStrafrecht	瑞士刑法杂志
SJZ	Süddeutsche Juristenzeitung	南德意志法学家报
SpuRt	Zeitschrift für Sport und Recht	运动与法律杂志
StGB	Strafgesetzbuch	刑法典
StPO	Strafprozessordnung	刑事诉讼法
StraFo	Strafverteidigerforum	刑事辩护人论坛
StrÄndG	Gesetz zur Änderung des Strafrechts	刑法修正案
StrRG	Gesetz zur Reform des Strafrechts	刑法改革法
StV	Strafverteidiger	刑事辩护人

续表

缩写	德文	中译
SubvG	Gesetz gegen missbräuchliche Inanspruchnahme von Subventionen (Subventionsgesetz)	反滥用补贴法(补贴法)
TierSchG	Tierschutzgesetz	动物保护法
uU	unter Umständen	在某些情况下
UWG	Gesetz gegenden unlauteren Wettbewerb	反不正当竞争法
VersR	Versicherungsrecht	保险法
VG	Verwaltungsgericht	行政法院
Vorbem.	Vorbemerkung	前言
VRS	Verkehrsrechts-Sammlung	交通法汇编
VUR	Verbraucher und Recht	消费者和法律
VVG	Gesetz über den Versicherungsvertrag	保险合同法
WaffG	Waffengesetz	武器法
WEG	Wohnungseigentumsgesetz	住房产权法
WiKG	Gesetz zur Bekämpfung der Wirtschaftskri-minalität	惩治经济犯罪法
wistra	Zeitschrift für Wirtschafts-und Steuerstrafrecht	经济和税收刑法杂志
WuB	Entscheidungsanmerkungen zum Wirtschafts-und Bankrecht	关于经济和银行法的判决评注
WuW	Wirtschaft und Wettbewerb	经济与竞争
ZfBR	Zeitschrift für deutsches und internationales Bau-und Vergaberecht	德国和国际建筑和公共采购法律杂志
ZfWb	Zeitschrift für Wett-und Glücksspielrecht	博彩与赌博法律杂志
ZInsO	Zeitschrift für das gesamte Insolvenz-und Sanierungsrecht	整体破产和重组法律杂志

续表

缩写	德文	中译
ZiP	Zeitschrift für Wirtschaftsrecht	经济法杂志
ZIS	Zeitschrift für Internationale Strafrechtsdogmatik	国际刑法教义学杂志
ZJS	Zeitschrift für das JuristischeStudium	法学学习杂志
ZMR	Zeitschrift für Miet-und Raumrecht	租赁和空间法律杂志
ZPO	Zivilprozessordnung	民事诉讼法
ZRP	Zeitschrift für Rechtspolitik	法政策杂志
ZStW	Zeitschrift für die gesamte Strafrechtswissenschaft	整体刑事法杂志
zT	zum Teil	部分
ZUM	Zeitschrift für Urheber-und Medienrecht	版权和媒体法律杂志
zusf.	zusammenfassend	总结
zust.	zustimmend	赞成
zutr.	zutreffend	恰当
ZVersWiss	Zeitschrift für die gesamte Versicherungswissenschaft	整体保险科学杂志
ZVG	Gesetz über die Zwangsversteigerung und Zwangsverwaltung	强制拍卖和强制管理法
ZWH	Zeitschriftfür Wirtschaftsstrafrecht und Haftung im Unternehmen	经济刑法与企业责任杂志

文献目录

作者/缩写	出版信息	中文题名	引注形式
Achenbach/Ransiek/Rönnau	Handbuch Wirtschaftsstrafrecht, 5. Auflage 2019.	经济刑法手册	A/R/R-Bearbeiter
AnK-StGB	Anwaltkommentar StGB Strafgesetzbuch, 3. Auflage 2020.	刑法典律师评注	AnK-Bearbeiter
Arzt/Weber/Heinrich/Hilgendorf	Strafrecht, Besonderer Teil, 3. Auflage 2015.	刑法分论	A/W-Bearbeiter, BT
BE	Bochumer Erläuterungen zum 6. Strafrechtsreformgesetz, 1998 (Hrsg. E. Schlüchter).	《第6刑法改革法案》波鸿释义	BE-Bearbeiter
Beulke/Zimmermann	Klausurenkurs im Strafrecht II, 4. Auflage 2019.	刑法考试课程2	Beulke/Zimmermann, II
Beulke	Klausurenkurs im Strafrecht III, 5. Auflage 2018.	刑法考试课程3	Beulke, III
Binding	Lehrbuch des gemeinen deutschen Strafrechts, Besonderer Teil I, 2. Auflage 1902.	德国刑法教科书,分论1	Binding, BT I
Blei	Strafrecht II, Besonderer Teil, 12. Auflage 1983.	刑法2,分论	Blei, BT

续表

作者/缩写	出版信息	中文题名	引注形式
Bock	Strafrecht Besonderer Teil 2, Vermögensdelikte, 1. Auflage 2018.	刑法分论 2,财产犯罪	Bock,BT II
Bock	Wiederholungs-und Vertiefungskurs Strafrecht Besonderer Teil-Vermögensdelikte,2. Auflage 2016.	复习和强化课程刑法分论——财产犯罪	Bock,WV-BT2
Bockelmann	Strafrecht, Besonderer Teil/1, Vermögensdelikte, 2. Auflage 1982.	刑法分论 1,财产犯罪	Bockelmann,BT I
Darleder/Knops/Bamberger	Deutsches und europäisches Bank - und Kapitalmarktrecht, Band 2,3. Auflage 2017.	德国和欧洲银行和投资市场法,第 2 卷	Darleder/Knops/Bamberger-Waßmer
Eisele	Strafrecht-Besonderer Teil II, Eigentumsdelikte und Vermögensdelikte, 5. Auflage 2019.	刑法分论 2,财物犯罪和财产犯罪	Eisele,BT II
Eser	Strafrecht IV, Vermögensdelikte,4. Auflage 1983.	刑法 4,财产犯罪	Eser,Strafrecht IV
Esser/Rübenstahl/Saliger/Tsambikakis	Kommentar zumWirtschaftsstrafrecht,2017.	经济刑法评注	E/R/S/T-Bearbeiter
Fischer	Strafgesetzbuch, 67. Auflage 2020.	刑法典	Fischer
Fischer u. a.	Dogmatik und Praxis des strafrechtlichen Vermögensschadens,Baden-Badener Strafrechtsgespräche Bd. 1,2015.	刑法上财产损失的教义和实践	Fischer-Autor
Gössel	Strafrecht,Besonderer Teil, Band 2,Straftaten gegen materielleRechtsgüter des Individuums,1996.	刑法分论,第 2 卷,侵犯个人实体法益的犯罪	Gössel,BT II

续表

作者/缩写	出版信息	中文题名	引注形式
Graf/Jäger/Wittig	Wirtschafts-und Steuerstrafrecht, 2. Auflage 2017.	经济和税收刑法	G/J/W-Bearbeiter
Haft/Hilgendorf	Strafrecht, Besonderer Teil I, 9. Auflage 2009.	刑法分论 1	Haft/Hilgendorf, BT
Hauf	Strafrecht, Besonderer Teil 1, Vermögensdelikte, 2. Auflage 2002.	刑法分论 1, 财产犯罪	Hauf, BT I
Heghmanns	Strafrecht für alle Semester, Besonderer Teil, 2009.	全学期刑法, 分论	Heghmanns
v. Heintschel-Heinegg	Strafgesetzbuch, Kommentar, 3. Auflage 2018.	刑法典评注	BK-Bearbeiter
Hellmann	Wirtschaftsstrafrecht, 5. Auflage 2018.	经济刑法	Hellmann
Hilgendorf/Valerius	Strafrecht, Besonderer Teil II, 2017.	刑法分论 2	Hilgendorf/Valerius
Hillenkamp/Cornelius	Examenswichtige Klausurprobleme, Strafrecht Allgemeiner Teil, 15. Auflage 2017.	考试重点问题, 刑法总论	Hillenkamp/Cornelius, AT
Hillenkamp/Cornelius	Examenswichtige Klausurprobleme, Strafrecht Besonderer Teil, 13. Auflage 2020.	考试重点问题, 刑法分论	Hillenkamp/Cornelius, BT
HK-GS	Gesamtes Strafrecht, Handkommentar, 4. Auflage 2017.	整体刑法, 袖珍评注	HK-GS/Bearbeiter
Hoffmann-Holland	Strafrecht, Besonderer Teil, 2015.	刑法分论	H-H-Bearbeiter
Hohmann/Sander	Strafrecht, Besonderer Teil 1, Eigentums-undVermögensdelikte, 3. Auflage 2011.	刑法分论 1, 财物和财产犯罪	Hohmann/Sander, BT I

续表

作者/缩写	出版信息	中文题名	引注形式
Hoven/ Kubiciel	Korruption im Sport, Schriftenreihe zum deutschen, europäischen und internationalen Wirtschaftsstrafrecht, Bd. 35, 2018.	运动中的贪腐犯罪	Hoven/Kubiciel-Autor
Jäger	Examens-Repetitorium Strafrecht Besonderer Teil, 8. Auflage 2019.	考试复习 刑法分论	Jäger, BT
Joecks/Jäger	Strafgesetzbuch, Studienkommentar, 12. Auflage 2018.	刑法典学习评注	Joecks/Jäger
Kilian/ Heussen	Computerrechts-Handbuch, Stand Mai 2018.	计算机法手册	K/H-Bearbeiter
Kindhäuser/ Böse	Strafrecht, Besonderer Teil II, Straftaten gegen Vermögensrechte, 10. Auflage 2019.	刑法分论 2, 侵犯财产权利的犯罪	Kindhäuser/Böse, BT I
Kindhäuser/ Hilgendorf	Strafgesetzbuch, Lehr-und Praxiskommentar, 8. Auflage 2019.	刑法典教学与实务评注	Kindhäuser/Hilgendorf
Klesczewski	Strafrecht, Besonderer Teil, 2016.	刑法分论	Klesczewski, BT
Kohlrausch/ Lange	Strafgesetzbuch, 43. Auflage 1961.	刑法典	Kohlrausch/Lange
Krey/ Hellmann/ Heinrich	Strafrecht, Besonderer Teil/2, Vermögensdelikte, 17. Auflage 2015.	刑法分论 2, 财产犯罪	Krey/Hellmann/ Heinrich, BT II
Kudlich	Prüfe dein Wissen: Strafrecht, Besonderer Teil 1-Vermögensdelikte, 4. Auflage 2016.	测验你的知识：刑法分论 1	Kudlich, PdW BT I
Kudlich/ Ŏglakcıŏglu	Wirtschaftsstrafrecht, 2. Auflage 2014.	经济刑法	Kudlich/Ŏglakcıŏglu

续表

作者/缩写	出版信息	中文题名	引注形式
Küper/Zopfs	Strafrecht, Besonderer Teil, Definitionen mit Erläuterungen, 10. Auflage 2018.	刑法分论,定义与阐释	Küper/Zopfs, BT
Lackner/Kühl	Strafgesetzbuch, 29. Auflage 2018.	刑法典	Lackner/Kühl bzw.
Lackner/ Kühl/ HegerLK-StGB	Leipziger Kommentar zum Strafgesetzbuch, 10. Auflage 1978-89; 11. Auflage 1992 ff; 12. Auflage 2006 ff.	刑法典莱比锡评注	LK-Bearbeiter
Leipziger Praxis-kommentar	Praxiskommentar Untreue-§ 266 StGB, 2017.	实务评注	LPK-Schünemann
Matt/ Renzikowski	Kommentar zum Strafgesetzbuch, 2. Auflage 2020.	刑法典评注	M/R-Bearbeiter
Maurach/ Schroeder/ Maiwald/ Hoyer/ Momsen	Strafrecht, Besonderer Teil, Teilb. 1, Straftaten gegen Persönlichkeits-und Vermögenswerte, 11. Auflage 2019.	刑法分论,1 分卷,侵犯人身和财产利益的犯罪	M/S/M-Bearbeiter, BT I
Maurach/ Schroeder/ Maiwald	Strafrecht, Besonderer Teil, Teilb. 2, Straftaten gegen Gemeinschaftswerte, 10. Auflage 2012.	刑法分论,2 分卷,侵犯共同利益的犯罪	Maurach/Schroeder/ Maiwald, BT II
Mitsch	Strafrecht, Besonderer Teil 2, Vermögensdelikte, 3. Auflage 2015.	刑法分论 2,财产犯罪	Mitsch, BT II
MK-StGB	Münchner Kommentar zum Strafgesetzbuch, Band 4 (§§ 185-262), 3. Auflage 2017; Band 5 (§§ 263-358), 3. Auflage 2019.	刑法典慕尼黑评注	MK-Bearbeiter
Müller-Gugenberger	Wirtschaftsstrafrecht, 6. Auflage 2015.	经济刑法	M-G-Bearbeiter

续表

作者/缩写	出版信息	中文题名	引注形式
NK-StGB	Nomos-Kommentar zum Strafgesetzbuch,5. Auflage2017	刑法典诺莫斯评注	NK-Bearbeiter
NK-WSS Leitner/Rosenau	Wirtschafts-und Steuerstrafrecht,2017.	经济和税收刑法	NK-WSS-Bearbeiter
Otto	Grundkurs Strafrecht,Die einzelnen Delikte, 7. Auflage 2005.	基础课程,刑法,具体个罪	Otto,BT
Rengier	Strafrecht, Besonderer Teil I, Vermögensdelikte, 22. Auflage 2020.	刑法分论 1,财产犯罪	Rengier,BT I
Rengier	Strafrecht, Besonderer Teil II, Delikte gegen die Person und die Allgemeinheit, 21. Auflage 2020.	刑法分论 2,侵犯人身和公众的犯罪	Rengier,BT II
Roxin	Strafrecht, Allgemeiner Teil, Band 1,4. Auflage 2006.	刑法总论,第 1 卷	Roxin,AT I
Roxin	Strafrecht, Allgemeiner Teil, Band 2,2003.	刑法总论,第 2 卷	Roxin,AT II
Satzger/Schluckebier/Widmaier	Strafgesetzbuch,Kommentar, 4. Auflage 2019.	刑法典评注	S/S/W-Bearbeiter
Schmidhäuser	Strafrecht, Besonderer Teil, 2. Auflage 1983.	刑法分论 2	Schmidhäuser,BT
Schmidt	Strafrecht,Besonderer Teil II (Vermögensdelikte),21. Auflage 2019.	刑法分论 2(财产犯罪)	Schmidt,BT II
Schramm	Strafrecht,Besonderer Teil I-Eigentums-und Vermögensdelikte,2017.	刑法分论 1——财物和财产犯罪	Schramm,BT I

续表

作者/缩写	出版信息	中文题名	引注形式
Schönke/ Schröder	Strafgesetzbuch, 30. Auflage 2019, bearbeitet von Eser, Perron, Sternberg-Lieben, Eisele, Hecker, Kinzig, Bosch, Schuster, Weißer und Schittenhelm.	刑法典	S/S-Bearbeiter
Schroth	Strafrecht, Besonderer Teil, 5. Auflage 2010.	刑法分论	Schroth, BT
Seelmann	Grundfälle zu den Eigentums- und Vermögensdelikten, 1988.	财物和财产犯罪基础案例	Seelmann
SK-StGB	Systematischer Kommentar zum Strafgesetzbuch, Loseblatt, Band 2, Besonderer Teil, 1995 ff, von Rudolphi, Horn, mitbegründet von Samson und Schreiber, fortgeführt von Deiters, Greco, Hoyer, Jäger, Noltenius, Rogall, Schall, Sinn, Stein, Wolter, Wolters und Zöller. Gebunden Bd. V, 9. Auflage 2019, Bd. VI, 9. Auflage 2016.	刑法典系统评注	SK-Bearbeiter
Spickhoff	Medizinrecht Kurz-Kommentar, 3. Auflage 2018.	医事法简明评注	Spickhoff-Bearbeiter
Tiedemann	Wirtschaftsstrafrecht, 5. Auflage 2017.	经济刑法	Tiedemann, WirtschaftsstrafR
Wabnitz/ Janovsky/ Schmitt	Handbuch des Wirtschafts- und Steuerstrafrechts, 5. Auflage 2020.	经济和税收刑法手册	W/J/S-Bearbeiter
Welzel	Das deutsche Strafrecht, 11. Auflage 1969.	德国刑法	Welzel
Wessels	Strafrecht, Besonderer Teil/2, Straftaten gegen Vermögenswerte, 20. Auflage 1997.	刑法分论2，侵犯财产利益的犯罪	Wessels, BT II

续表

作者/缩写	出版信息	中文题名	引注形式
Wessels/Beulke/Satzger	Strafrecht, Allgemeiner Teil, 50. Auflage 2020.	刑法总论	Wessels/Beulke/Satzger, AT
Wessels/Hettinger/Engländer	Strafrecht, Besonderer Teil 1, Straftaten gegen Persönlichkeits-und, Gemeinschaftswerte, 44. Auflage 2020.	刑法分论 1, 侵犯人身和共同利益的犯罪	Wessels/Hettinger/Engländer, BT I
Wittig	Wirtschaftsstrafrecht, 5. Auflage 2020.	经济刑法	Wittig
Zöller	Strafrecht, Besonderer Teil I, Vermögensdelikte, 2. Auflage 2015.	刑法分论 1, 财产犯罪	Zöller, BT

祝寿和纪念文集目录

正文中引用的论文,来自祝寿文集(引用:名字-FS)和纪念文集(引用:名字-GS)。

名字	文集
Hans Achenbach	Heidelberg 2011
Knut Amelung	Grundlagen des Straf-und Strafverfahrensrechts(刑法和刑事诉讼法的基础),Berlin 2009
Günther Bemmann	Baden-Baden 1997
Werner Beulke	Ein menschenwürdiges Strafrecht als Lebensaufgabe(人道刑法作为毕生使命),Heidelberg 2015
Hans Erich Brandner	Köln 1996
Hans-J. Bruns	Köln,Berlin,Bonn,München 1978
Rudolf Bruns	Gedächtnisschrift,München 1980
Bundesgerichtshof	50 Jahre Bundesgerichtshof Band IV,München 2000
Hans Dahs	Köln 2005
Friedrich Dencker	Tübingen 2012
Eduard Dreher	Berlin,New York 1977
Ulrich Eisenberg I	München 2009
Ulrich Eisenberg II	Für die Sache(为了物),Berlin 2019

续表

名字	文集
Albin Eser	Menschengerechtes Strafrecht(人道的刑法),München 2005
Thomas Fischer	München 2018
Wolfgang Frisch	Grundlagen und Dogmatik des gesamten Strafrechtssystems(整体刑法学的基础和教义),Berlin 2013
Wilhelm Gallas	Berlin,New York 1973
FriedrichGeerds	Kriminalistik und Strafrecht(犯罪侦查学和刑法),Lübeck 1995
Gerd Geilen	Bochumer Beiträge zu aktuellen Strafrechtsthemen, Köln, Berlin,Bonn,München 2003
Klaus Geppert	Berlin 2011
Karl Heinz Gössel	Heidelberg 2002
Gerald Grünwald	Baden-Baden 1999
Rainer Hamm	Berlin 2008
Ernst-Walter Hanack	Berlin,New York 1999
Winfried Hassemer	Heidelberg 2010
Günter Heine	Strafrecht als ultima ratio(作为最后手段的刑法),Tübingen 2016
Bernd v. HeintschelHeinegg	München 2015
Hans Joachim Hirsch	Berlin,New York 1999
Heidelberg	Festschrift der Juristischen Fakultät Heidelberg zur 600 Jahr-Feier der Ruprecht-Karls Universität Heidelberg,Heidelberg 1986
Ernst Heinitz	Berlin 1972
Wolfgang Heinz	Baden-Baden 2012
Rolf Dietrich Herzberg	Strafrecht zwischen System und Telos(体系与目的之间的刑法),Tübingen 2008
Richard M. Honig	Göttingen 1970

续表

名字	文集
Günther Jakobs	Köln, Berlin, München 2007
Wolfgang Joecks	Gedächtnisschrift-Strafrecht, Wirtschaftsstrafrecht, Steuerrecht (刑法、经济刑法和税法), München 2018
Heike Jung	Baden-Baden 2007
WalterKargl	Berlin 2015
Rolf Keller	Gedächtnisschrift, Tübingen 2003
Urs Kindhäuser	Baden-Baden 2019
Günter Kohlmann	Köln 2003
Volker Krey	Stuttgart 2010
Ulrich Klug	Köln 1983
Kristian Kühl	München 2014
Hans-Heiner Kühne	Heidelberg 2013
Wilfried Küper	Heidelberg 2007
Karl Lackner	Berlin, New York 1987
Ernst-Joachim Lampe	Jus humanum(人法), Berlin 2003
Theodor Lenckner	München 1998
Otfried Lieberknecht	München 1997
Klaus Lüderssen	Baden-Baden 2002
Manfred Maiwald	Fragmentarisches Strafrecht(碎片化的刑法), Frankfurt a. M., Berlin 2003
Manfred Maiwald	Gerechte Strafe und legitimes Strafrecht(公正的刑罚与正当的刑法), Berlin 2010
Reinhart Maurach	Karlsruhe 1972
Hartmut Maurer	Staat, Kirche, Verwaltung(国家、教堂、管理), München 2001
Hellmuth Mayer	Beiträge zur gesamten Strafrechtswissenschaft(整体刑法学论文集), Berlin 1966

续表

名字	文集
Volkmar Mehle	Baden-Baden 2009
Dieter Meurer	Gedächtnisschrift, Berlin 2002
Koichi Miyazawa	Baden-Baden 1995
Egon Müller	Baden-Baden 2008
Peter-Christian Müller Graff	Privatrecht, Wirtschaftsrecht, Verfassungsrecht(私法、经济法和宪法), Baden-Baden 2015
Ulfrid Neumann	Rechtsstaatliches Strafrecht(法治国家刑法), Heidelberg 2017
Harro Otto	Köln, Berlin, Bonn, München 2007
Hans-Ullrich Paeffgen	Strafe und Prozess im freiheitlichen Rechtsstaat(自由法治国中的刑罚和程序), Berlin 2015
Rainer Paulus	Würzburg 2009
Karl Peters	Einheit und Vielfalt des Strafrechts(刑法的同一和多样), Tübingen 1974
Ingeborg Puppe	Strafrechtswissenschaft als Analyse und Konstrukt(作为分析和建构的刑法学), Berlin 2011
Rudolf Rengier	München 2018
Ruth Rissing-van Saan	Berlin 2011
Dieter Rössner	Über allem: Menschlichkeit(至为重要:人性), Baden-Baden 2015
Klaus Rogall	Systematik in Strafrechtswissenschaft undGesetzgebung(刑法学和立法中的体系性), Berlin 2018
Claus Roxin I	Berlin, New York 2001
Claus Roxin II	Strafrecht als ScientiaUniversalis(刑法作为普遍科学), Bd. 1 und 2, Berlin, New York 2011
Imme Roxin	Heidelberg 2012
Hans-Joachim Rudolphi	Neuwied 2004

续表

名字	文集
Erich Samson	Recht－Wirtschaft－Strafe（法—经济—刑罚），Heidelberg 2010
Wolf Schiller	Baden-Baden 2014
Reinhold Schlothauer	München 2018
Ellen Schlüchter	Freiheit und Verantwortung in schwieriger Zeit（困难时期的自由与责任），Baden-Baden 1998
Ellen Schlüchter	Gedächtnisschrift，Köln，Berlin，Bonn，München 2002
Heinz Schöch	Verbrechen－Strafe－Resozialisierung（犯罪—刑罚—再社会化），Berlin 2010
Hans-Ludwig Schreiber	Strafrecht，Biorecht，Rechtsphilosophie（刑法、生物法和法哲学），Heidelberg 2003
Friedrich-Christian Schroeder	Heidelberg 2006
Bernd Schünemann	Streitbare Strafrechtswissenschaft（可论辩的刑法学），Berlin/Boston 2014
Hans-Dieter Schwind	Kriminalpolitik und ihrewissenschaftlichen Grundlagen（刑事政策及其科学基础），Heidelberg 2006
Manfred Seebode	Berlin 2008
Jürgen Sonnenschein	Gedächtnisschrift，Berlin 2003
Günter Spendel	Berlin，New York 1992
Gernot Steinhilper	Kriminologie und Medizinrecht（犯罪学与医事法），Heidelberg 2013
Heinz Stöckel	Strafrechtspraxis und Reform（刑法实践和改革），Berlin 2010
W. Stree/J. Wessels	Beiträge zur Rechtswissenschaft（法学论文集），Heidelberg 1993
Franz Streng	Heidelberg 2017
Andrzej J. Szwarc	Vergleichende Strafrechtswissenschaft（比较刑法学），Berlin 2009

续表

名字	文集
KlausTiedemann	Strafrecht und Wirtschaftsstrafrecht (刑法与经济刑法), Köln, München 2008
Otto Triffterer	Wien 1996
Herbert Tröndle I	Berlin, New York 1989
Herbert Tröndle II	Gedächtnisschrift, Berlin 2019
Klaus Volk	In dubio pro libertate(存疑有利自由), München 2009
Rudolf Wassermann	Neuwied, Darmstadt 1985
Ulrich Weber	Bielefeld 2004
Jürgen Wessing	Unternehmensstrafrecht(公司刑法), München 2015
Jürgen Weitzel	Recht im Wandel-Wandel des Rechts(变动中的法——法的变动), Köln, Weimar, Wien 2014
Hans Welzel	Berlin, New York 1974
Gunter Widmaier	Strafverteidigung, Revision und die gesamten Strafrechtswissenschaften(刑事辩护、上诉和整体刑法科学), Köln 2008
Jürgen Wolter	Gesamte Strafrechtswissenschaft in internationaler Dimension (国际视野下的整体刑法学), Berlin 2013
Keiichi Yamanaka	RechtsstaatlichesStrafen(法治国家的刑罚), Berlin 2017
Heinz Zipf	Gedächtnisschrift, Heidelberg 1999
ZIS	10 Jahre Zeitschrift für Internationale Strafrechtsdogmatik(国际刑法教义学的十年), BadenBaden 2018

内容索引

续表

术语	边码	中译
Ablationstheorie	122	转移说
Abrechnungsbetrug	580	会计诈骗
Absatzerfolg	862 ff	销售结果
Absetzen	858 ff,865	销售
Absetzenhelfen	858 ff,867	帮助销售
Absicht		意图
-betrügerische A.	657,666	-诈骗意图
-derBefriedigungsvereitelung	481 f	-阻止清偿
-der Bereicherung	583 ff, 718 f, 873 f	-获利意图
-der Besitzerhaltung	403 f	-维持占有意图
-der Drittzueignung	140,166 ff	-第三人占为所有意图
-der Entgeltshinterziehung	672,680	-逃税意图
-der Rechtsvereitelung	472	-妨害法律意图
-der Vorteilssicherung	813	-确保利益意图
-rechtswidriger Zueignung	140 ff, 163, 355 f	-非法占为己有意图
Affektionsinteresse	554	情感利益
Akzessorietät	748	附属性
Alleingewahrsam	97 ff	单独支配
Amtsträger	596,704	公职人员
Aneignung	151 ff	先占
Aneignungsrechte	448	先占权利
Anfechtungsrechte	549	撤销权利
Angehörige	336	家庭成员
Angriff auf Kraftfahrer	414 ff	攻击机动车驾驶人

续表

术语	边码	中译
Ankaufen	856	购入
Anmaßung der Eigentümerrechte	148,168 ff	僭越所有者权利
Anschlusstat	806,832	承接犯罪
Ansichbringen	845	自己取得
Ansprüche		诉求
-aus nichtigen Geschäften	564,568 ff	-从无效交易中产生的诉求
Anstellungsbetrug	539,580	雇佣诈骗
Anvertrautsein	321 ff	受托
Anwartschaften	535	期待
Apprehensionstheorie	122	获取论
Arbeitsentgelt(Vorenthalten)	787 ff	劳动报酬(扣留)
Arbeitskraft	535 f,567	劳动力
Arbeitsmittel(Zerstörung)	47	生产工具(毁坏)
Aufbaufragen		结构问题
- bei der Abgrenzung zwischen Betrug und Diebstahl	638	-诈骗和盗窃界分情况下
-beim Betrug	485,504	-诈骗情况下
-beim Untreuetatbestand	749	-背信犯罪构成情况下
Aufklärungspflicht(Betrug)	505 f	澄清义务(诈骗)
Aufrechterhaltungstheorie	823	维持论
Ausgleich		补偿
- der Vermögensminderung durch ein Äquivalent	538 ff	-通过等价物补偿财产减损
Auslegung(berichtigende)	316	(修正的)解释
Ausnutzen		利用

续表

续表

术语	边码	中译
-schwerer B.	303	-严重的结伙盗窃
Bandenhehlerei	887 f	结伙窝赃
Bandenraub		结伙抢劫
-bewaffneter B.	384	-武装结伙抢劫
-einfacher B.	378	-一般的结伙抢劫
Bankautomaten	177,611 ff	自动取款机
Bauwerk	44 ff	建筑物
Beendigung		结束
-der Vortat	806	-上游犯罪
-des Diebstahls	131	-盗窃
Beförderungserschleichung	670,676	骗取运输
Befriedete Bezirke	449	圈起区域
Befugnis-(Ermächtigungs-)Theorie	643	权限(授权)理论
Begünstigung	802 ff	包庇
Behältnis		容器
-Begriff	234	-概念
-Gewahrsam am Inhalt	105	-内容物之支配
-Vorsatz und Zueignungsabsicht	138,359	-故意和占为己有意图
Beiseiteschaffen	477,479,658	转移
Beisichführen(von Waffen etc)	264, 267, 279 f,369 f	携带(武器等)
Bemakelung	576,836,840, 865	产生瑕疵
Beobachtung der Wegnahme	126	取走之监视
Bereicherungsabsicht		获利意图
-bei der Erpressung	718 f	-敲诈勒索情况下

续表

术语	边码	中译
-bei der Hehlerei	873 f	-窝赃情况下
-beim Betrug	583 ff	-诈骗情况下
Beschädigen	23 ff,658	损坏
Beschlagnahme(Vortäuschung)	631 ff	扣押(捏造)
Besitz(und Gewahrsam)	93, 306, 316, 318	占有(与支配)
Besitzdiener	94	占有辅助人
Besitzentziehung	41	剥夺占有
Besonders schwere Fälle		特别严重情形
-der Jagdwilderei	462 ff	-非法狩猎
-der Untreue	786	-背信
-des Betrugs	591 ff,662 ff	-诈骗
-des Diebstahls	205 ff	-盗窃
Bestandteile des Vermögens	477,535	财产的组成部分
Bestechlichkeit/Bestechung	704 f	受贿/行贿
Betätigung des Zueignungswillens	309 ff	占为己有意志之确证
Betäubungsmittel	s. Drogen	见“毒品”项
Betreffen auf frischer Tat	397	当场发现
Betrug	485 ff	诈骗
-Abgrenzung zum Diebstahl	622 ff,640 ff	-与盗窃之界分
-Abgrenzung zurErpressung	723 f	-与敲诈勒索之界分
-Aufbaumuster	485	-结构模式
Betrugsarten		诈骗类型
-Abrechnungsbetrug	580	-会计诈骗
-Anstellungsbetrug	539,580	-雇佣诈骗

续表

续表

术语	边码	中译
-Zwangswirkung(§ 249)	349	-强制作用(第 249 条)
Bibliotheken	52	图书馆
Call-in Show	580	来电节目
Codekartenmissbrauch	177 ff,611 ff, 675,797	滥用代码卡
Computerbetrug	601 ff	计算机诈骗
Computersabotage	62	破坏计算机
Daten		数据
-Datenveränderung	59,65	-更改数据
-Datenverarbeitung	62	-加工数据
-Verwendung von Daten	611	-使用数据
Datenveränderung	59	更改数据
Dereliktion	187	放弃物的所有权
Diebesfalle	118	盗贼陷阱
Diebstahl	68 ff	盗窃
-Abgrenzung zum Betrug	622 ff,640 ff	-与诈骗之界分
-Diebstahlsobjekt	73 ff	-盗窃对象
-subjektiver Tatbestand	133 ff	-主观犯罪构成
-Vollendung/Beendigung	131 f	-既遂/完成
-Wegnahme	82 ff	-取走
-Zueignungsabsicht	140 ff	-占为己有意图
-zur Gebrauchsanmaßung	156 ff	-对于使用僭越
-zur Sachbeschädigung/Sachentziehung	151 ff	-对于物品毁损/物品剥夺
-zur Unterschlagung	69 f,97 ff	-对于侵占
Diebstahlsarten		盗窃类型

续表

续表

术语	边码	中译
-mit einem empfindlichen Übel	708,726	-利用可感知的恶害
-mit gegenwärtiger Gefahr für Leib oder Leben	353 f,726	-利用对于身体或生命的现时危险
Eigentumsdelikt	1	财物犯罪
Einbruchsdiebstahl	222 ff	入室盗窃
Eingehungsbetrug	539 f,702	缔约诈骗
Einrichtung	679	设施
Einsteigediebstahl	226	侵入盗窃
Einverständliches Zusammenwirken	843 ff,853,854	同意的合作
Einverständnis		同意
-bei der Diebesfalle	118	-盗取陷阱情况下
-beim Gewahrsamsbruch	104,115 ff,358	-支配打破情况下
-beim Risikogeschäft	758 ff	-风险交易情况下
Einwilligung		承诺
-bei der Sachbeschädigung	42	-财物毁损情况下
-bei der Untreue	758 ff	-背信情况下
-beim eigenmächtigen Geldwechseln	202	-擅自换钱情况下
Enteignung	156 ff	剥夺他有
Entführen	741	绑架
Entstellen von Tatsachen	490	扭曲事实
Entziehung elektrischer Energie	75,444 ff	盗取电能
Erfüllungsbetrug	539 f	履约诈骗
Erlangtsein(unmittelbares)	828 ff	(直接的)获得
Erpresserischer Menschenraub	738 ff	勒索型绑架

续表

续表

术语	边码	中译
Ganoven		盗贼
-betrug	569	-盗贼诈骗
-untreue	774	-盗贼背信
Gänsebuchtfall	167	鹅湾案
Gaspistole	266,370	气枪
Gattungsschulden	202	种类债务
Gebäude	224	建筑
Gebrauchsanmaßung	430 ff	使用僭越
-Abgrenzung zum Diebstahl	156 ff	-与盗窃罪之界分
-Rückführungswille	157 f	-归还意志
Gebrauchsdiebstahl	431	使用盗窃
Gebrauchsfähigkeit von Schusswaffen	271	强制的可用性
Gebrauchsrechte	468	使用权
Geldautomatenkarte	177 ff,612 ff, 675,797	自动取款卡
Geldschulden	202	金钱债务
Geldspielautomat	199,238,618	老虎机
Geldwäsche	889	洗钱
-Bankangestellte	899	-银行职员
-Ermittler	899	-调查人员
-Geldwäschegesetz	890 ff	-洗钱法
-Sozialadäquanz	900	-社会相当性
Gemeinschädlicher Diebstahl	241	盗窃公共财物
Geringwertigkeit		价值低微性
-Begriff	252 f,339	-概念

续表

续表

术语	边码	中译
-bei der Hehlerei	886 ff	-窝赃情况下
-bei der Jagdwilderei	463	-非法狩猎情况下
-beim Betrug	593,598	-诈骗情况下
-beim Diebstahl	239	-盗窃情况下
Gläubigerrechte		债权
-Gefährdung, Vereitelung	468 ff	-危及、妨害
Gleichwertigkeit		价值低微性
-von Leistung und Gegenleistung	539 f,559	-履行和对价
Graffiti	14,29	涂鸦
Handtaschenraub	348,360	抢劫手提包
Haus-und Familiendiebstahl	334 ff	房屋和家庭盗窃
Hausgarten(befriedeter Bezirk)	449	花园(圈起区域)
Häusliche Gemeinschaft	336 f	房屋共同体
Haustiere	187	宠物
Hehlerei	823 ff	窝赃
-am Pfandschein	851	-对于质押凭证
-an Ersatzsachen(Surrogaten)	876	-对于(替代物品)替代物
-Bandenhehlerei	887	-结伙窝赃
-gewerbsmäßiges Handeln	886	-常业性窝赃
-und Vortatbeteiligung	879 ff	-和参与上游犯罪
-Zwischenhehler	860,869	-中间窝赃者
Herrenlose Sachen	20, 79, 448, 451	无主物品
Herrühren	894	源自
Hilfeleisten	803,808 ff	实施帮助

续表

续表

术语	边码	中译
Jur. -ökonomischer Vermögensbegriff	532,535	法律-经济的财产概念
Juristischer Vermögensbegriff	531	法律的财产概念
Kapitalanlagebetrug	696 ff	投资诈骗
Kirchendiebstahl	240	教堂盗窃
KollusivesZusammenwirken	846,897	串通合作
Komplizenbetrug	569	共犯诈骗
Kontrektationstheorie	122	接触论
Kraftfahrzeuge	432	机动车辆
Kreditbetrug	698 ff	贷款诈骗
Kreditkarte	791,797	信用卡
Kreditwürdigkeit(Vorspiegeln)	494	信用等级(虚构)
Ladendiebstahl	126 ff,639	商店盗窃
Lagertheorie	645,715	阵营理论
Leerspielen von Geldautomaten	199,238,618	清空自动取款机
Legitimationspapiere	174 ff	合法化文件
Leiche		尸体
-als Diebstahlsobjekt	77	-作为盗窃对象
-Gewahrsamswille	87	-支配意志
-Leichenfledderei	318	-盗尸
Leichtfertigkeit		轻率
-bei der Geldwäsche	897	-在洗钱情况下
-beim erpresserischen Menschenraub	744	-在勒索型绑架罪情况下
-beim Raub mit Todesfolge	389	-在抢劫致人死亡情况下
-beim Subventionsbetrug	687	-在补贴诈骗情况下
Makeltheorie	576	瑕疵论

续表

续表

术语	边码	中译
Perpetuierungstheorie	823,850	延续论
Personale Vermögenstheorie	533	人格财产理论
Persönlicher Schadenseinschlag	550 ff	个人的损害影响
Pfandkehr	467 ff	取回质押物
Pfandrecht	468,736	质权
Pfandsachen	443	质物
Pfandschein(Hehlerei)	851	质押凭证(窝赃)
Pfändungspfandrecht	469	质押权
Präzisierungsgebot	748	释明要求
Prostitution	534,567	卖淫
Provisionsbetrug	589	佣金诈骗
Prozessbetrug	587,653	诉讼诈骗
Raub	342 ff	抢劫
–Beteiligung	356 ff	–犯罪参与
–finale Verknüpfung	350, 355, 361 ff	–目的性关联
–Raubmittel	346 ff	–抢劫手段
Raubarten		抢劫类型
–Bandenraub	378 ff	–结伙抢劫
–Raub mit Todesfolge	386 ff	–抢劫致人死亡
–schwerer Raub	366 ff	–严重的抢劫
Räuberische Erpressung	725 ff	抢劫型敲诈勒索
–und räuberischer Diebstahl	412	–和抢劫型盗窃
Räuberischer Angriff auf Kraftfahrer	414 ff	对机动车驾驶人的抢劫型攻击
–Verhältnisse desStraßenverkehrs	420 ff	–道路交通情境下

续表

续表

术语	边码	中译
Risikogeschäft	757 ff,781	风险交易
Rücktritt und tätige Reue		中止和积极悔罪
-beim Raub mit Todesfolge	391	-在致人死亡的抢劫的情况下
-beim Raub mit Waffen	369	-在使用武器抢劫的情况下
-beim räuberischen Angriff auf Kraftfahrer	416,426	-对机动车驾驶人的抢劫型攻击的情况下
Rücktrittsrecht	549	解除权
Rückveräußerung	172 f	回售
Sabotagehandlungen	65	破坏行为
Sachbeschädigung		财物毁损
-Beschädigen	23ff,30,56	-损坏
-bestimmungsgemäßer Verbrauch	36	-与用途相符的消耗
-Brauchbarkeit	33	-可用性
-Einwilligung	39	-承诺
-Erheblichkeit	35	-重大性
-Funktionsbeeinträchtigung	33	-功能毁损
-Graffiti	14,29	-涂鸦
-nachteilige Veränderung	34	-不利的改变
-nicht unbedeutend	32	-并非无足轻重
-Nutzung,Abnutzung	36	-利用、损耗
-Reparatur	34	-修理
-Tathandlungen	21	-犯罪行为
-Verunstaltung	14,23 ff,27	-污损
-Zerstören	36,56	-毁坏

续表

续表

术语	边码	中译
-mit Waffen/gefährlichen Werkzeugen	369 f,380 f	-利用武器/危险工具
Schlafender(Bewusstloser)		睡觉者(无意识者)
-Ausnutzung fremder Notlagen(§ 243 I 2 Nr 6)	242	-利用他人的困境(第 243 条第 1 款第 2 句第 6 项)
-Gewahrsamswille	87	-支配意志
-Zwangswirkung(§ 249)	349	-强制作用(第 249 条)
Schlüssel(falscher)	227 ff	(假的)钥匙
Schonzeit	464	禁猎期
Schreckschusspistole	265,353,370,381,727	示警枪支
Schusswaffe	265,369,465	枪支
Schutzvorrichtung	233 ff	保护设施
Schwarzfahren	676	不付费乘车
Schwarzfernsehen/Schwarzhören	675	不付费收看电视/不付费收听广播
Schwerer Raub	366 ff	严重的抢劫
-Bandenraub	378 ff	-结伙抢劫
-gesundheitsgefährdender Raub	376 f	-危及健康的抢劫
Selbstbegünstigung	818	自我包庇
Selbsthilfebetrug	586	自助诈骗
Selbstschädigung	515,526 f,623,653,714,732	自损
Sichbemächtigen(Bemächtigungslage)	741 f	劫持(劫持境况)
Sicherungsbetrug	599	确保型诈骗
Sicherungserpressung	412,735	确保型敲诈勒索
Sicherungsetikett	126,237	防盗标签

续表

续表

术语	边码	中译
-Jagdwilderei	461 f	-非法狩猎
-Kreditbetrug	698 ff	-贷款诈骗
-Raub mit Todesfolge	386,390	-致人死亡的抢劫
-räuberischer Angriff auf Kraftfahrer	416,426 f	-对机动车驾驶人的抢劫型攻击
-räuberischer Diebstahl	393,408	-抢劫型盗窃
-schwerer Raub	341 f,373,384	-严重的抢劫
-Unterschlagung	71, 306, 315, 317,326 ff	-侵占
-Untreue	748,786	-背信
-Versicherungsmissbrauch	654	-保险滥用
-Wohnungseinbruchsdiebstahl	289 f	-侵入住宅盗窃
Submissionsbetrug	701 f	补贴诈骗
Subsidiaritätsklausel		补充条款
-Erschleichen von Leistungen	671,678	-骗取履行
-unbefugter Gebrauch von Fahrzeugen	440	-无权使用机动车辆
-Unterschlagung	71,307,325 ff	-侵占
-Versicherungsmissbrauch	656	-保险滥用
Substanztheorie	144 f	本体论
Substanzverletzung	23 ff,33	本体损害
Subventionen	688	补贴
Subventionsbetrug	683 ff	补贴诈骗
Tanken ohne Zahlungsbereitschaft	80, 197, 580, 734	无支付意愿情况下加油
Tätige Reue		积极悔罪

续表

续表

续表

续表

术语	边码	中译
-Zweckverfehlung	526 f,553 ff	-目的落空
Vermögensverfügung		财产处分
-Abgrenzung zur Wegnahme	623 ff	-与取走之界分
-bei der Erpressung	709 ff	-敲诈勒索情况下的处分
-beim Betrug	515 ff,588	-诈骗情况下的处分
-funktionaler Zusammenhang	521 ff	-功能性联系
-mehraktige V.	527	-多举动的处分
-und Freiwilligkeit	631 ff,714	-处分与资源
-und Unmittelbarkeitsbeziehung	516,588,625,714	-处分与直接关联
-Verfügungsbewusstsein	518,639,714	-处分意识
Vermögensverlust großen Ausmaßes	594	巨大的财产损失
Vermögensvorteil	583 ff,718 f,821,873	财产利益
Verpfändung	313	质押
Verschaffen(Hehlerei)	846,851 ff	获取(窝赃)
Verschleifungsverbot	748	变相禁止
Versicherungsbetrug	597, 654, 662 ff	确保诈骗
Versicherungsfall		保险事故
-und Versicherungsmissbrauch	658	-保险事故与保险滥用
-Vortäuschen eines V.	662 ff	-捏造保险事故
Versicherungsmissbrauch	654 ff	保险滥用
Vertretbare Sachen	202	可替代的物品
Verunstalten	14	污损
Veruntreuende Unterschlagung	321 ff	侵吞型侵占

续表

续表

续表

续表

术语	边码	中译
-wichtiger Arbeitsmittel	47	-毁坏重要的生产设备
Zueignung		占为己有
-Abgrenzung zurGebrauchsanmaßung	142,156 ff	-与使用僭越之界分
-Abgrenzung zur Sachbeschädigungund Sachentziehung	151 ff	-与物品损坏和物品剥夺之界分
-Absicht der	163 ff,311,320	-占为己有意图
-Aneignung	151 ff	-据为所有
-Begriff	140 ff	-概念
-Drittzueignungsabsicht	140,166 ff	-第三人占为所有意图
-Einzelfragen zur Zueignungsabsicht	171 ff	-占为己有意图的具体问题
-Enteignung	156 ff	-剥夺他有
-gleichzeitige	326	-同时的占为己有
-Jagdwilderei	450	-非法狩猎
-Manifestation der Z.	309 ff	-占为己有之表征
-Rechtswidrigkeit der	200,203,320	-占为己有之违法性
-Substanz、Sachwert undVereinigungstheorie	145 ff	-本体论、价值论和统一论
-typische Zueignungsakte	313 ff	-典型的占为己有行为
-wiederholte	328 ff	-重复的占为己有
Zulassen einer Pfändung	313	准许扣押
Zurückbehaltungsrechte	468	留置权
Zutrittserschleichung	676	骗取进入
Zwangslage		困境
-Ausnutzen einerfortwirkenden Zwangslage	362,726	-利用持续的强制境况

续表

作者和译者简介

作者简介

约翰内斯·韦塞尔斯(Prof. Dr. Johannes Wessels),1923年出生于奥弗伯格,先后在柏林自由大学和明斯特大学学习法律,1952年在明斯特大学获得博士学位,1953年在多特蒙德州法院担任法官,1958年在哈姆州高等法院担任法官,1961年暂时在北莱茵—威斯特法伦州司法部担任部门主管,从1962年起,除担任法官工作外,在明斯特大学担任刑法教师,1965年被任命为明斯特大学刑法和刑事诉讼法的正式教授,1972—1973年担任明斯特大学法学院院长,1973—1988年担任哈姆州高级法院司法考试办公室副主席,1970—1988年,担任北莱茵—威斯特法伦州宪法法院副院长。韦塞尔斯教授于2005年去世,是德意志联邦共和国功绩勋章的获得者。

托马斯·希伦坎普(Prof. Dr. Dr. h. c. Thomas Hillenkamp),1943年出生于德累斯顿,先后在弗莱堡大学、汉堡大学和哥廷根大学学习法律,1970年在哥廷根大学获得博士学位,1980年在哥廷根大学完成教授资格论文,1980年被任命为波恩大学教授,1981年被任命为奥斯纳布吕克大学教授,1987年起担任海德堡大学刑法和刑事诉讼法的讲席教授，1999 年以来，担任海德堡大学和曼海姆大学的德国、欧洲和国际医疗法、卫生法和生物伦理学联合研究所的所长之一。希伦坎普教授的主要研究领域为刑法、刑事诉讼法、被害人学和医疗刑法等。

扬·舒尔（Prof. Dr. Jan C. Schuhr），1994 年起在纽伦堡大学学习法律和数学，2005 年在纽伦堡大学获得博士学位，2015 年在纽伦堡大学完成教授资格论文，2015—2016 年任教于海德堡大学和奥格斯堡大学，2017 年起担任海德堡大学德国、欧洲和国际刑法和刑事诉讼法研究所所长，刑法和刑事诉讼法、医学法和法律哲学讲席教授，2018 年起担任海德堡大学法学院教务院长，数据法学博士项目负责人，2019 年起担任海德堡大学和曼海姆大学的德国、欧洲和国际医疗法、卫生法和生物伦理学联合研究所所长。舒尔教授的主要研究领域为刑法、刑事诉讼法、医疗刑法和数据法学等。

译者简介

赵冠男，重庆大学法学博士，德国慕尼黑大学法律硕士，湖南师范大学法学院副教授，硕士研究生导师，刑法研究所所长。先后在湘潭大学、湖南师范大学、重庆大学和海德堡大学学习。主要研究方向为比较刑法学，代表性成果包括《德国保安处分制度研究》、《德国司法责任制度研究》、《中华人民共和国刑法的孕育诞生和发展完善》（德文版，第 1—3 卷）。

“当代德国法学名著”计划书目

法哲学·法律理论·法律史

1. 恩吉施:法律思维导论

   K. Engisch:Einführung in das juristische Denken

2. 哈腾豪尔:德国法的思想史基础

   H. Hattenhauer: Die geistesgeschichtlichen Grundlagen des deutschen Rechts

3. 雅科布斯:规范·人格体·社会——法哲学前思

   G. Jakobs: Norm, Person, Gesellschaft-Vorüberlegungen zu einer Rechtsphilosophie

4. 耶林:为权利而斗争

   R. v. Jhering:Der Kampf ums Recht

5. 考夫曼:后现代法哲学——告别演讲

   A. Kaufmann:Rechtsphilosophie in der Nach - Neuzeit

6. 考夫曼/哈斯默尔:当代法哲学和法律理论导论

   A. Kaufmann/W. Hassemer:Einführung in Rechtsphilosophie und Recht stheorie der Gegenwart

7. 耶林/贝伦茨:法学是一门科学吗?

   R. v. Jhering/ O. Behrends:Ist die Jurisprudenz eine Wissenschaft? - Jherings Wiener Antrittsvorlesung vom 16. Oktober 1868. Aus dem Nachlaß herausgegeben und mit einer Einführung, Erläuterungen sowie einer wissenschaftsgeschichtlichen Einordnung versehen von Okko Behrends

8. 拉德布鲁赫:社会主义文化论

G. Radbruch:Kulturlehre des Sozialismus

9. 萨维尼:历史法学派的基本思想

F. C. v. Savigny:Grundgedanken der historischen Rechtsschule

10. 齐佩利乌斯:法学方法论

R. Zippelius:Juristische Methodenlehre

11. 韦森贝格/韦森纳:晚近德国私法史

G. Wesenberg/ G. Wesener:Neuere deutsche Privatrechtsgeschichte

12. 菲韦格:论题学与法学——论法学的基础研究

T. Viehweg:Topik und Jurisprudenz - Ein Beitrag zur rechtswissenschaftlichen Grundlagenforschung

13. 拉德布鲁赫:法学导论

G. Radbruch:Einführung in die Rechtswissenschaft

14. 克卢格:法律逻辑

U. Klug:Juristische Logik

15. 诺伊曼:法律论证学

U. Neumann:Juristische Argumentationslehre

16. 卡纳里斯:法学中的体系思想与体系思维

C. W. Canaris:Systemdenken und Systembegriff in der Jurisprudenz, entwickelt am Beispiel des deutschen Privatrechts

17. 拉伦茨:法律行为解释之方法

K. Larenz:Die Methode der Auslegung des Rechtsgeschäfts

民商法·经济法

18. 鲍尔/施蒂尔纳:德国物权法(上、下册)

F. Baur/R. Stürner:Sachenrecht

19. 卡纳里斯:德国商法

C. W. Canaris:Handelsrecht

20. 弗卢梅:法律行为论

W. Flume:Allgemeiner Teil des Bürgerlichen Rechts, Band Ⅱ, Das

Rechtsgeschäft

21. 卡泽尔/克努特尔：罗马私法

M. Kaser/R. Knütel：Römisches Privatrecht

22. 克茨：欧洲合同法(上卷)

H. Kötz：Europäisches Vertragsrecht

23. 拉伦茨：德国民法通论

K. Larenz：Allgemeiner Teil des Deutschen Bürgerlichen Rechts

24. 梅迪库斯：德国民法总论

D. Medicus：Allgemeiner Teil des BGB

25. 梅迪库斯：德国债法总论

D. Medicus：Schuldrecht Ⅰ (Allgemeiner Teil)

26. 梅迪库斯：德国债法分论

D. Medicus：Schuldrecht Ⅱ (Besonderer Teil)

27. 施密德：德国公司法

K. Schmidt：Gesellschaftsrecht

28. 施瓦布：德国民法导论

D. Schwab：Einführung in das Zivilrecht

29. 齐默尔曼：债法——民法传统的罗马法基础

R. Zimmermann：The Law of Obligations - Roman Foundations of the Civilian Tradition

30. 梅迪库斯：请求权基础

D. Medicus：Grundwissen zum Bürgerlichen Recht - Ein Basisbuch zu den Anspruchsgrundlagen

31. 施瓦布：德国家庭法

D. Schwab：Familienrecht

32. 齐默曼：德国新债法——历史和比较的视角

R. Zimmermann：The New German Law of Obligations - Historical and Comparative Perspectives

33. 里特纳：欧洲与德国经济法

F. Rittner：Europäisches und deutsches Wirtschaftsrecht

34. 施瓦尔贝/齐默尔:卡特尔法与经济学

U. Schwalbe/ D. Zimmer: Kartellrecht und Ökonomie: Moderne ökonom-ische Ansätze in der europäischen und deutschen Zusammenschlusskontrolle

35. 科英:欧洲私法

H. Coing:Europäisches Privatrecht

36. 弗莱斯纳:国际私法中的利益法学

A. Flessner:Interessenjurisprudenz im internationalen Privatrecht

37. 瓦尔特曼:德国劳动法

R. Waltermann:Arbeitsrecht

38. 莱波尔德:德国继承法

D. Leipold:Erbrecht

刑法·行政法·国家法·宪法

39. 齐佩利乌斯:德国国家学

R. Zippelius:Allgemeine Staatslehre

40. 毛雷尔:行政法学总论

H. Maurer:Allgemeines Verwaltungsrecht

41. 韦塞尔斯:德国刑法总则

J. Wessels:Strafrecht, Allgemeiner Teil

42. 施莱希/科里奥特:德国联邦宪法法院:地位、程序与裁判

K. Schlaich/S. Korioth: Das Bundesverfassungsgericht. Stellung, Verfahren,Entscheidung

43. 舍恩克/鲍尔/施蒂尔纳/布伦斯:德国强制执行法

A. Schönke/F. Baur/R. Stürner/A. Bruns:Zwangsvollstreckungsrecht

44. 韦塞尔斯/希伦坎普/舒尔:德国刑法分论:侵犯财产价值的犯罪

J. Wessels/T. Hillenkamp/J. C. Schuhr: Strafrecht Besonderer Teil 2: Straftaten gegen Vermögenswerte

背景系列

45. 雅科布斯：十九世纪德国民法科学与立法

H. H. Jakobs：Wissenschaft und Gesetzgebung im bürgerlichen Recht nach der Rechtsquellenlehre des 19. Jahrhunderts

46. 克斯勒：马克斯·韦伯的生平、著述及影响

D. Käsler：Einführung in das Studium Max Webers

47. 考夫曼：古斯塔夫·拉德布鲁赫传——法律思想家、哲学家和社会民主主义者

A. Kaufmann：Gustav Radbruch-Rechtsdenker, Philosoph, Sozial-demokrat

48. 克莱因海尔/施罗德：九百年来德意志与欧洲法学家

G. Kleinheyer/ J. Schröder：Deutsche und Europäische Juristen aus neun Jahrhunderten

49. 克尼佩尔：法律与历史——论《德国民法典》的形成与变迁

R. Knieper：Gesetz und Geschichte-Ein Beitrag zu Bestand und Veränderung des
Bürgerlichen Gesetzbuches

50. 格林德曼/里森胡贝尔：二十世纪的德国民法学家

S. Grundmann/ K. Riesenhuber：Deutschsprachige Zivilrechtslehrer des 20. Jahrhunderts in Berichten ihrer Schüler 1-Eine Ideengeschichte in Einzeldarstellungen

图书在版编目(CIP)数据

德国刑法分论：侵犯财产价值的犯罪 /（德）约翰内斯·韦塞尔斯（Johannes Wessels），（德）托马斯·希伦坎普（Thomas Hillenkamp），（德）扬·舒尔（Jan Schuhr）著；赵冠男译. -- 北京：法律出版社，2023

（当代德国法学名著）

ISBN 978-7-5197-8021-0

Ⅰ. ①德… Ⅱ. ①约… ②托… ③扬… ④赵… Ⅲ. ①侵犯财产罪－研究－德国 Ⅳ. ①D951.645

中国国家版本馆 CIP 数据核字（2023）第 113754 号

德国刑法分论：
侵犯财产价值的犯罪
DEGUO XINGFA FENLUN:
QINFAN CAICHAN JIAZHI DE FANZUI

[德]约翰内斯·韦塞尔斯
[德]托马斯·希伦坎普 著
[德]扬·舒尔
赵冠男 译

责任编辑 韩满春
装帧设计 李 瞻

出版发行 法律出版社
编辑统筹 学术·对外出版分社
责任校对 王 丰
责任印制 陶 松
经　　销 新华书店

开本 850 毫米×1168 毫米 1/32
印张 29.125 **字数** 698 千
版本 2023 年 10 月第 1 版
印次 2023 年 10 月第 1 次印刷
印刷 三河市龙大印装有限公司

地址：北京市丰台区莲花池西里 7 号（100073）
网址：www.lawpress.com.cn
投稿邮箱：info@lawpress.com.cn
举报盗版邮箱：jbwq@lawpress.com.cn
销售电话：010-83938349
客服电话：010-83938350
咨询电话：010-63939796

书号：ISBN 978-7-5197-8021-0
定价：128.00 元
凡购买本社图书，如有印装错误，我社负责退换。电话：010-83938349